P9-BHS-491

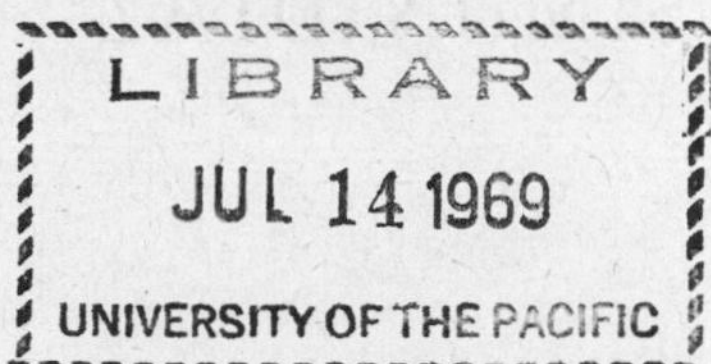

Talleres Gráficos JURA. San Lorenzo, 11.—Madrid

JOSE SIMON DIAZ

BIBLIOGRAFIA
DE LA
LITERATURA HISPANICA

Tomo IV

CONSEJO SUPERIOR DE INVESTIGACIONES CIENTIFICAS
INSTITUTO «MIGUEL DE CERVANTES» DE FILOLOGIA HISPANICA
MADRID, 1955

BIBLIOGRAFIA
DE LA
LITERATURA HISPANICA

ADVERTENCIA PRELIMINAR

Los volúmenes dedicados a los Siglos de Oro de la Literatura Castellana han sido compuestos con el mismo método que se utilizó en el dedicado a la Edad Media.

En las *Fuentes generales,* al tratar de los «Cancioneros», se incluyen bajo esta denominación los tenidos tradicionalmente por tales y no los manuscritos poéticos de la época y las obras misceláneas (justas poéticas, relaciones de fiestas, etc.), que Salvá consideraba equivalentes, materiales que serán descritos y utilizados en momento procedente. Tampoco incluímos entre las colecciones teatrales algunos tomos incompletos de comedias de cuya aparición se ha dado cuenta en los últimos tiempos, por tener en preparación un estudio destinado a esclarecer el origen e historia de las ediciones «sueltas» y de muchas supuestas colecciones. Por último, al tener que tratar de temas monográficos, que, como el de la *Mística,* son inagotables por su carácter eterno y universal, hemos buscado e incluído con preferencia los trabajos relacionados más directamente con el aspecto literario español de la cuestión, los tratados generales más valiosos y aquellos otros más recientes que contienen extensa bibliografía.

Respecto a los *Autores,* ha sido preciso constituir con ellos y las obras anónimas un solo grupo, ordenado alfabéticamente, ya que toda clasificación por géneros literarios obligaría a enojosas fragmentaciones, dado que la mayor parte cultivaron más de uno. Problema mucho más grave era el de seleccionar los escritores de posible interés, a no atenerse a la mera relación de los que ganaron la inmortal recompensa de ser citados en los manuales históricos. Mucho cabe discutir sobre cuáles son los límites de lo literario en un período que frecuentemente nos ofrece tratados científicos y didácticos escritos en verso, alegatos teológicos y morales que contienen cuentecillos o colecciones de anécdotas y aun centenares de libros que si, aparentemente, no guardan ninguna relación con la Literatura, resultan valiosos y en ocasiones indispensables para el conocimiento de las costumbres o del lenguaje reflejados en las comedias o las novelas de nuestros clásicos.

Teniendo en cuenta todo esto y, por descontado, que cualquier solución adoptada resultaría censurable para algunos, he optado por seguir el camino más difícil, largo y trabajoso: la inclusión de todos aquellos autores que escribieron en castellano durante los siglos XVI y XVII, limitando las excepciones casi tan solo a los textos jurídicos y matemáticos. Lo que visto con exclusivismo técnico puede resultar desmesurado, parecerá lógico si se atiende a la situación general de los estudios bibliográficos en España, pues el mismo criterio realista que determinó la tentativa de suplir temporal y parcialmente la falta de una bibliografía de bibliografías hispánicas con el tomo II de la *B. L. H.*, aconseja ahora esta expansión por campos afines a causa del vacío que presentan. Los datos que acaso resulten superfluos o excesivos para el literato puro, no dejarán de ser valiosos para el que no se desinterese por las cuestiones históricas o para los especialistas de otra especie. Una catalogación rigurosa y sistemática de la totalidad de los libros castellanos de los Siglos de Oro, como la que aquí se pretende, ha de ser provechosa hasta para quienes se dediquen a los estudios aparentemente más dispares: piénsese, por ejemplo, en el arsenal de datos biográficos y genealógicos que contienen las dedicatorias o en el valor heráldico de la serie de escudos de armas grabados en las portadas.

El hecho de que la mayoría de los escritores de esta época tengan diseminada buena parte de su producción en obras de otros autores en forma de poesías laudatorias, aprobaciones, panegíricos, colaboraciones en justas poéticas, etc., dificulta enormemente el logro de bibliografías totales. Sin ignorar cuan incompleta ha de resultar la tentativa en esta primera versión, en este volumen se inicia la ordenación de este fabuloso material, que amplia considerablemente la producción conocida de muchos autores y permite añadir centenares de nombres nuevos, dignos a veces de continuar en el olvido, pero otras de que en el futuro se les preste alguna atención.

Por último, a los índices ya utilizados en los tomos anteriores, añádese en éste uno de Temas, que creemos ha de facilitar la preparación de estudios monográficos.

LITERATURA CASTELLANA

Siglos de Oro

FUENTES GENERALES

HISTORIAS DE LA LITERATURA

1

PFANDL, LUDWIG. *Geschichte der spanischen Nationalliteratur in ihrer Blütezeil.* Freiburg i. Br. Herder. 1929. XIV + 620 págs. 24 cm.

Crítica:

a) Becher, H., en *Razón y Fe,* XCI, Madrid, 1930, págs. 274-76.
b) Bell, A. F. G., en *Litteris,* VI, Lund, 1929, págs. 174-84.
c) García, F., en *Boletín bibliográfico del Centro de Intercambio Intelectual Germano-Español,* III, Madrid, 1930, págs. 8-9.
d) Hatzfeld, H., en *Zeitschrift für romanische Philologie* LI, Halle, 1931, págs. 373-77.
e) Jansen, F., en *Revue bibliographique belgue,* X, 1929, págs. 359-60.
f) Karl, L., en *Bulletin Hispanique,* XXXIV, Burdeos, 1932, págs. 273-77.
g) L., en *Universidad,* VI, Zaragoza, 1929, págs. 286-88.
h) Le Gentil, G., en *Revue Critique d'Histoire et de Littérature,* París, 1929, págs. 555-57.
i) Lenz, A., en *Revue Hispanique,* LXXX, Nueva York-París, 1930, páginas 723-46.
j) Meier, H., en *Revista de Filología Española,* XVIII, Madrid, 1931, páginas 165-70.
k) Mulertt, W., en *Archiv für das Studium der neueren Sprachen,* CLVIII, Braunsweig, 1930, págs. 298-99.
l) Petriconi, H., en *Deutsche Literaturzeitung,* Berlín, 1929, págs. 1.768-71.
ll) Schevill, R., en *Hispania,* XIV, Stanford, 1931, págs. 330-32.
m) Wurzbach, W., en *Literaturblatt für germanische und romanische Philologie,* LI, Leipzig, 1930, páginas 382.-87.

Ejemplares:

MADRID. *Nacional.* 2-77.648.

2

—— *Historia de la literatura nacional española en la Edad de Oro. Traducción... por Jorge Rubió Balaguer.* Barcelona. Sucs. de J. Gili. 1933. XV + 691 págs. 25 cm.

Crítica:

a) Ambruzzi, L., en *Convivium,* VI, Turín, 1934, págs. 761-62.
b) Castro, A., en *Revista de Filología Española,* XXI, Madrid, 1934, páginas 66-67.
c) Castro y Calvo, J. M., en *Universidad,* X, Zaragoza, 1933, págs. 974-75.
d) Entwistle, W. J., en *The Modern Language Review,* XXX, Cambridge, 1935, págs. 113-16.
e) Peers, E. A., en *Bulletin of Spanish Studies,* XI, Liverpool, 1934, páginas 108-11.

Ejemplares:

MADRID. *Consejo General.* R.M.-2.489.

3

——. —— 2.ª ed. Barcelona. G. Gili. [Bilbao. Gryelmo]. 1952. XV + 707 págs.. 10 láms. 25 cm.

Ejemplares:

MADRID. *Nacional.* F-4.504.

COLECCIONES DE TEXTOS Y ANTOLOGIAS

4

ANTOLOGIA de la literatura clásica española. [*Por*] *Lorenzo Luzuriaga.* Buenos Aires. Edit. Estrada. [1940]. 261 págs. 20,5 cm.

Ejemplares:

WASHINGTON, *Congreso.* 42-49030.

5

APOLOGIAS (Las) de la Lengua Castellana en el Siglo de Oro. Selección y estudio por José Francisco Pastor. Madrid. [CIAP. Imp. Blass]. 1929. XXX + 188 páginas con ilustr. 22 cm. (Los Clásicos Olvidados, VIII).

Crítica:

a) Cirot, G., en *Bulletin Hispanique,* XXXIII, Burdeos, 1931, pág. 163.
b) Eguía, C., en *Razón y Fe,* XCI, Madrid, 1930, págs. 375-76.

Ejemplares:

MADRID. *Consejo. General.—Nacional.* 1-106.209.

6

LECTURAS Clásicas Españolas, por Roque Esteban Scarpa. Santiago de Chile. Edit. Zig-Zag. 1941. 752 págs.

Es el tomo II de su colección de Antologías y está dedicado al Siglo de Oro.

Crítica:

a) A. I., en *Revista Hispánica Moderna,* X, Nueva York, 1944, pág. 69.

7

LECTURAS clásicas españolas. Ordenadas y anotadas por Esteban Salazar Chapela. Londres. G. G. Harrap & Co. 1949. 279 págs.

Crítica:

a) Plevich, Mary, en *Revista Hispánica Moderna,* XVII, Nueva York, 1951, pág. 178.

POESIA

8

AVISOS para la Mverte. Escritos por algvnos Ingenios de España... Recogidos y publicados por Luis Remirez de Arellano. Madrid. Vda. de Alonso Martín. A costa de Alonso Pérez. 1634. 16 hs. + 127 fols. 15 cm.

Al recopilador se le llama Luis Remirez de Arellano en algunas ediciones (Madrid, 1634, 1635 y 1652; Sevilla, 1652 y 1660, etc.) y Luis de Arellano en otras (Valencia, 1634; Zaragoza, 1637; etc.).

—[Cita de Séneca].
—[Indice].
—Suma de la tassa.
—Suma del priuilegio.
—Erratas.

—Aprovación del P. Francisco de Macedo, jesuíta.

—Aprovación del M.º Iosep de Valdivielso. (Madrid, 1 de octubre de 1633).

—Dedicatoria a D. Bernardo de Oviedo Prelles.

—Prologo del M.º Iosep de Valdivielso.

—*Dos oraciones muy devotas para antes de la Confession, y Sagrada Comunion, escritas a imitación de otras de San Buenaventura. Por D. Iuan de Iauregui... Antes de la Confessión* [«Autor de Cielo y tierra, Rey de Reyes...»]. *Antes de la Comunion* [«A tu dulce combite y sacra Mesa...»].

1. *Hablando con un Christo en las agonías de la muerte. De frey Lope Felix de Vega Carpio. Endechas.* [«Cercado de congojas...»]. (Fols. 1*r*-8*r*).
2. *Del P. M.º Fr. Diego Niseno. Romance.* [«Favor dulcissimo dueño...»]. (Fols. 8*v*-13*r*).
3. *Del Dr. Antonio Mira de Amescua. Silva.* [«A vos fruto sagrado...»]. (Fols. 13*v*-15*r*).
4. *Del M.º Ioseph de Valdivielso. Romance.* [«Ya es tiempo, Valedor mio...»]. (Fols. 15*r*-20*v*).
5. *Del Dr. Iuan Perez de Montalvan. Romance.* [«Antes Señor, que la lengua...»]. (Fols. 20*v*-25*v*).
6. *Del Dr. Felipe Godinez. Romance.* [«Buen Iesus, Manso Cordero...»]. (Fols. 25*v*-30*v*).
7. *Del Dr. Francisco de Quintana. Romance.* [«Apresurado el aliento...»]. (Fols. 31*r*-35*r*).
8. *Del Licdo. D. Gaspar de la Fuente y Vozmediano. Romance.* [«A pagar por mi obligastes...»]. (Fols. 35*r*-38*r*).
9. *Del M.º Gabriel de Roa. Romance.* [«Ya, Señor, ya llegó el plazo...»]. (Fols. 38*v*-42 *v*).
10. *Del M.º Alonso de Alfaro. Romance.* [«Agora, Señor, agora...»]. (Folios 42*v*-46*r*).
11. *Del Dr. Miguel Geronimo Sanz. Romance.* [«Ya rendida al desamparo...»]. (Fols. 46*r*-49*v*).
12. *Del Licdo. Antonio de Leon. Romance.* [«Dulce Iesus, pues el alma...»]. (Fols. 50*r*-53*v*).
13. *De Gabriel de Henao y Monjaraz. Un hombre que muere mirando con la vela un Crucifixo. Romance.* [«Esta luz, que con los rayos...»]. (Fol. 54*r*-56*v*).
14. *De Pedro Calderón de la Barca. Romance.* [«Agora, Señor, agora...»]. (Fols. 57*r*-61*r*).
15. *De Luis Vélez de Guevara. Romance.* [«Vos en essa Cruz, y yo...»]. (Fols. 61*v*-65*v*).
16. *De Francisco de Rojas Zorrilla. Romance.* [«Agora que el corazon...»]. (Fols. 66*r*-68*r*).
17. *De Antonio de Huerta. Romance.* [«Que poco contra la muerte...»]. (Folios 68*v*-72*r*).
18. *De García de Salzedo Coronel. Romance.* [«Ya, señor, que de la muerte...»]. (Fols. 72*r*-75*r*).
19. *De Antonio de Medina y Fonseca. Soneto.* [«Yo, señor, en pecado concebido...»]. (Fol. 75*v*).
20. *De Pedro de Bolibar y Guevara. Soneto.* [«Esto es morir, Señor, ya de la vida...»]. (Fol. 76*r*).
21. *De Gabriel Bocangel. Romance.* [«Señor, ya de vuestro amago...»]. (Folios 76*v*-80*r*).
22. *De Antonio Pellicer de Tobar y Abarca. Romance.* [«Ya, Señor, que a fiebre aguda...»]. (Fols. 80*r*-88*r*).
23. *De Pedro Rosete Niño. Romance.* [«Señor, Señor, este rato...»]. (Folios 88*v*-92*r*).
24. *De Martín de Figueroa Sarmiento. Endechas.* [«Que tarde, Señor mio...»]. (Fols. 92*r*-96*v*).
25. *De Alfonso de Batres. Romance.* [Señor, antes que despida...»]. (Folios 96*v*-100*r*).
26. *De Iuan Navarro de Espinosa. Romance.* [«Agora, Señor, agora...»]. (Fols. 100*r*-104*r*).
27. *De Francisco de Olivares y Figueroa. Romance.* [«Antes Redentor divino...»]. (Fols. 104*r*-106*r*).
28. *De Luis Remirez de Arellano. Romance.* [«Primero, Redentor mio...»]. (Fols. 106*r*-112*r*).
29. *De Ioseph de Villalobos. Romance.* [«En la mas terrible accion...»]. (Fols. 112*v*-117*v*).
30. *De Ioseph Pellicer de Tovar. Romance.* [«Antes, Señor, que la muerte...»]. (Fols. 117*v*-125*r*).
31. *Acto de Contricion, con protesta-*

ción de la Fe, que el Emperador Carlos Quinto... hazia delante de un Crucifixo todas las noches, antes de recogerse. En prosa. (Fols. 125*v*-127*r*).

Ejemplares:

MADRID. *Nacional.* R-1.857.

9

——— Valencia. Iuan Bautista Marçal. A costa de Claudio Mace. 1634. 12 hs. + 90 fols. 14 cm.

Ejemplares:

MADRID. *Nacional.* R-11.619. (Con ex-libris de Gayangos).

10

——— Zaragoza. 1634.

Cit. por Ticknor, *Historia...*, III, pág. 266. «No tenemos noticia alguna de que haya existido esta edición...» (Jiménez Catalán, *Tipografía zaragozana del s. XVII*, n.° 335).

11

——— Madrid. Imp. del Reyno. A costa de Alonso Pérez. 1635. 16 hs. + 118 fols. 14,5 cm.

Ejemplares:

MADRID. *Nacional.* R-13.908.

12

——— Zaragoza. Diego Dormer. A costa de Matías de Lizao. 1637. 6 hs. + 90 fols. 15 cm.

V. Jiménez Catalán, *Tipografía zaragozana del s. XVII*, n.° 359.

13

——— Madrid. Imp. del Reino. 1639. 128 fols. 15 cm.

Ejemplares:

OVIEDO. *Universitaria.* A-408

14

——— Zaragoza. Iuan de Larumbe. 1640. 6 hs. + 90 fols 15 cm.

Ejemplares:

MADRID. *Nacional.* 3-27.287.

15

——— Zaragoza. Pedro Lanaja y Lamarca. 1648. 6 hs. + 92 fols. 12.°.

V. *Catálogo de la biblioteca de Salvá*, I, n.° 165.

16

——— Añadidos en esta sexta impresión. Madrid. Imp. Real. A costa de Iuan dc Valdés. 1652. 11 hs. + 124 fols. 14,5 cm.

—Dedicatoria a San Iuan de Dios, por Iuan de Valdés.

V. *Catálogo de la biblioteca de Salvá*, I, n.° 166.

Ejemplares:

MADRID. *Nacional.* R-6301 (con ex-libris de la Condesa del Campo de Alange).

17

——— Añadidos en esta séptima impresión. Sevilla. Nicolás Rodríguez. 1652. 12 hs. + 95 fols. 15,5 cm.

Ejemplares:

MADRID. *Nacional.* R-1.819.

18

——— Zaragoza. 1654. 12.°.

Cit. en Ticknor, *Historia...*, III, páginas 266.

19

——— Zaragoza. Diego Dormer. 1657. 6 hs. + 90 fols. 14,5 cm.

Ejemplares:

MADRID. *Nacional.* R-8.229.

20

——— 7.ª ed. Madrid. Andrés García de la Iglesia. 1659. 7 hs. + 123 págs. 8.°

V. *Catálogo de la biblioteca de Salvá*, I, n.° 167.

Ejemplares:

MADRID. *Nacional.* R-7.563 (sin portada).

21

——— Sevilla. Nicolás Rodríguez.

1660. 2 hs. + 130 fols. + 2 hs. 15 cm.

Ejemplares:

MADRID. *Nacional.* R-2.846.

22

——— Añadidos en esta Décima impresión. Alcalá. María Fernández. A costa de Iuan de San Vicente. 1671. 12 hs. + 124 fols. 14,5 cm.

—Dedicatoria ala Soberana Emperatriz del Cielo y Tierra, María Señora Nuestra..., por Iuan de San Vicente.

Ejemplares:

MADRID. *Nacional.* R-1.850 (con ex-libris de Fernando José de Velasco).

23

——— Añadidos en esta séptima impresión. Madrid. Viuda de Melchor Alegre. A costa de Santiago Martín Redondo. 1672. 12 hs. + 125 fols. 15 cm.

—Dedicatoria a Fr. Francisco de S. Antonio, General de la Sagrada Religión de San Iuan de Dios, por Santiago Martín Redondo.

V. *Catálogo de la biblioteca de Salvá,* I, n.º 168.

Ejemplares:

MADRID. *Nacional.* R-3.264.

24

——— Sevilla. Lucas Martín de Hermosilla. 1697. 12 hs. + 189 páginas + 1 h. 15 cm.

Ejemplares:

MADRID. *Nacional.* R-5.487. OVIEDO. *Universitaria.*. A-400.

25

——— Sevilla. Lucas Martín de Hermosilla. [s. a.]. 11 hs. + 189 fols. + 1 h. 15 cm.

La licencia está fechada en 1696.

Ejemplares:

MADRID. *Nacional.* 3-56.333.

26

——— *Colección de romances a Cristo Crucificado compuestos a competencia por varios ingenios de fines del siglo 16.* 9.ª ed. Madrid. Imp. de M. de Burgos. 1832. 288 págs. 10,5 cm.

Al principio, se indica que la última edición databa de 1659, lo cual, como se ha visto, es inexacto.

Ejemplares:

SANTANDER. *«Menéndez y Pelayo.»* R-I-B-95.

27

CANCIONES populares de la Edad de Oro. Selección y prólogo de Santiago Magariños. Barcelona. Edic. Lauro. 1944. 476 págs. 21,5 cm. (Colección Ave Fénix).

Crítica:

a) Entrambasaguas, J. de, en *Revista de Bibliografía Nacional,* V, Madrid, 1944, págs. 153-54.

Ejemplares:

MADRID. *Consejo General.*—WASHINGTON. *Congreso.* 46-15120.

28

DELICIAS de Apolo, recreaciones del Parnaso, por las tres mvsas Vrania, Evterpe, y Caliope. Hechas de varias poesias de los Mejores Ingenios de España. Zaragoza. Iuan de Ybar. 1670. 6 hs. + 188 págs. a 2 cols. 20 cm.

Preliminares:

—Dedicatoria a D. Fernando Aluarez de Toledo, por Ioseph Alfay

—Aprobación del Dr. D. Jacinto Alvarez.

—Licencia.

—Prólogo al lector.

—Contempla de la Esfera lucientes Astros; del sr. Marques de Legarda. [«Tu divino aliento Urania...»].

—Dezima que hizo el Autor para que precediesse al Romance... [«Vuestra vida, o gran Maria...»].

—Aprobación de Ioseph del Calvo y Monreal.

Sumario:

—*Urania. Musa VII. Canta divinos poemas.*

1. *A la vida de Nuestra Señora. Romance. De Antonio de Mendoza.* [«Luziente, fecunda Estrella...»]. (Páginas 1-45).

2. *A la Soledad de Nuestra Señora de Balma, de Antonio de Mendoza.* [«Soledad, no ay Compañía...»] (Página 45).

3. *La mayor Obra de Dios Nuestro Señor, con varios puntos de Astrologia, del Fenix de España, Lope de Vega Carpio.* [«Aquel Divino Pintor...»]. (Págs. 45-49).

4. *Soneto a la Astrologia.* [«De Cielos, y Elementos ordenado...»]. (Página 49).

5. *Romance. Discurriendo por el Nacimiento, Vida, y Muerte de Nuestro Redentor de un grande Ingenio Castellano.* [«Entre las sueltas escarchas...»]. (Págs. 50-51).

6. *Afectos divinos.* [«Con ver mudança, mi Dios...»]. (Págs. 51-52).

7. *Enseña el ensayo de la Muerte. De Antonio Gual.* [«Ya muero Señor, ya escucho...»]. (Págs. 52-61).

8. *Romance. De un hombre puesto en el ultimo trance de su vida hablando con un Crucifixo.* [«Señor, ya estoy de partida...»]. (Págs. 61-63).

9. *Canta lagrimas eternas, y afectos de un Coraçon puesto en Dios Nuestro Señor. De Ioseph Lucio Espinosa y Malo.* [«De mis ardientes suspiros...»]. (Págs. 64-71).

10. [*Soneto*]. [«De las culpas Señor que he cometido...»]. (Pág. 71).

11. *Al Exmo. Sr. Duque de Gandía. Romance.* [«Suba el ingenio veloz...»]. (Págs. 71-72).

—*Euterpe Musa VIII. Canta con humanas vozes.*

12. *Fabula de Mirra de Valentín de Cespedes.* [«Canto de amor los horrores...»]. (Págs. 73-80).

13. *A una Dama, que por dar su Retrato a su Galan, le dio una Lamina, en que estava gravado el de la muerte. De Manuel de Buytrago y Zayas. Romance.* [«Trocaste tu efigie, Lisi...»]. (Págs. 80-81).

14. *Fabula de Adonis, de Diego de Frías.* [«O dulce honor de mi pluma...»]. (Págs. 81-86).

15. *Romance, de Geronimo Cancer.* [«Iuanica, la mi Iuanica...»]. (Páginas 86-87).

16. *Romance amoroso. De Antonio de Mendoza.* [«La gala de la hermosura...»]. (Pág. 88).

17. *Romance amoroso, a una dama. De Pedro Calderón.* [«No me conoceis Serranos?...»]. (Págs. 89-90).

18. *Endechas liricas. De Antonio de Mendoza.* [«Pastores, que me abraso...»]. (Pág. 90).

19. *Romance amoroso. De Antonio de Mendoza.* [«En la mudança de Gila...»]. (Págs. 90-91).

20. *Letrilla amorosa. De Luis de Góngora.* [«Paloma era mi querida...»]. (Pág. 91).

21. *A una dama. Romance.* [«La bella deidad del Tajo...»]. (Págs. 91-92).

22. *A la Fortuna, de Anastasio Pantaleón. Romance.* [«Iurarálo yo Fortuna...»]. (Págs. 92-94).

23. *A la Fiesta de los Toros, que huvo en Madrid, á los años de la Reyna. De Grabiel de Bocangel. Romance.* [«Gran Heroe, Duque de Sessa...»]. (Págs. 94-98).

24. *Pregunta Fabio a Menandro como se portará con su dama... Romance.* [«Pedisme consejo en caso...»]. (Páginas 98-103).

25. *Consejos para la Corte, y Universidad de Bolonia. Por Iuan de Matos Fragosso.* [«Mas ya que del tosco traje...»]. (Págs. 103-4).

26. *De Gabriel de Bocangel, hallandose en su amor obstinado a muchos desengaños.* [«Pastor mal afortunado...»]. (Pág. 105).

27. *Retrato de una Dama... De Grabiel Bocangel.* [«Anarda va de retrato...»]. (Págs. 105-6).

28. *Deposicion amante de su rendimiento. Del mismo Auctor. Romance.* [«Cautivaronme dos ojos...»]. (Página 106).

29. *A una Dama, que queriendo ser tercera de otra, enamoró a un hombre. De Bocangel.* [«Bien el coraçon señora...»]. (Págs. 106-7).

30. *A Filis llorando una ausencia de su Amante. Del mismo Auctor.* [«Perlas llorava la Niña...»]. (Pág. 107).

31. *Pide una Dama zelos a su amante... Romance.* [«Notava Angelica un dia...»]. (Págs. 107-8).

32. *En la muerte de una Dama... De Bocangel.* [«Adonde está el Sol del Prado...»]. (Págs. 108-9).
33. *A una Dama, que salia a tomar el azero... De Antonio Cuello. Dezimas.* [«Camina en tu breve esfera...»]. (Pág. 109).
34. *Canta el retrato de una hermosura. De Francisco de Quebedo.* [«La flota, que de Indias vino...»]. (Páginas 109-10).
35. *Letrilla que se cantó en Palacio.* [«Porque esta llorando el Alva...»]. (Pág. 110).
36. *El Pastor Belardo, a Luzinda. Romance.* [«Famoso Guadalquivi (*sic*)...»]. (Págs 110-11).
37. *Romance a una Dama. De Iuan de Zabaleta.* [«Saca el Oriente a la Aurora...»]. (Págs. 111-12).
38. *Dido, y Eneas. De Salas Barbadillo.* [«El fugitivo Triano (*sic*)...»]. (Págs. 112-14).
39. *Euterpe canta la Fabula de Atalanta. De Agustin Moreto.* [«Esquiva Atalanta siempre...»]. (Págs. 114-18).
40. *Canta Euterpe la Fabula de Apola y Daphne. De Geronimo de Cancer.* [«Aquel Dios ciego, y malsin...»]. (Págs. 119-20).
41. *Euterpe canta a un luto de una Dama. De Roman Montero.* [«La beldad mas peregrina...»]. (Págs. 120-21).
42. *De Pedro Calderon, a un rio helado.* [«Salid, o Clori divina...»]. (Página 121).
43. *De Geronimo Cancer, a unos ojos negros, Dezimas.* [«Ojos, de cuyo esplendor...»]. (Pág. 122).
44. *De Antonio de Mendoza, probando ser mejor desgraciado discreto, que necio venturoso. Dezima.* [«Si el necio, aunque afortunado...»].
45. *Del mismo, prueba lo contrario.* [«Una perpetua esperança...»].
46. *El mismo, prueba contra lo uno, y lo otro.* [«El que no llega a saber...»]. (Pág. 123).
47. *De Luis de Gongora. Romance.* [«En las orillas del Tajo...»]. (Páginas 123-24).
48. *Fabula de Iupiter, y Europa. De Ioseph Zaporta.* [«Nacio Europa, Ninfa bella...»]. (Págs. 124-33).
49. *En memoria de aver visto a Floris entre las Flores de un hermoso jardin.* [«Salió Floris una tarde...»]. (Página 134).
50. *Descubre Euterpe la Calle Mayor de Madrid el dia de Sana Miguel.* [«En el golfo de Madrid...»]. (Páginas 134-35).
51. *Fabula de Alfeo, y Aretusa.* [«Al Cleonéo Leon...»]. (Págs. 135-38).
52. *Alabança de la hermosissima Laurencia. Romance.* [«Quando sale el Alva hermosa...»]. (Págs. 139-41).
53. *Pinta las prendas de una Dama disfraçada con el nombre de Cloris.* [«Pastores de Mançanares...»]. (Página 142).
54. *A la misma aviendola visto descalça bañarse en Mançanares.* [«Por margenes de esmeralda...»]. (Págs. 142-43).
55. *Endechas de Luis de Gongora.* [«Iunto a una Fuente clara...»]. (Páginas 143-44) .
56. *Coro del exemplo.* [«Este fin a tus desvelos...»]. (Pág. 144).
—*Caliope Mussa VIII. Canta elogios, y memorias de varones ilvstres.*
57. *Elogio a la constancia, valor, y piedad... del Rey nuestro Señor, Filipo el Grande, en el sitio, y entrega de Lerida. De Iuan Lorenço Ybañez de Aoyz.* [«Estos de mi tarda pluma...»]. (Págs. 146-52).
58. *Del Licenciado Vicente Sanchez. Romance.* [«Generoso Don Antonio...»]. (Págs. 153-57).
59. *A D. Iuan de Austria, contemplandole Rayo de la Guerra, y luz de la Paz. Romance heroyco. De un Ingenio desta Ciudad.* [«Del Heroe mas soberano...»]. (Págs. 158-59).
60. *Del Dr. Ioseph Tafalla y Negrete. Romance.* [«Zaragoça, aquel Emporio...»]. (Págs. 160-65).
61. *Lagrimas de Scipion Africano, en la ruyna de Numancia. De Francisco Pinel. Romance.* [«Aquella Ciudad famosa...»]. (Págs. 165-67).
62. *A Cespedes el Bravo. Romance.* [«Esta imitacion de Marte...»]. (Páginas 167-68).
63. *Al valeroso Cespedes. Romance en Ecos. Por Iuan de Matos Fragoso.* [«Esse marmol que respira...»]. (Páginas 168-69).
64. *Sucesso raro estando sitiada Novara por los Franceses. Romance.*

[«Contra el campo numeroso...»]. (Páginas 169-71).

65. *Octavas Heroycas al Rey Carlos II.* [«Si entre las luzes del primer agrado...»]. (Págs. 171-74).

—*Euterpe Musa VIII. Canta con canoras vozes varios afectos del amor, y de la hermosura...*

66. *De Agustin Moreto y Cabaña, 1670. A los ojos de una Hermosa Dama.* [«Ya no mata amor, çagales...»]. (Pág. 176).

67. *Canta enseñando con vozes morales, y politicas ser Cortesano Discreto. De Gabriel Bocangel.* [«A la Corte vas Fernando...»]. (Págs. 177-83).

68. *Consejos politicos para la Corte, Segunda parte. Por Iuan de Matos.* [«A la Corte vas Montano...»]. (Página 184).

69. *Al Rey Nuestro Señor. Octavas.* [«Oy pues Carlos Heroyco, que el dichoso...»]. (Págs. 185-87).

70. *Al Serenissimo Señor Don Xuan de Austria, Soneto en grazia, que nos haya benido á Birrey de Aragon.* [«Este, que a boz en grito (ó Buleqino!...»]. (Pág. 188).

V. Gallardo, *Ensayo,* I, n.° 132.

Ejemplares:

MADRID. *Cortes Españolas.* S.3565-A. 79. *Nacional.* R - 2.733. — SANTANDER. *«Menéndez y Pelayo».* R-IX-2-6.

29

ESTACIONES (Las) del Año. Cuatro poemas inéditos de la Academia Granadina por Juan de Arjona, Gregorio Morillo, Gutierre Lobo y Juan Montero. Tirada de 450 ejemplares numerados, no venales. Valencia. Edit. Castalia. [Tip. Moderna]. 1949. 61 págs. con ilustr. + 3 hs. 24 cm.

Págs. 9-10: Introducción, por A. R[odríguez] M[oñino].

1. *Silva a el hibierno, por Gutierre Lobo.* [«Vesse una ynculta sierra, y escabrosa...»]. (Págs. 11-22).

2. *Silva a el Verano, por Juan de Arjona.* [«Sople alegre Fauonio a mis espaldas...»]. (Págs. 23-37).

3. *Silva a el Estio, por Gregorio Morilio.* [«Dexan las hojas sus maternos lazos...»]. (Págs. 39-53).

4. *Silva a el Otoño, por Juan Montero.* [«Quando de el Gran Rector caussa primera...»]. (Págs. 55-61).

Ejemplares:

MADRID. *Nacional.* V-2.135-18.

30

FLORES de poetas ilustres de los siglos XVI y XVII. Publícalas A. Bonilla y San Martín. Madrid. Ruiz Hermanos. 1917. XVII + 241 págs. 13 cm. (Clásicos de la Literatura Española, XI).

Ejemplares:

MADRID. *Nacional.* 1-78.326.—WASHINGTON. *Congreso.* 18-19649.

31

GLOSA (La) en el Siglo de Oro. Una antología. Edición de Hans Janner. Madrid. Edic. Nueva Epoca. Collantes de Rubio. 1946. 95 págs. 20,5 cm. (Colección Ene).

Crítica:

a) G. R., en *Archiv für das studium der neueren Sprachen,* CLXXXVII, Braunschweig, 1950, pág. 174.

b) Gili Gaya, S., en *Nueva Revista de Filología Hispánica,* II, Méjico, 1948, págs. 198-99.

c) González Muela, J., en *Revista de Filología Española,* XXX, Madrid, 1946, págs. 209-11.

d) O. G. H., en *Hispanic Review,* XV, Filadelfia, 1947, pág. 408.

Ejemplares:

MADRID. *Ateneo.* E-2.021. *Consejo General.*

32

HEROIC (The) Poem of the Spanish Golden Age. Selection chosen with Introduction and Notes by Frank Pierce. Nueva York-Toronto. Oxford University Press. 1947. XX + 232 págs.

Fragmentos de *Arauco domado, La Jerusalén conquistada, La Cristiada* y *El Bernardo.*

Crítica:

a) Horne, J. Van, en *Hispinc Review*, XVII, Filadelfia, 1949, págs. 257-58.

33

LUCHA (La) contra el pirata en nuestra poesía. Antología. Selección y prólogo de Juan del Mar. Madrid. Vicesecretaría de Educación Popular [Aguirre]. 1942. 210 págs.

34

MEJOR (La) lírica del Siglo de Oro. Síntesis de tiempo y autoridades. [Por] José Vega. Madrid. A. Aguado. 1944. 252 págs. 12,5 cm. (Colección «Mas allá»).

Ejemplares:

MADRID. *Nacional.* 4-16.030.

35

NAVIDAD (La) de los Nocturnos en 1591. Edición y notas por Arturo Zabala. Edición de 500 ejemplares. Valencia. Edit. Castalia. [Tip. Moderna]. 1946. 65 páginas + 1 h. 20 cm.

Ejemplares:

MADRID. *Consejo General.*

36

POESIA Heroica del Imperio. Antología y prólogos de Luis Rosales y Luis Felipe Vivanco. Madrid. Edit. Nacional. [Barcelona. Inst. Gráf. Oliva de Vilanova]. 1941-43. 2 vols. 25 cm.

Ejemplares:

MADRID. *Consejo. General. — Nacional.* 6-10.451.

37

POESIA Sevillana en la Edad de Oro: Fernando de Herrera, Baltasar del Alcázar, Francisco de Rioja, Juan de Arguijo, Edición prólogo y notas de Alberto Sánchez. Madrid. [Gráf. Ultra]. [1948]. 497 págs. con grabs. 12 cm. (Clásicos Castilla, IX).

Crítica:

a) Varela, José Luis, en *Arbor*, XVI, Madrid, 1950, n.º 55-56, págs. 541-42.

Ejemplares:

MADRID. *Consejo. Patronato «Menéndez y Pelayo».* 7-2.961.

38

POESIAS de antaño. Colección formada por Antonio Guzmán e Higueros. (En *Revue Hispanique*, XXXI, Nueva York-París, 1914, págs. 259-304, 524-608).

39

POESIAS barias y recreación de buenos ingenios. A description of Ms. 17556 of the Biblioteca Nacional Matritense, with Some Unpublished Portions Thereof by J. M. Hill. Bloomington. University Bookstore. 1923. 135 págs. 8.º (Indiana University Studies, X, núm. 60).

Crítica:

a) Serís, H., en *Revista de Filología Española*, XIII, Madrid, 1926, págs. 389-91.

40

POESIAS espirituales escritas por... F. Luis de Leon...; Diego Alfonso Velazquez de Velasco; F. Paulino de la Estrella...; F. Pedro de Padilla...; y Frey Lope Felix de Vega Carpio. Madrid. Imp. de Andrés de Sotos. 1779. 11 hs. + 360 páginas. 15 cm.

Ejemplares:

MADRID. *Nacional.* 3-43.074.

41

POESIAS germanescas. Por J M. Hill. Bloomington. 1945. XI + 258 págs. (Indiana University Publications Humanities Series, XV).

Crítica:

a) Clavería, C., en *Hispanic Review*, XVI, Filadelfia, 1948, págs. 77-79.
b) Jacovella, Bruno C., en *Revista de la Universidad de Buenos Aires*, 4.ª época, I, Buenos Aires, 1947, págs. 180-84.
c) Rey, A., en *Hispania*, XXIV, Stanford, 1946, págs. 634-36.

42

POESIAS inéditas de Herrera el Divino, Quevedo, Lope de Vega, Argensola (Lupercio), Góngora, Marqués de Ureña y Samaniego, María Gertrudis Hore, Alvaro Cubillo de Aragón, Juan de Matos Fragoso, Cristóbal del Castillejo, Luis Gálvez de Montalvo, Zaida (poetisa morisca), Tirso de Molina, Baltasar de Alcázar. Madrid. Edit. América. [s. i.]. [s. a.]. 198 págs. 18 cm. (Biblioteca de Autores Varios, IV).

Ejemplares:

MADRID. *Nacional*. 1-75.807.

43

POESIAS varias de grandes ingenios españoles. Recogidas por Ioseph Alfay. Zaragoza. Iuan de Ibar. A costa de Iosef Alfay. 1654. 4 hs. + 160 págs. + 4 hs. 4.º

—Aprobacion del Dr. Iuan Francisco Ginobes.
—Licencia.
—Dedicatoria a D. Francisco de la Torre, cavallero de Calatrava, por Iosef Alfay.
—Prologo al lector.

1. *Romance de Antonio de Mendoza a una Dama, disualdele no se case.* [«Desdicha, hermosura, y Nouia...»]. (Págs. 1-3).
2. *Al tumulo del Rey, que se hizo en Seuilla. Soneto.* [«Voto a Dios que me espanta esta grandeza...»]. (Páginas 3-4).
3. *Dezima. De Francisco de Quevedo al mosquito de trompetilla.* [«Saturno alado, ruido...»]. (Pág. 4).
4. *Romance de los toros de Madrid.* [«Oye Marica que vengo...»]. (Pág. 5).
5. *A uno que por assentarse en el seruicio, se assentó en un brasero. Romance.* [«En Fuen mayor esa Villa...»]. (Pág. 5-7).
6. *Soneto de Luis de Gongora al Padre Pineda, porque no le dió premio en un Certamen.* [«En justa, injusta expuesto a la sentencia...»]. (Páginas 7-8).
7. *Respuesta del Padre Pineda.* [«En la justa muy justa la sentencia...»]. (Pág. 8).
8. *Dezima. De Francisco La Torre.* [«Refieren muy resolutos...»]. (Pág. 9).
9. *Romance gustoso. Consejos que da una vieja a una Niña.* [«Una Cortesana Vieja...»]. (Págs. 9-10).
10. *Soneto. De Luis de Gongora a Francisco de Quevedo.* [«Anacreonte Español, no aī quien os tope...»]. (Páginas 10-11).
11. *A una muger que siendo muy puerca, presumia que la querian por hermosa.* [«Sin esperar la lucha picaril...»]. (Pág. 11).
12. *Dezima. Al ruyseñor de Francisco de Quevedo.* [«Flor con voz, volante flor...»]. (Pág. 12).
13. *Romance. A la fiesta de toros real, que a los felicissimos años de la Reyna nuestra señora celebró Madrid. De Gabriel Bocangel.* [«Gran Heroe Duque de Sessa...»]. (Págs. 12-16).
14. *Soneto. De Luis de Gongora, a Lope de Vega.* [«Por tu vida Lopillo, que me borres...»]. (Pág. 17).
15. *Romance lirico. De Antonio de Mendoza, a unos ojos* [«Los mas bellos ojos negros...»]. (Págs. 17-18).
16. *Quintilla. Al regueldo.* [«El regueldo bien mirado...»]. (Pág. 18).
17. *Romance lirico.* [«La preñadilla de Anton...»]. (Págs. 18-19).
18. *Soneto.* [«Para que dime, Marcia, te perfumas...»]. (Pág. 19).
19. *Romance. De Luis de Gongora, a unos Zelos.* [«En las orillas del Tajo...»]. (Págs. 19-20).
20. *Dezima. A un presente del azeitunas.* [«Para hazerles el processo...»]. (Pág. 21).
21. *Romance de Garcia de Porras, a una caza.* [«Saca el oriente a la aurora...»]. (Págs. 21-22).
22. *Soneto. A D. Francisco de Que-*

vedo. [«Si no sabeis, señora de Zetina...»]. (Pág. 23).
23. *Romance. Al sucesso de D. Francisco de Queuedo, con una fea.* [«Empujar quiero mi voz...»]. (Págs. 23-25).
24. *Dezima. A la fuente de Garcilaso, del Canonigo Leonardo.* [«Pasagero a la gran fuente...»]. (Pág. 26).
25. *Satira. De Luis de Góngora.* [«Quando boluí de las Indias...»]. (Páginas 26-28).
26. *Soneto. A un valiente.* [«Un Valentón de espatula, y gregesco...»]. (Pág. 28).
27. *Romance. De Montalvan, a una boca.* [«Clauel diuidido en dos...»]. (Pág. 29).
28. *Dezima. A la fuente de Garcilaso, de Francisco de Sayas.* [«Este sonoro cristal...»]. (Págs. 29-30).
29. *Fabula de Atalanta, de Cespedes.* [«Esquiua Atalanta siempre...»]. (Páginas 30-34).
30. *Soneto. De Lope de Vega, contra los Cultos.* [«Boscan tarde llegamos; ai posada?...»]. (Pág. 35).
31. *Romance. De Antonio de Mendoza.* [«El alua Marica...»]. (Páginas 35-36).
32. *Redondillas, de Orozco.* [«El galan que me quisiere...»]. (Pág. 37).
33. *Romance amoroso. De Luis de Góngora, retrata una hermosura.* [«La flota, que de Indias vino...»]. (Páginas 37-38).
34. *Epitafio. De Francisco de Quevedo.* [«En esta piedra yaze un mal christiano?...»]. (Pág. 38).
35. *Romance. De Diego Morlanes, a un luto.* [«La beldad mas peregrina...»]. (Pág. 39).
36. *Cancion real, a una mudanza.* [«Ufano, alegre, altiuo, enamorado...»]. (Págs. 40-45).
37. *Romance. De García de Porras, a un río helado.* [«Salid, ó Clori diuina...»]. (Pág. 46).
38. *Dezima. De Francisco de Quevedo, al mosquito del vino.* [«Mota, borracha, golosa...»]. (Pág. 47).
39. *Coplas de pie quebrado, de un borracho, a una bota.* [«A una bota de Peralta...»]. (Págs. 47-48).
40. *Vexamen a Iudas. Coplas.* [«A Iudas Bexamen doi...»]. (Págs. 48-49).
41. *Soneto. De Francisco de Sayas, a la Rosa.* [«Estas exalaciones peregrinas...»]. (Pág. 50).
42. *Romance amoroso. De García de Porras, a una dama.* [«No me conoceis Serranos?...»]. (Pág. 51).
43. *Refiere las quexas de un verdugo. Letrilla satírica.* [«Un Verdugo se quexaua...»[. (Pág. 52).
44. *Redondilla. Al romance de Piramo y Tisbe, de Luis de Gongora.* [«Este romançon compuso...»].
45. *Romance satírico.* [«Escuchadme atentamen[te]»...]. (Págs. 53-54).
46. *Soneto. De Francisco de la Torre, a la Madalena.* [«Difunta al gusto, viua ya á la pena...»]. (Págs. 54).
47. *Romance. De Luis de Gongora, a una Dama.* [«La bella deidad del Tajo...»]. (Pág. 55).
48. *Epitafio. A un hombre pequeño.* [«Caminante, aguarda, espera...»]. (Página 56).
49. *Romance. De Luis de Gongora.* [«Hijo mío, no te engañe...»]. (Páginas 56-57).
50. *Quintilla.* [«Aqui se vende Letor...»]. (Pág. 57).
51. *Romance. De Luis de Gongora.* [«Iusticia en dos puntos hecha...»]. (Pág. 58).
52. *Dezimas satíricas. A un poeta corcobado, que se valió de trabajos agenos. De Luis de Góngora.* [«De las ya fiestas Reales...»]. (Pág. 59).
53. *De Lope de Vega.* [«Pedirme en tal relación...»].
54. *De Francisco de Queuedo.* [«Yo ví la segunda parte...»].
55. *De Antonio de Mendoza.* [«Ya de corcoua en corneja...»].
56. *Del Dr. Iuan Perez de Montaluan.* [«La relación he leído...»].
57. *De Luis Vélez de Gueuara.* [«La Dama, que en los chapines...»].
58. *Del Dr. Mira de Mescua.* [«Alarcón, Mendoza, Hurtado...»]. (Pág. 60).
59. *De Fr. Gabriel Téllez.* [«Don cohombro de Alarcón...»].
60. *De Alonso Salas Barbadillo.* [«El segundo Claramonte»...].
61. *De Fr. Iuan Centeno.* [«En el cascarón metido...»].
62. *De Alonso de Castillo y Solorzano.* [«El poema, que a Alarcón...»].
63. *De Alonso Perez Marino.* [«Aquí se muestra un retablo...»]. (Págs. 60-61).

64. *De un aragonés.* [«Con los dineros de Zea...»]. (Pág. 61).
65. *Fabula de Apolo y Daphne. De Alonso de Salas Barbadillo.* [«Aquel Dios ciego, y malsín...»]. (Págs. 61-62).
66. *Epitafio. A una descasada, que murió de camaras.* [«Aquí jaze Mari Blas...»]. (Pág. 62).
67. *Endechas líricas. De Antonio de Mendoza.* [«Pastores, que me abraso...»]. (Pág. 63).
68. *Dezima. A una voz de una dama.* [«La mano en el instrumento...»].
69. *Endechas. De Luis de Góngora.* [«Iueues era Iueues...»]. (Págs. 64-65).
70. *Redondilla burlesca.* [«Señora, no puedo mas...»]. (Pág. 65).
71. *Fabula de Adonis. De Diego de Frías.* [«O dulce honor de mi pluma...»]. (Págs. 65-70).
72. *Soneto. De Gaspar Sotelo, a un clabel en la boca de una Dama.* [«Un clavel de Lucinda enamorado...»]. (Página 70).
73. *Romance amoroso. De Antonio de Mendoza.* [«En la mudança de Gila...»]. (Pág. 71).
74. *Dezima. De Gaspar Sotelo, a un desmayo.* [«Flor con alma la mas fiel...»].
75. *Romance. De Villayzan, a un pensamiento.* [«Atrevidos pensamientos...»]. (Pág. 72).
76. *Soneto. De Francisco Latorre, a la Rosa.* [«Rompe la concha de esmeraldas finas...»]. (Págs. 72-73).
77. *Redondillas. De Pedro Calderón, a unos ojos.* [«Mas que el Basilisco, Inés...»]. (Págs. 73-74).
78. *Dezimas. De Gerónimo Cancer, a unos ojos negros.* [«Ojos, de cuyo esplendor...»]. (Pág. 74).
79. *Romance. De Luis de Gongora, a una partida.* [«Quedad sobre esse peñasco...»]. (Pág. 75).
80. *Memorial que hizo de repente un estudiante* [«Doña Iuana de Bolanes...»]. (Pág. 76).
81. *Redondillas. De Antonio de Mendoza, a un tuerto.* [«El yerro tengo por cierto...»]. (Págs. 76-77).
82. *Romance lírico. De Antonio de Mendoza.* [«Compitiendo con las seluas...»]. (Pág. 77).
83. *Quintilla. De Iuan Fernandez.* [«Tanta de corcoba atras...»]. (Págs. 77-78).
84. *Dido y Eneas. De Salas Barbadillo.* [«El fugitiuo Troiano...»]. (Págs. 78-79).
85. *Soneto. De Antonio de Mendoza, a un olmo caída la hoja* [«Olmo fuí ayer, ó hiperbole florido...»]. (Págs. 79-80).
86. *Endechas. De Luis de Góngora.* [«Iunto a una fuente clara...»]. (Pág. 80).
87. *Dezimas. De García de Porras, al Iardín de Lisis.* [«Si miras la amenidad...»]. (Pág. 81).
88. *Sátira. De Luis de Góngora.* [Atención por vida mía...»]. (Páginas 82-83).
89. *Soneto. De Luis de Gongora, a las Obras de Lope de Vega* [«Aquí del Conde Claros, dixo, y luego...»]. (Página 83).
90. *Dezima. De Antonio de Mendoza, probando ser mejor desgraciado discreto, que necio venturoso.* [«Si el necio, aunque afortunado...»]. (Pág. 84).
91. *Del mismo prueva lo contrario.* [«Una perpetua esperança...»].
92. *El mismo, prueva contra lo uno y lo otro.* [«El que no llega a saber...»].
93. *Redondillas. De Baltasar del Alcazar, a una grande nariz.* [«Tu nariz, hermana Clara...»]. (Págs. 84-85).
94. *Romance lírico. De Luis de Gongora, a un cuidado.* [«Rabioso, y mortal cuidado...»]. (Pág. 85).
95. *Romance. De Luis Velez, a un hombre mui flaco.* «Digasme tu, el esqueleto...»]. (Pág. 86).
96. *Letrilla amorosa. De Luis de Gongora.* [«Paloma era mi querida...»]. (Pág. 87).
97. *Romance amoroso. De Antonio de Mendoza.* [«La gala de la hermosura...»]. (Págs. 87-88).
98. *Enigma. De Francisco de la Torre.* [«Deme el discreto razon...»]. (Páginas 88-89).
99. *Romance. De Luis de Gongora, a Policena.* [«Enternecido el sepulcro...»]. (Págs. 89-90).
100. *Xacara. Cuenta la vida desastrada de un hombre.* [«El Pintor de cuchilladas...»]. (Págs. 90-91).
101. *Fabula de Iupiter y Europa. Por Iusepe Zaporta. En dezimas.* [«O tu que Mecenas mío...»]. (Págs. 91-100).

102. *Xacara.* [«Parado estava a una esquina...»]. (Págs. 100-101).

103. *Xacara.* [«Inesilla de Segovia...»]. (Págs. 101-2).

104. *A mi señora doña Ana Chanflon, tundidora de gustos... De Francisco de Quevedo.* [«Con eneguas, la Tusona...»]. (Pág. 103).

105. *De Pedro Panzano.* [«Con el mulato de Anduxar...»]. (Págs. 103-4).

106. *Xacara nueva burlesca.* [«Aquel racional mosquito...»]. (Págs. 104-5).

107. *Satira a las medias de pelo.* [«Oigan señores galanes...»]. (Páginas 105-6).

108. *A una dama que se correspondía con un Capón.* [«Dizen que tiene Iuanilla...»]. (Págs. 106-9).

109 [*Sin título*]. [«En la Trapería...»]. (Págs. 109-11).

110. *La Mariposa. Romance.* [«En la mas noble region...»]. (Págs. 111-13)

111. *Pintura a una dama. De Gerónimo Cancer.* [«Oye, Amarilis discreta...»]. (Págs. 113-17).

112. *Soneto a un álamo injuriado del invierno...* [«Alamo, Aguila ojosa que bolaste...»]. (Pág. 117).

113. *Danida a Cloris en su ausencia.* [«Deidad desta ribera...»]. (Páginas 118-19).

114. [*Sin titulo*]. [«Con los ojos de Gileta...»]. (Págs. 119-20).

115. *Letrilla que se cantó en Madrid a una Dama de Palacio, año 1654.* [«Porque está llorando el Alba...»]. (Pág. 120).

116. *Romance.* [«Famoso Guadalquiví...»]. (Págs. 120-21).

117. *A ciertos murmuradores. Esdrujulos.* [«Mandasme amigo caríssimo...»]. (Pág. 121).

118. *A un hombre calvo, natural de Belilla, que compuso un Tratado de su Campana.* [«Un discurso campanil...»]. (Pág. 121).

119. *Letra.* [«A pesar del Prado sale...»]. (Pág. 122).

120. *Fabula de Mirra. De Céspedes.* [«Canto de amor los horrores...»]. (Páginas 122-28).

121. *Entretenimiento jocoso, con que se riñe la hermosura de una Dama.* [«Hermosíssima Iulia, que a pellizcos...»]. (Págs. 129-33).

122. *A una dama que salía a tomar el azero.* [«Camina en tu breve esfera...»[. (Pág. 134).

123. *Hizo conjetura un Amante por el tamaño de la mano de su Dama, que sería breve el pie.* [«De tanta nieve viviente...»].

124. *Yendo a una recreación unos amigos; haze la suma del regalo que les hizo. Romanze.* [«Insignissimos amigos...»]. (Págs. 135-36).

125. *Liras a un sueño.* [«Con recia confiança...»]. (Págs. 136-37).

126. *De Alberto Diez.* [«Oye amigo, oye Cochero...»]. (Págs. 137-39).

127. *Declarando si son los Guarda-Damas los tres enemigos del alma, ó si son otro enemigo diferente. De Antonio Coello. Endechas.* [«Amigos Guarda Damas...»]. (Págs. 139-42).

128. *Quexase Añasco de sus desdichas, y encarga la virtud a los hombres.* [«A la Chillona, se quexa...»]. (Págs. 142-43).

129. *A una dama mui interesada, aviendola visto tropezar. De Francisco de la Torre.* [«Cayó Ynes, y yo no niego...»]. (Pág. 143).

130. *Que porque se llaman à las feas, entendidas? si es la fealdad la mayor necedad. De Antonio Solís. Seguidillas.* [«Yo digo que las feas...»]. (Págs. 144-45).

131. *A una boca grande de una muger. De Francisco de la Torre.* [«Al ver tu ozico estendido...»]. (Pág. 146).

132. *A la Fortuna. De Anastasio Pantaleón. Romanze.* [«Iurarálo yo Fortuna...»]. (Págs. 146-48).

133. *El retrato de otra Iulia.* [«Hallava de mi cielo...»]. (Págs. 148-50).

134. *Que aya sido el misterio de entorpecerse el tormento de Saúl, quando tocava el Arpa David? Soneto.* [«En el Arpa, en los dedos, ó en el viento...»]. (Pág. 151).

135. *Al estrago de la Predicación Evangélica. De un grande ingenio.* [«Preguntasme; porque con tanto ahinco...»]. (Pág. 152).

136. *A una dama fea, y negra, que se pintava. De Francisco de la Torre.* [«Con polvos Lisis se pinta...»]. (Página 152).

137. *Romanze.* [«Iuanica, la mi Iuanica...»]. (Págs. 153-56).

138. *A una beata de la circunstancia del Soneto. De Gaspar de la Figuera.*

[«Por ser tan fea, a ser discreta vino...»]. (Pág. 156).
139. *A una dama enferma de calentura con un ramo de mosqueta, cogido después de herido del Sol. De un grande ingenio.* [«Ardió al Sol la Mariposa...»]. (Pág. 157).
140. *Un galan requebrando a un cántaro... De Antonio de Silva. Romanze.* [«Clerigo que un tiempo fuí...»]. (Págs. 157-58).
141. *Soneto de disparates. Motejando una muger à un hombre.* [«Para pintarte, empiezo por la boca...»]. (Página 159).
142. *Respuesta del galán a la dama.* [«Es tal tu gracia, y aunque yo al provarla...»[(Pág. 160).

Ejemplares:

MADRID. *Nacional.* R-6.797.

44

——— *Edición y notas de J. M. B[lecua].* Zaragoza. [Heraldo de Aragón]. [1946]. XV + 223 páginas + 2 hs. 24 cm.

Crítica:

a) Alda Tesan, J. M., en *Boletín de la Biblioteca Menéndez Pelayo,* XXII, Santander, 1946, págs. 394-96.

Manuscrito:

MADRID. *Nacional.* 4-24.989.

45

POETAS Baleares. Siglos XVI y XVII. Poesías castellanas, publicadas con una noticia biográfica por Gerónimo Rosselló. Palma. Imp. Gelabert. 1870.-73. 2 vols. 20 cm.

Ejemplares:

SANTANDER. *«Menéndez y Pelayo»* 15.738 (el I).

46

POESIE di ventidue autori spagnuoli del Cinquecento. Tradotte in lingua Italiana da Gianfrancesco Masdeu. Roma. Luigi Perego Salvioni. 1786. 2 ts. en 1 vol. 16 cm.

Edición bilingüe. Texto castellano en las páginas pares e italiano en las impares. Las poesías van precedidas por una biografía de su respectivo autor. Los autores seleccionados son: Alcázar (Baltasar), Argensola (Lupercio y Bartolomé), Balbuena, Boscán, Camoens, Cetina (Gutierre), Ercilla, Figueroa (Francisco), Frías (Damasio), Garcilaso de la Vega, Góngora, Herrera, León (Luis Ponce de), Lomas Cantoral, Martín (Luis), Mendoza (Diego Hurtado de), Quevedo (Francisco Gómez de), Rioja, Squilace (Príncipe de) y Vega (Lope de).

V. Toda, *Bibliografía d'Italia,* III, número 3.141.

Ejemplares:

BARCELONA. *Central.* R. (8) 8.º-196.834.0 =5.—MADRID. *Academia de la Historia.* 1-7-5-3.887/88. *Instituto de Estudios Políticos.* D-9-5-(1.088). *Nacional.* 3-20.246.—SANTANDER. *«Menéndez y Pelayo.»* 3.794.

47

POETAS líricos de los siglos XVI y XVII. Colección ordenada por Adolfo de Castro. Madrid. Rivadeneyra. 1854-57. 2 vols. 25 cm. (Biblioteca de Autores Españoles, XXXII y XLII).

Reimpresión: Madrid. Edit. Hernando. 1927 (el tomo I).
Reimpresión: Madrid. Atlas. 1950.

Ejemplares:

MADRID. *Consejo. General.* [ed. 1950]. *Consejo. Patronato «Menéndez y Pelayo».* 4-32 y 42 [la 1.ª ed.].

48

POETAS religiosos inéditos del siglo XVI sacados á luz, con noticias y aclaraciones, por... Marcelo Macías y García. La Coruña. Tip. de la Papelería de Ferrer. 1890. 187 páginas + 3 hs. 18 cm.

Contiene composiciones de Cristóbal Cabrera, Juan de Aramburu, Jerónimo de los Cobos y Pedro de Sayago.

Ejemplares:

MADRID.. *Nacional* 2-31.708. (Dedicado).—SANTANDER. *«Menéndez y Pelayo».* 1.310.

49

POETAS del siglo XVI. Período clásico (1525-1590). Selección, prólogo y notas por Rafael Lapesa. Barcelona. Edit. Rauter. [Imp. Hispano-Italiana]. [1947]. 215 págs. + 1 h. + 1 lám. 17,5 cm. (Biblioteca Hispania, III).

Ejemplares:

MADRID. *Nacional.* 1-104.053. — WASNINGTON. *Congreso.* 49-28865*.

50

POETAS de los siglos XVI y XVII. Selección hecha por Pedro Blanco Suárez. Madrid. Instituto-Escuela. 1933. 355 págs. 19 cm. (Biblioteca Literaria del Estudiante, XIX).

Ejemplares:

MADRID. *Consejo. Patronato «Menéndez y Pelayo».* E - 1.034. — WASHINGTON. *Congreso.* 34-17870.

51

PRIMERA parte de las Flores de poetas ilvstres de España. Diuidida en dos Libros. Ordenada por Pedro Espinosa... Valladolid. Luis Sánchez. 1605. 12 hs. + 204 fols. 19,5 cm.

—Tassa.
—Erratas.
—Aprobación del Secretario Tomás Gracian Dantisco (Valladolid, 24 de noviembre de 1603).
—Privilegio.
—A la Grandeza del Duque de Bejar, el Contador Iuan López del Valle. Soneto. [«Recebid blandamente, o luz de España...»].
—Dedicatoria al Gran Duque de Bejar.
—Al lector.
—Licdo. Rodrigo de Miranda. Soneto. [«Con lazos de dulçura el pie trauieso...»].
—Poesía latina de Iuan de Aguilar.
—Poesía latina del Licdo. Iuan de la Llana.
—El Marques del Aula. Soneto. [«Tu que das vista (Sol hermoso) a quanto...»].
—Don Rodrigo de Naruaez Rojas. Soneto. [«Honró las verdes seluas, de honor santo...»].
—Iuan Bautista de Mesa. Soneto. [«Si mostrandose Roma agradecida...»].
—Tabla de poetas ilustres, con los nombres de los ingenios de que está compuesto.

Libro 1.º

1. *Don Iuan de Arguijo.* [«La Tirana codicia del hermano...»]. (Fol. 1*r*).
2. *D. Luis de Gongora.* [«Varia imaginacion, que en mil intentos...»]. (Folio 1*v*).
3. *Lupercio Leonardo de Argensola.* [«Lleua tras si los pampanos Otubre...»] (Fols. 1*v*-2*r*).
4. *Licdo. Luis Martinez de la Plaça.* [«Quando a su dulce oluido me combida...»]. (Fol. 2*r*).
5. *Pedro Espinosa.* [«Honra del mar de España, ilustre rio...»]. (Fol. 2*v*).
6. *Francisco de Queuedo.* [«Estauase la Efesia caçadora...»]. (Fols. 2*v*-3*r*).
7. *El Conde de Salinas.* [«Esperança dessabrida...»]. (Fols. 3*r*-5*r*).
8. *Francisco de Queuedo.* [«Que el viejo que con destreza...»]. (Fols. 5*r*-6*r*).
9. *De Dafne y Apolo fabula.* [«De lante del Sol venia...»]. (Fols. 6*r*-8*r*).
10. *Licdo. Luis de Soto.* [«Son estos lazos de oro los cabellos...»]. (Folio 8).
11. *Juan de Valdes y Melendez.* [«Pobreza vil, deshonra del mas noble...»]. (Fols. 8*v*-9*r*).
12. *Baltasar del Alcaçar.* [«Mostrome Ynes por retrato...»]. (Fol. 9*r*).
13. *Licdo. Juan de Valdes y Melendez.* [«Llora la viuda tortola en su nido...»]. (Fol. 9).
14. *Don Luis de Gongora.* [«Leuanta España tu famosa diestra...»]. (Folios 9*v*-11*r*).
15. *Al Rey D. Felipe nuestro señor, el Dr. Agustin de Tejada.* [«Tu, que en lo hondo del heroyco pecho...»]. (Fols. 11*r*-15*r*).
16. *El Comendador Diego de Benauides.* [«Amor, en tus altares he ofrecido...»]. (Fol. 15*r*).
17. *Juan de Arguijo.* [«Ya el fuerte joven, que con muestra hermosa...»]. (Fol. 15).

18. *Baltasar del Alcazar.* [«Reuelome ayer Luysa...»]. (Fol. 15*v*).
19. *Baltasar de Escovar.* [«Assi cantaua en dulce son Herrera...»]. (Folios 15*v*-16*r*).
20. *Lupercio de Argensola.* [«Tanto mi graue sufrimiento pudo...»]. (Folio 16).
21. *Luis de Gongora.* [«Raya (dorado Sol) orna y colora...»]. (Fol. 16*v*).
22. *Lupercio Leonardo de Argensola.* [«Tras importunas lluuias amanece...»]. (Fols. 16*v*-17*r*).
23. *El mismo.* [«Tu por la culpa agena...»]. (Fols. 17*r*-18*v*).
24. *Francisco de Queuedo.* [«Poderoso Cauallero...»]. (Fols. 18*v*-19*v*).
25. *Luis Martin de la Plaza.* [«En rota naue, sin timon ni antena...»]. (Fol. 19*v*).
26. *Licdo. Juan de Valdes y Melendez.* [«La luz mirando, y con la luz mas ciego...»]. (Fol 20*r*).
27. *Licdo. Bartolomé Martinez. De Horacio Oda I.* [«Mecenas descendiente...»]. (Fols. 20*r*-21*v*).
28. *Luis Martin.* [«Yva cogiendo flores...»]. (Fols. 21*v*-22*r*).
29. *Pedro Espinosa.* [«Estas purpùreas rosas que a la Aurora...»]. (Folio 22*r*).
30. *Licdo. Juan de Aguilar. Oda 2 de Horacio.* [«Ya el Padre Omnipotente...»]. (Fols. 22*v*-24*v*).
31. *Luis Martin.* [«Oy muerte (porque yo esperaua el fruto...»]. (Folio 24*v*).
32. *A. D. Christoval de Mora, Luis de Gongora.* [«Arbol de cuyos ramos fortunados...»]. (Fols. 24*v*-25*r*).
33. *Luis Martin.* [«Buelvo de nueuo al llanto...»]. (Fols. 25*r*-26*v*).
34. *Lope de Vega Carpio.* [Hermosas plantas fertiles de rosas...»]. (Folios 26*v*-27*r*).
35. *El mesmo.* [«Plantas sin fruto, fertiles de rosas...»]. (Fol. 27).
36. *Doctor Texada.* [«Despoja el cierço al erizado suelo...»]. (Fol. 27*v*).
37. *Luis de Gongora.* [«O claro honor del liquido elemento...»]. (Folios 27*v*-28*r*).
38. *El mesmo.* [«Buelas, o tortolilla...»]. (Fol. 28).
39. *El mesmo.* [«Qual parece al romper de la mañana...»]. (Fol 29*r*).
40. *Lupercio Leonardo de Argensola.* [«Quien voluntariamente se destierra...»]. (Fol. 29).
41. *Incierto.* [«Ves la instabilidad de la fortuna...»]. (Fol. 29*v*).
42. *Diego de la Chica al dinero.* [«Como el que de las estrellas...»]. (Fols. 30*r*-33*r*).
43. *Diego Ponce de Leon. Oda 3 de Horacio.* [«O tu, dichosa naue...»] (Fols. 33*r*-34*r*).
44. *Juan Baptista de Mesa.* [«Por donde el Sol se pone...»]. (Fol. 34).
45. *El mesmo.* [«Dormia en un prado mi pastora hermosa...»]. (Fol 34*v*).
46. *Al Escurial, Luis de Gongora.* [«Sacros, altos, dorados chapiteles...»]. (Fols. 34*v*-35*r*).
47. *Incierto.* [«Señora, vuestra hermosura...»]. (Fols. 35*r*-37*r*).
48. *Por de Misser Artieda (sic).* [«Viue casi en la bienauenturança...»]. (Folio 37).
49. *Licdo. Luis Martin.* [«O noble suspension de mi tormento...»]. (Folio 37*v*).
50. *Francisco de Queuedo.* [«Aqui yaze un Portugues...»]. (Fol 37*v*).
51. *Lope de Vega.* [«Adios solteras, de embelecos llenas...»]. (Fol. 38*r*).
52. *Licdo. Luis Martin.* [«Durmiendo yo soñaua (Ay gusto breue!...»]. (Fol. 38).
53. *Luis de Gongora.* [«Ya que con mas regalo el campo mira...»]. (Folio 38*v*).
54. *Pedro Espinosa.* [«En una red prendiste tu cabello...»]. (Fol. 39*r*).
55. *Lupercio Leonardo de Argensola.* [«Porque de sus donayres no me rio...»]. (Fol 39).
56. *Licdo. Bartolomé Martinez. Oda 12 de Horacio.* [«O Clio, Musa mia...»]. (Fols. 39*v*-41*v*).
57. *Luis de Gongora.* [«Herido el blanco pie del hierro breue...»]. (Folios 41*v*-42*r*).
58. *El mesmo.* [«Que de embidiosos montes leuantados...»]. (Fols. 42*r*-43*r*).
59. *Pedro Espinosa.* [«Rompe la niebla de una gruta escura...»]. (Folio 43).
60. *Baltasar del Alcazar.* [«Tu nariz, hermana Clara...»]. (Fol 43*v*).
61. *Juan de Arguijo.* [«Si pudo de Anfion el dulce canto...»]. (Fols. 43*v*-44*r*).
62. *Lupercio Leonardo de Argensola.*

[«Dentro quiero viuir de mi fortuna...»]. (Fol. 44).
63. *Incierto.* [«Qual bate el viento en medio el golfo ayrado...»]. (Fol. 44*v*).
64. *Luis de Gongora.* [«Deste (mas que la nieue) blanco toro...»]. (Folios 44*v*-45*r*).
65. *Licdo. Bartolomé Martinez, de Horacio Oda 15.* [«El pastor fementido...»]. (Fols. 45*r*-46*v*).
66. *Francisco de Queuedo.* [«Si con los mismos ojos que leyeres...»]. (Folios 46*v*-47*r*).
67. *Baltasar del Alcazar.* [«Madalena me picó...»]. (Fol. 47*r*).
68. *Baltasar de Escouar.* [«Pues del Ocidental Reyno apartado...»]. (Folio 47*v*).
69. *Incierto.* [«Antes que borre el tiempo mal criado...»]. (Fols. 47*v*-48*r*).
70. *Egloga de Iuan de Morales.* [«Tirsis amaua (sin temer mudança...»]. (Fols. 48*r*-51*r*).
71. *Luis de Gongora.* [«O piadosa pared, merecedora...»]. (Fol. 51).
72. *Mateo Vazquez de Leca.* [«Cuerpo de Dios, Leandro enternecido...»]. (Fols. 51*v*-52*r*).
73. *Lupercio Leonardo.* [«En otro tiempo, Lesbia, tu dezias...»]. (Folio 52*r*).
74. *Incierto.* [«Del sueño en las profundas fantasías...»]. (Fol. 52).
75. *A una dama hermosa, rota y remendada. Francisco de Queuedo.* [«Oye la voz de un hombre que te canta...»]. (Fol. 53).
76. *A una mujer flaca.* [«No os espanteys señora Notomía...»]. (Folios 55*v*-57*v*).
77. *El Marques del Aula.* [«Agora que en tu rostro el suyo atento...»]. (Fols. 57*v*-58*r*).
78. *A un pie que vido de una Dama, Licdo. Juan Antonio de Herrera.* [«Mi bien, como podrá ser...»]. (Fols. 58*r*-59*v*).
79. *A Celestina.* [«Yaze en esta tierra fria...»]. (Fol 59*v*).
80. *Doña Hipolita.* [«Atended que amenguades las espadas...»]. (Folios 59*v*-60*r*).
81. *Pedro Espinosa.* [«Leuantaua (gigante en pensamiento)...»]. (Fol. 60).
82. *Antonio Mohedano.* [«En vano es resistir al mal que siento...»]. (Folio 60*v*).
83. *Dr. Agustin de Texada.* [«Caro Constancio, a cuya sacra frente...»]. (Fols. 60*v*-64*r*).
84. *Soto.* [«Quando las penas miro...»]. (Fol. 64*r*).
85. *Martinez, Oda 17 de Horacio Lib. 1.* [«De su dulce acogida...»]. (Folios 64*v*-65*v*).
86. *Diego de Mendoça* [«Pedis, Reyna, un soneto, yo le hago...»]. (Folios 65*v*-66*r*).
87. *Soto.* [«Las bellas Hamadriades, que cria...»]. (Fols. 66*r*-71*v*).
88. *El Padre Roa.* [«De tan injusta culpa es justa pena...»]. (Fols. 71*v*-72*r*).
89. *Luis de Gongora.* [«Sobre dos Urnas de cristal labradas...»]. (Fol. 72).
90. *Iuan de Arguijo.* [«A quien me quexare del cruel engaño...»]. (Folio 72*v*).
91. *Francisco de Queuedo.* [«Punto en boca...»]. (Fol. 73).
92. *Juan de Vera y Vargas.* [«Mi señora, assi yo viua...»]. (Fols. 73*v*-74*v*).
93. *Licdo. Juan de la Llana.* [«Mecenas, dulce y caro...»]. (Fols. 74*v*-75*r*).
94. *Cepeda.* [«La que nacio de la marina espuma...»]. (Fols. 75*r*-77*v*).
95. *Doña Hipolita.* [«Fuese mi Sol, y vino la tormenta...»]. (Fols. 77*v*-78*r*).
96. *Luis de Soto.* [«De los mas claros ojos...»]. (Fol. 78*r*).
97. *Licdo. Juan de Valdes y Melendez.* [«Celia, a ti muger ninguna...»]. (Fol. 78).
98. *Luis Martin.* [«Si el Sol se pone, yo a la muerte llego...»]. (Fol. 78*v*).
99. *Francisco Pacheco.* [«Pintó un gallo un mal pintor...»]. (Fol. 79*r*).
100. *De Horacio Oda. Libro 1. Diego de Mendoça.* [«Ya comiença el Inuierno riguroso...»]. (Fols. 79*r*-80*r*).
101. *Luis Barahona de Soto.* [«Genil, que ves la sombra en tu corriente...»] (Fol. 80*r*).
102. *Lupercio de Argensola.* [«Si acaso de la frente Galatea...»]. (Fol. 80*v*).
103. *Francisco de la Cueua.* [«Porcia, despues que del famoso Bruto...»]. (Fols. 80*v*-81*r*).
104. *Luis de Gongora.* [«Al tramontar del Sol la Ninfa mia...»]. (Fol. 81).
105. *De Horacio Oda 5 Libro 1. Licdo. Bartolomé Martinez.* [«Que lasciuo moçuelo...»]. (Fols. 81*v*-82*r*).

106. *Luis Martin.* [«Sobre el verde amaranto y espadaña...»]. (Fol. 82).
107. *Doctor Mescue (sic).* [«España, que en el tiempo de Rodrigo...»]. (Folios 82v-84v).
108. *Licdo. Juan de Valdes, a una dama que se aficionó de un tuerto.* [«Entoldese mi Musa...»]. (Fols. 85r-86r).
109. *Luis de Gongora.* [«Descaminado, enfermo y peregrino...»]. (Fol. 86).
110. *Pedro de Liñan.* [«Es la amistad un empinado Atlante...»]. (Folio 86v).
111. *Pedro Espinosa.* [«Cantar que nacen perlas y granates...»]. (Folios 86v-87r).
112. *El mesmo.* [«Llegó Diziembre sobre el cierço elado...»]. (Fol. 87).
113. *De Horacio Oda 8 Libro I. Licdo. Bartolomé Martinez.* [«Por los dioses te ruego...»]. (Fols. 87v-88r).
114. *Luis de Gongora.* [«Ilustre y hermosissima Maria...»]. (Fol. 88v).
115. *Lope de Vega.* [«Pues que ya de mis versos y passiones...»]. (Folios 88v-91v).
116. *Pedro Espinosa.* [«Con planta incierta y passo peregrino...»]. (Folios 91v-92r).
117. *El Marques del Aula.* [«Profundo lecho, que de marmol duro...»]. (Fol. 92r).
118. *Luis Martin.* [«Cubierto estaua el Sol de un negro velo...»]. (Fol. 92).
119. *Francisco de Queuedo.* [«De vuestro pecho cruel...»]. (Fol. 92v).
120. *Antonio Mohedano.* [«Aguarda, espera, loco pensamiento...»]. (Folios 92v-93r).
121. *Juan de Morales, al señor de Guadalcaçar.* [«No creas que mis versos por ventura...»]. (Fols. 93r-95r).
122. *Francisco de Queuedo.* [«En aqueste enterramiento...»]. (Fol. 99?).
123. *Licdo. Soto.* [«Qual lleua de rocio...»]. (Fols. 99v?-95v?).
124. *Pedro de Liñan.* [«Si el que es mas desdichado alcança muerte...»]. (Fol. 95v?).
125. *Pedro Tellez Giron, Duque de Ossuna.* [«O si las horas de plazer durassen...»]. (Fol. 101r).
126. *Francisco de Queuedo.* [«La voluntad de Dios por grillos tienes...»]. (Fol. 101).
127. *El mesmo. A un christiano nueuo junto al altar de san Anton.* [«Aqui yaze Mosen Diego...»]. (Fol. 101v).
128. *Licdo. Barahona de Soto.* [«Quien fuera cielo, Ninfa, mas que el clara...»]. (Fols. 101v-102v).
129. *Luis de Gongora.* [«De pura honestidad templo sagrado...»]. (Folio 102v).
130. *A una vieja que traya una muerte de oro. Francisco de Queuedo.* [«No se a qual crea de los dos...»]. (Folio 103r).
131. *Lope de Vega.* [«Sentado en esta peña...»]. (Fols. 103r-104v).
132. *Luis Manuel de Figueroa.* [«Por montes canos con el yerto inuierno...»]. (Fol. 105r).
133. *Doña Hipolita.* [«Engañó el nauegante a la Syrena...»]. (Fol. 105).
134. *A una muger gorda. Pedro Espinosa.* [«Porque soys para mucho...»]. (Fols. 105v-106r).
135. *Al mesmo sugeto. Licdo Iaun de Valdes y Melendez.* [«Graue señora mia...»]. (Fols. 106r-107r).
136. *La fabula de Genil. Pedro Espinosa.* [«También entre las ondas fuego enciendes...»]. (Fols. 107v-112v).
137. *El Marques de Tarifa.* [«Tienen los Garamantes una fuente...»]. (Folio 112v).
138. *Satira a Iudas Escariote. Licdo. Luis Martin.* [«Iudas ladron, que os prouoca...»]. (Fols. 113r-114v).
139. *A la primera naue del mundo. Francisco de Queuedo.* [«Mi madre tuue entre asperas montañas...»]. (Folios 114v-115r).
140. *El mesmo.* [«Escondida debaxo de tu armada...»]. (Fol. 115).
141. *Lupercio.* [«Recibe, o sacro mar, una esperança...»]. (Fol. 115v).
142. *Leon Espinel.* [«Quando a la dulce guerra de Cupido...»]. (Folios 115v-116r).
143. *Pedro Espinosa.* [«El Sol a noble furia se prouoca...»]. (Fol. 116).
144. *Licdo. Berrio.* [«No estraga en batallon de armada gente...»].
145. *El Dr. D. Cosme de Salinas y Borja.* [«No pica tanto a Monjas el pimiento...»]. (Fols. 116v-117r).
146. *Lope de Vega.* [«Con el tiempo el Villano a la melena...»]. (Fol. 117).
147. *El Marques del Aula.* [«Mientras las duras peñas...»]. (Fols. 117v-118r).

148. *Francisco de Quevedo.* [«Solo en ti, Lesbia, vemos que ha perdido...»]. (Fol. 118).
149. *Licenciado Luis Martin.* [«O mas de mi que el Zefiro estimado...»]. (Fol. 118*v*).
150. *Iuan de Arguijo.* [«Castiga el cielo a Tantalo inhumano...»]. (Folio 119*r*)
151. *Gregorio Morillo.* [«Quien se fuera a la zona inhabitable...»]. (Folios 119*r*-123*v*).
152. *Licenciado Luis Martin.* [«Esta que tiene de diamante el pecho...»]. (Fols. 123*v*-124*r*).
153. *Pedro Espinosa.* [«Pobre viste, perdiendo tu decoro...»]. (Fol. 124*r*).
154. *Francisco de Figueroa.* [«No te dexes vencer tanto...»]. (Fols. 124*r*-125*r*).
155. *N. de Mora.* [«Zelos, de quien bien ama amargo freno...»]. (Folio 125*v*).
156. *Luis Martin.* [«He visto responder al llanto mio...»]. (Fol. 126*r*).
157. *Lope de Vega.* [«Dime esperança que los ojos velas...»].
158. *El Camoes.* [«Horas breues, de mi contentamiento...»]. (Fol. 126*v*).
159. *Luis de Gongora.* [«Mientras, por competir con tu cabello...»]. (Folios 126*v*-127*r*).
160. *Licdo. Iuan de Valdes y Melendez.* [«La luz mirando, y con la luz mas ciego...»]. (Fol. 127*r*).
161. *Luis de Gongora.* [«Ya besando unas manos cristalinas...»]. (Fol. 127*v*).
162. *El mesmo.* [«Qual del Gange marfil, o qual de Paro...»]. (Fols. 127*v*-128*v*).
163. *Luis de Soto.* [«Ve suspiro caliente al pecho frio...»]. (Fol. 128*r*).
164. *Pedro Espinosa.* [«En Seluas, donde en tapetes de esmeralda...»]. (Fols. 128*v*-130*v*).
165. *Lupercio Leonardo de Argensola.* [«Yo soy el que me tuue por tan fuerte...»]. (Fols. 130*v*-131*r*).
166. *Baltasar del Alcaçar.* [«Tiene Ynes por su apetito...»]. (Fol. 131*r*).
167. *Luis de Gongora.* [«Tras la bermeja aurora el Sol dorado...»]. (Folio 131).
168. *Iuan de Arguijo.* [«La horrible Sima con espanto mira...»]. (Folios 131*v*-132*r*).
169. *Baltasar de Escouar.* [«Entrada a fuerça de armas Cartagena...»]. (Folio 132*r*).
170. *Lupercio.* [«No temo los peligros del mar fiero...»]. (Fol. 132).
171. *Antonio de Caso.* [«Sugeto de la gracia milagrosa...»]. (Fols. 132*v*-134*v*).
172. *Lupercio Leonardo de Argensola.* [«Cuitada nauezilla, quien creyera...»]. (Fol. 134*v*).
173. *El Conde de Salinas.* [«Son los zelos una guerra...»]. (Fols. 135*r*-136*r*).
174. *Luis de Gongora.* [«Famoso monte, en cuyo basto seno...»]. (Folio 136*r*).
175. *El mesmo.* [«Suspiros tristes, lagrimas cansadas...»]. (Fol. 136*v*).
176. *El mesmo.* [«Gallardas plantas, que con voz doliente...»]. (Fols. 136*v*-137*r*).
177. *El Licdo. Luis Martin.* [«Tiñe tus aguas (en señal de luto...»]. (Folio 137*r*).
178. *Doña Christovalina.* [«Cansados ojos míos...»]. (Fols. 137*v*-139*v*).
179. *Licdo. Martinez. Oda 19. Libro primero.* [«La madre cruel ufana...»]. (Fols. 139*v*-140*r*).
180. *Hipolita de Naruaez.* [«Leandro rompe (con gallardo intento)...»]. (Folio. 140*v*).
181. *Licdo. Luis Martin.* [«Nereydas (que con manos de esmeraldas...»]. (Fols. 140*v*-141*r*).
182. *Baltasar del Alcaçar.* [«Donde el sacro Betis baña...»]. (Fol. 141*r*).
183. *Fernando de Guzman.* [«En quanto el mustio inuierno...»]. (Folios 141*v*-143*r*).
184. *Incierto.* [«No queda ya cruel señora mia...»]. (Fol. 143*r*).
185. *Lope de Vega.* [«Es la muger del hombre lo mas bueno...»]. (Fol 143*v*).
186. *Lupercio de Argensola.* [«Quando podre besar la seca arena...»]. (Folios 143*v*-144*r*).
187. *Lope de Salinas.* [«Los claros ojos abre y puerta al cielo...»]. (Folios 144*r*-146*v*).
188. *Luis de Gongora.* [«Rey de los otros rios caudalosos...»]. (Fols. 146*v*-147*r*).
189. *Licdo. Diego Ponce de Leon y Guzman. De Horacio Od. 9 Lib. 1.* [«O Taliarco hermano...»]. (Fols. 147*r*-148*r*).
190. *Francisco de Queuedo.* [«Iazen

de un ome en esta piedra dura...»]. (Fol. 148*r*).
191. *Licdo. Luis Martin.* [«Dafne suelto el cabello por la espalda...»]. (Fol. 148).
192. *El mesmo.* [«Que fiera Aleto de cruel veneno...»]. (Fol. 148*v*).
193. *Luis de Gongora.* [«O niebla del estado mas sereno...»]. (Fol. 194*r*).
194. *Oda XI. Lib. 1. De Horacio.* [«No busques (o Leucone) con cuydado...»]. (Fol. 149).
195. *Luys Martin.* [«Como Señora mia...»]. (Fols. 149*v*-150*r*).
196. *Iuan de Morales. Horacio Lib. 2 Oda X.* [«Viuiras mas seguro...»]. (Fol. 150).
197. *Luys Martin. Oda X Lib. 3 de Horacio.* [«O Lice, aunque beuieras...»]. (Fols. 150*v*-151*r*).
198. *El mesmo. Od. VI Lib. 4.* [«Passó el elado y perezoso ibierno...»]. (Folios 151*v*-153*r*).
199. *Lupercio de Argensola.* [«Quien casamiento ha visto sin engaños?...»]. (Fol. 153).
200. *Luys de Gongora.* [«No pene tu gallardo pensamiento...»]. (Fol. 153*v*).
201. *Licdo. Luys Martin.* [«Veo señora al son de mi instrumento...»]. (Fols. 153*v*-154*r*).
202. *Lupercio Leonardo.* [«En el claro cristal que agora tienes...»]. (Folio 154*r*).
203. *Luis de Gongora.* [«Ni este monte, este ayre, ni este río...»]. (Fol. 154*v*).
204. *Luys Martin.* [«Segundo honor del cielo cristalino...»]. (Fols 154*v*-155*r*).
205. *Leonardo de Argensola.* [«Al hijo fuerte del mayor Planeta...»]. (Folio 155*r*).
206. *Luys de Gongora.* [«Verdes hermanas del audaz moçuelo...»]. (Folio 155*v*).
207. *Luys Martin.* [«Reyna dessotras flores, fresca rosa...»]. (Fols. 155*v*-156*r*).
208. *Iuan Batista de Mesa.* [«Cansado de sufrir mi sufrimiento...»]. (Folio 156*r*).
209. *Luis de Gongora.* [«Tres vezes de Aquilon el soplo ayrado...»]. (Folio. 156*v*).
210. *Licen. Pedro Luys Martin.* [«Ven, que ya es hora, ven amiga mía...]. (Fols. 156*v*-157*r*).
211. *Iuan de Morales.* [«Iamas el cielo vio llegar Piloto...»]. (Fol. 157*r*).
212. *El Mariscal de Alcala.* [«Como entre verde juncia...»]. (Fols. 157*v*-158*r*).
213. *Licenciado Luys Martin.* [«Ocasion de mis penas (Lidia ingrata...»]. (Fol. 158*r*).
214. *El mesmo.* [«Lidia, de tu auarienta hermosura...»]. (Fol. 158).
215. *El Duque de Osuna don Juan.* [«Viene con passo ciego...»]. (Folios 158*v*-159*r*).
216. *Luys de Gongora.* [«Culto jurado, si mi bella dama...»]. (Fol. 159).
217. *Luys de Gongora.* [«Sacra planta de Alcides, cuya rama...»]. (Folios 159*v*-160*r*).
218. *Lupercio de Argensola.* [«En estas sacras ceremonias pias...»]. (Folios 160*r*-159 *(sic) v*).
219. *Pedro Espinosa.* [«Pues son vuestros pinceles, Mohedano...»]. (Folios 159*v*-160*r*).
220. *Luys de Gongora.* [Con diferencia tal, con gracia tanta...»]. (Folio 160*r*).
221. *Francisco Pacheco.* [«En medio del silencio, y sombra escura...»]. (Folio 160*v*).
222. *Lupercio Leonardo. Oda II del Epodo de Horacio Beatus ille, &c.* [«Dichoso el que apartado...»]. (Folios 160*v*-162*v*).
223. *Pedro Espinosa.* [«Buela mas que otras vezes...»]. (Fol. 162*v*).
224. *Dotor Andres de Perea.* [«Por quan dichoso estado...»]. (Fols. 162*v*-165*v*).

LIBRO SEGVNDO.

225. *Christoval de Villarroel.* [«Al arbol de vitoria esta fixada...»]. (Folio 166*r*).
226. *Vicente Espinel a la Assumpcion.* [«Humillense a tu imagen (luz del mundo)...»]. (Fols. 166*v*-167*v*).
227. *El racionero Tejada a la Assumpcion.* [«Angelicas esquadras que en las salas...»]. (Fols. 168*r*-171*v*).
228. *A Nuestra Señora... Fray Luys de Leon.* [«Del Sol ardiente, y de la nieue fría...»]. (Fols. 171*v*-172*r*).
229. *A la desembarcación de los santos de Granada. Dotor Tejada.* [«Por las rosadas puertas del Oriente...»]. (Fols. 172*r*-175*v*).

230. *D.ª Luciana de Na uaez* [«Donde esta el oro, ilustre Madalena...»]. (Fol. 175*v*).
231. *Miguel Sanchez.* [«Inocente Cordero...»]. (Fols. 176*r*-178*r*).
232. *Luys de Gongora. Al Monte Santo de Granada.* [«Este Monte de Cruzes coronado...»]. (Fol. 178*v*).
233. *N. Morilla.* [«Dexa ya musa el amoroso canto...»]. (Fols. 178*v*-179*v*).
234. *Luys de Gongora.* [«Pender de un leño, traspassado el pecho...»]. (Folio 180*r*).
235. *A Santiago en la Academia de Granada. Pedro Rodriguez.* [«Hijo del rayo y del tronido fuerte...»]. (Folios 180*r*-183*r*).
236. *Pedro Espinosa.* [«La negra noche con mojadas plumas...»]. (Folios 193*v*-194*v*).
237. *Al Santissimo Sacramento.* [«Por un amoroso excesso...»]. (Fols. 194*v*-195*r*).
238. *A San Iuan Evangelista.* [«Iuan, aunque soys tan querido...»]. (Folios 195*r*-196*v*).
239. *A San Acacio. Pedro Espinosa.* [«Acacio, si fueran dos...»]. (Fol 197).
240. *A la navegacion de San Raymundo desde Mallorca a Barcelona. Pedro Espinosa.* [«Tiran yeguas de nieue...»]. (Fols. 198*r*-200*r*).
241. *A San Acacio. Christoval de Villarroel.* [«De un golpe dio el amor diez mil heridas...»]. (Fol. 200*v*).
242. *A la Virgen. Doña Cristovalina.* [«Reyna del Cielo, que con bellas plantas...»]. (Fols. 200*v*-201*r*).
243. *A San Hermenegildo Rey de Seuilla. Luys de Gongora.* [«Oy es el sacro venturoso dia...»]. (Fols. 201*r*-202*v*).
244. *Pedro Espinosa.* [«En turquesadas nubes y celajes...»]. (Fols. 202*v*-203*r*).
245. *Fray Luys de Leon.* [«Si Pan es lo que vemos, como dura...»]. (Folio 203).
246. *Francisco de Queuedo.* [«Llegó a los pies de Cristo Madalena...»]. (Fol. 203*v*).
247. *A San Juan Baptista, Al Ecce Agnus Dei. Alonso de Salas Barbadillo.* [«Cumbre de santidad, monte sagrado...»]. (Fols. 203*v*-204*r*).
248. *El mismo. A San Iuan Baptista al auer sido precursor.* [«Hermosa, clara, y celestial Aurora...»]. (Fol. 204).

Crítica:

a) Crawford, J. P. W. *The notes ascribed to Gallardo on the sources of Espinosa's «Flores de poetas ilustres»,* en *Modern Languages Notes,* XLIV, Baltimore, 1929, págs. 101-3.

Ejemplares:

LONDRES. *British Museum.* 6.11308.— MADRID. *Nacional.* R-2.757. — OVIEDO. *Universitaria.* A-254.—SANTANDER. *«Menéndez y Pelayo».* R-IX-7-11.

52

——— *Segunda edición, dirigida y anotada por Juan Quirós de los Ríos y Francisco Rodríguez Marín.* Sevilla. Rasco. 1896. 458 páginas. 21 cm.

Ejemplares:

MADRID. *Consejo Patronato «Menéndez y Pelayo».* 6-1.022. *Nacional.* 2-35.872.— SANTANDER. *«Menéndez y Pelayo».* 28; 4.004. — WASHINGTON. *Congreso.* 34-14124.

53

PRIMERA parte del Thesoro de divina poesia, donde se contienen varias obras de deuocion de diuersos autores cuyos titulos se veran a la buelta de la hoja. Recopilado por Esteuan de Villalobos. Toledo. Iuan Rodriguez. 1587. 9 hs. + 223 folios. 15 cm.

—Erratas.
—Tassa.
—[Tabla].
—Privilegio.
—Aprouacion de Fr. Esteuan de Ribera.
—Don Lope de Salinas a doña Antonia Pacheco, Priora del monasterio de la Concepcion de la villa de Escalona.
—A doña Antonia Pacheco, Andres Ramirez Alarcon. Soneto. [«Clarissima señora que la vida...»].
—En alabança del Seraphico padre san Francisco. Cancion. [«Santo glorioso, cuya vida santa...»].

1. *Summa de la vida del Seraphico padre San Francisco. de Lope de Salinas.* [«Alta humildad, estrecha vida canto...»]. (Fols 1*r*-32*v*).
2. *Breve summa de la admirable conuersion y vida de la gloriosa Magdalena. En estancias. (De incierto autor).* [«Damas las que os preciays de tan hermosas...»]. (Fols. 33*r*-53*r*).
3. *La Sagrada Passion de nuestro Redemptor Iesu Christo en redondillas. Por Fr. Pedro Iuan Micon.* [«Siendo ya el tiempo llegado...»]. (Folios 54*r*-125*r*).
4. *El llanto de San Pedro. Compuesto en estancias Italianas por Luys Tansilo, y traduzido en redondillas por Luys Galuez de Montaluo.* [«Aviendo Pedro jurado...»]. (Fols. 125*v*-136*r*).
5. *Satiras morales. Compuestas en arte mayor y redondillas, por Aluar Gomez, cuyas fueron las villas de Pioz y Atançon.* [«Las musas dexando del Monte Helicon...»]. (Fols. 137*r*-223*r*).

Ejemplares:

MADRID. *Nacional.* R-11.950 (con ex-libris de Gayangos).—SANTANDER. *«Menéndez y Pelayo».* R-IV-1-39.

54

——— Sevilla. 1604. 8.°

V. Escudero, *Tipografía hispalense,* n.° 890.

55

——— Madrid. Luys Sánchez. 1604. 8 hs. + 167 fols. + 1 h. 15 cm.

El título dice «Tesoro». El mismo contenido que la anterior.

Ejemplares:

MADRID. *Nacional.* R-11.113 (ex-libris de Gayangos).

56

RAMILLETE de flores divinas sacadas de diferentes avtores, y recogidas por vn devoto, qve le presenta a los de la Reyna de los Angeles Señora nuestra. Para ferborizarse en la oración, y meditación. [s. l. s. i.]. [s. a.] 88 págs. 14 cm.

Comprende poesías religiosas de San Juan de la Cruz, Góngora, etc., sin indicar los nombres de los autores.

Ejemplares:

MADRID. *Nacional.* R-12.500 (ex-libris de Gayangos).

57

SEGUNDA parte de las Flores de poetas ilustres de España. Ordenada por Juan Antonio Calderón. anotada por Juan Quirós de los Ríos y Francisco Rodríguez Marín. Sevilla. Rasco. 1896. VIII + 426 págs. 21 cm.

Primera edición de una antología cuyo ms. se conserva en la biblioteca del Duque de Gor, en Granada.

LIBRO PRIMERO.

—Juan de Arguijo.

1. *Italia á la República veneciana.* [«Una alta compasión, envuelta en ira...»]. (Págs. 2-20).
2. *Soneto.* [«No temas, ¡oh bellísimo Troyano...»]. (Pág. 21).
3. *Soneto.* [«Dura imaginación que, más que el viento...»]. (Pág. 21).
4. *Soneto.* [«Mientras que de Cartago las banderas...»]. (Pág. 22).
5. *Soneto.* [«Baña llorando el ofendido lecho...»]. (Pág. 22).
6. *Soneto. In signum marmoreum Niobes Ausonii.* [«Viví, y en dura piedra convertida...»]. (Pág. 23).
7. *Soneto.* [«El triste fin, la suerte infortunada...»] (Pág. 23).
8. *Soneto.* [«A tí, de alegres vides coronado...»]. (Pág. 24).
9. *Soneto.* [«El jabalí de Arcadia, el león nemeo...»]. (Pág. 24).
10. *Soneto.* [«A tí en los versos dulce y numeroso...»] (Pág. 25).
11. *Soneto.* [«Julia, si de la Parca el furor ciego...»]. (Pág. 25).
12. *Soneto.* [«De Alejandro el trasunto, muda historia...»]. (Págs. 26).
13. *Soneto.* [«Ofrece al fuego la engañada diestra...»]. (Pág. 26).
14. *Soneto.* [«El itacense rey que tantos años...»] (Pág. 27).
15. *Soneto.* [«A quién me quejaré del cruel engaño...»]. (Pág. 27).
16. *Soneto.* [«Vuelta en ceniza Troya, y su tesoro...»]. (Pág. 28).

17. *Soneto.* [«Oprime el Etna ardiente á los osados...»]. (Pág. 28).
18. *Soneto.* [«El que soberbio a no temer se atreve...»]. (Pág. 29).
19. *Soneto.* [«Victorioso laurel, Dafnes esquiva...»]. (Pág. 29).
20. *Soneto.* [«Pudo quitarte el nuevo atrevimiento...»]. (Pág. 30).
21. *Soneto.* [«Yo ví del rojo sol la luz serena...»]. (Pág. 30).
22. *Soneto.* [«Sube gimiendo con igual fatiga...»]. (Pág. 31).
23. *Soneto.* [«Tú, á quien ofrece el apartado polo...»]. (Pág. 31).
24. *Soneto.* [«Veamos, dijo, de Ifiis desdichado...»]. (Pág. 32).
25. *Soneto.* [«¡Ay de mí! siempre, vana fantasía...»] (Pág. 32).
—Barahona de Soto.
26. *Egloga.* [«Juntaron su ganado en la ribera...»]. (Págs. 33-41).
27. *Egloga.* [«Ora veamos si harán mis brazos...»]. (Págs. 42-49).
28. *Canción a Dórida.* [«El triste Obato, de la ingrata Dórida...»]. (Páginas 49-58).
29. *Canción.* [«Cuándo les nacerá á mis ojos día...»]. (Págs. 58-62).
30. *Elegía.* [«Furioso río, que en tu limpia arena...»]. (Págs. 63-70).
31. *Elegía.* [«Vuelve esos ojos, que en mi daño han sido...»]. (Págs. 70-72).
32. *Egloga.* [«Bien poco espacio arriba de aquel monte...»]. (Págs. 72-81).
33. *A un avariento.* [«Si quieres que el bien te sobre...»]. (Pág. 81).
34. *A un cabildo.* [«Ved, oid, oled, gustad...»]. (Págs. 81-82).
35. *Soneto.* [«Yo dije a mi esperanza: Por la senda...»]. (Pág. 82).
—Inciertos autores.
36. *Soneto.* [«¿Cuándo podréis gozar, mis ojos tristes...»]. (Págs. 82-83).
37. *Canción.* [«Pues el alma has llevado...»]. (Págs. 83-84).
38. *A un túmulo de la Duquesa de Lerma.* [«Soberbísima pompa, que eternizas...»]. (Pág. 85).
—Alonso Alvarez de Soria.
39. *Soneto.* [¡Cuándo señor, vuestra famosa espada...»]. (Págs. 85-86).
—Licenciado Agustín Calderón.
40. *Monjibelo. Sátira á las monjas.* [«¡Quién te podrá contar, siquiera en suma...»]. (Págs. 86-98).
41. *Soneto.* [«No es plata aquella frente, ni el cabello...»]. (Pág. 98).
42. *A una dama negra. Soneto.* [«Señor Andrés, bien es la que me mata...»]. (Pág. 99).
43. *Soneto.* [«Mientras está en las aguas dulcemente...»]. (Pág. 99).
44. *Tercetos.* [«Corrida estaba aquélla que derrama...»]. (Págs. 100-2).
45. *A un soneto á la Esperanza del Conde de Salinas. Décima.* [«Lo que (guardando el decoro...»]. (Pág. 102).
46. *Egloga.* [«Ya a las entrañas deste monte cano...»]. (Págs. 102-5).
47. *Soneto.* [«Ya miro, Amor, la lisonjera nave...»]. (Pág. 106).
48. *Soneto.* [«Virgen antes del parto fué Crespina...»]. (Pág. 106).
49. *Soneto* [«Del cierzo alborotó la fuerza fiera...»]. (Pág. 107).
50. *Letrilla.* [«Cuando me jura Constanza...»]. Págs. 107-8).
51. *Soneto.* [«Ciego deseo, errado pensamiento...»]. (Pág. 108).
52. *Décimas. A las hijas de un carpintero, hermosas, y que no querían casarse, pasándoseles el tiempo.* [«El tiempo os pierde el decoro...»]. (Página 109).
53. *Soneto.* [«Si entre la arena, Dauro, con que dora...»]. (Pág. 110).
54. *Al túmulo de la Reina nuestra señora doña Margarita de Austria. Soneto.* [«Estas que la piedad piras quebranta...»]. (Pág. 110).
55. *Traducción de la Oda 22 del Libro I de Horacio: «Ad aristium fuscum».* [«La vida, Fusco, de conciencia pura...»]. (Pág. 111).
56. *Silva.* [«¿Quién me dará con que enriquezca el viento...»]. (Págs. 112-13).
—Licenciado Luis Martín de la Plaza.
57. *Soneto.* [«Aura, que destos mirtos y laureles...»]. (Pág. 114).
58. *Soneto.* [«Madruga y sale del balcón de oriente...»]. (Pág. 114).
59. *Soneto.* [«Corrige, altivo mozo, el pensamiento...»]. (Pág. 115).
60. *Soneto.* [«¿No ves, ¡oh Tirsi! cómo el viento airado...»]. (Pág. 115).
61. *Soneto.* [«Como cuando, del viento y mar hinchado...»]. (Pág. 116).
62. *Soneto.* [«Gastaba Flora, derramando olores...»]. (Pág. 116).
63. *Soneto.* [«En esta gruta, en quien la noche obscura...»]. (Pág. 117).
64. *A Hércules, cuando ahogó las culebras. Soneto.* [«Oh grande niño y del mejor planeta...»]. (Pág. 117).

65. *Soneto.* [«Eran las puertas de rubí radiante...»]. (Pág. 118).
66. *Soneto.* [«Goza tu primavera, Lesbia mía...»]. (Pág. 118).
67. *Traducción parafrástica de la Oda 16 del Libro 2 de Horacio.* [«Cuando en el mar Egeo fatigado...»]. (Páginas 119-122).
68. *Soneto.* [«Siempre me fué y será contraria aquélla...»]. (Pág. 122).
69. *Soneto.* [«Cuando aplaca de Aquiles inhumano...»]. (Págs. 122-23).
70. *Soneto.* [«Subido en la mitad del cielo ardía...»]. (Pág. 123).
71. *Soneto.* [«Como el escollo al ímpetu terrible...»]. (Págs. 123-24).
72. *Canción.* [«A vuestro dulce canto...»]. (Págs. 124-25).
73. *Soneto.* [«Pues pasó con decrépitos temblores...»]. (Pág. 125).
74. *Al sepulcro de Aquiles. Soneto.* [«Aquí, do lava Xanto el pié al Sigeo...»]. (Págs. 125-26).
75. *Traducción parafrástica de la Oda 14 del Libro 2 de Horacio.* [«¡Ay! cómo huyen, Póstumo, los años...»]. (Páginas 126-28).
76. *Soneto.* [«No miro vez la helada y blanca nieve...»]. (Pág. 128).
77. *Al oro. Soneto.* [«Rey de esotros metales, oro puro...»]. (Pág. 129).
78. *A Roma. Soneto.* [«Peregrino, que, en medio della, á tiento...»]. (Página 129).
79. *A Ariadna. Soneto.* [«La vela, de traición y viento llena...»]. (Pág. 130).
80. *Canción.* [«Huye la nieve helada...»]. (Págs. 130-31).
81. *A Elisa ó Dido. Soneto.* [«Memorias tristes de la alegre gloria...»]. (Pág. 131).
82. *A la mesma Elisa. Soneto.* [«Elisa los vestidos revolvía...»]. (Pág. 132).
83. *Soneto.* [«Ya en el mar español su hacha ardiente...»]. (Pág. 132).
84. *Soneto.* [«Si cuando te perdí, dulce esperanza...»]. (Pág. 133).
85. *Soneto.* [«Ya estoy cansado de sufrir el peso...»]. (Pág. 133).
86. *Soneto.* [«Si contra mí, señora, os conjurasteis...»]. (Pág. 134).
87. *Soneto.* [«Con líquido y risueño movimiento...»]. (Pág. 134).
88. *Al túmulo de la Reina nuestra señora doña Margarita de Austria.* [«De piedra el corazón, de bronce el pecho...»]. (Pág. 135).
89. *Al mesmo intento. Soneto.* [«Cuando cierras tus lumbres, tierra y cielo...»]. (Pág. 135).
90. *Al mesmo intento. Soneto.* [«Divina Margarita, injusto hado...»]. (Página 136).
91. *Al mesmo intento. Soneto.* [«Filipe augusto, suspended el llanto...»]. (Pág. 136).
92. *Al sepulcro de Timón Ateniense. Soneto.* [«En este oscuro y triste monumento...»]. (Pág. 137).
—Bartolomé Leonardo Argensola.
93. *A don Nuño de Mendoza, gentilhombre de la Cámara del Serenísimo Archiduque Alberto, sobre la crianza de sus hijos.* [«Dícesme, Nuño, que á la corte quieres...»]. (Págs. 137-54).
94. *Soneto.* [«Vencida Clori de la ardiente siesta...»]. (Pág. 154).
95. *Al Conde de Lemos en la muerte del Conde de Gelves, su hermano.* [«Cayó, señor, rendido al acidente...»]. (Págs. 154-62).
96. *Soneto.* [«Cuando los aires, Pármeno, divides...»]. (Pág. 162).
97. *Soneto.* [«Hago, Fili, en el alma, estando ausente...»]. (Págs. 162-63).
98. *Canción.* [«Alivia sus fatigas...»]. (Págs. 163-64).
99. *Canción.* [«Cuando me paro á contemplar mi estado...»]. (Págs. 165-67).
100. *Soneto.* [«Galla, no alegues á Platón; alega...»]. (Págs. 167-68).
101. *A un letrado muy costoso. Soneto.* [«Qué mágica á tu voz venal se iguala...»]. (Pág. 168).
102. *Soneto.* [«En la manchada holanda del tributo...»]. (Págs. 168-69).
—Rodrigo de Robles Carvajal.
103. *Soneto.* [«Tanto á vuestro valor mi alma estima...»]. (Pág. 169).
104. *Soneto.* [«No hay placer que no espere mi deseo...»]. (Págs. 169-70).
105. *A un volcán llamado Cozapa, que cubierto de nieve, está exhalando fuego. Soneto.* [«Tú, nevado Cozapa, que la frente...»]. (Pág. 170).
106. *Canción.* [«Vuelve, enemiga, la serena frente...»]. (Págs. 171-72).
107. *Soneto.* [«Salid, cansadas lágrimas, huyendo...»]. (Pág. 173).
108. *Soneto.* [«Cuantas de mi temor amargas penas...»]. (Pág. 173).
109. *Soneto.* [«Oye, fiera crüel, de mi tormento...»]. (Pág. 174).
110. *Soneto.* [«Dejadme padecer en mi tormento...»]. (Pág. 174).

111. *Soneto.* [«Bien sé, enemiga, que del fuego mío...»]. (Pág. 175).
—Fray Fernando Luján.
112. *Soneto.* [«Pintado jilguerillo, que contento...»]. (Págs. 175-76).
113. *Retrato. Décimas.* [«Amor, que, falto de aviso...»]. (Págs. 176-80).
114. *Soneto.* [«Arbol lozano, que el Otube enluta...»]. (Pág. 180).
115. *Soneto.* [«Querido manso mío regalado...»]. (Pág. 181).
116. *Soneto.* [«No os vuelva á hallar, palomos gimidores...»]. (Pág. 181).
—Luis Gaitán de Ayala.
117. *Elegía.* [«Funesta historia con mi sangre escrita...»]. (Págs. 182-91).
—Diego López de Haro, Marqués del Carpio.
118. *Soneto.* [«Cuándo mereceré, si la porfía...»]. (Pág. 191).
—Juan Baptista de Mesa.
119. *Soneto.* [«Si al viento esparces quejas en tu canto...»]. (Págs. 191-92).
120. *Soneto* [«Esparcido el cabello de oro al viento...»]. (Pág. 192).
121. *A las reliquias de Singilia. Soneto.* [«Reliquias de la gloria que, aun perdida...»]. (Págs. 192-93).
122. *Soneto.* [«A tus crüeles aras ya me viste...»]. (Pág. 193).
123. *Canción* [«A tus mejillas rojas...»]. (Págs 193-94).
—Doctor Agustín de Tejada.
124. *Al túmulo de Héctor. Soneto.* [«Al yelmo, escudo, espada, arnés, bocina...»]. (Pág. 195).
125. *Al túmulo de Viriato.* [«Fresno nudoso y güedejosas pieles...»]. (Páginas 195-96).
126. *Soneto.* [«Mientras que brama el mar y gime el viento...»]. (Pág. 196).
127. *A Polixena. Soneto.* [«De oro crespo y sutil rubia melena...»]. (Páginas 196-97).
128. *Al túmulo del Gran Capitán. Soneto.* [«Al túmulo de jaspe en cuyas tallas...»]. (Pág. 197).
—Doña Cristobalina de Alarcón.
129. *Soneto.* [«De la pólvora el humo sube al cielo...»]. (Págs. 197-98).
—Licenciado Diego Vélez de Guevara.
130. *Soneto.* [«Ora en fïel cosecha, Lisis grata...»]. (Pág. 198).
—Diego Ximénez Enciso.
131. *Soneto.* [«Cómo, robusto monte, con tu frente...»]. (Págs. 198-99).
—Juan de Torres.
132. *Soneto.* [«Vame arrastrando mi contraria suerte...»]. (Pág. 199).
—Luis Vélez de Guevara.
133. *Soneto.* [«Si Flori sale al campo, todo es flores...»]. (Pág. 200).
134. *Soneto.* [«Turbias aguas del Tíber, que habéis sido...»]. (Pág. 200).
—Lupercio Leonardo.
135. *A una dama que le envió un canastillo de bellotas. Soneto.* [«Antes que Ceres conmutase el fruto...»]. (Página 201).
—Juan del Valle.
136. *Vida de palacio.* [«Yo, que alimento de antojos...»]. (Págs. 201-8).
—Francisco Calatayud.
137. *Silva al estío.* [«Ya la hoz coronada...»]. (Págs. 208-10).
—Mestro Serna.
138. *Soneto.* [«Cuando turbado el mundo se estremece...»]. (Pág. 211).
—Antonio Ortiz.
139. *Soneto.* [«La bella planta á Venus consagrada...»]. (Pág. 211).
—Francisco Medrano.
140. *A Hernando de Soria. Soneto.* [«Vimos romper aquestas vegas llanas...»]. (Pág. 212).
—Hernando Soria.
141. *Soneto.* [«¿Cuáles aras pondré, cuál templo dino...»]. (Pág. 212).
—Juan de Jáuregui.
142. *Soneto.* [«De verdes ramas y de frescas flores...»]. (Pág. 213).
—Licenciado Juan de Aguilar.
143. *Soneto.* [«Donde jamás el sol sus rayos tira...»]. (Pág. 213).
—Francisco de Quevedo.
144. *Pharmaceutria.* [«¡Qué de robos han visto del invierno...»]. (Págs. 214-18).
145. *A una nave.* [«Dónde vas, ignorante navecilla...»]. (Págs. 218-20).
146. *A una fuente.* [«Qué alegre que revives...»]. (Págs. 220-21).
147. *Reloj de arena.* [«¿Qué tienes que contar, reloj molesto...»]. (Páginas 221-22).
148. *Al sueño.* [«¿Con qué culpa tan grave...»]. (Págs. 222-23).
149. *A una mina.* [«Diste crédito á un pino...»]. (Págs. 223-26).
150. *A la Primavera.* [«Pues quita Primavera al tiempo el ceño...»]. (Páginas 226-27).
—Alonso Cabello el de Antequera.
151. *Soneto.* [«¿A dónde vas, ligero pensamiento...»]. (Pág. 228).

152. *Soneto.* [«Divinos ojos de quien vivo ausente...»]. (Págs. 228-29).
153. *Soneto.* [«De retama, coscoja y de helecho...»]. (Pág. 229).
154. *Soneto.* [«Vistió el altar de verde mirto, y luego...»]. (Págs. 229-30).
155. *Soneto.* [«Al bien que aguardo canto en mi cadena...»]. (Pág. 230).
156. *Soneto.* [«Ilustró con su vista al Occidente...»]. (Págs. 230-31).
157. *Soneto.* [«El nombre de la ingrata por quien peno...»]. (Pág. 231).
158. *Soneto.* [«Tú, á quien Sevilla teme si te enojas...»]. (Págs. 231-32).
159. *Soneto.* [«Si allá en sus grutas de cristal luciente...»]. (Pág. 232).
160. *Soneto.* [«Como suele el piloto, en la porfía...»]. (Págs. 232-33).
161. *Soneto.* [«Memoria viva de la causa muerta...»]. (Pág. 233).
162. *Soneto.* [«Bien corregido estáis, traslado fiero...»]. (Págs. 233-34).
163. *Soneto.* [«Duro peñasco que en tu sombra obscura...»]. (Pág. 234).
164. *Soneto.* [«El simple ternerillo está gozando...»]. (Págs. 234-35).
165. *Soneto.* [«Pues me quedas por último consuelo...»]. (Pág. 235).

LIBRO SEGUNDO.

—Pedro de Jesús. [Pedro Espinosa].
166. *Psalmo.* [«Levanta entre gemidos, alma mía...»]. (Págs. 239-41).
167. *A San Acacio.* [«El triunfo es éste y estos los cantares...»]. (Páginas 241-44).
168. *Al retrato del beato Padre Ignacio.* [«Como tarja y blasón (?) así abrasaba...»]. (Pág. 244).
169. *A San Juan Baptista en la fiesta del Sacramento.* [«Voz que en el desierto canta...»]. (Pág. 245).
170. *Soneto en alejandrinos.* [«Como el triste piloto que por el mar incierto...»]. (Pág. 245).
171. *A San Joseph. Epigrama.* [«De Egipto venís, gitano...»]. (Pág. 246).
172. *A la Ascensión.* [«Jesús, mi amor, que en una nube de oro...»]. (Pág. 246).
173. *Al Niño perdido, á Nuestra Señora y á San Joseph.* [«Pastor á cuya gloria me levanto...»]. (Pág. 247).
174. *A Nuestra Señora de Monteagudo.* [«Selva, viento, corriente, que jüeces...»]. (Pág. 247).
175. *Soneto.* [«Donde los ríos en cristal encierra...»]. (Pág. 248).
176. *Soneto.* [«Paloma que con ala diligente...»]. (Pág. 248).
177. *A la Virgen Nuestra Señora caminando á Egipto.* [«Mira desde una laja de la roca...»]. (Pág. 249).
178. *Soneto.* [«Desplegar como un velo en los coluros...»]. (Pág. 249).
179. *Soneto.* [«Cantas himnos á Dios, no cantas quejas...»]. (Pág. 250).
180. *Al retrato del B. P. Francisco Javier.* [«Aquel que trujo Cristo fuego ardiente...»]. (Pág. 250).
181. *A las lágrimas de San Pedro.* [«Planta que vence al cedro...»]. (Páginas 251-52).
182. *A Nuestra Señora de Archidona.* [«Farol de esta comarca...»]. (Páginas 252-54).
183. *Psalmo.* [«Pregona el firmamento...»]. (Págs. 255-57).
184. *Al infierno.* [«Allí, negra región de la venganza...»]. (Pág. 257).
185. *Al conocimiento de sí propio.* [«Su pobre origen olvidó este río...»]. (Pág. 257).
186. *Al Santísimo Sacramento.* [«Guardan á un Señor preso con precetos...»]. (Pág. 258).
187. *A Sant Ignacio.* [«Al nombre suyo le ha hecho...»]. (Págs. 258-61).
188. *A Nuestra Señora de Monteagudo de Antequera.* [«Vulgo de mil cabezas...»]. (Págs. 261-64).
189. *Al mesmo intento.* [«Brotando llamas de oro estos blandones...»]. (Pág. 264).
190. *A la ermita de Nuestra Señora de Archidona.* [«Si devoción te trujo ¡oh peregrino!...»]. (Págs. 264-65).
191. *Plegaria.* [«Ausente llamo al que presente adoro...»]. (Pág. 265).
192. *Al beato Ignacio de Loyola.* [«Vuelan fuegos el viento...»]. (Páginas 265-69).
—Licenciado Agustín Calderón.
193. *Psalmo.* [«Señor eterno de mis breves años...»]. (Págs. 269-71).
194. *Psalmo.* [«Romped, bondad eterna...»]. (Págs. 271-72).
195. *Psalmo.* [«Ya, divino Señor, tenéis delante...»]. (Págs. 272-74).
196. *Psalmo.* [«Aqueste mismo sitio...»]. (Págs. 274-77).
197. *A Santa Ursula y sus compañeras, en la justa.* [«Estas que suben y del mar triunfando...»]. (Págs. 277-79).
198. *Boscarecha á la Cruz.* [«Este es

el árbol santo, este el el salce...»]. (Páginas 279-80).
199. *Al Santísimo Sacramento.* [«La nube cuyo armiño tapa...»]. (Páginas 280-81).
200. *A la Santa Cruz.* [«De dónde, sagrados brazos...»]. (Págs. 281-82).
201. *A Nuestra Señora de Monteagudo. Glosa. Libre de los naufragios el Piloto.* [«Dichoso aquel Piloto que, llevado...»]. (Págs. 282-83).
202. *A San Miguel.* [«Valientes juegan las armas...»]. (Págs. 283-84).
—Licenciado Luis Martín de la Plaza.
203. *Psalmo.* [«Venid ¡oh castas vírgenes!...»]. (Págs. 284-86).
204. *Elegía al Cristo el Viernes Santo.* [«Hoy es el triste día y lagrimoso...»]. (Págs. 286-91).
205. *Soneto.* [«Ay triste! ¡ay triste! Pues mis verdes años...»]. (Pág. 291).
206. *Glosa. Libre de los naufragios el piloto.* [«La nave sube al cielo, el Noto brama...»]. (Pág. 292).
207. *Traducción parafrástica del Psalmo 137. Super flumina babilonis.* [«Sonaba el grave hierro...»]. (Págs. 292-95).
208. *A la Asumpción de Nuestra Señora.* [«Subid, Virgen, subid, más pura y bella...»]. (Pág. 295).
209. *Canción.* [«Ya es tiempo que dispierte...»]. (Pág. 296).
210. *Soneto.* [«¿Qué temes al morir? ¿Por qué procura...»]. (Pág. 297).
—Don Rodrigo de Robles Caravajal.
211. *Canción.* [«Ahora, Virgen pura, que la llama...»]. (Págs. 297-300).
—Ldo. Francisco de Cuenca Arjona.
212. *A Cristo crucificado.* [«Al dulce són del instrumento santo...»]. (Páginas 300-5).
213. *Al desierto de los Carmelitas Descalzos.* [«De un alta sierra la empinada cumbre...»]. (Págs. 305-11).
—Fray Fernando Luján.
214. *A la Cruz.* [«Nave que á salvamento surges rica...»]. (Págs. 311-14).
—Juan de Morales.
215. *Himno á Nuestra Señora.* [«Quién me dará la voz y el intrumento...»]. (Págs. 314-15).
—El Padre Martín de Roa.
216. *Soneto.* [«Que del mundo la máquina se rompa...»]. (Págs. 315-16).
—Doña Cristobalina de Alarcón.
217. *A San Raimundo.* [«Sobre el cerro de electro reluciente...»]. (Páginas 316-19).
—Juan Baptista de Mesa.
218. *Soneto.* [«Pues conocéis, Señor, á mi enemigo...»]. (Págs. 319-20).
—Inciertos autores.
219. *A la Magdalena.* [«María, de tal manera...»]. (Págs. 320-22).
220. *A Dios, en un trabajo.* [«Esforzad vuestro rigor...»]. (Págs. 322-23).
221. *Soneto.* [«Pequé, Señor; mas no porque he pecado...»]. (Pág. 323).
—El Marqués de Berlanga.
222. *Soneto.* [«Esta tierra, Señor, que humilde piso...»]. (Pág. 324).
223. *A su sepoltura.* [«Miran mis ojos el profundo lecho...»]. (Pág. 324).
224. *A la Pasión de Nuestro Señor.* [«Al dar en tierra el sacrosanto muro...»]. (Pág. 325).

Ejemplares:

MADRID. *Consejo. Patronato «Menéndez y Pelayo».* 6-1.023. *Nacional.* 2-35.873.—SANTANDER. *«Menéndez y Pelayo».* 29; 4.005.

58

SIETE Romances a los Dolores de la Virgen escritos por los mejores ingenios de España. Los saca a luz... Antonio Perez y Gomez... Edición de 175 ejemplares. [Valencia. Tip. Moderna]. [1943]. 12 hs. con grabs. 25 cm.

—*Primer Dolor. La profecía de Simeón, del M.º Joseph de Valdivieso.* [«Cuando llevastes al Templo...»].

—*Segundo Dólor. La huida a Egipto, de Antonio de Solís.* [«Donde, Fugitiva hermosa...»].

—*Tercer Dolor. El niño perdido, de Alonso de Ledesma.* [«La Princessa a quien la tierra...»].

—*Cuarto Dolor. La Calle de la Amargura, de Francisco Lopez de Ubeda.* «Por el rastro de la sangre...»].

—*Quinto Dolor. La Crucifixion, de Mosen Juan Tallante.* [«En las màs altas confines...»].

—*Sexto Dolor. El Descendimiento, de Lope de Vega.* [«Sin Esposo, porque estaua...»].

—*Séptimo Dolor. El entierro de Cristo, de Juan de la Encina.* [«Oh monumento sagrado...»].

Ejemplares:

MADRID. *Nacional.* V-2.094-40.

59

SONETOS clásicos sevillanos. (En *Cruz y Raya,* Madrid, 1936, n.° 36, págs. 103-36).

60

SPANISH verse of the sixteenth Age; edited with introduction, notes and vocabulary by P. D. Tettenborn. Londres. Bell, 1952. VIII + 208 págs. 17 cm. (Bell's Spanish classics series).

61

SPANISH verse of the sixteenth and seventeenth centuries, edited by Everett W. Hesse. Madison. College Typing Co. 1951. 261 págs

Crítica:

a) Fucilla, Joseph G., en *Hispania* XXXIV, Baltimore, 1951, págs. 410-11.

62

VARIAS, hermosas flores, del Parnaso. Qve en qvatro floridos, vistosos qvadros, plantaron ivnto a sv cristalina fvente: D. Antonio Hurtado de Mendoza; D. Antonio de Solis; D. Francisco de la Torre y Sebil; D. Rodrigo Artes y Muñoz; Martin Ivan Barcelo; Ivan Bavtista Aguilar, y otros ilvstres poetas de España. Cogiolas la cvriosidad... Valencia. Francisco Mestre. 1680. 8 hs. + 216 págs. 19,5 cm.

—Dedicatoria a D. Pedro Manuel Colon de Portugal, Gran Almirante y Adelantado mayor de las Indias, etc., por Iuan Bautista Aguilar.

—Aprobación de Fr. Iosef Rodriguez.

—Al letor.

—Distico latino de Marthae Marchinae y traducción castellana del mismo.

—*Iuan Bautista Aguilar escrive, a quien lee.* [«De este Libro, en que ya juntos...»].

—*Quadro primero... Compuesto, con lo perfeto, de asumtos sacros.*

1. *Al Sacramento Santissima del Altar. Romance, que se cree compuso... Felipe IV.* [«Pielago hermoso de luzes...»]. (Págs. 1-2).

2. *A Christo... en el Banquete sumtuoso, de la mesa del Altar... De Iuan Bautista Aguilar.* [«Este plato, que Amor sirve a esta mesa...»]. (Páginas 3-5).

3. *De SS. Eucharistiae Sacramento. Dístico de Octavio Tronsarelli. Traducion de Iuan Bautista Aguilar.* [«En la tierra se da al hombre...»]. (Pág. 6).

4. *Hallase todo lo preciso de un Combite, en el Soberano Banquete del Altar. Dezima de Iuan Bautista Aguilar.* [«A combite, en que interesa...»].

5. *A la Caña, que para escarnio, pusieron en manos de Christo. Soneto. De Francisco de la Torre y Sebil.* [«O nuevo ardid! ó misteriosa maña...»]. (Pág. 7).

6. *A Christo Redentor N. en el monte Calvario. Endechas. De Rodrigo Artés y Muñoz.* [«Que monte inaccessible...»]. (Págs. 7-10).

7. *De effigie Christi regis illusi. Epigrama latino de Iacobi Falconis. Traducción de Iuan Bautista Aguilar.* [«Rey del Cielo soy yo, mas que corona...»]. (Págs. 11-12).

8. *A Christo... entre estos desconsuelos. Dezimas. De Iuan Bautista Aguilar.* [«Como sentir tal dolor...»]. (Págs. 12-13).

9. *A las pajas, sobre que nacio Christo. Aplicanse a su Santissima Passion. Soneto. De Francisco de la Torre y Sebil.* [«Entre pajas se enciende la divina...»]. (Pág. 14).

10. *Epigrama latino de Octavio Tronsarelli. Traducion de Iuan Bautista Aguilar.* [«Mientras te miro, ó Rey! y te computo...»]. (Pág. 15).

11. *A Christo... puesto ya en la Cruz, en el monte Calvario. Considerase este monte, ser el monte Parnaso. De Iuan Bautista Aguilar.* [«Esse alto monte, o Sol! ya en el Ocaso...»]. (Págs. 15-16).

12. *A la Virgen Santissima, en el desconsuelo de su Soledad. Soneto. De Francisco de la Torre y Sebil.*

[«Como en vos, Reyna insigne, se encadena...»]. (Pág. 16).
13. *A Ieus niño, pintado desnudo. abrazado con el arbol de la Cruz, y caminando descalço, sobre abrojos, y zarças. Endechas. De Rodrigo Artes y Muñoz.* [«Pinzel ya que en tus sombras...»]. (Págs. 17-19).
14. *A Christo... considerandole misterioso Libro, por los misterios sagrados de su vida. Soneto. De Iuan Bautista Aguilar.* [«Perfecto Libro, que a la Estampa ha dado...»]. (Pág. 20).
15. *A la Virgen Santissima, creyendola cabal perfectissimo Libro. Romance. De Iuan Bautista Aguilar.* [«Celestial, sabia Maria...»]. (Páginas 21-24).
16. *A un relox, muy rico, y curioso, en que estavan figurados de Porcelana, Iesus, Maria, y Iosef. Dezimas. De Francisco de la Torre y Sebil.* [«Relox, que culto arrebol...»]. (Páginas 25-26).
17. *A Santa Maria Madalena... Soneto. De Iuan Bautista Aguilar.* [«Al verse pobre ya, de amor inmundo...»]. (Pág. 27).
18. *A Santa Maria Madalena. Considerase Nave, en el mar de su llanto. Pareados de Iuan Bautista Aguilar.* [«En mar del mundo, Nave es sumergida...»]. (Págs. 28-29).
19. *A la misma Santa, aborrecedora ya del mundo, y enamorada de Dios. Dezima. De Iuan Bautista Aguilar.* [«Madalena, como vos...»]. (Pág. 29).
20. *Al invicto martir San Sebastian, en la pena de su glorioso martirio. Romance. De Francisco de la Torre.* [«Bien desnudo, y bien vestido...»]. (Págs. 30-32).
21. *Epigrama latino. Traducion de Juan Bautista Aguilar. A la gloriosissima Santa Rosa* [*de Lima*]. [«Domingo, ofreciendo al Cielo...»]. (Págs. 32-33).
22. *A la gloriosissima Santa Rosa. Considerase rosa, en el Iardin del mundo. Pareados. De Iuan Bautista Aguilar.* [«O mil vezes feliz! pues que dichosa...»]. (Págs. 33-34).
23. *A la savana, en que fue embuelto el Cuerpo de Christo... Romance. De Francisco de la Torre y Sebil.* [«Savana preciosa, donde...»]. (Páginas 34-36).
24. *Al aver escrito San Agustin, en el Corazon de Sta. Madalena de Pazzi, las palabras: Verbum caro factum est. Escriviendo el Verbum con letras de oro, y lo demas con letras de sangre. Dezima. De Iuan Bautista Aguilar.* [«Madalena, peregrino...»]. (Pág. 36).
25. *Habla San Francisco de Borja con la Emperatriz Isabel, eclipsada Luna en su muerte... Dezimas. De Iuan Bautista Aguilar.* [«Dando a la Parca despojos...»]. (Pág. 37).
26. *A la savana santa... Romance. De Rodrigo Artés y Muñoz.* [«Savana santa, que cubres...»]. (Págs. 38-39).
27. *Epigrama latino de Marta Marchinæ. Traducion de Iuan Bautista Aguilar.* [«Laurencio, de Christo hecho...»]. (Pág. 39).
28. *A San Laurencio. Soneto. De Iuan Bautista Aguilar.* [«Raro Fenix de Amor, que en vivas llamas...»]. (Página 40).
29. *Al retardarse, en difinirse de fe, el Sagrado misterio de la Concepcion de Maria Santissima... Endechas, de Francisco de la Torre y Sebil.* [«O Cielos! como el Cielo...»]. (Págs. 41-42).
30. *Traducion de un distico a Santa Peregrina. De Iuan Bautista Aguilar.* [«Para mi, Patria ninguna...»]. (Página 43).
31. *A la misma Santa... Dezima. De Iuan Bautista Aguilar.* [«En tu peregrinación...»].
32. *A la... imagen de Christo que en esta ciudad de Valencia, en la... Parroquia de San Salvador se venera. Romance. De Rodrigo Artes y Muñoz.* «[«Conmigo todo christiano...»]. (Páginas 44-45).
33. *A la Virgen Santissima, aplaudiendola Raiz, y Vara. Dezimas. De Francisco de la Torre y Sebil.* [«Raiz eres de Iessés...»]. (Pág. 46).
34. *Epigrama latino de Urbano VIII. De Christo pendiente de la Cruz... Traducion. De Iuan Bautista Aguilar.* [«Mientras, o buen Iesus! Dueño clemente...»]. (Págs. 48-49).
35. *A Christo... pendiente del arbol de la Cruz. Romance. De Iuan Bautista Aguilar.* [«Soberano Dios inmenso...»]. (Págs. 49-51).
36. *En consideracion de estas palabras del Evangelista San Mateo, cap. 5: Non potest Civitas abscondi supra montem posita: Imaginanse Ciudad,*

sobre el Monte Calvario, las Insignias de la Passion de nuestro Señor Iesu Christo. Soneto. De Francisco de la Torre y Sebil. [«Casa del Sol, la Ropa congeturo...»]. (Pág. 52).

37. *Epigrama latino de Octavio Tronsarelli. Tradución. De Iuan Bautista Aguilar.* [«Mientras de Christo en seno, por cansado...»]. (Pág. 53).

38. *Al mismo assumpto, hablando con el evangelista San Iuan. Dezimas. De Iuan Bautista Aguilar.* [«Que desvelados aciertos...»]. (Págs. 54).

39. *A la tunica de palma, que heredó el gran Antonio, del insigne Pablo. Soneto. De Francisco de la Torre y Sebil.* [«Vístele a Pablo, palma generosa...»]. (Pág. 55).

40. *A Santa Ines... Dezimas. De Iuan Bautista Aguilar.* [«En poca edad, mucha gloria...»]. (Pág. 56).

—*Quadro segundo... dispuesto con lo grave de asumptos heroicos y morales.*

41. *A las cortas señas de grandeza, que halló... Filipo IV el Grande... subiendo a ver el Castillo de Murviedro, ruinas de la gran Sagunto. Romance. De Antonio Hurtado de Mendoza.* [«Aqui donde fue Sagunto...»]. (Págs. 57-60).

42. *Discurrese a la luz del abrasado Templo de Diana. Dezima. De Francisco de la Torre y Sebil.* [«De Erostrato la maldad...»]. (Pág. 60).

43. *A... Felipe IV... Soneto. De Antonio de Solis.* [«La cerviz mas rebelde, sin violencia...»]. (Pág. 61).

44. *A Sanson, en el triunfo de su muerte. Romance. De Iuan Bautista Aguilar.* [«Ioven heroico, illustre...»]. (Págs. 62-64).

45. *Al fuerte que se empezó a fabricar en la Playa de Valencia, año 1644... Soneto. De Martin Iuan Barcelo.* [«Este, que ves en medio de la Playa...»]. (Pág. 65).

46. *Epigrama latino de Urbano VIII. Traducion. De Iuan Bautista Aguilar.* [«Iulio, despues de sucessos...»]. (Página 66).

47. *Aplaudese por su valor grande, al gran Iulio Cesar. Dezima. De Iuan Bautista Aguilar.* [«Gran Iulio Cesar, mil glorias...»]. (Págs. 66-67).

48. *Al mar, en metafora de un Cavallo. Soneto. De Francisco de la Torre y Sebil.* [«Espumoso Cavallo, en quien procura...»]. (Pág. 67).

49. *Consejos que dio Lelio a Fabio... Romance, que por lo heroico, grave y muy parecido a su estilo, se cree le escrivio Antonio Hurtado de Mendoza.* [«Pidesme consejo, en casos...»]. (Págs. 68-79).

50. *Distico latino de Octavio Tronsarelli. Traducion. De Iuan Bautista Aguilar.* [«Tiene la siniestra mano...»]. (Pág. 80).

51. *Al ver sus muchas luces, en el Tumulo que erigió afligida la Ciudad de Valencia, para celebrar las exequias a su Rey y Señor Filipo IIII el Grande... Dezima. De Iuan Bautista Aguilar.* [«Al Cielo, Valencia exclama...»].

52. *Enfermedad, muerte, y entierro de una Esperança. Romance. De incierto Autor.* [«Cayó enferma mi Esperança...»]. (Págs. 81-85).

53. *Epitafio.* [«Una Esperança, yaze aqui burlada...»]. (Pág. 86).

54. *Escrive el Autor a un amigo, lo que es su ocupacion, estando fuera de Valencia. Dezima. De Martin Iuan Barceló.* [«Inquieto mi vida paso...»].

55. *A Iudit, en su glorioso triunfo. Romance. De Iuan Bautista Aguilar.* [«Matrona illustre, entregada...»]. (Páginas 87-92).

56. *Similitud de la nieve, y el alma. Soneto. De Francisco de la Torre y Sebil.* [«Cae la hermosa nieve de la altura...»]. (Pág. 92).

57. *A una azuzena, que nacio iunto a una Calavera. Dezimas. De Antonio de Solis.* [«Candida flor, que al abrir...»]. (Págs. 93-94).

58. *Al mismo asumto. Dezimas. De Francisco de la Torre y Sebil.* [«Que mal esparzes, ó flor!...»]. (Págs. 94-97).

59. *Distico latino de Iuan Andoeni. Traducion.* [«Quando empeçaste a vivir...»]. (Pág. 97).

60. *Glossa. De incierto autor.* [«Enigma sin duda eres...»]. (Págs. 98-99).

61. *A un relox que tenia gravada una muerte... Redondillas. De Antonio Hurtado de Mendoza.* [«Relox, en mis desventuras...»]. (Págs. 99-102).

62. *Culpase a vista de un relox de agua, un profano amor... Dezimas. De Iuan Bautista Aguilar.* [«Del libro de tus Auroras...»]. (Pág. 103).

63. *Persuadese la enmienda de nues-*

tras culpas... Dezimas. De Antonio Hurtado de Mendoza. [«Quando un monte gime, o brama...»]. (Pág. 104).

64. *Introduccion a una iusta poetica, celebrada en... Liria, en gloria de Maria Santissima... Escriviola Iuan Bautista Aguilar.* En prosa. Con versos intercalados. (Págs. 105-24).

—*Quadro tercero... hermoseado con lo afectuoso de amorosos asumtos.*

65. *Al passar por... Valencia... Filipo IV... Romance. De Antonio Hurtado de Mendoza.* [«Hermosissima Valencia...»]. (Págs. 125-27).

66. *Afectos de un amante, en la pena de una Ausencia. Romance. De Antonio de Solís.* [«Recibe, Adorada Ausente...»]. (Págs. 128-30).

67. *Distico latino de Octavio Tronsarelli. De Venus y el Amor. Traducion de Iuan Bautista Aguilar.* [«A Venus, fuego buscando...»]. (Pág. 131).

68. *Quiere el Amor quejarse a su madre Venus, de que en amoroso incendio le abrasa Fili, Dama de singular blancura. Dezima. De Iuan Bautista de Aguilar.* [«Por ser todo fuego Amor...»]. (Pág. 131).

69. *Halla un infeliz Amante, el retrato de sus males en el cielo... Soneto. De Martin Iuan Barcelo.* [«Una, dos, tres Estrellas, veinte, ciento...»]. (Pág. 132).

70. *Diole a una dama de repente un mal, hallóse alli su despreciado Amante, y feliz logró el bien, de besarle la mano... Dezimas. De Iuan Bautista Aguilar.* [«Por un mal me ofreció Amor...»]. (Págs. 133-34).

71. *Ajustanse con propriedad a los Ojos de una Dama, los siete Planetas, y los siete Metales, que les corresponden. De Francisco de la Torre y Sebil.* [«En tus Ojos, Lisarda, criminales...»]. (Págs. 135-36).

72. *Suplica un amante, a una perfectissima Belleza, le escuche lo afectuoso de su amor. Romance. De Onofre Vicente de Ixar Portugal Montagut y Escrivá, Conde de la Alcudía, etc.* [«Divino, hermoso prodigio...»]. (Páginas 137-39).

73. *A una señora llamada Margarita, tan hermosa, como cruel con su Amante. Madrigal. De Iuan Bautista Aguilar.* [«Preciosa Margarita, mi firmeza...»]. (Pág. 139).

74. *A una dama, que en una alegre, divertida fiesta, le tiró a un Galan, una pella de nieve. Dezimas. De Antonio Hurtado de Mendoza.* [«Fuera piedad rigurosa...»]. (Págs. 140-41).

75. *A una hermosa Señora, llamada Flora, presentandole una Rosa... De Iuan Bautista Aguilar.* [«A Tí, divina Flora, mi Fe pura...»]. (Págs. 141-42).

76. *A la misma Belleza... Dezima. De Iuan Bautista Aguilar.* [«Flora, al ver el Dios de amores...»]. (Pág 142).

77. *Despues de aver servido un Galan a una Dama, supo avía tenido antes otro Amante... Romance. De Antonio de Solís.* [«No pienses, bella Lisarda...»]. (Págs. 143-48).

78. *Mira un amante, cifrado su Amor en dos Relojes... De Francisco de la Torre y Sebil.* [«Este, que en negros indices se explaya...»]. (Pág. 148).

79. *A una hermosissima Señora, llamada María... Dezima. De Iuan Bautista Aguilar.* [«Hermoso Dueño, mi Amor...»]. (Pág. 149).

80. *A la misma perfectissima Belleza... Glossa. De Iuan Bautista Aguilar.* [«Con los Arcos de dos cejas...»]. (Págs. 149-50).

81. *Considerase un Amante, en el padecer, igual a una Mariposa... De Francisco de la Torre.* [«Como breve Chalupa apresurada...»]. (Págs. 152-53).

82. *Distico de Juan Francisco Raymundi. Tradución. De Iuan Bautista Aguilar.* [«De mi Deydad, que es la boca...»]. (Pág. 154).

83. *A una hermosa Señora, que llorando dixo á su Amante, le adorava, confirmandolo despues, riendo. Dezima. De Iuan Bautista Aguilar.* [«En risa y llanto, no poca...»].

84. *A una dama, que aviendola olvidado su Amante, afectuosa, le admitio segunda vez en su cariño. Romance. De Antonio Hurtado de Mendoza.* [«Hermosa Niña, que el Cielo...»]. (Págs. 155-58).

85. *A una Señora, que se peynava con peyne de marfil. Dezimas. De Francisco de la Torre.* [«Opone Clori Gentil...»]. (Págs. 159-61).

86. *Glossase perfetamente este Verso, que en el Romance XXII de los varios, escrivió Luis de Gongora: «Ví marfil, ví plata, y no». Dezima. De Autor incierto.* [«En los labios de mi ingrata...»]. (Pág. 161).

87. *Halla dichoso un Amante a una Dama en un Iardín... Romance. De Iuan Bautista Aguilar.* [«Laura, Laurel; no defensa...»]. (Págs. 162-164).
88. *A una Dama, a quien aviendole pedido su Galan un Retrato suyo, ella le embió la Lamina en blanco. Soneto. De Francisco de la Torre.* [«Filis, en esse Bronce, que advertido...»]. (Pág. 164).
89. *Ansias de un amante, en el tormento de la Ausencia. Romance. De Autor incierto.* [«Amor, pues ya me rendiste...»]. (Págs. 165-66).
90. *Quexase un amante de lo continuado de las penas en su passion amorosa. Romance. De Francisco de la Torre y Sebil.* [«Por la Boca, y por los Ojos...»]. (Págs. 166-70).
91. *No del Amor, sino de Laura, se quexa su enamorado Amante... Soneto. De Iuan Bautista Aguilar.* [«No a Tí, te culpo Amor, no Dios vendado...»]. (Pág. 171).
92. *A una dama, que preguntandole porque no hazía agradecidos, respondió que por no hazer ingratos. Romance. De Antonio Hurtado de Mendoza.* [«Quexosa tiene, ó Lisi...»]. (Páginas. 172-75).
93. *A un amor callado. Dezima. De Francisco de la Torre.* [«Amor, con suerte no poca...».. (Pág. 175).
94. *Dístico latino de Octavio Tronsarelli. Traducion. De Iuan Bautista Aguilar.* [«Al Mar, es la Tierra igual...»]. (Pág. 176).
95. *A una hermosissima Señora, llamada María. Considerase rico Mar en perfecciones. Dezima. De Iuan Bautista Aguilar.* [«Con razon te conjetura...»].
—*Quadro quarto... Formado, con lo divertido de burlescos assumtos.*
96. *A un diciplinante, que azotandose a instancias de una Dama, no pudiendose sacar sangre, degolló un Perro de caza que tenía, para formar la llaga. Romance. De Antonio de Solís.* [«De Sangres, y Penitentes...»]. (Páginas 177-83).
97. *A una señora que comía tierra, yeso y carbon. De Francisco de la Torre.* [«Escucha, Clara mía...»]. (Páginas 183-87).
98. *A un Cavallero, a quien regalaron unas Damas con un Barquillo de azucar, y hallandole lleno de pimienta, enojado le echó en tierra. Dezimas. De Iuan Bautista Aguilar.* [«Fabio, la burla presente...»]. (Pág. 188).
99. *Traducion de un Epigrama de Marcial. Por Francisco de la Torre.* [«Lo que me pide te ruego...»].
100. *A Lisi pedigüeña del mismo modo. Redondillas. De Francisco de la Torre.* [«Siempre me pides, y soy...»]. (Págs. 189-90).
101. *Quexase un Amante, de que estando con una Dama, la llamassen a cenar... Romance. De Antonio Hurtado de Mendoza.* [«Media Cena era por filo...»]. (Págs. 190-92).
102. *Distico latino de Jacobo Falconi. Traducion. De Iuan Bautista Aguilar.* [«Tu edad á Nestor excede...»]. (Pág. 193).
103. *A un viejo, semejante a Posthumo, en el teñirse. Dezima. De Iuan Bautista Aguilar.* [«Bien es, ó Fabio, te acuerde...»].
104. *Concurriendo en una visita tres Damas, pusose en question, qual de las tres era mas hermosa, y tuvo votos contra sí la mas bella. Romance. De Antonio de Solís.* [«Apolo, tu que a las nueve...»]. (Págs. 194-99).
105. *A un marido, tan zeloso, como descuydado en assistir a su muger. Dezima. De Iuan Bautista Aguilar.* [«Mal con Laura, acciones mides...»]. (Página 199).
106. *Quexase de Eneas la reyna Dido. Romance. De Francisco de la Torre y Sebil.* [«Assi se quexava Dido...»]. (Págs. 200-3).
107. *Pide un galan a su dama, le responda a los papeles que la escrive. Dezima. De Antonio de Solís.* [«Responded, Niña, un renglon...»]. (Pág. 203).
108. *Epigrama latino de Juan Owen. Traducion. De Iuan Bautista Aguilar.* [«Al que es tu Vezino, estima...»].
109. *Dizese brevemente lo que un vezino es. Redondillas. De Iuan Bautista Aguilar.* [«El vezino, al ser rumor...»]. (Pág. 204).
110. *A una Señora, llamada Iusta, indeterminable siempre en todo... Dezimas. De Francisco de la Torre Sebil.* [«La ambigua Beldad divina...»]. (Págs. 205-6).
111. *Refiere un Galan como olvidó a su Dama... Romance. De Antonio de Solís.* [«Preguntasme, Fabio amigo...»]. (Págs. 208-13).

112. *A un gran hablador... Dezima. De Francisco de la Torre y Sebil.* [«Cuentas si el furor te assiste...»]. (Pág. 213).
113. *A una dama, embiandole una iacara que pedía para cantarla. Dezima. De Antonio de Solís.* [«Esta es, quadre, o no quadre...»]. (Pág. 214).
114. *Iacara. De Antonio de Solís.* [«Yo el Iaque mayor, de quantos...»]. (Págs. 214-16).
115. *A un murmurador deste libro. Dezima. De Iuan Bautista Aguilar.* [«Bien que eres, Fabio, sabrás...»]. (Pág. 216).

Ejemplares:

MADRID. *Nacional.* R-1.726. *Particular del Duque de Alba.* 8.607.—SANTANDER. *«Menéndez y Pelayo».* R-V-10-19.—WASHINGTON. *Congreso.* 20-16070.

CANCIONEROS

1) DE 1628

CODICES

63

[*Cancionero*].

Letra del s. XVII. 3 vols.

V. Blecua, en su ed., págs. 6-12.

ZARAGOZA. *Universitaria.* Ms. 250-2.

EDICIONES

64

CANCIONERO de 1628. Edición y estudio del Cancionero 250-2 de la Biblioteca Universitaria de Zaragoza, por José Manuel Blecua. Madrid. Consejo Superior de Investigaciones Científicas. [Imp. Aguirre]. 1945. 666 págs. 24,5 cm. (Revista de Filología Española. Anejo XXXII).

1. *Heraclito christiano y segunda harpa a imitacion de Dauid, por Francisco Gómeç de Queuedo y Villegas.—Al lector.—A D.ª Margarita de Espinosa, mi tía.—Psalmo primero.* [«Un nueuo coraçón, un hombre nueuo...»]. (Págs. 156-57).
2. *Psalmo segundo.* [«¡Quan fuera voi, Señor, de tu rebaño...»]. (Páginas 156-57).
3. *Psalmo tercero.* [«¿Hasta quándo, salud del tiempo enfermo...»]. (Página. 157).
4. *Psalmo quarto.* [«¡Que tengo yo, Señor, atreuimiento...»]. (Pág. 158).
5. *Psalmo quinto.* [«¡Como sé quán distante...»]. (Págs. 158-59).
6. *Psalmo sexto.* [«¡Que llegue a tanto ya la maldad mía...»]. (Pág. 159).
7. *Psalmo séptimo.* [«¿Dónde pondré, Señor, mis tristes ojos...»]. (Pág. 160).
8. *Psalmo octauo.* [«Dexadme un rato, bárbaros contentos...»]. (Págs. 160-61).
9. *Psalmo nono.* [«Cuando me bueluo atrás a ver los años...»]. (Págs. 161-62).
10. *Psalmo décimo.* [«Trabajos dulçes, dulçes penas mías...»]. (Páginas 162-63).
11. *Psalmo undécimo.* [«Nací desnudo, y solos mis dos ojos...]. (Páginas 163-65).
12. *Psalmo duodécimo.* [«¿Quién dixera [a] Cartago...»]. (Págs. 165-66).
13. *Psalmo décimo tercio.* [«La indignación de Dios, airado tanto...»]. (Pág. 167).
14. *Psalmo décimo cuarto.* [«Perdióle a la raçón el apetito...»]. (Páginas 168-69).
15. *Psalmo quince.* [«Pise, no por desprecio, por grandeça...»]. (Páginas 169-70).
16. *Psalmo dieciseis.* [«Ven ya, miedo de fuertes y de sabios...»]. (Página 170).
17. *Psalmo diecisiete.* [«Miré los muros de la patria mía...»]. (Pág. 171).
18. *Psalmo dieciocho.* [«¡Cómo de entre mis manos te resualas!...»]. (Páginas 172-73).
19. *Psalmo diecinuebe.* [«Desconoció su paç el mar de España...»]. (Página 173).
20. *Psalmo veinte.* [«Las aues que rompiendo el seno a Eolo...»]. (Páginas 173-74).
21. *Psalmo veintiuno.* [«Pues le quieres haçer el monumento...»]. (Páginas 174-75).
22. *Psalmo veintidós.* [«¿Alégrate, Señor, el ruido ronco...»]. (Págs. 175-76).
23. *Psalmo veintitrés.* [«Para cantar las lágrimas que lloro...»]. (Págs. 176-78).
24. *Psalmo veinticuatro.* [«Llena la edad de sí toda quexarse...»]. (Página 179).

25. *Psalmo veinticinco.* [«Después de tantos ratos mal gastados...»]. (Páginas 179-80).
26. *A la gloria de San Luis Gonzaga y San Estanislao Kostka, canonizados en un dia. Soneto.* [«Dos paraninfos en iguales buelos...»]. (Pág. 181).
27. *Traducción de la Egloga cuarta de Mantuano, por el Licenciado Xinobés.* [«Donde el sagrado Ibero se dilata...»]. (Págs. 181-94).
28. *Selua al Uerano, en cancion informe, del Licenciado Xinoues.* [«El decreto fatal del tiempo alterno...»]. (Págs. 194-207).
29. *Canción real a San Jerónimo en Suria, por Hortensio Palauesino.* [«En la desierta Syria destemplada...»]. (Páginas 207-19).
30. *A la despedida de una dama. Décimas.* [«Dichoso yo que la ví...»]. (Página 219).
31. *Otras.* [«Nunca, Cloris, e podido...»]. (Págs. 219-20).
32. *Lupercio, al Marques de Cerralbo.* [«No te pido perdón de auer tardado...»]. (Págs. 221-35).
33. *La Phénix, del Padre Villar.* [«Con los remates del maior tridente...»]. (Págs. 235-38).
34. *Del Padre Villar, a un amigo que se quexaua que no le escriuía. Tercetos.* [«¿Qué innacesibles llamas de vengança...»]. (Págs. 238-46).
35. *Elegia a la Aurora.* [«Ya trae sobre los golfos del océano...»]. (Páginas 247-49).
36. *A la expectación del parto.* [«Apenas de la humilde gruta el heno...»]. (Págs. 249-51).
37. *Contra los agoreros de la campana de Vililla.* [«A los que os tiene espantados...»]. (Págs. 251-55).
38. *Del Padre Villar, al nascimiento de Christo.* [«Donde en confusas ruïnas...»]. (Págs. 255-59).
39. *Romançe.* [«Ostentando gala y brío...»]. (Págs. 259-60).
40. *Otro.* [«La libertad de mis años...»]. (Págs. 260-62).
41. *Romançe pastoril.* [«En essa villa de Gamba...»]. (Págs. 262-63).
42. *Preguntas y respuestas de Christo al alma.* [«—Alma, ¿Qué quieres de mí?...»]. (Págs. 263-65).
43. *A los Santos Inocentes.* [«Salue os Dios, fruta temprana...»]. (Páginas 265-67).
44. *A los cabellos de la Madalena.* [«Los cabellos, que por ellos...»]. (Páginas 267-69).
45. *A San Joan Euangelista.* [«Si tu fauor no tenemos...»]. (Págs. 269-74).
46.*A los Magos.* [«En viuas llamas deshechos...»]. (Págs. 275-76).
47. *Romance. Seguidillas.* [«Ya estoy enfadadita...»]. (Págs. 276-86).
48. *Otras... de Mendoça.* [«El alua, María...»]. (Págs. 287-90).
49. *Romançe.* [«Al dulçe son de una fuente...»]. (Págs. 290-91).
50. *Romançe de Góngora.* [«¿Qué importa que mis suspiros...»]. (Páginas 292-93).
51. *Romançe de Lope de Vega.* [«Contra un agrauiado gusto...»]. (Páginas 293-94).
52. *Otro de Lope de Vega.* [«Ya es tiempo de recojer...»]. (Págs. 294-95).
53. *Carta de un estudiante a una monja.* [«Mil días a que querría...»]. (Págs. 296-98).
54. *A la Cruç.* [«Cruç santa, ¿qué no podreys...»]. (Págs. 298-99).
55. *Romançe a la Gloria.* [«Los que nauegáis penando...»]. (Págs. 299-301).
56. *Romançe.* [«Entre moradas violetas...»]. (Págs. 301-2).
57. *Otro.* [«El sol con ardientes raios...»]. (Págs. 303-5).
58. *A un procurador.* [«Aqui está un procurador...»]. (Pág. 306).
59. *Sátyra a los teatinos. De Xinoués.* [«Amigos sólo del oro...»]. (Páginas 306-8).
60. *Romançe.* [«Tanto la inclemencia pudo...»]. (Págs. 308-10).
61. *Romançe.* [«Creced, hermoso pimpollo...»]. (Págs. 310-11).
62. *Romançe. Endechas.* [«Llorad, ojos tristes...»]. (Págs. 311-15).
63. *Respuesta. Otras.* [«Señora de mis cadenas...»]. (Págs. 315-16).
64. *Romançe.* [«Oy, señor don Gayferos...»]. (Págs. 316-18).
65. *Romançe.* [«En frente unos ojos tengo...»]. (Págs. 318-20).
66. *Romançe.* [«Serranos de nuestros montes...»]. (Págs. 320-21).
67. *Romançe.* [«Eras para mí, Gerarda...»]. (Págs. 322-23).
68. *Redondillas.* [«Atreuido pensamiento...»]. (Pág. 323).
69. *Canción, de Diego de Mendoça.* [«De valle en valle y de peña en peña...»]. (Págs. 323-24).

70. *Del mismo.* [«Quien fuere firme en amar...»]. (Págs. 324-25).
71. *Carta, de Diego de Mendoça.* [«¡Ay Dios!, ¡ay mi pastora...»]. (Páginas 325-26).
72. *Medoro y Angélica, por Aldana de Italia.* [«Gracia particular que el alto cielo...»]. (Págs. 326-29).
73. *A la muerte de una dama que se perdió en viaje de Indias.* [«Alma diuina y bella...»]. (Págs. 329-32).
74. *A los pajes de la marquesa del Valle. hauiéndoles robado los vestidos.* [«Oyga vuestra señoria...»]. (Págs. 332-35).
75. *A un sueño, Xinoués. Lyras.* [«Con necia confiança...»]. (Págs. 335-36).
76. *Del conde de Salinas, a unos ojos dormidos.* [«Amadas luçes puras...»]. (Págs. 336-37).
77. *Góngora, a una dama hermosa y borracha. Canción lyrica.* [«Oyeme riguroso...»]. (Págs. 337-42).
78. *Tradución del Magnificat. Lyras.* [«Mi alma magnifica...»]. (Págs. 342-44).
79. *A la Visitación de Nuestra Señora.* [«Raiando de los montes el altura...»]. (Págs. 344).
80. *A la Purificación de Nuestra Señora. Oda.* [«Clarísima lumbrera...»]. (Pág. 345).
81. *Octauas.* [«Cabellos que en la concha os engendrasteis...»]. (Páginas 345-47).
82. *Sátira.* [«Sueño, no canoro, al fin...»]. (Págs. 347-49).
83. *Lyras.* [«Corona de rubíes...»]. (Págs. 349-51).
84. *Romance.* [«Ecos del ayre sonado...»]. (Págs. 351-52).
85. *Romançe.* [«Donde el Tormes christalino...»]. (Págs. 352-54).
86. *Sátyra.* [«Donde tantos an cantado...]. (Págs. 354-56).
87. *A un capón que lo açotaron hallándole con una mujer.* [«Bien puedes oy, tosca musa...»]. (Págs. 356-60).
88. *Del Conde de Villamediana.* [«Celestial fue la harmonía...»]. (Págs. 360-65).
89. *Versos que dexó escritos en la cárcel Fray Luis de León.* [«Aquí la embidia y mentira...»]. (Pág. 365).
90. *Otra glosa en fauor.* [«El Santo Oficio a una parte...»]. (Págs. 365-68).
91. *Otras.* [«Disimular en trataros...»]. (Págs. 368-69).
92. *Otras.* [«Vientos de sol soberano...»]. (Págs. 369-70).
93. *Otras.* [«El alma, Elisa, te entrego...»]. (Págs. 370-74).
94. *Glosa.* [«Quien de amor quiere vitoria...»]. (Págs. 375-76).
95. *A una dama que quiere bien, pero es fácil.* [«Señora, de la afición...»]. (Págs. 376-77).
96. *Décimas.* [«Ya, Belisa, llegó el dia...»]. (Págs. 377-79).
97. *Décimas. Góngora.* [«Aunque no beuí el christal...»]. (Págs. 379-82).
98. *A San Francisco de Borxa viendo la Emperatriç. De Villar.* [«Brama difunta la imperial leona...»]. (Páginas 382-84).
99. *A la Coronación de Nuestra Señora.* [«Sobre las hebras de oro y blanca frente...»]. (Págs. 384-85).
100. *Al niño Jesús, en un coraçón abierto con llamas de fuego y que tenga la letra Ex me ipso renascor.* [«Unica Fenix, Niño dios eterno...»]. (Páginas 385-86).
101. *A la iuención de las xaulillas.* [«Esta fábula o conseja...»]. (Páginas 386-92).
102. *Certamen sonado por el Collegio de Plateros.* [«A gloria del Sol diuino...»]. (Págs. 392-94).
103. *Quéxase Çamudio de Uberte a la Uniuersidad.* [«Señora Uniuersidad...»]. (Pág. 394).
104. *Romance.* [«Los renglones que me escriues...»]: (Págs. 394-96).
105. *Conclusiones de Amor, por Quevedo. Soneto dedicatorio.* [«A quien hace el Amor tantas mercedes...»]. (Págs. 396-97). Siguen las Conclusiones en prosa.
106. *Decima.* [«Llouerá, si Dios quisiere...»]. (Pág. 399).
107. *De Céspedes.* [«Al pie de un risco de nieue...»]. (Págs. 399-401).
108. *Otro. Del mismo.* [«Hermosísimas çagalas...»]. (Págs. 401-3).
109. *Otro. Del mismo.* [«Si como el sol en el mar...»]. (Págs. 403-4).
110. *Al rei don Fernando. Gaspar de Aguilar.* [«Leuanta, o sacro Ibero soberano...»]. (Págs. 404-6).
111. *A un caballero estudiante. Bartolomé Leonardo.* [«Don Juan, no se me asienta en el ceruelo...»]. (Páginas 406-15).

112. *Justas de Amor.* [«Yo soi aquel que el amor más fácilmente...»]. (Páginas 415-16).
113. *Otra.* [«Marica, yo confiesso...»]. (Pág. 417).
114. *Canción real a San Juan Clymaco. De Andrés Melero.* [«Cerca del negro Egypto celebrado...»]. (Páginas 418-27).
115. *Diuersas poesías al Certamen poético que publicó Burgos en las obsequias de la reyna doña Margarita de Austria. Canción real.* [«A la marjen del río que corona...»]. (Págs. 428-30).
116. *Otra, comparando la Muerte a la fuerça del raio...* [«¡Qué ufana aurás salido...»]. (Págs. 430-32).
117. *Otra canción.* [«En campos de oro fino...»]. (Pág. 433).
118. *Descripción de una belleça.* [«Entre celajes crespos...»]. (Págs. 433-35).
119. *Romançe.* [«De alegre el alua se ríe...»]. (Págs. 435-37).
120. *Queuedo. Epigrama.* [«De vuestro pecho cruel...»]. (Pág. 437).
121. *Romançe a las estrellas.* [«Innumerables estrellas...»]. (Págs. 437-39).
122. *Canción al nacimiento de Christo. Por el P. Villar.* [«Pues ya la luç de la maior esfera...»]. (Págs. 430-42).
123. *Canción de un moderno.* [«Ahora que de amor la injusta llama...»]. (Págs. 443-44).
124. *Canción lyrada.* [«En este prado ameno...»]. (Pág. 444).
125. *Canción de L. Leonardo.* [«En el ardiente carro, cuias ruedas...»]. (Páginas 445-47).
126. *Epitafio de doña María Pacheco. [De Diego Hurtado de Mendoza].* [«Si preguntas mi nombre, fué María...»]. (Pág. 447).
127. *Epigrama.* [«Dáuate ser çapatero...»]. (Pág. 447).
128. *Otro.* [«Si en octauas assi alabas...»]. (Pág. 448).
129. *Otro.* [«De tus desueños, Gayferos...»].
130. *Otro.* [«Que años tantos viua un hombre...»].
131. *Otro.* [«Ser coxo el sucio Vulcano...»]. (Pág. 449).
132. *Otro.* [«Nunca, Julio, dura carga...»].
133. *Otro.* [«Falto de raçón andáis...»].
134. *Otro.* [«Naciste en grande vajeça...»] (Pág. 450).
135. *De un médico a Villamediana.* [«Las coplas todas ley...»]. (Pág. 450).
136. *Romançe a Fray Juan de la Cruç.* [«Pira construiendo el fénix...»]. (Págs. 450-52).
137. *Glosa.* [«Sólo en vuestro permitir...»]. (Págs. 452-53).
138. *Romance.* [«Si tenéis amor, señora...»]. (Págs. 453-54).
139. *Al Conde de Villamediana.* [«De mi desgracia concibo...»]. (Págs. 454-56).
140. *Otras del mismo [Bartolomé Leonardo].* [«Burléme, yo la confiesso...»]. (Págs. 456-58).
141. *Glossa.* [«En una tablilla tiene...»]. (Pág. 458).
142. *Canción real, ouillejo a la muerte de la reina Margarita.* [«Alma en todo real, a quien la muerte...»[. (Páginas 459-61).
143. *A una buena voç.* [«Ricos orientes descubre...»]. (Págs. 461-62).
144. *A las nueuas Indias. Otro.* [«Haga plaça todo el mundo...»]. (Páginas 462-67).
145. *La Tormiada.* [«Pïerides diuinas...»]. (Págs. 467-73).
146. *A un galán que imprimió el amor de su dama en un asno.* [«Si de la apolínea lira...»]. (Págs. 473-75).
147. *Décima.* [«Al fin la putidoncella...»]. (Pág. 475).
148. *A una mujer que besaba a un niño. García de Porras.* [«Yo te vi quando te viste...»]. (Págs. 475-76).
149. *El mismo, a Jusepa Vaca.* [«Hermosa Jusepa, en quien...»]. (Páginas 476-78).
150. *El mismo, al palacio de Lisis.* [«Desesperado de ver...»]. (Págs. 478-80).
151. *Del mismo, a una ausencia.* [«Cuatro veces, dulce Anfriso...»]. (Páginas 480-82).
152. *A una voç. Décima.* [«La mano mano en el instrumento...»]. (Página 483).
153. *Cancion del mismo, a un naufragio.* [«Rompe segura naue...»]. (Páginas 483-84).
154. *Del mismo, a Lisis.* [«Lisis, pastora de Ardila...»]. (Págs. 484-89).
155. *A la peca del rostro de Nise. Feliçes.* [«Nise, aunque no ay amorosa...»]. (Págs. 489-90).
156. *A María de Córdoba, en la co-*

media de San Patricio. [«De tal manera se aumenta...»]. (Págs. 490-91).
157. *Lupercio. Glossa.* [«Si una dilación maltrata...»]. (Págs. 491-94).
158. *Sátyra.* [«Ya que mi voç a llegado...»]. (Págs. 494-96).
159. *Sátira.* [«Todo el mundo irá al reués...»]. (Págs. 496-99).
160. *García de Porras, a unos celos.* [«Aiuda, Amor, que me quemo...»]. (Págs. 499-500).
161. *El mismo, a una embarcación.* [«Ojalá, gallardo Ardenio...»]. (Páginas 500-3).
162. *El mismo, embía a Celia un papel hecho barco.* [«Oy del mar de mis cuidados...»]. (Págs. 503-7).
163. *Del mismo, a Filis.* [«Filis de mi vida...»]. (Págs. 507-9).
164. *Romance, del mismo.* [«Celia hermosa, de tu cielo...»]. (Págs. 509-11).
165. *Del mismo, a Anica de Cáceres, comedianta.* [«Tened, no muera más jente...»]. (Págs. 511-12).
166. *Del mismo. Letrilla a Jusepa Vaca y a su hija.* [«Para mí solamente, Amor...»]. (Págs. 513-14).
167. *A Nuestra Señora de la Peña de Francia. Don García.* [«Salue, o tú, mil veçes salue...»]. (Págs. 514-15).
168. *Del mismo, a una disfraçada labradora.* [«Gallarda Nise mía...»]. (Páginas 515-17).
169. *El mismo, a Celia que cantaba.* [«Corren los riscos del monte...»]. (Páginas 517-20).
170. *El mismo, se disculpa por dexar a Lisis por Celia.* [«Ya, pastores, fuí de Lisis...»]. (Págs. 520-22).
171. *Descripción de una dama.* [«Era el primer crepúsculo del año...]. (Páginas 522-24).
172. *Sátira de Don Luis al Toledano.* [«Tenga Dios en el Cielo a Toledano...»]. (Págs. 525-32).
173. *De Diego de Mendoça.* [«Compadre, el que de sabio más se precia...»]. (Págs. 532-39).
174. *Del Hermano Villar. A un alarde que tuvieron los planetas.* [«Apenas la diuisa de Taumante...»]. (Páginas 539-43).
175. *Romançe, del mismo.* [«Mientras Flegonte celoso...»]. (Págs. 543-45).
176. *Octauas a San Laurencio. Leonardo.* [«Conduçe a templo celestial belleça...»]. (Págs. 545-47).
177. *Canción de Leonardo, traducida de Píndaro.* [«La excelencia de líquidos christales...»]. (Págs. 547-54).
178. *No es sotana, sino loba. Glossa.* [«La señora doña Joana...»]. (Página 554).
179. *Otro romance.* [«Los campos de Mançanares...»]. (Págs. 554-55).
180. *Romance.* [«Pues el bien comunicado...»]. (Págs. 555-58).
181. *Otro.* [«En los braços de la noche...»]. (Págs. 558-59).
182. *Otro.* [«En las bodas de Cornelio...»]. (Págs. 559-60).
183. *Otro.* [«Entre estos turbios ríos...»]. (Págs. 560-61).
184. *Otro.* [«Adiós, pensamientos míos...»]. (Pág. 561).
185. *Otro.* [«Cansada está ya la Luna...»]. (Págs. 562-63).
186. *Otro.* [«Al son de mi triste llanto...»]. (Págs. 563-64).
187. *Otro.* [«Cantar quiero a mis vecinas...»]. (Págs. 564-65).
188. *Otro.* [«Adiós, adiós, soldadesca...»]. (Págs. 565-68).
189. *Otro.* [«Puñalicos dorados...»]. (Págs. 568-69).
190. *Canción.* [«Ulixes engañoso...»]. (Págs. 569-70).
191. *Otro.* [«Nací tamborilero...»]. (Págs. 570-71).
192. *Romançe.* [«Salió trocada en nubes...»]. (Págs. 571-73).
193. *Décimas.* [«Manso rey, Ebro dilata...»]. (Pás. 573-74).
194. *Décima.* [«Siendo idólatra de vos...»]. (Pág. 575).
195. *A una dama, esponja de entrambas bolsas de su amante.* [«Dura relijión de amar...»]. (Págs. 575-76).
196. *Romance contra la* [*canción*?] *de Feliçes en el certamen del Pilar.* [«No inuoco musas ajenas...»]. (Págs. 577-79).
197. *Otro.* [«Aquella çagala hermosa...»]. (Págs. 579-80).
198. *Otro.* [«Las sierras de Segura...»]. (Págs. 580-81).
199. *Otro.* [«Belisa, la que en el Betis...»]. (Págs. 581-82).
200. *Otro.* [«Cupido, rei del amor...»]. (Pág. 582).
201. *A la fundación de la Cartuja. Canción.* [«De no mal opinado en vida sabio...»]. (Págs. 582-85).

202. *Commento burlesco de la canción del certamen del Pilar.* [«No aspiro al varco de oro, que ofuscado...»]. (Págs. 585-88).
203. *Un galán a una dama que abaxa los ojos por no verle.* [«A un mismo tiempo el valor...»]. (Págs. 588-89).
204. *Respuesta a una dama que dixo asno al author.* [«Asno me llamas, sospecho...»]. (Pág. 590).
205. *A los médicos.* [«De médicos está lleno...»].
206. *A una tabernera.* [«Esta vende de contino...»].
207. *A un paje.* [«Paxe, es mui digno de ultraje...»]. (Pág. 591).
208. *A un capuchino.* [«Ser capucho determinas...»].
209. *Otro.* [«La de Putifar goçar...»].
210. *Otro.* [«Desafióme un caballero...»].
211. *Otro.* [«Si tú me tratas de paio...»]. (Pág. 592).
212. *A un despedimiento de Salamanca, de Diego Morlanes.* [«De las riberas del Tormes...»]. (Págs. 592-94).
213. *Del mismo, a un arroiuelo.* [«Risueño va un arroiuelo...»]. (Págs. 594-95).
214. *Venus y Adonis, del mismo.* [«Con brincos y gorjeos...»]. (Páginas 595-99).
215. *A una dama, del mismo.* [«Juntó el cielo marauillas...»]. (Págs. 599-600).
216. *Del mismo, a una dama.* [«Salió en los braços del Alua...»]. (Páginas 600-1).
217. *Canción a la Primauera, de Diego Morlanes.* [«Pregona abril la verde primauera...»]. (Págs. 601-3).
218. *Persuade a una dama venga a Çaragoça a las fiestas del Rei.* [«Del aue generosa que hasta el cielo...»]. (Págs. 603-8).
219. *De Leonardo, a las guedexas.* [«La antigua verdad fué ruda...»]. (Página 608).
220. *De Diego Morlanes, a unas rosas en la cabeça de una dama.* [«Humanado serafín...»]. (Págs. 609-10).
221. *Del mismo, a una encubierta serrana.* [«No te encubras, dueño hermoso...»]. (Págs. 610-11).
222. *Otras.* [«Flechando vi con rigor...»]. (Págs. 611-12).
223. *Diego Morlanes, a San Ignacio.* [«Largo tiempo siguió a Marte...»]. (Págs. 613-14).
224. *Del mismo, a una dama en un colmenar.* [«A su alegre colmenar...»]. (Págs. 614-15).
225. *Varia.* [«Al torillo de amor çagales...»]. (Págs. 615-16).
226. *Otra.* [«Pues que por quereros muero...»]. (Pág. 616).
227. *A un desengaño. Lyras.* [«Soledades diuinas...»]. (Págs. 617-18).
228. *En la muerte de la señora doña Ynés Çapata, de Pedro Calderón. Silua.* [«Sola esta veç quisiera...»]. (Páginas 618-21).
229. *Da cuenta a un amigo de una enfermedad y passatiempo en su conualecencia.* [«Si del Parnaso a la sagrada cumbre...»]. (Págs. 621-34).
230. *Sátyra a una flaca.* [«Pluma, menester auéis...»]. (Págs. 635-42).
231. *Sátyra.* [«Cúrame, Pero García...»]. (Págs. 643-45).
232. *Pan y Syringa.* [«Era de Arcadia una moça...»]. (Págs. 646-49).

Crítica:

a) Arco, R. del, en *Universidad,* XXIII, Zaragoza, 1946, págs. 126-28.
b) Fucilla, J. G., en *Hispanic Review,* XVI, Filadelfia, 1948, páginas 169-70.
c) Parker, A. A., en *The Modern Language Review,* XLI, Cambridge, 1946, págs. 338-40.
d) Rey, Agapito, en *Hispania,* XXX, Stanford, 1947, págs. 267-69.

Ejemplares:

MADRID. *Consejo. Patronato «Menéndez y Pelayo».—Nacional.* 1-107.009.—WÁSHINGTON. 47-23561.

2) DE LA ACADEMIA DE LOS NOCTURNOS

CODICES

65

[*Instituciones, actas y poesías de la Academia de los Nocturnos de Valencia, Años 1591-1594*].

Letra de fines del s. XVI. 3 vols. Fol. Perteneció a Salvá, que escribió: «Considero este manuscrito como el volumen más precioso de mi Biblioteca». V. *Catálogo de la biblioteca de Salvá,* I, n.º 156.

Ejemplares:

MADRID. *Nacional.* Mss. Res. 32/34.

EDICIONES

66

CANCIONERO de la Academia de los Nocturnos de Valencia, extractado de sus Actas originales por Pedro Salvá. Edición de 26 ejemplares. Valencia. Imp. de Ferrer de Orga. 1869. 111 págs. + 1 lám. 15,5 cm.

Págs. 5-17: Advertencia del Editor.

Ejemplares:

MADRID. *Nacional.* R-22.790 (Dedicado a J. E. Hartzenbusch por Pedro Salvá).—SANTANDER. «*Menéndez y Pelayo.*» R-IV-4-10.

67

——— *y reimpreso con adiciones y notas de Francisco Martí Grajales.* Valencia. Imp. de Francisco Vives y Mora. 1905-12. 4 vols. 15,5 cm.

Tomo I: Tirada de 200 ejemplares.
Tomos II-IV: Tirada de 300 ejemplares.

Tomo I:

Págs. 5-21: Advertencia del Editor. (Se reproduce la de Salvá).

—Bernardo Catalán.

1. *A un pajarillo que se puso sobre un copete de una señora.* [«Al mejor neblí te igualas...»]. (Págs. 23-24).
2. *Romance de un galán que no osaba declararse à su dama por inconvenientes.* [«Niña del copete rubio...»]. (Págs. 25-26).
3. *Soneto contra la humana ingratitud* [«Rinde la tierra el ordinario fruto...»]. (Pág. 26).

—El canónigo Francisco Tárrega.

4. *Soneto al nacimiento de Cristo... en el cual están todos los nombres alegóricos de los Académicos y el de nuestra Academia.* [«En medio del *Silencio Temeroso*...»]. (Pág. 27).
5. *Soneto a una señora que lloraba antes de desdeñar á los que la servían.* [«César á vista del egipcio Nilo...»]. (Págs. 27-28).
6. *Cuartetos a un viejo con alientos de mozo.* [«¿De qué sirve la locura...»]. (Págs. 28-29).
7. *Cuartetos en loor de la pulga.* [«La pulga, cuyo renombre...»]. (Págs. 29-31).
8. *Redondillas en alabanza de la haba.* [«Ese buen Cid campeador...»]. (Págs. 32-33).
9. *Soneto a un pensamiento.* [«Llevó tras sí los pámpanos Otubre...»]. (Páginas 32-33).

—Francisco Desplúgues.

10. *Redondillas á un limpiadientes que le dió su dama.* [«En un limpiadientes bello...»]. (Págs. 33-34).

—Miguel Beneito.

11. *Glosa.* [«Saqué de un querer fingido...»]. (Págs. 35-36).
12. *Redondillas á cierta señora que por habersele roto el chapin dejó de ir a cierta estación.* [«Amor con trazas ruínes...»]. (Págs. 36-38).
13. *Octavas a una dama que la vió bañando.* [«Entre tus aguas, regalado Turia...»]. (Págs. 38-39).
14. *Elogio a los fundadores de la Academia.* [«Donde las aguas del famoso Turia...»]. (Págs. 39-46).

—Gaspar Aguilar.

15. *Soneto contra la gloria de amor.* [«El alma que en las cosas celestiales...»]. (Pág. 47).
16. *Soneto a una melancolía de amor.* [«Si una pequeña luz resplandeciente...»]. (Págs. 47-48).
17. *Soneto aplicado su pensamiento á los versos de Virgilio «feste siti flammas etc.».* [«Si la antigua esperanza de mi gloria...»]. (Pág. 48).
18. *Soneto pidiendo la palabra á su dama.* [«Muerta en Numancia la orgullosa gente...»]. (Págs. 48-49).
19. *Soneto á un espejo de una dama.* [«En ese cristal puro y transparente...»]. (Págs. 49).
20. *Soneto á las ruinas de un pensamiento.* [«Después de ser Numancia destruída...»]. (Págs. 50).
21. *Sátira en redondillas contra los calzones sevillanos.* [«Por solamente saber...»]. (Págs. 50-52).

—Hernando Pretel.

22. *Cuartetas a una señora...* [«Si mi afición te da gusto...»]. (Págs. 52-54).
23. *Romance á la zanahoria.* [«Niñas las que piden...»]. (Págs. 54-56).

—Maximiliano Cerdán de Tallada.

24. *A un galán que pedía celos de su marido a una señora casada.* [«Son los celos hijos...»]. (Págs. 57-58).
—Fabián de Cucalón.
25. *Estanzas alabando la noche.* [«Sagrada noche llena de contento...»]. (Páginas 58-59).
26. *Redondillas a unos cabellos negros.* [«La humana naturaleza...»]. (Página 59).
27. *Romance contra la facilidad de una viuda.* [«Siempre el recato se tuvo...»]. (Pág. 60).
28. *Glosa. Amor me ha puesto en tanta desventura.* [«Pues me dió del amor la escasa mano...»]. (Pág. 61).
29. *Soneto. De una dama que despide a su galán por ser afeminado.* [«No atormentes sin causa el pensamiento...»]. (Págs. 61-62).
30. *Glosa. En lo menos, más ventura.* [«La bajeza que en mí veo...»]. (Pág. 62).
31. *Soneto. A unos ojos bellos.* [«Contra la fuerza del aírado viento...»]. (Página 63).
—Gaspar de Villalón.
32. *Redondillas. A unos ojos.* [«Ser mandamiento me escusa...»]. (Páginas 63-64).
—El Dr. Jerónimo Virués.
33. *Liras traduciendo la oda de Horacio «Intermissa Venus».* [«Venus de mí olvidada...»]. (Págs. 65-67).
34. *Glosa a la bella mal maridada.* [«Tan común es a la hermosa...»]. (Páginas 67-68).
35. *Liras en alabanza de la libertad.* [«El mas siguro puerto...»]. (Páginas 67-71).
36. *Liras. Un parabien del nacimiento del Niño Jesús a su Virgen Madre Santísima.* [«Graciosa Virgen santa...»]. (Págs. 72-73).
37. *Soneto al arcángel San Miguel.* [«De verse Lucifer entronizado...»]. (Pág. 74).
38. *Soneto al Santísimo Sacramento en dos lenguas.* [«La celestial vianda que sustenta...»]. (Págs. 74-75).
39. *Soneto al Santo Fray Nicolás Factor.* [«Entre manjares ver un hombre hambriento...»]. (Pág. 75).
—Juan Fenollet.
40. *Cuartetos. A un galán una dama pidiendo casamiento.* [«La que mas que á tu provecho...»]. (Págs. 76-77).
—Jaime Orts.
41. *Cuartetos. Por qué topándose dos perros se huelen el nacimiento de las colas.* [«Cierto pleito y diferencia...»]. (Págs. 77-79).
42. *Redondillas. A la moza gallega.* [«Mozuela, qu'en la posada...»]. (Págs. 79-80).
43. *Redondillas. A una dama que se fingía estar enferma porque la visitase un fraile.* [«Señora, con gran razón...»]. (Págs. 81-82).
44. *Glosa.* [«Para que finque mi mal...»]. (Págs. 82-84).
45. *Redondillas. A los amores de Plutón y Proserpina.* [«El que ha sido ó es soldado...»]. (Págs. 84-86).
46. *Redondillas.* (En valenciano).
47. *Redondillas. Enviándole á pedir su dama una pluma de escribir que fuese gorda.* [«Si gustais que me consuma...»]. (Págs. 89-90).
—Manuel Ledesma.
48. *Recogimiento. Cuatro estanzas a su nombre.* [«El puerto más seguro de esta vida...»]. (Págs. 91-92).
—Evaristo Mont.
49. *Soneto. A la muerte de su dama.* [«¡Ay de mí! que la muerte me ha quitado...»]. (Págs. 91-92).
—El M.º Gregorio Ferrer.
50. *Liras traduciendo el himno «Christe redemptor omnium».* [«Cristo, que todo el mundo...»]. (Págs. 92-93).
—Gaspar Mercader.
51. *Estancias a un galán muy favorecido de dos damas.* «No hay en la tierra cosa que te espante...»]. (Páginas 93-94).
52. *Carta de un galán ausente a una dama mudable.* [«A Belisa la mas bella...»]. (Págs. 95-97).
—Carlos Boil.
53. *Redondillas a una carta en blanco que le dió su dama.* [«Aunque está en blanco el papel...»]. (Págs. 97-98).
54. *Romance a una dama que quiere a uno por interés y a otro por afición.* [«Dos aficiones unidas...»]. (Págs. 98-100).
—Guillem de Castro.
55. *Redondillas a las tocas de una viuda hermosa.* [«Viuda hermosa que provocas...»]. (Págs. 100-1).
56. *Redondillas a una dama que se comió un papel de miedo de su marido.* [«Pues a un papel que llegó...»]. (Págs. 101-3).

57. *Diálogo entre un galán y una dama embozada en un sarao.* [«Asegurándome estoy...»]. (Págs. 103-7).
58. *Redondillas a una cerbatana por la cual se hablaban dos damas.* [«Bien veo que señaláis...»]. (Págs. 108-10).
59. *Estancias. Como se ha de vengar un galán de una dama mudable.* [«El galán olvidado y ofendido...»]. (Páginas 111-12).
60. *Sátira a los coches de una mula que llaman por mal nombre Guitarra.* [«Por cuan extraños caminos...»]. (Páginas 112-13).
61. *Cuartetos a una dama en boca de un galán que le tomó una cinta de los chapines.* [A tal gusto me provoca...»]. (Págs. 114-16).
62. *Romance morisco.* [«Poco después que la aurora...»]. (Págs. 116-18).
—Francisco de Castro.
63. *Tercetos contra la vida de palacio.* [«La vida de palacio, si se advierte...»]. (Págs. 119-20).
64. *Glosa. El mayor mal por la mayor belleza.* [«Hasta poner los ojos en tu cielo...»]. (Págs. 120-21).
—López Maldonado.
65. *Satira contra las mujeres flacas.* [«Mandar satirizar a quien condena...»]. (Págs. 122-24).
—Tomás de Villanueva.
66. *Sátira al desdén de una señora* [«¿A dónde piensas llegar...»]. (Págs. 124-25).
67. *Cuartetos a una dama persuadiéndole haga favores a un su galán.* [«Pues es cierta la nobleza...»]. (Págs. 126-27).
—Matías Fajardo.
68. *Romance en alabanza de la avellana.* [«Entre las cosas criadas...»]. (Págs. 127-29).
—Tomás Cerdán de Tallada.
69. *Romancillo en boca de un galán desdichado* [«Niña de mi alma...»]. (Págs. 129-31).
70. *Romance a una dama que un capitán la llevaba por fuerza a la guerra.* [«Un otro segundo Páris...»]. (Págs. 131-33).
71. *Romance a un pensamiento.* [«Fiado en lóbregas sombras...»]. (Páginas 133-35).
72. *Romance a una gloria perdida.* [«A las templadas riberas...»]. (Págs. 135-36).
—Guillem Ramón Catalán.
73. *Cuartetos a una señora que enfermó de calentura.* [«Agora que corresponde...»]. (Pág. 137).
—El capitán Andrés Rey de Artieda.
74. *Glosa.* [«Con tantas veras me entrego...»]. (Págs. 138-39).
—Jaime de Aguilar.
75. *Cuartetos de un galán ausente.* [«Tan insufrible dolencia...»]. (Páginas 139-40).
—Pedro Vicente Giner.
76. *Cuartetos a un galán que envió a una señora un ramillete de violetas.* [«Violetas venturosas...»]. (Págs. 140-41).
—Guillem Bellvis.
77. *Redondillas a una señora que se levantó muy triste del tálamo.* [«No sé que causa tuviste...»]. (Págs. 142-44).
—Jerónimo de Mora.
78. *Cuatro estanzas a un galán que dejaba de visitar a su dama para amartelalla.* [«Tus amigos, Artemio, me han contado...»]. (Págs. 144-45).
—Estacio Gironella.
79. *Estancias despidiéndose de la Academia y de Florisa.* [«Menalio el sin ventura y sin contento...»]. (Páginas 145-46).
—Luis Ferrer de Cardona.
80. *Romance probando que es más fácil encubrir el placer que el pesar.* [«Siempre las causas mayores...»]. (Páginas 147-48).
81. *Cuartetos. Quejas de un galán a quien no correspondía su dama.* [«Pues se acaban ya mis días...»]. (Págs. 149-50).
—El Dr. Juan Andrés Nuñez.
82. *Romance a un pensamiento.* [«Un moro gallardo sale...»]. (Págs. 150-54).
—Hernando de Balda.
83. *Glosa. Mi porfía hasta la muerte.* [«Nunca el premio de gozarte...»]. (Páginas 154-56).
—Micer Juan José Martí.
84. *Alabanza de la Academia en esdrújulos.* [«Retumben ecos de sonoros dáctilos...»]. (Págs. 156-58).
—Pedro Frígola.
85. *Redondillas de un galán que con seña contrahecha gozó de los favores de su dama.* [«Sin razón os enojáis...»]. (Págs. 159-60).
—El Licdo. Lorenzo de Valenzuela.
86. *Romance en alabanza de San*

Juan Bautista. [«En este dichoso día...»]. (Págs. 160-61).
—Simón Arias.
87. *En alabanza de la Academia.* [«Academia valentina...»]. (Págs. 161-66).
—Pedro Tamayo.
88. *Soneto.* [«Crezca y aumente el tiempo cada día...»]. (Pág. 166).
—Melchor Orta.
89. *Soneto. Del imperio del cuerno..* [«Con fieros una vez y otra muy tierno...»]. (Pág. 167).
—El Dr. Bux.
90. *Estancias a Santa Lucía.* [«Una águila grandiosa y muy pintada...»]. (Págs. 167-68).
—Esteban Cortés.
91. *Soneto al Sr. Presidente D. Bernardo Catalán.* [«Tú, que al reino bajaste del espanto...»]. (Pág. 169).
—Cosme Damián Tofiño.
92. *Canción al desdén de una dama.* [«La suave armonía y dulce canto...»]. (169-71).
—...de Eduardo.
93. *Romance.* [«Cuando ya de la gran Ceres...»]. (Págs. 171-72).
Apéndice. Bernardo Catalán de Valeriola. Noticia biográfica. (Págs. 173-83).

Tomo II (1906).

Los trabajos de la Academia. Indice. (Págs. 5-64).
—Bernardo Catalán.
94. *Cuartetos a un desconocimiento de un pastor casado.* [«Estrangero mayoral...»]. (Págs. 65-67).
95. *Soneto a Santo Tomás de Aquino.* [«Con un tizón que del amor divino...»]. (Pág. 68).
—Francisco Tárrega.
96. *Liras consolando a una señora moza casada con un viejo.* [«Tierna vid enlazada...»]. (Págs. 68-71).
97. *Redondillas a una señora que cayó danzando el candelero.* [«Vuestra fiesta se remata...»]. (Pág. 71).
98. *Cuartetos a una cortesana que sacó una ropa encarnada sembrada de eses.* [«En vuestra ropa encarnada...»]. (Pág. 72).
99. *Glosa.* [«Satisfecho de mi mal...»]. (Págs. 73-74).
100. *Soneto a Nuestra Señora del Socorro.* [«El mundo, Lucifer, la carne osada...»]. (Pág. 74).
—Francisco Desplugues.
101. *Cuartetos alabando el atrevimiento de amor.* [«El que vive enamorado...»]. (Págs. 75-76).
—Miguel Beneito.
102. *Redondillas a una dama enamorada de un capón.* [«Tan vano amor es el tuyo...»]. (Págs. 76-78).
103. *Glosa.* «Tanto el perderte he temido...»]. (Págs. 78-79).
104. *Sátira a los que van haciendo piernas.* [«Estos hombres que tornean»]. (Págs. 79-81).
105. *Redondillas a una dama que un coete le quemó las ligas.* [«Llega un ardiente papel...»]. (Págs. 82-85).
106. *Estancias contra la esperanza.* [«Quien de gozar un bien tiene esperanza...»]. (Págs. 85-87).
—Gaspar Aguilar.
107. *Redondillas a la fábula de Júpiter y Europa.* [«El que derretido en oro...»]. (Págs. 87-89).
108. *Sonetos. Satisficiendo a una falta en que cayó con su Tirsi.* [«Del sol que en vuestros ojos resplandece...»]. (Página 89).
109. *A una dama declarándole su pensamiento.* [«Cuando con mayor gusto florecía...»]. (Págs. 89-90).
110. *A la circunscisión de Nuestro Redemptor Jesucristo.* [«El mar bermejo cuya gran corriente...»]. (Pág. 90).
111. *Epitalamión en cuatro lenguas al casamiento de Madona Francisquina.* [«Bella pianta gentil ne le cui fronde...»]. (Pág. 91).
112. *A un desengaño.* [«Muero pensando en mi dolor presente...»]. (Página 91).
113. *A Santa Catherina mártir.* [«Puso Dios en la cumbre de una sierra...»]. (Pág. 92).
114. *Octavas al estado de las almas del Purgatorio.* [«Si al que pretende gloria conocida...»]. (Págs. 92-93).
115. *Redondillas a una melancolía de amor.* [«Dama triste que en sufrir...»]. (Págs. 94-95).
116. *Sátira al Carnaval.* [«Con justa causa no te humillo y postro...»]. (Páginas 95-97).
117. *Octavas a un pensamiento.* [«Caduco tiempo que la culpa tienes...»]. (Págs. 97-99).
—Hernando Pretel.
118. *Redondillas en alabanza de los alcahuetes.* [«Puesto en el mar de mis penas...»]. (Págs. 99-100).

119. *Soneto al secreto de amor.* [«Labra de sus panales la dulzura...»]. (Páginas 100-1).
—Maximiliano Cerdán de Tallada.
120. *Soneto a la hermosura del caballo.* [«El gallardo animal que en hermosura...»]. (Pág. 101).
121. *Glosa.* [«Si fortuna ordena...»]. (Págs. 102-3).
—Fabián de Cucalón.
122. *Romance de un galán en las faldas de su dama.* [«En una sala de amor...»]. (Págs. 103-6).
123. *Soneto alabando el cristal.* [«Si sirve el cristal puro y estimado...»]. (Pág. 106).
124. *Soneto. A Cristo llevando la cruz á cuestas.* [«Cual otro Isac, camino de la muerte...»]. (Págs. 106-7).
—Gaspar de Villalón.
125. *Tinieblas. Cuartetos a su nombre.* [«Con la luz de mi deseo...»]. (Págs. 107-8).
—El Dr. Jerónimo Virués.
126. *Liras traduciendo el «Pange lingua».* [«Canta, lengua crístiana...»]. (Págs. 108-10).
127. *Soneto al Santo Fray Luís Bertrán.* [«De la tierra que cría pecadores...»]. (Pág. 110).
—Juan Fenollet.
128. *Redondillas. A la lealtad.* [«La lealtad debe ser...»]. (Págs. 111-12).
—Jaime Orts.
129. *Redondillas. A una bañadora.* [«Pues que muestras, sin afán...»]. (Págs. 112-14).
130. *Redondillas a una señora que jugaba en cueros a la argolla.* [«Para ganar más dineros...»]. (Págs. 114-15).
131. *Glosa en diálogo.* [«—Gran diablo, so cosino...»]. (Págs. 116-17).
—Manuel Ledesma.
132. *Estanzas.* [«Si culpa puede haber en el amante...»]. (Págs. 118-19).
—Evaristo Mont.
133. *Estanzas a las ruínas de Sagunto.* [«Si aquella paz, Sagunto, no la hicieras...»]. (Págs. 119-20).
—El M.º Gregorio Ferrer.
134. *Liras traduciendo el hnmno «Iste Confessor...».* [«Este siervo sagrado...»]. (Págs. 120-22).
—Gaspar Mercader.
135. *Cuartetos de un galán a una señora que le favorecía y no le quería escribir.* [«Si la fe con que te adoro...»]. (Págs. 122-24).
136. *Soneto de impusibles.* [«Busco paz y mantengo eterna guerra...»]. (Págs. 124-25).
—Carlos Boil.
137. *Redondillas a una muerte de cristal que llevaba su dama.* [«Por ser cosa tan probada...»]. (Pág. 125).
138. *Soneto de un galan que se arrepiente de haber vivido mal empleado.* [«Quise una fiera Circe y vil tarasca...»]. (Pág. 126).
—Guillem de Castro.
139. *Redondillas a una dama que nació con dientes.* [«Bien claro nos señaló...»]. (Págs. 126-29).
140. *Romance en alabanza de la granada.* [«Ejemplos de admiración...»]. (Págs. 129-30).
141. *Estanzas a una dama que le cortaron los cabellos en una enfermedad.* [«Si quien vió unos cabellos parecidos...»]. (Págs. 130-32).
142. *Soneto a una casa hierma que había estado su dama.* [«Casa lóbrega, triste y despoblada...»]. (Pág. 132).
—López Maldonado.
143. *Cuartetos quejándose de su dama.* [«Delia, tu gran hermosura...»]. (Págs. 133-34).
—Tomás de Villanueva.
144. *Glosa.* [«Porque adore tu belleza...»]. (Pág. 135).
145. *Soneto a un retrato de una señora.* [«Los ojos grandes, garzos y tan bellos...»]. (Pág. 136).
—Tomás Cerdán de Tallada.
146. *Romance con bordoncillo.* [«Cantando decía...»]. (Págs. 136-38).
147. *Soneto a una dama que dejaba de favorecer a su galán por de pocos años.* [«Puesto que nadie pueda merecerte...»]. (Págs. 138-39).
148. *Soneto a una contemplación.* [«Embelesada el alma en la memoria...»]. (Pág. 139).
—Guillem Ramón Catalán.
149. *Romance a una señora que aborrecía las cosas en poseellas.* [«Si lo que tienes desdeñas...»]. (Págs. 139-40).
—Andrés Rey de Artieda.
150. *Sonetos satíricos, A dos diversos sugetos de Ariosto. I. A una moza libre.* [«Entre cien mil que en Francia tiene acaso...»]. (Pág. 141).
151. *II. A una vieja relamida.* [«Cabe una fuente clara, limpia y fría...»]. (Págs. 141-42).

152. *Glosa.* [«Quien artificio y voz precia y estima...»]. (Pág. 142).
—Pedro Vicente Giner.
153. *Romance pidiendo celos a una dama.* [«A qué puedo atribuir...»]. (Págs. 143-44).
—Guillem Bellvís.
154. *Romance á una perdida esperanza.* [«Por muerte de su esperanza...»]. (Págs. 145-46).
—Jerónimo de Mora.
155. *Redondillas a una dama que se quejaba porque no la casaban.* [«Si el mayor bien que nos dió...»]. (Páginas 147-48).
—Estacio Gironella.
156. *Sátira en redondillas contra los que traen ligas grandes.* [«Dan los de Alemaña y Flandes...»]. (Págs. 149-51).
—Luis Ferrer de Cardona.
157. *Cuartetos a una señora que dejó al cuello de su galán la toca con que había danzado.* [«Silvia, que con igual suerte...»]. (Págs. 151-52).
158. *Soneto de un galán que su dama le dió rejalgar en una hostieta.* [«Ya que, Silveria mía, has aplacado...»]. (Págs. 152-53).
—El Dr. Juan Andrés Núñez.
159. *Tercetos probando la razón por que las mujeres gustan de ser queridas.* [«Cuando sin flechas y sin red naciera...»]. (Págs. 153-55).
—Hernando de Valda.
160. *Redondillas a una señora que en un desmayo le hallaron un billete de su galán en la manga.* [«Laura, mi amor y mi suerte...»]. (Págs. 155-57).
—Micer Juan José Martí.
161. *Romance a la ausencia de una dama.* [«A la odorífera sombra...»]. (Págs. 157-59).
—Licdo. Lorenzo de Valenzuela.
162. *Canción a San Hermenegildo.* [«Hoy es el sacro y venturoso día...»]. (Págs. 160-62).
—Simón Arias.
163. *Soneto.* [«Cata que subes pensamiento al cielo...»]. (Pág. 163).
164. *Soneto en alabanza de la Academia.* [«Fabrique un templo de inmortal memoria...»]. (Págs. 163-64).
—Melchor Orta.
165. *Soneto.* [«El mando del muy ínclito Perseo...»]. (Pág. 164).
—Apéndice: Gaspar Aguilar, Noticia bibliográfica. (Págs. 165-206).

Tomo III.
—Bernardo Catalán.
166. *Octavas al nombre de «Silencio».* [«Quien dirá por menudo tu excelencia...»]. (Pág. 5).
167. *Soneto a la Encarnación.* [«Entre sus pensamientos recogida...»]. (Pág. 6).
—Francisco Tárrega.
168. *Redondillas a una señora que malparió por un sueño.* [«Cuanto más voy inquiriendo...»]. (Págs. 6-8).
169. *Octavos. Cómo se puede vengar un caballero de una señora mudable.* [«La venganza que tomo de mi dama...»]. (Págs. 8-9).
170. *Redondillas a unas damas que se hablaban por las manos.* [«A gran risa me provoca...»]. (Págs. 9-10).
171. *Soneto. Respuesta a otro en que le preguntaron que cómo siendo el amor ciego tiraba y cautivaba.* [«De su fuego inmortal dicen que es hecha...»]. (Pág. 11).
—Francisco Desplugues.
172. *Romance a la ingratitud de una dama.* [«Ingrata, cruel, sin fe...»]. (Páginas 11-12).
—Miguel Beneito.
173. *Romance a una dama que desdeña y no despide.* [«Desde las aguas del Tajo...»]. (Págs. 13-14).
174. *La novela del Tiraquelo a propósito del discurso.* [«La ciudad que en mil edades...»]. (Págs. 15-24).
175. *Sátira en redondillas contra los que se escuchan.* [«Los hombres a quien amengua...»]. (Págs. 25-27).
176. *Redondillas a un galán que dió a una señora en lugar de un billete un papel donde estaban escritos sus pecados.* [«Tú piensas con el papel...»]. (Págs. 27-30).
177. *Redondillas a un galán que por mirar a su dama erró una danza.* [«Pues tan conformes nos vemos...»]. (Págs. 31-33).
178. *Sátira a las damas que no responden a las máscaras.* [«El que a su dama molesta...»]. (Págs. 34-36).
—Gaspar Aguilar.
179. *Octavas a la vida solitaria.* [«Pues veo qu'el mundo a rebelar se empieza...»]. (Págs. 37-38).
180. *Sátira contra los pescadores de caña.* [«Si defiendo en tal porfía...»]. (Págs. 38-40).

—Hernando Pretel.
181. *Soneto contra el juego de la polla.* [«Tomó forma de gallo cierto día...»]. (Págs. 40-41).
—Maximiliano Cerdán de Tallada.
182. *Endechas a una señora olvidada.* [«Triste pensamiento...»] (Páginas 41-42).
183. *Soneto loando la vida de la Corte.* [«Si el habitar en tierra muy poblada...»]. (Pág. 43).
—Fabián de Cucalón.
184. *Estanzas pintando a una serrana hermosa.* [«En tanto han de tenerse y estimarse...»]. (Págs. 43-44).
185. *Sonetos. A una melancolía.* [«Cuando gozaba mi dichosa suerte...»]. (Pág. 45).
186. *A un pensamiento.* [«Ya del naufragio en que me ví oprimido...»]. (Páginas 45-46).
—Gaspar de Villalón.
187. *Romance. La indeterminación de una dama.* [«Bella y gallarda Belisa...»]. (Págs. 46-47).
—El Dr. Jerónimo Virués.
188. *Estanzas traduciendo el «Miserere».* [«Misericordia habed d'esta alma mía...»]. (Págs. 47-50).
189. *Soneto a San Cristóbal.* [«Cristóbal juzga al Niño por tan grande...»]. (Pág. 51).
—Juan Fenollet.
190. *Redondillas. Al ánimo.* [«Qué habrá en el mundo que iguale...»]. (Págs. 51-52).
—Jaime Orts.
191. *Consideraciones a una señora que se miraba las pulgas.* [«Con tus donaires divulgas...»]. (Págs. 52-53).
192. *Redondillas a las almorranas de una hermosa.* [«Si tuvieran mis razones...»]. (Págs. 54-55).
193. *Redondillas al buey y a la mula.* [«Oh maravilla del cielo...»]. (Páginas 55-56).
194. *Soneto al Señor Presidente D. Bernardo Catalán.* [«Esfuerza el capitán en la batalla...»]. (Págs. 56-57).
—Manuel Ledesma.
195. *Sonetos. A las ruinas de Sagunto.* [«Sagunto insigne, dó el sangriento estrago...»]. (Pág. 57).
196. *Tratando los bienes que le vinieron al mundo del nacimiento de Cristo.* [«Ya queda libre de la esclavomía...»]. (Pág. 58).
—Evaristo Mont.
197. *Sonetos. Al amor vengado.* [«Vengado te has amor, pues pretendía...»]. (Págs. 58-59).
198. *Contra la Esperanza.* [«La fuerza del dolor y del tormento...»]. (Página 59).
199. *A una mariposa.* [«Cual mariposa voy siguiendo el uso...»]. (Páginas 59-60).
—El M.º Gregorio Ferrer.
200. *Soneto a la Muerte.* [«Vida que has nombre vida y eres muerte...»]. (Pág. 60).
201. *Endechas a una melancolía.* [«Del pecho afligido...»]. (Págs. 61-62).
202. *Sonetos. A Nuestra Señora de la Soledad.* [«Las sangrientas espinas que humedecen...»]. (Pág. 62).
203. *Contra las mujeres.* [«Los peces sufrirán a su contento...»]. (Págs. 62-63).
204. *Suceso y lágrimas de Tegualda.* [«Cual las corrientes varias divididas...»]. (Págs. 63-70).
—Carlos Boil.
205. *Estancias a un galán que sirve a dos damas con diferentes intentos.* [«Querría tener las lenguas de la fama...»]. (Págs. 71-72).
206. *Soneto de un galán que estando enamorado de una dama muy hermosa, se enamoró de Beatriz, la hija de Jordiet.* [«Un tiempo de una Circe fuí cautivo...»]. (Pág. 74).
—Guillem de Castro.
207. *Estanzas contra los lisonjeros.* [«El que lisonjas en el pecho cría...»]. (Págs. 73-74).
208. *Redondillas probando que es peor el desdén que la mudanza.* [«Penas sufre, quien padece...»]. (Páginas 74-76).
209. *Estanzas contra la libertad de Amor.* [«Viciosa libertad aborrecida...»]. (Págs. 76-77).
210. *Romance con bordoncillo para un músico.* [«Ojos, pues llorando estáis...»]. (Págs. 77-79).
211. *Endechas a una dama que suspiraba mucho.* [«Nisida, presumo...»]. (Págs. 79-81).
212. *Cuartetos a una breve ausencia.* [«Ausencia, insufrible carga...»]. (Páginas 81-83).
213. *Redondillas a las cuatro eses.* [«Mil venturas le prometo...»]. (Páginas 83-85).
214. *Redondillas respondiendo a una*

carta de una dama. [«Si a los dos un mal nos toca...»]. (Págs. 85-86).
215. *Soneto a Christo crucificado.* [«Justo Señor, que estás por las agenas...»]. (Pág. 86).
—López Maldonado.
216. *Soneto de celos.* [«Rabia mortal que al corazón condenas...»]. (Páginas 86-87).
—Tomás de Villanueva.
217. *Estancias a unos ojos.* [«Ojos que por estrellas sois tenidos...»]. (Páginas 87-88).
—Tomás Cerdán de Tallada.
218. *Octavas probando que son más de sentir los cuernos de la amiga que de la mujer propia.* [«Cuando las fuerzas del amor que exceden...»]. (Páginas 88-89).
219. *Soneto al Padre D. Tomás de Vilanova, arzobispo de Valencia.* [«Con tal nobleza Don Tomás regía...»]. (Página 89).
—Guillem Ramón Catalán.
220. *Redondillas a una señora que llamaba a su galán escarabajo.* [«Aunque con algún trabajo...»]. (Pág. 190).
—Andrés Rey de Artieda.
221. *Sonetos. A una señora tuerta.* [«Vista la redondez del hemisferio...»]. (Pág. 91).
222. *A una dama enamorada y escrupulosa.* [«Laida, si te aderezas y te pules...»]. (Págs. 91-92).
223. *En loor de Silvia contra Clorinda melindrosa.* [«No quiere amor la gente vana y hueca...»]. (Pág. 92).
—Pedro Vicente Giner.
224. *Glosa.* [«Pues fué corta ventura...»]. (Págs. 93-94).
—Guillem Bellvís.
225. *Romance.* [«Suspiros, ayes, gemidos...»]. (Págs. 94-96).
—Jerónimo de Mora.
226. *Estancias a un galán que le dió su dama el lienzo para mortaja.* [«Llegado he Silvia, á la postrer jornada...»]. (Págs. 96-97).
—Estacio Gironella.
227. *Estancias alabando las mujeres necias y hermosas.* [«Si el necio estilo y proceder villano...»]. (Págs. 97-98).
228. *Redondillas al desdén de una señora probando que amor con amor se paga.* [«Con tan sigura extrañeza...»]. (Págs. 99-100).
—Luis Ferrer de Cardona.
229. *Romance diciendo por qué pintan al Amor niño.* [«Quiso darnos a entender...»]. (Págs. 101-2).
230. *Redondillas contra la Esperanza.* [«Si el fruto del bien querer...»]. (Páginas 102-3).
—El Dr. Juan Andrés Núñez.
231. *Redondillas al Desdén.* [«Divina Tirse, miré...»]. (Págs. 104-6).
232. *Estancias a la vida del soldado.* [«La vida que profesa gentileza...»]. (Págs. 106-7).
—Hernando de Balda.
233. *Estancias a una soledad.* [«Ausente y libre, soledad sabrosa...»]. (Páginas 108-9).
—Micer Juan José Martí.
234. *Glosa.* [«Del satánico yugo el peso horrendo...»]. (Págs. 109-10).
—Simón Arias.
235. *Redondillas al neblí.* [«Los ejercicios más graves...»]. (Págs. 110-11).
—Pedro Tamayo.
236. *Romance.* [«Todo cuanto mal me han hecho...»]. (Págs. 111-13).
—Melchor Orta.
237. *Respuesta de una bañadora agraviada por Orts.* [«De haberos bien alabado...»]. (Págs. 113-15).
—Cosme Damián Tofiño.
238. *Soneto a una melancolía.* [«Del humor de la tierra vaporosa...»]. (Páginas 115-16).
—Eduardo.
239. *Romance a una señora burlada.* [«Si del miércoles corbillo...»]. (Páginas 116-18).
—Apéndice: D. Guillem de Castro. Noticia biográfica. (Págs. 119-88).

Tomo IV.

—Bernardo Catalán.
240. *Redondillas. A la constancia de la Academia.* [«Con gran razón persevera...»]. (Págs. 5-6).
241. *Sonetos. A la esperanza eterna.* [«No es privación de gloria la esperanza...»]. (Págs. 6-7).
242. *De un caos en que se figura un galán.* [«Suspiro y lloro, y esparciendo el fuego...»]. (Págs. 6-7).
243. *A la venida de los Reyes Magos.* [«Tres reyes de Sabba con alegría...»]. (Pág. 7).
244. *A San Vicente mártir.* [«Un noble aragonés, cuyos aceros...»]. (Página 7).

—Francisco Tárrega.
245. *Soneto. A Santa Caterina.* [«En una rueda que el temor no inclina...»]. (Pág. 8).
246. *Romance.* [«Al mozuelo de las plumas...»]. (Págs. 9-11).
247. *Glosa.* [«Así llegues á mis días...»]. (Págs. 11-12).
—Francisco Despluges.
248. *Glosa.* [«Sois más linda y estremada...»]. (Pág. 13).
249. *Glosa.* [«Perderse por más ganar...»]. (Págs. 14-15).
250. *Estanzas. Al cuidado de amor.* [«No hay gusto en esta vida ni contento...»]. (Págs. 15-16).
—Miguel Beneito.
251. *Sátira. A una bañadora que bañaba hombres y mujeres.* [«Como tus libres antojos...»]. (Págs. 16-18).
252. *Redondillas a un billete roído de ratones.* [«Pues quiere el hado cruel...»]. (Págs. 18-21).
253. *Glosa.* [«Como por burla empecé...»]. (Pág. 22).
254. *Redondillas a unos grillos de oro que le imbió su prisionera.* [«Tirse, si los garillos de oro...»]. (Páginas 23-25).
255. *A una dama que viéndose con su galán fingió un desmayo por no defenderse.* [«Dichoso premio merece...»]. (Págs. 25-27).
256. *Sonetos. A la fe de Nuestra Señora.* [«Tuvo Dios una torre fabricada...»]. (Pág. 28).
257. *A Santa Constancia.* [«No la pomposa cumbre ni la alteza...»]. (Página 28-29).
258. *Vituperando la muerte de Porcia.* [«Celebra el mundo sin razón la fama...»]. (Pág. 29).
259. *Redondillas á una vieja que impedía el gusto á un galán.* [«Ingrata y cruel arpía...»]. (Págs. 30-31).
260. *Redondillas. De un caballero que se miraba en un espejo porque parecía á su dama.* [«El cristal de mis antojos...»]. (Págs. 32-35).
—Gaspar Aguilar.
261. *Al Nacimiento de Cristo. Soneto.* [«Pues sois eterno padre el hortelano...»]. (Págs. 35-36).
262. *Romance.* [«Gloria en los cielos á Dios...»]. (Pág. 36).
263. *Redondillas. La encarnación del Hijo de Dios.* [«El premio que amor ganó...»]. (Págs. 37-38).
264. *Estanzas. La oración del Huerto.* [«Este dolor que abrasa el pecho tierno...»]. (Págs. 38-39).
265. *Redondillas. A unas cascas que le dió una monja.* [«Muy poca basca os han dado...»]. (Págs. 39-40).
—Fernando Pretel.
266. *Redondillas a una señora que estando en título de doncella anda con sospechas de preñada.* [«El pesar que te atormenta...»]. (Págs. 41-43).
267. *Soneto. Al discurso del corazón.* [«Sagrado alcázar del valor humano...»]. (Págs. 43-44).
268. *A un marido ausente.* [«Memoria triste, triste pensamiento...»]. (Páginas 44-45).
—Maximiliano Cerdán de Tallada.
269. *Cuartetos de un galán de buen talle, que estaba enamorado de una dama fea.* [«Quien con los ojos humanos...»]. (Págs. 45-46).
270. *Cuartetos. Al buen ladrón.* [«Dimas bienaventurado...»]. (Págs. 46-47).
271. *Sonto. A un desdén.* [«Sale el diestro piloto y marinero...»]. (Página 48).
—Fabián de Cucalón.
272. *Redondillas consolando á una dama que se desea casar.* [«Dame, señora, cuidado...»]. (Págs. 49-50).
273. *Octavas a una señora que dió a un amigo una casca con coloquíntidas.* [«Quien mira la hermosura del presente...»]. (Págs. 50-51).
274. *Romance a una señora que se mordió la lengua.* [«Si de tu divina boca...»]. (Págs. 51-52).
275. *Cuartetos diciendo por qué los poetas á lo ordinario son pobres.* [«Los poetas, que la palma...»]. (Págs. 52-53).
—Gaspar de Villalón.
276. *Octavas a la pobreza.* [«Para subir al monte de la vida...»]. (Páginas 54-55).
—El Dr. Jerónimo Virués.
277. *Soneto. Al Santísimo Sacramento. (En tres lenguas).* [«Divina hostia, fructífera, preciosa...»]. (Pág. 55).
278. *Glosa. Al Glorioso Padre San Francisco.* [«Los que no os han conocido...»]. (Págs. 56-57).
—Juan Fenollet.
279. *Romance. Contra los que se hacen máscara.* [«Sosiégate, pluma mía...»]. (Págs. (Págs. 58-59).
280. *Soneto. Al justo y su pacien-*

cia. [«Qué cosa habrá en el mundo que le tuerza...»]. (Págs. 59-60).

—Jaime Orts.

281. *Sátira á una fregona que por su interés propio impedía el gusto de su señora.* [«Sin duda, falsa criada...»]. (Págs. 60-61).

282. *Redondillas á una señora que se enjugaba las faldas de la camisa a un brasero del fuego.* [«Es tanta vuestra humedad...»]. (Págs. 62-63).

283. *Redondillas a una señora que solamente comía cañas dulces.* [«Aunque es mi dicha tan poca...»]. (Páginas 63-65).

284. *Redondillas a una mujer que iba á la Comedia por ver el niño desnudo.* [«Muy acertado gobierno...»]. (Págs. 65-66).

285. *Redondillas a una señora gran comedora de buñuelos.* [«Señora, vuestro deleite...»]. (Págs. 67-68).

286. *Redondillas a una señora que mandó a su galán que la hiciese aire estando durmiendo en la cama.* [«Bien conozco, aunque estoy ciego...»]. (Páginas 68-70).

287. *Redondillas a una dama que pintaba el broquel de su galán.* [«En buena flor habéis dado...»]. (Páginas 70-71) .

288. *Redondillas a una dama que hacía mondadientes de la punta de un rábano.* [«Tus maravillosos hechos...»]. (Págs. 72-74).

289. *Redondillas. Requiebros á un tundidor.* [«Tundidor que estás tundiendo...»]. (Págs. 74-75).

290. *Redondillas a una dama que comía estadal.* [«Dícenme que por estilo...»]. (Págs. 76-77).

291. *Glosa quejándose de su dama...* [«Angel malo, so cosino...»]. (Páginas 77-79).

292. *Cuartetos a las mujeres que van al baño.* [«Ya, que por nuestras hazañas...»]. (Págs. 79-81).

293. *Redondillas alabando al ratón.* [«Quien litiga con razón...»]. (Páginas 82-84).

294. *Estanzas alabando al cuervo.* [«Después de ser críada la alta esfera...»]. (Págs. 84-85).

295. *Estanzas alabando al papagayo.* [«De cuantos animales hay y habido...»]. (Págs. 86-87).

—Manuel Ledesma.

296. *Glosa.* [«Aunque ha sido el conocerte...»]. (Págs. 87-88).

297. *Liras alabando al planeta Saturno.* [«Habiendo Dios formado...»]. (Páginas 89-90).

298. *Soneto a la Muerte.* [«Detén el golpe del cuchillo, muerte...»]. (Página 90).

—Evaristo Mont.

299. *Glosa.* [«Tanto cuanto es un rostro más subido...»]. (Págs. 91-92).

300. *Soneto a una nube que tenía una dama en el ojo.* [«El sol da luz a la más alta estrella...»]. (Pág. 92).

301. *Soneto a una señora morena de buen donaire.* [«Ese rostro moreno más gracioso...»]. (Pág. 93).

302. *Soneto a un pensamiento.* [«Cuitado quien viviese tan contento...»]. (Págs. 93-94).

303. *Soneto a una desconfianza.* [«Temblando estoy continuo y sin reposo...»]. (Pág. 94).

304. *Soneto a las llagas de Cristo.* [«Cual suele el mercader de largo trato...»]. (Pág. 95).

305. *Soneto a la cabeza de Cristo inclinada.* [«Salió de Cristo aquella voz en grito...»]. (Págs. 95-96).

—Gaspar Mercader.

306. *Romance desafiando a un competidor.* [«Del principio elemental...»]. (Págs. 96-98).

307. *Estancias de un galán a una dama mudable.* [«Si la ingrata señora que te ofende...»]. (Págs. 98-99).

308. *Soneto a los Santos Inocentes.* [«Quien sólo una ventura ha conocido...»]. (Pág. 100).

—Carlos Boil.

309. *Romance en alabanza de los galanes fingidos.* [«Oidme atentos agora...»]. (Págs. 101-2).

310. *Romance quejándose de su dama.* [«Entremos en cuenta agora...»]. (Págs. 103-4).

311. *Redondillas contra los mozos de monjas.* [«La triste envidia infernal...»]. (Págs. 104-6).

312. *Soneto a cierta intención.* [«Hermosísima Alegna, en quien presumo...»]. (Pág. 106).

313. *Soneto a una contrición.* [«Gran Dios con tres personas y una esencia...»]. (Pág. 107).

—Guillem de Castro.

314. *Carta en cuartetos a una dama que estaba enferma de palpitación.*

[«Tu enfermedad me condena...»]. (Páginas 108-12).
315. *Romance a un pensamiento.* [«Sólo, afligido y ausente...»]. (Páginas 112-13).
316. *A una señora que le erraron una sangría.* [«Fuera el errar mala suerte...»]. (Págs. 114-15).
—López Maldonado.
317. *Redondillas a una dama enferma de comer búcaros.* [«Conociendo que habéis hecho...»]. (Págs. 116-18).
—Tomás de Villanueva.
318. *Redondillas a una ninfa.* [«Llena de tanta hermosura...»]. (Págs. 119-20).
—Tomás Cerdán de Tallada.
319. *Cuartetos a la Verónica.* [«Entre la bárbara furia...»]. (Págs. 120-21).
320. *Romance a una señora que traía un canelón en el pecho.* [«En la rica y fértil tierra...»]. (Págs. 122-23).
321. *Soneto a un desdichado.* [«Sigue continuo su primer costumbre...»]. (Pág. 124).
—Guillem Ramón Catalán.
322. *Soneto a una señora guardada.* [«En el instante mismo que nacemos...»]. (Pág. 125).
—Andrés Rey de Artieda.
323. *Glosa.* [«Después que con mil pérdidas y daños...»]. (Págs. 126-28).
324. *Sonetos. A la reformación del Amor. I.* [«Amor, más encendido que una brasa...»]. (Pág. 128).
325. ——. *II.* [«Libres andáis y al fin no sabéis cómo...»]. (Pág. 129).
326. *Soneto contra la Esperanza.* [«Qué gloria tiene y bienaventuranza...»]. (Pág. 130).
—Pedro Vicente Giner.
327. *Soneto en abono de un amante cauteloso.* [«Si por el dulce amor estás forzado...»]. (Pág. 131).
—Guillén Bellvis.
328. *Cuartetos a una dama que perdió la vista y quedó con los ojos claros.* [«Señora, vengo á creer...»]. (Páginas 132-34).
—Jerónimo de Mora.
329. *Soneto a la Amistad.* [«Es la amistad un empinado Atlante...»]. (Página 134).
—Estacio Gironella.
330. *Tercetos contra los grandes de cuerpo.* [«Apeles el famoso, a quien se puede...»]. (Págs. 135-37).
—Luis Ferrer de Cardona.
331. *Romance a un galán que cogía flores para una guirnalda que le hacía su dama.* [«Pues eres tan venturoso...»]. (Págs. 137-38).
—El Dr. Juan Andrés Núñez.
332. *Romance a unos celos de Tirse.* [«A las riberas de Turia...»]. (Páginas 139-41).
333. *Soneto a un amigo.* [«Triste Lisandro estás, mas, qué contento...»]. (Págs. 141-42).
—Hernando de Balda.
334. *Romance a una señora que no se acordaba de los favores que había hecho a su galán siendo doncella.* [«Al viento esparce sus quejas...»]. (Páginas 142-44).
—Melchor Orta.
335. *Soneto con esdrújulos.* [«Lo que causa aire o nieve al que es viático...»]. (Págs. 144-45).
—Cosme Damián Tofiño.
336. *Soneto al Sr. Presidente D. Bernardo Catalán.* [«Presidir en tan célebre espectáculo...»]. (Pág. 145).
—Peregrín Catalán de Valeriola.
337. *Soneto a una dama que se descompuso el cabello.* [«Si á Páris puso en tan grave estrecho...»]. (Pág. 146).
—Lubricán.
338. *A una hornera hermosa.* [«En el campo en las espinas...»]. (Páginas 147-48).
—Apéndice: Miguel Beneyto. Noticia biográfica. (Págs. 149-62).
—Corrigenda. (Págs. 163-68).
—Indice general. (Págs. 169-91).
—Indice por autores. (Págs. 193-208).

Ejemplares:

MADRID. *Consejo. General.—Nacional.* 1-66.772/75.—WASHINGTON. *Congreso.* 25-13787.

3) ANTEQUERANO

CODICES

68

[*Cancionero, recopilado por Ignacio de Toledo y Godoy*].

Letra de la primera mitad del s. XVII. 4 vols. 149 × 102 mm.
V. Alonso-Ferreres, *Prólogo* a su ed., págs. VII-XI.

EDICIONES

69

CANCIONERO Antequerano. Recogido por los años de 1627 y 1628 por Ignacio de Toledo y Godoy y publicado por Dámaso Alonso y Rafael Ferreres. Madrid. Consejo Superior de Investigaciones Científicas. [Diana]. 1950. XXXIX + 536 págs. + 1 h. + 8 láms. 22,5 cm. (Cancioneros del Siglo de Oro, I).

Reproducen de los tres primeros volúmenes del códice, las poesías que consideran inéditas.

—I. *Variedad de Sonetos.*

1. [*Sin título*]. [«Señor, pequé, por vuestra pasión santa...»]. (Pág. 5).
2. *A la Concepción de Nuestra Señora.* [«Aquel limpio vellón de fina lana...»]. (Pág. 6).
3. [*Sin título*]. [«Cruel e inexorable muerte, tente...»]. (Págs. 6-7).
4. *A San Josef.* [«Marte celeste en quien ventura tura...»]. (Págs. 7-8).
5. *A unas monjas llamadas de San Pedro y San Pablo.* [«Principes del colegio consagrado...»]. (Pág. 8).
6. *A una fea que entendía no lo era.* [«La suerte mas esquiva y desdichada...»]. (Pág. 9).
7. *Pregunta a el amor.* [«Cuando Júpiter fiero en el diluvio...»]. (Páginas 9-10).
8. *Sentencia de los celos.* [«Canta en la jaula el pajarillo preso...»]. (Páginas 10-11).
9. *Raro suceso.* [«Mendoza ¿dónde vas...»]. (Págs. 11-12).
10. *Consejo.* [«¡Ah, Filipo, Filipo! —¿Quién me llama...»]. (Pág. 12).
11. [*Sin título*]. [«Como es niño el amor, como es locura...»]. (Pág. 13).
12. *A una dama.* [«Colgada el alma de tus cabellos bellos...»]. (Págs. 13-14).
13. *Luis de Góngora.* [*Sin título*]. [«Parió María habiendo concebido...»]. (Págs. 14-15).
14. [*Sin titulo*]. [«De todos los estados el estado...»]. (Pág. 15).
15. [*Sin título*]. [«¡Oh pobreza amigable, dulce y buena...»]. (Pág. 16).
16. [*Sin título*]. [«El rico siempre está penado y triste...»]. (Págs. 16-17).
17. *Luis Martín de la Plaza. A la muerte de D. Luis de Figueroa.* [«Alma que, suelta de tu frágil manto...»]. (Pág. 17).
18. *Luis Martín* [*de la Plaza*]. *En la muerte de la Condesa de Ampurias.* [«Oh vos, que ciegos de su error y engaños...»]. (Págs. 18-19).
19. *Anónimo. Probablemente Luis Martín de la Plaza. Al licenciado Juan de Aguilar, en su panegírico de Nuestra Señora de Monteagudo.* [«Con tan heroica voz tu canto ordenas...»]. (Página 19).
20. *Luis Martín de la Plaza. Al túmulo de la Condesa de Ampurias.* [«Detén el paso huésped peregrino...»]. (Pág. 20).
21. —— *A Don Juan Alonso Moscoso, Obispo de Málaga.* [«Pastor sagrado cuya docta frente...»]. (Páginas 20-21).
22. —— *A Francisco Pacheco, en su libro de Ilustres Varones.* [«Huella el tiempo con pie descomedido...»]. (Páginas 21-22).
23. —— *A Pedro de Espinosa.* [«Pedro, el héroe a quien Juno y Euristeo...»]. (Págs. 22-23).
24. —— [*Sin título*]. [«En la ribera de este claro río...»]. (Pág. 23).
25. —— [*Sin título*]. [«Esparce confusión, dilata errores...»]. (Págs. 23-24).
26. —— [*Sin título*]. [«En tanto que, imitando en los colores...»]. (Pág. 24).
27. —— *En la misma fiesta* [*de Nuestra Señora de Monteagudo*]. [«Famoso Monteagudo, cuya espalda...»]. (Página 25).
28. —— *En la misma fiesta* [*de Nuestra Señora de Monteagudo*]. [«Oro de Tiber, vierte en vez de arena...»]. (Páginas 25-26).
29. —— *Al mismo pie* [*Libre de los naufragios el piloto*] *otra glosa.* [«Cubriendo el monte y anegando el llano...»]. (Págs. 27-27).
30. ——*Otro al mismo pie.* [«Virgen divina, tu favor invoca...»]. (Pág. 27).
31. —— *Al mismo pie.* [«En el naufragio de mayor tormenta...»]. (Página 28).
32. [*Anónimo. Probablemente, Luis Martín de la Plaza*]. *A san Mauricio glosando este pie: El cuerpo muera porque viva el alma.* [«Vuelen mano y espada del tirano...»]. (Págs. 28-29).

33. [*Luis Martín de la Plaza*]. *Al mismo pie*. [«Mauricio, ilustre capitán cristiano...»]. (Pág. 29).
34. *Agustín de Tejada*. [*Sin título*]. [«Las velas españolas, que una a una...»]. (Pág. 30).
35. —— *A la Alhambra de Granada*. [«Máquinas suntuosas y reales...»]. (Págs. 30-31).
36. —— *Al Condestable en la muerte de su nieto*. [«Claro mecenas, aplacad el llanto...»]. (Págs. 31-32).
37. —— [*Sin título*]. [«Si ya mi vista, en lágrimas gastada...»]. (Pág. 32).
38. —— *Al Marqués de Santa Cruz*. [«Aplacadas las furias de Oceano...»]. (Pág. 33).
39. —— *A la muerte de Hernando de Herrera*. [«Oiste ¡oh padre Betis! la voz rara...»]. (Págs. 33-34).
40. —— [*Sin título*]. [«De azucenas, violas, lirio, acanto...»]. (Pág. 34).
41. —— *A Lope de Vega en Granada*. [«Revuelta en perlas y oro, la alta frente...»]. (Pág. 35).
42. —— *A una dama que se hirió la mano*. [«Sin tener en la mano el hierro fiero...»]. (Págs. 35-36).
43. —— [*Sin título*]. [«Sueño, domamador fuerte del ciudado...»]. (Página 36).
44. —— *A la embarcación del condestable*. [«Mientras España ¡oh mar! de ti confía...»]. (Pág. 37).
45. —— *Al túmulo de la Duquesa de Lerma*. [«Detén el paso, admira, ¡oh caminante!...»]. (Págs. 37-38).
46. [*Don Francisco de Quevedo*]. [*Sin título*]. [«Tú, rey de ríos, Tajo generoso...»]. (Págs. 38-39).
47. *Don Francisco de Quevedo*. [*Sin título*]. [«Piedra soy en sufrir pena y cuidado...»]. (Pág. 39).
48. —— [*Sin título*]. [«Malhaya aquel humano que primero...»]. (Pág. 40).
49. *El Conde de Salinas, A la memoria*. [«Obligando a vivir quitas la vida...»]. (Págs. 40-41).
50. *Agustín de Tejada*. *A la muerte de D. Luis de Narváez*. [«Cielo por techo y cielo por alhombra...»]. (Páginas 41-42).
51. *Rodrigo Robles Caravajal*. [*Sin título*]. [«Tomaban las mujeres el acero...»]. (Págs. 42-43).
52. —— [*Sin título*]. [«No suspira mi pecho aunque se abrasa...»]. (Pág. 43).
53. —— [*Sin título*]. [«En el oscuro reino del olvido...»]. (Pág. 44).
54. ——*A Doña Isabel Vela, nieta del virrey Blasco Núñez de Vela*. [«En la lumbre y la nave de tu vela...»]. (Págs. 44-45).
55. —— *A la misma* [*Doña Isabel Vela*]. [«Cuando con agradable bizarría...»]. (Págs. 45-46).
56. —— [*Sin título*]. [«Suspiros tristes, que del pecho mío...»]. (Página 46).
57. —— [*Sin título*]. [«¿Quién de tus claros soles que el sentido...»]. (Páginas 46-47).
58. —— [*Sin título*]. [«Cuando el seco desdén tuyo desdeña...»]. (Página 47).
59. —— [*Sin título*]. [«Agora que amanece claro el día...»]. (Pág. 48).
60. —— [*Sin título*]. [«Un ángel, por soberbio, que padece...»]. (Págs. 48-49).
61. —— [*Sin título*]. [«No las pulidas trenzas del cabello...»]. (Pág. 49).
62. *Pedro de Soto Rojas*. *A los académicos de Granada*. [«Claros zagales que mirais apenas...»]. (Págs. 49-50).
63. *Fray Fernando Luján*. [*Sin título*]. [«A dos contrarios conformar porfío...»]. (Págs. 50-51).
64. *Gabriel Pérez*. *A los poetas*. [«Hijos del sacro dios, del dios de Delo...»]. (Pág. 51).
65. *Incierto*. [«Amo a la noche y aborrezco el día...»]. (Pág. 52).
66. *Rodrigo* [*Robles*] *Caravajal, que está en el Pirú*. [*Sin título*]. [«Oye de un hijo tuyo, que en la espalda...»]. (Págs. 52-53).
67. —— [*Sin título*]. [«Cuando las perlas netas que en el coro...»]. (Páginas 53-54).
68. —— [*Sin título*]. [«No me duelo de mí porque mi duelo...»]. (Páginas 54-55).
69. [*Rodrigo Robles Caravajal. Sin título*]. [«Ya no culpo al Amor, porque no es parte...»]. (Pág. 55).
70. —— *Al río Majes del Pirú*. [«Cuando se descalabra tu corriente...»]. (Págs. 55-56).
71. *Alvaro de Alarcón*. [*Sin título*]. [«Los duros montes en la vena amiga...»]. (Págs. 56-57).
72. —— *A la noche*. [«Amiga noche que al silencio santo...»]. (Pág. 57).
73. —— *A Sierra Nevada*. [«Tem-

plar pudieran de esta cumbre altiva...»]. (Pág. 58).
74. *Luis Martín de la Plaza. A Lope de Vega, estando en Antequera, aunque él, ingratamente, lo puso en su libro del «Peregrino» con nombre de otro autor.* [«Espíritu gentil que el alto cielo...»]. (Págs. 58-59).
75. [*Luis Martín de la Plaza*]. *Al mismo Lope.* [«Hermosas ninfas que en alegre coro...»]. (Págs. 59-60).
76. [*Martín de la Plaza*]. *Al mismo intento.* [*Al túmulo de la reina Doña Margarita*]. [«Cual suele la paloma simple y pura...»]. (Pág. 60).
77. [*Martín de la Plaza*]. [*Sin título*]. [«Vivo ausente de vos, señora mía...»]. (Pág. 61).
78. —— [*Sin título*]. [«¿Adónde, temerario pensamiento...»]. (Págs. 61-62).
79. —— *Al túmulo de Ayax Telamón.* [«Aquel que la grandeza de su escudo...»]. (Págs. 62-63).
80. —— [*Sin título*]. [«Aquí donde una peña el pardo seno...»]. (Pág. 63).
81. —— *A Elías cuando huyó de Jezabel.* [«Huyendo a Jezabel la ardiente saña...»]. (Pág. 64).
82. —— [*Sin título*]. [«No muestra más ejércitos de estrellas...»]. (Páginas 64-65).
83. —— *A San Ignacio.* [«Los que os miran de amor, Ignacio, lleno...»]. (Págs. 65-66).
84. —— *Al Magno Pompeyo.* [«Leña frágil al mar cerúleo y cano...»]. (Páginas 66-67).
85. —— [*Sin título*]. [«¿Qué ciega confusión de selva oscura...»]. (Página 67).
86. —— *A Arria y Peto.* [«De sus entrañas arrancó el sangriento...»]. (Pág. 68).
87. —— *A Júpiter y Danae.* [«Torre de bronce, cuya estrecha y dura...»]. (Págs. 68-69).
88. —— [*Sin título*]. [«Señora, estrellas dos de luz ardiente...»]. (Pág. 69).
89. —— [*Sin título*]. [«Mientras que los peñascos de su asiento...»]. (Página 70).
90. —— [*Sin título*]. [«¡Oh clara fuente que en pequeño río...»]. (Páginas 70-71).
91. —— *A San Ignacio, glosando este pie: «Del mundo no, sino de Dios, la gloria».* [«De humana gloria el macedón sediento...»]. (Pág. 71).
92. —— *Al mismo intento* [*Glosando este pie: «Del mundo no, sino de Dios la gloria...»*]. [«Que asalte tu valiente Compañía...»]. (Pág. 72).
93. —— *Al mismo intento* [*glosando este pie: «Del mundo no, sino de Dios, la gloria»*. [«Tus armas, valeroso vizcaíno...»]. (Págs. 72-73).
94. —— *Al mismo pie* [*«Del mundo no, sino de Dios, la gloria»*]. [«Si cuando el campo azul del cielo gira...»]. (Pág. 73).
95. —— *Al mismo pie «Del mundo no, sino de Dios, la gloria».* [«Por vivir inmortal con impío pecho...»]. (Página 74).
96. —— *A Don Francisco de Alfaro, Corregidor de Antequera.* [«Después del siglo del metal más puro...»]. (Páginas 74-75).
97. —— *Al túmulo de Filipo III.* [«Grave monarca ya de reinos ciento...»]. (Págs. 75-76).
98. —— [*Sin título*]. [«Decrépito, si alado Dios, nacido...»]. (Pág. 76).
99. —— [*Sin título*]. [«Templado en nieve, de diamante hecho...»]. (Página 77).
100. —— *A los mártires niños inocentes.* [«Flores que, en el rigor del frío ivierno...»]. (Págs. 77-78).
101. —— [*Sin título*]. [«A vuestro, hermosa Clori, dulce canto...»]. (Página 79).
102. [*Sin título*]. [«No me espanto, señora, que el ausencia...»]. (Pág. 79).
103. *A unas manos.* [«Divinas manos que besando adoro...»]. (Págs. 79-80).
104. [*Sin título*]. [«Mano amorosa a quien Amor solía...»]. (Págs. 81-82).
105. [*Sin título*]. [«¡Ay tristes ayes míos! ¡Cuán en vano...»]. (Pág. 81).
106. [*Sin título*]. [«Yace en Asia Menor, región desierta...»]. (Pág. 82).
107. [*Sin título*]. [«Norte divino a cuya luz navego...»]. (Págs. 82-83).
108. [*Sin título*]. [«Cual venir suele el gato hambriento al mis...»]. (Página 83).
109. [*Sin título*]. [«Cruel, ingrata, dura y desdeñosa...»]. (Pág. 84).
110. *María de Rada. De la elección del General de San Francisco, Fray Juan de Hierro.* [«A la hija mayor del gran Francisco...»]. (Págs. 84-85).
111. —— *A un fraile trinitario que*

predicó un sermón largo y enfadó a los oyentes. [«Sermón de ivierno en medio del estío...»]. (Pág. 86).

112. [*Alvaro de Alarcón*]. [*Sin título*]. [«Silba la caña en la limosa orilla...»]. (Pág. 87).

113. —— [*Sin título*]. [«Mientras la grave púrpura no viene...»]. (Páginas 87-88).

114. —— *A Lupercio Argensola en su alabanza por haber sido alabado antes de él en otro*. [«La Fama empine en relevados plintos...»]. (Págs. 88-89).

115. [*Sin título*]. [«El caballo andaluz, plumas calzado...»]. (Págs. 89-90).

116. *Luis de Góngora*. [*Sin título*]. [«¡Que vayan a la fuente del Parnaso...»]. (Pág. 90).

117. *A un cornudo*. [«Sacudióse Cervantes la cabeza...»]. (Pág. 91).

118. *Alvaro de Alarcón*. [«Vuelve las sacras luces a mi llanto...»]. (Págs. 91-92).

119. —— [*Sin título*]. [«Dale caudal inmenso, cumbre fría...»]. (Pág. 92).

120. —— [*Sin título*]. [«Tabla en el mar y en el peligro mano...»]. (Página 93).

121. —— [*Sin título*]. [«En red los vientos animosos prende...»]. (Páginas 93-94).

122. ——[*Sin título*]. [«Así la presta y voladora fama...»]. (Pág. 94).

123. —— [*Sin título*]. [«Inmensos lustros, para lustre de ellos...»]. (Página 95).

124. —— [*Sin título*]. [«El puro resplandor que el oro ofrece...»]. (Páginas 95-96).

125. —— [*A un tuerto de una nube*]. [«Hanme dicho, señor, pésame de ello...»]. (Pág. 96).

126. —— *A la muerte de una señora*. [«Esta gloriosa y vencedora planta...»]. (Pág. 97).

127. —— [*Sin título*]. [«Salve, penates de mi pobre casa...»]. (Págs. 97-98).

128. —— [*Sin título*]. [«Viendo el oro en tus hebras no me admiro...»]. (Pág. 98).

129. —— [*Sin título*]. [«Alba será mi voz si en el oriente...»]. (Pág. 99).

120. *Conde de Salinas. Al nacimiento del Príncipe en Viernes Santo*. [«Pronuncia el consummatum la voz santa...»]. (Págs. 99-100).

131. *Francisco de Quevedo. A la muerte del Rey de Francia*. [«En tierra sí, no en fama, consumida...»]. (Págs. 100-101).

132. *Luis de Góngora*. [*Sin título*]. [«Aura gentil que de rubí las puertas...»]. (Pág. 101).

133. *En un retrato de Carlos Quinto*. [«De flechas coronado el troglodita...»]. (Pág. 102).

134. [*Sin título*]. [«Ya que en tu frente el blanco lirio ofrece...»]. (Páginas 102-3).

135. *Del mismo* [*en realidad, anónimo*]. [*Sin título*]. [«Revuelve al brazo la sutil melena...»]. (Págs. 103-4).

136. [*Sin título*]. [«No me dirás, Amor, que badulaque...»]. (Págs. 104-5).

137. [*Sin título*]. [«No me parió mi madre celinpuj...»]. (Pág. 105).

138. *Juan de Aguilar. A la muerte del Conde de Ampurias*. [«Madre de héroes ínclitos, Lucena...»]. (Pág. 106).

139. *Diego Espejo*. [*Sin título*]. [«Divino rostro, imagen muy hermosa...»]. (Págs. 106-7).

140. —— [*Sin título*]. [«Tristes memorias de mi gloria ausente...»]. (Página 107).

141. —— *A una dama llamada Paz*. [«Si en paz la paz de la que es Paz no gozo...»]. (Págs. 108-9).

142. —— [*Sin título*]. [«¿Quién puede competir con tu hermosura...»]. (Págs. 108-9).

143. —— [*Sin título*]. [«Si el amor de la patria puede tanto...»]. (Pág. 109).

144. [*Sin título*]. [«Deje la compostura, so García...»]. (Pág. 110).

145. *Diego Espejo*. [*Sin título*]. [«Anarda que me abraso, que me muero...»]. (Págs. 110-11).

146. *Lope de Vega. A una vieja*. [«¿De qué sirve el jalbegue y el barniz...»]. (Págs. 111-12).

147. *Alonso Centella. A la Concepción, glosando este verso: «Cual roca opuesta a las hinchadas olas»*. [«Piélago tormentoso el marinero...»]. (Página 112).

148. —— [*Sin título*]. [«Donde llama fogosa y nieve ingrata...»]. (Págioa 113).

149. —— [*Sin título*]. [«Hombres Cornelios Tácitos prudentes...»]. (Páginas 113-14).

150. [*Sin título*]. [«Suele un refrán decir muy verdadero...»]. (Pág. 114).

151. *Respuesta del pasado.* [«Porque a locos no suele responderse...»]. (Página 115).
152. *Respuesta del pasado.* [«Gocen las nueve que el Parnaso habitan...»]. (Págs. 115-16).
153. [*Sin título*]. [«Tu gracia, tu donaire y saber, Paula...»]. (Pág. 117).
154. *A San Jacinto glosando este pie: «Amor, temor, la vida, el cuerpo, el alma».* [«¿Quién viera a Dios, eterno, omnipotente...»]. (Pág. 117).
155. *A la Cruz.* [«Hábito rojo con la sangre santa...»]. (Págs. 117-18).
156. *A San Lorenzo.* [«En la pena gozáis, Laurencio, gloria...»]. (Páginas 118-19).
157. [*Sin título*]. [«Tanto mi pena acaba el sufrimiento...»]. (Págs. 119-20).
158. [*Luis de Góngora*]. [*Sin título*]. [«Primero dejará su curso el cielo...»]. (Pág. 120).
159. *Otro a una viuda.* [«Si la necesidad en que me he visto...»]. (Página 121).
160. [*Sin título*]. [«Cuantos fueron, serán y son agora...»]. (Pág. 122).
161. [*Sin título*]. [«Señora, quite allá su dinganduj...»]. (Págs. 122-23).
162. [*Sin título*]. [«La planta, el animal, el pez, el ave...»]. (Págs. 123-24).
163. [*Sin título*]. [«Es sujeta a mudanza una alegría...»]. (Págs. 124-25).
164. [*Sin título*]. [«Retrato, lienzo, vida, gloria, gusto...»]. (Págs. 125-26).
165. [*Sin título*]. [«La noche oscura, tenebrosa y fría...»]. (Pág. 126).
166. [*Sin título*]. [«De mi temor es causa un desengaño...»]. (Pág. 127).
167. [*Sin título*]. [«Parar el sol en su veloz carrera...»]. (Págs. 127-28).
168. [*Sin título*]. [«Bella Leonor por cuyos bellos ojos...»]. (Pág. 128).
169. [*Sin título*]. [«O yo no soy, señora, el que solía...»]. (Pág. 129).
170. [*Sin título*]. [«Dichoso infante, que en haber nacido...»]. (Págs. 129-30).
171. [*Sin título*]. [«Diana bella, rica de despojos...»]. (Pág. 130).
172. [*Sin título*]. [«Que en la guerra de amor un alma quede...»]. (Página 131).
173. [*Sin título*]. [«Gemidos tristes, pena temerosa...»]. (Págs. 131-32).
174. [*Sin título*]. [«¿Quién cargada de fruto, por otubre...»]. (Pág. 132).
175. *Entre el Asistente de Sevilla y Guadalquivir en el Avenida del año 1626.* [«Guadalquivir, yo soy el Asistente...»]. (Pág. 133).
176. *Cristóbal* [*Flores*]. [*Sin título*]. [«El testamento de tu padre amado...»]. (Pág. 134).
177. *Respuesta de Alonso* [*Alvarez*]. [«¿De un paje te dejaste dar de palos...»]. (Págs. 134-35).
178. *En las honras del General Fray Juan del Hierro, de San Francisco. Predicadores de Sevilla.* [«En el acto funesto y lastimoso...»]. (Pág. 135).
179. *A los predicadores de Madrid.* [«Ya cobra fama a un buen dormir Pedrosa...»]. (Pág. 136).
180. *A lo mismo.* [«Sotomayor cansónos y moliósе...»]. (Pág. 138).
181. *Cristobalina* [*Fernández de Alarcón*], *glosando este verso: «Virgen, no hay alba: Dígalo el Cermelo».* [«Si el monte del Carmelo es el oriente...»]. (Pág. 139).
182. *Juan de Cuéllar Olivos. A Alvaro Cubillo de Aragón, autor de la «Curia Leónica».* [«Este, ya ejemplo, ya lisonja sea...»]. (Págs. 139-40).
183. *Jacinto Jiménez. A la muerte de Don Rodrigo Manuel de Narváez, del hábito de Santiago y Alcaide de Antequera.* [«Desmentido cometa al aire vano...»]. (Págs. 140-41).

—II. *Variedad de poesías de arte menor...*

184. *Décimas a una ausencia.* [«De su lecho cristalino...»]. (Págs. 144-49).
185. *Letrilla.* [«Madrugue quien algo duda...»]. (Págs. 149-151).
186. *Al Beato Ignacio cuando fué herido en el pie en el Castillo de Pamplona.* [«El corazón animoso...»]. (Páginas 151-53).
187. *Al velo de una monja.* [«Con velas de casto velo...»]. (Págs. 151-53).
188. *Retrato de amor.* [«Amor, que es antojadizo...»]. (Págs. 155-61).
189. *Alvaro de Alarcón. Décimas.* [«Préstame, sacro Genil...»]. (Páginas 162-64).
190. *Romance.* [«Herido con la memoria...»]. (Págs. 164-65).
191. *Luis de Góngora.* [*Sin título*]. [«Cuando yo era más muchacho...»]. (Págs. 165-67).
192. *Conde de Salinas. Redondillas.*

[«Son los celos una guerra...»]. (Páginas 167-69).
193. *Letra.* [«¿Hay quien dé limosna a un pobre...»]. (Págs. 169-70).
194. *Letra.* [«¡Que la doncella se os ría...»]. (Págs. 171-72).
195. *Respuesta* [*al Romance de Fabio*]. [«Airada responde a Fabio...»]. (Págs. 172-74).
196. [*Sin título*]. [«No hay tal bien como estar en casa...»]. (Págs. 174-75).
197. *Romance.* [«Después de andar hecho tonto...»]. (Págs. 176-77).
198. *Sátira.* [«Estando en mis vacaciones...»]. (Págs. 177-79).
199. *Sátira.* [«Contar quiero a mis vecinas...»]. (Págs. 179-80).
200. *Sátira.* [«Que trate yo a mi mujer...»]. (Págs. 181-83).
201. *«A una cinta amarilla de un zapato».* [«Cuánto venturoso fuí...»]. (Páginas 183-85).
202. *Diego Espejo. Décimas.* [«Si me distes por favor...»]. (Págs. 185-86).
203. —— *Glosa.* [«La bella mal maridada...»]. (Págs. 187-88).
204. —— *Señora Marijurada, glosa.* [«Si por cualquier niñería...»]. (Página 189).
205. —— *Décima.* [«Doncellas conmigo son...»]. (Pág. 189).
206. —— *Décima a un enamorado de una doncella que ella no lo quería ser y él no se atrevía.* [«María, cierto no sé...»]. (Pág. 190).
207. *Décimas a unos ojos.* [«Despertad, ojos dormidos...»]. (Págs. 190-91).
208. *Francisco de Quevedo.* [*Sin título*]. [«Pues el bien comunicado...»] (Págs. 191-93).
209. *Otro.* [«Saliéndome a pasear...»]. (Págs. 194-96).
210. *Diego Espejo. Romance.* Se omite por irreverente. (Pág. 197).
211. *Diego Espejo. Décimas a unas monjas sobre haberles comido unas almojábanas en respuesta de un papel.* [«Prontas a nuestro deseo...»]. (Páginas 197-99).
212. —— *Décima al prior de Burgos cuando predicó el sermón de la Limpia Concepción de Nuestra Señora.* [«El peor que en Burgos fué...»]. (Página 199).
213. *Luis de Góngora.* [*Sin título*]. [«Si a gastar y pretender...»]. (Páginas 200-1).
214. *De uno que se salió de la Compañía por lo que dice la letra.* [«Si me dais atenta fe...»]. (Págs. 202-11).
215. *Tejada. Décima a Juan de Aguilar sobre el panegírico.* [«La águila remonta el vuelo...»]. (Págs. 216-217).
216. *Luis de Góngora. Letra.* [«Que es cosa y cosa y cosa...»]. (Págs. 217-19).
217. *Conde de Salinas. El Padre Nuestro glosado para monjas.* [«Rey alto a quien adoramos...»]. (Págs. 219-23).
218. *De San Roque.* [«¡Jesús, qué tarde despierto!...»]. (Págs. 226-28).
219. *Romance de Fray Hortensio.* [«Mil veces, Nise, mil veces...»]. (Páginas 228-30).
220. *Cristobalina. Décimas en la justa literaria que se hizo, en Granada a la fiesta de Nuestra Señora del Carmen Año 1626.* [«Más bella y pura que el sol...»]. (Págs. 231-32).
221. *Luis Martín. A una mujer flaca.* [«Pluma, menester habéis...»]. (Páginas 233-39).
222. *Luis Martín. Romance.* [«Aparte, la mi señora...»]. (Págs. 239-43).
223. [*Luis Martín de la Plaza*]. *Romance.* [«Hermosa Amarilis mía...»] (Págs. 243-44).
224. —— *Romance.* [«Si estoy en tu presencia...»]. (Págs. 244-47).
225. *Romance a las fiestas de Utrera en 14 de Junio de 624 años.* [«En las fiestas que en Utrera...»]. (Páginas 247-50).
226. *Cristóbal de Roca. Romance a la venida del Rey Filipo IV, que Nuestro Señor guarde, a Antequera, año de 1624.* [«Martes santo, dos de abril...»]. (Págs. 251-54).
227. —— *Romance a la Fiesta del Santísimo Sacramento que se hizo en San Sebastián a 3 de Agosto de 1625 años.* [«Oyeme, Antón, y sabrás...»]. (Págs. 254-59).
228. *Luis de Góngora. Décimas.* [«Al dinero el interés...»]. (Pág. 260).
229. *Luis de Góngora. Décima.* [«Depuesta por su provecho...»]. (Pág. 261).
230. *Los gustos de amor.* [«Yo soy quien el amor más fácilmente...»]. (Página 261).
231. *Pedro de Godoy Vallejo. Endechas.* [«Corazón, que a mi pena...»]. (Págs. 262-63).

232. —— *Décimas.* [«A tu divina deidad...»]. (Pág. 263).
233. *A la señora Doña Ana Sande, Menina de la Reina Nuestra Señora.* [«Cándida flor en el jardín de España...»]. (Pág. 264).
234. *Romance.* [«Ya no más burlas, Amor...»]. (Págs. 275-76).
235. *Romance.* [«Quien dijere que los celos...»]. (Pág. 277).
236. *Décima.* [«Si aquesos ojos me dan...»]. (Pág. 278).
237. *Corrido.* [«Estando un día en Granada...»]. (Págs. 278-80).
238. *Romance de una dama dando quejas de su galán.* [«Rapaz niño y mentiroso...»]. (Págs. 280-81).
239. *Romance.* [«Sabed callar, corazón...»]. (Págs. 281-82).

—III. *Cancionero en todo género...*

240. [*Sin título*]. [«En una clara fuente...»]. (Págs. 287-88).
241. *Lope de Vega.* [*Sin título*]. [«En los brazos del alba...»]. (Págs. 289-90).
242. *Canción.* [«Entre estas soledades...»]. (Págs. 290-91).
243. *Diego Espejo.* [*Sin título*]. [«¿Cuándo verán mis ojos...»]. (Páginas 291-92).
244. *Canción.* [«Al pie de una montaña...»]. (Págs. 293-94).
245. *Cancion.* [«Amada ausente mía...»]. (Pág. 294).
246. *Canción.* [«Del Tajo a la ribera...»]. (Pág. 295).
247. *Pedro de Godoy. Canción.* [«Por la ribera amena...»]. (Págs. 296-301).
248. —— *Canción* [«No hay cosa más amarga...»]. (Págs. 301-3).
249. *Conde de Salinas. Canción.* [«En aqueste destierro...»]. (Págs. 304-5).
250. *Francisco de Quevedo. A la muerte de Enrique, Rey de Francia.* [«Detén el paso y vista, mas no el llanto...»]. (Págs. 305-6).
251. *Canción.* [«En soledad metida...»]. (Págs. 306-8).
252. *Diego de Espejo. Canción.* [«Por caminos inciertos...»]. (Pág. 309).
253. *Pedro de Godoy Vallejo. Canción.* [«Al papel recibido...»]. (Páginas 310-11).
254. —— *A Leonarda.* [«Pedir quiero licencia...»]. (Págs. 312-14).
255. —— *A la cinta de Leonarda.* [«¿Quién podrá consolarme...»]. (Páginas 314-15).
256. *Diego Leonardo. Canción.* [«Frescas sombra y dichosa...»]. (Págs. 316-23).
257. *Gaspar Fernández Madrigal. A Don Francisco de Tejada, Licenciado en Leyes.* [«Objeto de mis versos...»]. (Págs. 324-25).
257. *A Miguel López de la Torre de Lucena.* [«Peregrino a quien nombre...»]. (Págs. 326-27).
259. *Gaspar Fernández. Sentimiento del autor de que sientan mal de sus acciones dos personas. Liras.* [«Nunca los dioses tanta...»]. (Págs. 328-30).
260. *Gaspar Fernández. A Leonida.* [«No el Caístro te iguala...»]. (Páginas 331-32).
261. *Agustín de Tejada. A Santiago. Canción* [«De los héroes invictos, ya sagrados...»]. (Págs. 333-39).
262. *P. Martín de Roa. A la muerte de Doña Ana de Toledo, hija del Marqués de Ardales, Don Juan de Guzmán.* [«¿Qué nube oscura de inmortal tristeza...»]. (Págs. 340-45).
263. *Diego Espejo. Canción.* [«Deja, Cardenio amigo...»]. (Págs. 346-47).
264. *Luis Martín de la Plaza. A Jerjes. Canción.* [«Piedad y llanto baña...»]. (Pág. 347).
265. [*Martín de la Plaza*]. *Traducción de unos sáficos de Herina, poetisa griega.* [«Salve, oh hija de Marte respetada...»]. (Págs. 348-49).
266. —— *Traducción parafrástica de la oda 35 del libro primero de Horacio. Su argumento es alabar a la Fortuna de poderosa y rogarle que guarde al César en la jornada contra los britanos.* [«¡Oh variable diosa, tú, Fortuna!...»]. (Págs. 351-54).
267. —— *Al entierro de Nuestro Señor Jesucristo.* [«Buscaba entre las ondas su reposo...»]. (Págs. 355-56).
268. —— *A España pronosticándola perpetua felicidad por tener por patrón a Santiago.* [«Salve, reina del mundo, salve España...»]. (Págs. 357-58).
269. —— *En la justa literaria de Nuestra Señora de Monteagudo. Canción al rey Don Felipe III y Doña Margarita, Reina de España, y a la Serenísima Infanta Doña Isabel Clara Eugenia, Condesa de Flandes, y a D. Diego del Castillo, Corregidor de Antequera, que fueron los sujetos del noveno certamen. Tuvo primero pre-*

mio. Año de 1608. [«Dime musa de qué varón famoso...»]. (Págs. 359-68).

270. —— *A San Ignacio, Canción en la justa literaria de Antequera. Tuvo primer premio.* [«Hoy la devota competencia ofrece...»]. (Págs. 373-77).

271. —— *Las ninfas del río Ebro y náyades de las fuentes de Vizcaya y Navarra en la canonización de sus dos ilustrísimos santos San Ignacio de Loyola y San Francisco Javier.* [«Serpiente undosa el Ebro, sus corrientes...»]. (Págs. 378-81).

272. —— *Elegía al sentimiento que tuvo la Virgen Nuestra Señora, teniendo en sus brazos muerto y desclavado a su hijo Nuestro Señor Jesucristo al pie de la Cruz.* [«Ya se apagaba el día lagrimoso...»]. (Págs. 381-83).

273. —— *A la muerte de los dos gloriosos santos San Ignacio y San Francisco Xavier y al triunfo con que sus almas subieron al cielo.* [«Cuando para volver a eternas palmas...»]. (Páginas 384-85).

274. *Canción.* [«Corona de rubíes...»]. (Págs. 386-87).

275. *Agustín Calderón. Madrigal.* [«Dijo el pincel y dibujó la pluma...»]. (Pág. 388).

276. *Cristobalina [Fernández de Alarcón]. Canción en la justa literaria que se hizo en Granada a la fiesta de Nuestra Señora del Carmen. Tuvo el primer premio, año 1626.* [«En éxtasis divina arrebatado...»]. (Págs. 389-91).

277. *Madrigal.* [«Merecieron llegar a vuestras manos...»]. (Págs. 391-92).

278. *Canción.* [«Lo mejor de mi vida...»]. (Págs. 392-95).

279. *Pedro de Godoy. A Cristóbal de Roca. Canción.* [«Cuidosa aplique, de su estrado ameno...»]. (Págs. 396-98).

280. *Cristóbal de Roca. Acrósticos.* [«A tu coturno grave nuevo Apolo...»]. (Págs. 398-400).

281. *Agustín de Tejada. A la embarcación del Condestable.* [«Nave que encrespas con herrada proa...»]. (Páginas 400-6).

282. *P. Martín de Roa. En la muerte de Doña Ana de Toledo, hija de Don Juan de Guzmán, Marqués de Ardales.* [«Sobre las ondas del famoso río...»]. (Págs. 406-15).

283. *Rodrigo de Robles Caravajal. Al Marqués de Montesclaros, Virrey del Pirú, persuadiéndole visite con su persona otros reinos.* [«Mientras del sacro Apolo el presto carro...»]. (Págs. 417-19).

284. —— *A Don Alonso de Peralta y Robles, Arzobispo de las Charcas, cuando entró en la ciudad de Arequipa, su patria, viniendo de ser inquisidor en Méjico.* [«Tú, que del fiero Marte lastimada...»]. (Págs. 420-24).

285. *Agustín de Tejada. [Sin título].* [«El ánimo me inflama ardiente celo...»]. (Págs. 425-49).

Sobre ediciones anteriores de algunas de estas poesías, informa la nota 1 de la pág. XIV.

Crítica:

a) Avalle-Arce, J. B., en *Nueva Revista de Filología Hispánica*, VI, Méjico, 1952, págs. 173-75.

b) Huarte F., en *Clavileño*, Madrid, 1951, n.° 8, pág. 75.

c) López Estrada, F., en *Archivo Hispalense*, Sevilla, 1951, n.° 50, págs. 257-63.

Ejemplares:

MADRID. *Consejo. Patronato «Menéndez y Pelayo»*. E-1.803.

4) DE LA BIBLIOTECA NACIONAL

CODICES

70

[*Cancionero*].

Letra de fines del s. XVI o primeros años del XVII (entre 1595 y 1616). 114 h. 4.° Perteneció a Usoz del Río.

1. *Obra de Gallegos, que es vida de palacio.* [«Estando cerca de un rio...»]. (Fol. 1).

2. *Romance de Don Alonso de Arcila (sic) y Çúñiga, de la rota de la armada francesa.* [«A los veynte y dos de Julio...»] (Fol. 5*v*).

3. *Coplas de trecientas cossas mas.* [«Parió Marina en Orgaz...»]. (Fol 6*v*).

4. *Coplas a lo divino.* [«Pan que heres vida y la das...»]. (Fol. 8*r*).

5. *Sátira de Lupercio Leonardo de Argensola.* [«Aquí donde la hueste de Pompeyo...»]. (Fol 9*r*).

6. *Loa entre dos.* [«Quien dice que las mujeres...»]. (Fol. 18*r*).

7. *Cancion nacida de las varias nue-*

uas que an venido de la cathólica armada que fué sobre Inglaterra. [«Vate, fama, velos las prestas alas...»]. (Folio 20*r*).
8. *Del mismo. Cançion segunda de la pérdida de la armada que fué a Inglaterra.* [«Madre de los valientes de la guerra...»]. (Fol. 21*v*).
9. [*Letrilla*]. [«En tan hermoso mar...»]. (Fol. 23*v*).
10. *Respuesta de Riselo* [*Pedro Liñan de Riaza*] *a una epístola de Belardo.* [«Con tu carta satírica, Belardo...»]. (Fol. 23*v*).
11. *Soneto.* [«Dichoso el que a do el bien reposa posa...»]. (Fol. 28*r*).
12. *Soneto.* [«Forçado de mi mal temblando blando...»]. (Fol. 28*r*).
13. *Soneto.* [«De los quatro elementos soy formado...»]. (Fol. 28*v*).
14. *Soneto.* [«Amor es un misterio que se cria...»]. (Fol. 29*v*).
15. *Definicion de el amor.* [«Como amor es union alimentada...»]. (Folio 29*v*).
16. *Tercetos en latin congruo y puro castellano, por Diego de Aguiar*... [«De generosa stirpe excelsa planta...»]. (Folio 30*v*).
17. *Soneto al desengaño de la pretensión de Don Phelipe Carlos de Ballecas.* [«Suave canta cuando triste espira...»]. (Fol. 30*v*).
18. *Soneto de Don Luys de Góngora a las tempestades y auenidas del año de 95 en Seuilla.* [«Cosas, Celaura mia, e visto estrañas...»]. (Fol. 45*v*).
19. *Soneto de un cavallero a un retrato suyo.* [«De qué gran capitan es esta faz...»]. (Fol 45*v*).
20. *Soneto.* [«No eres nieue, que fueras derritida...»]. (Fol. 46*v*).
21. *Romance.* [«De la vistosa Granada...»]. (Fol. 46*v*).
22. [*Octavas*]. [«Ingrato moro que tan mal merece...»]. (Fol. 47*v*).
23. *Romance.* [«Rotas las sangrientas armas...»]. (Fol. 48*v*).
24. *Genealogia de los Modorros.* [«Quien el linaje antiguo y descendencia...»].
25. *Romance.* [«Por las montañas de Ronda...»]. (Fol. 54*v*).
26. *Soneto.* [«Sólo del bien y mal acompañado...»]. (Fol. 55*v*).
27. *Soneto.* [«No más laços de amor, arco y cadena...»]. (Fol. 56*v*).
28. *Soneto.* [«No bueluas esos ojos diuinales...»]. (Fol. 56*v*).
29. *Soneto.* [«Los huesos de mi cuerpo dedichados...»]. (Fol. 57*v*).
30. *Soneto.* [«Esta piedra gentil que adoro y amo...»]. (Fol. 57*v*).
31. *Soneto.* [«Dulce contemplacion del pensamiento...»]. (Fol. 58*v*).
32. *Soneto.* [«Libre del mar en la desierta arena...»]. (Fol. 58*v*).
33. *Soneto.* [«Dulce, sabrosa y cristalina fuente...»]. (Fol. 59*v*).
34. *Soneto á la esperança.* [«Remedio incierto que en el alma cria...»]. (Folio 59*v*).
35. *Soneto.* [«Estremos hase grandes de alegria...»]. (Fol. 60*v*).
36. *Soneto.* [«Mientras la fuerça de mi desventura...»]. (Fol. 60*v*).
37. *Soneto.* [«¿Qué es esto, vanos pensamientos mios...»]. (Fol. 61*v*).
38. *Difinición de la esperança. De Pesquera.* [«Esperança tardia...»]. (Folio 61*v*).
39. *Romance.* [«Entre unos sagrados mirtos...»]. (Fol. 63*v*).
40. *Coplas en redondillas de un cauallero que se despedia de casa de la Princesa.* [«Desde aora me despido...»]. (Fol. 64*v*).
41. *Respuesta por Don Diego de Mendoça á estas redondillas.* [«Unas coplas me an mostrado...»]. (Fol. 65*v*).
42. *Soneto.* [«Dorida hermosíssima pastora...»]. (Fol. 67*v*).
43. *Soneto.* [«Si tantas partes hay por vuestra parte...»]. (Fol. 67*v*).
44. *Otro.* [«Oyd, oyd, oyd, oyd atentos...»]. (Fol. 68*v*).
45. *Otro.* [«Como de duro entalle una figura...»]. (Fol. 68*v*).
46. *Otro.* [«Un blanco pequeñuelo y vel cordero...»]. (Fol. 69*v*).
47. *Otro.* [«La Diosa de los Parthos ymbidiosa...»]. (Fol. 69*v*).
48. *Otro.* [«Qual suele parecer tras gran nublado...»]. (Fol. 70*v*).
49. *Otro.* [«En un baston de acebo que traya...»]. (Fol 70*v*).
50. *Otro.* [«Con gran furiosidad, con gran cuydado...»]. (Fol. 71*v*).
51. *Otro.* [«Cercado de terror, lleno de espanto...»]. (Fol. 71*v*).
52. *Otro.* [«Deuajo de un pie blanco y pequeñuelo...»]. (Fol. 72*v*).
53. *Otro de uno que se hirió delante de su dama.* [«Cosa es cierta, señora, y muy sauida...»]. (Fol 72*v*).

54. *Otro.* [«Ni la alta pira que de César cierra...»]. (Fol. 73*v*).
55. *Otro á la destruycion de Cartago.* [«Excelso monte do el romano estrago...»]. (Fol. 73*v*).
56. *Otro á la muerte del Rey Don Fernando.* [«De Dios temiendo el juycio soberano...»]. (Fol. 74*v*).
57. *De Ji. Ra.* [*Jiménez?*]. *Otro.* [«Entre olas de congoja e nauegando...»]. (Fol. 74*v*).
58. *Ra. Ji. Otro.* [«Si dizes que Cupido se preciaba...»]. (Fol. 75*v*).
59. *Ji. Ra. Otro.* [«Libre de las saetas rigurosas...»]. (Fol. 75*v*).
60. *Romance.* [«A Don Alvaro de Luna...»]. (Fol. 76*v*).
61. *Romance.* [«Asida está del estribo...»]. (Fol. 76*v*).
62. *Del Dr. Salinas al Canónigo San Martín de Burgos á una burla que le hiço. Romance.* [«Canónigo frigador...»]. (Fol. 77*v*).
63. *Glosa.* [«Este manjar á no ser...»]. (Fol. 82*v*).
64. *Romance de Liñán de Riaza.* [«Estos celos y esta ausencia...»]. (Folio 83*v*).
65. *Mote de Liñan de Riaza.* [«Ya no quiero del contento...»]. (Fol. 84*v*).
66. *Romance.* [«Quando las pintadas aves...»]. (Fol. 84*v*).
67. *Romance de Pedro Li*[*ñan*] *de Ri*[*aza*]. [«Ese conde Cabreruelo...»]. (Fol. 85*v*).
68. *Romance.* [«Bien podéis, ojos, llorar...»]. (Fol. 86*v*).
69. *Romance de Villalua.* [«Acabaua el Rey Fernando...»]. (Fol. 86*v*).
70. *Soneto.* [«Desengaño de un alma adormecida...»]. (Fol. 87*v*).
71. *Tercetos á una dama.* [«El pastor más humilde deste valle...»]. (Folio 88*v*).
72. *Soneto.* [«¿De que pesado dueño e dispertado...»]. (Fol. 90*v*).
73. *Soneto de L*[*uis de*] *G*[*ongora*]. [«Dígame por mi fe, señor Alcino...»]. (Fol. 91*v*).
74. *Soneto.* [«Fuése a la viña Cebrian un dia...»]. (Fol. 91*v*).
75. *Romance de L*[*iñan*] *de Ri*[*aza*]. [«Dígame un requiebro...»]. (Folio 92*v*).
76. *Otro.* [«Cortesanas de mi alma...»]. (Fol. 92*v*).
77. *Decenas.* [Aueriguados recelos...»]. (Fol. 94*v*).
78. *Endechas.* [«Este tiempo breue...»]. (Fol. 94*v*).
79. *Soneto á las torres de Sant Lorenço. De L*[*uis de*] *G*[*óngora*]. [«Sacros, altos, dorados capiteles...»]. (Folio 96*v*).
80. *L*[*uis de*] *G*[*óngora*]. [«Muerto estube de Tormes en la orilla...»]. (Folio 96*v*).
81. *L*[*uis de*] *G*[*óngora*]. *Otro a Madrid.* [«Sea el Rey quien lo es ó quien lo sea...»]. (Fol. 97*v*).
82. *A la Duquesa de Medina Sidonia del Jurado Rufo.* (*Tachadas las iniciales D. L. G.*). [«Dí, Ana, ¿eres Diana? no es posible...»]. (Fol. 97*v*).
83. *Otro.* [«Por niñear un picarillo tierno...»]. (Fol. 99*v*).
84. *Otro á unas licencias de damas.* (*Tachadas las iniciales D. L. G.*). [«Que Lupercio, Liñan, o que Padilla...»]. (Fol. 99*v*).
85. *Otro en respuesta.* [«Que un idiota discante de Padilla...»]. (Fol. 100*v*).
86. *Otro.* [«De oy más las crespas sienes de olorosa...»]. (Fol. 100*v*).
87. *Otro á la destruycion de Troya.* [«Entre aquestas columnas derribadas...»]. (Fol. 101*v*).
88. *Otro a lo mismo.* [«Ardese Troya y sube el humo oscuro...»]. (Folio 101*v*).
88. *Otro a lo mismo.* [«Ardese Troya y sube el humo oscuro...»]. (Folio 101*v*).
89. *Epístola de Dido á Eneas, traducida de Ouidio* [*por Gutierre de Cetina*]. [«Qual suele de Mandro á la ribera...»]. (Fol. 102*v*).
90. *Romance. L*[*iñán*] *de R*[*iaza*]. [«Aquí de Dios que me casan...»]. (Folio 108*v*).
91. *A un frayle que se decia Fuenmayor que yendo á pedir en nombre de su Magestad cierto seruicio se sentó en un brasero y se quemó el trasero yendo á sentarse en el servidor. Del Dr. Salinas. Romance.* [«En Fuenmayor, esa villa...»]. (Fol. 109*v*).
92. *Redondillas del mismo al mismo propósito.* [«Muy bien ydo seáis, señor...»]. (Fol. 110*v*).
93. *Canción á Cristo en la cruz, de Miguel Sanchez.* [«Inocente cordero...»]. (Fol. 111*v*).
94. *Testamento de Cristo.* [«Sepan quantos esta carta...»]. (Fol. 112*v*).

95. *Codicillo.* [«Después que yo Dios y Hombre...»]. (Fol. 113*v*).
96. *De L[ope] de V[ega] quando salió la premática del doçabo en las lechuguillas. Romance.* [«No sobre el cuello cortado...»]. (Fol. 114*v*).
97. *A un galan que sin hauer visto á una muger casada y onrrada á la primera vista le dixo amores. Romance.* [«Ese buen Pedro Laynez...»]. (Folio 116*v*).
98. *Decenas de Lupercio Leonardo de Argensola.* [«Bien pensará quien me oyere...»]. (Fol. 118*v*).
99. *Soneto á la vida del campillo.* [«Amanece y Apolo sale luego...»]. (Fol. 119*v*).
100. *Soneto hecho el año de [15]95 contra algunos que estauan en el Escorial.* [«Canta Cristoual y pasea Contreras...»]. (Fol. 120*v*).
101. *De R. X. O. Otro.* [«En un campo de mármol cristalino...»]. (Folio 120*v*).
102. *Otro.* [«La vida se nos pasa, el tiempo buela...»]. (Fol. 121*v*).
103. *Otro.* [«De amor nascido fuy, en amor criado...»]. (Fol. 121*v*).
104. *Otro.* [«Quando la noche tiende el triste manto...»]. (Fol. 122*v*).
105. *Otro.* [«Huyendo vengo la escarchada nieve...»]. (Fol. 122*v*).
106. *Otro.* [«Excelsas torres y famosos muros...»]. (Fol. 123*v*).
107. *Otro.* [«De verdes mantos las corteças cubre...»]. (Fol. 123*v*).
108. *En respuesta del que está á fojas 120 en la primera plana. Otro.* [«¿O tú que cantas, que llorar pudieras...»]. (Fol. 124*v*).
109. *Otro es respuesta del destotra plana.* [«Cabrera y los demás que meten danza...»]. (Fol. 124*v*).
110. *Otro al mismo propósito por esdrúxulos.* [«Baliente Gandalin de color ético...»]. (Fol. 125*v*).
111. *Otro á un repostero de camas que se llama Diego de Vera, porque andaua con montera y se hauia casado tres ó quatro vezes, y de todas hauia heredado.* [«¿De cuando acá, señor Diego de Vera...»]. (Fol. 125*v*).
112. *De L[iñán] de R[iaza]. Romance.* [«¡O bolador pensamiento...»]. (Fol. 126*v*).
113. *Soneto segundo en respuesta del que está á fojas 120 en la primera plana. Por B.ᵉ R. y D.ᵒ M. fingiendo que estaua compuesto por Cabrera.* [«Yo el poeta Cabrera, que entre humanos...»]. (Fol. 127*v*).
114. *Tercero en respuesta del segundo.* [«Quien entendiera que un pastor de caça...»]. (Fol. 127*v*).
115. *Quarto en respuesta del tercero.* [«Fluxo tienes de lengua, poeta crudo...»]. (Fol. 128*v*).
116. *Quinto en respuesta del quarto.* [«¡O quién te deshollara, açote crudo...»]. (Fol. 128*v*).
117. *Otro en respuesta del sexto.* [«Asado hauias de estar, poeta crudo...»]. (Fol. 129*v*).
118. *Otro en respuesta del sexto.* [«Andrando soy, á quien un mal poeta...»]. (Fol. 129*v*).
119. *L[iñán] de R[iaza]. Romance.* [«No mereze, Zayda amiga...»]. (Folio 130*v*).
120. *Romance de R. X. O.* [«Oyan los que oyr quisieren...»]. (Fol. 131*v*).
121. *Romance de R. X. O.* [«Ya no más cascabelada...»]. (Fol. 132*v*).
122. *Romance de R. X. O.* [«Ojos de llorar cansados...»]. (Fol. 134*v*).
123. *Otro del mismo.* [«Quando el alua con sus rayos...»]. (Fol. 135*v*).
124. *De L.ᵒ F.ˢ Romance.* [«Cubiertos del roxo Apolo...»]. (Fol. 136*v*).
125. *Romance.* [«Marica, á lauar sus paños...»]. (Fol. 137*v*).
126. *Definición del amor.* [«Amor es un eterno beneficio...»]. (Fol. 137*v*).
127. [*Romance*]. [«Unos dulces ojos...»]. (Fol. 138*v*).
128. [*Fragmento de una comedia cuyos interlocutores son una Infanta y Enrique*]. [«Al sol con vanos antojos...»]. (Fol. 138*v*).

V. Serrano y Sanz, *Un cancionero...*
MADRID. *Nacional.* Mss. 2.856.

ESTUDIOS

71

SERRANO Y SANZ, MANUEL. *Un Cancionero de la Biblioteca Nacional.* (En *Revista de Archivos, Bibliotecas y Museos*, IV, Madrid, 1900, págs. 577-98).

Reproduce íntegramente las poesías n.ᵒ 1, 9, 75 y 88.

V. además *Cancionero de Gallardo,* en

B. L. H., III, n.º 2.251, y *Flores de varia poesía.*

5-6) DE LA BRANCACCIANA

CODICES

72

[*Cancionero*].

Letra del s. XVII. 515 hs. 220 × 146 milímetros.

1. *Soneto.* [«Ofensas son, señora, las que veo...»]. (Fol. 1*r*).
2. [«Estos mis inpusibles adorados...»]. (Fol. 1*v*).
3. [«Mil beçes afrentado en la vida...»]. (Fol. 2*r*).
4. [«Estos hijos de Amor, mal conoçidos...»]. (Fol. 2*v*).
5. [«Son zelos de un temor apassionado...»]. (Fol. 3*r*).
6. [«Hado cruel, señora, me a traido...»]. (Fol. 3*v*).
7. [«Al alma solo, que lo siente, toca...»]. (Fol. 4*r*).
8. [«Memorias de bi bien, si por benganças...»]. (Fol. 4*v*).
9. [«Tu, que de Agosto en acordada lira...»]. (Fol. 5*r*).
10. [«Valle, en quien otro tiempo mi desseo...»]. (Fol 5*r*).
11. [«Con tal fuerça en mi daño concertados...»]. (Fol. 6*r*).
12. [«Estas ansias de amor tan officiosas...»]. (Fol. 6*v*).
13. [«Buscando siempre lo que nunca hallo...»]. (Fol. 7*r*).
14. [«Estas lagrimas, tristes compañeras...»]. (Fol. 7*v*).
15. [«Si Vos quereis que solo satisfaga...»]. (Fol. 8*r*).
16. [«¿Que fin tan imposible es el que sigo...»]. (Fol. 8*v*).
17. [«Amor, Amor, tu ley segui inconstante...»]. (Fol. 9*r*).
18. [«¡O bolador dichosso que llegaste!...»]. (Fol. 9*v*).
19. [«Tan peligrosso y nueuo es el camino...»]. (Fol. 10*r*).
20. [«Milagros en quien solo estan de asiento...»]. (Fol. 10*v*).
21. *Glosas del Conde de Villamediana.* [«Quando Menga quiere a Blas...»]. (Fol. 11*r*).
22. *Coplas.* [«Estas lagrimas culpadas...»]. (Fol. 14*v*).
23. *Coplas a una Muerte que saco la S.ª Doña Cathalina de la Cerda en una cadena de oro.* [«Señora, por buena suerte...»]. (Fol. 16*r*).
24. *Coplas.* [«Horas en llorar gastadas...»]. (Fol. 17*r*).
25. *Carta.* [«El tiempo y la raçon piden oluido...»]. (Fol. 17*v*).
26. *Coplas.* [«No es aliuio de un cuidado...»]. (Fol. 21*v*).
27. *Coplas.* [«Esperança, que procuras...»]. (Fol. 23*v*).
28. *Carta.* [«Oluideme de mi si te oluidare...»]. (Fol. 26*v*).
29. *Coplas.* [«En medios tan peligrosos...»]. (Fol. 29*r*).
30. *Copla.* [«El acierto de mi fee...»]. (Fol. 30*v*).
31. *Soneto.* [«Inespugnable roca, cuya altura...»]. (Fol. 32*r*).
32. *Glossa.* [«Culpa, puedo la tener...»]. (Fol. 32*v*).
33. *Glossa.* [«De un daño no mereçido...»]. (Fol. 33*v*).
34. *Carta.* [«El contrario destino que me aparta...»]. (Fol. 34*r*).
35. *Coplas.* [«Aunque ya para morir...»]. (Fol. 38*r*).
36. [«De aquella pura ymagen prometida...»]. (Fol. 43*v*).
37. [«¿Quien me podra baler en tanto aprieto?...»]. (Fol. 44*r*).
38. [«Diuina ausente en forma fuxitiua...»]. (Fol. 44*v*).
39. [«Ya no le falta mas a Santiago...»]. (Fol. 45*r*).
40. *Cena. A una merienda de Jorge de Tobar.* [«En fin vuestra çena fue...»]. (Fol. 45*v*).
41. *Otra.* [«Cruz pide y niega infiel...»]. (Fol. 45*v*).
42. *Otra.* [«Jorge: pues que presso estais...»]. (Fol. 46*r*).
43. *Coplas.* [«Si de tu Alcaide Caifas...»]. (Fol. 46 *v*).
44. *Cauallo sin carroça, Juan Zuñiga.* [«Aqui yaçe Castañuelo...»]. (Folio 48*v*).
45. *A una dama que se peyo, gorda.* [«Los ojos negros no son...»]. (Folio 49*r*).
46. *A una dama que le ymbio una perdiz.* [«Niña, pues en papo chico...»]. (Fol. 49*r*).
47. *A los mercaderes preuenidos de bayetas para la muerte del rey Phelipe Tercero.* [«Pues ya con salud açeta...»]. (Fol. 49*v*).

48. *Soneto.* [«Esta flecha de Amor, con que atrauiesa...»]. (Fol. 50*r*).
49. [«De engañosas chimeras alimento...»]. (Fol. 50*v*).
50. [«Esta ymaginaçion que, presumida...»]. (Fo.l 51*r*).
51. [«Este fuego de amor, que nunca a muerto...»]. (Fol. 51*v*).
52. [«Contradiçen raçon y entendimiento...»]. (Fol. 52*r*).
53. *Soneto a la muerte del Rey de Francia.* [«Quando el furor del iracundo Marte...»]. (Fol. 52*v*).
54. *Soneto a lo mismo.* [«El roto arnes y la inbencible espada...»]. (Folio 53*r*).
55. [«Quando por çiegos passos ha llegado...»]. (Fol. 53*v*).
56. [«Como supe de mi solo perderme...»]. (Fol. 54*r*).
57. [«Estas quexas de amor, que, si a deçillas...»]. (Fol. 54*v*).
58. *Al Marques de Santa Cruz, muerto.* [«No destinguible luz comunes zeras...»]. (Fol. 55*r*).
59. *Soneto al mismo.* [«Aqui donde el balor del nombre hibero...»]. (Folio 55*v*).
60. *Panegirico de don Luis de Gongora, al Duque de Lerma.* [«Si arreuatado mereci algun dia...»]. (Folio 56*r*).
61. *Poliph. i Galath. Fabula de Polifemo y Galatea.* [«Donde espumoso el mar siciliano...»]. (Fol. 70*v*).
62. *Sonetos satiricos de don Luis de Gongora.* 1) [«Yo en justa injusta expuesto a la sentencia...»]. (Fol. 80*v*).
63. 2) [«Anacreonte hespañol, no ai quien os tope...»]. (Fol. 81*r*).
64. 3) [«Terneras cuyas borlas magistrales...»]. (Fol 81*r*).
65. 4) [«Con poca luz y menos disciplina...»]. (Fol. 81*v*).
66. 5) [«Por tu vida, Lopillo, que me borres...»]. (Fol. 81*v*).
67. 6) [«Vino, señora Lopa, su epopeia...»]. (Fol. 82*r*).
68. 7) [«Dexe las damas cuyo flaco yerro...»]. (Fol. 82*r*).
69. 8) [«Ycaro de bayeta, si de pino...»]. (Fol. 82*v*).
70. 9) [«En una fortaleça presso queda...»]. (Fol. 82*v*).
71. 10) [«Senteme en las riberas de un bufete...»]. (Fol. 83*r*).
72. 11) [«Señor don Juan: ayer silicio i jerga...»]. (Fol. 83*r*).
73. 12) [«¿Que es, hombre o mujer, lo que an colgado?...»]. (Fol. 83*v*).
74. 13) [«Mientras Corinto, en lagrimas deshecho...»]. (Fol. 38*v*).
75. 14) [«¡A la Mamora, militares Cruzes...»]. (Fol. 84*r*).
76. 15) [«Señores academicos, mi mula...»]. (Fol. 84*r*).
77. 16) [«Ante que alguna caxa luterana...»]. (Fol. 84*v*).
78. 17) [«No sois, aunque en hedad de cuatro sietes...»]. (Fol. 84*v*).
79. 18) [«Yaze debaxo desta piedra fria...»]. (Fol. 85*r*).
80. 19) [«Son de Tolu, o son de Puerto Rico...»]. (Fol. 85*r*).
81. 20) [«De humildes padres hija, en pobres paños...»]. (Fol. 85 *v*).
82. 21) [«Valladolid, de lagrimas sois balle...»]. (Fol. 85*v*).
83. 22) [«Grandes, mas que elefantes y que abadas...»]. (Fol. 86*r*).
84. 23) [«Llegue a Valladolid, registre luego...»]. (Fol. 86*r*).
85. 24) [«¿Vos sois Valladolid?, vos sois el valle...»]. (Fol. 86*v*).
86. 25) [«Tengos, señora Tela, gran mancilla...»]. (Fol. 86*v*).
87. 26) [«Duelete de essa puente, Mançanares...»]. (Fol. 87*r*).
88. 27) [«Señora doña puente Segouiana...»]. (Fol. 87*r*).
89. 28) [«Jura Pisuerga, a fe de cauallero...»]. (Fol. 87*v*).
90. 29) [«Bien dispuesta madera en nueua traça...»]. (Fol. 87*v*).
91. 30) [«¡O que mal quisto con Esgueua quedo!...»]. (Fol. 88*r*).
92. 31) [«Las no piadosas martas que te pones...»]. (Fol. 88*r*).
93. *Décimas, sátiras.*
Decimas. 1) [«Mussa que sopla i no inspira...»]. (Fol. 88*v*).
94. 2) [«Por la estafeta he sauido...»]. (Fol. 89*r*).
95. 3) [«Sotes, assi os guarde Dios...»]. (Fol. 89*v*).
96. 4) [«Cantemos a la gineta...»]. (Fol. 90*r*).
97. 5) [«Cierto oppositor, si no...»]. (Fol. 90*v*).
98. 6) [«Pues es lunes con que empieça...»]. (Fol. 91*r*).
99. 7) [«En habito de ladron...»]. (Folio 92*r*).
100. 8) [«Los editos con imperio...»]. (Fol. 92*r*).

101. 9) [«Roiendo si, mas no tanto...»]. (Fol. 92*v*).
102. 10) [«En trecientas santas Cladas...»]. (Fol. 92*v*).
103. 11) [«Esse palma es, niña bella...»]. (Fol. 93*r*).
104. 12) [«Una moça de Alcobendas...»]. (Fol. 93*v*).
105. 13) [«O montañas de Galicia...»]. (Fol. 93*v*).
106. 14) [«Mussas, si la pluma mia...»]. (Fol. 94*v*).
107. 15) [«Ya de mi dulce instrumento...»]. (Fol. 97*r*).
108. 16) [«Quan benerables que son...»]. (Fol. 99*v*).
109. *Decimas burlescas de don Luis de Gongora.* 1) [«Larache, aquel Africano...»]. (Fol. 100*v*).
110. 2) [«Pensse, señor, que un rexon...»]. (Fol. 101*r*).
111. 3) [«En vez de acero bruñido...»]. (Fol. 101*v*).
112. 4) [«Con la estafeta passada...»]. (Fol. 101*v*).
113. 5) [«Ya que al de Bexar le agrada...»]. (Fol. 102*r*).
114. 6) [«Truena el cielo, y al momento...»]. (Fol. 102*r*).
115. 7) [«De puños de hierro ayer...»]. (Fol. 102*v*).
116. 8) [«Con mucha llaneza trata...»]. (Fol. 102*v*).
117. 9) [«Marco de plata excelente...»]. (Fol. 103*r*).
118. 10) [«Pastor que en la bega llana...»]. (Fol. 103*r*).
119. 11) [«El lienço que me aueis dado...»]. (Fol. 103*v*).
120. 12) [«Presentado es el menudo...»]. (Fol. 103*v*).
121. 13) [«Recivid ambas a dos...»]. (Fol. 104*r*).
122. 14) [«Dos conexos, prima mia...»]. (Fol. 104*r*).
123. 15) [«No me pidais mas, hermanas...»]. (Fol. 104*v*).
124. 16) [«Que cantaremos ahora...»]. (Fol. 104*v*).
125. *Soledades de don Luis de Gongora, dirigidas al Exmo. señor Duque de Vexar. Primera, al Excelentissimo Señor Duque de Bexar.* [«Passos de un Peregrino son errante...»]. (Fol. 106*r*).
126. *Soledad segunda.* [«Entrase el mar por un arroyo breue...»]. (Folio 132*v*).
127. *Romanzes liricos.* 1) [«En un pastoral aluergue...»]. (Fol. 155*r*).
128. 2) [«Cloris, el mas vello grano...»]. (Fol. 158*r*).
129. 3) [«Quatro o seis desnudos hombros...»]. (Fol. 159*v*).
130. 4) [«Segun buelan por el agua...»]. (Fol. 160*v*).
131. 5) [«Al campo salio el estio...»]. (Fol. 162*v*).
132. 6) [«Quantos silbos, quantas boçes...»]. (Fol. 163*r*).
133. 7) [«Contando estauan sus rayos...»]. (Fol. 164*v*).
134. 8) [«En los pinares de Xucar...»]. (Fol. 166*r*).
135. 9) [«En el baile del exido...»]. (Fol. 167*v*).
136. 10) [«Frescos ayrecillos...»]. (Folio 168*v*).
137. 11) [«O quan bien que acusa Alcino...»]. (Fol. 171*v*).
138. 12) [«Castillo de Sant Cerbantes...»]. (Fol. 172*r*).
139. 13) [«En tanto que mis bacas...»]. (Fol. 174*r*).
140. 14) [«Sobre unas altas rocas...»]. (Fol. 175*v*).
141. 15) [«Los montes que el pie se laban...»]. (Fol. 176*r*).
142. 16) [«Las aguas de Carrion...»]. (Fol. 178*r*).
143. 17) [«Esperando estan la rosa...»]. (Fol. 178*v*).
144. 18) [«No bengo a pedir silençio...»]. (Fol. 181*r*).
145. 19) [«Ilustre ciudad famosa...»]. (Fol. 183*v*).
146. 20) [«Tendiendo sus blancos paños...»]. (Fol. 189*v*).
147. 21) [«No me bastaua el peligro...»]. (Fol. 192*v*).
148. 22) [«Que necio que era yo antaño...»]. (Fol 193*v*).
149. 23) [«Leuantando blanca espuma...»]. (Fol. 196*v*).
150. 24) [«Sin Leda, sin esperança...»]. (Fol. 197*v*).
151. 25) [«En dos lucientes estrellas...»]. (Fol. 196*v*).
152. 26) [«Criauase el Albanes...»]. (Fol. 199*r*).
153. 27) [«Amarrado al duro banco...»]. (Fol. 200*v*).
154. 28) [«La desgraçia del forçado...»]. (Fol. 201*v*).
155. *Romanzes satiricos.* 1) [«Quando la rosada aurora...»]. (Fol. 203*r*).

156. 2) [«Tenemos un dotorando...»]. (Fol. 207).
157. 3) [«Mormurauan los rocines...»]. (Fol. 210*v*).
158. 4) [«Desde Sansueña a Paris...»]. (Fol. 215*r*).
159. 5) [«Quien es aquel caualle-ro?...»]. (Fol. 218*v*).
160. 6) [«Saliendome estotro dia...»]. (Fol. 220*r*).
161. 7) [«Trepan los gitanos...»]. (Folio 221*v*).
162. 8) [«A vos digo, señor Taxo...»]. (Fol. 225*r*).
163. 9) [«Erase una biexa...»]. (Folio 226*r*).
164. *Romances burlescos.* 1) [«Aunque entiendo poco griego...»]. (Folio 226*v*).
165. 2) [«Arroxose el mancebito...»]. (Fol. 232*v*).
166. 3) [«Al pie de un alamo negro...»]. (Fol. 235*r*).
167. 4) [Despuntado he mil aguxas...»]. (Fol. 238*r*).
168. 5) [«Temo tanto los serenos...»]. (Fol. 240*r*).
169. 6) [«Aora que estoi de espacio...»]. (Fol. 241*v*).
170. 7) [«Triste pisa y aflixido...»]. (Fol. 244*v*).
171. 8) [«Hanme dicho, hermanas...»]. (Fol. 246*v*).
172. 9) [«Diez años biuio Belerma...»]. (Fol. 252*r*).
173. 10) [«Noble desengaño...»]. (Folio 255*v*).
174. 11) [«Ensillenme el asno rucio...»]. (Fol. 258*r*).
175. 12) [«En la pedregosa orilla...»]. (Fol. 259*v*).
176. 13) [«Que se nos va la Pasqüa, moças...»]. Fol. 261*v*).
177. 14) [«Hermana Maria...»]. (Folio 263*r*).
178. *Romances funebres.* 1) [«Moriste, Ninfa vella...»]. (Fol. 264*v*).
179. *Romances sacros.* 1) [«De la semilla caida...»]. (Fol. 266*v*).
180. 2) [«Men«guilla la siempre vella...»]. (Fol. 269*r*).
181. *Decimas amorosas.* 1) [«Flechando vi con rigor...»]. (Fol. 271*v*).
182. 2) [«Pintado he visto al Amor...»]. (Fol. 272*v*).
183. 3) [«No os diremos, como al Cid...»]. (Fol. 273*v*).
184. 4) [«La que ya fue de las aues...»]. (Fol. 276*v*).
185. *Decima lirica.* 1) [«De un monte en los senos, donde...»]. (Fol. 277*v*).
186. *Sonetos heroicos.* 1) [«Vive en aqueste volumen el que yaçe...»]. (Folio 279*r*).
187. 2) [«Segundas plumas son, o lector, quantas...»]. (Fol. 279*r*).
188. 3) [«En vez de las Heliades, ahora...»]. (Fol. 279*v*).
189. 4) [«O de alto valor, de virtud rara...»]. (Fol. 280*r*).
190. 5) [«Sacro pastor de pueblos, que en florida...»]. (Fol. 280*v*).
191. 6) [«Del leon, que en la silva apenas caue...»]. (Fol. 281*r*).
192. 7) [«Llegue a este monte fuerte, coronado...»]. (Fol. 281*r*).
193. 8) [«A los campos de Lepe, a las arenas...»]. (Fol. 281*v*).
194. 9) [«Vencidas de los montes Marianos...»]. (Fol. 282*r*).
195. 10) [«Velero bosque, de arboles poblado...»]. (Fol. 282*r*).
196. 11) [«Corona de Ayamonte, honor del dia...»]. (Fol. 282*r*).
197. 12) [«Cisnes de Guadiana, a sus riberas...»]. (Fol. 283). (Sólo los 7 primeros versos).
198. *Soneto de D. Luis de Gongora en la muerte de la Duquesa de Lerma.* [«Ayer deidad humana, oy poca tierra...»]. (Fol. 284*r*).
199. *Soneto, de Autor incognito, al celeberrimo o zelebrado Bergel.* [«Qual toro a sacrifiçio dedicado...»]. (Folio 284*v*).
200. *Decimas de otro Autor incognito en el mismo asumpto.* [«De un toro mal ofendido...»]. (Fol. 285*r*).
201. *Soneto a don Nicolas de Prada, en un escrito que haçia del viaje de la Reyna de Ungria, por don Jaçinto de Aguílar y Prada.* [«Erigio a Julio simulacros Roma...»]. (Fol. 285*v*).
202. *Soneto del conde de Villamediana.* [«Si el señor Almirante es necio y ruin...»]. (Fol. 286*r*).
203. *Soneto del Rmo. Maestro fray Ortensio Felix Parauesino a un famoso pintor llamado el Griego, alabando la pintura de un retrato.* [«Divino Griego, con tu obrar no admira...»]. (Fol. 286*v*).
204. *Del padre Maestro fray Ortensio Felix Parabesino.* [«De aquella montaña al Zeño...»]. (Fol. 287*v*).

205. *De don Juan Ençiso, en la comedia de Carlos Quinto.* [«Publicose por España...»]. (Fol. 293*v*).
206. *De don Juan de Enciso, en la misma comedia de Carlos Quinto.* [«Basallos los mas leales...»]. (Folio 301*r*).
207. *Satira escrita a lo faceto y a lo hipogrifo.* [«Ynvidiosso, que tantos...»]. (Fol. 308*r*).

V. Mele-Bonilla, *Un Cancionero del siglo XVII.*

Ejemplares:

NAPOLES. *Brancacciana.* II-A-12.

73

[*Cancionero*].

Letra del s. XVII. 124 fols. 150 × 100 milímetros.

Contenido, según Miola:

1. Lope de Vega. *Romance.* [«Aora bueluo a templaros...»].
2. *Romance.* [«Señora doña María...»].
3. *Otro.* [«Madre una serrana...»].
4. *Romanze.* [«Hazme, niña, un rramillete...»].
5. *Romanze.* [«Seruía en Orán al rey...»].
6. *Letrilla.* [«En justas de amor...»].
7. *Romanze.* [«De la arrugada corteça...»].
8. *Otro.* [«Ningun remedio ay tam bueno...»].
9. *Glosa de muchos rromanzes.* [«No quiero mas amor uano...»].
10. *Letrilla.* [«Ten, amor, el harco quedo...»].
11. *Otra.* [«En su balcon una dama...»].
12. *Letrilla.* [«La del auanillo...»].
13. *Romanze.* [«Haziendo fiestas la corte...»].
14. *Letra.* [«Riñó con Juanilla...»].
15. *Otra letrilla.* [«Heres niña, y as amor...»].
16. *Otra.* [«Aquel rayo de la guerra...»].
17. *Letra.* [«Si de amor te dizen...»].
18. *Romance.* [«Doña Blanca está en Sidonia...»].
19. *Letra.* [«Carillo a rrisa prouoca...»].
20. *Çarauanda.* [«Tiniendo de uos tal prenda...»].
21. *Otra.* [«Alegre porque moría...»].
22. *Otro letrilla.* [«No sigas a Siluia cras...»].
23. *Romanze contrahecho.* [«La más bella niña...»].
24. *Otro.* [«Que con quatro mill rreparta...»].
25. *Otro.* [«Noble desengaño...»].
26. *Ensaladilla.* [«Vien aya quel que no cura...»].
27. *Letrilla.* [«Por un pagecillo...»].
28. *Torna.* [«Llamola en esto su ama...»].
29. *Otro.* [«Tanta gracia illustre Reina...»].
30. *Cuento de un pintor.* [«A ti Benus ymboco solamente...»].
31. *Romançe.* [«Galanes y caualleros...»].
32. *Letra.* [«Quien quiere un moço galan y dispuesto...»].
33. *Letrilla.* [«Si las damas de la Corte...»].
34. *Otra.* [«Vella pastorçica...»].
35. *Romançe.* [«Al camino de Toledo...»].
36. *Otro.* [«Agora, Tirsi, quel tiempo...»].
37. *Dezenas.* [«Biem pensara quien me oyere...»].
38. *Letrilla.* [«Niña, acuérdate de mí...»].
39. *Otra.* [«Regalando el tierno bello...»].
40. *Otra.* [«Arriua, gritauan todos...»].
41. *Letrilla.* [«Vuestro dolor desigual...»].
42. *Otra.* [«Dulce Filis, si me esperas...»].
43. *Romançe de Doña Catalina Carnudio.* [«Muerte, si te das tal prisa...»].
44. *Romançe y letra junto.* [«Junto a esta laguna...»].
45. *Letrilla.* [«Por el monteçico sola...»].
46. *Letra.* [«Aquella bella aldeana...»].
47. *Letra que se hiço a un cauallero cortesano por una dama.* [«Mal hayan mis ojos...»].
48. *Romançe.* [«Su remedio en el ausençia...»].
49. *Letrilla.* [«Siendo libre, niña...»].
50. *Letrilla.* [«No me aprouecharon...»].
51. *Romance hecho a una dama cortesana.* [«En el mas soberbio monte...»].

52. *Romançe nuebo.* [«Sobre los tres hijos muertos...»].
53. *Romançe del Çaragoçino.* [«Por las montañas de Xaca...»].
54. *Romançe pastoril.* [«A la sombra de un alisso...»].
55. *El testamento de Celestina.* [«Celestina cuya fama...»].
56. *Letrilla.* [«Como me dexais, señora...»].
57. *Esta glosa se hiço a una dama.* [«Señor, ayome despido...»].
58. *Romançe.* [«Por arrimo su albornon...»].
59. *Letrilla.* [«Pososeme el sol...»].
60. *Romançe de un caballero cortesano.* [«De la harmada de su rey...»].
61. *Letra.* [«Girguerillo mío...»].
62. *Romanze.* [«De la arrugada corteça...»].
63. *Letrilla.* [«No me aprouecharon...»].
64. *Otra.* [«Alarga, morenica, el paso...»].
65. *Otra letrilla.* [«Dura, pensamiento...»].
66. *Romançe.* [«Quando las bbeloces yeguas...»].
67. *Otro.* [«Madre la mi madre...»].
68. *Otra.* [«Aquel paxarillo...»].
69. *Otra.* [«A la uista de Tarifa...»].
70. *Letrilla.* [«Rogaselo madre...»].
71. *Otra.* [«Ay memoria amarga...»].
72. *Romanze muy nuebo.* [«Domingo por la mañana...»].
73. *Letrilla.* [«Que se le da a mi madre...»].
74. *Otra letra sobre «Madre, la mi madre», que son estremadas.* [«Madre la mi madre...»].
75. *Romançe a una muger de un scriuan.* [«La de l'escriuano...»].
76. *Letrilla nueba.* [«El que mas amaua, madre...»].
77. *Terçetos.* [«El aspereça qu'el rrigor del cielo...»].
78. *Contra Juan de Mena delante su magestad y de rrepente.* [«Vuesa magestad me ahorque...»].

Ejemplares:

NAPOLES. *Brancacciana.* V-A-16.

ESTUDIOS

74

MELE, EUGENIO y A. BONILLA Y SAN MARTIN. *Un Cancionero del siglo XVII.* (En *Revista de Archivos, Bibliotecas y Museos,* XLVI, Madrid, 1925, páginas 180-216, 241-61).

Tirada aparte: Madrid. 1925. 57 páginas. 4.°

75

MIOLA, ALFONSO. *Un canzionero manoscritto brancacciano.* (En *Homenaje á Menéndez y Pelayo.* Tomo II. Madrid. 1899. Págs. 683-92).

Ejemplares:

MADRID. *Nacional.* 2-45.029.

7) CASANATENSE

76

[*Madrigali spagnuoli*].

Letra del s. XVII. 38 hs. con música. 328 × 232 mm.

V. Aubrun, págs. 269-74.

Ejemplares:

ROMA *Casanatense.*

EDICIONES

77

CHANSONIERS espagnols du XVIIe siècle. I: Le recueil de la «Casanatense», par Ch. V. Aubrun. (En *Bulletin Hispanique,* LI, Burdeos, 1949, págs. 269-90).

Considera posible que los músicos fueran también autores de las letras.
1. Juan Pujol. *Liras.* [«Agora que mi muerte...»].
2. —— *Folia a 3.* [«Amor pues que'n darme enojos...»].
3. —— [*Romance y canción*] *a 3.* [«Calosse su capotillo...»].
4. —— *Romance.* [«Despeñando por el valle...»].
5. —— *Folia.* [«En la cumbre madre...»].
6. —— *Romance.* [«Saltan risueñas las aguas...»].
7. Juan Arañes. *Folia.* [«Cerbatilla que corres bolando...»].
8. Machado. *Folia.* [«De los ojos de mi morena...»].

9. Ignacio Mur. *Folia a 3.* [«En lo açul de tus ojuelos...»].
10. Juan Arañes. *Romance.* [«Blanca hermosa tortolilla...»].
11. —— *Romance.* [«Zagaleja lastimada...»].
12. —— *Romance a 3.* [«Siruio esta mañana el alua...»].
13. Matheo Romero. *Romance a 3.* [«Las eridas de Medoro...»].
14. [*Letra*]. [«Volarás pensamiento mío...»].
15. Juan Aranies. [*Letra*]. [«Perlas me pide Lisarda...»].
16. Matheo Romero. *Letra a 3.* [«Cura que en la vecindad...»].
17. Capitan. *Romance a 3.* [«Guarda corderos, zagala...»].
18. —— *Letra a dos voçes.* [«Van y vienen las olas...»].
19. Matheo Romero. *Letra a 3.* [«Coraçon donde estuuistes...»].

8) CLASSENSE

CODICES

78

«Libro Romanzero de Canciones Romances y algunas nuebas para passar la siesta a los que para dormir tienen la gana. 1589».

Letra de fines del XVI. 194 fols. a 2 cols.
Escrito en Madrid el año 1589 por Alfonso Navaretti, de Pisa, según notas que van al principio y al fín.
V. Restori, págs. 99-102.
Sumario, según Restori:

1. [Dice mi madre...»]. (Fol 1*r*).
2. [«Vuestro donayre graçioso...»]. (Folio 1*v*).
3. *Cancion.* [«O bellos ojuelos míos...»]. (Fol. 2*r*).
4. *Cançion.* [«Vuestra auçençia y mis enojos...»].
5. *Cançion.* [«Ay que no escuso el morir...»].
6. *Los gustos del frayle.* [«Tengo los gustos de amor...»]. (Fol. 3*r*).
7. [«O esperança mia y mi consuelo...»]. (Fol. 5*r*).
8. *Cançion.* [«Dos crueles animales...»].
9. *Cançion.* [«Es la hermosura...»]. (Fol. 5*v*).
10. [«Gileta sin duda alguna...»]. (Folio 6*r*).
11. *Cançion.* [«Tal me ueo y en tal fatiga...»]. (Fol. 7*r*).
12. *Cançion.* [«Domina mea diñare...»]. (Fol. 8*r*).
13. [«Un pastorcillo solo está penado...»]. (Fol 8*v*).
14. *Cançion.* [«La mujer que a dos quiere bien...»].
15. [«Pidiendo entrais señora Olalla...»]. (Fol. 9*r*).
16. *Cançion.* [«Dama de gran perfeçion...»]. (Fol. 10*r*).
17. [«Sale la estrella de Venus...»]. (Fol. 11*v*).
18. *Copla que las damas de la Corte que enbiaron a los galanes que fueron a la Armada catolica por Ynglatierra año 1588.* [«Galanes los desta corte...»]. (Fol. 13*r*).
19. *Respuesta de los galanes...* [«Damas de valor y rumbo...»]. (Fol. 14*v*).
20. [«Con un ymmenso furor...»]. (Folio 17*v*).
21. [«Rebuelto sobre la sangre...»]. (Fol. 18*r*).
22. [«Hincado está de rodillas...»]. (Fol. 19*v*).
23. *Cancion.* [«Dexaldos mi madre...»]. (Fol. 36*r*).
24. *Cancion.* [«Tan fiero es el dolor de mi tormento...»]. (Fol. 37*r*).
25. [«Triste estaba y afligido...»]. (Folio 38*r*).
26. *Cancion.* [«Si estava ya rendido y sujetado...»]. (Fol. 39*r*).
27. *Ottauas.* [«Nuebos efectos de mylagro estraño...»]. (Fol. 40*r*).
28. *Romance.* [«Quando la fuerte Ytalia...»]. (Fol. 40*v*).
29. *Cancion ottauas.* [«Tu vista digo cierto que es locura...»]. (Fol. 41*v*).
30. *Ottauas.* [«Llorad mis tristes ojos vuestro daño...»]. (Fol. 42*r*).
31. *Romance.* [«Riueras de Aguadanto...»]. (Fol. 42*v*).
32. *Romance.* [«Despues que vuestros claros ojos bellos...»]. (Fol. 43*r*).
33. *Cancion.* [«Concedese al amador...»]. (Fol. 43*v*).
34. *Cancion.* [«Puede tanto un pensamiento...»]. (Fol. 44*r*).
35. *Cancion.* [«Muchos ay que con llorar...»].
36. *Ottauas.* [«De lagrimas bagnado el blanco pecho...»]. (Fol. 44*v*).

37. *Cancion.* [«Cansado de viuir sin alegría...»]. (Fol. 45*r*).
38. *Cancion.* [«La hermosura y discrecion...»]. (Fol. 45*v*).
39. *Cancion.* [«De los succesos de Amor...»]. (Fol. 46*r*).
40. *Cancion.* [«Afuera consejos uanos...»]. (Fol. 46*v*).
41. *Canzion.* [«Robays Ana mis despojos...»]. (Fol. 47*v*).
42. *Cancion.* [«Para ver vuestros cauellos...»].
43. *Cancion.* [«Amada pastora mía...»]. (Fol. 48*r*).
44. *Romance.* [«Dentro de la empaliçada...»]. (Fol 48*v*).
45. *Cancion.* [«El cuerpo bañado en sangre...»]. (Fol. 49*r*).
46. *Romanze.* [«Con armas linpias y dobles...»]. (Fol. 49*v*).
47. [«El gallardo Auindaraez...»]. (Folio 50*r*).
48. [«Dexad señora el temor...»]. (Folio 51*r*).
49. *Romanze.* [«Holgandose con Iarifa...»]. (Fol. 51*v*).
50. [«Dy hija porque te matas...»]. (Fol. 52*r*).
51. [«Alzando las piernas ariba...»]. (Fol. 53*v*).
52. [«En ora buena os vea yo...»]. (Fol. 55*r*).
53. [«Rogar os quiero señores...»]. (Fol. 58*v*).
54. *Glosa de «Teneme deseo que me va en boleo».* [«Tengo el gusto hecho...»]. (Fol. 60*r*).
55. *Zarabanda.* [«Soy muy delicada...»]. (Fol. 63*v*).
56. [«Amor loco ay amor loco...»]. (Fol. 64*v*).
57. [«Pues no puedo descansar...»].
58. [«De las congoxas de amor...»]. (Fol. 65*r*).
59. [«El que ama a una...»].
60. [«Nadie deue confiar...»]. (Folio 66*r*).
61. *Letra.* [«Siluya pues de mí triumfays...»]. (Fol. 66*v*).
62. *Romance.* [«Por los arjines del agua...»]. (Fol. 67*r*).
63. *Cancyon.* [«Del Alambra sale Muça...»]. (Fol. 67*v*).
64. *Ottauas.* [«Cielo cruel ayrado ynportuno...»]. (Fol. 68*r*).
65. *Romance.* [«En un monte junto a Burgos...»]. (Fol. 68*v*).
66. *Romance.* [«Por todas partes herido...»]. (Fol. 68*v*).
67. *Ottauas.* [«Si va a decir verdad señora Olalla...»]. (Fol. 69*v*).
68. *Coplas.* [«Nadie fie en alegría...»]. (Fol. 70*r*).
69. *Villançico.* [«Yo la vide andar perdida...»]. (Fol. 70*v*).
70. [«Quierola mucho...»]. (Fol. 71*r*).
71. *Coplas.* [«Ve do vas mi pensamiento...»]. (Fol. 71*v*).
72. [«Ay ojuelos engañosos...»]. (Folio 72*v*).
73. [«Gil no te fies de pastora...»]. (Fol. 73*r*).
74. *Romance.* [«De las batallas cansado...»]. (Fol. 74*r*).
75. [«El soberbio castellano...»].
76. [«Vase del amor riendo...»]. (Folio 74*v*).
77. [«No tengo la culpa yo...»].
78. [«Que no son del oro no...»]. (Folio 75*r*).
79. [«Que haran dos que amor halla...»]. (Fol. 75*v*).
80. [«Conuiene hazerse...»]. (Fol. 76*r*).
81. [«Si el bien tan poco dura...»]. (Fol. 77*r*).
82. [«No te fatigas Xenes...»]. (Folio 77*v*).
83. [«Quitaos alla desengaños...»]. (Folio 78*r*).
84. [«Que si de los ojos...»]. (Folio 78*v*).
85. [«A do bueno por aquí...»]. (Folio 79*r*).
86. [«Dezid hojos hermosos...»]. (Folio 80*r*).
87. *La dama que dinero prende quita la deuda.* [«La que pretende dinero...»]. (Fol. 80*v*).
88. [«Quien ama con aficion...»]. (Folio 81*r*).
89. [«Losaña Beleta...»]. (Fol. 81*v*).
90. [Por amores perdi el seço...»]. (Fol. 82*r*).
91. [«Señora si falta el verte...»]. (Fol. 82*r*).
92. [«La verguença y la honra...»]. (Fol. 82*v*).
93. *Glosa.* [«Quien ni lo uno ni lo otro pierde...»].
94. *Otro.* [«La crus en los pechos...»].
95. *Glosa.* [«Quien de enbras se sabe aprovechar...»].
96. *Otro.* [«La casa sin fuego y sin llama...»].

97. [«Una musica le dan...»]. (Folio 83*r*).
98. *Soneto sobre Amor con otro se paga.* [«El libre corazon precio no tiene...»]. (Fol. 83*v*).
99. [«Aprouechese de oluido...»]. (Folio 84*r*).
100.]«No basta disimular...»[.
101. [«Mejor es trocar...»]. (Folio 84*v*).
102. [«Es vida perdida...»]. (Foll. 85*r*).
103. *Coplas glosadas sobre las que dicen: «Que me siruen mis cabellos...* [»De que me sirve mostrar...»]. (Folio 85*v*).
104. *Respuesta.* [«Bien pueden vuestros cabellos...»]. (Fol. 86*r*).
105. *Estancias de Fernando de Acuña.* [«Tan alta puso amor my fantasia...»].
106. [«Pues verme a my cuydado en un convento...»]. (Fol. 87*v*).
107. *Romanze.* [«La villana de las borlas...»]. (Fol. 88*r*).
108. [«Un mal ventecillo...»]. (Folio 89*r*).
109. *Romance.* [«Huyendo va el cruel Eneas...»]. (Fol. 90*r*).
110. [«En el ser glorificado...»]. (Folio 90*v*).
111. [«Que haseys boticaria mía?...»]. (Fol. 91*r*).
112. *Romance.* [«La diosa a quien sacrifica...»]. (Fol. 93*r*).
113. *La çarabanda.* [«La çarabanda esta presa...»]. (Fol. 94*r*).
114. [«Digame aunque esta coleada...»]. (Fol. 96*v*).
115. *Çarabanda.* [«Madre que me muero...»]. (Fol. 97*v*).
116. [«Corazon no desesperes...»]. (Folio 98*r*).
117. [«—No os quexais caballero...»]. (Fol. 98*v*).
118. *Cancion.* [«De las riberas famosas...»]. (Fol. 100*v*).
119. *Cancion.* [«La mexor muger muger...»]. (Fol. 102*r*).
120. *Romance.* [«Entre las greçias y turcas...»]. (Fol. 102*v*).
121. *Cancion.* [«Enseñando está a hablar...»]. (Fol. 103*v*).
122. *Vysyta de monjas.* [«Nos vicario y provisor...»]. (Fol. 104*v*).
123. [«No se que me pica...»]. (Folio 108*v*).
124. *Soneto.* [«Por traer diferente la natura...»]. (Fol. 109*r*).
125. *Soneto.* [«Si para dios con dios nos disponemos...»]. (Fol. 109*v*).
126. *Soneto.* [«Es lo blanco castisima pureza...»].
127. *Fabula del cangrejo.* [«En las secretas ondas de Neptuno...»]. (Folio 110*r*).
128. *Justa.* [«Pues por vos crece mi pena...»]. (Fol. 111*v*).
129. *Que ninguna cosa ay mas fuerte que el Amor.* [«—Amor vincit omnía...»].
130. *Cancion a las monjas.* [«Ay de my sin ventura...»].
131. *Destierro de la Çarabanda.* [«Llamar a la ventura acostumbrada...»]. (Fol. 112*r*).
132. [«Muereseme una picaña...»]. (Fol. 113*r*).
133. *Lirios de Cornelio Galo traducidos.* [«Mi niña blanca y colorada...»]. (Fol. 113*v*).
134. *Jardín de Venus.* [«Quien no save de amor y sus efetos...»]. (Folios 114*r*).
135. *Justa.* [«Pues por vos crece mi pena...»]. Fol. 115*r*).
136. [«Si acaso vas a pasearte...»]. (Fol. 115*v*).
137. *Descripción de la vida humana.* [«Dice el papa yo soi solo uno...»]. (Fol. 116*r*).
138. *Soneto.* [«Ninguna muger ay que yo no quiera...»]. (Fol. 116*v*).
139. —— [«Primero es abrazalla y retozalla...»].
140. —— [«Que hazeis ermosa? Mirome a este espejo...»]. (Fol. 117*r*).
141. —— [«El vulgo comunmente se aficiona...»].
142. —— [«Una nueva locura se ha asentado...»]. (Fol. 117*v*).
143. —— [«Estaua un mayordomo enamorado...»].
144. —— [«Señora cama en que aveys vos hallado...»]. (Fol. 118*r*).
145. —— [«Querellas vanas, vanos pensamientos...»].
146. —— [«Alçó el ayre las faldas de mi vida...»]. (Fol. 118*v*).
147. —— [«Los ojos vueltos que del negro dellos...»].
148. *Glosa.* [«Ya Venus afloxando...»]. (Fol. 119*r*).
149. *Soneto.* [«Aquel cogerla a escuras a la dama...»]. (Fol. 120*r*).
150. —— [«Quistion es entre damas disputada...»]. (Fol. 120*v*).

151. —— [«El que tiene muger moza y hermosa...»].
152. —— [«Reñian dos casados cierto día...»]. (Fol 121*r*).
153. [«Damas las que os quexais de mal casadas...»].
154. —— [«Mujer aunque sentays lo que yo quiero...»]. (Fol. 121*v*).
155. —— [«Casose cierta mosa con un uiejo...»].
156. —— [«Rabiosos celos le tenían perdido...»]. (Fol. 122*r*).
157. —— [«Un tuerto en su mujer no halló el despojo...»].
158. —— [«Aquel llegar de presto y abrazalla...»]. (Fol. 122*v*).
159. *Glosa.* [«No se fatigue la bella Dama...»].
160. *Soneto.* [«Que alegras (*sic*) estan sin el triste enamorado...»]. (Folio 124*v*).
161. —— [«Dentro de un santo templo un hombre honrado...»]. (Folio 125*r*).
162. —— [«Venus que a Marte en lalma tiene empreso...»].
163. —— [«Casose Catalina con Mateo...»]. (Fol 125*v*).
164. —— [«Hallandose dos damas en faldetas...»].
165. —— [«O dulce noche o cama venturosa...»]. (Fol 126*r*).
166. —— [«A la orilla del agua estando un día...»].
167. —— [«Tu cabello me enlaça ay mi señora...»]. (Fol. 126*v*).
168. —— [«Unas monjas acaso desputando...»].
169. —— [«Raspandoselo estaua cierta hermosa...»]. (Fol. 127*r*).
170. *Glosa.* [«Del dicho de la gente temerosa...»].
171. *Soneto.* [«Entre unos çentelales yo vi un dia...»]. (Fol 128*r*).
172. —— [«Casa una dama con un lizenciado...»]. (Fol. 128*v*).
173. —— [«Triste el hombre que de amor tocado...»].
174. —— [«Quando en tus brazos Filis recogiendome...»]. (Fol. 129*r*).
175. —— [«Viendo una dama que un galan moria...»].
176. —— [«En invierno un galan a la orilla de un rio...»]. (Fol. 129*v*).
177. —— [«A consentir al fin en su porfia...»].
178. —— [«Fue un casado a comprar pan a la plaza...»]. (Fol. 130*r*).
179. *Parto de Ginebra.* [«Empreñose Ginebra la mañana...»]. (Fol. 130*r*).
180. *Otauas a la muerte del Principe Don Carlos daustría, por Damasio de Frías.* [«Nasci de abuelo y padre sin segundo...»]. (Fol. 130*v*).
181. *Conçilio de Amore* [«Juntó un concilio Cupido...»]. (Fol. 131*r*).
182. *Descripcion de la dama hermosa.* [«Alma Venus dulce diosa...»]. (Folio 134*v*).
183. *Loa.* (En prosa).
184. [«Que haceis zapatero mochoso?...»]. (Fol 141*r*).
185. [«Gila sin duda me das...»]. (Folio 141*v*).
186. *Romance.* [«Mientras duermen los sentidos...»]. (Fol. 142*r*).
187. [«Rabia le dé madre...»]. (Folio 143*r*).
188. *Romanse.* [«Ocho a ocho y diez a diez...»]. (Fol. 144*v*).
189. [«Aquel puerto de la nieve...»]. (Fol. 147*r*).
190. [«Solo una razon me ayuda...»]. (Fol. 148*r*).
191. [«El dolor que me destierra...»].
192. [«Esclavo soi pero quio...»]. (Folio 148*v*).
193. [«Ase burlado conmigo...»]. (Folio 149*v*).
194. [«Eres nigna y has amor...»]. (Fol. 150*r*).
195. [«Ay de mi dy[os] que haré...»]. (Fol. 150*v*).
196. *Romance.* [«Hortelano era Belardo...»]. (Fol. 151*r*).
197. *Romance.* [«A la gineta vestido...»]. (Fol. 153*r*).
198. *Mugeres tapadas.* [«Feas señoras a quien...»]. (Fol. 154*v*).
199. *Romançe.* [«Ya mi triste corazon...»]. (Fol. 158*r*).
200. *Romance.* [«Jeringueme el potro susio...»]. (Fol. 159*r*).
201. [«A l as mozas ermosas gustosas...»]. (Fol. 160*v*).
202. *Romanze.* [«Dama de lindo mirar...»]. (Fol. 161*r*).
203. *Respuesta de la señora.* [«No desmaian amadores...».]. (Fol. 161*v*).
204. [«El diablo soys que no çora...»]. (Fol. 162*r*).
205. *Otro romance.* [«Damelo periquito perro...»]. (Fol. 162*v*).
206. [«Mozuelas hermosas...»]. (Folio 163*r*).

207. [«El bravo leon despagna...»]. (Fol. 163*v*).
208-9. Poesías italianas.
210. [«De mis tormentos y enojos...»]. (Fol. 165*r*).
211. [«Valalo la maldiçion...»]. (Folio 165*v*).
212. [«Valgate la maldiçion...»]. (Folio 167*r*).
213. [«Fuego de Dios en el querer bien...»]. (Fol. 167*v*).
214. *Romanze.* [«Arriba gritaban todos...»]. (Fol. 169*r*).
215. [«Alegre porque moría...»]. (Folio 170*r*).
216. *Villançico del Sto. Nacimiento.* [«Tienes amo Pedro? —No...»]. (Folio 170*v*).
217. *Romance.* [«O gran ducha de Florenzia...»]. (Fol. 171*r*).
218. [«Fuese la vieja al molino...»]. (Fol. 172*r*).
219. *Romance.* [«Amarrado a un duro banco...»]. (Fol. 173*r*).
220. Canción italiana.
221. *Letra.* [«Pues que no me sabeis dar...»]. (Fol. 174*r*).
222. [«Casada la de lo verde...»]. (Folio 179*r*).
223. [«La niña que allá en la fuente...»]. (Fol. 179*v*).
224. *Letra.* [Velador que el castillo velas...»]. (Fol. 180*r*).
225. [«El amor que era firme madre...»]. (Fol. 180*v*).
226. [«Que non dormiré sola non...»]. (Fol. 180*v*).
227. [«Riño con Juanilla...»]. (Folio 181*v*).
228. [«La del escribano...»]. (Folio 183*r*).
229. [«De mi dolor inumano...»]. (Folio 185*r*).
230. [«Ingrata y cruel sirena...»].
231. [«El suelto cabello al viento...»]. (Fol. 186*v*).
232. *Anda que alla os lo diran.* [«Vos religioso que entrais...»]. (Fol. 187*r*).
233. [«Estos nyetos de Abraham...»]. (Fol. 193*r*).

RAVENNA. *Classense.* Mss. 263.

ESTUDIOS

79

RESTORI, ANTONIO. *Il Canzoniero Classense 263.* (En *Rendiconti della Reale Accademia dei Lincei.* Serie quinta, XI, Roma, 1902, págs. 99-136).

Crítica :

a) Foulché-Delbosc, R., en *Revue Hispanique,* IX, Nueva York-París, 1902, págs. 574-75. (Importante).

9) DANZA DE GALANES

80

CANCIONERO llamado dança de galanes, en el cual se contienen innumerables canciones para cantar y bailar, con sus respuestas, y otros plazeres. Recopilado por Diego de Vera. Lérida. [Luys Manescal]. 1612. 12.°

81

——— Barcelona. Geronimo Margarit. 1625. 60 hs. 12.°

—Aquí comiençan vnas canciones para cantar, y baylar, con sus respuestas, y otras para desposorios.

1. *Canta el amigo.* [«Mejor partido me fuera...»].
2. *Responde el amigo.* [«Partiendo quien ama...»].
3. *Canta el galán.* [«Si limitara mi vista...»].
4. *Responde la galana.* [«No limites los seruicios...»].
5. *Canta el amigo.* [«Los males que amor engendra...»].
6. *Responde el amigo.* [«Todos los males de amor...»].
7. *Canta el galán.* [«Tened quedos vuestros ojos...»].
8. *Responde la galana.* [«Vida mía assi gozeys...»].
9. *Canta el amigo.* [«Yo no se porque no vas...»].
10. *Responde el amigo.* [«Sabeys porque no voy a ver...»].
11. *Canta la galana.* [«Qve sueño es el que soñastes?...»].
12. *Responde el galan.* [«Esta noche soño un sueño...»].
13. *Canta la galana.* [«Qve dezis buen cauallero...»].
14. *Responde el galan.* [«Digo vos que dora en ora...»].

15. *Canta la galana.* [«Di galan a donde tienes...»].
16. *Canta la galana.* [«Mis ojos aunque peneys...»].
17. *Responde el galan.* [«Ingrata desconocida...»].
18. *Canta la galana.* [«Quiero amar, no oso amalle...»].
19. *Canta vn galan.* [«Despues que me vide aquí...»].
20. *Canta otro galan.* [«Son essos ojos hermosos...»].
21. *Canta vn galan.* [«Quien os vio que hombre se llame...»].
22. *Responde otro galan.* [«Yo miré otra donzella...»].
23. *Responde el galan.* [«Yo no se, mas se que veo...»].
24. *Canta la galana.* [«Galanes remedios Dios...»].
25. *Responde el galán.* [«Un consuelo me quedó...»].
26. *Canta la galana.* [«Regla de amor y dotrina...»].
27. *Responde el galan.* [«Yo quiero prouar mi suerte...»].
28. *Responda vn galan.* [«Mal consejo me parece...»].
29. *Responde el galan.* [«Dichoso mal es aquel...»].
30. *Responde el amigo.* [«Galan que muriendo ama...»].
31. *Canta el galan.* [«Si quereys ver mi tormento...»].
32. *Responde la galana.* [«A la ley de amor perfeto...»].
33. *Canta el galan.* [«Para yo poder viuir...»].
34. *Responde la galana en favor.* [«Lastima es del amador...»].
35. *Canta el amigo en fauor.* [«Porque despedis señora...»].
36. *Canta la galana en fauor.* [«Si alguno por passatiempo...»].
37. *Responde el galan.* [«Quien dira la enfermedad...»].
38. *Responde la galana.* [«Pues publicays cauallero...»].
39. *Canta el galan.* [«Tan hermosa os hizo Dios...»].
40. *Responde la galana.* [«Cauallero no andeys...»].
41. *Responde otro galan.* [«Ved galan que la fortuna...»].
42. *Responde el galan.* [«Graue mal en mí sencierra...»].
43. *Responde el amigo en fauor.* [«Si vos presumis subir...»].

V. *Catálogo de la biblioteca de Salvá,* I, n.º 191.

Ejemplares:

NUEVA YORK. *Hispanic Society.*

82

——— [Nueva York. De Vinne Press]. [1903]. 60 fols. 20,5 cm.

Facsímil de la anterior, por Huntington.

Ejemplares:

MADRID. *Consejo. General.—Nacional.* 2-78.250; R-16.083. — VALENCIA. *Universitaria.* V-1.688.—WÁSHINGTON. *Congreso.* 4-5261.

83

CANCIONERO llamado Danza de Galanes [Por] Diego de Vera. Valencia. Edit. Castalia [Tip. Moderna]. 1949. 65 hs. 17 cm.

10) DECHADO DE GALANES

EDICIONES

84

CANCIONERO Dechado de galanes. Sevilla. 1550.

Cit. por Bertoni, en *Romanische Forschungen,* XX, 1906-7, pág. 231n.

11) DEL DUQUE DE ALBA

CODICES

85

[*Cancionero*].

Letra del XVII (entre 1625 y 1635).

86

[———].

Letra del XIX.
Copia hecha por B. Croce.
NAPOLES. *Nazionale.* I-E-65.

EDICIONES

87

CROCE, B. *Illustrazione di un canzoniere manoscritto italo-spag-*

nuolo del secolo XVII. Nápoles. Regia Universitá. 1900. 1 h. + 32 págs. 27 cm.

Crítica:

a) Mérimée, E., en *Bulletin Hispanique*, III, Burdeos, 1901, págs. 173-74.

Ejemplares:

SANTANDER. «*Menéndez y Pelayo*». 2.205.

12) DE DUQUE DE ESTRADA

CODICES

88

[*Cancionero*].

Letra de principios del s. XVII. 133 hs.

1. *Estancias de mi señora la duquesa Doña Artemisa.* [«Soy yo la que en el campo mas florido...»]. (Fol. 1*r*).
2. *Cancion de un galan a una nave donde se embarco su d*[*ama*], *por Lope de Vega.* [«Maldito el que imbento que el mar sin dueño...»]. (Fol. 2*v*).
3. *Redondillas de un galan a una dama constante, por Aguilar.* [«Çielos de estrellas sembrados...»]. (Fol. 3*r*).
4. *Romance de una galan que se le murio su dama, por don Guillen de Castro.* [«Deseada muerte mía...»]. (Fol. 4*v*).
5. *Soneto de un galan que esperaua la noche para ver su dama, por don Guillen de Castro.* [«Apenas llega la luciente aurora...»]. (Fol. 6*v*).
6. *Decimas de un galan ausente i çeloso, por don Guillen de Castro.* [«Despues que deje de ver...»]. (Fol. 7*r*).
7. *Carta en terçetos de un ausente por una desgraçia a un amigo suyo, por don Guillén de Castro.* [«Como podra, señor, mi mano osada...»]. (Folio 8*r*).
8. *Quintillas de un galan desengañado y quejoso, por don Guillen de Castro.* [«Escape de las prisiones...»]. (Folio 11*v*).
9. *Letrilla de burlas de don Luis de Gongora.* [«Buela, pensamiento, y diles...»]. (Fol. 12*v*).
10. *Novenas de un galan ausente que fueamado y en aus*[*encia*] *fue olvidado, por Mathias de Estrada.* [«Enfermo del mal de ausençia...»]. (Fol. 13*v*).
11. *Soneto de un galan que ruega consolado, por el licenciado Soto.* [«Cauellos que en color uençeis al oro...»]. (Fol. 14*v*).
12. *Redondillas de un galan que beuio el agua que le sobro a su dama, por don Francisco de la Cueua.* [«Ia yo e pagado tu agrauio...»]. (Fol. 15*r*).
13. *Octaua rima al tiempo, por Gaspar de Aguilar.* [«Caduco tiempo que la culpa tienes...»]. (Fol. 16*r*).
14. *Cancion de un afligido ausente, por don Guillen de Castro.* [«Mas negra que mi suerte...»]. (Fol. 17*v*).
15. *Letrilla de burlas, por Liñan.* [«Para que a Pelayo...»]. (Fol. 18*r*).
16. *Romance de un galan descriuiendo un jardin, por Lope de Vega.* [«En un jardin, Zelia hermosa...»]. (Folio 19*v*).
17. *Soneto de un galan que uido a su dama puestas unas calças açules con ligas sobre unos chapines de plata, por don Luis de Gongora.* [«Yo bi sobre dos piedras plateadas...»]. (Fol. 21*r*).
18. *Decimas de una galan enamorado y confuso, por Mathias de Estrada.* [«No descanse mi dolor...»]. (Fol. 21*v*).
19. *Tercetos de un galan que se fue aflixido por la muerte de su dama, y escriue a un amigo suyo en ausençia, por Guillen de Castro.* [«Porque en mi alma la rraçon te a hecho...»] (Fol. 22*r*).
20. *Quartillas a una dama que estaua a la muerte, por el liçençiado Martinez de Jaen.* [«Hermosa Nise, que estas...»]. (Fol. 24*v*).
21. *Octaua rima contra la esperança, por Miguel Veneito.* [«Quien de goçar un bien tiene esperança...»]. (Fol. 26*r*).
22. *Folias, por Jhoseph de Lesaca.* [«Mis penas pareçen...»]. (Fol. 27*r*).
23. *Romance de un pastor enamorado, sin autor.* [«Desdora la noche fria...»]. (Fol. 28*r*).
24. *Soneto a la noche, por Lope de Vega.* [«Noche fabricadora de embelecos...»]. (Fol. 29*v*).
25. *Romance de un galan aflixido, po*[*r*] *Jhoseph de Lesaca.* [«Lagrimas, salid aprisa...»]. (Fol 30*r*).
26. *Soneto de la fuerça de la prision en los amigos mayores, por Lope de Vega.* [«Es la prision un encendido fuego...»]. (Fol. 31*r*).
27. *Quintillas a vna muerte de cristal que lleuaua una dama por dix, por don*

Francisco Villanoua. [«Por ser cosa tan prouada...»]. (Fol. 31*v*).
28. *Cançion de un galan pidiendo fauores finjidos, por Jhoseph de Lesaca.* [«De uestras luçes bellas...»]. (Folio 32*v*).
29. *Octaua rima a una dama que en una enfermedad le cortaron los cabellos, por don Guillen de Castro.* [«Si quien uio unos cauellos pareçidos...»]. (Fol. 33).
30. *Quartillas de un galan que se quexa de sus ojos, por Mathias de Estrada.* [«Lloren las desdichas mias...»]. (Fol. 34).
31. *Soneto a un espejo, por Gaspar de Aguilar.* [«En ese cristal puro y transparente...»]. (Fol. 35*r*).
32. *Dialogo en quintillas entre un galan y una dama emboçada en un sarao, por don Guillén de Castro.* [«Asegurandome uoy...»]. (Fol. 35*v*).
33. *Soneto a una dama que dio una esperança larga, por don Bernabe de Baltierra.* [«Es la esperança una dudosa suerte...»]. (Fol. 39*r*).
34. *Folias* [«Por amores, madre...»]. (Fol. 39*v*).
35. *Soneto de quatro lenguas al casamiento de doña Chaterina Cauanillas, por Gaspar de Aguilar.* [«Bella pianta gentil ne le cui fronde...»]. (Fol. 41).
36. *Cançion de un galan quexoso de la carcel: no se le saue autor.* [«En esta carçel dura...»]. (Fol. 41*v*).
37. *Soneto a la canoniçaçion del sancto Frai Diego de Alcala, por Lope de Vega.* [«La uerde yedra al uerde tronco asida...»]. (Fol. 41*v*).
38. *Soneto a la canoniçaçion del Santo Frai Diego de Alcala, por Luperçio Leonardo.* [«Sin que contraste la umildad profunda...»]. (Fol. 43*r*).
39. *Romance de un galan escusandose con su dama, por don Guillen de Castro.* [«Perdona, bella ofendida...»]. (Fol. 43*v*).
40. *Octaua rima adbirtiendo como se a de uengar un galan de una dama mudable. por don Guillen de Castro.* [«El galan oluidado y ofendido...»]. (Fol. 44*r*).
41. *Carta en quartillas de una dama a su galan ausente por una desgracia, por don Guillen de Castro.* [«Lisençia imbio a pedirte...»]. (Fol. 45*r*).
42. *Romance de un galan satisfecho de çelosso, por Lope de Vega.* [«Descansad, sospechas mias...»]. (Fol. 46*v*).
43. *Decimas de un galan corrido de auer amado a una dama que le oluidaua, por Lope de Vega.* [«Quando me acuerdo de ti...»]. (Fol. 47*v*).
44. *Romance de un galan preso por causa de su d[ama], por don Guillen de Castro.* [«Salid, ardientes suspiros...»]. (Fol. 48*v*).
45. *Quintillas de un galan que una pariente la dexaua por pobre y se cassaua con un rico, por don Guillen de Castro.* [«Amor, pues pago tributo...»]. (Fol. 49*v*).
46. *Romance de un galan desesperado: no se le saue autor.* [«Acaue ya de llegar...»]. (Fol. 52*r*).
47. *Deçimas de un galan oluidado, por Gonçalo Rodriguez.* [«Que demonio me atormenta...»]. (Fol 53*v*).
48. *Romance a los quellos reformados, por Lope de Vega.* [«No sobre el cuello cortado...»]. (Fol. 55*v*).
49. *Soneto al tumulo del rey nuestro señor don Phelipe, en boca de un ualenton y un soldado, por Çeruantes.* [«Boto a Dios que me espanta esta grandeça...»]. (Fol. 58*r*).
50. *Soneto retratando la corte, por Luis de Gongora.* [«Grandes mas que elefantes y que abadas...»]. (Fol. 58*v*).
51. *Soneto a la esperança, por miçer Artieda.* [«Que gloria siente y bienauenturança...»]. (Fol. 59*r*).
52. *Deçimas de un galan desengañado, por Luperçio Leonardo.* [«Bien pensara quien me oyere...»]. (Fol 59*v*).
53. *Cancion de un galan que se despide de su dama, por Lope de Vega.* [«La uerde primauera...»]. (Fol. 61*r*).
54. *Quintillas a unas damas que hicieron una çeruatana de caña y se hablauan por ella de una uentana a otra, por don Guillen de Castro.* [«Bien beo que señalais...»]. (Fol. 62*v*).
55. *Romance a don Alonso Perez de Guzman, el Bueno, alcayde de Tarifa, a quien amenaçauan los moros con que degollarian un hijo suyo que auian captiuado y el les arroxo un puñal con que le degollasen, por don Miguel Ribellas.* [«A la soberuia amenaça...»]. (Fol. 65*r*).
56. *Folias.* [«Alamos del prado...»]. (Fol. 67*r*).
57. *Octaua rima al estado de las al-*

mas de purgatorio, por Gaspar de Aguilar. [«Si al que pretende gloria conoçida...»]. (Fol. 68*r*).

58. *Quartillas a un pastor uiexo casado con una çagala moça, por el canonigo Tarrega*. [«Estrangero mayoral...»]. (Fol. 69*r*).

59. *Glosa a los versos siguientes, por don Miguel de Ribellas*. [«Si el contento me entristeçe...»]. (Fol. 71 *v*).

60. *Cançion de una dama a la honrra, por Vincente de Espinel*. [«Sobre las blanca frente...»]. (Fol. 73*v*).

61. *Romance de un galan a una dama que se le murio, por don Bernabe de Balterra*. [«Salid, lagrimas, del alma...»]. (Fol. 74*r*).

62. *Letrilla*. [«Al cauo de los años mil...»]. (Fol. 75*v*).

63. *Castellanas de una dama que su galan le dio un papel donde el tenia escriptos sus peccados pensando darle un billete, por Miguel Veneito*. [«Tu piensas con el papel...»]. (Fol. 75*v*).

64. *Soneto a una dama cruel, por el doctor Garai*. [«No eres nieue, que fueras derretida...»]. (Fol. 79 *v*).

65. *Soneto contra las plumas, por don Guillen Beluis*. [«Yo soy aquella que mi antiguo offiçio...»]. (Fol. 80*r*).

66. *Decimas de un galan que enamoro de una dama que cantaua auisado de que se enamoraria si la viese y oyesse, por don Miguel Ribellas*. [«Crei que al rayo imbisible...»]. (Folio 80*v*).

67. *Redondillas de un galan que salio desterrado por causa de su dama, por Lope de Vega*. [«Filis, las desdichas mias...»]. (Fol. 82*v*).

68. *Letrilla*. [«A la uilla voy...»]. (Folio 85*v*).

69. *Castellanas de un galan que se miraua a un espejo porque pareçia a su dama, por Miguel Veneito*. [«El cristal de mis antojos:..»]. (Fol. 86*v*).

70. *Letrilla*.. [«Por la calle abaxo...»]. (Fol. 89*v*).

71. *Soneto a una uida descompuesta, por don Gaspar Mercader*. [«Busco paz y mantengo eterna guerra...»]. (Folio 90*v*).

72. *Soneto de un galan a una dama de quien andaua quexoso, por don Miguel Ribellas*. [«Si boy, Nise, tras ti, por que te dexo...»]. (Fol. 91*v*).

73. *Deçimas de un galan oluidado, por Lope de Vega*. [«A quien contare mis quexas...»]. (Fol. 91*v*).

74. *Octava rima contra los lisongeros, por Jusepe de Lesaca*. [«El que lisonjas en el pecho cria...»]. (Fol. 93*r*).

75. *Romançe a una cueua muy escura, por Miguel de Çeruantes*. [«Yaze donde el sol se pone...»]. (Fol. 94*r*).

76. *Quintillas de un galan que tenia el pensamiento en alto lugar, por Gaspar de Aguilar*. [«Diuino imposible mio...»]. (Fol. 95*v*).

77. *Letrilla*. [«Pensamiento, no voleis...»]. (Fol. 97*r*).

78. *Romance*. [«Murmurauan los roçines...»]. (Fol. 98*v*).

79. *Octaua rima a un caualllero que pregunto como podia uengarse de una dama mudable sin dexarla, por Miguel Veneito*. [«Consejos pides en llorar desecho...»]. (Fol. 103*r*).

80. *Glosa de una monja, que no se dize su nombre, a los versos siguientes*. [«De uestros ojos çentellas...»]. (Fol. 104*r*).

81. *Decimas de un galan a la muerte de un amigo suyo, por Mathias de Estrada*. [«Como dire mis enojos...»]. (Folio 105*v*).

82. *Letrilla*. [«Ya no soy quien ser solia...»]. (Fol. 107*r*).

83. *Romance de un galan a una dama cruel y ermosa, por Guillen Beluis*. [«De tu diuina hermosura...»]. (Folio 108*r*).

84. *Castellanas a una dama que viendose con su galan finxio un desmayo por no defenderse, por Miguel Veneito*. [«Dichoso premio mereçe...»]. (Folio 109*v*).

85. *Soneto de un galan enamorado, arrepentido de estarlo, por Bartolome Joan Leonardo*. [«Lleua tras si los pampanos octubre...»]. (Fol 112*r*).

86. *Soneto a la muerte de dos nietos de el maestre de Montesa, por el mismo*. [«O dulçes prendas por mexor perdidas...»]. (Fol. 112*v*).

87. *Soneto de un galan a una dama que le pidio un soneto, por el duque de Osuna*. [«Pedis, reyna, un soneto; ya le hago...»]. (Fol. 113*r*).

88. *Cançion de un galan ausente, por Lope de Vega*. [«En esta larga ausençia...»]. (Fol. 113*v*).

89. *Deçimas de un galan aborrecido, por Vicente de Espinel*. [«No ay bien

que de el mal me guarde...»]. (Folio 114*r*).
90. *Castellanas a una dama que un cohete le quemo las ligas, por Miguel Veneito.* [«Llega un ardiente papel...»]. (Fol. 116*r*).
91. *Letrilla de burlas, por don Luis de Gongora* (incompleta).
92. *Romançe de un amante quexoso, por don Gaspar Mercader.* [«En las orillas del mar...»]. (Fol. 121*r*).
93. *Redondillas de un galan que el se entiende, por Luperçio Leonardo.* [«Pasan mil casos por mi...»]. (Fol. 122*r*).
94. *Cançion escriuiendo y aconsejando a un amigo, por Bartolome Joan Leonardo.* [«Quien bive con prudençia...»]. (Fol. 124).
95. *Romance, por don Luis de Gongora.* [«Tendiendo sus blancos paños...»]. (Fol. 127*r*).
96. *Castellanas a un galan que por mirar su dama erro una dança, por Miguel Veneito.* [«Pues tan conformes nos vemos...»]. (Fol. 129*v*).
97. *Soneto de una pastora quexosa, por Lope de Vega.* [«Marchitas plantas, ramas, frutas, rosas...»]. (Fol. 132*r*).
98. *Soneto de un galan ausente al tiem[p]o, por D. Guillen de Castro.* [«Por que no pasas, tiempo, que tan suelto...»]. (Fol. 132*v*).
99. *Soneto de un galan ausente, por Lope de Vega.* [«Dulçe atreuido pensamiento loco...»]. Fol. 133*r*).
100. *Soneto de un melencolico de un sueño, por don Guillen de Castro.* [«No me dexes en manos del cuidado...»]. (Fol. 133*v*).

V. Mele-Bonilla, *El Cancionero...*, páginas 145 y sigs.

Ejemplares:

NÁPOLES. *Nazionale.* I-E-49.

EDICIONES

89

MELE, EUGENIO. *Rimas inéditas de ingenios españoles.* (En *Bulletin Hispanique,* III, Burdeos, 1901, páginas 328-47).

Tirada aparte: Burdeos. G. Gounouilhou. 1901. 20 págs. 25 cm

Ejemplares:

SANTANDER. *«Menéndez y Pelayo.»* (Dedicado).

90

——— *Poesie di Luis de Góngora, i due Argensolas e altri.* (En *Revista Crítica de Historia y Literatura,* VI, Madrid, 1901, págs. 73-85).

91

——— *Poésies de Lope de Vega, en partie inédites.* (En *Bulletin Hispanique,* III, Burdeos, 1901, págs. 348-64).

92

——— y ADOLFO BONILLA Y SAN MARTIN. *El Cancionero de Mathías Duque de Estrada.* (En *Revista de Archivos, Bibliotecas y Museos,* VI, Madrid, 1902, págs. 141-55 y 290-328).

Tirada aparte: 1902. 48 págs.

93

——— y ——— *Poesías antiguas castellanas* (En *Ateneo,* III, Madrid, 1907, págs. 17-25).

94

TEZA, E. *Di una antologia inedita di versi spagnuoli fatta nel Secento.* (En *Atti del R. Istituto Veneto di Scienze, Lettere ed Arti,* VII, Venecia, 1888-1889, serie 6.ª, págs. 709-39; 1889-1890, serie 7.ª, I, págs. 809-23).

ESTUDIOS

95

TEZA, E. *Der Cancionero von Neapel.* (En *Romanische Forschungen,* VII, Erlangen, 1893, páginas 138-44).

13) DE EL ESCORIAL

CODICES

96

«Liuro de sonetos, & octavas de diverços auctores. De 1598».

Letra de fines del XVI. 127 hs. 205 × 146 mm. Contiene poesías en castellano y en portugués.

V. Zarco, *Catálogo de los manuscritos castellanos...*, I, págs. 95-96; *Catálogo de los manuscritos catalanes... y portugueses...*, págs. 116-18.

SAN LORENZO DEL ESCORIAL. *Monasterio*. ç. III. 22.

EDICIONES

97

CANCIONERO (Un) bilingüe manuscrito de la biblioteca de El Escorial. [*Ed. de*] *Julián Zarco.* (En *Religión y Cultura*, XXIV, El Escorial, 1933, págs. 406-49).

1. *Otro* [*soneto*]. [«Plugiera a Dios que nunca yo naciera...»].
2. *Otro.* [«Mil veces entre sueños tu figura...»].
3. *Soneto.* [«Ya que se sufre, amor, andar qual ando...»].
4. *Otro.* [«Si amor es puro amor, ¿porqué me ofende?...»].
5. *Otro.* [«Un fuego elado, un ardiente hielo...»].
6. *Otro.* [«Cuitado que en un punto lloro y río...»].
7. *Otro.* [«Desengaño, aunque tarde aueis uenido...»].
8. *Otro.* [«En aquel tiempo en que yo pensé allar...»].
9. *Otro.* [«Quando mas desnudos son de verdura...»].
10. *Otro.* [«Yo see que aunque estas endurescida...»].
11. *Otro.* [«Suba a lo mas alto çielo la voz mía...»].
12. *Otro.* [«No eres nieue, que fueras derretida...»].
13. *Glosa sobre «Ya no mas, por no uer mas».* [«Está de suerte cansado...»].
14. *Mote.* [«Pensamiento, ¿a dó vais?...»]. *Glosa.* [Mis pensamientos ancianos...»].
15. *Octauas.* [«Tan alto es el fauor y bien que siento...»].
16. *Octauas glosando un pie que dice: «Yo me lo sé el por qué, mas no lo digo».* [«De oy mas quiero vestir un triste luto...»].
17. *Glosa de «Buelue, Filis».* [«Solía yo tener con que miraua...»].
18. *Octauas.* [«Purissima hermosura relumbrosa...»].
19. *Lamentación.* [«Lamentad ánima mía...»].
20. *Villancete.* [«Ay, que el alma se me sale...»].
21. *Octauas.* [«A su aluedrío y sin orden alguna...»].
22. *Glosa a esas Octauas.* [«El claro raio de la blanca luna...»].
23. *Octauas.* [«Adios, ouejas blancas y corderos...»].
24. *Otras octauas.* [«Está de verdes pinos coronado...»].
25. *Otras.* [«Tras sus ouejas, ya que el sol tendía...»].
26. *Otras a un sospiro.* [«Oh, suaue sospiro que saliste...»].
27. *Soneto.* [«Del sol que en el espejo reberbera...»].
28. *Soneto.* [«No able de la ausençia el que ha sido...»].
29. *Otro.* [«Ni el aire, ni el frescor de la montaña...»].
30. *Otro.* [«No fué la linda Elena celebrada...»].
31. *Octauas de hum corioso no derradeiro quartel de sua vida.* [«De tierra soi, y en tierra me resueluo...»].
32. *Octauas al Nacimiento.* [«Está de cherubines coronado...»].
33. *Copla.* [«Pastora que en el caiado...»]. *Glosa.* [«Sobre el caiado inclinada...»].
34. *Romance.* [«Cercada está Sancta Fee...»].
35. *Otro.* [«Muerto yaze cauallero...»].
36. *Otro.* [«Por la ribera de Jucar...»].
37. *Otra.* [«Amor, que nunca diste...»].
38. *Otra.* [«Despues que os miré y me vistes...»]. [*Glosa*]. [«Desque veros merecí...»].
39. *Mote.* [«Coraçon, pago teneis...»].
40. *Mote.* [«Mal pueden desenlazarse...»].
41. *Romance.* [«Entre las armas del Conde...»].
42. *Cancion.* [«O, larga esperança vana...»].

43. *Mote.* [«Buscóme la muerte en vos...»].
44. *Octavas.* [«Con solo el tiempoa pierden su braveza...»].
45. *Mote.* [«Quien dize que el ausençia causa oluido...»].
46. *Cancion.* [«Belisa, mira por tí...»].
47. *Mote.* [«Por un desengaño...»].
48. *Tercetos.* [«El aspereza que el rigor del cielo...»].
49. *Mote.* [«Adoro y beso al cochillo...»].
50. *Mote.* [«Quien no estuuiere en presençia...»].
51. *Villancico.* [«Pastores, herido uengo...»]. *Glosa.* [«¿Quién me aconsejó, cuitado...»].
52. *Letra.* [«En el campo me metí...»].
53. *Glosa de «Bella».* [«Naturaleza esmerar...»].
54. *Mote.* [«De vos, de amor, de ausençia, y de fortuna...»].
55. *Carta en redondillas.* [«Si mereciere a tu mano...»].
56. *A una dama que dió un clauel y una rosa al autor.* [«Son de suerte los fauores...»].
57. *Letra.* [«El que diere en ser çeloso...»].
58. *Letra.* [«Jamás cosa de mi parte...»]. *Glosa.* [«No te ví de ver que muero...»].

14) ESPEJO DE ENAMORADOS

V. *B. L. H.,* III, n.º 2.245-46.

15) DE FERNANDEZ DE COSTANTINA

V. *B. L. H.,* III, n.º 2.247-48.

16) FLOR DE ENAMORADOS

EDICIONES

98

CANCIONERO llamado Flor de Enamorados, por Juan de Linares. Barcelona. Bornat. 1562.

Cit. por Porebowicz, en su art. sobre los libros españoles existentes en Cracovia. (V. *B. L. H.,* II, n.º 2.120).

Ejemplares:

CRACOVIA. *Universitaria.*

99

CANCIONERO llamado Flor de Enamorados, sacado de diversos Autores por Iuan de Linares. Barcelona. Pedro Malo. 1573. 12.º

100

——— Barcelona. Sebastián de Cormellas. 1601. 12.º

101

——— Barcelona. Sebastián de Cormellas. 1608. 138 fols. + 6 hs. 15 cm.

Ejemplares:

LONDRES. *British Museum.* G.10903.—OVIEDO. *Universitaria.* A-396.

102

——— Barcelona. Sebastián de Cormellas. 1612. 12.º

Ejemplares:

NUEVA YORK. *Hispanic Society.*

103

——— Barcelona. Sebastián de Cormellas. 1645. 12.º

Ejemplares:

NUEVA YORK. *Hispanic Society.*

104

——— Barcelona. Sebastián de Cormellas. 1647. 12.º

105

——— Barcelona. Matevad. A costa de Iacinto Ascona y Iuan Torre Sanchez. 1681. 141 hs. 12.º

V. Gallardo, *Ensayo,* III, n.º 2.700.

17) FLORES DE VARIA POESIA

CODICES

106

«Flores de Baria poesia. Recogida de varios poetas Españoles... Recopilosse en la ciudad de Mexico Anno... de 1577...»

Letra de fines del s. XVI. 399 fols. Muy deteriorado.
MADRID. *Nacional*. Mss. 2.973.

107

[———].
Letra de fines del XIX.
Copia hecha por Antonio Paz y Melia.
Su contenido, según el índice analítico de Rosaldo, es el siguiente:

1. *Soneto*. [«A que no esta sugeto al ser humano...»]. (Fol. 17*v*).
2. *Soneto* [«A ti mi Redentor llorando pido...»]. (Fols. 26*r*-26*v*).
3. *Glosa*. [«Alma rebelde y dura...»]. (Fols. 23-24*v*).
4. *Soneto*. [«Amargas horas de los dulces días...»]. (Fols. 22*v*-23).
5. *Glosa*. [«Amor es fundamento...»]. (Fols. 38-39).
6. *Soneto*. [«Amor es una pena muy notoria...»]. (Fol. 36*v*).
7. *Octaua*. [«Amor es voluntad dulce, sabrosa...»]. (Fol. 38).
8. *Soneto*. [«Amor nunca me da contentamiento...»]. (Fol. 101*v*).
9. *Soneto*. [«Aqueste Niño al parecer sangriento...»]. (Fol. 36).
10. *Villanesca*. [«Aqui quiero contar el dolor mio...»]. (Fol. 94*v*).
11. *Epistola*. [«Belisa a su Menandro por quien uiene...»]. (Fols. 95-97*v*).
12. *Soneto*. [«Blanca por ser tan blanca no os deis pena...»]. (Fols. 261-261*v*).
13. *Soneto*. [«Boluelde la blancura al açucena...»]. (Fols. 74-74*v*).
14. *Soneto*. [«Bolui yo sin uentura a la ribera...»]. (Fols. 130*v*-131).
15. *Soneto*. [«Cabellos de oro, que en diuina altura...»]. (Fol. 148).
16. *Soneto*. [«Celos de Amor, terrible y duro freno...»]. (Fols. 137-137*v*).
17. *Soneto*. [«El cielo está cansado de sufrirme...»]. (Fols. 26*v*-27).
18. *Soneto*. [«El claro sol sus rayos escurece...»]. (Fol. 35).
19. *Estancia*. [«Cogiendo unos panales el Cupido...»]. (Fol. 210).
20. *Soneto*. [«Como después del dia sosegado...»]. (Fols. 113*v*-114).
21. *Soneto*. [«Como el que esta a la muerte sentenciado...»]. (Fol. 177).
22. *Soneto de*... [«Como se uiesse Amor desnudo y tierno...»]. (Folios 153*v*-154).
23. *Soneto de*... [«Con el tiempo se pasan meses, dias...»]. (Fols. 216*v*-217).
24. *Soneto*. [«Con gran dificultad ando encubriendo...»]. (Fols. 85*v*-86).
25. *Soneto*. [«Con la casta uirtud uide abraçado...»]. (Fol. 113).
26. *Soneto*. [«Con una aguda hacha derrocaua...»]. (Fol. 79*v*).
27. *Soneto y Epitaphio a la muerte de Tirsi*. [«Cresca con el licor del llanto mio...»]. (Fols. 49*v*-50).
28. *Soneto*. [«Cuitado que en un punto lloro y rio...»]. (Fols. 228-228*v*).
29. *Octauas*. [«Christo que desde el cielo mi pecado...»]. (Fols. 27-29).
30. *Soneto*. [«De do venis, Cupido, solloçando?...»]. (Fol. 198).
31. *Soneto*. [«¿De que te afliges Nimpha? de que muerto...»]. (Fol. 113).
32. *Soneto*. [«De vestido inmortal resplandeciente...»]. (Fols. 21-21*v*).
33. *Soneto*. [«De xerga esta vestido el claro dia...»]. (Fol. 19).
34. *Soneto*. [«Denos razon el hombre mas prudente...»]. (Fols. 15-15*v*).
35. *Soneto*. [«Diuina Nimpha mia, tus cabellos...»]. (Fol. 208*v*).
36. *Soneto*. [«En el soberuio mar se auia metido...»]. (Fol. 58*v*).
37. *Soneto*. [«En que fragua de amor fueron forjadas...»]. (Fol. 35).
38. *Soneto*. [«En quien podre esperar contentamiento...»]. (Fols. 78*v*-79).
39. *Villanesca*. [«En tanto quel hijuelo soberano...»]. (Fol. 262).
40. *Soneto*. [«En un cierto ospedaje do posaua...»]. (Fol 265).
41. *Soneto*. [«En un florido campo esta tendido...»]. (Fols. 253*v*-254).
42. *Soneto a una ymagen de Nuestra Señora que se halló en una concha de perla*. [«En una concha que en la mar se cria...»]. (Fol. 18).
43. *Soneto*. [«Estando en tierra agena el peregrino...»]. (Fol. 29).
44. *Soneto*. [«Estando ya en la cruz puesto y clauado...»]. (Fol. 77*v*).
45. *Soneto*. [«Estauasse la Virgen contemplando...»]. (Fols. 13*v*-14).
46. *Soneto* [«Estauasse Marfida contemplando...»]. (Fol. 114*v*).
47. *Soneto*. [«Este juez que ueis tan soberano...»]. (Fols. 11*v*-12).
48. *Soneto*. [«Estremo de pint... emplea...»]. (Fol. 153).
49. *Soneto*. [«Fenescan ya mis años malgastados...»]. (Fol. 79).

50. *Soneto.* [«Formo naturaleza una donzella...»]. (Fol. 19*v*).
51. *Soneto.* [«Un fuego elado, un ardiente yelo...»]. (Fols. 36*v*-37).
52. *Soneto.* [«Gracia que el cielo a pocos encamina...»]. (Fols. 104-104*v*).
53. *Soneto.* [«La gracia y el amor que en ti reuierte...»]. (Fols. 30-30*v*).
54. *Soneto.* [«El hijo de Dios Padre poderoso...»]. (Fol 29*v*).
55. *Soneto á la Natiuidad.* [«Hombre mortal si fuesses combidado...»]. (Folio 11).
56. *Soneto.* [«Ynjustissimo Amor, bien te bastaua...»]. (Fol. 85).
57. *Soneto.* [«Jhesus, bendigo yo tu sancto nombre...»]. (Fol. 30).
58. *Soneto.* [«Lagrimas que mis ojos vais bañando...»]. (Fol. 263*v*).
59. *Soneto.* [«Leuanta hombre mortal esta despierto...»]. (Fols. 20*v*-21).
60. *Soneto.* [«Leuantate y despierta hombre abatido...»]. (Fols. 34*v*-35).
61. *Soneto.* [«Mi ofensa es grande, sealo el tormento...»]. (Fols. 30-30*v*).
62. *Soneto.* [«Mirad por donde vengo a conocerme...»]. (Fols. 34-34*v*).
63. *Soneto.* [«Mis ojos de llorar ya estan cansados...»]. (Fols. 265-265*v*).
64. *Soneto.* [«Mueue a gran compassion mi llorar tanto...»]. (Fol. 129*v*).
65. *Soneto.* [«Ni por el cielo ir hermosa estrella...»]. (Fol. 114).
66. *Soneto.* [«No de algun pecador la uaria uela...»]. (Fol. 8).
67. *Villanesca.* [«No ues Amor que esta gentil moçuela...»]. (Fol. 63*v*).
68. *Elegia.* [«Noche de mi consuelo y alegria...»[. (Fols. 207*v*-208*v*).
69. *Soneto al Sanctissimo Sacramento.* [«O dulce pan do esta Dios encerrado...»]. (Fols. 18*v*-19).
70. *Soneto.* [«O dulce sueño, mas que yo esperaua...»]. (Fol. 93).
71. *Soneto.* [«O si acabase ya mi pensamiento...»]. (Fol. 257).
72. *Soneto.* [«O tristes y aflixidos pensamientos...»]. (Fols. 240-240*v*).
73. *Soneto á la Penitencia.* [«Ojos mios, que siempre desmandados...»]. (Fols. 10*v*-11).
74. *Soneto. Traduzido de Petrarcha.* [«Passa mi naue llena de un oluido...»]. (Fol. 75).
75. *Soneto.* [«Passaua el mar Leandro el animoso...»]. (Fols. 59*v*-60).
76. *Soneto.* [«Ponçoña en vaso de oro recogida...»]. (Fols. 37-37*v*).
77. *Soneto.* [«Ponganme alla en el ultimo elemento...»]. (Fols. 100*v*-101).
78. *Soneto.* [«Presente estando ya lo figurado...»]. (Fols. 7*v*-8).
79. *Soneto al Sancto Sacramento.* [«Publica lengua mia la excelencia...»]. (Fols. 10-10*v*).
80. *Soneto.* [«Pudiesse yo vengança auer de aquella...»]. (Fols. 92*v*-93).
81. *Epistola de Dido a Eneas traduzida de Ouidio.* [«Qual suele de Meandro en la ribera...»]. (Fols. 246*v*-252).
82. *Soneto* [«Quando de uos gentil Señora mia...»]. (Fol. 237*v*).
83. *Soneto.* [«Quanto mas en tu pecho esta escondido...»]. (Fol. 117).
84. *Soneto.* [«Que ansias son las mias tan mortales...»]. (Fol. 3).
85. *Soneto.* [«Que doler puede ser ygual al mio...»]. (Fol. 84*v*).
86. *Soneto.* [«Que signo celestial o que planeta...»]. (Fols. 256-256*v*).
87. *Soneto.* [«Ques esto, eterno Dios, as oluidado...»]. (Fols. 13-13*v*).
88. *Soneto.* [«Ques esto, dime Juan? Mi fe de muerte...»]. (Fol. 236*v*).
89. *Soneto-Problema.* [«Quien le quita a esta vela que de lumbre...»]. (Folio 11*v*).
90. *Glosa.* [«Rendida al crudo fuego...»]. (Fols. 11*v*-116*v*).
91. *Glosa.* [«Rendido a su ventura...»]. (Fols. 60-61*v*).
92. *Soneto.* [«Rompase ya del alma el triste velo...»]. (Fol. 14).
93. *Soneto.* [«Salga fuera de mi el alma doliente...»]. (Fols. 261*v*-262).
94. *Soneto.* [«Salid vascosidades de mi pecho...»]. (Fol. 31).
95. *Oda al Psalmo 41 que empieça: Quemadmodum desiderat seruus* [*sic*]. [«Sed tiene el alma mia...»]. (Folios 8*v*-9*v*).
96. *Soneto.* [«Señora, hasta quando tal tormento...»]. (Fols. 93*v*-94).
97. *Soneto.* [«Señora no penseis que el no mirarme...»]. (Fol. 236).
98. *Oda.* [«Señora, tu aspereza...»]. (Fols. 265*v*-266).
99. *Soneto.* [«Si Acteon porque a Diana vido...»]. (Fols. 208-209*v*).
100. *Soneto.* [«Si el mirar dulce de Beatriz me mata...»]. (Fol. 78).
101. *Oda.* [«Si el pecador pensase...»]. (Fols. 31*v*-34).
102. *Soneto.* [«Si tu vista a de ser de mi apartada...»]. (Fols. 256*v*-257).
103. *Octauas á una partida.* [«Sobre

la uerde yerba recostado...»]. (Folios 101*v*-104).
104. *Soneto.* [«Sufriendo el coraçon passar podria...»]. (Fol. 252*v*).
105. *Soneto a la Ascension.* [«Las tardes casi todas acaesce...»]. (Fol. 10).
106. *Epistola.* [«Timbria, gloria y honor desta ribera...»]. (Fols. 118*v*-121).
107. *Soneto.* [«Todo se acaba y todo a de acabarse...»]. (Fol. 237).
108. *Soneto al Purgatorio.* [«Tormento alegre, gloriosa pena...»]. (Fol. 3).
109. *Soneto.* [«Tristes, humidos ojos, ayudadme...»]. (Fol. 216).
110. *Respuesta.* [«Tu carta recibi, que no deuiera...»]. (Fols. 97*v*-100).
111. *Soneto.* [«Venga el poder de mill emperadores...»]. (Fols. 14*v*-15).
112. *Soneto.* [«Vi que en un templo estaua contemplando...»]. (Fol 14*v*).
113. *Soneto.* [«El viejo Adan auiendose dolido...»]. (Fols. 2*v*-3).
114. *Soneto.* [«Voyme, Señora, y no se por qual uia...»]. (Fols. 101-101*v*).
115. *Soneto.* [«Ya tengo de suspiros lleno el uiento...»]. (Fols. 252-252*v*).
116. *Estancia.* [«Ya Venus se uistio de arnés y malla...»]. (Fol. 169*v*).
117. *Soneto.* [«Yo no contrasto á Amor, ni el me combate...»]. (Folio 105).
—Acuña, Fernando de.
118. *Oda.* [«Si Apollo tanta gracia...»]. (Fols. 90-92*v*).
—Alcaçar, Baltasar del.
119. *Epistola a modo de enfados, hecha en nombre de cierta dama.* [«Venida soy Señor considerada...»]. (Folios 12-13).
—Azebedo, Maestro.
120. *Soneto.* [«Estauasse en la mente soberana...»]. (Fol. 66*v*).
121. *Soneto del mesmo.* [«La fuerça del Amor fue tan estraña...»]. (Folio 6*v*).
122. *Soneto del mesmo.* [«La uida se nos passa, el tiempo vuela...»]. (Folio 4*v*).
123. *Soneto.* [«O Crucifixo mio, que es aquesto?...»]. (Fols. 3*v*-4).
124. *Soneto.* [«Por donde podre entrarte a mas provecho...»]. (Fol. 4).
—Carrion.
125. *Soneto.* [«Quando estauan mis ojos contemplando...»]. (Fols. 78-78*v*).
—Cetina.
126. *Soneto del mesmo.* [«Alma del alma mia, ardor mas uiuo...»]. (Folios 39*v*-40).
127. *Epístola del mesmo.* [«Alma del alma mía, ya es llegada...»]. (Fols. 41*v*-43*v*).
128. *Octauas en nombre de una dama.* [«Alma que a mi vivir sola da vida...»]. (Fols. 254*v*-255*v*).
129. *Soneto del mesmo.* [«Amor de donde nace un tan gran miedo?...»]. (Fol. 255*v*).
130. *Soneto.* [«Amor me tira y casi a buelo lleua...»]. (Fol. 116*v*).
131. *Soneto del mesmo.* [«Amor si por amar se aquista...»]. (Folios 40-40*v*).
132. *Soneto del mesmo.* [«Como al que graue mal tiene doliente...»]. (Folios 138*v*-139).
133. *Soneto del mesmo.* [«Como al pastor en la ardiente hora estiua...»]. (Fol. 206).
134. *Soneto del mesmo.* [«Con ansia que del alma le salia...»]. (Fol. 135).
135. *Soneto del mesmo.* [«Con aquel recelar que Amor nos muestra...»]. (Fols. 59-59*v*).
136. *Soneto del mesmo.* [«Con gran curiosidad, con gran cuidado...»]. (Folios 63-63*v*).
137. *Soneto.* [«Corre con tempestad furiosa y fuerte...»]. (Fol. 77*v*).
138. *Soneto.* [«Cosa es cierta, Señora, y muy sabida...»]. (Fols. 148*v*-149).
139. *Soneto del mesmo.* [«Cruel y uenturosa geluzia...»]. (Fol. 172).
140. *Madrigal.* [«Cubrir los bellos ojos...»]. (Fols. 56-56*v*).
141. *Soneto.* [«Dama, tan clara en uos Amor me muestra...»]. (Fol. 217).
142. *Soneto del mesmo.* [«De error en error, de daño en daño...»]. (Folio 62*v*).
143. *Soneto.* [«De la incierta salud desconfiado...»]. (Fol. 253).
144. *Soneto.* [«De sola religion vana mouido...»]. (Fols. 138-138*v*).
145. *Soneto del mesmo.* [«Dichosso dessear, dichosa pena...»]. (Fol. 783*v*).
146. *Respuesta a Don Heronimo de Urrea.* [«El dulce canto de tu lira Iberio...»]. (Fols. 143-147).
147. *Soneto del mesmo.* [«Dulce, sabrosa, cristalina fuente...»]. (Fols. 244*v*-245).
148. *Soneto del mesmo.* [«En qual region, en qual parte del suelo...»]. (Folio 134*v*).

149. *Soneto del mesmo.* [«Entre armas, guerra, fuego, ira y furores...»]. (Fol. 110).
150. *Cancion.* [«Guardando su ganado...»]. (Fols. 106*v*-109*v*).
151. *Soneto del mesmo.* [«Hiere el puerco montés, cerdoso y fiero...»]. (Fols. 171-171*v*).
152. *Soneto.* [«Huyendo va la trabajosa uida...»]. (Fols. 239-239*v*).
153. *Soneto.* [«Leandro que de amor en fuego ardia...»]. (Fol. 59).
154. *Octavas.* [«Leuanta o musa el soñoliento estilo...»]. (Fols. 149*v*-152).
155. *Soneto.* [«Luz destos ojos tristes que solia...»]. (Fol. 228*v*).
156. *Soneto del mesmo.* [«Llorando uiuo, y si en el fiero pecho...»]. (Folios 231-231*v*).
157. *Soneto del mesmo.* [«Mientras con gran terror por cada parte...»]. (Fols. 205*v*-206).
158. *Soneto del mesmo.* [«Mientras el fiero leon, fogoso, ardiente...»]. (Folios 133*v*-134).
159. *Soneto del mesmo.* [«Mientras en mi la esperança florecia...»]. (Folios 88*v*-89).
160. *Soneto del mesmo.* [«Mientras por alegrarme el sol mostraua...»]. (Folios 172-172*v*).
161. *Soneto del mesmo.* [«Mientras que de sus canes rodeado...»]. (Folios 253-253*v*).
162. *Soneto del mesmo.* [«Mientras las tiernas alas pequeñuelo...»]. (Folios 206-206*v*).
163. *Soneto del mesmo.* [«Ni por mostrarse blanda ni piadosa...»]. (Folio 239*v*).
164. *Soneto del mesmo.* [«No hallo ya en el mal inconueniente...»]. (Folio 111).
165. *Soneto del mesmo.* [«No tenga yo jamas contentamiento...»]. (Folio 206*v*).
166. *Soneto del mesmo.* [«Un nueuo sol ui yo en humano gesto...»]. (Folios 40*v*-41).
167. *Soneto del mesmo.* [«O passos tan sin fruto derramados...»]. (Folio 207).
168. *Madrigal.* [«Ojos claros, serenos...»]. (Fol. 131*v*).
169. *Soneto del mesmo.* [«Ojos, ojos, soys uos? no soys uos ojos...»]. (Folios 88-88*v*).
170. *Soneto de el mesmo.* [«Ojos, rayos del sol, luzes del cielo...»]. (Folio 111*v*).
171. *Soneto del mesmo.* [«Padre Occeano que del bel Tirreno...»]. (Fol. 256).
172. *Soneto del mesmo.* [«Para justificarme en mi porfia...»]. (Fol. 40).
173. *Soneto del mesmo.* [«Pinzel diuino, venturosa mano...»]. (Fols. 89*v*-90).
174. *Soneto.* [«Por el airado mar a la uentura...»]. (Fol. 246).
175. *Soneto del mesmo.* [«Por esta cruz, por esta bella mano...»]. (Folio 63).
176. *Soneto.* [«Por una alta montaña trabaxando...»]. (Fols. 168*v*-169).
177. *Soneto.* [«Por uos ardi Señora y por uos ardo...»]. (Fols. 39-39*v*).
178. *Soneto.* [«Pues todauia quereis ir mis suspiros...»]. (Fols. 72-72*v*).
179. *Soneto.* [«Qual fiera tempestad, qual accidente...»]. (Fols. 121*v*-122).
180. *Soneto del mesmo.* [«Qual la donzella hermosa y delicada...»]. (Folio 88*v*).
181. *Soneto.* [«Quando a escriuir de uos el alma mia...»]. (Fol. 264*v*).
182. *Soneto.* [«Quando del graue golpe es ofendido...»]. (Fol. 244*v*).
183. *Soneto.* [«Quien tanto de su propio mal se agrada...»]. (Fol. 73*v*).
184. *Elegia.* [«Si aquel dolor que da a sentir la muerte...»]. (Fols. 169*v*-171).
185. *Soneto del mesmo.* [«Si asi durase el sol sereno quanto...»]. (Folios 41-41*v*).
186. *Estancia.* [«Si bastasen las lagrimas y el llanto...»]. (Fol. 86*v*).
187. *Soneto del mesmo.* [«Si con cient ojos como el pastor Argo...»]. (Fols. 62-62*v*).
188. *Soneto del mesmo.* [«Si de Roma el ardor, si el de Sagunto...»]. (Folio 261).
189. *Soneto del mesmo.* [«Si de una piedra fria enamorado...»]. (Fols. 134-134*v*).
190. *Soneto del mesmo.* [«Si el celeste pintor no se estremara...»]. (Folios 110-110*v*).
191. *Soneto.* [«Si es verdad como esta determinado...»]. (Fol. 133).
192. *Soneto.* [«Si jamas el morir se prouo en uida...»]. (Fols. 94-94*v*).
193. *Estancia de..., glosando un verso de Petrarcha.* [«Si me falta al ualor de mereceros...»]. (Fol. 123).

194. *Soneto del mesmo.* [«Siendo de uestro bien, ojos ausentes...»]. (Folio 109*v*).
195. *Soneto.* [«Sigue a la obscura noche el claro dia...»]. (Fols. 61*v*-62).
196. *Soneto.* [«Sino socorre amor la fragil naue...»]. (Fol. 231).
197. *Cancion.* [«Sobre las ondas del diuino... ono...»]. (Fols. 200-205*v*).
198. *Soneto del mesmo.* [«Solia cantar de amor dulces clamores...»]. (Folio 89-89*v*).
199. *Soneto del mesmo.* [«Tan alta al dessear hallo la uia...»]. (Fols. 226*v*-227).
200. *Soneto del mesmo.* [«Tanto espacio de tierra y tan gran seno...»]. (Fols. 110*v*-111).
201. *Soneto del mesmo.* [«Temia hasta aqui de entristecerme...»]. (Fol 71*v*).
202. *Soneto.* [«Tieneme en duda Amor (por mas tormento)...»]. (Fols. 87*v*-88).
203. *Soneto del mesmo.* [«Tieneme ya el dolor tan lastimado...»]. (Folio 133*v*).
204. *Soneto del mesmo.* [«Venturoso ventalle a quien ha dado...»]. (Folios 172*v*-173).
205. *Soneto.* [«La vibora cruel (segun se escriue)...»]. (Fol. 260*v*).
206. *Octauas a Don Jheronimo de Urrea.* [«Vos en quien del Parnaso el sacro estilo...»]. (Fol. 72*v*).
207. *Respuesta... a Baltasar de Leon.* [«Vuestra carta, Señor, he recibido...»]. (Fols. 222-226*v*).
208. *Soneto del mesmo.* [«Ya mis males se uan casi acauando...»]. (Folios 205-205*v*).
209. *Soneto.* [«Yo me ui de fauor puesto tan alto...»]. (Fol. 183).
—Cortes, Martin.
210. *Octauas.* [«De amor y de fortuna despreciado...»]. (Fols. 123-124*v*).
—Cueua, Jhoan de la.
211. *Soneto.* [«A despecho de Amor siguo un camino...»]. (Fols. 209-209*v*).
212. *Soneto.* [«Amor de inuidia de mi buena suerte...»]. (Fol. 86).
213. *Soneto.* [«An uisto los que uiuen en la tierra...»]. (Fols. 122-122*v*).
214. *Soneto del mesmo.* [«Cantando Orpheo con dorada lira...»]. (Fol. 44*v*).
215. *Soneto del mesmo.* [«Cubrio una obscura nuue el dia sereno...»]. (Folio 45*v*).
216. *Madrigal del mesmo.* [«Dexad de ser crueles, bellos ojos...»]. (Folio 106).
217. *Soneto.* [«Dexo subir tan alto mi desseo...»]. (Fols. 43*v*-44).
218. *Soneto del mesmo.* [«Doy muestras de plazer quando mas peno...»]. (Fol. 45).
219. *Soneto del mesmo.* [«Dulces regalos de la pena mia...»]. Fol. 126*v*).
220. *Soneto.* [«Un encendido amor de un amor puro...»]. (Fol. 126).
221. *Oda del mesmo.* [«El espacioso dia...»]. (Fols. 241*v*-244*v*).
222. *Soneto.* [«El fiero Dios de Amor maldito sea...»]. (Fol. 37*v*).
223. *Soneto del mesmo.* [«Huygo de ueros triste y enojada...»]. (Fol. 44).
224. *Soneto.* [«Yra tengo de mi porque a despecho...»]. (Fol. 175*v*).
225. *Madrigal.* [«Los lazos de oro sueltos...»]. (Fol. 185).
226. *Madrigal.* [«Libre de mi cuidado...»]. (Fols. 231*v*-232).
227. *Soneto.* [«Lleua de gente en gente amor mi canto...»]. (Fols. 71-71*v*).
228. *Soneto.* [«Lleuame mi deseo a aquella parte...»]. (Fols. 198*v*-199) .
229. *Soneto del mesmo.* [«Miro Señora mia el edificio...»]. (Fols. 44*v*-45).
230. *Soneto.* [«No esta en partir mudarse el amor mio...»]. (Fols. 263*v*-264).
231. *Sextina.* [«No quiero habitar mas aqueste bosque...»]. (Fols. 86-87*v*).
232. *Soneto.* [«Ojos que sois del fuego mio instrumento...»]. (Fol. 230*v*).
233. *Oda.* [«Poco puede mi llanto...»]. (Fols. 210*v*-215).
234. *Soneto del mesmo.* [«Quando absente me hallo de mi gloria...»]. (Folios 264-264*v*).
235. *Soneto.* [«Quando ardia en mi un juuenil brio...»]. (Fol. 105*v*).
236. *Soneto del mesmo.* [«Quando en mi alma represento y miro...»]. (Folio 199).
237. *Soneto.* [«Quando veo los lazos de oro sueltos...»]. (Fol. 254).
238. *Soneto del mesmo.* [«Recojome comigo a uer si puedo...»]. (Fols. 105*v*-106).
239. *Elegia.* [«Robo mi alma un coraçon altivo...»]. (Fols. 56*v*-57*v*).
240. *Soneto.* [«Sileno del Amor se esta quexando...»]. (Fols. 200-200*v*).
241. *Soneto del mesmo.* [«Tantas mu-

danças veo en el bien mio...»]. (Folio 241).
242. *Soneto.* [«Texio una red Amor de un subtil hilo...»]. (Folios 240*v*-241).
—Cuevas.
243. *Soneto.* [«Amor se mueue en qualquier parte ó caso...»]. (Fols. 121-121*v*).
244. *Soneto de... a una dama llamada Nieues.* [«Ay blanca nieue, y como me as robado...»]. (Fols. 153-153*v*).
245. *Cancion de... á un papel el qual le arrojó una dama ,y viendolo blanco, escriuio en él ciertas coplas, y se le volvió a embiar, y la dama no lo quiso boluer a recibir, antes lo echo por ay, y desto se querella.* [«Cayo un papel, no se si fue del cielo...»]. (Fols. 126*v*-129*v*).
246. *Soneto.* [«Mata el amor porque la muerte airada...»]. (Fols. 74*v*-75).
247. *Soneto.* [«Tieneme el agua de los ojos ciego...»]. (Fol. 100*v*).
248. *Soneto.* [«Truxo Felino, ó alcanso de un nido...»]. (Fol. 118*v*).
249. *Soneto.* [«Vido a Tirena descubierto el pecho...»]. (Fols. 136*v*-137).
—Damacio [= Damasio Frías].
250. *Cancion.* [«Riberas de Pisuerga apacentaua...»]. (Fols. 155-162).
251. *Cancion del mismo, en que prosigue la passada.* [«Sobre la flaca mano...»]. (Fols. 162-167*v*).
—Dueñas, Licenciado.
252. *Soneto del mesmo.* [«A lo que saben Celia los panales...»]. (Fols. 125-125*v*).
253. *Canción a los celos.* [«De miedo y de recelo...»]. (Fols. 257*v*-260*v*).
254. *Soneto.* [«Del alto tronco de mis pensamientos...»]. (Fol. 122).
255. *Soneto.* [«Es imposible do se esmero el cielo...»]. (Fol. 184*v*).
256. *Cancion al nascimiento de Nuestra S.ª* [«Festejen suelo y cielo...»]. Fols. 1-2*v*).
257. *Soneto.* [«Hermosa Celia, ya ha querido el cielo...»]. (Fol. 138).
258. *Soneto a Sanct Johan Baptista.* [«Jhoan en naciendo uos nacio el consuelo...»]. (Fols. 21*v*).
259. *Soneto.* [«Nace ya, nace o Sol resplandeciente...»]. (Fol. 125).
260. *Soneto.* [«El Phenix aue sola en el oriente...»]. (Fol. 199*v*).
261. *Soneto.* [«Quando naciere el sol en el poniente...»]. Fols. 215*v*-216).
262. *Soneto del mesmo al mesmo.* [«Quanto a cosa mortal darse podia...»]. (Fol. 22).
263. *Soneto.* [«Que cosa son los celos? —Mal rauioso...»]. (Fols. 235*v*-236).
264. *Soneto del mesmo.* [«Si alegra el rostro de la primavera...»]. (Folios 125*v*-126).
265. *Octauas a un verso que dize: Dichosa el alma que por uos suspira.* [«Si por uestra diuina hermosura...»]. (Fol. 229).
266. *Soneto del mesmo.* [«Videme en una hermosa praderia...»]. (Fols. 199*v*-200).
267. *Octauas al nacimiento de Nuestra Señora.* [«Virgen cuio diuino nacimiento...»]. (Fols. 19*v*-20*v*).
—Farfan, Jhoan.
268. *Soneto.* [«Gorda, flaca, cornuda y enceuada...»]. (Fol. 257*v*).
—Figueroa, Francisco de.
269. *Soneto.* [«Alma real, milagro de natura...»]. (Fol. 154).
270. *Fabula de Narciso en estancias.* [«Aquel que del Cephiso fue engendrado...»]. (Fols. 185-198).
271. *Canción.* [«Sale el aurora de su fertil manto...»]. (Fols. 75*v*-77*v*).
272. *Octauas.* [«Sobre neuados riscos leuantado...»]. (Fols. 45-49*v*).
273. *Cancion.* [«Yo uiuo aunque muriendo a mi despecho...»]. (Fols. 232-235*v*).
—Gandía, Duque de.
274. *Soneto.* [«Mi limpia voluntad he ofrecido...»]. (Fol. 93*v*).
—Gonçales, Hernan.
275. *Glossa.* [«Espiritu del cielo...»]. (Fols. 173*v*-175).
276. *Soneto.* [«Coluna de cristal, dorado techo...»]. (Fol. 173).
277. *Soneto.* [«Los lazos de oro fino y red de amores...»]. (Fol. 118).
—Guzman, Pedro de.
278. *Soneto.* [«Donde se van los ojos que traian...»]. (Fols. 85-85*v*).
279. *Soneto.* [«O alma que en mi alma puedes tanto...»]. (Fol. 176).
—Herrera, Hernando de.
280. *Soneto.* [«Aura templada y fresca de occidente...»]. (Fols. 124*v*).
281. *Soneto.* [«Destas doradas hebras fué texida...»]. (Fols. 104*v*-105).
282. *Soneto.* [«Lazos subtiles lazos exparcidos...»]. (Fol. 100).

283. *Elegia.* [«O suspiros, o lagrimas hermosas...»]. (Fols. 131*v*-133).
284. *Soneto del mesmo.* [«El oro crespo al aura desparzido...»]. (Fols. 112*v*-113).
285. *Elegia.* [«Tal alta magestad, tanta grandeza...»]. (Fols. 111*v*-112*v*).
—Herrera, Jheronimo de (o Hieronimo).
286. *Soneto.* [«Al dulce murmurar del hondo rio...»]. (Fol. 130).
287. *Soneto del mismo.* [«Ardo yo en fuego eterno, yelo en frio...»]. (Folios 130-130*v*).
288. *Soneto del mesmo.* [«Bello rostro vestido de crueza...»]. (Fols. 230-230*v*).
289. *Soneto.* [«Bethis que al sacro occeano estendido...»]. (Folios 229*v*-230).
290. *Elegia.* [«Desde que sale Cinthia blanca y fria...»]. (Fols. 238-239).
291. *Elegia.* [«Suspiros mios tristes y cansados...»]. (Fols. 262*v*-263).
—Herrera, Jhoan de.
293. *Octauas en loor de Nra. Sra.* [«No vieramos el rostro al Padre Eterno...»]. (Fols. 5-6).
—Irançо, Jhoan.
293. *Elegia de..., estando en lo último de la vida.* [«Mis cueros y mis huessos se an juntado...»]. (Fols. 15*v*-17*v*).
294. *Soneto.* [«Si alguno de herida muerto a sido...»]. (Fols. 149-149*v*).
—Lagareo (?).
295. *Soneto.* [«Una abeja hirio en la blanca mano...»]. (Fol. 210).
296. *Soneto.* [«Naturaleza estaua deseosa...»]. (Fols. 215-215*v*).
—León, Baltasar de.
297. *Epistola a Cetina.* [«Si daros quanto puedo siendo el daros...»]. (Folios 217*v*-222).
—Malara, Maestro.
298. *Soneto del mesmo a lo mesmo.* [«Al trasponer del sol diuino estaua...»]. (Fols. 25-26*v*).
299. *Soneto del mesmo a Sant Jhoan Baptista.* [«Antes que el sol diuino apareciesse...»]. (Fol. 25*v*).
300. *Soneto del mesmo a lo mesmo* [«Bendito sea el dia, el mes, el año...»]. (Fol. 26).
301. *Soneto a Sant Jhoan Euangelista.* [«Quien me dará ser Phenix en la uida...»]. (Fols. 24*v*-25).
302. *Soneto.* [«Sancto Spiritu, vida de mi vida...»]. (Fols. 18-18*v*).
303. *Soneto.* [«Suauissimo pan que desde el çielo...»]. (Fols. 22-22*v*).
—Mendoza, Diego de.
304. *Soneto.* [«Alço los ojos de llorar cansados...»]. (Fol. 240).
305. *Soneto.* [«Ame traido Amor a tal partido...»]. (Fols. 50-50*v*).
306. *Soneto.* [«Amor, amor me ha un abito uestido...»]. (Fols. 245-245*v*).
307. *Soneto del mesmo.* [«Ahora en la dulce ciencia embebecido...»]. (Folios 54*v*-55).
308. *Soneto.* [«Buelue el cielo y el tiempo huie y calla...»]. (Fol. 54*v*).
309. *Soneto.* [«Como el hombre que huelga de soñar...»]. (Fols. 57*v*-58).
310. *Soneto de Mes... a.* [«Como el triste que a muerte es condenado...»]. (Fols. 176*v*-177).
311. *Soneto.* [«Dias cansados, duras horas tristes...»]. (Fol. 51).
312. *Epistola a Don Simon de Siluera.* [«Doña Guiomar Enriquez sea loada...»]. (Fols. 177*v*-183).
313. *Soneto del mesmo á Doña Marina de Aragon.* [«En la fuente mas clara y apartada...»]. (Fols. 55-55*v*).
314. *Soneto del mesmo.* [«Gasto en males la vida y amor crece...»]. (Folio 55*v*).
315. *Estancia.* [«Hermosa Daphnes tu que conuertida...»]. (Fols. 246-246*v*).
316. *Soneto.* [«El hombre que doliente esta de muerte...»]. (Fol. 227).
317. *Soneto.* [«Ora en la dulce ciencia embebecido...»]. (Fol. 71).
318. *Soneto del mesmo a una parra que cubria una ventana.* [«Planta enemiga al mundo y aun al cielo...»]. (Fol. 227*v*).
319. *Octaua del mesmo al mesmo retrato.* [«Quando fuiste, Señora, retraida...»]. (Fol. 51*v*).
320. *Soneto del mesmo.* [«Quando las gentes van todas buscando...»]. (Folios 245*v*-246).
321. *Soneto.* [«Si fuese muerto ya mi pensamiento...»]. (Fols. 183*v*-184).
322. *Elegia de D.º M. á la muerte de Doña Marina de Aragon.* [«Si no puede razon ó entendimiento...»]. (Folios 79*v*-84*v*).
323. *Epistola a D. Diego Lasso de Castilla.* [«Tal edad ay del tiempo endurecida...»]. (Fols. 64-70).
324. *Soneto del mesmo.* [«Tiempo ui

yo que amor puso un deseo...»]. (Folios 70-70*v*).
325. *Soneto.* [«Traeme amor de pensamientos uanos...»]. (Fols. 176-176*v*).
326. *Soneto á un retrato.* [«Tu gracia, tu valor, tu hermosura...»]. (Folios 51-51*v*).
—Navarro.
327. *Soneto.* [«Con tiempo pasa el año, mes y hora...»]. (Fol. 216*v*).
328. *Soneto.* [«Contentate, leona endurecida...»]. (Fol. 137*v*).
—Ribera, Jhoan Luis de.
329. *Soneto.* [«Jamas mi corazon fue temeroso...»]. (Fols. 117-117*v*).
—Samano, Carlos de.
330. *Oda.* [«Ay uanas confianças...»]. (Fols. 135-136*v*).
—Silvestre. (Es Gregorio Silvestre).
331. *Soneto al Sancto Sacramento.* [«De donde venis Alto? del altura...»]. (Fol. 7).
332. *Soneto.* [«De reluzientes armas la hermosa...»]. (Fols. 169-169*v*).
333. *Soneto.* [«Del cielo desindio vuestra figura...»]. (Fol 56).
334. *Soneto.* [«Ymagen celestial, rostro diuino...»]. (Fol. 131).
335. *Soneto.* [«Madeixa de oro fino marañada...»]. (Fols. 58-58*v*).
336. *Soneto.* [«Señora, si jamás pensé ofenderos...»]. (Fol. 50*v*).
—Terrazas. (Es Francisco de Terrazas).
337. *Soneto.* [«Ay vasas de marfil, uiuo edificio...»]. (Fol. 175).
338. *Soneto.* [«Dexad las hebras de oro ensortijado...»]. (Fols. 73*v*-74).
339. *Soneto a una dama que despauilo una vela con los dedos.* [«El que es de algun peligro escarmentado...»]. (Fols. 227*v*-228).
340. *Soneto.* [«Royendo estan dos cabras de un nudoso...»]. (Fols. 236*v*-237).
341. *Soneto.* [«Soñé que de una peña me arrojaua...»]. (Fols. 117*v*-118).
—Urrea, Jheronimo de.
342. *Respuestas a las octauas de Cetina; que dicen: Vos en quien del Parnaso el sacro estilo.* [«Quien de aquel monte la mas alta punta...»]. (Fol. 73).
343. *Mote.* [«Sobre qual mas me ofenda...»]. (Fol. 75*v*).
344. *Epistola a Cetina.* [«Vandalio, a quien virtud siempre acompaña...»]. (Fols. 139-143).
—Vadillo.
345. *Soneto.* [«Aqui al uiuo se ve el sagrado choro...»]. (Fol. 70*v*).
346. *Soneto de el mesmo.* [«Aqui Dorida yaze, todo el choro...»]. (Folio 168).
347. *Soneto del mesmo.* [«Arde de mi la mas illustre parte...»]. (Folios 147*v*-148).
348. *Cancion.* [«Guardaua una pastora congoxosa...»]. (Fols. 52-54).
349. *Madrigal.* [«Halle tras largo tiempo menos dura...»]. (Fol. 102).
350. *Soneto del mesmo.* [«Hermosos ojos cuia luz tan clara...»]. (Fol. 168*v*).
351. *Soneto.* [«Llorad, ojos ausentes, llorad tanto...»]. (Fol. 148*v*).
352. *Soneto.* [«Mientras la fuerça de mi desuentura...»]. (Fols. 147-147*v*).
353. *Soneto.* [«Mill vezes he tratado de hallaros...»]. (Fol. 209*v*).
354. *Soneto* [«O de rara uirtud y beldad rara...»]. (Fols. 167*v*-168).
355. *Soneto.* [«Qual en Alpina cumbre hermosa planta...»]. (Fols. 71*v*-72).
356. *Soneto.* [«Qual sale por Abril la blanca aurora...»]. (Fols. 122*v*-123).
—Vergara.
357. *Soneto.* [«Cabellos rubios, puros lazos bellos...»]. (Fol. 184).
358. *Soneto del mesmo.* [«O pura honestidad, pura belleza...»]. (Folios 154*v*-155).
359. *Soneto.* [«Saber de mi y aun trasladar pintura...»]. (Fol. 154*v*).

ESTUDIOS

108

ROSALDO, RENATO. *«Flores de Baria Poesía». Estudio de un Cancionero inédito mexicano de 1577.* (En *Abside,* año XV, Méjico, 1951, págs. 373-96, 523-50).

18) DE FLORENCIA

CODICES

109

[*Var. poesie spagnuole copiate da Monsignor Girolamo da Sommaria*].

Letra del s. XVII. 4.°
Sumario, según Rennert:

1. Góngora. *Poesías.* (Pág. 1).
2. Góngora. *Parafrasis en verso español de varias odas de Horacio.* (Páginas 191-96).
3. Góngora. *Romance de la entrada de los Reyes D. Phelipe...* (Pág. 97).
4. Góngora. *A Lope de Vega.* (Página 13).
5. Góngora. *A la entrada de la Duquesa de Lerma.* (Pág. 15).
6. Góngora. *A Don Diego de Mendoza.* (Pág. 16).
7. El Conde de Salinas. *Soneto.* (Página 30).
8. Fr. Luis de León. *Poesías.* (Páginas 50 y 177).
9. *Romance sobre Don Alvaro de Luna.* [«Aquella Luna hermosa...»]. (Pág. 101).
10. El Frayle Benito. *Coplas.* [«Solamente en los fregones...»]. (Pág. 241).
11. Lope de Vega. *Poesías.* (Página 298).
12. Hussein, embajador de Persia. *Poesías españolas.* (Págs. 299 y 303).
13. El P. Controverde. *Son en muerte de D. Phelipe II.* (Pág. 318).
14. *Elegía de Ovidio, traducida por el Vicentino.* (Pág. 319).

V. Rennert, *Two Spanish manuscript Cancioneros,* cols. 389-91.

FLORENCIA. *Nazionale.* D.353.

110

[*Poesie spagnuole copiate da Arnaldo cameriere di Monsig. Girol. da Sommaria*].

Letra del s. XVII. 4.°
Sumario, según Rennert:

1. *Obras de Diego de Mendoça.* (Folios 1-228).
2. *Obras del Frayle Benito.* (Folios 232-348).
3. *Obras de Fray Luis de León.* (Folios 350 al fín).

V. Rennert, ídem., cols. 391-92.

Ejemplares:

FLORENCIA. *Nazionale.* D.354.

ESTUDIOS

111

RENNERT, HUGO A. *Two Spanish manuscript Cancioneros.* (En *Modern Language Notes,* X, Baltimore, 1895, cols. 389-92).

19) DE GALANES

EDICIONES

112

CANCIONERO de galanes... nuevamente impresso en el qual se contienen muchos romances y glosas; y muchas canciones; Villancicos; chistes y cantares para baylar, dançar y tañer. [s. l. ¿Medina del Campo? s. i.]. [s. a. ¿1540?]. 4.° gót.

Ejemplares:

LONDRES. *British Museum.* 1072.g.20 (10).

20) DE GALLARDO

V. *B. L. H.,* III, n.° 2.251-52.

21) GENERAL

V. *B. L. H.,* III, n.° 2.253-66.

22) DE GINEVRA BENTIVOGLIO

CODICES

113

«Dell Illma. Sigra. la Sigra. Geneuera Bentiuogli. Lib.° de diuerse Canzoni spagnuole et italiane Composte dal Sor M. Illtre. el Señor D. Giacomo Pompilio de Cardona...».

1. [«Yo solo soy a quien falta uentura...»]. (Pág. 1).
2. [«Hirme quiero madre...»]. (Página 3).
3. [«Ay enemigo amor, enemigo...»]. (Pág. 5).
4. [«Dura pensamiento...»]. (Pág. 7).
5. [«Ay corazón marmoreo en pecho armido...»]. (Pág. 9).
6. [«Lo que me quise me quise me tengo...»]. (Pág. 11).
7. [«Gasto la uida seruiendo...»]. (Página 14).

8. [«Se con tanto oluido...»]. (Página 16).
9. [«Don Pintado a la ventana...»]. (Pág. 17).
10. [«Quando salen de l'alba...»]. (Página 18).
11. [«De mis tormientos y enojos...»]. (Pág. 20).
12. [«En su balcon una dama...»]. (Pág. 22).
13. [«Ben mi uedrai ben mio misero amante...»]. (Pág. 25).
14. [«El gatto d'Anton Pintado...»]. (Pág. 27).
15. [«Con son dingile dingilin dayna...»]. (Pág. 29).
16-19. En italiano.
20. [«[Ah] las señoras hermosas...»]. (Pág. 38).

ESTUDIOS

114

RESTORI, ANTONIO. *Poesie spagnole appartenute a donna Ginevra Bentivoglio.* (En *Homenaje á Menéndez y Pelayo.* Tomo II. Madrid. 1899. Págs. 455-85).

23) LABERINTO AMOROSO

115

LABERINTO amoroso de los mejores, y mas nueuos Romances, que hasta aqui ayan salido a luz. Con las mas curiosas Letrillas de quantas se han cantado. Sacados de los proprios originales por el Licenciado Iuan de Chen. Barcelona. Sebastian de Cormellas. 1618.

1. *Romance.* [«Diuinos ojos hermosos...»].
2. *Romance.* [«Ojos, pues teneys licencia...»].
3. *Romance.* [«A la hermosissima Cinthia...»].
4. *Redondillas.* [«Ojos, cuyas luzes bellas...»].
5. *Letrilla.* [«El cielo me falte...»].
6. *Letrilla.* [«Por llegar a tu torre...»].
7. *Romance.* [«Agradecido pastor...»].
8. *Romance.* [«Esperanças de Cardeña...»].
9. *Romance.* [«Por la puente Iuana...»].
10. *Letrilla.* [«Son tus ojos niña...»].
11. *Letrilla.* [«Si sus ojos bellos...»].
12. *Romance.* [«Echate moço...»].
13. *Romance.* [«Donde vays mi pensamiento...»].
14. *Romance.* [«Dezidle vos noche obscura...»].
15. *Letrilla.* [«Frescos ayrezitos...»].
16. *Letrilla.* [«Romerito florido...»].
17. *Liras.* [«En el campo florido...»].
18. *Romance.* [«Campo inutil de pizarras...»].
19. *Romance.* [«Los pedaços de un retrato...»].
20. *Romance.* [«Sobre las blancas espumas...»].
21. *Romance.* [«Al humilde Mançanares...»].
22. *Letrilla.* [«No las temo madre...»].
23. *Letrilla.* [«Como retumban las palas...»].
24. *Romance.* [«Estaua la noche...»].
25. *Romance.* [«Los pastores de Segura...»].
26. *Letrilla.* [«Si quereys que os enrame la puerta...»].
27. *Romance.* [«Señora, ya estoy cansado...»].
28. *Romance.* [«Con la luz del alua hermosa...»].
29. *Respuesta.* [«Cessad estrellas del cielo...»].
30. *Letrilla.* [«Assomóse la niña...»].
31. *Letrilla.* [«Verde primauera...»].
32. *Letrilla.* [«Luzen mas tus ojos...»].
33. *Romance.* [«Para contarte mis ansias...»].
34. *Romance.* [«Agora estarás contenta...»].
35. *Romance.* [«Segunda vez desterrado...»].
36. *Romance.* [«Amor absoluto Rey...»].
37. *Letrilla.* [«Galeritas de España...»].
38. *Letrilla.* [«Vanse mis amores...»].
39. *Liras.* [«Aqui lloró assentado...»].
40. *Romance.* [«Hermossima Dorida...»].
41. *Romance.* [«Del real de Mançanares...»].
42. *Romance.* [«El fuego que me consume...»].
43 .*Decimas.* [«Bien pensará quien me oyere...»].

44. *Letrilla.* [«Galeritas de España...»].
45. *Letrilla.* [«Madre, la mi madre...»].
46. *Romance.* [«Mirando estaua un retrato...»].
47. *Romance.* [«Vida de mi vida...»].
48. *Romance.* [«Yo soy Martiguelo...»].
49. *Romance.* [«La del escriuano...»].
50. *Letrilla.* [«Buelen mis pensamientos...»].
51. *Letrilla.* [«Viua contenta, y segura...»].
52. *Liras.* [«Despues que de tus ojos...»].
53. *Letrilla.* [«Mientras duerme mi niña...»].
54. *Letrilla.* [«Si aueys de matarme...»].
55. *Romance.* [«La bella Celia, que adora...»].
56. *Respuesta.* [«Dixole: Balued mañana...»].
57. *Letrilla.* [«Obras son amores...»].
58. *Romance.* [«Alegrate, noche obscura...»].
59. *Letrilla.* [«De los alamos...»].
60. *Liras.* [«Dulce bien, y tesoro...»].
61. *Redondillas.* [«Ha un buhonero empleado...»].
62. *Romance.* [«O que bonita que estás...»].
63. *Letrilla.* [«Una flecha de oro...»].
64. *Romance.* [«Serranas de Mançanares...»].
65. *Romance a vna viuda.* [«Viuda sola de marido...»].
66. *Romance.* [«La zagala mas hermosa...»].
67. *Letrilla.* [«Con el ayre de la sierra...»].
68. *Letrilla.* [«Romped pensamientos...».].
69. *Letrilla.* [«Mi zagala sus paños...»].
70. *Romance.* [«En los mas tristes solares...»].
71. *Letrilla.* [«Zagales discretos...»].
72. *Romance.* [«De unas enigmas que traygo...»].
73. *Letrilla.* [«Qve si soy morena...»].
74. *Romance.* [«Hagamos pazes Cupido...»].

116

——— [*Ed. de Vollmöller*]. (En *Romanische Forschungen*, VI, Erlangen, 1891, págs. 89-138).

24) DEL MARQUES DE SIETE IGLESIAS

CODICES

117

«Versos de diferentes ingenios a Don Rodrigo Calderón».

Letra de la primera mitad del s. XVII. 1 h. + 11 fols.

MADRID. *Academia de la Historia.* Col. Mateos Murillo, VII.

EDICIONES

118

CANCIONERO del Marqués de Siete Iglesias. Edición de A. Rodríguez Moñino. (En *El Criticón...* Badajoz, 1935, n.º 2, págs. 5-23).

119

——— (En sus *Cuoriosidades bibliográficas...* Madrid. 1946. Páginas 17-33).

1. *De Iuan Bautista Velez.* [«Humana execucion diuino juiçio...»]. (Página 21).
2. *De Luis de Gongora.* [«Ser pudiera tu pira leuantada...»].
3. *De Francisco Lopez de Çarate.* [«O tu que pasas sin mirar detente...»]. (Pág. 22).
4. *De Antonio Lopez de Vega.* [«Fuerça mayor a la fatal ruina...»].
5. *De incierto en nombre del cadahalso.* [«Hijo soi de una selua que florido...»]. (Págs. 22-23).
6. *Segundo de Luis de Gongora.* [«Sella el tronco sangriento no lo oprime...»]. (Pág. 23).
7. *De Juan de Alarcon.* [«Eterna pira no mortal oluido...»].
8. *De Francisco de la Cueba.* [«En breve espacio la soberuia yaçe...»]. (Página 24).
9. *De Juan de Jaurigui.* [«El que daua sepulcro a su talento...»].
10. *Del mismo.* [«En poluo leue este sepulchro ostenta...»]. (Pág. 25).
11. *Del Conde de Villa Mediana.* [«Este que en la fortuna mas crecida...»].
12. *De Alonso Puz Marin.* [«Aquel monstruo de poder...»].

13. *De Andrés de Mendoza.* [«Este tumulo este straño...»]. (Pág. 26).
14. *Otra del mismo.* [«Yaçe en esta piedra dura...»].
15. *De Juan Despaña.* [«Soy aquel dichoso a quien...»]. (Pág. 27).
16. *De Antonio de Mendoza.* [«Yace aqui la merecida...»].
17. *De Luis de Góngora.* [«Quanto el açero fatal...»].
18. *Liras de Lope de Vega.* [«Por los ultimos pasos de la vida...»]. (Páginas 27-29).
19. *Romance de Gabriel de Moncada.* [«Las uoces de un pregonero...»]. (Págs. 29-31).
20. *De Miguel Moreno.* [«Cante tu fortaleza...»]. (Págs. 31-33).

Ejemplares:

MADRID. *Nacional.* I.B.-17.230.

25) DE MEDINACELI

120

«Libro de tonos antiguos con sus letras».

Letra de fines del s. XVI. 208 hs. 307 × 215 mm.

V. Gallardo, *Ensayo,* I, n.º 1.223 («Este título he puesto de mi mano en el forro...»]; Querol, I, págs. 11-14.

Las composiciones castellanas, según Gallardo (que copia seis sonetos), son:

1. [«Amargas horas de los dulces días...»].
2. [«Amor andaba triste...»].
3. [«Amor ciego y atrevido...»].
4. [«Haste casado, Anilla...»].
5. [«Aquí me declaro...»].
6. [«¡Ay de mi sin ventura...»].
7. [«Acaba ya, zagala, de matarme...»].
8. [«Aquella fuerza grande...»].
9. [«A su albedrío y sin...»].
10. [«Ay soledad amarga...»].
11. [«A quien no matará...»].
12. [«Alegrate, Isabel...»].
13. [«Aquella voz de Cristo...»].
14. [«Ay Jesus, y que mal fraile...»].
15. [«Vuelve tus claros ojos...»].
16. [«Beatriz...»].
17. [«Volved el rostro angelico...»].
18. [«Claros y frescos rios...»].
19. [«Carillo si tu quisieres...»].
20. [«Clemente juraba a Tal...»].
21. [«Como por alto mar...»].
22. [«Corten espadas...»].
23. [«Cistalia una pastora enamorada...»].
24. [«Caballero si a Francia ides...»].
25. [«Di, perra mora...»].
26. [«Dulcisima Maria...»].
27. [«Descuidado del cuidado...»].
28. [«Di, Gil, ¿que siente Juana...»].
29. [«Deo gracias...»]. (En latín).
30. [«El grave mal que padezco...»].
31. [«En el campo me metí...»].
32. [«Esos tus claros ojos, Jeromilla...»].
33. [«Estábase Marfida contemplando...»].
34. [«Esclarecida Juana...»].
35. [«Frescos y claros rios...»].
36. [«Gasajoso esta Carillo...»].
37. [«Hermosa Catalina...»].
38. [«Y dice a tu pesar el...»].
39. [«Ilustre Silvia fértil y...»].
40. [«Lagrimas de mi consuelo...»].
41. [«Llaman a Teresica...»].
42. [«Llorad conmigo, pastores...»].
43. [«La rubia pastorcica de ojos bellos...»].
44. [«Lamentaciones...»].
45. [«Llamo a la muerte y con razon...»].
46. [«Mirame Miguel...»].
47. [«Manso viento...»].
48. [«Navego en hondo mar embravecido...»].
49. [«Ninfa gentil que enmedio la espesura...»].
50. [«Ojos claros serenos...»].
51. [«Ojos que ya no veis quien os miraba...»].
52. [«¡Oh mar, si el de mis ojos...»].
53. [«¡Oh mas dura que mármol a mis quejas...»].
54. [«Ojos hermosos amorosillos...»].
55. [«Oh dulce suspiro mio...»].
56. [«Puse mis amores...»].
57. [«Pues que no puedo olvidarte...»].
58. [«Pues para tu mal te prueba...»].
59. [«Por do comenzare mi triste llanto...»].
60. [«Prado verde y florido, fuentes claras...»].
61. [«¿Que se hizo, Juan, tu placer...»].
62. [«Quien me dijera Elisa...»].
63. [«Por ese mar de Helesponto...»].
64. [«A veintisiete de Marzo...»].

65. [«Rosales, mirtos, platanos y flores...»].
66. [«Ribera el sacro Darro...»].
67. [«Sabete, linda zagala...»].
68. [«Sobre una peña do la mar batía...»].
69. [«Siendo mio os di, pastora...»].
70. [«Socórreme, pastora...»].
71. [«Siendo de amor Susana requerida...»].
72. [«Ten cuenta amor...»].
73. [«Tu dulce canto, Silvia, me ha traido...»].
74. [«Tu me robaste el bien del alma mía...»].
75. [«Tu dorado cabello...»].
76. [«Viste, Gil, a mi zagala...»].

MADRID. *Particular del Duque de Medinaceli.* Mss. 13.230.

EDICIONES

121

CANCIONERO musical de la Casa de Medinaceli. (*Siglo XVI*). *I: Polifonía profana. Transcripción y estudio por Miguel Querol Gavaldá.* Barcelona. Consejo Superior de Investigaciones Científicas. [Casa Prov. de Caridad]. 1949-50. 2 vols., con música. 32 cm.

Ejemplares:

MADRID. *Consejo. Patronato «Menéndez y Pelayo».* E-1.761.

Fragmentarias

122

[*TONOS Castellanos... Edición de A. Paz y Melia*]. (En *Archivo y Biblioteca de la Casa de Medinaceli. Series de sus principales documentos. 2.ª: Bibliográfica.* Madrid. 1922. Págs. 139-59).

Reproduce de letra de algunos tonos y de todos los villancicos.

Ejemplares:

MADRID. *Consejo. General.—Nacional.* M.i.-100.

26) DE MODENA

CODICES

123

[*Odae aliquae hispanicae*].

Letra del s. XVII. 188 págs.
V. Aubrun, pág. 315.
MODENA. *Estense.* zQ8-21.

124

[*Odae aliquae carmina hispana*].

Letra del s. XVII. 86 págs. 240 × 180 milímetros.
V. Aubrun, págs. 315-16.
MODENA. *Estense.* xP6-22.

125

[*Carmina hispana*].

Letra del s. XVII. 190 págs. 232 × 175 mm.
V. Aubrun, pág. 316.
MODENA. *Estense.* aR6-4.

EDICIONES

126

CHANSONNIERS musicaux espagnols du XVIIe siècle. II: Les recueils du Modène. [*Par*] *Ch. V. Aubrun.* (En *Bulletin Hispanique*, LII, Burdeos, 1950, págs. 313-74).

Edita 60 canciones del primer códice, 2 del segundo y 2 del tercero.

1. [«Periquito y su vezina...»].
2. [«Quando el paxero canta...»].
3. [«Para todos hizo Dios...»].
4. [«Como nada el cisne, madre...»].
5. [«Tiros suenan y no es salua...»].
6. [«Pues embidian mis dichas...»].
7. [«Caldera adobar...»].
8. [«En tus bellos ojos ui...»].
9. [«Contra l'amor nada uale...»].
10. [«Donde hai poco mereçer...»].
11. [«Madre mya, un zagalillo...»].
12. [«Sy tantos alcones...»].
13. [«Una pastora hermosa...»].
14. [«Al bien de mi uida...»].
15. [Ahi como las esperanças...»].
16. [«Con esperanzas espero...»].
17. [«Eas señoras hermosas...»].
18. [«A toda ley madre mia...»].
19. [«A my gusto me acomodo...»]
20. [«Viua viua la graçia viua...»].

21. [«Acqua madona al foco...»].
22. [«Hasta fenecer la uida...»].
23. [«A la niña bonitta...»].
24. [«Quando yo me enamore...»].
25. [«Rio de Syuilla...»].
26. [«Dezid como puede ser...»].
27. [«Sy aquel de la uenda...»].
28. [«Ce çe mira que le digo...»].
29. [«Al arma al arma al arma...»].
30. [«Corre corre corre...»].
31. [«Viuan las damas y uiua el amor...»].
32. [«Ay que no oso...»].
33. [«Ir me quiero madre...»].
34. [«Con sauer que a Pero Anton...»].
35. [«Toquen y tannen estas campanas...»].
36. [«A una dama su amistad...»]
37. [«Caracol caracol caracol...»].
38. [«O que bien bayla Gil...»]..
39. [«Sy me picas picarte...»].
40. [«Ahi mi tiempo mal logrado...»].
41. [«Perder por uos la bida mi señora...»].
42. [«La mas linda niña...»].
43. Repetición de la 19.
44. [«Vaisos amores...»].
45. [«Dos damas hermosas bellas...»].
46. [«Son tus ojos niña...»].
47. [«Quien a tu ualor se iguale...»].
48. [«Una musica le dan...»].
49. [«No huyas morena...»].
50. [«Bien mereçes Señora...»].
51. [«Aqui lloro sentado...»].
52. [«Que no hay tal andar...»].
53. [«Arojome las naranjas...»].
54. [«A la zambaranbe curucucuruña mulu berna uala...»].
55. [«Naranjitas tira la niña...»].
56. [«Miraua la mar...»].
57. [«O si bolassen las horas...»].
58. [«Cupidillo se arroja...»].
59. [«Una flecha de oro...»].
60. [«A la villa pastor...»].
61. [«Vuestros ojos dama...»].
62. [«Si con tanto oluido...»].
63. [«Pues matays quando mirais...»].
64. [«Que os pareçe Anton...»].

27) MUSICAL

V. *B. L. H.*, III, n.º 2.289-93.

28) DE NAJERA

EDICIONES

127

CANCIONERO general de obras nuevas, nunca hasta aora impressas, assi por el arte española como por la toscana. Zaragoza. Esteban G. de Nágera. 1550.

Ejemplares:

WOLFENBÜTTEZ. *Ducal.*

128

——— [*Edición de A. Morel-Fatio*]. (En *L'Espagne au XVIe siècle*... Bonn. Georgi. 1878. Páginas 489-602).

Precedida de un estudio (págs. 489-500).

1. *Triumpho de Muerte, traduzido por Juan de Coloma.* [«Quantos triumphos adornaron...»].
2. *Glosa a Las tristes lágrimas mías.* [«Quando remedio sespera...»].
3. *Glosa a La bella mal maridada. Del mismo.* [«Hizoos de tan alto ser...»].
4. *Del mismo.* [«Las cosas menos tratadas...»].
5. *Otras.* [«Si oyesses mi mal, señora...»].
6. *Otras coplas del mismo.* [«¿Qué pena se da en infierno...»].
7. *Pregunta de un cavallero a otro, sirviendo entrambos a una dama.* [«Ansi Dios os aconsuele...»].
8. *Respuesta.* [«Ageno de mal ageno...»].
9. *Coplas de Don Pedro de Guzman.* [«¡O qué notoria crueldad...»].
10. *Cancion de un cavallero a una dama, porque se partió mal casada.* [«El mal de veros partir...»].
11. *Glosa de Don Joan de Coloma.* [«En aquel punto que os vi...»].
12. *Carta trobada sobre en que consiste el bien aca.* [«Es de saber si consiste...»].
13. *Carta contra la vejez.* [«Estoy pensando y no sé...»].
14. *Carta de Francisco de Santestevan al almirante de Castilla.* [«No siento cosa ninguna...»].
15. *Otra carta del mismo.* [«Yo hallo que lo passado...»].

16. *De Don Juan de Mendoça.* [«Ardo en la mas alto sphera...»].
17. *Del almirante de Castilla a Don Joan de Mendoça.* [«Sostener la gentileza...»].
18. *Respuesta de Don Juan de Mendoça.* [«De la copla que me toca...»].
19. *Coplas de buena ventura de M. Gualvez.* [«Señora delalma mia...»].
20. *Del capitan Luys de Haro.* [«¡O si mi pena por ella...»].
21. *Otras del mismo.* [«Quiero tanto el ansia mia...»].
22. *Otras del mismo.* [«Tal manera...»].
23. *Otras.* [«Vivo muerto...»].
24. *Las obras de Boscan que no andavan impressas. Para bien confessar.* [«Dueleme el tiempo passado...»].
25. *Romance viejo.* [«Para el mal de mi tristeza...»]. *Glosa.* [«Tienese por certidumbre...»].
26. *Del Almirante a Boscan. En que le preguntava ciertas cosas de unos amores ya passados de mucho tiempo.* [«Pidos por merced, Boscan...»].
27. *Respuesta de Boscan al Almirante.* [«Otro mundo es el que ando...»].
28. *De un frayle respondiendo a Boscan en nombre del Almirante.* [«Yo mestó maravillando...»].
29. *Respuesta de Boscan al frayle en nombre del Almirante.* [«Reverendo honrrado frayre...»].
30. *De Boscan al Almirante. Respondiendo a unas coplas que le embio, diziendo quera muy mudable y que el ya lo havia visto enamorado en otra parte y despues havia començado otros amores.* [«Las coplas han allegado...»].
31. *Boscan al Almirante en nombre de un cavallero.* [«Quien para tirar estira...»].
32. *Otras del mismo.* [«Halagóle y pellizcóle...»].
33. *Otra obra suya.* [«Despues que por este suelo...»].
34. *Villancico.* [«¡Ved amor quempacho pone!...»].
35. *Del mismo, porque embió tarde el villancico a una señora.* [«Si el villancico no vino...»].
36. *Del mismo á una partida.* [«De la partida en que muero...»].
37. *Del mismo a lo mismo.* [«Señora, de vos me parto...»].
38. *Del mismo porque una dama le dió mate jugando al axedrez.* [«Muy satisfecho de veras...»].
39. *Del mismo volviendo a Don Antonio de Velasco tres doblas quebradas.* [«Embios las doblas quebradas...»].
40. *Glosa de Boscan a esta cancion de Don Jorge Manrique que dice: No sé por que me fatigo.* [«Pues trabajo en offenderme...»].
41. *Del mismo bolviendo arrepentido a servir a una señora.* [«El desconcierto passado...»].
42. *Boscan haze relación del amor.* [«Pues no osays aventuraros...»].
43. *Boscan a quien le dezía que su pena era poca, pues tan bien la sabía dezir.* [«Con tan nuevo mal me tienta...»].
44. *Porque le dezían que su señora no quería ver su pena ni dar señal della.* [«Si quien causa la contienda...»].
45. *Estando desavenido, preguntóle el Almirante si estava toda via enamorado do solia, o si tenia nueva fe.* [«Del dolor que me buscado...»].
46. *Porque el Almirante le dixo que no sabia con que pagar sus coplas, de buenas, pero ¿que le parecia de su herida?* [«Comigo sea a bien cumplido...»].
47. *Una sola.* [«A vezes se cura el ciego...»].
48. *Boscan: en que dixo al Almirante que el mal de su Señoria no era nada, aunque fuesse mucho.* [«La persona ques llagada...»].
49. *Puerto carero.* [«Espantado, enmudescido...»].
50. *Boscan prosigue.* [«Tuvistes para offenderme...»].
51. *De Luys de Narvaez.* [«Es natural del amor...»].
52. *Del mismo a una dama.* [«¿Por dó empeçaré que acierte...»].
53. *Coplas de Narvaez á una señora que se llamava Ana de Prado.* [«Caminando en la espessura...»].
54. *A la mesma señora.* [«Ana, Ana, mas que humana...»].
55. *Esta copla hizo Narbaez á una cifra, donde estaba el nombre de una dama.* [«Aquesta cifra es la letra...»].
56. *Cancion del mismo.* [«Mis ojos, quando os miraron...»]. *Copla.* [«Como en veros me perdi...»].
57. *Otra cancion.* [«Batalla mi cora-

çon...»]. *Copla.* [«Y desta contienda tal...»].
58. *Estas coplas hizo Narbaez en nombre de un gentilhombre que vivía con el duque de Medina Sidonia, porque le havía dado trigo para él cada año y no le dava cebada para un cavallo que tenía.* [«No sé por donde empeçar...»].
59. *Otra copla al mismo caso, porque se tardava el Duque en mandalle dar la cevada.* [«El no, no. El si por si...»].
60. *Narbaez al Emperador.* [«Sacra Real Magestad...»].
61. *Del mismo.* [«Dichosas coplas que vays...»].
62. *Del mismo, partiendose de la dama a quien servia.* [«Mi anima se partió...»].
63. *Otras del mismo.* [«Pues la gloria de mi pena...»].
64. *Otra sola.* [«De loco me finjo cuerdo...»].
65. *Cancion de un cavallero.* [«Tanto la vida me enoja...»].
66. *Otra canción.* [«No es muy grande la vitoria...»].
67. *De Narvaez. Partiendose la dama a quien servia.* [«Pues se parte mi señora...»].
68. *Cancion.* [«Sembré el amor de mi mano...»]. *Glosa de Narbaez.* [«Vime tan alto subido...»].
69. *Este villancico y la glosa es de Narbaez.* [«Pagará mi coraçon...»].
70. *Del dotor Villalobos.* [«Escrivo burlas de veras...»] .
71. *Cancion del mismo. A una partida.* [«Ved lo que os duele no os ver...»].
72. *Villancico.* [«Mi pesar ya no es pesar...»].
73. *Del mismo. Partiendo, porque dezia una dama ser lo que dizen: Quien de sus amores se alexa.* [«Siendo falto mi temor...»].
74. *A la misma señora del mismo.* [«Atajese esta questión...»].
75. *Otra suya, partiendose.* [«Pues que me parto sin veros...»].
76. *Del mismo. Sospechando que havía hecho del lo que Durandarte de su amiga o su amiga dél.* [«Durandarte, Durandarte...»].
77. *Del mismo. Glosando: Muerto queda, Durandate.* [«Aunque nuevas de pesar...»].
78. *Un cortesano, estando pensativo, fué preguntado por su dama que ¿en qué pensaua? y el le respondió este mote.* [«Pienso que mi pensamiento...»].
79. *Al tiempo bueno.* [«O memoria de mi vida...»].
80. *Otra carta. Hablando de los estados.* [«Tenga buena la intencion...»].
81. *Gabriel dio al Almirante, su señor, un macho y, quedando a pie en Torre de Lobaton, escrivió esta carta al Adelantado, hermano del Almirante, pidiendole una cavalgadura.* [«Muy magnifico señor...»].
82. *Glosa de Don Hieronimo de Urrea a un mote de Garcisanchez.* [«Puso amor mi pensamiento...»].
83. *Villancico del mismo á una partida.* [«Yo me parto y no me aparto...»].
84. *Garcisanchez. Estando loco puso este mote en la pared: Amé y aborrescí...* [«Hase dentender assí...»].
85. *Preguntó su amiga a Garcisanchez si la conoscía.* [«Soys la mas hermosa cosa...»].
86. *De Don Juan de Mendoça.* [¿«Puede ser mayor engaño...»].
87. *El mismo.* [«Señora, vuestros cabellos...»].
88. *Coplas.* [«Qué rabioso mal esquivo...»].
89. *Otras.* [«No se quiere quien no os quiere...»].
90. *Otras.* [«Como quien sabe sufrir...»].
Siguense las obras que van por el arte toscana, compuestas por diversos autores, nunca hasta aora impressas. Estas primeras son de Don Juan de Coloma.
91. *Cancion.* [«Amor, que destruyrme...»].
92. *Canción.* [«Viendo el amor el golpe hecho en vano...»].
93. *Canción.* [«Ondas, que caminando...»].
94. *La historia de Orfeo en octava rigma, compuesta por el mismo.* [«Levanta musa el flaco entendimiento...»].
95. *Egloga de tres pastores Eranio, Felicio, Clonico.* [«Clara y fresca ribera...»].
96. *Capítulo.* [«Quando en mas reposo comunmente...»].

97. *Sonetos.* [«Amor, que á lo impossible mas llevado...»].
98. [«El bien que amor me dio bien me mostrava...»].
99. [«¿No te bastava averme maltratado...»].
100. [«Traydome ha el amor á do no hallo...»].
101. [«Amor de un fiero mal y temeroso...»].
102. [«Estavase Anaxarte mirando...»].
103. [«En el sobervio mar se via metido...»].
104. [«Si aquel enmudecer en tu presencia...»].
105. [«Todos los que de amor an hablado...»].
106. [«Aquel divino rostro tan hermoso...»].
107. [«No desseó jmás la clara fuente...»].
108. [«Por engañosos passos ma traydo...»].
109. [«En medio del invierno riguroso...»].
110. [«Antes saldrá el Apolo de ocidente...»].
111. [«Tieneme ya el temor en tal estrecho...»].
112. [«Señora mia, si en no ver un ora...»].
113. [«Como el questá á muerte sentenciado...»].
114. [«O duro carecer del bien perdido...»].
115. [«Caduco bien o sueño pressuroso...»].
116. [«Por asperos caminos desviando...»].
117. [«Imagen do se muestra lo quel cielo...»].
118. [«Quando con mas dolor el amor hiere...»].
119. *Obras de Don Diego de Mendoça. Cancion.* [«Si alguna vana gloria...»].
120. *Cancion del mismo.* [«Ya el sol rebuelve con dorado freno...»].
121. *Elegía del mismo.* [«Como cantaré en tierra extraña...»].
122. *Una copla suya a una partida.* «[Yo parto y muero en partirme...»].
123. *Egloga del mismo Don Diego de Mendoça.* [«En la ribera del Tajo...»].
124. *Soneto.* [«Como el triste que á muerte es condenado...»].
125. *Soneto.* [«Dias cansados, duras horas tristes...»].
126. *Soneto.* [«Amor, amor, un abito he vestido...»].
127. *Soneto.* [«Amor me dixo en mi primera edad...»].

Sonetos de diversos autores.

128. [«Alma cruel de angelica figura...»].
129. [«Celos de amor terrible y duro freno...»].
130. [«No me punas, señor, de que en la tierra...»].
131. [«Valles floridas, frescas y sombrosas...»].
132. [«Triste avezilla que te vas llorando...»].
133. [«Todo el día lloro, y la noche, quando...»].
134. [«¡O como e estado desapercibido...»].
135. [«Yo caminando como acostumbrava...»].
136. [«La hermosura, que el bravo acidente...»].
137. [«Quando mi alma me saca de sentido...»].
138. [«Quañdo vi aquel cabello desparzido...»].
139. [«Si tu pudiesses con un gesto ayrado...»].
140. [«Vencido del trabajo el pensamiento...»].
141. [«Si por amor penar mucho creya...»].
142. [«Señora, en ser de vos tan maltratado...»].
143. [«Ausencia es para pocos, por razon...»].
144. [«¿Quando sera aquel día venturoso...»].
145. [«Los montes que la Betica departen...»].
146. [«Si una fe amorosa y no fingida...»].
147. [«Aquel divino rostro, que solia...»].
148. [«En duda de mi estado lloro y canto...»].
149. [«Felice alma, que tan dulcemente...»].
150. [«Con gran dificultad ando encubriendo...»].
151. [«De tal manera estoy que me conviene...»].
152. [«Mil vezes yva yo á buscar aquella...»].
153. [«Si amor no es ¿que mal es el que siento...»].

154. [«Ya tengo de sospiros lleno el viento...»].
155. *Soneto a la verdad.* [«Gracia que á pocos el cielo encamina...»].
156. [«Vivas centellas de aquellos divinos...»].
157. [«¡O quan sobervio estás, tú, pensamiento...»].
158. [«Zufriendo, el coraçon passar podria...»].
159. [«Nunca Venus se vio ni Proserpina...»].
160. [«Quando las gentes van todas buscando...»].
161. [«Que dolor puede ser ygual del mio...»].
162. [«Si tu vista a de ser de mí apartada...»].
163. [«¡O si acabasses ya mi pensamiento...»].
164. [«Injustíssimo amor, bien te bastava...»].
165. [«Yo no contrasto amor que me combate...»].
166. [«¡O alma quen mi alma puedes tanto!...»].
167. [«Quando para partir se remueve...»].
168. [«¿Donde se van los ojos que trayan...»].
169. [«La noche que siguio aquel caso orrible...»].
170. [«No me tardé yo tanto en conosceros...»].
171. [«Como aquel que á la muerte es condenado...»].
172. [«Quede la ymagen de la muerte dura...»].
173. *Soneto sobre la invidia.* [«Invidia dize el Pindaro famoso...»].
174. *Romance.* [«Málaga está muy estrecha...»].

Ejemplares:

MADRID. *Nacional.* R-24.073.—SANTANDER. *«Menéndez y Pelayo».* 3.121.

29) DE NUESTRA SEÑORA

EDICIONES

129

CANCIONERO de Nvestra Señora: en el qual ay muy buenos Romances, Canciones y Villancicos. Aora nuevamente añadido. Barcelona. Biuda de Hubet Gotart. 1591. 84 fols.

V. *Catálogo de la biblioteca de Salvá,* I, n.º 190. (Duda si será la misma obra que otra de igual título, sin datos, de la que sólo tuvo hoja y media y creía de por 1540).

Ejemplares:

BARCELONA. *Universitaria.* — LONDRES. *British Museum.*

130

——— *(1591). Con un prólogo de Antonio Pérez Gómez.* Ed. de 400 ejemplares numerados. Valencia. Edit. Castalia. [Tip. Moderna]. 1952. XXIX págs. + 1 facs. + 144 págs. + 4 hs. 17,5 cm.

1. *Romance del santissimo Nacimiento.* [«La sacra y diurna (*sic*) noche...»]. (Págs. 3-5).
2. *Villancico.* [«Romerico tu que vienes...»]. (Págs. 5-7).
3. *Otro.* [«Ora amor, ora no mas...»]. (Págs. 7-8).
4. *Otro.* [«Alleluya que es nascido...»]. (Págs. 8-9).
5. *Otro.* [«Noche mas clara quel dia...»]. (Págs. 9-11).
6. *Otro.* [«Buenas nueuas pecadores...»]. (Págs. 11-12).
7. *Otro.* [«Sancta María...»]. (Páginas 12-13).
8. *Otro.* [«Al zagal y a la donzella...»]. (Págs. 13-15).
9. *Otro pastoril.* [«Vamos Iuan...»]. (Págs. 15-17).
10. *Otro.* [«Do las yeguas martinillo...»]. (Págs. 17-18).
11. *Otro.* [«Al niño bonito...»]. (Páginas 18-20)
12. *Otras al tono de Passe la galana.* [«Passe la galana passe...»]. (Págs. 20-22).
13. *Otras al tono de las de Pedro el borreguero.* [«Bien aya quien a vos pario...»]. (Págs. 22-23).
14. *Otras al tono de Aquel pastorico madre.* [«Ya nascio el rey encarnado...»]. (Págs. 23-25).
15. *Otras al tono de Bien aya quien hizo.* [«Bien aya quien hizo...»]. (Páginas 25-26).
16. *Otras al tono de en bon punt, y*

en bon ora. [«Que no es no, que ya no es nada...»]. (Págs. 26-27).
17. *Otras al tono de En toda la trasmontaña.* [«En toda natura humana...»]. (Págs. 28-29).
18. *Villancico.* [«Un cordero ay en Bethlem...»]. (Págs. 29-31).
19. *Otras al tono de Si estauades sola.* [«Como estauades sola...»]. (Páginas 31-33).
20. *Otras al tono de Mariquita y dame ora un beso.* [«Sus zagales al aldea...»]. (Págs. 33-35).
21. *Otras al tono de Puse mis amores.* [«Puse mis amores...»]. (Páginas 35-37).
22. *Otras al tono de Cucaracha Martinez.* [«Virgen madre mía...»]. (Páginas 37-39).
23. *Otras al tono de Carillo porque te vas.* [«De do vienes Sathanas?...»]. (Págs. 39-40).
24. *Otras al tono de Embiarame mi madre por agua a la fuente frida.* [«Do venis reyna del cielo...»]. (Págs. 40-43).
25. *Otro romance del sanctissimo nacimiento.* [«En Belen esta el infante...»]. (Págs. 43-45).
26. *Desecha.* [«Iesu Christo nascio ya...»]. (Págs. 45-46).
27. *Otras al tono de Socorred señora mía.* [«A la virgen que es parida...»]. (Págs. 47-48).
28. *Otro villancico al tono de Camina señora dize Ioseph a nuestra señora.* [«Caminad esposa...»]. (Págs. 48-52).
29. *Villancico al tono de Los ojos de la niña.* [«Parida es la princesa...»]. (Págs. 52-54).
30. *Otras al tono de Ojos morenicos.* [«Digas pastorico...»]. (Págs. 54-56).
31. *Villancico al tono de Con estos ojos que aueys.* [«Vamos mingo jugando...»]. (Págs. 56-58).
32. *Otro villancico al tono de Asserrojar serrojuelas.* [«Iuro a sant botin sagrado...»]. (Págs. 58-60).
33. *Villancico al tono de Messase mari Garcia.* [«Dime dime Gil Bragado...»]. (Págs. 60-62).
34. *Otra canción al tono de Rezaremos beatus vir.* [«En la ciudad de Bethleem...»]. (Págs. 62-64).
35. *Otra canción al tono de Si mis amores me han dexado.* [«Virgen bienauenturada...»]. (Págs. 64-66).
36. *Otro villancico al tono de Messa se Mari García.* [«Dime Gil bragado...»]. (Págs. 66-68).
37. *Otro villancico al tono de Mi marido anda cuytado...* [«Pasqualejo que has hauido...»]. (Págs. 68-72).
38. *Otra cancion al tono de Todos duermen coraçon.* [«Que le lleuas di polido...»]. (Págs. 72-75).
39. *Otra cancion al tono de No quiero que nada sienta.* [«Debaxo de la peña nace...»]. (Págs. 75-76).
40. *Villancico al tono de Guardame las vacas.* [«Que hazeys vos Dios mío...»]. (Págs. 76-78).
41. *Villancico a los tres Reyes.* [«Tres reyes de los de Oriente...»]. (Páginas 78-81).
42. *Romance hecho a nuestra Señora.* [«Alta reyna coronada...»]. (Págs. 81-83).
43. *Otro Romance para la Natiuidad de nuestro Señor Iesu Christo.* [«En el tiempo que Octauiano...»]. (Páginas 83-86).
44. *Laberinto de nuestra Señora de Montserrate.* [«Ante secula criada...»]. (Págs. 86-91).
45. *Obra sobre el sanctissimo sacramento a manera de dialogo entre Dios y el hombre.* [«El sacro maná del cielo...»]. (Págs. 91-93).
46. *Villancico.* [«Quien come suplicaciones...»]. (Págs. 93-94).
47. *Obra en loor del sanctissimo Sacramento, para consuelo de los que frecuentan la sancta Comunion.* [«El que no tuuiere fe...»]. (Págs. 94-96).
48. *Cancion.* [«Un bocado mal comido...»]. (Págs. 96-97).
—*El Rosario de Nuestra Señora la virgen Maria, y la manera de rezar los quinze Mysterios del Rosario.* (Páginas 99-123).
—*Comiençan los gozos de nuestra Señora del Rosario, con otras coplas muy deuotas del Rosario.* (Págs. 125-44).

Ejemplares:

MADRID. *Consejo. General.*

30) DE OBRAS DE BURLAS

V. *B. L. H.*, III, n.º 2.294-98.

31) DE OXFORD

131

[Cancionero].

Letra del s. XVI. 379 fols. 4.º

Contenido, segun Vollmoller:

1. *A una partida.* [«Agora en la despedida...»]. (Fol 52*v*).
2. *Soneto.* [«Alçe los ojos de llorar cançados...»]. (Fol 24*v*).
3. [«Alçe los ojos por veros...»]. (Folio 326*r*).
4. *Soneto.* [«Al pie de un alto fresno fatigado...»]. (Fol. 142*r*).
5. [«A Marfira Damon salud enbia...»]. (Fol. 172*r*).
6. *Soneto.* [«Amar me tiene puesto en tal estado...»]. (Fol. 58*r*).
7. *Soneto.* [«A me traydo amor a tal partido...»]. (Fol. 23*v*).
8. [«Ame y aboreci...»]. (Fol. 100*r*).
9. [«Amor, amor, que consientes...»]. (Fol. 279*r*).
10. [«Amor, amor, quien de tu gloria cura...»]. (Fol. 268*v*).
11. [«Amor es de condiçion...»].
12. *Soneto.* [«Amor es un efeto del ocioso...»]. (Fol 126*r*).
13. *Soneto.* [«Amor me dixo en mi primera edad...»]. (Fol. 122*v*).
14. *Soneto.* [«Amor qu'en la serena vista ardiente...»]. (Fol 11*v*).
15. [«Amor y la fortuna...»]. (Folio 350*r*).
16. *Soneto.* [«Aora en la dulçe siençia enbeuescido...»]. (Fol. 59*r*).
17. *Cançion.* [«Aqui quiero llorar la suerte mia...»]. (Fol. 18*v*).
18. *Soneto.* [«Ardiente fuego, dardo, lazo estrecho...»]. (Fol. 114*v*).
19. [«Ardo en la mas alta esphera...»]. (Fol 41*r*).
20. *Soneto.* [«A me mouido, dama, una quistion...»]. (Fol. 70*r*).
21. [«A tanto disimular...»]. (Folio 337*r*).
22. *Soneto.* [«A todos la fortuna siempre a dado...»]. (Fol. 139*r*).
23. [«A tres leguas del Villar...»]. (Fol. 321*v*).
24. [«Aunque ya mas no se cuente...»]. (Fol. 352*r*).
25. *A la luna.* [«A vos, la caçadora gorda y flaca...»]. (Fol. 69*v*).
26. *Cancion.* [«Ay debil coraçon, ay flaca mano...»]. (Fol. 142*v*).
27. *Soneto.* [«Ay dulçe libertad, vida segura...»]. (Fol. 15*r*).
28. [«Ay ojuelos engañosos...»]. (Folio. 53*v*).
29. [«Ay que me siento mortal...»]. (Fol. 368*r*).
30. *Soneto.* [«Ay sospiros ay lagrimas del fiero...»]. (Fol. 9*v*).
31. *Soneto.* [«Ay tanto que temer do no ay ventura...»]. (Fol 113*v*).
32. *Soneto.* [«Ayudad me a llorar ouejas mias...»]. (Fol. 59*v*).
33. *Soneto.* [«Bien puede amor hazer lo que quiziere...»]. (Fol 160*v*).
34. *Soneto.* [«Bien puede reuoluer seguro el cielo...»]. (Fol. 8*v*).
35. [«Bien y mal obro ventura...»]. (Fol. 358*v*).
36. *Soneto.* [«Breues pasos que al pie flaco y cançado...»]. (Fol. 9*r*).
37. *Soneto.* [«Busca a su hijo Venus fatigada...»]. (Fol. 59*r*).
38. *Soneto.* [«Cabe en razon que por quel mundo entienda...»]. (Fol. 126*v*).
39. [«Çagal, alegre te veo...»]. (Folio 327*v*).
40. [«Çagal, quien podra pasar...»]. (Fol. 350*r*).
41. *Carta.* [«Carta triste marmera...»]. (Fol. 119*r*).
42. *Soneto.* [«Cese el duro pecho la aspereza...»]. (Fol. 10*v*).
43. *Coplas Castellanas.* [«Cesen ya mis alegrias...»]. (Fol. 40*r*).
44. *Cancion.* [«Claros y frescos rios...»]. (Fol. 347*r*).
45. *Egloga.* [«Como cantare yo en tierra estraña...»]. (Fol. 64*r*).
46. [«Contentamientos de amor...»] (Fol. 324*v*).
47. *Soneto.* [«Cortada sea la mano que te diere...»]. (Fol. 24 *r*).
48. [«Cosas que no puedan ser...»]. (Fol. 329*v*).
49. *Soneto.* [«Cresca con el licor del llanto mio...»]. (Fol. 113*r*).
50. *Soneto.* [«Cruel Medusa yo se bien a quantos...»]. (Fol. 126*v*).
51. [«Cuitado qu'en un punto lloro y rio...»]. (Fol. 19*v*).
52. [«Cuidados, no me acabeis...»].
53. *Cancion.* [«Culpa deue ser quereros...»]. (Fol. 145*r*).
54. [«Cuydados, pues que teneis...»]. (Fol. 50*r*).
55. [«Cuydados que me traeis...»]. (Fol. 50*v*).

56. *Cancion.* [«Da amor mal quiça por bien...»]. (Fol. 55*v*).
57. *Romance.* [«De amores esta Fileno...»]. (Fol. 155*v*).
58. *Cancion.* [«De la dulçe my enemiga...»]. (Fol. 129*r*).
59. [«Del amor se va riendo...»]. (Folio 49*r*).
60. [«De las congoxas de Amor...»]. (Fol. 350*r*).
61. [«De mi dicha no se espera...»]. (Fol. 331*v*).
62. *Soneto.* [«De mi firme esperar contrario efeto...»]. (Fol. 12*v*).
63. [«De nuebo quiero afirmarme...»]. (Fol. 332*v*).
64. *Cancion.* [«De vuestra torpe lira...»]. (Fol. 305*r*).
65. *Soneto.* [«Dexadme sospirar desconfiança...»]. (Fol. 11*v*).
66. *Soneto.* [«Dexadme ya viuir murmuradores...»]. (Fol. 60*v*).
67. [«Dexad, pastores, mi mal...»]. (Fol. 373*r*).
68. [«Di, Carrillo, que se a hecho...»]. (Fol. 323*r*).
69. [«Dido, muger de Sicheo....»] (Folio 176*r*).
70. [«Di, Gil, que siente Juana que anda triste...»]. (Fol. 106*r*).
71. [«Di, pastor, de que as recelo...»]. (Fol. 52*r*).
72. [«¿Di, pastor, quieresme bien?...»]. (Fol. 372*r*).
73. [«Donde estas, mi libertad...»]. (Fol. 34*r*).
74. [«Donde yra tu seruidor...»]. (Folio 166*v*).
75. *A Don Simon de Siluera.* [«Doña Guiomar Enriquez sea lodada...»]. (Fol. 252*v*).
76. *Soneto.* [«Dulçe y fuerte prision de mi alegria...»]. (Fol. 14*v*).
77. [«El mal que con furia viene...»]. (Fol. 371*v*).
78. *Epistola a Boscan.* [«El no marauillarse hombre de nada...»]. (Folio 185*v*).
79. [«El pobre pelegrino quando viene...»]. (Fol. 211*v*).
80. [«El qu'es tuyo, si el perdido...»]. (Fol. 270*r*).
81. *Carta a un galan qu'estaua en la guerra.* [«El recelo dever en lo que andas...»]. (Fol. 153*r*).
82. *Fabula de Adonis.* [«El tierno pecho de cruel herida...»]. (Fol. 223*v*).
83. [«En la peña, sobre la peña...»]. (Fol. 359*v*).
84. *Egloga.* [«En la ribera del dorado Tajo...»]. (Fol. 177*r*).
85. *Soneto.* [«En que puedo esperar contentamiento...»]. (Fol. 60*r*).
86. *Soneto.* [«En terminos me tiene el mal que siento...»]. (Fol. 12*r*).
87. [«E perdido la paçiençia...»]. (Folio 41*v*).
88. *Que cosa es amor.* [«Es amor fuerça tan fuerte...»]. (Fol. 72*v*).
89. [«Es tan falsa la vitoria...»].
90. *Soneto.* [«Este es el puro tiempo de emplearse...»]. (Fol. 170*v*).
91. [«Este nueuo mal que siento...»]. (Fol. 26*v*).
92. *Soneto.* [«Estos y bien serán pasos contados...»]. (Fol. 169*r*).
93. *Soneto.* [«Estoy contino en lagrimas bañado...»]. (Fol. 58*v*).
94. *Epistola.* [«Forçado de un ardor y de un deseo...»]. (Fol. 56*r*).
95. [«Gileta, si al monte fueres...»]. (Fol. 319*r*).
96. [Graçia te pido, amor; no la mereçe...»]. (Fol. 61*r*).
97. *Estançia.* [«Hermosa Daphne, tu que conuertida...»]. (Fol. 171*r*).
98. *A una dama que estando él de partida dezia que huya y se escondia.* [«Hermosos ojos donde amor se añida...»]. (Fol. 16*r*).
99. [«Hijo mio muy amado...»]. (Folio 376*v*).
100. *A don Bernaldino de Mendoça.* [«Illustre capitan vitorioso...»]. (Folio 219*v*).
101. *Soneto.* [«Ingrato sol que graue y enojoso...»]. (Fol. 10*r*).
102. [«Justa fue mi perdicion...»]. (Fol. 332*v*).
103. *La muerte de Pompeio y sus hijos.* [«La Asia y la Europa...»]. (Folio 171*v*).
104. *Soneto.* [«Lagrimas que salis regando el seno...»]. (Fol. 10*r*).
105. *Estançia.* [«Lagrimosa Agripiena y en reposo...»]. (Fol. 171*r*).
106. *El sueño de Garci Sanchez.* [«La mucha tristeza mia...»]. (Fol. 30*v*).
107. [«Las llagas y la pasion...».]. (Fol. 371*v*).
108. *Cancion.* [«La soledad siguiendo...»]. (Fol 84).
109. [«Las tristes lagrimas mias...»]. (Fol. 346*r*).

110.]«Lays que ya fuiste hermosa...»].
111. *Cancion.* [«Lo que quize quiero y tengo...»]. (Fol. 53*r*).
112. *Soneto.* [«Llore con llanto amargo en noche escura...»]. (Fol 128*r*).
113. *Soneto.* [«Memorias tristes del plazer pasado...»]. (Fol. 14*v*).
114. *Traduçion.* [«Mil vezes os e ofrecido...»]. (Fol. 16*v*).
115. [«Mundo que me puedes dar...»]. (Fol. 328*v*).
116. [«Nadie deue confiar...»]. (Folio 50*r*).
117. *Soneto.* [«No ay en amor tan aspera sentençia...»]. (Fol. 15*v*).
118. [«No ay mal que a mi mal se yguale...»]. (Fol. 71*r*).
119. [«No basta disimular...»].
120. [«No es mi pena de callar...»]. (Fol. 80*r*).
121. [«No hallo a mis males culpa...»]. (Fol. 52*v*).
122. *Soneto.* [«No hallo yo amadores que es cadena...»]. (Fol. 125*r*).
123. [«No mireis mi perdimiento...»]. (Fol. 323*r*).
124. *Soneto.* [«No se nos muestra tan hermoso el cielo...»]. (Fol. 13*r*).
125. *Cancion.* [«No se porque me fatigo...»]. (Fol. 52*v*).
126. *De Dido.* [«O dulces prendas quando Dio queria...»]. (Fol. 25*r*).
127. *Soneto.* [«Ojos, no soys vos otros que fuistes...»]. (Fol. 127*v*).
128. *Cancion.* [«Ojos que ya no veis quien os miraua...»]. (Fol. 356*r*).
129. [«Oulida Blaz, a Costança...»]. (Fol. 295*r*).
130. *Cancion.* [«O mas dura que marmol a mis quejas...»]. (Fol. 102*r*).
131. *Cancion.* [«O quien pintar pudiese...»]. (Fol. 139*v*).
132. [«O quien pudiese hazer...»]. (Fol. 323*v*).
133. *Soneto.* [«Oy dexa todo el bien un desdichado...»]. (Fol. 57*v*).
134. *Soneto al miercoles de la Çenisa.* [«Oy se recoje amor a vida estrecha...»]. (Fol. 125*v*).
135. *Cancion.* [«Para que me dais tormento...»]. (Fol. 28*r*).
136. [«Para tanta hermosura...»]. (Folio 27*r*).
137. [«Partir quiero yo...»]. (Folio 329*r*).
138. *Soneto.* [«Pasando el mar Leandro el animoso...»]. (Fol. 185*r*).
139. [«Pasquala, no me agradais...»]. (Fol. 360*r*).
140. [«Pastora, si mal me quieres...»]. (Fol. 23*r*).
141. *Soneto.* [«Peligroso atreuido pensamiento...»]. (Fol. 114*r*).
142. [«Pesares, gran prisa os dais...»]. (Fol. 370*r*).
143. [«Pesares, si me acabais...»]. (Folio 25*v*).
144. [«Pezares, no me apreteis...»]. (Fol. 51*v*).
145. *Soneto.* [«Por asperos caminos e llegado...»]. (Fol. 57*v*).
146. [«Por entre casos injustos...»]. (Fol. 319*r*).
147. *Lamentaçion.* [«Por hazer, amor, tus hechos...»]. (Fol. 33*r*).
148. *Romançe.* [«Por las riberas de Xucar...»]. (Fol. 169*v*).
149. *Cancion.* [«Por los humedos ojos derramando...»]. (Fol. 17*v*).
150. [«Por quereros me aboresco...»]. (Fol. 99*v*).
151. *Estançias.* [«Pregunto a las que leen esta historia...»]. (Fol. 183*v*).
152. [«Presente pido ventura...»]. (Folio 332*r*).
153. *Villancico.* [«Pues acabaste mi gloria...»]. (Fol. 118*v*).
154. *Estancias.* [«Pues a llegado ya mi desuentura...»]. (Fol. 6*r*).
155. *Muerte de Dido traduzida del de la Eneida de Virgilio.* [«Pues Dido ya mortal y congoxosa...»]. (Fol. 66*v*).
156. *Cancion.* [«Pues el graue dolor del mal presente...»]. (Fol. 109*v*).
157. [«Pues que no se a de hazer...»]. (Fols. 145*v* y 159*v*).
158. [«Pues que tanta prisa os dais...»]. (Fol. 369*v*).
159. [«Qualquiera que amor siguiere...»]. (Fol. 369*r*).
160. *Epistola.* [«Qual suele, de Meandro en la ribera...»]. (Fol. 131*v*).
161. [«Quando al hombre sin abrigo...»]. (Fol. 296*v*).
162. [«Quando el mal es sin remedio...»]. (Fol. 376*r*).
163. *Soneto.* [«Quando la alegre y dulçe primauera...»]. (Fol. 142*v*).
164. [«Quando la pena es mortal...»]. (Fol. 375*r*).
165. *Cancion.* [«Quando las desdichas mias...»]. (Fol. 130*r*).
166. [«Quando me aprieta el tormento...»]. (Fol. 375*v*).

167. *Soneto*. [«Quan manifiesta y clara es la locura...»]. (Fol. 11*r*).
168. *A Don Luys de Auila*. [«Quantos ay, Don Luys, que sobre nada...»]. (Fol. 193*r*).
169. [«Que gloria puede esperar...»]. (Fol. 331*v*).
170. *A Don Luys de Auila*. [«Que haze el gran señor de los Romanos...»]. (Fol. 199*r*).
171. [«Que lastima traygo Juan...»]. (Fol. 325*r*).
172. *Soneto*. [«Queriendo las tres parchas en su esphera...»]. (Fol. 128*v*).
173. [«Quien mal te quiziere...»]. (Folio 52*r*).
174. *Cancion*. [«Quien no estuuiere en presençia...»]. (Fol. 31*v*).
175. *Estando ausente*. [«Quien quiere ver si es mortal...»]. (Fol. 30*r*).
176. [«Quiero lo que no a de ser...»]. (Fol. 17*r*).
177. [«Quiero tanto el ansia mia...»]. (Fol. 28*v*).
178. [«Quitaos alla desengaños...»]. (Fol. 320*v*).
179. *Cancion de Thirse*. [«Sale el aurora de su fertil manto...»]. (Folio 123*r*).
180. *Soneto*. [«Salga con la doliente anima fuera...»]. (Fol. 13*v*).
181. [«Salid, tristes alaridos...»]. (Folio 360*v*).
182. *Carta de Libeo* (sic) *a Meliso*. [«Salud Libea a ti Meliso enbia...»]. (Fol. 20*v*).
183. [«Secaron me los pesares...»]. (Fol. 330*v*).
184. *Cancion*. [«Si alguna vana gloria...»]. (Fol. 45*r*).
185. [«Si al sospechoso acreçientan...»].
186. [«Si Apolo tanta graçia...»]. (Folio 308*r*).
187. *Gloza*. [«Si de mi pensamiento...»]. (Fol. 167*v*).
188. *Cancion*. [«Si el pensamiento firme...»]. (Fol. 74*r*).
189. *Soneto*. [«Si el pie moui jamas o el pensamiento...»]. (Fol. 8*v*).
190. *Soneto*. [«Si fuese muerto ya mi pensamiento...»]. (Fol. 25*r*).
191. [«Si no pueden razon o entendimiento...»]. (Fol. 246).
192. [«Si os e ofendido yo, Señora mia...»]. (Fol. 20*r*).
193. *Otaua rima*. [«Si soledad agora hallar pudiese...»]. (Fol. 147*r*).
194. *Otaua rima*. [«Sobre la verde yerua recostado...»]. (Fol. 157*v*).
195. *Egloga*. [«Sobre neuados riscos leuantado...»]. (Fol. 1*r*).
196. [«Sois la mas hermosa cosa...»]. (Fol. 100*r*).
197. *Soneto*. [«Solo lloroso triste y sin consuelo...»]. (Fol. 60*v*).
198. [«Solto la venda el arco y el aljaua...»]. (Fol. 63*v*).
199. *A Don Diego Laso de Castilla*. [«Tal edad ay del tiempo endureçida...»]. (Fol. 260*r*).
200. *Otaua rima*. [«Tan alto es el fauor y el bien que siento...»]. (Folio 303*v*).
201. *Copla*. [«Tan hermosa os hizo Dios...»]. (Fol. 127*r*).
202. *Soneto*. [«Tibio, en amores no sea yo jamas...»]. (Fol. 24*r*).
203. [«Tiempo bueno, tiempo bueno...»]. (Fol. 54*r*).
204. *Soneto*. [«Tiempo vi yo que...»]. (Fol. 157*r*).
205. *De uno a quien amor hazia gran fuerça y el procuraua resistirle*. [«Tienen me tan lastimado...»]. (Folio 311*r*).
206. [«Todo me cansa y da pena...»]. (Fol. 99*r*).
207. *Soneto*. [«Todo quanto e podido m'es forçado...»]. (Fol. 131*r*).
208. *A Maria de Peña*. [«Toma me en esta tierra una dolençia...»]. (Folio 204*v*).
209. [«Tristeza, si al mas triste...»]. (Fol. 92*r*).
210. *Cancion*. [«Tu dulçe canto, Siluia, me a traydo...»]. (Fol. 327*r*).
211. *Soneto*. [«Vana esperança, amor mal entendido...»]. (Fol. 13*r*).
212. *Soneto*. [«Varios discursos haze el pensamiento...»]. (Fol. 14*r*).
213. [«Va y viene mi pensamiento...»]. (Fol. 109*r*).
214. *Cancion*. [«Ve do vas mi pensamiento...»]. (Fol. 176*v*).
215. *Otra*. [«Venus se vistio una vez...»]. (Fol. 176*v*).
216. [«Veo mi bien acabado...»]. (Folio 101*v*).
217. *Stando ausente*. [«Viendo me de vos ausente...»]. (Fol. 43*v*).
218. *Otra*. [«Viuo en tierras apartadas...»]. (Fol. 276*r*).
219. [«Unos suelen con llorar...»]. (Fol. 374*r*).

220. [«Ya el sol reuuelue con dorado freno...»]. (Fol. 61*v*).
221. *Gloza de a su aluedrio.* [«Ya la fresca mañana por los prados...»]. (Folio 161*r*).
222. [«Ya no se puede mirar...»]. (Folio 48*r*).
223. [«Ya nunca vereis mis ojos...»]. (Fol. 71*v*).
224. [«Ya puedo soltar mi llanto...»]. (Fol. 85*v*).
225. *Soneto* [«Ya va ençendido en amoroso zelo...»]. (Fol. 16*r*).
226. [«Yo me parto de os mirar...»]. (Fol. 43*v*).
227. [«Yo me vi contento...»]. (Folio 51*r*).
228. [«Yo parto y muero en partirme...»]. (Fol. 43*r*).
229. *Cancion.* [«Yo voy por donde amor quiere lleuarme...»]. (Fol. 115*r*).
OXFORD. *All Souls College.* 189.

ESTUDIOS

132

VOLLMÖLLER, K. *Mittheilungen aus spanischen Handschriften. I: Oxford All Souls Coll. N.° 189.* (En *Zeitschrift für romanische Philologie,* III, Halle, 1879, págs. 80-90).

Identifica numerosas composiciones como de Diego de Hurtado de Mendoza, Jorge de Montemayor, Boscan, Francisco de Figueroa, Garcilaso, etc.

32) DE DEL POZO

V. *B. L. H.,* III, n.° 2.310-11.

33-34) RICCARDIANOS

CODICES

133

[*Cancionero*].

Letra del s. XVII. 275 fols. 207 × 150 mm.
Riccardiana. 3.358.

134

[*Cancionero*].

Letra del s. XVI. 168 hs.
Riccardiana. 2.864.

EDICIONES

135

MELE, EUGENIO y ADOLFO BONILLA Y SAN MARTIN. *Dos cancioneros españoles.* (En *Revista de Archivos, Bibliotecas y Museos,* 3.ª época, X, Madrid, 1904, páginas 162-76, 408-17).

Tirada aparte: Madrid. Imp. de la Revista de Archivos. 1904. 26 págs. 25 cm.

I

—*Varias poesías latinas.* (Fols. 1-16*v*).
—*Carta del Bachiller de Arcadia al Capitan Salazar, de don Diego de Mendoza.* En prosa. (Fol. 16*v*).
—*Respuesta del Capitan Salazar al Bachiller de Arcadia.* En prosa. (Folio 31*r*)
—*Loa en alabanza de la letra. P.* En prosa. (Fol. 42*r*).
1. *Carta de Siralvo á Clarinda.* [«El pastor más humilde de la tierra...»]. (Fol. 49*r*).
2. *Clarinda a Siralvo.* [«A Siralvo el cortes, que en esta tierra...»]. (Folio 53*v*).
3. *Confession de un galan a su Dama.* [«Fin de todo bien qu'espero...»]. (Fol. 56*v*).
4. *Satira contra la mala poesia, en defensa del C.ª dueñas, del licdo. Pacheco.* [«Que bestia abrá que tenga ya paciencia...»]. (Fol. 62*v*).
5. *Soneto en respuesta.* [«Dueñas, vengado estais a costa nuestra...»]. (Folio 85*r*).
6. *Satira del mismo.* [«A ti, Rota o derota del ynfierno...»]. (Fol. 85*v*).
7. [«No seas Dama, pues eres vieja y fea...»]. (Fol. 87*r*).
8. *Letra (en portugués).* (Fol. 87*v*).
9. *Aborrecible a Dios injustamente. Glosa.* [«Descubren con motiuos differentes...»]. (Fol. 88*v*).
10. *Otra a lo mismo.* [«Sin dar castigo al malo y premio al bueno...»]. (Folio 88*v*).
11. *Soneto.* [«Dolor, temor, pobreza, ansia. engaño...»]. (Fol. 89*r*).
12. *Letra portuguesa.* (Fol. 89*v*).

13. *Lo que Dios saber no puede. Glosa.* [«Supuesto que huvistes vos...»]. (Fol. 90*r*).
14. *La mas hermosa que Dios. Glosa a nuestra señora.* [«Del choro de las doncellas...»]. (Fol. 90*v*).
15. *Otra del mismo.* [«Si de toda la hermosura...»]. (Fol. 91*r*).
16. *Otra del mismo.* [«A vos, Virgen poderosa...»]. (Fol. 90*v*).
17. *Soneto de Diego Fernandez (en portugues).* (Fol. 91*v*).
18. *Soneto en lengua pinciana, de Orlando y Angelica.* [«El Bilforato gárgaro entonando...]. (Fol. 92*r*).
19. *Soneto a una D.ª de san L.ᶜᵒ* [«Vide el major que ay en el mundo...»]. (Fol. 92*v*).
20. *Dialogo a las cosas de Portugal (en portugues).* (Fol. 93*r*).
21. *Soneto. Luis de Camoens.* [«Horas breves de meu contentamento...»]. (Fol. 93*v*).
22. *A una cortesana que queria que la sirviessen.* [«En queria, id sabeis...»]. (Fol. 94*r*).
23. *Soneto de Padilla.* [«Llegando amor a do Sirena estaua...»]. (Folio 95*r*).
24. *Soneto de Figueroa.* [«Si el pie movi jamás, o el pensamiento...]. (Folio 95*r*).
25. *Soneto de Figueroa.* [«Bien puede rebolver seguro el cielo...»]. (Fol. 95*v*).
26. *Soneto.* [«Bolvelde la blancura a la azuzena...»]. (Fol. 96*r*).
27. *Soneto.* [«En un profundo sueño suspirando...»]. (Fol. 96*v*).
28. *Soneto a dos germanas.* [«El mundo esta en el punto mas subido...»]. (Fol. 96*v*).
29. *Soneto.* [«Dardanio, con el cuento del criado...»]. (Fol. 97*r*).
30. *Soneto de Durandarte.* [«Desenlazando el yelmo Durandarte...»]. (Folio 97*v*).
31. *Soneto.* [«Que buelva amor y me rebuelva el cielo...»]. (Fol. 98*r*).
32. *Soneto de Padilla.* [«Puntoso y alto pino, verde prado...»]. (Fol. 98*v*).
33. *Muerte viator. Dialogo.* [«Quien sabe aqui, don diego despinosa...»]. (Fol. 99*r*).
34. *Soneto del DD. Osorio.* [«¡O bien auenturança desseada!...»]. (Folio 99*r*).
35. *Soneto de Soto a los Poetas.* [«Poetas libres que vivis texiendo...»]. (Fol. 99*v*).
36. *Soneto.* [«Hase movido, Dama, una quistion...»]. (Fol. 100*r*).
37. *Soneto de Padilla.* [«Quando el gusano con labrar su seda...»]. (Folio 100*v*).
38. *Soneto.* [«¿Que haceis, Señora? Mirome al espeio...»]. (Fol. 100*v*).
39. *Soneto.* [«Angelico suieto que bajaste...»]. (Fol. 101*r*).
40. *Soneto.* [«Belerma entre sus manos delicadas...»]. (Fol. 101*v*).
41. *Soneto de Carranza.* [«Quien vale mas que io, me ha dado nueva...»]. (Fol. 102*r*).
42. *Soneto de Silvestre.* [«Si yo pensasse aca en mi pensamiento...»]. (Folio 102*v*).
43. *Soneto de Figueroa.* [«Soberuios edeficios de la gloria...»] (Fol. 102*v*).
44. *Soneto de Figueroa.* [«Amor, laço, encadenado solapado...»]. (Fol. 103*r*).
45. *Soneto de Figueroa.* [«Gasta y consume el tiempo toda cosa...»]. (Folio 103*v*).
46. *Soneto del mismo.* [«Biendo su bien tan lexos mi desseo...]. (Folio 104*r*).
47. *Soneto.* [«Con tanta crueldad tanta hermosura...»]. (Fol. 104*r*).
48. [«Tan alto a puesto amor mi pensamiento...»]. (Fol. 104*v*).
49. *Soneto de DD. Osorio a la enferm.ª*. [«O dulce Jesu christo, alma mia...»]. (Fol. 105*r*).
50. *Soneto del duque de Sesa.* [«Quando me paro a contemplar lo andado...»]. (Fol. 105*v*).
51. *Soneto.* [«Es tan alta la gloria de mi pena...»]. (Fol. 105*v*).
52. *Soneto a la muerte de DD. de C.* [«La finissima ioia que tenia...»]. (Fol. 106 *r*).
53. *Soneto.* [«Lo que padece el cuerpo quando el alma...»]. (Fol. 106*v*).
54. *A la victoria de D. João de Austria.* [«Si rota el hasta del cruel tyrano...»]. (Fol. 107*r*).
55. *Al mismo.* [«El encogido ynvierno i congelado...»]. (Fol. 107*r*).
56. *Al parto de la Reyna D. Ana.* [«Sale el dorado sol por el oriente...»]. (Fol. 107*v*).
57. *Soneto de Silvestre.* [«Perdido ando, señora, entre las gente...»]. (Folio 108*r*).

58. *Soneto.* [«El tiempo esta vengado a costa mia...»]. (Fol. 108*v*).
59. *Soneto.* [«De tus cabellos de oro qual luzero...»]. (Fol. 108*r*).
60. *Soneto a Ana de la glor.* [«Flor, que flor de damas escogida...»]. (Folio 109*r*).
61. *Soneto.* [«Leandro qu'ero hermosa adama...»]. (Fol. 109*v*).
62. *Soneto.* [«Quien dice que pobreza no es vileza...»]. (Fol. 110*r*).
63. *Soneto.* [«Ya se metia en el mar de ozidente...»]. (Fol. 110*r*).
64. *A la muerte de una dama.* [«Su antigua rueca Lachesis ceñida...»]. (Folio 110*v*).
65. *Soneto a dos Hermanas.* [«Adan pecó y pecó de codicioso...»]. (Folio 111*r*).
66. *Otro al Rey.* [«Refrescar el poder del africano...»]. (Fol. 111*r*).
67. *Otro.* [«Ay tanto que temer no hay ventura...»]. (Fol. 111*v*).
68. *Otro.* [«Que es esto que se siente y se padece...»]. (Fol. 112*r*).
69. *Otro.* [«Bivi libre de amor y de cuidado...»]. (Fol. 112*r*).
70. *Otro.* [«O cristalina mano delicada»...]. (Fol. 112*v*).
71. *Otro.* [«Essos ruvios cabellos donde veo...»]. (Fol. 112*v*).
72. *Otro.* [«Es lo blanco castidad pureza...»]. (Fol. 113*r*).
73. *Soneto.* [«Tela de aranha triste estoy tramando...»]. (Fol. 113*v*).
74. *Soneto a la muerte de la R. D. Anna.* [«Benigno el cielo a la nacion Hispaña...»]. (Fol. 113*v*).
75. *Soneto.* [«El hauito perverso de offenderte...»]. (Fol. 114*v*).
76. *Soneto a una que estando mala dixo que eran amores.* [«Señora, el tiempo bono es ia passado...»]. (Folio 114*v*).
77. *Soneto.* [«De tal beldad, Sylvera, sois dotada...»]. (Fol. 114*v*).
78. *Soneto.* [«De que sirve, capon enamorado...»]. (Fol. 115*r*).
79. *Soneto de Silvestre.* [«La vida se nos passa, el tiempo buela...»]. (Folio. 115*r*).
80. *Soneto de Silvestre.* [«La vida vide como es corta, corta...»]. (Folio 115*v*).
81. *Soneto de Silvestre.* [«Contento, amor, y paz, gloria, y consuelo...»]. (Folio 115*v*).
82. *Soneto.* [«Bendita sea la ora y el momento...»]. (Fol. 116*r*).
83. *Soneto.* [«¿Que hazeys hombre? Estoyme calentando...»]. (Fol. 116*v*).
84. *Otro soneto.* [«¡Ay Dios!, si yo cegara antes q'os viera...»]. (Fol. 116*v*).
85. *Otro al fuerte de los Gelves.* [«¿Quien eres que assi espantas solo en verte?...»]. (Fol. 117*r*).
86. *Eglogas de Virgilio, de Fray Luis de Leon.* (Fols. 117*v*-154*v*).
87. *Soneto de don diego de Soria.* [«Si estoy tanta agua derramando amando...»]. (Fol. 154*v*).
88. *Otro del mismo.* [«El oy me mata y en el mañana spero...»]. (Folio 155*r*).
89. *Otro del mismo.* [«¿Quien ay que no aya visto en el estio...»]. (Fol. 155*v*).
90. *Otro del mismo.* [«Ciego que anda un pobre enamorado...»]. (Folio 156*r*).
91. *Otro del mismo.* [«Tan puesto al cielo inaccesible llego...»].
92. *Otro del mismo.* [«El tiempo esta vengado a costa mia...»]. (Fol. 156*v*).
93. *Otro del mismo a una Dama que pretendia casarse con un cerero.* [«Paz, no mas paz, pues guerra es tu contento...»]. (Fol 157*r*).
94. *Soneto de Pablo gumel.* [«Frio, calor, sol, yelo, nieve y fuego...»]. (Folio 157*v*).
95. *Otro del mismo.* [«A un tiempo temo, osso, dudo, y creo...»]. (Folio 158*r*).
96. *Otro del mismo.* [«Queriendo un escritor mostrar su arte...»]. (Folio 158*v*).
97. *Otro del mismo.* [«Herido estoy de tan mortal herida...»]. (Fol. 158*v*).
98. *Otro del mismo.* [«Si el diluvio de Juppiter huuiera...»]. (Fol. 159*r*).
99. *Otro del mismo.* [«Despues, señora, que el pinzel famoso...»]. (Folio 159*v*).
100. *Otro del mismo.* [«Donde huyes cruel, ay que huyendo...»]. (Fol. 160*r*).
101. *Otro del mismo.* [«Caribde airada y desdeñosa Scyla...»]. (Fol. 160*r*).
102. *Otro del mismo.* [«Como el celeste sol su rayo estiende...»]. (Folio 160*v*).
103. *Otro del mismo.* [«Quando en prosperidad gozoso estava...»]. (Folio 161*r*).

104. *Otro del mismo.* [«En fin, el fin del fin es ya llegado...»]. (Fol. 161*v*).
105. *Otro del mismo.* [«Tu, que siendo ciego tanto vees...»]. (Fol. 161*v*).
106. *Otro del mismo.* [«Excelso monte que con fuego y hielo...»]. (Folio 162*r*).
107. *Otro del mismo.* [«Tu que con passo peressoso y lento...»]. (Folio 162*v*).
108. *Otro del mismo.* [«No eres nieve, que fueras derretida...»]. (Folio 163*r*).
109. *Otro del mismo.* [«Despues que puse en vos el pensamiento...»]. (Folio 163*r*).
110. *Otro del mismo.* [«¿Si estoy sin coraçon, como estoy bivo?...»]. (Folio 163*v*).
111. *Otro del mismo.* [«Rosas, jazmines, alalies y flores...»]. (Fol. 164*r*).
112. *Soneto a una dama que pedia un soneto con encarecimiento, sin dar materia.* [«Pedis, reyna, un soneto, ya lo ago...»]. (Fol. 164*v*).
113. *Soneto a la muerte de la Reyna de españa, hija del emperador Maximiliano.* [«Mucho a la magestad sagrada agrada...»]. (Fol. 165*r*).
114. *Soneto.* [«Sobre una roca que la mar vatia...»]. (Fol. 165*v*).
115. *Soneto.* [«Señoras monjas: pues sin culpas nuestras...»]. (Fol. 166*r*).
116. *Soneto.* [«Hechando estaua plumas a un virote...»]. (Fol. 166*v*).
117. *Soneto de Joan de Mendosa.* [«Comer salchichas y hallar sin gota...»]. (Fol. 167*r*).
118. *A la muerte de la Reina. Soneto en dialogo.* [«—Reina de españa? —Quien me llama? —Alerta...»]. (Folio 167*r*).
119. *Soneto.* [«Dentro de una capilla un hombre honrado...»]. (Fol. 167*v*).
120. *Otro.* [«Afuera Amor, que me quitais el sueño...»]. (Fol. 168*r*).
121. *De Artieda.* [«Gesto que sancto Anton vido en el hiermo...»]. (Folio 168*r*).
122. *De Liñan.* [«El capitan don Marte, y crespa aurora...»]. (Fol 168*v*).
123. *Soneto contra galana, por Juan de Valençuela.* [«Si algun burlon, si algun guarlante heratico...»]. (Folio 169*r*).
124. *Soneto.* [«Casate, o no te cases vergonsuçia...»]. (Fol. 169*v*).
125. *Soneto a D. Diego Pachequo.* [«De presa a la comida ay aqui truchas...»]. (Sol. 169*v*).
126. *Soneto Tablares.* [«Amargas horas de los dulces dias...»]. (Fol. 170*r*).
127. *Soneto de Venito Suares.* [«Ia son mis pensamientos acabados...»]. (Fol. 170*r*).
128. *Soneto de D. Joan de Belasco, Condestable de Castilla, a una tela de justar.* [«Tengoos, señora tela, gran manzilla...»]. (Fol. 171*r*).
129. *Soneto de Joan de Soto.* [«No se yo, Bartolilla, que te tienes...»]. (Folio 171*r*).
130. *Del mismo.* [«La vida se nos passa, el tiempo buela...»]. (Fol. 171*v*).
131. *Soneto.* [«Cuitado que en un punto lloro y rio...»]. (Fol. 172*r*).
132. *Soneto.* [«Si el tiempo bobo es ya passado...»]. (Fol. 172*v*).
133. *Soneto de Tablares.* [«O pensamiento, con que ligereza...»]. (Folio 173*r*).
134. *Soneto.* [«Si una veldad carissima me offende...»]. (Fol. 173*v*).
135. *Soneto de Ziranco a Carranza.* [«Espada Virgen, virgines conceptos...»]. (Fol. 174*r*).
136. *Soneto.* [«Tienenme los travaios tan cansado...»]. (Fol. 174*v*).
137. *Soneto.* [«Hasse movido, Dama, una question...»]. (Fol. 175*r*).
138. *Soneto.* [«Si yo pensasse aca en mi pensamiento...»]. (Fol. 176*r*).
139. *Soneto.* [«Sobervios edeficios de la gloria...»].
140. *Soneto.* [«Es tan alta la gloria de mi pena...»]. (Fol. 176*v*).
141. [«Que haces hombre? Estoime calentando...»]. (Fol. 177*r*).
142. [«¡Ay dios, si yo cegara ante que os viera!...»]. (Fol. 177*v*).
143. *Soneto al fuerte de los Gelves.* [«¿Quien eres que asi espantas solo en verte....»]. (Fol. 178*r*).
144. *Soneto a D. Juan de Austria.* [Provando en tu valor mi mano mano...»]. (Fol. 178*v*).
145. *Soneto.* [«Passando ayer por una calle acasso...»]. (Fol. 179*r*).
146. *Soneto de Spinel a la passion de Cristo.* [«Que del mundo la machina se rompa...»]. (Fol. 179*r*).
147. *Soneto de Lope de Vega a Spi-*

nel. [Florido spino q'a laurel mas verde...»]. (Fol. 179*v*).
148. *Soneto de Padilla.* [«De una evano sutil dos vellas piernas...»]. (Folio 180*r*).
149. *Soneto.* [«Cabello q'en color venceis al oro...»]. (Fol. 180*v*).
150. *Soneto de Spinelo.* [«Melancolica estas putidoncella...»]. (Fol. 181*r*).
151. *Soneto de Lope de Vega.* [«Las no piadossas Martas ya te pones...»]. (Fol. 181*v*).
152. [«En un valle en el qual de pie humano...»]. (Fol. 182*r*).
153. *Soneto.* [«Entre muy frescas y olorosas flores...»]. (Fol. 182*v*).
154. *Soneto.* [«Sangrese de las benas de Cupido...»]. (Fol. 182*v*).
155. *Soneto.* [«Un galan andava enamorado...»]. (Fol. 183*r*).
156. *Soneto.* [«No tiene tanta miel atica hermosa...»]. (Fol 183*v*).
157. *Soneto.* [«Por Cespedes el bueno y Pero tales...»]. (Fol. 184*r*).
158. *Soneto.* [«Yo Juam Baptista de bivar, poeta...»]. (Fol. 184*v*).
159. *Soneto.* [«O ya porque tus ebras y cavellos...»]. (Fol. 185*r*).
160. *Soneto.* [«Grandes mas que elefantes y que abadas...»]. (Fol. 185*v*).
161. *Soneto.* [«Digame por mi fee, señor alaino...»]. (Fol. 186*r*).
162. [«Fuesse a la viña Zebriana un dia...»]. (Fol. 186*v*).
163. *Soneto.* [«Piedra con mil quilates mas preciosa...»]. (Fol. 186*v*).
164. *Soneto.* [«Rompiendo el aire iunto al alto cielo...»]. (Fol. 187*r*).
165. *Soneto.* [«Ninfa mas alva que la leucotea...»]. (Fol. 187*v*).
166. *Soneto.* [«Tuvo una vez el Dios Vulcano celos...»]. (Fol. 188*r*).
167. *Soneto de D. Luis de Góngora.* [«Por ninear un picarillo tierno...»]. (Fol. 188*v*).
168. *Soneto de la sperança, del duque de Francavilla.* [«Amado engaño de la fantazia...»]. (Fol. 189*r*).
169. *Soneto de D. Luis de Gongora a D. her.º manriquez, viniendo dalle el parabien del obispado y aviendo salido de una enfermedad peligrosa.* [«Huesped, sacro señor, no peregrino...»]. (Fol. 189*v*).
170. *Soneto de Lope de Vega a la muerte de D. Diego de Toledo.* [«No contra el hijo sabio de Laerte...»]. (Folio 190*r*).
171. *Descripcion de la vida y travaios que passan los estudiantes de Alcala.* [«Yo el que mas miseria paso...»]. (Folio 190*v*).
172. *Satira nona de Horacio... de Diego de Mendoza.* [«Yendo per via sacra acaso un dia...»]. (Fol. 198*r*).
173. *De Horacio, lib. I. Carminum: «Solvit acris hiems»; traduction de D.º de Mendoza.* [«Ya comiença el imbierno tempestuoso...»]. (Fol. 203*r*).
174. *De Horacio, lib. III, vol. 4, «Descende coelo» &. traducción de Fr. Luis de Leon.* [«Desciende ya del cielo...»]. (Fol. 204*v*).
175. *Od. 14, lib. I. Horatii, traducida por quatro autores D. Iu.º dalmda.* [«No mas, no mas al agua...»]. (Folio 208*r*).
176. *Espinosa.* [«O varco ya cansado...»]. (Fol. 209*v*).
177. *Fr. Luis de Leon.* [«Quien eres por bentura...»]. (Fol. 210*v*).
178. *Od. 9, lib. III Horatii, «Donec gratus...» interlocutores orat.º L. y Fr. Luis de Leon.* [«Mientras que te agradaba...»]. (Fol. 211*v*).
179. *Lib. III, od. 10. Horatii «Extremum Tanais»: Fr. Luis de Leon.* [«Aunque de Scithia fueras...»]. (Folio 212*v*).
180. *Oda 7, lib. III. Horatii, «Quid fles»: Fr. Luis de Leon.* [«¿Por que te das tormento...»]. (Fol. 213*r*).
181. *Od. 22, lib. I. Hora. «Integer vitae»: Fr. L. de Leon.* [«El hombre justo y bueno...»]. (Fol. 214*v*).
182. *Od. 23, lib. I. Horatii.* [«Qual tierna zerbatilla que buscando...»]. (Folio 215*v*).
183. *Od. 10, lib. II. «Rectius vives Licini»: Fr. L. de Leon.* [«Si en alta mar, Licinio...»]. (Fol. 216*r*).
184. *Vida descansada de Marcial, traducida por el mj.º de Salinas.* [«Las cosas que no pueden dar la vida...»]. (Fol. 217*v*).
185. *Del libro de los cinco poetas «ereptum satis primo sub flore scribente Alconem, etc.,», por el mismo Diego de Mendoza.* [«La muerte dura que en su edad mas tierna...»]. (Fol. 218*r*).
186. *Carta de Belardo a Riselo. (Lope a Liñan).* [«Riselo, vive Dios q'estoy mohino...»]. (Fol. 226*v*).

187. *Respuesta de Riselo a Belardo.* [«Con tu carta satirica, Belardo...»]. (Fol. 231*r*).
188. *Respuesta de Belardo a Riselo.* [«A ti, divino ingenio, a ti la pluma...»]. (Fol. 238*v*).
189. *Satira de Spinel contra las damas de Sevilla.* [«Invicto Cesar, Hercules famoso...»]. (Fol. 245*r*).
190. *Carta de Lope de Vega al presidente de Indias Hernando de Vega, desde Valencia.* [«Atlante de los muros de Philippe...»]. (Fol. 267*r*).
Siguen algunas composiciones religiosas y otras en latín.

II

1. *Octavas d. f. a.* [«Tan alto es el favor y bien que siento...»]. (Folio 1*r*).
2. *Otras del abbad Salinas.* [«Acaso un dia me llevó la suerte...»]. (Fol. 2*v*).
3. *Egloga de Dameo y Galatea.* [«Por el requesto de un muy verde otero...»]. (Fol. 3*v*).
4. *Soneto de el Abbad Salinas.* [«Cuitado que en un punto lloro y rio...»]. (Fol. 6*r*).
5. *Cancion de don Alonso de Fonseca.* [«Noche serena y fria...»]. (Fol. 7*r*).
6. *Cancion de Figueroa.* [«Sale la aurora de su fertil manto...»]. (Fol. 7*v*).
7. *Octavas de don Juan de Acuña.* [«Por ti, mi Alcida, dexo en el acena...»]. (Fol. 9*v*).
8. *Vida solitaria de Fray Luys de Leon.* [«Que descansada vida...»]. (Folio. 10*v*).
9. *A una dama que, aviendo recebido un villete, le echo en la calle.* [«Despues que vuestros claros ojos bellos...»]. (Fol. 13*r*).
10. *Octavas.* [«¿En quien se uio jamas tal desuentura...»]. (Fol. 15*r*).
11. *Octavas de Montemayor.* [«Amor no desordena el buen camino...»]. (Folio 15*v*).
12. *Glosa contra la misma.* [«Quien encendió la llama en la pelea...»]. (Folio 16*r*).
13. *Glosa Montemayor contra la pasada.* [«La falta del amor en tanto daño...»]. (Fol 18*r*).
14. *Cancion a la duquesa d'Alba, en la ausencia del duque.* [«Ay soledad amarga...»]. (Fol. 23*v*).
15. *Glosa al soneto de Dardanio.* [«Que pueda la memoria...»]. (Folio 24*r*).
16. *Cancion.* [«Salid, suspiros mios...»]. (Fol. 26*r*).
17. *Glosa de Burguillos sobre quien dize que la ausencia...* [«Los amores constantes...»]. (Fol. 27*v*).
18. *Traduction de la Oda XXIII de Horatio, lib. I.* [«Huyes de mi compañia...»]. (Fol 28*r*).
19. *Cancion de Carranza.* [«El llanto que de amor enterneçida...»]. (Folio 28*v*).
20. *Octavas de Piramo y Tysbe.* [«Mirava Tisbe el cuerpo traspasado...»]. (Fol 34*r*).
21. *Elegia de Tibullo rura tenent, traduzida por Fray Luys de Leon.* [«Al campo va mi amor, y va al aldea...»]. (Fol. 35*r*).
22. *Carta de Belisa a Menandro, por don Diego de Çuñiga.* [«Belisa a su Menandro por quien viene...»]. (Folio 36*r*).
23. *Epistola de Dido a Eneas, traduzida de Ovidio por Don Diego de Mendoza.* [«Qual suele de Meandro en la ribera...». (Fol. 40*v*).
Reproduce íntegramente once.

Ejemplares:

SANTANDER. *«Menéndez y Pelayo».* 4.083. (Dedicado por Bonilla).

35) DE SABLONARA

136

CANCIONERO musical y poético del siglo XVII recogido por Claudio de la Sablonara y transcrito en notación moderna por... Jesús Aroca. Madrid. Imp. de la Revista de Archivos. 1916. VIII + 340 págs. + 1 h. 24 cm.

Págs. 1-28: Notación musical.
Poesías:
1. Maestro Capitán. *Folía.* [«A la dulce risa del alva...»].
2. —— *Romance.* [«Aquella hermosa aldeana...»].
3. Juan Blas. *Canción.* [«Sale la blanca Aurora...»].

4. Maestro Capitán. *Romance*. [«Entre dos mansos arroyos...»].
5. —— *Romance*. [«Digamos un poco bien...»].
6. Juan Blas. *Romance*. [«Alamos del soto, adiós...»].
7. Machado. [*Sin título*]. [«Dos estrellas le siguen...»].
8. *Seguidillas en eco*. [«De tu vista celoso...»].
9. M.º Capitán. *Romance*. [«Caíase de un espino...»].
10. Juan de Torres. *Cancion*. [«Lucinda, tus cabellos...»].
11. Juan Blas. *Romance*. [«Estávase el aldeana...»].
12. Manuel Machado. *Romance*. [«Salió al prado de su aldea...»].
13. M.º Capitán. *Romance*. [«Mirando las claras aguas...»].
14. Manuel Machado. *Romance*. [«En tus brazos una noche...»].
15. Juan Blas. *Romance*. [«Si a la fiesta de San Juan...»].
16. ——. ——— [«Entre dos álamos verdes...»].
17. M.º Capitán. *Romance*. [«Ricos de galas y flores...»].
18. Juan Blas. *Romance*. [«Tus imbidias me hablan...»].
19. Gabriel Díaz. *Romance*. [«Barquilla pobre de remos...»].
20. Juan Blas. *Romance*. [«Desata el pardo otubre...»].
21-22. —— *Soneto*. [«Desiertos campos, árboles sombríos...»].
23. Pujol. *Romance*. [«Ya del soberbio Moncayo...»].
24. Juan Blas. *Romance*. [«Ya no les pienso pedir...»].
25. Gabriel Díaz. *Endechas*. [«Burlóse la niña...»].
26. Juan Blas. [*Sin título*]. [«Ansares y Menga...»].
27. Gabriel Díaz. *Romance*. [«Llorando lágrimas vivas...»].
28. Juan Blas. [*Sin título*]. [«Tienes, niña, en tus ojos...»].
29. —— *Romance*. [«¡Qué hermosa fueras, Belilla...»].
30. ——. ——— [«A coronarse de flores...»].
31-32. ——. ——— [«Desde las torres del alma...»].
33. Miguel de Arizo. *Canción*. [«Filis del alma mía...»].
34. M.º Capitán. *Romance*. [«Fatigada navecilla...»].
35. Gabriel Díaz. [*Sin título*]. [«La morena que yo adoro...»].
36. M.º Capitán. *Canción*. [«En este invierno frío...»].
37. Juan Blas. *Romance*. [«Tan triste vivo en mi aldea...»].
38. M.º Capitán. *Romance*. [«Jacinta, de los cielos...»].
39. *Canción*. [«Solo, triste y ausente...»].
40. Pujol. *Romance*. [«Llamaron los pajarillos...»].
41. M.º Capitán. [*Sin título*]. [«Cura que en la vecindad...»].
42. Palomares. *Romance*. [«Sobre moradas violetas...»].
43. Diego Gómez. *Romance*. [«En el baile del egido...»].
44-45. Alvaro de los Ríos. *Romance*. [«Sin color anda la niña...»].
46. Gabriel Díaz. *Romance*. [«Quando de tus soles negros...»].
47. M.º Capitán. [*Sin título*]. [«¡Ay, que me muero de celos...»].
48. —— *Canción*. [«Escucha, o claro Enares...»].
49. Pujol. *Romance*. [«Romped las dificultades...»].
50. Juan Blas. *Sestinas*. [«Si tus ojos divinos...»].
51. Gabriel Díaz. *Romance*. [«De las faldas del Atlante...»].
52. Pujol. [*Sin título*]. [«Si por flores fueres...»].
53. Miguel de Arizo. *Romance*. [«Vistióse el prado galán...»].
54. M.º Capitán. *Romance*. [Hermosas y enojadas...»].
55. Pujol. *Novenas*. [«Quiera o no quiera mi madre...»].
56. Gabriel Díaz. *Otavas*. [«Dulce mirar, a ninguno...»].
57. Juan Blas. *Romance*. [«Por que alegre venga el sol...»].
58. —— *Novenas*. [«Caracoles me pide la niña...»].
59. Machado. *Romance*. [«¡Que bien siente Galatea...»].
60. M.º Capitán. [*Sin título*]. [«No vayas, Gil, al sotillo...»].
61. Juan Blas. *Romance*. [«Ojos negros que os miráis...»].
62. Pujol. [*Sin título*]. [«Quando sale el alba...»].
63. Gabriel Díaz. *Romance*. [«El que altivos impossibles...»].
64. M.º Capitán. *Canción*. [«En una playa amena...»].

65. Alvaro de los Ríos. *Folía.* [«Paxarillos suaves...»].
66. Pujol. *Romance.* [«Quejándose tiernamente...»].
67. M.º Capitán. *Seguidillas.* [«Bullicioso y claro arroyuelo...»].
68. Alvaro de los Ríos. *Romance.* [«Fuése Bras de la cavaña...»].
69. M.º Capitán. *Decimas.* [«¿A quién cantaré mis quejas...»].
70. Alvaro de los Ríos. *Romance.* [«Desvelada anda la niña...»].
71. M.º Capitán. [*Sin título*]. [«Puñalitos dorados...»].
72. Alvaro de los Ríos. [*Sin título*]. [«Soledades venturosas...»].
73. M.º Capitán. *Novenas.* [«O, si bolasen las horas de pesar...»].
74. Alvaro de los Ríos. *Romance.* [«Enjuga los bellos ojos...»].
75. [«No me tires flechas, rapaz Cupido...»].
76. Alvaro de los Ríos. [*Sin título*]. [«Cantaréis, pajarillo nuevo...»].
77. M.º Capitán. *Folía.* [«Romerico florido...»].
78. Alvaro de los Ríos. *Novenas.* [«Amor, no me engañarás...»].

Crítica:

a) Mitjana, R. *Comentarios* (V. número 137).

b) Pfandl, L., en *Literaturblatt für germanische und romanische Philologie,* XLIII, Leipzig, 1922, págs. 124-26.

Ejemplares:

MADRID. *Nacional.* M-4.332. (Dedicado a Francisco Icaza).

ESTUDIOS

137

MITJANA, R. *Comentarios y apostillas al «Cancionero poético y musical del siglo XVII», recogido por Claudio de la Sablonara y publicado por D. J. Aroca.* (En *Revista de Filología Española,* VI, Madrid, 1919, págs. 14-56, 233-67).

Crítica:

a) Pfandl, L., en *Literaturblatt für germanische und romanische Philologie,* XLIII, Leipzig, 1922, págs. 124-26.

138

PFANDL, L. *Über einige spanische handschriften der Münchener Staatsbibliothek. I.—Das original des Cancionero de la Sablonara.* (En *Homenaje a Menénez Pidal.* Tomo II. 1925. Págs. 531-44).

139

SMITH, CARLETON S. *Documentos referentes al «Cancionero» de Claudio de la Sablonara.* (En *Revista de Filología Española,* XVI, Madrid, 1929, págs 168-73).

36-41) DE SALVA

CODICES

140

[*CANCIONERO de algunas obras de Silvestre, Padilla, Espinel y otros poetas de aquel tiempo*].

Letra de fines del XVI.. 71 hs. 4.º

«Varias de las composiciones de este tomo son inéditas, hallándose entre ellas una larga sátira de Espinel que principia: "Un vivo César, Hércules famoso..." y la siguiente *Glosa* del mismo a un romance antiguo que tampoco veo en la edición de sus *Rimas:* "Sin dinero y sin brío...". Hay muchas composiciones místicas y no pocas que por demasiado libres no reimprimo...» (Salvá).

V. *Catálogo de la biblioteca de Salvá,* I, n.º 196.

141

[*CANCIONERO de composiciones en varias clases de metro de la mejor época de nuestra poesía*].

Letra de principios del XVII. 170 hs. aproximadamente. 4.º

«Abunda este volumen en asuntos espirituales por el estilo de los *Conceptos* de Ledesma, y acaso sean suyas todas o la mayor parte de las composiciones de este género contenidas en él. También hai dos o tres romances del Cid que no encuentro en el *Romancero de Durán.*» (Salvá).

V. *Catálogo de la biblioteca de Salvá,* I, n.º 197.

142

[CANCIONERO recogido de varios poetas del buen tiempo, señaladamente de Lope de Vega, Gaspar Aguilar, Góngora y Quevedo].

Letra de principios del s. XVI.. 180 hs. 4.º

«Contiene, además de las composiciones de los autores antes indicados, un gran número de anónimas y a mi parecer muchas inéditas. A esta clase pertenecen casi todas las de Aguilar, hallándose entre ellas la célebre *Fabula de Endimión y la Luna...*» (Salvá).

V. *Catálogo de la biblioteca de Salvá,* I, n.º 198.

143

[CANCIONERO que comprende poesías de los escritores de la primera mitad del siglo XVII].

Letra de mitad del XVII. 196 hs.

Según Salvá contiene composiciones, muchas inéditas y otras con variantes de consideración, de los siguientes autores:

—Antonio Coello.
—Pedro de la Peña.
—Jerónimo Cáncer.
—Gaspar de Avila.
—Francisco Galante.
—Juan Delgado.
—Juan de la Barreda.
—Juan Martínez.
—Jacinto de Herrera.
—Francisco de Clavijo.
—Francisco de Mendoza.
—Pedro Calderón de la Barca.
—Francisco de Quintana.
—Juan Pérez de Montalván.
—Jerónimo de Ribera.
—Antonio de Herrera.
—Luis de Benavente.
—Luis de Góngora.
—Francisco Campuzano.
—Antonio de Silvá.
—Francisco de Quevedo.
—Francisco Galarza.
—Anastasio Pantaleón de Ribera.
—El M.º Alfaro.
—Juan de Horozco.
—Juan Cuello de Arias.
—Isabel de Aguiar.
—Antonio de Mendoza.
—Jerónimo de Villaizan.
—Gabriel Bocangel.
—Antonio Martínez.
—Juan de Andosilla.
—Pedro de Mendoza.
—José Pellicer de Tovar.
—Licdo. Crespin.
—Antonio de Solís.
—Diego de Silva.
—Gabriel de Roa.
—Luis Vélez.
—José Camerino.
—Lope de Vega.
—José González.
—Juan Vélez.
—Diego de Rincón.
—Conde de Salinas.
—Román Montero.
—Pedro Méndez de Loyola.
—Céspedes.
—Marqués de Alcañizes.

V. *Catálogo de la biblioteca de Salvá,* I, n.º 199.

144

[CANCIONERO de poesías escogidas de nuestros poetas del siglo XVII].

Letra de fines del XVII. 218 h. 4.º

«Principia por algunas composiciones de Quevedo, Góngora, Melchor de Fonseca, Francisco Candamo, Calderón de la Barca, el P. Valentín de Céspedes, Gabriel Pellicer y José Solís: síguense varias contra los privados, ministros y gobierno de Felipe III y Felipe IV, en que se hallan 117 composiciones, la mayor parte inéditas, del Conde de Villamediana... Van a continuación muchas de las poesías que salieron contra la menor edad y el reinado de Carlos II, ocupando un mui principal lugar las de *Perico y Marica;* y hacia el fín se halla una sátira en prosa y verso contra el gobierno de la monarquia en la menor edad de dicho rei.» (Salvá).

V. *Catálogo de la biblioteca de Salvá,* I, n.º 200.

145

[*CANCIONERO de muchas poesías anónimas relativas a los sucesos y desconcierto de España desde 1691 a 1693 y señaladamente las varias que salieron a nombre de Perico y Marica*].

Letra de hacia el 1700. Sin fol. 4.º Escrito en Lima.

V. *Catálogo de la biblioteca de Salvá,* I, n.º 201.

146

[*CANCIONERO formado de las composiciones mas bonitas de nuestros mejores poetas del siglo XVI y principios del XVII*].

Letra de hacia 1825. 8.º

«La mayor parte de las poesías que contiene están sacadas del *Cancionero de Romances,* de las dos partes del *Romancero general,* de las *Flores de poetas ilustres* de Espinosa, de las *Poesías varias* publicadas por Alfay, de algunos pliegos sueltos de ediciones antiguas en letra gótica, y también de varios manuscritos generalmente inéditos.»

V. *Catálogo de la biblioteca de Salvá,* I, n.º 204.

EDICIONES

Fragmentarias

147

[*VARIAS poesías de los Cancioneros que describe en los números 196-98 y 201*]. (En Salvá y Mallen, Pedro. *Catálogo de la biblioteca de Salvá.* Tomo I. 1872. Págs. 103-8).

43-48) DE TIMONEDA

148

CANCIONERO llamado Enredo de Amor. Agora nueuamente compuesto por Joan Timoneda en el qual se contienen Canciones, Villancicos, y otras obras no vistas. [Valencia. Ioan Nauarro]. 1573. 12 fols. 8.º gót.

1. *Cancion.* [«Carillo pues que te vas...»]. (Fols. I*v*-II*r*).
2. *Canción.* [«No me da el suelo pastura...»]. (Fol. II).
3. *Canción.* [«Querelloso esta Pascual...»]. (Fols. II*v*-III*v*).
4. *Canción.* [«No pense tanto quereros...»]. (Fols. III*v*-IV*r*).
5. *Cancion.* [«Sospiros no ay que doler...»]. (Fol. IV).
6. *Villancico.* [«Que no se hizieron Pascuala...»]. (Fols. IV*v*-V*v*).
7. *Villancico.* [«Desde el coraçon al alma...»]. (Fols. V*v*-VI*r*).
8. *Villancico.* [«Gana gloria quien os mira...»]. (Fol. VI).
9. *Cancion.* [«O triste sospiro mio...»]. (Fols. VI*v*-VII*r*).
10. *Cancion.* [«No ay en toda la ribera...»]. (Fol. VII).
11. *Cancion.* [«Porque oluídas el rabaño...»]. (Fols. VII*v*-VIII*v*ɪ.
12. *Cancion.* [«Aquel si viene o no viene...»]. (Fols. VIII*v*-IX*r*).
13. *Cancion.* [«Pastora que en el callado...»] (Fols. IX*r*-X*r*).
14. *Cancion.* [«Que remedio tomare...»]. (Fol X).
15. *Villancico.* [«Ya recojo mi ganado...»]. (Fols. X*v*-XI*r*).
16. *Cancion.* [«Fui buscando amores...»]. (Fols. XI*r*-XII*r*).

Ejemplares:

VIENA. *Nacional.*

149

[*CANCIONEROS*] *Juan Timoneda. —— llamados Enredo de Amor, Guisadillo de Amor y El Truhanesco. (1573). Reimpresos del ejemplar único con una introducción de Antonio Rodríguez-Moñino.* Tirada de 400 ejemplares. Valencia. Edit. Castalia. [Tip. Moderna]. 1951. 145 págs. + 1 h. 17 cm.

Reimpresos a plana y renglón.

Ejemplares:

MADRID. *Nacional.* 4-38.663.

150

CANCIONERO lla[*ma*]*do Guisadillo de Amor. Agora nueuamente compuesto y guisado por Joan Ti-*

moneda de diuersos Auctores, para los enfermos y desgustados amadores: en el qual se contienen Canciones y estrañissimas glosas. [Valencia. Nauarro]. [s. a.]. 12 fols. 8.° gót.

1. *Canción.* [«Siluia por ti morire...»]. (Fols. I*v*-II*r*).
2. *Cancion.* [«Bras porque quieres a Olalla...»]. (Fols. II*r*-III*r*).
3. *Cancion.* [«Quando Menga quiere a Bras...»]. (Fols. III*r*-IV*r*).
4. *Cancion.* [«Menga de amor adolesce...»]. (Fol. IV).
5. *Cancion.* [«Quando el triste coraçon...»]. (Fols. IV*v*-V*r*).
6. *Cancion.* [«Zagala tente a la rama...»]. (Fols. V*r*-VI*r*).
7. *Cancion.* [«Nunca podistes Cupido...»]. (Fol. VI).
8. *Comiençan las glosas. Cancion.* [«Vide a Joana estar lavando...»]. *Glosa.* [«En un lugar sonoro...»]. (Folios VI*v*-VII*v*).
9. *Cancion.* [«Desque os mire y me vistes...»]. *Glosa.* [«Desque veros meresci...»]. (Fols. VIII*v*-IX*v*).
10. *Cancion.* [«Si hos pesa de ser querida...»]. *Glosa.* [«Si el amaros es locura...»]. (Fols. IX*v*-X*r*).
11. *Villancico.* [«Quitaos alla desengaños...»]. *Glosa.* [«A fuera concejos (*sic*) vanos...»]. (Fols. X*r*-XI*r*).
12. *Mote.* [«Oluide, y aborresci...»]. *Glosas.* [«Siendo nouicio algun dia...»]. (Fol. XI).
13. *Mote.* [«Ventura da me lugar...»]. *Glosas.* [«Tras infinitos dolores...»]. (Fols. XI*v*-XII*r*).

Ejemplares:

VIENA. *Nacional.*

151

——— [*Ed. de A. Rodríguez Moñino*]. 1951.

V. n.° 149.

152

TRUHANESCO (El) compilado por Joan Timoneda, en el qual se contienen apazibles y graciosas Canciones, para cantar. Con todas las obras del honrado Diego Moreno, que hasta aqui se han compuesto. [Valencia. Joan Nauarro]. 1573. 12 fols. 8.° gót.

1. *Cancion.* [«Paresce cosa muy fuera...»]. (Fols. I*v*-III*r*).
2. *Cancion.* [«Plegue a Dios en quien adoro...»]. (Fol. III).
3. *Las obras del honrado Diego Moreno. Cancion.* [«Dios que me guarde...»]. (Fols. IV*r*-V*v*).
4. *Como pide celos Diego Moreno a su muger. Cancion.* [«Oyd me señoras...»]. (Fols. V*v*-VII*v*).
5. *Quexas de la muger de Diego Moreno. Cancion.* [«Doy al diablo...»]. (Fols. VII*v*-IX*r*).
6. *Cancion.* [«Marido tan bien mandado...»]. (Fols. IX*r*-X*r*).
7. *Cancion.* [«Si mi padre no me casa...»]. (Fol. X).
8. *Cancion.* [«Entra en casa Gil Garcia...»]. (Fols. X*v*-XI*v*).
9. *Cancion.* [«Tirauan al mas certero...»]. (Fols. XI*v*-XII*r*).

Ejemplares:

VIENA. *Nacional.*

153

——— [*Ed. de A. Rodríguez Moñino*]. 1951.

V. n.° 149.

154

[*CANCIONERO llamado Dechado de colores, compuesto por Juan Timoneda*]. [Valencia. Juan Navarro]. [s. a.]. 12 fols. 8.° gót.

Ejemplares:

VIENA. *Nacional* (sin portada).

155

[*SEGUNDA parte del Cancionero llamado Sarao de Amor*]. [Valencia. Juan Nauarro]. [1561]. 4 hs. + 82 fols. + 2 hs. intercaladas. 14 cm. gót.

Contenido del ejemplar de la Nacional:
—Tabla.
—*Aqui comien*[...?] *del Cancionero llamado Sarao de Amor.*

1. *Canta el galan.* [«Baxol verde esta la fruta...»].
2. *Responde la galana.* [«Si la guarda no se duerme...»]. (Fol. 1).

3. *Canta el galan.* [«El hay señora que distes...»]. (Fols. 1*v*-2*r*).
4. *Responde la galana.* [«Hay que con hay ay dolor...»]. (Fol. 2).
5. *Canta el galan.* [«De los plazeres me aparto...»]. (Fols. 2*v*-3*r*).
6. *Responde la galana.* [«Dexad esta tortolica...»]. (Fol. 3).
7. *Canta el galan.* [«Engañastes me señora...»]. (Fols. 3*v*-4*r*).
8. *Responde la galana.* [«Engañados son los bouos...»]. (Fol. 4).
9. *Canta el galan.* [«Morenica que has tenido...»]. (Fol. 5*r*).
10. *Responde la galana.* [«Tengo perdido el color...»]. (Fol. 5).
11. *Canta el galan.* (En valenciano).
12. *Responde la galana.* [«El casar buen cauallero...»]. (Fol. 6).
13. *Canta el amigo.* [«Galan no hay quien hos entienda...»]. (Fol. 7*r*).
14. *Responde amigo.* [«Quien yo quiero, no me quiere...»]. (Fol 7*v*).
15. *Canta el galan.* [«Que sera de mí si muero...»]. (Fols. 7*v*-8*v*).
16. *Responde la galana.* [«El que pone su esperança...»]. (Fols. 8*v*-?). [Falta el folio 9].
17. [*Sin titulo*?]. [«Que ves zagaleja...»]. (Fol. 10).
18. *Responde la galana.* [«Veo las ouejas...»]. (Fols. 10*v*-11*r*).
19. *Canta el amigo.* [«Mejor partido me fuera...»]. (Fol. 11).
20. *Responde el amigo.* [«Partiendo quien ama...»]. (Fols. 11*v*-12*r*).
21. *Canta el galan.* [«Si limitara mi vista...»]. (Fol. 12).
22. *Responde la galana.* [«No limiteys los seruicios...»]. (Fols. 12*v*-13*r*).
23. *Canta el galan.* [«Aguila que vas bolando...»]. (Fol. 13).
24. *Responde la galana.* [«Buelue aguila a bolar...»]. (Fols. 13*v*-14*r*).
25. *Canta el galan.* [«Haz jura Menga...»]. (Fol. 14).
26. *Responde la galana.* [«Carillo duerme buen sueño...»]. (Fols. 14*v*-15*r*).
27. *Canta el amigo.* [«Los males que amor engendra...»]. (Fol. 15).
28. *Responde el amigo.* [«Todos los males de amor...»]. (Fols. 15*v*-16*r*).
29. *Canta el galan.* [«Tened quedos vuestros ojos...»]. (Fol. 16).
30. *Responde la galana.* [«Vida mia assi gozeys...»]. (Fols. 16*v*-17*r*).
31. *Canta el galan.* [«En tiempos de agora...»]. (Fol. 17).
32. *Responde la galana.* [«Mudança con arte...»]. (Fols. 17*v*-18*v*).
33. *Canta el galan.* [«Morire si soys seruida...»]. (Fols. 18*v*-19*r*).
34. *Responde la galana.* [«Nunca vi muerto de amores...»]. (Fol. 19).
35. *Canta el galan.* [«Salga salga de la dança...»]. (Fols. 19*v*-20*r*).
36. *Responde la galana.* [«Aunque me pinteys ingrata...»]. (Fol. 20).
37. *Canta el amigo.* [«Dexa amigo las casadas...»]. (Fols. 20*v*-21*r*).
38. *Responde el amigo.* [«Por mis penas vi...»]. (Fol. 21).
39. *Canta el galan.* [«Es como el sol reluziente...»]. (Fols. 21*v*-22*r*).
40. *Responde la galana.* [«Hermosura no la he...»]. (Fol. 22*r*).
41. *Canta el amigo.* [«Aquel pastorcico...»]. (Fols. 22*r*-23*v*).
42. *Canta la galana.* [«No querays a quien no quiere...»]. (Fols. 23*v*-24*r*).
43. *Responde el galan.* [«Perla graciosa...»]. (Fol. 24).
44. *Canta el amigo.* [«Seguir quiero mis amores...»]. (Fols. 24*v*-25*r*).
45. *Responde el amigo.* [«Hay que para todos hay...»]. (Fol. 25).
46. *Canta la galana.* [«El que piensa ser querido...»]. (Fols. 25*v*-26*r*).
47. *Responde el galan.* [«No penseys lo que no pienso...»]. (Fol. 26).

—Aqui comiençan las canciones que van sueltas sin respuestas.

48. [«Ved que dichoso es el gallo...»]. (Fol. 27).
49. *Villancico.* [«Que hara lo ques cubierto...»]. (Fols. 27*v*-28*r*).
50. *Villancico.* [«Sobre todos los pesares...»]. (Fol. 28).
51. *Villancico.* [«Nos dolays de su dolor...»]. (Fols. 28*v*-29*r*).
52. *Cancion.* [«Justicia pido que muero...»]. (Fol. 29).
53. *Cancion.* [«De las frutas la mançana...»]. (Fols. 29*v*-30*r*).
54. *Cancion.* [«Morenica dime quando...»]. (Fol. 30).
55. *Villancico.* [«Donde esta mi coraçon...»]. (Fols. 30*v*-31*r*).
56. *Cancion.* [«Dama de linda figura...»]. (Fol. 31).
57. *Cancion.* [«Las gracias desta donzella...»]. (Fols. 31*v*-32*r*).
58. *Villancico.* [«Garça de gentil mirar...»]. (Fol. 32*v*).
59. *Cancion.* [«Señora es tan triste suerte...»]. (Fol. 33).

60. *Cancion*. (En valenciano).
61. *Villancico*. [«El amor es gran cadena...»]. (Fol 34).
62. *Cancion*. [«Galana pues soy vencido...»]. (Fols. 34*v*-35 *r*).
63. *Cancion*. [«No quiero que nadie sienta...»]. (Fol. 35*r*).
64. *Cancion*. [«Burla burlando...»]. (Fols. 35*v*-36*r*).
65. *Cancion*. [«Ve do vas mi pensamiento...»]. (Fols. 36*v*-37*r*).
66. *Cancion*. [«De ver vuestra gentileza...»]. (Fol. 37).
67. *Cancion*. [«Ana los tus ojos...»]. (Fols. 37*v*-38*r*).
68. *Cancion*. [«Pues que jamas oluidaros...»]. (Fol. 38).
69. *Villancico*. (En valenciano).
70. *Cancion*. [«Bien se que no me quereys...»]. (Fol. 39).
71. *Villancico*. [«Pues el tiempo se me passa...»]. (Fols. 39*v*-40*v*).
72. *Villancico*. [«Aunque me parto, no parto...»]. (Fols. 40*v*-41*r*).
73. *Villancico*. [«Adonde quiera queste...»]. (Fol. 41).
74. *Villancico*. [«Si por matar adornays...»]. (Fols. 41*v*-42*r*).
75. *Cancion*. [«Segun que voy viendo...»]. (Fol. 42).
76. *Cancion*. [«El que ama y no es amado...»]. (Fols. 42*v*-43*r*).
77. *Villancico*. [«A galanas nos caseys...»]. (Fol. 43).
78. *Villancico*. [«No me echeys el cauallero...»]. (Fols. 43*v*-44*r*).
79. *Cancion*. [«Tan contento estoy de vos...»]. (Fol. 44).
80. *Cancion*. [«Quien dexa los sus amores...»]. (Fols. 44*v*-45*r*).
81. *Cancion*. [«Galan buelue a bien querer...»]. (Fols. 45*v*-46*r*).
82. *Cancion*. (En valenciano).
83. *Villancico*. [«Soy garridica...»]. (Fol. 46*v*).

—*Aqui comiençan las canciones que van a modo pastoril.*

84. [«Gil no seas enamorado...»]. (Folio 47).
85. *Villancico*. [«Quien te hizo Juan pastor...»]. (Fols. 47*v*-48*r*).
86. *Cancion*. [«Que son de tus gallardías...»]. (Fols. 48*r*-49*r*).
87. *Cancion*. [«Zagal huerte es tu cuydado...»]. (Fol. 49).
88. *Cancion*. [«Mia fe Gil ya de tu medio...»]. (Fols. 49*v*-50*r*).
89. *Villancico*. [«Eres di Juan muerto o biuo...»]. (Fol. 50).
90. *Cancion*. [«Pastorcico enamorado...»]. (Fols. 50*v*-51*r*).
91. *Cancion*. [«En sant Julian...»]. (Fols. 51*r*-52*r*).
92. *Villancico*. [«Por muerto te tuue Juan...»]. (Fol. 52).
93. *Cancion*. [«Tres serranas encontrado...»]. (Fols. 52*v*-53*r*).
94. *Cancion*. [«Carillo quieres me bien...»]. (Fol. 53).
95. *Cancion*. [«Fuera, fuera, fuera...»]. (Fols. 54*r*-55*r*).
96. *Cancion*. [«Carillo temo de ser...»]. (Fol. 55).
97. *Cancion*. [«De donde vienes Anton...»]. (Fol. 55*v*).

—*Aqui comiençan muchas preguntas, nueuas, y graciosas.*

98. [«Quien nos muestra a dicerner...»]. (Fol. 56*r*).
99. [«Quien tiene pelos sin lana...»].
100. [«Quien es, pues soys auisado...»]. (Fol. 56*v*).
101. [«Si hos parece cosa rezia...»].
102. [«Tiene cuernos, y es de ley...»].
103. [«Redonda soy como bola...»].
104. [«Quien es la estrecha criada...»]. (Fol. 57*r*).
105. [«Quien es aquella guinea...»].
106. [«Quien es aquella afeytada...»].
107. [«Vi una qua yua lleuando...»]. (Fol. 57*v*).
108. [«Abitan en poblacion...»].
109. [«Ques la cosa quen tenella...»].
110. *Pregunta*. [«A quien encomiendan sin tener sentido...»].
111. [«Quien va por la calle a passos doblados...»]. (Fol. 58*r*).
112. [«La tan soberuiosa, dezime qual es...»].
113. [«Tres enemigos, estan juntamente...»].
114. [«En que tiempo y otra, o punto o momento...»].
115. [«Quien llama los hombres, con dulce querella...»].
116. [«Quien va señalando, en su modo y talle...»]. (Fol. 58*v*).
117. [«Dezi quien combida, doquier questuuiere...»].
118. *Esta copla embio una cortesana a un galan por saber en que parecer la tenia*. [«Parece me que teneys...»].
119. *Respuesta del galan con el mismo artificio de la passada*. [«Soys señora para mí...»]. (Fols. 57*v*-58*r*).

120. *Este copla que se sigue es de mucho primor.* [«El mi coraçon vm[il]d[e]...»]. (Fol. 58*r*).
121. *Tres versos con tal artificio hechos, que tanto dizen al derecho como al reues.* [«Ola mozo malo...»].

—*Romanzes de illustres y coronadas mugeres de fama notoria, assi Griegas como Romanas, y de otras nasciones...*

122. [«Hypo, dueña, muger Griega...»]. (Fols. 60*v*-61*v*).
123. *Romance de Timbria.* [«Timbría muger Romana...»]. (Fols. 60*v*-61*r*).
124. *Romance de Emilia.* [«Emilia dueña Romana...»]. (Fols. 61*r*-62*r*).
125. *Romance de Sophonisba.* [«Ricas bodas Macenisa...»]. (Fol. 62).
126. *Romance de las Theotonicas y Cimbras.* [«Theotonicos, y Cimbros...»]. (Fols. 62*r*-63*r*).
127. *Romance de Cloelia.* [«Situada (*sic*) tenía Roma...»]. (Fol. 64).
128. *Romance de Lehena.* [«De Lehena en este canto...»]. (Fols. 64*v*-65*v*).
129. *Romance de Penelope.* [«Penelope con Ulixes...»]. (Fols. 65*v*-66*v*).
130. *Romance de Argia.* [«Argia reyna, muger...»]. (Fols. 66*v*-67*r*).
131. *Romance de Yoles.* [«Yoles hija de Enrico...»]. (Fols. 67*r*-68*v*).
132. *Romance de Cleopatra.* [«Rogando esta Cleopatra...»]. (Fols. 68*v*-69*r*).
133. *Romance de Alcione.* [«Alcione con pensamiento...»]. (Fols. 69*r*-70*r*).
134. *Romance de Marcia.* [«Ganada estaua Cartago...»]. (Fols. 70*r*-71*v*).
135. *Romance de Lucrecia.* [«Herida estaua Lucrecia...»]. (Fols. 71*v*-72*r*).

—*Retrato de Timoneda* (Fol. 72*v*).

136. *En esta copla siguiente van inxeridos nueue nombres, de damas.* [«Feroz sin consuelo y sañuda dama...»].

—*Aqui se siguen muchas Canciones y Villancicos de tal artificio hechos que en el primer ringlon de cada vno se encierra el nombre de una dama.*

137. *Villancico.* [«Bien haze, y sabel amor...»]. (Fol. 73).
138. *Villancico.* [«Trabajo a nascido en veros...»]. (Fols. 73*v*-74*r*).
139. *Villancico.* [«Soys leon oro tambien...»]. (Fol. 74).
140. *Villancico.* [«Consuelo y salud me days...»]. (Fols. 74*v*-75*r*).
141. *Villancico.* [«De aquel en aquel passea...»]. (Fol. 75).
142. *Villancico.* [«Amaría nauegando...»]. (Fol. 75*v*).
143. *Romance del rey Bucar.* [«Entre muchos reyes sabios...»]. (Fol. ?).
144. *Siguense muchos Sonetos de diuersos auctores. Y este primero haze el Auctor en loor de todos los que se siguen.* [«Sonetos que sonays lindos primores...»]. Precedido de un retrato de Timoneda, igual al anterior. (Folio ?).
145. *Soneto.* [«Peynando la Diana sus cabellos...»].
146. *Soneto.* [«Dardanio con el cuento del cayado...»].
147. *Soneto.* [«Por no sentir el graue mal que siento...»]. (Fol. 76*r*).
148. *Soneto.* [«En el soberuio mar se vio metido...»].
149. *Soneto.* [«Ero a quien mil cuydados combatían...»]. (Fol. 76*v*).
150. *Soneto.* [«Mejor vacas yreys sin mi gouierno...»].
151. *Soneto.* [«Encierra o claro sol de hermosura...»]. (Fol. 77*r*).
152. *Soneto.* [«A una nimpha vi que se peynaua...»].
153. *Soneto.* [«Siluano, y Nemoroso apassionados...»]. (Fol. 77*v*).
154. *Soneto en siete lenguages.* [«Amator sum infelix omicida...»].
155. *Soneto.* [«Ningun dolor se yguala al acordarse...»]. (Fol. 78*r*).
156. *Soneto.* [«Pintor que una beldad tan sublimada...»].
157. *Soneto.* [«Si el tiempo del ausencia mas penado...»]. (Fol. 78*v*).
158. *Soneto.* [«Tan claro desengaño me haueys dado...»].
159. *Soneto.* [«La corteza dun olmo contemplaua...»]. Fol. 79*r*).
160. *Soneto.* [«Un tiempo fue que yo dezir podia...»].
161. *Soneto.* [«No hay para mis males sufrimiento...»]. (Fol. 79*v*).
162. *Soneto.* [«Ingrata, desleal, desamorada...»].
163. *Soneto.* [«Amor anda corrido y afrentado...»]. (Fol. 80*r*).
164. *Soneto.* [«De tu ganado y choça descuydado...»].
165. *Soneto.* [«Heridana pastora linda, amada...»]. (Fol. 80*v*).
166. *Soneto.* [«Riberas del Danubio al medio día...»].

167. *Soneto.* [«Luzientes ojos donde estancerrado...»]. (Fol. 81*r*).
168. *Soneto.* [«Gran parte de prudencia es acordarse...»].
169. *Soneto.* [«Con vana confiança hauia fundado...»]. (Fol. 81*v*).
170. *Soneto.* [«Es cierto que pense que ya podia...»].
171. *Soneto.* [«Una hermosura, y gracia acompañada...»]. (Fol. 82*r*).
172. *Soneto.* [«En una sombrio valle despeynauan...»].
173. *Soneto a la muerte de nuestro Emperador Carlos quinto, en dos lenguages.* [«Lamarga, fatigosa, y dura pena...»]. (Fol. 82*v*).

«Para nosotros no hay duda de que se trata de fragmentos de la primera y segunda parte del *Sarao de Amor* a los que se ha querido hacer pasar por una sola. Primitivamente debieron estar en orden diferente al que hoy llevan...» (Rodríguez Moñino, *Introducción* a la ed. citada al n.º 149, págs. 23-24).

Ejemplares:

MADRID. *Nacional.* R-3.807 (sin portada).

156

VILLETE de Amor. Cancionero llamado Villete de Amor: compuesto por Baptista Montidea [*anagr. de Juan de Timoneda*]. *En el qual se contienen Canciones, Villancicos, y otras obras diuersas.* [s. l. s. i.]. Véndese en casa de Joan Timoneda, Mercader de libros. [s. a.]. 14 hs. gót.

1. *Cancion.* [«Cata que puedes ser loco...»].
2. *Otra.* [«Lastima es de ver a Bras...»].
3. *Otra.* [«No ay auiso sin prudencia...»].
4. *Otra.* [«Ay ojuelos engañosos...»].
5. *Otra.* [«Tienes dama en perficcion...»].
6. *Otra.* [«Quan hermosa eres Pascuala...»].
7. *Otra.* [«Quierese morir Anton...»].
8. *Otro.* [«Dime Bras, Joana que a hauido...»].
9. *Otra.* [«Vana salio mi esperança...»].
10. *Contienda de colores.* [«En gran porfía han entrado...»].

—*Enfados de muy grandes auisos, y prouechosas sentencias...*

11. *Comiençan los enfados.* [«Enfado me de ver ya los estados...»].
12. *Tercetos de Montemayor.* [«Passaua Amor su arco desarmado...»].
13. *Coplas en que se trata como Diego Moreno el que otro tiempo tuuo tanto descuydo de su muger: agora la mata de celos.* [«Oydme señoras...»].
14. *Otras de Diego Moreno, quexandose su muger.* [«Doy al diablo...»].
15. *Cancion.* [«Goza de tu hermosura...»].

157

——— [Nueva York. De Vinne Press]. [s. a.]. 15 hs. 21 cm. gót.

Edición facsímil de la anterior, dirigida por Archer M. Huntington. Tirada de 200 ejemplares.

Ejemplares:

MADRID. *Nacional.* R-14.876; V-1.896-5.

49) DE TOLEDO

CODICES

158

«*Tonos a lo Diuino y a lo Humano recogidos por el Licenciado D. Geronimo Nieto Madaleno... y escriptos por el Maestro Manuel Lopez Palacios...*».

Letra del s. XVII, 99 fols. × 110 mm. Contenido, según Esteve:

1. *Tono a lo Humano.* [«Ynesilla, yo no veo...»]. (Fol. 1).
2. *Tono.* [«Pues soi zagaleja...»]. (Folios 1 bis-2).
3. *Tono: estriuillo.* [«Pues soi zagaleja...»]. (Fols. 2*v*-3*v*).
4. *Tono y extriuillo.* [«Rosas del pensil...»]. (Fols. 4-5).
5. *Tono a lo Diuino de Calderon.* [«Perdida esposa mia...»]. (Fol. 5).
6. *Otro de Calderon.* [«No se a que sombras...»]. (Fol. 6).
7. *Otro tono a lo Diuino.* [«Huyan las sombras...»]. (Fol. 6*v*).
8. *Tono a lo Diuino.* [«En la Yndia de la Iglesia...»]. (Fols. 7*v*-8).

9. *Tono.* [«Mira esas luzes pensamiento, con mas atenzion...»]. (Folio 8*v*).
10. *Otro tono.* [«La veldad que en la pura...»]. (Fol. 9).
11. *Otro.* [«Vendito, y vendita la candida aurora...»]. (Fol. 10).
12. *Tono a lo Diuino.* [«Las ramas de esta laurel...»]. (Fol. 11).
13. *Otro tono a lo diuino.* [«Llega, Abegita oficiosa...»]. (Fols. 11*v*-12).
14. *Tono a lo diuino: estriuillo.* [«Artificiosa abeja...»]. (Fols. 12-13).
15. *Tono a lo Diuino en esdrujulos.* [«Oigan del sol catolicos...»]. (Folios 13-13*v*).
16. *Otro tono a lo diuino.* [«La Azucena es vella y linda...»]. (Fols. 13*v*-14*v*).
17. *Otro tono a lo Diuino.* [«Al cristal mortales venid y llegad...»]. (Folios 14*v*-15*v*).
18. *Tono.* [«Ai que dolor! que de amores me muero!...»]. (Fols. 15-17).
19. *Tono a el Santisimo Sacramento.* [«Alabado cisne de nieue...»]. (Folios 17-17*v*).
20. *Otro tono al Santisimo Sacramento.* [«Agua es mi tema, Señores...»]. (Fols. 17*v*-19).
21. *Otro a S. Joseph.* [«Atención que de Joseph...»]. (Fols. 19*v*-21).
22. *Jornadas de San Diego a Madrid.* [«San Diego si me remedia...»]. (Folios 21-24*v*).
23. *Otra al mismo yntento.* [«Oy al ynstante Baptista...»]. (Fols. 25-25*v*).
24. *Quintillas a Judas.* [«Judas para ser colgado...»]. (Fols. 26-27).
25. *Tono a lo humano.* [«Que dulzemente interrumpe...»]. (Folios 27-27*v*).
26. *Otro a lo humano.* [«Que ruyseñor que canta...»]. (Fols. 27*v*-28).
27. *Otro tono a lo humano.* [«No desdeñes de verme...»]. (Fol. 28).
28. *Otro tono a lo humano.* [«Tantas flechas, tantas flechas...»]. (Folio 28*v*).
29. *Otro tono a lo humano.* [«Cayo enferma mi esperanza...»]. (Fols. 29-29*v*).
30. *Esdrujulos a lo humano.* [«Oye tirana Brigida...»]. (Fols. 30-30*v*).
31. *Otro tono a lo humano.* [«Venganza, griégos repite...»]. (Folios 31-31*v*).
32. *Otro tono.* [«Yo quiero a Maria Rodriguez...»]. (Fols. 32-32*v*).
33. *Tono.* [«Aue sonora del aire...»]. (Fol. 33).
34. *Otro.* [«Ruiseñor armonioso...»]. (Fols. 33-33*v*).
35. *Otro tono.* [«Amoroso ruiseñor...»]. (Fols. 33*v*-34).
36. *Otro tono.* [«Dulce ruiseñor, suspende...»]. (Fols. 34-34*v*).
37. *Otro tono.* [«Unos antes nauegantes; antes...»]. (Fols. 34*v*-35).
38. *Otro tono.* [«Del arroio que ramas y ojas, que flores y frutos...»]. (Fols. 35-35*v*).
39. *Otro tono.* [«Tatirara, tatero, titirun dararo...»]. (Fols. 36-36*v*).
40. *Otro tono.* [«Peces, fieras, aues, sentid mis males...»]. (Fols. 36*v*-37*v*).
41. *Otro tono.* [«La noche tenebrosa...»]. (Fols. 37*v*-38).
42. *Tono burlesco.* [«Diga señora guapa donde camina?...»]. (Fol. 38*v*).
43. *Otro tono.* [«Fuera que va de retrato...»]. (Fols. 39-39*v*).
44. *Otro tono.* [«Tan discreta eres Juanilla...»]. (Fols. 39*v*-40*v*).
45. *Otro tono.* [«A casar se fue Velilla...»]. (Fols. 40*v*-41*v*).
46. *Otro tono.* [«En la ruda politica vuestra...»]. (Fols. 41*v*-42*v*).
47. *Otro tono.* [«Jupiter soi, que dejando la esfera...»]. (Fols. 42*v*-43*v*).
48. *Otro tono.* [«Ciego, que apuntas y aziertas...»]. (Fols. 43*v*-44).
49. *Otro tono.* [«Cada dia de Menguilla la mala...]. (Fols. 44*v*-45).
50. *Otro tono.* [«Galan sus christales peina...»]. (Fols. 45*v*-46).
51. *Otro tono.* [«Si una voz te aparta...»]. (Fols. 46*v*-47).
52. *Otro tono.* [«Ya no flecha con puntas doradas...»]. (Fols. 47-47*v*).
53. *Otro tono.* [«Y pues mudanzas, niña, vien te parezen...»]. (Fol. 48).
54. *Otro tono.* [«Oid del amante mas fino la noble pasion...»]. (Fol. 48*v*).
55. *Otro tono.* [«Suene mi funesta música...»]. (Fol. 49).
56. *Otro tono.* [«No ves amor aquel risco...»]. (Fols. 49*v*-50).
57. *Otro tono.* [«Aique si, aique no, todo soi enigma de amores...»]. (Folios 50-50*v*).
58. *Otro tono.* [«Calla y no cantes, suspende la voz...»]. (Fol. 51).
59. *Otro tono.* [«Que dulcemente suena...»]. (Fols. 51*v*-52).

60. *Otro tono.* [«A la sombra de un zipres...»]. (Fols. 52-52*v*).
61. *Otro tono.* [«En aquel desnudo tronco...»]. (Fols. 52*v*-53).
62. *Otro tono.* [«Aqui le dare a mi mal...»]. (Fols. 53-53*v*).
63. *Otro tono.* [«Durmiendo estaua una tarde...»]. (Fol. 53*v*).
64. *Otro tono.* [«Quentan que el amor es niño...»]. (Fols. 54-54*v*).
65. *Otro tono.* [«Reciue adorado ausente...)]. (Fol. 55).
66. *Otro tono.* [«Aunque la tiranía alas te preste...»]. (Fols. 55*v*-56*v*).
67. *Otro tono.* [«Maricota de San Payu...»]. (Fols. 56*v*-57).
68. *Otro tono.* [«En los montes de Tesalia...»]. (Fols. 57-57*v*).
69. *Otro tono.* [«Aglauros infelize...»]. (Fols. 57*v*-58).
70. *Otro tono.* [«O nunca plubiera el cielo...»]. (Fols. 58*v*-59).
71. *Otro tono.* [«Moradores de Roma, parad...»]. (Fols. 59-59*v*I.
72. *Otro tono.* [«Pues en el tormento que amor me causo...»]. (Fols. 59*v*-60*v*).
73. *Otro tono.* [«Pascual se queja de Gila...»]. (Fols. 60*v*-61).
74. *Otro tono.* [«Dos dias ha que te quiero....»]. (Fols. 61-61*v*).
75. *Otro tono.* [«Ya sale de Portobelo el ligerito vagel...»]. (Fols. 61*v*-62).
76. *Otro tono.* [«Cea bueno esta Teresa...»]. (Fols. 62-62*v*).
77. *Otro tono.* [«Alla quedais, serrana...»]. (Fols. 62*v*-63).
78. *Otro tono.* [«Ai que dolor! que se queja el amor...»]. (Fols. 63-63*v*).
79. *Otro tono.* [«Ai que me muero solo por que quiero...»]. (Fols. 63*v*-64).
80. *Otro tono.* [«Ai christalino animado...»]. (Fol. 64).
81. *Otro tono.* [«Ai que de amores me muero...»]. (Fol. 64*v*).
82. *Otro tono.* [«Asi morire hasta que los rigores...»]. (Fol. 65).
83. *Otro tono.* [«Ai, ai, corazon te esta...»]. (Fol. 65*v*).
84. *Otro tono.* [«Quien ha visto de Filis...»]. (Fols. 65*v*-66*v*).
85. *Otro tono.* [«Lisonjero pajarillo...»]. (Fols. 66*v*-67).
86. *Otro tono.* [«Auejuelas que a el jazmin...»]. (Fol. 67*v*).
87. *Otro tono.* [«Los ganados de Fileno...»]. (Fols. 67*v*-68).
88. *Otro tono.* [«Amarilis, amarilis...»]. (Fols. 68-68*v*).
89. *Otro tono.* [«Al baile del aldeguela...»]. (Fols. 68*v*-69).
90. *Otro tono.* [«Asta quando, di fortuna...»]. (Fol. 69).
91. *Otro tono.*]«Dele, dele, que no le duele...»[. (Fols. 69-70*v*).
92. *Otro tono.* [«Atiende a Benito, Gila...»].
93. *Otro tono.* [«De la boca de amariles...»]. (Fols. 71*v*-72).
94. *Otro tono.* [«A cazar salio Velisa...»]. (Fols. 72-72*v*).
95. *Otro tono.* [«Preuenid las atenciones...»]. (Fols. 72*v*-73*v*).
96. *Otro tono.* [«Balgate amor por Gileta...»]. (Fol. 73*v*).
97. *Otro tono.* [«A del cielo de amariles...»]. (Fol. 74).
98. *Otro tono.* [«Oyes menga, que quieres bras...»]. (Fols. 74-74*v*).
99. *Otro tono.* [«Oyes, Menga, de mi amor...»]. (Fol. 75).
100. *Otro tono.* [«A dado, Pasqual, señores...»]. (Fol. 75*v*).
101. *Otro tono.* [«Cada instante a su Menguilla...»]. (Fols. 75*v*-76).
102. *Otro tono.* [«Si quieres dar, marica, en lo cierto...»]. (Fols. 76-77*v*).
103. *Otro tono.* [«Afuera, afuera, ymposibles...»]. (Fols. 76*v*-77).
104. *Otro tono.* [«A tus ojos, Ynesilla, que, que...»]. (Fol. 77).
105. *Otro tono.* [«Dime Pedro por tu vida...»]. (Fol. 77*v*).
106. *Otro tono.* [«Con la espina de una rosa...»]. (Fols. 77*v*-78).
107. *Otro tono.* [«Carretero me hizo amor...»]. (Fols. 78-78*v*).
108. *Otro tono.* [«Bistiose de azul Lisarda...»]. (Fols. 78*v*-79).
109. *Otro tono.* [«En el regazo de Venus...»]. (Fol. 79).
110. *Otro tono.* [«Por unos ojos azules...»]. (Fols. 79-79*v*).
111. *Otro tono.* [«Si dezir quisieres Fabio...»]. (Fols. 79*v*-80).
112. *Otro tono.* [«Al pie de un olmo robusto...»]. (Fols. 80-80*v*).
113. *Otro tono.* [«Huye, huye, huye, auejuela...»]. (Fols. 80*v*-81).
114. *Otro tono.* [«No subas garza a los cielos...»]. (Fols. 81-85*v*).
115. *Otro tono.* [«Amante tortolilla...»]. (Fols. 81*v*-82).
116. *Otro tono.* [«Aquel narziso de plumas...»]. (Fol. 82).

117. *Otro tono.* [«Altiuo, un risco eminente...»]. (Fols. 82-82*v*).
118. *Otro tono.* [«Coplas me mandan que cante...»]. (Fols. 82*v*-83*v*).
119. *Otro tono, por canario, a las monjas.* [«Para un combento de mon (*sic*)...»]. (Fols. 83*v*-84*v*).
120. *Otro tono.* [«Ibase un pastor acaso...»]. Fols. 84*v*-86).
121. *Otro tono.* [«Atención al retrato de filis...»]. (Fols. 86-87).
122. *Otro tono. A un borracho.* [«A un hombre hecho una uba...»]. (Folios 87-88).
123. *Otro tono.* [«Dom Pedro a quien los crueles...»]. (Fols. 88-88*v*).
124. *Otro tono a D. Fernando de Valenzuela.* [«Fernando, a quien en amar...»]. (Fols. 89-90*v*).
125. *Otro tono.* [«Barbaros moradores de Aonia...»]. (Fols. 90*v*-91).
126. *Otro tono de Calderon.* [«Ya que aqueste peñasco...»]. (Fols. 91-92).
127. *Otro tono.* [«De un profundo letargo...»]. (Fols. 92-93*v*).
128. *Otro tono.* [«Ya desengaño mio...»]. (Fols. 93*v*-94).
129. *Otro tono.* [«Las campanas dan y daran...»]. (Fols. 94-94*v*).
130. *Otro tono a la reyna francesa.* [«A el sarao que el amor...»]. (Folios 94*v*-95*v*).
131. *Otro tono.* [«Hermosos ojos serenos...»]. (Fols. 95*v*-96).
132. *Otro tono.* [«O si el dolor que me aflige...»]. (Fols. 96-96*v*).
133. *Otro tono.* [«Dime, Señora...»]. (Fol. 97).
134. *Otro tono.* [«De una niña quiero hablar...»]. (Fol. 98).
135. *Otro tono.* [«Ruede la vola...»]. (Fols. 98*v*-99).

V. Esteve Barba, *Catálogo de ms. de la colección Borbón-Lorenzana...*, número 391.

TOLEDO. *Provincial.*

ESTUDIOS

159

ESTEVE BARBA, F. *Un cancionero manuscrito y una noticia.* (En *Correo Erudito,* I, Madrid, 1940, págs. 58-59).

50) DE TURIN

CODICES

160

[*Cancionero*].

Letra del s. XVI. 1 h. + 47 fols. + 8 hs. blancas + 6 sin num. 305 × 212 mm. Letra y música de las canciones, cuyos autores no se indican.

Contenido, según Bertini:

1. [«Por la puente Juana...»]. (Folio 1*r*).
2. [«Ay malogrados pensamientos míos...»]. (Fol. 2*r*).
3. [«Ya no soy quien ser solía...»]. (Fol. 3*r*).
4. [«Ques esto pensamiento...»]. (Folio 4*r*).
5. [«A la gineta y vestido...»]. (Folio 5*r*).
6. [«A Dios esperanças...»]. (Fol. 6*r*).
7. [«Al enredador vecinas...»]. (Folio 7*r*).
8. [«Ay suspiros nos canséis...»]. (Folio 8*r*).
9. [«Aqui no ay que esperar...»]. (Folio F*r*).
10. [«Ay amargas soledades...»]. (Folio 10*r*).
11. [«Volved pensamiento mío...»]. (Fol. 11*r*).
12. [«Bella pastorçica...»]. (Fol .12*a*).
13. [«Como puede temer daño...»]. (Fol. 13*a*).
14. [«Con ciertas desconfianças...»]. (Fol. 14*r*).
15. [«Como retumban los remos...»]. (Fol. 15*r*).
16. [«De pechos sobre una torre...»]. (Fol. 16*r*).
17. [«Donde estas señora mía...»]. (Fol. 17*r*).
18. [«Desdichada la dama cortesana...»]. (Fol. 18*r*).
19. [«De los alamos vengo...»]. (Folio 19*r*).
20. [«En esta larga ausençia...»]. (Folio 20*r*).
21. [«Fuego de Dios...»]. (Fol. 21*r*).
22. [«Gavilan que andais de noche...»]. (Fol. 22*r*).
23. [«La ocasion del mal...»]. (Folio 24*r*).
24. [«Madre, la mi madre...»]. (Folio 25*r*).

25. [«La morena graciosa...»]. (Folio 26*r*).
26. [«En el campo florido...»]. (Folio 26*v* la música).
27. [«Río de Sevilla...»]. (Fol. 27*r*).
28. [«Ques esto pensamiento...»]. (Folio 28*r*).
29. [«Mal aya quien senamora...»]. (Fol. 29*r*).
30. [«No me lo pregunte madre...»]. (Fol. 30*r*).
31. [«No paseis el cavallero...»]. (Folios 31*r*).
32. [«No puedo con tus ojos...»]. (Folio 32*r*).
33. [«No quiero contar mi pena...»]. (Fol. 33*r*).
34. [«Ojos no lloreis...»]. (Fol. 34*r*).
35. [«Oras tristes y amargas...»]. (Folio 35*r*).
36. [«Salte y bayle y bayle por dinero...»]. (Fol. 36*r*).
37. Idem. (Fol. 37*r*).
38. [«Señora despues que os vi...»]. (Fol. 38*r*).
39. [«Vayos amores daqueste lugar...»]. (Fol. 39*r*).
40. [«Sobre moradas violetas...»]. (Folio 40*r*).
41. [«Otras vezes me aveys visto...»]. (Fol. 41*r*).
42. [«Mi querido es ydo al monte...»]. (Fol. 42*r*).
43. [«Puse mis cabellos en almoneda...»]. (Fol. 43*r*).
44. [«Pensamiento pues dizen que igualas...»]. (Fol. 44*r*).
45. [«Era la noche mas fría...»]. (Folio 45*r*).
46. [«Blanda la mano...»]. (Fol. 46*r*).
47. [«No lloreis casada...»]. (Folio 47*r*).
48. [«Vella pastorçica...»].
49. [«En el mas soberbio monte...»].
50. [«De pecho sobre una torre...»].

TURIN. *Nazionale*. Riserva, 1-14.

EDICIONES

161

POESIE spagnole del Seicento, a cura di G. M. Bertini. Turín. Chiantore. 1946. XXIV + 74 págs.

Crítica:

a) Batllori, M., en *Razón y Fe*, CXXXVI, Madrid, 1947, págs. 117-19.

Fragmentarias

162

VEGA, LOPE DE. *Treinta canciones de —— puestas en música por Guerrero, Orlando de Lasso, Palomares..., etc. y transcritas por Jesús Bal*... Madrid. «Residencia». 1935. 8 hs. + 109 + XXII págs. + 2 hs. 27,5 cm.

Reproduce la letra y la música de las de Lope.

Ejemplares:

MADRID. *Nacional*. M-4.513.

ESTUDIOS

163

BERTINI, GIOVANNI MARIA. *Un romancero musical español en la Biblioteca Nacional de Turín (Italia)*. (En *Aevum*, año XII, Milán, 1938, págs. 56-78).

Tirada aparte: Milán. [Tip. Pontificia S. Giuseppe]. 1938. Págs. 56-78. 23 cm.

Ejemplares:

MADRID. *Particular de D. Joaquín de Entrambasaguas.*

164

BERTONI, GIULIO. *Intorno ad alcuni componimenti spagnuoli di una silloge musicale torinese*. (En *Archivum Romanicum*, I, Ginebra-Florencia, 1917, págs. 102-5).

51) DE UPSALA

V. *B. L. H.*, III, n.º 2.323-26.

52) VERGEL DE AMORES

V. *B. L. H.*, III, n.º 2.327-29.

53) VERGEL DE FLORES DIVINAS

165

VERGEL de flores divinas. Compuesto y recopilado por el Licenciado Iuan Lopez de Vbeda... En el qval se hallaran todas y qualesquier composturas apropriadas para todas las fiestas del año, assi de nuestro Señor como de nuestra Señora, y de otros muchos Sanctos. Alcalá de Henares. Iuan Iñiguez de Lequerica. 1582. 10 hs. + 210 folios + 9 hs.

1. *Invocacion a la Sanctissima Trinidad. Soneto.* [«Principio sin principio verdadero...»]. (Fol. 1*r*).
2. *Octavas a lo mismo.* [«Alta, suprema, y sacra prouidencia...»]. (Fol. 1).
3. *Redondillas de la Sanctissima Trinidad.* [«Deste profundo secreto...»]. (Fol. 1*v*).
4. *Soneto a la Encarnacion.* [«Estavase en la mente soberana...»]. (Folio 2*r*).
5. *Octaua a la Encarnacion.* [«Cayda ya naturaleza humana...»]. (Fol. 2*r*).
6. *Redondillas de lo mismo.* [«Oy el verbo consagrado...»]. (Fol. 2).
7. *Soneto.* [«Porque se alegra el mundo? Porque espera...»]. (Fols. 2*v*-3*r*).
8. *Otro soneto de lo mismo.* [«Oy nasce Dios, porque la gente muerta...»]. (Fol. 3*r*).
9. *Octauas del Nascimiento.* [«La gloria canto deste niño infante...»]. (Folio 3*r*).
10. *Comiença la obra del Santissimo Nascimiento, por dialogos Pastoriles.* [«Como llaman al Infante...»]. (Folio 3*v*).
11. *Segundo Dialogo entre dos Pastores.* [«En el portal de Bethlen...»]. (Fols. 3*v*-4*r*).
12. *Dialogo tercero de lo mismo.* [«Vete conmigo Miguel...»]. (Fol. 4).
13. *Otro de lo mismo.* [«De la zagala Thomas...»]. (Fol. 4*v*).
14. *Otro dialogo de lo mismo.* [«Lucifer cierre la puerta...»]. (Fols. 4*v*-5*r*).
15. *Otro dialogo de lo mismo.* [«Que suena Gil en el hato...»]. (Fol. 5*r*).
16. *Dialogo septimo de lo mismo.* [«Que suena Gil en el hato?...»]. (Folios 5*r*-6*r*).
17. *Dialogo octauo de lo mismo.* [«Preguntame hermano Bras...»]. (Folio 6*r*).
18. *Dialogo nono de lo mismo.* [«Anda aca Gil compañero...»]. (Fol. 6*r*).
19. *Dialogo decimo entre Dios y el hombre.* [«Niño Dios quien os da guerra...»]. (Fol 6).
20. *Tercetos del Nascimiento.* [«En un pobre portal recien nascido...»]. (Fol. 6*v*).
21. *Soneto del Nacimiento.* [«Oy sale el soberano sol de oriente...»]. (Folio 7*r*).
22. *Octauas al nacimiento.* [«De frio estays temblando en pobre cama...»].
23. *Otras octauas del Nascimiento.* [«Miraua el niño Dios recien nascido...»]. (Fols. 7*v*-8*v*).
24. *Octauas de lo mismo.* [«O mi Dios, o mi bien, y mi alegria...»]. (Folios 8*v*-9*r*).
25. *Soneto de lo mismo.* [«Oy nasce tiritando y con pobreza...»]. (Fol. 9*r*).
26. *Versos lyricos al Nascimiento.* [«Alegre y dulce canto...»]. (Fols. 9*v*-10*v*).
27. *Otros Lyricos.* [«Vengays en hora buena cortesano...»]. (Fols. 10*v*-11*r*).
28. *Otros Lyricos de lo mismo.* [«De el alto y dulce seno...»]. (Fols. 11*v*-12*r*).
29. *Villancico del Nacimiento.* [«Nadie aya que se asombre...»]. (Fol. 12).
30. *Otro villancico de lo mismo.* [«Los ojos del niño son...»]. (Fol. 12*v*).
31. *Otro.* [«Los ojos del niño son...»]. Distinto del anterior. (Fols. 12*v*-13*r*).
32. *Otro villancico.* [«Gran sabor es el que os di...»]. (Fol. 13*r*).
33. *Otro villancico.* [«Sabes las nueuas Miguel...»]. (Fol. 13).
34. *Otro.* [«Enojado esta Luzbel...»]. (Fol. 13*v*).
35. *Otro.* [«Pastorcico enamorado...»]. (Fols. 13*v*-14*r*).
36. *Otro.* [«Aquexado del amor...»]. (Fol. 14*r*).
37. *Otro.* [«Que os vea hombre en un portal...»]. (Fol. 14).
38. *Otras.* [«Dexa su corte y estado...»]. (Fol. 14*v*).
39. *Poesías en portugués.*
40. *Otras en vizcayno.* [«Ioancho y Ioan Gaycoa...»]. (Fol. 15).
41. *Otro.* [«En noche fría destemplada...»]. (Fols. 15*v*-16*r*).
42. *Villancico contrahecho al que dize, Niña por quien yo sospiro.* [«Buen Iesus por quien sospiro...»]. (Fol. 16*r*).
43. *Otro.* [«Miraua a Iesus su madre...»]. (Fol. 16).

44. *Otro.* [«Veys me aqui que por quereros...»]. (Fols. 16*v*-17*r*).
45. *Otras.* [«Aunquesse llorar os quadre...»]. (Fol. 17*r*).
46. *Otras.* [«Pastores doy os por nueua...»]. (Fol. 17*r*).
47. *Otras.* [«El sol que alumbraua al suelo...»]. (Fol. 17*v*).
48. *Coplas.* [«A galan dissimulado...»]. (Fol. 17*v*).
49. *Otras.* [«Ques cosi cosa Pascual...»]. (Fols. 17*v*-18*r*).
50. *Villancico contrahecho al que dize, Aquel si viene no viene.* [«El venir Dios como viene...»]. (Fol. 18*r*).
51. *Otro.* [«En braços de una donzella...»]. (Fol. 18).
52. *Otras.* [«Recuerde el alma dormida...»]. (Fol. 18*v*).
53. *Otras.* [«Gran trueco hizo el peccado...»]. (Fol. 18*v*).
54. *Otras.* [«Alla en el Cielo se vido...»]. (Fols. 18*v*-19*r*).
55. *Otro.* [«Con su cabello dorado...»]. (Fol. 19*r*).
56. *Otro.* [«A la puerta llaman...»]. (Fol. 19*v*).
57. *Villancico contrahecho al que dize, Aquel si sale no sale.* [«Aquel salir como sale...»]. (Fols. 19*v*-20*r*).
58. *Otro.* [«Oy al peccador llamays...»]. (Fol. 20*r*).
59. *Otro.* [«Quien os trae mi redenptor...»]. (Fol 20*r*).
60. *Glosa.* [«El mas subido contento...»]. (Fol. 20*v*).
61. *Otro villancico.* [«Quien podra no amaros...»]. (Fol. 20*v*).
62. *Otro en glosa.* [«Iusticia y misericordia...»]. (Fols. 20*v*-21*r*).
63. *Soneto.* [«De aquel trono imperial del padre eterno...»]. (Fol. 21*r*).
—*Romance del sanctissimo Nascimiento.*
64. *Primer romance contrahecho al que dize, Mira Nero de Tarpeya.* [«Mira el lymbo, Lucifer...»]. (Fols. 21*v*-22*r*).
65. *Segundo romance.* [«Mal ferido sale Adam...»]. (Fols. 21*v*-22*r*).
66. *Tercero romance.* [«En el soberano alcaçar...»]. (Fol. 22).
67. *Cuarto Romance.* [«En el consistorio eterno...»]. (Fol. 22*v*).
68. *Quinto Romance.* [«En el medio de la noche...»]. (Fols. 22*v*-23*r*).
69. *Sexto romance contrahecho al que dize, Por el rastro de la sangre.* [«Por el rastro de la sangre...»]. (Fol 23).
70. *Septimo romance contrahecho al que dize, La mañana de San Juan.* [«Mañana de Nauidad...»]. (Fols. 23*v*-24*r*).
71. *Octauo romance contrahecho al mismo.* [«La noche de Nauidad...»]. (Fol. 24*r*).
72. *Noueno romance.* [«Regozijo ay en el suelo...»]. (Fol. 24*r*).
73. *Decimo Romance.* [«En un portal derribado...»]. (Fol. 24).
74. *Undecimo Romance.* [«Por Bethlem gime y sospira...»]. (Fol. 24*v*).
75. *Duodecimo Romance, contrahecho al que dize, Muerto yaze un cauallero.* [«Pobre nasce Dios del cielo...»]. (Folios 24*v*-25*r*).
76. *Trezeno romance.* [«Almas tiernas y deuotas...»]. (Fol. 25*r*).
77. *Catorzeno romance contrahecho.* [«El hijo de Dios eterno...»]. (Fol. 25).
78. *Decimo quinto romance.* [«Auiendo aquel viejo Adam...»]. (Fol. 25*v*).
79. *Decimo sexto romance.* [«En la machina del mundo...»]. (Fols. 25*v*-26*r*).
80. *Soneto de la Circuncision.* [«Si el coraçon de vientos sacudido...»]. (Fol. 26*r*).
81. *Otro Soneto.* [«Qual musica en la oreja suena al hombre...»]. (Fol. 26).
82. *Otro soneto.* [«Iesus, nombre que al muerto le da vida...»]. (Fol. 26*v*).
83. *Octaua.* [«Iesus mi redemptor, y mi alegria...»]. (Fols. 26*v*-27*r*).
84. *Otra octaua.* [«Para que derramays la sangre pura...»]. (Fol. 27*r*).
85. *Villancico.* [«Esclauo soy, pero cuyo...»]. (Fol. 27*r*).
86. *Otro.* [«Cortado le han un giron...»]. (Fol. 27).
87. *Otro.* [«Porque niño ensangrentays...»]. (Fol. 27*v*).
88. *Otro.* [«Donde vays con tal socorro...»]. (Fol. 27*v*).
89. *Otro.* [«Niño que en tan tierna edad...»]. (Fols. 27*v*-28*r*).
90. *Otro.* [«Dios padre ha el camino abierto...»]. (Fol. 28*r*).
91. *Otras.* [«Por ser Iesus se ha arriscado...»]. (Fol. 28).
92. *Soneto al niño Iesus.* [«Iesus, bendigo yo tu sancto nombre...»]. (Folio 28*v*).
93. *Romance de lo mismo.* [«De su

mismo amor herido...»]. (Fols. 28*v*-29*r*).
94. *Soneto a la adoracion de los Reyes.* [«Salio una estrella clara y refulgente...»]. (Fol. 29*r*).
95. *Octaua de lo mismo.* [«Vienen los Reyes ante el Rey del Cielo...»]. (Folio 29*r*).
96. *Lyricos de lo mismo.* [«Dezid Reyes Sagrados que hallastes...»]. (Folio 24).
97. *Redondillas de la adoracion de los Reyes.* [«Niño que es dios y en naciendo...»]. (Fol. 25*r*).
98. *Otras.* [«A un Rey adoran tres...»]. (Fol 25*r*).
99. *Otras.* [«Tres Reyes parte (*sic*) de Oriente...»]. (Fols. 25*r*-31*r*).
100. *Otras coplas glossadas sobre aquella cancion que dize, Aquel si viene no viene.* [«Mirad que fuerça de amores...»]. (Fols. 30*v*-31*r*).
101. *Soneto de la huyda a Egypto.* [«Huye el dulce Iesus, rey infinito...»]. (Fol. 31).
102. *Octaua de lo mismo.* [«La madre lleua al niño recostado...»]. (Folio 31*v*).
103. *Soneto al niño perdido.* [«No temays Virgen amorosa y tierna...»]. (Fols. 31*v*-32*r*).
104. *Octaua de lo mismo.* [«Siendo Señor la misma eterna sciencia...»]. (Fol. 32*r*).
105. *Redondillas de lo mismo.* [«Para que days por perdido...»]. (Folio 32*r*).
106. *Soneto al desierto de Christo.* [«Ayuna el Rey Supremo de la altura...»]. (Fol. 32).
107. *Octauas de lo mismo.* [«En un desierto aspero y fragoso...»]. (Folios 32*v*-33*r*).
108. *Redondillas de lo mismo.* [«No ayunays rey soberano...»]. (Fol. 33*r*).
109. *A la Transfiguracion de Christo nuestro Señor. Soneto.* [«Si estando en esta vida transitoria...»]. (Fol. 33).
110. *Octaua de lo mismo.* [«A los vuestros dexays tan espantados...»]. (Fol. 33*v*).
111. *Villancico.* [«Si esso teneys por victoria...»]. (Fol. 33*v*).
112. *Romance de lo mismo.* [«En esse monte Thabor...»]. (Fols. 33*v*-34*r*).
113. *A la oracion del Huerto. Soneto.* [«La humanidad de Dios, triste, affligida...»]. (Fol. 34*r*).
114. *Octaua.* [«Aunque con graues penas y tormento...»]. (Fol. 34*r*).
115. *Redondillas.* [«Si se da a mi culpa dura...»]. (Fol. 34*v*).
116. *Romance.* [«Una noche tenebrosa...»]. (Fol. 34*v*).
117. *Otro Romance de lo mismo.* [«Ya se parte el rey del cielo...»]. (Folios 34*v*-35*v*).
118. *Soneto a la Columna.* [«Fino alabastro, en jaspe sustentado...»]. (Folio 35*v*).
119. *Octaua.* [«Amarrado en un aspera columna...»]. (Fol. 35*v*).
120. *Redondillas.* [«Siendo vos justo, yo el reo...»]. (Fol. 36*r*).
121. *Romance.* [«En un marmol duro y frío...»].
122. *Cancion a la Columna.* [«Verbo del Padre eterno...»]. (Fols. 36*r*-37*r*).
123. *Soneto a la Corona de espinas.* [«Diziendo esta el amigo al dulce amado...»]. (Fol. 37*r*).
124. *Octaua de lo mismo.* [«Rey soberano de la eterna gloria...»]. (Folio 37*r*).
125. *Redondillas de lo mismo.* [«Ya espina no soys espina...»]. (Fol. 37).
126. *Soneto al Ecce Homo.* [«Por donde podre entrar mas a prouecho...»]. (Fols. 37*v*-38*r*).
127. *Octauas al Ecce Homo.* [«Veys aqui el verbo Dios omnipotente...»]. (Fol. 38*r*).
128. *Cancion de lo mismo.* [«Metido entre sayones...»]. (Fol. 38).
129. *Soneto a nuestro Señor con la Cruz acuestas.* [«Abre los ojos peccador, y mira...»]. (Fols. 38*v*-39*r*).
130. *Octaua a nuestro Señor con la Cruz a cuestas.* [«A Cuestas lleua el Verbo soberano...»]. (Fol. 39*r*).
131. *Redondillas de lo mismo.* [«De la cruz va Dios cargado...»]. (Folio 39*r*).
132. *Romance de lo mismo.* [«Cansado yua el buen Iesus...»]. (Fol. 39).
133. *Soneto a Christo crucificado.* [«Que es esto gran señor, que os ha mouido...»]. (Fol. 39*v*).
134. *Glosa de lo mismo sobre esta letra.* [«Dios puso en hombre su nombre...»]. (Fols. 39*v*-40*r*).
135. *Otro soneto de lo mismo.* [«Estando como estays Christo enclauado...»]. (Fol. 40*r*).
136. *Otro soneto.* [«Despierta peccador, mira mi pecho...»]. (Fol. 40).

137. *Otro soneto.* [«O crucifixo mio, que es aquesto?...»]. (Fol. 40*v*).
138. *Otro soneto.* [«Da vozes coraçon, porque no llamas...»]. (Fols. 40*v*-41*r*).
139. *Otro soneto.* [«Aquel Dios de vengança, y leon brauo...»]. (Fol. 41*r*).
140. *Otro soneto.* [«Recuerda, o peccador, si estas durmiendo...»]. (Folio 41).
141. *Otro soneto.* [«La vida de la vida nos dio vida...»]. (Fol. 41*v*).
142. *Octauas.* [«Salgan ya de mis ojos las corrientes...»]. (Fols. 4E*v*-42*r*).
143. [*Poesia*]. [«Sientome a las riberas destos rios...»]. *Glosa en lyricos.* [«Cinco rios corrientes...»]. (Fol. 42).
144. *Villancico.* [«Oy el mundo es rescatado...»]. (Fols. 42*v*-43*r*).
145. *Lyricos.* [«O redempcion cumplida...»]. (Fol. 43*r*).
146. *Soneto.* [«Que bueno es para mi este sancto dia...»]. (Fol 43).
147. *Romances de la passion.* [«De amores estaua Christo...»]. (Fols. 43*v*-44*r*).
148. *Otro romance.* [«Mal herido Iesu Christo...»]. (Fol. 44*r*).
149. *Otro romance.* [«Enfermo esta el rey del cielo...»]. (Fol. 44).
150. *Otro romance.* [«Por el rastro de la sangre...»]. (Fol. 44*v*).
151. *Otro romance.* [«El hijo de Dios eterno...»]. (Fol. 45*r*).
152. *Otro romance.* [«Miraua desde la cruz...»]. (Fol. 45).
153. *Romance contrahecho a aquel que dize, Moryros quereys mi padre.* [«Moriros quereys mi Dios...»]. (Folios 45*v*).
154. *Soneto al buen ladron.* [«O buen ladron, valiente, y animoso...»]. (Folio 46*r*).
155. *Octauas.* [«O quien tal hurto como tu oy has hecho...»]. (Fol. 46*r*).
156. *Villancico.* [«Quien nunca tal hurto ha visto...»]. (Fol. 46*v*).
157. *Del descendimiento a los infiernos. Soneto.* [«Oy baxa Dios hasta el infierno obscuro...»]. (Fols. 46*v*-47*r*).
158. *Soneto de lo mismo.* [«Alla en el hondo centro de la tierra...»]. (Folios 46*v*-47*r*).
159. *Octaua.* [«Aquella alma diuina, que apartada...»]. (Fol. 47*r*).
160. *Otra octaua.* [«Si vos soys del obscuro y triste infierno...»]. (Folio 47*r*).
161. *Villancico.* [«Bien podeys abrir que viene...»]. (Fol. 47).
162. *A la quinta angustia. Soneto.* [«Dulce Redemptor mio, que mi muerte...»]. (Fol. 47*v*).
163. *Octauas de lo mismo.* [«Iunto a la cruz de do el Señor pendia...»]. (Fols. 47*v*-48*r*).
164. *Cancion de lo mismo.* [«O gloria escurecida...»]. (Fol. 48).
165. *Romance de lo mismo.* [«En un monte alto y fragoso...»]. (Fol. 48*v*).
166. *Soneto al descendimiento de la cruz.* [«Descended Rey de gloria soberano...»]. (Fols. 48*v*-49*v*).
167. *Octauas al descendimiento de la Cruz, contrahechas a las que dizen, Tisbe el cuerpo desangrado.* [«Miraua el tierno cuerpo desangrado...»]. (Folio 49).
168. *Redondillas.* [«Muerto descendeys Iesus...»]. (Fol. 50*r*).
169. *A la sepultura de Christo. Soneto.* [«Con dura piedra, elada, firme y fuerte...»]. (Fol. 50*r*).
170. *Octaua de lo mismo.* [«Rompe tu coraçon de piedra dura...»]. (Folio 50*r*).
171. *A la gloriosa Resurrecion de nuestro Señor Iesu Christo. Soneto.* [«Oy el esclarecido sol de Oriente...»]. (Fol. 50*v*).
172. *Otro soneto de lo mismo.* [«O malicia del mundo, o triste suerte...»]. (Fol. 50*v*).
173. *Octaua de lo mismo.* [«Como guardays al Capitan Soldados...»]. (Folio 51*r*).
174. *Tercetos de la Resurrection.* [«El mundo triste en este santo dia...»]. (Fol. 51).
175. *Versos lyricos de la Resurreccion.* [«O rutilante aurora...»]. (Folios 51*v*-53*r*).
176. *Coplas Redondillas.* [«Huelge se toda criatura...»]. (Fol. 53*r*).
177. *A la apparicion de Christo a las tres Marias. Soneto.* [«Adonde vays Marias a los huertos...»]. (Fol. 53).
178. *Otro Soneto de lo mismo.* [«Llenas de gozo, y llenas de alegria...»]. (Fols. 53*v*-54*r*).
179. *Soneto a la apparicion a la Magdalena.* [«Buscaua la bendita Magdalena...»]. (Fol. 54).
180. *Dialogo entre Christo y la Magdalena.* [«Ay de mí...»]. (Fol. 54*v*).
181. *De los discipulos que yuan a*

Emaus. Soneto. [«Yua Yesus por el real camino...»]. (Fols. 54*v*-55*r*).

182. *Octaua de lo mismo.* [«Iesus que es la verdad, camino y vida...»]. (Folio 55).

183. *A la Ascension de nuestro Señor. Soneto.* [«Subiendo os vos al cielo, o summa Alteza...»]. (Fol. 55).

184. *Octaua.* [«Aunque os subis gouierno nuestro y llaue...»]. (Fol. 55*v*).

185. *Villancico.* [«O quien pudiera mi Dios...»]. (Fol. 55*v*).

186. *A la venida del Spiritu Sancto. Soneto.* [«Amor diuino, que a la índocta gente...»]. (Fols. 55*v*-56*r*).

187. *Octaua de lo mismo.* [«Baxa el amor, por dar amor entero...»]. (Folio 56*r*).

188. *Redondillas de lo mismo.* [«Oy el Spiritu Sancto...»]. (Fol. 56*r*).

189. *Romance de lo mismo.* [«En lenguas baxa de fuego...»]. (Fol. 56*v*).

190. *Siguense las obras hechas al Sanctissimo Sacramento. Octauas.* [«Qual temer suele el que lleuar intenta...»]. (Fols. 56*v*-57*r*).

191. *Tercetos en que inuoca al Autor el fauor Divino.* [«Spiritu Diuino que enriquezes...»]. (Fol. 57).

192. *Soneto.* [«Cantar quisiera en sonoroso canto...»]. (Fol. 57*v*).

193. *Soneto.* [«Canta lengua el mysterio consagrado...»]. (Fols. 57*v*-58*r*).

194. *Soneto.* [«En este sacrificio se concede...»]. (Fol. 58*r*).

195. *Soneto.* [«No consintió el Hebreo rey Iosia...»]. (Fol. 58*r*).

196. *Coloquio del Sanctissimo Sacramento, entre la Fe y la Razon.* [«Que se le deue a un pastor...»]. (Fol. 58*v*).

197. *Otro Dialogo entre la Fe y el alma.* [«Alma sal oy de sentido...»]. (Fols. 58*v*-59*r*).

198. *Soneto.* [«Alma que de tus daños estas cierta...»]. (Fol. 59*v*).

199. *Octauas.* [«Honremos pues tan alto sacramento...»]. (Fol. 59*v*).

200. *Octauas: Prosigue de lo mismo.* [«El que a los fines toma la medida...»]. (Fols. 59*v*-61*v*).

201. *Otra.* [«Manjar Diuino, pan que en ti contienes...»]. (Fol. 67*v*).

202. *Otra.* [«Comiendo Adam del arbol limitado...»]. (Fols. 61*v*-62*r*).

203. *Soneto.* [«O sabroso manna, muy differente...»]. (Fol. 68*r*).

204. *Soneto, en declaración de aquellos versos de S. Thomas, Summum boni, summum mali, &c.* [«De sacro pan y celestial comida...»]. (Fol. 68).

205. *Soneto.* [«Viendo al hombre en alegre y rico estado...»]. (Fol. 62*v*).

206. *Soneto.* [«Al tiempo que el mas alto bien gozaua...»]. (Fols. 62*v*-63*r*).

207. *Otro soneto.* [«Herido de mi amor mi lindo amado...»]. (Fol. 63*r*).

—*Siguense las glosas al sanctissimo Sacramento.*

208. [«El vencedor de la guerra...»]. *Glosa.* [«Viendo su reyno usurpado...»]. (Fol. 63).

209. *Otra sobre la misma letra.* [«El vencedor de la guerra...»]. *Glosa.* [«Viendo su reyno usurpado...»]. (Folio 63).

199. *Otra sobre la misma letra.* [«El vencedor de la guerra...»]. *Glosa.* [«Atreuiose amor a Dios...»]. (Folios 63*v*-64*r*).

210. *Otra sobre la misma letra.* [«El vencedor de la guerra...»]. *Glosa.* [«En la batalla rebuelta...»]. (Fol. 64).

211. *Soneto.* [«Si el gran Baptista sancto se halla indigno...]. (Fol. 64*v*).

212. *Otra glosa sobre esta letra.* [«Vos en ir de Dios huyendo...»]. *Glosa.* [«La summa del summo amor...»]. (Fols. 64*v*-65*r*).

213. *Otro sobre la misma letra.* [«Vos en yr de Dios huyendo...»]. *Glossa.* [«Hombre quando a Dios dexastes...»]. (Fol. 65).

214. *Glosa.* [«Hombre dezid si offendistes...»]. (Fol. 65*v*).

215. *Soneto.* [«Quien puso a Dios so aqueste blanco velo?...»]. (Fols. 65*v*-66*r*).

216. *Otra glosa sobre esta letra.* [«Tanto a Dios el amor llaga...»]. *Glosa.* [«Infinito fue el peccado...»]. (Folio 66*r*).

217. *Otra sobre la misma letra.* [«Tanto a Dios el amor llaga...»]. *Glosa.* [«La sacra deidad immensa...»]. (Fol. 66).

218. *Soneto de lo mismo.* [«Quando el cieruo, del hombre perseguido...»]. (Fol. 66*v*).

219. *Otra glosa sobre esta letra.* [«Hombre porque saneys vos...»]. *Glossa.* [«Hombre es Dios tan liberal...»]. (Fols. 66*v*-67*r*).

220. *Otra sobre esta letra.* [«Por ser tal vuestra cayda...»]. *Glosa.* [«De mortal codicia llena...»]. (Fol. 67).

221. *Soneto.* [«Christo Iesus, escudo a nuestra muerte...»]. (Fol. 67*v*).
222. *Otra glosa sobre esta letra.* [«Sabroso y dulce bocado...»]. *Glosa.* [«Mucho hizo el padre eterno...»[. (Folios 67*v*-68*r*).
223. *Soneto.* [«Aunque infinitas lenguas yo tuuiesse...»]. (Fol. 68).
224. *Otra glossa sobre esta letra.* [«De vuestro combite Adam...»]. *Glossa.* [«Si vos Adam primer hombre...»]. (Fol. 68*v*).
225. *Soneto de lo mismo.* [«Aqui esta el gran thesoro y la riqueza...»]. (Fols. 68*v*-69*r*).
226. *Otra glossa sobre esta letra.* [«Muriendo la misma vida...»]. *Glossa.* [«En la Cruz rasgo su pecho...»]. (Folio 69*r*).
227. *Otro soneto.* [«Que pudo darnos Dios que no nos diesse?...»]. (Fol. 69).
228. *Otra glossa sobre esta letra.* [«Hombre si os destruyo Adam...»]. *Glosa.* [«Porqué fuesse el medio fuerte...»]. (Fols. 69*v*-70*r*).
229. *Otra sobre la misma letra.* [«Hombre si os destruyo Adam...»]. *Glosa.* [«Por la offensa cometida...»]. (Fol. 70*r*).
230. *Otra sobre esta letra.* [«Del cargo que se le haze...»]. *Glosa.* [«Por el bocado que Adan...»]. (Fol. 70).
231. *Soneto.* [«Diuino pan, del coraçon firmeza...»]. (Fol. 70*v*).
232. *Versos lyricos.* [«Ay ciegos ojos, de ti nieblas llenos...»]. (Fols. 70*v*-71*r*).
233. *Otros lyricos.* [«Poderosos cabellos...»]. (Fol. 61).
234. *Otras lyras.* [«Si quieres alma mia...»]. (Fol. 71*v*).
235. *Otras lyras.* [«Encontrome el error a caso un dia...»]. (Fols. 71*v*-72*r*).
236. *Tercetos en Eco.* [«La sacra voz y el cisneo canto, canto...»]. (Fol. 72).
237. *Soneto en Eco.* [«Si Dios al alma que le llama ama...»]. (Fol. 72*v*).
238. *Cancion al Sanctissimo Sacramento.* [«Cielos, estrellas, cursos, mouimientos...»]. (Fols. 72*v*-74*r*).
239. *Soneto.* [«El fiero Lucifer embrauecido...»]. (Fol. 74*r*).
240. *Soneto.* [«Bondad immensa y summo amor rompieron...»]. (Fol. 74).
241. *Siguense villancicos del Sanctissimo Sacramento.* [«Quien de manjar tan suaue...»]. (Fol. 74*v*).
242. *Otras* [«Afuera sentidos vanos...»]. (Fols. 74*v*-75*r*).
243. *Otras.* [«Sobraua Christo assentarnos...»]. (Fol. 75*r*).
244. *Otras.* [«Si soys mi Dios tan sabroso...»]. (Fol. 75).
245. *Otras.* [«Aunque el Leon se reboce...»]. (Fol. 75*v*).
246. *Otras.* [«Del cielo venis Dios mio...»]. (Fol. 75*v*).
247. *Otras.* [«De esta reliquia tan bella...»]. (Fols. 75*v*-76*r*).
248. *Otras.* [«Este pan angelical...»]. (Fol. 76*r*).
249. *Otras.* [«Mirad quel faysan del cielo...»]. (Fol. 76*r*).
250. *Otras.* [«O misterio glorioso...»]. (Fol. 76).
251. *Otras.* [Christiano si a Dios comieres...»]. (Fol. 76*v*).
252. *Otras.* [«Cordero manso de Dios...»]. (Fol. 76*v*).
253. *Otras.* [«A la gala del combite...»]. (Fols. 76*v*-77*r*).
254. *Otras.* [«Bien parecereys de la altura...»]. (Fol. 77*r*).
255. *Otras.* [«Que es vuestro intento señor...»]. (Fol. 77*r*).
256. *Otras.* [«Rindase el entendimiento...»]. (Fol. 77).
257. *Otras.* [«Que banquete es este Dios...»]. (Fol. 77*v*).
258. *Otras.* [«Come a Dios con discrecion...»]. (Fols. 77*v*-78*r*).
259. *Otras.* [«Dulce Iesus donde vays...»]. (Fol. 78*r*).
260. *Otro villancico contrahecho al que dize, Amor en el coraçon.* [«Este pan a la razon...»]. (Fol. 78*r*).
261. *Otras.* [«Vence el leon la muerte...»]. (Fol. 78).
262. *Otras.* [«Que mayor muestra de amor...»]. (Fols. 78*v*).
263. *Otras.* [«Quando entraredes alma mia...»]. (Fol. 78*v*).
264. *Otras.* [«Alma llegad al combite...»]. (Fols. 78*v*-79*r*).
265. *Otras.* [«Que mas puede hazer amor...»]. (Fol. 79*r*).
266. *Otra.* [«O combite de alta suerte...»]. (Fol. 79*r*).
267. *Otra.* [«Quien gusta este pan sin gana...»]. (Fol. 79).
268. *Otras.* [«Haze Dios a los humanos...»]. (Fol. 79*v*).
269. *Otras.* [«Pon en el blanco los ojos...»]. (Fol. 79*v*).
270. *Otro villancico del Sacramento.*

[«De su carne y sangre pura...»]. (Folios 79*v*-80*r*).

271. *Redondillas del sanctissimo Sacramento.* [«Dios por el hombre encarno...»]. (Fol. 80*r*).

272. *Villancico.* [«Si el que muere por su amigo...»]. (Fol. 80).

273. *Otras.* [«Deste celestial bocado...»]. (Fol. 80*v*).

274. *Otras.* [«Yo vi Gil al mayoral...»]. (Fol. 80*v*).

275. *Otro villancico.* [«Alegrias que ha baxado...»]. (Fols. 80*v*-81*r*).

276. *Otro villancico.* [«Dios de amor llagado...»]. (Fol. 81*r*).

277. *Otro villancio.* [«Como puede ser cordero...»]. (Fol. 81*r*).

278. *Soneto.* [«Que el padre eterno al verbo sacro sancto...»]. (Fol. 81*v*).

279. *Romance.* [«En la cena del cordero...»]. (Fol. 81*v*).

280. *Otro Romance.* [«Esse sacerdote grande...»]. (Fols. 81*v*-82*r*).

281. *Otro Romance.* [«En el gran Ierusalem...»]. (Fol. 82*r*).

282. *Otro Romance.* [Abre Christiano los ojos...»]. (Fol. 82).

283. *Otro romance.* [«Angeles si vays al mundo...»]. (Fol. 82*v*).

284. *Soneto de lo mismo.* [«Manna sabroso, dulce pan de vida...»]. (Folio 82*v*).

285. *Hierogliphicas muy ingeniosas y de mucho artificio, que se pusieron en los Altares que se hizieron dia de Corpus Christi, en el Collegio mayor de Alcala de Henares.* (Fols. 83*r*-87*r*).

286. *Soneto, en que el Auctor pide el fauor, y ayuda de nuestra Señora, para lo que se ha de dezir de ella.* [«Virginal rosa en cuyo sacro huerto...»]. (Fol. 87).

287. *Otro soneto a nuestra Señora.* [«Rosal Diuino, celestial aurora...»]. (Fol. 87).

288. *Octauas a nuestra Señora.* [«Sagrada Virgen siendo tu mi escudo...»]. (Fol. 87*v*).

289. *A la limpissima Concepcion de nuestra Señora. Soneto.* [«Oy se concibe, de peccado agena...»]. (Fols. 87*v*-88*r*).

290. *Soneto de lo mismo.* [«Aquel bellon que nunca se mojaua...»]. (Folio 88*r*).

291. *Octauas de lo mismo.* [«De ti se espera soberana estrella...»]. (Fol 88).

292. *Lyras de lo mismo.* [«Spiritus diuinos...»]. (Fols. 88*v*-89*r*).

293. *Otras lyras. Tienen este artificio, que las letras con que comiença cada copla de a cinco dizen Maria.* [«Madre gloriosa y pura...»]. (Fols. 89*v*-90*r*).

294. *Redondillas de lo mismo.* [«Ante todo lo criado...»]. (Fol. 90).

295. *Al Nascimiento de nuestra Señora. Soneto.* [«En todo soys hermosa Reyna mia...»]. (Fol. 90*v*).

296. *Octauas de lo mismo.* [«Arbol, Planta, rayz y rama fuerte...»]. (Folios 90*v*-91*r*).

297. *Redondillas de lo mismo.* [«Oy la tierra nos ha dado...»]. (Fol. 91*r*).

298. *Otras.* [«Un tronco viejo ha lleuado...»]. (Fol. 91).

299. *A la limpieza de nuestra Señora. Soneto.* [«Virgen hermosa en quien el sol de vida...»]. (Fols. 91*v*-92*r*).

300. *Octauas inuocando a nuestra Señora.* [«Empieza musa mia, No se donde...»]. (Fol. 92*r*).

301. *Octauas de la anunciacion.* [«Gloriosa y benditissima Maria...»]. (Folio 92).

302. *Otras octauas.* [«Si con soberuia la muger primera...»]. (Fols. 92*v*-93*r*).

303. *Soneto.* [«Estrella de la mar, flor sin espina...»]. (Fol. 93).

304. *Cancion a la Annunciacion de nuestra Señora.* [«Virgen gloriosa y bella...»]. (Fols. 93*v*-94*v*).

305. *Otra cancion.* [«Sacro Señor del Cielo...»]. (Fols. 94*v*-96*r*).

306. *Lyras.* [«Gozase el alma mia...»]. (Fols. 96*r*-97*r*).

307. *Cancion de lo mismo.* [«Despues de un tiempo largo...»]. (Fols. 97*r*-98*r*).

308. *Soneto.* [«De donde venis alto? De la altura...»]. (Fol. 98*r*).

309. *Glosas para la fiesta de la Annunciacion de nuestra Señora.* [«Virgen como cabe en vos...»]. *Glosa.* [«Flor diuina milagrosa...»]. (Fol. 98).

310. *Otra glosa de lo mismo sobre esta letra: «Con solo su querer Dios...».* [«Virgen bella soberana...»]. (Fols. 98*v*-100*v*).

311. *Otras.* [«O que zagalejas dos...»]. (Fol. 100*v*).

312. *Otras.* [«Maria diuina esposa...»]. (Fols. 100*v*-101*r*).

313. *Otras.* [«Quien nunca vio pastorzica...»]. (Fol. 101).

314. *Otras contrahechas.* [«O Virgen

nuestro consuelo...»]. (Folios 101*v*-102*r*).
315. *Otras*. [«La mas hermosa soys Virgen...»]. (Fol. 102*r*).
316. *Parésciome que quadraua acabar lo que tocaua a esta festiuidad de la Anunciacion con el Aue Maria*. [«Dionos en la tierra un Aue...»]. (Folios 102*v*-103*v*).
317. *A la Visitacion de Nuestra Señora a Sancta Elisabeth. Soneto*. [«Parte la Virgen pura y soberana...»]. (Folio 103*v*).
318. *Octauas de lo mismo*. [«El niño soberano concebido...»]. (Fols. 103*v*-104*r*).
319. *Lyra de lo mismo*. [«Alegrate Ysabel, que razon tienes...»]. (Folio 104).
320. *Redondillas*. [«Donde por estas montañas...»]. (Fol. 104*v*).
321. *Otra*. [«En la casa de Ysabel...»].
322. *A la Expectacion del Parto del nuestra Señora. Soneto*. [«Echad ya Virgen soberana y pura...»]. (Fol. 105).
323. *Octauas de lo mismo*. [«Maria de las vigines dechado...»]. (Fol. 105).
324. *Redondillas de lo mismo*. [«El sol claro al mundo viene...»]. (Folio 105*v*).
325. *A la Purificacion de nuestra Señora. Soneto*. [«Subjeto a Simeon sancto glorioso...»]. (Fols. 105*v*-106*r*).
326. *Octaua*. [«A ti dichoso y fauorable puerto...»]. (Fol. 106*r*).
327. *Redondillas de lo mismo*. [«Aunque al templo os ofrezcays...»]. (Folio 106).
328. *Otras*. [«Maria aunque aueys cumplido...»]. (Fol. 106*v*).
329. *Otras*. [«Si aqui da consuelo...»]. (Fol. 106*v*).
330. *A la gloriosa Assumpcion de nuestra Señora. Soneto*. [«O suelo triste con razon obscuro...»]. (Fols. 106*v*-107*r*).
331. *Octauas de lo mismo*. [«Ninguno subio tanto ni ha podido...»]. (Folio 107).
332. *Otras octauas de lo mismo*. [«No vieramos el rostro al padre eterno...»]. (Fol. 107*v*-108*r*).
333. *Glosa a nuestra Señora sobre esta letra*. [«Ojos cejas y cabellos...»]. (Fol. 108).
334. *Otra sobre esta letra: Alce los ojos por veros*... [«Contemplando aqueste día...»]. (Fols. 108v-109*r*).
335. *Redondillas de lo mismo*. [«Iustamente os paga Dios...»]. (Fol. 109*r*).
336. *Otras*. [«Virgen pura oy quiere Dios...»]. (Fol. 109).
337. *Otras*. [«Tanta gracia en vos se encierra...»]. (Fol. 109*v*).
338. *Otras*. [«Contigo el cielo se arrea...»]. (Fols. 109*v*-110*v*).
339. *Cancion a Nuestra Señora de las Nieues*. [«La Reyna celestial...»]. (Folios 109*v*-110*v*).
340. *La Salue Regina glosada*. [«El alma que en afflicion...»]. (Fols. 110*v*-112*v*).
341. *Cancion a nuestra Señora, hecha por un deuoto suyo, en cierta tribulacion*. [«Virgen, que el sol mas pura...»]. (Fols. 112*v*-114*r*).

—*Siguense las obras hechas en loor de los Apostoles*.

342. *A Sant Pedro. Soneto*. [«Llorava Pedro al Redemptor con pena...»]. (Fols. 114*v*-115*r*).
343. *Villancico*. [«Pedro bien conoscio Dios...»]. (Fol. 115).
344. *Romance*. [«Queriendo el Señor del cielo...»]. (Fol. 115).
345. *A San Pablo. Soneto*. [«Donde vays Pablo? A destruyr furioso...»]. (Fol. 115*v*).
346. *Octaua al mismo*. [«Arranca Pablo de la lumbre ciego...»]. (Fols. 115*v*-116*r*).
347. *Villancico*. [«Donde vays Pablo furioso...»]. (Fol. 116*r*).
348. *Romance de lo mismo*. [«Brauo furibundo y fuerte...»]. (Fol. 116*r*).
349. *Romance de San Pedro y San Pablo*. [«Esse Neron cruel tyranno...»]. (Fol. 116).
350. *Otro romance de lo mismo*. [«Montes altos de la Yglesia...»]. (Folio 116*v*).
351. *A San Andres. Soneto*. [«Humilde alferez y fiel soldado...»]. (Folios 116*v*-117*r*).
352. *Octaua al mismo sancto*. [«Andres glorioso que estuuistes aspado...»]. (Fol. 117*r*).
353. *Redondillas*. [«Quien de vuestra humildad canta...»]. (Fol. 117).
354. *Romance*. [«Miraua con grande amor...»]. (Fol. 117*v*).
355. *Al glorioso apostol Sanctiago el mayor Patron de España. Soneto*. [«Patron diuino, capitan famoso...»]. (Folios 117*v*-118*r*).

356. *Octaua.* [«Espejo y luz de España, patron sancto...»]. (Fol. 118*r*).
357. *Lyricos.* [«Celebra illustre España...»]. (Fol. 118).
358. *Redondillas.* [«Comendador cortesano...»]. (Fols. 118*v*-119*r*).
359. *Romance.* [«Aquellos onze pilares...»]. (Fol. 120*r*).
360. *Otro romance.* [«Dios te de ventura España...»].
361. *A San Iuan Euangelista. Soneto.* [«Despierta, y mueue, y casi fuerça a amarse...»]. (Fol. 119*v*).
362. *Octauas.* [«Aguila, que de híto al sol miraste...»]. (Fols. 119*v*-120*r*).
363. *Glosa sobre esta letra: «Despierta Ioan por tu fe...». Glosa.* [«No pierdas tal occasion...»]. (Fol. 120*r*).
364. *Redondillas.* [«Ioan el discipulo amado...»]. (Fol. 120).
365. *Otras.* [«San Ioan para hablar de vos...»]. (Fols. 120*v*-121*r*).
366. *Otras.* [«Ioan en un pesebre estrecho...»]. (Fol. 121*r*).
367. *Otras.* [«Quien tu spiritu tuuiera...»]. (Fol. 121).
368. *Otras.* [«Ninguno en mayor alteza...»]. (Fols. 121*v*-122*r*).
369. *Otras.* [«La pluma con que escreuistes...»]. (Fol. 122).
370. *Romance.* [«De la humana tierra y baxa...»]. (Fol. 122*v*).
371. *Al glorioso San Iuan Baptista. Soneto.* [«Luzero ardiente digno mensagero...»]. (Fol. 123*r*).
372. *Otro soneto del mismo.* [«Oy produze la tierra ya cansada...»].
373. *Octauas del mismo.* [«Angel, Propheta, martyr, virgen santo...»]. (Folio 123).
374. *Otras octauas.* [«Espejo claro, limpio, hermoso, y puro...»]. (Folio 124).
375. *Tercetos de lo mismo.* [«Venid vereys al lince, que encerrado...»]. (Folio 124*v*).
376. *Lyricos de lo mismo.* [«Quan bienauenturado...»]. (Fols. 124*v*-125*v*).
377. *Soneto.* [«De tierna edad os fuystes al desierto...»]. (Fol. 126*r*).
378. *Redondillas.* [«Pocos pueden oy bolar...»]. (Fols. 126*r*-127*r*).
379. *Otras.* [«Un sol nascido en este mundo...»]. (Fols. 127*r*-128*r*).
380. *Otras.* [Que lengua aura que os alabe...»]. (Fol. 128*r*).
381. *Otras.* [«Fue necessario que Dios...»]. (Fol. 128).
382. *Otras.* [«Vuestra vida Ioan tal era...»]. (Fol. 128*v*).
383. *Otras.* [«Oy la tierra ya cansada...»]. (Fols. 128*v*-129*r*).
384. *Villancico del mismo.* [«Diuino y sacro Baptista...»]. (Fol. 129*r*).
385. *Otro en dialogo.* [«—Ola Ioan —Que quereys Dios?...»]. (Fol. 129).
386. *Romance del mismo.* [«En essa gran Palestrina...»]. (Fols. 129*v*-130*r*).
387. *Otro romance.* [«En el abismo profundo...»]. (Fol. 130).
388. *A Santiago el Menor. Soneto.* [«Los doze electos, por correr primeros...»]. (Fol. 130*v*).
389. *Octaua.* [«Iacobo, aunque menor, grande soldado...»]. (Fols. 130*v*-131*r*).
390. *Redondillas de lo mismo.* [«Aunque os llaman el menor...»]. (Folio 131*r*).
391. *A San Philippe, Soneto.* [«Si el amor por las obras su fineza...»]. (Folio 131*r*).
392. *Octaua del mismo.* [«Philippe Dios eterno ha leuantado...»]. (Folio 131).
393. *Redondillas.* [«Bien os mostro su amor Dios...»]. (Fols. 131*v*-132*r*).
394. *A San Bartholome, Soneto.* [«El aguila caudal, ya desseosa...»]. (Folio 132*r*).
395. *Octaua.* [«Noble, esforçado y fuerte cauallero...»]. (Fol. 132*r*).
396. *Redondillas.* [«Amor es un fuego ardiente...»]. (Fol. 132).
397. *Otras.* [«Mostrose el amor cruel...»]. (Fols. 132*v*-133*r*).
398. *A San Mattheo, Soneto.* [«Dexa Mattheo el peligroso trato...»]. (Folio 133*r*).
399. *Octaua.* [«De la prophana y peligrosa vida...»]. (Fol. 133*r*).
400. *Redondillas.* [«Dexad el trato Mattheo...»]. (Fol. 133*v*).
401. *A San Simon, Soneto.* [«Luzero, hermoso, donde resplandecen...»]. (Fol. 133*v*).
402. *Octaua.* [«Glorioso Simon, viuo dechado...»]. (Fols. 133*v*-134*r*).
403. *A San Thadeo, Soneto.* [«Si crian las montañas mas fragosas...»]. (Fol. 134*r*).
404. *A San Bernabe. Soneto.* [«Bernabe Apostol, que imitaste en vida...»]. (Fol. 134).
405. *Octaua.* [«Lumbre, que puesta encima el candelero...»]. (Fol. 134*v*).

406. *Villancico.* [«A quien mientras tuuo vida...»]. (Fol. 134*v*).
407. *A San Mathias. Soneto.* [«La confusion de lenguas, que el camino...»]. (Fols. 134*v*-135*r*).
408. *Octaua.* [«Mathias soberana fue la fuente...»]. (Fol. 135*r*).
409. *A San Marcos Evangelista. Soneto.* [«Qual suele el capitan, que victorioso...»]. (Fol. 135).
410. *Octaua.* [«Glorioso varon, rico thesoro...»]. (Fol. 135*v*).
411. *A San Lucas Evangelista. Soneto.* [«Lustre del cielo, cuyo nombre y fama...»]. (Fol. 135*v*).
412. *Octaua.* [«Medico, Euangelista, pintor sancto...»]. (Fols. 135*v*-136*r*).
413. *Redondillas.* [«Lucas muy bien empleastes...»]. (Fol. 136*r*).
—*Siguense las obras hechas a los Martyres.*
414. *Al glorioso San Estevan Prothomartyr. Soneto.* [«Prothomartyr glorioso, que de un buelo...»]. (Fol. 136).
415. *Octaua al mismo.* [«Esteuan capitan, martyr glorioso...»]. (Fol. 136*v*).
416. *Redondillas del mismo.* [«Dando como distes el buelo...»]. (Fol. 136*v*).
417. *Al glorioso San Lorenço martyr. Soneto.* [«Con justa causa y con razon muy justa...»]. (Fol. 137*r*).
418. *Octauas a San Laurencio.* [«Abrasen tus entrañas mis entrañas...»]. (Folio 137).
419. *Glosa sobre esta letra: «Quanto mas le atormentaron...».* [«No ay cosa que tanto prueue...»]. (Fol. 137*v*).
420. *Octauas en loor del insygne monasterio del Escurial, cuya aduocacion es del glorioso S. Lorenço.* [«No canto el triumpho honrroso y la victoria...»]. (Fols. 137*v*-138*v*).
421. *Villancico.* [«Dos fuegos oy a porfia...»]. (Fols. 138*v*-139*r*).
422. *Otras.* [«Amor de Dios al certero...»] .(Fol. 139).
423. *Octauas a la famosa e insygne obra del Escurial, que por tratar aqui de San Lorenço vienen a proposito.* [«Yaze del alto monte Carpentano...»]. (Fols. 139*v*-140*v*).
424. *A los gloriosos martyres San Iusto y San Pastor, patrones desta villa de Alcala de Henares. Soneto.* [«Quando a la dulce fructa le han comido...»]. (Fols. 140*v*-141*r*).
425. *Octaua.* [«El cielo christalino y estrellado...»]. (Fol. 141*r*).
426. *Glosa sobre esta letra: «En edad tan simple y tierna...».* [«Fin al cielo, tierra, y mar...»]. (Fol. 141).
427. *Otra sobre esta letra: «Prision, tormentos y muertes...».* [«Entraron en una suerte...»]. (Fol. 141*v*).
428. *Soneto.* [«Camina Iusto tras Pastor su hermano...»]. (Fol. 143*r*).
429. *Redondillas.* [«Anda aguija corre hermano...»]. (Fol. 142*r*).
430. *Otras.* [«Fuego que se abrasan, fuego...»]. (Fol. 142).
431. *Otras.* [«Terminos lleua este dia...»]. (Fol. 142*v*).
432. *Otras.* [«Enojado esta el cruel...»]. (Fol. 142*v*).
433. *Otras.* [«Un tyranno brauo y fuerte...»]. (Fols. 142*v*-143*r*).
434. *Otras.* [«Ved que milagro de amor...»]. (Fol. 143*r*).
435. *Otras.* [«Bien se Pastor que quereys...»]. (Fol. 143).
436. *Otras.* [«Contra un lobo carnizero...»]. (Fol. 143*v*).
437. *Villancico.* [«Dudando no estes...»].
438. *Otro.* [«Socorred Pastor al fuego...»].
439. *Otro.* [«No luches fiero tyrano...»]. (Fols. 143*v*-144*r*).
440. *Otras.* [«Duras muertes, niños, fuertes...»]. (Fol. 144*r*).
441. *Otras.* [«Almas bellas mas que estrellas...»]. (Fol. 144*r*).
442. *Cancion.* [«Martyres gloriosos...»]. (Fol. 144).
443. *Soneto.* [«Quando yuan, no yuan tristes, ni llorauan...»]. (Fol. 144*v*).
444. *Romance contrahecho al de Sospira el Auencerraje.* [«Sospira el humilde Iusto...»]. (Fols. 144*v*-145*r*).
445. *A San Sebastian. Soneto.* [«Exemplo de valor, martyr sagrado...»]. (Folio 145).
446. *Octauas.* [«La pompa, el fausto, el grande y alto estado...»]. (Fol 145*v*).
447. *Redondillas del mismo.* [«Ser vuestras llagas perfectas...»].
448. *Romance.* [«En aquel tiempo que a Roma...»]. (Fols. 145*v*-146*r*).
449. *A San Fabian y San Sebastian. Soneto.* [«Dos martyres diuinos representan...»]. (Fol. 146).
450. *A San Pedro martyr. Soneto.* [«Capitan fuerte, y adalid famoso...»]. (Fol. 146*v*).
451. *Octaua.* [«Pedro glorioso, martyr soberano...»]. (Fols. 146*v*-147*r*).

—*A los sanctos Doctores de la Yglesia.*

452. *Al glorioso San Gregorio. Soneto.* [«Doctor sagrado, claro norte y guia...»]. (Fol. 147*r*).

453. *Octaua.* [«Granate puesto de oro en fino engaste...»]. (Fol. 147).

454. *A San Hieronymo. Soneto.* [«Entre fragosas breñas emboscado...»]. (Folio 147*v*).

455. *Octaua.* [«Huye el poblado, apartase al desierto...»].

456. *Soneto.* [«Los ojos en el cielo leuantados...»]. (Fols. 147*v*-148*r*).

457. *Redondillas.* [«Como abraçays el desierto...»]. (Fol. 148*r*).

458. *Romance.* [«En fuego de amor deshecho...»]. (Fol. 148*v*).

459. *A San Augustin. Soneto.* [«Dichoso aquel que nunca desatina...»]. (Fol. 148*v*).

460. *Octauas del mismo.* [«Al agua el remo, al viento velas dando...»]. (Fols. 148*r*-149*v*).

461. *Redondillas.* [«Doctor sancto Augustino...»]. (Fol. 149*v*).

462. *A San Ambrosio. Soneto.* [«Glorioso doctor Ambrosio, sancto...»]. (Folios 149*v*-150*r*).

463. *Octaua.* [«Ambrosio, entre los sanctos escogido...»]. (Fol. 150*r*).

464. *Al glorioso Santo Thomas de Aquino, que es quinto doctor de la Yglesia. Soneto.* [«Espejo y lumbre de la Yglesia sancta...»]. (Fol. 150).

465. *Octaua.* [«Thomas glorioso, cuya mano y pluma...»]. (Fol. 150*v*).

466. *Al glorioso San Illefonso Arçobispo de Toledo. Soneto.* [«Arma a Illefonso, y ciñele la espada...»].

467. *Octauas del mismo.* [«Tu valeroso braço defendía...»]. (Fol. 151*r*).

468. *Tercetos al mismo.* [«O sabio marinero, que guiauas...»]. (Fol. 151).

469. *Otro soneto al mismo.* [«Fuente abundante y clara de consuelo...»]. (Fol. 151*v*).

470. *Villancico.* [«Con razon Alonso os dan...»]. (Fol. 151*v*).

471. *Romance.* [«Armando estan caualllero...»]. (Fols. 141*v*-152*r*).

472. *A San Antonino Arçobispo de Florencia. Soneto.* [«Lustre y honrra del pueblo Florentino...»]. (Fol. 152).

473. *Octaua.* [«Un arçobispo sancto vuo en Florencia...»]. (Fol. 152*v*).

474. *A San Nicolas Obispo. Soneto.* [«Sacro varon, que en tierna edad quesiste...»].

475. *Octaua.* [«Estando Nicolas dentro en la cuna...»]. (Fols. 152*v*-153*r*).

476. *Villancico del mismo.* [«No ayuneys sancto bendito...»]. (Fol. 153*r*).

477. *A San Blas. Soneto.* [«San Blas nascio en Sebaste, y florescia...»]. (Folio 153*r*).

478. *Otro soneto.* [«Agricola cruel fiero tyranno...»]. (Fol. 154).

479. *A San Martin. Soneto.* [«Si el que da al pobre de su hazienda parte...»]. (Fol. 153*v*).

480. *Octaua.* [«Marte esforçado, fuerte, belicoso...»]. (Fols. 153*v*-154*r*).

481. *Redondillas.* [«Suena con vuestro valor...»]. (Fol. 154).

482. *A San Bernardo. Soneto.* [«En Dios su amor Bernardo transformado...»]. (Fol. 154*v*).

483. *Octauas.* [«Dulce Bernardo, tierno y amoroso...»]. (Fols. 154*v*-155*r*).

484. *Redondillas de San Bernardo.* [«Con verdad diran de vos...»]. (Folio 155*r*).

485. *Romance.* [«Por su virtud y limpieza...»]. (Fol. 155).

486. *Al Seraphico San Francisco. Soneto.* [«Pintura rica al viuo retractada...»]. (Fol. 156*v*).

487. *Octauas.* [«Capitan rico de la pobre gente...»]. (Fols. 155*v*-156*r*).

488. *Soneto al mismo.* [«Las llagas, Cruz, passion y dolor fuerte...»]. (Folio 156).

489. *Redondillas.* [«A qual antes llegaria...»]. (Fols. 156*v*-157*r*).

490. *Otras.* [«Fuystes de Dios tan amado...»]. (Fol. 157*r*).

491. *Otras.* [«Gran lindeza puso Dios...»]. (Fol. 157*r*).

492. *Soneto al mismo.* [«San Francisco de amor sancto abrasado...»]. (Fol. 157).

493. *Romance.* [«Francisco dulce amoroso...»]. (Fol. 157*v*).

494. *A Santo Domingo. Soneto.* [«Luzero nueuo, que das luz al dia...»]. (Fols. 157*v*-158*r*).

495. *Octauas.* [«Confessor, virgen, capitan, y sancto...»]. (Fol. 158*r*).

496. *Soneto al mismo.* [«Famoso capitan, que has defendido...»]. (Folio 158).

497. *A San Vicente Ferrer. Soneto.* [«Sancto, entre sanctos digno de memoria...»]. (Fol. 158*v*).

498. *Octaua al mismo.* [«Dichoso el

sieruo, y bienauenturado...»]. (Folios 158*v*-159*r*).
499. *A San Pablo primero hermitaño, Soneto.* [«La flor del sol, que nueuamente vino...»]. (Fol. 159*r*).
500. *Octaua.* [«Hazeys tal vida Pablo en el desierto...»]. (Fol. 159*r*).
501. *Cancion.* [«Quan bienauenturado...»]. (Fols. 159*r*-160*r*).
502. *A San Onofre. Soneto.* [«Camino de ser Angel no hallado...»]. (Folio 160*r*).
503. *A San Antonio Hermitaño. Soneto.* [«En la cumbre de un monte que vertia...»]. (Fol. 160*v*).
504. *A San Ioachin. Soneto.* [«Estaua en los desiertos de Iudea...»]. (Folios 160*v*).
505. *A San Ioseph. Soneto.* [«Quien de tal Virgen fue escogido esposo...»]. (Fol. 161*r*).
506. *Octauas.* [«Subiros el Señor a tanta alteza...»]. (Fol. 161).
507. *A San Christoval. Soneto.* [«Con justa causa y titulo os conuino...»]. (Folio 162*r*).
508. *Octaua.* [«Passa Christoual en carrera larga...»]. (Fol. 162*r*).
509. *Redondillas.* [«Dios puso en hombre su nombre...»]. (Fol. 162).
510. *Al Padre Ignacio fundador de la Compañia de Iesus. Soneto.* [«Desciende del Parnaso musa y canta...»]. (Fols. 162*v*-163*r*).
511. *Octauas.* [«Plantose este arbol fructuoso y sancto...»]. (Fol. 163*r*).
512. *Tercetos.* [«Poniendose a alabar un pastorzillo...»]. (Fols. 163*r*-164*r*).
513. *Otros tercetos.* [«Porque llorays con jubilos tan tiernos...»]. (Fol. 164*r*).
514. *Soneto.* [«Despues de auer con braço belicoso...»]. (Fol. 164).
515. *Redondillas.* [«A Ignacio ha el amor robado...»]. (Fols. 164*v*-165*r*).
516. *Otras.* [«Oy de gloria es coronado...»]. (Fol. 165*r*).
517. *Villancico.* [«Por vuestros hechos veran...»]. (Fol. 164).
518. *Romance de padre Ignacio.* [«Quando essa grande Alemania...»]. (Fols. 164*v*-165*r*).
519. *Soneto al mismo.* [«Despues que Marte en su batalla fiera...»]. (Folio 165*r*).
520. *Romance.* [«Siempre lo tuuiste Ignacio...»]. (Fol. 165).
521. *A la gloriosa Santa Anna. Soneto.* [«Hermosa madre selua entretexida...»]. (Fol. 166*v*).
522. *Octauas.* [«Ya no de esteril, mas de fertil planta...»]. (Fol. 167).
523. *Redondillas.* [«No soys Anna planta esteril...»]. (Fol. 167*v*).
524. *Otras.* [«Anna la diuina Alteza...»]. (Fol. 167*v*).
525. *Otras.* [«No me admira Anna de vos...»]. (Fols. 167*v*-168*r*).
526. *Romance.* [«Ya se acercaua Ioachin...»]. (Fol. 168*r*).
527. *A la gloriosa Santa Maria Magdalena. Soneto.* [«Mis manos, que la muerte a tantos dieron...»]. (Fol. 168*r*).
528. *Octauas.* [«En cas de un Phariseo esta manando...»]. (Fol. 168).
529. *Tercetos.* [«El que abraso tu pecho elado y frio...»]. (Fols. 168*v*-169*v*).
530. *Cancion.* [«Aquella que en afeytes...»]. (Fols. 169*v*-170*r*).
531. *Glosa sobre esta letra: «O dulce sospiro mio...».* [«Llorando muy agramente...»]. (Fol. 170*r*).
532. *Soneto.* [«Con pecho varonil determinastes...»]. (Fol. 70).
533. *Redondillas.* [«Magdalena vos y Dios...»]. (Fol. 170*v*).
534. *Otras.* [«Aunque mas la culpa os culpa...»]. (Fol. 170*v*).
535. *Letra glosada.* [«A donde vays Magdalena?...»]. *Glosa.* [«Ques del ayre sossegado...»]. (Fol. 171*r*).
536. *Soneto.* [«Del duro pedernal quien ha sacado...»]. (Fol. 171).
537. *Romance.* [«Triste amarga y afligida...»]. (Fol. 171*v*).
538. *A Santa Catherina Martyr, Soneto.* [«Donde se podra hallar muger que sea...»]. (Fols. 171*v*-172*r*).
539. *Octauas.* [«Fue en la fertil prouincia Alexandrina...»]. (Fol. 172).
540. *Redondillas.* [«De amores herida y presa...»]. (Fols. 172*v*-173*r*).
541. *A Sancta Ynes. Soneto.* [«Salio del mar terrible desta vida...»]. (Folio 173*r*).
542. *Octauas.* [«Dichosos ojos que al semblante enxuto...»]. (Fol. 173).
543. *Redondillas.* [«Ines, vuestra soy mi Dios...»]. (Fols. 173*v*-174*r*).
544. *Otras de lo mismo.* [«Quando cuchillo no ouiera...»]. (Fol. 174).
545. *Otras.* [«De amor en Dios abrasada...»]. (Fol. 174*v*).
546. *Romance.* [«Gritos se dan en Tarpeya...»]. (Fol. 174*v*).
547. *Otro romance de lo mismo.* [«Por

el rastro de la sangre...»]. (Fols. 174*v*-175*r*).
548. *A Sancta Ursula. Soneto.* [«Bien vuestros hechos son eternizados...»]. (Fol. 175*r*).
549. *Octaua* [«Con tal capitan Virgen y tal guia...». (Fol. 175*r*).
550. *Redondillas.* [«Con razón Ursula os dan...»]. (Fol. 175).
551. *Romance.* [«En la ciudad de Colonia...»]. (Fol. 175*v*).
552. *A Santa Clara. Soneto.* [«Clara mas que el espejo christalino...»]. (Folio 175*v*).
553. *Octaua.* [«Clara, la claridad siempre abraçaste...»]. (Fol. 176*r*).
554. *Tercetos.* [«Sale la Clara aurora arrebolada...»]. (Fol. 176).
555. *Redondillas.* [«El nombre solo bastara...»]. (Fol. 176*v*).
556. *A Santa Catherina de Sena. Soneto.* [«Virgen y martyr, que teniendo vida...»]. (Fol. 176*v*).
557. *A Santa Petronila, Soneto.* [«Aquella sancta piedra a do fundada...»]. (Fols. 176*v*-177*r*).
558. *Octaua.* [«Piedra preciosa, rica y esmaltada...»]. (Fol. 177*r*).
559. *A Santa Monica, Madre del glorioso Doctor San Augustín. Soneto.* [«Qual la leona suele congoxosa...»]. (Fol. 177).
560. *Octaua.* [«Vos tierna madre a compassion mouida...»]. (Fol. 177*v*).
561. *Otra octaua.* [«Queriendo Dios un hijo valeroso...»]. (Fol. 177*v*).
562. *Redondillas.* [«Ganar a un hijo perdido...»]. (Fols. 177*v*-178*r*).
563. *Al Angel Custodio. Soneto.* [«A vos Angel que andays siempre a mi lado...»]. (Fol. 178*r*).
564. *Octaua.* [«Angel hermoso que por guarda mia...»]. (Fol. 178).
565. *Redondillas.* [«Angel custodio sagrado...»]. (Fol. 178*v*).
—*Siguense sonetos, y octauas al desengaño del hombre, y conoscimiento de si mismo, para que desengañado haga penitencia.*
566. *Soneto.* [«Pues es la vida breue, el morir cierto...»]. (Fols. 178*v*-179*r*).
567. *Otro de lo mismo.* [«Ceniza espiritada, vil mixtura...»]. (Fol. 179*r*).
568. *Cancion a la cayda de Iezabel.* [«Triste remate, lamentable historia...»]. (Fols. 179*r*-181*r*).
569. *Soneto al alma obstinada.* [«Con tiempo passa el año, mes y hora...»]. (Fol. 181*r*).
570. *Otro a lo mismo de Dios al alma.* [«Si yo por tu calor me estoy elando...»]. (Fol. 181).
571. *Octauas al estado del alma que esta en peccado.* [«Llena de desconsuelo y amargura...»]. (Folios 181*v*-182*r*).
572. *Soneto del Peccador ya conuertido.* [«Deleytes que passados days tormento...»]. (Fol. 182).
573. *Soneto en portugués de lo mismo.*
574. *Soneto antiguo glosado con glosas nueuas. Soneto.* [«Amargas horas de los dulces dias...»]. (Fols. 182*v*-183*r*).
575. *Glossas deste Soneto en octauas.* [«El tiempo mal gastado contemplando...»]. (Fols. 183*r*-184*v*).
576. *Cancion del peccador conuertido, al alma.* [«O alma mia llora...»]. (Fols. 184*v*-185*v*).
577. *Elegia al alma, en tercetos.* [«Al arma tocan, ya tocan al arma...»]. (Folios 186*r*-190*r*).
578. *Octauas de un peccador.* [«El mas peccador hombre que ha nacido...»]. (Fol. 190).
579. *Sonetos para introducion al tratado de la vida segura. Soneto primero.* [«Estan los hombres tales, que a Ocidente...»]. (Fols. 190*v*-191*r*).
580. *Soneto segundo, al mundo.* [«Iardin hermoso, aluergue de la muerte...»]. (Fol. 191*r*).
581. *Soneto tercero, a la miseria humana.* [«De fragil tronco, y de una aguda espina...»]. (Fol. 191).
582. *Soneto quarto a la congoxa del hombre por lo temporal.* [«Si aquesta vida amigo es como un prado...»]. (Folio 191*v*).
583. *Tratado de la vida segura.* [«Si los hombres mas despiertos...»]. (Folios 191*v*-196*v*).
584. *Sonetos para introducion a los cantos de la bienauenturança. Soneto primero.* [«Es Dios un mar de toda hermosura...»]. (Fol. 196*v*).
585. *Soneto segundo.* [«Dulcissimo Iesus mi amor festina...»]. (Fols. 196*v*-197*r*).
586. *Soneto tercero.* [«Esposo y redemptor del alma mia...»]. (Fol. 197*r*).
587. *Soneto quarto al cielo.* [«Dulce, puro, immortal, alto y hermoso...»]. (Fol. 197*r*).

588. *Soneto quinto de la alma espiritual.* [«Quando siente la falta del sentido...»]. (Fol. 197*v*).
589. *Octavas del desseo que tiene el alma de gozar de Dios, y de los bienes que ay en la bienauenturança.* [«Como la cierua busca congoxosa...»]. (Folios 197*v*-198*v*).
590. *Cancion de la gloria soberana. Primera parte.* [«Del agua de la vida...»]. (Fols. 198*v*-200*v*).
591. *Segunda parte.* [«Muy claros y hermosos...»]. (Fols. 200*v*-201*v*).
592. *Tercera parte.* [«Dichosa y venturosa...»]. (Fols. 201*v*-203*r*).
593. *Soneto a Dios, del hombre espiritual.* [«O Dios y quien pudiesse tanto amarte...»]. (Fol. 203).
594. *Soliloquio de Dios y el hombre.* [«Hombre que quieres de mí?...»]. (Folios 203*v*-204*r*).
595. *Soneto del hombre spiritual, contrahecho a aquel humano, Arsenio, con el cuento del cayado.* [«Arsenio con el cuento del cayado...»]. (Fol. 204*r*).
596. *Soneto al religioso.* [«Si quieres religioso estar contento....»]. (Fol. 204*v*).
597. *Soneto al sacerdote.* [«Concede al Sacerdote el Rey del cielo...»]. (Folio 204*v*).
598. *Otro Soneto de lo mismo.* [«Que el Padre eterno al Verbo sacrosanto...»]. (Fol. 205*r*).
599. *Otro soneto de lo mismo.* [«Recibe Dios de Abel el sacrificio...»]. (Folio 205*r*).
600. *Otro soneto al altar.* [«Las aguas del diluuio yuan cresciendo...»]. (Folio 205).
601. *Sonetos a Dios de el hombre puesto en afliction y trabajo.* [«Eterno Rey, señor sin semejante...»]. (Folio 205*v*).
602. *Otro soneto de lo mismo, a Dios padre.* [«A vos eterno Rey, sin nascimiento...»]. (Fols. 205*v*-206*r*).
603. *Otro soneto de lo mismo.* [«Señor del cielo, Padre poderoso...»]. (Folio 206*r*).
604. *Sobre el Psalmo, Super flumina. Soneto.* [«O triste captiuerio, o dura suerte...»]. (Fol. 206).
605. *Octauas sobre el mismo psalmo.* [«En Babylonia junto a las corrientes...»]. (Fols. 206*v*-207*v*).
606. *Romance sobre el mismo Psalmo.* [«Alla en la gran Babilonya...»]. (Fols. 207*v*-208*r*).
607. *Soneto en loor del trabajo.* [«El sabio que jamas el tiempo pierde...»]. (Fol. 208*v*).
608. *Soneto.* [«En Grecia el padre de Alexandro magno...»]. (Fol. 208*v*).
609. *Este Paternoster es antiguo, de aquel gran Poeta Syluestro, le bondad del me haze ponerle aqui.* [«Immenso Padre eternal...»]. (Fols. 209*r*-210*v*).
—*Tabla de differentes composturas de versos, que ay en este libro...*

V. J. Catalina García, *Tipografía complutense,* n.º 577.

Ejemplares:

MADRID. *Nacional.* R-2.249.

166

——— Alcalá de Henares. Herederos de Iuan Gracian. A costa de Luys Mendez. 1588. 12 hs. + 204 fols. + 7 hs. 21 cm.

V. J. Catalina García, *Tipografía complutense,* n.º 634.

Ejemplares:

MADRID. *Nacional.* R-5.716.

ROMANCEROS

V. *B. L. H.*, III, págs. 515-625.

Aquí solamente citaremos los principales, insertando su contenido cuando allí no se hizo.

Sin año: entre 1545 y 1550

167

CANCIONERO de Romances... Amberes. Martin Nucio. [s. a.].

V. *B. L. H.*, III, n.º 2.457.

1550

168

PRIMERA parte de la Silva de varios romances. Zaragoza. Esteban G. de Nájera. 1550.

V. *B. L. H.*, III, n.º 2.487-2.502.

Contenido de la *Silva* en la ed. de Barcelona, 1582:

1. *Romance de como el conde don Ramon de Barcelona libro a la empe-*

ratriz de Alemania que la tenian para quemar. [«En el tiempo que reynaua...»]. (Fols. 3*v*-7*v*).

2. *Romance de la destruction de Rodas.* [«Llorando está el gran maestre...»]. (Fols. 7*v*-8*r*).

3. *Romance de don Rodrigo de Lara.* [«Ay Dios que buen cauallero...»]. (Fols. 8*r*-9*v*).

4. *Otro romance.* [«Saliendo de Canicosa...»]. (Fols. 9*v*-10*v*).

5. *Romance de la mañana sant Iuan.* [«La mañana de sant Iuan...»]. (Folios 10*v*-11*r*).

6. *Romance del conde Dirlos y de las grandes venturas que huuo.* [«Estauase el conde Dirlos...»]. (Fols. 11*r*-31*r*).

7. *Romance del Marques de Mantua.* [«De Mantua sale el Marques...»]. (Folios 31*r*-43*r*).

8. *Romance de la embaxada que embio Danes Urgero Marques de Mantua al Emperador.* [«De Mantua salen a priessa...»]. (Fols. 43*r*-50*v*).

9. *Sentencia dada a don Carloto.* [«En en el nombre de Iesus...»]. (Fols. 50*v*-53*v*).

10. *Romance de don Gayferos...* [«Asentado esta Gayferos...»]. (Folios 53*v*-62*v*).

11. *Romance de un desafio que se hizo en Paris de dos caualleros principales de la tabla redonda...* [«En las salas de Paris...»]. (Fols. 62*v*-68*r*).

12. *Romance de don Reynaldos de Montaluan.* [«Estauase don Reynaldos...»]. (Fols. 68*r*-73*v*).

13. *Romance del Conde Claros de Montaluan.* [«Media noche era por hilo...»]. (Fols. 73*v*-80*r*).

14. *Romance del conde Alarcos y de la infanta Solisa.* [«Retrayda esta la infanta...»]. (Fols. 80*r*-86*r*).

15. *Romance del Rey de Aragon.* [«Miraua de Campo viejo...»]. (Folio 86).

16. *Romance del Prior de sant Iuan.* [«Don Rodrigo de Padilla...»]. (Folios 86*v*-88*r*).

17. *Romance del Sophi.* [«El gran Sophy el gran Can...»]. (Fols. BBV-91*r*).

18. *Romance del Turco.* [«A caça sale el gran Turco...»]. (Fols. 91*r*-93*r*).

19. *Romance de la presa de Tunez.* [«Estando en una fiesta...»]. (Folios 93*r*-94*r*).

20. *Romance de Reynaldos de Montaluan.* [«Quando aquel claro luzero...»]. (Fols. 94*r*-100*v*).

21. *Romance de don Roldan.* [«En Francia la noblescida...»]. (Fols. 100*v*-106*v*).

22. *Romance del conde Grimaltos.* [«Muchas vezes oy dezir...»]. (Folios 106*v*-114*r*).

23. *Otro Romance.* [«Cata Francia Montesinos...»]. (Fols. 114*r*-116*v*).

24. *Romance de la Duquesa de Loreyna.* [«En la ciudad de Toledo...»]. (Fols. 116*v*-119*v*).

25. *Romance del rey don Rodrigo como entro en Toledo en la casa de Hercules.* [«Don Rodrigo rey Despaña...»]. (Fol. 120).

26. *Romance de don Rodrigo.* [«Amores trata Rodrigo...»]. (Folios 120*v*-121*r*).

27. *Romance del rey don Rodrigo.* [«Las huestas (*sic*) de don Rodrigo...»]. (Fols. 121*r*-122*r*).

28. *Romance del rey don Rodrigo como huyo de la batalla.* [«Ya se sale de la priessa...»]. (Fols. 122*r*-123*r*).

29. *Romance de la penitencia del rey don Rodrigo.* [«Despues quel rey don Rodrigo...»]. (Fols. 123*r*-125*r*).

30. *Romance de doña Ysabel como porque el el rey tenia hijos della la reyna la mando matar.* [«Yo me estando en Giromeda...»]. (Fols. 125*r*-127*r*).

31. *Romançe de la vengança de doña Ysabel.* [«El rey don Iuan Manuel...»]. (Fols. 127*r*-128*r*).

32. *Romance del rey moro que perdio a Valencia.* [«Helo helo por do viene...»]. (Fols. 128*r*-129*r*).

33. *Romance del infante Paris del juyzio que dio quando las tres deesas le hallaron durmiendo.* [«Por una linda espessura...»]. (Fols. 129*r*-132*r*).

34. *Romance del rey Menelao.* [«Triste mezquino pensoso...»]. (Fol. 132).

35. *Romance de la muerte de Hector, y como fue sepultado. Tambien van aqui los amores de Achiles con la linda Policena.* [«En Troya entran los Griegos...»]. (Fols. 132*r*-140*v*).

36. *Romance de las obsequias de Hector el Troyano.* [«En las obsequias de Hector...»]. (Fols. 140*v*-142*r*).

37. *Romance sobre la muerte que dio Pirrho hijo de Achiles a la linda Policena.* [«O traydor hijo de Achiles...»]. (Fol. 142).

38. *Romance de la reyna Hecuba y de su muerte.* [«Triste estaua y muy penosa...»]. (Fols. 142*v*-143*v*).
39. *Romance de Tarquino.* [«Aquel rey de los Romanos...»]. (Fols. 143*v*-145*r*).
40. *Romance que dizen Triste esta el padre Santo.* [«Triste estaua el padre santo...»]. (Fols. 145*r*-146*r*).
41. *Romance a manera de porque.* [«Por estas cosas siguientes...»]. (Folios 146*r*-148*r*).
42. *Romance de Pyramo y Tysbe.* [«Tysbe y Pryamo (*sic*) que fueron...»]. (Fols. 148*r*-149*r*).
43. *Romance del infante Troco.* [«En el tiempo que Mercurio...»]. (Folios 149*r*-150*r*).
44. *Romance de Moriana.* [«Moriana en el castillo...»]. (Fols. 150*r*-151*r*).
45. *Romance de Leandro.* [«Por el braço del Esponto...»]. (Fol. 151).
46. *Romance de como combatieron la casa de don Aluaro de Luna, Condestable de Castilla y lo prendieron.* [«El Rey se sale de missa...»]. (Folios 151*v*-152*v*).
47. *Romance de como lleuaron al Condestable de Castilla preso a Valladolid a buen recaudo.* [«Ya lo sacan del portillo...»]. (Fols. 152*v*-153*v*).
48. *Romance de como fue dada la sentencia a don Aluaro...* [«El año mil y (*sic*) quatrocientos...»]. (Fols. 153*v*-154*v*).
49. *Romance de como sacaron a degollar al Condestable...* [«Un Miercoles de mañana...»]. (Fols. 154*v*-156*r*).
50. *Romance de como una donzella hizo matar a su padre por amores de un mancebo.* [«En tierras de çaragoça...»]. (Fols. 156*r*-158*r*).
51. *Romance de como el duque de Alba capitan por el Emperador Carlos quinto passo en Alemaña con gran exercito a castigar la septa Luterana y como los venció.* [«Despues de Carlos famoso...»]. (Fols. 158*r*-159*v*).
52. *Romance nueuo que dizen: Mira Nero de Tarpeya.* [«Mira Nero de Tarpeya...»]. (Fols. 160*r*-161*v*).
53. *Romance de como el gran Turco cercó a Malta y del gran asalto que le dio...* [«Enojado esta el gran Turco...»]. (Fols. 161*v*-164*v*).
54. *Romance de como preparo el Turco su armada contra la liga...* [«En el Cerralle esta el Turco...»]. (Fols. 164*v*-166*v*).
55. *Romance de todos los votos que huuo para enuestir la armada Turquesa...* [«Con gran poder de Secilia...»]. (Fols. 166*v*-169*v*).
56. *Romance de las riquezas y despojo que se hallo en la armada Turquesa despues que la huuo vencido don Iuan de Austria.* [«Despues que Piali Baxa...»]. (Fols. 169*v*-170*r*).
57. *Romance de la nueua que vino al Turco de la perdida de su armada.* [«Dentro de Constantinopla...»]. (Folios 170*r*-172*r*).
58. *Romance de como le vino la nueua al Rey Don Phelippe de la victoria que a hauido don Iuan de Austria contra el Turco.* [«Gallardo entra un cauallero...»]. (Fol. 172).

Ejemplares:

MADRID. *Nacional.* R-13.337.

169

SILVA de varios romances (Barcelona, 1561). Por vez primera reimpreso del único ejemplar conocido. Con un estudio preliminar de Antonio Rodríguez-Moñino. Valencia. Edit. Castalia. [Tip. Moderna]. 1953. XLIX + 190 págs. 17 cm. (Floresta, I).

El estudio preliminar contiene una importante «Bibliografía de la *Silva*» (páginas XXX-XLIX).

Ejemplares:

MADRID. *Particular de D. Joaquín de Entrambasaguas.*

1573

170

ROSA... de Joan de Timoneda. Valencia. Joan Navarro. 1573. 4 vols.

V. *B. L. H.*, III, n.º 2.483-86.

1579

171

ROMANCERO historiado... por Lucas Rodríguez. Alcalá de Henares. Fernando Ramirez. 1579.

V. *B. L. H.*, III, n.º 2.503-8.

Contenido de la ed. de Lisboa, 1584:

1. *Hystoria de la destruycion de Troya...* [«Con instrumentos de guerra...»]. (Fols. 5*r*-7*r*).
2. *Segundo romance troyano.* [«La gente quel cadahalso...»]. (Fols. 7*v*-9*v*).
3. *Tercero romance de Troya.* [«Quando el fiero y brauo Ulixes...»]. (Folios 9v-12*r*).
4. *Quarto Romance Troyano.* [«Despues que la armada y flota...»]. (Folios 12*r*-14*v*).
5. *Quinto de Troya.* [«Viendo el fuerte y fiero Hector...»]. (Fols. 14*v*-19*v*).
6. *Sexto romance Troyano.* [«Despues de la muerte de Hector...»]. (Folios 19*r*-23*r*).
7. *Septimo Romance de Troya.* [«Ya que de nuestro emispherio...»]. (Folios 23*r*-27*v*).
8. *Historia zamorana, desde que Vellido Dolfos mato por traycion al rey Don Sancho, hasta que Arias Gonçalo lloraua la muerte de sus hijos. Van glossados los romances por el autor.* [«Estando del rey don Sancho...»]. (Folios 28*r*-30*r*).
9. *Glossa sobre este romance.* [«Aquel traydor afamado...»]. (Fols. 30*r*-32*r*).

9 bis. *Segundo Romance.* [«Muerto yaze el rey don Sancho...»]. (Fols. 31*r*-32*r*).

10. *Glossa sobre este romance.* [«Para mayor desuentura...»]. (Fols. 32*r*-33*r*).
11. *Tercero Romance.* [«Con el rostro entristecido...»]. (Fol. 33).

11 bis. *Glossa sobre este romance.* [«Teniendo nueuas don Diego...»]. (Folios 33*v*-34*v*).

12. *Quarto Romance de Zamora.* [«Ya Diego Ordoñez se parte...»]. (Folios 34*v*-35*v*).
13. *Glossa sobre este romance.* [«Ya esta a cauallo don Diego...»]. (Folios 35*v*-36*v*).
14. *Quinto Romance.* [«Aun no es bien amanecido...»]. (Fols. 36*v*-37*r*).

14 bis. *Glossa sobre este romance.* [«Al punto que el gran don Diego...»]. (Fol. 37*r*-38*r*).

15. *Sexto Romance.* [«Ya esta esperando don Diego...»]. (Fols. 38*r*-39*r*).
16. *Glossa.* [«Determino de salir...»]. (Fol. 39).
17. *Septimo romance.* [«Muerto auia Don Diego Ordoñez...»]. (Fols. 39*v*-41*r*).
18. *Glossa.* [«Despues un poco de un hora...»]. (Fols. 41*r*-42*v*).
19. *Octauo Romance.* [«A pie esta el fuerte Don Diego...»]. (Fols. 42*v*-44*r*).
20. *Glossa.* [«Despues que a Rodrigo vuo...»]. (Fols. 44*r*-45*r*).

20 bis. *Noueno Romance.* [«Por el muro de Zamora...»]. (Fols. 45*r*-46*v*).

21. *Glossa.* [«Despues que Dolfos Vellido...»]. (Fols. 46*v*-47*v*).
22. *Decimo Romance de Zamora.* [«Sobre el cuerpo de Rodrigo...»]. (Folios 47*v*-49*r*).
23. *Glossa.* [«Ya en la fragosa porfia...»]. (Fols. 49*r*-50*r*).

23 bis. *Romance undecimo.* [«Despues que sobre Zamora...»]. (Fols. 49*v*-51*r*).

—*Siguense muchos y graciosos Romances de todo genero de compostura, hechos y enmendados por el author.*

24. *Romance primero, como el moro Muça mató cinco christianos.* [«En llamas de amor deshecho...»]. (Fols. 51*r*-53*r*).
25. *Romance segundo. De como Don Manuel hizo campo con el moro Muça, y como le corto la cabeça.* [«Como quedo con tristeza...»]. (Fols. 53*r*-56*r*).
26. *Romance tercero, de una hazaña que hizo Bernardo del Carpio.* [«Quando el padre de Phaeton...»]. (Folios 56*r*-58*v*).
27. *Romance quarto. De como Don Rodrigo de Biuar mato dos Moros, que forçauan una dama Mora, y la rescato.* [«Quando el roxo y claro Apolo...»]. (Fols. 59*r*-61*r*).
28. *Romance quinto. Del llanto que hizo la linda Flordelis, quando supo la muerte de Brandimarte.* [«No se atreue el Duque Astolfo...»]. (Fols. 61*v*-63*v*).
29. *Romance sexto. De las brauezas que hizo don Roldan, cuando supo que Angelica se enamoro de Medoro, y gozo sus amores.* [«Suspenso y embeuecido...»]. (Fols. 64*r*-66*v*).
30. *Romance septimo. De Cephalo y Pocris.* [«De la gran ciudad de Athenas...»]. (Fols. 67*r*-69*r*).
31. *Romance octauo. De Don Diego de Azeuedo.* [«Con estraño temporal...»]. (Fols. 69*r*-73*r*).
32. *Romance noueno. De Bernardo del Carpio.* [«Con ansia estrema, y lloroso...»]. (Fols. 73*r*-76*v*).

33. *Romance decimo. Como don Manuel vencio al moro Alcayde de Ronda, y le corto la cabeça.* [«El valiente don Manuel...»]. (Fols. 77*r*-79*v*).
34. *Romance sexto.* (sic) *De don Rodrigo de Naruaez y del valiente moro Auindarraez.* [«Por una verde espessura...»]. (Fols. 80*r*-81*v*).
35. *Romance. xij. Del Moro Alcayde de Ronda y de Don Manuel.* [«El moro Alcayde de Ronda...»]. (Fols. 82*r*-84*r*).
35 bis. *Romance XIIII. De Angelica.* [«Por una triste espessura...»]. (Folios 84*r*-85*r*).
36. *Romance. xiiij. Del moro Urgel, y de la hermosa Bradamante.* [«Ya se parte el moro Urgel...»]. (Fols. 85*v*-88*v*).
37. *Romance de las amores de Albanio y Felisarda.* [«Ya se parte Albanio el fuerte...»]. (Fols. 88*r*-91*v*).
38. *Romance segundo, de los amores de Albanio y Felisarda.* [«Amores trataua Albanio...»]. (Fols. 92*r*-94*v*).
39. *Romance de un desafio campal que tuuo don Manuel con el moro Mudafar, y de lo que succedio.* [«Despues que el rey don Fernando...»]. (Fols. 95*r*-97*r*).
40. *Romance de como hizieron la batalla.* [«Siendo llegada el aurora...»]. (Fols. 97*r*-98*r*).
41. *Romance del llanto que hizo doña Alda, por la muerte de su esposo.* [«Quando la triste doña Alda...»]. (Folios 98*r*-99*v*).
42. *Romance de Orlando.* [«Apartado del camino...»]. (Fols. 99*v*-100*r*).
43. *Romance de Montesinos.* [«Por la parte donde vido...»]. (Folios 100*v*-101*v*).
44. *Otro romance de Montesinos.* [«Por el rastro de la sangre...»]. (Folios 101*v*-102*v*).
45. *Otro romance de Montesinos.* [«Echado esta Montesinos...»]. (Folios 103*r*-104*r*).
46. *Romance del llanto que hizo Belerma por la muerte de Durandarte.* [«Sobre el coraçon difunto...»]. (Folio 104).
47. *Romance de Rugero, y del Rey Sacripante.* [«De los muros de Paris...»]. (Fol. 105).
48. *Romance de Rodamonte.* [«Con soberuia muy crecida...»]. (Fols. 106*r*-107*r*).
49. *Romance de Rodamonte, rey de Sarça.* [«De sus dioses blasfemando...»]. (Fols. 107*v*-108*v*).
50. *Romance del Ariosto, de una discordia que vuo en el Real del rey Agramante entre los mas valerosos caualleros.* [«En el real de Agramante...»]. (Fols. 109*r*-111*r*).
51. *Romance del llanto que hizo Doralice por la muerte de Mandricardo.* [«Llanto hazia Doralice...»]. (Folios 112*v*-113*r*).
52. *Historia de un hecho que hizo el moro Albençaydos con unos christianos y de la guerra que sobre ello succedio.* [«De puro amor abrasado...»]. (Folios 113*v*-116*r*).
53. *Romance como el Rey chiquito junto su Consejo sobre este caso.* [«Tan quexoso esta y sañudo...»]. (Fols. 116*r*-117*v*).
54. *Romance, como fue un mensagero de parte del Rey de Granada prometiendo dones al Maestre.* [«Ya se parte un diestro moro...»]. (Fols. 118*r*-120*r*).
55. *Romance del successo de la batalla.* [«Despues que la clara aurora...»]. (Fols. 120*r*-123*r*).
56. *Romance de Fatima y Xarifa.* [«Quando el rubicundo Phebo...»]. (Folios 123*r*-125*v*).
57. *Romance del sentimiento que hizo por Vindarraja el rey moro de Granada.* [«Con los francos Vencerrajes...»]. (Fols. 126*v*-127*v*).
58. *Romance de Auindarraez.* [«Criose el Auindarraez...»]. (Fols. 127*r*-128*v*).
59. *Otro romance de la batalla que Auindarraez tuuo con Rodrigo de Naruaez, yendo una noche a ver a Xarifa.*
61. *Romance de Bradamante.* [«La hermosa Bradamante...»]. (Fols. 134*r*-135*r*).
60. *Romance de Medoro y Angelica.* [«Sobre la desierta arena...»]. (Folios 132*v*-133*v*).
61. *Romance de Bradamante.* [«La hermosa Bradamante...»]. (Fols. 134*r*-135*r*).
62. *Romance de Ero.* [«Desde la torre de Sixto...»]. (Fols. 135*v*-136*v*).
63. *Romance de Ruy diaz de Rojas.* [«Vente a mi el perro moro...»]. (Folios 137*r*-138*r*).

64. *Romance de don Alonso de Guzman el bueno.* [«Por los muros de Tarifa...»]. (Fols. 138*v*-139*v*).
65. *Romance del villano del Danubio.* [«Por essas puertas Romanas...»]. (Folios 140*r*-141*r*).
66. *Otro romance de Scebola.* [«Sale Scebola de Roma...»]. (Folios 141*v*-142*r*).
67. *Glossa sobre el romance que dize, Por el rastro de la sangre.* [«El cielo a vozes rompiendo...»]. (Folios 142*r*-143*r*).
68. *Otra glossa sobre el romanze que dize, Con el rostro entristecido.* [«Tanto siente el fuerte Lara...»] (Fols. 143*r*-144*r*).
69. *Glossa sobre el romanze que dize, De las batallas cansado.* [«Como suele el que merece...»]. (Fols. 144*r*-146*r*).
70. *Glossa sobre el romance que dize, Caualiero si a Francia ydes.* [«Estando en prision captiua...»]. (Folios 146*r*-147*r*).
71. *Glossa sobre el romanze que dize, Caualleros Granadinos.* [«Entre los moros guerreros...»]. (Fols. 147*r*-148*v*).
72. *Hytoria* (sic) *de las grandes auenturas del cauallero del Phebo, en treze Romances muy graciosos.* [«El gran hijo de Trebacio...»]. (Fols. 149*r*-151*r*).
73. *Segundo Romance del Phebo.* [«Parte el amoroso Phebo...»]. (Folios 151*v*-154*v*).
74. *Tercero del Phebo.* [«Con grande dolor y pena...»]. (Fols. 158*r*-160*v*).
75. *Quarto del Phebo.* [«Con crecido regocijo...»]. (Fols. 158*r*-160*v*).
76. *Quinto romance del Phebo.* [«Ya queria el dorado Phebo...»]. (Folios 160*v*-164*r*).
77. *Sexto del Phebo.* [«Ya seria media noche...»]. (Fols. 164*r*-167*v*).
78. *Septimo romance del cauallero del Phebo.* [«De pensamientos cercado...»]. (Fols. 167*v*-170*r*).
79. *Octauo Romance del cauallero del Phebo.* [«Con pesadumbre rauiosa...»]. (Fols. 170*r*-173*r*).
80. *Noueno Romance del cauallero del Phebo.* [«Con furia muy desmedida...»]. (Fols. 173*r*-177*r*).
81. *Decimo romance del cauallero del Phebo.* [«Hallauase el alto Apolo...»]. (Fols. 177*v*-179*r*).
82. *Undecimo romance del cauallero del Phebo.* [«Aquel magnanimo Phebo...»]. (Fols. 180*r*-183*v*).
83. *Duodecimo romance del Phebo.* [«Aquel alto Emperador...»]. (Folios 184*r*-186*v*).
84. *Decimo tercio romance del cauallero del Phebo.* [«Ya sospira la princesa...»]. (Fols. 187*r*-188*r*).
85. *Siguense Romances Pastoriles con diuersidad de glosas y canciones.* [«Oyd nimphas y pastores...»]. (Fols. 188*r*-190*v*).
86. *Oro romance.* [«Congoxas, lagrimas tristes...»]. (Fols. 190*r*-191*r*).
87. *Otro romance Pastoril.* [«Orilla del sacro Henares...»]. (Folios 191*r*-192*v*).
88. *Otro Romance.* [«Con voz triste y congoxosa...»]. (Fols. 192*v*-193*r*).
89. *Otro romance.* [«Al pie de un hermoso sauce...»] (Fols. 192*v*-193*r*).
90. *Otro romance Pastoril.* [«Por la ribera de Iucar...»]. (Fols. 195*v*-196*v*).
91. *Otro romance.* [«Al pie de una rica fuente...»]. (Fols. 195*v*-198*r*).
92. *Otro romance.* [«En un valle verde umbroso...»]. (Fols. 198*r*-200*r*).
93. *Otro romance quexandose del amor.* [«De amores esta Fileno...»]. (Fols. 200*r*-201*r*).
94. *Otro romance.* [«Por una aspera montaña...»]. (Fols. 201*r*-203*r*).
95. *Otro romance pastoril.* [«Llorando esta una pastora...»]. (Folios 203*r*-204*r*).
96. *Siguense glosas y canciones de differentes authores, de donde sacara el lector mucho auiso.* [«Contentamiento, do estas...»]. (Fol. 204*r*).
97. *Glossa.* [«Contento, si tu te diesses...»]. (Fols. 204*v*-205*r*).
98. *Otra.* [«Si el sospiro da passion...»]. (Fol .205*r*).
99. *Glossa.* [«Quando un alma esta metida...»]. (Fols. 205*v*-206*r*).
100. *Glossa.* [«Ya quel tyrano amor quiso enlazarme...»]. (Fols. 206*r*-207*r*).
101. *A doña Ana de Puerocarrero* (sic), *Condesa de Palma, Lope de Salinas. Soneto.* [«Bellissima doña Anna a cuyo puerto...»]. (Fol. 207).
102. *A dos damas que estauan a la luna en una ventana. Del mismo don Lope.* [«En medio estaua al estrellado cielo...»]. (Fol. 208*r*).
103. *De Cueuas. Soneto.* [«Como se viesse amor desnudo y tierno...»]. (Folio 208).
103 bis. *Otro de Cueuas.* [«Mata el

amor, porque la muerte airada...»]. (Folio 208*v*).
104. *Otro del mismo Cueuas.* [«Amor se mueue en qualquier parte o caso...»]. (Fol. 209*r*).
105. *Otro de Cueuas.* [«Vido a Tirena descubierto el pecho...»]. (Fol. 209).
106. *A una dama que se llamaua Peña. Soneto.* [«De una altíssima peña esta pendiendo...»]. (Fols. 209*v*-210*r*).
107. *De Figueroa. Soneto.* [«Alma real, milagro de natura...»]. (Fol. 210*r*).
108. *Otro de Figueroa.* [«Estos, y bien seran passos contados...»]. (Fol. 210).
108 bis. *Otro del mismo.* [«Passo en fiero dolor llorando el día...»]. (Folio 210*v*).
109. *Otro de Figueroa.* [«Ay de quan ricas esperanças vengo...»]. (Fol. 211*r*).
110. *Vergara. Soneto.* [«La clara luz del sol resplandeciente...»]. (Fol. 211).
111. *Del mismo. Soneto.* [«O pura honestidad, pura belleza...»]. (Folios 811*v*-812*r*).
112. *Otro del mismo Vergara.* [«Mirad señora mia en el estado...»]. (Folio 212*r*).
113. *Del Maestro Camara. Soneto.* [«Suelen mis ojos hechos agua y fuego...»]. (Fol. 212).
114. *De Marco Antonio, Poeta laureado en la insigne uniuersidad de Alcala. Soneto.* [«Salid con alma enferma y dolorosa...»]. (Fols. 212*v*-213*r*).
114 bis. *El M.º Arze. Soneto.* [«O como nunca amor cura la herida...»]. (Fol. 213*r*).
115. *Iuan de la Flor, contra el amor. Soneto.* [«O quien fuesse de amor tan apartado...»]. (Fol. 213*v*).
116. *Cancion de Lisis a Ismenia. El Maestro Camara.* [«El largo curso que descubre y passa...»]. (Folios 213*v*-215*v*).
117. *Egloga y Floresta pastoril muy graciosa de cuentos y preguntas.* [«Lleuauan su ganado repastando...»]. (Folios 216*r*-228*v*).
118. *Cuento de Nemoroso. Elegia.* [«En una fresca vega...»]. (Fols. 228*v*-235*r*).
119. *Pregunta. Cinthia.* [«Es pues la question pastor...»]. (Fols. 235*r*-237*v*).
120. *Suelta la question con otra semejante.* [«La duda que esta puesta, es harto graue...»]. (Fols. 237*v*-241*v*).
121. *Guerra campal de amor de mucho ingenio, y prouechosa para el lector.* [«Mueue un gran rey de corona...»]. (Fols. 242*r*-250*r*).
122. *Carta muy graciosa, que un labrador embia a su querida, con quien piensa casarse, y una respuesta della, por el mismo estilo.* [«Carta para Pascuala de Alcolea...»]. (Folios 250*v*-257*r*).
123. *Respuesta de la carta que embio Anton Sanz de Canalejas a Pascuala de Alcolea su requebrada.* [«Carta para Anton Sanz de Canaleja...»]. (Folios 257*v*-261*v*).

Ejemplares:

MADRID. *Nacional.* R-13.424.

1582

172

PRIMAVERA y Flor de los mejores romances que han salido aora nuevamente en esta Corte recogidos de varios Poetas por Pedro Arias Pérez. Barcelona. Esteban Liberós. 1582

V. *B. L. H.*, III, n.º 2.509-25. Su contenido, en la ed. de Madrid, 1622, es el siguiente:

—Licencia.
—Suma de la Tassa.
—Erratas.
—Aprobación de Iuan de Iauregui (Madrid, 16 de septiembre de 1621).
—Dedicatoria al M.º Tirso de Molina. por Pedro Arias Pérez.
—Prologo al Lector.
—De Fr. Placido de Aguilar... al Autor. [«Como Abeja artificiosa...»].
—Tabla de los romances, letras, y otras cosas que contiene este Romancero.

1. *Romance.* [«Passados contentos míos...»]. (Fol. 1).
2. *Otro Romance.* [«Peregrinas asperezas...»]. (Fol 2).
3. *Redondilla.* [«Oios cuyas niñas bellas...»]. (Fols. 2*v*-4*r*).
4. *Otro Romance.* [«En soledades de ausencia...»]. (Fols. 4*r*-5*r*).
5. *Canción.* [«Las oras que estuuiste...»]. (Fol. 5).
6. *Otro Romance.* [«Despeñanse de los montes...»]. (Fols. 5*v*-6*v*).
7. *Otro Romance.* [«En el valle de Pisuerga...»]. (Fols. 6*v*-7*v*).

8. *Otro Romance.* [«Daua a los marchitos campos...»]. (Fols. 7*v*-8*r*).
9. *Endechas.* [«En estos verdes prados...»]. (Fols. 8*r*-9*r*).
10. *Letra.* [«Madre mia aquel paxarillo...»]. (Fol 9).
11. *Romance.* [«A las seluas, y a los prados...]. (Fols. 9*v*-10*v*).
12. *Endechas.* [«Zagala del Tajo...»]. (Fols. 10*v*-11*r*).
13. *Decimas.* [«Oy ha tres meses, o años...»]. (Fols. 11*r*-12*v*).
14. *Romance.* [«Cuydaua yo penas mías...»]. (Fols. 12*v*-13*v*).
15. *Otro Romance.* [«Para dar sombras al suelo...»]. (Fols. 13*v*-14*v*).
16. *Letrilla.* [«Como tan dura a mi pena...»]. (Fols. 14*v*-15*v*).
17. *Satira en Redondillas, de las calles de Madrid.* [«Cantemos ciuilidades...»]. (Fols. 15*v*-18*r*).
18. *Romance.* [«Mal segura çagaleja......»]. (Fol 18).
19. *Otro Romance en Endechas.* [«Aqueste Domingo...»]. (Fols. 18*v*-20*v*).
20. *Otro Romance.* [«Romped las dificultades...]». (Fols. 20*v*-21*v*).
21. *Otro.* [«No son todos Ruyseñores...»]. (Fols. 21*v*-22*r*).
22. *Otro Romance.* [«Sin color anda la niña...»]. (Fols. 22*r*-23*v*).
23. *Otro Romance.* [«Una bella zagaleja...»]. (Fols. 23*v*-24*v*).
24. *Endechas.* [«Hermosa zagala...»]. (Fols. 24*v*-26*r*).
25. *Redondillas.* [«Ojos verdes (ved que error)...»]. (Fol 26).
26. *Romance.* [«Un libre arroyuelo...»]. (Fol 27).
27. *Otro Romance.* [«El buelo de mis desseos...»]. (Fols. 27*v*-28*v*).
28. *Otro Romance.* [«A la Magestad de un monte...»]. (Fols. 28*v*-29*v*).
29. *Otro Romance.* [«Salio en los braços del Alua...»]. (Fols. 29*v*-30*r*).
30. *Redondillas.* [«Como podre lo que os quiero...»]. (Fols. 30*v*-31*v*).
31. *Romance.* [«De la cumbre de una sierra...»]. (Fols. 31*v*-32*v*).
32. *Otro Romance.* [«Por la tarde sale Ynes...»]. (Fols. 32*v*-34*r*).
33. *Satira.* [«Que tenga el engaño assiento...»]. (Fols. 34*v*-35*v*).
34. *Cancion.* [«En la margen diuina...»]. (Fols. 35*v*-36*r*).
35. *Letrilla.* [«Vete más de espacio amor...»]. (Fol. 36).
36. *Otra.* [«Que muerto contento digo...»]. (Fols. 36*v*-37*r*).
37. *Romance.* [«Un pescadorzillo pobre...»]. (Fols. 37*v*-38*r*).
38. *Otro Romance.* [«Por la ausencia de su Andronio...»]. (Fol. 38).
39. *Otro Romance.* [«De la carcel del amor...»]. (Fols. 38*v*-39*v*).
40. *Otro Romance.* [«Seca mi verde esperança...»]. (Fols. 39*v*-40*r*).
41. *Satira.* [«Don Repollo, y doña Verça...»]. (Fols. 40*v*-42*v*).
42. *Quintillas.* [«Si dormis señora tanto...»]. (Fols. 42*v*-43*r*).
43. *Letra.* [«Hanme muerto unos ojos...»]. (Fols. 43*r*- 44*r*).
44. *Otra.* [«Si a do quieren Reyes...»]. (Fol. 44).
45. *Romance.* [«A las once me mando...»]. (Fols. 44*v*-46*v*).
46. *Otro Romance.* [«Pero Gil amaua a Menga...»]. (Fols. 46*v*-47*r*).
47. *Otro Romance.* [«Escucheme un rato atento...»]. (Fols 47*r*-50*r*).
48. *Otro Romance.* [«En dos luzientes estrellas...»]. (Fol. 50).
49. *Otro Romance.* [«Impossibles pretensiones...»]. (Fols. 50*v*-51*v*).
50. *Letrilla.* [«Encontrandose dos arroyuelos...» . (Fols. 51*v*-52*r*).
51. *Romance.* [«Riendose va un arroyo...»]. (Fols. 52*r*-53*r*).
52. *Decimas.* [«Pues por tales asperezas»...]. (Fols. 53*r*-54*r*).
53. *Romance.* [«A coronarse de flores...»]. (Fols. 54*v*-55*r*).
54. *Redondillas.* [«Un atreuido temor...»]. (Fols. 55*r*-56*r*).
55. *Romance.* [«Ojos negros de mis ojos...»]. (Fols. 56*r*-57*r*).
56. *Letra.* [«A caçar pajaricos...»]. (Fol. 57).
57. *Romance.* [«La çagala mas hermosa...»]. (Fols. 57*v*-58*v*).
58. *Letra.* [«A la sombra de mis cabellos...»]. (Fols. 58*v*-59*r*).
59. *Romance.* [«Quando hazen alegre salua...»]. (Fols. 59*r*-60*r*).
60. *Letra.* [«Con el ayre madre...»]. (Fol. 60).
61. *Chacona.* [«Agora que la guitarra...»]. (Fols. 60*v*-62*r*).
62. *Letra.* [«El cabello negro...»]. (Folio 62).

63. *Endechas.* [«No duren mas las flores...»]. (Fols. 62*v*-63*r*).
64. *Endechas.* [«Â quien ventura falta...»]. (Fols. 63*r*-64*v*).
65. *Letra.* [«Zagala, amor es mi nombre...»]. (Fols. 64*v*-65*r*).
66. *Romance.* [«Mil vezes estoy memorias...»]. (Fol. 65).
67. *Otro Romance.* [«Haze sierpes de cristal...»]. (Fols. 65*v*-66*r*).
68. *Romance.* [«Por las puertas del estío...»]. (Fols. 66*r*-67*v*).
69. *Letra.* [«No corras arroyo ufano...»]. (Fols. 67*v*-68*r*).
70. *Romance.* [«Poca tierra y muchas flores...»]. (Fols. 68*r*-69*v*).
71. *Otro Romance.* [«Romped del sueño la calma...»]. (Fols. 69*v*-70*r*).
72. *Otro Romance.* [«Dia triste y perezoso...»]. (Fol. 70).
73. *Otro Romance.* [«En tanto hermosa enemiga...»]. (Fols. 70*v*-71*r*).
74. *Letra.* [«Pues han cantado los gallos...»]. (Fol. 71).
75. *Romance.* [«Belilla la de la Corte...»]. (Fols. 71*v*-72*v*).
76. *Otro Romance.* [«En el regazo de Abril...»]. (Fols. 72*v*-73*v*).
77. *Octauas.* [«Tardanças, confusion, contradiciones...»]. (Fols. 73*v*-74*r*).
78. *Letra.* [«Como no me deys celos...»]. (Fols. 74*r*-75*r*).
79. *Romance.* [«Sembrando estaua papeles...»]. (Fols. 75*r*-76*r*).
80. *Letra.* [«Esconde tus ojos...»]. (Fol. 76).
81. *Romance.* [«Soy yo de Marmol a caso?...»]. (Fols. 76*v*-77*r*).
82. *Otro Romance.* [«Apriessa lleua el ganado...»]. (Fol. 77).
83. *Letra.* [«Vos teneys açoticos amor...»]. (Fols. 77*v*-78*r*).
84. *Cancion.* [«En los braços del Alua...»]. (Fol. 78*v*).
85. *Letra.* [«No es menester que digays...»]. (Fol. 79*r*).
86. *Cancion.* [«Dulce Amarilis mía...»]. (Fol. 79*v*).
87. *Letra.* [«Llegamos a puerto...»]. (Fol. 80).
88. *Romance.* [«Bullicioso ventezillo...»]. (Fols. 80*v*-81*r*).
89. *Romance.* [«Aves amorosas...»]. (Fols. 81*v*-82*r*).
90. *Otro Romance.* [«Con ser tan bello tu rostro...»] (Fols. 82*r*-83*r*).
91. *Chacona.* [«De las cadenas de amor...»]. Fols. 83*r*-85*r*).
92. *Romanceca (sic).* [«Que breues que son señora...»]. (Fols. 85*v*-86*v*).
93. *Otro Romance.* [«Saliendome essotro dia...»]. (Fols. 86*v*-87*v*).
94. *Otro Romance.* [«Como tan alto bolaste...»]. Fol. 88).
95. *Letra.* [«Como dormiran mis ojos...»]. (Fols. 88*v*-89*r*).
96. *Romance.* [«Quando quiero ver tus ojos...»]. (Fol. 89).
97. *Otro Romance.* [«Los diamantes de la noche...»]. (Fols. 89*v*-91*r*).
98. *Otro Romance.* [«Ay verdades que en amor...»]. (Fols. 91*r*-93*r*).
99. *Otro Romance en respuesta del passado.* [«Vengada la hermosa Filis...»]. (Fols. 93*r*-95*r*).
100. *Romance.* [«Despertando estaua el Sol...»]. (Fol. 95).
101. *Letra.* [«Bien podeys ojos buscar...»]. (Fols. 95*v*-96*r*).
102. *Romance.* [«Despierten los sentidos...»]. (Fol. 96).
103. *Romance.* [«Animado de tu vista...»]. (Fols. 97*r*-98*r*).
104. *Satira.* [«Si yo gouernara el mundo...»]. (Fols. 98*r*-99*v*).
105. *Satira segunda.* [«Siguiendo voy mi gouierno...»]. (Fols. 99*v*-101*r*).
106. *Romance.* [«Seluas y bosques de amor...»]. (Fols. 101*r*-104*r*).
107. *Otro Romance.* [«Al tiempo que las cortinas...»]. (Fol. 104).
108. *Otro Romance.* [«Ya la tierra, y el Aurora...»]. (Fols. 105*r*-106*r*).
109. *Otro Romance.* [«Las aues que se leuantan...»]. (Fols. 106*r*-107*v*).
110. *Otro Romance.* [«Una Cortesana vieja...»]. (Fols. 107*v*-109*r*).
111. *Otro Romance.* [«Oy que estrellas mas que flores...»]. (Fols. 109*v*-112*v*).
112. *Otro Romance.* [«Minguilla la siempre bella...»]. (Fols. 112*v*-115*r*).
113. *Otro Romance.* [«La Zagala del Xenil...»]. (Fols. 115*r*-116*r*).
114. *Otro Romance.* [«Desseos de un impossible...»]. (Fols. 116*r*-117*r*).
115. *Romance.* [«Soplan ventezillos...»]. Fol. 117).
116. *Letrilla.* [«No le den tormento a la niña...»]. (Fols. 117*v*-118*r*).
117. *Romance.* [«Que triste Abril pastores...»]. (Fols. 118*r*-119*r*).

118. *Letrilla.* [«Es tal por mi buena suerte...»]. (Fol. 119).
119. *Satira.* [«Donde el pobre Mançanares...»]. (Fols. 119*v*-120*v*).

Ejemplares:

MADRID. *Nacional.* R-7.026.

1600

173

ROMANCERO General... Madrid. Luis Sánchez. 1600.

V. *B. L. H.*, III, n.º 2.560-25.

Siglo XVII

174

[*ROMANCERO de la Biblioteca Brancacciana*].

Letra del s. XVII. Conservado en la Biblioteca Brancacciana de Nápoles y publicado por R. Foulché-Delbosc en la *Revue Hispanique,* LXV, Nueva York-París, 1925, págs. 345-96.

Contenido:

1. *Romanze de Lope de Vega.* [«Aora bueluo a templaros...»].
2. [«Señora doña Maria...»].
3. *Otra.* [«Madre, una serrana...»].
4. *Romanze.* [«Hazme, niña, un ramillete...»].
5. *Romanze.* [«Seruia en Oran al rey...»].
6. *Letrilla.* [«En justas de amor...»].
7. *Romanze.* [«De la arrugada corteza...»].
8. *Otra.* [«Ningun remedio ay tam bueno...»].
9. *Glosa de muchos rromanzes.* [«No quiero mas amor vano...»].
10. *Letrilla.* [«Ten, amor, el harco quedo...»].
11. *Otra.* [«En su balcon una dama...»].
12. *Letrilla.* [«La del auanillo...»].
13. *Romance.* [«Haziendo fiestas la corte...»].
14. *Letra.* [«Riñó con Juanilla...»].
14 bis. *Otra letrilla.* [«Heres niña y as amor...»].
15. *Otro.* [«Aquel rrayo de la guerra...»].
16. *Letra.* [«Si de amor te dizen...»].
17. *Romanze.* [«Doña Blanca está en Sidonia...»].
18. *Letra.* [«Carillo, a rrisa prouoca...»].
19. *Caraunda.* [«Teniendo de vos tal prenda...»].
20. *Otra.* [«Alegre porque moría...»].
21. *Otra letrilla.* [«No sigas a Siluia Bras...»].
22. *Romanze contrahecho.* [«La mas vella niña...»].
23. *Otra.* [«Que con quatro mill rreparta...»].
24. *Otro.* [«Noble desengaño...»].
25. *Ensaladilla.* [«Vien aya [a]quel que no cura...»].
26. *Cuento de un pintor.* [«A tí, Benus, ymboco solamente...»].
27. *Romance.* [«Galanes y caualleros...»].
28. *Letra.* [«Quien quiere un moço galan y dispuesto...»].
29. *Letrilla.* [«Si las damas de la corte...»].
30. *Otra.* [«Vella pastorçica...»].
31. *Romance.* [«Al camino de Toledo...»].
32. *Otra.* [«Agora, Tirsi, quel tiempo...»].
33. *Dezenas.* [«Biem pensará quien me oyere...»].
34. *Letrilla.* [«Niña, acuerdate de mí...»].
35. *Otro.* [«Regalando el tierno bello...»].
36. *Otro.* [«Arriua, gritauan todos...»].
37. *Letrilla.* [«Vuestro dolor desigual...»].
38. *Otra.* [«Dulce Filis, si me esperas...»].
39. *Romance de Doña Catalina Çamudio.* [«Muerte, si te das tal prisa...»].
40. *Romance y letra junto.* [«Junto a esta laguna...»].
41. *Letra.* [«Aquella bella aldeana...»].
42. *Letra que se hiço a un cauallero cortesano por una dama.* [«Mal hayan mis ojos...»].
43. *Romance.* [«Su remedio en al ausencia...»].
44. *Letrilla.* [«Siendo libre, niña...»].
45. *Letrilla.* [«No me aprouecharon...»].
46. *Romance hecho a una dama cortesana.* [«En el mas soberbio monte...»].
47. *Romance nuebo.* [«Sobre los tres hijos muertos...»].

48. *Romance del Çaragoçano.* [«Por las montañas de Xaca...»].
49. *Romance pastoril.* [«A la sombra de un alisso...»].
50. *El testamento de Celestina.* [«Celestina, cuya fama...»].
51. *Esta glosa se hiço a una dama.* [«Señora, yo me despido...»].
52. *Romance.* [«Por arrimo su albornoz...»].
53. *Letrilla.* [«Pusoseme el sol...»].
54. *Romance de un cauallero cortesano.* [«De la harmada de su rrey...»].
55. *Letra.* [«Girguerillo mío...»].
yeguas...»].
56. *Otra.* [«Alarga, morenica el paso...»].
57. *Otra letrilla.* [«Dura, pensamiento...»].
58. *Romance.* [«Quando las beloçes
59. *Letra.* [«Madre, la mi madre...»].
60. *Otra.* [«Aquel paxarillo...»].
61. *Otro.* [«A la vista de Tarifa...»].
62. *Letrilla.* [«Rogaselo, madre...»].
63. *Otra.* [«Ay, memoria amarga...»].
64. *Romanze muy nuebo.* [«Domingo por la mañana...»].
65. *Letrilla.* [«Qué se le da a mi madre...»].
66. *Otra letra sobre: Madre, la mi madre, que son estremadas.* [«Madre, la mi madre...»].
67. *Romance a una muger de un escribano.* [«La del escriuano...»].
68. *Letrilla nueva.* [«El que mas amava, madre...»].
69. *Tercetos.* [«El aspereza quel rrigor del cielo...»].

1605

175

SEGUNDA parte del Romancero General, Flor de diversa poesía, recopilados por Miguel de Madrigal. Valladolid. Luis Sánchez. 1605.

V. *B. L. H.*, III, n.º 2.575-76.

Contenido:

—Tassa.
—Erratas.
—Aprovacion de Antonio de Herrera. (Valladolid, 20 de octubre de 1604).
—Privilegio.
—Dedicatoria a D.ª Catalina Gonçalez, muger del Licenciado Gil Remirez de Arellano, del Consejo supremo de su Magestad, por Miguel de Madrigal.

1. *Romance de Garci Lasso.* [«La Reyna doña Isabel...»]. (Fol. 1).
2. *Otro Romance.* [«Señor pretendiente amigo...»]. (Fols. 1*v*-2*r*).
3. *Otro Romance.* [«Yo no se para que escriuo...»]. (Fol. 2).
4. *Otro Romance.* [«De mi graue sentimiento...»]. (Fols. 2*v*-3*r*).
5. *Letra.* [«Oios bellos, no os fieys...»]. (Fol. 3*r*).
6. *Otro Romance.* [«Eran dos pastoras...»]. (Fols. 3*v*-4*r*).
7. *Otro romance.* [«Orillas de un claro rio...»]. (Fol. 4).
8. *Otro.* [«En el sitio ilustre...»]. (Folio 4*v*).
9. *Otro romance.* [«Noche templada y serena...»]. (Fols. 4*v*-5*r*).
10. *Letra.* [«A la Feria galanes...»]. (Fol 5).
11. *Otro romance.* [«Ya yo he dado en gentilhombre...»]. (Fols. 5*v*-6*r*).
12. *Otro romance.* [«Señora la mi señora...»]. (Fols. 6*v*-7*r*).
13. *Otro romance.* [«A la salud deseada...»]. (Fol. 7*r*).
14. *Ensalada.* [«Una niña aragonesa...»]. (Fols. 7*r*-8*r*).
15. *Endechas.* [«Del poluo de la tierra...»]. (Fol. 8*r*).
16. *Otro romance.* [«Afirmaisme por la vuestra...»]. (Fols. 8*r*-9*r*).
17. *Otro romance.* [«Sordas y mudas paredes...»]. (Fols. 9*r*-9*v*).
18. *Otro romance.* [«Quando llegare a gozarte...»]. (Fol. 9*v*).
19. *Iuguete.* [«Quien te truxo niña...»]. (Fol. 9*v*).
20. *Otro romance.* [«Si amor se cura llorando...»]. (Fol. 10*r*).
21. *Otro romance.* [«Ausente de todo el bien...»]. (Fol. 10).
22. *Otro romance.* [«Hermosa señora mia...»]. (Fol. 10*v*).
23. *Letra.* [«No quiera Dios que te mire...»]. (Fols. 10*v*-11*r*).
24. *Otro Romance.* [«Enemiga de mis glorias...»]. (Fol. 11*r*).
25. *Iuguete.* [«Dexe el alma que es libre...»]. (Fol 11*r*).
26. *Otro romance.* [«Venturoso Rey Tarquino...»]. (Fol. 11).
27. *Otro romance.* [«Viuo?, muero?, canto? ó lloro?...»]. (Fols. 11*v*-12*r*).
28. *Otro romance.* [«Despues, Celia, que Pisuerga...»]. (Fol. 12).

29. *Otro romance.* [«Dezidme, recien casada...»]. (Fols. 12*v*-13*r*).
30. *Otro romance.* [«Voto a Dios, señor Cupido...»]. (Fols. 13*r*-14*r*ı.
31. *Endechas.* [«Elisa dichosa...»]. (Folio 14*r*).
32. *Otro romance.* [«Mal aya el hombre mil vezes...»]. (Fol. 14).
33. *Otro romance.* [«Al tiempo que el rubio Dios...»]. (Fols. 14*v*-15*r*).
34. *Otro Romance.* [«Pese a tus alas amor...»]. (Fol. 15).
35. *Otro Romance.* [«Aquel heroyco Romano...»]. (Fols. 15*v*-16*r*).
36. *Endechas.* [«Sossiega amor desnudo...»]. (Fol. 16).
37. *Otro romance.* [«Por alegrar el aldea...»]. (Fols. 16*v*-17*r*).
38. *Otro romance.* [«Al cabo de años mil...»]. (Fol. 17).
39. *Otro romance.* [«Señora doña fulana...»]. (Fols. 17*v*-18*r*).
40. *Otro romance.* [«Si quies que descanse el alma...»]. (Fols. 18*v*-19*r*).
41. *Otro romance.* [«Perdoneme por su vida...»]. (Fol. 19).
42. *Otro romance.* [«Yo soy, Marfisa, un cantor...»]. (Fols. 19*v*-20*r*).
43. *Otro romance.* [«Cruel desseo enemigo...»]. (Fol. 20*r*).
44. *Otro romance.* [«Quando mas apresurado...»]. (Fol. 20).
45. *Redondillas.* [«Si el amor ya no se hallara...»]. (Fols. 20*v*-21*r*).
46. *Letra.* [«Que de una bella casada...»]. (Fol. 21).
47. *Otro romance.* [«Por la mano prende el Cid...»]. (Fol. 21*v*).
48. *Otro romance.* [«Si de mortales feridas...»]. (Fol. 22*v*).
49. *Otro romance.* [«En lo baxo de unas peñas...»]. (Fol. 22*r*).
50. *Otro romance.* [«Vuestra patria y vuestra Corte...»]. (Fols. 22*v*-23*r*).
51. *Otro romance.* [«Madrid y Valladolid...»]. (Fol. 23).
52. *Otro romance.* [«Señora doña Madrid...»]. (Fol 23*v*).
53. *Otro romance.* [«Alegre bueluo a gozarte...»]. (Fols. 23*v*-24*r*).
54. *Redondillas.* [«Como en la vida de amor...»]. (Fol. 24).
55. *Decimas.* [«Si tanto cuesta el hablar...»]. (Fols. 24*v*-25*r*).
56. *Otro romance.* [«Deten tu curso fortuna...»]. (Fol. 25).
57. *Otro romance.* [«Fablando estaua en celado...»]. (Fols. 25*v*-26*r*).
58. *Otro romance.* [«Blasonando está el Frances...»]. (Fol. 26*r*).
59. *Otro romance.* [«El Brauonel Andaluz...»]. (Fol. 26).
60. *Otro romance.* [«Pendiente dexa la lira...»]. (Fols. 26*v*-27*r*).
61. *Letra.* [«Ribericas del rio...»]. (Folio 27*r*).
62. *Otra.* [«Voto a tus ojos serenos...»]. (Fol. 27).
63. *Otro romance.* [«Si he de boluer a llorar...»]. (Fol. 27*v*).
64. *Letra.* [«Daua sombra el alameda...»]. (Fols. 27*v*-28*r*).
65. *Otro romance.* [«La diosa de los Gentiles...»]. (Fol 28*r*).
66. *Otro romance.* [«Yace al pie de una alta sierra...»]. (Fol 28).
67. *Otro romance.* [«El desterrado vendido...»]. (Fols. 28*v*-29*r*).
68. *Otro romance.* [«Ay desengaño dichoso...»]. (Fol. 29*r*).
69. *Otro romance.* [«Al tiempo que de la noche...»]. (Fol. 29).
70. *Otro romance.* [«Escuchad, señora mia...»]. (Fol. 29*v*).
71. *Otro romance.* [«A los espantosos truenos...»]. (Fols. 29*v*-30*r*).
72. *Otro romance.* [«Valad ouejuelas mias...»]. (Fol. 30*r*).
73. *Otro romance.* [«Sulcando el salado campo...»]. (Fol. 30).
74. *Otro romance.* [«En competencia del dia...»]. (Fols. 30*v*-31*r*).
75. *Otro romance.* [«Del dorado Tajo ausente...»]. (Fol. 31).
76. *Otro romance.* [«En el estrado de damas...»]. (Fols. 22*v*-23*r*).
77. *Otro romance.* [«Bien podeis memorias mias...»]. (Fol 23).
78. *Otro romance..* [«Despuntado he mil agujas...»]. (Fol. 23).
79. *Otro romance.* [«Casto Rey, y buen Alfonso...»]. (Fols. 32*v*-33*r*).
80. *Otro romance.* [«Zagala a quien quiso el cielo...»]. (Fol. 33*r*).
81. *Otro romance.* [«Bien podeis ojos llorar...»]. (Fol. 33).
82. *Otro romance.* [«Despues que amor me enlazo...»]. (Fol. 33*v*).
83. *Otro romance.* [«Llorando atiende Gonzalo...»]. (Fols. 33*v*-34*r*).
84. *Otro romance.* [«Sembrado esta el duro suelo...»]. (Fol. 34*r*).
85. *Otro romance.* [«Todo lo rinde el amor...»]. (Fol. 34).
86. *Otro romance.* [«Llorando sobre unas piedras...»]. (Fols. 34*v*-35*r*).

87. *Otro romance.* [«Ya de la planta de Alcides...»]. (Fol. 35).
88. *Otro romance.* [«No huyas, espera, espera...»]. (Fol. 35*v*).
89. *Otro romance.* [«Ya bueluo querido Tormes...»]. (Fols. 35*v*-36*r*).
90. *Otro romance.* [«Las fuentes de Baco y Ceres...»]. (Fol. 36*r*).
91. *Otro romance.* [«Frescos ayrecillos...»]. (Fols. 36*r*-37*r*).
92. *Otro romance.* [«Lleua noble pensamiento...»]. (Fols. 37*r*-38*r*).
92 bis. *Otro romance.* [«Pues os mandan que escriuais...»]. (Fols. 37*v*-38*r*).
93. *Otro romance.* [«Cante, Granada famosa...»]. (Fol. 38).
94. *Otro romance.* [«Las obsequias funerales...»]. (Fols. 38*v*-39*r*).
95. *Otro romance.* [«Inhumano Rey Alfonso...»]. (Fol. 39*r*).
96. *Otro romance.* [«Ya que de mis tiernos años...»]. (Fol. 39).
97. *Otro romance.* [«Hazer quiero, bella ingrata...»]. (Fol. 40*r*).
98. *Otro romance.* [«En las prisiones de amor...»]. (Fol. 40).
99. *Otro romance.* [«Recibi vuestro villete...»]. (Fols. 40*v*-41*r*).
100. *Otro romance.* [«Escuchad las que de amor...»]. (Fol. 41).
101. *Letra.* [«Llegando a la cumbre...»]. (Fol. 41*v*).
102. *Otra.* [«Salen mis suspiros...»]. (Fol. 41*v*).
103. *Endechas.* [«Oyeme, señora...»]. (Fols. 41*v*-42*r*).
104. *Letra.* [«Tente no caygas...»]. (Fol. 42).
105. *Letra.* [«La morena graciosa...»]. (Fols. 42*v*-43*r*).
106. *Otro romance.* [«Una bella pastorzilla...»]. (Fol. 43*r*).
107. *Otro romance.* [«O quien pudiera, Iaen...»]. (Fol. 43).
108. *Otro romance.* [«Oy haze justos seis meses...»]. (Fols. 43*v*-44*r*).
109. *Decimas.* [«De mis tristes fantasias...»]. (Fols. 44*r*-45*r*).
110. *Otro romance.* [«Murmurauan los rocines...»]. (Fols. 45*r*-46*r*).
111. *Quintillas.* [«De mi desdichada suerte...»]. (Fols. 46*r*-47*r*).
112. *Redondillas.* [«Estraña prueua de amor...»]. (Fols. 47*r*-48*r*).
113. *Otro romance.* [«Locos años mios...»]. (Fols. 47*v*-48*r*).
114. *Otro romance.* [«Mirando una clara fuente...».]. (Fol. 48*r*).
115. *Otro romance.* [«Quando me lleuare Dios...»]. (Fol. 48).
116. *Otro romance.* [«Las armas y venas rotas...»]. (Fols. 48*v*-49*r*).
117. *Letra.* [«Si me das de tus cabellos...»]. (Fol. 49*r*).
118. *Otro romance.* [«Bien caro me cuesta, Clori...»]. (Fol. 49).
119. *Letra.* [«Mientras peno ausente...»]. (Fol. 50*v*).
120. *Otra.* [«El alua nos mira...»]. (Fol. 51).
121. *Otro romance.* [«Noche perezosa y larga...»]. (Fol. 51*r*).
122. *Otro romance.* [«Muerte poderosa...»]. (Fol. 50*v*).
123. *Otro romance.* [«Yantando con Almançor...»]. (Fols. 50*v*-51*r*).
124. *Otro romance.* [«A los pies arrodillado...»]. (Fol. 51*r*).
125. *Otro romance.* [«Sobre el cuerpo desangrado...»]. (Fol. 51).
126. *Otro romance.* [«La desesperada ausencia...»]. (Fols. 51*v*-52*r*).
127. *Otro romance.* [«En un retrete, que a penas...»]. (Fol. 52*r*).
128. *Otro romance.* [«De vuestra honra el crisol...»]. (Fol. 52*v*).
129. *Otro romance.* [«A las bodas venturosas...»]. (Fols. 52*v*-53*v*).
130. *Letra.* [«Señora, falteme Dios...»]. (Fols. 53*v*-54*r*).
131. *Decimas.* [«Si te da pena mi ausencia...»]. (Fol. 54*r*).
132. *Otro romance.* [«Triste paramo desierto...»]. (Fol. 54).
133. *Redondillas.* [«Oios cuyas niñas bellas...»]. (Fols. 54*v*-55*r*).
134. *Endechas.* [«Estaua Amarilis...»]. (Fol. 55).
135. *Otro romance.* [«En las malezas de un monte...»]. (Fols. 55*v*-56*r*).
136. *Otro romance.* [«Años haze, Rey Alfonso...»]. (Fol. 56*r*).
137. *Otro romance.* [«Si atendeis que de los braços...»]. (Fols. 56*r*-57*r*).
138. *Otro romance.* [«Tengo vos de replicar...»]. (Fol. 57*r*).
139. *Otro romance.* [«Escuchó el Rey don Alfonso...»]. (Fol. 57).
140. *Otro romance.* [«Despertad hermosa Celia...»]. (Fol. 58*v*).
141. *Decimas.* [«Coraçon graue y pesado...»]. (Fol. 58*r*).
142. *Otro romance.* [«El pastor que de Pisuerga...»]. (Fol. 58).
143. *Glosa.* [«Urrsino, aunque ves que son...»]. (Fol. 58*v*).

144. *Endechas.* [«Anda el tiempo, y anda...»]. (Fols. 58*v*-59*v*).
145. *Otro romance.* [«Apartarme de tes (*sic*) ojos...»]. (Fols. 59*r*-60*r*).
146. *Otro romance.* [«Rebuelta en sudor y llanto...]. (Fol. 60).
147. *Redondillas.* [«Si porque opilada os veys...»]. (Fols. 60*v*-61*r*).
148. *Otro romance.* [«Sabras Cintio que ayer tarde...»]. (Fol. 61).
149. *Otro romance.* [«En una barca metida...»]. (Fols. 61*v*-62*r*).
150. *Otro romance.* [«A vista del puerto está...»]. (Fol. 62).
151. *Otro romance.* [«Ya el excessiuo rigor...»]. (Fols. 62*v*-63*r*).
152. *Redondillas.* [«Un real entre tres amigos...»]. (Fol. 63).
153. *Maldiciones.* [«Plega a Dios que no se sepa...»]. (Fols. 63*v*-64*r*).
154. *Otro romance.* [«Madre, un alguazil...»]. (Fol. 64).
155. *Respuesta.* [«Hija esse alguazil...»]. (Fols. 64*v*-65*r*).
156. *Otro romance.* [«Hermosa Lucinda mía...»]. (Fol. 65*r*).
157. *Otro romance.* [«Por la parte que a Segouia...»]. (Fol. 65).
158. *Endechas.* [«A una dama hermosa...»]. (Fols. 65*v*-66*r*).
159. *Otro romance.* [«De lo mas alto de un monte...»]. (Fol. 66).
160. *Otro romance.* [«Despues que el marchito Agosto...»]. (Fols. 66*v*-67*r*).
161. *Otro romance.* [«De Ibero sagrado...»]. (Fol. 67).
162. *Otro romance.* [«De su querido Vireno...»]. (Fols. 67*v*-68*r*).
163. *Otro romance.* [«Ya que a despedirme vengo...»]. (Fol. 68).
164. *Otro romance.* [«Bellissimos ojos negros...»]. (Fol. 68*v*).
165. *Otro romance.* [«O triste imaginacion...»]. (Fols. 68*v*-69*r*).
166. *Otro romance.* [«Dexame ya pensamiento...»]. (Fol. 69*r*).
167. *Otro romance.* [«Quando la nocturna sombra...»]. (Fol. 69).
168. *Otro romance.* [«Escucheme Reyna mia...»]. (Fols. 69*v*-70*r*).
169. *Vitoria del Marques de Santacruz.* [«A los veinte y dos de Iunio...»]. (Fols. 70*r*-71*r*).
170. *Letrilla.* [«Truxome a la muerte...»]. (Fol. 71*r*).
171. *Otro romance.* [«Fincad ende mas sessudo...»]. (Fol. 71*r*).
172. *Otro romance.* [«Damas cortesanas...»]. (Fol. 71*v*).
173. *Otro romance.* [«A lo que Celio preguntas...»]. (Fols. 71*r*-72*r*).
174. *Otro romance.* [«Anarda diuina y bella...»]. (Fol. 72).
175. *Otro romance.* [«En el Argel insufrible...»]. (Fols. 72*v*-73*r*).
176. *Otro romance.* [«Señora del alma mia...»]. (Fol. 73).
177. *Otro romance.* [«Yo conoci madre mia...»]. (Fols. 73*v*-74*r*).
178. *Letra.* [«Dexeme cerner mi harina...»]. (Fol. 74*r*).
179. *Decimas.* [«Si te da pena mi ausencia...»]. (Fol. 74*v*).
180. *Otro romance.* [«Triste paramo desierto...»]. (Fols. 74*v*-75*r*).
181. *Letrilla.* [Miro a mi morena...»]. (Fol. 75*r*).
182. *Otro romance.* [«Enamorado y zeloso...»]. (Fol. 75).
183. *Letra.* [«En campaña madre...»]. (Fol. 75*v*).
184. *Otro romance.* [«Que un galan enamorado...»]. (Fols. 75*v*-76*r*).
185. *Otro romance.* [«No conmigo essos disfrazes...»]. (Fol 76).
186. *Otro romance.* [«Ya de Scipion las vanderas...»]. (Fol. 76*v*).
187. *Otro romance.* [«Deten tu curso, fortuna...»]. (Fols. 76*v*-77*r*).
188. *Otro romance.* [«Quiero dexar de llorar...»]. (Fol. 77).
189. *Otro romance.* [«Mudanças del tiempo canto...»]. (Fol. 77*v*-78*r*).
190. *Otro romance.* [«Perdoneme tu hermosura...»]. (Fol. 78).
191. *Letrilla.* [«Ya de mi dulce instrumento...»]. (Fols. 78*v*-79*r*).
192. *Otro romance.* [«Para todos ay contento...»]. (Fol. 79*v*).
193. *Otro romance.* [«Todos pretenden los fines...»]. (Fols. 79*v*-80*v*).
194. *Otro romance.* [«Recuerdente mis suspiros...»]. (Fol. 80*v*).
195. *Letrilla.* [«Rio Mançanares...»]. (Fols. 80*v*-81*r*).
196. *Letra.* [«Zarpa la Capitana...»]. (Fol. 81*r*).
197. *Letra.* [«Bullicioso era el arroyuelo...»]. (Fol. 81).
198. *Otro romance.* [«Rebuelta en sudor y llanto...»]. (Fol. 81*v*).
199. *Otro romance.* [«No ha sido esteril el año...»]. (Fols. 81*v*-82*r*).
200. *Otro romance.* [«Soy Leonicio, a quien amor...»]. (Fol. 82).

201. *Otro romance.* [«Militantes de Cupido...»]. (Fols. 82*v*-83*r*).
202. *Otro romance.* [«Fertil ribera de Tormes...»]. (Fol. 83).
203. *Endechas.* [«Mis ojos se enjuguen...»]. (Fols. 83*v*-84*r*).
204. *Otro romance.* [«Quando el erizado inuierno...»]. (Fol. 84).
205. *Otro romance.* [«Riguroso y triste punto...»]. (Fols. 84-85*r*).
206. *Otro romance.* [«Escuchadme Cortesanas...»]. (Fol. 85).
207. *Satira a la Sarna.* [«Ya que descansan las uñas...»]. (Fols. 85*v*-86*v*).
208. *Letra.* [«Serrana, si vuestros ojos...»]. (Fol. 86*v*).
209. *Otro romance.* [«Dexame ya pensamiento...»]. (Fols. 86*v*-87*v*).
210. *Otro romance.* [«Preguntad Lisana mia...»]. (Fol. 86*r*).
211. *Letra.* [«Trepan los Gitanos...»]. (Fol. 83*r*).
212. *Otro romance.* [«De Valladolid la rica...»]. (Fols. 83*v*-84*v*).
213. *Letra.* [«Ser de amor esta passion...»]. (Fol. 88*v*).
214. *Letra.* [«Solo el eco ha quedado...»]. (Fol. 88*v*).
215. *Otro romance.* [«Si admitís la voluntad...»]. (Fol. 89*r*).
216. *Letra.* [«Dexa las flores del huerto, niña...»]. (Fol. 89*v*).
217. *Otro romance.* [«Dame tu fauor Neptuno...»]. (Fols. 89*v*-90*v*).
218. *Otro romance.* [«No puede ya el sentimiento...»]. (Fol. 90*v*).
219. *Otro romance.* [«Triste imagen de mi suerte...»]. (Fol. 91*r*).
220. *Letra.* [«Sin cuydado y desseo querer y gozar...»]. (Fol. 91).
221. *Decimas.* [«Ya no basta la paciencia...»]. (Fols. 91*v*-93*v*).
222. *Letra.* [«Niña de mis ojos...»]. (Fols. 93*v*-94*r*).
223. *Otro romance.* [«Passeando fuy una noche...»]. (Fol. 94).
224. *Letra.* [«A coger el trebol damas...»]. (Fols. 94*v*-95*r*).
225. *Otro romance.* [«Despues que bolui a mi casa...»]. (Fols. 95*r*-96*r*).
226. *Otro romance.* [«Saliendo un Lunes... de Misa...»]. (Fol. 96*r*).
227. *Otro romance.* [«Como viuo lastimado...»]. (Fols. 96*v*-97*r*).
228. *Otro romance.* [«Iurado tiene Teresa...»]. (Fol. 97).
229. *Otro romance.* [«Serenissima señora...»]. (Fols. 97*r*-98*r*).
230. *Letra.* [«Despertad, Marfisa...»]. (Fol. 98*r*).
331. *Otro romance.* [«Pues que soys Angel, Lisarda...»]. (Fol. 98).
232. *Otro romance.* [«Y aquesto lo digo yo...»]. (Fols. 98*v*-99*r*).
233. *Otro romance.* [«Escuchadme Ninfas bellas...»]. (Fol. 99*r*).
234. *Otro romance.* [«Saliendo un Lunes de Misa...»]. (Fol. 100*r*).
235. *Letra.* [«Hebro caudaloso...»]. (Fol. 100).
236. *Otro romance.* [«Señor infanzon sesudo...»]. (Fols. 100*v*-101*r*).
237. *Letra.* [«Niña, si a la huerta vas...»]. (Fol. 101).
238. *Otro romance.* [«No quiebres niña el espejo...»]. (Fol. 101*r*).
239. *Otro romance.* [«Noche mas clara que el dia...»]. (Fol. 101*v*).
240. *Otros romances.* [«Si las lagrimas que viertes...»]. (Fols. 101*v*-102*r*).
241. *Otro romance.* [«Viendo el Monarca del Mundo...»]. (Fol. 102*r*).
242. *Otro romance.* [«Suspiros quel ayre enciende...»]. (Fol. 202).
243. *Otro romance.* [«Texiendo esta una guirnalda...»]. (Fols. 102*v*-103*r*).
244. *Otro romance.* [«La ocasion haze al ladron...»]. (Fols. 103*r*-105*v*).
245. *Otro romance.* [«Mirando una clara fuente...»]. (Fols. 105*v*-106*r*).
246. *Letra.* [«De la vista me priuas...»]. (Fol. 106*r*).
247. *Glossas.* [«Recibo gloria en miraros...»]. (Fol. 106*v*).
248. *Otro romance.* [«En un escuro retrete...»]. (Fols. 106*v*-107*r*).
249. *Letra.* [«Con el viento murmuran...»]. (Fol. 107*r*).
250. *Otro romance.* [«Al principio del verano...»]. (Fol. 107).
251. *Otro romance.* [Entre soledad y ausencia...»]. (Fols. 107*v*-108*r*).
252. *Otro romance.* [«Que me maten, la dixa (*sic*)...»]. (Fol. 108).
253. *Otro romance.* [«Noble patria Zaragoza...»]. (Fols. 108*v*-109*v*).
254. *Glossa.* [«Al partir llaman partida...»]. (Fol. 109*v*).
255. *Redondillas.* [«Si de sentimiento tanto...»]. (Fols. 109*v*-110*r*).
256. *Otro romance.* [«Por estar, Señora, enfermo...»]. (Fol. 110).
257. *Otro romance.* [«Ha llegado a mi noticia...»]. (Fols. 110*v*-111).
258. *Otro romance.* [«Bella y discreta Luzinda...»]. (Fol. 111).

259. *Otro romance.* [«Apenas el Sol hermoso...»]. (Fols. 111*v*-112).
260. *Otro romance.* [«No por la falta que hazeys...»]. (Fol. 112).
261. *Otro romance.* [«Triste pensamiento mio...»]. (Fol. 112*v*).
262. *Otro romance.* [«Dieronme ayer la minuta...»]. (Fols. 112*r*-113*v*).
263. *Ensalada.* [«En las margenes floridas...»]. (Fols. 113*r*-114*v*).
264. *Villancico.* [«Al casamiento diuino...»]. (Fols. 114*v*-115*r*).
265. *Otro romance.* [«Aguardando mejor tiempo...»]. (Fol. 115*r*).
266. *Otro romance.* [«La costa dexa de España...»]. (Fol. 115).
267. *Otro romance.* [«Ya ribera de Pisuerga...»]. (Fol. 118*v*).
268. *Otro romance.* [«Miraua Celio una yedra...»]. (Fol. 119).
269. *Otro romance.* [«Sucediome aquesta Pasqua...»]. (Fols. 119*v*-117*v* bis).
270. *Otro romance.* [«Pues ya de su fiero yugo...»]. (Fol. 117*v* bis).
271. *Enigmas diferentes. Pintanse muchos en una tabla, vestidos de azul y blanco.* [«Vi puestos en un tablado...»]. (Fols. 117*v* bis-118*r* bis).
272. *Del Cuero. Pintase un Enano, como abuhado, dandole garrotes.* [«Mi trabajo es sin contar...»]. (Fol. 118*r* bis).
273. *Del corchete. Pintase un hombre y una mujer con prisiones entrambos, y el hombre tiene assida a la mujer por el cuello.* [«Los dos estamos casados...»]. (Fol. 118*r* bis).
274. *Del espejo. Pintase un pobre metido en un carreton, de muy hermosa cara.* [«Yo soy un gran hechizero...»]. (Fol. 118*v*).
275. *Del potro de dar tormento...* [«Bien se que tengo opinion...»]. (Folios 118*v*-119*r*).
276. *De la jarra. Pintase una beata con un escapulario blanco; y perfiles azules; con un Iesus en el.* [«Aunque el habito pedia...»]. (Fol. 119*r*).
277. *De la vela. Hase de pintar una dama de blanco; sin braços, puesta en lo alto de un Castillo, de suerte que quede la mitad fuera: hase de pintar el Sol entre los cabellos.* [«Yo soy sola por mi mal...»]. (Fol. 119*r*).
278. *De la cama. Hase de pintar una Montañesa, o Corita, con un tocado, rebuelto a la cabeça, que le da muchas bueltas, tendida en el suelo, como durmiendo.* [«Es mi oficio encubridora...»]. (Fol. 119*v*).
279. *Del Clauo. Hase de pintar un esclauo amulatado, con grandes orejas, sin braços, y con un pie, y ese metido en un cepo.* [«En siendo que fuy vendido...»]. (Fol. 119*v*).
280. *De los morillos. Hase de pintar dos mulatos, con unas pinazos al hombro.* [«Con ser los dos naturales...»]. (Fol. 120*r*).
281. *De las tenazas. Hase de pintar una mulata de gran boca, sin braços, cruzados los pies, con dos brazos, que se los quieren desuiar.* [«Ya podran echar de ver...»]. (Fol. 120*r*).
282. *Del Almirez. Hase de pintar un pobre de los que andan arrastrando, sin pies, y con un solo braço, y con ese se esté dando en el rostro.* [«Quando me suele venir...»]. (Fol. 120).
283. *Del juego de trucos. Hase de pintar una muger tendida en el suelo, con una argolla al cuello, dos con dos maços, que la quieren herir.* [«No soy muger natural...»]. (Fol. 120*v*).
284. *Octavas a la desgraciada y lastimosa muerte de Don Diego de Toledo, hermano del Duque de Alua.* [«Pues que me niegan la tristeza y llanto...»]. (Fols. 121*r*-133*v*).
285. *Soneto a la muerte de una dama que se llamaua D. Maria.* [«Señal es cierta de agua quando empieza...»]. (Fols. 133*v*-134*r*).
286. *Otro a la mesma.* [«El mundo es un teatro verdadero...»]. (Fol. 134*r*).
287. *Soneto a la muerte del Rey Filipo II nuestro Señor.* [«De Austria nació el Sol de un claro Oriente...»]. (Fol. 134).
288. *Cancion.* [«Rapaz, si yo cortara...»]. (Fols. 134*v*-135*v*).
289. *Cancion a Don Francisco Baçan y Benauides, que se caso con una prima suya, recibiendolos un lugar suyo.* [«La rubia crencha del copete de oro...»]. (Fols. 135*v*-137*v*).
290. *Soneto.* [«Atambores y trompas belicosas...»]. (Fol. 173*v*).
291. *Cancion.* [«Sagrado Apolo, que en fulgente assiento...»]. (Fols. 137*v*-238*v*).
292. *Carta.* [«Despues, Franardo, que del Valle obscuro...»]. (Fols. 139*r*-138*r*).
293. *Tercetos.* [«Si puede tu amis-

tad, Dantisco, amigo...»]. (Fols. 138*r*-145*r*).
294. *Soneto.* [«Celos de ausencia, que con ser mi daño...»]. (Fol. 145*r*).
295. *Esdrujulos españoles.* [«Sin duda estuue ayer muy melencolico...»]. (Fols. 145*r*-148*r*).
296. *Mas esdrujulos españoles.* [«Con razon justa llaman los Filosofos...»]. (Fols. 148*r*-150*r*).
297. *Cancion.* [«O desengaño venturoso y santo...»]. (Fol. 150*r*-151*r*).
298. *Soneto.* [«Confiesso que es muy grande atreuimiento...»]. (Fol. 151*r*).
299. *Otro.* [«De mi terrible pena y mal estraño...»]. (Fol. 151).
300. *Tercetos.* [«Si mi voz por ventura hiere el cielo...»]. (Fols. 151*v*-157*r*).
301. *Al Rey Don Felipe Segundo, quando visitó el Colegio Angelico de Valladolid. Cancion.* [«En aquestas paredes derribadas...»]. (Fols. 157*r*-158*v*).
302. *Lyras.* [«Los que teneys en tanto...»]. (Fols. 158*v*-161*v*).
303. *Elegia.* [«Hermosa Celia el cielo me maldiga...»]. (Fols. 162*r*-163*v*).
304. *Soneto.* [«De vos ausente dulce, dueño mio...»]. (Fol. 163*v*).
305. *Tercetos.* [«Ninfos, y Ninfas del estrecho Esgueua...»]. (Folis 163*v*-165*r*).
306. *Soneto.* [«Escuchadme Poeta de rapiña...»]. (Fol. 165*r*).
307. *Soneto.* [«Sustentar pudo Atlante con firmeza...»]. (Fol. 165*v*).
308. *Carta contra los vicios de las mugeres.* [«Mas de tres meses ha que no recibo...»]. (Fols. 165*v*-178*v*).
309. *Soneto.* [«Borde Tormes de perlas sus orillas...»]. (Fols. 178*v*-179*r*).
310. *Otro.* [«Magestad soberana, en quien el cielo...»]. (Fol. 179*r*).
311. *En la entrada del Rey Don Felipe Tercero en Salamanca con la Reyna doña Margarita. Al Rey nuestro Señor.* [«Soberano Señor, cuyo semblante...»]. (Fol. 179*v*).
312. *A la reyna nuestra Señora.* [«Merced liberal del cielo...»]. (Folios 179*v*-180*r*).
313. *Al Rey.* [«Illustre jouen, cuya rubia frente...»]. (Fols. 180*r*-182*v*).
314. *Soneto.* [«Este y aquel fanal, sacro Felipo...»]. Fol. 182*v*).
315. *Otro.* [«Para poner en paz la pesadumbre...»]. (Fols. 182*v*-183*r*).
316. *Otro.* [«Ya vengo con el voto y la cadena...»]. (Fol. 183*r*).
317. *Soneto.* [«Qual Aguila caudal que al Sol mirando...»]. (Fol. 183*v*).
318. *Soneto.* [«Enemigo del agua Fray Esteuan...»]. (Fols. 183*v*-184*r*).
319. *Soneto.* [«En vano se me ofrecen las montañas...»]. (Fol. 184*r*).
320. *Otro.* [«Aquel rayo de Marte acelerado...»]. (Fol. 184).
321. *Soneto.* [«Venus al muerto Adonis lamentaua...»]. (Fols. 184*v*-185*r*).
322. *Soneto.* [«No bastó el daño al fin y estrago fiero...»]. (Fol. 185*r*).
323. *Otro.* [«Cambia, loco pintor, el pensamiento...»]. (Fol. 185).
324. *Otro.* [«Excelso Monte del Romano estrago...»]. (Fol. 185*v*).
325. *Soneto.* [«Muros, ya muros no, sino trasunto...»]. (Fols. 185*v*-186*r*).
326. *Soneto.* [«Quando podre besar la seca arena...»]. (Fol. 186*r*).
327. *Soneto.* [«No temo los peligros del mar fiero...»]. (Fol. 186*v*).
328. *Otro.* [«Seueramente al pensamiento pido...»]. (Fols. 186*v*-187*r*).
329. *Un hombre estando desterrado en Valencia por una satira que hizo, escriuio assi al Presidente de Indias.* [«Atlante de los mundos de Filipo...»]. (Fols. 187*r*-191*v*).
330. *Soneto.* [«Si mil almas tuuiera con que amaros...»]. (Fols. 191*v*-192*r*).
331. *Soneto.* [«Angel, aquessos ojos soberanos...»] (Fol. 192*r*).
332. *Soneto.* [«Vine, y vi, y sugetome la hermosura...»]. (Fol. 192).
333. *Otro.* [«Suelta la carta y brujula el piloto...»]. (Fol. 192*v*).
334. *Soneto.* [«O tu que al Sol tan desdeñosa miras...»]. (Fol. 193*r*).
335. *Otro.* [«El rubí de tu boca me rindiera...»]. (Fol. 193).
336. *Soneto.* [«Ya sentí de la muerte el postrer yelo...»]. (Fol. 193*v*).
337. *Soneto.* [«Viue engañada mi fortuna loca...»]. (Fols. 193*v*-194*r*).
338. *Soneto.* [«Despues, mi bien, que vi tu faz hermosa...»]. Fols. 194*r*-195*v*).
339. *Soneto.* [«Estaua de mi edad en el florido...»]. (Fol. 194*v*).
340. *Otro.* [«Si por ser oy, Belisa, el amor fuego...»]. (Fols. 194*v*-195*r*).
341. *Soneto.* [«No se como, ni quando, ni que cosa...»]. (Fol. 195*r*).
342. *Ducientos Tercetos en alabança de la Academia de Madrid.* [«Pisuer-

ga, a quien corona de matizes...»]. (Folios 195r-206r).
343. *Soneto.* [«Quien os dize que ausencia causa oluido...»]. (Fol. 206r).
344. *Otro.* [«Quando embidioso el tiempo aya neuado...»]. (Fol. 206v).
345. *Soneto.* [«Quien es aqui un espina o espinazo...»]. (Fols. 206v-207r).
346. *Soneto.* [«Que aprouecha el xalbegue y el barniz...»]. (Fol. 207r).
347. *Soneto.* [«Porque quereys, Señora, que padezca...»]. (Fol. 207).
348. *Carta de Lope de Vega a Liñan.* [«Riselo, viue Dios que estoy mohino...»]. (Fols. 207r-210v).
349. *Respuesta de Liñan a Lope de Vega.* [«Con tu carta satirica, Belardo...»]. (Fols. 210v-214v).
350. *Cancion.* [«La verde primauera...»]. (Fol. 215).
351. *Cancion.* [«Aqui donde se viste...»]. (Fols. 215r-216v).
352. *Cancion.* [«La corça temerosa...»]. (Fols. 216r-217r).
353. *Soneto.* [«Quando se muestra el cielo mas nublado...»]. (Fol. 217).
354. *Soneto.* [«Tu que en triunfar del mundo fuiste solo...»].
355. *Otro al mesmo.* [«Yace Filipo, aquel que fue poniendo...»]. (Folios 217v-218r).
356. *Otro al mesmo.* [«No veys aquel blandon, que es quien ha dado...»]. (Fol. 218r).
357. *Soneto. Tenia una figura Astrologica de su nacimiento.* [«Esta el peso de estrellas tachonado...»]. (Fol. 215v).
358. *Al coronel Gallo. Soneto.* [«Fuiste por ser tan afamado, amado...»]. (Fols. 215v-216r).
359. *Soneto.* [«Padezco infierno? no, que ay compañía...»]. (Fol. 216v).
360. *Cancion.* [«Entre unos viejos marmoles...»]. (Fols. 219v-220r).
361. *Soneto.* [«Llegad en hora buena a nuestro suelo...»]. (Fol. 220r).
362. *Otro.* [«El labrador, que en el inuierno elado...»]. (Fol. 220).

Ejemplares:

MADRID. *Nacional.* R-10.953.

1609

176

ROMANCES de germanía de varios autores con su Bocabulario... Compuesto por Juan Hidalgo. Barcelona. Sebastián de Cormellas. 1609. 12.°.

177

——— Zaragoza. Iuan de Larumbe. 1624. 107 hs. 14 cm.

V. Jiménez Catalán, *Tipografía zaragozana del s. XVII*, n.° 231.

178

ROMANCES de Germanía, de varios avtores, con el Vocabulario al cabo por la orden del a, b, c, para declaración de sus términos y lengua. Compuesto por Iuan Hidalgo. Zaragoza. Iuan de Larumbe. 1644. Sin fol. 14 cm.

—Licencias.
—Al Curioso Lector.

1. *Perotvdo.* Este romance es el primero que se compuso en esta lengua: y aduierta el Letor que se llama Bayle, porque trata del Ladron, que ahorcaron. [«En la ciudad de Toledo...»]
2. *Romance.* [«Yo me estando alla en el Guana...»].
3. *Romance.* [«En Toledo en el Altana...»].
4. *Romance.* [«De Toledo sale el Iaque...»].
5. *Bayle.* [«Un caso quiero contar...»]
— Estos seys romances son de un Autor, y el que recopiló el Vocabulario de la Germania.
6. *Romance primero al Dios Marte.* [«A ti belicoso Marte...»].
7. *Romance de la descripción de la vida Ayrada.* [«En el Corral de los Olmos...»].
8. *Apartamiento de Pedro de Castro, y Catalina.* [«Calcado de la Chançayna...»].
9. *Romance de la Vengança de Cantarote.* [«Echando bufos de fuego...»].
10. *Romance de la vida, y muerte de Maladros.* [«Cante mi Germana Lyra...»].
11. *Romance del cumplimiento del Testamento de Maladros.* [«Rebueltos estan los Birlos...»].
12. *Otro Romance.* [«Ya los Boticarios suenan...»]
—Vocabulario de Germanica.

V. Jiménez Catalán, *Tipografía zara-*

gozana del s. XVII, n.º 458 («Es muy rara la presente edición»).

Ejemplares:

MADRID. *Academia Española* S. C. = 25-D-15. *Nacional*. R-10.778.

179

——— Zaragoza. Iuan Larumbe. 1654. 12.º.

Cit. en Durán, *Romancero*.

180

——— Madrid. Antonio de Sancha. 1779. 295 págs. + 3 hs. 18 cm.

Ejemplares:

MADRID. *Academia Española*. S. C. = 3-B-30. *Nacional*. 3-25.402.—SANTANDER. *«Menéndez y Pelayo»*. 4.717.—SANTO DOMINGO DE SILOS. *Monasterio*. 43-D.

181

——— *El discurso de la expulsión de los gitanos que escribió... Sancho de Moncada... y los Romances de la Germanía que escribió D. Francisco de Quevedo*. Madrid. Antonio de Sancha. 1789. 295 páginas + 3 hs. 20,5 cm.

Ejemplares:

OVIEDO. *Universitaria*. A-333.

1629

182

SEGUNDA parte de la Primavera y Flor de los mejores Romances... Zaragoza. 1629.

V. *B. L. H.*, III, n.º 2.621.

1637

183

MARAVILLAS del Parnaso y flor de los meiores romances graues, burlescos, y satíricos que hasta oy se han cantado en la Corte. Recopilados de graues Autores por Iorge Pinto de Morales... Lisboa. Lorenço Crasbec. 1637. 96 fols.

184

——— [Nueva York. De Vinne Press]. [1902]. 3 hs. + 96 fols. 21,5 cm.

Facsímil de la anterior.

Ejemplares:

MADRID. *Consejo*. *General*. — MEJICO. *Nacional*.—WASHINGTON. *Congreso*. 14-5267.

185

——— Barcelona. Sebastián y Iayme Mathevad. A costa de Iusepe Prats. 1640. 2 hs. + 99 fols. + 2 hs. 15 cm.

—Aprobación del Dr. Ioan Puig. (s. l. 17 de febrero de 1640).

—Licencia de lOrdinario. (s. l., 19 de febrero de 1640).

—Licencia del Santo Oficio (Lisboa, 4 de abril de 1637).

1. *Primero romançe*. [«Ribera en cuya esmeralda...»].
2. *A una Dama que descubrió malos chapines. Romance*. [«Despreciando los çapatos...»]. (Fol. 2).
3. *Otro romance*. [«Quien vuiere menester...»]. (Fol. 3).
4. *Otro romance*. [«Estamos entre Christianos?...»]. (Fols. 3*v*-4*v*).
5. *Otro romance*. [«A buen puerto aueys llegado...»]. (Fols. 4*v*-5*v*).
6. *Otro romance*. [«Hermosos ojos dormidos...»]. (Fols. 5*v*-6*v*).
7. *Endechas*. [«A la sombra de un risco...».] (Fols. 6*v*-8*r*).
8. *Otro romance*. [«Quando está recien nacido...»]. (Fols. 8*v*-9*r*).
9. *Endechas*. [«A la feria va Floris...»]. (Fols. 9*r*-10*r*).
10. *Romance satírico*. [«Yo el primer padre de todos...»]. (Fols. 10*r*-11*v*).
11. *Iuguete satírico*. [«Poderoso cauallero...»]. (Fols. 12*r*-13*r*).
12. *A un Sacristán amante redículo. Romance*. [«Cubriendo con quatro cuernos...»]. (Fols. 13*r*-15*r*).
13. *Romance gracioso*. [«Muerome yo de Francisca...»]. (Fols. 15*r*-16*r*).
14. *Otro romance*. [«Zagala, assi Dios te guarde...»]. (Fols. 17*r*-18*v*).
15. *Romance*. [«Unas doradas chinelas...»]. (Fols. 17*r*-18*v*).

16. *Cancion.* [«Al son de los arroyuelos...»]. (Fols. 18*v*-19*r*).
17. *Endechas.* [«Assi Fabio cantaua...»]. (Fols. 19*r*-21*r*).
18. *Romance satírico.* [«Assí consolava a solas...»]. (Fols. 21*r*-22*v*).
19. *Iuguete satírico.* [«Oy pues estamos a solas...»]. (Fols. 22*v*-23*v*).
20. *Respuesta.* [«Suero soy el escudero...»]. (Fols. 23*v*-24*r*).
21. *Romance burlesco.* [«Un hidalgo de una aldea...»]. (Fols. 24*r*-25*v*).
22. *Endechas.* [«Ay de mí, que pudiendo...»]. (Fols. 25*v*-26*v*).
23. *Otras.* [«Estaua Amarilis...»]. (Folios 27*r*-28*v*).
24. *Otro romance.* [«Hermosissima Safira...»]. (Fols. 28*v*-29*v*).
25. *Romance burlesco.* [«A la orilla de un brasero...»]. (Fols. 29*v*-30*v*).
26. *Romance burlesco.* [«Declareme por su vida...»]. (Fols. 30*v*-32*v*).
27. *Romance.* [«Dormid gallarda Belisa...»]. (Fols. 32*v*-32 bis *r*).
28. *Letrilla.* [«Ya no mas, queditito amor...»]. (Fols. 32 bis *v*-33*r*).
29. *Endechas.* [«Ay riguroso estado...»]. (Fols.33*r*-35*r*).
30. *Endechas.* [«Pobre barquilla mía...»]. (Fols. 35*r*-37*v*).
31. *A una dama enferma de beuer agua. Romance.* [«Fatigada nauezilla...»]. (Fols. 37*v*-38*r*).
32. *Romance.* [«Tirana deidad del Betis...»]. (Fols. 38*r*-43*r*).
33. *Iuguete.* [«Erase que se era...»]. (Fols. 43*v*-44*v*).
34. *Romance.* [«Desdichado Pastorcillo...»]. (Fol. 45).
35. *Endechas.* [«La discreción del Soto...»]. (Fol. 46).
36. *Otras.* [«Discreta y hermosa...»]. (Fols. 46*v*-48*v*).
37. *Romance.* [«Bien vengays Anfrisa hermosa...»]. (Fols. 48*v*-50*v*).
38. *Letrilla amorosa.* [«Dulce paxarillo...»]. (Fols. 50*v*-51*v*).
39. *Otro letrilla.* [«Unos ojos negros ví...»]. (Fols. 51*v*-52*v*).
40. *Romance.* [«Nueva locura de amor...»]. (Fols. 52*v*-53*r*).
41. *Otro romance.* [«Zagales de aquestos montes...»]. (Fol. 53).
42. *Otro romance.* [«Amarilis la de el Soto...»]. (Fols. 54*r*-55*v*).
43. *Otro romance.* [«Adonde vays pensamiento...» (Fols. 55*v*-56*v*).
44. *Endechas.* [«Gigante cristalino...»]. (Fols. 57*r*-58*v*).
45. *Romance.* [«El alma de la hermosura...»]. (Fol. 59).
46. *Romance.* [«Mi coraçon es el blanco...»]. (Fols. 59*v*-60*r*).
47. *Otro romance.* [«Mirando los ojos bellos...»]. (Fols. 60*v*-61*r*).
48. *Bayle.* [«La bella serrana Anfrisa...»]. (Fols. 61*r*-63*v*).
49. *Romance.* [«La hermosura de Iacinta...»]. (Fols. 63*v*-64*v*).
50. *Otro romance.* [«El firme Amante de Anfrisa...»]. (Fols. 64*v*-65*v*).
51. *Endechas.* [«Con la dichosa nueua...»]. (Fols. 66*v*-68*r*).
52. *Romance.* [«Pensamientos porfiados...»]. (Fols. 68*r*-69*r*).
53. *Otro romance.* [«En la falda recostado...»]. (Fols. 69*r*-70*r*).
54. *Otro romance.* [«A el tiempo que andaua el mundo...»]. (Fols. 70*v*-71*r*).
55. *Otro romance.* [«La niña de los donayres...»]. (Fols. 71*v*-72*r*).
56. *Otro romance.* [«Brinco de cristal dorado...»]. (Fols. 72*r*73*r*).
57. *Otro romance.* [«Sal Lausa del alma mía...»]. (Fols. 73*r*-74*r*).
58. *Romance.* [«Si tuvieras Aldeana...»]. (Fols. 74*r*-75*r*).
59. *Otro romance.* [«Cuydados que me quereis?...»]. (Fols. 75*v*-76*r*).
60. *Otro romance.* [«En una peña sentado...»]. Fol. 76).
61. *Otro romance.* [«Quien ama correspondido...»]. (Fol. 77).
62. *Otro romance.* [«Mal lograda fuentezilla...»]. (Fols. 77*v*-78*r*).
63. *Endechas.* [«Diuina Serrana...»]. (Fols. 78*r*-79*v*).
64. *Romance.* [«Ay que me matas Pastora...»]. (Fols. 79*v*-78 bis *r*).
65. *Decimas.* [«Pues que ya tan dura estás...»]. (Fols. 78 bis *r*-79 bis *r*).
66. *Romance.* [«Llorando mira Rodrigo...»]. (Fol. 79 bis).
67. *Otro romance.* [«Soledad hija del tiempo...»]. (Fols. 79 bis *v*-80*v*).
68. *Salsas recuperada. Romance heroyco.* [«Vanamente conduzidas...»]. (Fols. 81*r*-99*v*).

186

——— *Nota preliminar de José del Río.* Madrid. Atlas. [Diana]. 1943. 168 págs. 19,5 cm. (Colección Cisneros).

Ejemplares:

MADRID. *Consejo. General.*

1640

187

ROMANCES varios de diversos avtores. Zaragoza. 1640.

V. *B. L. H.*, III, n.º 2.622-29.

1. *Romances varios.* [«Cante la fama mi nombre...»]. (Págs. 1-5).
2. *Otro.* [«Padres de la gerigonça...»]. (Págs. 6-12).
3. *Xacara a las damas de la Reyna Nuestra Señora, que se cantó a su Magestad.* [«Oyd valerosos xaques...»]. (Págs. 12-16).
4. *Otro.* [«Ohí ganchos de la hampa...»]. (Págs. 16-19).
5. *Otro.* [«Cantó de plano el Mulato...»]. (Págs. 19-20).
6. *Otro.* [«Caçuela yo te consuelo...»]. (Págs. 20-21).
7. *Otro.* [«Al Zurdillo de la Costa...»]. (Págs. 21-23).
8. *Otra.* [«El Zurdillo de la costa...»]. (Págs. 23-24).
9. *Otro.* [«A la salud de las Marcas...»]. (Págs. 24-28).
10. *Otro.* [«Quien quisiere ver el mundo...»]. (Págs. 28-33).
11. *Otro.* [«En la gran plaça de Murcia...»]. (Págs. 33-36).
12. *Otro.* [«Esse pardillo jayan...»]. (Págs. 36-42).
13. *Otro.* [«Zampuçado en un banasto...»]. (Págs. 42-44).
14. *Otro.* [«Escuchenme las gallinas...»]. (Págs. 45-53).
15. *Otro.* [«Cansose ñarro el de Andujar...»]. (Págs. 53-54).
16. *Otro.* [«Cercado de Velleguines...»]. (Págs. 54-57).
17. *Otro.* [«Quando el amor me tenia...»]. (Págs. 57-63).
18. *Otro.* [«De Cordoua se salía...»]. (Págs. 63-71).
19. *Otro.* [«En medio el jardin del mundo...»]. (Págs. 71-80).
20. *Otro.* [«Canten al passo que llora...»]. (Págs. 80-86).
21. *Otro.* [«El que bien viue, bien muere...»]. (Págs. 86-89).
22. *Otro.* [«Con sus trapos Inesilla...»]. (Págs. 89-92).
23. *Otro.* [«Ya se parten de la Corte...»]. (Págs. 92-95).
24. *Otro.* [«Entre los sueltos cauallos...»]. (Págs. 95-100).
25. *Otro.* [«Dandose estaua Lucrecia...»]. (Págs. 100-101).
26. *Otro.* [«Tremolando sus vanderas...»]. (Págs. 101-106).
27. *Otro.* [«Quien a mi me cautiuó...»]. (Págs. 106-10).
28. *Otro.* [«En el jardin de las damas...»]. (Págs. 111-14).
29. *Otro.* [«Escollo armado de yedra...»]. (Págs. 114-15).
30. *Otro.* [«Libre, y burlado de amor...»]. (Págs. 116-21).
31. *Otro.* [«Tus niñas Marica...»]. (Págs. 121-122).
32. *Otro.* [«Marica a lavar su ropa...»]. (Págs. 122-23).
33. *Otro.* [«La Princesa de los cielos...»]. (Págs. 123-31).
34. *Otro.* [«Passado lo referido...»]. (Págs. 131-38).
35. *Otro.* [«Si entre Aragon y Castilla...»]. (Págs. 138-41).
36. *Otro.* [«Santa Fe, quan bien pareces...»]. (Págs. 141-48).
37. *Otro.* [«En casa de las Sardinas...»]. (Págs. 148-54).
38. *Otro.* [«Atencion señores mios...»]. (Págs. 154-56).
39. *Otro.* [«La Chauez que hizo en Segouia...»]. (Págs. 157-58).
40. *Otro.* [«Confessó todas sus culpas...»]. (Págs. 158-59).
41. *Otro.* [«En essa costa la mar...»]. (Págs. 160-67).
42. *Otro.* [«Suene la fama su trompa...»]. (Págs. 167-72).
43. *Otro.* [«Amigos de Nouedades...»]. (Págs. 172-75).
44. *Otro.* [«Herido de un brauo toro...»]. (Págs. 175-78).
45. *Otro.* [«Por un hijo de vezino...»]. (Págs. 179-82).
46. *Otro.* [«Si las apeldó Marica...»]. (Págs. 182-86).
47. *Otro.* [«La Gallega se muere...»]. (Págs. 189-90).
48. *Otro.* [«Guardainfante era y ya estoy...»]. (Págs. 188-90).
49. *Otro.* [«A Señora doña Aldonça...»]. (Págs. 190-92).
50. *Otro.* [«Como os va Iuan del Portillo...»]. (Págs. 192-94).
51. *Otro.* [«Martes de Carnestolendas...»]. (Págs. 194-97).
52. *Loa.* [«Quantos en este teatro...»]. (Págs. 197-202).

53. *Loa.* [«La omnipotencia, y valor...»]. (Págs. 202-208).
54. *Loa.* [«No quiero contar vitorias...»]. (Págs. 208-13).
55. *Otro.* [«Ya que las Christianas nu[...?]...»]. (Págs. 214-16).
56. *Otro.* [«Alguaziles, y alfileres...»]. (Págs. 216-17).
57. *Romance glosado.* [«En la desierta campaña...»]. (Págs. 217-25).
58. *Otro.* [«Rojas, aquel Andaluz...»]. (Págs. 225-27).
59. *Otro.* [«Rompiendo azuladas ondas...»]. (Págs. 227-37).
60. *Otro.* [«Añasco el de Ṭalauera...»]. (Págs. 237-40).
61. *Otro.* [«Mala la huuistes Franceses...»]. (Págs. 240-43).
62. *Otro.* [«Mala la huuistes Franceses...»]. (Págs. 243-47).
63. *Otro.* [«Naturales y estrangeros...»]. (Págs. 247-50).
64. *Otro.* [«Quitandose está Medoro...»]. (Págs. 250-53).
65. [«Todo este mundo es prision...»]. (Págs. 253-57).
66. *Otro.* [«Suelten corridas velozes...»]. (Págs. 257-261).
67. *Otro.* [«Año de mil y quinientos...»]. (Págs. 261-65).
68. *Otro.* [«A Dios famoso Madrid...»]. (Págs. 265-70).
69. *Otro.* [«Honrad el puerto de Tunez...»]. (Págs. 270-273).
70. *Otro.* [«Surcando el salado charco...»]. (Págs. 273-77).
71. *Otro.* [«El Serenissimo Infante...»]. (Págs. 277-85).
72. *Otro.* [«En la villa de Antequera...»]. (Págs. 285-87).
73. *Otro.* [«Baxaua el gallardo Amete...»]. (Págs. 287-90).
74. *Otro.* [«Por un hijo de vezino...»]. (Págs. 290-92).
75. *Otro.* [«Enjaulado está en Seuilla...»]. (Págs. 292-96).
76. *Otro.* [«Tomad exemplo casadas...»]. (Págs. 296-300).
77. *Otro.* [«Si quereys saber quien soy...»]. (Págs. 300-303).
78. *Otro.* [«A Dios famoso Madrid...»]. (Págs. 304-307).
79. *Otro.* [«Una niña bonita...»]. (Páginas 307-308).
80. *Otro.* [«Estauase la aldeana...»]. (Págs. 308-11).
81. *Otro.* [«Escuchadme atentas chulas...»]. (Págs. 311-15).
82. *Otro.* [«Ay rueda de la Fortuna...»]. (Págs. 315-16).
83. *En alabanza de un torneo que se hizo en Aragon. Romance.* [«Reyno de Aragon famoso...»]. (Págs. 316-20).
84. *Otro.* [«Rebiente el mismo demonio...»]. (Págs. 320-23).

Ejemplares:

MADRID. *Nacional.* R-6.317.

TEATRO

188

ARCADIA de Entremeses escritos por los Ingenios más Clasicos de España. Primera parte. Pamplona. Juan Micon. 1691. 173 págs. + 1 h. 14 cm.

1. *Loa sacramental de los siete dias de la semana. De Pedro Calderón* [«—Oy Naturaleza, y Gracia...»]. (Páginas 3-17).
2. *Bayle del zahori.* [«—Quien huviere visto, o hallado...»]. (Págs. 17-21).
3. *Entremes de las naciones.* [«—Alcalde mío, en que consiste...»]. (Páginas 22-33).
4. *Entremés del nigromántico.* [«—Advertid, que soy un Noble...»]. (Páginas 33-41).
5. *Entremés de los buñuelos.* [«—A Moço, á Lorencillo, sal afuera...»]. (Págs. 42-50).
6. *Bayle de el arrufayfa.* [«—Periquillo el de Madrid...»]. (Págs. 51-58).
7. *Entremes de la guitarra.* [«—Compadre D. Fermin, yo os he llamado...»]. (Págs. 58-68).
8. *Bayle de la Universidad de Amor.* [«—Victor, victor Cupido...»]. (Páginas 69-74).
9. *Entremes de Juan Rana, comilon.* [«—Mi Doctor, la merienda va bolada...»]. (Págs. 75-84).
10. *Entremés de los arambeles.* [«—Ay Toribion, Toribion, Toribillo...»].
11. *Entremes del gato, y la montera.* [«—Ya sabeis, Licenciado...»]. (Páginas 91-100).
12. *Mogiganga de los Amantes de Teruel.* [«—Oy en una Mogiganga...»]. (Págs. 101-15).
13. *Bayle de las Pintas.* [«—Yo soy Pericon, señores...»]. (Págs. 116-29).
14. *Entremes de Candil, y Garavato.* [«—Candil, no es de un amigo esse recato...»]. (Págs. 120-29).
15. *Bayle de lo que puede la intercession.* [«—Cierto, Fileno, que estas...»]. (Págs. 130-38).
16. *Entremes del Doctor Soleta.* [«—Señor Marban, de que es la melancolia...»]. (Págs. 139-50).
17. *Bayle de Lanturulu.* [«—Atencion pido a todos...»]. (Págs. 150-53).
18. *Entremes de los Gansos.* [«—Benita, no os canseis, que no heis de ir sola...»]. (Págs. 154-62).
19. *Entremes del difunto.* [«—Sabed, amigos, que os he llamado...»]. (Páginas 162-73).

V. *Catálogo de la biblioteca de Salvá,* I, n.° 1.095.

Ejemplares:

MADRID. *Nacional.* R-10.782 (con exlibris de Salvá y Heredia).

189

——— Pamplona. Juan Micon. 1700. 168 págs. 14,5 cm.

V. *Catálogo de la biblioteca de Salvá,* I, n.° 1.096.

Se diferencia de la anterior en que no incluye el n.° 13.

Ejemplares:

MADRID. *Nacional.* T-9.730.

190

——— Madrid. Imp. de Angel Pasqual Rubio. 1723. 2 hs. + 264 págs. 15,5 cm.

—Suma de la Licencia.
—Fee de erratas.
—Tassa.
—Tabla.

1. *Loa sacramental del Relox, de Pedro Calderón.* [«—Que Dios mejora las horas...»]. (Págs. 1-12).

2. *Entremés del Alcalde villano hablando al Rey.* [«—Alcalde, yo no os entiendo...»]. (Págs. 12-23).
3. *Entremés de los buñuelos.* [«—A Mozo, á Lorencillo, sal afuera...»]. (Páginas 24-33).
4. *Entremés del mochuelo.* [«—Aquí te tengo de quitar la vida...»]. (Páginas 33-41).
5. *Entremés de los ciegos apaleados.* [«—Vamos, Florencio, a la fiesta...»]. (Págs. 41-55).
6. *Entremés del pésame a la Duquesa.* [«—Lorenço, la Duquesa mi señora...»]. (Págs. 56-68).
7. *Entremés de Quixada y el Alcalde.* [«—Vaya usted con Dios, señor Quixada...»]. (Págs. 69-80).
8. *Entremés del novio de la aldeana.* [«—Juanelo de los Dimoños...»]. (Páginas 81-94).
9. *Entremés nuevo de los Ossos.* [«—Anaxajoso, velitre, desastrado...»]. (Págs. 95-104).
10. *Entremés de los linajudos.* [«—Bacuco de mis ojos, mas mi amigo...»]. (Págs. 105-18).
11. *Entremés de las sordas vocingleras.* [«—Mari-Trapo de mis ojos...»]. (Págs. 119-29).
12. *Entremés del espejo, y burla de Pablillos.* [«—Detenganlos, á perros...»]. (Págs. 130-41).
13. *Entremés del casado de por fuerza.* [«—Cachetes, queridito...»]. (Páginas 141-54).
14. *Entremés del presente del Romano Boloñés.* [«—Amiga, no te canses, por tu vida...»]. (Págs. 155-63).
15. *Entremés de la negra lectora.* [«—Estupenda noche, Diego...»]. (Páginas 164-76).
16. *Entremés del alfanje, y estudiantes burlones.* [«—No me dirás, qué intentas? qué pretendes?...»]. (Páginas 176-84).
17. *Entremés del astrologo embustero, y burlado.* [«—Amigo Cerecillo...»]. (Págs. 185-97).
18. *Entremés del votero Mastranzos.* [«No me detenga nadie, á fuera digo...»]. (Págs. 198-207).
19. *Entremés de los ridiculos enamorados.* [«—Lechucilla de los Diabros...»]. (Págs. 208-19).
20. *Entremés del vejete enamorado.* [«—Cantad con tanto sigilo...»]. (Páginas 220-32).
21. *Entremés del hijo del zapatero, y estudiante salmanquino.* [«—Cuydado, Pedro, por Dios...»]. (Págs. 233-43).
22. *Entremés del muerto vivo, y el vivo muerto, y entrambos burlados.* [«—Nunca tenemos los padres...»]. (Págs. 244-55).
23. *Entremés del nigromantico.* [«—Advertid, que soy Noble...»]. (Páginas 256-64).

V. *Catálogo de la biblioteca de Salvá,* I, n.º 1.097.

Ejemplares:

MADRID. *Nacional.* T-9.016.—SANTANDER. *«Menéndez y Pelayo».* R-IV-4-38.

191

AVTOS Sacramentales, con qvatro Comedias nvevas, y svs loas, y entremeses. Primera parte. Madrid. Maria de Quiñones. A costa de Iuan de Valdes. 1655. 4 hs. + 256 fols. 20 cm.

—Licencia del Ordinario.
—Aprobación de Fr. Diego Fortuna.
—Licencia.
—Suma de la Tassa.
—Erratas.
—Aprobación de Fr. Diego Nisseno.
—Tabla.
—Dedicatoria a D. Francisco de Camargo y Paz, por Iuan de Valdes.

1. *Loa sacramental del loco.* [«Guarda el loco, guarda el loco...»]. (Páginas 1r-2r).
2. *El Reyno en Cortes y Rey en campaña. Auto sacramental. De Antonio Coello.* [«Quanto alcança a ver el dia...»]. (Págs. 2r-11r).
3. *Entremes de la fregona.* [«—Casildilla, ya estamos en la Corte...»]. (Páginas 11r-14v).
4. *La Virgen de Guadalupe. Del Dr. Felipe Godinez.* [«—Quien vio en villano sayuelo...»]. (Fols. 15r-3cv).
5. *Loa sacramental que la compañia de Antonio de Prado representó en el Auto de la primer Flor del Carmelo, en las fiestas desta Coronada Villa de Madrid.* [«—De los instantes las horas...»]. (Fols. 30v-33v).
6. *Auto de las Plantas. De Pedro Calderon.* [«—Arboles, plantas y flores...»]. (Fols. 33v-44r).

7. *Loa sacramental de Geronimo Cancer, que la compañia de Osorio representó en el auto del patio de Palacio de Francisco de Roxas, es a lo villano.* [«—No tenés que repricarme...»]. (Fols. 44*r*-45*v*).
8. *Famoso auto sacramental del Gran Patio de Palacio.* [*De Francisco de Roxas*]. [«—Es este Palacio?...»]. (Folios 46*r*-56*r*).
9. *Entremes famoso del Borracho.* [«—Espantajo de pajaros noueles...»]. (Fols. 56*r*-58*v*).
10. *Comedia famosa. El prodigio de los montes y martir del cielo. De Guillen de Castro.* [«—Que abismo oculta esta fiera?...»]. (Fols. 58*v*-77*v*).
11. *Loa sacramental del Villano.* [«—Beso a su merced la mano...»]. (Fols. 77*v*-78*v*).
12. *Loa sacramental de los equiuocos.* [«—Pardios, yo no entiendo al Cura...»]. (Fols. 78*v*-79*v*).
13. *Auto sacramental de los Obreros del Señor. De Francisco de Roxas.* [«—Mortales hijos de Adan...»]. (Folios 79*v*-91*v*).
14. *Baile entremesado del Rey D. Rodrigo y la Caba. De Agustin Moreto.* [«—Tras la Caba enamorado...»]. (Folios 92*r*-93*r*).
15. *Loa sacramental del Pronostico.* [«—Esta es la Iglesia mayor...»]. (Folios 93*v*-94*v*).
16. *Auto sacramental del Pleito matrimonial del Cuerpo, y el Alma. De Pedro Calderón de la Barca.* [«—Parasismo del mundo, a cuyo horror...»]. (Fols. 95*r*-105*v*).
17. *Entremes de las visiones.* [«—Tenganla, que está loca...»]. (Fols. 105*v*-110*v*).
18. *Comedia famosa, El gran Rey de los desiertos. De Andres de Claramonte.* [«—Echad la plancha a la arena...»]. (Fols. 113*r*-134*v*).
19. *Loa de la Fe, a lo divino.* [«—Falto de humano consuelo...»]. (Fols. 134*v*-135*r*).
20. *Coloquio primero de los Pastores de Belen. Del Dr. Godinez.* [«—Atiza la lumbre luego...»]. (Fols. 135*v*-140*v*).
21. *Coloquio segundo de los Pastores de Belen. Del Dr. Godinez.* [«—En esta esquina Ruben...»]. (Fols. 141*r*-146*r*).
22. *Entremes del Sordo, y Periquillo el de Madrid. De Geronimo Cancer.* [«Para Pedro, que aquí la mala noche...»]. (Fols. 146*v*-150*v*).
23. *Loa sacramental de los titulos de las Comedias.* [«—Señora Mari Calleja...»]. (Fols. 151*r*-152*r*).
24. *Auto sacramental del galan discreto, y valiente. De Francisco de Roxas.* [«—Albricias prados, albricias...»]. (Fols. 152*r*-161*v*).
25. *Entremes del portugues. De Geronimo Cancer.* [«—Ha guespeda, a quien toca el tal gouierno...»]. (Folios 162*r*-164*v*).
26. *Comedia famosa. El rico avariento. Del Dr. Mirademesqua.* [«—Dexa que blasfemias diga...»]. (Fols. 165*r*-185*v*).
27. *Loa sacramental de los oficios.* [«A la puerta de la Iglesia...»]. (Folios 185*v*-186*v*).
28. *Coloquio del Nacimiento de Nuestro Señor. Del Dr. Mirademesqua.* [«—Agora que está mi Esposo...»]. (Fols. 186*v*-195*r*).
29. *Entremes famoso del Sí. De Geronimo Cancer.* [«—Amigo, ya el noble oficio...»]. (Fols. 195*r*-198*r*).
30. *Auto sacramental, El Cubo de la Almudena. De Pedro Calderon.* [«—Ha del Africano campo...»]. (Fols. 198*r*-211*v*).
31. *Loa famosa de Lope de Vega.* [«—Perdiose en un monte un rey...»]. (Fols. 211*v*-212*r*).
32. *Loa famosa del Dr. Mirademesqua.* [«—Dezianle al Magno Alexandro...»]. (Fols. 212*r*-213*r*).
33. *Auto del heredero.* Del Dr. *Mirademesqua.* [«—Dad fondo Celestes turbas...»]. (Fols. 213*r*-220*r*).
34. *Entremes de los Sacristanes, para la fiesta en el Auto de la Viña. Del Dr. Mirademesqua.* [«—Salir sin mi licencia, aquesso passa?...»]. (Folios 220*v*-222*v*).
35. *Loa famosa del Dr. Mirademesqua.* [«—Perdonad, mas suspendamos...»]. (Fol. 223).
36. *Las pruevas de Christo. Del Dr. Mirademesqua.* [«—Boga canalla que quiero...»]. (Fols. 224*r*-233*v*).
37. *Loa famosa de Guillen de Castro.* [«—Passaua el gran Carlos Quinto...»]. (Fol. 234).
38. *Auto del Nacimiento. De Luis Velez de Gueuara.* [«—A Maitines to-

can las campanillas...»]. (Fols. 235r-238r).

39. *Loa famosa*. [«—Ha del claro Mançanares...»]. (Fols. 238r-239v).

40. *Auto sacramental, El teatro del mundo. De Pedro Calderon de la Barca*. [«—Hermosa compostura...»]. (Folios 239v-254r).

41. *Entremes del Alcaldito*. [«—El lugar os suplica que se compre...»]. (Fols. 254r-255v).

V. *Catálogo de la biblioteca de Salvá*, I, n.º 1.109 («estremadamente raro»).

Ejemplares:

MADRID. *Nacional*. R-11.381 (restaurado).

192

AVTOS Sacramentales, y al Nacimiento de Christo, con svs loas, y entremeses. Recogidos de los maiores ingenios de España. Madrid. Antonio Francisco de Zafra. A costa de Iuan Fernandez. 1675. 4 hs. + 390 págs. a 2 cols. 20,5 cm.

—Dedicatoria a D. Diego Pérez Oregón, Secretario del Rey, etc, por Iuan Fernandez.
—Tabla...
—Licencia del Consejo.
—Tassa.
—Fee de erratas.
—Aprobación de Fr. Diego Nisseno.
—Aprobación de Fr. Diego Fortuna.

1. *Auto sacramental, del Galan discreto y valiente*. [«—Albricias prados, albricias...»]. (Págs. 1-16).

2. *Auto sacramental del Gran Palacio. De Moreto*. [«—Es este Palacio? —Sí...»]. (Págs. 16-36).

3. *Las pruebas de Christo. Del Dr. Mira de Mesqua*. [«—Boga, canalla, que quiero...»]. (Págs. 37-56).

4. *Auto sacramental de los obreros del Señor. De Francisco de Roxas*. [«—Mortales hijos de Adán...»]. (Págs. 57-81).

5. *Auto del Nacimiento de Christo. De Luis Velez de Guevara*. [«—Gil Llorente, Bras, ha sido...»]. (Páginas 82-88).

6. *Auto del Nacimiento de Christo, y pastores de Belén. Del Dr. Godinez*.]«—Atiza la lumbre luego...»]. (Págs. 89-99).

7. *Auto del Nacimiento de Christo. Del Dr. Godínez*. [«—En essa esquina Ruben...»]. (Págs. 100-111).

8. *Auto del Nacimiento de Nuestro Señor. Del Dr. Mira de Mesqua*. [«—Agora que está mi Esposo...»]. (Págs. 111-28).

9. *Auto sacramental del Heredero. Del Dr. Mira de Mesqua*. [«—Dad fondo, Celestes turbas...»]. (Páginas. 129-44).

10. *Auto sacramental de la Virgen de Guadalupe Del Dr. Felipe Godínez*. [«—Quien vió en villano sayuelo...»]. (Págs. 145-78).

11. *Loa famosa para qualquiera fiesta, compuesta por Felipe Sánchez*. [«—Bien pensarán vuesastedes...»]. (Páginas 178-87).

12. *Loa general para qualquiera fiesta, compuesta por Felipe Sánchez*. [«—Tened amigo, que hazeis?...»]. (Págs. 187-94).

13. *Loa sacramental, para el Auto del Gran Palacio. De Geronimo Canzer*. [«—No tenés que repricarme...»]. (Páginas 195-98).

14. *Loa famosa, de Guillén de Castro*. [«Passaua el gran Carlos Quinto...»]. (Págs. 198-99).

15. *Loa sacramental del Pronóstico*. [«—Esta es la Iglesia Mayor...»]. (Páginas 200-2).

16. *Loa famosa del Dr. Mira de Mesqua*. [«—Perdonad, mas suspendamos...»]. (Págs. 203-4).

17. *Entremés de la burla de Pantoja, y el Doctor. De Moreto*. [«—Hija, a este lado os poned...»]. (Págs. 204-7).

18. *Entremés famoso del Hambriento*. [«—Bien hasta aquí ha sucedido...»]. (Págs. 207-10).

19. *Vaile famoso de la fabula de Orfeo. De Cancer*. [«—No me ha quedado rincón...»] (Págs. 210-13)

20. *Famoso vaile del miserable y el dotor. De Venavente*. [«—Ay que desdicha!...»]. (Págs. 214-15).

21. *Famoso vaile del Alfiler. De Venavente*. [«—Chicharrones bendo, niñas...»]. (Págs. 216-17).

22. *Entremés de los Gitanos. De Cancer*. [«—Vos no aueis aberiguado...»]. (Págs. 218-21).

23. *Entremés del Abantal. De Vena-*

vente. [«—Mío es el Abantal...»]. (Páginas 222-27).
24. *Entremés del libro de que quieres boca. De Cancer.* [«—Señora Mari Dura?...»]. (Págs. 228-34).
25. *Entremés del Ayo. De Moreto.* [«—A que á esse varrio de la Costanica...»]. (Págs. 235-40).
26. *Mogiganga de los Sacristanes. Del Dr. Mirademequa* (sic). [«—Salir sin mi licencia, aquesso passa?...»]. (Páginas 241-46).
27. *Mogiganga del portugues. De Geronimo Cancer.* [«—Ha guespeda, á quien toca el tal gouierno...»]. (Págs. 246-52).
28. *Entremés de las galeras de la honra. De Moreto.* [«—Sepan bustedes, señores...»]. (Págs. 253-56).
29. *Vaile de los Toros.* [«—Enamorose Cupido...»]. (Págs. 256-57).
30. *Entremés famoso de las brujas. De Moreto.* [«—Que embelecos son estos, Tringintan...»]. (Págs. 258-64).
31. *Auto de Nuestra Señora del Pilar. De Felipe Sánchez.* [«Conducido de Luzbel...»]. (Págs. 265-86).
32. *Loa a Nuestra Señora. De Iuan de San Antonio.* [«—Pardos riscos, de nubes coronados...»]. (Págs. 287-95).
33. *Auto sacramental, por Diego Ramos del Castillo.* [«—Ya se despedia el Mayo...»]. (Págs. 295-313).
34 *Auto sacramental, por Diego Ramos del Castillo.* [«—Por la verde maleza...»]. (Págs. 313-24).
35. *Auto sacramental, por Diego Ramos del Castillo.* [«—Señor Galan embozado...»] (Págs. 325-39).
36. *Auto sacramental al nacimiento del Hijo de Dios. De Antonio de Castilla.* [«—Esta nobia se lleva la flor...»]. (Págs. 339-53).
37. *Loa sacramental al nacimiento de Christo.* [«—Despierta, Inuierno, despierta...»]. (Págs. 354-57).
38. *Entremés de la burla más sazonada. De Cancer.* [«—Casildilla, ya estamos en la Corte...»]. (Págs. 357-64).
39. *Auto sacramental de los Arboles. De Francisco de Rojas.* [«—Arboles, plantas y flores...»]. (Págs. 365-88).
40. *Romance a San Ioseph. De Felipe Sanchez.* [«—Atencion, que de Ioseph...»]. (Pág. 389).
41. *Otro.* [«Del mas generoso Estirpe...»]. (Págs. 389-90).
42. *Otro.* [«Oygan del Santo Ioseph...»]. (Pág. 390).

V. *Catálogo de la biblioteca de Salvá,* I, n.º 1.108.

Ejemplares:

MADRID. *Academia Española.* S.C.=10-A-97/98. *Nacional.* R-11.809 (con ex-libris de Gayangos).

193

AUTOS Sacramentales Eucarísticos. Selección y revisión de Alejandro Sanvisens... Prólogo de José M.ª Castro y Calvo. Barcelona. Edit. Cervantes. [Imp. Clarasó]. 1952. 313 págs. + 12 láminas + 1 h. 19 cm.

Incluye obras de Timoneda. Lope de Vega, Valdivielso, Tirso de Molina, Calderón de la Barca y Sor Juana Inés de la Cruz.

Ejemplares:

MADRID. *Nacional.* 4-39.341.

194

AUTOS Sacramentales desde su origen hasta fines del siglo XVII. Colección escogida, dispuesta y ordenada por Eduardo González Pedroso. Madrid. Rivadeneyra. 1865. LXI págs. + 1 h. + 590 págs. + 1 h. 25 cm. (Biblioteca de Autores Españoles, LVIII).

—Prólogo del colector. (Págs. I-LXI).

1. Gil Vicente. *Auto de San Martinho.* [«¡—Oh piernas, llevadme un paso siquiera!...»]. (Pág. 3).
2. *Farsa del sacramento de Peralforja.* [«—Teresilla hermana...»]. (Páginas 4-6).
3. *Aucto del magna.*
a) *Loa.* [«Quien juzga debe entender...»]. (Pág. 7).
b) *Auto.* [«Aquel Eterno Señor...»]. (Págs. 7-10).
4. *Farsa del Sacramento de Moselina.* [«—Cuéntame, Abelino hermano...»]. (Págs. 11-16).
5. *Auto del sacrificio de Abraham.*
a) *Loa.* [«Fuente de sabiduría...»]. (Pág. 16).

b) *Auto.* [«Oh alto Dios poderoso...»]. (Págs. 16-22).
6. *Aucto de las donas envió Adan a Nuestra Señora con Sant Lazaro.* [«—Una nueva os vengo a dar...»]. (Págs. 22-26).
7. *Aucto del Emperador Iuueniano.* [«No ay en la humanidad...»]. (Páginas 26-29).
8. *Aucto de la paciencia de Job.*
a) *Argumento.* [«Olláme acá todos. Ovi, boa gente...»]. (Pág. 29).
b) *Auto.* [«A mi gran contento no hallo su igual...»]. (Págs. 29-35).
9. *Farsa sacramental de la Fuente de la Gracia.*
a) *Loa.* [«Catolico ayuntamiento...»]. (Pág. 35).
b) *Farsa.* [«¡Cuánta gloria y alegría...»]. (Págs. 35-41).
10. Juan de Pedraza. *Farsa llamada Danza de la muerte.*
a) *Loa.* [«Mi melena pendaré...»]. (Páginas 41-42).
b) *Farsa.* [«—¡Oh, cuán sublimada que fué mi ventura!...»]. (Págs. 42-46).
11. *Farsa del sacramento del entendimiento niño.*
a) *Loa.* [«Muy supremo ayuntamiento...»]. (Págs. 46-47).
b) *Farsa.* [«—¿Donde vas, Entendimiento?...»]. (Págs. 47-51).
12. *Farsa del sacramento de los cuatro evangelistas.*
a) *Loa.* [«Si prestan sentido atento...»]. (Pág. 51).
b) *Farsa.* [«—¡Oh, malgrado haya el pesar!...»]. (Págs. 51-54).
13. *Aucto de los desposorios de Josef.*
a) *Loa.* [«—Sacerdocio sublimado...»]. (Págs. 54-55).
b) *Auto.* [«Los dioses, por su virtud...»]. (Págs. 55-61).
14. *Farsa del sacramento de las Cortes de la Iglesia.* [«—El Rey supremo benigno...»]. (Págs. 62-66).
15. *Farsa del sacramento, llamada la Esposa de los cantares.*
a) *Loa.* [«Muy católicos cristianos...»]. (Págs. 66-67).
b) *Auto.* [«—Aquel qu'está en gracia...»]. (Págs. 67-71).
16. *Farsa sacramental de las bodas de España.*
a) *Loa.* [«Suprema Sabiduría...»]. (Páginas 71-72).
b) *Auto.* [«—España, hija querida...»]. (Págs. 72-75).
17. Joan Timoneda. *Aucto de la oveja perdida.*
a) *Introito.* [«Ilustrísimo señor...»]. (Págs. 76-77).
b) *Introito para el pueblo.* [«Cumbre de la clerecía...»]. (Págs. 77-78).
c) *Auto.* [«—Pasced a vuestro solaz...»]. (Págs. 78-88).
18. —— *Aucto de la Fee.*
a) *Introito.* [«Norte y luz resplandeciente...»]. (Pág. 89).
b) *Auto.* [«—Venid, convidados...»]. (Págs. 89-94).
19. —— *Aucto de la Fuente de los siete sacramentos.*
a) *Introito y argumento.* [«Cristianisimo colegio...»]. (Págs. 95-96).
b) *Auto.* [«—Pueblo cristiano, bien quisto...»]. (Págs. 96-103).
20. —— *Farsa del Sacramento de la Fuente de San Juan.* [«—Pueblo cristiano y bien quisto...»]. (Págs. 100-103).
21. —— *Obra llamada de los desposorios de Cristo.*
a) *Introito y argumento.* [«Prelado ilustre, devoto...»]. (Pág. 104).
b) *Auto.* [«—Cese ya todo el cantar...»]. (Págs. 104-12).
22. *Farsa del Triunfo del Sacramento.* [«—Que no duermen los mis ojos...»]. (Págs. 112-21).
23. *Incipit parabola cœnæ.*
a) *Argumento.* [«Hános la experiencia declarado...»]. (Pág. 122).
b) *Auto.* [«Ya está todo aparejado...»]. (Págs. 122-32).
24. *Actio quæ inscribitur examen sacrum.*
a) *Loa.* En prosa. (Págs. 133-35).
b) *Auto.* [«—Forzoso es el gemido...»]. (Págs. 135-43).
25. Lope de Vega. *Representacion moral del viaje del alma.*
a) *Prólogo.* [«—Juramento hizo el padre...»]. (Págs. 147-53).
b) *Auto.* [«—Mi Memoria y voluntad...»]. (Págs. 153-60).
26. —— *Del pan y del palo, auto sacramental.* [«—Espérate, Regocijo...»]. (Págs. 161-71).
27. —— *La siega, auto sacramental.* [«—Si por ventura á estas horas...»]. (Págs. 171-81).
28. —— *De los cantares, auto sacra-*

mental. [«—Esposo del alma mía...»]. (Págs. 181-91).
29. —— *El pastor lobo y cabaña celestial, auto sacramental.* [«—Luces del alta esfera...»]. (Págs. 191-201).
30. Josef de Valdivielso. *El peregrino, acto sacramental.* [«—¡Suelta, madre! —¡Ay hijo amado!...»]. (Páginas 202-15).
31. —— *Del hijo pródigo, acto sacramental.* [«—Hijo, toma tu porcion...»]. (Págs. 216-30).
32. —— *La amistad en el peligro, acto sacramental.* [«—¿Tanto placer, Placer bello...»]. (Págs. 230-44).
33. —— *De la serrana de Plasencia, acto sacramental.* [«Salid, rotas las prisiones...»]. (Págs. 244-56).
34. —— *El hospital de los locos, acto sacramental.* [«—Locura, engañada estás...»]. (Págs. 257-69).
35. Fray Gabriel Tellez. *No le arriendo la ganacia.* [«—Compré de los desengaños...»]. (Págs. 269-82).
36. —— *El colmenero divino.* [«—Mil veces enhorabuena...»]. (Págs. 283-92).
37. Pedro Calderon de la Barca. *La cena del rey Baltasar.* [«—Espera. —¿Qué he de esperar?...»]. (Páginas 295-309).
38. —— *La primer flor del Carmelo.* [«—¿Dónde me llevas, Luzbel?...»]. (Págs. 309-27).
39. —— *El veneno y la tríaca. La cura y la enfermedad.* [«—En la falda lisonjera...»]. (Págs. 327-45).
40. —— *El Valle de la Zarzuela.* [«—¡Oh tú, parda coluna...»]. (Páginas 345-64).
41. *El sacro Parnaso.* [«—¡Venid, mortales, venid!...»]. (Págs. 364-83).
42. —— *Mística y Real Babilonia.* [«—La vuelta de Babilonia...»]. (Páginas 384-402).
43. —— *¿Quién hallará mujer fuerte?* [«—Aqui de la ciencia mia...»]. (Págs. 403-21).
44. —— *La vida es sueño.* [«—¡Mia ha de ser la corona!...»]. (Págs 422-40).
45. —— *La nave del mercader.* [«—Suene el clarin, y corte...»]. (Páginas 440-63).
46. —— *La vida del Señor.* [«—Jornaleros de la vida...»]. (Págs. 464-87).
47. —— *La serpiente de metal.* [«—¡Gócese el pueblo de Dios...»]. (Págs. 488-508).
48. —— *Lo que va del hombre a Dios.* [«—En hora dichosa vuelva...»]. (Págs. 508-530).
49. —— *La divina Filotea.* [«—¡Ah de la nevada cumbre...»]. (Págs. 531-50).
50. Agustín Moreto. *La gran casa de Austria y divina Margarita.* [«—Déjame, sombra fría...»]. (Págs. 551-63).
51. Francisco Bances Candamo. *Las mesas de la Fortuna.* [«—Escuchad el pregon de las mesas...»]. (Págs. 564-80).

195

COLECCION de Autos, Farsas y Coloquios del siglo XVI. Publiée par Léo Rouanet. [Macon. Protat hermanos]. 1901. 4 vols. 18 cm. (Biblioteca Hispánica).

Edición del ms. de la Biblioteca Nacional de Madrid, conocido generalmente bajo la denominación de «*Códice de autos viejos*».

Tomo I:

1. *Auto del sacrificio de Abraham.*
a) *Loa al Sacramento.* [«Fuente de sabiduría...»]. (Págs. 1-3).
b) *Auto.* [«—O alto Dios poderoso...»]. (Págs. 3-21).
2. *Auto del destierro de Agar.*
a) *Loa.* [«Claro e illustre senado...»]. (Págs. 22-24).
b) *Auto.* [«—O mi suerte desdichada!...»]. (Págs. 24-34).
3. *Auto de quando Abrahan se fue a tierra de Canaan.* [«—O divina Magestad...»]. (Págs. 35-50).
4. *Aucto de quando Jacob fue huyendo a las tierras de Aran.*
a) *Loa.* [«Congregaçion caudalosa...»]. (Págs. 51-53).
b) *Auto.* [«—Señor muesamo Laban...»]. (Págs. 53-66).
5. *Auto de los desposorios de Ysac.*
a) *Argumento.* [«Devotto y noble cristiano...»]. (Págs. 67-68).
b) *Auto.* [«—Soberana Magestad...»]. (Págs. 68-90).
c) *Coplas en loor del bienaventurado S. Francisco.* [«La gran silla que perdio...»]. (Págs. 90-92).
d) *Coplas en loor del glorioso San Juan.* [«Deseo loar un hombre...»]. (Págs. 92-94).
e) *Coplas en lohor del glorioso S.*

Anbrosio. [«Quando el Sumo senbrador...»]. (Págs. 94-96).
6. *Aucto de los desposorios de Isac.* [«Ya se parte Eliazer...»]. (Páginas 97-115).
7. *Farsa del sacramento del amor divino.* [«El pastor hecho cordero...»]. (Págs. 116-35).
8. *Auto del robo de Digna.*
a) *Argumento.* [«Illustre congregaçion...»]. (Págs. 136-37).
b) *Auto.* [«—Que tierra tan deleytosa...»]. (Págs. 137-51).
9. *Farsa sacramental de la residencia del hombre.*
a) *Argumento.* [«Viendo la pura Conçiençia...»]. (Págs. 152-53).
b) *Farsa.* [«—Justiçia del Soberano...»]. (Págs. 153-68).
10. *Auto del Magna.*
a) *Loa.* [«Quien juzga deve entender...»]. (Págs. 169-70).
b) *Auto.* [«—Aquel eterno Señor...»]. (Págs. 170-81).
11. *Aucto de la lucha de Jacob con el Angel.*
a) *Argumento.* [«Illustre congregacion...»]. (Págs. 182-83).
b) *Auto.* [«—Oyes, Cozon, bien as vido...»]. (Págs. 183-99).
12. *Aucto del finamiento de Jacob.*
a) *Argumento,* en prosa.
b) *Auto.* [«—O Sabiduría del çielo...»]. (Págs. 200-16).
13. *Auto de Sansón.*
a) *Argumento,* en prosa.
b) *Auto.* [«—Dezi, los de Filistea...»]. (Págs. 217-31).
14. *Aucto del rey Nabucdonosor quando se hizo adorar.* [«—Triunfando viene la loca...»]. (Págs. 232-51).
15. *Aucto del sueño de Nabucodonosor.*
a) *Loa en rromançe cantando.* [«Un sueño soño Nabuc...»]. (Págs. 252-53).
b) *Auto.* [«—O que rrey tan soberano...»]. (Págs. 253-66).
16. *Aucto del rey Asuero quando desconpuso a Basti.*
a) *Loa.* [«Quando la rreyna Basti...»]. (Págs. 267-68).
b) *Auto.* [«—Tanto puede la grandeça...»]. (Págs. 268-82)
17. *Auto del rey Assuero quando ahorcó a Aman.* [«—Esta es la loca mestiza...»]. (Págs. 283-300).
18. *Aucto de la lepra de Naaman.* [«—Estraño desabrimiento!...»]. (Páginas 301-14).
19. *Aucto de la ungión de David.*
a) *Argumento,* en prosa.
b) *Auto.* [«—Ay, ay, ay! ¡Esau amigo...»]. (Págs. 315-30).
20. *Aucto de los desposorios de Joseph.*
a) *Loa.* [«Saçerdoçio sublimado...»]. (Págs. 331-33).
b) *Auto.* [«—Los dioses, por su virtud...»]. (Págs. 333-57).
21. *Aucto de Tobías.*
a) *Argumento.* [«Muy generoso auditorio...»]. (Págs. 358-59).
b) *Auto.* [«—O gran Dios omnipotente...»]. (Págs. 359-76).
22. *Aucto de Abrahan quando vençio los quatro reyes.*
a) *Argumento,* en prosa.
b) *Auto.* [«—O hijos de la vellaca...»]. (Págs. 377-93).
23. *Aucto del emperador Juveniano.* [«—No ay en la humanidad...»]. (Páginas 394-407).
24. *Auto del sacrificio de Jete.*
a) *Argumento.* [«Illustrisimo señor...»]. (Págs. 408-9).
b) *Auto.* [«—Amigos y conpañeros...»]. (Págs. 409-25).
25. *Aucto de la conversion de Sant Pablo.*
a) *Loa.* [«Illustrisimo señor...»]. (Páginas 426-28).
b) *Auto.* [«O Adonay, Dios de Abrahan...»]. (Págs. 428-36).
26. *Auto de San Jorge quando mato la serpiente.* [«Muy poderoso señor...»]. (Págs. 437-50).
27. *Auto de Sant Christoval.* [«—Prinçipe muy valeroso...»]. (Págs. 451-67).
28. *Aucto de un milagro de Sancto Andres.*
a) *Argumento.* [«Muy esçelente magnada...»]. (Págs. 467-70).
b) *Auto.* [«—Adonde vas, di, Morgon?...»]. (Págs. 471-82).
29. *Auto del martyrio de Sant Justo y Pastor.*
a) *Argumento.* [«Illustre congregaçion...»]. (Págs. 483-85).
b) *Auto.* [«—Pues ya tengo subjuzgado...»]. (Págs. 485-501).
30. *Aucto de la destruicion de Jerusalen.*
a) *Argumento.* [«Devotto pueblo cristiano...»]. (Págs. 502-3).

b) *Auto.* [«—Ynclinad vuestros oydos...»]. (Págs. 503-24).

Tomo II:

31. *Aucto de la Asuncion de Nuestra Señora.* [«—O serenisima Virgen...»]. (Págs. 1-7).
32. *Aucto de la Asuncion de Nuestra Señora.* [«—Dios eterno, Rrey del çielo...»]. (Págs. 8-20).
33. *Aucto de quando Sancta Elena halló la Cruz de Nuestro Señor.* [«—Ya, madre, y señora mía...»]. (Págs. 21-42).
34. *Entremes de las esteras.* (En prosa).
35. *Aucto de la degollacion de Sant Juan Baptista.* [«—Çesen las angustias mías...»]. (Págs. 49-61).
36. *Auto de la muerte de Adonias.*
a) *Argumento,* en prosa. (Pág. 62).
b) *Auto.* [«—Poderosa y noble gente...»]. (Págs. 62-77).
37. *Auto del martyrio de Sancta Barbara.*
a) *Loa y argumento.* [«Cabildo muy esçelente...»]. (Págs. 78-79).
b) *Auto.* [«—Que nos manda tu merçe...»]. (Págs. 79-89).
38. *Aucto del martyrio de Sancta Eulalia.*
a) *Loa y argumento.* [«Todos los honbres mortales...»]. (Págs. 89-91).
b) *Auto.* [«—O dioses! Adonde habitais?...»]. (Págs. 92-109).
39. *Aucto de San Francisco.*
a) *Argumento.* [«Cristiana congregaçion...»]. (Págs. 110-11).
b) *Auto.* [«—Mi prolija enfermedad...»]. (Págs. 112-32).
40. *Aucto del peccado de Adan.* [«—Eva, compañera mia...»]. (Páginas 133-49).
41. *Auto de Cain y Abel.*
a) *Loa.* [«Senado illustre y preclaro...»]. (Págs. 150-51).
b) *Auto.* [«—Pues as dicho, Abel hermano...»]. (Págs. 151-65). Al fin lleva la firma del M.º Ferruz, que se reproduce en facsimil.
42. *Aucto de la prevaricacion de nuestro padre Adan.*
a) *Argumento,* en prosa. (Págs. 167-68).
b) *Auto.* [«—O muger, quanto devemos...»]. (Págs. 168-85).
43. *La justicia divina contra el peccado de Adan.*
a) *Argumento,* en prosa. (Pág. 186).
b) *Auto.* [«—Muy alto Rrey çelestial...»]. (Págs. 187-215).
44. *Aucto de los hierros de Adan.* [«—Triste viene el padre Adan...»]. (Págs. 216-42).
45. *Aucto de la culpa y captividad.* [«Usquequo, Señor, quesiste...»]. (Páginas 243-63).
46. *Aucto de la entrada de Cristo en Jerusalen.*
a) *Argumento.* [«—Jesucristo nuestro bien...»]. (Págs. 264-65).
b) *Auto.* [«—Dos de vosotros yreís...»]. (Págs. 265-78).
47. *Aucto de la prision de Sant Pedro.*
a) *Argumento.* [«Muy noble congregacion...»]. (Págs. 278-79).
b) *Auto.* [«—Esta opinion que a ynventado...»]. (Págs. 280-93).
48. *Aucto del hijo prodigo.*
a) *Loa en rromançe.* [«Pensativo esta el buen viejo...»]. (Págs. 294-95).
b) *Auto.* [«—O suma Sabiduría...»]. (Págs. 295-313).
49. *Auto de los desposorios de Moysen.*
a) *Argumento.* [«Aqui os traire a la memoria...»]. (Págs. 314-15).
b) *Auto.* En prosa. (Págs. 316-29).
50. *Auto de la residencia del hombre.*
a) *Argumento.* [«Generosa conpañía...»]. (Págs. 330-31).
b) *Auto.* [«—Por graçia del Soberano...»]. (Págs. 331-55).
51. *Aucto de la circuncision de Nuestro Señor.* [«—La suma Sabiduría...»]. (Págs. 356-73).
52. *Aucto de la huída de Egipto.*
a) *Argumento.* [«Audittorio muy cristiano...»]. (Págs. 374-75).
b) *Auto.* [«—Seas por siempre alabado...»]. (Págs. 375-87).
53. *Aucto de las donas que embio Adan a Nuestra Señora con Sant Lazaro.*
a) *Loa,* en prosa. (Pág. 388).
b) *Auto.* [«—Una nueva os vengo a dar...»]. (Págs. 388-402).
54. *Auto del despedimiento de Christo de su madre.* [«—Pensativo anda el Señor...»]. (Págs. 403-20).
55. *Aucto de la Verdad y la Mentira.* [«—Abrid hora, mortales, los sentidos...»]. (Págs. 421-37).
56. *Auto del hospedamiento que hizo*

Sancta Marta a Christo. [«—Diçipulos muy amados...»]. (Págs. 438-48).

57. *Aucto de acusacion contra el genero humano.*
a) *Loa.* [«Aqui se rreçitara...»]. (Páginas 449-50).
b) *Auto.* [«—Capitanes ynfernales...»]. (Págs. 450-77).
c) *Octavas en loor de la Sacratisima Reyna de los Angeles Nuestra Señora.* [«No vieramos el rrostro al Padre Eterno...»]. (Págs. 477-78).

58. *Aucto de los Triunfos de Petrarca. (A lo divino).* [«—En muy prolija contienda...»]. (Págs. 479-501).

59. *Auto de Naval, y de Abigail, y David, y quatro pastores, y dos soldados, y un pastorcillo, y una moza llamada Savinilla, y un bovo llamado Jordan.* En prosa. (Págs. 502-13).

60. *Auto de la resurrecion de Christo.*
a) *Loa.* [«Es de tan altos estremos...»]. (Págs. 514-16).
b) *Auto.* [«Trebol, florido Trebol...»]. (Págs. 516-42).

Tomo III:

61. *Auto de la resurrecion de Christo.* [«Esta es la que alla en el çielo...»]. (Págs. 1-18).

62. *Auto de la Asumption de Nuestra Señora.*
a) *Loa en ottava.* [«El alto triunfo y Asunçion sagrada...»]. (Págs. 19-21).
b) *Auto.* [«—Mi anima dichosa magnifica...»]. (Págs. 21-33).

63. *Aucto de la conversion de Sant Pablo.*
a) *Argumento.* [«Nobles señores, estad...»]. (Págs. 34-35).
b) *Auto.* [«—O Adonay, Dios de Abrahan...»]. (Págs. 35-48).

64. *Aucto de la conversion de la Madalena.* [«—Si es contento ser amada...»]. (Págs. 49-66).

65. *Colloquio de Fenisa (a lo divino) en loor de Nuestra Señora.* [«—Aquestos pastores...»]. (Págs. 67-88).

66. *Colloquio de fide ypsa.*
a) *Loa.* [«Dador del bien que tenemos...»]. (Págs. 89-93).
b) *Coloquio.* [«—Aquestos pastores...»]. (Págs. 94-120).

67. *Auto* (sin título e incompleto). [«—Este es el pan...»]. (Págs. 121-30).

68. *Farsa del sacramento de las Cortes de la Yglesia.* [«El Rrey supremo benigno...»]. (Págs. 131-48).

69. *Farsa del Sacramento.* [«—Que maravilla es aquesta...»]. (Págs. 149-64).

70. *Farsa del sacramento de los sembradores.*
a) *Loa.* [«Illustrisimo senado...»]. (Páginas 165-66).
b) *Farsa.* [«—Mi hija Misericordia...»]. (Págs. 166-79).

71. *Farsa del sacramento de la fuente de Sant Juan.* [«—Pueblo cristiano y bien quisto...»]. (Págs. 180-99).

72. *Farsa del sacramento de Peralforja.* [«—Teresilla hermana...»]. (Páginas 200-11).

73. *Farsa del sacramento llamada la Esposa de los Cantares.*
a) *Loa.* [«Muy catolicos Cristianos...»]. (Págs. 212-13).
b) *Farsa.* [«—Aquel qu'esta en graçia...»]. (Págs. 214-28).

74. *Farsa del sacramento del pueblo gentil.*
a) *Argumentto.* [«Si nos prestais atención...»]. (Pág. 229).
b) *Farsa.* [«—Quien navegare en mi nave...»]. (Págs. 230-44).

75. *Farsa del sacramento llamada Prematica del pan.*
a) *Loa al Sacramento.* [«Pan a do mi Dios se espaçia...»]. (Págs. 246-48).
b) *Farsa.* [«—Linaje galán...»]. (Páginas 247-60).

76. *Aucto de la visitacion de Sant Antonio a Sant Pablo.*
a) *Argumento.* [«Antonio hermitaño pretendía...»]. (Págs. 261-62).
b) *Auto.* [«—El desconoçido engaño...»]. (Págs. 262-75).

77. *Farsa del sacramento del engaño.*
a) *Loa.* [«Un autto del Sacramento...»]. (Págs. 276-77).
b) *Farsa.* [«Son mis fuerças tan estrañas...»]. (Págs. 277-96).

78. *Farsa del sacramento de Moselina.* [«—Quentame, Abelino hermano...»]. (Págs. 297-315).

79. *Farsa del sacramento de los cinco sentidos.* [«—Gran maravilla es esta...»]. (Págs. 316-28).

80. *Farsa del sacramento llamada de los lenguajes.* [«—El Divino Amor...»]. (Págs. 329-45).
81. *Farsa del triunpho del Sacramento.* [«—Que no duermen los mis ojos...»]. (Págs. 346-80).
82. *Farsa del sacramento de las coronas.* [«—Que hazen los hombres...»]. (Págs. 381-95).
83. *Farsa del Sacramento de los tres estados.* [«—En la selva se an topado...»]. (Págs. 394-410).
84. *Farsa sacramental de la moneda.*
a) *Loa.* [«Guarde, Dios, amen, amen...»]. (Págs. 411-12).
b) *Farsa.* [«—La nueva neçesidad...»]. (Págs. 412-26).
85. *Farsa del sacramento del entendimiento. niño.*
a) *Loa.* [«Muy supremo ayuntamiento...»]. (Págs. 427-29).
b) *Farsa.* [«—Donde vas, Entendimiento?...»]. (Págs. 429-46).
86. *Farsa sacramental de la fuente de la gracia.*
a) *Loa.* [«Catholico ayuntamiento...»]. (Págs. 447-48).
b) *Farsa.* [«—Quanto gloria y alegria...»]. (Págs. 448-68).
87. *Farsa del Sacramento.*
a) *Loa.* [«Un autto sacramental...»]. (Págs. 469-70).
b) *Farsa.* [«—Qu'es cosi cosa...»]. (Páginas 470-83).
88. *Farsa del sacramento de la entrada del vino.* [«—Desde aquel primer pecado...»]. (Págs. 484-99).
89. *Farsa del sacramento de los quatro evangelistas.*
a) *Loa.* [«Si prestan sentido atento...»]. (Págs. 500-501).
b) *Farsa.* [«—O, malgrado aya el pesar!...»]. (Págs. 501-12).
90. *Farsa sacramental llamada desafío del hombre.*
a) *Loa.* [«Movido Luçifer a mortal yra...»]. (Págs. 513-14).
b) *Farsa.* [«—Hijas Sobervia y Mentira...»]. (Págs. 514-40).

Tomo IV:

91. *Farsa del sacramento de Adan.*
a) *Loa.* [«Quien fuere en aqueste ynstante...»]. (Págs. 1-2).
b) *Farsa.* [«El doloroso cuydado...»]. (Págs. 3-13).
92. *Farsa sacramental de las bodas d'España.* [«—España, hija querida...»]. (Págs. 14-28).
93. *Aucto del descendimiento de la Cruz.* [«—Pues dolor pone tal guerra...»]. (Págs. 29-46).
94. *Aucto de la redencion del genero humano.*
a) *Argumento.* [«Congregaçion señalada...»]. (Págs. 47-49).
b) *Auto.* [«—Vistanse de alegre grana...»]. (Págs. 49-65).
95. *Aucto de la resurreción de Nuestro Señor.* [«—A tí, Padre çelestial...»]. (Págs. 66-104).
96. *Aucto de la paciencia de Job.*
a) *Argumento.* [«Ollame aca todos; ovi, boa gente...»]. (Págs. 105-6).
b) *Auto.* [«—A mi gran contento no hallo su ygual...»]. (Págs. 106-27).
c) *Villancicos al Sacramento.* [«Dios abaxa oy...»]. (Págs. 128-29).
—*Notes.* (Págs. 131-369).
—*Appendice.* (Págs. 371-462).

A-C) *Victoria de Christo, de Bartolomé Palau.* (Valencia, Navarro, 1570). Actos primero, tercero y quinto.
D) *Farsa del mundo y moral del autor de la real, que es Fernán López Yanguas,* 1551. (Según el ejemplar de la Biblioteca Real de Munich).
E) *Auto de la Assumption de Nuestra Señora.* (Del ms. Vv. 40 de la Biblioteca Nacional de Madrid).

—*Glossaire.* (Págs. 463-502).
—*Errata.* (Págs. 503-7).
—*Table générale des matières.* (Páginas 509-12).

Crítica:

a) Farinelli, A., en *Deutsche Litteraturzeitung,* Berlín 1902, cols. 606-14. Se hizo tirada aparte, de la que existe un ejemplar en SANTANDER. «*Menéndez y Pelayo*». 2.099.
b) Menéndez Pidal, R., en *Revista de Archivos, Bibliotecas y Museos,* V, Madrid, 1901, págs. 259-61 (del I) y 753-54 (del II y III).

Ejemplares:

MADRID. *Academia Española.* 11-D-8/11. *Nacional.* T-28.944/46. (Falta el IV. Dedicado por Rouanet a F. A. de Icaza).—SANTANDER. «*Menéndez y Pelayo*». 1.305/8.

(Colección de Comedias de los Mejores Ingenios de España)

I

196

PRIMERA parte de comedias escogidas de las meiores de (sic) *España.* Madrid. Domingo García y Morras. A costa de Iuan de San Vicente. 1652. 4 hs. 266 fols. 20,5 centímetros.

—Tabla de las Comedias que se contienen en este Tomo.
—Aprovacion de D. Pedro Calderon de la Barca (Madrid, 18 de mayo de 1652).
—Aprovacion de Fr. Diego Niseno
—Suma de la Tassa.
—Licencia.
—Fe de erratas.
—Dedicatoria a D. Francisco de Villanueva y Texeda, caballero de la Orden de Santiago (su escudo va en la portada), por Iuan de San Vicente.

1. *La Baltasara. La primera Iornada de Luis Velez de Guevara. La segunda de Antonio Coello. La tercera de Francisco de Roxas.* [«—Fuera dixe, plaça, a un lado...»]. (Fols. 1*v*-16*r*).
2. *Nunca lo peor es cierto. De Pedro Calderon.* [«—Diste el papel?...»]. (Fols. 16*v*-37*v*).
3. *Lo que puede el oir missa. Del Dr. Mira de Mescua.* [«—No toquen a marchar; las cajas callen...»]. (Fols. 38*r*-61*v*).
4. *La exaltación de la Cruz. De Pedro Calderón.* [«—Há del soberbio monte...»]. (Fols. 62*r*-85*v*).
5. *Chico Baturi. De Antonio de Huerta, Geronimo Cancer y Pedro Rosete.* [«—Deiame, Laura, por Dios...»]. (Fols. 86*r*-107*v*).
6. *Mejor esta que estava. De Pedro Calderon de la Barca.* [«—Dame presto otro vestido...»]. (Fols. 108*r*-130*r*).
7. *San Franco de Sena. De Agustin Moreto.* [«—No huyais, que yo solo soy...»]. (Fols. 130*v*-153*v*).
8. *El Hamete de Toledo. De Belmonte y Antonio Martinez.* [«—No se ha visto con luzes mas hermosas...»]. (Fols. 154*v*-178*r*).
9. *La Renegada de Valladolid. De Luis de Belmonte Bermudez.* [«—Que dizes, necia? no quede...»]. (Folios 178*v*-201*r*).
10. *Luis Pérez el Gallego. De Pedro Calderon.* [«—Huye Pedro.—¿Donde ha de ir...»]. (Fols. 201*v*-223*r*).
11. *El trato muda costumbre. De Antonio de Mendoza.* [«—A pares andan las bodas...»]. (Fols. 223*v*-241*v*).
12. *Con quien vengo, vengo. De Pedro Calderon.* [«No le has de ver. —Es en vano...»]. (Fols. 242*r*-266*r*).

Ejemplares:

MADRID. *Nacional.* R-22.654.

197

——— Madrid. Domingo García y Morrás. 1652. Sin fol.

«Carece de aprobaciones y licencias y del colofón... Cada comedia tiene su signatura, y algunas están foliadas. Esta tirada se hizo para vender sueltas las comedias.» (Cotarelo).

II

198

SEGVNDA parte de Comedias escogidas de las mejores de España. Madrid. Imp. Real. A costa de Antonio de Ribero. 1652. 4 hs. + 280 folios. 20.5 cm.

—Dedicatoria a D. Francisco Ramos del Mançano, por Antonio del Ribero.
—Tabla de las Comedias que se contienen en este tomo.

1. *No guardas tú tu secreto, de Pedro Calderón.* [«—Vila al dexar la carroça...»]. (Fols. 1*r*-31*v*).
2. *Iuan Latino, de Diego Ximenez de Enciso.* [«—Quitaos el manto, o viue Dios, doña Ana...»]. (Folios 33*r*-63*v*).
3. *Zelos, amor y venganza. De Luis Velez de Guevara.* [«—Arroja el esquife al mar...»] (Fols. 64*r*-93*v*).
4. *La Firme Lealtad, de Diego de Solís.* [«—Seais bien venido, Señor, a esta aldea...»]. (Fols. 94*r*-119*r*).
5. *La Sentencia sin firma, de Gaspar*

de Avila. [«—Dexame, Leonor llorar...»]. (Fols. 120*r*-140*r*).

6. *Fingir lo que puede ser, de Roman Montero de Espinosa.* [«—Buena, Señor, la has hecho...»]. (Fols. 141*r*-158*r*).

7. *El Inobediente, o la ciudad sin Dios, de Andres de Claramonte.* [«—Perezcan entre estos montes...»]. Fols. 159*r*-180*v*).

8. *La Rosa de Alexandria, de Luis Velez de Guevara.* [«—Pues os llaman mis suspiros...»]. (Fols. 181*r*-199*r*).

9. *El Blason de D. Ramiro, y libertad del fuero de las cien donzellas, de Luis de Guzman.* [«—Ya la caça me ha cansado...»]. (Fols. 200*r*-222*r*).

10. *No hay contra el honor poder, de Antonio Enriquez Gomez.* [«Vuestra Alteza mire bien...»]. (Fols. 223*r*-243*r*).

11. *La obligacion á las mugeres, de Luis Velez de Guevara.* [«—Aca Naranjo. —No dexes...»]. (Fols. 244*r*-263*v*).

12. *Amor y honor, de Luis de Belmonte.* [«—Hasta donde ha de llegar...»]. (Fols. 264*r*-280*r*).

Ejemplares:

MADRID. *Nacional.* R-22.655.

III

199

PARTE Tercera de Comedias de los mejores ingenios de España. Madrid. Melchor Sanchez. A costa de Joseph Muñoz Barma. 1653. 3 hs. + 261 fols. 20,5 cm.

—Suma del Privilegio.
—Fee de erratas.
—Suma de la Tassa.
—Dedicatoria a D. Juan de Rozas Vivanco y Escalera, por José Muñoz Barma. (El escudo de Rozas, figura en la portada).

1. *La llave de la honra... De Lope de Vega Carpio.* [«—¿De que estas triste...»]. (Fols. 1*r*-19*r*).

2. *Mas pueden zelos que amor... De Lope de Vega Carpio.* [«—Hermosa Octavia, si possible fuera...»]. (Folios 19*v*-36*r*).

3. *Engañar con la verdad... De Geronimo de la Fuente.* [«—Queden frustradas de la muerte fiera...»]. (Folios 39*v*-59*r*).

4. *La discreta enamorada... De Lope de Vega Carpio.* [«—Baxa los ojos al suelo...»]. (Fols. 59*v*-83*v*).

5. *A un traydor dos alevosos, y a los dos el mas leal... De Miguel González de Cunedo.* [«La Iglesia socorred, Virgen Maria...»]. (Fols. 84*r*-106*v*).

6. *La Portuguesa, y dicha del forastero... De Lope de Vega Carpio.* [«—Esto mi hermana responde...»]. (Fols. 107*r*-130*v*).

7. *El Maestro de danzar... De Lope de Vega Carpio.* [«—A desnudarme comiença...»]. (Fols. 131*r*-156*v*).

8. *La Fenix de Salamanca... Del Dr. Mira de Mescua.* [«—Que no estás desengañada?...»]. (Folios 157*r*-180*v*).

9. *Lo que está determinado... De Lope de Vega Carpio.* [«—Notable ventura ha sido...»]. (Fols. 181*r*-202*v*).

10. *La dicha por malos medios... De Gaspar de Avila.* [«—O soy tu criado, o no...»]. (Fols. 203*r*-221*v*).

11. *San Diego de Alcalá... De Lope de Vega Carpio.* [«—Han venido los demás...»]. (Fols. 222*r*-241*v*).

12. *Los tres señores del mundo... De Luis Belmonte.* [«—Soy villano, y el amor...»]. (Fols. 242*r*-261*r*).

Ejemplares:

MADRID. *Nacional.* R-22.656.

IV

200

LAUREL de Comedias. Qvarta Parte de diferentes avtores. Madrid. Imp. Real. A costa de Diego de Balbuena. 1653. 3 hs. + 253 folios. 20,5 cm.

—Los titulos de las comedias deste libro.
—Suma del priuilegio.
—Erratas.
—Suma de la Tassa.
—Dedicatoria a D. Bernardino Biancalana, por Diego de Logroño.
—Aprobacion del Dr. D. Agustin de Carvajal.
—Licencia del Ordinario.
—Aprobacion del P. Diego Fortuna.

1. *Amigo, amante y leal... De Pedro Calderon de la Barca.* [«—Celio a essa esquina se quede...»]. (Fols. 1*r*-23*v*).
2. *Obligar con el agravio... De Francisco de Vitoria.* [«—Tan amigo os preuenis...»]. (Fols. 24*v*-49*v*).
3. *El Lego de Alcalá... De Luis Velez de Guevara.* [«—La palmatoria he ganado...»]. (Fols. 50*v*-72*r*).
4. *No ay mal que por bien no venga... De Juan Ruiz de Alarcon.* [«—La casa no puede ser...»]. (Folios 73*r*-94*v*).
5. *Enfermar con el remedio... De Pedro Calderon, Luis Velez de Guevara y Geronimo Cancer.* [«—Aspid de plata, una roca...»]. (Folios 95*r*-115*v*).
6. *Los riesgos que tiene un coche... De Antonio de Mendoza.* [«—Viue el çielo que te mate...»]. (Fols. 116*r*-136*r*).
7. *El respeto en el ausencia... De Gaspar de Avila.* [«—No se viste?...»]. (Fols. 137*r*-152*v*).
8. *El conde Partinuples... De Ana Caro.* [«—Sucessor pide el Imperio...»]. (Fols. 153*r*-169*v*).
9. *El rebelde al beneficio... De Tomás Ossorio.* [«—Feliz camina el deseo...»]. (Fols. 170*r*-187*v*).
10. *El español Iuan de Urbina... Del Licdo. Manuel Gonzalez.* [«—Salte, Ines, de aquesta quadra...»]. (Folios 188*r*-210*r*).
11. *Lo que puede una sospecha... Del Dr. Mirademescua.* [«—La dicha de conoceros...»]. (Fols. 211*r*-230*v*).
12. *El negro del mejor amo... Del Dr. Mirademescua.* [«—Famoso Portocarrero...»]. (Fols. 231*r*-253*v*).

Ejemplares:

MADRID. *Nacional.* R-22.657.

V

201

QVINTA Parte de Comedias escogidas de los meiores ingenios de España. Madrid. Pablo de Val. A costa de Iuan de San Vicente. 1653. 6 hs. + 572 págs. 20,5 cm.

—Dedicatoria a Iuan de Lujan y Aragon, Cavallero de la Orden de Santiago, cuyo escudo va en la portada.
—Licencia del Ordinario.
—Aprobacion del Dr. Sebastian de Soto.
—Aprobacion de Geronimo Cancer (Madrid, 23 de julio de 1653).
—Suma del Priuilegio.
—Suma de la Tassa.
—Fee de erratas.
—Tabla de las Comedias.

La numeración salta de la página 248 a la 309.

1. *Oponerse a las estrellas, de Iuan de Matos, Antonio Martinez y Agustin Moreto.* [«—Viva Eugenio, rey de Grecia...»]. (Págs. 1-47).
2. *Aman y Mardocheo. Del Dr. Felipe Godinez.* [«—Gran Artagerges Assuero...»]. (Págs. 48-79).
3. *Estados mudan costumbres. De Iuan de Matos Fragoso.* [«—Quede estampada en tu rostro...»]. (Págs. 80-127).
4. *El Conde Alarcos. Del Dr. Mira de Mescua.* [«—Que dichosa huuiera sido...»]. (Págs. 128-66).
5. *Donde ay agravios no ay zelos. De Francisco de Rojas.* [«—O es que te has endemoniado...»]. (Págs. 166-213).
6. *El marido de su hermana. De Iuan de Villegas.* [«—De vuestra mucha prudencia...»]. (Págs. 213-248).
7. *El Licenciado Bidriera. De Agustin Moreto.* [«—Nuestro Duque viua, viua...»]. (Págs. 309-50).
8. *Nuestra Señora del Pilar. La primera jornada de Sebastián de Villaviciosa. La segunda de Iuan de Matos. La tercera de Agustin Moreto.* [«—No me importunes, Pasquin...»]. (Páginas 350-92).
9. *El embuste acreditado, y el disparate creído. De Luis Velez de Guevara.* [«—Milan por mi (Señora) te suplica...»]. (Págs. 393-423).
10. *Agradecer, y no amar. De Pedro Calderón de la Barca.* [«Corred todas al castillo...»]. (Págs. 423-71).
11. *No ay burlas con las mugeres, o casarse y vengarse. Del Dr. Mira de Mescua.* [«—Ni a mi amor ni a mi lealtad...»]. (Págs. 472-527).
12. *Los amotinados de Flandes. De Luis Velez de Guevara.* [«—Flamenca de Barrabas...»]. (Págs. 527-72).

Ejemplares:

MADRID. *Nacional.* R-22.658.

VI

202

SEXTA parte de Comedias escogidas, de los mejores ingenios de España. Zaragoza. Herederos de Pedro Lanaja y Lamarca. 1653. Sin fol. 20,5 cm.

—Titulo de las comedias que se contienen en este libro.

1. *Mirad a quien alabays... De Lope de Vega.* [«—Que os diera tan alta empresa...»]. 16 hs.
2. *El Angel de la guarda... De Pedro Calderon.* [«—Si es la vida natural...»]. 16 hs.
3. *El Capitan Belisario... De Lope de Vega.* [«—Como tus hechos diuinos...»].
El medico del tabaco. Entremes.. [«—Ni veras niño enfermo ni hombre flaco...»]. 16 hs.
4. *El Diablo predicador... De Luis de Belmonte.* [«—Abre essa puerta, Gaston...»]. 16 hs.
5. *Los Principes de la Iglesia... De Christoval de Monroy.* [«—Esta montaña de vidrio...»]. 16 hs.
6. *Dineros son calidad... De Lope de Vega.* [«—Ya llegó el aplauso...»]. 16 hs.
7. *El Iuramento ante Dios y lealtad contra el amor... Del Alferez Iacinto Cordero.* [«—No toquen sonoras caxas...»]. 16 hs.
8. *Las mocedades de Bernardo del Carpio... De Lope de Vega.* [«—Famoso don Sancho Diaz...»]. 16 hs.
9. *Los Encantos de Medea... De Francisco de Roxas.* [«—Gracias al cielo, Iason...»]. 15 hs.
10. *El satisfazer callando y Princesa de los Montes... De Lope de Vega.* [«—Iustamente celebrando...»]. 16 hs.
11. *Don Domingo de Don Blas... De Iuan Ruiz de Alarcon.* [«...La casa no puede ser...»].
12. *Vengarse con fuego y agua... De Pedro Calderon.* [«—Otra vez, gran señor os e pedido...»]. 16 hs.

203

SEXTA parte de Comedias nuevas escogidas de los mejores ingenios. Zaragoza. Herederos de Pedro Lanaja. A costa de Roberto Dupont. 1654. Sin fol. 20,5 cm.

—Titulo de las Comedias deste libro.
—Aprobación de Fr. Bartolome Foyas.
—Licencias.

1. *No ay ser Padre siendo Rey... De Francisco de Roxas.* [«—Una silla me llegad...»]. 16 hs.
2. *Cada qual a su negocio, de Geronimo de Cuellar.* [«—Ya estoy cansado Marin...»]. 16 hs.
3. *El Burlador de Sevilla, y Combidado de piedra. Del Maestro Tirso de Molina.* [«Duque Octauio, por aqui...»]. 18 hs.
4. *Progne, y Filomena... De Francisco de Roxas.* [«—Dexa el llanto Filomena...»]. 22 fols.
5. *Obligados y ofendidos... De Francisco de Roxas.* [«—Cierra esa puerta Beatriz...»]. 18 hs.
6. *El esclavo del demonio... Del Dr. Mirademesqua.* [«—Padre soy, hago mi oficio...»]. 44 págs.
7. *El pleyto del Demonio con la Virgen... De tres ingenios.* [«—En una duda cruel...»]. 20 hs.
8. *Los Trabajos de Iob... La nueva del Dr. Felipe Godinez.* [«—Da Iob a tus tres amigos...»]. 16 hs.
9. *La vanda, y la flor... De Pedro Calderon.* [«—Que alegre cosa es bolver...»]. 20 hs.
10. *A un tiempo Rey, y vassallo... De tres ingenios.* [«Dexame, Silvia, morir...»]. 31 págs.
11. *Los Medicis de Florencia. De Diego Ximenez de Enciso.* [«—Dexa, Isabela hermosa...»]. 24 hs.
12. *El principe, constante. Calderon.* [«—Cantad aqui, que ha gustado...»]. 20 hs.

Ejemplares:

MADRID. *Nacional.* R-22.659 (sin portada ni preliminares).

VII

204

TEATRO poetico en doze comedias nvevas, de los mejores ingenios de España. Septima parte.

Madrid. Domingo García y Morrás. A costa de Domingo de Palacio. 1654. 4 hs. + 164 + 80 fols. 20,5 cm.

—Dedicatoria a D. Lorenço Ramirez de Prado, Caballero de Santiago, etc., cuyo escudo figura en la portada, por D. de Palacio.
—Aprobación de Fr. Diego Niseno (Madrid, 2 de junio de 1654).
—Licencia del Ordinario.
—Aprobacion del P. Jeronimo Pardo.
—Licencia.
—Fee de erratas.
—Suma de la Tassa.
—Los titulos de las Comedias deste libro.

1. *Para vencer a Amor querer vencerle, de Pedro Calderon.* [«—Claras luzes, rosas bellas...»]. (Fols. 1*r*-24*r*).
2. *La muger contra el consejo. La primera jornada de Juan de Matos. La segunda de Antonio Martinez. La tercera de Iuan de Zabaleta.* [«—Señor, pues has despedido...»]. (Fols. 24*v*-46*v*).
3. *El buen caballero Maestre de Calatrava, de Iuan Bautista de Villegas.* [«—Boluieron huyendo al fin...»]. (Folios 47*r*-66*r*).
4. *A su tiempo el desengaño, de Iuan de Matos.* [«—Gracias a Dios que llegamos...»]. (Fols. 66*v*-88*r*).
5. *El sol a media noche, y estrellas a medio dia, de Iuan Bautista de Villegas.* [«—Ya que espirando el dia...»]. (Fols. 88*v*-105*v*).
6 *El poder de la amistad, de Agustin Moreto.* [«—Otra vez a mis braços...»]. (Fols. 106*r*-126*r*).
7. *Don Diego de Noche. De Francisco de Roxas.* [«Quando ay segura amistad...»]. (Fols. 126*v*-147*v*).
8. *La morica garrida, de Iuan Bautista de Villegas.* [«—Noble Abdalá, aqueste bien...»]. (Fols. 148*r*-164*v*).
9. *Cumplir dos obligaciones, de Luis Velez de Guevara.* [«—Naranjo. —Ea, no dexes...»]. (Fols. 1*r*-21*v*).
10. *La misma conciencia acusa, de Agustin Moreto.* [«—Prodigio hermoso, ligera...»]. (Fols. 22*r*-40*v*).
11. *El Monstruo de la Fortuna, de Tres ingenios.* [«—Tal passa en ausencia tuya...»]. (Fols. 41*r*-60*v*).
12. *La fuerza de la Ley, de Agustin Moreto.* [«—Repetid el memorial...»]. (Fols. 60*v*-80*v*).

Ejemplares:

MADRID. *Nacional.* R-22.660.

VIII

205

COMEDIAS nvevas escogidas de los meiores ingenios de España. Octava parte. Madrid. Andrés García de la Iglesia. A costa de Iuan de S. Vicente. 1657. 3 hs. + 270 folios. 20,5 cm.

—Dedicatoria a D. Iuan de Lujan y Aragon, Caballero de Santiago, cuyo escudo va en la portada, por San Vicente.
—Licencia del Ordinario.
—Aprobación de Fr. Diego Niseno (Madrid, 16 de octubre de 1656).
—Aprobacion del P. Jeronimo de Salcedo.
—Suma del privilegio.
—Fe de erratas.
—Suma de la tassa.
—Tabla de las comedias.

1. *Darlo todo, y no dar nada. De Pedro Calderón.* [«—El grande Alexandro viua...»]. (Fols. 1*r*-30*r*).
2. *Los empeños de seis horas. De Pedro Calderón.* [«—Ya, prima, te traygo aqui...»]. (Fols. 30*v*-48*r*).
3. *Travesuras son valor, de Pedro Calderón* (*sic*). [«—Esperanças amorosas...»]. (Fols. 48*r*-66*v*).
4. *Gustos y disgustos no son mas que imaginacion, de Pedro Calderón.* [«—Tened, no passeis de aqui...»] (Folios 66*v*-89*v*).
5. *Reynar por obedecer. La primera iornada de Diamante. La segunda de Villaviciosa. La tercera de Iuan Matos.* [«—Dexame tomar aliento...»]. (Folios 90*r*-106*r*).
6. *El Pastor Fido. La primera iornada de Antonio Solis. La segunda de Antonio Coello. La tercera de Pedro Calderón.* [«—Piedad, cielos, piedad que ya no puedo...»]. (Folios 106*r*-134*v*).
7. *La tercera de si misma, de Pedro Calderón.* [«—En tu mismo adbitrio (*sic*) dexo...»]. (Fols. 134*v*-165*r*).

8. *Amado, y aborrecido. De Pedro Calderón.* [«—Donde queda el Rey?...»]. (Fols. 164*v*-190*v*).
9. *Perderse por no perderse. De Alvaro Cubillo.* [«Dame essos papeles...»]. (Fols. 190*v*-214*v*).
10. *Del cielo viene el buen rey. De Rodrigo de Herrera.* [«—Sueño pesado y fuerte...»]. (Fols. 214*v*-231*v*).
11. *De agua mansa. De Pedro Calderón.* [«Una y mil vezes, señor...»]. (Folios 232*r*-254*r*).
12. *El Marqués de las Nabas. Del Dr. Mira de Mescua.* [«Al mismo Neron te igualas...»]. (Fols. 254*r*-270*v*).

Ejemplares:

MADRID. *Nacional.* R-22.661.

IX

206

PARTE nona de Comedias escogidas de los mejores ingenios de España. Madrid. Gregorio Rodríguez. A costa de Mateo de la Bastida. 1657. 4 hs. + 467 págs. 20,5 cm.

—Dedicatoria a Francisco Zapata, Caballero de Calatrava, etc., cuyo escudo figura en la portada, por Bastida.
—Suma de la licencia.
—Fe de Erratas.
—Tabla de las Comedias.

1. *Las manos blancas no ofenden. De Pedro Calderón.* [«—Quando parte su señor?...»]. (Págs. 1-52).
2. *El mejor amigo el muerto. La primera jornada de Luis de Velmonte. La segunda de Francisco de Roxas. La tercera de Pedro Calderon.* [«—Cielos piedad, que la borrasca crece...»]. (Páginas 53-84).
3. *Las Amazonas.* [«—Injusto padre mio...»]. (Págs. 85-124).
4. *Vida, y muerte de san Lazaro. Del Dr. Mira de Mescua.* [«—Dexa que blasfemias diga...»]. (Págs. 125-67).
5. *El Escondido, y la Tapada. Por Pedro Calderon.* [«—Pues no podemos entrar...»]. (Págs. 167-211).
6. *La vitoria del Amor. De Manuel Morchon.* [«—En tan dichoso dia...»]. (Págs. 211-42).
7. *La Adultera penitente. De Cancer, Moreto y Matos.* [«—Dexadme morir los dos...»]. (Págs. 243-86).
8. *El Iob de las mugeres. De Iuan de Matos.* [«Sea bien venida...»]. (Págs. 286-324).
9. *El valiente Iusticiero. De Agustin Moreto.* [«—No me escuchas...»]. (Páginas 325-63).
10. *La razon busca venganza. De Manuel Morchon.* [«Esto, señor, ha passado...»]. (Págs. 363-97).
11. *Gravedad en Villaverde. De Iuan Peres de Montaluan.* [«—Que locura...»]. (Págs. 398-428).
12. *El Rey Enrique el Enfermo. De seis Ingenios.* [«—Ningun vassallo en Castilla...»]. (Págs. 428-67).

Según Cotarelo, los autores fueron: Zabaleta, Villaviciosa, Rosete, Martinez de Meneses, Cáncer y Moreto.

Ejemplares:

MADRID. *Nacional.* R-22.662.

X

207

NUEVO Teatro de Comedias varias de diferentes avtores. Dezima parte. Madrid. Imp. Real. A costa de Francisco Serrano de Figueroa. 1658. 5 hs. + 238 fols. 20,5 cm.

—Titulos de las Comedias.
—Aprobación del Licdo. Agustin de Caruajal.
—Licencia del Ordinario.
—Aprobación del Licdo. Alonso de la Maza y Prada.
—Suma del privilegio.
—Erratas.
—Suma de la Tassa.
—Dedicatoria a D. Ioseph Pardo de Figueroa, cavallero de Santiago, etc.

1. *La vida de San Alejo. De Agustin Moreto.* [«—De su propia resistencia...»]. (Fols. 1*r*-23*v*).
2. *El Hermitaño Galan. De Iuan de Zavaleta.* [«—Examinese todo el Orizonte...»]. (Fols. 24*r*-48*v*).
3. *Contra el amor no ay engaños. De Diego Enriquez.* [«—Desta suerte un firme amor...»]. (Fols. 49*r*-67*r*).
4. *El hijo de Marco Aurelio. De Iuan de Zavaleta.* [«—Ya Conmodo mi hermano...». (Fols. 67*r*-86*r*).
5. *El nieto de su padre. De Guillen de Castro.* [«—Porque eres sangre tan mía...»]. (Fols. 86*r*-106*r*).

6. *Osar morir da la vida. De Iuan de Zabaleta.* [«—Muerto soy: dí porque causa...»]. (Fols. 106r-125v).
7. *A lo que obliga el ser rey. De Luis Velez.* [«—A estas horas sin dormir?...»]. (Fols. 125v-143r).
8. *El discreto porfiado. De tres ingenios.* [«—Al fin que ya tiene zelos...»]. (Fols. 143r-161v).
9. *La lealtad contra su rey. De Iuan de Villegas.* [«—Tantas noches, don Esteuan...»]. (Fols. 162r-182r).
10. *La mayor venganza de honor. De Alvaro Cuvillo.* [«—Con miedo, hermano, he venido...»]. (Fols. 182r-199v).
11. *Sufrir mas por querer menos. De Rodrigo Enriquez.* [«—Ya señora, que la suerte...»]. (Fols. 200r-222r).
12. *Los milagros del desprecio. De Lope de Vega Carpio.* [«—Dexadme, que me quereis?...»]. (Fols. 222v-238r).

Ejemplares:

MADRID. *Nacional.* R-22.663.

XI

208

COMEDIAS nuevas escogidas de los mejores ingenios de España. Onzena parte. Madrid. Gregorio Rodríguez. A costa de Iuan de S. Vicente. 1658. 4 hs. + 232 fols. 20,5 cm.

—Dedicatoria a D. Iuan de Feloaga, Cavallero de Alcantara, etc., por Iuan de San Vicente.
—Licencia del Ordinario para esta parte y la XII.
—Aprouacion del P. Gerónimo Pardo.
—Aprouacion de Andrés de Baeza.
—Suma del privilegio.
—Fee de erratas.
—Suma de la Tassa.
—Tabla de las Comedias.

1. *El Honrador de su Padre. De Iuan Bautista Diamante.* [«—Este papel de Rodrigo...»]. (Fols. 1r-17r).
2. *El Valor contra Fortuna. De Andrés de Baeza.* [«—Ha fortuna! el valor mio...»]. (Fols. 17r-35v).
3. *Hazer remedio el dolor. De Agustín Moreto y Gerónimo Cancer.* [«—Aqui estareis, si os agrada...»]. (Folios 35v-54v).
4. *El robo de las Sabinas. De Iuan Coello y Arias.* [«—Muera Romulo, muera...»]. (Fols. 54v-76v).
5. *El loco en la penitencia, y tirano mas impropio. De un Ingenio desta Corte.* [«—Atajad por essa parte...»]. (Fols. 77r-94v).
6. *Contra su suerte ninguno. De Geronimo Malo de Molina.* [«—Valeroso terror del Oriente...»]. (Fols. 95r-115r).
7. *Vencerse es mayor valor. De Pedro Calderon.* [«—Ataste en aquesse prado...»]. (Fols. 115v-137v).
8. *El mas ilustre frances San Bernardo. De Agustin Moreto.* [«—Como atreuido te opones...»]. (Fols. 137v-159r).
9. *El escandalo de Grecia contra las santas imágenes. De Pedro Calderon.* [«Soberuia ambición, crueldad...»]. (Fols. 159r-176v).
10. *No se pierden las finezas. De Andres de Baeza.* [«Que hazes?...»]. (Folios 177r-196v).
11. *La silla de San Pedro. De Antonio Martinez.* [«—Iulio. —Flora, que te veo...»]. (Fols. 196v-216v).
12. *La mas constante muger. De Iuan Maldonado, Diego la Dueña y Geronimo de Cifuentes.* [«—No has de salir viue el Cielo...»]. (Fols. 217r-232v).

Ejemplares:

MADRID. *Nacional.* R-22.664 (sin portada).

209

——— 1659.

XII

210

COMEDIAS nuevas escogidas de los mejores ingenios de España. Dvodezima parte. Madrid. Andrés García de la Iglesia. A costa de Iuan de San Vicente. 1658. 4 hs. + 248 fols. 4.°

Preliminares, según Cotarelo.
—Dedicatoria a D. Gonçalo Mesía Carrillo, Marqués de la Guardia, etc., cuyo escudo figura en la portada, por Iuan de San Vicente.
—Licencia del Ordinario.
—Aprobación de Gerónimo Pardo.

—Aprobación de Andrés de Baeza.
—Suma del privilegio.
—Fee de Erratas.
—Suma de la Tassa.
—Tabla de las Comedias.
Contiene las mismas comedias que la reimpresión de 1679.

211

——— Madrid. Andrés García de la Iglesia. 1659.

Una portada de esta ed., encabezando una colección de comedias de diversa procedencia, puede verse en MADRID. *Nacional.* U-10.391.

212

PRIMAVERA nvmerosa de mvchas armonias luzientes, en doce comedias fragantes. Parte dvodezima. Impresas fielmente de los borradores de los mas celebres plausibles ingenios de España. Madrid. Francisco Sanz. 1679. 3 hs. + 248 fols. 20,5 cm.

—Dedicatoria a D. Iuan de Neira y Montenegro, Tesorero General de las Rentas Reales del Reyno de Galicia.
—Suma del privilegio.
—Fee de erratas.
—Suma de la tassa.
—Tabla de las comedias.

1. *La Dama Corregidor, de Iuan de Zavaleta y Sebastian de Villaviciosa.* [«Ten esse estriuo...»]. (Fols. 1*r*-28*v*).
2. *La estrella de Monserrate, de Christoval de Morales.* [«—Peñas que un tiempo fuisteis...»]. (Fols. 29*r*-51*v*).
3. *Amor y obligación, de Agustín Moreto y Cavana.* [«—Aquel cauallo va precipitado...»]. (Fols. 51*v*-75*v*).
4. *Vengada antes de ofendida, de Geronimo de Cifuentes.* [«—Iaualí presuroso...»]. (Fols. 75*v*-93*v*).
5. *La Española de Florencia, de Pedro Calderón.* [«...Valerio, obligaciones tan sabidas...»]. (Fols. 94*r*-114*r*).
6. *Servir para merecer, de Iuan Bautista Diamante.* [«—Ya en fin auemos llegado...»]. (Fols. 114*r*-130*v*).
7. *Prudente, sabia y honrada, de Alvaro Cubillo.* [«—Este es, señor, mi cuidado...»]. (Fols. 130*v*-145*v*).
8. *El vencimiento de Turno, de Pedro Calderón.* [«—Turno valiente, a cuya fortaleza...»]. (Fols. 145*v*-168*v*).
9. *El Hercules de Ungria, de Ambrosio de Arce.* [«—No consuele con porfía...»]. (Fols. 169*r*-188*v*).
10. *Los desdichados dichosos, de Pedro Calderón.* [«—Montañas que atreuidas...»]. (Fols. 188*v*-212*r*).
11. *Mas la amistad que la sangre, de Andrés de Baeza.* [«En la quietud gustosa...»]. (Fols. 212*v*-231*v*).
—*Tono que se cantó en la fiesta.* [«Porque con amor me quexo...»]. (Folio 231*v*).
12. *Loa para la comedia burlesca del Mariscal de Viron.* [«—Que espantosa tormenta...»] (Fols. 231*v*-235*v*).
—*Comedia burlesca del Mariscal de Viron, de Iuan Maldonado.* [«—Con poca razon me altera...»]. (Fols. 235*v*-248*v*).

Ejemplares:

MADRID. *Nacional.* R-22.665.

XIII

213

MEJORES (De los) el mejor, libro nuevo de comedias varias, nunca impressas, compuestas por los mejores ingenios de España. Parte treze. Madrid. Mateo Fernández. A costa de Francisco Serrano de Figueroa. 1660. 4 hs. + 504 págs. 20,5 cm.

—Títulos de las Comedias.
—Suma del privilegio.
—Erratas.
—Suma de la tassa.
—Aprobación del P. Benito Remigio Noydens.
—Licencia del Ordinario.
—Aprobación de Antonio de Solís
—Dedicatoria a Matías Antonio Gomez del Ribero, Contador de su Magestad, y de la Iunta de Galeras, etc., por Francisco Serrano de Figueroa. (El escudo de Gomez del Ribero va grabado en la portada y al comienzo de esta dedicatoria).

1. *Pobreza, Amor, y Fortuna, de Diego y Ioseph de Figueroa y Cordoua.* [«—Tapate, Ines, que no quiero...»]. (Págs. 1-41).

2. *Segunda parte del Conde de Saldaña, y hechos de Bernardo del Carpio, de Aluaro Cubillo de Aragón.* [«—Cantad, que las penas mías...»]. (Págs. 42-72).
3. *Triunfos de Amor, y Fortuna, de Antonio de Solís.*
a) *Loa.* [«—El cielo, y la tierra...»]. (Págs. 77-127).
b) *Comedia.* [«—Donde me lleuas Morfeo?...»]. (Págs. 77-127).
4. *Entremes del Niño Cauallero.* [«No me detengais amigas...»]. (Págs. 128-133).
5. *Entremes del Salta en Banco.* [«—Iuan Rana? que buscais en el Retiro...»]. (Págs. 122-38).
6. *Entremes, y Saynete.* [«—Aguardad supremos Dioses...»]. (Págs. 138-142).
7. *Fuego de Dios en el querer bien, de Pedro Calderón de la Barca.* [«—Preguntando a una criada...»]. (Págs. 143-89).
8. *Iulian, y Basilisa, de tres Ingenios.* [«—Dime, auemos de durar...»] (Págs 189-229). En los versos finales se indica que es de Cancer, Guerta y Rosete.
9. *Los tres afectos de Amor, Piedad, Desmayo y Valor, de Pedro Calderón de la Barca.* [«—Sobre el regaço de Venus...»]. (Págs. 230-75).
10. *El Ioseph de las mugeres, de Pedro Calderón de la Barca.* [«—Ni quil est idolum in mundo...»]. (Págs. 275-311).
11. *Cegar para ver mejor, de Ambrosio de Arce.* [«—Tu conmigo essa altiuez?...»]. (Págs. 312-50).
12. *Los vandos de Vizcaya, de Pedro Rosete Niño.* [«—Generosos Vizcaynos...»]. (Págs. 351-84).
13. *El amante mas cruel, y la Amistad ya difunta, de Gonçalo de Ulloa y Sandoual.* [«—Eres loco?—Y tu capón?...»]. (Págs. 385-438).
14. *No ay reynar como vivir, del Dr. Mira de Mesqua.* [«—Señor, que tienes? que mal...»]. (Págs. 438-69).
15. *A igual agravio, no ay duelo, de Ambrosio de Cuenca.* [«—Gracias a Dios, que pisamos...»]. (Págs. 470-504).

Ejemplares:

MADRID. *Nacional.* R-22.666; U-10.328 (tras la portada de un ejemplar de esta ed. se han encuadernado 17 comedias de distintas procedencias).

XIV

214

PENSIL de Apolo, en doze comedias nvevas de los meiores ingenios de España. Parte catorze. Madrid. Domingo García y Morrás. A costa de Domingo Palacio y Villegas. 1661. 4 hs. + 242 fols. 20,5 cm.

—Dedicatoria a D. Baltasar de Rojas Pantoja, Señor de las Baronías de Segur y de Fierola, Cauallero de Santiago, etc. (cuyo escudo figura en la portada), por Iuan de Matos Fregoso (Madrid, 14 de diciembre de 1660).
—Censura de Fr. Gabriel de Losada.
—Licencia del Ordinario.
—Aprobación de Fr. Ignacio Gonçalez.
—Suma de la Tassa.
—Fee de Erratas.
—Suma del Priuilegio.
—Titulos de las Comedias

1. *No puede ser, de Agustín Moreto.* [«—Esso señor es virtud...»]. (Fols. 1*v*-23*v*).
2. *Leoncio y Montano, de Diego y Joseph de Figueroa y Cordoua.* [«—Dexadme todos...»] (Fols. 23*v*-44*v*).
3. *El delinquente sin culpa, y Bastardo de Aragón, de Iuan de Matos Fregoso.* [«—Yo voy de priessa, no quiero...»]. (Fols. 45*r*-66*v*).
4. *Mentir, y mudarse a un tiempo, de Diego y Ioseph de Figueroa y Cordoua.* [«—Gracias a Dios que llegamos...»]. (Fols. 67*r*-87*r*).
5. *Poco aprouechan auisos, quando ay mala inclinacion, de Iuan de Matos Fregoso.* [«—Tu conmigo?...»]. (Fols. 87*v*-108*r*).
6. *El valiente Campuzano, de Fernando de Zarate.* [«—Creed, que mi voluntad...»]. (Fols. 108*v*-126*r*).
7. *El Principe Villano, de Luis de Velmonte Vermudez.* [«—Cansada de la caça baxo errante...»]. (Fols. 126*v*-142*v*).
8. *Las canas en el papel, y dudoso en la venganza, de Pedro Calderón de la Barca.* [«Jó mula de Barrabás...»]. (Folios 143*r*-161*r*).
9. *La hija del mesonero, de Diego de Figueroa y Cordoua.* [«—Si estudias ansí, medrados...»]. (Fols. 161*r*-182*r*).

10. *La fuerza de la verdad, del Dr. Francisco de Malaspina.* [«—Ha de esse centro obscuro...»]. (Fols. 182*r*-201*v*).
11. *El galán de su muger, de Iuan de Matos Fregoso.* [«—No me dirás por tu vida...»]. (Fols. 201*v*-221*v*).
12. *La mayor vitoria de Constantino Magno, de Ambrosio Arce de los Reyes.* [«—Muera todo vil caudillo...»] (Fols. 221*v*-242*v*).

Ejemplares:

MADRID. *Nacional.* R-22.667.

XV

215

PARTE qvinze. Comedias nvevas, escogidas de los mejores ingenios de España. Madrid. Melchor Sanchez. A costa de Iuan de San Vicente. 1661. 4 hs. + 260 fols. 20,5 cm.

—Dedicatoria a D.ª Isabel Allata Lanza Barressi, Princesa de la Sala, etc. (cuyo escudo va en la portada)...
—Aprobación del P. Martín del Río.
—Aprobación del P. Basilio Varen de Soto.
—Suma del Priuilegio.
—Fee de Erratas.
—Suma de la Tassa.
—Tabla de los Titulos de las Comedias.

1. *El Conde Lucanor. De Pedro Calderón.* [«—Desenlaça la piguela...»] (Fols. 1*r*-26*v*).
2. *Fingir, y amar. De Agustín Moreto.* [«Tu has tenido brauo tino...»] (Fols. 27*r*-47*r*).
3.. *El mejor padre de pobres. De Pedro Calderón.* [«—Fugitiuo corzel, sañuda fiera...»]. (Fols. 47*r*-68*r*).
4. *La batalla del honor. De Fernando de Zárate.* [«—Al passo desta desdicha...»]. (Fols. 68*v*-91*r*).
5. *La fuerza de el natural. De Agustín Moreto.* [«Necio, que quieres...»] (Fols. 91*v*-110*r*).
6. *Los empeños de un plumage, y origen de los Guevaras. De Pedro Calderón.* [«—Essos cauallos de esse enebro ata...»]. (Fols. 110*r*-134*v*).
7. *El tercero de su afrenta. De Antonio Martinez.* [«—Acabadme de vestir...»]. (Fols. 135*r*-154*v*).
8. *El Eneas de Dios. De Agustín Moreto.* [«—Has preuenido las postas?...»]. (Fols. 154*v*-178*r*).
9. *Las tres justicias en una. De Pedro Calderón.* [«—Barbaro esquadrón fiero...»]. (Fols. 178*v*-198*r*).
10. *El Obispo de Crobia, San Estanislao. De Fernando de Zárate.* [«—No diuierten los pensiles...»]. (Fols. 198*v*-218*v*).
11. *Cada uno para sí. De Pedro Calderón.* [«—Di al moço que trate Hernando...»]. (Fols. 218*v*-240*v*).
12. *Los Esforcias de Milán. De Antonio Martinez.* [«—A esta infelize muger...»]. (Fols. 241*r*-258*r*).

Ejemplares:

MADRID. *Nacional.* R-22.668.

XVI

216

PARTE diez y seys de comedias nvevas, y escogidas de los meiores ingenios de España. Madrid. Melchor Sánchez. A costa de Mateo de la Bastida. 1662. 187 fols. 20,5 cm.

—Dedicatoria a D. Francisco de Medrano y Bazan, del Consejo de Su Magestad, etc., por Mateo de la Bastida.

1. *Pedir iusticia al culpado. De Antonio Martinez.* [«—Siendo quien eres, el Rey...»]. (Fols. 1*r*-16*v*).
2. *Cada uno con su igual. De Blas de Mesa.* [«—Montañas eminentes...»]. (Fols. 17*r*-34*v*).
3. *El desdén vengado. De Francisco de Roxas.* [«—Las tres han dado...»]. (Fols. 35*r*-50*v*).
4. *El Diablo está en Cantillana. De Luis Velez.* [«—Ninguno quede conmigo...»]. (Fols. 51*r*-66*v*).
5. *El Diziembre por Agosto. De Iuan Velez.* [«—Dome mi planta su ceruiz altiua...»]. (Fols. 67*r*-81*v*).
6. *Allá van leyes, donde quieren Reyes. De Guillén de Castro.* [«—Yo poca razón?...»]. (Fols. 82*r*-97*v*).
7. *El servir sin lisonja. De Gaspar de Auila.* [«—Yo tengo de obedecer...»]. (Fols. 98*r*-117*v*).

8. *El Verdugo de Malaga. De Luis Velez.* [«—Reportate ya padre mío...»]. (Fols. 118*r*-135*v*).
9. *El Hombre de Portugal. Del Maestro Alfaro.* [«—Valgame el cielo! que tiene...»]. (Fols. 136*r*-155*v*).
10. *No es Amor como se pinta. De tres Ingenios.* [«—Con menos prisa, señor...»]. (Fols. 156*r*-171*v*).
11. *Castigar por defender. De Rodrigo de Herrera.* [«—Detente cieruo racional, detente...»]. (Fols. 172*r*-187*v*).

Ejemplares:

MADRID. *Nacional!* R-22.669.

XVII

217

PARTE diez y siete de comedias nvevas, y escogidas de los meiores ingenios de Evropa. Madrid. Melchor Sánchez. A costa de Iuan de San Vicente. 1662. 4 hs. + 256 fols. 20,5 cm.

—Dedicatoria a D. Bernardino Velasco Davila Ossorio y Toledo, Marqués de Salinas, etc., por Iuan de San Vicente.
—Aprovación del P. Basilio Varen.
—Aprovación de Fr. Ignacio Gonçalez.
—Suma del Privilegio.
—Suma de la Tassa.
—Fee de Erratas.
—Titulo de las Comedias.

1. *Dar tiempo al tiempo. De Pedro Calderón.* [«—Viue Dios, que tienes cosas...»]. (Fol. 1*r*-22*v*).
2. *Primero es la honra. De Agustín Moreto.* [«—Marqués, ya estais enfadoso...»]. (Fols. 22*v*-42*v*).
3. *La Sortija de Florencia. De Sebastián de Villaviciosa.* [«—Viste Aurora?...»]. (Fols. 42*v*-62*r*).
4. *Antes que todo es mi dama. De Pedro Calderón.* [«—Donde tengo de poner...»]. (Fols. 62*r*-87*r*).
5. *Las dos estrellas de Francia. Del M.º Manuel de León y el Licdo. Diego Calleja.* [«—Tenga en los ojos modestia...»]. (Fols. 87*v*-109*r*).
6. *Caer para levantar. De Iuan de Matos Fregoso, Gerónimo Cancer y Agustín Moreto.* [«—Leonor, Violante, hijas mías...»]. (Fols. 109*v*-128*r*).
7. *La Verdad en el Engaño. De Iuan Velez de Guevara, Geronimo Cancer y Antonio Martinez.* [«— ¿Que tienes?...»]. (Fols. 128*r*-148*v*).
8. *También da Amor Libertad. De Antonio Martinez.* [«—Que nos trae aquí a los dos...»]. (Fols. 149*r*-168*v*).
9. *Amor haze hablar los mudos. Primera iornada de Villaviciosa, la segunda de Iuan de Matos y la tercera de Zaualeta.* [«—Viua Creso Rey de Lidia...»]. (Fols. 169*r*-190*r*).
10. *La ofensa y la venganza en el retrato. De Iuan Antonio de Mogica.* [«—Atrás al viento dexa...»]. (Folios 190*v*-209*v*).
11. *No ay cosa como callar. Por Pedro Calderón.* [«—Señor, que melancolía...»]. (Fols. 210*r*-231*v*).
12. *Muger llora, y vencerás. De Pedro Calderón.* [«—Porque el militar estruendo...»]. (Fols. 231*v*-256*r*).

Ejemplares:

MADRID. *Nacional.* R-22.670.

XVIII

218

PARTE diez y ocho de Comedias nvevas, escogidas de los mejores ingenios de España. Madrid. Gregorio Rodríguez. 1662. 4 hs. + 160 + 76 fols. 20,5 cm.

1. *Dicha, y Desdicha del Nombre. De Pedro Calderón de la Varca.* [«—Alegre estaís...»]. (Fol 1*r*-27*r*).
2. *Euridice y Orfeo. De Antonio de Solís.* [«—Hombre, o fantasma, quien eres?...». (Fols. 28*r*-47*v*).
3. *Seneca y Neron. De Pedro Calderón de la Varca.* [«—Que sientes Irene mía...»]. (Fols. 47*v*-61*v*).
4. *La paciencia en los trabajos. La nueva, del Dr. Felipe Godínez.* [«—Da Iob a tus tres amigos...»]. (Fols. 62*r*-77*r*).
5. *Los Medicis de Florencia. De Diego Ximenez de Enciso.* [«—Dexa, Isabela hermosa...»]. (Fols. 77*v*-109*r*).
6. *El lindo don Diego. De Agustín Moreto y Cabañas.* [«—Quiera Dios, señor D. Iuan...»]. (Fols. 100*v*-120*v*).
7. *La niñez del Padre Roxas. Primera parte de su vida. De Lope de Vega Carpio.* [«—Yo tengo de hazer mi oficio...»]. (Fols. 121*r*-137*v*).

8. *Lo que son suegro y cuñado. De Geronimo de Zifuentes.* [«—Muger ayrosa...»]. (Fols. 138r-160r).
9. *El amor en vizcaíno, los zelos en frances, y Torneos de Nauarra. De Luis Velez de Guevara.* [«Estimo a Eurico mi tío...»]. (Fol 1).
10. *Amigo, amante, y leal. De Pedro Calderón.* [«—Zelio, en essa esquina se quede...»]. (Fol. 21).
11. *Firmeza, amor y venganza. De Antonio Francisco (sic).* [«—Ya es tan fuerte mi pesar...»]. (Fol. 43).
12. *El rey don Alfonso, el de la mano horadada. Comedia de disparates. De un Ingenio desta Corte.* [«—Si sabes lo que son zelos...»]. (Fols. 65-76).

Ejemplares:

MADRID. *Nacional.* R-22.671.

XIX

219

PARTE diez y nveve de Comedias nvevas, y escogidas de los meiores ingenios de España. Madrid. Pablo de Val. A costa de Domingo Palacio y Villegas. 1663. 4 hs. + 212 fols. 20,5 cm.

—Dedicatoria a D. Francisco Lopez de Zuñiga, Marques de Baydes, etc. (cuyo escudo va en la portada), por Domingo Palacio.
—Aprobación de Fr. Plácido de Aguilar.
—Censura de Fr. Gabriel Gómez de Losada.
—Licencia del Ordinario.
—Suma de la Tassa.
—Fee de Erratas.
—Suma del Priuilegio.
—Titulos de las Comedias.

1. *El Alcazar del Secreto. De Antonio de Solís* [«—Amor, donde irá el deseo...»]. (Fols. 1r-20v).
2. *Las travesuras de el valiente Pantoja. De Agustín Moreto.* [«—Vuestros aumentos D. Lope...»].
3. *El segundo Moyses San Froylano. De Iuan de Matos Fragoso.* [«—Auisaste al Rey, que aquí...»]. (Fols. 16v-37v).
4. *El Cauallero. De Agustín Moreto.* [«—Iesus! Iesus!...»]. (Fols. 38r-60r).
5. *El Rey Don Sebastián. De Francisco de Villegas.* [«—Vos seáis, Sultana hermosa...»]. (Fols. 60v-77r).
6. *En el sueño está la Muerte. De Gerónimo Guedeja Quiroga.* [«—Yo soy la estrella, que errante...»]. (Fols. 77v-97v).
7. *Los siete durmientes. De Agustín Moreto.* [« — Flora, Aurelia, entrad aquí...»]. (Fols. 98r-115v).
8. *Los dos filosofos de Grecia. De Fernando de Zarate.* [«—Al Sol saluda al alua...»]. (Fols. 115v-137r).
9. *La lealtad en las injurias. De Diego de Figueroa y Cordoua.* [«—Necio, siempre has de matarme...»]. (Fols. 137r-153v).
10. *La Reyna en el Buen-Retiro. De Antonio Martinez.* [«—No amar sino a quien os ama...»]. (Fols. 154r-172r).
11. *Mudarse por mejorarse. De Fernando de Zarate.* [«—Mucho su Alteza te honró...»]. (Fols. 172v-193v).
12. *Zelos aun del aire matan. De Pedro Calderón.* [«—Esta (hermosa Diana)...»]. (Fols. 194r-212r).

Ejemplares:

MADRID. *Nacional.* R-22.672.

XX

220

PARTE veinte de Comedias varias nvnca imbressas, compvestas por los meiores ingenios de España. Madrid. Imp. Real. A costa de Francisco Serrano de Figueroa. 1663. 4 hs. + 526 págs. + 1 h. 20,5 cm.

—Dedicatoria a D. Benito de Hermosilla y Contreras (precedida de su escudo, que figura también en la portada), por Serrano de Figueroa
—Aprobación del Dr. Esteuan de Aguilar y Zuñiga.
—Licencia del Ordinario.
—Aprobación del Fr. Gabriel de León.
—Suma de la Tassa.
—Fee de erratas.
—Suma del Priuilegio.
—Titulos de las Comedias.

1. *El Maxico prodigioso. De Pedro Calderón de la Barca.* [«—En la amena soledad...»]. (Págs. 1-45).

2. *Callar hasta la ocasión. De Iuan Hurtado y Cisneros.* [«—Socorredme cielo santo!...»]. (Págs. 46-86).
3. *Auristela y Lisidante. De Pedro Calderón de la Barca.* [«—Muera el homicida...»]. (Págs. 87-146)
4. *Guardar palabra a los Santos. De Sebastian de Oliuares.* [«—Iamás huuo assombro igual...»]. (Págs 147-184).
5. *La difunta pleyteada. De Francisco de Rojas.* [«—Solemne ha sido el oficio!...»]. (Págs. 185-225).
6. *El rigor de las desdichas, y mudanzas de fortuna. De Pedro Calderón de la Barca.* [«—No tienes que replicarme...»]. (Págs. 225-89).
7. *Don Pedro Miago. De Francisco de Rojas Zorrilla.* [«—No passeis mas adelante...»]. (Págs. 292-327).
8. *El mejor Alcalde el Rey, y no ay cuenta con serranos. De Antonio Martinez.* [«—Huye, que ya se cumplió...»]. (Págs. 328-63).
9. *Saber desmentir sospechas. De Pedro Calderón de la Barca.* [«—Porque con tanto desprecio...»]. (Páginas 364-98).
10. *Aristomenes Mesenio. Del Maestro Alfaro.* [«—Echale por el valcón...»]. (Págs. 399-444).
11. *El hijo de la virtud. San Iuan Bueno. Primera parte. De Francisco de Llanes y Valdés.* [«—Furias, que en el seno obscuro...»]. (Págs. 445-84).
12. —— *Segunda parte.* [«—Den a este pobre...»]. (Págs. 484-523).

Ejemplares:

MADRID. *Nacional.* R-22.673.

XXI

221

PARTE veinte y vna de Comedias nvevas, escogidas de los mejores ingenios de España. Madrid. Ioseph Fernandez de Buendía. A costa de Agustín Verges. 1663. 492 págs. 20,5 cm.

—Dedicatoria a D. Francisco Antonio de Hoeff Huerta, Cauallero de Santiago, etc., por Agustín Verges.
—Aprobación del P. Basilio Varen.
—Licencia del Ordinario.
—Licencia del Consejo Real de Castilla.

1. *Qual es mayor perfección. De Pedro Calderón.* [«—Famosa tarde tendrás...»]. (Págs. 1-46).
2. *Fortunas de Andromeda y Perseo. De Pedro Calderón.* [«—Huye Gilote...»]. (Págs. 47-96).
3. *Quererse sin declararse. De Fernando de Zárate.* [«—Laura hermosa...»]. (Págs. 96-137).
4. *El Governador prudente. De Gaspar de Avila.* [«—Sabes acaso que soy...»]. (Págs. 138-72).
5. *Las siete estrellas de Francia. De Luis de Belmonte.* [«—Que venga un hombre de bien...»]. (Págs. 173-211).
6. *El platero del cielo. De Antonio Martínez.* [«—El bien que tu amor me haze...»]. (Págs. 211-46).
7. *La conquista de Cuenca, y primer dedicación de la Virgen del Sagrario. De Pedro Rosete.* [«—Ardo, y lloro sin sossiego...»]. (Págs. 247-82).
8. *La hechizera del cielo. De Antonio de Nanclares.* [«—Vano assombro...!»]. (Págs. 283-321).
9. *La razón haze dichosos. La primera jornada de Antonio Martinez, la segunda de Iuan de Zaualeta y la tercera de Gerónimo Cáncer.* [«—Quien me dió el ser me disculpa...»]. (Páginas 321-64).
10. *Amar sin ver. De Antonio Martinez.* [«—Nació como el Sol Diana...»]. (Págs. 364-404).
11. *La Margarita preciosa. La primera jornada de Iuan de Zaualeta, la segunda de Gerónimo Cáncer, la tercera de Pedro Calderón.* [«—Que es esto, Dios? yo habito en dura guerra...»]. (Págs. 405-45).
12. *El mas heroyco silencio. De Antonio Cardona.* [«—Pues, señor, tan triste vienes...»]. (Págs. 446-92).

Ejemplares:

MADRID. *Nacional.* R-22.674.

XXII

222

PARTE veinte y dos de Comedias nvevas, escogidas de los mejores ingenios de España. Madrid. Andrés García de la Iglesia. A costa de Iuan Martín Merinero. 1665. 6 hs. + 234 fols. 20,5 cm.

—Dedicatoria a D. Francisco de Herrera Enriquez Niño de Guzman, Cavallero de Alcántara, etc. (cuyo escudo figura en la portada), por Iuan Martín Merinero.
—Títulos de las Comedias.
—Suma del Priuilegio.
—Fee de Erratas.
—Suma de la Tassa.
—Censura del Dr. Esteban de Aguilar y Zuñiga.
—Licencia del Vicario.
—Aprobación del Fr. Tomás de Auellaneda.

1. *Los españoles en Chile. De Francisco Gonçalez de Bustos.* [«—Viua Fresia, siempre altiua...»]. (Fols. 1*r*-23*v*).
2. *Elegir al enemigo. De Agustín de Salazar y Torres.* [«—Por esta parte parece...»]. (Fols. 23*v*-44*v*).
3. *El Arca de Noé. De Antonio Martinez, Pedro Rosete Niño y Geronimo Cancer.* [«Sierpe, ó luz, aunque presumas...»]. (Fols. 45*r*-62*v*).
4. *La Luna de la Sagra. Vida y muerte de la Santa Iuana de la Cruz. De Francisco Bernardo de Quirós.* [«—Señor Francisco Loarte...»]. (Fols. 62*v*-82*v*).
5. *Labar sin sangre una ofensa. De Román Montero de Espinosa.* [«—Postillón, espera...»]. (Fols. 82*v*-105*v*).
6. *Los dos monarcas de Europa. De Bartolomé de Salazar y Luna.* [«—Tan poco firme mi afecto...»]. (Fols. 106*r*-123*v*).
7. *La Corte en el Valle. De Francisco de Abellaneda, Iuan de Matos Fragoso y Sebastián de Villaviciosa.* [«—Cante la Alegría...»]. (Fols. 124*r*-139*r*).
8. *Amar y no agradecer. De Francisco Salgado.* [«—Traición, traición...»]. (Fols. 139*r*-157*r*).
9. *Santa Olalla de Mérida. De Francisco González de Bustos.* [«—Viua el grande Diocleciano...»]. (Folios 157*v*-179*r*).
10. *Merecer de la Fortuna, ensalzamientos dichosos. De Diego de Vera y Ioseph de Ribera.* [«—Lisarda, viua, y su frente...»]. (Fols. 179*r*-196*r*).
11. *Muchos aciertos de un yerro. De Ioseph de Figueroa.* [«—Vuestra Alteza puede entrar...»]. (Fols. 196*v*-217*v*).
12. *Antes que todo es mi amigo. De Fernando de Zarate.* [«—Que seguiste la carroça?...»]. (Fols. 217*v*-234*r*).

Ejemplares:

MADRID. *Nacional.* R-22.675.

XXIII

223

PARTE veinte y tres de Comedias nvevas, escritas por los mejores ingenios de España. Madrid. Joseph Fernandez de Buendía. A costa de Manuel Melendez. 1665. 4 hs + 507 págs. 20,5 cm.

—Dedicatoria a D. Francisco López de Zuñiga de la Cerda y Tovar, Marques de Baydes, etc. (cuyo escudo va en la portada), por Manuel Melendez.
—Aprobación del P. Martín del Río.
—Licencia del Ordinario.
—Aprobación de Pedro Calderón de la Barca.
—Suma de la Licencia.
—Suma de la Tassa.
—Fee de Erratas.
—Tabla...

1. *Santo Tomás de Villanueva. De Iuan Bautista Diamante.* [«—Amparenos esta venta...»]. (Págs. 1-45).
2. *Los dos prodigios de Roma. De Iuan de Matos Fragoso.* [«—Invencible Adrián, vasa segunda...»]. (Páginas 50-92).
3. *El Redemptor Cautivo. De Iuan de Matos y de Villauiciosa.* [«—Vistele passar, Elvira?...»]. (Págs. 93-130).
4. *El Parecido. De Agustín Moreto.* [«—Mi aluedrío dexo preso...»]. (Páginas 131-74).
5. *Las Missas de San Vicente Ferrer. De Fernando de Zárate.* [«—Señora, si son los días...»]. (Págs. 174-219).
6. *No amar la mayor fineza. De Iuan de Zavaleta.* [«—En esta galería...»]. (Págs. 219-72).
7. *Hazer fineza el desayre. Del Licdo. Diego Calleja.* [«—Oy festejan las iras (*sic*) hermosas...»]. (Págs. 272-313).
8. *Encontraronse dos arroyuelos. De Iuan Velez.* [«—Milagro por Dios ha sido...»]. (Págs. 315-49).
9. *La Virgen de la Fuencisla. De Sebastián de Villaviciosa. Iornada segunda: La antiguedad de Segovia, de*

Iuan de Matos Fragoso. Iornada tercera, de Iuan de Zaualeta. [«—No quede en Segouia vida...»]. (Págs. 349-95).
10. *El honrador de sus hijas. De Francisco Polo.* [«—Albar Fañez?—Rey Inuicto...»]. (Págs. 396-421).
11. *El hechizo imaginado. De Iuan de Zavaleta.* [«—Seaís, señora, bien venida...»]. (Págs. 422-70).
12. *La Presumida y la Hermosa. De Fernando de Zárate.* [«—Gracias a los cielos doy...»]. (Págs. 470-507).

Ejemplares:

MADRID. *Nacional.* R-22.676.

XXIV

224

PARTE veinte y quatro de Comedias nvevas, y escogidas de los mejores Ingenios de España. Madrid. Mateo Fernández de Espinosa Arteaga. A costa de Iuan de San Vicente. 1666. 4 hs. + 256 fols. 20,5 cm.

—Dedicatoria a D.ª Guiomar María Egas Venegas de Cordova (cuyo escudo va en la portada).
—Aprobación del P. Martín del Río.
—Licencia del Ordinario.
—Aprobación de Pedro Calderón de la Barca (Madrid, 11 de mayo de 1665).
—Suma del Priuilegio.
—Fee de Erratas.
—Suma de la Tassa.
—Tabla...

1. *El Monstruo de la Fortuna. De tres ingenios.* [«—Abatid las vanderas...»]. (Fols. 1r-22r).
2. *La Virgen de la Salceda. Del Maestro León, y Calleja.* [«—Zagales de Peñalver...»]. (Fols. 22r-40v).
3. *Industrias contra finezas. De Agustín Moreto y Cabañas.* [«—Qual dolor debe escoger...»]. (Fols. 41r-60v).
4. *La Dama Capitán. De los Figueroas.* [«—Pisa quedo.—Apenas toco...»]. (Fols. 61r-84r).
5. *También tiene el Sol menguante. De tres ingenios.* [«—Dete Dios, cedula mía...»]. (Fols. 84v-107r).
6. *Lo que puede Amor, y Zelos. De un Ingenio desta Corte.* [«Refiereme señor, que ha sucedido...»]. (Folios 107r-126r).
7. *Los Amantes de Berona. De Christoval de Rozas.* [«—Muerta vengo, ha pena fuerte!...»]. (Fols. 126v-144v).
8. *El soldado mas herido, y vivo despues de muerto. De Pedro Destenoz y Lodosa.* [«—Oy que la Corte Romana...»]. (Fols. 144v-175r).
9. *El Maestro de Alexandro. De Fernando de Zárate* [«—El gran Principe Alexandro...»]. (Fols. 175v-196v).
10. *San Pedro de Arbués.* De *Fernando de la Torre* [«—Ha de mis vicios infernal quadrilla...»]. (Folios 196v-216v).
11. *Solo el piadoso es mi hijo. De tres ingenios.* [«—Este, sin duda, es Milán...»]. (Fols. 217r-236v). En los versos finales se indica que los autores fueron Matos, Villaviciosa y Avellaneda.
12. *La Rosa de Alexandría. La mas nueva, de Pedro Rosete.* [«—Hermosa Catalina...»]. (Fols. 237r-246v).

Ejemplares:

MADRID. *Nacional.* R-22.677 (Deteriorado. Solo 2 hs. preliminares; los fols. 185-86 manuscritos).

XXV

225

PARTE veinte y cinco de Comedias nvevas, y escogidas de los mejores Ingenios de España. Madrid. Domingo García Morrás. A costa de Domingo Palacio y Villegas. 1666. 4 hs. + 243 fols. + 1 h. 20,5 cm.

—Dedicatoria a D. Pedro de Ponte Franca de Llerena, Capitán y Sargento mayor de un Tercio de Infantería Española del Exercito de Extremadura (su escudo en la portada), por Domingo de Palacio y Villegas.
—Aprobación de Fr. Ioseph de Vitoria.
—Aprobación del P. Martín del Río.
—Licencia del Ordinario.
—Fee de Erratas.
—Suma de la Tassa.
—Suma del Priuilegio.
—Titulos de las Comedias...

1. *El Letrado del Cielo. De Sebastián de Villauiciosa y Iuan de Matos.*

[«—Con quién estauas hablando?...»]. (Fols. 1r-22v).
2. *La más dichosa venganzas. De Antonio de Solís.* [«En tanto que nuestros amos...»]. (Fols. 23r-44v).
3. *La fingida Arcadia. De Agustín Moreto.* [«—Porcia, prima, amiga, espera...»]. (Fols. 44v-62r).
4. *Quantas veo tantas quiero. De Sebastián de Villauiciosa y Francisco de Auellaneda.* [« — Don Carlos, seais bien venido...»]. (Fols. 62v-80v).
5. *La Condesa de Belflor. De Agustín Moreto.* [«—Huye Tristán por aquí...»]. (Fols. 21r-100r).
6. *No ay contra el amor poder. De Iuan Velez de Gueuara.* [«—Viua Ludouico, viua...»]. (Fols. 100r-120r).
7. *Sin honra no ay valentía. De Agustín Moreto.* [«—Diuino, y claro objeto...»]. (Fols. 120r-139r).
8. *Amor vencido de Amor. De Iuan Velez de Gueuara, Iuan de Zaualeta y Antonio de Huerta.* [«—Mucho del desdén te vales...»]. (Fols. 139v-159v).
9. *A lo que obligan los zelos. De Fernando de Zárate.* [«—Recojanse los Monteros...»]. (Fols. 159v-178r).
10. *Lo que puede la crianza. De Francisco de Villegas.* [«—Acaba, ponte al momento...»]. (Fols. 178v-196v).
11. *La esclavitud más dichosa, y Virgen de los Remedios. De Francisco de Villegas y Iusepe Rojo.* [«—Las mulas podeis lleuar...»]. (Fols. 197r-221r).
12. *Lorenzo me llamo. De Iuan de Matos Fragoso.* [«—Cierra essa puerta Lucía...»]. (Fols. 221r-243v).

Ejemplares:

MADRID. *Nacional.* R-22.678.

XXVI

226

PARTE veinte y seis de Comedias nvevas, escogidas de los mejores ingenios de España. Madrid. Francisco Nieto. A costa de Iuan Martín Merinero. 1666. 4 hs. + 254 fols. 20,5 cm.

—Dedicatoria a D.ª Isabel Correas Ximenez Cisneros y Castro, Señora de la Casa del Valle de Mena, etc., por Iuan Martín Merinero.
—Aprobación del Fr. Gabriel de León.
—Censura del Dr. Esteuan de Aguilar y Zuñiga.
—Licencia del Ordinario.
—Suma del Priuilegio.
—Fee de Erratas.
—Suma de la Tassa.
—Tabla de las Comedias.

1. *El Baquero de Granada. De Iuan Bautista Diamante.* [«—Dexame llorar...»]. (Fols. 1r-20r).
2. *Lorenzo me llamo. De Iuan de Matos Fragoso.* [«—Cierra essa puerta Lucía...»]. (Fols. 20v-42r).
3. *Ay culpa en que no ay delito. De Román Montero de Espinosa.* [«—Mi infeliz baxel, naufrago, y roto...»]. (Folios 42v-63v).
4. *El Mancebo del Camino. De Iuan Bautista Diamante.* [« — Para Martín...»]. (Fols. 64r-85v).
5. *Los sucessos de tres horas. De Luis de Oviedo.* [«—Ya estás Tonillo en Madrid...»]. (Fols. 85v-106r).
6. *Fiar de Dios. De Antonio Martinez y Luis de Belmonte.* [«—Entre equiuoca armonía...»]. (Fols. 106r-127r).
7. *Desde Toledo a Madrid. Del M.º Tirso de Molina.* [«—Milagro fué no matarme...»]. (Fols. 126v-146r).
8. *El amor puesto en razón. De Sebastián de Villa-Viciosa.* [«Mil vezes en horabuena...»]. (Fols. 146v-167r).
9. *San Luis Bertrán. De Agustín Moreto.* [«—Salga la gente de la guarda...»]. (Fols. 167v-187r).
10. *La Piedad en la Iusticia. De Guillén de Castro.* [«—Así verá mi pecho fiel...»]. (Fols. 187v-211v).
11. *Resucitar con el agua. De Ioseph Ruiz, Iacinto Hurtado de Mendoça y Pedro Francisco Lanini Valencia.* [«—No me mates Pedro, aguarda...»]. (Fols. 211v-231v).
12. *Todo cabe en lo posible. De Fernando de Abila.* [«—Cilenio, señor...»]. (Fols. 232r-255v).

Ejemplares:

MADRID. *Nacional.* R-22.679.

XXVII

227

PARTE veinte y siete de Comedias varias nvnca impressas, compvestas por los meiores ingenios de Espa-

ña. Madrid. Andrés García de la Iglesia. A costa de Francisco Serrano de Figueroa. 1.667. 4 hs. + 436 págs. 20,5 cm.

—Dedicatoria a D. Martín de la Puente, Cauallero de Santiago, etc., (cuyo escudo va en la portada), por F. Serrano de Figueroa.
—Aprobación del Dr. Estevan de Aguilar y Zuñiga.
—Licencia del Ordinario.
—Aprobación del Fr. Juan de Victoria.
—Suma del Priuilegio.
—Suma de la Tassa.
—Fee de Erratas.
—Titulos de las Comedias...

1. *Los sucessos en Orán por el Marques de Ardales. De Luis Velez de Guevara.* [«—Baxa el Conde?—Ya salía...»]. (Págs. 1-57).
2. *Los vandos de Rabena y fundación de la Camamdula. De Iuan de Matos Fragoso.* [«—Bolued de nueuo a cantar...»]. (Págs. 57-93).
3. *La Cortesana en la Sierra. De tres ingenios.* [«—Dexadme todos...»]. (Páginas 93-131).
4. *Reynar, no es la mayor suerte. De un ingenio desta Corte.* [«—Ola. Bato; ola, Filene...»]. (Págs. 131-66).
5. *El labyrinto de Creta. De Iuan Bautista Diamante.* [«—Amayna, amayna, amayna...»]. (Págs. 167-89).
6. *La ocasión haze al ladrón. De Iuan de Matos Fragoso.* [«—Llama, Crispín, a mi hermana...»]. (Págs. 190-226).
7. *Nuestra Señora de Regla. De Ambrosio de Cuenca.* [«—Por dar aliuio a los cuidados míos...»]. (Págs. 226-56).
8. *Amar por señas. Del M.º Tirso de Molina.* [«—Eché las maneotas...»]. (Págs. 257-301).
9. *Las auroras de Sevilla. De tres ingenios.* [«—Ciñe, o joben valiente...»]. (Págs. 301-32).
10. *La Cruz de Caravaca. De Iuan Bautista Diamante.* [«—Llege el invicto campo a las gloriosas...»]. (Páginas 333-67).
11. *La ventura con el nombre. Del M.º Tirso de Molina.* [«—Cumplió mi sentimiento...»]. (Págs. 368-409).
12. *La iudia de Toledo. De Iuan Bautista Diamante.* [«—Suspende de tus ojos...»]. (Págs. 410-16).

Ejemplares:

MADRID. *Nacional.* R-22.680.

XXVIII

228

PARTE veinte y ocho de Comedias nvevas de los mejores ingenios desta Corte. Madrid. Ioseph Fernández de Buendía. A costa de la Viuda de Francisco de Robles. 1667. 4 hs. + 478 págs. 20,5 cm.

—Dedicatoria a D. Luis de Guzman, Cauallero de Santiago, etc. (cuyo escudo figura en la portada), por Luzía Muñoz.
—Aprobación del P. Manuel de Naxera.
—Licencia del Ordinario.
—Aprobación del P. Andrés Mendo.
—Suma de la Licencia.
—Suma de la Tassa.
—Fee de Erratas.
—Tabla de las Comedias...

1. *El Principe Don Carlos. Del Dr. Iuan Perez de Montalvan.* [«Solo España hallar podría...»]. (Págs. 1-43).
2. *San Isidro labrador de Madrid. De Lope de Vega Carpio.* [«—Bien queda su soberuia castigada...»]. (Páginas 43-83).
3. *El sitio de Breda. De Pedro Calderón de la Barca.* [«—Oy es, señor, el venturoso día...»]. (Págs. 83-131).
4. *Los empeños de un engaño. De Iuan de Alarcón.* [«—Quien será esse forastero...»]. (Págs. 131-66).
5. *El mejor tutor es Dios. De Luis de Belmonte.* [«—Ferra de gauia, que el viento...»]. (Págs. 166-99)
6. *El palacio confuso. Del Dr. Mira de Mescua.* [«—Apenas del mar salí...»]. (Págs. 199-231 bis).
7. *Victoria por el Amor. Del alferez Iacinto Cordero.* [«—Las flores deste jardín...»]. (Págs. 231 bis-273).
8. *Victoria de Norlingen, y el Infante en Alemania. De Alonso del Castillo Solorzano.* [«—En esta amena, y deleytosa Quinta...»]. (Págs. 273-307).
9. *La ventura en la desgracia. De Lope de Vega Carpio.* [«—Poco en el jardín assisten...»]. (Págs. 307-71).
10. *San Mateo en Etiopía. Del Dr.*

Felipe Godinez. [«—Euangelista, y Apostol...»]. (Págs. 371-402).
11. *Mira al fin. De un ingenio desta Corte.* [«—Mi padre muerto, y lo ignoro...»]. (Págs. 403-43).
12. *La Corte del Demonio. De Luis Velez de Guevara.* [«—El gran Nino, Primero...»].

Ejemplares:

MADRID. *Nacional.* R-22.681.

XXIX

229

PARTE veinte y nveve de Comedias nvevas, escritas por los mejores ingenios de España. Madrid. Ioseph Fernandez de Buendía. A costa de Manuel Melendez. 1668. 4 hs. + 464 págs. 20,5 cm.

—Dedicatoria a D. Francisco López de Zuñiga de la Cerda y Tovar, Marqués de Baydes, etc. (cuyo escudo va en la portada), por M. Melendez.
—Aprobación del P. Martín del Río.
—Licencia del Ordinario.
—Aprobación de Iuan de Zaualeta.
—Suma de la Licencia.
—Suma de la Tassa.
—Fee de Erratas.
—Tabla de las Comedias...

1. *El Iris de las pendencias. De Gaspar de Avila.* [«—Que es esto?—Tu hermana soy...»]. (Págs. 1-31).
2. *La razón vence al poder. De Iuan de Matos Fragoso.* [«—Una y mil vezes los braços...»]. (Págs. 31-73).
3. *El Vaso y la Piedra. De Fernando de Zárate.* [«—Essas selvas de cristales...»]. (Págs. 73-101).
4. *Píramo y Tisbe. De Pedro Rosete.* [«—Que tienes, amo aturdido...»]. (Páginas 101-43).
5. *La defensora de la Reina de Ungría. De Fernando de Zárate.* [«—El Infante Federico...»]. (Págs. 143-88).
6. *El mejor representante San Ginés. De Gerónimo Cancer, Pedro Rosete y Antonio Martínez.* [«—Que tienes, hombre aturdido...»]. (Págs. 188-230).
7. *Ganar por la mano el juego. De Alvaro Cubillo de Aragón.* [«—Tanto el peso del gouierno...»]. (Págs. 230-73).
8. *El primer Conde de Flandes. De Fernando de Zarate.* «—Muerto esta el Emperador...»]. (Págs. 273-323).
9. *El Hamete de Toledo. Comedia burlesca, de tres ingenios.* [«—Las seis son (fiero pesar!)...»]. (Págs. 324-45).
10. *Tetis y Peleo. De Ioseph de Bolea.* [«—La fama de la hermosura...»]. (Págs. 346-89).
11. *Nuestra Señora de la Luz. De Francisco Salgado.* [«—Suelta la presa, atreuido...»]. (Págs. 389-411).
12. *Como se vengan los nobles. De Agustín Moreto.* [«—Viua muchos años aqueste Zagal...»]. (Págs. 411-64).

Ejemplares:

MADRID. *Nacional.* R-22.682.

XXX

230

PARTE treinta. Comedias nvevas, y escogidas de los mejores Ingenios de España. Madrid. Domingo García Morrás. A costa de Domingo Palacio y Villegas. 1668. 4 hs. + 436 págs. 20,5 cm.

—Dedicatoria a D. Iuan de Moles, oficial de la Secretaría del Estado de Milán, en el Consejo Supremo de Italia (cuyo escudo va en la portada), por D. de Palacio y Villegas.
—Aprobación de Iuan Velez de Gueuara.
—Aprobación de Fr. Gabriel Gomez.
—Licencia del Ordinario.
—Fee de Erratas.
—Suma de la Tassa.
—Suma del Priuilegio.
—Titulo de las Comedias.

1. *El Bruto de Babilonia. De Iuan de Matos Fragoso, Agustín Moreto y Geronimo Cancer.* [«—Ioachin, y Susana...»]. (Págs. 1-40).
2. *La montañesa de Asturias. De Luis Velez de Guevara.* [«—Estraña melancolía!...»]. (Págs. 41-79).
3. *El premio en la misma pena. De Agustin Moreto.* [«—Ya estamos en Zaragoça...»]. (Págs. 79-114).
4. *Cuerdos hazen el escarmiento. De Francisco de Villegas.* [«—Mucho, señora, me admira...»]. (Págs. 115-51).
5. *Hacer del amor agravio. De un Ingenio desta Corte.* [«—Que alegre cosa es bolver...». (Págs. 151-94).

6. *El Mancebón de los Palacios. De Iuan Velez.* [«—Para, para. —Aguarda. —Espera...»]. (Págs. 195-228).
7. *La conquista de Mexico. De Fernando de Zarate.* [«—Besad la tierra contentos...»]. (Págs. 228-59).
8. *El principe viñador. De Luis Velez de Guevara.* [«—Aqui puede vuestra Alteza...»]. (Págs. 259-96).
9. *El valeroso español, y primero de su casa. De Gaspar de Avila.* [«—Dexame, Leonor, llorar...»]. (Págs. 296-335).
10. *La Negra por el Honor. De Agustín Moreto.* [«—Señor D. Lope Fajardo...»]. (Págs. 336-89).
11.. *No está en matar el vencer. De Iuan de Matos Fragoso.* [«—Esto (generosa estirpe...]. (Págs. 389-417).
12. *San Antonio Abad. De Fernando de Zarate.* [«—Ha señor, señor...»]. (Págs. 427-63).

Ejemplares:

MADRID. *Nacional.* R-22.683.

XXXI

231

PARTE treinta y vna de Comedias nuevas, escritas por los mejores ingenios de España. Madrid. Ioseph Fernandez de Buendía. A costa de Manuel Melendez. 1669. 4 hs. + 504 págs.

—Dedicatoria a D. Francisco de Avellaneda de la Cueua y Guerra, Canonigo de la Iglesia Catedral de Osma y por el Rey nuestro Señor, Censor de las Comedias desta Corte (cuyo escudo va en la portada), por Bernardo Sierra.
—Aprobación del P. Martín del Rio.
—Licencia del Ordinario.
—Aprobación de Francisco de Avellaneda de la Cueua y Guerra.
—Suma de la Licencia.
—Suma de la Tassa.
—Fee de Erratas.
—Tabla de las Comedias...

1. *Querer por solo querer. De Antonio de Mendoza.* [«—Inuicto Señor. —Leuanta...»]. (Págs. 1-72).
2. *Sufrir mas, por valer más. Geronimo de la Cruz y Mendoza.* [«—Allí está el Conde Ricardo...»]. (Págs. 73-115).
3. *Mentir por razón de Estado. De Felipe Milán y Aragón.* [—«Gracia ha tenido por Dios...»]. (Págs. 115-48).
4. *No ay gusto como la honra. De Fernando Luis de Vera y Mendoza.* [«Huid, huid, que un León...»]. (Páginas 148-80).
5. *El Cavallero de Gracia. De Tirso de Molina.* [«Pues a mi cargo has quedado...»]. (Págs. 180-225).
6. *El pronóstico de Cadiz. De Alonso de Osuna.* [«—Ya que dizes que es temprano...»]. (Págs. 225-60).
7. *La trompeta del iuizio. De Gabriel del Corral.* [«—Ya que el Astro luciente...»]. (Págs. 260-301).
8. *Prodigios de amor. De Melchor de Valdés Villauiciosa.* [«—Gracias a Dios, que te he hallado...»]. (Págs. 301-43).
9. *El Amor enamorado. De Iuan de Zaualeta.* [«—Iupiter, sacra Deidad...»]. (Págs. 343-82).
10. *El esclavo del mas impropio dueño y arriesgarse por amar. Del M.° Roa.* [«—Norte, que al Sol imitas...»]. (Págs. 383-420).
11. *El socorro de los mantos. De Carlos de Arellano.* [«—Lleua luego esse recado...»]. (Págs. 421-57).
12. *La trayción en propia sangre. De Fr. Diego de Ribera.* [«—Si reñis como soldado...»]. (Págs. 458-504).

Ejemplares:

MADRID. *Nacional.* R-22.684.

XXXII

232

PARTE treinta y dos de Comedias nvevas, nvnca impressas, escogidas de los mejores ingenios de España. Madrid. Andrés García de la Iglesia. A costa de Francisco Serrano de Figueroa. 1669. 4 hs. + 438 páginas. + 1 h. 20,5 cm.

—Dedicatoria a D. Manuel Rangel de Macedo, Cauallero y Comendador en la Orden de Cristo, etc. (cuyo escudo va en la portada), por F. Serrano de Figueroa.
—Aprobación de Fr. Fernando de la Encarnación.
—Licencia del Ordinario.

—Aprobación de Esteuan de Aguilar y Zuñiga.
—Suma de la Licencia.
—Suma de la Tassa.
—Fee de erratas.
—Títulos de las Comedias.

1. *La culpa más provechosa. De Francisco Villegas.* [«—Al Cesar le respeta desta suerte?...»]. (Págs. 1-42).
2. *El vandolero Sol Posto. Primera jornada de Gerónimo Canzer, segunda de Pedro Rosete Niño, tercera de Francisco de Rojas.* [«—Que haremos mientras es hora...»] .(Págs. 43-80).
3. *La vida en el atahud. De Francisco de Rojas.* [«—Gusto he tenido de verte...»]. (Págs. 81-109).
4. *Los muros de Iericó. De Sebastián de Oliuares.* [«—A saber tu Real decreto...»]. (Págs. 109-45).
5. *Las cinco blancas de Iuan de Espera en Dios. De Antonio de Huerta.* [«—Ya tu conoces mi flema...»]. (Páginas 145-79).
6. *La Virgen de los Desamparados de Valencia. De Marco Antonio Ortiz.* [«—No son essos mis cuydados...»]. (Págs. 180-217).
7. *Duelo de honor y amistad. De Iacinto de Herrera.* [«—No sé hermana lo que siento...»]. (Págs. 217-49).
8. *Selva de Amor y Zelos. De Francisco de Rojas.* [«—Detenelde, seguilde...»]. (Págs. 250-92).
9. *El mas piadoso troyano. De Francisco de Villegas.* [«—Pague Troya su injusta aleuosía...»]. (Págs. 292-328).
10. *Pelear hasta morir. De Pedro Rosete Niño.* [«—Esta es la carta. —Gran día...»]. (Págs. 328-67).
11. *El legitimo bastardo. De Christoual de Morales.* [«—Aquí del rigor del Sol...»]. (Págs. 367-402).
12. *Afanador el de Utrera. De Luis de Velmonte.* [«—Que teneis Don Iuan?...»]. (Págs. 402-38).

Ejemplares:

MADRID. *Nacional.* R-22.685.

XXXIII

233

PARTE treinta y tres de Comedias nvevas, nvnca impressas, escogidas de los mejores ingenios de España. Madrid. Ioseph Fernandez de Buendía. A costa de Iuan Martín Merinero. 1670. 4 hs. + 451 págs. 20,5 cm.

—Dedicatoria al Dr. D. Iuan Gonzalez de Zaragoza, Cura y Beneficiado de la Villa de Gauia, etc., por Iuan Martín Merinero.
—Aprobación de Esteuan de Aguilar Gotan y Zuñiga.
—Licencia del Ordinario.
—Aprobación de Iuan de Zabaleta.
—Suma de la Licencia.
—Suma de la Tassa.
—Fee de Erratas.
—Títulos de las Comedias...

1. *El sabio en su retiro. De Iuan de Matos Fragoso.* [«—Con que estilo tan galan...»]. (Págs. 1-43).
2. *Cuerdos ay que parecen locos. De Iuan de Zaualeta.* [«—Que diuertida el papel...»]. (Págs. 43-87).
3. *La romera de Santiago. Del M.º Tirso de Molina.* [«—Conde. —Señor. —Escuchad...»]. (Págs. 87-116).
4. *Las niñezes de Roldán. De Ioseph Roxo y Francisco de Villegas.* [«—Deme Vuestra Magestad...»]. (Págs. 116-65).
5. *Vida y muerte de la monja de Portugal. Del Dr. Mira de Mescua.* [«—La suerte fué bien juzgada...»]. (Págs. 165-200).
6. *El Voto de Santiago y batalla de Clavijo. De Rodrigo de Herrera.* [«—Ha de mi gente, mi pesar la esconde...»]. (Págs. 201-33).
7. *Perdida, y restauración de la baía de Todos Santos. De Iuan Antonio Correa.* [«—Viua España. —Olanda viua...»]. (Págs. 233-68).
8. *El casamiento con zelos, y rey D. Pedro de Aragón. De Bartolomé de Anciso.* [«—A deuoción de que Santo...»]. (Págs. 268-307).
9. *Mateo Vizconde. De Iuan de Ayala.* [«—Prima Laura, que tristeza...»]. (Págs. 307-40).
10. *El mas dichoso prodigio. De un Ingenio desta Corte.* [«—Suelta Montigre...»]. (Págs. 340-78).
11. *El fenix de Alemania, vida y muerte de Santa Cristina. De Iuan de Matos Fragoso.* [«—Pesame que os resoluais...»]. (Págs. 378-407).
12. *La mas heroyca fineza, y fortunas de Isabela. De Iuan de Matos Fragoso, y Diego y Ioseph de Cordo-*

ba y Figueroa. [«—Dexame, Isabel. —Señor...»]. (Págs. 408-51).

Ejemplares:

MADRID. *Nacional.* R-22.686.

XXXIV

234

PARTE treinta y qvatro de Comedias nvevas, escritas por los mejores ingenios de España. Madrid. Ioseph Fernandez de Buendía. A costa de Manuel Melendez. 1670. 4 hs. + 466 págs. 20,5 cm.

—Dedicatoria a D. Francisco Eusebio del Sacro Romano Imperio, Conde de Peting, etc. (cuyo escudo figura en la portada), por Manuel Melendez.
—Aprobación del P. Martín del Río.
—Licencia del Ordinario.
—Aprobación de Iuan de Zavaleta.
—Suma de la Licencia.
—Suma de la Tassa.
—Fee de Erratas.
—Tabla de las Comedias...

1. *El lazo, vanda y retrato. De Andrés Gil Enríquez.* [«—Dexadnos solos. —Un mar...»]. (Págs. 1-36).
2. *Rendirse a la obligación. De Diego y Ioseph de Cordoua y Figueroa.* [«—Ata en essos verdes troncos...»]. (Págs. 37-77).
3. *El Santo Christo de Cabrilla. De Agustín Moreto.* [«—Aparta necio. —Estás loco?...»]. (Uágs. 77-112).
4. *Pocos bastan si son buenos, y el crisol de la lealtad. De Iuan de Matos Fragoso.* [«—Ten de esse estribo, y aguarda...»]. (Págs. 113-70).
5. *Verse, y tenerse por muertos. De Manuel Freyle de Andrade.* [«—Gran tempestad!...»]. (Págs. 170-212).
6. *El disparate creído. De Iuan de Zaualeta.* [«—Milán por mí, señora, te suplica...»]. (Págs. 212-40).
7. *La venganza en el empeño. De Iuan de Matos Fragoso.* [«—Cesse el estruendo de Marte...»]. (Págs. 240-81).
8. *La Virgen de la Aurora. De Agustín Moreto y Gerónimo Cáncer.* [«—Norabuena sea...»]. (Págs. 282-318).
9. *El galán secreto. Del Dr. Mira de Mescua.* [«—Hombre, que quieres, que apuras...»]. (Págs. 318-50).
10. *Lo que le toca al valor, y el Príncipe de Orange. Del Dr. Mira de Mescua.* [«—Feliz camina el deseo...»]. (Págs. 351-82).
11. *Amor de razón vencido. De un Ingenio desta Corte.* [«—Quando medrosa la noche...»]. (Págs. 383-420).
12. *El azote de su patria, y renegado Abdenaga. De Agustín Moreto.* [«—Si en dos horas el mar no se alborota...»]. (Págs. 421-46).

Ejemplares:

MADRID. *Nacional.* R-22.687.

XXXV

235

PARTE treinta y cinco. Comedias nvevas, escritas por los mejores ingenios de España. Madrid. Lucas Antonio de Bedmar. A costa de Antonio de la Fuente. 1671. 6 hs. + 450 págs. 20 cm.

—Dedicatoria a D.ª María, Condesa de Dietrichstein, etc., consorte de D. Francisco Eusebio Conde de Petting, etc. (los escudos de ambos figuran en la portada), por Antonio de la Fuente.
—Aprobación del P. Martín del Río.
—Licencia del Ordinario.
—Aprobación de Fr. Francisco de Zuaço.
—Suma de la Licencia.
—Fee de Erratas.
—Suma de la Tassa.
—Títulos de las Comedias.

1. *El defensor de su agravio. De Agustín Moreto.* [«—Nada que hables te he de oír...»]. (Págs. 1-41).
2. *La conquista de Orán. De Luis Velez de Guebara.* [«—Como mi amor se promete...»]. (Págs. 42-76).
3. *No ay amar, como fingir. Del M.º León.* [«—Amor, que flechas exalas...»]. (Págs. 76-112).
4. *En Madrid, y en una casa. De Francisco de Roxas.* [«—Yo sé, que este casamiento...»]. (Págs. 113-46).
5. *La hermosura y la desdicha. De Francisco de Roxas.* [«—Dexadnos solos. —Señor...»]. (Págs. 147-91).
6. *A lo que obliga el desdén. De*

Francisco Salado Garcés. [«—Celio, al monte...»]. (Págs. 191-236).
7. *Zelos son bien, y ventura. Del Dr. Felipe Godínez.* [«—Viua Albano. —Viua Irene...»]. (Págs. 236-74).
8. *La confusión de Ungría. Del Dr. Mira de Mesqua.* [«—No es bien que del gozo huyas...»]. (Págs. 274-316).
9. *El sitio de Olivenza.* [«—Seas Don Iuan vien venido...»]. (Págs. 317-48).
10. *Empezar a ser amigos. De Agustín Moreto.* [«—Puesto que el robo ha de ser...»]. (Págs. 348-86).
11. *El Dotor Carlino. De Antonio de Solís.* [«—El es sin duda. —Esta clama...»]. (Págs. 387-418).
12. *La escala de la gracia. De Fernando de Zárate.* [«—Que causa os puede obligar...»]. (Págs. 418-50).

Ejemplares:

MADRID. *Nacional.* R-22.688.

XXXVI

236

PARTE treinta y seis. Comedias escritas por los mejores ingenios de España. Madrid. Ioseph Fernández de Buendía. A costa de Manuel Meléndez. 1671. 4 hs. + 507 págs. 20,5 cm.

—Dedicatoria a D.ª Isabel Correas Ximenez Cisneros y Castro, Señora de la Casa del Valle de Mena, etc., por Iuan Martín Merinero.
—Aprobación de Fr. Antonio de Herrera.
—Licencia del Ordinario.
—Aprobación del P. Benito Remigio Noydens.
—Suma de la Licencia.
—Tassa.
—Fee de erratas.
—Títulos de las Comedias.

1. *Santa Rosa del Perú. Las dos Iornadas de Agustín Moreto (que fueron las últimas que escriuió en el discurso de su vida). Acabóla Pedro Francisco Lanini y Sagrado.* [«—Ser Reyna de las Flores...»]. (Págs. 1-44).
2. *El mosquetero de Flandes. De Francisco González de Bustos.* [«—El diablo inuentó la guerra...»]. (Páginas 45-95).
3. *El tirano castigado. De Iuan Bautista Diamante.* [«—Dame, señor, los pies...»]. (Págs. 96-133).
4. *Araspas y Pantea. De Francisco Salgado.* [«—Acometed, que en tropas desiguales...»]. (Págs. 133-74).
5. *El prodigio de Polonia. De Iuan Delgado.* [«—En quanto ciñe el Orbe...»]. (Págs. 174-227).
6. *La fénix de Tesalia. Del M.º Roa.* [«—Quede solo conmigo el Almirante...»]. (Págs. 227-70).
7. *El Nuncio falso de Portugal. De tres ingenios.* [«—Aueis cenado? —Un codillo...»]. (Págs. 271-318).
8. *La dicha por el agravio. De Frey Iuan Bautista Diamante.* [«—Estos quadros, y estas flores...»]. (Páginas 318-353).
9. *El dichoso vandolero Fr. Pedro de Mazara, capuchino. De Francisco Cañizares.* [«—Monstruo fiero endurecido...»]. (Págs. 354-96).
10. *El sitio de Betulia. De un Ingenio desta Corte.* [«—Sacro hijo de Cambises...»]. (Págs. 396-440).
11. *Darlo todo, y no dar nada. De Pedro Francisco Lanine Sagredo.* [«—El grande Alexandro viua...»]. (Páginas 441-73).
12. *Las barracas del Grao de Valencia. De tres Ingenios.* [«—Siempre tan de mañana te leuantas...»]. (Páginas 473-507).

Ejemplares:

MADRID. *Nacional.* R-22.689.

XXXVII

237

PARTE treinta y siete de Comedias nvevas escritas por los mejores Ingenios de España. Madrid. Melchor Alegre. A costa de Domingo Palacio y Villegas. 1671. 4 hs. + 418 págs. 20,5 cm.

—Dedicatoria a D. Iacinto Romorate y Varona (cuyo escudo va en la portada), por Iuan de Matos Fragoso.
—Aprobación de Fr. Gabriel Gómez de Losada.
—Licencia del Ordinario.
—Aprobación del Dr. Diego Pellizer Abarca.
—Suma de la Licencia.
—Fee de Erratas.
—Suma de la Tassa.

—Títulos de las Comedias.

1. *Un bobo haze ciento. De Antonio de Solís.* [«—Donde estás caduco Tiempo?...»]. (Págs. 1-44).
2. *Riesgos, amor y amistad. De Iuan Velez de Guevara.* [«—Al valle, antes que al día...»]. (Págs. 45-82).
3. *Satisfazer callando. De Agustín Moreto.* [«—Iustamente celebrado...»]. (Págs. 83-110).
4. *El Nuevo Mundo en Castilla. De Iuan Matos Fragoso.* [«—Señor don Iuan de Almendrares...»]. (Págs. 110-33).
5. *Los prodigios de la vara, y Capitán de Israel. Del Dr. Mirademescua.* [«—El militar alboroto...»]. (Páginas 133-203).
6. *El Amor haze discretos. De un Ingenio desta Corte.* [«—Que hazes Carlos?...»]. (Págs. 204-45).
7. *Todo es enredos amor. De Diego de Cordova y Figueroa.* [«—Anda Iuana. —Ya te sigo...»]. (Págs. 246-85).
8. *Poder y Amor compitiendo. De Iuan de la Calle.* [«—Cansada noche y terrible...»]. (Págs. 285-320).
9. *La Gitanilla de Madrid. De Antonio de Solís.* [«—Como tan poco gustosa...»]. (Págs. 320-56).
10. *Escarramán. Comedia burlesca.* [*En la Tabla:*] *De Agustín Moreto.* [«—Ya tocan a recoger...»]. (Páginas 357-69).
11. *El mejor casamentero. De Iuan Matos Fragoso.* [«—Buen gusto, y entendimiento...]. (Págs. 369-401).
12. *La desgracia venturosa. De Fernando de Zárate.* [«—Dexame morir. —Señor...»]. (Págs. 401-38).

Ejemplares:

MADRID. *Nacional.* R-22.690.

XXXVIII

238

PARTE treinta y ocho de Comedias nvevas, escritas por los mejores ingenios de España. Madrid. Lucas Antonio de Bedmar. A costa de Manuel Melendez. 1672. 4 hs. + 448 págs. 20,5 cm.

—Dedicatoria a D. Francisco Eusebio del Sacro Romano Imperio, Conde de Peting, etc. (cuyo escudo va en la portada), por Manuel Melendez.

—Aprobación del P. Martín del Río.

—Licencia del Ordinario.

—Aprobación de Pedro Lanine Sagredo.

—Suma de la Licencia.

—Suma de la Tassa.

—Erratas.

—Títulos de las Comedias.

1. *El Aguila de la Iglesia San Agustín. De Francisco Gonçalez Bustos y Pedro Francisco Lanine Sagredo.* [«—Vitor el rayo Africano...»]. (Páginas 1-50).
2. *Las niñezes, y primer triunfo de David. De Manuel de Vargas.* [«—Dí David, que novedad...»]. (Págs. 50-86).
3. *Tambien se ama en el abismo. De Agustín de Salazar.* [«—Aguarda Nave enemiga...»]. (Págs. 87-124).
4. *Los mozárabes de Toledo. De Iuan Hidalgo.* [«—Sombra, que el azero avivas...»]. (Págs. 124-62).
5. *La gala de nadar, es saber guardar la ropa. De Agustín Moreto.* [«—Sin tocarme podeis verme...»]. (Págs. 162-96).
6. *Olvidar amando. De Francisco Bernardo Quirós.* [«—Bizarro acompañamiento...»]. (Págs. 197-231).
7. *Las tres edades del mundo. De Luis Velez de Guevara.* [«—Corte de la Monarquía...»]. (Págs. 232-76).
8. *Del mal lo menos. De un Ingenio desta Corte.* [«—Oy sobrina, Vuestra Alteza...»]. (Págs. 276-310).
9. *Vida y muerte de San Cayetano. De seis ingenios desta Corte.* [«—No es rigor Laura dexarte...»]. (Págs. 311-51). En los versos finales se indica que los autores fueron Diamante, Villaviciosa, Abellaneda, Matos, Ambrosio de Arce y Moreto.
10. *El hechizo de Sevilla. De Ambrosio de Arze.* [«—El mayor capitán lluegue a mis braços...»]. (Págs. 351-99).
11. *Enmendar yerros de amor. De Francisco Ximenez de Cisneros.* [«—Alto escollo eminente...»]. (Págs. 400-34).
12. *El cerco de Tagarete. De Francisco Bernardo Quirós.* [«—Ay nuevas de Pegerrey?...»]. (Págs. 435-48).

Ejemplares:

MADRID. *Nacional.* 22.691.

XXXIX

239

PARTE treinta y nveve de Comedias nvevas de los mejores ingenios de España. Madrid. Ioseph Fernandez de Buendía. A costa de Domingo de Palacio y Villegas. 1673. 4 hs. + 442 págs. 20,5 cm.

—Dedicatoria a D. Ioseph de Mendieta, Cavallero de la Orden de Santiago, etc. (cuyo escudo va en la portada), por Iuan de Matos Fragoso.
—Licencia del Ordinario.
—Aprobación de Fr. Gabriel Gómez de Losada.
—Aprobación del P. Iuan Corregidor.
—Licencia.
—Fee de Erratas.
—Suma de la tassa.
—Títulos de las Comedias.

1. *El mejor par de los doze. De Iuan de Matos y Agustín Moreto.* [«—Carlos Inuicto Emperador de Francia...»]. (Págs. 1-40).
2. *La mesonera del Cielo. Del Dr. Mira de Mescua.* [«—Esto ha de ser...»]. (Págs. 40-82).
3. *La milagrosa elección. De Agustín Moreto.* [«—Llegar, señor, a Milán...»]. (Págs. 82-115).
4. *La dicha por el desprecio. De Iuan de Matos Fragoso.* [«—Con un salto, quando menos...»]. (Págs. 116-54).
5. *El veneno para sí. De un Ingenio desta Corte.* [«—Amigo del alma mía...»]. (Págs. 155-92).
6. *El baquero emperador. La primera jornada de Iuan de Matos Fragoso, la segunda de Iuan Diamante, la tercera de Andrés Gil Enríquez.* [«—Victor mil vezes, á todos...»]. (Páginas 192-237).
7. *La cosaria catalana. De Iuan de Matos Fragoso.* [«—Oye, escucha. —Que me quieres?...»]. (Págs. 237-75).
8. *Las mocedades del Cid. Burlesca. De Gerónimo Cancer.* [«—Tres días ha con oy, señora...»]. (Págs. 276-92).
9. *Los carboneros de Francia. Del Dr. Mira de Mescua.* [«—Blancaflor, que nouedad...»]. (Págs. 293-329).
10. *El nacimiento de San Francisco. De Román Montero y Francisco de Villegas.* [«—Viua el Imperio...»]. (Páginas 330-62).
11. *La discreta venganza. De Agustín Moreto.* [«—Aquí entraron...»]. (Páginas 362-404).
12. *Contra la fe no ay respeto. De un Ingenio desta Corte.* [«—A buen tiempo hemos llegado...»]. (Págs. 405-42).

Ejemplares:

MADRID. *Nacional.* R-22.692.

XL

240

PARTE qvarenta de Comedias nvevas de diversos avtores. Madrid. Iulian de Paredes. 1675. 2 hs. + 244 fols. 20,5 cm.

—Licencia del Ordinario.
—Suma del Privilegio.
—Fee de Erratas.
—Suma de la Tassa.
—Títulos de las Comedias.

1. *El médico pintor San Lucas. Por Fernando de Zárate.* [«—Saludad a la Deidad...»]. (Fols. 1*r*-18*r*).
2. *El rey don Alfonso el Bueno. De Pedro Francisco Lanine Sagredo.* [«—Viva Alfonso...»]. (Fols. 18*r*-42*r*).
3. *El fenix de la Escriptura el glorioso S. Geronimo. De Francisco Gonçalez de Bustos.* [«—En vano, señor, porfías...»]. (Fols. 42*r*-62*v*).
4. *Quando no se aguarda. De Francisco de Leiva Ramírez de Arellano.* [«—Suspende señora el llanto...»]. (Folios 63*r*-81*v*).
5. *No hay contra lealtad cautelas. De Francisco de Leiva Ramírez de Arellano.* [«—Estos son los memoriales...»]. (Fols. 81*v*-98*r*).
6. *Amadís y Niquea. De Francisco de Leiva Ramírez de Arellano.* [«—Seguilde todos, seguilde...»]. (Fols. 98*v*-118*v*).
7. *Las tres coronaciones del emperador Carlos V. De Fernando de Zarate.* [«—El invicto Carlos Quinto...»]. (Fols. 118*v*-139*r*).
8. *Los hermanos amantes y piedad por fuerça. De Fernando de Zarate.* [«—Ya estamos a la vista de Mecina...»]. (Fols. 139*v*-166*v*).
9. *El dichoso en Zaragoza. Del Dr. Iuan Perez de Montalván.* [«—Ya es-

tamos en Zaragoça...»]. (Fols. 167*r*-183*r*).
10. *Los vandos de Luca y Pisa. De Antonio de Azevedo.* [«—Mas que Principe vandido...»]. (Folios 183*r*-200*r*).
11. *La playa de Sanlucar. De Bartolomé Cortés.* [«—Bien claro mostrais Lupercio...»]. (Fols. 200*r*-223*v*).
12. *Origen de N. Señora de las Angustias, y revelión de los moriscos. De Antonio Faxardo y Azevedo.* [«—Espíritus del abismo...»]. (Folios 224*r*-244*r*).

Ejemplares:

MADRID. *Nacional.* R-22.693.

XLI

241

PARTE qvarenta y vna, de famosas Comedias de diversos avtores. Pamplona. Ioseph del Espiritu Santo. [s. a.]. 2 hs. + 266 págs. + 126 fols. 20,5 cm.

—Títulos de las Comedias.

1. *Loa que se representó a los años de la Reyna Nuestra Señora. En la Comedia de los Iuegos Olympicos.* [«—A de los vagos zafiros...»]. (Págs. 1-4).
2. *Los iuegos olympicos. De Agustín de Salazar.* [«—Toca al arma...»]. (Páginas 5-45).
3. *El merito es la corona. Por Agustín de Salazar y Torres.*
a) *Loa.* [«—Rompan la niebla fría...»]. (Págs. 46-49).
b) *Comedia.* [«—Ya que el mar se serena...»]. (Págs. 50-98).
4. *Elegir al enemigo. De Agustín de Salazar y Torres.* [«—Por esta parte parece...»]. (Págs. 99-141).
5. *También se ama en el abismo. De Agustín de Salazar y Torres.* [«—Aguarda Nave enemiga...»]. (Páginas 141-78).
6. *No puede ser. De Agustín Moreto.* [«—Esto, señor, es virtud...»]. (Págs. 179-224).
7. *Hazer fineza el desayre. Del Licdo. Diego Calleja.* [«—Oy festejan las iras hermosas...»]. (Págs. 225-66).
8. *El Cavallero. De Agustín Moreto.* [«—Iesus, Iesus!...»]. (Fols. 1*r*-23*r*).
9. *El alcázar del secreto. De Antonio de Solís.* [«—Amor, donde irá el deseo...»]. (Fols. 23*v*-43*r*).
10. *Antes que todo es mi Amigo. De Fernando de Zarate.* [«—Que seguiste la carroça?...»]. (Fols. 43*v*-59*r*).
11. *El Hamete de Toledo. De Belmonte y Antonio Martinez.* [«—No se ha visto con luzes mas hermosas...»]. (Fols. 59*r*-82*r*).
12. *La presumida y la hermosa. De Fernando de Zarate.* [«—Gracias a los cielos doy...»]. (Fols. 82*v*-107*r*).
13. *Zelos aun del aire matan. De Pedro Calderón.* [«—Esta (hermosa Diana)...»]. (Fols. 107*v*-118*r*).

Ejemplares:

MADRID. *Nacional.* R-22.694.

XLII

242

PARTE qvarenta y dos de Comedias nvevas, nvnca impressas, escogidas de los mejores ingenios de España. Madrid. Roque Rico de Miranda. A costa de Iuan Martín Merinero. 1676. 4 hs. + 504 págs. 20,5 cm.

—Dedicatoria a D. Fernando de Soto y Vaca, Cavallero y Procurador General de la Orden de Alcántara, etc. (cuyo escudo va en la portada), por Iuan Martín Merinero.
—Aprobación de Francisco de Auellaneda de la Guerra.
—Licencia del Ordinario.
—Aprobación de Fr. Domingo Gutierrez.
—Suma del Priuilegio.
—Suma de la Tassa.
—Fee de erratas.
—Títulos de las Comedias.

1. *Varios prodigios de Amor. De Francisco de Roxas.* [«—Tengome de embarcar, aunque la saña...»]. (Páginas 1-41).
2. *San Francisco de Borja, duque de Gandía. De Melchor Fernández de León.* [«—Rompiendo essas doradas luzes bellas...»]. (Págs. 41-79).
3. *Dios haze iusticia a todos. De Francisco de Villegas.* [«—Con mas tristeza, señora...»]. (Págs. 79-124).
4. *Yo por vos y vos por otro. De*

Agustín Moreto. [«—Seas, Motril, bien venido...»]. (Págs. 125-63).
5. *El luzero de Madrid Nuestra Señora de Atocha. De Pedro Francisco Lanine Sagredo*. [«—Matadlos. —Mueran...»]. (Pás. 163- 218).
6. *La mejor flor de Sicilia, Santa Rosolea. De Agustín de Salazar* [«—Al espejo Venus bella...»]. (Págs. 219-68).
7. *Como noble, y ofendido. De Antonio de la Cueva*. [«—Muere...»]. (Págs. 269-310).
8. *Endimión y Diana. De Melchor Fernández de León*. [«—Ha del Cielo...»]. (Págs. 311-46).
9. *Será lo que Dios quisiere. De Pedro Francisco Lanine Sagredo*. [«—Presto al corro se ha acudido...»]. (Págs. 347-86).
10. *El hijo de la molinera. De Francisco de Villegas*. [«—Mucho madrugar ha sido...»]. (Págs. 387-420).
11. *El gran rey anacoreta S. Onofre. De Pedro Francisco Lanine Sagredo*. [«—Hombre, qualquiera que seas...»]. (Págs. 420-63).
12. *El Eneas de la Virgen y primer rey de Navarra. De Francisco Villegas y Pedro Francisco Lanini*. [«—No fué tanto milagro escapar vivo...»]. (Páginas 464-504).

Ejemplares:

MADRID. *Nacional*. R-22.695.

XLIII

243

PARTE qvarenta y tres de Comedias nvevas, de los mejores ingenios de España. Madrid. Antonio Gonçalez de Reyes. A costa de Manuel Melendez. 1678. 4 hs. + 469 págs. 20,5 cm.

—Tabla de las Comedias.
—Dedicatoria a D. Francisco Lopez de Zuñiga, Marqués de Baídes, etc. (cuyo escudo figura en la portada), por Manuel Meléndez.
—Aprobación del P. Martín Cearrote.
—Licencia del Ordinario.
—Aprobación de Antonio de Solís.
—Suma de la Licencia.
—Fee de erratas.
—Suma de la Tassa.

1. *Cueba, y Castillo de Amor. De Francisco de Leyba*. [«—Que horrorosa tempestad...»]. (Págs. 1-45).
2. *Porcia y Tancredo. De Luis de Ulloa*. [«—Gracias al cielo, que ya...»]. (Págs. 45-78).
3. *Nuestra Señora de la Vitoria, y restauración de Málaga. De Francisco de Leyba*. [«—Malaga...»]. (Págs. 79-116).
4. *El fenix de España, San Francisco de Borja. De un Ingenio de esta Corte*. [«—Mil vezes, amigo Carlos...»]. (Págs. 117-64).
5. *El Cielo por los cabellos, Santa Ynés. De tres ingenios*. [«—No assuste aora la Región del viento...»]. (Páginas 164-207).
6. *El emperador fingido. De Gabriel Bocangel y Unzueta*. [«—Como á mi señora, y dueño...»]. (Págs. 207-42).
7. *La dicha es la diligencia. De Tomas Ossorio*. [«—Esto, Benito, ha de ser...»]. (Págs. 242-79).
8. *Qual es lo mas en Amor, el Desprecio o el Favor. De Salvador de la Cueva*. [«—En un pastoral alvergue...»]. (Págs. 280-301).
9. *La infeliz Aurora, y fineza acreditada. De Francisco de Leyba*. [«—Temerario atrevimiento!...»]. (Págs. 302-46).
10. *La nueva maravilla de la gracia, Iuana de Iesus María. De Francisco Lanine Sagredo*. [«—No la ofendas, tente...»]. (Págs. 346-93).
11. *Merecer para alcanzar. De Agustín Moreto*. [«—Preguntador forastero...»]. (Págs. 393-428).
12. *El Príncipe de la Estrella, y Castillo de la vida. La primera jornada de Antonio Martinez, la segunda de Iuan de Zavaleta, la tercera de Vicente Suarez*. [«—Piedad Iupiter santo. —Que fiera tempestad!...]. (Págs. 429-69).

Ejemplares:

MADRID. *Nacional*. R-22.696 (falto de las págs. 1-2).

XLIV

244

PARTE qvarenta y qvatro de Comedias nvevas, nvnca impressas, escogidas de los mejores ingenios de España. Madrid. Roque Rico de

Miranda. A costa de Iuan Martín Merinero. 1678. 4 hs. + 492 págs. 20,5 cm.

—Dedicatoria a D. Gaspar Marquez de Prado, Cauallero de Calatraua, etc. (precedida de su escudo, grabado también en la portada), por Iuan Martín Merinero.
—Aprobación de Francisco de Avellaneda.
—Licencia del Ordinario.
—Suma de la Tassa.
—Fee de erratas.
—Aprobación de Pedro Francisco Lanine Sagredo.
—Suma del Priuilegio.
—Títulos de las Comedias...

1. *Quien habla mas obra menos. De Fernando de Zarate.* [«—Pues que, no es bastante el ruego...»]. (Págs. 1-33).
2. *El Apostol de Salamanca. De Felipe Sicardo.* [«—Siempre pareció al que espera...»]. (Págs. 33-71).
3. *Dexar un reyno por otro, y martires de Madrid. De Gerónimo Cancer, Sebastián de Villaviciosa y Moreto.* [«—No estoy en mí de tristeza...»]. (Págs. 72-109).
4. *Cinco venganzas en una. De Iuan de Ayala.* [«—Que aya quien corra la posta...»]. (Págs. 109-59).
5. *Santa Pelagia. De Fernando Zarate.* [«—En este jardín que gasta...»]. (Págs. 160-97).
6. *La confessión con el Demonio. De Francisco de la Torre.* [«—No ay remedio a tanto horror?...»]. (Págs. 197-242).
7. *La palabra vengada. De Fernando de Zarate.* [«—Qual hombre, que quiso bien...»]. (Págs. 243-83).
8. *El engaño de unos zelos. De Román Montero de Espinosa.* [«—Os aveis prevenido...»]. (Págs. 283-323).
9. *La prudencia en el castigo. De Francisco de Roxas.* [«—A Dios, que sale el Aurora...»]. (Págs. 324-68).
10. *La sirena de Tinacria. De Diego de Cordova y Figueroa.* [«—Sobre estas altas rocas...»]. (Págs. 369-412).
11. *Las lises de Francia. De Mirademezqua.* [«—Bien merece Clodobeo...»]. (Págs. 413-54).
12. *El sordo y el montañés. De Melchor Fernández de León.* [«—Corriendo voy como un gamo...»]. (Págs. 455-92).

Ejemplares:

MADRID. *Nacional.* R-22.697.

XLV

245

COMEDIAS nuevas ,escogidas de los mejores ingenios de España. Parte qvarenta y cinco. Madrid. Imp. Imperial, por Ioseph Fernandez de Buendía. 1679. 4 hs. + 434 págs. 20,5 cm.

—Títulos de las Comedias...
—Dedicatoria a Gabriel de León, mercader de libros, por Iuan Fernandez. (Con datos genealógicos y un elogio de los libreros).
—Aprobación de Fr. Christoual de la Torre.
—Licencia del Ordinario.
—Aprobación del P. Pedro Fernandez.
—Suma de la Licencia.
—Suma de la Tassa.
—Fee de Erratas.

1. *Los Vandos de Berona. De Francisco de Rojas.* [«—Lloras, mi Iulia? —Sí Elena...»]. (Págs. 1-45).
2. *La sirena del Iordán. De Christoval de Monroy y Sylva.* [«—Monarca Omnipotente...»]. (Págs. 46-79).
3. *Los trabajos de Ulises. De Luis de Belmonte.* [«—Ya, claro Ulises, que el cielo...»]. (Págs. 80-117).
4. *No ay dicha hasta la muerte. De un Ingenio desta Corte.* [«—Pienso que al arma han tocado...»]. (Páginas 118-55).
5. *La mudanza en el amor. Del Dr. Montalván.* [«—Rey nuestro, Rey Francés, Carlos valiente...»]. (Págs. 156-94).
6. *Ingrato a quien le hizo bien. De un Ingenio desta Corte.* [«—Feliz camina el deseo...]. (Págs. 195-231).
7. *El gran Iorge Castrioto y principe Escandarbec. De Luis Velez de Gueuara.* [«—Quien eres Palas Christiana?...»]. (Págs. 231-65).
8. *El fin más desgraciado y fortunas de Seyano. Del Dr. Iuan Perez de Montalvan.* [«—Dame, gran señor, los pies...»]. (Págs. 266-307).
9. *La trayción en propria sangre. Co-*

media burlesca. De un Ingenio desta Corte. [«—Ni me turbo, ni me aflijo...»]. (Págs. 308-37).
10. *Dexar dicha por mas dicha. De Iuan Ruiz de Alarcón.* [«—Llegó la sobrina en fín?...]. (Págs. 338-70).
11. *Quien engaña mas a quien. De Iuan de Alarcón y Mendoza.* [«—Yo vine Elena querida...»]. (Págs. 381-418).
12. *El amor más verdadero. Del Dr. Mosen Guillen Pierres.* [«—Bello rostro de caçuela...»]. (Págs. 419-34).

Ejemplares:

MADRID. *Nacional.* R-22.698. *Palacio.* VIII-5.367.

XLVI

246

PRIMAVERA nvmerosa de mvchas armonias luzientes, en doce Comedias fragantes, parte qvarenta y seis, impressas fielmente de los borradores de los más célebres plausibles ingenios de España. Madrid. Francisco Sanz. 1679. 6 hs. + 252 fols. 20,5 cm.

—Dedicatoria a D. Iuan de Neira y Montenegro, Tesorero General de las Rentas Reales del Reyno de Galicia (cuyo escudo va en la portada), por Francisco Sanz.
—Censura de Fr. Ioseph Almonacid.
—Licencia del Ordinario
—Censura de Iuan Baños de Velasco.
—Suma del Privilegio.
—Suma de la Tassa.
—Tabla de las comedias y flores que contiene esta Primauera.
—Al que aqui llegare.

1. *La Mitra, y Pluma en la Cruz, S. Casiano. Del M.º Thomás Manuel de Paz.* [«—Esso sí, caygan del Cielo...»]. (Fols. 1*r*-22*v*).
2. *Quanto cabe en hora y media. De Iuan de Vera y Villarroel.* [«—Al rocío de la Aurora...»]. (Fols. 23*r*-41*r*).
3. *Al noble su sangre avisa. Del M.º Tomás Manuel de Paz.* [«—Ya, Astolfo, y señor, que el cielo...»]. (Folios 41*v*-60*v*).
4. *El Patrón de Salamanca, S. Iuan de Sahagun, con Monroyes, y Manzanos. De Iuan de Vera y Villarroel.* [«—No desmaye vuestro aliento...»]. (Fols. 61*v*-83*v*).
5. *Las armas de la hermosura. De Pedro Calderón de la Barca.* [«—No puede amor...»]. (Fols. 84*r*-110*v*).
6. *Perico el de los Palotes. De tres ingenios.* [«—Alçó el cerco Celin, y Barba-Roja...»]. (Fols. 110*v*-128*v*).
7. *La señora y la criada. De Pedro Calderón de la Barca.* [«—Esto queda assí tratado...»]. (Fols. 128*v*-149*r*).
8. *La corona en tres hermanos. De Iuan de Vera y Villarroel.* [«—Viua el Rey Don Pedro...»]. (Fols. 149*v*-174*v*).
9. *Conquista de las Malucas. De Melchor Fernández de León.* [«—Cielos, piedad...»]. (Fols. 174*v*-197*v*).
10. *Mas merece, quien más ama. De Antonio de Mendoza y Iuan de Vera y Villarroel.* [«—Esto es razon, esto es justo...»]. (Fols. 197*v*-213*v*).
11. *El veneno en la guirnalda, y la tríaca en la fuente. De Melchor de León.* [«—A Pan celebremos...»]. (Folios 214*r*-235*v*).
12. *El Marqués del Cigarral. De Alonso del Castillo Solorzano.* [«—Estraña resolución!...»]. (Folios 235*v*-252*v*).

Ejemplares:

MADRID. *Nacional.* R-22.699.

XLVII

247

PARTE qvarenta y siete de Comedias nuevas escogidas de los mejores ingenios de España. Madrid. Melchor Alvarez. A costa de Iusto Antonio Logroño. 1681. 2 hs. + 382 págs. + 1 h. 20,5 cm.

1. *Triunfos de Amor y Fortuna. De Antonio de Solís.* [«—El Cielo, y la tierra...»]. (Págs. 1-54).
2. *Entremés del Niño Cauallero.* [«—No me detengais, amigas...»]. (Páginas 54-59).
3. *Entremés del Salta en Banco.* [«—Iuan Rana, que buscais en el Retiro?...»]. (Págs. 59-64).
4. *Entremés y Saynete.* [«—Aguardad, supremos Dioses...»]. (Págs. 64-68).
5. *Eurídice y Orfeo. De Antonio de Solís.* [«—Hombre o fantasma, quien eres?...»]. (Págs. 68-107).

6. *El amor al uso. De Antonio de Solís.* [«—Viste a Doña Clara bella?...»]. (Págs. 107-147).
7. *El alcazar del secreto. De Antonio de Solís.* [«—Amor, donde irá el deseo...»]. (Págs. 148-87).
8. *Las Amazonas. De Antonio de Solís.* [«—Injusto padre mío...»]. (Páginas 188-229).
9. *El Doctor Carlino. De Antonio de Solís.* [«—El es sin duda. —Esta dama...»]. (Págs. 230-62).
10. *Un bobo haze ciento. De Antonio de Solís.*
a) *Loa.* [«—Donde estás caduco Tiempo?...»]. (Págs. 263-67).
b) *Comedia.* [«—Iuanilla estava con ella...»]. (Págs. 267-307).
11. *La gitanilla de Madrid. De Antonio de Solís.* [«—Como tan poco gustosa...»]. (Págs. 308-45).
12. *Amparar al enemigo. De Antonio de Solís.* [«—Fuiste a la estafeta?...»]. (Págs. 345-82).

Ejemplares:

MADRID. *Nacional.* R-22.700.

XLVIII

248

COMEDIAS nvevas, parte qvarenta y ocho, escogidas de los mejores ingenios de España. Madrid. Francisco Martinez Abad. A costa de Isidro Colomo. 1704. 4 hs. + 493 págs. + 1 h. 20,5 cm.

—Dedicatoria a D. Pedro de Larreatigui y Colón, Cavallero de Alcántara, etc., por Isidro Colomo.
—Aprobación del Dr. Iuan de Ferreras.
—Licencia del Ordinario.
—Aprobación del Licdo. Alfonso Castellanos y la Torre.
—Suma de la Licencia.

1. *El Austria en Jerusalen. De Francisco de Bances y Candamo.* [«—Sombra, qué quieres? mi ley...»]. (Páginas 1-47).
2. *El Sol obediente al hombre. De García Aznar Belez S.* [«—Embestid, fuertes soldados...»]. (Págs. 47-93).
3. *El duelo contra su dama. De Francisco Bances Candamo.* [«—Truxiste la escala?...»]. (Págs. 94-141).
4. *Que es la ciencia de reynar. De García Aznar Belez S.* [«—Pues ya coronó su frente...»]. (Págs. 141-95).
5. *Venir el amor al mundo. De Melchor Fernández de León.* [«—Vaya de alegría...»]. (Págs. 196-212).
6. *Qual es afecto mayor, Lealtad, ó Sangre, o Amor? De Francisco de Bances Candamo.* [«—De Ysis al templo dichoso...»]. (Págs. 213-67).
7. *Por su Rey y por su dama. De Francisco de Bances Candamo.* [«—Necia es tu curiosidad...»]. (Págs. 267-314).
8. *También ay piedad con zelos. De García Aznar Belez S.* [«—En los ojos de Matilde...»]. (Págs. 315-62).
9. *El español más amante y desgraciado Mazías. De tres ingenios.* [«—Ola, Lopillo, despierta...»]. (Págs. 363-99).
10. *El valor no tiene edad. De Juan Baptista Diamante.* [«—Pernil, mete essos Cavallos...»]. (Págs. 400-47).
11. *Ycaro y Dedalo. De Melchor Fernández de León.*
a) *Loa al nombre de la Reyna... Doña María Luisa de Borbón.* [«—Celebren el nombre...»]. (Págs. 447-50).
b) *Comedia.* [«—Venid, venid alegres...»]. (Págs. 451-93).
—Fee de erratas.
—Suma de la Tassa.
—Tabla de las Comedias.
—Aviendo dado Isidro Colomo estas Comedias a Don Juan de Bolea Alvarado, manifiesta su agradecimiento en este Soneto. [«—Al delfico esplendor con melodía...»].

Ejemplares:

MADRID. *Nacional.* R-22.701.

ESTUDIOS

249

COTARELO Y MORI, EMILIO. *Catálogo descriptivo de la gran colección de «Comedias escogidas», que consta de cuarenta y ocho volúmenes, impresos de 1652 a 1704.* (En *Boletín de la R. Academia Española,* XVIII, Madrid, 1931, páginas 232-79).

250

GASPARETTI, A. *La collezione di «Comedias nuevas escogidas». (Madrid, 1652-1681).* (En *Archivum Romanicum,* XV, Ginebra-Florencia, 1931, págs. 541-87; XXII, 1938, págs. 99-117).

Partes extravagantes o de a fuera

I-XXIV

«No se conocen... Sin duda alguna fueron tomados en cuenta al numerar dicha *Parte veinte y cinco* los diversos libros de comedias varias que iban publicados en España desde 1603, haciéndose este cálculo vaga y caprichosamente, puesto que todos ellos juntos no componen, ni con mucho, el número necesario para llenar este vacío.» (La Barrera, *Catálogo,* pág. 683).

I (?)

251

FLOR de las meiores doce comedias de los mayores Ingenios de España, sacadas de sus verdaderos originales. Madrid. Diego Díaz de la Carrera. 1652. 4 hs. + 264 fols. mal nums. 20 cm.

1. *La luna de la sierra, de Luis Velez de Guevara.* [«Cartas de la Reyna son...»]. (Fols. 1*r*-24*v*).
2. *No ay amor donde ay agravio, de Antonio de Mendoça.* [«—Solo la perdida (es llano)...»]. (Fols. 25*r*-42*v*).
3. *Los empeños del mentir, de Antonio de Mendoça.* [«—En fin, que este es Madrid?...»]. (Fols. 43*r*-84*r*).
4. *Zelos no ofenden al sol, de Antonio Enriquez Gomez.* [«—La Quinta, señor, es esta...»]. (Fols. 84*r*-105*v*).
5. *No ay bien sin ageno daño, de Antonio Sigler de Huerta.* [«—Ninguna en esta ocasion...»]. (Fols. 105*v*-123*v*).
6. *El pleito que tuvo el diablo con el Cura de Madrilejos* (sic). *La primera jornada de Luis Velez de Guevara, la segunda de Francisco de Roxas, la tercera del Dr. Mirademezqua.* [«—Quedense huera las Cruzes...»]. (Fols. 124*r*-145*r*).
7. *Competidores y amigos, de Antonio de Huerta.* [«—Pues que mejor ocasión...»]. (Fols. 146*r*-164*v*).
8. *El familiar sin demonio, de Gaspar de Auila.* [«—Gracias a Dios, que he cumplido...»]. (Fols. 165*r*-184*v*).
9. *Las maravillas de Babilonia, de Guillen de Castro.* [«—Terrible sueño! apenas...»]. (Fols. 185*r*-203*r*).
10. *El señor de Noches Buenas, de Antonio de Mendoça.* [«Lastima tengo, Copete...»]. (Fols. 203*v*-220*v*).
11. *Castigar por defender, de Rodrigo de Herrera.* [«—Detente bruto alado...»]. (Fols. 221*r*-240*v*).
12. *A gran daño gran remedio, de Gerónimo de Villaizán.* [«—Esperad, sed más cortés...»]. (Fols. 241*r*-264*r*).

V. *Catálogo de la biblioteca de Salvá,* I, n.º 1.180. («Volumen tan raro que D. Agustín Durán sólo poseía de él un fragmento... Dicho señor y Barrera suponen ser este tomo el primero de las partes de *á fuera:* yo no puedo conformarme con esta opinión, ya por su fecha posterior á casi todos los que se dice pertenecen á esta serie, como por no haber en su portada indicación alguna de formar parte de colección»).

Ejemplares:

MADRID. *Nacional.* R-18.040 (sin portada).

II-V

«¿No podrían contarse como I y II los de *Poetas valencianos,* como III el *de Lope y otros,* impreso en Valencia, hácia 1611, Barcelona, 1612, Madrid, 1613 y Barcelona, 1614; como IV uno desconocido y V el *de diferentes autores* de Madrid y Alcalá, 1615, y Madrid y Barcelona, 1616?» (Salvá, I, página 414).

VI

252

PARTE sexta de Comedias escogidas de los mejores Ingenios de España. Zaragoza. Herederos de Pedro Lanaja. 1653. 4.º

Cit. por La Barrera.

XII-XXI

No se conoce ninguna.

XXII-XXIV

«La 22 será sin duda la que describo en el artículo de Lope de Vega al hablar de este tomo de sus comedias, y está impresa en Zaragoza, 1630; de la 23 nada se sabe; la 24 puede sea la que lleva esta numeración como de Lope, impresa en Zaragoza en 1632 y 1633.» (Salvá).

XXV

253

PARTE veynte y cinco de comedias, Recopiladas de diferentes Autores, e Illustres Poetas de España. Zaragoza. Hospital Real y general de nuestra Señora de Gracia. A costa de Pedro Esquer. 1632. 4 hs. + 260 fols.

El mismo contenido que la 2.ª ed. Los preliminares llevan además una Dedicatoria al Dr. Vincencio Sellan, por Esquer.

Ejemplares:

MADRID. *Nacional.* R-24.978; T.i.-30.

254

——— 2.ª impresion. Corregidas y enmendadas segun los originales de sus Autores. Zaragoza. Hospital Real y General de Ntra. Sra. de Gracia. A costa de Pedro Escuer. 1633. 3 hs. + 256 fols.

—Títulos de las comedias.
—Aprovación de Licdo. Iuan Francisco Ginobes de Cascarosa.
—Licencia.
—Aprovación de Diego de Morlanos.
—Privilegio.
—Al lector.

1. *Como se engañan los oios, y el engaño en el anillo. De Iuan de Villegas.* [«—Esto me imbia a saber...»]. (Fols. 1*r*-22*r*).
2. *No ay vida como la honra. Del Dr. Iuan Perez de Montaluan.* [«—Que dizes de mi fortuna?...»]. (Fols. 23*v*-43*r*).
3. *Amor, lealtad y amistad. Del Dr. Iuan Perez de Montaluan.* [«—Porque no os quexeis de mi...»]. (Fols. 44*v*-65*r*).
4. *El capitan Belisario, y exemplo mayor de la desdicha. Del Dr. Iuan Perez de Montaluan.* [«—Como tus hechos diuinos...»]. (Fols. 66*r*-85*v*).
5. *Los zelos en el cavallo. Por el Dr. Ximenez de Enciso.* [«—Mal pudiera auer pagado...»]. (Fols. 86*v*-104*v*).
6. *El gran Seneca de España, Felipe segundo. Del Dr. Iuan Perez de Montaluan.* [«—Ya, Laura, no ay otro medio...»]. (Fols. 105*v*-123*r*).
7. *La mas constante muger. Del Dr. Iuan Perez de Montaluan.* [«—No has de salir viue el cielo...»]. (Fols. 124*r*-145*r*).
8. *Sufrid mas, por querer mas. Por Geronymo Villarizan* (sic). [«—Que puede quererme agora...»]. (Fols. 146*r*-170*v*).
9. *Un castigo, dos venganzas. Del Dr. Iuan Perez de Montaluan.* [«—Esto que te digo passa...»]. (Fols. 171*v*-191*r*).
10. *El astrologo fingido. Por Pedro Calderón.* [«—Y que passo tan galan...»]. (Fols. 192*r*-215*r*).
11. *El Mariscal de Viron. Del Dr. Iuan Perez de Montaluan.* [«—Con mayor razon me altera...»]. (Fols. 216*r*-236*v*).
12. *El discreto porfiado. De Iuan de Villegas.* [«—Al fin que ya tienes zelos...»]. (Fols. 237*r*-256*v*).

Ejemplares:

MADRID. *Nacional.* U-10.553.

ESTUDIOS

255

OPPENHEIMER (Jr.), MAX. *Bibliographical note on the Parte XXV de Comedias.* (En *Modern Language Notes,* LXVI, Baltimore, 1951, págs. 163-65).

XXVI-XXVII

«Las Partes 26 y 27 no las conozco: Barrera presume sean las *estravagantes* de Lope que llevan esta numeración, impresas en Barcelona, 1633 y Zaragoza, 1645.»

XXVIII

256

PARTE veinte y ocho de Comedias de varios autores. Huesca. Pedro Bluson. A costa de Pedro Escuer. 1634. 4.°

—Aprobación del Dr. Diego Amigo.

1. Lope de Vega. *La despreciada querida.* [Es de Juan Bta. de Villegas].
2. —— *El labrador venturoso.*
3. —— *La industria contra el poder* [Es de Calderón].
4. —— *El palacio confuso.*
5. —— *La porfía hasta el temor.*
6. —— *El juez en su causa.*
7. —— *El celoso extremeño.* [Es de A. Coello].
8. Calderón. *De un castigo tres venganzas.*
9. Montalbán (?). *El Principe don Carlos.*
10. —— *El príncipe de los montes.*
11. Luis Velez de Guevara. *El Principe Escanderberg.*
12. Lope. *La Cruz en la sepultura.* [Es de Calderón].

V. La Barrera, *Catálogo,* pág. 684.

Ejemplares:

BARCELONA. *Particular de D. Arturo Sedó.* — LONDRES. *British Museum.* 11726.g.

XXIX

257

PARTE veynte y nueve de comedias de diferentes autores. Valencia. Silvestre Esparsa. 1636. 4.°

1. Montalbán. *Un gusto trae mil disgustos.*
2. Calderón. *La dama duende.*
3. Mira de Amescua. *Galán, valiente y discreto.*
4. Lope de Vega. *Hay verdades que en amor.*
5. Montalban. *Aborrecer lo que quiere.*
6. Villayzán. *Venga lo que viniere.*
7. Montalbán. *Olimpia y Vireno.*
8. Lope de Vega. *El guante de doña Blanca.*
9. Calderón. *Casarse por vengarse.* [Es de Rojas Zorrilla].
10. Montalbán. *La toquera vizcaína.*
11. Rojas Zorrilla. *Persiles y Sigismunda.*
12. *Montalbán. Casa con dos puertas.* [Es de Calderón].
13. Pedro Jacinto Morlá. *Entremés del doctor Rapado.*

V. La Barrera, *Catálogo,* pág. 685.

XXX

258

PARTE treinta de Comedias famosas de varios Autores. Zaragoza. Hospital Real de N.ª Señora de Gracia. 1636. 4.°

1. *Lo que son juicios del cielo.* [*De Montalbán*].
2. *La doncella de labor.* [*De Montalbán*].
3. *La dama duende.* [*De Calderón*].
4. *La vida es sueño.* [*De Calderón*].
5. *Ofender con las finezas, de Villayzan.*
6. *La mentirosa verdad, de Juan de Villegas.*
7. *El marido hace mujer, de Mendoza.*
8. *Casarse por vengarse, de Rojas.*
9. *El privilegio de las mujeres, de Calderón, Montalbán y Coello.*
10. *Persiles y Segismunda, de Rojas.*
11. *El guante de doña Blanca, de Lope.*
12. *El catalán Serrallonga, de Coello, Rojas y Luis Velez de Guevara.*

V. La Barrera, *Catálogo,* pág. 685.

259

XXX Parte de las Comedias compuestas por diferentes Autores que contiene doce comedias. Sevilla. Grande. 1638. 4.°

Cit. en la *Biblioteca Bultelliana...,* París, 1722, según La Barrera.

260

COMEDIAS parte treinta. Compuestas por differentes autores. Sevilla. 1638. 4.°

Ejemplares:

LONDRES. *British Museum.* 11726.g.

XXXI

261

PARTE treynta vna, de las meiores comedias, qve hasta oy han salido. Recogidas por el Dotor Francisco Toriuio Ximenez. Y a la fin va la Comedia de santa Madrona, intitulada la viuda tirana, y conquista de Barcelona. Barcelona. Iayme Romeu. A costa de Iuan Sapera. 1638. 4 hs. + 277 fols. 20 cm.

—Títulos de las Comedias.
—Privilegio, en catalán.
—Aprobación de Fr. Francisco Palau.
—Licencia.
—Dedicatoria el lector.

1. *Darles con la entretenida.* [«—Carlos, que intentas? —Morir...»]. (Folios 1*r*-21*r*).
2. *Con quien vengo, vengo.* [«—No le has de ver...»]. (Fols. 22*r*-48*v*).
3. *Zelos, honor y cordura.* [«—Pues a Dios mi Blanca hermosa...»]. (Folios 49*r*-69*r*).
4. *Contra valor no ay desdicha.* [«—Quitar te tengo la vida...»]. (Folios 69*v*-90*r*).
5. *El silencio agradecido.* [«—No ay contento en esta vida...»]. (Fols. 90*v*-113*v*).
6. *El Conde de Sex.* [«—Muera tirana...»]. (Fols. 113*v*-135*v*).
7. *El valeroso Aristomenes Messenio.* [«—Hechale por el balcon...»]. (Folios 136*r*-157*r*).
8. *El valiente negro en Flandes.* [«—Vaya el perro...»]. (Fols. 157*v*-179*r*).
9. *Los amotinados en Flandes.* [«—Flamenca de Barrabas...»]. (Folios 179*v*-201*v*).
10. *Santa Ysabel, reyna de Portugal.* [«—Yo soy Vazco de Menesses...»]. (Fols. 202*r*-224*v*).
11. *Los trabajos de Job.* [«—Da Iob a tus tres amigos...»]. (Fols. 225*r*-243*v*).
12. *La vida y muerte de Santa Madrona, o la Viuda Tirana, y conquista de Barcelona.* [«—Entendido está el negocio...»]. (Fols. 244*r*-277*v*).

V. *Catálogo de la biblioteca de Salvá,* I, n.° 1.181.

Ejemplares:

LONDRES. *British Museum.* 11725.d.8.—MADRID. *Nacional.* R-23.484.

XXXII

262

PARTE treinta y dos, con doce comedias de diferentes Autores. Zaragoza. Diego Dormer. A costa de Giusepe Ginobart. 1640. 442 págs. 4.°

—Aprobación.
—Licencia.

1. *Obligados y ofendidos, de Rojas.*
2. *El Duque de Memoransi, del Dr. Martín Peyron y Queralt.*
3. *Virtudes vencen señales, y negro Rey bandolero, de Lope.* [Es de Luis Velez de Guevara].
4. *Donde hay valor, hay honor, de Diego de Rojas* (sic).
5. *El enemigo engañado, de Lope.*
6. *Tres mujeres en una.* [De Fr. A. Remón].
7. *Amor, ingenio y mujer, de Calderón.* [Es de Mira de Amescua].
8. *El sufrimiento de honor, de Lope.*
9. *El Caballero sin nombre, de Mira de Amescua.*
10. *Los desagravios de Christo, de Cubillo.*
11. *El Santo sin nacer y mártir sin morir, de Mira de Mescua.* [Es de Remón].
12. *Basta intentarlo, de Godínez.*

V. La Barrera, *Catálogo,* págs. 685-86; Cotarelo, *Teatro español,* 1930, n.° 822.

Ejemplares:

BARCELONA. *Particular de D. Arturo Sedó.*

XXXIII

263

PARTE treinta y tres de Comedias de diferentes Autores. Valencia. 1633.

Cit. por Fajardo, según La Barrera.

264

PARTE treinta y tres de doze Comedias famosas de varios Autores. Valencia. Claudio Macé. A costa de Juan Sonzoni. 1642. 4 hs. + 265 (?) fols. 20,5 cm.

—Aprobación de Fr. Iuan Bautista Palacio.
—Licencia.
—Dedicatoria a D. Antonio de Cordoua y Aragon, Arcediano de Castro, etc., precedida de su escudo, por Claudio Macé.
—Al lector.
—Títulos de las Comedias.

1. *Los trabajos de Tobías. De Francisco de Rojas.* [«—Maldiga el Cielo tu campo...»]. (Fols. 1*r*-24*r*).
2. *Morir pensando matar. De Francisco de Rojas.* [«—Parece que adiuinó...»]. (Fols. 25*r*-44*v*).
3. *Vida y muerte del falso profeta Mahoma. De Francisco de Rojas.* [«—Donde amigo endereças...»]. (Folios 45*r*-68*r*).
4. *Mira al fin. De Pedro Rosete.* [«—Mi padre muerto, y lo ignoro...»]. (Fols. 69*r*-90*v*).
5. *La nueva ira de Dios, y gran Tamorlan de Persia. De Lope de Vega Carpio.* [«—Que al fin te vas, bien mío?...»]. (Fols. 91*r*-112*v*).
6. *Ello es hecho. De Pedro Rosete.* [«—Muy triste señor, te hallo...»]. (Fols. 113*r*-132*v*).
7. *Primera parte del valiente sevillano. De Rodrigo Ximenez de Enziso.* [«—Soberuia salua, amigo Floriano...»]. (Fols. 133*r*-156*v*).
8. *Segunda parte..., del mismo.* [«—Y assi, inuicto Rey Francisco...»]. (Folios 157*r*-180*v*).
9. *La vitoria por la honra. De Lope de Vega Carpio.* [«—Buenas suertes. —Tuyas son...»]. (Fols. 181*r*-203*v*).
10. *El buen vezino. De Lope de Vega Carpio.* [«—Una sospecha zelosa...»]. (Fols. 204*r*-221*v*).
11. *Santa Margarita. De Diego Ximenez de Enziso.* [«—Vuestra embaxada he escuchado...»]. (Fols. 222*r*-237*v*).
12. *La mayor hazaña de Carlos V. De Diego Ximenez de Enziso.* [«—Sea Vuestra Magestad muy bien llegado...»]. (Fols. 239*r*-?).

V. La Barrera, *Catálogo,* pág. 686.

Ejemplares:

LONDRES. *British Museum.* 11725.d.9.—MADRID. *Nacional.* R-24.989; R.i.282; T.i.-30.

XXXIV-XLI

«De la 34 á la 38 nada se sabe: en el catálogo de Croft encuentro anunciadas: *Doce comedias de Lope de Vega y otros grandes poetas, Parte treynta y nueve.* Zaragoza. 1635. 4.°; la 40 no se conoce; la 41 será una de Valencia, s. a. citada por Barrera en dicha pág. 686, ó la 41 impresa en Pamplona s. a. con la cual alguno ha sustituido la desconocida de la verdadera Colección de 49 Partes.» (Salvá).

XLII

265

PARTE qvarenta y dos de comedias de diferentes avtores. Zaragoza. Iuan de Ybar. 1650. 4.°

1. *No hai burlas con el amor.* [Calderón].
2. *El secreto a vozes.* [Calderón].
3. *El pintor de su deshonra.* [Calderón].
4. *Manases, rei de Judea.* [Juan Horozco].
5. *Del rei abajo, ninguno.* [Rojas].
6. *La hija del aire.* [Calderón].
7. *Transformaciones de amor.* [Villaizán].
8. *Lo dicho hecho.* [Luis Coello?].
9. *El mayor desengaño.* [Tirso de Molina].
10. *El prisionero más valiente.* [Cristóval de Monroy].
11. *El labrador más honrado.* [Rojas].
12. *Los zelos de Carrizales.*

V. *Catálogo de la biblioteca de Salvá,* I, n.° 1.182.

Ejemplares:

LONDRES. *British Museum.* 11725.d.10.

XLIII

266

PARTE qvarenta y tres de comedias de diferentes avtores. Zaragoza. Iuan de Ybar. 1650. 2 hs. de prels. y cada comedia con pag. propia. 4.°

1. *Los mártires de Córdoba, de Antonio de Castro*. 40 págs.
2. *El domonio en la mujer, y el rei angel de Sicilia. Primera parte. De Juan de Mojica*. 46 págs.
3. *El rei angel de Sicilia, y príncipe demonio y diablo de Palermo. Segunda parte. De Juan de Mojica*. 48 págs.
4. *La desdicha de la voz. De Calderón*. 48 págs.
5. *Hacer cada uno lo que debe. De Jerónimo de Cuellar*. 44 págs.
6. *La más hidalga hermosura, de tres ingenios*. 47 págs.
7. *Palmerín de Oliva, de Montalván*. 40 págs.
8. *Lo que merece un soldado, de Moreto*. 36 págs.
9. *Amparar al enemigo, de Antonio de Solís*. 44 págs.
10. *Las academias de amor, de Cristóval de Morales*. 38 págs.
11. *El padre de su enemigo, de Juan de Villegas*. 40 págs.
12. *A un tiempo rei y vasallo, de tres ingenios*. 32 págs.

V. *Catálogo de la biblioteca de Salvá*, I, n.° 1.183.

267

——— Valencia. 1660. 4.°

Cit. por La Barrera, que remite al índice de Fajardo.

XLIV

268

PARTE qvarenta y qvatro de comedias de diferentes avtores. Zaragoza. Pedro Lanaja y Lamarca. 1652. 2 hs. de prels. y cada comedia con pag. propia. 4.°

1. *Los amantes de Teruel, de Montalván*. 40 págs.
2. *No hai vida como la honra*, del mismo. 40 págs.
3. *La más constante mujer*, del mismo. 40 págs.
4. *El más impropio verdugo, de Rojas*. 44 págs.
5. *El divino portugués, San Antonio de Padua, de Montalván*. 36 págs.
6. *Las fortunas trágicas del duque de Memoransi*, del Dr. *Martín Peiron y Queralt*. 40 págs.
7. *De un castigo dos venganzas, de Montalván*. 40 págs.
8. *El mariscal de Viron*, del mismo. 40 págs.
9. *Sufrir más por querer más, de Villaizán*. 48 págs.
10. *Ofender con las finezas*, del mismo. 44 págs.
11. *El juramento ante Dios y lealtad contra el amor, de Jacinto Cordero*. 36 págs.
12. *El villano en su rincón, de Lope de Vega*. 36 págs.

V. *Catálogo de la biblioteca de Salvá*, I, n.° 1.184.

XLV

«El tomo intitulado: «*El mejor de los mejores libros de comedias*, que se publicó en 1653, quizá debe formar la *Parte 45 de las de á fuera*.» (Salvá).

269

COLECCION de Entremeses, Loas, Bailes, Jácaras y Mojigangas desde fines del siglo XVI á mediados del XVIII, ordenada por Emilio Cotarelo y Mori. Madrid. Edit. Bailly-Bailliére. 1911. 2 vols. 26 cm. (Nueva Biblioteca de Autores Españoles, XVII-XVIII).

Tomo I:

—Introducción general. (Páginas I-CCCXV).

—*Entremeses de Miguel Cervantes Saavedra*.

1. *El Juez de los Divorcios*. (Páginas 1-5).
2. *El Rufián viudo, llamado Trampagos*. [«—¿Vademecum? —Señor. —¿Traes las morenas?...»]. (Páginas 5-10)..
3. *La Elección de los Alcaldes de Daganzo*. [«—Rellánense, que todo saldrá á cuajo...»]. (Págs. 11-16).
4. *La Guarda Cuidadosa*. (Págs. 16-22).
5. *El Vizcaíno fingido*. (Págs. 23-29).
6. *El Retablo de las Maravillas*. (Páginas 29-34).

7. *La Cueva de Salamanca.* (Págs. 35-40).
8. *El Viejo celoso.* (Págs. 40-46).
9. *Los Habladores.* (Págs. 46-51).
—*Entremeses anónimos.*
10. *El Estrolago borracho.* (Págs. 52-54).
11. *Un hijo que negó a su padre.* (Páginas 54-56).
12. [*Sin título*]. (Págs. 57-59).
13. *La Sacristía de Mocejón.* [«—Aunque no so tolongo ni lletrado...»]. (Páginas 60-62).
14. *Un Viejo ques casado con una mujer moza; va fuera y déjala encomendada a un bobo...* (Págs.62-65).
15. *Famoso entremes de Mazalquiví.* (Págs. 65-68).
16. *La Manola.* (Págs. 68-72).
17. [*Sin título*]. (Págs. 72-76).
18. *Entremes entre un muchacho llamado Golondrino, y de dos amigos suyos llamados Garnica y Zaballos, y de doña Calandria, amiga del Golondrino y Vicente, aragones y rufián, y de Angela, zamorana amiga del rufian.* (Páginas 76-79).
19. *Segundo entremés del Testamento de los ladrones.* (Págs. 79-83).
20. *Los ladrones convertidos.* (Páginas 83-85).
21. *Entremes sin titulo.* (Págs. 85-88).
22. *Las gorronas.* [«—¿Qué me quiere este gorrón?...»]. (Págs. 88-94).
23. *El hospital de los podridos.* (Páginas 94-98).
24. *La carcel de Sevilla.* (Págs. 99-105).
25. *Entremés primero: de Melisendra.*
a) *Loa muy graciosa.* [«—Senado muy eminente...»]. (Pág. 105).
b) *Entremes.* [«—¡Qué fatigas y embelecos...»]. (Págs. 105-11).
26. *Entremes segundo: del Padre engañado.* (Págs. 111-15).
27. *Entremes tercero: del Capeador.* (Págs. 116-19).
28. *Entremés cuarto: del Doctor Símple.* (Págs. 119-23).
29. *Entremes quinto: de Pedro Hernández y el Corregidor.* (Págs. 123-28).
30. *Segundo entremés: de Pero Hernández.* (Págs. 128-31).
31. *Entremes sexto: de los Alimentos.* (Págs. 132-36).
32. *Entremés septimo: de los Negros de Santo Tomé.* (Págs. 136-38).
33. *Entremes octavo: del Indiano.* (Págs. 138-40).
34. *Entremes noveno: de la Cuna.* (Págs. 140-41).
35. *Entremes decimo: de los Ladrones engañados.* (Págs. 141-42).
36. *Entremés undécimo: de la Dama fingida.* (Págs. 142-44).
37. *Entremes duodécimo: de la Endemoniada.* (Págs. 144-47).
38. *Entremes del Maestro de escuelas* (Pág. 148-49).
39. *Entremes famoso de los Huevos.* [«—¡Aquí, justicia de Dios...»]. (Páginas 150-54).
40. *Entremes famoso del Sacristan Soguijo.* [«—Ya le conocemos...»]. (Páginas 154-57).
41. *Entremes de los Romances.* [«—Diga, señor Pero-Tanto...»]. (Págs. 157-61).
42. *Los Mirones.* (Págs. 162-72).
43. *Entremes de Doña Justina y Calahorra.* [«—No se puede vivir en este mundo...»]. (Págs. 172-76).
44. *Entremes de Refranes.* (Págs. 176-79).
45. *Sainete famoso de los Rufianes.* [«—Hoy que del mes de las flores...»]. (Págs. 180-81).
46. *Entremes del Estudiante.* [«—Holgaréme que trates de venganza...»]. (Págs. 181-84).
47. *El gabacho.* (Págs. 184-87).
48. *Las viudas.* (Págs. 187-90).
49. *El duende.* (Págs. 191-93).
50. *La inocente enredadora.* [«—¡Ay, Gutiérrez!, que tengo un mal de madre...»]. (Págs. 193-96).
51. *La habladora y Casamentero.* [«Yo, mi señora, soy. —Casamentero...»]. (Págs. 196-97).
—Avila, Francisco de.
52. *Entremes de los invencibles hechos de Don Quijote de la Mancha.* [«—Digo, marido mio, que esa gente...»]. (Págs. 198-203).
53. *El Mortero y chistes del Sacristan.* [«—Espérame, vibora...»]. (Páginas 203-208).
—Barrionuevo.
54. *El Triunfo de los coches.* (Páginas 208-216).
—Morla, Pedro.
55. *El Doctor Rapado.* [«—Miren y noten, señores...»]. (Págs. 216-17).
—Torre, Julio de la.
56. *El Alcalde de Burguillos.* [«—Co-

mo os digo, Llorente...»]. (Págs. 218-20).
—Navarro de Espinosa, Juan.
57. *La Celestina.* [«—Nadie se admire de ver...»]. (Págs. 220-21).
—Aguado, Simon.
58. *Mogiganga de los niños de la Rollona y lo que pasa en las calles.* [«—Caminito del Corpus...»]. (Págs. 222-26).
59. *El Platillo.* (Págs. 226-30).
60. *Los Negros.* (Págs. 231-35).
—Loreña, Fernando de.
61. *Los relojes.* [«—Seas, Quiteria, mil veces bien venida...»]. (Págs. 235-38).
—Alarcon, Juan de.
62. *La Condesa.* [«—¡Jesus mil veces, vuelvo á santiguarme!...»]. (Páginas 239-42).
—Salas Barbadillo, Alonso Jeronimo de.
63. *El Busca Oficios.* (Págs. 243-48).
64. *El caprichoso en su gusto y la dama setentona.* [«—Es mi holgona monarquia...»]. (Págs. 248-55).
65. *Los mirones en la Corte.* (Páginas 255-57).
66. *El Tribunal de los Majaderos.* [«—Tengo de oir a todo majadero...»]. (Págs. 257-61).
67. *El Comisario contra los malos gustos.* [«—Soy comisario del divino Apolo...»]. (Págs. 261-66).
68. *El Remendón de la Naturaleza.* (Págs. 266-71).
69. *El Cocinero del amor.* [«—Ha venido a la corte un cocinero...»]. (Páginas 271-76).
70. *Las aventuras de la Corte.* (Páginas 276-80).
71. *El Malcontentadizo.* [«¿Hay tal señor? Paréceme preñada...»]. (Páginas 280-85).
72. *Doña Ventosa.* [«Gentil ama tenemos. —Linda Bóreas...»]. (Págs. 285-90).
73. *El Caballero bailarin.* [«—No quiero mas criados pesadillas...»]. (Páginas 290-95).
74. *El Prado de Madrid y Baile de la Capona.* [«Este es el Prado, este es el hermoso...»]. (Págs. 295-97).
75. *El Padrazo y las Hijazas.* [«—Tres hijazas tan grandes, tres. ¡Ah cielos!...»]. (Págs. 297-301).
76. *Loa.* [«—Por el reino de Toledo...»]. (Págs. 301-2).
—Castillo Solórzano, Alonso de.
77. *El Casamentero.* [«—Como te digo, Lázaro: ya vengo...»]. (Págs. 303-9).
78. *El comisario de Figuras.* [«—En esta comision, huésped amigo...»]. (Páginas 312-15).
79. *El Barbador.* [«—¿Te admiras? —Sí, que siento de que trates...»]. (Págs. 312-15).
80. *La prueba de los Doctores.* [«—Ya os he dicho, Truchado, que es mi gusto...»]. (Págs. 315-18).
81. *La Castañera.* [«—Seas, Juana, á la corte bien venida...»]. (Págs. 318-21).
—Hurtado de Mendoza, Antonio.
82. *El ingenioso entremes del examinador Miser Palomo.* [«—No tiene que admirarse, amado huésped...»]. (Páginas 322-27).
83. *Segunda parte del entremés de Miser Palomo y Médico de espiritu.* [«—Digo que ha puesto ahora en San Felipe...»]. (Págs. 327-32).
84. *Famoso entremés de Getafe.* [«Llama esos mulos, ten esos reatos...»]. (Págs. 332-35).

Tomo II:

—Rojas, Agustin de.
85. [*Sin título*]. [«¿No es buena la necedad...»]. (Págs. 336-38).
86. *De los que entran sin pagar en la comedia.* [«Sale marchando un escuadron volante...»]. (Págs. 338-39).
87. [*Sin título*]. [—«Estése Venus en Chipre...»]. (Págs. 339-40).
88. *Todo lo nuevo aplace* [«¿Quien duda, señores mios...»]. (Págs. 340-41).
89. [*Sin título*]. [«De las famosas riberas...»]. (Págs. 342-43).
90. *De las naciones del mundo.* [«Después que me libré por mi ventura...»]. (Págs. 343-44).
91. *Del cautiverio de la Rochela.* [«Después que quedé cautivo...»]. (Páginas 344-47).
92. *Loa de la Comedia.* [«Aunque el principal intento...»]. (Págs. 347-49).
93. *De la luna.* [«—Un cuento vengo á contaros...»]. (Págs. 349-51).
94. *En alabanza de la Primavera.* [«Después que el gran artífice del cielo...»]. (Págs. 351-53).
95. *En alabanza de Granada.* [«Surcando del mar furioso...»]. (Págs. 353-54).
96. [*Sin título*]. [«—Una dama muy hermosa...»]. (Págs 354-56).

97. [*Sin título*]. [«No el sitio desta ciudad...»]. (Págs. 356-58).
98. *Para la fiesta del «Corpus» en Toledo*. [«A la fiesta del convite...»]. (Págs. 358-59).
99. *Loa en enigma: de la mujer*. [«Paseábame ayer tarde...»]. (Páginas 359-60).
100. *En alabanza de la mosca*. [«La omnipotencia divina...»]. (Págs. 360-62).
101. *Loa de la Casa de Austria*. [«Tengo dichas tantas loas...»]. (Páginas 362-63).
102. [*Sin título*]. [«Piedras, bronces, chapiteles...»]. (Págs. 363-65).
103. *Sobre la dentadura y sus remedios*. [«No sé si mi buena suerte...»]. (Págs. 365-67).
104. [*Sin título*]. [«En la ciudad mas insigne...»]. (Págs. 367-69).
105. *En alabanza del silencio*. [«No salgo á pedir que callen...»]. (Páginas 369-70).
106. (*Del Amor*). [«Debajo de una ventana...»]. (Págs. 370-72).
107. (*Loa para empezar en Valladolid la compañía de Rios*). [«—No por mucho madrugar...»]. (Págs. 372-74).
108. (*En alabanza de la letra A*). [«De la antigua Babilonia...»]. (Págs. 374-75).
109. [*Sin título*]. [«No en sus alcázares reales...»]. (Págs. 375-77).
110. (*Loa sacramental*). [«Hoy, que es día de alegría...»]. (Págs. 377-78).
111. *Loa del Caballero del Milagro*. [«Después que de mis desdichas...»]. (Págs. 378-80).
112. *En alabanza del Domingo*. [«Son tantas y tan varias las comedias...»]. (Págs. 380-81).
113. *En alabanza del Martes*. [«Desde las más altas cumbres...»]. (Páginas 382-85).
114. *En alabanza del Jueves*. [«Cansado estoy de oir á mis oídos...»]. (Páginas 385-88).
115. *En alabanza del Viernes* [«Antes que te cases, mira lo que haces...»]. (Págs. 388-89).
116. *En alabanza de los ladrones*. [«¿Cuánto va, señores míos...»]. (Páginas 389-91).
117. *En alabanza del puerco*. [«No dice mal el refrán...»]. (Págs. 391-94).
118. *Loa de las cuatro edades*. [«Antes que diesen las aguas...»]. (Páginas 394-95).
—Loas diversas.
119. *Al Santisimo Sacramento*. [«Fuente de sabiduria...»]. (Pág. 396).
120. *Loa*. [«Illustrisimo señor...»]. (Págs. 396-97).
121. *Loa y argumento*. [«Todos los hombres mortales...»]. (Pág. 397).
122. [*Sin título*]. [«Si supieren à qué salgo...»]. (Págs. 397-98).
123. *Otra*. [«Todas las cosas pequeñas...»]. (Págs. 398-99).
124. *Otra*. [«Vemos con lóbregas nubes...»]. (Págs. 399-400).
125. *Otra*. [«Aunque suele suceder...»]. (Págs. 400-1).
126. *Otra*. [«Dos zagales mozalvillos...»]. (Pág. 401).
127. *Otra*. [«En veinte grados del Toro...»]. (Págs. 401-2).
128. *Otra entre dos*. [«¿Quién dice que las mujeres...»]. (Págs. 402-4).
129. *Otra*. [«Silencio vengo á pedir...»]. (Pág. 404).
130. *Otra*. [«Sobre una mesa de murtas...»]. (Págs. 404-6).
131. *Otra loa en eco*. [«A gran saya, gran mujer...»]. (Pág. 406).
132. *Otra*. [«Revolviendo cierto dia...»]. (Págs. 406-7).
133. *Loa*. [«Rompe por el ancho mar...»]. (Págs. 407-8).
134. *Loa*. [«Por las cumbres de los montes...»]. (Págs. 408-9).
135. *Loa*. [«Cubierta de ojos pintan a la Fama...»]. (Pág. 409).
136. *Loa*. [«Honras, cargos, dignidades...»]. (Págs. 409-410).
137. *Loa de la Batalla Naval*. [«En la batalla naval...»]. (Págs. 410-11).
138. *Loa de las letras A B C*. [«Después que de cierta dama...»]. (Páginas 411-12).
139. *Loa del suntuoso Escurial*. [«En el famoso Escurial...»]. (Págs. 412-13).
140. *En alabanza de la espada*. [«¡Cuantos en este teatro...»]. (Páginas 413-14).
141. *Las calidades de las mujeres*. [«No goce yo de esos ojos...»]. (Páginas 415-16).
142. *Loa curiosa y de artificio*. (Página 416).
143. *Loa*. [«Mi tio el cura me escribió...»]. (Págs. 416-17).
144. *Loa*. [«Queriendo la hermosa Dido...»]. (Págs. 418-19).

145. *Loa.* [«Con ser la fabrica Celi...»]. (Págs. 419-20).
146. *Loa.* [«Mil ciudades arruinadas...»]. (Págs. 420-21).
147. *Loa de la lengua.* [«El retintin de las aves...»]. (Págs. 421-23).
148. *Loa curiosa.* [«—¿En mí cruces? ¿Hay tal cosa?...»]. (Págs. 423-24).
149. *Loa en alabanza de los dedos.* [«¡Que de innumerables veces...»]. (Págs. 424-25).
150. *Loa en alabanza de los males.* [«Son los ingenios humanos...»]. (Páginas 425-27).
151. *Loa en alabanza del trabajo.* [«Por ver cuán aborrecido...»]. (Páginas 427-28).
152. *Loa.* [«Perdióse en un monte un rey...»]. (Págs. 428-29).
153. *Loa en alabanza de las mujeres feas.* [«Yendo á ver las luminarias...»]. (Págs. 429-31).
154. *Loa de Don Carlos Boyl, para su Comedia del Marido Asigurado; donde se nombran todas las Damas de Valencia.* [«Apenas, famosísimo senado...»]. (Págs. 431-33).
155. *Prologo o loa.* [«Matilde, condesa hermosa...»]. (Págs. 433-34).
156. *Loa contando un extraño suceso.* [«La diversidad de asuntos...»]. (Páginas 435-36) .
157. *Loa.* [«Sale una famosa armada...»]. (Págs. 436-37).
158. *Loa para el primer dia que representó la Compañia de Porras en Valencia.* [«Noble ciudad, de Europa lauro y gloria...»]. (Págs. 437-40).
159. *Loa.* [«No sé qué triste signo ó qué planeta...»]. (Págs. 440).
160. *Loa.* [«Arménicos basiliscos...»]. (Pág. 441).
161. *Loa.* [«Sobre la tela del alba...»]. (Págs. 441-43).
162. *Loa.* [«El león y el gallo tienen...»]. (Págs. 443-44).
163. *Loa.* [«Una peregrinacion...»]. (Págs. 444-46).
164. *Loa a San Vicente Martir.* [«En felicísima hora...»]. (Págs. 446-47).
165. *Loa en alabanza de la humildad.* [«En dos contrapuestos campos...»]. (Págs. 447-48.)
166. *Loa en vituperio de la mala lengua.* [«Cuenta el famoso Plutarco...»]. (Págs. 448-50).
167. *Otra loa.* [«¡Valgame Dios! ¿Es de veras?...»]. (Págs. 450-51).
168. *Otra loa.* [«Comparaba un doctor sabio...»]. (Págs. 451-52).
169. *Otra loa.* [«Después que el famoso César...»]. (Págs. 452-53).
170. *Otra loa.* [«Muertes, enojos, agravios...»]. (Págs. 453-54).
171. *Otra loa.* [«Pariendo, juro Pelaya...»]. (Págs. 454-56).
172. *Loa en alabanza de la vanidad.* [«Habrá cosa de dos dias...»]. (Páginas 456-57).
173. *Loa entre un villano y una labradora.* [«¡Que siempre en los grandes dias...»]. (Págs. 457-58).
174. *Loa entre el Celo y la Fama.* [«—En la plaza de Santa Maria...»]. (Págs. 458-59).
175. *Loa en morisco que ha de echar vestido de peregrino, y luego se desnuda y queda de Amatillo.* [«Olea en garganta la olia...»]. (Págs. 459-61).
176. *Loa.* [«En la cama de los vicios...»]. (Págs. 461-62).
177. *Loa Sacramental del Eco.* [«Falta de humano consuelo...»]. (Páginas 462-63).
178. *Loa en lengua vizcaina.* [«Buenas noches, digo dias...»]. (Págs. 463-64).
179. *Loa.* [«Licencia, señor, expresa...»]. (Pág. 464).
180. *Loa entre un villano y un galan.* [«—¡Válgame San Jorge, amén!...»]. (Págs. 465-66).
181. *Loa.* [«Por la puerta de la culpa...»]. (Págs. 466-67).
182. *Loa.* [«—¡Hi de puta, mala cara!...»]. (Págs. 467-68).
183. *Loa.* [«Sobre entrar en una huerta...»]. (Págs. 468-69).
184. *Loa del Escarramán.* [«El Consistorio divino...»]. (Págs. 469-70).
185. *Loa de los Titulos de las Comedias, de Lope de Vega.* [«—Hoy que de Dios es el dia...»]. (Págs. 470-72).
186. *Loa, de Guillén de Castro.* [«Pasaba el gran Carlos Quinto...»]. (Página 472).

—Bailes, jácaras y mojigangas de diferentes autores.

187. *Baile del Pastoral.* [«En un pastoral albergue...»]. (Págs. 473-74).
188. *Baile de la casa de Amor.* [«—Amigo, ya no hay bailes ni entremeses...»]. (Págs. 474-76).
189. *El baile del ¡Ay, ay, ay! y el Sotillo.* [«—Ancha la espadita...»]. (Páginas 476-78).

190. *Baile del Amor y del Interes.* [«—Entre apacibles vergeles...»]. (Páginas 478-79).
191. *Baile curioso de Pedro de Brea.* [«—¡Comadres, comadres!...»]. (Páginas 479-80).
192. *Baile del Sotillo de Manzanares.* [«—¡Que bien brinca de aqui para alli...»]. (Pág. 481).
193. *Baile de la boda de Foncarral.* [«—Casaron en Foncarral...»]. (Páginas 481-82).
194. *Baile de la Colmeneruela.* [«Apeóse el caballero...»]. (Págs. 482-83).
195. *Baile de los Moriscos.* [«—Li, li, li, ah, ah, ah...»]. (Págs. 483-84).
196. *Baile pastoril.* [«A una fuente de cristal...»]. (Pág. 484).
197. *Baile de la Maya.* [«—El primero dia de Mayo...»]. (Págs. 484-85).
198. *El baile de Los locos de Toledo.* [«Domingo de Casimodo...»]. (Páginas 485-86).
199. *Baile curioso y grave.* [«Despues que los castellanos...»]. (Págs. 486-87).
200. *Baile de Leganitos.* [«—Sol de Leganitos...»]. (Págs. 487-89).
201. *Baile del Duque de Humena.* [«La Zagala más erguida...»]. (Páginas 489-90).
202. *Baile de Don Jaime.* [«Después de estar vitorioso...»]. (Págs. 490-91).
203. *Baile del Caballero de Olmedo, por Lope de Vega.* [«A jugar cañas un lunes...»]. (Pág. 491).
204. *Baile.* [«Reinando en Francia...»]. (Págs. 491-92).
205. *Baile de la mesonerica.* [«En la mitad de la Corte...»]. (Págs. 492-93).
206. *Baile de Pásate aca, compadre.* [«Riberitas del rio Manzanares...»]. (Pág. 493).
207. *Tres famosas chaconas para cantar.* [«Así, vida, vida bona...»]. (Páginas 493-95).
208. *Mojiganga de Roxillas.* [«¡Afuera, afuera, que salen...»]. (Págs. 495-97).
209. *Mojiganga de La Malcontenta.* [«—En fín, Doña Matea, que eso pasa...»]. (Págs. 497-99).
—Quiñones de Benavente, Luis.
210. *Loa con que empezó Lorenzo Hurtado en Madrid la segunda vez.* [«—En efecto mis señores...»]. (Páginas 500-2).
211. *Entremes cantado: La paga del mundo.* [«Vengan los sirvientes del mundo, vengan...»]. (Págs. 502-3).
212. *Entremés famoso: Las civilidades.* [«—Tontonazos, tontones, retontones...»]. (Págs. 503-6).
213. *Entremés cantado: La Muerte.* [«—¡Representantes del mundo!...»]. (Págs. 506-7).
214. *Entremés cantado: El Tiempo.* [«—Mortales que estais mirando...»]. (Págs. 507-9).
215. *Entremés: El talego-niño.* [«—¡Picaronas, ladronas, embusteras...»]. (Páginas 509-12).
216. *Entremés: La visita de la cárcel.* [«—Escribid, el mi escribiente...»]. (Págs. 512-13).
217. *Jácara que se cantó en la compañía de Olmedo.* [«—Entendámonos, señores...»]. (Págs. 514-15).
218. *Loa que representó Antonio de Prado.* [«—¡Que descuidado que duermes!...»]. (Págs. 515-17).
219. *Entremés cantado: El talego. (Primera parte).* [«—¡Ay!, ¡que desdicha, señores!...»]. (Págs. 517-19).
220. *Entremés: Los cuatro Galanes.* [«—Muy bien venida seas, doña Fabia...»]. (Págs. 519-22).
221. *Entremes cantado: El talego. (Segunda parte).* [«—Un talego estuvo al cabo...»]. (Págs. 522-24).
222. *Entremés cantado. El Guardainfante. (Primera parte).* [«—Señora mosqueteria...»]. (Págs. 524-26).
223. *Entremes: El murmurador.* [«—¿De qué es tanta tristeza, amiga mia...»]. (Págs. 526-28).
224. *Entremes: El guarda-infante. (Segunda parte).* [«—Señora Cazoleria...»]. (Págs. 528-30).
225. *Jácara que cantó en la compañía de Bartolomé Romero Francisca Paula.* [«—La jacara que pedis...»]. (Págs. 530-31).
226. *Loa con que empezó en la Corte Roque de Figueroa.* [«—Despierta, Roque, despierta...»]. (Págs. 531-33).
227. *Entremes cantado. La Puente Segoviana. (Primera parte).* [«—Yo soy una segoviana...»]. (Págs. 533-34).
228. *Entremes de Turrada.* [«—Vaya vusted con Dios, señor Turrada...«]. (Págs. 534-37).
229. *Entremes: La Puente Segoviana. (Segunda parte).* [«—Yo soy el lagar, señores...»]. (Págs. 537-38).
230. *Entremes cantado: El Licencia-*

do y el Bachiller. [«—Si no lo habéis por enojo...»]. (Pág. 539).
231. *Entremés: La Maya.* [«—Hermoso dia de Mayo. —Linda tarde...]. (Páginas 539-42).
232. *Entremes cantado: La Dueña.* [«—Tengan lástima vustedes...»]. (Páginas 542-43).
233. *Jácara que se cantó en la compañía de Bartolomé Romero.* [«—Mientras se viste una niña...»]. (Pág. 544).
234. *Loa segunda, con que volvió Roque de Figueroa á empezar en Madrid.* [«¿Es posible, insigne corte...»]. (Páginas 544-46).
235. *Entremes cantado: El doctor Juan Rana.* [«—Tan ligero soy de cholla...»]. (Págs. 547-48).
236. *Entremes: La Capeadora. (Primera parte).* [«—Beso el ampo, la nieve aún no tocada...»]. (Págs. 548-51).
237. *Entremes cantado: El Martinillo. (Primera parte).* [«—El mundo es casa de locos...»]. (Págs. 551-52).
238. *Entremes: La Capeadora. (Segunda parte).* [«—Yo soy, si á vuesas mercedes...»]. (Págs. 552-55).
239. *Entremes cantado: El Martinillo. (Segunda parte).* [«—La triste casa del mundo...»]. (Págs. 555-56).
240. *Entremes cantado: El casamiento de la calle Mayor con el Prado viejo.* [«—Casó la calle Mayor...»]. (Páginas 556-57).
241. *Jácara que se cantó en la compañía de Bartolomé Romero.* [«—¡Que tanta jácara quieres...»]. (Pág. 558).
242. *Loa con que empezó Tomás Fernandez en la Corte.* [«—Reverencia os hacen todos...»]. (Págs. 558-61).
243. *Entremés cantado: Los Planetas.* [«—Ese Dios Marte el galan...»]. (Páginas 561-62).
244. *Entremes: El Borracho.* [«Espantajo de pájaros noveles...»]. (Páginas 562-66).
245. *Entremes cantado de las Dueñas.* [«—¿Qué sabandija se queda...»]. (Págs. 566-67).
246. *Entremes cantado: Las Manos y cuajares.* [«—Por la puerta del trabajo...»]. (Págs. 567-69).
247. *Entremés: El retablo de las Maravillas.* [«—Mentis como borracho, y lleváis talle...»]. (Págs. 569-72).
248. *Entremes cantado: La Verdad.* [«—¡Ay, Verdad, que en el hablar...»]. (Págs. 572-74).
249. *Jácara de doña Isabel, la Ladrona, que azdaron y cortaron las orejas en Madrid.* [«En ese mar de la Corte...»]. (Págs. 574-75).
250. *Loa con que empezaron Rueda y Ascanio.* [«—¡Ah, galanes! Obra nueva...»]. (Págs. 575-78).
251. *Entremes cantado: El Mago.* [«—Despertad, los del Retiro...»]. (Páginas 578-81).
252. *Entremes: El Abadejillo.* [«—Catalina, Francisca, Estefania!...»]. (Páginas 581-84).
253. *Entremes cantado: El soldado.* [«—Yo soy un hombre, señores...»]. (Págs. 584-86).
254. *Entremes cantado: El Doctor.* [«—Un mal letrado, señores...»]. (Páginas 586-87).
255. *Entremés: Los muertos vivos.* [«—¡Favor, socorro, ayuda! —Esperad, perro...»]. (Págs. 587-90).
256. *Entremés cantado: El Remediador.* [«—Fueron tantos los remedios...»]. (Págs. 591-93).
257. *Jácara que se cantó en la compañía de Ortegón.* [«—Sin saber si la cantamos...»]. (Págs. 593-94).
258. *Entremes: Los Mariones.* [«—¡Oh noche de San Juan, alegre noche...»]. (Págs. 595-98).
259. *Entremes: Los sacristanes Cosquillas y Talegote.* [«—Dómine Talegote, escuche un poco...»]. (Págs. 598-600).
260. *Entremes: El doctor y el enfermo.* [«—Hombre de los demonios ¿estás loco?...»]. (Págs. 600-4).
261. *Entremes: El Negrito hablador, y sin color anda la niña.* [«—¡Alegre noche! —Siempre del Bautista...»]. (Págs. 605-7).
262. *Entremes: El sacristán y viejo ahorcados.* [«—Señor Liñan ¿está desesperado...»]. (Págs. 607-10).
263. *Entremes: Don Gaiferos.* [«—Cuéntame, pues, la fiesta...»]. (Páginas 611-13).
264. *Entremes: Don Gaiferos y las Busconas de Madrid.* [«—¿Que hora es, Inés? —Las siete dan agora...»]. (Págs. 613-17).
265. *Entremés: Los Sacristanes burlados.* [«—Sacristan de la legua ¿tú me irritas?...»]. (Págs. 617-20).
266. *Entremés: Las burlas de Isabel.* [«—¿Conmigo barberito y dotorcito...»]. (Págs. 620-23).

267. *Entremes: El marido flemático.* [«—Amiga, no consueles mi desdicha...»]. (Págs. 623-26).
268. *Entremés: De los ladrones y Moro Hueco, y la parida.* [«—Ropa Santa, ya estamos en Sevilla...»]. (Págs. 626-29).
269. *Entremés: El enamoradizo.* [«—Detén el paso, mira que me matas...»]. (Págs. 629-31).
270. *Entremés: El amor al uso.* [«—Pablo, soltad la ropa; deteneos...»]. (Páginas 631-34).
271. *Entremés de la Manta.* [«—¡Socorro, cielos!; vuestro favor pido...»]. (Págs. 634-36).
272. *Entremes de los Organos y Sacristanes.* [«—¿Cuál persona en el mundo habrá pasado...»]. (Págs. 636-39).
273. *Entremes del Gorigori.* [«—Una y mil veces hoy leerla quiero...»]. (Páginas 639-43).
274. *Baile curioso del Sueño.* [«—Yo soy el Sueño...»]. (Págs. 643-44).
275. *Baile del Miserable y el Dotor.* [«—¡Ay, qué desdicha!...»]. (Páginas 644-45).
276. *Entremes del Avantal.* [«—Mio es el avantal. —No es sino mío...»]. (Págs. 645-48).
277. *Baile del alfiler.* [«—Chicharrones vendo, niñas...»]. (Págs. 648-49).
278. *Baile de los Toros.* [«—Enamoróse Cupido...»]. (Págs. 649-50).
279. *Entremés de los Organos.* [«—Sal aqui, doncellita. —Señor, ¿llamas?...]. (Págs. 650-53).
280. *Entremes: Los coches.* [«—Miente quien no dijere que soy linda...»]. (Págs. 653-56).
281. *Entremés de la Sierpe.* [«—¡Ay que me mata, mi señor Ramiro!...»]. (Págs. 656-58).
282. *Entremés de los dos Alcaldes encontrados.* (*Primera parte*). [«—¡No me tenga, Escribano, no me tenga!...»]. (Págs. 659-63).
283. *Entremés de los dos Alcaldes encontrados.* (*Segunda parte*). [«—Alcalde, poco a poco; menos brio...»]. (Págs. 663-67).
284. *Entremés de los dos Alcaldes encontrados.* (*Tercera parte*). [«—¡Aqui del rey! ¡aqui de Dios!; ¡socorro!...»]. (Págs. 667-71).
285. *Entremés de los dos Alcaldes encontrados.* (*Cuarta parte*). [«—Alcalde ¿que decis? Domingo es muerto...»]. (Págs. 671-74).
286. *Entremés: Los Alcaldes.* (*Quinta parte*). [«—Por muertes de Domingo y Mojarrilla...»]. (Págs. 675-78).
287. *Entremés de los Alcaldes encontrados.* (*Sexta parte*). [«—Lorenzo, la Duquesa, mi señora...»]. (Págs. 679-81).
288. *Entremés de la Hechicera.* [«—¡Fuego!, ¡fuego! —¡Jesús!; ¿adonde hay fuego?...»]. (Págs. 682-85).
289. *Entremés de Casquillos y la Volandera.* [«—Amiga doña Aldonza; estoy cansada...»]. (Págs. 686-88).
290. *Entremes del Molinaro y la Molinera.* [«—¿El molino tan solo, y vos en casa?...»]. (Págs. 689-90).
291. *Entremes de la Muestra de los Carros.* [«—Poco madrugadoras somos, Juana...»]. (Págs. 691-93).
292. *Entremes: Pístraco.* [«—Dispertad, zagal Pístraco...»]. (Págs. 693-94).
293. *Entremes de la Honrada.* [«—Esto es lo que conviene, doña Mata...»]. (Págs. 694-97).
294. *Entremes de los Pareceres.* [«—En grande obligacion me están vustedes...»]. (Págs. 697-700).
295. *Entremes de Las Alforjas.* [«—Hermosa, molletuda Juliana...»]. (Págs. 700-2).
296. *Entremes del Doctor Sánalotodo.* [«—Hablando con perdon, yo soy, señores...»]. (Págs. 703-5).
297. *Entremes nuevo de Juan Frances.* [«—Sea v. s.ª bien venido, señor don Zurrapo...»]. (Págs. 705-8).
298. *Entremés de Las Malcontentas. Nuevo.* [«—¡Ah, señores! el tiempo está borracho...»]. (Págs. 708-11).
299. *El tío Bartolomé. Entremés.* [«—¡Venturoso del hombre que se casa!...»]. (Págs. 711-14).
300. *Entremés de Pipote en nombre de Juan Rana.* [«—Pues para todo ensillado...»]. (Págs. 714-18).
301. *Entremés* [*de*] *Zapatanga.* [«—¡Ah, señora hermosa!...»]. (Págs. 718-22).
302. *Entremes del Marión.* [«—Vámonos poco á poco, hermana Juana...»]. (Págs. 722-25).
303. *Entremés de la Ronda.* [«—¡Magdalena! —¡Marido! —No ando bueno...»]. (Págs. 722-25).
304. *Del Juego del hombre.* [«—Aqui se ha de cantar, señores músicos...»]. (Págs. 729-31).

305. *Entremes nuevo de la Socarrona Olalla y Lanzas.* [«—Cosa jamás oida...»]. (Págs. 731-35).
306. *Entremés de los Testimonios de los Criados.* [«—¡Mentecato, simplote, dromedario...»]. (Págs. 735-39).
307. *Entremes: La Malcontenta.* [«—Nicasia, Estefania, Jacobina...»]. (Págs. 739-92).
308. *Entremés de las Patas de Vaca.* [«—¡Que me roban, señores, que me roban!...»]. (Págs. 742-45).
309. *Entremés: El Aceitunero.* [«—Cortesanos boquidulces...»]. (Páginas 745-46).
310. *Entremes. El Mundo al revés.* [«—Yo soy un hombre, señores...»]. (Págs. 746-48).
311. *Entremes: El Barbero.* [«—Espantajo de pájaros noveles...»]. (Páginas 748-51).
312. *Entremés: La Barbera de Amor.* [«—Mi triste bolsa ha caido...»]. (Páginas 751-52).
313. *Entremés: El Amolador.* [«—Saca esas almohadillas, Beatricilla...»]. (Págs. 752-55).
314. *Entremes: El Alcalde de Sacas.* [«—Para, cochero; aquesta es venta...»]. (Págs. 755-56).
315. *Entremés: El Examen de Maridos.* [«—¡Hay mal como servir en esta vida?...»]. (Págs. 757-59).
316. *Entremes: El Boticario.* [«—¿Vos conocéis? —Sí conozco...»]. (Páginas 759-61).
317. *Entremes: Las Habladoras.* [«—Ven, Lorenza; a la puerta nos sentemos...»]. (Págs. 762-64).
318. *Entremés de los Gorrones.* [«—Sal aqui, si eres hombre, gorroncillo...»]. (Págs. 764-67).
319. *Entremes de La Constreñida.* [«—Almagro, he de quitar la mula al Médico...»]. (Págs. 767-69).
320. *Entremes de Las dos letras.* [«—No tienes que cansarte, doña Trucha...»]. (Págs. 769-73).
321. *Entremés del Miserable.* [«—¿Que tristeza es aquesta que en ti miro...»]. (Págs. 773-75).
322. *Entremes de los Condes fingidos.* [«—¿Tu has de fingirte conde? ¿Estas borracho?...»]. (Págs. 775-80).
323. *Entremes: El sueño del perro.* [«—¡Que soy casada!...»]. (Págs. 780-82).
324. *Entremés del Burlon.* [«—Si es de participantes tal belleza...»]. (Páginas 738-87).
325. *Entremes y baile del Invierno y el Verano.* [«—Ya se salen de si mismos...»]. (Págs. 787-88).
326. *Entremes de Las Damas del vellon.* [«—Don Tufo ¿es eso que decis de veras?...»]. (Págs. 788-90).
327. *Entremes de las calles de Madrid.* [«—¡Ah, caballero! —¿Es a mí? —A vos mismo...»]. (Págs. 791-94).
328. *Entremes del Enfermo.* [«—Poco á poco se muere mi marido...»]. (Págs. 794-97).
329. *Entremés de la Melindrosa.* [«—Trampa con guardainfante...»]. (Páginas 797-800).
330. *Entremes del Angulo.* [«—Ande vuesa merced, sor Polvareda...»]. (Páginas 800-3).
331. *Entremes del Convidado.* [«—¡Hay cosa ya mas fiera!...»[. (Páginas 203-7).
332. *Entremes de la Antojadiza.* [«—Lindo humor gastas hoy, doña Tiburcia...»]. (Págs. 807-9).
333. *Entremés de las cuentas del Desengaño.* [«—Que este vuesamerced, señor Cuidado...»]. (Págs. 809-13).
334. *Entremes de Los Escuderos y el Lacayo.* [«—Quédese la cena y cama...»]. (Págs. 813-15).
335. *Entremes de las Nueces.* [«Suelta la capa, diablo. —¿Como suelta?...»]. (Págs. 815-18).
336. *Entremés del Mayordomo.* [«¿Este papel os dió doña Lucia?...»]. (Páginas 818-22).
337. *Baile del Aceitunero.* [«—Cortesanos boquidulces...»]. (Págs. 822-23).
338. *Baile cantado de Al cabo de los bailes mil.* [«—Al cabo de los bailes mil...»]. (Págs. 823-25).
339. *Baile del Alcalde del Corral.* [«Atencion, que al mundo viene...»]. (Págs. 825-27).
340. *Baile del Caballero novel y 2.ª parte, del doctor Luis Velez de Benavente.* [«—Esta mañana con Bras...»]. (Págs. 827-28).
341. *Baile de la Casa al revés y los vocablos.* [«—¡Jesús! como cuando truena...»]. (Págs. 828-29).
342. *Baile de los gallos.* [«—Yo soy maestro de niños...»]. (Págs. 829-30).
343. *Baile del Mundo.* [«—Yo soy un hombre, señores...»]. (Págs. 831-32).

344. *Baile del Poeta de bailes*. [«—Ayer me fingi doctor...»]. (Págs. 832-34).
345. *Segunda parte del Baile del poeta de bailes y el letrado*. [«—Como son mis letras unas...»]. (Págs. 834-35).
346. *Baile de Rompe Amor, las flechas*. [«—Déjame quejar, Marica...»]. (Págs. 835-36).
347. *Baile de la Ronda de amor*. [«—Yo soy el Amor, Justicia...»]. (Páginas 837-38).
348. *Baile de los Zaparrastrones*. [«—Ya murieron Menga y Bras...»]. (Págs. 838-39).
349. *Baile de Bras y Menga*. [«—Ya murieron Menga y Bras...»]. (Páginas 839-40).
350. *Loa famosa entre la Iglesia y el Celo*. [«—Celo de la religion...»]. (Páginas 840-41).
351. *Jácara nueva de la Plemática*. [«—Pues murió mi guardainfante...»]. (Págs. 841-42). Adicion.
Adición.
352. *Entremés de los Sordos. Para fiesta del Corpus*. [«—¡Valgame Dios, qué fuego, qué calores!...»]. (Páginas 843-47).

270

COLECCION general de comedias escogidas del teatro antiguo español, con el examen crítico de cada una de ellas. Madrid. Imp. de Ortega y Cía. 1826-34. 59 cuadernos que forman 26 tomos y 7 cuadernos o medios tomos.

«Salió por suscrición en cuadernos que contenían dos comedias ó medio tomo... El examen crítico que va a continuación de cada comedia se debe a... Agustín Duran, Manuel García Suelto y Eduardo de Gorostiza; los dos primeros, y especialmente el Sr. García Suelto, fueron los que hicieron el mayor trabajo, el último tomó en él muy poca parte.» (Hidalgo, *Diccionario de Bibliografía española*, I, página 488).

—Bances Candamo, Francisco.

Tomo I:

1. *El sastre del Campillo*.
2. *Por su rey y por su dama*.
3. *El duelo contra su dama*.
4. *El esclavo en grillos de oro*.

—Calderón de la Barca, Pedro.

Tomo I:

5. *No hay burlas con el amor*.
6. *La dama duende*.
7. *No siempre lo peor es cierto*.
8. *Mañanas de abril y mayo*.

Tomo II:

9. *El astrólogo fingido*.
10. *Dar tiempo al tiempo*.
11. *El Tetrarca de Jerusalen*.
12. *Cuál es mayor perfección*.

Tomo III:

13. *Los empeños de un acaso*.
14. *Casa con dos puertas, mala es de guardar*.
15. *Amigo, amante y leal*.
16. *La cisma de Inglaterra*.

Tomo IV (incompleto):

17. *Peor está que estaba*.
18. *Mejor está que estaba*.

—Cañizares, José de.

Tomo I:

19. *El dómine Lucas*.
20. *El honor da entendimiento y el más bobo sabe más*.
21. *El picarillo en España*.
22. *De los hechizos de amor, la música es el mayor*.

Tomo II:

23. *Por acrisolar su honor, competidor hijo y padre*.
24. *Abogar por su ofensor y baron del Pinel*.
25. *La más ilustre fregona*.
26. *La heroica Antona García*.

—Cubillo de Aragón, Alvaro.

Tomo I:

27. *Las muñecas de Marcela*.
28. *La perfecta casada, prudente, sabia y honrada*.
29. *El señor de noches buenas*.
30. *El amor como ha de ser*.

—Leyba, Francisco de.

Tomo I (incompleto):

31. *Cuando no se aguarda y príncipe tonto*.
32. *La dama presidente*.

—Matos Fragoso, Juan de.

Tomo I:

33. *El yerro del entendido.*
34. *El galán de su mujer.*
35. *Callar siempre es lo mejor.*
36. *La dicha por el desprecio.*

Tomo II (incompleto):

37. *Ver y creer.*
38. *Lorenzo me llamo.*

—Mira de Amescua, Antonio.

Tomo I (incompleto):

39. *Galan, valiente y discreto.*
40. *La fenix de Salamanca.*

—Moreto, Agustín.

Tomo I:

41. *El lindo don Diego.*
43. *El rico hombre de Alcalá.*
44. *Trampa adelante.*

Tomo II:

45. *No puede ser.*
46. *De fuera vendrá quien de casa nos echará, o la tía y la sobrina.*
47. *El Caballero.*
48. *La ocasión hace al ladrón.*

Tomo III:

49. *La confusión de un jardín.*
50. *El parecido en la corte.*
51. *El defensor de su agravio.*
52. *El licenciado Vidriera.*

—Perez de Montalvan, Juan.

Tomo I:

53. *Cumplir con su obligación.*
54. *La toquera vizcaína.*
55. *No hay vida como la honra.*
56. *Ser prudente y ser sufrido.*

Tomo II (incompleto):

57. *Como a padre y como a rey.*
58. *La más constante mujer.*

—Rojas Zorrilla, Francisco de.

Tomo I:

59. *Del rey abajo ninguno.*
60. *Donde hay agravios no hay celos.*
61. *Entre bobos anda el juego.*
62. *Don Diego de noche.*

Tomo II:

63. *Lo que son mujeres.*
64. *Abrir el ojo.*
65. *El desdén vengado.*
66. *Progne y Filomena.*

—Ruiz de Alarcón, Juan.

Tomo I:

67. *Ganar amigos.*
68. *La verdad sospechosa.*
69. *El examen de maridos.*
70. *Las paredes oyen.*

Tomo II:

71. *Los empeños de un engaño.*
72. *Quién engaña más a quién.*
73. *Nunca mucho costó poco, los pechos privilegiados.*
74. *El tejedor de Segovia.* Segunda parte.

—Solís y Rivadeneyra, Antonio.

75. *Un bobo hace ciento.*
76. *El amor al uso.*
77. *El docto Carlino.*
78. *La gitanilla de Madrid.*

—Tirso de Molina.

Tomo I:

79. *El vergonzoso en palacio.*
80. *Por el sótano y el torno.*
81. *Celos con celos se curan.*
82. *Don Gil de las calzas verdes.*

Tomo II:

83. *El amor y la amistad.*
84. *La mujer por fuerza.*
85. *Amar por razón de Estado.*
86. *La huerta de Juan Fernandez.*

Tomo III:

87. *Amar por señas.*
88. *No hay peor sordo que el que no quiere oír.*
89. *Escarmientos para el cuerdo.*
90. *La elección por la virtud, Sisto Quinto.*

Tomo IV (incompleto):

91. *Todo es dar en una cosa y hazañas de los Pizarros.* Primera parte.
92. *La romera de Santiago.*

—Vega, Lope de.

Tomo I:

93. *Los milagros del desprecio.*
94. *La esclava de su galán.*
95. *El premio del bien hablar.*
96. *El mayor imposible.*

Tomo II:
97. *La hermosa fea.*
98. *Por la puente Juana.*
99. *Al pasar del arroyo.*
100. *El perro del hortelano.*

Tomo III:
101. *Las flores de don Juan, y rico y pobre trocados.*
102. *¡Si no vieran las mujeres!*
103. *La boba para los otros y discreta para sí.*
104. *Las bizarrías de Belisa.*

Tomo IV:
105. *Lo que ha de ser.*
106. *El molino.*
107. *La dama melindrosa.*
108. *Los locos de Valencia.*

—Vélez de Guevara, Luis.

Tomo I (incompleto):
109. *Reinar después de morir.*
110. *El hollero de Ocaña.*

—Zamora, Antonio de.

Tomo I:
111. *El hechizado por fuerza.*
112. *No hay plazo que no se cumpla ni deuda que no se pague.*
113. *No hay mal que por bien no venga, Don Domingo de Don Blas.*
114. *Mazariegos y Monsalves.*

—Zárate, Fernando de.

Tomo I:
115. *Quien habla mas obra menos.*
116. *Mudarse por mejorarse.*
117. *El maestro de Alejandro.*
118. *A lo que obligan los celos.*

Ejemplares:

MADRID. *Nacional.* U-11.226/58.

271

COMEDIAS escogidas de differentes Libros de los mas Celebres, é Insignes Poetas. Bruselas. Manuel Texera Tartaz. 1704. 2 hs. + las comedias con fol. propia. 21,5 cm.

—Tabla.
—Dedicatoria a D. Manuel de Belmonte, Barón de Belmonte, etc., por Manuel Texera Tartaz.

1. *El deffensor de su agravio. De Agustín Moreto.* [«—Nada que hablas te he de oir...»]. 17 fols.
2. *El Conde de Sex. De Juan de Matos Fragoso.* [«—Muere tirana. —Há traydores!...»]. 16 fols.
3. *El Alcazar del Secreto. De Antonio de Solís.* [«—Amor, donde irá el desseo...»]. 16 fols.
4. *El Desden con el Desden. De Agustín Moreto.* [«—Yo he de perder el sentido...»]. 16 fols.
5. *El maestro de Alexandro. De Fernando de Zarate.* [«—El Gran Príncipe Alexandro...»]. 18 fols.
6. *El valiente Pantoja. De Agustín Moreto.* [«Vuestros augmentos Don Lope...»]. 12 fols.
7. *La misma Consiencia* (sic) *acusa. De Agustín Moreto.* [«—Prodigio hermoso, ligera...»]. 17 fols.
8. *Casarse por vengarse. De Francisco de Rojas.* [«—Pardo rizco (*sic*) de Sauzes Coronado...»]. (Fols. 18-38).
9. *Lorenso* (sic) *me llamo. De Juan de Matos Fragoso.* [«—Cierra essa puerta Lucia...»]. 19 fols.
10. Francisco Bances Candamo. *El esclavo en grillos de oro.* [«—En hora dichosa llegue...»]. 20 fols.
11. *El luzero de Castilla y Luna de Aragon. De Luis Velez de Guevara.* [«—Señor Don Tello, no puedo...»]. 14 fols.
12. *El mas improprio verdugo, por la mas justa vengança. De Francisco de Roxas.* [«—Arrojadle de la escala...»]. 18 fols.

Ejemplares:

LONDRES. *British Museum.* 87.c.6; 11725.d.—MADRID. *Nacional.* R-10.845 (con ex-libris de Gayangos).

272

[*COMEDIAS de los mejores y mas insignes poetas de España*]. [Lisboa]. [1652]. 242 fols. 4.°

«Mi ejemplar solo tiene las 242 hojas foliadas, faltándole por entero los preliminares, así pues, ignoro el verdadero título que he puesto por los apuntes del Sr. Durán» (Salvá).

1. *El príncipe constante, de Pedro Calderón.* [«—Cantad aquí, que ha gustado...»]. (Fols. 1*r*-18*v*).
2. *El Conde Alarcos, de Guillem de*

Castro. [«—Buelue a mi cuello esos lazos...»]. (Fols. 19*r*-37*v*).
3. *El perfeto cavallero, de Guillem de Castro.* [«—Valgame Dios! no hay pensar...»]. (Fols. 39*r*-60*v*).
4. *La batalla del honor, de Lope de Vega.*
5. *Reynar despues de morir, de Luis Velez de Guevara.* [«—Soles, pues sois tan hermosos...»]. (Fols. 85*r*-100*v*).
6. *Lo que puede la porfía, de Antonio Coello.* [«—Esta es mucha liuiandad...»]. (Fols. 101*r*-118*r*).
7. *Lo que son iuizios del cielo, de Iuan Perez de Montalvan.* [«—Ya no me quiero vestir...»]. (Folios 119*r*-134*v*).
8. *Errar principios de amor, de Pedro Rosete Niño.* [«—Que erraste el primer papel...»]. (Fols. 135*r*-152*v*).
9. *La mayor hazaña del emperador Carlos V, de Diego Ximenez de Enciso.* [«—Sea vuestra Mogestad muy bien llegado...»]. (Fols. 153*r*-180*v*).
10. *Lances de Amor y Fortuna, de Pedro Calderón.* [«—Gracias a Dios que he llegado...»]. (Fols. 181*r*-202*v*).
11. *Embidias vencen fortunas, de Christoval de Monroy y Silva.* [«—Al arma, caualleros...»]. (Fols. 203*r*-222*v*).
12. *El exemplo mayor de la desdicha, de Lope de Vega Carpio.* [«—Como tus hechos diuinos...»]. (Fols. 223*r*-242*v*).

V. *Catálogo de la biblioteca de Salvá,* I, n.º 1.190.

Ejemplares:

MADRID. *Nacional.* R-4.432 (con ex-libris de Salvá y Heredia. Falto de portada, de preliminares y de la comedia n.º 4).

273

COMEDIAS nuevas de los mas celebres Autores y realzados Ingenios de España. Amsterdam. A costa de David Garcia Henriquez. [s. i.]. 1726. 2 hs. + 506 págs. a 2 cols. 20 cm.

—Dedicatoria a D. Manuel Ximenez, Baron de Belmonte.
—Tabla.

1. *La judia de Toledo. Comedia... de Juan Bautista Diamante.* [«—Suspende de tus ojos...]. (Págs. 1-42).
2. *Los trabajos de David, y finezas de Michol. Comedia del Licdo. Gaspar Lozano Montesino.* [«—Templad, hermanos, las iras...»]. (Págs. 43-88).
3. *Manases rey de Judea. Comedia... de Juan de Horozco.* [«—Padre y señor que tristeza...»]. (Págs. 91-123).
4. *La creación de el mundo, y primer culpa del hombre. Comedia famosa de Lope de Vega Carpio.* [«—Qué atrevidos pensamientos...»]. (Págs. 129-56).
5. *Judas Macabeo, comedia famosa de Pedro Calderón de la Barca.* [«—Quando alegre viene...»]. (Páginas 157-96).
6. *Comedia nueva. El Sol obediente al hombre. De Garcia Aznar Belez S. (sic).* [«—Embestid, fuertes Soldados...»]. (Págs. 197-243).
7. *El sitio de Betulia. Comedia famosa, de un ingenio desta Corte.* [«—Sacro hijo de Cambises...»]. (Páginas 245-91).
8. *La gran comedia del Bruto de Babilonia. De Juan de Matos, Agustin Moreto, Geronimo Cancer.* [«—Ioachin y Susana...»]. (Págs. 293-331).
9. *Los cabellos de Absalon. Comedia famosa, de Pedro Calderon.* [«—Buelve felismente...»]. (Págs. 333-76).
10. *Comedia famosa. La prudente Abigail, de Antonio Enriquez Gomez.* [«—Quien eres joven gallardo?...»]. (Págs. 377-415).
11. *Comedia famosa, El divino nazareno Sanson. Del Dr. Juan Perez de Montalvan.* [«—Vivo no ha de quedar ningun Soldado...»]. (Págs. 417-58).
12. *La fuerza lastimosa. Comedia famosa, de Lope de Vega Carpio.* [«Si por sendas tan estrechas...»]. (Páginas 461-506).

V. *Catálogo de la biblioteca de Salvá,* I, n.º 1.191.

Ejemplares:

MADRID. *Nacional.* R-10.914 (con ex-libris de Gayangos); T-10.805.

274

[*CUATRO*] *Qvatro Comedias de diversos avtores, cuyos nombres hallaran en la plana siguiente. Recopiladas por Antonio Sanchez.* Córdoba. Francisco de Cea. 1613. 2 hs. + (?) fols. 14,5 cm.

—Las Comedias contenidas en este libro, son las siguientes.
—Erratas.
—Aprovación del Dr. Cetina.
—Tassa.
—Licencia.

1. *Las firmezas de Ysabela. De Luis de Gongora.* [«—De que seno infernal, o pensamiento...»]. (Fols. 1*r*-73*v*).
2. *Los Iacintos, y celoso de si mismo. De Lope de Vega Carpio.* [«Estos los sauces son, esta la fuente...»]. (Fols. 74*r*-135*v*).
3. *Las burlas, y enrredos de Benito.* [«—Muera, muera, o vaya presso...»]. (Fols. 136*r*-188*r*).
4. *El lacayo fingido. De Lope de Vega Carpio.* [«—Fuego, fuego. —Donde, donde?...»]. (Fols. 188*v*-?).

Ejemplares:

MADRID. *Nacional.* R-11.181 (falto de los fols. 249 y sigs.).

275

CUATRO Comedias. Edited with notes and vocabulary by John M. Hill and Mabel Margaret Harlan. Nueva York. Norton. 1941. VIII + 699 págs. 21,5 cm.

—Preface.

1. Lope de Vega. *Peribañez y el Comendador de Ocaña.*
2. Ruiz de Alarcón. *No hay mal que por bien no venga.*
3. Tirso de Molina. *El burlador de Sevilla.*
4. Calderón de la Barca. *No siempre lo peor es cierto.*

Crítica:

a) Entwistle, W. J., en *The Modern Language Review*, XXXVII, Cambridge, 1942, págs. 101-2.
b) Heaton, H. C., en *Hispanic Review*, X, Filadelfia, 1942, págs. 73-79.

Ejemplares:

MADRID. *Centro de Estudios sobre Lope de Vega.*

276

DOZE Comedias las mas grandiosas qve hasta aora han salido, de los mejores, y más insignes Poetas. Aora de nueuo impressas. Lisboa. Pablo Craesbeeck. A costa de Felipe George. 1653. 4 hs. + 498 págs. 19,5 cm.

—Licenças.
—Dedicatoria a Antonio Pestana de Miranda, Escriuão do Crime da Corte, por Felipe George. (En portugués).
—Títulos de las doze Comedias...

1. *El Caín de Cataluña. De Francisco de Roxas.* [«—Deshonra buenos, vergante...»]. (Págs. 1-47).
2. *El Príncipe perseguído. De Agustín Moreto.* [«—Iuan Basilio, Señor nuestro...»]. (Págs. 49-94).
3. *El Principe prodigioso. De Iuan de Matos.* [«—Mueran Soliman, y Azen...»]. (Págs. 95-138).
4. *El garrote más bien dado. De Pedro Calderón.* [«—Cuerpo de Christo con quien...»]. (Págs. 139-74).
5. *La Luna de la Sierra. De Luis Velez de Guevara.* [«—Cartas de la Reyna son...»]. (Págs. 175-222).
6. *A gran daño gran remedio. De Gerónimo de Villaizán.* [«—Esperad, sed más cortés...»]. (Págs. 223-69).
7. *El Cavallero de Olmedo. Burlesca.* [«—La noche está muy cerrada...»]. (Págs. 271-94).
8. *El pleito que puso al diablo el Cura de Madrilejos. De tres ingenios.* [«—Quedense huera las Cruzes...»]. (Págs. 295-338).
9. *El privado perseguido.* [«—Señor don Tello, no puedo...»]. (Págs. 339-78).
10. *Zelos no ofenden al Sol. De Antonio Enríquez Gomez.* [«—La Quinta, señor, es esta...»]. (Págs. 379-420).
11. *Competidores y Amigos. De Antonio de Huerta.* [«—Pues que mejor ocasión...»]. (Págs. 421-58).
12. *El guardarse a sí mismo. De Pedro Calderón.* [«—Precipitado buelo...»]. (Págs. 459-98).

V. *Catálogo de la biblioteca de Salvá*, I, n.º 1.226.

Ejemplares:

MADRID. *Nacional.* R-13.720 (con exlibris de Gayangos).

277

—— *Segunda parte.* Lisboa. Pablo Craesbeeck. A costa de Iuan Leite Pereira. 1647. 3 hs. + 301 fols. 19,5 cm.

—Licenças.
—Tabla...
—Dedicatoria a D. Rodrigo de Menezes, por Leste Pereira. (En portugués).

1. *La más constante muger. De Iuan Perez de Montalván.* [«—No has de salir, viue el cielo...»]. (Fols. 1*r*-22*r*).
2. *El Polyfemo. De Pedro Calderón.* [«—Sagrado Dios Neptuno...»]. (Folios 23*r*-42*v*).
3. *El castigo sin vengança. Tragedia. De Lope de Vega.* [«—Linda burla. —Por estremo...»]. (Fols. 43*r*-64*r*).
4. *Donde ay valor ay honor. De Diego de Rosas.* [«—Con estas muestras de amor...»]. (Fols. 65*r*-80*v*).
5. *Los amantes de Teruel. De Iuan Perez de Montalvan.* [«—Viote mi padre? —No sé...»]. (Fols. 81*r*-102*v*).
6. *Don Domingo de Don Blas. De Iuan de Alarcón.* [«—La casa no puede ser...»]. (Fols. 103*r*-122*r*).
7. *No ay vida como la honra. De Iuan Perez de Montalvan.* [«—Que dizes de mi fortuna?...»]. (Fols. 123*r*-142*v*).
8. *El galan fantasma. De Pedro Calderón de la Barca.* [«—De vuestras señas llamado...»]. (Fols. 143*r*-166*v*).
9. *La dama duende. De Pedro Calderón de la Barca.* [«—Por un hora no llegamos...»]. (Fols. 167*r*-191*r*).
10. *La vida es sueño. De Pedro Calderón de la Barca.* [«—Ypogrifo violento...»]. (Fols. 192*r*-215*r*).
11. *Los Medicis de Florencia. De Diego Ximenez de Enciso.* [«—Dexa Isabela hermosa...»]. (Fols. 216*r*-243*r*).
12. *El Marques del Zigarral. De Alonso de Castillo y Solorzano.* [«—Estraña resolucion...»]. (Fols. 245*r*-263*v*).
13. *Los quatro galanes. Entremés de Lyus de Benauente.* [«—Muy bien venida seas, doña Fabia...»]. (Fols. 265*r*-268*r*).
14. *El duende. Entremés.* [«—A señora tapada, oyga, a quien digo?...»]. (Fols. 269*r*-270*v*).
15. *El sacristán Soguijo. Entremés.* [«—Ya le conocemos...»]. (Fols. 271*r*-273*r*).
16. *De los romances. Entremés.* [«—Diga señor Pero Tanto...»]. (Fols. 273*v*-276*v*).
17. *Los coches de Benavente. Entremés.* [«—Miente quien no dixere que soy linda...»]. (Fols. 277*r*-280*r*).
18. *Los alcaldes. Entremés. Primera parte.* [«—No me tenga Escriuano, no me tenga...»]. (Fols. 280*r*-283*v*).
19. *Los alcaldes. Segunda parte.* [«—Alcalde poco a poco, menos brío...»]. (Fols. 284*r*-287*r*).
20. *Los alcaldes. Tercera parte.* [«—Aqui del Rey, aqui de Dios señores...»]. (Fols. 287*v*-289*v*).
21. *Los alcaldes. Quarta parte.* [«—Por muertes de Domingo, y Mojarrilla...»]. (Fols. 290*r*-292*v*).
22. *El estudiante que se va a acostar. Entremés.* [«—Holgareme que trates de vengança...»]. (Fols. 293*r*-295*v*).
23. *Los huebos. Entremes.* [«—Aqui justicia de Dios...»]. (Fols. 296*r*-299*v*).
24. *El despedido. Entremés.* [«—Vaya vuested con Dios, señor Turrada...»]. (Fols. 299*v*-301*v*).

Ejemplares:

MADRID. *Nacional.* R-12.260 (con exlibris de Gayangos).

278

DOZE Comedias las mas famosas que hasta aora han salido de los meiores y mas insignes Poetas. Tercera parte. Lisboa. Antonio Alvarez. 1649. 480 págs. 19 cm.

1. *Mas valiera callarlo que no dezirlo, de Geronymo de Villayzan.* [«—Don Iuan mi bien, ay de mí!...»]. (Páginas 1-39).
2. *A un tiempo rey y vassallo, de tres ingenios.* [«—Dexame, Siluia, morir...»]. (Págs. 41-70). *Pintura a una dama, por Geronymo Cancer.* [«—Oye, Amarilis discreta...»]. (Págs. 70-71).
3. *Mudanças de la fortuna y firmezas del amor, de Christoval de Monroy.* [«—Varonil osadía...»]. (Págs 71-109).
4. *Lo mas priva lo menos, de Diego Antonio de Cifontes.* [«—El tuyo le dí a Isabel...»]. (Págs. 111-49).
5. *Engañar para reynar, de Antonio*

Enriquez Gomez. [«—Por aqui va el jauali...»]. (Págs. 151-96).
6. *Todo sucede al reves, de Pedro Rosete Niño.* [«—Viuan los Medices, viuan...»]. (Págs. 197-238).
7. *Babilonia de Amor, de Fadrique de la Camara.* [«—Ya estas en Madrid. —En él...»]. (Págs. 239-80).
8. *Don Florisel de Niquea, de Iuan Perez de Montaluan.* [«—No has de passar adelante...»]. (Págs. 281-328).
9. *Por el esfuerço la dicha, de Antonio Coello.* [«—Echale por el balcón...»]. (Págs. 329-71).
10. *Amor, ingenio y muger, del Dr. Mira de Mescua.* [«—Solo a vuestra Magestad...»]. (Págs. 373-408).
11. *Galán, tercero y marido, de Alonso de Sousa.* [«—Poca noticia nos dan...»]. (Págs. 409-43).
12. *No hay culpa donde ay amor, del Br. Iuan de Vega Beltrán.* [«—O soledad serena...»]. (Págs. 445-80).

V. La Barrera, *Catálogo,* pág. 708.

Ejemplares:

MADRID. *Nacional.* R-10.991.

279

DOZE Comedias famosas, de qvatro poetas natvrales de la insigne y coronada civdad de Valencia. Valencia. Aurelio Mey. 1609. 4 hs. + sin fol. 4.°

Según Salvá, algunos ejemplares llevan la fecha de 1608.

V. *Catálogo de la biblioteca de Salvá,* I, n.° 1.357.

280

DOZE Comedias famosas, de qvatro poetas naturales de la Insigne y Coronada Ciudad de Valencia. Barcelona. Sebastián de Cormellas. 1609. Sin fol. 21 cm.

—Aprobacion de Gaspar Escolano.
—Licencia del Vicario General.
—Dedicatoria en verso a D. Luys Ferrer y Cardona, por Aurelio Mey. [«Las Musas Griegas, cuyas hijas fueron...»].
—Tabla.

1. *La famosa comedia del Prado de Valencia... Por el Canonigo Tarrega.*
a) *Loa.* [«Rompe por el ancho mar...»].
b) *Comedia.* [«—Si te vas porque me dexas?...»].
2. *La famosa comedia del esposo fingido... Por el Canonigo Tarrega.* [«—Al fin Theodosia querida...»].
3. *La famosa comedia del Cerco de Rodas... Por el Canonigo Tarrega.* [«—Tanto valor acompaña...»].
4. *La famosa comedia de la perseguida Amaltea... Por el Canonigo Tarrega. Loa.* [«Por las cumbres de los montes...»]. *Comedia.* [«—Gallardamente ha corrido...»].
5. *La famosa comedia de la sangre leal de los montañeses de Navarra... Por el Canonigo Tarrega.* [—«Español deten la espada...»].
6. *La famosa comedia de las svertes trocadas y torneo venturoso... Por el Canonigo Tarrega. Loa.* [«Surcando del mar furioso...»]. *Comedia.* [«—Parecieron bien las fiestas?...»[.
7. *La famosa comedia de la gitana melancolica, por Gaspar Aguilar.*
a) *Loa.* [«Cubierta de o;os pintan a la Fama...»].
b) *Comedia.* [«Tu te acuerdas peleando...»].
8. *La famosa comedia de la nuera humilde... Por Gaspar Aguilar.*
a) *Loa.* [«Honras, cargos, dignidades...»].
b) *Comedia.* [«—Bolo mucho. —Bolo tanto...»].
c) *Decimas.* [«Que locura, o frenesí...»].
9. *Comedia famosa de los amantes de Cartago... Por Gaspar Aguilar.*
a) *Comedia.* [«—Haz luego lo que te digo...»].
b) *Loa.* [«No el Sitio desta Ciudad...»].
10. *La famosa comedia del Amor constante... Por Guillem de Castro.*
a) *Loa.* [«No salgo a pedir que callen...»].
b) *Comedia.* [«—Dexa el pesar. —Con dexarme...»].
c) *Disputa entre El, y Tu.* [«Un amigo me conto...»]. (Con varios sonetos intercalados).
11. *Famosa comedia del Cavallero bobo. De Guillem de Castro.* [«—Estraña cosa. —Notable...»].
12. *La famosa comedia del hiio (sic) obediente... por Miguel Beneyto.*

a) *Loa.* [«Armenios basilisco (*sic*)...»].
b) *Comedia.* [«—Yo te adoro. —Tu me adoras ...»].
c) *Entremes del Maestro de escuelas.* (*En prosa*).

V. *Catálogo de la biblioteca de Salvá,* I, n.º 1.358.

Ejemplares:

MADRID. *Nacional.* R-10.644 (con ex-libris de Gayangos).

281

——— Madrid. Miguel Serrano de Vargas. A costa de Miguel Martínez. 1614. 4 + 324 hs. con grabs. 4.º

Lleva una aprobación del Dr. Francisco Sánchez de Villanueva.

V. *Catálogo de la biblioteca de Salvá,* I, n.º 1.359; Pérez Pastor, *Bibliografía madrileña,* II, n.º 1.273.

Ejemplares:

MADRID. *Nacional.* R-4.504; R-11.769.

282

DOCE comedias... las más famosas que hasta ahora han salido... Primera parte. Colonia Agripina. 1697.

Cit. en Montaner, *La colección teatral de D. Arturo Sedó,* pág. 43.

Ejemplares:

BARCELONA. *Particular de D. Arturo Sedó.*

283

DOZE Comedias nvevas de Lope de Vega Carpio, y otros avtores. Segvnda parte. Barcelona. Geronimo Margarit. 1630. Cada comedia con num. propia.

—Las Comedias que se ofrecen en este libro son las siguientes.

1. *Mas merece quien más ama.*
2. *Las dos vandoleras, y fvndacion de la Santa Hermandad de Toledo. De Lope de Vega Carpio.* [«—Marche a Malagón la gente...»]. 24 fols.
3. *Olvidar para vivir. De Miguel Vermudez.* [«—No os espante, que me admire...»]. 20 fols.
4. *El hijo por engaño, y toma de Toledo. De Lope de Vega Carpio.* [«—Rindete Alfonso a tu hermano...»]. 22 fols.
5. *La locura cuerda. Por Iuan de Silva Correa.* [«—Ya mi bien el Alva hermosa...»]. 20 fols.
6. *Los Medicis de Florencia. Por Diego de Anciso* (sic). [«—Dexa Isabela hermosa...»]. 28 fols.
7. *El burlador de Sevilla, y combidado de piedra Del M.º Tirso de Molina.* [«—Duque Octauio, por aquí...»]. (Fols. 61-82).
8. *Marina la porquera. Del Br. Andrés Martin Carmona.* [«—Dime, cuya es essa carta?...»]. 20 fols.
9. *La desdichada Estefanía. De Lope de Vega Carpio.* [«—Contento en estremo estoy...»]. 12 fols.
10. *El pleito por la honra. De Lope de Vega Carpio.* [«Por largos años, por felizes días...»]. 20 fols.
11. *Deste agua no beveré. Por Andres de Claramonte.* [«—Coman los cauallos, que oy...»]. (Fols. 41-60).
12. *Lusidoro aragones. De Ioan de Villegas.* [«—Digo Fenisa ques cierto...»]. (Sin fol.).

Ejemplares:

MADRID. *Nacional.* R-23.136.

284

DOCE comedias de varios Autores. Tortosa. Francisco Murtorell. 1638. Port. + 1 h. blanca + 261 fols. + 49 hs. 19,5 cm.

1. *La tragedia de la hija de Gepte.* [«—Amigos teneos...»]. (Fols. 1*r*-21*r*).
2. *El santo sin nacer, y martir sin morir, que es San Ramon Nonat.* [«—Muera el engañador...»]. (Folios 22*r*-45*v*).
3. *El primer Conde de Orgaz, y seruicio bien pagado.* [«—Salue Imperial Toledo, a cuya silla...»]. (Fols. 46*r*-96*r*).
4. *El cerco de Tunez y ganada de la Goleta por el emperador Carlos quinto. Del Licdo. Iuan Sanchez.* [«—Honrad el puerto de Tunez...»]. (Folios 97*r*-120*v*).
5. *La isla barbara. De Lope de Vega Carpio.* [«—Tened, despacio, aguardá, aguardá, espera...»]. (Fols. 121*r*-148*v*).

6. *El renegado Zanaga. Por el Licdo. Bernardino Rodríguez.* [«—Entra y cierra el aposento...»]. (Fols. 149r-172v).
7. *Segunda parte del cosario Barbarroja, y huerfano desterrado. Por el Licdo. Iuan Sanchez.* [«—Abrid Genizaros perros...»]. (Fols. 173r-189v).
8. *Los celos de Rodamonte. Del Dr. Mira de Mescua.* [«—Tente hermano Mandricardo...»]. (Fols. 191r-218v).
9. *La bienaventurada Madre Santa Teresa de Iesus, Monja Descalça de nuestra Señora del Carmen. De Luys Velez de Gueuara.* [«—Obscura noche. se previenen...»]. (Fols. 219r-240r).
10. *El cerco de Tremecen. De Guillen de Castro.* [«—Muestra el papel...»]. (Fols. 241r-261v).
11. *El espejo del mundo. De Luys Velez de Gueuara.* [«Obscura noche. —Estremada...»].
12. *Tragedia de D.ª Ynes de Castro, reyna de Portugal. Del Licdo. Mexia de la Cerda.* [«—Donayre de mí? —No hago...»].

Ejemplares:

MADRID. *Nacional.* R-23.135.

285

DOS Comedias Famosas y un Auto Sacramental basados principalmente en La Araucana de Ercilla, anotados y precedidos de un Prólogo sobre la Historia de América como fuente del Teatro antiguos Español por J. T. Medina. Santiago. Imp. Barcelona. 1917. 149 + 292 págs. 24.5 cm.

—Prólogo. (Págs. 1-149).
—El gobernador prudente, de Gaspar de Avila. (Págs. 1-113).
—La belligera española, de Ricardo de Turia. (Págs. 115-251).
—La Araucana, de Lope de Vega. (Páginas 253-92).

Ejemplares:

MADRID. *Nacional.* T-22.932.

286

DRAMATIC Theory in Spain. Extracts from Literature before and during the Golden Age. Edited by H. J. Chaytor. Cambridge. University Press. 1925. XVI + 63 págs. 19 cm.

Ejemplares:

MADRID. *Consejo. Patronato «Menéndez y Pelayo».* LE-1.908.

287

DRAMATICOS contemporaneos a Lope de Vega. Colección escogida y ordenada... por Ramón de Mesonero Romanos. Madrid. Rivadeneyra. 1857-58. 2 vols. 25 cm. (Biblioteca de Autores Españoles, XLIII, XLV).

Tomo I:

—Discurso preliminar.
—Apuntes biográficos y críticos.
Comedias:
—Sanchez (el Divino), Miguel.
1. *La guarda cuidadosa.*
a) *Loa famosa, en alabanza de los males.* [«Son los ingenios humanos...»]. (Pág. 1).
b) *El baile de la Maya.* [«El primero día de Mayo...»]. (Pág. 2).
c) *Comedia.* [«—Principe ¿tantas mercedes...»]. (Págs. 3-30).
—Tarrega (Canonigo).
2. *El Prado de Valencia.*
a) *Loa.* [«Rompe por el ancho mar...»].
b) *Comedia.* [«—Si te vas ¿porque me dejas?...»]. (Págs. 32-54).
3. *La sangre leal de los montañeses de Navarra.* [«Español, deten la espada...»]. (Págs. 55-75).
4. *La duquesa constante.*
a) *Loa.* [«No sé que triste sino o que planeta...»]. (Pág. 77).
b) *Comedia.* [«—Hagan alto esas banderas...»]. (Págs. 78-95).
5. *La enemiga favorable.*
a) *Loa en alabanza de las mujeres feas.* [«Yendo á ver las luminarias...»]. (Págs. 97-98).
b) *Baile en Leganitos.* [«—Sol de Leganitos...»]. (Págs. 98-99).
c) *Comedia.* [«¡Rica librea! —Aparta, aparta, afuera...»]. (Págs. 100-22).
—Aguilar, Gaspar.
6. *El mercades amante.*
a) *Prologo o loa.* [«Matilde, condesa hermosa...»]. (Págs. 123-24).

b) *Comedia.* [«Muerde esa lengua traidora...»]. (Págs. 125-42).
7. *La gitana melancolica.*
a) *Loa.* [«—Cubierta de ojos pintan a la Fama...»]. (Pág. 143).
b) *Comedia.* [«—¿Tu te acuerdas, peleando...»]. (Págs. 144-62).
8. *La venganza honrosa.*
a) *Loa famosa de la lengua.* [«El retintín de las aves...»]. (Págs. 163-64).
b) *Baile de la boda de Fuencarral.* [«Casaron en Fuencarral...»]. (Página 164).
c) *Comedia.* [«—Déjame morir. —Señor...»]. (Págs. 165-85).
—Boil Vives de Canesma, Carlos.
9. *El marido asegurado.*
a) *Loa donde se nombran todas las damas de Valencia.* [«Apenas, famosisimo Senado...»]. (Págs. 187-88).
b) *Comedia.* [«Esto, Manfredo, has de hacer...»]. (Págs. 189-212).
—Turia, Ricardo de.
10. *La burladora burlada.*
a) *Loa contando un extraño suceso.* [«La diversidad de asuntos...»]. (Páginas 213-14).
b) *Comedia.* [«—¿Contra un noble asi, traidores...»]. (Págs. 215-37).
—Castro, Guillem de.
11. *Las mocedades del Cid.*
a) *Primera parte.* [«—Es gran premio a mi lealtad...»]. (Págs. 239-58).
b) *Segunda parte.* [«—Santiago, Santiago...»]. (Págs. 259-79).
12. *El amor constante.*
a) *Loa.* [«No salgo a pedir que callen...»]. (Pág. 281).
b) *Comedia.* [«—Deja el pesar. —Con dejarme...»]. (Págs. 282-302).
13. *La piedad en la Justicia.* [«—Ahi vera mi pecho fiel...»]. (Págs. 303-23).
14. *El Narciso en su opinion.* [«¿Fue un paje con el recaudo...»]. (Páginas 325-45).
15. *La fuerza de la costumbre.* [«—¿Qué novedades son estas...»]. (Páginas 347-66).
16. *Los mal casados de Valencia.* [«—Téngote infinito amor...»]. (Páginas 367-90).
—Mexía de la Cerda (Licdo.).
17. *Doña Ines de Castro, Reina de Portugal.* [«—¿Donaire de mí? —No hago...»]. (Págs. 391-410).
—Grajales, Juan.
18. *El Bastardo de Ceuta.*
a) *Loa famosa.* [«Mil ciudades arruinadas...»]. (Pág. 411).
b) *Baile del sotillo de Manzanares.* [«—¡Que bien brinca de aqui...»]. (Página 412).
c) *Comedia.* [«—Soñando esta todavia...»]. (Págs. 413-36).
—Salustrio del Poyo, Damian.
19. *La prospera fortuna del famoso Ruy Lopez de Avalos el Bueno.* [«—¿Por quién me olvida, Celinda...»]. (Págs. 437-63).
20. *La adversa fortuna del muy noble caballero Ruy Lopez de Avalos el Bueno.* [«—Don Gonzalo, mi señor...»]. (Págs. 465-89).
—Claramonte, Andres de.
21. *El valiente negro en Flandes.* [«—Vaya el perro. —No está el yerro...»]. (Págs. 491-509).
22. *Deste agua no beberé.* [«—Coman los caballos; que hoy...»]. (Págs. 511-27).
23. *De lo vivo a lo pintado.* [«—Volvedme, Conde, á abrazar...»]. (Páginas 529-47).
—Avila, Gaspar.
24. *El iris de las pendencias.* [«—¿Que es esto? —Tu hermana soy...»]. (Páginas 549-62).
25. *El valeroso español y primero de su casa.* [«—Déjame, Leonor, llorar...»]. (Págs. 563-81).

Tomo II:

—Apuntes biográficos y críticos de los autores comprendidos en este tomo.
—Mira de Amescua.
26. *La rueda de la fortuna.*
a) *Loa.* [«Perdiose en un monte un rey...»]. (Pág. 1).
b) *Baile curioso y grave.* [«Despues que los castellanos...»]. (Pág. 2).
c) *Comedia.* [«—Invicto César famoso...»]. (Págs. 3-22).
27. *Galan, valiente y discreto.* [«—Despues que murió tu hermano...»]. (Páginas 23-37).
28. *No hay dicha ni desdicha hasta la muerte.* [«—Pienso que al arma han tocado...»]. (Págs. 39-56).
29. *Obligar contra su sangre.* [«—Ya, don Lope de Estrada, hemos llegado...»]. (Págs. 57-71).
30. *La Fenix de Salamanca.* [«—¡Qué! ¿no estas desengañada?...»]. (Págs. 73-94).
—Velez de Guevara, Luis.

31. *Mas pesa el rey que la sangre, y blason de los Guzmanes.* [«—Moro, mas preguntador...»]. (Págs. 95-108).
32. *Reinar despues de morir.* [«—Soles, pues sois tan hermosos...»]. (Páginas 109-23).
33. *Los hijos de la barbuda.* [«—Atravesá el cercado. —¡Ah caballeros!...»]. (Págs. 12542).
34. *El ollero de Ocaña.* [«—Hoy has de perder el seso...»]. (Págs. 143-58).
35. *El diablo está en Cantillana.* [«—Ninguno quede conmigo...»]. (Páginas 159-76).
36. *La luna de la sierra.* [«—Cartas de la Reina son...»]. (Págs. 177-97).
—Godinez, Felipe.
37. *Aun de noche alumbra el sol.* [«—Seas, Nebli, bien venido...»]. (Páginas 199-213).
—Ximénez de Enciso, Diego.
38. *Los Medicis de Florencia.* [«—Deja, Isabel la hermosa...»]. (Págs. 215-36).
—Herrera, Rodrigo de.
39. *Del cielo viene el buen rey.* [«—Sueño pesado y fuerte...»]. (Páginas 237-51).
—Herrera, Jacinto de.
40. *Duelo de honor y amistad.* [«—No sé, hermana, lo que siento...»]. (Páginas 253-67).
—Salas Barbadillo, Alonso Jeronimo de.
41. *Galan tramposo y pobre.* [«—Digo, Señor, que tu primo...»]. (Páginas 269-87).
—Castillo Solorzano, Alonso de.
42. *El mayorazgo figura.* [«—Extraña pasion de amor...»]. (Págs. 289-307).
43. *El Marqués del Cigarral.* [«—Extraña resolucion...»]. (Págs. 309-25).
—Belmonte Bermudez, Luis. de.
44. *El diablo predicador, y mayor contrario amigo.* [«—¡Ah del oscuro reino del espanto...»]. (Págs. 327-46).
45. *La renegada de Valladolid.* [«—¿Qué dices, necia? No quede...»]. (Págs. 347-66).
—Villaizan, Jeronimo de.
46. *Ofender con las finezas.* [«—No me aconsejes, Elvira...»]. (Págs. 367-83).
47. *Sufrir mas por querer mas.* [«—¿Qué puede quererme ahora...»]. (Págs. 385-402).
—Coello, Antonio.
48. *El Conde de Sex, o dar la vida por su dama.* [«—Muere, tirana. —¡Ah traidores!...»]. (Págs. 403-20).
—Hurtado de Mendoza, Antonio.
49. *El marido hace mujer y el trato muda costumbre.* [«—A pares andan las bodas...»]. (Págs. 421-36).
50. *Los empeños del mentir.* [«—En fin ¿que este es Madrid?...»]. (Páginas 437-55).
51. *Cada loco con su tema, o el montañés indiano.* [«—Esto ha de ser, vive el cielo...»]. (Págs. 457-76).
—Perez de Montalvan, Juan de.
52. *No hay vida como la honra.* [«—¿Qué dices de mí fortuna?...»]. (Págs. 477-94).
53. *La mas constante mujer.* [«—No has de salir, vive el cielo...»]. (Páginas 495-511).
54. *La toquera vizcaina.* [«—¿Hemos de pasar de aqui?...»]. (Págs. 513-31).
55. *Como padre y como rey.* [«—¿No ves que la discrecion...»]. (Págs. 533-49).
56. *Cumplir con su obligacion.* [«—En fin, ¿te casas? —¡Qué espero!...»]. (Págs. 553-70).
57. *Ser prudente y ser sufrido.* [«—Aguardando está el pintor...»]. (Páginas 571-85).
58. *La doncella de labor.* [«—Esta hoja es un diamante...»]. (Págs. 587-604).

Reimpresión: Tomo I. 1881.

Reimpresión: Tomo I. 1924.

Crítica:

a) Gil de Zárate, Antonio, en *Biblioteca de Autores Españoles*, XLVII, págs. XI-XIII.
b) Ríos, José Amador de los, en *La Crónica*, 1 de julio. Reproducida en ídem, págs. V-X.

Ejemplares:

MADRID. *Nacional*. R-5.671/72 [la 1.ª ed.].

288

DRAMATICOS posteriores a Lope de Vega. Colección escogida y ordenada, con un discurso, apuntes biográficos y críticos de los autores, noticias bibliográficas y catálogos, por Ramón de Mesonero Romanos. Madrid. Rivadeneyra. 1858-

59. 2 vols. 25 cm. (Biblioteca de Autores Españoles, XLVII, XLIX).

Tomo I:

—Apuntes biográficos y críticos de los autores comprendidos en este tomo y otros del mismo período. (Páginas XV-XXXV).

—Catálogo de los autores dramáticos, y alfabético de las comedias de cada uno. (Págs. XXXVII-LIII).

—Solís, Antonio de.

1. *El amor al uso.* [«—¿Viste a doña Clara bella?...»]. (Págs. 1-21).
2. *Un bobo hace ciento.* [«—Juanilla estaba con ella...»]. (Págs. 23-42).
3. *El doctor Carlino.* [«—El es sin duda. —Esta dama...»]. (Págs. 43-57).
4. *La gitanilla de Madrid.* [«—Como tan poco gustosa...»]. (Págs. 59-77).

—Cubillo de Aragón, Alvaro.

5. *El conde de Saldaña. Primera parte.* [«—Hoy, que la aldea has dejado...»]. (Págs. 79-95).
6. *Hechos de Bernardo del Carpio. Segunda parte de El conde de Saldaña.* [«—Cantad; que las penas mías...»]. (Págs. 97-110).
7. *La perfecta casada, prudente, sabia y honrada.* [«—Este es, Señor, mi cuidado...»]. (Págs. 111-25).
8. *Las muñecas de Marcela.* [«—Poned fuego á las puertas; ¡rompa el fuego...»]. (Págs. 127-44).
9. *El señor de Noches Buenas.* [«—Lástima tengo, Copete...».] (Páginas 145-60).
10. *El amor como ha de ser.* [«—Obedeciendo y callando...»]. (Págs. 161-77).
11. *El invisible príncipe del baul.* [«—Espero hablar al Príncipe, y espero...»]. (Págs. 179-97).

—Matos Fragoso, Juan de.

12. *El sabio en su retiro y villano en su rincón.* [«—¡Con qué estilo tan galán...»]. (Págs. 199-218).
13. *Lorenzo me llamo, y carbonero de Toledo.* [«—Cierra esa puerta, Lucía...»]. (Págs. 219-39).
14. *El galan de su mujer.* [«—¿No me dirás, por tu vida...»]. (Págs. 241-59).
15. *El yerro del entendido.* [«—Viva el invicto Alejandro...»]. (Págs. 261-81).
16. *Ver y creer.* [«—Vuestra alteza, gran señor...»]. (Págs. 283-301).
17. *Callar siempre es lo mejor.* [«—Hermoso dueño mío...»]. (Páginas 303-17).
18. *La dicha por el desprecio.* [«—Con un salto, cuando menos...»]. (Páginas 319-35).

—Leiva Ramírez de Arellano, Francisco de.

19. *Cuando no se aguarda, y príncipe tonto.* [«—Suspende, Señora, el llanto...»]. (Págs. 337-60).
20. *La dama presidente.* [«—Aunque es hoy el primer día...»]. (Págs. 361-84).
21. *El socorro de los mantos.* [«—Lleva luego ese recado...»]. (Págs. 385-402).

—Figueroa y Córdoba, Diego y José de.

22. *Mentir y mudarse a un tiempo, y mentiroso en la Corte.* [«—Gracias a Dios, que llegamos...»]. (Págs. 403-22).
23. *Pobreza, Amor y Fortuna.* [«—Tápate, Inés; que no quiero...»]. (Páginas 423-42).

—Villaviciosa, Sebastián de y Francisco de Avellaneda.

24. *Cuantas veo tantas quiero.* [«—Don Carlos, seais bien venido...»]. (Páginas 443-61).

—Martínez, Antonio.

25. *El tercero de su afrenta.* [«—Acabadme de vestir...»]. (Págs. 463-79).

—Enríquez Gómez, Antonio.

26. *Celos no ofenden al Sol.* [«—La quinta, Señor, es esta...»]. (Págs. 481-99).
27. *A lo que obliga el honor.* [«—Despejad la cuadra todos...»]. (Págs. 501-14).

—Zárate, Fernando de.

28. *La presumida y la hermosa.* [«—Gracias a los cielos doy...»]. (Páginas 515-34).
29. *Mudarse por mejorarse.* [«—Mucho su alteza te honró...»]. (Páginas 535-51).
30. *Quien habla más obra menos.* [«—Pues ¡qué! ¿No es bastante el ruego...»]. (Págs. 553-67).
31. *El valiente Campuzano.* [«—Creed que mi voluntad...»]. (Págs. 569-86).

—Vélez, Juan.

32. *El mancebón de los palacios, o agraviar para alcanzar.* [«—¡Pára, pá-

ra! —¡Aguarda! —¡Espera!...»]. (Páginas 587-604).
—Cuéllar, Jerónimo de.
33. *Cada mal a su negocio.* [«—Ya estoy cansado, Marín...»]. (Págs. 605-20).

Tomo II:

—Apuntes biográficos y críticos de los autores comprendidos en este tomo y otros del mismo período. (Páginas V-XXI).
—Rectificaciones. (Pág. XXII).
—Indice alfabático de las comedias, tragedias, autos y zarzuelas del teatro antiguo español, desde Lope de Vega hasta Cañizares (1580 á 1740), con expresión de sus autores. (Páginas XXIII-LI).
—Diamante, Juan Bautista.
34. *La judía de Toledo.* [«—Suspende de tus ojos...»]. (Págs. 1-18).
35. *El valor no tiene edad, y Sansón de Extremadura.* [«—Pernil, mete esos caballos...»]. (Págs. 19-41).
36. *El honrador de su padre.* [«—Este papel de Rodrigo...»]. (Págs. 43-58).
37. *Cuántos mienten los indicios y el ganapan de desdichas.* [«—¡Aleve traición! —La carta...»]. (Págs. 59-76).
—Monroy y Silva, Cristóbal de.
38. *La batalla de Pavía y prisión del rey Francisco.* [«—¡Qué! ¿Está resuelto el Marqués...»]. (Págs. 77-93).
39. *El ofensor de si mismo.* [«—¿Fuése mi tío? —Señora...»]. (Págs. 95-108).
40. *Las mocedades del duque de Osuna.* [«—¿Que no quieres ver al Duque...»]. (Págs. 109-24).
—Caro, Ana.
41. *El Conde de Partinuples.* [«—Sucesor pide el imperio...»]. (Págs. 125-38).
—Céspedes, P. Valentín de.
42. *Las glorias del mejor siglo.* [«—Fugitiva luz, detente...»]. (Páginas 139-56).
—Monteser, Francisco de.
43. *El caballero de Olmedo.* [«—La noche está muy cerrada...»]. (Páginas 157-71).
—Un ingenio de la Corte.
44. *El triunfo del Ave María.* [«—¡Arma, arma! —¡Guerra, guerra!...»]. (Págs. 173-94).
—Hoz y Mota, Juan de la.
45. *El castigo de la miseria.* [«—Capaz y alegre es el cuarto...»]. (Páginas 195-218).
46. *El montañés Juan Pascual primer asistente de Sevilla.* [«—¡Guarda el oso feroz que al valle baja!...»]. (Págs. 219-40).
—Salazar y Torres, Agustín de.
47. *El encanto es la hermosura, y el hechizo sin hechizo, (segunda Celestina).* [«—Caballero, si adelante...»]. (Págs. 241-64).
48. *Elegir al enemigo.* [«—Por esta parte parece...»]. (Págs. 265-84).
—Juana Ines de la Cruz (Sor).
49. *Los empeños de una casa.* [«—Hasta que venga mi hermano...»]. (Págs. 285-303).
—Bances Candamo, Francisco.
50. *El esclavo en grillos de oro.* [«—En hora dichosa llegue...»]. (Páginas 305-25).
51. *El duelo contra su dama.* [«—¿Trajiste la escala? —Sí...»]. (Páginas 327-47).
52. *El sastre del Campillo.* [«—¡Ay de mí! —¡Traición, traición!...»]. (Páginas 349-68).
53. *Por su rey y por su dama.* [«—Necia es tu curiosidad...»]. (Páginas 369-89).
—Fernández de León, Melchor.
54. *El sordo y el montañés.* [«—Corriendo voy como un gamo...»]. (Páginas 391-409).
—Zamora, Antonio de.
55. *No hay plazo que no se cumpla ni deuda que no se pague, y convidado de piedra.* [«—¡Victor, el pasmo de Europa!...»]. (Págs. 411-34).
56. *El hechizado por fuerza.* [«—¿Me vió entrar tu hermano? —No...»]. (Págs. 435-56).
57. *Mazariegos y Monsalves.* [«—Señor Diego, yo os suplico...»]. (Páginas 457-80).
58. *Cada uno es linaje aparte, y los Mazas de Aragón.* [«—Valerosos infanzones...»]. (Págs. 481-503).
—Cañizares, José de.
59. *El dómine Lucas.* [«—Vive Cristo, don Enrique...»]. (Págs. 505-27).
60. *El picarillo en España, señor de la Gran Canaria.* [«—¡Viva el Rey! —¡La libertad...»]. (Págs. 529-48).
61. *Abogar por su ofensor, y barón del Pinel.* [«—Anem, anem, fadriens...»]. (Págs. 549-67).

62. *El honor da entendimiento, y el más bobo sabe más.* [«—¿Qué dices, Juana? —Que es él...»]. (Págs. 569-89).
63. *La más ilustre fregona.* [«—Otra vez me dad los brazos...»]. (Págs. 591-612).
64. *Por acrisolar su honor, competidor hijo y padre.* [«—¡Al repecho! ¡A la ladera!...»]. (Págs. 613-34).
65. *Yo me entiendo y Dios me entiende.* [«—Lo mas padezco, que mas...»]. (Págs. 635-54).

Reimpresión: Madrid. Imp. de Hernando. 1902-1901. 2 vols.

289

ENTREMESES nvevos, de diversos avtores. Zaragoza. Pedro Lanaja y Lamarca. A costa de Pedro Esquer. 1640. 250 páginas + 1 h. 14,5 cm.

1. *La infanta Palancona. Entremés gracioso, escrito en disparates ridículos. Por Felix Persio Bertiso.*
a) *Loa.* [«Sale una armada del puerto...»]. (Págs. 3-6).
b) *Entremés.* [«—Soy Iupiter, y este es rayo...»]. (Págs. 6-30).
2. *Los cuatro galanes. De Luis de Benauente.* [«—Muy bien venida seas doña Fabia...»]. (Págs. 31-42).
3. *El iuego del hombre. De Luys de Benauente.* [«—Aqui se ha de cantar señores Musicos...»]. (Págs. 43-52).
4. *El rollo. De Luis de Velmonte.* [«—Es possible marido...»]. (Págs. 53-63).
5. *El tonto presumido. Por Francisco Ribera.* [«Bendiga Dios el sastre que te hizo...»]. (Págs. 65-74).
6. *El Alcalde de Burguillos. Por Iulio de la Torre.* [«—Como os digo Llorente...»]. (Págs. 75-84).
7. *La inocente enredadora.* [«—Ay Gutierrez, que tengo un mal de madre...»]. (Págs. 85-95).
8. *La habladora y casamentero.* [«—Yo mi señora soy. —Casamentero...»]. (Páginas 97-103).
9. *El encanto en la viguela. Por Francisco de Ribera.* [«—Notable dicha tengo!...»]. (Págs. 105-12).
10. *La venta.* [«—Mas libranos de mal, Amen Iesus...»]. (Págs. 113-23).
11. *Los Alcaldes. Primera parte. Aora de nueuo añadido y enmendado.* [«—No me tenga Escriuano, no me tenga...»]. (Págs. 124-37).
12. *Los Alcaldes. Segunda parte.* [«—Alcalde poco a poco; menos brio...»]. (Págs. 138-49).
13. *Los Alcaldes. Tercera parte.* [«—Aqui del Rei, aqui de Dios señores...»]. (Págs. 150-57).
14. *Los Alcaldes. Quarta parte.* [«—Por muertes de Domingo, y Mojarrilla...»]. (Págs. 158-67).
15. *El Estudiante que se va a acostar.* [«Holgareme que trates de vengança...»]. (Págs. 168-77).
16. *El gavacho y las lenguas, ó lenguas.* [«—Escucheme, galan, una palabra...»]. (Págs. 178-88).
17. *El negro.* [«—Hermosa noche...»]. (Págs. 189-99).
18. *Las viudas.* [«—Mire, señor galan, yo bien le quiero...»]. (Págs. 200-11).
19. *El duende.* [«—A señora tapada, oiga a quien digo?...»]. (Págs. 212-19).
20. *Los coches de Benavente.* [«—Miente quien no dixere que soi linda...»]. (Págs. 220-30).
21. *La mal contenta.* [«—Nicasia, Estefania, Iacobina...»]. (Págs. 231-39).
22. *La visita graciosa. Por García Baca de Montalbo.* [«—Poco a poco se muere mi marido...»]. (Págs. 241-50).

V. Jiménez Catalán, *Tipografía zaragozana del s. XVII*, n.º 406.

Ejemplares:

BARCELONA. *Particular de D. Arturo Sedó.*—MADRID. *Nacional.* R-18.580.

290

ENTREMESES nuevos, de diversos autores, para honesta recreación. Alcalá de Henares. Francisco Ropero. 1643. 119 fols. 8.º

Sin preliminares.

1. Benavente. *El toreador.*
2. —— *El barbero.*
3. —— *Las habladoras.*
4. Calderón. *La casa holgona.*
5. Quevedo. *El muerto.*
6. Calderón. *Don Pegote.*
7. Benavente. *El alcalde de sacas.*
8. Calderón. *Las jácaras.*
9. Benavente. *La barbera de amor.*
10. —— *Las nueces.*
11. —— *Los gigantones.*
12. —— *El aceitunero.*

13. Antonio de Solís. *Las vecinas.*
14. Juan Navarro de Espinosa. *La Celestina.*
15. Benavente. *El remediador.*
16. —— *El examen de maridos.*
17. ——*El Mundo al revés.*
18. —— *El botijero.*
19. —— *Don Gayferos.*
20. ——*El amolador.*
21. Quevedo. *Las sombras.*
22. ——*El médico.*

V. La Barrera, *Catálogo*, pág. 713; J. Catalina García, *Tipografía complutense*, n.° 998.

291

ENTREMESES varios, aora nvevamente recogidos de los mejores Ingenios de España. Zaragoza. Herederos de Diego Dormer. [s. a.]. 2 hs. + 128 + 16 + 16 + 8 + 8 + 8 + 8 págs. 8.°

—Indice.

1. *Loa sacramental de los siete sabios de Grecia, de Calderón.*
2. *Mojiganga del rei D. Rodrigo y la Caba, de Moreto.*
3. *Entremes de la pedidora, de Cancer.*
4. *Entremes de la reliquia, de J. Malo de Molina.*
5. *Entremés de Pelícano y Ratón, de Calderón.*
6. *Entremés de la campanilla, de Moreto.*
7. *Entremés de la hidalga, de Monteser.*
8. *Entremes de las lenguas, de Calderón.*
9. *Baile entremesado de los carreteros, de Matos.*
10. *Mojiganga de la manzana, del M.° León.*
11. *Entremés de la tranca, de José de Figueroa.*
12. *Entremés del niño de la Rollona, de Francisco de Avellaneda.*
13. *Baile de la niña hermosa, de Alonso de Olmedo.*
14. *Entremés del degollado.*
15. *Entremés de la tía, de Monteser.*
16. *Entremés de la melindrosa, de Benavente.*
17. *Entremés de la Mariquita, de Moreto.*
18. *Entremés del francés, de Cáncer.*
19. *Entremés cantado. El soldado.*

V. *Catálogo de la biblioteca de Salvá*, I, n.° 1.232.

Ejemplares:

BARCELONA. *Particular de D. Arturo Sedó.*

292

FLOR de Entremeses, escolhidos dos mayores Engenhos de Portugal, & Castella... Dados a luz por Francisco Vaaz Lobo. Lisboa Occidental. Ioseph Lopes Ferreyra. 1718. 4 hs. + 151 págs. 15 cm.

—Dedicatoria a D. Joan Xavier de Alencastre, conde de Unham.
—Index dos entremeses.
—Licenças.

1. *El nobio burlado, y entrudicion de Matachines.* [«—Amigos, esto passa...»]. (Págs. 1-7).
2. *El sacristan hechizero.* [«—Que me traygas por ser de amor beleta...»]. (Págs. 8-19).
3. *La embaxada, y mugiganga de Matachines.* [«—De los desdenes de Siquis...»]. (Págs. 20-26).
4. *El paje y el soldado.* [«—Amigas, ya sabeis que estoy biuda...»]. (Páginas 27-37).
5. *El Valiente flaco.* [«—Amigo Manuel, oidme...»]. (Págs. 38-47).
6. *Entremes do estudante critico.* En portugués. (Págs. 48-66).
7. *Mugiganga das beatas.* [«—Dexa muger...»]. (Págs. 67-81).
8. *La renegada de Vallecas.* [«—A las bodas del Alcalde...»]. (Págs. 82-91).
9. *Entremes de Don Roque.* [«—Has puesto ya el Peletronio...»]. (Págs. 92-104).
10. *Entremes de Don Estanislao.* [«Don Estanislao, Alonso...»]. (Páginas 105-17).
11. *El papagayo.* [«—No me tenga, Herrera, no me tenga...»]. (Págs. 118-29).
12. *Entremes dos flamengos.* En portugués. (Págs. 130-40).
13. *Las chirimías.* [«—Fabor, a la Justicia...»]. (Págs. 141-51).

Ejemplares:

MADRID. *Nacional.* R-11.964 (ex-libris de Gayangos).

293

FLOR de Entremeses y Sainetes de diferentes autores. Madrid. [s. i. ¿Antonio Ribero?]. 1657. 8.°

Ejemplares:

SANTANDER. «*Menéndez y Pelayo*». R-IV-1-24 (incompleto).

294

——— [*Edición de M. Menéndez y Pelayo*]. 2.ª ed. corregida. Madrid. Imp. de Fortanet. 1903. X páginas + 2 hs. + 210 págs. 18 cm.

Advertencia, por M. M[enéndez] P[elayo]. (Págs. VII-X).
—Los Entremeses que lleva este libro son los siguientes.
—Errata.
—Suma de la tassa.
—Remisión a censura.
—Aprobación de Fr. Atilano de San Ioseph.
—Licencia del Ordinario.
—Aprobación de Ioseph de Miranda y la Cotera.
—Suma del privilegio.

1. *La burla más sazonada. De Luis Velez.* [«—Al novato, al novato...»]. (Págs. 1-10).
2. *La sarna de los banquetes. De Luis Velez.* [«—¿Qué me cuenta vuested, señor Tarjeta?...»]. (Págs. 11-21).
3. *Entremes de las damas del vellón. De Benavente.* [«—D. Tufo, ¿es eso que decis de veras?...»]. (Págs. 22-28).
4. *Entremes de la constreñida. De Benavente.* [«—Almagro, he de quitar la mula al médico...»]. (Págs. 29-36).
5. *Entremés de los gorrones. De Benavente.* [«—Sal aqui, si eres hombre, Gorroncillo...»]. (Págs. 37-46).
6. *Entremés de la vida holgona. De Villaviciosa.* [«—Francisca. —Catalina. —¿Oyenos alguien?...»]. (Págs. 47-56).
7. *Entremes de los atarantados. De Luis Velez.* [«—Sal aqui, viejecillo impertinente...»]. (Págs. 57-66).
8. *Entremes de las dos letras. De Benavente.* [«—No tienes que cansarte, doña Trucha...»]. (Págs. 67-76).
9. *Entremes del miserable. De Benavente.* [«—¿Que tristeza es aquesta, que en ti miro...»]. (Págs. 77-83).
10. *Entremes de Dios te la depare buena. De Juan Velez.* [«—Mentis, como borracha, y lleváis talle...»]. (Páginas 84-95).
11. *Entremés de Sierra Morena de las mujeres. De Belmonte.* [«—Qué, no sois muerto, Garañon amigo?...»]. (Páginas 96-103).
12. *Entremes, nada entre dos platos. De Melchor Zapata.* [«—¿Dónde vamos, Leonor? —¿Dónde? A la calle...»]. (Págs. 104-11).
13. *Entremés de los condes fingidos. De Benavente.* [«—Tú has de fingirte conde; ¿estás borracho?...»]. (Páginas 112-21).
14. *Entremés, la maestra da gracias. De Belmonte.* [«—¿Maza a mi, picarona?...»]. (Págs. 122-31).
15. *Entremés de los apellidos en dote. De Belmonte.* [«—Guarde Dios a vuecedes, reinas mias...»]. (Págs. 132-38).
16. *Entremés, el sueño del perro. De Benavente.* [«—¡Que soy casada!...»]. (Págs. 139-45).
17. *Entremés de Antonia y Perales. De Luis Velez.* [«—Mirad, mujer, que sois impertinente...»]. (Págs. 146-52).
18. *Entremes de los alcaldes encontrados. De Benavente.* [«—Por muertes de Domingo y Mojarrilla...»]. (Páginas 153-61).
19. *Entremés del caballero de la Tenaza. De Quevedo.* [«—Tira más quedo, ganapán tapado...»]. (Págs. 162-70).
20. *Entremés de lo que pasa en una venta. De Belmonte.* [«—Sonajita y pandero, relincho y hembras...»]. (Páginas 171-82).
21. *Sainete y entremes nuevo, de una rana hace ciento. De Belmonte.* [«—Dos escuadras de hermosuras...»]. (Páginas 183-90).
22. *Entremes del burlon. De Benavente.* [«—Si es de participantes tal belleza...»]. (Págs. 191-99).
23. *Entremés y baile del invierno y el verano. De Benavente.* [«—Ya se salen de si mismos...»]. (Págs. 200-5).
24. *Entremés cantado, de Felipa Rapada. De Antonio de la Cueva.* [«—Olvidando los trabajos...»]. (Págs. 206-10).

Ejemplares:

MADRID. *Nacional.* T-16.023.

295

FLOR de Entremeses, Bayles, y Loas. Escogidos de los mejores Ingenios de España. Zaragoza. Diego Dormer. 1676. 4 hs. + 233 páginas + 1 h. 14 cm.

—Aprobación de Fr. Christoval de Torres.
—Acuerdo para viuir bien. [«No jures, habla poco, di verdades...»].
—Curioso, y amigo lector.
—Titulos de los Entremeses, Loas, y Bayles deste Libro.

1. *Entremes del Gori gori. De Benauente.* [«Una, y mil vezes oy leerla quiero...»]. (Págs. 1-11).
2. *Entremés del hijo de vezino. De Moreto.* [«—Casilda. —Mi señora...»]. (Págs. 12-20).
3. *Segvnda parte del bayle del poeta de bayles, y el letrado. De Benauente.* [«—Como son mis letras unas...»]. (Págs. 21-27).
4. *Loa de los titulos de las comedias sacramental. De Lope de Vega.* [«—Oy que de Dios es el dia...»]. (Páginas 27-35).
5. *Entremes de los muertos vivos. De Moreto.* [«Fauor, socorro, y ayuda...»]. (Págs. 36-46).
6. *Entremes de los organos, y Sacristanes. De Benauente.* [«—Qual persona en el mundo avrá passado...»]. (Páginas 47-56).
7. *Entremes del gigante. De Cancer.* [«—Dexeme vuessarced seor Palomeque...»]. (Págs. 57-69).
8. *Bayle cvrioso del Sveño. De Benauente.* [«—Yo soy el sueño...»]. (Páginas 70-74).
9. *Loa para la compañía de Vallejo año de 1665. De Ioseph Rojo.* [«—Albricias, albricias...»]. (Págs. 75-83).
10. *Entremés de los cinco galanes. De Moreto.* [«Cieguecuelo rapaz, que me desvelas?...»]. (Págs. 84-93).
11. *Entremes de la reliqvia. De Moreto.* [«Conpassion, que me han muerto, Iesu Christo...»]. (Págs. 94-104).
12. *Bayle famoso del Capiscol. De D. Geronimo Cancer.* [«—Porque gimes todo el dia...»]. (Págs. 105-11).
13. *Loa cvriosa de Carnestolendas. De Iuan Baptista Diamante.* [«—Sin poder aueriguar...»]. (Págs. 112-21).
14. *Entremes de Ivan Ranilla. De Cancer.* [«—Alcalde, de que es tanto sentimiento?...»]. (Págs. 122-53).
15. *Entremes de Ivan Rana Muger. De Cancer.* [«—Casilda, que maraña es la que intentas?...»]. (Págs. 154-62).
16. *Entremes de la manta. De Benauente.* [«—Socorro cielos, vuestro fauor pido...»]. (Págs. 163-69).
17. *Bayle famoso del arqviteto. De D. Ivan Velez.* [«—Un Arquitecto de amor...»]. (Págs. 170-76).
18. *Loa hvmana del arbol florido. De Monteser, y Diamante.* [«—Paren los coches...»] (Págs. 176-84).
19. *Bayle de las alhajas para Palacio. De D. Pedro Lanine.* [«—Yo soy una entremetida...»]. (Págs. 185-91).
20. *Bayle del ivego del hombre. De D. Pedro Lanine.* [«—Atencion que a hazer vn bayle...»]. (Págs. 192-98).
21. *Entremes de la vispera de Pascva. De D. Pedro Lanine.* [«—Que tienes, hombre?...»]. (Págs. 199-209).
22. *Entremes del frances. De Cancer.* [«—Desesperado estoy, Francisca amiga...»]. (Págs. 210-17).
23. *Entremes de la mariqvita. De Moreto.* [«—Amigos, amigos mios...»]. (Págs. 218-25).
24. *Bayle del zapatero ,y el valiente. De Monteser.* [«—Atencion, señores mios...»]. (Págs. 226-33).

Ejemplares:

BARCELONA. *Particular de D. Arturo Sedó.*—MADRID. *Nacional.* T-9.087.—SANTANDER. *«Menéndez y Pelayo».* R-III-1-28.

296

FLORES de el Parnaso cogidas para recreo del entendimiento por los mejores Ingenios de España; en Loas, Entremeses y Mogigangas. Zaragoza. Pasqual Bueno. A costa de Geronimo Vlot. [s. a.]. 4 hs. + 190 págs. 15 cm.

—Dedicatoria a D. Gregorio Espir de Vilanova y Ferrer, suscrita por Geronimo Vlot.
—Tabla.

1. *Loa sacramental del Relox. Por Pedro Calderón.* [«—Que Dio mejora las horas...»]. (Págs. 1-12).
2. *Entremés para la fiesta de Todo*

lo vence el Amor: Que se representó en el Buen Retiro á sus Magestades, y despues al Pueblo: Por el Nacimiento de Nuestro Principe, y Señor Luis Primero. De Antonio de Zamora. [«—El Principe Viva. —Dale...»]. (Páginas 13-26).
3. *Bayle, y Sarao, que se cantó, y representó en la misma Fiesta. De Antonio de Zamora.* [«—Pezes que el golfo habitais...»]. (Págs. 27-31).
4. *Entremés del Dragoncillo. De Pedro Calderón.* [«—Huyd marido, que viene la Justicia...»]. (Págs. 32-47).
5. *Mogiganga de la Negra.* [«—De aquesta vez, Gila ingrata...»]. (Páginas 48-57).
6. *Entremés de las visiones. De Francisco Candamo.* [«—Tenganla, que está loca...»]. (Págs. 58-68).
7. *Entremés de los amantes á escuras.* [«—No se avrá visto muger en esta vida...»]. (Págs. 69-79).
8. *Entremés de las locas caseras.* [«—Barbulilla...»]. (Págs. 80-89).
9. *Entremés de la Dama Toro, de Alonso de Olmedo.* [«—Dexadme que me mate...»]. (Págs. 90-99).
10. *Entremés del sacristan Chinchilla, de Alonso de Olmedo.* [«—Amigos esto ha de ser...»]. (Págs. 100-109).
11. *Entremés del Alcalde villano hablando al Rey.* [«—Alcalde, yo no os entiendo...»]. (Págs. 110-20).
12. *Bayle de Paracumbe, a lo Portugués.* [«—Oye Amarilis el ruego...»]. (Págs. 121-25).
13. *Entremés del Mochuelo.* [«—Aqui te tengo de quitar la vida...»]. (Páginas 126-33).
14. *Entremés de los Coches de Sevilla.* [«—Catuja, haz lo que te digo...»]. (Págs. 134-43).
15. *Entremés La Renegada de Vallecas.* [«—A las bodas del Alcalde...»]. (Págs. 144-52).
16. *Mogiganga de la Muerte, de Pedro Calderón.* [«—Vaya de fiesta, vaya de gira...»]. (Págs. 153-64).
17. *Entremés de la rueda, y los buñuelos.* [«—Amigo, yo confieso mi pecado...»]. (Págs. 165-76).
18. *Mogiganga de las Sacas.* [«—Digo, que esto ha de ser...»]. (Págs. 177-90).

V. *Catálogo de la biblioteca de Salvá,* I, n.º 1.258.

Ejemplares:

BARCELONA. *Particular de D. Arturo Sedó.* — MADRID. *Nacional.* T-9.025; T-8.535 (sin portada).—OVIEDO. *Universitaria.* A-359.

297

FLORESTA Cómica, ó Colección de cuentos, fábulas, sentencias y descripciones de los graciosos de nuestras comedias. Madrid. Imp. de Joseph Doblado. 1796. 6 hs. + 256 págs. 14,5 cm.

Con una especie de índice de materias al final.

Ejemplares:

LONDRES. *British Museum.* 11451.aa.—MADRID. T-8.524.

298

FLORESTA de entremeses y rasgos del ocio, a diferentes assvmptos, de Bayles, y Mogigangas. Escritos Por las mejores plumas de nuestra España. Madrid. Vda. de Ioseph Fernandez de Buendia. [Colofón: Imp. Imperial]. 1680. 4 hs. + 207 págs. 13,5 cm.

—Parecer de Fr. Bernardo de Estuñiga.
—Licencia.
—Fee de Erratas.
—Tassa.
—Tabla.

1. *Entremes del hidalgo. Escrito para Manuel Vallejo.* [«—Bernarda, los tus cabellos...»]. (Págs. 1-10).
2. *Entremes famoso del rey de los tibvrones.* [«—Quexoso está del tiempo...»]. (Págs. 10-20).
3. *Entremes de los torneos* [«—Regidor, no hay que hablar...»]. (Páginas 21-25).
4. *Entremes famoso del amigo verdadero.* [«—Digo pus; me escuchais?...]. (Págs. 26-34).
5. *Entremes del Alcalde nvevo.* [«—Que aueis hecho, marido...»]. (Páginas 34-46).
6. *Entremés de los locos.* [«—Quitese allá...»]. (Págs. 46-57).
7. *Entremés de el hechizado.* [«—No

nos cansemos, que yo...»]. (Páginas 57-66).
8. *Entremés de los estvdiantes bvscones.* [«—No me dirás que intentas? que pretendes?...»]. (Págs. 66-74).
9. *Entremes de la mvela.* [«—Don Custodio?...»]. (Págs. 75-85).
10. *Entremes de los genios.* [«—Vallejo, que es esto amigo?...»]. (Páginas 85-98).
11. *Entremés de la ladrona.* [«—Fauor a la Iustica (sic)...»]. (Págs. 99-109).
12. *Entremes de don Gvindo.* [«—Quien es este a quien seruis?...»]. (Págs. 109-17).
13. *Entremes para el avto de la inmvnidad del sacrado.* [«—Don Placido, dexadme, que rebiento...»]. (Págs 117-30).
14. *Entremes de las qvatro sobrinas.* [«—Señor D. Vicente, aquesta es mi fatiga...»]. (Págs. 131-40).
15. *Entremes del pesame a la vivda.* [«—No ay consuelo para mi...»]. (Páginas 141-54).
16. *Entremes de los aojados.* [«Esta, si yo no me engaño...»]. (Págs. 155-65).
17. *Entremes de los pages golosos.* [«—Golosos, sepulturas de meriendas...»]. (Págs. 166-76).
18. *Mogiganga de los casamientos.* [«—Lleueme a espacio, si lleuarme quiere...»]. (Págs. 177-91).
19. *Entremes del sacristan hechizero.* [«—Que me traygas, por ser de amor veleta...»]. (Págs. 192-203).
20. *Entremes de Blas, y Menga.* [—«De los desdenes de Menga...»]. (Págs. 203-7).

Ejemplares:

BARCELONA. *Particular de D. Arturo Sedó.* — MADRID. *Academia Española.* 41-IX-46. *Nacional.* R-10.513 (con exlibris de Gayangos).

299

——— Madrid. Antonio de Zafra. 1691. 4 hs. + 168 págs. 14,5 cm.

—Licencia del Consejo.
—Fee de erratas.
—Tabla de los Entremeses.
—Dedicatoria al Sargento Mayor D. Pedro de Leon, por Iuan Fernández.

1. *Entremés de la reliquia, de Geronimo Malo de Molina.* [«—Confession, que me han muerto...»]. (Págs. 1-12).
2. *Entremes de Pelicano, y Raton. De Geronimo Cancer.* [«—Vaya el picaronazo, vaya, vaya...»]. (Págs. 13-19).
3. *Entremes de la Campanilla. De Agustín Moreto.* [«Muger, quieres dexarme?...»]. (Págs. 20-27).
4. *Entremes de la hidalguia. De Monteserí.* [«—Lorenzo, no teneis que replicarme...»]. (Págs. 28-35).
5. *Entremes de las lenguas.* [«Dichoso es el que camina...»]. (Págs. 36-45).
6. *Baile entremesado de los carreteros. De Iuan de Matos.* [«Bueno es por mi vida...»]. (Págs. 46-54).
7. *Mogiganga de la manzana. Del Maestro Leon.* [«Mogigangas a mí, que las entiendo?...»]. (Págs. 55-69).
8. *Entremes de la Tranca. De Ioseph de Figueroa.* [«Digo que he de matarme...»]. (Págs. 70-79).
9. *Entremes del niño de la Rollona. De Francisco de Abellaneda.* [«Confusa, y melancolica he salido...»]. (Páginas 80-90).
10. *Bayle de la niña hermosa. De Alonso de Olmedo.* [«—Dexadme todas, dexadme...»]. (Págs. 91-94).
11. *Entremes de El dia de Compadres. De Ioseph de Figueroa.* [«—Amigo, si vos quereis...»]. (Págs. 95-105).
12. *Entremes de las tajadas.* [«A la guerra me vó. —Teneos ahijado...»]. (Págs. 106-16).
13. *Entremes de los Rabanos, y la fiesta de Toros. De Francisco de Abellaneda.* [«—Dezí a Lorenço, como ya le espero...»]. (Págs. 117-27).
14. *Entremés de yo lo vi. De Geronimo Cancer.* [«—Señor Don Fausto?...»]. (Págs. 128-37).
15. *Entremes de la hija del Dotor. De Ioseph de Figueroa.* [«—Di que tiénes, señora?...»]. (Págs. 137-48).
16. *Entremes de la Boda de Iuan Rana. De Geronimo Cancer.* [«—Iuan Rana, un hombre moço...»]. (Páginas 149-57).
17. *Entremes de Iuan Rana. De Francisco de Abellaneda.* [«—Alabado sea Dios, Santo, y Bendito...»]. (Páginas 157-68).

V. *Catálogo de la biblioteca de Salvá,* I, n.° 1.259.

Ejemplares:

BARCELONA. *Particular de D. Arturo Sedó.* — MADRID. *Nacional.* T-11.388 (fué de A. Durán).

300

FOUR Autos Sacramentales of 1590: Sacramento de la Eucaristía. La Conbersión de Sant Pablo. El Castillo de la Fee. El Testamento de Christo. Edited with Introduction and Notes by Vera Helen Buck. Iowa. University. [s. i.]. 1937. 98 págs. + 1 h. 22 cm. (University of Iowa Studies in Spanish Language and Literature, VII).

—Preface. (Págs. 3-6).
—Introduction. (Págs. 9-22).

1. *Sacramento de la Eucaristía.*
a) *Villancico.* [«—Tal pan, donde Dios se ençierra...»]. (Pág. 23).
b) *Yntroyto y Loa.* [«Illustríssimo senado...»]. (Págs. 23-24).
c) *Auto.* [«—Tiberio ¿qué fiesta es esta...»]. (Págs. 24-43).
2. *Quarta comedia y auto sacramental de la conbersion de Sant Pablo.*
a) *Villançico.* [«¿Qué manjar pensais questá...»]. (Pág. 44).
b) *Loa.* [«Salió un ladrón, espía de otros tales...»]. (Págs. 44-45).
c) *Auto.* [«—Con tal hambre y sed me siento...»]. (Págs. 46-61).
3. *Comedia sesta y auto sacramental del castillo de la Fee.* [«—El que quisiere asentar...»]. (Págs. 62-79).
4. *Comedia octaba y auto sacramental del testamento de Christo.* [«—O sabe poco el letrado...»]. (Págs. 80-98).

Crítica:

a) Gillet, J. E., en *Hispanic Review,* VI Filadelfia, 1938, págs. 172-73.

Ejemplares:

MADRID. *Centro de Estudios sobre Lope de Vega.*

301

JARDIN ameno de varias flores, que en veinte y un Entremeses se dedican a D. Simón del Campo... para enseñanza entretenida, y donosa moralidad. Madrid. Juan García Infanzon. A costa de Manuel Sutil. 1684. 4 hs. + 202 págs. 8.°

—Dedicatoria a D. Simón del Campo, Portero de Cámara de S. M., por Manuel Sutil.
—Licencia.
—Erratas.
—Tassa.
—Tabla.

1. *Loa para empezar en Madrid la compañia de Manuel Vallejo. Año de 1680. De Juan Diamante.* [«—Qué hemos de hacer con estar...»]. (Páginas 1-12).
2. *Entremes de la venta y el ventero en una pieza.* [«—Más valor tienen el ingenio y maña...»]. (Págs. 13-20).
3. *Baile de la taberna y el bodegón. De Juan Velez de Guevara.* [«—Mondonguera soy, señores...»]. (Págs. 21-30).
4. *Loa para la Comedia de los años de la Reina nuestra Señora.* [«—Rompan la niebla fría...»]. (Págs. 30-38).
5. *Entremés de El Infierno de la Plaza de Madrid. De Pedro Francisco Laynez* (sic) *Sagredo.* [«—De la Plaza de Madrid...»]. (Págs. 39-46).
6. *Entremés del Maestro de niños y la rosca.* [«—Jorge, amigo, ya sabrás...»]. (Págs. 46-56).
7. *Entremés de la gallega.* [«—Qué tienes Andrea?...»]. (Págs. 56-69).
8. *Baile de la guerra de amor.* [«—En el cerco de las hembras...»]. (Páginas 69-72).
9. *Entremés del difunto y la dueña. De Joseph de Mola y Córdoba.* [«—Sabed, amigo, que os he llamado...»]. (Págs. 73-83).
10. *Baile del amor y el interés.* [«—El amor, y el interés...»]. (Págs. 84-89).
11. *Entremés del valiente aprendiz. Por el Licdo. Govantes.* [«—A decir verdades vengo...»]. (Págs. 90-98).
12. *Entremés del alcalde de Fuencarral.* [«—Dejadme, esposa mía...»]. (Págs. 98-104).
13. *Entremés de la burla de la cadena. De Francisco de Quirós.* [«—En aquesta calle dicen...»]. (Págs. 104-10).
14. *Entremes del ensabanado de Najera. De Diego de Govantes.* [«—Don Gil, amigo...»]. (Págs. 111-21).
15. *Entremés del soltero indiano. De Diego de Govantes.* [«—Dulce amor más soberano...»]. (Págs. 121-30).

16. *Entremés de los títeres.* [«—Que teneis don Nicolás...»]. (Págs. 130-39).
17. *Entremés de los ciegos.* [«—Candil, no es de amigo ese recato...»]. (Págs. 146-49).
18. *Entremés del zapatero.* [«—Amigo Estefanio de mi vida...»]. (Páginas 150-71).
19. *Baile de los Juan Ranas.* [«—Mirando enfermo a Juan Rana...»]. (Páginas 171-79).
20. *Entremés del médico.* [«—Señor Marban, de qué es la melancolía...»]. (Págs. 180-91).
21. *Baile entremesado sobre el tono de Señora Inés.* [«—Por las señas que yo traigo...»]. (Págs. 191-202).

V. Montaner, *La colección teatral de D. Arturo Sedó*, págs. 178-85.

Ejemplares:

BARCELONA. *Particular de D. Arturo Sedó.*

302

JARDIN ameno, de varias y hermosas flores, cuyos matizes, son doze Comedias, escogidas de los mejores Ingenios de España... Madrid. [s. i.]. 1704.

Se trata de una importante y desconocida colección de comedias del Siglo XIX, que contiene no menos de 300, todas las cuales llevan al comienzo un número de orden que puede servir para identificarlas entre las sueltas.

Ejemplares:

MADRID. *Nacional.* T.i.-120 (las partes 16, 17, 22, 23, 26 y 28 solamente).

303

LAVREL de entremeses varios. Repartidos en diez y nueve Entremeses nuevos. Escogidos de los mejores ingenios de España. Zaragoza. Iuan de Ybar. A costa de Iusepe Galbez. 1660. 4 hs. + 160 páginas. 14 cm.

—Aprobación de Fr. Miguel de la Sierra.
—Tabla.
—*Entremes, y bayle de los Trajes.* [«—Sastre soy por mis pecados...»].

1. *Entremes del detenido. De Iuan de Matos y Sebastian de Villaviciosa.* [«—Esto ha de ser mi Doña Dorotea...)]. (Págs. 1-11).
2. *Entremes del toreador.* [«—De los desdenes de Gila...»]. (Págs. 11-20).
3. *Entremes de los testimonios.* [«—Anda simplon, menguado, mentecato...»]. (Págs. 21-28).
4. *Entremes de las nuezes.* [«—Suelta la capa diablo...»]. (Págs. 28-39).
5. *Entremes de la hidalga.* [«—Lorenço no teneis que replicarme...»]. (Págs. 40-47).
6. *Entremes de la esgrima.* [«—Buen lugar es Madrid...»]. (Págs. 48-53).
7. *Entremes de las qvatro sobrinas.* [«—Seor Don Vicente aquesta es mi fatiga...»]. (Págs. 54-63).
8. *Entremes de los cavalleros.* [«—Que hora será...»]. (Págs. 63-71).
9. *Entremes de los bolatines.* [«—Amigas mias dexadme...»]. (Págs. 72-82).
10. *Entremes del sacristan.* [«—Sacristan Estantigua, que me quieres...»]. (Págs. 83-92).
11. *Entremes de la respondona.* [«—Marido, que es aquesto, vos suspenso...»]. (Págs. 92-100).
12. *Entremes de este lo paga. De Cancer.* [«—Detengase muesamo, que me ha muerto...»]. (Págs. 101-9).
13. *Entremes de las beatas.* [«—Dexame ir...»]. (Págs. 110-19).
14. *Entremes de la dama encerrada.* [«—Ya ves Maripulida mi desgracia...»]. (Págs. 120-27).
15. *Entremes de los molineros.* [«—A la margen de un fresco arroyuelo...»]. (Págs. 127-36).
16. *Entremes de la dama fingida.* [«—A puerto del peso posa...»]. (Páginas 137-45).
17. *Entremes del jvego de los naypes.* [«—En este puesto muchacho...»]. (Págs. 146-53).
18. *Entremes, y bayle del Lapidario.* [«—Lapidario soy pues labro...»]. (Páginas 153-57).
19. *Entremes, y bayle de los Pezes.* [«—Pescadora soy, y aspiro...»]. (Páginas 157-60).
20. *Entremes famoso del casado sin saberlo, con vnas bodas qve se hizieron a mil de Março 1673. Compvestas por Antonio Solis.* [«Cassose Pero Grullo...»].

Ejemplares:

BARCELONA. *Particular de D. Arturo Sedó.* — MADRID. *Nacional.* R-10.499 (perteneció a Gayangos).

304

MANOGITO de entremeses, a diferentes assumptos, de bayles y mogigangas Por las mejores plumas de nuestra España. Pamplona. [s. i.]. 1700. 158 págs. 13,5 cm.

—Tabla.

1. *Entremes de Pelicano y Raton. De Geronimo Cancer.* [«—Vaya el picaronazo...»]. (Págs. 3-9).
2. *Entremes de la campanilla. De Agustin Moreto* [«—Muger, quieres dexarme?...»]. (Págs. 10-17).
3. *Entremes de la hidalgvia. De Monteseri* (sic). [«—Lorenço, no teneis que replicarme...»]. (Págs. 18-25).
4. *Entremes de las lengvas. De Geronimo Cancer.* [«—Dichoso es el que camina...»]. (Págs 26-35).
5. *Bayle entremesado de los carreteros. De Juan de Matos.* [«—Bueno es por mi vida...»]. (Págs. 36-44).
6. *Mogiganga de la manzana. Del Maestro Leon.* [«—Mogigangas a mi, que las entiendo?...»]. (Págs. 45-59).
7. *Entremes de la tranca. De Joseph de Figueroa.* [«—Digo, que he de matarme...»]. (Págs. 60-69).
8. *Entremes del niño de la Rollona. De Francisco de Abellaneda.* [«—Confusa y melancolica he salido...»]. (Páginas 70-80).
9. *Entremes de el dia de compadres. De Joseph de Figueroa.* [«—Amigo, si vos quereis...»]. (Págs. 85-95).
10. *Entremes de las tajadas.* [«—A la guerra me vó. —Teneos, ahijado...»]. (Págs. 96-106).
11. *Entremes de los rabanos, y la fiesta de toros, de Francisco de Avellaneda.* [«—Dezid a Lorenço, como ya le espero...»]. (Págs. 107-17).
12. *Entremes de yo lo vi. De Geronimo Cancer.* [«—Señor Don Fausto?...»]. (Págs. 118-27).
13. *Entremes de la hija del doctor. De Joseph de Figueroa.* [«—Di que tienes, señora?...»]. (Págs. 127-38).
14. *Entremes de la boda de Juan Rana. De Geronimo Cancer.* [«—Juan Rana, un hombre moço...»]. (Páginas 139-47).
15. *Entremes de Juan Rana. De Francisco de Avellaneda.* [«—Alabado sea Dios, Santo y Bendito...»]. (Páginas 147-58).

Ejemplares:

BARCELONA. *Particular de D. Arturo Sedó.*—MADRID. *Nacional.* R-1.511.

305

MEIOR (La) flor de entremeses, qve hasta oy ha salido. Recopilados de varios Autores. Zaragoza. Herederos de Diego Dormer. A costa de Antonio Logroño. 1679. 4 hs. + 112 fols. 14,5 cm.

—Aprobacion de Fr. Diego Verges.

—Curioso, y amigo Lector.

—Titulos de los Entremeses de este Libro.

—Xacara. [«—La xacara que pedis...»].

1. *Entremes cantado, la paga del mundo.* [«Vengan los siruientes del mundo, vengan...»] (Fols. 1r-4v).
2. *Entremes famoso, las civilidades.* [«—Tontonazos, tontones, retontones...»]. (Fols. 5r-9v).
3. *Entremes cantado, la mverte.* [«—Representantes del mundo...»]. (Folios 9v-12v).
4. *Entremes cantado, el tiempo.* [«—Mortales que estais mirando...»].
5. *Entremes famoso El talego niño.* [«—Picaronas, ladronas, embusteras...»]. (Fols. 15v-22v).
6. *Entremes famoso Los qvatro galanes.* [«Muy bien venida sea, Doña Fabia...»]. (Fols. 22v-28r).
7. *Entremes famoso El Mvrmurador.* [«—De que es tanta tristeza, amiga mia?...»]. (Fols. 28v-32r).
8. *Entremes famoso, de Tvrrada.* [«—Vaya vuested con Dios, señor Turrada...»]. (Fols. 32r-37v).
9. *Entremes cantado, El talego, segvnda parte.* [«—Un talego estuvo al cabo...»]. (Fols. 38r-41r).
10. *Xacara qve se canto en la Compañia de Olmedo.* [«—Entendamonos, señores...»]. (Fols. 41r-44r).
11. *Loa qve represento Antonio de Prado.* [«—Que descuidado que duermes!...»]. (Fols. 44v-49v).

12. *Entremes cantado. El Licenciado y el Bachiller.* [«—Sino lo aueis por enojo...»]. (Fols. 49*v*-51*r*).
13. *Entremes cantado, La Dveña.* [«—Tengan lastima vustedes...»]. (Folios 51*v*-54*r*).
14. *Entremes famoso, La Maya.* [«—Hermoso dia de Mayo...»]. (Folios 54*v*-59*r*).
15. *Entremes cantado. El Doctor Ivan Rana.* [«—Tan ligero soy de cholla...»]. (Fols. 59*v*-62*v*).
16. *Entremes famoso, La capeadora, primera parte.* [«—Beso el ampo, la nieue, aun no tocada...»]. (Fols. 63*r*-68*r*).
17. *Entremes famoso, La capeadora, segvnda parte.* [«—Yo soy, si a vuessas mercedes...»]. (Fols. 68*r*-73*v*).
18. *Entremes cantado, Los planetas.* [«—Esse Dios Marte el galan...»]. el galan...». (Fols. 73*v*-76*r*).
19. *Entremes famoso, El borracho.* [«—Espantajo de paxaros noueles...»]. (Fols. 76*v*-84*r*).
20. *Entremes cantado, Las Dveñas.* [«—Qué sabandija se queda...»]. (Folios 84*v*-88*r*).
21. *Entremes cantado, Las manos, y cuaxares.* [«—Por la puerta del trabajo...»]. (Fols. 88*v*-92*v*).
22. *Entremes famoso, El retablo de las maravillas.* [«—Mentis como un borracho, y lleuais talle...»]. (Folios 93*r*-99*r*).
23. *Entremes cantado, La verdad.* [«—Ay verdad, que en el hablar...»]. (Fols. 99*r*-102*r*).
24. *Entremes cantado, El Doctor.* [«—Un mal Letrado, señores...»]. (Folios 102*v*-105*v*).
25. *Entremes famoso, Los mvertos vivos.* [«—Fauor, socorro, ayuda...»]. (Fols. 106*r*-112*v*).

Ejemplares:

MADID. *Nacional.* T-3.704.

306

MEJOR (El) de los mejores libros qve han salido de Comedias nvevas. Alcalá María Fernández. A costa de Tomás Alfay. 1651. 4 hs. + 425 págs. + 22 hs. 20 cm.

—Los titulos de las Comedias
—Aprobacion de Francisco Fernández de Vargas.
—Suma de la licencia.
—Fe de erratas.
—Tassa.
—Dedicatoria a D. Agustín de Hierro, cavallero de Calatrava, etc., cuyo escudo va en la portada, por Tomás Alfay.
—Tomás Alfay al lector.
—Tabla de los ingenios que escribieron este tomo de comedias.

1. *El Caín de Cataluña.* [«—Deshonra buenos, vergante...»]. (Págs. 1-47).
2. *El principe perseguido.* [«—Iuan Basilio, Señor nuestro...»]. (Págs. 47-93).
3. *El principe prodigioso.* [«—Mueran, Soliman y Azen...»]. (Págs. 93-135).
4. *El garrote mas bien dado.* [«—Cuerpo de Christo con quien...»]. (Páginas 135-70).
5. *El galan sin dama.* [«—Bien guisada está la noche...»]. (Págs. 170-206).
6. *El privado perseguido.* [«—Señor don Tello, no puedo...»]. (Págs. 207-46).
7. *Mañana será otro día.* [«—En fin, señor, que contigo...»]. (Págs. 246-305).
8. *Los empeños que se ofrecen.* [«—O he de matar, o morir...»]. Págs. 306-47).
9. *El guardarse a si mismo.* [«—Precipitado buelo...»]. (Págs. 346-86).
10. *La tragedia mas lastimosa.* [«—Muere tirana...»]. (Págs. 367-425).
11. *El cavallero de Olmedo. Burlesca.* [«—La noche esta muy cerreda (*sic*)...»]. Sin fol.
12. *Los siete infantes de Lara. Burlesca.* [«—Ni me turbo, ni me aflixo...»]. Sin fol.

V. J. Catalina García, *Tipografía complutense,* n.º 1.042.

Ejemplares:

BARCELONA. *Particular de D. Arturo Sedó.* — MADRID. *Nacional.* R-23.795 (sin portada ni preliminares); R-17.932.

307

——— Madrid. María de Quiñones. A costa de Manuel López. 1653. 4 hs. + 456 págs. 19 cm.

V. *Catálogo de la biblioteca de Salvá*, I, n.º 1.312.

Ejemplares:

BARCELONA. *Particular de D. Arturo Sedó.*—MADRID. *Nacional.* R-2.277; R-12.219; etc. *Palacio.* VIII-15.366.

308

MIGAXAS del ingenio, y apacible entretenimiento, en varios entremeses, bayles, y loas, escogidos de los mejores Ingenios de España. Zaragoza. Diego Dormer. A costa de Iuan Martínez de Ribera Martel. [s. a.]. 4 hs. + 96 fols. 14,5 cm.

—Suma de las aprobaciones.
—Imprimatur.
—Indice.
—Curioso y amigo Lector.

1. Pedro Francisco Lanini y Sagredo. *Loa a la festividad de Nuestra Señora del Rosario.* [«Las Rosas, las Flores...»]. (Fols. 1*r*-7*r*).
2. —— *Baile de la entrada de la Comedia.* [«—Yo tengo el Arrendamiento...»]. (Fols. 7*v*-18*r*).
3. —— *Entremes de el Colegio de Gorrones.* [«—Siendo Iuebes de Compadres...»]. (Fols. 18*v*-22*v*).
4. —— *Bayle de los mesones.* [«—Aposentador de amor...»]. (Fols. 23*r*-18 bis *r*).
5. Monteser. *Entremes de la Tía.* [«—Sepa vuesa merced señor Azcotia...»]. (Fols. 18 bis *r*-24*r*).
6. Iuan de Zavatela. *Loa a la Assumpcion de N. Señora.* [«—Noble Villa de Brunete...»]. (Fols. 24*r*-27*v*).
7. Pedro Lanini. *Bayle de los hilos de Flandes.* [«—Aunque han passado los Reyes...»]. (Fols. 27*v*-29*v*).
8. —— *Bayle de xacara.* [«—Que ay Catuja?...»]. (Fols. 30*r*-32*v*).
9. —— *Loa para la compañia de Feliz Pasqual.* [«—Vaya de bayle, vaya...»]. (Fols. 32*v*-41*r*).
10. —— *Entremés de el Degollado.* [«—Iusticia, aqui de Dios contra el Alcalde...»]. (Fols. 41*v*-48*r*).
11. —— *Bayle del herrador.* [«—Herrador soy del amor...»]. (Fols. 48*r*-51*r*).
12. —— *Loa para la compañia de Vallejo.* [«—Dexame Carlos...»]. (Folios 51*v*-59*v*).
13. —— *Entremes del dia de san Blas en Madrid.* [«—Brauo día de san Blas...»]. (Fols. 59*v*-64*r*).
14. —— *Bayle de los metales.* [«—Yo soy contraste de amor...»]. (Fols. 64*r*-66*v*).
15. *Loa general para qualquiera fiesta de comedia.* [«—Calla, que duerme...»]. (Fols. 67*r*-72*v*).
16. P. F. Lanini. *Entremes de la Taratera.* [«—Ha monote, viue Dios...»]. (Fols. 72*v*-76*v*).
17. —— *Bayle cantado de los reloxes.* [«—A tomar la residencia...»]. (Folios 77*r*-79*r*).
18. Benavente. *Entremes de los escuderos y el lacayo.* [«—Quedese la cena, y cama...»]. (Fols. 79*v*-83*r*).
19. *Bayle de la Plaza.* [«—La plaça soy de Madrid...»]. (Fols. 83*r*-85*v*).
20. *Entremes de las cuentas del desengaño.* [«—Que esté v. m. señor cuidado...»]. (Fols. 85*v*-91*r*).
21. *Bayle del cazador.* [«—A caçar paxaros salgo...»]. (Fols. 91*v*-93*v*).
22. *Bayle de la pelota.* [«—A jugar a la pelota...»]. (Fols. 93*v*-96*v*).

Ejemplares:

BARCELONA. *Particular de D. Arturo Sedó.*—MADRID. *Nacional.* R-1.464.

309

MIGAJAS del Ingenio. Colección rarísima de entremeses, bailes y loas, reimpresa con prólogo y notas por Emilio Cotarelo y Mori. Madrid. Imp. de la Rev. de Archivos. 1908. 224 págs. + 1 h. 17,5 cm.

Ejemplares:

MADRID. *Nacional.* T-18.545.

310

NAVIDAD y Corpus Christi, festejados por los mejores ingenios de España, en diez y seis avtos a lo divino, Diez y seis Loas, y diez y seis Entremeses, representados en esta Corte, y nunca hasta aora impresos. Recogidos por Isidro de Robles, Natural de Madrid. Madrid. Ioseph Fernandez Buendia.

A costa de Isidro de Robles. 1644. 4 hs. + 373 págs. a 2 cols. 20 cm.

—Fee de Erratas.
—Suma de la Licencia.
—Suma de la Tassa.
—Dedicatoria a D. García de Velasco, Vicario de la Villa de Madrid.
—Aprobacion del P. Ioseph Martinez, jesuita.
—Aprobación del P. Agustin de Castro, jesuita.
—Licencia del Ordinario.
—Indice.

1. *Loa famosa sacramental de los titulos de las comedias.* [«Oy que de Dios es el dia...»]. (Págs. 1-3).
2. *Entremes famoso de los Mariones. De Luis de Benavente.* [«—O noche de San Iuan, alegre noche...»]. (Páginas 4-9).
3. *Auto famoso El divino Iasson. De Pedro Calderon.* [«—Argos, oye. —Soy amor...»]. (Págs. 9-26).
4. *Loa famosa sacramental.* [«Albricias salgo a pediros...»]. (Págs. 26-27).
5. *Entremes famoso de los sacristanes Cosquillas, y Talegote. De Luis de Benavente.* [«—Domine Talegote, escuche un poco...»]. (Págs. 28-32).
6. *Auto famoso La mayor sobervia humana de Nabucodonosor. Por el Dr. Mira de Mescua.* [«—Desvelado, imaginando...»]. (Págs. 32-53).
7. *Loa famosa sacramental, sobre las cinco reglas de contar.* [«El que pusiere la mira...»]. (Págs. 53-55).
8. *Entremes famoso del combidado. De Luis de Benavente.* [«—Ay cosa ya mas fiera!...»]. (Págs. 56-64).
9. *Auto famoso La mesa redonda. De Luis Velez de Guevara.* [«—Donde con plumas velozes...»[. (Páginas 65-82).
10. *Loa famosa sacramental del Nacimiento del hijo de Dios entre dos pastores, y un angel.* [«—Que es esto, Dioses Diuinos...»]. (Págs. 82-84).
11. *Entremes famoso del Doctor, y el enfermo. De Luis de Benavente.* [«—Hombre de los demonios, estás loco?...»]. (Págs. 84-92).
12. *Auto famoso del nacimiento del hijo de Dios. El tirano castigado, de Lope de Vega Carpio.* [«—Sossiega el trotar Embidia...»]. (Págs. 93-123).
13. *Loa famosa sacramental entre el Dia, y la Noche, y un Galan.* [«—De entre los braços del Alua...»]. (Páginas 123-28).
14. *Entremes famoso del negrito hablador, y sin color anda la niña. De Luis de Benavente.* [«—Alegre noche...»]. (Págs. 128-32).
15. *Auto famoso del Premio de la limosna, y rico de Alexandria. Del Dr. Felipe Godinez* [«—Yo soy Virtud Teologal...»]. (Págs. 132-52).
16. *Loa famosa sacramental del Alma enferma.* [«En la cama del deleyte...»]. (Págs. 153-55).
17. *Entremes famoso del Sacristan, y viejo ahorcados. De Luis de Benavente.* [«—Señor Liñan, está desesperado?...»]. (Págs. 156-63).
18. *Auto famoso del Cavallero del Febo. De Francisco de Roxas.* [«—Ya que a esta isla de Venus...»]. (Páginas 164-84).
19. *Loa famosa sacramental de Los tres sentidos corporales.* [«—Con deseo de saber...»]. (Págs. 185-87).
20. *Entremés famoso de Don Gayferos, y las busconas de Madrid. De Luis de Benavente.* [«Que hora, es, Ines?...»]. (Págs. 187-95).
21. *Auto famoso sacramental de Las santissimas formas de Alcala. Del Dr. Iuan Perez de Montaluan.* [«—Ya, sombras tristes, estoy...»]. (Págs. 196-215).
22. *Loa famosa del Nacimiento.* [«—Valgame San Iorge, Amen...»]. (Págs. 215-18).
23. *Entremes famoso de los sacristanes burlados. De Luis de Benavente.* [«—Sacristan de la legua, tu me irritas...»]. (Págs. 218-23).
24. *Auto famoso del Nacimiento de Christo nuestro bien, y sol a media noche. Del Dr. Mira de Mescua.* [«—Tierra cercada de abrojos...»]. (Págs. 224-47).
25. *Loa famosa sacramental entre tres galanes.* [«—Afuera, lugar, afuera...»]. (Págs. 248-52).
26. *Entremes famoso Las burlas de Isabel. De Luis de Benavente.* [«—Conmigo Barberito, y Dotorcito...»]. (Páginas 252-58).
27. *Auto famoso sacramental de La gran casa de Austria, y divina Margarita. De Agustin Moreto.* [«—Dexame, sombra fría...»]. (Págs. 259-81).

28. *Loa famosa sacramental entre un galan llamado Don Carlos, que representa la Sabiduría, y entre Bras villano, que representa la Ignorancia.* [«—Que te ha parecido, Bras...»]. (Páginas 282-85).
29. *Entremes famoso del marido flematico. De Luis de Benavente.* [«—Amiga, no consueles mi desdicha...»]. (Págs. 286-89).
30. *Auto famoso sacramental Entre Dia, y Noche. Del M.º Ioseph de Valdivieso.* [«—Cielo de nieue pura, competido...»] (Págs. 290-310).
31. *Loa famosa sacramental.* [«Beso vuessarcé las manos...»]. (Págs. 311-13).
32. *Entremes famoso de los ladrones. y moro hueco, y la parida. De Luis de Benavente.* [«—Ropa Santa, ya estamos en Seuilla...»]. (Págs. 314-19).
33. *Auto famoso sacramental La cena del rey Baltasar. De Pedro Calderon.* [«—Espera...»]. (Págs. 320-44).
34. *Loa famosa del Rosario. En alabanza de Nuestra Señora entre los doze Meses.* [«—El mundo, los elementos...»]. (Págs. 344-47).
35. *Entremes famoso del enamoradizo. De Luis de Benavente.* [«—Deten el passo, mira que me matas...»]. (Páginas 348-52).
36. *Auto famoso de Nuestra Señora del Rosario, la madrina del Cielo. Del M.º Tirso de Molina.* [«—Este es el sitio y la casa...»]. (Págs. 353-68).
37. *Loa famosa de la Virgen del Rosario, entre un pastor, y un galan.* [«—Pardiobre que la he de echar...»]. (Págs. 369-71).
38. *Entremes famoso del Amor al uso. De Luis de Benavente.* [«—Pablo, soltad la ropa, deteneos...»]. (Páginas 371-74).
39. *Auto famoso de Nuestra Señora del Rosario, ciento por uno. De Alvaro Cubillo de Aragon.* [«—Viuan muchos años los desposados...»]. (Páginas 375-91).
40. *Loa famosa de Nuestra Señora del Rosario.* [«A lo que vengo apostar...»]. (Págs. 392-93).
41. *Entremes famoso del Iuego del Hombre. De Luis de Benavente.* [«—Aqui se ha de cantar, señores Musicos...»]. (Págs. 394-98).
42. *Auto famoso de la Virgen del Rosario, la amiga mas verdadera. De Antonio Cuello.* [«—En efeto, Salpullido...»]. (Págs. 399-351 bis).
43. *Loa famosa del Nacimiento de Christo Nuestro Señor.* [«Assi como a escurá noche...»]. (Págs. 352-53).
44. *Entremes famoso del zeloso Turrada. De Luis de Benavente.* [«—Vaya con Dios vusted, señor Turrada...»]. (Págs. 353-68).
45. *Auto famoso del Nacimiento de Nuestro Señor. Del M.º Ioseph de Valdivieso.* [«—Camina, Esposa querida...»]. (Págs. 369-78).
46. *Loa famosa del Nacimiento de Christo Nuestro bien.* [«—Viendo Dios que el hombre ingrato...»]. (Pág. 379).
47. *Entremes famoso del Angulo. De Luis de Benavente.* [«—Ande vuessa merced, sor Poluareda...»]. (Págs. 340-45).
48. *Auto famoso del Nacimiento de nuestro Salvador Iesu Christo. De Lope de Vega Carpio.* [«—A vosotros, los que dais...»]. (Págs. 346-73).

Ejemplares:

BOSTON. *Public Library.* D.176.12.—MADRID. *Nacional.* R-11.777 (con exlibris de Gayangos).

311

NORTE de la Poesia Española, illvstrado del sol de doze Comedias (que forman Segunda parte) de Laureados Poetas Valencianos: y doze escogidas Loas, y otras Rimas a varios sugetos. Sacado a luz, aiustado con sus originales por Aurelio Mey. Valencia. Imp. de Felipe Mey. A costa de Filipo Pincinali. 1616. 7 hs. + sin fol. 19,5 centímetros.

Las comedias llevan portada propia.
—Privilegio, en valenciano.
—Licencia.
—Aprovacion del Licdo. Domingo Abbad y Huerta.
—Dedicatoria a D.ª Blanca Ladron y Cardona, hija primogenita de D. Iayme Zeferino Ladron de Pallas, Conde de Sinarcas, etc. por Aurelio Mey.
—Apologetico de la Comedia Española por Ricardo de Turia.

—De D. Carlos Boyl Vives de Canesmas olim de Arenos... A la venida del Duque de Feria, Virrey, y Capitan General, en esta Ciudad, y Reyno de Valencia, Soneto. [«El Sol de Fèria embuelto en Ferias vino...»].

—Del mismo D. Carlos Boyl. Al Nacimiento del Marques de Villaua, su hijo del Duque de Feria... Soneto. [«La Cesarina excelsa hermosa Luna...»].

—Del mismo D. Carlos Boyl a un Licenciado que deseaua hazer Comedias. Romance. [«Señor Licenciado, cure...»].

—Epitafio, a un gran Musico, por Ricardo de Turia. Soneto. [«No pases sin dolor, o Peregrino...»].

—Titulos de las Comedias que van en esta segunda parte.

1. *La gran comedia del cerco de Pavia, y prision del rey de Francia. Del Canonigo Tárrega.*

a) *Coplas para cantar.* [«A los cercados Franceses...»].

b) *Comedia.* [«Veo mis glorias burladas...»].

2. *El marido asigurado... Por Carlos Boyl.*

a) *Loa de Carlos Boyl... donde se nombran todas las Damas de Valencia.* [«Apenas famosissimo Senado...»].

b) *Comedia.* [«—Esto Manfredo has de hazer...»].

3. *La famosa Comedia del mercader amante... Por Gaspar de Aguilar.*

a) *Prologo, o Loa.* [«Matilde, Condesa hermosa...»].

b) *Comedia.* [«—Muerde esa lengua traydora...»].

c) *Coplas para cantar.* [«Que su oficio ha Iuan dexado?...].

4. *La burladora burlada. De Ricardo de Turia.*

a) *Loa, contando un estraño suceso.* [«La diuersidad de asumptos...»].

b) *Comedia.* [«—Contra un noble assi traydores...»].

5. *La fuerça del interes. Comedia... por Gspar de Aguilar.*

a) *Loa.* [«Sale una famosa armada...»].

b) *Comedia.* [«—No le oluidas? —No le oluido...»].

c) *A un desden. Octauas de Ricardo de Turia.* [«Llora Canoro Cisne en la Ribera...»].

d) *Del mismo Autor. Soneto.* [«Si Laban a Iacob no le da a Lia...»].

6. *La gran comedia de la belligera española...* Por Ricardo de Turia.

a) *Loa, para el primer dia que representó la Compañia de Porras en Valencia.* [«—Noble Ciudad de Europa lauro y gloria...»[.

b) *Comedia.* [«—Suelta aleuoso. —Quien eres?...»].

c) *De un Galan a una Dama Cortesana, que por serlo sin recelo de la Iusticia se caso con un Page llamado Leon.* [«Norabuena Reyna mia...»].

7. *La duquesa constante. Del Canonigo Tarrega.*

a) *Loa.* [«—No se que triste signo, o que Planeta...»].

b) *Comedia.* [«—Pues yo comienço. —Comiença...»].

c) *Leureola de los Poetas Romancistas Iuezes de obras agenas por autoridad propia.* [«—Entro a tañer con Delio en competencia...»].

8. *La famosa comedia de la suerte sin esperança. De Gaspar Aguilar.*

a) *Loa.* [«Armenios, Basiliscos...»].

b) *Comedia.* [«—Gallardo sale el Ouero...»].

9. *La famosa comedia de la Fe Pegada... Por Ricardo de Turia.*

a) *Loa, glosando este pie: Que todo trabajo cuesta.* [«Sobre la tela del Alba...»].

b) *Comedia.* [«—Basta que en todo procuras...»].

c) *Tres famosas Chaconas para cantar.* [«Assi vida, vida bona...»; «Assi vida, vida mia...» y «Assi vida, vida amores...»].

10. *El gran patriarcha Don Iuan de Ribera, Arçobispo que fue desta insigne Ciudad de Valencia. Por Gaspar Aguilar.*

a) *Loa.* [«El Leon, y el Gallo tienen...»].

b). *Comedia.* [«—Desuiate. —Luego a mí...»].

11. *La fundacion de la Orden de Nuestra Señora de la Merced, por el rey don Iayme. Del Canónigo Tarrega.*

a) *Loa.* [«Una peregrinacion...»].

b) *Comedia.* [«—En vano querido Arbante...»].

c) *Soneto.* [«Ya me canso Señora de cansarte...].
d) *Soneto.* [«Tanto mi pena acaba el sufrimiento...»].
12. *La gran comedia del triumfante martirio, y gloriosa muerte de San Vicente, hijo de Huesca, y patron de Valencia. Por Ricardo de Turia.*
a) *Loa, a S. Vicente Martir.* [«En felicissima hora...»].
b) *Comedia.* [«—Mucho cuesta. —Antes no cuesta...»].
c) *A S. Vicente Martir.* [«Si el Dios que premia con fauor crecido...»[.
d) *Al mismo Sugeto.* [«Dar al traues la Naue combatida...»].

V. *Catálogo de la biblioteca de Salvá,* I, n.º 1.360.

Ejemplares:

MADRID. *Nacional.* R-12.280 (con exlibris de Gayangos).

312

——— Valencia. Felipe Mey. A costa de Iusepe Ferrer. 1616. Sin fol. y con grabs.

Los mismos preliminares que la anterior.

Las comedias allí citadas llevan el siguiente orden: 2, 3, 4, 1, 5-9, 11, 10 y 12.

Ejemplares:

MADRID. *Nacional.* R-4.505.

313

OBRAS dramaticas del siglo XVI. Primera serie. Edición de 150 ejemplares numerados. [Madrid. Imp. Clásica Española]. [s. a., pero 1914]. 136 págs. sin num. 23,5 cm.

—Advertencia preliminar, por Adolfo Bonilla y San Martín.

Reproducciones facsímiles de ejemplares góticos de la Biblioteca Nacional de Madrid de las siguientes obras:

1. *Comedia nuevamente compuesta por Francisco de Auendaño.* 1563.
2. *La Vengança de Agamenón, por el M.º Hernán Pérez de Oliva.* Burgos, 1528.
3. *Auto de Clarindo, por Antonio Díez.*
4. *Farsa de Lucrecia, por Juan Pastor.*
5. *Farsa sobre el matrimonio.* Medina del Campo, 1603.

Ejemplares:

MADRID. *Nacional.* T.i.-230 (el n.º 35).

314

OCIOSIDAD entretenida, en varios entremeses, bayles, loas, y jacaras. Escogidos de los mejores Ingenios de España. Madrid. Andrés García de la Iglesia. 1668. 8 hs. + 128 fols. 15 cm.

—Dedicatoria a D. Pedro Calderón de la Barca, firmada por Iuan Martin Merinero.
—Indice.
—Aprobación del Dr. D. Esteuan de Aguilar y Zuñiga.
—Licencia del Ordinario.
—Censura de D. Iuan de Zaualeta, Coronista de S. M. (Madrid, febrero de 1667).
—Suma de la Licencia.
—Fee de Erratas.
—Suma de la Tassa.
—Prologo al Lector.

1. *Entremes famoso de los pvtos. De D. Geronimo Cancer.* [«—Que me muero señores, que me muero...»]. (Fols. 1*r*-4*r*).
2. *Bayle del jvego de trucos.* [«—Aunque á el tablado ha salido...»]. (Folios 4*r*-8*r*).
3. *Entremes famoso del abad del Campillo. Del Maestro León* [«—Desuergonçada...»].
4. *Bayle del Medico de Amor. De D. Francisco Abellaneda.* [«—Medico de Amor señores...»]. (Fols. 12*v*-15*r*).
5. *Bayle de la Batalla. De D. Francisco Abellaneda.* [«—A la campaña Sirenas...»]. (Fols. 15*r*-16*v*).
6. *Entremes famoso de la Manta. De D. Francisco de Quiros.* [«—Socorro cielos, vuestro fauor pido...»]. (Folios 17*r*-20*r*).
7. *Bayle de la Ronda de Amor. De D. Francisco Abellaneda.* [«—Atencion todo viuiente...»]. (Fols. 20*v*-23*r*).
8. *Entremes famoso del qvero. De D. Francisco de Quiros.* [«—Maladros, muy bien venido...»]. (Fols. 23*r*-27*v*).
9. *Bayle de los estrauagantes. De D. Francisco de Monteser.* [«—Yo soy el amor señores...»]. (Fols. 27*v*-30*v*).

10. *Entremes famoso del sastre. De D. Iuan Belez.* [«—Donde, señor Maestro, tan apriessa?...»]. (Fols. 30*v*-34*r*).
11. *Bayle del hilo de Flandes. De D. Pedro Francisco Lanine.* [«—Un Hilo de Flandes soy...»]. (Fols. 34*r*-36*r*).
12. *Entremes famoso de descuidese en el rascar.* [«—Esta, Farfulla, es la casa...»]. (Fols. 36*r*-39*v*).
13. *Bayle de los gallos. Del Licdo. Luis de Benavente.* [«—Yo soy Maestro de niños...»]. (Fols. 39*v*-42*r*).
14. *Entremes de la sacadora. De D. Pedro Francisco Lanine.* [«—Bien venidas seais aquesta casa...»]. (Folios 42*v*-47*v*).
15. *Bayle de la casa al rebes, y los vocablos. Del Licdo. Luis de Benavente.* [«—Iesus como quando truena...»]. (Fols. 48*r*-50*r*).
16. *Entremes famoso de la castañera. De D. Francisco Monteser.* [«—Seas Iuana a la Corte bien venida...»]. (Folios 50*r*-54*r*).
17. *Bayle del tabaco. De D. Francisco Auellaneda.* [«—La ninfa de los donayres...»]. (Fols. 54*v*-56*r*).
18. *Entremes famoso de los locos. De D. Francisco de Monteser.* [«—Que os parece de la Corte D. Blas?...»]. (Folios 56*r*-62*v*).
19. *Bayle del herrero de viejo. De D. Iuan de Zabaleta.* [«—A Dios señores oficios...»]. (Fols. 62*v*-64*r*).
20. *Entremes famoso de los valientes encamisados. De D. Francisco de la Calle.* [«—Atiendame todo brabo...»]. (Fols. 64*v*-68*v*).
21. *Bayle del gvsto loco. De D. Francisco de Monteser.* [«—Repicó Burgos a fiestas...»]. (Fols. 68*v*-71*v*).
22. *Entremes famoso de las calles de Madrid. De Luis de Venauente.* [«—A Cauallero...»]. (Fols. 71*v*-75*v*).
23. *Bayle para Francisco Ponze. De D. Francisco Monteser.* [«—Esto no tiene remedio...»]. (Fols. 76*r*-78*v*).
24. *Entremes famoso de el como. De D. Francisco Quiros.* [«—A mi te atreues al timebut gentes...»]. (Folios 78*v*-83*r*).
25. *Bayle de los esdrujulos. De D. Francisco de Monteser.* [«—Dexa las lagrimas Monica...»]. (Fols. 83*r*-86*v*).
26. *Entremes famoso del enfermo. De Luis de Venauente.* [«—Poco a poco se muere mi marido...»]. (Folios 87-90*r*).
27. *Bayle de mvcho te quiero Marica. De Peña Roxa.* [«—Oy por dar gusto al Senado...»]. (Fols. 90*r*-91*v*).
28. *Entremes famoso del ensayo. De D. Andres Gil Enriquez.* [«—Dexa esso con treinta diablos...»]. (Folios 91*v*-96*r*).
29. *Bayle del mvdo. De D. Francisco Monteser.* [«—Que te dixo aquel ingrato...»]. (Fols. 96*r*-98*r*).
30. *Entremes famoso de la melindrosa. De Luis de Venauente.* [«—Trampa con guardainfante...»]. (Fols. 98*r*-103*r*).
31. *Bayle del letrado de amor. De D. Francisco Monteser.* [«—De los Consejos de amor...»]. (Fols. 104*r*-105*r*).
32. *Loa famosa del Santissimo Sacramento.* [«—Hermosos prados, que el Tajo...»]. (Fols. 105*v*-109*r*).
33. *Xacara nveva de la plematica.* [«—Pues murio mi guardainfante...»]. (Fols. 109*v*-111*v*).
34. *Loa famosa entre la iglesia y el zelo.* [«—Zelo de la Religion...»]. (Folios 111*v*-113*r*).
35. *Xacara nveva del Mellado. De D. Pedro Calderon de la Barca.* [«—Para ahorcar está el Mellado...»]. (Folios 113*v*-116*r*).
36. *Loa famosa del jvego de la Pelota. De D. Pedro Calderón.* [«—Pues es juego de Pelota...»]. (Fols. 116*r*-123*r*).
37. *Loa famosa con qve entro en la Corte Bernardo de Prado. Del Licdo. Venauente.* [«—En efecto, mis señores...»]. (Fols. 123*r*-127*r*).
58. *Romance que se cantó al Maximo Doctor de la Iglesia San Geronimo, año de 1667. Hecho por D. Ivan de Matos Fragoso.* [«—De aquel Penitente assombro...»].

Ejemplares:

BARCELONA. *Particular de D. Arturo Sedó.*—MADRID. *Nacional.* R-18.573.

315

OCHO comedias desconocidas de don Guillem de Castro, del licenciado Damian Salustio del Poyo, de Luis Velez de Guevara, etc. Tomadas de un libro antiguo de comedias, nuevamente hallado, y dadas á luz por Adolf Schaeffer. Leipzig. F. A. Brockhaus. 1887. 2 vols. 17,5 cm. (Colección de Autores Españoles, XLVII-XLVIII).

Tomo I:

—Prólogo (Págs. 1-XVI). Estas comedias proceden de un tomo, sin portada, ni preliminares, de 309 fols., que contiene doce y que acaso sea uno de los desconocidos de la colección de partes extravagantes.

1. *La vida y muerte de Judas, de Damian Salustio del Poyo.* [«—¿Qué dices? —No te oso hablar...»]. (Páginas 1-82).
2. *El Tao de San Antón, de Guillen de Castro.* [«—Préstame, amor, las alas con que vuelas...»]. (Págs. 83-145).
3. *El capitán prodigioso, príncipe de Transilvania, de Luis Velez de Guevara.* [«—¡Mueran Celin y Amurates...»]. (Págs. 147-261).
4. *El caballero de Olmedo, de Lope de Vega Carpio.* Al fín consta que no es de Lope, sino de tres ingenios. [«—El Rey lo manda, sujeto...»] (Páginas 263-338).

Tomo II:

5. *El regenado arrepentido, de Guillen de Castro.* [«—¿De qué bárbara Citia rigurosa...»]. (Págs. 3-74).
6. *La devoción de la Misa, de Luis Velez de Guevara.* [«—¡Ay querido padre mío!...»]. (Págs. 75-152).
7. *El rey don Sebastián, de Luis Velez de Guevara.* [«—¿Llega el Jarife? —De una blanca alfana...»]. (Páginas 153-216).
8. *El Hércules de Ocaña, de Luis Vélez de Guevara.* [«—¿No viste a doña María?...»]. (Págs. 217-93).

Ejemplares:

MADRID. *Consejo. Patronato «Menéndez y Pelayo».* 7-674/75. *Nacional.* F.i.-96 (vols. 47-48). — WASHINGTON. *Congreso.* 1-26.496.

316

PENSIL ameno de entremeses escritos por los ingenios mas Clasicos de España. Pamplona. Juan Micón. 1691. 176 págs. 14,5 cm.

1. *Entremes de Lorencillo, a la venida de la Reyna. Año de 1690.* [«—Dexadme. —Que teneis? —Sois un menguado...»]. (Págs. 3-12).
2. *Entremes de Fortvnilla.* [«—Que bien dizen, que un pobre todo es trazas...»]. (Págs. 13-22).
3. *Bayle de Ay que tormento.* [«—Dexame...»]. (Págs. 22-27).
4. *Entremes del Astrologo.* [«—Amigo, yo vengo huyendo...»]. (Págs. 28-36).
5. *Entremes del Maestro de niños.* [«—Jorge, amigo, ya sabrás...»]. (Páginas 37-47).
6. *Bayle de la gverra del amor.* [«—Desvalido anda el amor...»]. (Páginas 47-56).
7. *Entremes del cvero.* [«—No me detenga nadie, a fuera digo...»]. (Páginas 56-63).
8. *Entremes de la asturiana.* [«—Que tiene, Doña Andrea?...»]. (Págs. 64-77).
9. *Entremes del mayordomo.* [«—Este papel os dio Doña Lucia?...»]. (Páginas 78-86).
10. *Entremes del calcetero indiano.* [«—Dulze amor mas soberano...»]. (Págs. 87-96).
11. *Entremes del encamisado.* [«—Don Gil, amigo?...»]. (Págs. 97-107).
12. *Bayle de la tabernera.* [«—Mondongera soy, señores...»]. (Págs. 108-17).
13. *Entremes del abantal.* [«—Mio es abantal...»]. (Págs. 118-30).
14. *Entremes de los valientes.* [«—A dezir verdades vengo...»]. (Págs. 131-39).
15. *Entremes del fariseo.* [«—Ya he dicho que me hagais quatro vestidos...»]. (Págs. 140-50).
16. *Entremes de la vivda.* [«—Lleveme á espacio, si llevarme quiere...»]. (Págs. 151-65).
17 *Entremes de la gardvña.* [«—Favor a la justicia...»]. (Págs. 166-75).

Ejemplares:

MADRID. *Nacional.* R-14.638; R-14.662 (principia en la pág. 37 y lleva una portada ms. con el título de *«Entremeses varios escritos por Don Gil de Armesto y Castro.* Pamplona. Iuan Micon 1646»).

317

PIEZAS maestras del Teatro teológico español... Selección, notas e introducción general de Nicolás González Ruiz. Madrid. [La Edit. Católica. Imp. Sáez]. 1946. 2 vols. 20 cm. (Biblioteca de Autores Cristianos).

Tomo I: Autos Sacramentales.

1.ª parte: El Auto Sacramental hasta Calderón.

1. Juan de Pedraza. *Danza de la muerte.* (Pág. 5).
2. *Auto del maná.* (Pág. 18).
3. *Farsa del sacramento de los cuatro evangelistas.* (Pág. 25).
4. *Auto de los desposorios de José.* (Pág. 31).
5. Juan de Timoneda. *La oveja perdida.* (Pág. 44).
6. —— *La fuente de los siete sacramentos.* (Pág. 60).
7. —— *Auto de la fe.* (Pág. 70).
8. Lope de Vega. *La siega.* (Pág. 76).
9. —— *El pastor lobo y cabaña celestial.* (Pág. 97).
10. —— *De los cantares.* (Pág. 122).
11. —— *Del pan y del palo.* (Página 140).
12. José de Valdivielso. *El hospital de los locos.* (Pág. 158).
13. —— *El hijo pródigo.* (Pág. 182).
14. —— *La serrana de Plasencia.* (Página 212).
15. Tirso de Molina. *El colmenero divino.* (Pág. 236).
16. —— *La madrina del cielo.* (Página 257).
17. ——*El laberinto de Creta.* (Página 276).

2.ª parte: Autos de Calderón de la Barca.

18. *El pleito matrimonial del Cuerpo y el Alma.* (Pág. 301).
19. *El veneno y la triaca.* (Pág. 331).
20. *La cena de Baltasar.* (Pág. 359).
21. *La vida es sueño.* (Pág. 388).
22. *La hidalga del valle.* (Pág. 424).
23. *El gran teatro del mundo.* (Página 448).
24. *Los encantos de la culpa.* (Página 479).
25. *Las Ordenes militares.* (Pág. 504).
26. *A María el corazón.* (Pág. 544).
27. *Sueños hay que verdades son.* (Pág. 577).
28. *El santo rey don Fernando.* (Página 616).
29. *A Dios por razón de Estado.* (Página 649).
30. *El gran mercado del mundo.* (Página 684).
31. *La devoción de la misa.* (Página 720).
32. *El pintor de su deshonra.* (Página 755).

3.ª parte: Epoca de Calderón y camino hacia la decadencia.

33. Mira de Amescua. *Pedro Telonario.* (Pág. 797).
34. Juan Pérez de Montalbán. *El Polifemo.* (Pág. 815).
35. Francisco de Rojas. *La viña de Nabot.* (Pág. 837).
36. Moreto. *La gran casa de Austria y divina Margarita.* (Pág. 865).
37. F. Bances Candamo. *Las mesas de la fortuna.* (Pág. 889).

Tomo II:

—Introducción general.
—Comedias teológicas:

38. Tirso de Molina. *El condenado por desconfiado.* (Pág. 3).
39. Mira de Amescua. *El esclavo del demonio.* (Pág. 69).
40. Calderón de la Barca. *La devoción de la Cruz.* (Pág. 133).
41. —— *El mágico prodigioso.* (Página 182).

Comedias bíblicas:

42. Calderón de la Barca. *Los cabellos de Absalón.* (Pág. 247).
43. —— *La sibila del Oriente y gran reina de Sabá.* (Pág. 315).
44. Guillén de Castro. *El mejor Esposo.* (Pág. 361).
45. Ruiz de Alarcón. *El Anticristo.* (Pág. 418).

Comedias sobre leyendas piadosas y vidas de santos:

46. Cervantes. *El rufián dichoso.* (Página 469).
47. Lope de Vega. *El niño diablo.* (Pág. 534).
48. —— *Santa Casilda.* (Pág. 589).
49. —— *La mayor corona.* (Página 651).
50. —— *La devoción del rosario.* (Pág. 725).

51. Tirso de Molina. *Los lagos de San Vicente.* (Pág. 787).
52. —— *La Santa Juana.* (Pág. 842).

Crítica:

a) Cantera, F., en *Sefarad,* VII, Madrid, 1947, págs. 166-68.
b) Emeterio de J. María, Fr., en *El Monte Carmelo,* LI, Burgos, 1947, páginas 89-90.
c) Pazos, P., en *Archivo Ibero-Americano,* VIII, Madrid, 1948, págs. 418-19.
d) Peers, E. A., en *Bulletin of Spanish Studies,* XXIV, Liverpool, 1947, páginas 284-86.

Ejemplares:

MADRID. *Consejo. General.* — *Consejo. Patronato «Menéndez y Pelayo».* 5-2.523/24.

318

POETAS dramáticos valencianos. [*Observaciones preliminares y edición de Eduardo Juliá Martínez*]. Madrid. Real Academia Española. Tip. de la Revista de Archivos. 1929. 2 vols. 20,5 cm. (Biblioteca Selecta de Clásicos Españoles. Segunda serie).

Tomo II:

—Observaciones preliminares. (Páginas V-CXXXV).
—Rey de Artieda, Andrés.
1. *Los amantes.* (Págs. 1-24).
—Virués, Cristóbal de.
2. *La gran Semiramis.* (Págs. 25-57).
3. *La cruel Casandra.* (Págs. 58-91).
4. *Atila furioso.* (Págs. 92-117).
5. *La infelice Marcela.* (Págs. 118-45).
6. *Elisa Dido.* (Págs. 146-78).
—Tárrega (Canónigo).
7. *El Prado de Valencia.* (Págs. 179-228).
8. *El esposo fingido.* (Págs. 229-66).
9. *El cerco de Rodas.* (Páginas 267-301).
10. *La perseguida Amaltea.* (Páginas 302-40).
11. *La sangre leal de los montañeses de Navarra.* (Págs. 341-80).
12. *Las suertes trocadas y torneo venturoso.* (Págs. 381-441).
13. *El cerco de Pavía y prisión del rey de Francia.* (Págs. 442-91).
14. *La duquesa constante.* (Páginas 492-531).
15. *La fundación de la Orden de Nuestra Señora de la Merced.* (Páginas 532-75).
16. *La enemiga favorable.* (Págs. 576-621).
—Apéndice: I. *Apologético de las comedias españolas, por Ricardo del Turia.* (Págs. 622-27); II. *A un licenciado que deseaba hacer comedias. Romance, por Carlos Boil.* [«Señor licenciado, cure...»]. (Páginas 627-29).

Tomo II:

—Aguilar, Gaspar.
17. *La gitana melancólica.* (Págs. 1-40).
18. *La nuera humilde.* (Págs. 41-81).
19. *Los amantes de Cartago.* (Págisas 82-121).
20. *El mercader amante.* (Págs. 122-61).
21. *La fuerza del interés.* (Págs. 162-203).
22. *La suerte sin esperanza.* (Páginas 204-44).
23. *El gran patriarca don Juan de Ribera.* (Págs. 245-87).
24. *Vida y muerte del Santo Fray Luis Bertrán.* (Págs. 288-330).
25. *La venganza honrosa.* (Páginas 331-74).
—Beneyto, Miguel.
26. *El hijo obediente.* (Págs. 375-419).
—Boil Vives de Canesma, Carlos.
27. *El marido asigurado.* (Págs. 420-70).
—Turia, Ricardo de.
28. *Triunfante martirio y gloriosa muerte de San Vicente.* (Págs. 471-513).
29. *La belligera española.* (Págs. 514-59).
30. *La burladora burlada.* (Págs. 560-607).
31. *La fe pagada.* (Págs. 608-54).
—Apéndice: *La passio de Christo nostre senyor.* (Págs. 655-94).

Ejemplares:

MADRID. *Nacional.* 4-16.921/22.

319

PRIMERA parte del Parnaso nvevo y amenidades del gvsto; en veinte y ocho entremeses, bailes, y sainetes. De los mejores ingenios de España... Madrid. Andrés García de la Iglesia. A costa de Francisco Serrano de Figueroa. 1670. 4 hs. + 220 págs. 14 cm.

—Títulos, de los Entremeses, y Bayles, contenidos en este Libro.
—Licencia del Vicario.
—Aprobación de Fr. Iuan de Estrada.
—Licencia del Consejo.
—Fee de Erratas.
—Tassa.

1. *Entremés del Cortacaras. De Agustín Moreto.* [«—Lorenço amigo...»]. (Págs. 1-11).
2. *Baile de Ecos. De Francisco Monteser.* [«—No llores amiga Iuana...»]. (Págs. 12-18).
3. *Entremés del Refugio de los Poetas. Del M.º León.* [«—Que un hombre de tu hazienda, y juizio...»]. (Páginas 18-27).
4. *Baile del Borracho y Talaueron.* [«—Desafiado ha salido...»]. (Páginas 27-33).
5. *Entremés del amigo verdadero.* [«—Digo, pus me escuchais...»]. (Páginas 33-40).
6. *Baile de la Zamalandrana hermana.* [«—De que lloras? dí que tienes?...»]. (Págs. 40-44).
7. *Entremés nuevo de los Embusteros. De Francisco de Quirós.* [«—Señor don Fausto...»]. (Págs. 45-54).
8. *Baile del Alcalde del Corral. De Benauente.* [«—Atención, que al mundo viene...»]. (Págs. 54-61).
9. *Entremés de la Sorda. De Villauiciosa.* [«—Don Diego seaís bien venido...»]. (Págs. 61-70).
10. *Baile del Montero. De Francisco Monteser.* [«—Yo soy el mundo señores...»]. (Págs. 70-79).
11. *Entremés de doña Mata. De Pedro Calderón.* [«—Esto es lo que conuiene doña Mata...»]. (Págs. 79-89).
12. *Entremés para la noche de San Iuan. De Agustín Moreto.* [«—Aquí tienes recado de mudarte...»]. (Páginas 89-99).
13. *Baile de dos aspides trae Iacinta. De Francisco Monteser.* [«—Huye Gilote, huye Bras...»]. (Págs. 99-109).
14. *Entremés de el Sargento Ganchillos. De Francisco de Auellaneda.* [«—Ya sabes doña Iuana...»]. (Páginas 109-18).
15. *Baile de los Zaparrastrones. De Benauente.* [«—Ya murieron Menga, y Bras...»]. (Págs. 118-23).
16. *Sainete de las manos negras. De Francisco Monteser.* [«—Idalgo, pues las señales...»]. (Págs. 123-33).
17. *Baile del cerco de las hembras. De Agustín Moreto.* [«—En el cerco de las hembras...»]. (Págs. 133-38).
18. *Entremés del Muerto, Eufrasia, y Tronera. De Francisco Quirós.* [«—Queda todo dispuesto seo Tronera?...»]. (Págs. 139-47).
19. *Baile de Periquillo non durmas. De Francisco Quirós.* [«—Nunca tu fueras tan linda...»]. (Págs. 148-51).
20. *Entremés de las patas de baca. De Benauente.* [«—Que me roban señores, que me roban...»]. (Págs. 151-58).
21. *Baile de Morena de Mancanares. De Villaviciosa.* [«—Mal a Pasqual quiere Gila...»]. (Págs. 158-61).
22. *Entremés de doña Esquina. De Moreto.* [«—Dios le pague el regalo doña Esquina...»]. (Págs. 161-71).
23. *Baile de los pajaros. De Iacinto Maluenda.* [«—Yo soy aquí la Imperial...»]. (Págs. 171-75).
24. *Entremés de los Registros. De Monteser.* [«—Alcalde amigo...»]. (Páginas 176-86).
25. *Baile de Yo me muero, y no sé como. De Iuan Velez.* [«—Yo me muero no sé como...»]. (Págs. 187-90).
26. *Entremés de los Sacristanes burlados. De Moreto.* [«—Iusticia, ay que me mata...»]. (Págs. 190-202).
27. *Baile de Enjuga los aljofares.* [«—Enjuga los aljofares...»]. (Páginas 202-7).
28. *Mogiganga del pesame de la viuda. De Pedro Calderón.* [«—No ay consuelo para mí...»]. (Págs. 203-20).

V. *Catálogo de la biblioteca de Salvá*, I, n.º 1.342.

Ejemplares:

BARCELONA. *Particular de D. Arturo Sedó.*—MADRID. *Nacional.* R-14.654.

320

RAMILLETE de Entremeses de diferentes avtores. Pamplona. 1700. 159 págs. 14 cm.

Reimpresión a plana y renglón de los *Verdores del Parnaso* (Pamplona, 1697), sin la primera *Mogiganga* y el penúltimo *Entremés*.

Ejemplares:

BARCELONA. *Particular de D. Arturo Sedó*.—MADRID. *Nacional*. T-9.074 (con ex-libris de C. A. de la Barrera y las dos primeras hojas ms.); T-8.518 (incompleto al principio. De la Librería grande de los PP. Capuchinos de El Pardo).

321

RAMILLETE gracioso. Compuesto de entremeses famosos, y bailes entremesados. Por diferentes ingenios. Valencia. Syluestre Espasa. 1643. 239 págs. 8.°

1. *Los trages. Entremés de Antonio Solís*. [«—Aquí de Dios, señores no hay justicia...»]. (Págs. 7-15).
2. *El botero. Entremés de Luis de Benavente*. [«—Tengome de ahorcar, sin resistencia...»]. (Págs. 17-23).
3. *El barbero. Entremés de L. de Benavente*. [«—Si es la vergüenza la barba...»]. (Págs. 24-32).
4. *La socarrona. Entremés de L. de Benavente*. [«—Cosa es jamás oída...»]. (Págs. 33-45).
5. *Los alcaldes cojos y tuertos. Entremés del M.° Miguel de Lezcano*. [«—Jesus, Alcalde yo? Yo Alcaldeado?...»]. (Págs. 47-57).
6. *El Alcaldillo. Baile*. [«—El Alcalde Gil Polvillo...»]. (Págs. 58-63).
7. *El marido fantasma. Entremés*. [«—Sea el señor Mendoza bien venido...»]. (Págs. 65-74).
8. *Nitirintabará. Baile*. [«—Afuera, que sale al baile...»]. (Págs. 75-80).
9. *El letrado. Entremés de Antonio Pérez*. [«—Conmigo no hay ladron en toda Europa...»]. (Págs. 81-90).
10. *Baile de cuatro mujeres*. [«—Buscando voy a quien me quiera...»]. (Páginas 91-96).
11. *El alcalde Cosme Parrado. Entremés de Francisco Alfaro*. [«—No ha de quedar jodio en todo el pueblo...»]. (Págs. 97-106).
12. *El licenciado Enero. Baile de Jacinto Maluenda*. [«—Yo graduado en escarcha...»]. (Págs. 107-12).
13. *El cazador de pedigüeñas. Baile de Alonso Maluenda*. [«—Yo soy Ginovés, señores...»]. (Págs. 193-121 bis).
14. *Los animales. Baile de Jacinto Maluenda*. [«—A reformar animales...»]. (Págs. 122-28).
15. *La Comedia. Baile*. [?]. (Páginas 129-35).
16. *El infierno. Baile de Jacinto Alonso Maluenda*. [«Portero soy del Palacio...»]. (Págs. 136-44).
17. *La jácara. Entremés de L. de Benavente*. [«—Su enfermedad que dicen que es locura?...»]. (Págs. 145-55).
18. *Jacara del zurdillo de la costa, de J. A. Maluenda*. [«—Muy enfermo está el Zurdillo...»]. (Págs. 156-58).
19. *Decimas a la hermosa Lisi, del mismo autor*. [«—Duerme Lisi; pero cuando...»]. (Págs. 158-60).
20. *El murmurador. Baile de Antonio Solís*. [«—De que es tanta tristeza, amiga mía?...»]. (Págs. 161-69).
21. *La venta de Viveros y alcalde de sacas, de Juan de Ludeña*. [«—Para, cochero, para, esta es la venta...»]. (Págs. 170-74).
22. *Los vocablos. Entremés de L. de Benavente*. [«—Ah señor Licenciado Calahorra...»]. (Págs. 177-88).
23. *El marqués de Fuenlabrada. Entremés de Luis de Belmonte*. [«—Es el Madrid bonito lugarejo...»]. (Páginas 188-99).
24. *El despejado y la gallega. Entremés de Antonio Solís*. [«—Seas muy bien venida doña Clara...»]. (Páginas 200-9).
25. *Don Satisfecho, el moño y la cabellera. Entremés de L. de Benavente*. [«—Señor Gaiferos, qué es lo que me cuenta?...»]. (Págs. 210-18).
26. *La podrida. Entremés de Juan Ludeña*. [«—Déjeme vuesasted, y no me canse...»]. (Págs. 219-29).
27. *El viudo consolado. Entremes de Geronimo Bosque*. [«—Muriose la mal lograda...»]. (Págs. 230-39).

V. Montaner, *La colección teatral de D. Arturo Sedó*, págs. 117-25.

Ejemplares:

BARCELONA. *Particular de D. Arturo Sedó.*

322

RAMILLETE de Saynetes escogidos de los mejores ingenios de España. Zaragoza. Diego Dormer. A costa de Iuan Martínez de Ribera Martel. 1672. 100 fols. 15 cm.

—Aprobaciones de Fr. Christobal de Torres y del Dr. Cedillo Díaz.
—Imprimatur.
—Pintura de los poetas más conocidos, por Lanini. (En seguidillas).
—Dedicatoria a D.ª María Noserra de Roafigue, por I. Martínez de Ribera.

Entremeses:

1. *La Condesa, de Ruiz de Alarcón.*
2. *La burla de los capones, de Villaviciosa.*
3. *Los carreteros, de Matos.*
4. *Testimonios, de Cáncer.*
5. *El traspaso de la pena, de Antonio Roman.*
6. *Los ciegos, de Antonio García de Portillo y del M.º Albolafio.*
7. *Los valientes encamisados, de Francisco de la Calle.*
8. *El desafío, de Matías Godoy.*
9. *Los sordos, de Luis Velez de Guevara.*
10. *El licenciado Truchon, de Villaviciosa.*
11. *El estuche, de Cáncer.*
12. *La franchota, de Calderón.*
13. *El encanto en el abanico, de Manuel Díaz.*

Mojiganga:

14. *Las figuras y lo que pasa en una noche, de Villaviciosa.*

Loas:

15. *Loa en fiesta de la celebración del nombre de mi señora la Duquesa de Medina de las Torres... en el día de Santa Catalina, de Andrés Gil Enríquez.*
16. *Loa al propio asunto en el año siguiente, del mismo.*

Bailes:

17. *El desafío, de Matos.*
18. *El coxo, de Manuel Freyre.*
19. *La plaza de Madrid, de Lanini.*
20. *La endiablada, de Villaviciosa.*
21. *Los desengaños: discurriendo y nombrando todos los conventos de Valladolid, por un ingenio de dicha ciudad.*
22. *El alquilador de casas en Valladolid, por José Pardo.*

V. La Barrera, *Catálogo*, págs. 715-16. (Utiliza un ejemplar de la Biblioteca Nacional de Madrid, con notas autógrafas de Moratín, que al parecer se ha perdido).

Ejemplares:

BARCELONA. *Particular de D. Arturo Sedó.*—OVIEDO. *Universitaria.* A-358.

323

RASGOS del Ocio, en diferentes bayles, entremeses, y loas de diversos avtores. Madrid. Ioseph Fernández de Buendía. A costa de Domingo de Palacio y Villegas 1661. 4 hs. + 263 págs. 15 cm.

—Dedicatoria a D. Diego de Cordova y Figueroa, Caballero de Alcántara, por Domingo de Palacio y Villegas.
— Nota de las aprobaciones.
—Licencia del Ordinario.
—Suma del Priuilegio.
—Fee de Erratas.
—Suma de la Tassa.
—Indice de los Entremeses deste Libro.

1. *Entremes del Aguador.* [«—Vaya fuera el picaron...»]. (Págs. 1-12).
2. *Entremes del Zapatero.* [«—Amigo Estefanio de mi vida...»]. (Páginas 12-24).
3. *Bayle nuevo para los años del Principe.* [«—Atencion que quiere un bayle...»]. (Págs. 24-27).
4. *Entremes del hidalgo de Olías.* [«—Amigas, no puedo ir al bayle...»]. (Págs. 28-38).
5. *Bayle de los Sones.* [«—Escriuano...»]. (Págs. 38-45).
6. *Entremes del Alcalde de Mayrena.* [«—A mí me han hecho Alcalde de Mayrena...»]. (Págs. 46-57).
7. *Entremes de la Fregona.* [*De Iuan de Matos*]. [«—Casildilla, ya estamos en la Corte...»]. (Págs. 58-68).
8. *Bayle del Rico, y el Pobre.* [*De*

Matos]. [«—Oygan que quiero pintarles...»]. (Págs. á8-77).

9. *Entremes del Figonero*. [*De Iuan Bautista Diamante*]. [«—Ya, señores, no se gana...»]. (Págs. 78-86).

10. *Entremes de Las noches de Inuierno, y perdone el enfermo*. [*De Francisco de Auellaneda*]. [«—Con tan grande escuridad...»]. (Págs. 87-96).

11. *Entremes de las Carnestolendas*. [*De Pedro Calderon*]. [«—Rufinica, Rufina, Rufinilla...»]. (Págs. 97-109).

12. *Entremes del Gato, y la Montera*. [*De Sebastian de Villaviciosa*]. [«—Ya sabeis Licenciado...»]. (Páginas 109-19).

13. *Entremes de la burla del Ropero*. [*De Francisco de Avellaneda*]. [«—Adonde has estado Ortuño...»]. (Págs. 120-30).

14. *Entremes de la casa de vezindad*. [*De Sebastian de Villaviciosa*]. [«—Esta la casa es, que os tengo dicho...»]. (Págs. 130-41).

15. *Las Casasa de placer*. [*De Francisco de Auellaneda*]. [«—Pues Alcalde Montaraz...»]. (Págs. 142-45).

16. *Entremes de los testimonios de los criados*. [*De Benauente*]. [«—Mentecato, simplote, dromedario...»]. (Páginas 145-61).

17. *Entremes del Reo*. [*De Geronimo Cancer*]. [«—Para Pedro, que aquí la mala noche...»]. (Págs. 162-74).

18. *Entremes de la Plazuela de Santa Cruz*. [*De Pedro Calderon*]. [«—Adonde vais tan de mañana...»]. (Págs. 175-84).

19. *Entremes del Retrato vivo*. [*De Agustin Moreto*]. [«—Oye amiga, y verás ya de mis penas...»]. (Págs. 185-93).

20. *Entremés del Loco*. [*De Iuan Velez*]. [«—No resongueis, os digo, mas Locia...»]. (Págs. 194-202).

21. *Entremes del Dormilon*. [*De Iuan de Matos*]. [«—Ay mi hermano...»]. (Págs. 203-12).

22. *Entremes del casado por fuerza*. [*De Sebastian de Villaviciosa*]. [«—Hijo Don Gil, quisiera yo casaros...»]. (Págs. 213-20).

23. *Entremes de la flema*. [*De Francisco de Auellaneda*]. [«—Amiga, no consueles mi desdicha...»]. (Págs. 220-25).

24. *Loa para Francisco García el Pupilo*. [*De Iuan Bautista Diamante*]. [Rara locura...»]. (Págs. 226-33).

25. *Loa*. [*De Sebastian de Villaviciosa*]. [«—Estudiar quiero el papel...»]. (Págs. 234-45).

26. *Loa*. [*De Diego de Cordoua y Figueroa*]. [«—Don Pedro, vos seais muy bien llegado...»]. (Págs. 246-53).

27. *Loa para los años del Emperador de Alemania*. [*De Agustín Moreto*]. [«—Texase la corona...»]. (Págs. 254-60).

28. *Xacara, retratando a una Dama*. [*De Iuan de·Matos Fragoso*]. [«—Miren que braua se ofrece...»]. (Páginas 261-63).

Los nombres de los autores constan solamente en el Indice.

Ejemplares:

BARCELONA. *Particular de D. Arturo Sedó*. — MADRID. *Nacional*. R-11.566 (con ex-libris de Gayangos).

324

——— *Segunda parte*. Madrid. Domingo García Morras. A costa de Domingo de Palacio y Villegas. 1644. 4 hs. + 251 págs. 8.°

—Dedicatoria a D. Diego de Cordoua y Figueroa, cauallero de Alcántara, etc., por Domingo de Palacio.
—Aprobacion de Fr. Gabriel de Leon.
—Aprobacion de Juan de Matos Fragoso.
—Licencia del Ordinario.
—Suma de la Licencia.
—Fee de erratas.
—Suma de la Tasa.
—Indice.

1. *Entremés del picaro bobo, de Juan Velez*. [«—Pedro, Pedro, ¿donde vas?...»]. (Págs. 1-10).

2. *Mojiganga de las beatas, de Antonio Barrientos*. [«—Deja, mujer...»]. (Págs. 11-24).

3. *Entremes de la boda de Juan Rana, de Francisco de Avellaneda*. [«—Juan Rana, un hombre mozo...»]. (Págs. 25-33).

4. *Mojiganga de Cupido y Venus, de Román Montero*. [«—Muchachas que andais de Venus...»]. (Págs. 33-44).

5. *Entremés de la visita del mundo, de Francisco de Avellaneda*. [«—Alcalde, a fuer de Dotor...»]. (Págs. 45-54).

6. *Entremes de las barbas de balde, del M.º León.* [«—Don Rufino, el barbero está avisado...»]. (Págs. 54-63).
7. *Entremés de la estafeta, del M.º León.* [«—Sargento, bien llegado...»]. (Págs. 64-72).
8. *El día de compadres, del M.º León.* [«—Amigo, si vos quereis...»]. (Págs. 73-83).
9. *Entremés de las tajadas, de Blas de Mesa.* [«—A la guerra me vo...»]. (Págs. 84-94).
10. *Entremes de los rabanos y la fiesta de toros, de Francisco Antonio Monteser.* [«—Decí a Lorenzo que ya le espero...»]. (Págs. 95-105).
11. *Entremes de yo lo ví, de Joseph Martínez.* [«—Señor don Fausto. —Doña Clara hermosa?...»]. (Páginas 106-15).
12. *Entremés de la hija del doctor, de Francisco de Avellaneda.* [«—Dí que tienes, Señora?...»]. (Págs. 115-26).
13. *Baile entremesado de las naciones, de Francisco de Avellaneda.* [«—Alcalde, de qué estais triste?...»]. (Páginas 126-32).
14. *Entremes de Escandarbey, de Francisco de Quiros.* [«—Está mas que gustoso el Regimiento...»]. (Págs. 133-39).
15. *Entremes del asaetado, de Juan de Matos Fragoso.* [«—Oh traidor a mi casa traes billete?...»]. (Págs. 139-50).
16. *Entremes de la loa de Juan Rana, de Moreto.* [«—Alabado sea Dios Santo y bendito...»]. (Págs. 150-60).
17. *Entremes de los organos y el relox, de Moreto.* [«—Tres cosas hay en este Ayuntamiento...»]. (Págs. 161-74)
18. *Entremes de los holgones, de Juan Velez.* [«—Amigo Onofre, vos sin alegría?...»]. (Págs. 175-89).
19. *Entremes de los titulos de las comedias, de Alonso de Olmedo.* [«—Señor Dotor Carlino...»]. (Págs. 189-99).
20. *Entremes del plenipapelier, de Francisco de Avellaneda.* [«—Dichoso sois, Alcalde...»]. (Págs. 199-209).
21. *Entremes de Juan Ranilla, de G. Cáncer.* [«—Alcalde, de qué es tanto sentimiento?...»]. (Págs. 210-24).
22. *Baile entremesado en esdrújulos, de Sebastian de Villaviciosa.* [«—No se ha de hacer este baile...»]. (Páginas 224-30).
23. *Xacara entremesada de Gargolla, del M.º Leon.* [«—Dexadme llorar amigas...»]. (Págs. 231-37).
24. *Loa, de un ingenio desta Corte.* [«—Don Pedro, vos seais muy bien llegado...»]. (Págs. 238-45).
25. *Baile de Servía en Oran al Rey, de un ingenio desta Corte.* [«—Por un delito de amor...»]. (Págs. 246-51).

V. Montaner, *La colección teatral de D. Arturo Sedó,* págs. 142-50.

Ejemplares:

BARCELONA. *Particular de D. Arturo Sedó.*

325

RECOPILACION de varios entremeses, bailes, loas y jácaras. Madrid. 1668. 8.º

Cit. en Palau, *Manual del librero,* VI, pág. 224.

326

RELIGIOUS Plays of 1590: Comedia de la Historia y Adoración de los Tres Rreyes Magos. Comedia de Buena y Santa Doctrina. Comedia del Nacimiento y Vida de Judas. Edited with Introduction and Notes by Carl Allen Tyre. Iowa. University. 1938. 112 págs. 22 cm. (University of Iowa Studies in Spanish Language and Literature, VIII).

—Preface.
—Introduction. (Págs. 9-20).
1. *Comedia nobena de la historia y adoracion de los tres rreyes magos...* [«—Prinçipes del pueblo hebreo...»]. (Págs. 21-37).
2. *Auto sacramental y comedia decima, delicado y muy subido de buena y santa doctrina.* [«—Destierra el llanto y gemir...»]. (Págs. 38-70).
3. *Comedia undecima del nacimiento y vida de Judas.* [«—Ya, mi rreyna, señora, abréis sauido...»]. (Págs. 71-112).

Crítica:

a) Gillet, J. E., en *Hispanic Review,* VIII, Filadelfia, 1940, págs. 69-72.

Ejemplares:

MADRID. *Centro de Estudios sobre Lope de Vega.*

327

SPANISCHES Theater, herausgegeben von Adolph von Schack. Franfort. Pauerländer. 1845. 2 vols. 17,5 cm.

Tomo I: Traducción alemana en verso de *El tejedor de Segovia,* de Ruiz de Alarcón y de cuatro entremeses de Cervantes.

Tomo II: Idem de *Fuenteovejuna* y cuatro entremeses de Lope de Vega y de *Crisanto y Dario,* de Calderón.

Ejemplares:

MADRID. *Nacional.* T-822/23.

328

TARDES apacibles de gvstoso entretenimiento, repartidas en varios Entremeses, y Bayles entremesados, escogidos de los mejores Ingenios de España. Madrid. Andrés García de la Iglesia. A costa de Iuan Martin Merinero. 1663. 7 hs. + 151 fols. 14 cm.

—Dedicatoria a D. Lope Gaspar de Figueroa Guzmán y Velasco.
—Tabla.
—Censura del Dr. D. Esteuan de Aguilar y Zuñiga.
—Licencia del Ordinario.
—Aprobación de Fr. Gabriel de León.
—Privilegio.
—Fee de Erratas.
—Suma de la Tassa.

1. *Entremes de las moças de la galera. De Iuan Díaz de la Fuente.* [«—Las moças de la galera...»]. (Folios 1*r*-4*v*).
2. *Entremés de el Toreador.* [*En el Indice se da como autor a D. Pedro* Calderón]. [«De los desdenes de Gila...»]. (Fols. 5*r*-9*v*).
3. *Bayle del Sacamuelas.* [*En la Tabla se dice: De D. Sebastian de Villaviciosa*]. [«—Sacamuelas soy señores...»]. (Fols. 9*v*-11*v*).
4. *Entremes de el bodegón. De Iuan Velez.* [«—Con amor, y sin blanca...»]. (Fols. 12*r*-17*r*).
5. *Entremes de lo que es Madrid. De Auellaneda.* [«Seor Sargento mochuelo...»]. (Fols. 17*r*-20*r*).
6. *Bayle entremesado de la Chillona. De Villaviciosa.* [«—Dinos la causa, Chillona...»]. (Fols. 20*v*-22*v*).
7. *Entremes de El Cortesano. De Geronimo Cancer.* [«Don Blas, amigo, vos sois hombre estraño...»]. (Fols. 23*r*-27*v*).
8. *Entremes de El desafio de Iuan Rana. De Pedro Calderón.* [«—Es hora de venir, marido, a casa?...»]. (Folios 27*v*-32*r*).
9. *Bayle entremesado del Mellado.* [«—Atención señores míos...»]. (Folios 32*r*-36*r*).
10. *Entremes de El Hambriento. De Villaviciosa.* [«—Valgame Dios, que me aya sucedido...»]. (Fols. 36*r*-41*v*).
11. *Entremes de las Visitas. De Villaviciosa.* [«—Tu seas Casildilla bien venida...»]. (Fols. 41*v*-46*r*).
12. *Bayle entremesado de Menga, y Bras. De Geronimo Cancer.* [«—Ya murieron Menga, y Bras...»]. (Folios 46*v*-48*v*).
13. *Entremes de la Pretendida. De Iuan Velez.* [«—Al empleo venturoso...»]. (Fols. 49*r*-52*v*).
14. *Entremes de El retrato de Iuan Rana. De Villaviciosa.* [«Casilda, porque son estos estremos?...]. (Fols. 52*v*-57*r*).
15. *Bayle de Mariguela, de Iuan Velez de Gueuara.* [«—Marica, Mariguela...»]. (Fols. 57*v*-59*r*).
16. *Entremes de el Alcalde Alcorcon.* [«—Alarcon os ha nombrado...»]. (Fols. 59*r*-63*r*).
17. *Entremes de la Pedidora. De Pedro Calderon de la Varca.* [«—No me hables de interesses...»]. (Folios 63*r*-67*r*).
18. *Bayle entremesado de los Negros, de Auellaneda.* [«—Oy señores una negra...»]. (Fols. 67*r*-70*r*).
19. *Entremes de las Fiestas de Palacio.* [«—Alcalde...»]. (Fols. 70*r*-75*r*).
20. *Entremes de las Reuerencias.* [«—Que sea un hombre yo tan desdichado...»]. (Fols. 75*r*-78*r*).
21. *Bayle de los oficios.* [«—Con el luzero del Alva...»]. (Fols. 78*r*-81*r*).
22. *Entremes del Galan, lleuado por*

mal. [«—Amigas, tan grandissima cuytada...»]. (Fols. 81*r*-85*r*).

23. *Entremes de los galanes, de Agustin Moreto.* [«—Lorenço estame atento...»]. (Fols. 85*v*-88*v*).

24. *Bayle del juego del hombre.* [«—Atencion, porque oy combida...»]. (Fols. 89*r*-91*v*).

25. *Entremes del Relox, y Genios en la Venta. De Pedro Calderon.* [«—Mete essas mulas, Diaguillo...»]. (Folios 91*v*-95*v*).

26. *Entremes del Trepado. De Iuan de Matos Fragoso.* [«—Ala. —Ala...»]. (Fols. 95*v*-100*r*).

27. *Bayle entremesado, de la Rubilla.* [«—Atencion, señores crudos...»]. (Folios 100*r*-103*v*).

28. *Entremes de Guardadme las espaldas.* [«—Cegueçuelo, rapaz, que me desvelas...»]. (Fols. 103*v*-108*v*).

29. *Entremes de la bota.* [«—Botin, dinos que haremos...»]. (Fols. 108*v*-113*v*).

30. *Bayle de los trajes.* [«—Yo soy inuentor de trajes...»]. (Folios 113*v*-115*v*).

31. *Xacara entremesada de las Flores, y el Zurdillo.* [«—Boos dias, seor Narro...»]. (Fols. 116*r*-119*r*).

32. *Mogiganga de los sitios de recreación del Rey.* [«—Pues Alcalde montaraz...»]. (Fols. 119*r*-122*r*).

33. *Bayle del Mellado en jacara. De Iuan de Matos.* [«—Tendido estaua a la larga...»]. (Fols. 122*v*-125*r*).

34. *Entremes famoso de la Antojadiza. Del Licdo. Luis de Benauente.* [«—Lindo humor gastas oy, D.ª Tiburcia...»]. (Fols. 125*r*-128*r*).

35. *Entremes famoso de la Perendeca.* [«—No le tengo de oir, que me porfia...»]. (Fols. 128*r*-134*r*).

36. *Bayle de los Sones. De Sebastian de Villaviciosa.* [«—Escriuano...»]. (Fols. 134*r*-137*v*).

37. *Entremes de los Instrumentos. De Pedro Calderon.* [«—Sal aqui Viegecillo, ingerto en mona...»]. (Folios 138*r*-142*v*).

38. *Entremes del Sacristan Chinela. De Villaviciosa.* [«—Que notable locura...»]. (Fols. 143*r*-146*v*).

39. *Loa de Nuestra Señora. De Pedro Calderón.* [«—Mira Flores, de la sierra...»]. (Fols. 147*r*-152*v*).

V. *Catálogo de la biblioteca de Salvá*, I, n.º 1.429.

Ejemplares:

MADRID. *Nacional.* R-6.355.

329

TEATRO antiguo español. Madrid. [Imp. de F. Grimaud de Velaunde]. 1837. 16.º

—*El lucero de Castilla y privado perseguido, de Calderón.*

—*Desde Toledo a Madrid, de Tirso de Molina.*

—*Los enredos de Celauro, de Lope de Vega.*

—*En Madrid y en una casa, de Rojas Zorrilla.*

—*Los balcones de Madrid, atribuida a Tirso de Molina.* 120 págs. + 1 lám.

—*La doncella de labor, de Juan Pérez de Montalván.* 125 págs. + 1 lám.

—*El pretendiente al revés, de Tirso de Molina.* 156 págs. + 1 lám.

—*El rufian Castrucho, de Lope de Vega.*

V. *Catálogo de la biblioteca de Salvá*, I, n.º 1.431.

Ejemplares:

MADRID. *Nacional.* U-4.659 (sólo 3 vols.).

330

TEATRO Antiguo Español. Textos y estudios. Madrid. Junta para Ampliación de Estudios. [Desde 1939: Consejo Superior de Investigaciones Científicas]. 1916- (en publicación). 23 cm.

I. Luis Vélez de Quevara. *La Serrana de la Vera.* Ed. de R. Menéndez Pidal y María Goyrí.

II. Francisco de Rojas Zorrilla. *Cada cual lo que le toca* y *La viña de Nabot.* Ed. de Américo Castro.

III. Luis Vélez de Guevara. *El Rey en su imaginación.* Ed. de J. Gómez Ocerín.

IV. Lope de Vega. *El cuerdo loco.* Ed. de J. F. Montesinos.

V. Lope de Vega. *La corona merecida.* Ed. de J. F. Montesinos.

VI. Lope de Vega. *El Marqués de Las Navas.* Ed. de J. F. Montesinos.

VII. Lope de Vega. *El cordobés valeroso Pedro Carbonero.* Ed. de J. F. Montesinos.
VIII. Lope de Vega. *Barlaán y Josafat.* Ed. de J. F. Montesinos.
IX. Lope de Vega. *Santiago el Verde.* Ed. de R. A. Oppenheimer.

331

TEATRO español anterior á Lope de Vega. Por el editor de la Floresta de rimas antiguas castellanas. [*Juan Nicolás Böhl de Faber*]. Hamburgo. Libr. de Frederico (*sic*) Perthes. 1832. 2 hs. + 471 págs. 20,5 cm.

—Prólogo.
—Encina, Juan del.
1. *Egloga representada en la noche de Natividad* (Págs. 3-11).
2. *Representación á la muy bendita Pasión y Muerte de nuestro Redentor.* (Págs. 11-16).
3. *Egloga representada en la noche postrera de Carnal que dicen Antruejo ó Carnes-tollendas.* (Págs. 17-21).
4. *Egloga del escudero que se torna pastor.* (Págs. 22-26).
5. *Egloga de los pastores que se tornan palaciegos.* (Págs. 26-32).
6. *Egloga representada en la noche de Navidad, entre cuatro pastores.* (Páginas 32-38).
—Gil Vicente.
7. *Auto pastoril del Nacimiento.* (Páginas 41-50).
8. *Auto de los Reyes Magos entre dos pastores.* (Págs. 50-56).
9. *Auto de la Sibila Casandra.* (Páginas 56-65).
10. *Auto de los cuatro tiempos.* (Páginas 65-69).
11. *Escena primera de la Comedia de Rubena.* (Págs. 69-73).
12. *La Comedia del Viudo.* (Páginas 74-91).
13. *Un paso de la tragicomedia Triunfo del Invierno.* (Págs. 91-96).
14. *Ultima escena del Auto de los Físicos.* (Págs. 96-98).
—Torres Naharro, Bartolomé.
15. *Comedia Imenea.* (Págs. 101-31).
16. *Comedia Jacinta.* (Págs. 132-51).
17. *Comedia Calamita.* (Páginas 152-205).
18. *Comedia Aquilana.* (Págs. 205-46).
—Rueda, Lope de.
19. *Comedia Eufemia.* (Páginas 249-306).
20. *Comedia Armelina.* (Págs. 307-46).
21. *Comedia de los Engaños.* (Páginas 347-401).
22. *Comedia Medora.* (Páginas 402-48).
23. *Algunos pasos del Coloquio de Timbria.* (Págs. 449-59).
24. *Algunos Pasos del Coloquio de Camila.* (Págs. 460-64).

Explicación conjetural de varias palabras que no se hallan en el Diccionario de la Academia Española (Páginas 465-66).

Ejemplares:

MADRID. *Consejo. Patronato «Menéndez y Pelayo».* 5-446. *Nacional.* T-15.043.

332

TEATRO español anterior a Lope de Vega. Sevilla. Imp. de José María Geofrin. 1867-69. 3 vols. 17 cm. (Sociedad de Bibliófilos Andaluces).

I. Sebastián de Horozco. *Noticias y obras inéditas de este autor dramático desconocido, por José María Asensio y Toledo.* 87 págs.

1. *Representación de la parabola de Sant Mateo á los veynte capítulos de su sagrado Evangelio...*
a) *Argumento.* [«Magnífico y escelente...»]. (Págs. 21-23).
b) *Representación.* [«—Que aprovecha haber plantado...»]. (Págs. 24-41).
2. *Representación de la historia evangélica del capítulo nono de Sanct Joan...* [«—Ay quién haga caridad...»]. (Págs. 43-64).
3. *Siguese un entremés que hizo... á ruego de una monja...* [«—Hávalas, hávalas, hala...»]. (Págs. 65-84).
—Glosario de las voces anticuadas, oscuras y de dudosa acepción. (Páginas 85-87).

Crítica:

a) Cañete, M., *Carta del señor Asencio* (sic). Publicada, lo mismo que la respuesta de Asensio, en *El Porvenir,*

Sevilla, núms. 3. 122-26, 16 a 21 de febrero de 1868.

II. *Comedia de la soberana Virgen de Guadalupe, y sus milagros, y grandezas de España.* Tirada de 300 ejemplares. 1868. IX + 27 págs + 1 h.

Atribuída a Cervantes.

—Prólogo de José María Asensio. (Páginas V-IX).

Comedia. [«—Valiente assalto. —Braua escaramuça...»].

III. *Comedia Pródiga, por Luis de Miranda.* 1868. 137 págs.

—Prólogo de José M.ª Alava. (Páginas 5-7).

Comedia. [«—Sepa cualquier que quisiere...»]. (Págs. 27-131).

Post-data. (Págs. 135-37).

Ejemplares:

MADRID. *Nacional.* T-7.253 (con exlibris de C. A. de la Barrera. Las tres obras y los recortes de la polémica de *El Porvenir,* en un volumen).

333

TEATRO español del siglo XVI. [*Edición de Urban Cronan*]. Tomo I. Madrid. [Imp. de Fortanet]. 1913. X + 542 págs. + 3 hs. 23 cm. (Sociedad de Bibliófilos Madrileños, X).

1. *Comedia llamada Tidea, por Francisco de las Natas.*

a) *Introyto y argumento.* [«Dios mantenga buena gente...»]. (Págs. 2-8).

b) *Comedia.* [«—Circundederunt me...»]. (Págs. 8-80).

2. *Comedia intitulada Tesorina, por Jayme de Guete.*

a) *Introito.* [«Saluehos Dios, y tan saluados...»]. (Págs. 82-86).

b) *Comedia.* [«—Pinedo, mucho querría...»]. (Págs. 87-170).

3. *Comedia llamada Vidriana, por Jayme de Guete.*

a) *Introito.* [«Doy al diabro a quien me ha puesto...»]. (Págs. 172-77).

b) *Comedia.* [«—Pregonense mis tormentos...»]. (Págs. 177-265).

4. *Tragicomedia alegorica del Parayso y del Infierno.*

a) *Introyto.* [«Mucho norabuena esteys...»]. (Págs. 268-74).

b) *Tragicomedia.* [«—Quien viniera embarcará...»]. (Págs. 274-318).

5. *Farsa nueuamente trobada por Fernando Díaz.* [«—Harre por medio, que necia criança...»]. (Págs. 319-32).

6. *Egloga pastoril.* [«—Salueos Dios aca, garçones...»]. (Págs. 333-65).

7. *Egloga nueua.* [«—Quien podra estar sin temor...»]. (Págs. 367-89).

8. *Egloga nueuamente compuesta por Juan de Paris.* [«La vida penosa que nos, los mortales...»]. (Págs. 391-414).

9. *Farsa del mundo y moral, por Fernan Lopez de Yanguas.* [«—Illustre señora, caudal río sin vados...»]. (Págs. 415-49).

10. *Farsa nueuamente compuesta por Hernan Lopez de Yanguas...* [«—Que bozina es la que siento?...»]. (Páginas 451-92).

11. *Farsa llamada Rosiela.* [«—La causa que me atormenta...»]. (Páginas 493-542).

Crítica:

a) House, R. E., en *Modern Language Notes,* XXX, Baltimore, 1915, págs. 121-23.

b) Pfandl, L., en *Literaturblatt für germanische und romanische Philologie,* XXXVI, Leipzig, 1915, págs. 225-27.

Ejemplares:

MADRID. *Nacional.* R-16.201.

334

TEATRO poético. Repartido en veinte y vn Entremeses nuevos. Escogidos de los mejores ingenios de España. Zaragoza. Iuan de Ybar. A costa de Iusepe Galbez. 1658. 3 hs. + 183 págs. 8.º

1. *El hijo del vecino.*
2. *Los condes.*
3. *El cortesano.*
4. *El fariseo.*
5. *Al Alcalde ciego, Primera parte.*
5. *El Alcalde ciego. Segunda Parte.*
7. *El Parnaso.*
8. *Villalpando.*
9. *Los carros de la fiesta del Corpus de Madrid.*
10. *Dáme mi mujer.*
11. *El letrado.*
12. *Los ciegos.*
13. *Los mudos.*

14. *El muerto.*
15. *El espejo.*
16. *El alcalde registrador.*
17. *El empedrador.*
18. *El gañán.*
19. *La reliquia.*
20. *Los peregrinos.*
21. *El Licenciado Revuelta.*
—Censura por Diego García de Morlones.
22. *Baile nuevo de la Sortija.*

V. La Barrera, *Catálogo*, págs. 713-14.

Ejemplares:

BARCELONA. *Particular de D. Arturo Sedó.*

335

TEN Spanish Farces of the Sixteenth, Seventeenth and Eighteenth Centuries. Edited with notes and vocabulary by G. T. Northup. Boston. D. C. Heath and Co. [1922]. XXXVII + 231 págs. con ilustr. 18,5 cm. (Heath's modern language series).

Contiene diversas piezas cortas de Lope de Rueda, Cervantes, Quiñones de Benavente y Ramón de la Cruz.

Crítica:

a) Gillet, J. E., en *Modern Philology*, XX, Chicago, 1922, págs. 222-24.
b) J. P. W. C., en *The Modern Language Journal*, VIII, Menasha, 1923, págs. 120-23.

Ejemplares:

WASHINGTON. *Congreso.* 22-12040.

336

THEATRO Español, por Vicente García de la Huerta. Madrid. Imp. Real. 1785. 17 vols. 14,5 cm.

Parte primera: Comedias de figurón.

Tomo I:

—Retrato de García de la Huerta.
—Dedicatoria a D. Joseph Arizcun Pontejos y Sesma, precedida de su escudo.
—Prólogo del colector. (Págs. I-CCVI).

1. *El castigo de la miseria, de Juan de Hoz.* [«—Capaz y alegre es el quarto...»]. (Págs. 1-189).

Tomo II:

2. *Entre bobos anda el juego, de Francisco de Roxas.* [«—¡Llegó el coche! Es evidente...»]. (Págs. 1-176).
3. *El hechizado por fuerza, de Antonio de Zamora.* [«—¿Me vió entrar tu hermano? —No...»]. (Págs. 177-343).
4. *El dómine Lucas, de Joseph de Cañizares.* [«—Vive Christo, Don Henrique...»]. (Págs. 345-527).

Tomo III:

5. *Un bobo hace ciento, de Antonio de Solís.* [«—Juanilla estaba con ella...»]. (Págs. 3-155).
6. *El lindo don Diego, de Agustín Moreto.* [«—Quiera Dios, señor Don Juan...»]. (Págs. 157-311).
7. *De los hechizos de Amor la Musica es el mayor, y el montañés en la Corte, de Joseph de Cañizares.* [«—Con qué tomaste el papel?...»]. (Págs. 313- 474).

Tomo IV:

8. *El honor da entendimiento, y el mas bobo sabe más, de Joseph de Cañizares.* [«—¿Qué dices, Juana? —Que es él...»]. (Págs. 1-164).
9. *El sordo y el montañés, de Melchor Fernández de León.* [«—Corriendo voy como un gamo...»]. (Págs. 165-310).
10. *El doctor Carlino, de Antonio de Solís.* [«—El es sin duda. —Esta dama...»]. (Págs. 311-429).
—Erratas de los tomos I y II. (Página 430).

Parte segunda: Comedias de capa y espada.

Tomo I:

—Prólogo. (Págs. 1-XXIV).

11. *No puede ser el guardar una mujer, de Agustín Moreto.* [«—Eso, señor, es virtud...»]. (Págs. 1-171).
12. *Donde hay agravios no hay zelos, y amo criado, de Francisco de Roxas.* [«—O es que te has endemoniado...»]. (Págs. 173-347).

Tomo II:

—*Fama, vida y escritos de D. Pedro Calderón de la Barca, por Juan de Vera-Tasis y Villarroel.* (Páginas I-XXX).

13. *La dama duende, de Calderón.*

[«—Por una hora no llegamos...»]. (Págs. 31-196).
14. *El parecido en la Corte, de Moreto.* [«—¡No ví mujer más hermosa!...»]. (Págs. 197-355).

Tomo III:

—Carta del duque de Veragua a D. Pedro Calderón de la Barca. (Páginas III-IX).
—Respuesta de Calderón. (Págs. XI-XVI).
—La Memoria de comedias de D. Pedro Calderón de la Barca, enviada al Duque de Veragua. (Págs. XVII-XXIV).
15. *Dar tiempo al tiempo, de Calderón.* [«—Vive Dios, que tienes cosas...»]. (Págs. 1-180).
16. *También hay duelo en las damas, de Calderón.* [«—Llega, Isabel, esa luz...»]. (Págs. 181-395).

Tomo IV:

17. *El amor al uso, de Antonio de Solís.* [«—¿Viste a Doña Clara bella?...»]. (Págs. 1-175).
18. *Bien vengas mal, si vienes solo, de Calderón.* [«—Al amor, tiempo, y fortuna...»]. (Págs. 177-327).
19. *Los empeños de un acaso, de Calderón.* [«—O he de matar ó morir...»]. (Págs. 329-495).

Tomo V:

20. *De fuera vendrá, quien de casa nos echará, de Moreto.* [«—O maldita sea el alma, que os consiente...»]. (Págs. 1-178).
21. *No siempre lo peor es cierto, de Calderón.* [«—Diste el papel? —Sí, señor...»]. (Págs. 179-341).
22. *Con quien vengo, vengo, de Calderón.* [«—No le has de ver. —Es en vano...»]. (Págs. 343-510).

Tomo VI:

23. *Trampa adelante, de Moreto.* [«—Espera, Leonor: detente...»]. (Páginas 1-182).
24. *Casa con dos puertas mala es de guardar, de Calderón.* [«—¿Vienen tras nosotras? —Sí...»]. (Págs. 183-342).
25. *No hay burlas con el Amor, de Calderón.* [«—Valgate el diablo, ¿Qué tienes...»]. (Págs. 343-494).

Tomo VII:

—*Lección crítica a los lectores del papel intitulado Continuación de las memorias críticas de Cosme Damian, por Vicente García de la Huerta.* (Páginas III-XLVIII).
26. *Qual es mayor perfección, de Calderón.* [«—Famosa tarde tendrás...»]. (Págs. 51-239).
27. *El escondido y la tapada, de Calderón.* [«—Pues no podemos entrar...»]. (Págs. 241-410).

Tomo VIII:

28. *Mejor está, que estaba, de Calderón.* [«—Dame presto otro vestido...»]. (Págs. 1-156).
29. *Primero soy yo, de Calderón.* [«—¿Quedan ya en la quinta? —Ahun no...»]. (Págs. 157-321).
30. *La gitanilla de Madrid, de Antonio de Solís.* [«—Como tan poco gustosa...»]. (Págs. 323-477).

Parte tercera: Comedias heroycas.

Tomo I:

—Prólogo. (Págs. I-XXIII).
31. *El secreto a voces, de Calderón.* [«—Razon tienes, corazon...»]. (Páginas 1-192).
32. *El esclavo en grillos de oro, de Francisco Bances Candamo.* [«—En hora dicho llegue...»]. (Págs. 193-370).

Tomo II:

33. *El desdén con el desdén, de Moreto.* [«—«Yo he de perder el sentido...»]. (Págs. 1-155).
34. *El alcazar del secreto, de Antonio de Solís.* [«—¿Amor, donde irá el deseo...»]. (Págs. 157-331).
35. *Eco y Narciso, de Calderón.* [«—Alto monte de Arcadia, que eminente...»]. (Págs. 333-500).

Parte IV: Entremeses.

—Prólogo. (Págs. 1-4).
36. *El alcalde químico.* [«—Desterrado el Doctor salga al momento...»]. (Págs. 1-20).
37. *El informe sin forma.* [«—¡Desdichado de mí! Yo soy perdido...»]. (Págs. 21-45).
38. *Candil y Garabato.* [«—Candil, ya no es de amigo ese recato...»]. (Páginas 46-60).
39. *Don Calceta.* [«—Esto ha de ser, mi Doña Dorotea...»]. (Págs. 61-75).
40. *El poeta.* [«—En fin ¿qué vos tambien soys convidado...»]. (Páginas 76-92).

41. *La guitarra.* [«—Compadre Don Fermin, yo os he llamado...»]. (Páginas 93-112).
42. *La Universidad de Amor. Bayle.* [«—Victor, victor Cupido...»]. (Páginas 113-21).
43. *Los apodos.* [«—No os teneis que cansar, seo Cariñana...»]. (Páginas 122-39).
44. *El enfermo descomido.* [«—Consuelese, vecina, y no se apoque...»]. (Págs. 140-54).
45. *Los pages golosos.* [«—Golosos, sepulturas de meriendas...»]. (Páginas 155-69).
46. *Los gurruminos.* [«—¿Pregonero? —¿Señor? —En esta esquina...»]. (Páginas 170-89).
47. *El espejo.* [«—Detenganlos. —¡Pues va tras de tí ninguno!...». (Págs. 190-207).
48. *Juan de Aprieta, y chasco de la carta.* [«—¿Sepulcro de quartillos? ¿Ah, gallego?...»]. (Págs. 208-22).
49. *El hambriento.* [«—Dexadme, Don Joaquin; que estoy sin juicio...»]. (Páginas 223-38).
50. *Las gurruminas.* [«—Suelta, marido. —Mira, mujer mía...»]. (Páginas 239-61).
51. *La manta o el Botique Giraplieque.* [«—Socorro, cielos. Vuestro favor pido...»]. (Págs. 262-72).
52. *Los medicos de la moda.* [«—Gran día nos espera! —¡Caso extraño!...»]. (Págs. 273-98).
53. *Los alcaldes encontrados.* [«—No me tenga, Escribano: no me tenga...»]. (Págs. 299-314).
54. *La fantasma.* [«—¿Eso tratas, amiga? —El cielo sabe...»]. (Páginas 315-29).
55. *El castigo de un zeloso.* [«—Puertas, ventanas, llaves y candados...»]. (Págs. 330-51).
56. *La muela.* [«—¿Don Custodio? —¿Don Toribio?...»]. (Págs. 352-66).
57. *Las conclusiones.* [«—¿No venís hacia Palacio...»]. (Págs. 367-84).
58. *El doctor Soleta.* [«—Seor Marban, de qué es la melancolía...»]. (Páginas 385-402).
59. *Los quatro galanes.* [«—Sopilfero, animal, tonto, insensato...»]. (Páginas 403-16).
60. *El médico sordo, y el vecino gangoso.* [«—Venir á hablar á este hombre, es grande chasco...»]. (Págs. 417-26).
61. *El molinero.* [«—¿Este, seor huesped, es alojamiento?...»]. (Págs. 427-46).

—Errratas de toda la colección. (Páginas 447-55).

—*Suplemento: Tragedias de Vicente García de la Huerta.* [s. a.]. 9 hs. + 108 págs.

—*Catálogo alphabetico de las comedias, tragedias, autos, zarzuelas, entremeses y otras obras correspondientes al theatro español.* 256 págs.

Ejemplares:

MADRID. *Nacional.* T-8.500/16.

337

THREE Autos Sacramentales of 1590: La degollaçión de Sant Jhoan. El rrescate del alma. Lòs amores del alma con el Prinçipe de la Luz. Edited with Introduction and Notes by Alice Boudoin Kemp. Toronto. The University Press. 1936. 134 págs. 4.°

Crítica:

a) Braña, María, en *Revista de Filología Española,* XXIV, Madrid, 1937, págs. 96-97.
b) Gillet, J. E., en *Hispanic Review,* V, Filadelfia, 1937, págs. 365-67.

338

TRES pasos de la Pasión y una Egloga de la Resurrección. [*Edited by J. E. Gillet*]. (En *Publications of the Modern Language Association of America,* XLVII, Baltimore, 1932, págs. 949-80).

339

VERDORES del Parnaso en veinte y seis entremeses, bayles, y sainetes, de diversos autores. Madrid. Domingo García Morrás. A costa de Domingo de Palacio y Villegas. 1668. 4 hs. + 251 págs. + 1 h. 8.°

—Dedicatoria a D. Christoval de Ponte Llarena, Maestre de Campo de la Milicia de la Isla de Tenerife, por Domingo de Palacio.

—Aprobación de Fr. Gabriel Gomez de Losada.
—Aprobación de Juan Velez de Guevara.
—Licencia del Ordinario.
—Suma del Privilegio.
—Fe de erratas.
—Suma de la tasa.
—Indice.

1. *Entremés de las dueñas del retiro, de Juan de Monteser.* [«—Alcalde, señor, llegad...»]. (Págs. 1-10).
2. *Xacara entremesada de la pulga y la chispa, de Juan Bautista Diamante.* [«—Por salteador de caminos...»]. (Páginas 11-16).
3. *Loa con que empezó a representar Rosa de Sevilla, de Fernando de Zárate.* [«—Adonde está nuestro Autor?...»]. (Págs. 16-21).
4. *Loa por papeles para Palacio Rosa y su compañía, de Francisco Avellaneda.* [«—Alcalde, tal disparate...»]. (Págs. 22-27).
5. *Loa a los años de su Alteza, de Francisco Avellaneda.* [«—Festivos alegres coros...»]. (Págs. 21-32).
6. *Entremes de pandurico, de Luis de Feloaga.* [«—No me dirá busted señor Mexía...»]. (Págs. 32-44).
7. *Entremés de los gansos, de Francisco Avellaneda.* [«—Benita, no os canseis, no habeis de ir sola...»]. (Páginas 44-52).
8. *Baile en esdrújulos de Marizapalos, de Juan Bautista Diamante.* [«—Al soplo de los céfiros...»]. (Págs. 52-57).
9. *Entremés de los porfiados, de Monteser.* [«—Que me haya dado Dios de conocido...»]. (Págs. 57-64).
10. *Entremés del doctor Borrego, de Monteser.* [«—Mozo de Sotanas...»]. (Págs. 64-75).
11. *Entremés del boticario tahur, de Monteser.* [«—Ay que me mata!...»]. (Págs. 75-84).
12. *Entremés del espejo, de Melchor Zapata.* [«—Detenganlos. —Pues ¿va tras tí ninguno?...»]. (Págs. 85-95).
13. *Mojiganga cantada y representada de la renegada de Valladolid, de Diego Granados y Mosquera.* [«—Desde Poniente a Levante...»]. (Págs. 96-109).
14. *Entremés del matachín, de Juan Matos.* [«—Amor, amor, a la vejez viruelas...»]. (Págs. 110-16).
15. *Baile de la boda de pobres, de Juan Velez.* [«—A las bodas de Melo...»]. (Págs. 117-23).
16. *Baile entremesado de la galera, de Vicente Suarez.* [«—Junto al Hospital del Rey...»]. (Págs. 123-30).
17. *Entremes de que se passa, de Juan Antonio Rizo.* [«—Ven acá mozo, yo he de ver agora...»]. (Páginas 130-40).
18. *Entremés del paloteado, de un ingenio desta Corte.* [«—Suelte usted...»]. (Págs. 140-48).
19. *Entremes de la cortesía, de Monteser.* [«—Ponme el manto Estefanía...»]. (Págs. 149-67).
20. *Entremés de los gatillos, de Moreto.* [«—Venturoso el picaño...»]. (Páginas 167-83).
21. *Entremés del capitan Gorreta, de Monteser.* [«—Oh Flandes, Flandes, patria mía hermosa...»]. (Págs. 184-91).
22. *Entremés de la geringa, de Juan Vélez.* [«—Conmigo Dotorcito, y Barberito...»]. (Págs. 192-201).
23. *Entremes de los enharinados, de Juan Matos.* [«—Ya que al concejo Anton hemos venido...»]. (Págs. 201-12).
24. *Baile entremesado de esdrújulos, de J. B. Diamante.* [«—Deja las lágrimas Mónica...»]. (Págs. 212-21).
25. *Loa entremesada, de Moreto.* [«—Detengase por Dios. —Pierdo el sentido...»]. (Págs. 221-37).
26. *Entremes de don Terencio, de Juan de Matos.* [«—Amigo Estefanio de mi vida...»]. (Págs. 238-51).

V. Montaner, *La colección teatral de D. Arturo Sedó*, págs. 153-62.

Ejemplares:

BARCELONA. *Particular de D. Arturo Sedó.*

340

VERDORES del Parnaso, en diferentes Entremeses, Vayles, y Mogigangas escritos por Don Gil de Armesto y Castro. Pamplona. Juan Micon. 1697. 7 hs. + 160 páginas. 14,5 cm.

—Mogiganga de los invencibles hechos de Don Quixote de la Mancha.

[«—Digo, marido mio, que esta gente...»].

1. *Loa de los titvlos de las comedias. Sacramental. De Lope de Vega.* [«—Oy, que de Dios es el día...»]. (Págs. 1-9).
2. *Entremes de los muertos vivos. De Moreto.* [«Favor, socorro, ayuda...»]. (Págs. 9-20).
3. *Entremes de los Organos, y Sacristanes. De Benavente.* [«—Qual persona en el mundo avrá passado...»]. (Páginas 20-30).
4. *El persiano fingido.* [«Esso te sucedió, Vallejo, amigo?...»]. (Págs. 30-38).
5. *Entremes del Sacristan Berengeno.* [«—Quien ha visto al amor por aquí?...»]. (Págs. 39-47).
6. *Entremes del Sacristan Bonami.* [«—Justicia, justicia, aquesso passa?...»]. (Págs. 47-55).
7. *Entremes del cantarico. Saynete cantado y representado.* [«—Echando chispas de vino...»]. (Págs. 56-63).
8. *Entremes del Agugetero fingido.* [«—No ha de ser, no ha de estar mas en mi casa...»]. (Págs. 64-71).
9. *Entremes de las vendederas en la puerta del Rastro.* [«—Manos, y quaxares vendo...»]. (Págs. 71-79).
10. *Entremes del Paxarillo, Saynete cantado, y representado.* [«—Paxarillo, que al Alva despiertas...»]. (Págs. 79-85).
11. *Entremes de los Forçados de Amor.* [«—El mar se va embraveciendo...»]. (Págs. 86-93).
12. *Entremes de la competencia del Portugués y Francés.* [«—Ola, criada, ola...»]. (Págs. 94-100).
13. *Entremes. La burla de los capones.* [«—Ay que me mata! —Apartese, Gilote...»]. (Págs. 100-8).
14. *Entremes de los Baladrones, Saynete cantado, y representado.* [«—Estando haziendo oracion...»]. (Págs. 108-13).
15. *Entremes titulado Oye Vsted.* [«—Escollos, que sois del mar...»]. (Páginas 114-19).
16. *Entremes del zagal agradecido.* [«—Fileno, el llanto prolijo...»]. (Páginas 119-26).
17. *Entremes y sainete, de Guarda corderos Zagala.* [«—Guarda Corderos Zagala...»]. (Págs. 126-31).
18. *Entremes de Pan, y Siringa.* [«—Yo soy Pan, rustico dios...»]. (Págs. 131-35).
19. *Entremes de los Maricones galanteados.* [«—Fabio, mis penas escucha...»]. (Págs. 136-44).
20. *Entremes de la Reliquia.* [«—Confession, que me ha muerto, Jesu Christo...»]. (Págs. 145-55).
21. *Entremes que cantaron Bernarda Manuela, la Grifona, de Zagala, y Manuela de Escamilla, de Zagal en fiesta de sus Magestades.* [«—Escucha, Jacinta hermosa...»]. (Págs. 155-57).
22. *Entremes que cantaron Bernarda Manuela, la Grifona de Zagala, y Manuela de Escamilla de Zagal, en una fiesta a sus Magestades.* [«—No me dirás, Menga hermosa...»]. (Págs. 158-59).

—Tabla. (Pág. 160).

V. *Catálogo de la biblioteca de Salvá*, I, n.º 1.098; Gallardo, *Ensayo*, I, número 280.

Ejemplares:

MADRID. *Nacional.* R-23.654.—SANTANDER. *«Menéndez y Pelayo».* R-IV-4-23.

341

VERGEL de entremeses y conceptos del donaire, con diferentes bayles, Loas, y Mojigangas. Compvesto por los mejores ingenios destos tiempos. Zaragoza. Diego Dormer. A costa de Francisco Martín Montero. 1675. 4 hs. + 232 págs. 8.º

—Dedicatoria a Nuestra Señora del Rosario.
—Tabla.
—Aprobación de Fr. Cristóbal de Torres.
—Aprobación del Dr. Castillo Díaz.

1. *Loa sacramental para la fiesta del Corpus de Valencia*, de Moreto.
2. *Las dos Juan Ranas.*
3. *Perico*, de José Trejo.
4. *La cabellera y los muertos.*
5. *La Lalailira*, de Prado.
6. *Fuego de Dios, o de Belarda y Nisio*, de Prado.
7. *El Capiscol*, de Prado.
8. *Loa que se hizo de limosna en Toledo para el Santo Cristo del Pradillo de la Vega.*
9. *Baile entremesado*, de Tomás Rios. [«De Serranos en la Alcándara...»].

10. *Los Poetas locos,* de Villaviciosa.
11. *El negro hablador,* de Cáncer.
12. *Visita de la cárcel,* de Cáncer.
13. *Al cabo de los bailes mil,* de Benavente.
14. *Los Galeotes.*
15. *A los años de la Reina nuestra Señora.*
16. *Dos áspides trae Jacinta,* de Olmedo.
17. *Baile de Portugueses,* de Fermín Josef de Ripalda.
18. *Los esdrújulos,* de Francisco de la Calle.
19. *El Doctor Alcalde,* de Francisco Serrano.
20. *El Nigromántico.*
21. *Los burlones estudiantes.*
22. *Cuatro mujeres.*
23. *Los sordos.*
24. *El doctor Todo-lo-sana.*
25. *Loa de planetas y de signos,* de León Marchante.
26. *El mercader,* de Melchor Zapata.
27. *El Conde Alarcos.*

V. La Barrera, *Catálogo,* pág. 716.

Ejemplares:

BARCELONA. *Particular de D. Arturo Sedó.*

AMERICA

342

AUTOS y Coloquios del siglo XVI. Prólogo y notas de José Rojas Garcidueñas. Méjico. Universidad Nacional Autónoma. [Imp. Universitaria]. 1939. XXIII + 175 págs. 19 cm. (Biblioteca del Estudiante Universitario, IV).

—Prólogo. (Págs. VII-XXIV).

1. *Auto de la destrucción de Jerusalen.*

a) *Argumento.* [«Devoto pueblo cristiano...»]. (Págs. 5-6).

b) *Auto.* [«—Inclinad vuestros oídos...»]. (Págs. 6-36).

2. *Desposorio espiritual entre el Pastor Pedro y la Iglesia Mexicana.* [«—Alégrese la tierra, el mar y el cielo...»]. (Págs. 42-77).

3. *Coloquio de los cuatro Doctores de la Iglesia.* [«—Cuestión, yo haré una apuesta...»]. (Págs. 79-115).

4. *Coloquio del Conde de la Coruña.*

a) *Loa al Virrey.* [«Si miran parte por parte...»]. (Págs. 121-26).

b) *Coloquio.* [«Capitán esclarecido...»]. (Págs. 126-68).

Crítica:

a) Johnson, Harvey L., en *The Romanic Review,* XXXII, Nueva York, 1941, pág. 310.

b) Torres-Rioseco, A., en *Hispanic Review,* VIII, Filadelfia, 1940, páginas 274-75.

Ejemplares:

MADRID. *Centro de Estudios sobre Lope de Vega.*

PROSA

343

ANTOLOGIA de los místicos españoles. [*Por*] *Arturo Serrano Plaja.* Buenos Aires. Schapire. [B. U. Chiesino]. [1946]. 412 págs. 23 cm.

Ejemplares:

MADRID. *Consejo. General.—Nacional.* 4-27.003.

344

CARTAS eruditas de algunos literatos españoles. Publícalas D. Melchor de Azagra [*seud. de Juan Nicolás de Azara*]. Madrid. Joachín Ibarra. 1785. 1 h. + VIII + 148 págs. 16 cm.

Dirigidas a Antonio Agustín por Juan de Arce, Jerónimo Zurita, Jerónimo de Blancas, Gonzalo Pérez, etc. Las 22 primeras procedían de la biblioteca del canónigo de Lérida Dr. Jerónimo Basora, de la que pasaron al convento de carmelitas descalzos de Barcelona; las 23 y 24 fueron copiadas de un ms. de la Biblioteca Vaticana y las cuatro últimas eran propiedad del Conde del Aguila.

Ejemplares:

MADRID. *Nacional.* 3-28.449 (con dos notas autógrafas de Gayangos).—SANTANDER. «*Menéndez y Pelayo*». R-VII-1-7.

345

COLECCION de novelas escogidas, compuestas por los mejores ingenios españoles. Madrid. Imp. Real. 1784-91. 8 vols. 14 cm.

Tomo I

—El Editor al que leyere. (Págs. 3-4).
—Robles, Isidro de.
1. *Los tres maridos burlados.* (Páginas 5-78).
2. *No hay con el amor venganza.* (Págs. 79-160).
3. *Los dos soles de Toledo.* Escrita sin la letra A. (Págs. 161-212).
4. *La peregrinación ermitaña.* Escrita sin la letra O. (Págs. 213-88).
—Guevara, Luis de.
5. *Los contrapesos de un gusto.* (Páginas 289-350).
6. *Los vandoleros de amor.* (Páginas 351-416).

Tomo II.

—Guevara, Luis de.
7. *La desdichada firmeza.* (Págs. 3-62).
8. *Los zelos provechosos.* (Págs. 63-121).
9. *La porfía hasta vencer.* (Págs. 123-94).
10. *Los hermanos amantes.* (Páginas 195-254).
11. *Los zelos del otro mundo.* (Páginas 255-317).
12. *Qué son dueñas.* (Págs. 319-81).

Tomo III.

—Robles, Isidro de.
13. *Tres casos prodigiosos.* (Páginas 3-55).
—Un ingenio de esta Corte.
14. *La serrana de Cintia.* Escrita sin la letra U. (Págs. 57-128).
—Castillo Solorzano, Alonso del.
15. *La inclinación española.* (Páginas 129-96).
16. *El disfrazado.* (Págs. 197-255).
17. *Mas puede amor que la sangre.* (Págs. 257-331).
18. *Escarmiento de atrevidos.* (Páginas 333-406).

Tomo IV.

—Prado, Andrés de.
19. *El cochero honroso.* (Págs. 3-50).
20. *La vengada a su pesar.* (Páginas 51-98).

21. *El señalado.* (Págs. 99-150).
22. *La peregrina.* (Págs. 151-86).
23. *La más esquiva hermosura.* (Páginas 187-258).
24. *Ardid de la pobreza y astucias de Vireno.* (Págs. 259-306).
—Reyes, Matías de los.
25. *La desobediencia de los hijos castigada.* (Págs. 307-42).
—[Salas] Barbadillo, Alonso Gerónimo de.
26. *Los cómicos amantes.* (Págs. 343-60).

Tomo V.

—Agreda y Vargas, Diego de.
27. *Aurelio y Alexandra.* (Págs. 3-68).
28. *El premio de la virtud y castigo del vicio.* (Págs. 69-132).
29. *El hermano indiscreto.* (Págs. 133-215).
30. *Eduardo, rey de Inglaterra.* (Páginas 217-294).
—Salas Barbadillo, Alonso Geronimo de.
31. *El pescador venturoso.* (Páginas 295-330).
32. *El gallardo montañés, y filósofo christiano.* (Págs. 331-61).
—Castillo Solorzano, Alonso del.
33. *Las pruebas en la muger.* (Páginas 363-412)

Tomo VI.

—Agreda y Vargas, Diego de.
34. *El daño de los zelos.* (Págs. 3-69).
35. *La ocasión desdichada.* (Págs. 71-150).
36. *La resistencia premiada.* (Páginas 151-220).
37. *El premio de la traición.* (Páginas 221-84).
—Castillo Solorzano, Alonso del.
38. *La desdicha merecida.* (Págs. 285-416).
39. *El pretendiente oculto, y casamiento efectuado.* (Págs. 417-69).

Tomo VII.

—Castillo Solorzano, Alonso del.
40. *El amor por la piedad.* (Págs. 3-95).
41. *El soberbio castigado.* (Págs. 97-173).
42. *El defensor contra sí.* (Págs. 175-241).
—Velázquez, Baltasar Mateo.
43. *Nadie crea de ligero.* (Págs. 243-58).
—Castillo Solorzano, Alonso del.
44. *La duquesa de Mantua.* (Páginas 259-358).
—Castillo, Andrés del.
45. *La muerte del avariento, y Guzman de Juan de Dios.* (Págs. 359-418).
46. *Pagar con la misma prenda.* (Páginas 419-69).

Tomo VIII.

—Un Ingenio de esta Corte.
47. *No hay desdicha que no acabe.* (Págs. 3-53).
48. *La carroza con las damas.* Burlesca. Escrita sin la letra E. (Págs. 54-71).
49. *Amar y aborrecer a un tiempo mismo.* (Págs. 73-171).
50. *La torre encantada.* (Págs. 141-88).
—Cervantes, Miguel de.
51. *El amante liberal.* (Págs. 189-300).
52. *Rinconete y Cortadillo.* (Páginas 301-87).
53. *La española inglesa.* (Págs. 369 bis-464).

Ejemplares:

MADRID. *Nacional.* 3-52.429/36.—SANTANDER. *«Menéndez y Pelayo».* 896/903.

346

COSAS y Casos de los albores del siglo XVII español. Antología de hechos espigados de memorias escritas entre 1599 y 1614. Por F. Sánchez y Escribano. Nueva York. Hispanic Institute. [Cuba. Ucar García]. 1951. 157 págs. 18,5 cm.

Ejemplares:

MADRID. *Nacional.* 4-38.549.

347

CUENTOS de los siglos XVI y XVII. Selección hecha por M. Herrero-García. Madrid. Tip. de la Revista de Archivos. 1926. 285 páginas. 19 cm. (Biblioteca Literaria del Estudiante, XXIII).

Ejemplares:

MADRID. *Consejo. Patronato «Menéndez y Pelayo».* E-1.048 bis.

348

ESCRITORES Místicos Españoles. Fray Luis de Granada. Santa Teresa de Jesús. Fray Luis de León. San Juan de la Cruz. Selección, estudio preliminar y notas por Miguel Herrero. Barcelona. Edit. Exito. [Imp. S. G. de P.]. 1951. XLII + 447 págs. + 1 lám. 21 cm. (Clásicos Jackson, VIII).

Ejemplares:

MADRID. *Nacional.* F-4.352.

349

HISTORIADORES de los siglos XVI y XVII. Selección hecha por Samuel Gili Gaya. Madrid. [s. i.]. 1925. 252 págs. 19 cm. (Biblioteca Literaria del Estudiante, XVI).

Ejemplares:

MADRID. *Consejo. Patronato «Menéndez y Pelayo».* E-1.377.

350

HISTORIADORES de sucesos particulares. Colección dirigida e ilustrada por Cayetano Rosell. Madrid. Rivadeneyra. 1876-98. 2 vols. 25 cm. (Biblioteca de Autores Españoles, XXI, XXVIII).

Tomo I:

—Noticia de las obras y autores que contiene el presente tomo. (Páginas V-XX).

—Documentos que se citan en la noticia precedente. (Páginas. XXI-XXXVI).

1. Francisco de Moncada. *Expedición de los catalanes y aragoneses contra turcos y griegos.* (Págs. 1-63).
2. Diego de Mendoza. *Guerra de Granada hecha por el Rey de España Don Felipe II contra los moriscos de aquel reino, sus rebeldes.* (Páginas 65-122).
3. Luis de Marmol Carvajal. *Historia del Rebelion y castigo de los moriscos del reino de Granada.* (Págs. 123-365).
4. Pero Mejía. *Relacion de las comunidades de Castillo.* (Págs. 367-407).
5. Luis de Avila y Zuñiga. *Comentario de la guerra de Alemania hecha por Carlos V.* (Págs. 409-49).
6. *Gonzalo de Illescas. Jornada de Carlos V a Túnez.* (Págs. 451-58).
7. Francisco Manuel de Melo. *Historia de los movimientos, separacion y guerra de Cataluña en tiempo de Felipe IV.* (Págs. 459-535).

Tomo II:

8. Carlos Coloma. *Las guerras de los Estados-bajos desde el año de 1588 hasta el de 1599.* (Págs. 1-203).
9. Antonio de Solís y Ribadeneyra. *Historia de la conquista de Méjico, poblacion y progresos de la América septentrional, conocida por el nombre de Nueva España.* (Pág. 205).
10. Bernardino de Mendoza. *Comentarios de lo sucedido en las guerras de los Países-Bajos, desde el año de 1567 hasta el de 1577.* (Págs. 389-560).

Reimpresión: Tomo I. Madrid. Sucs. de Hernando. 1924.

Reimpresión: Madrid. 1946. 2 vols.

351

MISTICOS españoles. Selección, prólogo y notas biográficas por Luis Santullano. Madrid. Instituto Escuela. [Tip. de Archivos]. 1934. 214 págs. 19,5 cm. (Biblioteca Literaria del Estudiante, XVIII).

Ejemplares:

MADRID. *Consejo. General.*

352

MISTICOS Franciscanos Españoles. Edición preparada por los Redactores de «Verdad y Vida». Introducciones de Fr. Juan Bautista Gomis. Madrid. [Edit. Católica. Imp. Nebrija]. 1948. 3 vols. 20 cm. (Biblioteca de Autores Cristianos).

Tomo I:

—Fr. Alonso de Madrid. *Arte para servir a Dios.—Espejo de ilustres personas.*

—Fr. Francisco de Osuna. *Ley de amor santo.*

Tomo II:

—Fr. Bernardino de Laredo. *Subida del monte Sión.*
—Fr. Antonio de Guevara. *Oratorio de religiosos y ejercicios de virtuosos.*
—Fr. Miguel de Medina. *Infancia espiritual.*
—Beato Nicolás Factor. *Las tres vías.*

Tomo III:

—Fr. Diego de Estella. *Meditaciones del amor de Dios.*
—Fr. Juan de Pineda. *Declaración del «Pater Noster».*
—Fr. Juan de los Angeles. *Manual de vida perfecta y Esclavitud mariana.*
—Fr. Melchor de Cetina. *Exhortación a la devoción de la Virgen.*
—Fr. Juan Bautista de Madrigal. *Homiliario evangélico.*

Crítica:

a) Fortunato de Jesús Sacramentado, en *Revista de Espiritualidad,* VIII, San Sebastián, 1949, págs. 498-99.
b) Villasante, L., en *Archivo Ibero-Americano,* IX, Madrid, 1949, páginas 135-37.

Ejemplares:

MADRID. *Nacional.* 6-12.560.

353

NOVELA (La) picaresca. Selección hecha por Federico Ruiz Morcuende. Madrid. [Imp. de la Revista de Archivos]. 1922. 206 págs. 19 cm. (Biblioteca Literaria del Estudiante, XXIV).

Ejemplares:

MADRID. *Consejo. General.*

354

NOVELA (La) Picaresca. La Vida de Laarillo de Tormes... El Diablo Cojuelo, Luis Velez de Guevara. Vida de Don Gregorio Guadaña, Antonio Enriquez Gómez. Barcelona. [Iberia - J. Gil, edits. Imp. Vda. J. Ferrer Coll]. [1947]. 250 págs. + 1 h. 20 cm. (Obras Maestras).

355

NOVELA (La) picaresca española. Estudio, selección, prólogos y notas, por Angel Valbuena Prat. Madrid. Aguilar. [Gráfs. Ultra]. 1943. LXXIV + 1.958 págs. 18,5 cm.

Ejemplares:

MADRID. *Ateneo.* F-15.842.

356

NOVELAS amorosas de los meiores ingenios de España. Zaragoza. Viuda de Pedro Verges. A costa de Iusepe Alfay y Martin Navarro. 1648. 4 hs. + 340 págs. 15,5 cm.

—Dedicatoria a D. Miguel de Çalva y Valgornera, caballero de Santiago, etc.

«Las Nouelas que presento a V. m. son las quatro de Lope; con esto se dize, que ni pueden ellas tener Autor mas calificado, ni Protector de mejor justo (*sic*). Las otras son de otros Cisnes de España, cuya erudicion, dulçura, ingenio, y propiedad han admirado los hombres de mejor gusto...»

Contenido:

1. *Las fortunas de Diana.* (Págs. 1-61).
2. *El desdichado por la honra.* (Páginas 62-105).
3. *La mas prudente vengança.* (Páginas 106-52).
4. *Guzman el Bravo.* (Págs. 153-200).
5. *Las dos venturas sin pensar.* (Páginas 201-40).
6. *El pronóstico cumplido.* (Páginas 241-64).
7. *La quinta de Laura.* (Págs. 265-319).
8. *El celoso hasta morir.* (Págs. 320-40).

Ejemplares:

MADRID. *Nacional.* R-220 (ex-libris de la Bibliotheca Reberiana).

357

NOVELISTAS anteriores a Cervantes. Madrid. Rivadeneyra. 1846.

XXXVI + 690 págs. 25 cm. (Biblioteca de Autores Españoles, III).

—Advertencia.
—Discurso preliminar.
1. La Celestina.
2. Lazarillo de Tormes.
3. El Patrañuelo.
4. Doce cuentos de Juan Aragonés.
5. El Sobremesa y alivio de caminantes.
6. Guzmán de Alfarache.
7. Segunda parte, por Mateo Lujan de Sayavedra.
8. Historia de los amores de Clareo y Florisea, y de los trabajos de Isea.
9. Selva de Aventuras.
10. Historia del Abencerraje y la hermosa Jarifa.
11. Guerras civiles de Granada, por Ginés Pérez de Hita.
Reimpresiones: Madrid. 1849, 1876, 1944.

358

NOVELISTAS posteriores a Cervantes. Colección revisada y precedida de una noticia crítico-bibliográfica por Cayetano Rosell. Madrid. Rivadeneyra. 1851-54. 2 vols. 25 cm. (Biblioteca de Autores Españoles, XVIII, XXXIII).

Tomo I:

—Noticia de las obras y autores que se incluyen en este tomo. (Páginas V-XIV).
1. Alonso Fernández de Avellaneda. *El ingenioso hidalgo don Quijote de la Mancha.* (Págs. 1-115).
2. Gonzalo de Céspedes y Meneses. *El español Gerardo, y desengaño del amor lascivo. Discursos tragicos ejemplares.* (Págs. 117-271).
3. —— *Fortuna varia del soldado Pindaro.* (Págs. 275-375).
4. Vicente Espinel. *Relaciones de la vida del escudero Marcos de Obregon.* (Págs. 377-479).
5. Tirso de Molina. *Los tres maridos burlados.* (Págs. 481-90).
6. Jeronimo de Alcalá Yáñez y Rivera. *El donado hablador Alonso, mozo de muchos amos.* (Págs. 491-584).

Tomo II:

—Eustaquio Fernandez de Navarrete. *Bosquejo histórico sobre la novela española.* (Págs. V-C).
7. Alonso Jeronimo de Salas Barbadillo. *El curioso y sabio Alejandro, fiscal de vidas ajenas.* (Págs. 1-19).
8. Luis Velez de Guevara. *El diablo cojuelo. Verdades soñadas y novelas de otra vida traducidas a esta.* (Págs. 21-43).
9. Francisco Lopez de Ubeda. *La pícara Justina.* (Págs. 47-167).
10. Alonso de Castillo Solorzano. *La gardunña de Sevilla y anzuelo de las bolsas.* (Págs. 169-234).
11. —— *La inclinación española.* (Páginas 246-55).
12. —— *El disfrazado.* (Páginas 246-55).
13. Antonio Enríquez Gómez. *Vida de Don Gregorio Guadaña.* (Págs. 257-83).
14. *Vida y hechos de Estebanillo Gonzalez.* (Págs. 285-368).
15. Francisco Navarrete y Ribera. *Los tres hermanos. Novela escrita sin el uso de la A.* (Págs. 369-73).
16. *El caballero invisible. Novela compuesta en equívocos burlescos.* (Páginas 375-76).
17. Francisco Santos. *Día y noche de Madrid. Discursos de lo más notable que en él pasa.* (Págs. 377-443).
18. Fulgencio Afan de Ribera. *Virtud al uso, y mistica a la moda.* (Págs. 445-59).
19. Andres de Prado. *La venganza a su pesar.* (Págs. 461-68).
20. —— *Ardid de la pobreza, y asturias de Vireno.* (Págs. 469-76).
21. Diego de Agreda y Vargas. *El hermano indiscreto.* (Págs. 477-89).
22. —— *Eduardo, Rey de Inglaterra.* (Págs. 400-502).
23. Baltasar Mateo Velazquez. *Nadie crea de ligero.* (Págs. 503-5).
24. Andres del Castillo. *La muerte del avariento, y Guzman de Juan de Dios.* (Págs. 507-16).
25. *No hay desdicha que no acabe, por un ingenio de esta corte.* (Páginas 517.24).
26. Juan Perez de Montalvan. *Sucesos y prodigiosos de amor.* (Pág. 550).
27. Marca de Zayas y Sotomayor. *El castigo de la miseria.* (Págs. 55160).

28. —— *La fuerza del amor.* (Páginas 561-66).
29. —— *El juez de su causa.* (Páginas 567-73).
30. —— *Tarde llega el desengaño.* (Págs. 574-82).

Reimpresiones:
—Tomo I. Madrid. Hernando. 1898 y 1925.
—Tomo II. Madrid. Edit. Hernando. 1932.
—Madrid. 1945. 2 vols.

359

RELACIONES históricas de los siglos XVI y XVII. [*Advertencia preliminar por Francisco R. de Uhagón*]. Madrid. [Imp. de la Vda. e Hijos de M. Tello]. 1896. VII + 431 págs. 24 cm. (Sociedad de Bibliófilos Españoles, XXXII).

Ejemplares:

MADRID. *Nacional.* R.i.-215 (el n. 14).

360

RELACIONES del siglo XVII. Publicadas por José Polanco Romero. Granada. Universidad. 1926. XXVIII + 202 págs. 19 cm.

Crítica:

a) M. H. G., en *Revista de Filología Española,* XIII, Madrid, 1926, página 399.

Ejemplares:

MADRID. *Consejo. Patronato «Menéndez y Pelayo».* 7-874.

361

SERMONARIO Clásico. Con un Ensayo histórico sobre la Oratoria Por Miguel Herrero García. Madrid. Escelicer. 1942. XC + 198 págs. 25 cm. (Colección Poesía y Verdad, III).

Crítica:

a) Alonso, D., en *Escorial,* VIII, Madrid, 1942, págs. 285-88.
b) Pazos, M. R., en *Archivo Ibero-Americano,* II, Madrid, 1942, páginas 229-33.
c) Tamayo, J. A., en *Revista de Filología Española,* XXV, Madrid, 1941, págs. 543-47.

Ejemplares:

MADRID. *Consejo. General.*

362

SIGLO (Del) de Oro, Fragmentos de varias obras en prosa, de autores clásicos españoles. Toledo. [s. i.]. 1934. 79 págs. 16,5 cm.

Antología de textos, con ortografía modernizada, destinada al análisis sintáctico.

Ejemplares:

MADRID. *Consejo. General.*

363

TESORO de Historiadores Españoles, que contiene: Guerra de Granada contra los moriscos, por D. Diego Hurtado de Mendoza; Espedicion de los catalanes y aragoneses contra turcos y griegos, por D. Francisco de Moncada; Historia de los movimientos, separación y guerra de Cataluña, por D. F. Manuel de Melo; con una introducción por Eugenio de Ochoa. París. Baudry. [Imp. de Fain y Munot]. 1840. XXXVI + 459 páginas + 1 lám. 21,5 cm.

Ejemplares:

MADRID. *Nacional.* 2-59.133 (con ex-libris de Gayangos).

364

VARIOS eloquentes libros recogidos en vno... Madrid. Juan de Ariztia. 1722. 8 hs. + 368 páginas + 1 h. 20 cm.

—Aprobacion de Fr. Joseph Rodriguez, trinitario.
—Censura del Dr. Juan Luis Lopez.
—Licencia del Consejo de Castilla.
—Fee de erratas.
—Suma de la tassa.
—Al lector, escrive Fray Juan Bautista Aguilar.

«Estos Libros escrivieron eloquentes Autores, y estimandolos muchos, los lograron pocos por separados; por esso los junta mi curiosidad, para que los gozen todos. Son en el ameno florido Jardin de la Eloquencia, Flores estos Libros, y mas bien que divididas en un Jardin, se logran juntas, en vistoso bien compuesto Ramo, las suaves olorosas Flores.»

1. *Retrato politico del Rey Don Alfonso el VIII. Por Gaspar Mercader y de Cervellón, Conde de Cervellón.* (Págs. 1-66).
2. *El perfecto privado, instruido de Lelio Peregrino, en remitida carta a Estanislao Bordio, privado de el Rey de Polonia. Escriviola el Licdo. Pedro Fernandez de Navarrete.* (Págs. 67-122).
3. *Advertencias Políticas, y Morales, escritas en comunicada carta al señor Don Juan de Matos Fragoso... por Felix de Lucio Espinosa y Malo.* (Páginas 122-31).
4. *Jacinto Polo de Medina. A Lelio, Govierno moral.* (Págs. 132-95).
5. *Lelio instruido de Jacinto Polo, a Fabio, govierno moral. Por Joseph Prudencio Rubio y Bazan.* (Págs. 195-295).
6. *Fabio instruido de Lelio a Lauro. Govierno moral. Escriviale Fr. Juan Bautista Aguilar.* (Págs. 295-349).
7. *Lagrimas de Heraclito defendidas... por el P. Antonio de Vieyra.* (Págs. 350-68).

—Indice.

La primera ed. se publicó en Valencia el año 1700, llevando cada capítulo portada propia; hay reimpresiones de Valencia, 1711, 1714 y 1755 (V. *Catálogo de la biblioteca de Salvá*, II, n.º 2.443).

Ejemplares:

MADRID. *Nacional*. 2-29.357.

365

VARIOS prodigios de Amor, en once novelas exemplares, nuevas, nunca vistas, ni impressas. Las cinco escritas sin una de las cinco letras vocales; y las otras de gusto, y apacible entretenimiento. Ultima impression. Añadidos, y enmendados tres casos prodigiosos. Compuestas por diferentes autores, los mejores ingenios de España. Recogidas por Isidro de Robles... Barcelona. Imp. de Juan Pablo Martí. 1709. 3 hs. + 324 págs. a 2 cols. + 1 h. 19 cm.

—Aprobación del P. Joseph Martínez.
—Licencia del Ordinario.
—Aprobación de Fr. Thomás de Avellaneda.
—Prólogo al lector.

1. *Los dos soles de Toledo.* Novela... escrita sin la letra A. (Págs. 1-27).
2. *La carroza con las damas.* Novela... escrita sin la letra E. (Págs. 27-36).
3. *La perla de Portugal.* Novela... escrita sin la letra I. (Págs. 36-54).
4. *La peregrina hermitaña.* Novela... escrita sin la letra O. (Págs. 54-91).
5. *La serrana de Cintia.* Novela... escrita sin la letra U. (Págs. 92-130).
6. *No hai con el amor venganza.* (Páginas 131-70).
7. *Los amantes sin fortuna.* (Páginas 170-96).
8. *El pícaro amante, y escarmiento de mugeres.* Novela burlesca. (Págs. 196-209).
9. *La desdicha en la constancia.* (Páginas 209-41).
10. *Constante muger, y pobre.* (Páginas 266-98).
11. *Los tres maridos burlados.* Novela burlesca. (Págs. 266-98).
12. *Casos prodigiosos. Sucesso primero.* (Págs. 299-308).
13. *Suceso segundo.* (Págs. 309-20).
14. *Sucesso tercero.* (Págs. 321-24).

Ejemplares:

MADRID. *Nacional*. 2-43.821 (perteneció a A. Durán).—SANTANDER. *«Menéndez y Pelayo»*. R-V-10-21.

366

VIDA (La) cotidiana en nuestros clásicos, por Luys Santa Marina. Barcelona. Consejo Superior de Investigaciones Científicas. [A. Nuñez]. 1948. 155 págs. + 2 hojas. 16 cm.

Crítica:

a) Alvarez, Guzmán, en *Nueva Re-*

vista de Filología Hispánica, II, Méjico, 1948, págs. 398-99.

Ejemplares:

MADRID. *Nacional.* V-2.022-2.

367

——— *Segunda serie.* Barcelona. Consejo Superior de Investigaciones Científicas. [A. Nuñez]. 1949. 154 págs. + 4 hs. 16 cm.

Ejemplares:

MADRID. *Nacional.* 4-35.776.

368

VIEJOS (Los) cuentos españoles. Elegidos en las colecciones de Arguijo, Garibay, Pinedo y el Duque de Frías [por] E. Barriobero y Herrán. Madrid. Mundo Latino. [Imp. de Galo Sáez]. 1930. 217 págs. + 2 hs. 16 cm.

Ejemplares:

MADRID. *Nacional.* 2-82.610.

AMERICA

369

CRONICAS de la conquista de México, por Agustín Yañez. Méjico. Imp. Universitaria. 1939. 424 páginas.

Con introducción y notas.

370

ESCRITORES de Indias. Selección, estudio y notas por Manuel Ballesteros Gaibrois. Zaragoza. Ebro. [1940]. 2 vols. 17,5 cm. (Biblioteca Clásica Ebro, VII y XXV).

Ejemplares:

MADRID. *Nacional.* H.A.-21.333/34.

371

HISTORIADORES primitivos de las Indias Occidentales, que juntó, traduxo en parte, y sacó a luz, ilustrados con eruditas Notas, y copiosos Indices,... Andrés González Barcia... Madrid. [s. i.]. 1749. 3 vols. 30,5 cm.

Tomo I.

1. La Historia del Almirante Christoval Colón, que compuso en Castellano Fernando Colón, su hijo, y traduxo en Toscano Alfonso de Ulloa, vuelta á traducir en Castellano, por no parecer el original. 128 páginas a 2 cols.
2. Quatro Cartas de Hernan Cortes... al Emperador Carlos V en que hace relacion de sus Conquistas, y sucessos en la Nueva-España. Dos Relaciones hechas al mismo Hernan Cortés, por Pedro de Alvarado, refiriendole sus Expediciones, y Conquistas en varias Provincias de aquel Reyno. Otra Relación hecha al mismo Hernan Cortes, por Diego de Godoy, que trata del descubrimiento de diversas Ciudades, y Provincias, y guerras que tuvo con los Indios. 173 págs. a 2 cols.
3. Relacion sumaria de la Historia Natural de las Indias, por Gonzalo Fernández de Oviedo. 57 págs. a 2 cols. + 4 hs. de indice.
4. Examen apologetico de la Historica narracion de los Naufragios, Peregrinaciones, y Milagros de Alvar Nuñez Cabeza de Baca, contra la Censura del P. Honorio Filopono, por Antonio Ardoino, Marqués de Lorito. 50 pág. (Reproduce la ed. de Madrid, Juan de Zuñiga. 1736).
5. Relación de los Naufragios de Alvar Nuñez Cabeza de Baca. 43 págs. a 2 cols. + 4 hs. de indice.
6. Comentarios del mismo de lo sucedido durante su Gobierno del Rio de la Plata. 70 págs.

Tomo II.

7. Historia General de las Indias, por Francisco Lopez de Gomara.
8. Chronica de la Nueva-España, ó Conquista de Mexico, por el mismo.

Tomo III.

9. Historia del Descubrimiento, y Conquista de la Provincia del Perú, y de los sucessos de ella, y de las cosas naturales, que en la dicha Provincia se hallan, por Agustin de Zarate.

10. Verdadera Relacion de la Conquista del Peru, y Provincia del Cuzco, por Francisco de Xerez.
11. Historia y Descubrimiento del Rio de la Plata, y Paraguay, por Hulderico Schmidel, traducida del Latín.
12. Argentina, y Conquista del Río de la Plata, por Martín del Barco Centenera.
13. Viage del Mundo, de Simón Perez de Torres.
14. Epítome de la Relación del Viage de algunos Mercaderes de San Malò a Moka, en Arabia, en el Mar Bermejo, hecho por los años de 1708, 1709 y 1710, formado, y puesto en Castellano por Manuel de Grova.

Ejemplares:

MADRID. *Nacional.* 2-53.172.

372

RELACIONES históricas de América. Primera mitad del siglo XVI. [*Edición y prólogo de M. Serrano y Sanz*]. Tirada de 300 ejemplares numerados. Madrid. [Imp. Ibérica]. 1916. CXLIII + 240 págs. + 1 h. 22 cm. (Sociedad de Bibliófilos Españoles, XXXIX).

—Introducción.
1. Pedro de Heredia. *Relación de sus primeros hechos de armas con la provincia de Cartagena de Indias. Año 1533.* (Págs. 1-8).
2. *Relación de las campañas de Pedro de Heredia en Cartagena de Indias.* (Págs. 9-15).
3. Maestre Juan. *Relación de su naufragio y de los trabajos que pasó en los ocho años que estuvo en la isla de la Serrana.* (Págs. 16-25).
4. Juan Sánchez Portero. *Relación de su entrada al volcán de Masaya (Nicaragua) y de sus servicios en otras regiones de las Indias.* (Págs. 26-36).
5. Fr. Tomás de Toro. *Relación del estado en que se hallaban las provincias de Cartagena y Santa Marta. Año 1535.* (Págs. 37-45).
6. *Memoria de las cosas que ha hecho García de Lerma. Año 1537.* (Páginas 46-53).
7. Juan de San Martín y Alonso de Lebrija. *Relación del descubrimiento y conquista del Nuevo Reino de Granada. Años 1536 a 1539.* (Págs. 54-75).
8. *Relación del descubrimiento y población de la provincia Santa Marta.* (Págs. 76-135).
9. Cristóbal Pedraza. *Relación de varios sucesos ocurridos en Honduras, y del estado en que se hallaba esta provincia. Año 1539.* (Págs. 136-80).
10. *Relación del viaje que hizo el capitán Francisco de Ulloa, por orden de Hernán Cortés, por la costa de Nueva España. Año 1540.* (Págs. 181-240).

Ejemplares:

MADRID. *Nacional.* 4-21.178.

373

RELACIONES históricas de Santo Domingo. Colección y notas de E. Rodríguez Demorizi. Ciudad Trujillo. Edit. Montalvo. 1942-... 25 cm. (Publicaciones del Archivo General de la Nación, IV).

El primer volumen, del que se editaron unos 300 ejemplares, apareció como separata del *Boletín del Archivo General de la Nación,* 1941-42, números 14-23.

Tomo II: 1945.

Ejemplares:

MADRID. *Nacional.* H.A.i.-1.040 (el II).

374

SIGLO de Aventuras. Narratives of Spanish exploration in America, by Doris King Arjona y Carlos Vázquez Arjona. Nueva York. Macmillan Co. 1943. 177 págs.

Antología escolar de los cronistas de Indias.

375

TEXTOS literarios de la época colonial. Advertencia de J[*iménez*] *R*[*ueda*]. (En *Boletín del Archivo General de la Nación,* XV, Méjico, 1944, págs. 197-368).

MONOGRAFIAS

GENERALES

a) *Estudios de conjunto*

376

BARRERA, ISAAC J. *Estudios de literatura castellana. El Siglo de Oro.* Quito. Edit. Ecuatoriana. 1935. 404 págs 8.°

Ejemplares:

MADRID. *Academia Española.* 39-III-77.

377

DAVIES, R. TREVOR. *Spaniens goldene Zeit, 1501-1621.* Munchen. R. Oldenbourg. 1939. 4 hs. + 319 págs. + 4 láms. 22 cm.

Ejemplares:

MADRID. *Nacional.* 1-93.803.

378

—— *El Siglo de Oro Español. 1501-1621. Traducción y prólogo de Angel L. Canellas.* Zaragoza. Edit. Ebro. [Tip. Heraldo]. 1944. XXVIII + 355 págs. con grabs. + XL láms. 22 cm.

Ejemplares:

MADRID. *Consejo. General.—Nacional.* 1-99.713.

379

GONZALEZ PALENCIA, ANGEL. *La España del Siglo de Oro. Edited by Ralph J. Michels.* Stanford. University of California. Oxford University Press. 1939. VII + 346 págs. con 21 láms. 8.°

Crítica:

a) Sánchez Castañer, F., en *Revista de Filología Española,* XXIV, Madrid, 1937, págs. 423-26.

380

—— *La España del Siglo de Oro.* Madrid. S. A. E. T. A. [Gráf. Administrativa]. 1940. XI + 216 páginas + 18 láms. 18 cm.

Crítica:

a) Sánchez Castañer, F. (V. n.° 379).

Ejemplares:

MADRID. *Consejo. General.—Nacional.* 1-91.874.

381

PFANDL, LUDWIG. *Spanische Kultur und Sitte des 16 und 17 Jahrhunderts. Eine Einführung in die Blütezeit der spanischer Literatur und Kunst.* Munchen. J. Kösel & I. Pustet. 1924. XV + 288 págs. + XLI láms. + 2 facs. 24 cm.

Crítica:

a) Carande, R., en *Revista de Occidente,* XII, Madrid, 1926, págs. 385-88.
b) E. V. y A. G. P., en *Revista de Archivos, Bibliotecas y Museos,* XLVI, Madrid, 1925, págs. 377-79.
c) Fichter, W. L., en *The Romanic Review,* XVII, Nueva York, 1926, páginas 262-64.
d) Gunther, A., en *Archiv für das Studium der neueren Sprachen,* L, Braunschweig, 1926, págs. 136-39, y en
e) Hatzfeld, H., en *Zeitschrift für romanische Philologie,* XLIV, Halle, 1925, págs. 380-82.
f) Lerch, en *Literaturblatt für germanische und romanische Philologie,* XLVII, Leipzig, 1926, págs. 171-77.
g) Quelle, O., en *Ibero-Amerikanisches Archiv,* I, Berlín, 1925, págs. 175-76.
h) Schevill, R., en *Hispania,* IX, Stanford, 1926, págs. 60-61.
i) Seifert, E., en *Archivum Romanicum,* XI, Ginebra-Florencia, 1927, págs. 128-30.

Ejemplares:

MADRID. *Nacional.* 1-84.938.

382

—— *Cultura y costumbres del pueblo español de los siglos XVI y XVII. Introducción al estudio del Siglo de Oro. Primera edición española... con prólogo del P. Félix García.* Barcelona. Edit. Araluce. [Talls. Gráficos]. 1929. 378 páginas + 41 láms. 23 cm.

Crítica:

a) Fernández, I., en *Religión y Cultura,* VIII, El Escorial, 1929, páginas 130-31.

Ejemplares:

MADRID. *Consejo. General.* R.M.-2.029.

383

REY, AGAPITO. *Cultura y Costumbres del Siglo XVI en la Península Ibérica y en la Nueva España.* Méjico. Edics. Mensaje. [1944]. 150 págs. + 1 h. 20,5 cm.

384

SERRANO PLAJA, A. *España en la Edad de Oro.* Buenos Aires. Edit. Atlántida. [1944]. 279 páginas + 2 hs. + 18 láms. 17 cm. (Biblioteca Oro de Cultura General).

Ejemplares:

MADRID. *Nacional.* H.A.-7.067.

385

VIAN, FRANCESCO. *Introduzione alla letteratura spagnola del «Siglo de Oro».* Milán. Soc. Edit. Vita e Pensiero. Arti Graf. Gonm M. Sejnand. 1946 3 hs. + 122 páginas. 23,5 cm. (Publicazioni dell'Università Cattolica de S. Cuore. Serie Corsi Universitari, XV).

Crítica:

a) Segura Covarsi, E., en *Cuadernos de Literatura,* I, Madrid, 1947, páginas 316-18.

Ejemplares:

MADRID. *Consejo. General.*

386

VILCHES ACUÑA, ROBERTO. *España de la Edad de Oro. Introducción al estudio de su literatura y de sus otras manifestaciones culturales. Prólogo de Claudio Sánchez-Albornoz.* Buenos Aires. Lib. y Edit. El Ateneo. [1946]. 446 páginas + 104 láms. 21,5 cm.

Crítica:

a) Della Torre, Susana, en *Cuadernos de Historia de España,* VIII, Buenos Aires, 1947, págs. 199-201.
b) Peers, E. A., en *Bulletin of Hispanic Studies,* XXVI, Liverpool, 1949, págs. 186-87.

Ejemplares:

MADRID. *Ateneo.* C-5.530. *Consejo. General.—Nacional.* F-6.413.

387

VOSSLER, KARL. *Introducción a la literatura del Siglo de Oro.*

Madrid. «Cruz y Raya». 1934. 127 págs. 22 cm.

Crítica:

a) Crawford, J. P. W., en *Hispanic Review,* III, Filadelfia, 1935, páginas 343-44.
b) Le Gentil, G., en *Revue de Littérature Comparée,* XVI, París, 1936, páginas 247-49.

Ejemplares:

MADRID. *Ateneo.* A-2.501. *Nacional.* 2-93.597.

388

—— *Introducción a la literatura española del Siglo de Oro. Seis lecciones. Versión... por Felipe González Vicén.* [Buenos Aires]. Espasa-Calpe. [Cía. Gral. Fabril Financiera]. [1945]. 151 págs. 18 cm. (Colección Austral, 511).

Ejemplares:

MADRID. *Consejo. General.* C.A.-511.

b) *Aspectos parciales*

389

AGAR. *Literatura histórica. El ideal en la literatura española del siglo XVI.* Paraná 1900. 8.°

Ejemplares:

MADRID. *Particular de D. Joaquín de Entrambasaguas.*

390

ASENSIO, JOSE MARIA. *El Conde de Lemos, protector de Cervantes.* Madrid. Imp. Hispano-filipina. 1880. 56 págs. 18 cm.

Ejemplares:

MADRID. *Nacional.* Cerv.-2.414.

391

BAQUERO ALMANSA, A. *Introducción de el «Estudio sobre la literatura en Murcia, durante la Casa de Austria».* (En *El Semanario Murciano,* I, Murcia, 1878, número 39, págs. 1-2).

392

BLASI, FERRUCCIO. *Dal Classicismo al Secentismo in Ispagna (Garcilaso-Herrera-Góngora).* Aquila. Vecchioni, 1929, 150 págs. 20 cm. (Piccola Biblioteca di Cultura, IV).

Crítica:

a) Gallo, U., en *La Rassegna,* Florencia, 1930, págs. 83-84.

Ejemplares:

ROMA. *Nazionale.* 220,H,792. *Universitaria.* Alessandrina. 71.C.31.

393

BOMLI, P. W. *La femme dans l'Espagne du siècle d'or.* La Haya. Martinus Nijhoff. 1950. 390 páginas 4.°

Estudio basado en textos literarios.

Crítica:

a) Praag, J. A. van, en *Museum,* 1951, n.° 5-6, pág. 114.
b) Selig, Karl Ludwig, en *Hispania,* XXXVI, Stanford, 1953, pág. 127.
c) Wardropper, B. W., en *Modern Language Notes,* LXVII Baltimore, 1952, págs. 65-67.
d) *Clavileño,* Madrid, 1951, n.° 8, páginas 70-71.

394

GREEN, OTIS H. *The Literary Court of the Conde de Lemos at Naples, 1610-1616.* (En *Hispanic Review,* I, Filadelfia, 1933, páginas 290-308).

395

HAMEL, A. *Spanische Literatur bis zum Ausgang des 17. Jahrhunderts im Lichte deutscher Forschung. Ein Rückblick und Ausblick.* (En *Germanisch-romanische Monatschrift,* XVI, Heidelberg, 1928, págs. 31-49).

396

HENDRIX, W. S. *Sancho Panza and the comic types of the six-*

teenth century. (En *Homenaje a Menéndez Pidal.* Tomo II. Madrid. 1925. Págs. 485-94).

397

HERRERO-GARCIA, MIGUEL. *Estimaciones literarias del siglo XVII.* Madrid. Edit. Voluntad. Asilo del P. de H. del S. C. de J. 1930. 420 págs. 22 cm.

Crítica:

a) *Revista de Filología Española,* XXI, Madrid, 1934, págs. 79-80.
b) Tarr, F. C., en *Hispanic Review,* I, Filadelfia, 1933, págs. 168-71.

Ejemplares:

MADRID. *Consejo. General.* R.M.-3.989. *Facultad de Filosofía y Letras.* 86.09.

398

—— *La vida española del siglo XVII: Las bebidas.* Madrid. S. E. L. E. [Gráf. Universal]. 1933. 528 págs. 22 cm.

Ejemplares:

MADRID. *Consejo. General.* R.M.

399

—— *Ideas de los españoles del siglo XVII.* Madrid. Edit. Voluntad. [1928]. 669 págs. 21 cm.

Crítica:

a) Deleito y Piñuela, J., en *Revista de la Biblioteca, Archivo y Museo,* VI, Madrid, 1929, págs. 96-100.
b) E. S., en *La Ciencia Tomista,* XL, Salamanca, 1929, pág. 136.
c) Eguía, C., en *Razón y Fe,* LXXXVI. Madrid, 1929, págs. 469-70.
d) Mulertt, W., en *Archiv für das Studium der neueren Sprachen,* CLVIII, Braunsweig, 1930, págs. 297-98.
e) Nicol, T. R., en *Bulletin of Spanish Studies,* VI, Liverpool, 1929, páginas 42-43.
f) Ricard, R., en *Hésperis,* IX, París, 1929, págs. 418-19.

Ejemplares:

MADRID. *Consejo. General.* R.M.-709. *Nacional.* 2-77.322.

400

—— *Los rasgos físicos y el carácter, según los textos españoles del siglo XVII.* (En *Revista de Filología Española,* XII, Madrid, 1925, págs. 157-77).

401

—— *Ideología española del siglo XVII. La Nobleza.* (En *Revista de Filología Española,* XIV, Madrid, 1927, págs. 33-58, 161-75).

402

—— y M. CARDENAL. *Sobre los agüeros en la literatura española del Siglo de Oro.* (En *Revista de Filología Española,* XXVI, Madrid, 1942, págs. 14-41).

403

KEEBLE, T. W. *Some Mythological Figures in Golden Age Satire and Burlesque.* (En *Bulletin of Spanish Studies,* XXV, Liverpool, 1948, págs. 238-46).

404

MEREGALLI, FRANCO. *La letteratura spagnuola nel secolo decimosesto: L'epoca di Carlo V.* Milán. La Goliardica. 1949. 116 págs.

405

MONTOLIU, MANUEL DE. *El alma de España y sus reflejos en la literatura del Siglo de Oro.* Barcelona. Edit. Cervantes. [Clarasó]. [1942]. 2 hs. + 752 págs. + 1 h. 21 cm.

Ejemplares:

MADRID. *Ateneo.* F-13.933. *Consejo. General.—Nacional.* 1-96.095.

406

MORREALE, MARGHERITA. *Cortegiano-Caballero Cristiano.* (En *Letterature Moderne,* III, Milán, 1952, págs. 454-59).

407

MOSELEY, WILLIAM W. *Students and university life in the Spanish Golden Age.* (En *Hispania,* XXXVI, Wáshington, 1953, págs. 328-35).

Según los textos literarios.

408

NUÑEZ DE ARCE, GASPAR. [*Decadencia y ruina de la Literatura Española bajo los últimos reinados de la Casa de Austria*]. *Discursos leídos ante la Real Academia Española en la pública recepción del Excmo. Sr. D.* —— *el día 21 de mayo de 1876.* Madrid. Imp. de T. Fortanet. 1876. 80 páginas. 27 cm.

Con la contestación de Juan Valera.

Ejemplares:

MADRID. *Nacional.* V-591-2.

409

——. ——— (En *Revista Europea,* VII, Madrid, 1876, págs. 511-19).

La respuesta de Valera, bajo el título de *La decadencia de la Cultura española después de 1680,* se inserta en las págs. 536-44. Al principio, se reproducen algunos juicios críticos sobre ambos discursos.

410

PARDO MANUEL DE VILLENA, ALFONSO. *Un Mecenas español del siglo XVII. El Conde de Lemos. Noticia de su vida y de sus relaciones con Cervantes, Lope de Vega, los Argensola y demás literatos de su época.* Madrid. Imp. de J. Ratés. 1911. 307 págs. 23 cm.

Ejemplares:

MADRID. *Nacional* 1-59.680.

411

PEEBLES, W. C. *Democratic tendencies in the Spanish Literature of the Golden Age.* (En *Hispania,* XV, Stanford, 1932, págs. 317-26).

412

——. ——— (En *Harvard University Summaries of Ph. D. Theses,* Cambridge, 1932, págs. 313-15).

413

PEREZ, NAZARIO. *La Inmaculada en la literatura española...* 1904.

V. *B. L. H.,* n.º 2.949.

414

PEREZ DE GUZMAN, JUAN *Bajo los Austrias. La mujer española en la Minerva literaria castellana.* (En *La España Moderna,* CXIV, Madrid, 1898, págs. 45-76).

415

PORRAS TRONCOSO, G. *Del honor y de la lealtad castellana en la literatura clásica.* (En *Revista Contemporánea,* I, Cartagena (Colombia), 1916, págs. 1-17).

416

REY SOTO, ANTONIO. *Galicia, venera y venero de España.* La Coruña. Moret. 1949. 309 págs. + 4 hs. 22,5 cm.

Trata de los escritores gallegos desconocidos y olvidados de los siglos XVI y XVII.

Ejemplares:

MADRID. *Nacional.* 1-106.865.

417

THOMAS, HENRY. *An unrecorded sixteenth-century Spanish writing-book, and more about Gothic letters.* (En *Estudios dedicados a Menéndez Pidal.* Tomo III. 1952. Págs. 413-20).

418

VALBUENA PRAT, ANGEL. *La vida española en la Edad de Oro, según sus fuentes literarias.* Barcelona. Edit. A. Martín [A. Núñez]. 1943. 283 págs. con láms. y grabs. 22 cm. (El Mundo y los Hombres, II).

Ejemplares:

MADRID. *Consejo. General.—Nacional.* 1-97.676.

419

VINDEL, FRANCISCO. *Influencia de las Fiestas Religiosas en el Siglo de Oro.* Madrid. [Imp. Góngora]. 1940. 21 págs. 24 cm.

Ejemplares:

MADRID. *Nacional.* V-1.295-17.

c) *La lengua*

420

KENISTON, HAYWARD. *The Syntax of Castilian Prose: The Sixteenth Century.* Tomo I. Chicago. The University Press. 1938. XXIX + 750 págs. 23 cm.

Crítica:

a) Spaulding, R. K., en *The Romanic Review,* XXIX, Nueva York, 1938, págs. 394-96.
b) Spitzer, L., en *Language,* XIV, Filadelfia, 1938, págs. 218-30.

Ejemplares:

MADRID. *Consejo. Patronato «Menéndez y Pelayo».* 5-2.362.

421

MENENDEZ PIDAL, RAMON. *El lenguaje del siglo XVI.* (En *Cruz y Raya,* Madrid, 1933, n.° 6, págs. 9-63).

422

ROMERA-NAVARRO, MIGUEL. *La defensa de la lengua española en el siglo XVI.* (En *Bulletin Hispanique,* XXXI, Burdeos, 1933, págs. 204-55).

423

XIMENEZ DE EMBUN Y VAL, TOMAS. *Lengua española en el Siglo de Oro de su Literatura. Cambios notables que ha sufrido; diferencias principales que la distinguen de como ahora comunmente se usa.* Zaragoza. [Imp. de R. Miedes]. 1897. 300 págs. + 2 hs. 21,5 cm.

Ejemplares:

MADRID. *Nacional.* 2-42.297.

424

—— *Canon gramatical vigente en el Siglo de Oro del idioma español.* 2.ª ed. corregida y aumentada. Zaragoza. [Imp. de R. Miedes]. 1899. 136 págs. 20 cm.

Ejemplares:

MADRID. *Nacional.* 2-54.743.

d) *Renacimiento*

V. *B. L. H.,* III, págs. 288-96.

e) *Barroco*

425

BERGERHOFF, E. O. *"Mannerism" and "Baroque": A Simple Plea.* (En *Comparative Literature,* V, Eugene, 1953, págs. 323-31).

DIAZ-PLAJA, GUILLERMO. *El espíritu del Barroco. Tres interpretaciones.* Barcelona. Apolo [Clarasó]. [1940]. 129 págs. + 12 hs. + 9 láms. 25 cm.

Ejemplares:

MADRID. *Consejo. General.—Consejo. Patronato «Menéndez y Pelayo».* 5-2.133.

426

GILMAN, STEPHEN. *An introduction to the ideology of the baroque in Spain.* (En *Symposium,* I, Syracusa, 1946).

427

MONGUIÓ, LUIS. *Fortuna lexigráfica de «barroco».* (En *Revista de las Indias,* XIX, Bogotá, 1943, págs. 421-35).

428

—— *Contribución a la cronología de «Barroco» y «Barroquismo» en España.* (En *Publications of Language Association of America,* LXIV, Baltimore, 1949, páginas 1.227-31).

429

OROZCO DIAZ, EMILIO. *Temas del Barroco (De Poesía y Pintura).* Granada. Universidad. [F. Román Camacho]. 1947. LXI+190 págs. + 9 láms. 25 cm.

Crítica :

a) A. A. de M., en *Cuadernos Hispanoamericanos,* Madrid, 1948, n.° 3, págs. 607-10.

b) Moreno Báez, E., en *Revista de Filología Española,* XXXI, Madrid, 1947, págs. 251-53.

c) Soria, A. F., en *Boletín de la Universidad de Granada,* XIX, Granada, 1947, págs. 335-57.

Ejemplares :

MADRID. *Ateneo.* D-6.847. *Consejo. Patronato «Menéndez y Pelayo».* 5-2.582.

430

—— *Lección permanente del barroco español.* Madrid. Ateneo. [Estades]. 1952. 59 págs. + 2 hs. 19 cm. (Colección O crece o muere).

Ejemplares :

MADRID. *Consejo. General.*

431

PFANDL, LUDWIG. *El siglo del barroco español (1600-1700).* (En su *Historia de la literatura nacional española en la Edad de Oro.* 1933. Págs. 235-620).

V. n.° 2.

432

SANCHEZ Y ESCRIBANO, F. *Actitud neoclásica de Voltaire ante el barroco español.* (En *The Modern Language Journal,* XXXVII, Menasha, 1953, págs. 76-77).

433

SILVELA, FRANCISCO. *Historia y vicisitudes del mal gusto en nuestra literatura nacional.* (En *Revista de España,* CXLVII, Madrid, 1894. págs. 461-81; CXLVIII, páginas 32-46).

Discurso de recepción en la R. Academia Española. (1893).

434

SPITZER, LEO. *El barroco español.* (En *Boletín del Instituto de Investigaciones Históricas,* XXVIII, Buenos Aires, 1943-44, págs. 12-30).

f) *Culteranismo. Gongorismo*

435

ARTIGAS, MIGUEL. *Góngora y el Gongorismo.* (En *Boletín de la Real Academia de Ciencias, Bellas Letras y Nobles Artes de Córdoba,* VI, Córdoba, 1927, págs. 333-54).

Conferencia.

436

BORGES, J. L. *El Culteranismo.* (En *La Prensa,* Buenos Aires, 17 de julio de 1927).

437

—— *Gongorismo.* (En *Humanidades,* XV, La Plata, 1927, páginas 237-39).

438

BUCETA, ERASMO. *Algunos antecedentes del culteranismo.* (En *The Romanic Review,* XI, Nueva York, 1920, págs. 328-48).

439
CAÑETE, MANUEL. *Observaciones acerca de Góngora y del culteranismo en España.* (En *Revista de Ciencias, Literatura y Artes,* I, Sevilla, 1855, págs. 317-42).

440
——. —— (En *Revue Hispanique,* XLVI, Nueva York - París, 1919, págs. 281-311).

441
CASTRO, ADOLFO DE. *Del culteranismo.* (En *Poetas líricos de los siglos XVI y XVII.* Tomo II. Madrid. 1857. Págs. V-IX).

V. n.º 47.

442
CASTRO GUISASOLA, F. *El culteranismo y la poesía moderna.* (En *Boletín de la R. Academia de Ciencias, Bellas Letras y Nobles Artes de Córdoba,* VI, Córdoba, 1927, págs. 61-64).

443
DIEGO, GERARDO. *Balance del gongorismo.* (En *La Gaceta Literaria,* año I, Madrid, 1 de junio de 1927, n.º 11, pág. 6).

444
FARINELLI, ARTURO. *Marinismus und Gongorismus.* (En *Deutsche Literaturzeitung,* XXXIII, Berlín, 1912, págs. 23 y sigs.)

Es una recensión del libro de Thomas, *Góngora et le gongorisme considérés dans leurs rapports avec le marinisme* (1911).

445
——. —— (En *Aufsätze, Reden und Charakteristiken zur Weltliteratur.* Bonn-Leipzig. 1925. Páginas 384-94).

446
GARCIA SORIANO, JUSTO. *Reivindicaciones. Los dos «modos» literarios: conceptismo y culteranismo.* (En *La Gaceta Literaria,* año I, Madrid, 1 de junio de 1927, n.º 11, pág. 6).

447
GOURMONT, RÉMY DE. *Góngora et le gongorisme.* (En *Promenades littéraires,* 4.ª serie, París, 1912, págs. 299-310).

Ejemplares:

MADRID. *Nacional.* 6.i.-5.278 (vol. IV).

448
KANE, ELISHA K. *Gongorism and the Golden Age. A study of exuberance and unrestraint in the arts.* Chapel Hill. The University of North Carolina Press. 1928. XVI + 275 + XXIV págs. 21,5 cm.

Crítica:

a) Coester, A., en *Hispania,* XII, Stanford, 1929, págs. 106-7.

Ejemplares:

MADRID. *Ateneo.* A-2.835. *Nacional.* B. A.-648.

449
MARASSO, ARTURO. *Góngora y el gongorismo.* (En *Boletín de la Academia Argentina de Letras,* XI, Buenos Aires, 1943, págs. 7-67).

450
MENENDEZ Y PELAYO, MARCELINO. *Conceptismo, gongorismo y culteranismo. Sus precedentes, sus causas y efectos en la literatura española.* (En *Universidad Literaria de Valladolid. Expediente académico de D.* ——. Valladolid. [s. a.]).

451
—— [*El Culteranismo. Sus impugnadores y apologistas*]. (En *His-*

toria de las ideas estéticas en España. Tomo II. Madrid. 1947. Páginas 324-54).

452
MENENDEZ PIDAL, RAMON. *Oscuridad, dificultad entre culteranos y conceptistas*. (En *Romanischen Forschungen*, LVI, Erlangen, 1942, págs. 211-18).

453
——. —— (En *Castilla: la tradición, el idioma*. Buenos Aires. Espasa-Calpe. 1945. Págs. 219-32).

454
MILLE Y GIMENEZ, JUAN. *Lope, Góngora y los orígenes del culteranismo*. (En *Revista de Archivos, Bibliotecas y Museos*, XLIV, Madrid, 1923, págs. 298-319).

455
—— *El «Papel de la Nueva Poesía»*. (*Lope, Góngora y los orígenes del culteranismo*). (En sus *Estudios de Literatura Española*. La Plata. 1928. Págs. 181-228).

Reimpresión del artículo anterior.

Ejemplares:

MADRID. *Nacional*. H.A.i. - 339 (vol. VII).

456
PFANDL, LUDWIG. *El barroquismo de lenguaje especialmente considerado. Conceptismo y cultismo*. (En su *Historia de la literatura nacional española de la Edad de Oro*. 1933. Págs. 273-80).
V. n.º 2.

457
RETORTILLO Y TORNOS, ALFONSO. *Poesía lírica española del siglo XVII. Examen crítico del* ...

458
THOMAS, LUCIEN-PAUL. *Le lyrisme et la preciosité cultistes en gongorismo. Discurso*... Madrid. Fortanet. 1890. 47 págs. 23 cm.

Tesis doctoral.

Ejemplares:

MADRID. *Nacional*. 1-6.473.

459
Espagne Étude historique et analytique. Halle. [Ehrhardt Karras]. 1909. 191 págs. 24 cm.

Ejemplares:

MADRID. *Consejo. Patronato «Menéndez y Pelayo»*. 5-1.246. *Nacional*. 2-86.389.—SANTANDER. *«Menéndez y Pelayo»*. 1.073. (Dedicado).

g) *Conceptismo*

460
ARCO, RICARDO DEL. *Baltasar Gracián y los escritores conceptistas del siglo XVII*. (En *Historia general de las Literaturas Hispánicas*. Tomo III. 1953. Págs. 695-726).

461
CROCE, B. *I trattatisti italiani del concettismo e Baltasar Gracián*. (En *Atti Accademia Pontoniana di Napoli*, XXIX, Mem. VII, Nápoles, 1899, págs. 32 y sigs.).

Tirada aparte: Nápoles. Regia Universitá. 1899. 1 h. + 32 págs. 27 cm.
Hay traducción castellana, por José Sánchez Rojas, en *La Lectura*, XII, Madrid, 1912, págs. 246-67.

Ejemplares:

SANTANDER. *«Menéndez y Pelayo»*. 2.210. (Dedicado).

462
GARCIA SORIANO, JUSTO. *Reivindicaciones. Los dos «modos» literarios: conceptismo y culteranismo*. 1927.
V. n.º 446.

463
MENENDEZ Y PELAYO, MARCELINO. *Conceptismo, gongorismo y culteranismo...*
V. n.º 449.

464
—— [*El Conceptismo. Su Poética*] (En *Historia de las ideas estéticas en España.* Tomo II. Madrid. 1947. Págs. 324-28 y 354-59).

465
MENENDEZ PIDAL, RAMON. *Oscuridad, dificultad entre culteranos y conceptistas.* 1942.
V. n.º 451-52.

466
PFANDL, LUDWIG. *El barroquismo de lenguaje especialmente considerado. Conceptismo y cultismo.* 1933.
V. n.º 455.

467
RICARD, ROBERT. *Wit et agudeza.* (En *Revue du Moyen Age latin,* IV, Estrasburgo, 1948, páginas 283-85).
La literatura escolástica y litúrgica como posible fuente del conceptismo español.

h) *Realismo*

468
CEVALLOS GARCIA, GABRIEL. *Caminos de España. El Realismo en el Siglo de Oro.* Cuenca (Ecuador). [Edit. Austral]. 1947. 375 páginas. 20 cm.
Ejemplares:
WASHINGTON. *Congreso.* 48-10902*.

469
VALLE, J. G. DEL. *Realismo e irrealismo de la Edad de Oro española. Ensayo en dos caras.* (En *Hora de España,* XV, Valencia, 1938, págs. 29-38).

i) *Academias*

470
BLASI, F. *La Academia de los Nocturnos.* (En *Archivum Romanicum,* XIII, Ginebra - Florencia, 1929, págs. 333-57).

471
FERNANDEZ MURGA, FELIX. *La Academia napolitano-española de los Ociosos.* Roma. Instituto Español de Lengua y Literatura. 1951. 24 págs.
Crítica:
a) Marenduzzo, E., en *Quaderni Ibero-Americani,* II, Turín, 1952, n.º 12, pág. 213.

472
HAZAÑAS Y LA RUA, JOAQUIN. *Noticias de las Academias literarias, artísticas y científicas de los siglos XVII y XVIII.* Sevilla. C. de Torre. 1888. VIII + 69 págs.
Ejemplares:
MADRID. *Nacional.* 1-6.459. — SANTANDER. *«Menéndez y Pelayo».* R-X-7-9.

473
MINIERI RICCIO, C. *Cenno storico delle Accademie fiorite in Napoli: Oziosi.* (En *Archivo storico per le province napoletane,* V, Nápoles, 1880, págs. 148-57).

474
PEREZ DE GUZMAN, JUAN. *Bajo los Austrias. Academias literarias de ingenios y señores.* (En *La España Moderna,* LXXI, Madrid, 1894, págs. 68-107).

475
ROMERA-NAVARRO, MIGUEL. *Querellas y rivalidades en las Academias del siglo XVII.* (En *Hispa-*

nic Review, IX, Filadefia, 1941, págs. 494-99).

476
SERRANO, JOSE ENRIQUE. *Noticia de algunas Academias que existieron en Valencia durante el siglo XVII.* (En *Revista de Valencia,* I, Valencia, 1880-81, pág. 441).

477
SUAREZ ALVAREZ, JAIME. *Los inéditos estatutos de «La Peregrina», Academia fundada y presidida por el doctor don Sebastián Francisco Medrano.* (En *Revista de la Biblioteca, Archivo y Museo,* XVI, Madrid, 1947, págs. 91-110).

478
TORRE, LUCAS DE. *De la Academia de los Humildes de Villamanta.* (En *Boletín de la R. Academia Española,* II, Madrid, 1915, págs. 198-218).

AMÉRICA

479
ARROM, JUAN JOSE. *Las letras en Cuba antes de 1608.* (En *Revista Cubana,* XVIII, La Habana, 1944, págs. 67-85).

480
BALLESTEROS-GAIBROIS, MANUEL. *La vida cultural en la América española en los siglos XVI y XVII.* (En *Historia general de las Literaturas Hispánicas.* Tomo III. 1953. Págs. 967-74).

481
FEISER, WERNER. *El barroco en la literatura mexicana.* (En *Revista Iberoamericana,* VI, México, n.º 11, págs. 77-93).

482
GALLEGOS ROCAFULL, JOSE M. *El pensamiento mexicano en los siglos XVI y XVII.* Méjico. Centro de Estudios Filosóficos. 1951. 426 págs. 23 cm. (Ediciones del IV Centenario de la Universidad de México).

Crítica:

Bravo Ugarte, José, en *Revista de Historia de América,* Méjico, 1952, n.º 33, págs. 135-37.

483
LOHMANN VILLENA, GUILLERMO. *Los libros españoles en Indias.* (En *Arbor,* II, Madrid, 1944, págs. 221-50).

484
—— *La literatura peruana de los siglos XVI y XVII.* (En *Historia general de las Literaturas Hispánicas.* Tomo III. 1953. Págs. 977-95).

485
LLORENS CASTILLO, VICENTE. *Vida cultural de Santo Domingo en el siglo XVI.* (En *Cuadernos Dominicanos de Cultura,* II, 22 de junio de 1945).

486
MIRALLES DE IMPERIAL Y GOMEZ, CLAUDIO. *Censura de publicaciones en Nueva España (1576 - 1591). Anotaciones documentales.* (En *Revista de Indias,* X, Madrid, 1950, págs. 817-46).

487
MONTERDE, FRANCISCO. *La literatura mexicana en los siglos XVI y XVII.* (En *Historia general de las Literaturas Hispánicas.* Tomo III. 1953. Págs. 999-1019).

488
MORALES DE LA TORRE, RAYMUNDO. *Los salones literarios del siglo XVII.* (En *Mercurio Peruano,* VIII, Lima, 1922, n.° 48, pág. 926).

489
OLIVERA, OTTO. *Siglo XVI, espíritu local y literatura cubana.* (En *Revista de la Biblioteca Nacional,* II, La Habana, 1951, páginas 57-62).

490
POSADA, GERMAN. *Panorama de la cultura mexicana en el siglo XVI.* (En *Universidad de Antioquía,* XXVI, Medellín, 1951, páginas 335-41).

491
SCHONS, DOROTY. *The influence of Góngora on Mexican literature during the seventeenth century.* (En *Hispanic Review,* VII, *Filadelfia,* 1939, págs. 22-34).

POESIA

492

ALAEJOS, ABILIO. *La poesía del «retiro». Reflejos psicológicos del alma de España.* (En *Revista de Espiritualidad,* VII, San Sebastián, 1948, págs. 73-88, 204-24).

En Boscan, Ausias March, Fr. Luis de León, San Juan de la Cruz, Herrera, Virués, Francisco de Aldana, Pedro Espinosa, Calderón, Góngora, el quietismo, Gracián y Quevedo.

493

ALDA TESAN, J. M. *La fugacidad de la vida en la poesía áurea española.* (En *Príncipe de Viana,* Pamplona, 1943, n.° 13, págs. 495-510).

494

ALONSO, DAMASO. *Versos plurimembres y poemas correlativos: capítulo para la estilística del Siglo de Oro.* (En *Revista de la Biblioteca, Archivo y Museo,* XIII, Madrid, 1944, págs. 90-191).

495

—— *Un aspecto del petrarquismo: la correlación poética...* Madrid. Instituto Italiano de Cultura. [Gráf. Mora]. 1950. 22 págs. 24 cm.

496

ALONSO CORTÉS, NARCISO. *Los poetas vallisoletanos celebrados por Lope de Vega en el «Laurel de Apolo».* (En *Escorial,* IV, Madrid, 1941, págs. 333-82).

497

—— *El lastre clasicista en la poesía española del siglo XIX.* (En *Estudios hispánicos. Homenaje a M. Huntington.* Wellesley. 1952. Págs. 3-14).

498

BECCO, HORACIO JORGE. *El tema del negro en cantos, bailes y villancicos de los siglos XVI y XVII.* Buenos Aires. Edit. Ollantay. 1951. 70 págs.

Crítica:

a) Osuna, Rafael, en *Archivos Venezolanos de Folklore,* I, Caracas, 1952, pág. 217.

499

BERJANO ESCOBAR, DANIEL. *Poetas placentinos contemporáneos de Lope de Vega. (Datos para la historia de la cultura extremeña).* (En *Revista de Extremalura,* III, Cáceres, 1901, págs. 145-56, 207-30, 241-48).

Tirada aparte: Cáceres. Tip. de Jiménez. 1901. 67 págs. 20 cm.

Trata de Antonio de Monroy, Micael de Solís Ovando, Fernando Bermúdez de Carvajal, Juan de Palacios Rubios, Juan de Lebrixa Cano, Alonso de Acevedo y Fr. Alonso de Hinojosa y Carvajal. En la tirada aparte se añadió un Apéndice con cinco sonetos inéditos de Acevedo.

Ejemplares:

MADRID. *Nacional.* V-267-11. (Dedicado).—SANTANDER. *«Menéndez y Pelayo».* 4.517.

500

BUCETA, ERASMO. *La crítica de la oscuridad sobre poetas anteriores a Góngora.* (En *Revista de Filología Española,* VIII, Madrid, 1921, págs. 178-80).

501

BURCHARDT, URSULA, *Die Formen des Sonetts in Spanien von den Anfängen bis zum Ende des Siglo de Oro.*

Tesis. Universidad de Berlín. 1948.

502

CAPOTE, HIGINIO. *Las Indias en la poesía española del Siglo de Oro.* (En *Estudios Americanos,* VI, Sevilla, 1953, págs. 5-36).

503

—— *El tema de la Natividad en la poesía clásica sevillana.* (En *Archivo Hispalense,* XV, Sevilla, 1951, n.º 50, págs. 251-55).

504

CARRERES Y DE CALATAYUD, FRANCISCO DE A. *Las fiestas valencianas y su expresión poética (siglos XVI-XVIII).* Madrid. Consejo Superior de Investigaciones Científicas. [Diana]. 1949. 495 págs. + 17 láms. 24 cm.

Ejemplares:

MADRID. *Nacional.* 4-34.379.

505

CASTRO, ADOLFO DE. *De la poesía morisca.* (En *Poetas líricos de los siglos XVI y XVII.* Tomo II. Madrid. 1857. Págs. XIII-XVI).

V. n.º 47.

506

—— *De la poesía ascética.* (En ídem, págs. XVI-XX).

507

—— *De la poesía judaica* (En ídem, págs. XX-XXIII).

508

—— *De la poesía satírico-política.* (En ídem, págs. XXIII-XXXI).

509

—— *De la poesía española en Flandes.* (En ídem, páginas XXXI-XXXIV).

510

—— *De los poetas líricos portugueses que han escrito en lengua castellana.* (En ídem, páginas XXXVII-XLI).

511

CASTRO Y CALVO, JOSE MARIA. *Justas poéticas aragonesas del siglo XVII.* (En *Universidad,* XIV, Zaragoza, 1937, págs. 31-49, 171-222, 331-99).

512

CIROT, G. *Coup d'œil sur la poésie épique du Siècle d'Or.* (En *Bulletin Hispanique,* XLVIII, Burdeos, 1946, págs. 294-329).

513

CLARKE, DOROTHY C. *Tiercet Rimes of the Golden Age Sonnet.* (En *Hispanic Review,* IV, Filadelfia ,1936, págs. 378-83).

514

—— *Sobre la «espinela».* (En *Revista de Filología Española,* XXIII, Madrid, 1936, págs. 293-305).

515

—— *A Note on the 'décima' or 'espinela'.* (En *Hispanic Review,* VI, Filadelfia, 1938, págs. 155-58).

516

COSSIO, JOSE MARIA DE. *Indicaciones sobre algunos poetas montañeses del siglo XVI.* (En *Boletín de la Biblioteca Menéndez Pelayo,* XV, Santander, 1933, páginas 297-311).

Trata de Juan Aguero, Jorge de Bustamante y Sebastián Vélez de Guevara.

517

—— *La décima antes de Espinel.* 1944.

V. *B. L. H.*, I, n.º 2.581.

518

DELANO, LUCILE K. *The Sonnet in the Golden Age Drama of Spain.* (En *Hispania,* XI, Stanford, 1928, págs. 25-28).

519

—— *The 'Gracioso' continues to ridicule te sonnet.* 1935.

V. *B. L. H.*, I, n.º 2.609.

520

DIAZ PLAJA, GUILLERMO. *La poesía clasicista del siglo XVII.* (En *Historia general de las Literaturas Hispánicas.* Tomo III. 1953. Páginas XXVII-XLII).

521

DIEZ ECHARRI, EMILIANO. *Teorías métricas del Siglo de Oro. Apuntes para la historia del verso español.* Madrid. Consejo Superior de Investigaciones Científicas. [Gráf. Menor]. 1949. 355 páginas. 25 cm. (Revista de Filología Española. Anejo XLVII).

Crítica:

a) Baquero Goyanes, M., en *Arbor,* XIII, Madrid, 1949, págs. 370-72.

Ejemplares:

MADRID. *Consejo. Patronato «Menéndez y Pelayo».* Publ.-14-XLVII.

522

FERNANDEZ Y CANTERO, ESTEBAN MANUEL. [*Las escuelas salmantina, sevillana y aragonesa en el Siglo de Oro*]. *Discurso leído ante la Universidad Central... el día 18 de marzo de 1865 en el acto de recibir la investidura de Licenciado en Filosofía y Letras.* Madrid. Pedro Montero. 1865. 14 págs. 22 cm.

Ejemplares:

MADRID. *Nacional.* V - 1.494-8. — SANTANDER. *«Menéndez y Pelayo».* 1.932.

523

FRENK, MARGARITA. *La lírica popular en los Siglos de Oro.* Méjico. [Universidad Nacional Autónoma. Facultad de Filosofía y Letras]. 1946. 76 págs. 8.º

Tesis. Edición privada.

Crítica:

a) F[ernández] Montesinos, J., en *Nueva Revista de Filología Hispánica,* II, Méjico, 1948, págs. 292-95.

524

FUCILLA, JOSEPH G. *The Pedigree of a 'Soneto a lo divino'.* (En *Comparative Literature,* I, Eugene, 1949, págs. 267-71).

525

—— *Notes on Spanish Renaissance Poetry.* (En *Philological Quarterly,* XI, Iowa, 1932, págs. 225-62).

526

—— *Two Generations of Petrarchism in Spain.* (En *Modern Philology,* XXVII, Chicago, 1930, páginas 276-95).

527

—— *The present status of Renaissance and Siglo de Oro poetry.*

(En *Hispania,* XXX, Washington, 1947, págs. 182-93).

528

GALLEGO MORELL, ANTONIO. *La escuela gongorina.* (En *Historia general de las Literaturas Hispánicas.* Tomo III. 1953. Páginas 370-96).

529

GONZALEZ COBO, ANTONIO. *Aspectos de la poesía española del siglo XVII.* (En *Anales de la Universidad de Oviedo, 1940,* IX, Oviedo, 1942, págs. 239-58).

530

GUZMAN, M. L. *La persecución de la «ninfa» en la poesía castellana de los siglos de oro.* (En *Revista de la Facultad de Letras y Ciencias,* XXII, La Habana, 1916. págs. 102-6).

531

HAMILTON, GERTRUDE H. *Political Satire in the Seventeenth Century.* (En *Bulletin of Spanish Studies,* VIII, Liverpool, 1931, páginas 150-57).

532

HERRERO-GARCIA, MIGUEL. *La poesía satírica contra los políticos del reinado de Felipe III.* (En *Hispania,* VI, Madrid, 1946, páginas 267-96).

533

LASSO DE LA VEGA, ANGEL. *Historia y juicio crítico de la Escuela poética sevillana de los siglos XVI y XVII.* Madrid. Imp. de la Vda. e Hijos de Galiano. 1871. XX + 350 págs. 25 cm.

Ejemplares:

MADRID. *Nacional.* 1-32.378.—SANTANDER *«Menéndez y Pelayo».* 5.641.

534

—— *Poetas lusohispanos de los siglos XVI y XVII.* (En *Revista Contemporánea,* XCVI, Madrid, 1894, páginas 225-36, 383-90, 588-96; XCVII, 1895, págs. 29-39, 125-37). LIDA, MARIA ROSA. *El ruiseñor de las Geórgicas y su influencia en la lírica española de la Edad de Oro.* (En *Volkstum und Kultur der Romanen,* XI, Hamburgo, 1939, págs. 290-305).

535

LOPE TOLEDO, JOSE MARIA. *La Poesía en Logroño en el Siglo de Oro.* (En *Berceo,* V, Logroño, 1950, págs. 269-312).

536

LOPEZ TORO, JOSE. *Los poetas de Lepanto.* Madrid. Consejo Superior de Investigaciones Científicas. [Burgos. Imp. de Aldecoa]. 1950. 474 págs. 23,5 cm.

Crítica:

a) Baquero, M., en *Anales de la Universidad de Murcia,* X, Murcia, 1951-1952, págs. 718-19.

b) Rossi, G. C., en *Quaderni Ibero-Americani,* II, Turín, 1953, n.º 13, página 293.

Ejemplares:

WASHINGTON. *Congreso.* A52-1607.

537

LORENZO CACERES, ANDRES DE. *La poesía canaria en el Siglo de Oro.* La Laguna. Instituto de Estudios Canarios. [Imp. Católica]. 1942. 33 págs. 26 cm.

Ejemplares:

MADRID. *Consejo. General.*

538

MENENDEZ PIDAL, RAMON. *Cartapacios literarios salmantinos del siglo XVI.* (En *Boletín de la R. Academia Española,* I, Madrid,

1914, págs. 43-55, 151-70, 298-320).

Descripción de varios volúmenes misceláneos que contienen poesías de diversos autores, conservado en la Biblioteca de Palacio, de Madrid, y procedente de las de los Colegios Mayores de Salamanca.

539

MILLE GIMENEZ, JUAN. *Sobre la fecha de la invención de la décima o espinela.* (En *Hispanic Review,* V, Filadelfia, 1937, página 42).

540

OROZCO DIAZ, EMILIO. *El sentido pictórico del color en la poesía barroca.* (En *Escorial,* V, Madrid, 1941, n.° 13, págs. 169-214).

541

——. —— (En *Temas del Barroco*... 1947. Págs. 69-109).

Ampliado.

V. n.°

542

PEREZ DE GUZMAN, JUAN. *El emperador Carlos V en la poesía lírica italo-castellana.* 1907.

V. *B. L. H.,* I, n.° 2.955.

543

PEREZ VIDAL, JOSE. *Endechas populares en tristrofos monorrimos. Siglos XV-XVI.* La Laguna. 1952. 55 págs.

Crítica:

a) Alonso María Rosa, en *Revista de Historia,* XVIII, La Laguna, 1952, páginas 280-82.

b) H[oyos] S[ancho], N. de, en *Revista de Dialectología,* IX, Madrid, 1953, págs. 171-72.

Ejemplares:

MADRID. *Particular de D. Rafael de Balbín.*

544

PIERCE, FRANK. *The Spanish «Religious Epic» of the Counter-Reformation: A Survey.* (En *Bulletin of Spanish Studies,* XVIII, Liverpool, 1941, págs. 174-81).

545

—— *The 'Canto épico' of the Seventeenth and Eighteenth Centuries.* (En *Hispanic Review,* XV, Filadelfia, 1947, págs. 1-48).

546

—— *Some themes and their sources in the heroic poem of the Golden Age.* (En *Hispanic Review,* XIV, Filadelfia, 1946, págs. 95-103).

547

RETORTILLO Y TORNOS, ALFONSO. *Poesía lírica española del siglo XVII. Examen crítico del gongorismo.* Madrid. Imp. Fortanet. 1890. 47 págs. 23 cm.

Ejemplares:

SANTANDER. *«Menéndez y Pelayo».* 2.534. (Dedicado).

548

REY SOTO, ANTONIO. *Escritores gallegos desconocidos. Los poetas coruñeses al comenzar el siglo XVII.* (En *Galicia, venera y venero de España.* 1949. Págs. 7 y sigs.).

V. n.° 416.

549

—— *Los poetas orensanos del siglo XVI.* (En ídem, págs. 259-71).

550

SANCHEZ Y ESCRIBANO, F. *Un ejemplo de la espinela anterior a 1571.* (En *Hispanic Review,* VIII, Filadelfia, 1940, págs. 349-51).

551

SEGURA COVARSI, ENRIQUE. *La canción petrarquista en la lírica española en el Siglo de Oro*. Madrid. Consejo Superior de Investigaciones Científicas. [Gráfs. Orbe]. 1949. 330 págs. 24,5 cm.

Crítica:

a) Correa, Gustavo, en *Comparative Literature,* IV, Eugene, 1952, páginas 283-86.

b) Frattoni, O., en *Filología,* I, Buenos Aires, 1949, págs. 196-200.

Ejemplares:

MADRID. *Ateneo*. B-8.746. *Consejo. General.*—*Consejo. Patronato «Menéndez y Pelayo»*. E-1.627.

552

SIMON DIAZ, JOSE. *Los apellidos en la poesía de los Siglos de Oro*. (En *Revista de Literatura,* I, Madrid, 1952, págs. 47-56).

Tirada aparte: Ed. de 25 ejemplares numerados. Madrid. [Uguina]. 1952. 9 págs. 24,5 cm.

553

TERRY, ARTHUR, *The continuity of Renaissance criticism: poetic theory in Spain between 1535 and 1650*. (En *Bulletin of Hispanic Studies,* XXXI, Liverpool, 1954, págs. 27-36).

554

VOSSLER, KARL. *Einführung in die spanische Dichtung des Goldenen Zeitalters*. Hamburgo. C. Behre. 1939. 113 págs. 23,5 cm. (Ibero-Amerikanisches Studien..., XII).

Crítica:

a) Atkinson, W. C., en *The Modern Language Review,* XXXV, Cambridge, 1940, pág. 137.

Ejemplares:

MADRID. *Nacional*. H.A.i.-966 (volumen XII).

555

—— *Realismus in der spanischen Dichtung der Blütezeit*. Munich. Bayerische Akademie der Wissenschaften. 1926. 22 págs. 4.°

Discurso.

Crítica:

a) Castro, Américo, en *Revista de Filología Española,* XV, Madrid, 1928, págs. 182-86.

556

—— *Realismo e religião na poesia luso-espanhola do século de oiro*. Lisboa. Academia das Ciencias de Lisboa. 1944. 30 págs.

557

ZAMORA VICENTE, ALONSO. *Observaciones sobre el sentimiento de la naturaleza en la lírica del siglo XVI*. (En *Boletín de la Universidad de Santiago,* Santiago de Compostela, 1943, n.° 41-42, páginas 55-66).

AMÉRICA

558

ESCOTO, J. A. *Albores de la poesía cubana en el siglo XVI*. (En *Revista histórica, crítica y bibliográfica de la literatura cubana,* I, Matanzas, 1916, págs. 113-36).

559

HENRIQUEZ UREÑA, PEDRO. *Apuntes sobre poetas antillanos*. (En *Archipiélago,* I, Santiago de Cuba, 1928-29, pág. 242).

Nota relativa a cuatro poetas dominicanos elogiados por Juan de Castellanos: Diego de Guzmán, su primo Juan, el canónigo Liendo y Arce de Quirós.

560

LEGUIA, JORGE GUILLERMO. *Los Poetas de la Colonia*. (En

Mercurio Peruano, VI, Lima, 1921, n.° 31, pág. 63).

561

LOHMANN VILLENA, GUILLERMO. *Romances, coplas y cantares en la conquista del Perú.* (En *Estudios dedicados a Menéndez Pidal.* Tomo I. Madrid. Consejo Superior de Investigaciones Científicas. 1950. Págs. 289-315).

Tirada aparte: Madrid. [s. i.]. 1950. 27 págs.

562

PALMA, CLEMENTE. *Don Alonso Henríquez de Guzmán y el primer poema sobre la conquista de América.* Lima. 1935. 77 págs. 8.°.

Demuestra que el primer poema sobre la conquista es el titulado *Nueva obra y breve en metro sobre la muerte del Adelantado D. Diego de Almagro,* escrita hacia 1550, que cree obra de Henríquez de Guzmán.

Crítica:

a) Rodríguez Moñino, A., en *Tierra Firme,* II, Madrid, 1936, págs. 164-66.

563

PORRAS BARRENECHEA, RAUL. *La primera copla de la Conquista.* (En *Mercurio Peruano,* XXIII, Lima, 1941, n.° 169, página 183).

564

RODRIGUEZ HAYDÉE ELSA. *Sentimental Fiction in the Spanish Colonial Epic Poems.* (En *Louisiana State University Abstracts of Theses,* Baton Rouge, 1940, página 79).

Análisis de la influencia de *La Araucana,* de Ercilla, sobre varios poetas hispanoamericanos.

565

URTEAGA, HORACIO H. *Los copleros de la Conquista.* (En *Mercurio Peruano,* VI, Lima, 1921, n.° 32, pág. 120).

TEATRO

566

ADAMS, N. B. *Siglo de Oro Plays in Madrid, 1820-1850.* (En *Hispanic Review,* IV, Filadelfia, 1936, págs. 342-57).

567

ALENDA [Y MIRA], J[ENARO]. *Catálogo de autos sacramentales, historiales y alegóricos.* 1916-23.

V. *B. L. H.,* II, n.° 219

568

ALPERN, HYMEN. *Jealousy as a dramatic Motive in the spanish. Comedia.* 1923.

V. *B. L. H.,* I, n.° 2.446.

569

ALTAMIRA, RAFAEL, *El Derecho en el teatro clásico español.* 1907.

V. *B. L. H.,* I, n.° 2.448.

570

ARTEAGA, JOAQUIN DE. *Indice Alfabético del Teatro Español.* Manuscrito.

V. *B. L. H.,* II, n.° 225.

571

ATKINSON, W. *Studies in Literary Decadence. II: La comedia de capa y espada.* (En *Bulletin of Spanish Studies,* IV, Liverpool, 1927, págs. 80-89).

572

BANCES CANDAMO, FRANCISCO. *Theatro de los theatros de los passados y presentes siglos*... 1901-2.

V. *B. L. H.,* I, n.° 2.471.

573

BARBERO, EDMUNDO. *El Teatro en el Renacimiento Español. Los Corrales.* (En *Ars,* San Salvador, 1952, n.° 2, págs. 23-24).

574

BARRERA Y LEIRADO, CAYETANO ALBERTO DE LA. *Catálogo bibliográfico del teatro antiguo español*... 1860.

V. *B. L. H.,* II, n.° 229.

575

BARRETT, L. L. *The Supernatural in the Spanish Non-Religious Comedia of the Golden Age.* Nueva York. Wilson. 1938. 95 págs.

576

BATAILLON, M. *Essai d'une explication de l'«auto sacramental».* 1940.

V. *B. L. H.,* I, n.° 2.485.

577

BERGAMIN, JOSE. *Mangas y capirotes.* (*España en su laberinto teatral del XVII*). [Madrid. Edit. Plutarco]. [1933]. 223 págs. + 3 hs. 19 cm.

Sobre la comedia de capa y espada.

Ejemplares:

MADRID. *Nacional.* 2-93.400.

578
——. ——— Buenos Aires. Edit. Argos. 1950. 189 págs. (Colección Los Pensadores).

579
—— *Las raíces poéticas elementales del «Teatro independiente español y revolucionario del siglo XVII».* (En *Boletín de la Biblioteca Menéndez Pelayo,* XIII, Santander, 1931, págs. 223-60).

580
BESSO, HENRY V. *Dramatic Literature of the Spanish and Portuguese Jews of Amsterdam in the XVIIth and XVIIIth centuries.* (En *Bulletin Hispanique,* XXXIX, Burdeos, 1937, págs. 215-38).

581
BRAVO - VILLASANTE, CARMEN. *La realidad de la ficción, negada por el gracioso.* (En *Revista de Filología Española,* XXVIII, Madrid, 1944, págs. 264-68).

582
BUCHANAN, WILTON A. *Short Stories and Anecdotes in Spanish Plays.* (En *The Modern Language Review,* IV, Cambridge, 1909, páginas 177-84; V, 1910, págs. 77-89).

Tiradas aparte: Cambridge. University Press. [s. a.]. Págs. 177-84 y 77-89, respectivamente. 23 cm.

Trata de los *ejemplos, historias, consejos, fábulas,* etc., que con tanta frecuencia aparecen intercalados en las obras dramáticas del siglo XVII, especialmente en las de Lope y Calderón.

Ejemplares:

SANTANDER. «*Menéndez y Pelayo*». 22.705 y 4.368.

583
CAMPOS, JORGE. *Hernán Cortés en la dramática española.* (En *Revista de Indias,* IX, Madrid, 1948, págs. 171-97).

584
CAÑETE, MANUEL. *Sobre el drama religioso español antes y después de Lope de Vega.* 1870.

V. *B .L. H.,* I, n.° 2.544.

585
CASALDUERO, J. *Parodia de una cuestión de amor y queja de las fregonas.* (En *Revista de Filología Española,* XIX, Madrid, 1932, páginas 181-87).

586
CASTRO, A. *Algunas observaciones acerca del concepto del honor en los siglos XVI y XVII.* (En *Revista de Filología Española,* III, Madrid, 1916, págs. 1-50, 357-86).

587
—— *Noruega, símbolo de la obscuridad.* (En idem, VI, 1919, páginas 184-86).

Ejemplares:

Ejemplos tomados de obras de Vélez de Guevara y Rojas Zorrilla. (V. *B. L. H.,* I, n.° 2.526).

588
—— *Sobre el teatro clásico español.* (En *Nosotros,* XLIV, Buenos Aires, 1923, págs. 549-59).

589
CATALOGO de Comedias de los mejores ingenios de España.

Manuscrito de 1681.

V. *B. L. H.,* II, n.° 240.

590
CERIELLO, G. R. *Comedias de Santos a Napoli, nel 600. Con documenti inediti.* (En *Bulletin Hispanique,* XXII, Burdeos, 1920, páginas 77-100).

591

CLAVERIA, CARLOS M. y MIGUEL BATLLORI. *Una colección de ediciones de teatro antiguo español en la Biblioteca Provincial y Universitaria de Barcelona.* 1928.

V. *B. L. H.*, II, n.º 243.

592

CORRALES EGEA, J. *Relaciones entre el Auto Sacramental y la Contrarreforma.* (En *Revista de Ideas Estéticas*, III, Madrid, 1945, págs. 511-14).

593

COTARELO Y MORI, EMILIO. *Teatro español anterior a Lope de Vega. Catálogo de obras dramáticas impresas pero no conocidas hasta el presente. Con un apéndice sobre algunas piezas raras o no conocidas de los antiguos teatros francés e italiano.* Madrid. Imp. de F. Marqués. 1902. 46 págs. 18 cm.

Papeletas procedentes en su mayoría del *Registrum* que D. Fernando Colón hizo de su biblioteca, a principios del siglo XVI.

Ejemplares:

MADRID. *Nacional.* V-239-31.

594

—— *Bibliografía de las controversias sobre la licitud del Teatro en España...* 1904.

V. *B. L. H.*, II, n.º 246.

595

—— *Las comedias en los conventos de Madrid.* (En *Revista de la Biblioteca, Archivo y Museo*, II, Madrid, 1925, págs. 461-70).

596

CRAWFORD, J. P. W. *The Braggart Soldier and the Rufián in the Spanish Drama of the Sixteenth Century.* (En *The Romanic Review*, II, Nueva York, 1911, páginas 186-208).

597

—— *The Pastor and Bobo in the Spanish Religious Drama of the Sixteenth Century.* (En ídem, páginas 376-401).

598

CRUZADA VILLAAMIL, G. *Teatro antiguo español. Datos inéditos que dan a conocer la cronología de las comedias representadas en el reinado de Felipe IV, en los Sitios Reales, en el Alcázar de Madrid, Buen Retiro y otras partes, sacados de los libros de gastos y cuadernos de nóminas de aquella época que se conservan en el Archivo del Palacio de Madrid.* (En *El Averigüador*, I, Madrid, 1871, páginas 7-11, 25-27, 73-75, 106-8, 123-25, 170-72 y 201-2).

599

CHASLES, PHILARETE. *Études sur le drame espagnol.* 1947.

V. *B. L. H.*, I, n.º 2.603.

600

DALE, GEORGE I. *The Religious Element in the «Comedias de moros y cristianos» of the Golden Age.* (En *Washington University Studies. Humanistic Series*, VII, St. Louis, 1919, págs. 31-45).

Crítica:

a) Hendrix, W. S., en *Modern Philology*, XVII, Chicago, 1920, páginas 667-68.

601

—— *Games and Social Pastimes in the Spanish Drama of the Golden Age.* (En *Hispanic Review*, VIII, Filadelfia, 1940, págs. 219-41).

602

DELANO, LUCILE K. *The «Gracioso» continues to ridicule the Sonnet.* (En *Hispania,* XVIII, Stanford, 1935, págs. 383-400).

603

—— *The Sonnet in the Golden Age Drama of Spain.* (En *Hispania,* XI, Stanford, 1928, págs. 25-28).

604

DIAZ DE ESCOBAR, NARCISO. *El teatro en Málaga. Apuntes históricos de los siglos XVI, XVII y XVIII.* Málaga. Tip. de El Diario de Málaga. 1896. 116 + 3 páginas. 20,5 cm.

Ejemplares:

MADRID. *Nacional.* 1-19.535.—MALAGA. *Sociedad Económica.*

605

—— *Anales del Teatro español anterior al año 1550.* Madrid. Imp. Helénica. 1910. 35 págs. 23 cm.

Ejemplares:

MADRID: *Consejo. Patronato «Menéndez y Pelayo».* F-250.

606

DIAZ DE ESCOVAR, NARCISO. *Anales de la escena española.* 1909-13.

V. *B. L. H.,* II, n.º 219.

607

—— *Anales del teatro español correspondientes a los años 1581 a 1625.* 1913.

V. *B. L. H.,* I, n.º 2.613.

608

—— *Anales del teatro español (1681-1700).* 1915-19.

V. *B. L. H.,* I, n.º 2.615.

609

DIAZ Y PEREZ, NICOLAS. *El teatro español en los tiempos antiguos.* 1890.

V. *B. L. H.,* I, n.º 2.620.

610

D[URAN], A[GUSTIN]. *Discurso sobre el influjo que ha tenido la crítica moderna en la decadencia del teatro antiguo español y sobre el modo como debe ser considerado para juzgar de su mérito peculiar.* 1828.

V. *B. L. H.,* I, n.º 2.631.

611

—— [*Catálogos de comedias españolas*].

V. *B. L. H.,* II, n.º 255-60.

612

EGUIA RUIZ, CONSTANCIO. *El sentido español en nuestro teatro antiguo.* (En *Razón y Fe,* LXXIII, Madrid, 1925, págs. 543-52).

613

ENTWISTLE, W. J. *Honra y duelo.* (En *Romanistisches Jahrbuch,* III, Hamburgo, 1950, págs. 404-20).

Sobre el *duelo,* sinónimo de *honra,* en el teatro clásico, especialmente en Calderón.

614

FALCONIERI, JOHN VINCENT. *A History of Italian Comedians in Spain: A Chapter of the Spanish Renaissance.* (En *Dissertation Abstracts,* XII, 186).

615

FLORES GARCIA, FRANCISCO. *La corte del Rey-poeta.* (*Recuerdos del Siglo de Oro*). [Madrid]. Ruiz hermanos, ed. [Imp. Española]. [s. a., pero 1916]. 252 págs. 18,5 cm.

«En este trabajo no se persigue otra finalidad que la de dar una idea aproximada de la España literaria de aquella época con relación al arte teatral.»

Ejemplares:

MADRID. *Nacional.* 1-71.058.

616

FRADEJAS LEBRERO, JOSE. *Compañía de partes.* (En *Cuadernos de Literatura,* I, Madrid, 1947, págs. 465-69).

617

FUSTER FORTEZA, GABRIEL. *Ensayo sobre la Farmacia a través de las obras de los clásicos teatrales españoles de los siglos XV, XVI y XVII.* (En *Anales de la R. Academia de Farmacia,* XV, Madrid, 1949, págs. 129 y sigs.).

618

GALLEGOS ROCAFULL, J. M. *Los designios de Dios vistos a través de «El condenado por desconfiado» y otras comedias españolas.* Méjico. 1945. 267 págs.

619

[GAMEZ, JOSE DE. *Indice de Comedias*].

Manuscrito.

V. *B. L. H.,* II, n.º 263.

620

GARCIA CHICO, E. *Documentos referentes al Teatro en los siglos XVI y XVII.* (En *Castilla,* Valladolid, 1940-41, págs. 339-64).

621

GARCIA RAMILA, ISMAEL. *Breves notas sobre la historia del teatro burgalés en el transcurso de los siglos XVI a XVIII.* (En *Boletín de la R. Academia de la Historia,* CXXVIII, Madrid, 1951, páginas 389-423).

622

GARCIA SORIANO, JUSTO. *El Teatro de Colegio en España...* 1927.

V. *B. L. H.,* I, n.º 2.695.

623

—— *El teatro universitario y humanístico en España...* 1945.

V. *B. L. H.,* I, n.º 2.696.

624

GILLET, J. E. *Notes on the language of the rustics in the drama of the sixteenth-century.* (En *Homenaje a Menéndez Pidal.* Tomo I. Madrid. 1925. Págs. 443-53).

625

G[ONZALEZ] DE AMEZÚA, A. *Unas notas sobre la Calderona.* (En *Estudios hispánicos. Homenaje a A. M. Huntington.* Wellesley. 1952. Págs. 15-37).

626

GUERRIERI CROCETTI, CAMILLO. *Juan de la Cueva e le origini del teatro nazionale spagnuolo.* [Turin. G. Gambino. Genova.-Caimo e C.]. 1936. 221 páginas + 1 h. 24,5 cm.

Ejemplares:

MADRID. *Nacional.* 1-102.711.

627

HAEMEL, ADALBERT. *Der Cid im Spanischen drama des XVI und XVII. Jahrhunderts.* Halle. [Ehrhardt. Karras]. 1910. X + 169 págs. 24 cm.

Ejemplares:

MADRID. *Academia Española.* 19-VI-6. *Nacional.* 2-87.108.—SANTANDER. *«Menéndez y Pelayo».* 1.085. (Dedicado).

628

HENDRIX, WILLIAM S. *Some Native Comic Types in the Early Spanish Drama.* (En *Ohio State*

University Contributions in Language and Literature, I, Columbus, 1925, págs. 1-115).

Crítica:

a) Crawford, J. P. W., en *Modern Philology,* XXIII, Chicago, 1925, páginas 251-52.

629

HERRAN, FERMIN. *Apuntes para una historia del Teatro antiguo español. Dramáticos de segundo orden.* Madrid. Imp. de La Ilustración. 1887. 2 hs. + IX + 270 págs. 19 cm.

Trata de Antonio Enríquez Gómez, Luis Belmonte Bermúdez y J. Matos Fragoso.

Ejemplares:

MADRID. *Academia Española.* 38-7-29.—SANTANDER. *«Menéndez y Pelayo».* 4.797. (Dedicado).

630

HERRERO [GARCIA], MIGUEL. *Ideas estéticas del teatro clásico español.* (En *Revista de Ideas Estéticas,* Madrid, 1944, n.º 5, páginas 79-110).

Hay tirada aparte.

631

—— *Génesis de la figura del donaire.* (En *Revista de Filología Española,* XXV, Madrid, 1941, páginas 46-78).

632

HERRICK, MARVIN T. *Comic theory in the Sixteenth century.* Urbana. The University of Illinois Press. 1950. VIII + 248 páginas. 25 cm.

Págs. 240-44: Bibliography.

Ejemplares:

MADRID. *Consejo. Patronato «Menéndez y Pelayo».* N-6-136.

633

INDICE general alfabético de todos los títulos de Comedias... 1735.

V. *B. L. H.,* II, n.º 274-75.

634

IZQUIERDO Y MARTINEZ, JOSE MARIA. *El Derecho en el teatro español. Apuntes para una antología jurídica de las comedias del Siglo de Oro...* 1914.

V. *B. L. H.,* I, n.º 2.769.

635

JACK WILLIAM SHAFFER. *The early Entremés in Spain: the Rise of a Dramatic Form.* 1923.

V. *B. L. H.,* I, n.º 2.771.

636

JOHNSON, HARVEY L. *Noticias dadas por Tomás Gage a propósito del Teatro en España, México y Guatemala, 1624-1637.* (En *Revista Iberoamericana,* VII, Méjico, 1945, págs. 257-73).

637

JULIÁ MARTINEZ, EDUARDO. *El Teatro en Valencia de 1630 a 1640.* (En *Boletín de la R. Academia Española,* II, Madrid, 1915, págs. 527-47).

638

—— *Nuevos datos sobre la casa de la Olivera de Valencia.* (En *Boletín de la Real Academia Española,* XXX, Madrid, 1950, págs. 47-85).

Era teatro en el XVII.

639

—— *Nuevas notas sobre el teatro en Valencia en el siglo XVII.* (En *Colección de estudios históricos, jurídicos, pedagógicos y literarios... Monografías... ofrecidas a D. Ra-*

fael Altamira y Crevea. Madrid. 1936. Págs. 326-39).

Noticias sobre Jacinto Alonso Maluenda.

Ejemplares:

MADRID. *Nacional.* 2-30.441.

640

—— *La literatura dramática en el siglo XVI.* (En *Historia general de las Literaturas Hispánicas.* Tomo III. 1953. Págs. 107-213).

641

KELLER, JOHN E. *A Tentative Classification for Themes in the Comedia.* (En *Bulletin of the Comediantes,* V, Madison, 1953, páginas 17-23).

642

—— *Present Status of Motif Classification.* (En ídem, VI, 1954, páginas 12-14).

643

LATORRE Y BADILLO, MANUEL. *Representación de los Autos Sacramentales en el período de su mayor florecimiento (1620 á 1681).* (En *Revista de Archivos, Bibliotecas y Museos,* XXV, Madrid, 1911, págs. 189-211, 342-67; XXVI, 1912, págs. 72-89, 236-62).

644

LEAVITT, STURGIS E. *Notes on the Gracioso as a Dramatic Critic.* (En *Studies in Philology,* XXVIII, Chapel Hill, 1931, páginas 315-18).

645

—— *The Popular Appeal of Golden Age Drama in Spain.* (En *University of North Carolina Extension Bulletin,* XXVIII, 1949, n.º 3, págs. 7-15).

Crítica:

a) Wade, G. E., en *Filología,* I. Buenos Aires. 1949, págs. 207-8.

646

—— *Some Aspects of the Grotesque in the Drama of the Siglo de Oro.* (En *Hispania,* XVIII, Stanford, 1935, págs. 77-86).

647

LOHMANN VILLENA, GUILLERMO. *Francisco Pizarro en el teatro clásico español.* (En *Mercurio Peruano,* XXIII, Lima, 1941, n.º 175, pág. 549).

648

——. —— (En *Arbor,* V, Madrid, 1946, págs. 425-34).

649

LOVETT, GABRIEL H. *The hermit in the Spanish drama before Lope de Vega.* (En *The Modern Language Journal,* XXXV, Menasha, 1951, págs. 340-55).

650

MARISCAL DE GANTE, JAIME. *Los Autos Sacramentales desde sus orígenes hasta mediados del siglo XVIII. Estudio crítico y bibliográfico de nuestro teatro sacramental en sus relaciones con las costumbres, la literatura dramática y la lírica y las ciencias teofilosóficas.* Madrid. Renacimiento. 1911. 425 págs. 20 cm.

Ejemplares:

MADRID. *Consejo. Patronato «Menéndez y Pelayo».* 7-704.

651

MARTINEZ MINGUEZ, BERNARDINO. *Los Autos sacramentales en la fiesta del Santísimo Corpus Christi en Carrión de los Condes. Siglos XVI y XVII.* (En

La Ilustración Española y Americana, año 48, Madrid, primer semestre de 1904, págs. 338-39).

652

MATULKA, BARBARA. *The Feminist Theme in the Drama of the Siglo de Oro.* (En *The Romanic Review,* XLVI, Nueva York, 1935, págs. 191-231).

653

MEDINA, J[OSE] T[ORIBIO]. *La Historia de América, fuente del antiguo Teatro español.* (En *Dos Comedias Famosas y Un Auto Sacramental basados... en la Araucana...* Santiago. Imp. Barcelona. 1917. 149 págs).

Se publicó también el mismo año en los *Anales de la Universidad de Chile.*

Ejemplares:

MADRID. *Nacional.* T-22.932.

654

MEIER, HARRI. *A honra no drama românico dos séculos XVI e XVII.* (En sus *Ensaios de Filologia românica.* Lisboa. Revista de Portugal. [Imperio]. [1948]. Páginas 227-51).

Crítica:

a) Sobejano, G., en *Revista de Filología Española,* XXXV, Madrid, 1951, págs. 354-58.

Ejemplares:

MADRID. *Nacional.* 1-106.205.

655

MENENDEZ PIDAL, RAMON. *Del honor en nuestro teatro clásico.* (En *Homenatge a A. Rubió i Lluch.* Tomo I. Barcelona. 1936. Págs. 537-43).

656

—— *Del honor en el teatro español.* (En *De Cervantes y Lope.* 2.ª ed. 1940. Págs. 139-66).

657

MEREDITH, JOSEPH A. *Introito and Loa in the Spanish Drama of the sixteenth century.* Filadelfia. University of Pennsylvania. 1928 134 págs. + 1 h. 4.° (Series in Romanic Languages and Literatures, XVI).

Crítica:

a) Cirot, G., en *Bulletin Hispanique,* XXXIII, Burdeos, 1931, págs. 60-62.

Ejemplares:

MADRID. *Nacional.* 1-7.086.

658

MERIMEE, HENRI. *Spectacles et comédiens à Valencia (1580-1630).* Toulouse. Imp. E. Privat. 1913. 267 págs. 22 cm.

Ejemplares:

MADRID. *Nacional.* 2-74.147.

659

MESONERO ROMANOS, RAMON DE. [*Catálogos cronológicos de autores y alfabéticos de obras dramáticas del Siglo de Oro*].

V. *B. L. H.,* II, n.° 280-82.

660

MILEGO, JULIO. *El Teatro en Toledo durante los siglos XVI y XVII.* Valencia. M. Pau. 1909. 200 págs. + 1 h. 19 cm.

Ejemplares:

SANTANDER. «*Menéndez y Pelayo*». 1.312.

661

MIRANDA, LEONOR DE. *De Lope a Calderón. Etica y estética en el Teatro del Siglo de Oro.* (En *Cuadernos de Literatura,* II, Madrid, 1947, págs. 215-48).

662

MOREDITH, J. A. *Introito and Loa in the Spanish Drama.* 1928.

V. *B. .L H.,* I, n.° 2.905.

663

MOREL-FATIO, ALFRED. *La comedie espagnole du XVIIe siècle.* París. F. Vieweg [Chartres. Imp. Furand]. 1885. 40 págs. 23 cm.

Ejemplares:

MADRID. *Consejo. Patronato «Menéndez y Pelayo».* F - 37. — SANTANDER. *«Menéndez y Pelayo».* 4.160.—SAN SEBASTIAN. *Municipal.* Mandas.

664

——. ——— 2.ª edición revisada. París. Champion. 1923. 71 páginas 8.°

Crítica:

a) Entwistle, W. J., en *The Modern Languaje Review,* XX, Cambridge, 1925, págs. 222-24.
b) Thomas, L.-P., en *Revue Belgue de Philologie et d'Histoire,* IV, Bruselas, 1925, págs. 737-38.

665

MORLEY, S. G. *Studies in spanish versification of the 'Siglo de Oro'. Alarcon and Moreto.* Berkeley. University of California Press. 1918. 173 págs. 25 cm.

Crítica:

a) E. M., en *Bulletin Hispanique,* XXI, Burdeos, 1919, págs. 167-72.

Ejemplares:

MADRID. *Consejo. Patronato «Menéndez y Pelayo».* F-2.023.

666

—— *Objective Criteria for Judging Authorship and Chronology in the «Comedia».* (En *Hispanic Review,* V, Filadelfia, 1937, páginas 281-82).

667

—— *The curious phenomenon of Spanish verse drama.* (En *Bulletin Hispanique,* L, Burdeos, 1948, páginas 443-62).

668

NAVARRO CASTELLANOS, GONZALO. *Discvrsos políticos, y morales en cartas apologéticas, contra los qve defienden el vso de las Comedias Modernas que se Representan en España, en comparacion del Teatro antiguo y fauorecen nuestros desordenes, desacreditando las virtudes de algunos Filosofos de los mas principales. Primera, y segunda parte. Obra posthvma...* Madrid. Imp. Real. 1684. 8 hs. + 160 págs. + 4 hs. 19 cm.

Ejemplares:

MADRID. *Nacional.* R-12.316.—SANTANDER. *«Menéndez y Pelayo».* R-VIII-2-20.

669

NEMTZOV, SARAH. *El estudiante en la comedia del Siglo de Oro.* (En *The Modern Language Forum,* XXXI, Los Angeles, 1946, páginas 60-81).

670

NIETO MOLINA, FRANCISCO. *Colección de títulos de Comedias...*

Manuscrito.

V. *B. L. H.,* II, n.° 286.

671

PARKER, A. A. *Santos y bandoleros en el teatro español del Siglo de Oro.* (En *Arbor,* XIII, Madrid, 1949, págs. 395-416).

672

PELLICER, CASIANO. *Tratado histórico sobre el origen y progreso de la comedia y del histrionismo en España...* 1804.

V. *B. L. H.,* I, n.° 2.942.

673

PEREZ BUSTAMANTE, CIRIACO. *Excesos histriónicos en 1600.*

(En *Correo Erudito*, I, Madrid, 1940, pág. 51).

674

PEREZ DE GUZMAN, L. *Algunas noticias desconocidas sobre el teatro de los Caños del Peral.* (En *Revista de Archivos, Bibliotecas y Museos*, XLVII, Madrid, 1926, páginas 87-92).

675

PEREZ DE MONTALBAN, JUAN. *Memoria de los que escriven Comedias en Castilla solamente.* (En *Para Todos*... Huesca. 1633. 2.ª parte. Fols. 16*r*-18*r*).

Ejemplares:

MADRID. *Nacional.* R-5.286.

676

PIDAL, PEDRO JOSE. *El teatro antiguo español y la crítica.* 1800.

V. *B. L. H.*, I, n.º 2.961.

677

PRAAG, J. A. VAN. *La Comedia espagnole aux Pays Bas au XVIIe et au XVIIIe siècle.* Amsterdam. H. J. Paris, ed. [s. a.]. 3 hs. + 292 págs. 17,5 cm.

Bibliographie. (Págs. 264-73).

Ejemplares:

MADRID. *Nacional.* 4-28.697.

678

REICHENBERGER, ARNOLD G. *About Themes, Motifs, and an Index.* (En *Bulletin of the Comediantes*, VI, Madison, 1954, págs. 9-11).

679

RESTORI, ANTONIO. *Piezas de titulos de comedias, Saggi e documenti inediti o rari del Teatro spagnuolo dei secoli XVII e XVIII.* Messina. V. Muglia. 1903. 283 páginas + 1 h. 19 cm.

Crítica:

a) Farinelli, A., en *Archiv für das Studium der neueren Sprachen*, CXIII, Braunschweig, 1904, pág. 233.

b) S[errano] y S[anz], M., en *Revista de Archivos, Bibliotecas y Museos*, IX, Madrid, 1903, pág. 68.

Ejemplares:

SANTANDER. «*Menéndez y Pelayo*»: 7.034. (Dedicado).

680

—— *Genova nel teatro classico di Spagna.* 1912.

V. *B. L. H.*, I, n.º 2.981.

681

—— *Ancora di Genova nel teatro classico di Spagna.* 1913.

V. *B. L. H.*, I, n.º 2.979.

682

RICHTHOFEN, ERICH V. *Der gegensätzliche parallelismus westromanischer dramentechnik.* (En *Estudios dedicados a Menéndez Pidal.* Tomo IV. 1953. Págs. 509-34).

683

ROATEN, DARNELL HIGGINS y F. SANCHEZ Y ESCRIBANO. *Wölfflin's principles in Spanish drama: 1500-1700.* Nueva York. Hispanic Institute in the United States. 1952. IX + 200 págs. con ilustr. 22 cm.

Ejemplares:

WASHINGTON. *Congreso.* 52-3195.

684

ROBERTSON, JOHN CLIFFORD. *Una comparación del parásito latino con el gracioso español.* (En *Southern Methodist University Abstracts of Masters' Theses*, Dallas, 1936, n.º 3, pág. 98).

685

ROMERA-NAVARRO, MIGUEL. *Las disfrazadas de varón en la comedia.* (En *Hispanic Review*, II, Filadelfia, 1934, págs. 269-86).

686

SAINZ DE ROBLES, FEDERICO CARLOS. *El ciclo dramático de Lope de Vega.* (En *Historia general de las Literaturas Hispánicas.* Tomo III. 1953. Págs. 264-95).

687

—— *Rojas Zorrilla, Moreto, Cubillo y otros dramáticos del «ciclo de Calderón».* (En *Historia general de las Literaturas Hispánicas.* Tomo III. 1953. Págs. 467-96).

688

SANABRIA, EDGARD. *Los Autos Sacramentales.* (En *Boletín de la Academia Venezolana,* año X, Caracas, 1943, n.º 37-38, págs. 54-68).

Disertación.

689

SANCHEZ-ARJONA, JOSE. *El Teatro en Sevilla en los siglos XVI y XVII.* (*Estudios históricos*). Madrid. A. Alonso. 1887. 319 págs. 19 cm.

Ejemplares:

MADRID. *Nacional.* T-5.992.—SANTANDER. *«Menéndez y Pelayo».* 1.311.

690

—— *Noticias referentes a los anales del Teatro en Sevilla desde Lope de Rueda hasta fines del siglo XVII.* Sevilla. E. Rasco. 1898. 529 págs. 21 cm.

Ejemplares:

MADRID. *Nacional.* T-9.797.—SANTANDER. *«Menéndez y Pelayo».* 1.077. (Dedicado).

691

SCHAFFER, ADOLF. *Geschichte des spanischen nationaldramas.* Leipzig. Brockhaus. 1890. 2 vols. 22 cm.

I. Período de Lope de Vega.

II. Período de Calderón.

Ejemplares:

MADRID. *Consejo. Patronato «Menéndez y Pelayo».* 5-441/42. *Nacional.* T-154.712. — SANTANDER. *«Menéndez y Pelayo».* 3.077/78.

692

SCHLEGEL, H. *El problema de la traducción de los clásicos del teatro español.* (En *Ensayos y Estudios,* II, Berlín, 1940, páginas 24-45).

693

SCHMIDT, EXPEDITUS. *El Auto Sacramental y su importancia en el arte escénico de la época.* Madrid. [Imp. Blass]. 1930. 20 págs. 24 cm. (Conferencias dadas en el Centro de Intercambio Intelectual Germano-Español, XXV).

Ejemplares:

MADRID. *Consejo. Patronato «Menéndez y Pelayo».* 4-917. *Nacional.* V-1.997-21.

694

SCHMIDT, LEOPOLD. *Ueber die vier bedeutendsten Dramatiker der Spanier, Lope de Vega, Tirso de Molina, Alarcon und Calderon.* Bonn. Adolph Marcus. 1858. 24 págs. 19,5 cm.

Ejemplares:

MADRID. *Nacional.* V-1.046-7.

695

SHOEMAKER, W. H. *Windows on the Spanish Stage in the Sixteenth Century.* (En *Hispanic Review,* II, Filadelfia, 1934, páginas 303-18).

696

—— *The multiple stage in Spain during the fifteenth and sixteenth Centuries.* Princeton. University Press. 1935. XII + 152 páginas. 23 cm.

Ejemplares:

MADRID. *Consejo. Patronato «Menéndez y Pelayo»*. 6-1.850.

697

SEPULVEDA, RICARDO. *El Corral de la Pacheca. (Apuntes para la historia del Teatro Español). Prólogo de Julio Monreal.* Madrid. [Sucs. de Rivadeneyra]. 1888. XXII+667 págs. con ilustr. 18 cm.

Ejemplares:

MADRID. *Nacional.* 1-91.324.

698

SIMON DIAZ, JOSE. *Precio de las localidades en los teatros de Madrid en 1629.* (En *Aportación documental para la erudición española. Segunda serie.* Madrid. Consejo Superior de Investigaciones Científicas. 1947. Págs. 1-2).

699

SLOMAN, A. E. *The Phonology of Moorish Jargon in the Works of Early Spanish Dramatic.* (En *The Modern Language Review,* XLIV, Cambridge, 1949, págs. 207-17).

700

SOLA, VICTOR MARIA DE. *Marte visto por Talía. (Los tercios inmortales en el Teatro del Siglo de Oro). Conferencia...* León. Imp. Católica. [s. a.: 1950]. 14 páginas. 26,5 cm.

Ejemplares:

MADRID. *Instituto de Cultura Hispánica.*

701

SORRENTO, L. *I «Trionfi» del Petrarca «a lo divino» e l'allegoria religiosa negli «Autos»* (En *Estudios eruditos in memoriam de A. Bonilla y San Martín.* Tomo II. 1930. Págs. 397-436).

Crítica:

a) Montagna, G., en *Leonardo,* III, Roma, 1932, págs. 352-53).

702

TEMPLIN, ERNEST H. *The Carolingian Tradition in the Spanish Drama of the Golden Age, Excluding Lope de Vega.* (En *Stanford University Abstracts of Dissertations,* II, Stanford, 1928, págs. 135-38).

703

—— *The exculpation of 'Yerros por amores' in the Spanish Comedia.* (En *Publications of the University of Californiana at Los Angeles in Languages and Literature,* I, Berkeley, 1933, n.º 1, págs. 1-50).

Tirada aparte: Berkeley. University of California Press. 1933. 2 hs. + 49 páginas. 24 cm.

Ejemplares:

MADRID. *Consejo. General.—Nacional.* V-1.445-11.

704

TREND, J. B. *Escenografía madrileña en el siglo XVII.* (En *Revista de la Biblioteca, Archivo y Museo,* III, Madrid, 1926, páginas 269-81).

Grabado que ilustra un relato del viaje del Príncipe de Gales, luego Carlos I de Inglaterra, a Madrid y en que aparece una escena de una comedia representada en su honor en 1623. Inserta una reproducción del grabado.

705

WARDROPPER, BRUCE W. *Introducción al teatro religioso del Siglo de Oro (La evolución del Auto Sacramental: 1500-1648).* Madrid. Revista de Occidente. [Imp. Vda. de Galo Sáez]. [1953]. 329 págs. 18,5 cm.

706

WEBBER, EDWIN J. *'Arte Mayor' in the Early Spanish Drama.* (En *Romance Philology,* V, Berkeley, 1951, págs. 49-51).

707

WHITEHOUSE, VICTOR. *The Theory of the Divine Right of Kings in the Spanish Drama of the Golden Age.* (En *Harvard University Summaries of Ph. D. Theses (1929),* Cambridge, 1931, páginas 192-94).

708

WILLIAMS, RONALD B. *The Stating of Plays in the Spanish Peninsula Prior to 1555.* Iowa City. 1935. 142 p6gs. (State University of Iowa Studies in Spanish Language and Literature, V).

709

YAÑEZ FAJARDO Y MONROY, JUAN ISIDRO. *Titulos de todas las comedias que en verso español y portugués se han impreso hasta el año de 1716.*

V. *B. L. H.,* II, n.° 307.

Actores

710

COTARELO Y MORI, EMILIO. *Actores famosos del siglo XVII. Sebastián de Prado y su mujer Bernarda Ramírez.* (En *Boletín de la R. Academia Española,* II, Madrid, 1915, págs. 251-93, 425-57, 583-621; III, 1916, págs. 3-38, 151-85).

Tirada aparte: Madrid. Imp. de la Revista de Archivos. 1916. 182 páginas. 4.°

711

—— *Actores famosos del siglo XVII: María de Córdoba, «Amarilis», y su marido Andrés de la Vega.* (En *Revista de la Biblioteca, Archivo y Museo,* X, Madrid 1933, págs. 1-33).

712

CROCE, BENEDETTO. *Comici spagnuoli in Italia nel Seicento.* (En *Aneddoti di varia letteratura.* Tomo I. Nápoles. 1942. Págs. 423-26).

Estancia de la compañía de Roque de Figueroa en Nápoles en 1636-37 e incidentes provocados por algunos de sus actores.

Ejemplares:

MADRID. *Nacional.* 1-95.748.

713

DIAZ DE ESCOVAR, NARCISO. *Recuerdos del teatro antiguo. Juan de Barrionuevo Moya.* (En *Don Lope de Sosa,* IV, Jaén, 1916, páginas 302-3).

714

—— *Siluetas escénicas del pasado: actrices españolas del siglo XVI.* (En *Revista Contemporánea,* CXXIV, Madrid, 1902, págs. 729-36).

715

—— *Antiguos comediantes españoles. Cristóbal Ortiz de Villazán.* (En *Boletín de la R. Academia de la Historia,* LXXXVI, Madrid, 1925, págs. 252-59).

716

—— *Comediantes del siglo XVII. Baltasar de Pinedo.* (En ídem, XCII, 1928, págs. 162-74).

717

—— *Comediantes de otros siglos.* (En ídem, CI, 1932, págs. 149-83).

718

—— *Comediantes de otros siglos. Fernán Sánchez de Vargas.* (En ídem, CV, 1934, págs. 485-514).

719

—— *Los primitivos comediantes españoles. Antonio Granados. Notas para su biografía.* (En *La Alhambra,* XVIII, Granada, 1915, páginas 250-54, 275-79).

720

—— *La bella Amarilis. Estudio biográfico de la eminente comedianta María de Córdoba.* (En *La Alhambra,* XIX, Granada, 1916, págs. 532-35, 555-58; XX, 1917, págs. 4-7, 28-31, 51-54, 78-81, 100-3, 125-29).

721

—— *Una comedianta del siglo XVII natural de Ubeda.* (En *Don Lope de Sosa,* IV, Jaén, 1916, páginas 246-48).

722

—— *Otro cómico de Jaén: Bartolomé de Mendoza.* (En *Don Lope de Sosa,* VIII, Jaén, 1920, páginas 119-20).

723

«GENEALOGIA, origen y noticias de los Comediantes de España.»

Manuscrito de principios del s. XVII. V. *B. L. H.,* I, n.º 2.707.

724

HOPPE, HARRY R. *Spanish Actors at the Court in Brussels 1614-1618, Including Francisco Lopez, Autor.* (En *Bulletin of the Comediantes,* V, Wisconsin, 1953, páginas 1-3).

725

PEREZ PASTOR, CRISTOBAL. *Nuevos datos acerca del histrionismo español en los siglos XVI y XVII.* Madrid. [s. i.]. 1901. 8.º

Crítica:

a) Morel-Fatio, A., en *Bulletin Hispanique,* IV, Burdeos, 1902, pág. 168.

726

——. —— *(Segunda serie).* (En *Bulletin Hispanique,* VIII, Burdeos, 1906, págs. 71-78, 148-53- 363-73; IX, 1907, págs. 360-85; X, 1908, págs. 243-58; XII, 1910, páginas 303-16; XIII, 1911, págs. 47-60, 306-15; XIV, 1912, págs. 300-17, 408-32; XV, 1913, págs. 300-5, 428-44; XVI, 1914, págs. 209-24, 458-87. Indice onomástico, por G. Cirot: XVII, 1915, págs. 36-53).

Tirada aparte: Burdeos. Feret. 1914. XXIV + 219 págs.

Crítica:

a) Gómez Ocerín, J., en *Revista de Filología Española,* II, Madrid, 1915, págs. 301-27 y 409-10.

727

RENNERT, HUGO ALBERT. *Spanish actors and actresses between 1560-1680.* (En *Revue Hispanique,* XVI, Nueva York-París, 1907, págs. 334-538).

728

—— *The spanish stage in the time of Lope de Vega.* Nueva York. [The Hispanic Society of America. De Vinne Press]. 1909. XV + 635 págs. 22 cm.

Págs. 407-635: *List of Spanish Actors and Actresses, 1560-1680.*

Ejemplares:

MADRID. *Nacional.* 2-76.019.

729

RODRIGUEZ MARIN, FRANCISCO. *Nuevas aportaciones para*

la historia del histrionismo español en los siglos XVI y XVII. (En *Boletín de la R. Academia Española,* I, Madrid, 1914, págs. 60-66, 171-82, 321-49).

AMÉRICA

730

BAYLE, CONSTANTINO. *Notas acerca del teatro religioso en la América colonial.* (En *Razón y Fe,* CXXXV, Madrid, 1947, págs. 220-34).

731

BULLINGER, REX EDWARD. *Los orígenes del teatro español y sus primeras manifestaciones en la Nueva España.* Méjico. 1951. 156 págs. con ilustr. 20 cm.

Tesis de la Universidad Nacional Autónoma de Méjico.

Ejemplares:

WASHINGTON. *Congreso.* 52-1064.

732

CAILLET-BOIS, J. *An edition of «Triunfo de los Santos» with a consideration of Jesuit school plays in Mexico before 1650.* (En *Revista de Filología Hispánica,* V, Buenos Aires, 1943, págs. 293-95).

733

—— *El teatro en la Asunción a mediados del siglo XVI.* (En *Revista de Filología Hispánica,* IV, Buenos Aires, 1942, págs. 72-76).

734

CORBATÓ, HERMENEGILDO. *Misterios y Autos del teatro misionero en Méjico durante el siglo XVI y sus relaciones con los de Valencia. Conferencia...* Valencia. [Suc. de Vives Mora]. 1949. 28 páginas. 24 cm. (Anales del Centro de Cultura Valenciana. Anejo 1.°).

Ejemplares:

MADRID. *Consejo. General.*

735

ICAZA, FRANCISCO A. *Orígenes del teatro en México.* (En *Boletín de la R. Academia Española,* II, Madrid, 1951, págs. 57-76).

Págs. 66-76: *Desposorio espiritual entre el pastor Pedro y la Iglesia Mexicana.* [«—Alegrese la tierra el mar i el cielo...»].

736

JOHNSON, HARVEY L. *Una compañía teatral en Bogotá en 1618.* (En *Boletín de Historia y Antigüedades,* XXXVI, Bogotá, 1949, n.° 417-19, págs. 563-68).

737

—— *Compañías teatrales en Arequipa en 1621 y 1636.* (En *Nueva Revista de Filología Hispánica,* VII, Méjico, 1953, págs. 449-60).

738

LEONARD, I. A. *A Shipment of «Comedias» to the Indies.* (En *Hispanic Review,* II, Filadelfia, 1934, págs. 39-50).

739

LOHMANN VILLENA, G. *Las comedias del Corpus Christi en Lima en 1635 y 1636.* (En *Revista de Indias,* X, Madrid, 1950, páginas 865-68).

740

MOGLIA, RAUL. *Representación escénica en Potosí en 1633.* (En *Revista de Filología Hispánica,* V, Nueva York-Buenos Aires, 1943, págs. 166-67).

741

PASQUARIELLO, ANTHONY M. *The entremes, sainete and loa in the colonial theater of Spanish*

America. Ann Arbor. University Microfilms. 1950.

Ejemplares:

WASHINGTON. *Congreso.* MicA51-170.

742

—— *The «entremés» in sixteenth-century Spanish Americas.* (En *The Hispanic American Historical Review,* XXXII, Durham, 1952, páginas 44-58).

743

PAZOS, MANUEL R. *El teatro franciscano en Méjico durante el siglo XVI.* (En *Archivo Ibero-Americano,* XI, Madrid, 1951, páginas 129-89).

744

ROJAS GARCIDUEÑAS, JOSE J. *El Teatro de Nueva España en el Siglo XVI.* Méjico. [Imp. de Luis Alvarez]. 1935. 221 págs. + 5 hs. 19,5 cm.

Crítica:

a) Gillet, J. E., en *Hispanic Review,* V, Filadelfia, 1937, págs. 87-92.

Ejemplares:

MADRID. *Centro de Estudios sobre Lope de Vega.*

745

ROSA-NIEVES, CESAREO. *Notas para los orígenes de las representaciones dramáticas en Puerto Rico.* (En *Asomante,* VI, Puerto Rico, 1950, n.° 1, págs. 63-77).

746

ROSENBACH, A. S. W. *The First Theatrical Company of America.* (En *Proceedings of the American Antiquarium Society,* XLVIII, 1938, págs. 300-10).

Actuó en El Callao, en 1599.

PROSA

NOVELA

747

BOURLAND, C. B. *The Short Story in Spain in the Seventeenth Century with a Bibliography of the Novela from 1576 to 1700.* Northampton. Smith College. 1927. X + 215 págs. 24 cm.

Crítica:

a) Bell, A. F. G., en *Litteris,* V, Lund, 1928, págs. 103-5.

b) Entwistle, W., en *The Modern Language Review,* XXIV, Cambridge, 1929, págs. 95-96.

c) Praag, J. A. van, en *Revista de Filología Española,* XVIII, Madrid, 1931, págs. 263-67.

Ejemplares:

MADRID. *Consejo. General.*

748

BOURNE, J. A. *Some English Translations Seventeenth - Century Spanish Novels.* (En *The Modern Language Review,* XXXI, Cambridge, 1936, págs. 555-56).

749

CHAVARRI, E. L. *La Música en*
I, Berkeley, 1933, n.º 1, págs. 1-50).
los novelistas españoles en los siglos XVI y XVII. (En *Revista Musical,* Bilbao, julio y agosto de 1913).

750

DUNN, PETER N. *Castillo Solórzano and the decline of the Spanish novel.* Oxford. Basil Blackwell, 1952. XVII + 141 págs. 22 cm.

Ejemplares:

MADRID. *Consejo. General.*

751

MALDONADO DE GUEVARA, FRANCISCO. *La teoría de los géneros literarios y la constitución de la novela moderna.* (En *Estudios dedicados a Menéndez Pidal.* Tomo III. 1952. Págs. 299-320).

752

NICHOLS, MADALINE W. *A Study in the Golden Age.* (En *Estudios hispánicos. Homenaje a A. M. Huntington.* Wellesley. 1952. Págs. 457-76).

753

PLACE, EDWIN B. *Manual elemental de novelística española. Bosquejo histórico de la novela corta y el cuento durante el Siglo de Oro*... 1926.

V. *B. L. H.,* I, n.º 2.964.

754

SIMON DIAZ, JOSE. *La Aurora y el Ocaso en la novela española del siglo XVII.* (En *Cuadernos de Literatura,* II, Madrid, 1947, páginas 295-307).

755

VAL, JOAQUIN DEL. *La novela española en el siglo XVII.* (En *Historia general de las Literaturas Hispánicas.* Tomo III. 1953. Páginas XLV-LXXX).

1) *Cortesana*

756
GONZALEZ DE AMEZUA, AGUSTIN. [*Formación y elementos de la Novela cortesana*]. *Discursos leídos ante la Real Academia Española por —— y Francisco Rodríguez Marín en la recepción pública del primero, en el día 24 de febrero de 1929*. Madrid. Tip. de la Revista de Archivos. 1929. 152 págs.

Crítica:

a) Cirot, G., en *Bulletin Hispanique*, XXXV, Burdeos, 1933, págs. 459-60.
b) Entrambasaguas, J. de, en *Revista de la Biblioteca, Archivo y Museo*, VII, Madrid, 1930, págs. 309-11.
c) *Religión y Cultura*, VI, El Escorial, 1929, págs. 447-48.

Ejemplares:

MADRID. *Nacional*. 2-78.872.

757
—— (En sus *Opúsculos histórico-literarios*. Tomo I. Madrid. Consejo Superior de Investigaciones Científicas. 1951. Págs. 194-279).

Ejemplares:

MADRID. *Consejo. General.*

b) *Pastoril*

758
ATKINSON, W. *Studies in Literary decadence. III: The Pastoral Novel.* (En *Bulletin of Spanish Studies*, IV, Liverpool, 1927, páginas 117-26).

759
CABAÑAS, PABLO, *Eurídice y Orfeo en la novela pastoril.* (En *Estudios dedicados a Menéndez Pidal.* Tomo IV. 1953. Págs. 331-58).

760
RENNERT, HUGO ALBERT. *The Spanish Pastoral Romances.* Baltimore. Modern Association of America. 1892. 2 hs. + 119 págs. 23 cm. (University of Pennsylvania Publications of the Series in Romanic Languages and Literatures. Extra series, n. 1).

Ejemplares:

SANTANDER. *«Menéndez y Pelayo».* 3.084. (Dedicado).

Crítica:

a) Hämel, A., en *Literaturblatt für germanische und romanische Philologie*, XXXIV, Leipzig, 1913, col. 379.

Ejemplares:

MADRID. *Consejo. General.* R.M.-1.355.

c) *Picaresca*

761
A. B. *Las más antiguas menciones de «ganapán» y de «pícaro».* (En *Revista Crítica Hispano-Americana*, I, Madrid, 1915, pág. 172).

762
ALARCON, A. *La novela picaresca española.* (En *Kollasuyò*, II, La Paz (Bolivia), 1940, págs. 161-75).

763
ALONSO, A. *Lo picaresco de la picaresca.* (En *Verbum*, Buenos Aires, noviembre de 1929, n.º 74, págs. 321-38).

764
ATKINSON, W. *Studies in Literary Decadence. I: The Picaresque Novel.* (En *Bulletin of Spanish Studies*, IV, Liverpool, 1927, páginas 19-27).

765
BERTRAND, J. J. A. *L. Tieck et le roman picaresque.* (En *Revue Germanique*, X, París, 1914, n.º 4).

766
BONILLA Y SAN MARTIN, ADOLFO. *Etimología de «pícaro».*

(En *Revista de Archivos, Bibliotecas y Museos*, V, Madrid, 1901, págs. 374-78).

767

BOURNE, JOHN A. *A Picaresque Poem*. (En *Hispanic Review*, V, Filadelfia, 1937, págs. 346-48).

768

CALABRITTO, GIOVANNI. *I romanzi picareschi di Mateo Alemán e Vicente Espinel*. La Valletta. 1929. 226 págs. 19 cm.

Ejemplares:

ROMA. *Nazionale*. 220.F.832.

769

CAMPUZANO, ELIZABETH. *Ciertos aspectos de la novela picaresca*. (En *Hispania*, XXXII, Stanford, 1949, págs. 190-97).

770

CASTRO, AMERICO. *Lo picaresco y Cervantes*. (En *Revista de Occidente*, XI, Madrid, 1926, páginas 349-61).

Es un capítulo de su libro sobre *El pensamiento de Cervantes*.

771

CHANDLER, FRANK WADLEIGH. *Romances of Roguery... Part I. The picaresque Novel in Spain*. Nueva York. The Macmillan Co. 1899. VII + 483 págs. 18 cm.

Crítica:

a) Morel-Fatio, A. y E. Mérimée, en *Bulletin Hispanique*, II, Burdeos, 1900, págs. 42 y 49.

Ejemplares:

MADRID. *Ateneo*. G-10.490.

772

—— *La novela picaresca en España. Traducción por P. A. Martín Robles*. Madrid. Imp. V. Tordesillas. [1913]. 248 págs. 25 cm.

Ejemplares:

MADRID. *Ateneo*. A-4.576.

773

DELEITO Y PIÑUELA, JOSE. *La vida picaresca*. (En *La mala vida en la España de Felipe IV*... Madrid, 1948. Págs. 113-244).

Ejemplares:

MADRID. *Nacional*. 1-105.215.

774

ESPINOSA RODRIGUEZ, C. *La novela picaresca y el «Guzmán de Alfarache»*. Habana. O. Echevarría. 1935. 28 págs. 4.°.

775

F[ERNANDEZ] MONTESINOS, J. *Gracián o la picaresca pura*. (En *Cruz y Raya*, Madrid, 1933, n.° 4, págs. 39-63).

776

FOULCHÉ-DELBOSC, R. *Ganapán*. (En *Revue Hispanique*, IX, Nueva York-París, 1902, páginas 488-89).

777

GARCIA DE DIEGO, V[ICENTE]. *Notas etimológicas. Picardía*. (En *Revista de Filología Española*, XVIII, Madrid, 1931, págs. 13-14).

778

GARRIGA Y PALAU, FRANCISCO JAVIER. *Estudio de la novela picaresca española*. (En *Revista Contemporánea*, IV, Madrid, 1890, págs. 561-75; LXXXI, 1891, págs. 135-46, 283-89).

Tirada aparte: Madrid. M. G. Hernández. 1891. 39 págs. 23 cm.

Ejemplares:

MADRID. *Nacional*. V-555-22.—SANTANDER. *«Menéndez y Pelayo»*. 4351. (Dedicado).

779

GILES Y RUBIO, JOSE. [*Origen y desarrollo de la novela picaresca*]. *Universidad Literaria de Oviedo. Discurso leído en la solemne apertura del curso académico de 1890 a 1891 por* ——. Oviedo. Vicente Brid. 1890. 32 págs. 31 cm.

Ejemplares:

MADRID. *Academia Española.* V.2-1.— SANTANDER. *«Menéndez y Pelayo»*. 2.022 (Dedicado).

780

GILI GAYA, SAMUEL. *La novela picaresca en el siglo XVI*. (En *Historia general de las Literaturas Hispánicas*. Tomo III. 1953. Páginas 81-103).

781

—— *Apogeo y desintegración de la novela picaresca*. (En ídem, páginas III-XXV).

782

GOMEZ DE LAS CORTINAS, J. F. *El antihéroe y su actitud vital* (*Sentido de la novela picaresca*). (En *Cuadernos de Literatura*, VII, Madrid, 1950, págs. 97-143).

783

GRANJEL, L. S. *La figura del médico en el escenario de la literatura picaresca*. (En *Archivos Ibero-Americanos de Historia de la Medicina*, II, Madrid, 1950, páginas 493-527).

784

HAAN, FONGER DE. *Pícaros y ganapanes*. (En *Homenaje a Menéndez Pelayo*. Tomo II. 1899. Páginas 149-90).

Tirada aparte: Madrid. V Suárez. 1899. Ejemplar único en SANTANDER. *«Menéndez y Pelayo»*. R-X-8-12.

785

—— *An Outline of the History of the Novela Picaresca in Spain. Dissertation*... Nueva York. M. Nijhoff. 1903. 5 hs. + 125 págs. 23 cm.

Ejemplares:

SANTANDER. *«Menéndez y Pelayo»*. 1.112.

786

HABEL, URSULA. *Die Nachwirkung des pikaresken Romans in England*. Breslau. Priebatsch's Buchh. 1930. 77 págs. (Sprache und Kultur der germanisch-romanischen Völker. A. Anglistische Reiche, IV, 3).

Crítica:

a) Buck, G., en *Boletín bibliográfico del Centro Germano-Español*, año V, Berlín, 1932, págs. 10-11.

787

HERRERO GARCIA, MIGUEL. *Ascética y Picaresca*. (En *Acción Española*, V, Madrid, 1933, págs. 33-41, 135-43).

788

—— *Nueva interpretación de la novela picaresca*. (En *Revista de Filología Española*, XXIV, Madrid, 1937, págs. 343-62).

789

—— *Del disfraz del pícaro*. (En *Correo Erudito*, III, Madrid, págs. 31-32).

Sobre la costumbre de taparse un ojo con un parche.

790

HOYOS, A. DE. *Sobre la etimología de pícaro*. (En *Anales de la Universidad de Murcia*, Murcia, 1949-1950, págs. 393-97).

Supone que se deriva del griego.

791

LILLO RODELGO, JOSE. *En el IV centenario de Mateo Alemán (1547-1614). Propósito didáctico y moral de la «picaresca».* (En *Revista Nacional de Educación,* VII, Madrid, 1947, n.° 75, págs. 29-46).

792

MAY, T. E. *Pícaro: a Suggestion.* (En *The Romanic Review,* XLIII, Nueva York, 1952, págs. 27-33).

793

MALDONADO DE GUEVARA, FRANCISCO. *Para la etimología pícaro < picar.* (En *Boletín de la Biblioteca de Menéndez Pelayo,* XXI, Santander, 1945, págs. 524-25).

794

MILLÉ Y GIMÉNEZ, JUAN. *Miscelánea erudita. VI: Sobre la «picaresca» en Alcalá.* (En *Revue Hispanique,* LXVIII, Nueva York-París, 1926, págs. 94-99).

795

MOLDENHAUER, GERHARD. *Spanische Zensur und Schelmenroman.* (En *Estudios eruditos in memoriam de A. Bonilla...* Tomo I. 1927. Págs. 223-39).

796

MONTOLIU, MANUEL DE. *El alma picaresca.* (En *El alma de España...* 1942. Págs. 254-354).

V. n.° 405.

797

NEWMAN, MARY ADDISON. *The Pícaro and his Modern Counterpart.* (En *Vanderbilt University Abstracts of Theses,* Nashville, 1947, pág. 78).

Comparación de los *pícaros* clásicos con algunos personajes de Baroja y Blasco Ibáñez.

798

NYKL, A. R. *Pícaro.* (En *Revue Hispanique,* LXXVII, Nueva York-París, 1929, págs. 172-86).

799

PARDUCCI, A. *Motivi italiani nel romanzo picaresco spagnolo.* (En *Convivium,* XI, Turín, 1939, páginas 302-14).

800

PAYER, R. *Der Schelmenroman unter besonderer Berücksichtigung seiner Verbreitung in Oesterreich.* (En *Oesterreichisch-Ungarische Revue,* 1899, pág. 294).

801

PENZOL, PEDRO. *Algunos itinerarios en la literatura castellana.* (En *Erudición Ibero-Ultramarina,* V, Madrid, 1934, págs. 288-313).

6. Lazarillo de Tormes; 7. Guzmán de Alfarache; 8. El gran tacaño; 9. Escudero Marcos de Obregón; 10. El donado hablador; 11. La pícara Justina; 12. La garduña de Sevilla; 13. El Diablo Cojuelo; 14. Vida y hechos de Estebanillo González.

802

PEREDA VALDES, ILDEFONSO. *La novela picaresca y el pícaro en España y América.* Montevideo. Organización Medina. [1950]. 141 págs.

Crítica:

a) Mac Curdy, Raymond R., en *Hispania,* XXXVI, Wáshington, 1953, páginas 124-25.

803

PEREYRA, C. *Soldadesca y picaresca.* (En *Boletín de la Biblioteca Menéndez y Pelayo,* X, Santander, 1928, págs. 74-96).

804
PESEUX-RICHARD, H. *A propos du mot «pícaro».* (En *Revue Hispanique,* LXXXI, 1.ª parte, Nueva York-París, 1933, págs. 247-49).

805
PETRICONI, H. *Zur Chronologie und Verbreitung des spanischen Schelromans.* (En *Volkstum und Kultur der Romanen,* I, Hamburgo, 1928, págs. 324-42).

806
PRAAG, J. A. VAN. *La pícara en la literatura española.* (En *Spanish Review,* III, Nueva York, 1936, págs. 63-74).

807
RAUHUT, FRANZ. *Influencia de la picaresca española en la literatura alemana.* (En *Revista de Filología Hispánica,* I, Buenos Aires, 1939, págs. 237-56).

808
RAUSSE, H. *Zur Geschichte des spanischen Schelmenromans in Deutschland.* Münster. 1908.

809
—— *Die novela picaresca und die Gegenreformation.* (En *Euphorion,* 8.° suplemento, 1909, pág. 6).

810
REYNIER, G. *Le roman réaliste au XVII*e *siècle.* París. Hachette. 1914. 8.°

Crítica:

a) Martinenche, E., en *Revista de Filología Española,* II, Madrid, 1915, págs. 388-90.

811
ROJAS CARRASCO, GUILLERMO. *La novela picaresca en la literatura española. Memoria...* Santiago de Chile. 1919.

812
SALDAÑA, Q. *El pícaro en la literatura y en la vida española.* (En *Nuestro Tiempo,* XXVI, Madrid, 1926, págs. 103-37, 193-218, 213-46).

813
SALILLAS, RAFAEL. *El delincuente español. Hampa (Antropología picaresca).* Madrid. Lib. V. Suárez. Imp. de G. Juste. 1898. XV + 526 pág. 21 cm.

Ejemplares:

MADRID. *Nacional.* 1-84.684.

814
SALINAS, PEDRO. *El «héroe» literario y la novela picaresca española. Semántica e historia literaria.* (En *Revista de la Universidad de Buenos Aires,* IV, Buenos Aires, 1946, págs. 75-84).

815
SANVISENTI, B. *Alcune osservazioni sulla parola «picaro».* (En *Bulletin Hispanique,* XVIII, Burdeos, 1916, págs. 237-46).

816
—— *«Pícaro».* (En ídem, XXXV, 1933, págs. 297-98).

817
SCHULTHEIS, A. *Der Schelmenroman der Spanier und seine Nachbildungen.* Hamburgo. 1893.

818
SERRANO JOVER, ALFREDO. *El hampa española y la administración de justicia en la novela picaresca.* (En *La Ilustración Española y Americana,* año XLIX, Madrid, 1905, 2.° semestre, págs. 202-3, 218-19 y 231-32).

819
SPITZER, LEO. *Esp. «pícaro».* (En *Revista de Filología Española,* XVII, Madrid, 1930, págs. 181-82).
SUAREZ, MIREYA. *La novela picaresca y el pícaro en la literatura española.* Madrid. Imp. Latina. [1926]. 240 págs. + 1 lám. 18 cm.

Ejemplares:

MADRID. *Nacional.* 2-74.571.

820
THOMPSON, SOMERVILLE. *The Extent and Use of Classical Reference in the Spanish Picaresque Novel.* (En *Stanford University Abstracts of Dissertations,* XIV, Stanford, 1939, págs. 77-79).

821
VLES, JOSEPH. *Le roman picaresque hollandais des XVIIe et XVIIIe siècles et ses modèles espagnols et français.* La Haya. Papier-Centrale Tripplaar. 1926. 184 págs. 8.°.

Crítica:

a) Pastor, J. F., en *Revista de Filología Española,* XV, Madrid, 1928, páginas 305-6.

822
WILSON, W. E. *Wages and the Cost of Living in the Picaresque Novel.* (En *Hispania,* XXI, Stanford, 1938, págs. 173-78).

823
ZARANDIETA MIRABENT, ENRIQUE. *El «golfo» en la novela picaresca y el «golfo» en Madrid. Conferencia...* Madrid. Real Academia de Jurisprudencia y Legislación. 1916. 30 págs. 22 cm.

Se refiere sólo al *Lazarillo, Guzmán de Alfarache* y *Rinconete y Cortadillo.*

Ejemplares:

MADRID. *Nacional.* V-613-12.

HISTORIA

824
BAUMGARTEN, H. *Sobre la Historia de España durante el siglo XVI.* (En *Revista Contemporánea,* XIV, Madrid, 1878, págs. 333-45 y 420-44).

Traducción por E. Ugarte de un artículo publicado en el tomo III de la *Revista histórica de investigaciones modernas.*

825
GODOY ALCANTARA, JOSE. *Historia crítica de los falsos Cronicones.* Madrid. Real Academia de la Historia. Imp. de M. Rivadeneyra. 1868. 2 h. + 345 págs. 22,5 cm.

Ejemplares:

MADRID. *Nacional.* 1-67.579.

826
MARTINEZ VAL, J. M.ª *El paisaje geográfico en los historiadores de Indias.* (En *Revista de Indias,* VI, Madrid, 1945, págs. 289-322).

827
MATEU Y LLOPIS, FELIPE. *Los historiadores de la Corona de Aragón durante la Casa de Austria. Discurso...* Barcelona. Real Academia de Buenas Letras. 1944. IV + 107 págs. con ilustr.

Ejemplares:

MADRID. *Nacional.* 1-100.949.

828
MONTERO DIAZ, SANTIAGO. *La doctrina de la Historia en los tratadistas españoles del Siglo de Oro.* (En *Hispania,* I, Madrid, 1941, n.° 4, págs. 3-39).

829
MOREL-FATIO, ALFRED. *Historiographie de Charles-Quint...* Primera parte. París. Champion.

1913. 1 vol. 25 cm. (Bibliothéque de l'École des Hautes Etudes, CCII).

Crítica:

a) Cirot, G., en *Bulletin Hispanique,* XV, Burdeos, 1913, pág. 350.
b) J. P., en *Revista de Archivos, Bibliotecas y Museos,* XXVIII. Madrid, 1913, págs. 326-28.

Ejemplares:

MADRID. *Consejo. Patronato «Menéndez y Pelayo».* 4-296.

830

SANCHEZ ALONSO, BENITO. *La literatura histórica en el siglo XVI.* (En *Historia general de las literaturas hispánicas.* Tomo III. 1953. Págs. 299-322).

831

——— *La literatura histórica en el siglo XVII.* (En ídem, págs. 325-38).

AMÉRICA

832

AINSWORTH MEANS, PHILIP. *Memorias antiguas historiales del Perú.* (En *Mercurio Peruano,* IV, Lima, 1920, n.° 23, pág. 354).

833

BERMUDEZ, J. A. *Los cronistas de la Conquista (Ensayo de una bibliografía).* (En *Senderos,* I. Bogotá, 1934, págs. 302-10).

834

CARBIA, ROMULO D. *La Crónica oficial de las Indias Occidentales. Estudio histórico y crítico acerca de la Historiografía mayor de Hispano-América en los siglos XVI a XVIII...* 1934.

V. *B. L. H.,* I, n.° 3.135.

835

ESTUDIOS de historiografía de la Nueva España... con una introducción de Ramón Iglesia. Méjico. 1945. 329 págs. 23,5 cm.

Contiene 7 monografías, sobre Cervantes de Salazar, Fr. Diego Durán, Muñoz Camargo, Antonio de Herrera y Tordesillas, etc.

Crítica:

a) L. I., en *Archivo Ibero-Americano,* año XII, Madrid, 1952, p. 491-92.

836

G. T. P. *Ensayo de clasificación de las fuentes históricas peruanas correspondientes a la época incaica y el período de la conquista.* (En *Revista del Archivo Nacional del Perú,* X, Lima, 1937, págs. 111-22).

837

IGLESIA, RAMON. *Cronistas e historiadores de la conquista de México.* Méjico. El Colegio de México. 1942. XI + 288 págs.

Crítica:

a) A. R., en *Revista Hispánica Moderna,* X, Nueva York, 1944, págs. 63-64.
b) Pérez Embid, F., en *Revista de Indias,* VI, Madrid, 1945, págs. 510-12.
c) Wagner, H. R., en *Pacific Historical Review,* XI, 1942, págs. 449-50.

838

MAGARIÑOS, SANTIAGO. *Inglaterra y los historiadores de Indias.* (En *Ensayos hispano-ingleses. Homenaje a Walter Starkie.* Barcelona. J. Janés. [1948]. Págs. 161-71).

839

PORRAS BARRENECHEA, RAUL. *Los cronistas del Perú. 1528-1650.* (En *Mercurio Peruano,* XXV, Lima, 1943, n.° 197, págs. 361-78).

840

—— *Los Cronistas post-toledanos.* (En *Mar del Sur,* Lima, 1948, n.º 1, págs. 3-26).

Se refiere a los preliminares de los siglos XVI y XVII.

841

WILGUS, A. CURTIS. *Some sixteenth cèntury histories and historians of America.* (En *Bulletin of the Pan-American Union,* LXXIII, Washington, 1939, págs. 42-47).

ORATORIA

842

BASELGA, MARIANO. *El púlpito español en la época del mal gusto.* (En *Revista de Aragón,* año III, Zaragoza, 1903, págs. 64-65, 129-34, 211-14, 317-21, 402-5, 510-14).

Desde principios del siglo XVII al P. Isla.

843

G[ONZALEZ] OLMEDO, F. *Decadencia de la oratoria sagrada en el siglo XVII.* (En *Razón y Fe,* XLVI, Madrid, 1916, págs. 310-21, 494-507).

844

HERRERO GARCIA, MIGUEL. *Ensayo histórico sobre la Oratoria Sagrada Española de los Siglos XVI y XVII.* (En *Sermonario clásico...* 1942. Págs. V-LXXXIX).

DIDACTICA

845

ARCO Y GARAY, RICARDO DEL. *La erudición española en el siglo XVII y el cronista de Aragón Andrés de Uztarroz.* Madrid. Consejo Superior de Investigaciones Científicas. [Diana]. 1950. 2 vols. 24 cm.

Crítica:

a) O. H. G., en *Hispanic Review,* XXI, Filadelfia, 1953, págs. 87-88.
b) Uribe (P.), en *Archivo Ibero-Americano,* XIII, Madrid, 1953, págs. 374-75.
c) Yndurain, F., en *Archivo de Filología Aragonesa,* III, Zaragoza, 1950, págs. 284-87.

846

GALINO CARRILLO, MARIA ANGELES. *Los tratados sobre educación de príncipes.* (*Siglos XVI y XVII*). Madrid. Consejo Superior de Investigaciones Científicas. [Bolaños y Aguilar]. 1948. 336 páginas. 20 cm.

Crítica:

a) A[ubrun], Ch. V., en *Bulletin Hispanique,* LI, Burdeos, 1949, págs. 445-46.
b) Tomás, Pedro, en *Revista de Espiritualidad,* VII, San Sebastián, 1948, pág. 394.

Ejemplares:

MADRID. *Nacional* 1-105.254.

847

HERRERO GARCIA, MIGUEL. *La literatura religiosa.* (En *Historia general de las Literaturas Hispánicas.* Tomo III. 1953. Páginas 3-78).

848

MARAÑON, GREGORIO. *La literatura científica en los siglos XVI y XVII.* (En *Historia general de las Literaturas Hispánicas.* Tomo III, 1953. Págs. 933-66).

849

MOREL-FATIO, A. *Les moralistes espagnols du XVII*[e] *siècle, et en particulier sur Baltasar Gracian.* (En *Bulletin Hispanique,* XII, Burdeos, 1910, págs. 201-4).

Es tan sólo el programa de un curso sobre dicho tema.

850

RAHOLA, FEDERICO, *Economistas españoles de los siglos XVI y XVII*. Barcelona. Imp. de Luis Tasso Serra. [s. a.]. 83 págs. + 1 h. 18 cm.

El trabajo está fechado en 1885.

Ejemplares:

MADRID. *Nacional*. 2-52.622 (dedicado a F. Pi y Margall).

851

VILANOVA, ANTONIO. *Preceptistas de los siglos XVI y XVII*. (En *Historia general de las Literaturas Hispánicas*. Tomo III. 1953. Págs. 567-692).

ASCETICA Y MISTICA

852

ABAD, CAMILO MARIA. *Notas bibliográficas de Ascética y Mística... (Cuaderno primero)*. Valladolid. Imp. de la Casa Social Católica. 1924. 25 págs. 24,5 cm.

Ejemplares:

MADRID. *Nacional*. V-872-45.

853

—— *Ascetas y místicos españoles del Siglo de Oro anteriores y contemporáneos al V. P. Luis de la Puente...* (En *Miscelánea Comillas*, X, Comillas, 1948, págs. 27-125).

854

ALABART Y SANS, GUMERSINDO. *Revisió del concepte del misticisme ibérich. Discurso*. Barcelona. Academia de Buenas Letras. 1918. 50 págs. 4.º

855

ALFONSO DE SAN JOSE. *Un problema teológico explícitamente planteado por la Escuela Mística Carmelitana. La existencia del mérito durante la unión extática*. (En *Revista de Espiritualidad*, VII, San Sebastián, 1948, págs. 151-63).

856

ALONSO ANTONA, JOAQUIN M. *Razón teológica y experiencia mística*. (En *Revista de Espiritualidad*, III, San Sebastián, 1944, páginas 255-77).

857

ANDRES ORTEGA, A. *Conceptuación y Mística*. (En *Revista de Filosofía*, XI, Madrid, 1952, págs. 381-400).

858

APERRIBAY, B. *Influjo causal de las divinas personas en la experiencia mística*. (En *Verdad y Vida*, VII, Madrid, 1949, págs. 75-98).

859

ARREDONDO, MANUEL MARIA DE. *Base humana y divina de la Mística. Conferencia...* San Sebastián. Gráfico-Editora. 1943. 30 págs. 19 cm.

Crítica:

a) *Revista de Espiritualidad*, II, San Sebastián, 1943, pág. 440.

860

BATAILLON, MARCEL. *Erasme et l'Espagne. Recherches sur l'histoire spirituelle du XVIe siècle*. París. Droz. 1937. LIX + 903 págs.

Crítica:

a) Bertini, G. M., en *Convivium*, XI, Turín, 1939, pág. 79.
b) Delcourt, Marie, en *Humanisme et Renaissance*, IV, Paris, 1937, págs. 326-31.

c) Peers, E. A., en *Bulletin of Spanish Studies*, XV, Liverpool, 1938, páginas 71-73.
d) X., en *Revue de littérature comparée*, XVII, Paris, 1937, págs. 773-74.

Ejemplares:

MADRID. *Consejo. Patronato «Menéndez y Pelayo»*. 6-2.219.

861

—— *Erasmo y España. Estudios sobre la historia espiritual del siglo XVI. Traducción de Antonio Alatorre*. Méjico. Fondo de Cultura Económica. [1950]. 2 vols.

Ejemplares:

MADRID. *Academia Española*. A-15-V-92/93; 6-V-26/27. *Nacional*. F-4.460/61.

862

BAYER, RAYMOND. *Les thèmes du Néo-platonisme et la mystique espagnole de la Renaissance*. (En *Hommage a E. Martinenche*. París [s. a.]. Págs. 59-74).

Ejemplares:

MADRID. *Nacional*. 4-11.934.

863

BEARDSLEY, WILFRED A. *Use of Adjectives by the Spanish Mystics*. (En *Hispania*, XI, Stanford, 1928, págs. 29-41).

864

BELTRAN DE HEREDIA, VICENTE. *Las corrientes de espiritualidad entre los dominicos de Castilla durante la primera mitad del siglo XVI*. Salamanca. [Imp. Comercial]. 1941. 169 págs. 23 cm. (Biblioteca de teólogos españoles, VII).

Publicado anteriormente en *La Ciencia Tomista*, 1939-1941.

Crítica:

a) Bataillon, M., en *Bulletin Hispanique*, XLVI, Burdeos, 1944, páginas 268-74.

Ejemplares:

MADRID. *Nacional*. 5-7.628 (vol. VII).

865

BROUWER, J. *De Achtergrond der Spaansche Mystick*. Zutphen. W. J. Thiem. 1935. VII + 305 páginas con ilustr.

Crítica:

a) Hoeck, Fr. Van, en *Archivum Historicum Societatis Iesu*, VII, Roma, 1938, págs. 120-21.

866

BROWER, JOHAN. *Psychologie der Spaansche Mystick*... Amsterdam. H. J. París. 1931. XIX + 283 págs. 24 cm.

Crítica:

a) Praag, J. A. Van, en *Revista de Filología Española*, XX, Madrid, 1933, págs. 83-85.

Ejemplares:

MADRID. *Consejo. Patronato «Menéndez y Pelayo»*. 9-574.

867

BRUNO DE JESUS MARIA. *L'Espagne Mystique*. París. Arts et Métiers G. 1946. 208 págs.

Crítica:

Jiménez Duque, B. *Los estudios de historia de la espiritualidad*..., página 194 («Bellamente superficial»).

868

CANALEJAS, F[RANCISCO] DE PAULA. *Escuelas místicas españolas*. (En sus *Estudios de Filosofía, Politica y Literatura*. Madrid. 1872. Págs. 317-79).

Ejemplares:

MADRID. *Nacional*. 1-28.811.

869

CLAUDIO DE JESUS CRUCIFICADO. *Hacia una definición clara y precisa de la Teología mística*. (En *Revista Española de Teo-

logía, I, Madrid, 1940, págs. 573-601).

870

—— *Método carmelitano de oración mental.* (En *Revista de Espiritualidad*, I, San Sebastián, 1942, págs. 80-104).

871

—— *Aclarando posiciones acerca del «concepto de mística sobrenatural». La naturaleza de la vida mística.* (En *Revista Española de Teología*, IX, Madrid, 1949, págs. 105-22).

Polémica con Rojo Marín.

872

—— *Ultimas precisiones en algunos puntos cardinales de una discusión sobre «El concepto de mística sobrenatural».* (En ídem, X, 1950, págs. 547-63).

873

COROMINAS, PEDRO. *El sentimiento de la riqueza en la literatura mística.* (En *El sentimiento de la riqueza en Castilla. Conferencias*... 1917. Págs. 245-48).

V. *B. L. H.*, III, n.

874

CRISOGONO DE JESUS SACRAMENTADO. *La escuela mística carmelitana.* Madrid. Edit. Mensajero de Santa Teresa. Avila. Imp. S. Díaz. 1930. 456 págs. + 2 hs. 21 cm.

Crítica:

a) I. I. M., en *Bulletin of Spanish Studies*, VIII, Liverpool, 1931, páginas 168-69.

Ejemplares:

MADRID. *Nacional.* 1-96.407.

875

—— *L'école mystique carmélitaine. Traduit par D. Vallois-del Real.* París. E. Vitte. 1934. 350 páginas. 20 cm.

Ejemplares:

MADRID. *Nacional.* 4-5.361.

876

—— *Caracteres de la espiritualidad española.* (En *Revista de Espiritualidad*, I, San Sebastián, 1941, págs. 50-65).

877

—— *Compendio de Ascética y Mística.* Madrid. S. Díaz. 1933. 389 págs. 19 cm.

Ejemplares:

MADRID. *Nacional.* 2-93.389.

878

CRISOGONO DE JESUS. *La percepción de Dios en la Filosofía y en la Mística.* (En *Revista de Espiritualidad*, IV, San Sebastián, 1945, págs. 119-30).

879

CRUZEVILLE, JEAN. *Les mystiques espagnols.* París. B. Grasset. [Evreux. Herissey]. [1952]. 259 páginas. 18,5 cm.

Ejemplares:

MADRID. *Nacional.* 4-39.351.

880

DOMINGO DE SANTA TERESA. *Grados en el matrimonio místico.* (En *Revista de Espiritualidad*, IX, San Sebastián, 1950, págs. 477-83).

Resumen de una tesis sobre el mismo tema.

881

DOMINGUEZ BERRUETA, JUAN. *Valor representativo de la mística española. Conferencia.* (En

La Basílica Teresiana, IV, Salamanca, 1918, págs. 178-88).

882

—— *Filosofía mística española* Madrid. Consejo Superior de Investigaciones Científicas. [Gráf. Carlos]. 1947. 171 págs. + 2 hs. 22 cm.

Crítica:

a) Láscaris Comneno, C., en *Revista de Filosofía,* VII, Madrid, 1948, páginas 628-30.

Ejemplares:

MADRID. *Nacional.* 1-104.891.

883

DUVAL, A. *Auteurs espagnols du XVI*[e] *siécle. Ouvrages et articles parus de 1940 à 1948.* (En *Vie Spirituelle,* Sup., febr. 1949, páginas 449-80).

884

EGUIA, C. *La serena alegría de nuestros místicos.* (En *Razón y Fe,* XCIV, Madrid, 1931, págs. 38-53, 193-212).

885

FARGES, ALBERT. *Les Phénomènes Mystiques distingués de leurs contrefaçons humaines et diaboliques. Traité de Théologie mystique...* París [Imp. Paul Feron-Vrau]. [s. a. ¿1920?]. 640 páginas. 19 cm.

Ejemplares:

MADRID. *Nacional.* 1-81.817.

886

FELICIA (SISTER). *Seven Spanish Mystics.* Cambridge. Society of St. John the Evangelist. 1947. 70 págs.

Crítica:

a) Vaillant, René E. G., en *Revista Hispánica Moderna,* XIX, Nueva York, 1953, págs. 115-16.

887

FONCK, A. *Mystique (Théologie).* (En *Dictionnaire de Théologie catholique.* Tomo X, 2.ª parte. París. Libr. Letouzey et Ané. 1929. Cols. 2.599-2.674).

Bibliografía (cols. 2.670-74).

888

GABRIEL DE SAINTE MARIE MADELEINE. *Le problème de la contemplation unitive.* (En *Ephemerides Carmeliticae,* I, Florencia, 1947, págs. 5-53, 245-77).

889

—— *La espiritualidad carmelitana.* (En *Revista de Espiritualidad,* VII, San Sebastián, 1948, págs. 30-58).

890

GALLEGOS ROCAFULL, JOSE M. *La experiencia de Dios en los místicos españoles.* Méjico. Edit. Central. 1945. 240 págs.

891

—— *El sueño de este mundo según los místicos españoles.* (En *El Hijo Pródigo,* VIII, Méjico, 1945, págs. 35-43).

892

—— *El hombre y el mundo de los teólogos españoles de los siglos de Oro.* Méjico. Edit. Stylo. 1946. 191 págs. 24,5 cm.

Ejemplares:

MADRID. *Nacional.* 1-104.995.

893

GARCIA, EMETERIO. *Mística y novela.* Burgos. Edit. El Monte Carmelo. 1949. XV + 231 páginas. 16,5 cm.

Ejemplares:

MADRID. *Consejo. General.*

894

GARCIA HOZ, VICTOR. *Pedagogía de la lucha ascética.* Madrid. [Bolaños y Aguilar]. 1941. 403 páginas + 4 hs. 21 cm.

Crítica:

a) Añibarro (P.), en *Archivo Ibero-Americano,* 2.ª época, II, Madrid, 1942, págs. 238-40.

b) Celestino (P.), en *Revista de Espiritualidad,* III, San Sebastián, 1944, págs. 333-34.

Ejemplares:

MADRID. *Nacional.* 1-94.383.

895

——. ——— 2.ª ed. Madrid [Bolaños y Aguilar]. 1942. 406 páginas 21,5 cm.

Ejemplares:

MADRID. *Ateneo.* F-16.103.

896

——. ——— 3.ª ed. Madrid. Consejo Superior de Investigaciones Científicas. [Sucs. de Ocaña]. [1946]. 412 págs. + 3 hs. 21,5 cm.

Ejemplares:

MADRID. *Nacional.* 1-102.949.

897

GARRIGOU - LAGRANGE, REGINALD. *La contemplation mystique.* 1923.

898

—— *Perfection chrétienne et contemplation.* St.-Maximen. 1923.

Hay traducción italiana (Turín, 1923).

899

—— *Les trois âges de la vie spirituelle.* París. 1938. 2 vols.

900

—— *Prémystique naturelle et mystique surnaturelle* (En *Etudes Carmelitaines,* XVIII, 1953, páginas 51-77).

901

—— *Las tres edades de la vida interior, preludio de la del Cielo. Versión castellana del P. Leandro de Sesma.* Buenos Aires. Desclée. [S. de Amorrortu]. [1944]. 2 vols. 19 cm.

Ejemplares:

MADRID. *Nacional.* H.A.-10.708/9.

902

—— *Las tres vías y las tres conversiones. Traducción... y prólogo de Fr. Cándido Fernández.* Barcelona. Edit. Políglota. 1936. 255 páginas. 16 cm.

Crítica:

a) Fernández Ruiz, D., en *Revista Española de Teología,* I, Madrid, 1940, págs. 854-58.

Ejemplares:

MADRID. *Nacional.* 1-93.661.

903

GEMELLI, AGOSTINO. *L'origine subcosciente dei fatti mistici.* 3.ª ed. Florencia. Edit. Fiorentina. [Tip. S. Giuseppe]. 1913. 120 páginas. 20 cm.

Con un apéndice bibliográfico.

Ejemplares:

ROMA. *Nazionale.* 210.G.257.

904

G[ONZALEZ] ARINTERO, JUAN. *Desenvolvimiento y vitalidad de la Iglesia.* Salamanca. 1908-1911. 4 vols.

Tomo III: *Evolución mística.*

905

—— *La evolución mística en el desenvolvimiento y vitalidad de la Iglesia.* 4.ª ed. Salamanca. 1940. VIII + 642 págs.

Ejemplares:

MADRID. *Nacional.* 1-92.611.

906

—— *La evolución mística en el desenvolvimiento y vitalidad de la Iglesia. Introducción de Fr. Sabino M. Lozano.* 6.ª ed. Madrid. [Edit. Católica] 1952. LXIV + 804 págs. + 1 h. 20 cm. (Biblioteca de Autores Cristianos, 91).

Crítica:

a) Adolfo de la M. de Dios, en *Revista de Espiritualidad,* XII, Madrid, 1953, pág. 378.

b) Casas, Manuel Gonzalo, en *Humanitas,* I, San Miguel de Tucumán, 1953, págs. 431-33.

c) Cervelo, A., en *Estudios,* IX, Madrid, 1953, págs. 398-99.

d) G. F., en *La Ciencia Tomista,* LXXX, Salamanca, 1953, págs. 155.

Ejemplares:

MADRID. *Consejo. General.*

907

—— *Cuestiones místicas* (En *La Ciencia Tomista,* XI, Salamanca, 1914, págs. 358-76; XII, 1915, págs. 161-77, 353-68; XIII, 1916, págs. 31-49, 185-209).

908

——. ———, *o sea las alturas de la contemplación accesibles a todos.* Salamanca. Imp. de Calatrava. 1916. 613 págs. 22 cm.

Ejemplares:

MADRID. *Nacional.* 1-72.019.

909

—— *Grados de oración y principales fenómenos que les acompañan. Cuestiones místicas.* Salamanca. Tip. de M. G. Criado. 1916. 122 págs. 21 cm.

910

GONZALEZ-HABA, MARIA JOSEFA. *Séneca en la espiritualidad española de los siglos XVI y XVII. Resumen de una tesis doctoral.* (En *Revista de Espiritualidad,* X, Madrid, 1951, págs. 352-54).

911

—— *Algunas notas de la personalidad en los místicos.* (En ídem, XI, 1952, págs. 16-47).

912

—— *La angustia y la eliminación del tiempo en la espiritualidad española del XVI y XVII.* (En *Revista de Espiritualidad,* XI, Madrid, 1952, págs. 389-98).

913

G[ONZALEZ] MENENDEZ REIGADA, ALBINO. *Nociones fundamentales de Mística.* Santa Cruz de Tenerife. 1941. 40 págs. 24 cm.

Seis conferencias.

Crítica:

a) J[iménez] D[uque], B., en *Revista Española de Teología,* II, Madrid, 1942, págs. 401.

Ejemplares:

MADRID. *Consejo. Instituto Francisco Suárez.*

914

—— *La contemplación adquirida y la escuela pseudoteresiana.* Salamanca. Edit. Fides. Imp. de Calatrava. 1925. 52 págs. 18 cm.

915

GOYANES, J. *Introducción a la psicopatología de las vivencias místicas.* (En *Archivos de Neurobiología,* XIII, Madrid, 1934, n.º 4-6).

Tirada aparte: Madrid. [Imp. Góngora]. [1934]. 14 págs. 23 cm.

Ejemplares:

MADRID. *Nacional.* V-1.524-7.

916

GRABMANN, M. *Wesen und Grundlagen der Katholischen Mystik.* 1922.

917

GREEN, O. H. *The Historical Problem of Castilian Mysticism.* (En *Hispanic Review,* VI, Filadelfia, 1938, págs. 93-103).

918

GROULT, PIERRE. *Les mystiques des Pays-Bas et la littérature espagnole du seizième siècle.* Lovaina. Libr. Universitaire. [Imp. des Trois Rois]. 1927. X págs. + 1 h. + 288 págs. 24,5 cm. (Université de Louvain. Recuil de travaux publ. par les Conférences d'Histoire et de Philologie, 2.e série, fasc. 9).

Crítica:

a) Becker, B., en *Neophilologus,* XV, Amsterdam, 1930, págs. 140-42.
b) Castro, A., en *Revista de Filología Española,* XVI, Madrid, 1929, páginas 177-78.
c) Cirot, G., en *Bulletin Hispanique,* XXXI, Burdeos, 1929, págs. 80-83.
d) Debongnie, P., en *Revue d'histoire ecclesiastique,* XXIII, Lovaina, 1927, págs. 882-83.
e) Gaiffier, B. de, en *Analecta Bollandiana,* XLVII, Bruselas, 1929, páginas 222-23.
f) Le Gentil, G., en *Revue critique d'Histoire et de Littérature,* LXXII, París, págs. 170-71.
g) P[eers], E. A., en *Bulletin of Spanish Studies,* IV, Liverpool, 1927, páginas 134-35.

Ejemplares:

MADRID. *Nacional.* 1-78.457.

919

GUERNICA, JUAN DE. *Introducción a la mística franciscana. Ensayo teológico-biográfico-literario.* Barcelona. Edit. L. Gili. [s. a.]. 200 págs. 18 cm.

920

GUIBERT, JOSE DE. *Lecciones de Teología espiritual... Versión castellana del P. Luis María Jiménez Font...* Madrid. Razón y Fe. [Halar]. [1953]. Vols. 25,5 cm.

Ejemplares:

MADRID. *Ateneo.* P-196. *Nacional.* F.i.-690.

921

GUIGNET, MARIE TÉRÈSE. *Mystique et nature...* París. Desclée. 1939. 92 págs. + 2 hs. 23 cm.

Tesis doctoral.

Ejemplares:

MADRID. *Consejo. General.*

922

GUTIERREZ, D. *Del origen y carácter de la escuela teológica hispano-agustiniana de los siglos XVI y XVII.* (En *La Ciudad de Dios,* CLIII, El Escorial, 1941, páginas 227-55).

923

HATZFELD, HELMUT. *The influence of Ramon Lull and Jan van Ruysbroeck on the language of the Spanish mystics.* (En *Traditio,* VI, 1946, págs. 337-97).

924

—— *El estilo nacional en los símiles de los místicos españoles y franceses.* (En *Nueva Revista de Filología Hispánica,* I, Méjico, 1947, págs. 43-77).

925

—— *Two types of mystical poetry illustrated by St. Theresa and St. John of the Cross («vivo sin vivir en mí»).* (En *The American Benedictine Review,* I, 1950, páginas 425-63).

Hay tirada aparte.

Crítica:

a) Pontes, M.ª de Lourdes, B., en *Revista Portuguesa de Filología,* IV, Coimbra, 1951, págs. 450-56.

926

HERNANDEZ, EUSEBIO. *El número de los místicos según San Juan de la Cruz.* (En *Razón y Fe,* XC, Madrid, 1930, págs. 41-50, 341-360).

927

—— *Temperamento y Mística.* (En *Manresa,* XXIII, Madrid, 1951, páginas 143-64).

928

—— *La Mística natural. Ante la estructura y las operaciones del alma.* (En ídem, XXIV, 1952, págs. 5-32).

929

—— *La Mística natural. Caminos para el contacto místico natural del alma con Dios.* (En ídem, XXVI, 1954, 5-22).

930

IBEAS, B. *Los ascéticos agustinos españoles.* (En *España y América,* XXIII, Madrid, 1925, págs. 99-112, 172-83).

931

JIMENEZ DUQUE, BALDOMERO. *El problema místico.* (En *Revista Española de Teología,* II, Madrid, 1942, págs. 617-47).

932

—— *Con motivo de un libro. Más sobre el problema místico.* (En idem, III, 1943, págs. 435-42).

Se refiere a *Unidad de la vida santa y de la ciencia sagrada,* de Fr. Sabino Lozano, 2.ª ed., Salamanca, 1942.

933

—— *La fe y la contemplación mística.* (En *Revista Española de Teología,* IV, Madrid, 1944, páginas 429-56).

934

—— *Acerca de la «mística».* (En *Revista Española de Teología,* VII, Madrid, 1947, págs. 221-46).

935

—— *¿Hay una mística española?* (En *Arbor,* XI, Madrid, 1948, páginas 71-80).

936

—— *Problemas de Metodología en los estudios místicos.* (En *La Ciencia Tomista,* LXXV, Salamanca, 1948, págs. 55-65, 217-39).

937

—— *Metafísica y Mística.* (En *Revista de Filosofía,* IX, Madrid, 1950, págs. 83-104).

938

—— *Existencialismo y Mística.* (En *Revista Española de Teología,* X, 1950, págs. 83-104).

939

—— *Los estudios de historia de la espiritualidad española.* (En *Revista de Espiritualidad,* XI, Madrid, 1952, págs. 193-207).

Examen de los trabajos más notables y valiosos aparecidos desde 1939.

940

—— *Acerca de la Teología de la Mística.* (En *Revista de Teología,* II, La Plata, 1952, n.° 7, páginas 11-17).

941

KREBS, E. *Grundfragen der Kirchlichen Mystik.* Friburgo. Herder. 1921. VII + 266 págs. 8.°

942

KRYNEN, JEAN. *Juan Valera et la mystique espagnole.* (En *Bulletin Hispanique,* XLVI, Burdeos, 1944, págs. 35-72).

943

LEGENDRE, M. *Espiritualidad francesa, espiritualidad española.* (En *Verdad y Vida,* I, Madrid, 1943, págs. 391-400).

944

LETURIA, PEDRO DE. *Lecturas ascéticas y místicas entre los jesuítas del siglo XVI.* (En *Archivio italiano per la Storia della Pietà,* II, Roma, 1953).

Tirada aparte: Roma. 1953. 50 págs.

Crítica:

a) Olphe-Galliard, M., en *Revue d'Ascétique et de Mystique,* XXX, Toulouse, 1954, págs. 81-84.

b) V. B. de H., en *La Ciencia Tomista,* LXXXI, Salamanca, 1954, páginas 182-83.

945

LEUBA, JAMES-H. *Psychologie du Mysticisme religieux. Traduit par Lucien Herr.* Nueva edición. París. F. Alcan. [Presses Universitaires de France]. 1930. XII + 508 págs. 23 cm. (Bibliothéque de Philosophie contemporaine).

Ejemplares:

MADRID. *Consejo. General.*

946

LEVASTI, ARRIGO. *I Mistici.* Florencia. Bemporad. 1925. 2 vols. 16.°

En el tomo II se ocupa de los españoles.

947

LHERMITE, JEAN. *Les phénomenes mystiques à la lumière de la science contemporaine.* (En *La Revue Nouvelle,* XIX, Bruselas, 1954, págs. 144-52).

948

MANUAL de Ascética, Mística y discernimiento de espíritus. Por un Párroco de la Diócesis de Barbastro. Barbastro. Imp. de Lafita. 1878. 369 págs. + 1 h. 15 cm.

Es un compendio del tratado del P. Scaramelli sobre las mismas materias.

Ejemplares:

MADRID. *Nacional.* R-8.750.

949

MARÉCHAL, JOSEPH. *Etudes sur la psychologie des mystiques.* Bruges. Ch. Beyaert, etc. 1924. 23 cm.

Ejemplares:

MADRID. *Consejo. General* (el tomo I).

950

——. —— 2.ª ed. París. L'Edit. Universelle. [Desclée de Brouwer]. 1938. 2 vols. 23 cm.

Ejemplares:

MADRID. *Consejo. General.*

951

MARIE, A. *Misticismo y locura. (Estudio de Psicología normal y patológica comparadas)... Con un prólogo del Dr. H. Thulié... Traducción por Eduardo Ovejero.* Madrid. La España Moderna. [Tip. de Luis Faure]. [s. a.] 284 págs. 26 cm. (Biblioteca de Jurisprudencia, Filosofía e Historia).

Ejemplares:

MADRID. *Nacional.* 1-61.016.

952

MELENDEZ, CONCHA. *Misticismo, Ascetismo y Religiosidad.* (En *Puerto Rico,* I, San Juan de Puerto Rico, 1935. n.° 2, páginas 126-35).

953

MENENDEZ Y PELAYO, MARCELINO. *La poesía mística en España.* 1881.

V. *B. L. H.,* I, n.° 2851-54.

954

MESA, CARLOS E. *La Asunción en los ascetas clásicos del Siglo de Oro.* (En *Estudios Marianos,* VI, Madrid, 1947, págs. 467-92).

955

MONASTERIO, IGNACIO. *Introducción a un estudio sobre místicos agustinos españoles.* (En *España y América,* XXII, Madrid, 1924, 3.°, págs. 167-80, 321-32 y 4.°, págs. 253-59, 342-50; XXIII, 1925, 1.°, págs. 31-44, 260-68).

956

—— *Místicos agustinos españoles.* (En idem, XXIII, 1925, 1.°, págs. 332-47; 2.°, págs. 13-27, 161-75; 3.°, págs. 20-36, 241-50, 411-23).

957

—— 2.ª ed. El Escorial. Edit. Agustiniana. 1929. 2 vols. 19 cm.

Crítica:

a) Báig Baños, A., en *Erudición Iberoultramarina,* II, Madrid, 1931, páginas 192-96.

Ejemplares:

MADRID. *Nacional.* 5-14.144.

958

MONTOLIU, MANUEL DE. *Alma mística.* (En *El alma de España...* 1942. Páginas 557-740).

V. n.° 405.

959

MURA, ERNESTO. *Mistica.* (En la *Enciclopedia Cattolica,* tomo VIII, Ciudad del Vaticano, 1952, cols. 1.135-43).

Con bibliografía.

NAVAL, FRANCISCO. *Curso de Teología ascética y mística...* Madrid. Edit. del Corazón de María. [Imp. Ibérica]. 1914. 411 páginas. 17,5 cm.

Ejemplares:

MADRID. *Nacional.* 1-68.130.

960

——. —— 2.ª ed. Madrid. Edit. Corazón de María. Imp. Ibérica. 1919. 432 págs. 18 cm.

Ejemplares:

MADRID. *Nacional.* 1-77.262.

961

——. —— 4.ª ed. Madrid. Edit. Corazón de María. Imp. Ibérica. 1926. 430 págs. 18 cm.

962

——. —— 5.ª ed. Madrid. [Maestre]. 1932. 520 págs. 18 cm.

Ejemplares:

MADRID. *Nacional.* 2-90.394.

963

NAVARRO MONZO, JULIO. *Arte y Misticismo.* Edición privada del autor. 1926.

Conferencia.

964

——. —— 2.ª ed. Méjico. Asociación Cristiana de Jóvenes. 1927.

965

—— *Camino de Santidad.* (*El fenómeno místico*). Montevideo-Buenos Aires. Edit. Mundo Nuevo. [s. i.] 1928. 396 págs. + 2 hs. 19,5 cm.

Ejemplares:

MADRID. *Nacional.* H.A.-4.907.

966

NAZARIO DE SANTA TERESA. *Filosofía de la Mística. Análisis del pensamiento español.* Madrid. Ediciones Studium. [Bolaños y Aguilar]. [1953]. 510 págs. + 1 h. 19,5 cm.

967

OLAZARAN, JESUS. *Bibliografía hispánica de espiritualidad.* (En *Manresa,* XXII, Madrid, 1950-...). Libros y artículos desde 1948.

968

PABLO ROMERO, JUAN JOSE DE. *Nociones de Teología, Ascética y Mística.* Soria. Edit. Urbión. 1936. 249 págs. + 2 hs. 23 cm.

Ejemplares:

MADRID. *Nacional.* 1-89.971.

969

PALACIO LIZARANZU, MARIANO. *Discurso sobre la necesidad del estudio público de la Teología mística...* Madrid. E. Aguado. 1852. 1 h. + 26 págs. 21,5 cm.

Tesis doctoral.

Ejemplares:

MADRID. *Consejo. General.*

970

PALCOS, A. *La emoción de los místicos.* (En *Nosotros,* LI, Buenos Aires, 1925, págs. 156-82).

971

PARDO VILLAR, A. *Místicos gallegos.* (En *Cuadernos de Estudios Gallegos,* IX, Santiago de Compostela, 1948, págs. 117-24).

972

PARENTE, P. *The mystical Life.* St. Louis Herder. 1946. IX + 272 págs. 8.°.

973

PARRA, C. *Condiciones de la Poesía mística.* (En *América Española,* I, Cartagena (Colombia), 1935, páginas 39-48).

974

PEERS, E. ALLISON. *Spanish Mysticism, a Preliminary Survey.* Londres. Methuen. [1924]. XI + 277 págs.

Crítica:

a) Cirot, G., en *Bulletin Hispanique,* XXVII, Burdeos, 1925, págs. 367-69.

Ejemplares:

MADRID. *Nacional.* 2-74.414.

975

—— *Studies of the Spanish Mystics.* Londres. The Sheldon Press. 1927-30. 2 vols. 22 cm.

Crítica:

a) Bell, A. F. G., en *Bulletin of Spanish Studies,* IV, Liverpool, 1927, páginas 99-101 y en *The Modern Language Review,* XXII, Cambridge, 1927, págs. 351-53.
b) Cirat, G., en *Bulletin Hispanique,* XXX, Burdeos, 1928, psgá. 339-47.
c) Coester, A., en *Hispania,* X, Stanford, 1927, págs. 205-6.
d) Crisógono de Jesús Sacramentado, en *Bulletin of Spanish Studies,* VIII, Liverpool, 1931, págs. 118-20.
e) Entwistle, W. J., en *The Modern Language Review,* XXVI, Cambridge, 1931, págs. 363-64. (Del II).
f) Gaiffier, B. de, en *Analecta Bollandiana,* XLVI, Bruselas, 1928, páginas 230-32. (Del I).
g) H[errero]-G[arcía], M., en *Revista de Filología Española,* XIV, Madrid, 1927, págs. 82-84.

Ejemplares:

MADRID. *Consejo Patronato «Menéndez y Pelayo».* 6-926 (el I).

976

—— *Notes in the Historical Problem of Castilian Mysticism.* (En *Hispanic Review,* X, Filadelfia, 1942, págs. 18-33).

977

—— *The Mystics of Spain.* Londres. George Allen and Unwin Ltd. 1951. 128 págs. 19 cm. (Ethical and Religious Classics of the East and West, V).

Crítica:

a) Sarmiento, E., en *The Modern*

Language Review, XLVIII, Cambridge, 1953, págs. 91-...
b) Woodbridge, Hensley C., en *Hispania*, XXXV, Stanford, 1952, página 484.

Ejemplares:

MADRID. *Consejo. General.—Nacional.* 4-39.562.

978

—— *El misticismo español.* [*Traducido por Carlos Clavería*]. [Buenos Aires]. Espasa - Calpe. [Cía. Gral. Fabril Financiera]. 1947. 217. págs. 18 cm. (Colección Austral, 671).

Ejemplares:

MADRID. *Ateneo.* C-4.892. *Consejo. General.*

979

PFANDL, L. *Die grossen spanischen Mystiker.* (En *Die neueren Sprachen,* XXXIII, Marburgo, 1925, págs. 104-21).

980

—— *Franziskanische Mystik des 16. Jahrhunderts in Spanien.* (En *Zeitschrift für romanische Philologie,* XLVII, Halle, 1927, páginas 302-15).

981

PLATZECK, ERARDO W. *La Mística y el trabajo del teólogo.* (En *Revista de Espiritualidad,* III, San Sebastián, 1944, págs. 129-53).

982

POURRAT, P. *La spiritualité chrétienne.* París. 1919-25. 4 vols.

983

——. —— Mesnil. F. Didot. 1947. 4 vols. 18 cm.

Ejemplares:

MADRID. *Consejo. Instituto «F. Suárez».* 4-11.1296/99.

984

REINHOLD, H. A. *The soul afire. Revelations of the mystics.* Nueva York. Pantheon Books Inc. 1944. XXIII + 413 págs.

985

RIBET, M. J. *La mystique divine distinguée des contrefançons diaboliques et des analogies humaines.* París. Ch. Poussielgue. 1895. 4 vols. 21 cm.

Ejemplares:

MADRID. *Consejo. General.*

986

RICARD, ROBERT. *Notes et matériaux pour l'étude du «socratisme chrétien» chez sainte Thérèse et les spirituels espagnols.* (En *Bulletin Hispanique,* XLIX, Burdeos, 1947, págs. 5-37. 170-204; L, 1948, págs. 5-26).

987

—— *La mystique espagnole et la tradition chrétienne.* (En *Bulletin de l'Institut Français en Espagne,* Madrid, 1953, n.° 68, págs. 201-6).

988

—— *La mística española y la tradición cristiana.* (En *Clavileño,* Madrid, 1953, número 23, páginas 9-13).

989

RIO, ANGEL DEL. *Los místicos del siglo XVI.* (En *La Nueva Democracia,* XXIX, Nueva York, 1949, págs. 104-23).

990

RIOL, E. *Criterio de la vida mística.* (En *Vida Religiosa,* VII, Madrid, 1950, págs. 371-77).

991

RIVET, MARY MAJELLA. *The Influence of the Spanish mystics on the works of Saint François de Sales*. Washington. Catholic University of America Press. 1941. 240 págs. 22 cm.

Crítica:

a) Chédid, N. de, en *Les Lettres Romanes,* 1949, n.° 2, págs. 158-59.

Ejemplares:

MADRID. *Particular de D. Joaquín de Entrambasaguas.*

992

RODRIGUEZ Y RODRIGUEZ, A. *Misticismo, Subconciencia y Patología. Ensayo de Psicología religiosa.* (En *Revista de Espiritualidad,* VIII, San Sebastián, 1948, páginas 164-203).

993

ROUSSELOT, PAUL. *Les mystiques espagnols.* París [Dijon. Imp. J. E. Babutôt]. 1867. VIII + 500 págs. + 1 h. 21,5 cm.

Ejemplares:

MADRID. *Ateneo.* G-11.931.

994

—— *Los místicos españoles... Versión española... por Pedro Umbert.* Barcelona. Henrich y C.ª 1907. 2 vols. 18,5 cm. (Biblioteca de Escritores Contemporáneos, VI-VII).

Ejemplares:

MADRID. *Nacional.* 6-8.644 (vols. VI-VII).

995

ROYO MARIN, A. *El concepto de mística sobrenatural.* (En *Revista Española de Teología,* VIII, Madrid, 1948, págs. 61-79).

996

—— *Insistiendo. Acerca del «concepto de mística sobrenatural».* (En ídem, IX, 1949, págs. 589-606).

997

—— *Punto final a una polémica acerca de «El concepto de mística sobrenatural.* (En ídem, XI, 1951, págs. 473-84).

998

RUBIO, DAVID. *Mysticism and Stoicism in Spain.* (En *Mystic Soul of Spain.* Nueva York. 1946. Páginas 11-16).

Ejemplares:

MADRID. *Consejo. General.*

999

—— *The Mystic Flame.* (En ídem, págs. 41-47).

1000

RUBIO CERCAS, MANUEL. *La merced del dardo. La Patología frente a los fenómenos místicos.* (En *Revista de Espiritualidad,* I, San Sebastián, 1941, n.° 1, páginas 89-101).

1001

SAINZ RODRIGUEZ, PEDRO. *Introducción a la historia de la literatura mística en España.* Madrid. Voluntad [1927]. 310 págs. + 2 hs. 21 cm.

Abundante bibliografía al final de cada capítulo.

Crítica:

a) Hernández, E., en *Razón y Fe,* LXXXI, Madrid, 1927, págs. 464-69.

b) Peers, E. A., en *Litteris,* V, Lund, 1928, págs. 235-43.

Ejemplares:

MADRID. *Academia Española.* 39-II-61. *Consejo. Patronato «Menéndez y Pelayo».* 7-2.654.

1002

—— *El problema histórico del misticismo español.* (En *Revista de Occidente,* XV, Madrid, 1927, páginas 324-46).

Son varios fragmentos de su *Introducción.*

1003

—— *Los místicos españoles en el siglo XVI.* (En *Reivindicación histórica del siglo XVI.* Madrid. Imp. de G. Hernández y G. Sáez. 1928. Págs. 57-84).

Conferencia.

Ejemplares:

MADRID. *Ateneo.* A-59. *Nacional.* 2-78.550.

1004

[SALA Y VILLARET, PEDRO]. *¿Los místicos españoles eran protestantes? Fray Luis de León. Con un prólogo contestación a la «Revista Carmelitana» de Segovia.* Madrid. Libr. Nacional y Extranjera. [Imp. de J. Cruzado]. 1892. 24 páginas. 19 cm.

Pretende demostrar que lo eran.

Ejemplares:

MADRID. *Nacional.* V-624-26.

1005

SANCHEZ DE MUNIAIN, JOSE MARIA. *Vida estética y vida mística.* (En *Revista de Ideas Estéticas,* IX, Madrid, 1951, págs. 29-58).

Tirada aparte: Madrid. [s. i.]. 1951. 58 págs. 24 cm.

Ejemplares:

MADRID. *Consejo. General.*

1006

SANCHIZ ALVENTOSA, JOAQUIN. *La escuela mística alemana y sus relaciones con nuestros místicos del Siglo de Oro. Prólogo de Angel González Palencia.* Madrid. Edit. Verdad y Vida. [Gráf. Administrativa]. 1946. XI + 237 págs. + 1 h. 24 cm.

Crítica:

a) Jacinto, P., en *Revista de Espiritualidad,* VI, San Sebastián, 1947, página 112.

b) Ortúzar, M., en *Estudios,* II, Madrid, 1946, págs. 197-98.

Ejemplares:

MADRID. *Academia Española.—Consejo. General.—Nacional.* 1-107.026.

1007

SAUDREAU, AUGUSTE. *L'état mystique. Sa nature. Ses phases.* París [Angers. Imp. Germain]. 1903. 260 págs. 17 cm.

Ejemplares:

MADRID. *Particular de «Razón y Fe».*

1008

—— *Les faits extraordinaires de la vie spirituelle.* París [Angers. Imp. Germain]. 1908. 407 págs. 17 cm.

Ejemplares:

MADRID. *Particular de «Razón y Fe».*

1009

—— *L'état mystique.* (En *La Ciudad de Dios,* XCVIII, El Escorial, 1914, págs. 90-102).

1010

—— *Genuino concepto del estado místico. Breve réplica a las cartas del P. Seisdedos.* (En *Revista Eclesiástica* XXXIV, Valladolid, 1914, págs. 252-58).

1011

—— *L'état mystique et les faits extraordinaires de la vie spirituelle.* París. 1919.

1012

—— *La vie d'union à Dieu d'après les grands maîtres de la spiritualité.* 3.ª ed. Angers. 1921.

1013

—— *Grâces d'ordre proprement mystique et grâces d'ordre angélique.* (En *Revue d'Ascétique et de Mystique,* IV, Toulouse, 1923, páginas 63-75).

1014

—— *Los grados de la vida espiritual...* Barcelona. [Imp. de E. Subirana]. 1929. XIV + 455 págs. 19 cm.

Ejemplares:

MADRID. *Nacional.* 2-76.111.

1015

SCHEUER, P. *Notes bibliographiques sur la contemplation infuse.* (En *Revue d'Ascétique et de Mystique,* IV, Toulouse, 1923, páginas 1*-32*).

1016

SEISDEDOS, SANZ, JERÓNIMO. *Principios fundamentales de Mística.* Madrid. G. del Amo. 1914-14. 3 vols. 20 cm.

Crítica:

a) A. O., en *Razón y Fe,* XXXVIII, Madrid, 1914, pág. 397. (Del II).

Ejemplares:

MADRID. *Consejo. Patronato «Menéndez y Pelayo».* 5-755/57. *Nacional.* 5-11.199.

1017

SERRANO, L. *Ascéticos benedictinos en lengua castellana.* (En *Revista Histórica,* II, Valladolid, 1924, págs. 183-205).

1018

SERRANO PLAJA, ARTURO. *Los místicos.* Buenos Aires. Edit. Atlántida. 1944. 143 págs. con ilustr. (Colección Oro de Cultura General).

1019

STOLZ, ANSELM. *Teología de la Mística.* [*Traducido por Luis Pelayo Arribas*]. Madrid. Rialp. [Altamira]. 1951. 301 págs. + 2 hs. 16,5 cm. (Colección Patmos, XIII).

Crítica:

a) Adolfo de la M. de Dios (P.), en *Revista de Espiritualidad,* XI, Madrid, 1952, págs. 231-32.

Ejemplares:

MADRID. *Ateneo.* D-7.387. *Consejo. General.—Nacional.* 4-38.689.

1020

SWAIN, J. O. *Costa Rican Mystics.* (En *Hispania,* XXV, Stanford, 1942, págs. 79-84).

1021

TANQUERAY, AD. *Compendio de Teología ascética y mística. Traducido... por Daniel García Hughes...* París. Desclée & Cía. [1930]. X + 1.020 + 31 páginas. 17 cm.

Ejemplares:

MADRID. *Consejo. General.*

1022

THURSTON, HERBERT. *The physical phenomena of Mysticism.* Londres. Burn Oates. 1952. 419 págs. 22 cm.

Crítica:

a) C. M. S., en *Manresa,* XXV, Madrid, 1953, págs. 356-57.

1023

—— *Los fenómenos físicos de misticismo... Versión de Gabriel de Manterola... Prólogo del P. Pedro Meseguer.* San Sebastián. Dinor. [Gómez]. 1953. 606 págs. 19 cm. (Colección Prisma, XI).

Ejemplares:

MADRID. *Nacional.* 4-41.199.

1024

TORRES Y GALEOTE, FRANCISCO. [*La Mística española y los «Triunfos del amor de Dios» de fray Juan de los Angeles*]. *Discursos leídos ante la Real Academia Sevillana de Buenas Letras en la recepción solemne de —...* Sevilla. Izquierdo y Cía. [s. a. ¿1907?] 70 páginas. 26 cm.

Ejemplares:

MADRID. *Nacional.* V-304-17.

1025

TRUHLAR, KAREL. *La lumiére de la Contemplation dans la nuit mystique.* (En *Nouvelle Revue Théologique*, LXXI, Lovaina, 1949, págs. 1063-71).

1026

—— *De experientia mystica.* Roma. 1951. XVI + 352 págs. 18,5 cm.

Con una bibliografía de los principales estudios aparecidos en los años 1939-1950.

Crítica:

a) A. R. M., en *Revista Española de Teología*, XII, Madrid, 1952, páginas 674-75.

b) Adolfo de la M. de Dios, en *Revista de Espiritualidad*, XI, Madrid, 1952, págs. 230-31.

c) Hernández, E., en *Manresa*, XXIV, Madrid, 1952, pág. 436.

1027

VACA, CESAR. *La dirección espiritual y el sexo. La mujer y la mística.* (En *Revista de Espiritualidad*, III, San Sebastián, 1944, páginas 1-2).

1028

—— *Hacia una Ascética científica. Relaciones de la psicología y de la psiquiatría con la ciencia espiritual.* (En *Revista de Espiritualidad*, I, San Sebastián, 1941, n.° 1, páginas 34-49).

1029

VALENTIN DE SAN JOSE. *Deontología médica y fenómenos místicos. Mística y Patología.* (En *Revista de Espiritualidad*, V, San Sebastián, 1946, págs. 506-26).

1030

VELOSO, A. *Mistica e jornalismo.* (En *Brotéria*, XLIV, Lisboa, 1946, págs. 5-20).

1031

VEUTHEY, LEONE. *L'unione con Dio.* (En *Miscellanea Francescana*, XLVIII, Roma, 1948, págs. 278-95).

1032

WATKIN, EDWARD INGRAM. *The philosophy of mysticism.* Londres. Grant Richards. [Edimburg. Riverside Press Limited]. 1920. 412 págs. 22 cm.

Ejemplares:

MADRID. *Consejo. General.*

RELACIONES CON OTRAS LITERATURAS

Influencia de las literaturas extranjeras

1033

ALONSO, DAMASO. *Un aspecto del petrarquismo: la correlación poética... Programa de la conferencia del día 21 de diciembre de 1950.* Madrid. Instituto Italiano de Cultura. [Gráf. Mora]. 1950. 22 págs. 24 cm.

Ejemplares:

MADRID. *Nacional.* V-2.208-84.

1034

CLAVERIA, CARLOS. *Le Chevalier délibéré de Olivier de la Marche y sus versiones españolas del siglo XVI.* Zaragoza. Institución Fernando el Católico. [Heraldo de Aragón] [1950]. 174 págs. + 1 h. + varias láms. 21,5 cm.

Crítica:

a) Aubrun, Ch. V., en *Bulletin Hispanique,* LIII, Burdeos, 1951, páginas. 430-32.

1035

GIULIAN, A. A. *Martial and the epigram in Spain in the sixteenth and seventeenth centuries.* Filadelfia. University of Pensylvania. 1930. 117 págs. 23 cm.

Tesis.

Crítica:

a) Cirot, G., en *Bulletin Hispanique,* XXXIII, Burdeos, 1931, págs. 259-61
b) Fitz-Gerald, Th. A., en *Hispania,* XIV, Stanford, 1931, págs. 239-41.
c) Sachs, G., en *Revista de Filología Española,* XX, Madrid, 1933, pág. 83.

Ejemplares:

MADRID. *Ateneo.* A-209. *Nacional.* V-1.028-13.

1036

GRISMER, RAYMOND LEONARD. *The influence of Plautus in Spain before Lope de Vega. Together with chapters on the dramatic technique of Plautus and the revival of Plautus in Italy.* Nueva York. Hispanic Institute. [Lancaster. Lancaster Press]. 1944. 210 páginas 19 cm.

Crítica:

a) Flórez, L., en *Boletín del Instituto Caro y Cuervo,* II, Bogotá, 1946, págs. 558-59.

Ejemplares:

MADRID. *Instituto de Cultura Hispánica.—Nacional.* 4-36.630.

1037

LOPEZ BARRERA, JOAQUIN. *Libros raros y curiosos. Literatura francesa hispanófoba en los siglos XVI y XVII.* (En *Boletín de la*

Biblioteca Menéndez Pelayo, VII, Santander, 1925, págs. 83-95, 152-64, 379-95; VIII, 1926, págs. 137-49; IX, 1927, págs. 137-43).

1038
MENENDEZ Y PELAYO, MARCELINO. *Humanistas españoles del siglo XVI.* (En *Estudios y discursos de crítica histórica y literaria.* Tomo II. Madrid. 1941. Páginas 3-23).

1039
MEOZZI, ANTERO. *La drammatica della rinascità italiana in Europa, sec. XVI-XVII.* Pisa. Nistri Lischi. 1940. 216 págs. 19 cm.

Ejemplares:

ROMA. *Nazionale.* 220.E.607.

1040
—— *Lirica della Rinascità italiana in Spagna e Portogallo (sec. XV-XVII).* Florencia. Ist. Naz. Studi sul Rinascimento. [L'Arte d. Stampa]. 1952. 116 págs. 24 cm.

Ejemplares:

ROMA. *Nazionale.* 220.M.628.

1041
POSADOWSKY (CONDE DE). *La literatura española del Siglo de Oro en Alemania.* (En *Revista de la Universidad de Oviedo,* III, Oviedo, 1942, págs. 249-65).

Conferencia.

1042
TIERNO GALVÁN, ENRIQUE. *El tacitismo en las doctrinas políticas del Siglo de Oro español.* (En *Anales de la Universidad de Murcia. Curso 1947-48,* Murcia, 1948, págs. 895-988).

1043
WELLINGTON, MARIE Z. *Sannazaro's Influence on the Spanish University Summaries of Doctoral Dissertations,* Evanston, 1952, páginas 79-83).

1044
WILLIAMS, ROBERT H. *Boccalini in Spain: A Study of His Influence on Prose Fiction of the Seventeenth Century.* Menasha. G. Banta. 1946. VIII + 139 págs.

Crítica:

a) Consiglio, C., en *Revista de Filología Española,* XXXI, Madrid, 1947, págs. 212-19.
b) Luciani, V., en *Hispanic Review,* XV, Filadelfia, 1947, págs. 472-75.
c) Llorens, V., en *Modern Language Notes,* LXIII, Baltimore, 1948, páginas 503-4.
d) Qualia, Ch. B., en *Hispania,* XXXI, Washington, 1948, págs. 112-13.
e) Río, Angel del, en *The Romanic Review,* XL, Nueva York, 1949, páginas 229-34.

Ejemplares:

MADRID. *Consejo. General.*

1045
ZAMORA VICENTE, ALONSO. *Sobre Petrarquismo. Discurso...* Santiago de Compostela. Universidad. 1945. 47 págs. 27 cm.

Crítica:

a) Consiglio, C., en *Revista de Filología Española,* XXX, Madrid, 1946, págs. 168-71.

Ejemplares:

MADRID. *Academia Española.* V. 61, n.º 9.

Erasmo

1046
ASENSIO, EUGENIO. *El erasmismo y las corrientes espirituales afines.* (En *Revista de Filología Española,* XXXVI, Madrid, 1952, págs. 31-99).

1047

BATAILLON, MARCEL. *Erasme et L'Espagne*. 1937.

V. n.º 860-61.

1048

GREEN, OTIS H. *Erasmus in Spain, 1589-1624*. (En *Hispanic Review*, XVII, Filadelfia, 1949, páginas 331-32).

1049

—— *Additional Data on Erasmus in Spain*. (En *Modern Language Quarterly*, X, Wáshington, 1949, págs. 47-48).

1050

PINTA LLORENTE, MIGUEL DE LA. [*Doble significación del erasmismo*]. (En *La Inquisición española y los problemas de la Cultura de la Intolerancia*. Madrid. Edics. Cultura Hispánica. 1953. Págs. 59-99).

Ejemplares:

MADRID. *Nacional*. 4-40.182.

BIO-BIBLIOGRAFIAS

1051
ALENDA [Y MIRA], J[ENARO]. *Catálogo de autos sacramentales, historiales y alegóricos.* 1916-23.

V. *B. L. H.*, II, n.º 219.

1052
ARCO, ANGEL DEL. *Apuntes bio-bibliográficos de algunos poetas granadinos de los siglos XVI y XVII.* (En *Revista de Archivos, Bibliotecas y Museos,* XVIII, Madrid, 1908, págs. 204-12; XIX 1909. págs. 102-10, 356-63; XX, págs. 241-46, 424-29...).

1053
GONZALEZ DE AMEZÚA, AGUSTIN. *Cómo se hacía un libro en nuestro Siglo de Oro.* (En *Bibliografía Hispánica,* V, Madrid, 1946, págs. 761-99).

1054
——. —— (En sus *Opúsculos histórico-literarios.* Tomo I. Madrid. 1951. Págs. 331-73).

1055
[GRISMER, RAYMOND LEONARD. *General bibliography of the spanish theatre in the sixteenth century*]. (En *The influence of Plautus in Spain...* 1944. Págs. 208-10).

1056
LABAYEN, ANTONIO MARIA. *El primer libro impreso en Tolosa.* (En *Boletín de la Real Sociedad Vascongada de Amigos del País,* IX, San Sebastián, 1953, páginas 435-43).

Fué la *Recopilación de los Fueros de Guipúzcoa,* en 1696.

1057
LOPEZ ESTRADA, FRANCISCO. *Sobre la imprenta en Sevilla en el siglo XVI.* (En *Archivo Hispalense,* Sevilla, 1953, n.º 57, páginas 37-48).

Adiciones a la *Tipografía* de Escudero.

1058
RETRATOS de autores españoles sacados en fac-símile de antiguas ediciones de sus obras. Primera serie: 1563-1701. Van unidos por apéndice cinco retratos en litografía, de poetas de la escuela sevillana del siglo XVIII. Edición de 50 ejemplares. Sevilla. Litografía de Enrique Utrera. 1860. 4 hs. 38 páginas + 1 h. + V págs. 31,5 cm.

Ejemplares:

MADRID. *Nacional.* B.A.-6.820 (con ex-libris de C. A. de la Barrera).

1059

RODRIGUEZ MARIN, FRANCISCO. *Nuevos datos para las biografías de algunos escritores españoles de los siglos XVI y XVII.* (En *Boletín de la R. Academia Española,* V, Madrid, 1918, páginas 192-213, 312-32, 435-68, 618-47; VI, 1919, págs. 54-115, 235-60, 386-420, 568-626; VII, 1920, páginas 368-423; VIII, 1921, páginas 64-93, 199-225; IX, 1922, páginas 77-117, 237-61, 500-2; X, 1923, págs. 294-239).

1060

—— *Nuevos datos para las biografías de cien escritores de los siglos XVI y XVII.* Madrid. Tip. de la Revista de Archivos. 1923. 523 págs. 24 cm.

Se citan separadamente sus capítulos en la parte dedicada a los autores correspondientes.

Ejemplares:

MADRID. *Nacional.* 2-71.703.

1061

SIMON DIAZ, JOSE. *Libros madrileños de los Siglos de Oro.* (En *Revista de Literatura,* III, Madrid, 1953, págs. 131-62).

Tirada aparte de 150 ejemplares numerados: Madrid. Instituto de Estudios Madrileños [Gráf. Uguina]. 1953. 36 págs. + 4 hs. de láms. 20 cm. Catálogo de una exposición de libros de los siglos XVI y XVII relacionados con Madrid.

1062

TUÑON DE LARA, RAFAEL. *Curiosidades biblio-tipográficas de la provincia de Jaén. Primeros libros impresos en... Baeza.* (En *Don Lope de Sosa,* XI, Jaén, 1923, páginas 173-78).

En 1551.

AMERICA

1063

CARREÑO, ALBERTO MARIA. *La Imprenta y la Inquisición en el siglo XVI.* (En *Estudios eruditos in memoriam de A. Bonilla y San Martín.* Tomo I. Madrid. 1927. Páginas 91-114).

Se refiere a Méjico.

1064

LEONARD, IRVING A. *Light reading in sixteenth-century Spanish-America.* (En *Bulletin of the Pan-American Union,* LXXVII, Washington, 1943, págs. 493-99).

Sobre las obras enviadas de España a las colonias, entre las que figuraban libros de caballerías y ejemplares del *Quijote.* Artículo traducido en las ediciones portuguesas (vol. XLV, n.° 10, págs. 483-89) y española (LXXVIII, n.° 3, págs. 145-51) del *Bulletin.*

1065

—— *Una venta de libros en México, 1576.* (En *Nueva Revista de Filología Hispánica,* II, Méjico, 1948, págs. 174-85).

1066

LIBROS de Caballerías en América en 1549. (En *Mar del Sur,* X, Lima, 1953, pág. 81).

Transcripción de la lista de los libros embarcados por Alonso Cabezas para Nombre de Dios, en Tierra Firme, en 1549, conservada en el Archivo Nacional del Perú. En ella se mencionan «nueve libros de cavallerías».

1067

MILLARES CARLO, AGUSTIN. *Dos datos nuevos para la historia de la imprenta en México en el si-*

glo XVI. (En *Nueva Revista de Filología Hispánica,* VII, Méjico, 1953, págs. 702-8).

1068
MIRALLES DE IMPERIAL, CLAUDIO. *Censura de publicaciones en Nueva España (1576-1591. Anotaciones documentales).* (En *Revista de Indias,* XI, Madrid, 1950, págs. 817-46).

1069
TORRE REVELLO, J. *Un catálogo impreso de libros para vender en las Indias occidentales en el siglo XVII.* (En *Boletín del Instituto de Investigaciones Históricas,* Buenos Aires, 1929, n.° 40, págs. 233-53).

1070
—— *Lista de libros embarcados para Buenos Aires en los siglos XVII y XVIII.* (En ídem, 1930, n.° 43-44, págs. 29-50).

1071
ZULAICA GARATE, ROMAN. *Los franciscanos y la Imprenta en México en el siglo XVI...* 1939.

V. *B. L. H.,* II, n.° 1889.

Crítica:

b) López, A., en *Archivo Ibero-Americano,* I, Madrid, 1941, págs. 324-29.

AUTORES

ABAD (FR. ANTONIO)

N. de Cardona. Dominico. Lector de Teología en el convento de Sta. Catalina, de Barcelona y catedrático de su Universidad. M. en 1712.

CODICES

1072

[*Theologia moralis.* 6 vols.—*Philosophia.* 1 vol.—*Sermones varios*]. Obras inéditas que se guardaban bajo la signatura D. II. 2 en el convento de dominicos de Barcelona, según Torres Amat.

EDICIONES

1073

LIBRO (El) de San Matheo expvesto a los oios de la piedad para la aclamacion de Maria en su Original Pureza. Oracion panegyrica, y evangelica qve sabado a 15 de deziembre de 1691 en el Dia Octavo de las Fiestas, que en solemnissimo Annual Culto consagra à la Immaculada Concepcion de la Virgen su Real, y Antiquissima Cofadria (sic), *en la Santa Iglesia Cathedral de Barcelona, dixo...* ——... Barcelona. Martin Gelabert. 1692. 8 hs. + 17 págs. 19,5 cm.

—Censura de Fr. Vicente Millet, dominico.
—Censura del Dr. Pedro Dimas Potau de Zarreal.
Texto.

Ejemplares:

MADRID. *Nacional.* 2-57.808.

1074

FENIX (El) de fama inmortal. Idea de las españolas milicias, que en el assedio de Barcelona y en su defensa... murieron intrépidamente. Oración fúnebre en las exequias, que... Barcelona celebra el 15 de abril de 1698 por sus hijos y soldados muertos en el Sitio... y en su defensa. Barcelona. Thomas Loriente. [s. a., pero 1698]. 21 hs. 4.°

Ejemplares:

TARRAGONA. *Pública.* P. V. 60 (2); P. V. 63 (5).

1075

ORACION fúnebre en las exequias del Augustissimo Señor Emperador Joseph primero, que celebró la... Ciudad de Barcelona en su Iglesia Cathedral, 11 de Julio de 1717. Barcelona. Juan Pablo Martir. 1711. 10 hs. + 32 págs. 4.°

Ejemplares:

TARRAGONA. *Pública.* P. V. 43 (3); P. V. 37 (17).

1076

FESTIVOS aplausos que consagra a Dios trino y uno la... ciudad de Barcelona por haber elevado en el santo estado de religiosas a las mujeres arrepentidas Barcelona. 1712.

Ejemplares:

TARRAGONA. *Pública.* P. V. 52 (1).

1077

[*Un Sermón de la Concepción predicado en la Catedral de Barcelona*]. 1691.

Cit. por Torres Amat, que alude a un ejemplar de la Biblioteca Episcopal de Barcelona.

1078

[*Oración fúnebre en las fiestas de la paz general de 1698*].

Cit. por Torres Amat, con referencia a un ejemplar de la Biblioteca Episcopal de Barcelona.

ESTUDIOS

1079

TORRES AMAT, FELIX. *Abad o Abat, Fr. Antonio.* (En sus *Memorias para... un Diccionario... de los escritores catalanes.* 1836. Página 1).

ABAD (FR. BAUTISTA)

N. en Alcoy. Agustino. Vicario del Reino de Valencia. M. por 1701.

EDICIONES

1080

[*CARTA, que ——, Vicario Prouincial de San Agustín, escriuió al Excelentíssimo Señor Duque de Veraguas, Virrey, y Capitan General de dicho Reyno*]. [s. l. s. i.]. [s. a.]. 3 hs. 28 cm.

Carece de portada. Fechada a 18 de septiembre de 1680.

V. Medina, *Biblioteca hispanoamericana,* VI, n.º 6.152. («Se pregunta si será impresión de Madrid y de 1680»).

Ejemplares:

LONDRES. *British Museum.* 4783. e. 1 (12). — MADRID. *Nacional.* R - Varios, 201-131.

ESTUDIOS

1081

SANTIAGO VELA, GREGORIO DE. *Abad, Fr. Juan Bautista.* (En su *Ensayo de una Biblioteca... de la Orden de San Agustín.* Tomo I. 1913. Pág. 1).

ABAD (FR. HERNANDO)

Agustino. Lector de Teología en el convento de Valladolid.

EDICIONES

Aprobaciones

1082

[*APROBACION de la Segunda parte. Valladolid, 13 de septiembre de 1603*]. (En Cairasco de Figueroa, Bartolomé. *Templo militante...* Valladolid. 1603. Preliminares).

Ejemplares:

MADRID. *Nacional.* R-166.

ABAD (FR. JOSE)

N. en Carenas (1603). Mercedario. Rector del Colegio de su Orden y Catedrático de la Universidad de Huesca. M. en 1667.

EDICIONES

Sermones

1083

SERMON funebre en la muerte del Ilmo. y Rmo. señor Obispo D. Fr. Marcos Salmerón, General que fué de la Orden. Huesca. Juan F. Larrumbe. 1648. 4.°

Cit. por Latassa y Garí.

1084
SERMON a la Pvrificacion de la Virgen Señora Nvestra. Fiesta... a las reales bodas de nvestros Catolicos Reyes. Predicólo en la Cathedral de Huesca, el P. M. F. ——... (En Amada y Torregrosa, Ioseph Felix. *Palestra nvmerosa avstriaca*... Huesca. Larumbe. 1650. 23 páginas).

Ejemplares:

LONDRES. *British Museum*. 811.d.20.—MADRID. *Academia Española*. 37-VI-3. *Nacional*. 2-66.981.

1085
SERMON panegirico de san Lorenzo mártir, que dijo en el 2.° día de su octava en la parroquia de su nombre. Huesca. Juan F. de Larrumbe. 1666. 4.°

Cit. por Latassa y Garí.

Aprobaciones y censuras

1086
APROBACION. (En Amada y Torregrosa, Ioseph Felix de. *Palestra numerosa austriaca*... Huesca. 1650. Preliminares).

1087
[*CENSURA. Huesca, 15 de junio de 1664*]. (En Aguirre, Matías de. *Consuelo de pobres*... Huesca. 1664. Preliminares).

Ejemplares:

MADRID. *Nacional*. 2-34.322.

Obras perdidas

1088
Otras oraciones sagradas.

Cit. por Latassa y Garí.

1089
Varias poesías.

Cit. por Latassa y Garí.

ESTUDIOS

1090
ANDRES DE UZTARROZ, JUAN FRANCISCO. [*Elogio de Fr. Joseph Abad*]. (En su *Aganipe de los cisnes aragoneses*... Amsterdam. 1781. Pág. 95).

1091
GARI Y SIUMELL, JOSE ANTONIO. *Fr. José Abad*. (En su *Biblioteca Mercedaria*. 1875. Pág. 3).

1092
LATASSA Y ORTIN, FELIX DE. *Fr. José Abad*. (En su *Biblioteca nueva de los escritores aragoneses*... Tomo III. 1799. Págs. 375-77).

ABAD (JUAN)

N. de Alcoy.

EDICIONES

1093
RELACION verdadera del daño y muertes que ha hecho un grave y terrible terremoto en la Villa de Alcoy, Reyno de Valencia, en 2 de Diciembre año 1620, con otras cosas dignas de ser sabidas. Valencia [s. i.]. [s. a.]. 4.°

En verso. Cit. por Fuster.

ESTUDIOS

1094
FUSTER, JUSTO PASTOR. *Juan Abad*. (En su *Biblioteca Valenciana*... Tomo I. Valencia. 1827. Página 221).

ABAD (FR. JUAN BAUTISTA)

V. *ABAD (FR. BAUTISTA)*.

ABAD DE AYALA (JACINTO)

Aposentador y Gentilhombre de la Compañía de los Cien Continuos hijosdalgo de Castilla.

EDICIONES

El más desdichado amante.

1095

NOVELA del mas desdichado amante, y pago que dan mvgeres. Madrid. Iuan Sanchez. 1641. 6 hs. + 31 fols. 17 cm.

—Suma de la Licencia.
—Suma de la Tassa.
Fee de Erratas.
—Aprouación del P. Fray Diego Niseno.
—Licencia del Ordinario.
—Aprovacion del Consejo, por el Lic. Francisco Caro de Torres.
—Anarda. Al Autor. En alabança de auer elegido a don Christoual Portocarrero, Conde del Montijo, por Protector de su obra. Dezimas. [«Surca nautico viandante...»].
—Francisco Antonio. Al Autor. Dezimas. [«Conquisto Alexandro el mundo...»].
—Pedro de Castro. Al Autor. Dezimas. [«Surque el peregrino mares...»].
—Alonso Messia. Al Autor. Dezimas. [«Tan bien de amor descriuis...»].
—Felipe del Campo. Al Autor. Soneto. [«Si la misma eloquencia se perdiera...»].
—Francisco Navarrete. Al Autor. Dezima. [«La ingratitud en muger...»].
—Dedicatoria a D. Christoval de Portocarreo y Luna. Conde del Montijo, etc.
—Al que leyere.
Texto (con algunas poesías intercaladas en el relato).

V. Gallardo, *Ensayo,* I, n.° 1.

Ejemplares:

MADRID. *Nacional.* R-7.431.

Poesías sueltas

1096

[*DECIMA*]. (En Navarrete y Ribera, Francisco. *Flor de Sainetes.* Madrid. 1640. Preliminares).

Ejemplares:

MADRID. *Nacional.* R-1.556.

1097

[*DEZIMA al Autor*]. (En Navarrete y Ribera, Francisco de. *La Casa del juego.* Madrid. 1644. Preliminares).

Ejemplares:

MADRID. *Nacional.* R-7.481.

ESTUDIOS

1098

[VAL, JOAQUIN DEL. *Abad de Ayala*]. (En *Historia general de las Literaturas Hispánicas.* Tomo III. 1953. Págs. LXIV-LXV).

ABAD DE CONTRERAS (ALONSO)

Licenciado.

EDICIONES

Poesías sueltas

1099

[*QUINTAS*]. (En Jiménez Patón, Bartolomé. *Elocuencia Española en Arte.* Toledo. 1604. Preliminares).

Ejemplares:

MADRID. *Nacional.* R-15.007.

ABAD Y HUERTA (DOMINGO)

EDICIONES

Aprobaciones

1100

[*APROVACION. Valencia, 5 de abril de 1616*]. (En *Norte de la*

Poesía Española, illustrado del sol de doze Comedias... Valencia. 1616. Preliminares).

V. n.º 311.

ABADIA (FR. LUIS)

V. *PUEYO Y ABAD (LUIS).*

ABARBANEL

V. *ABRAVANEL.*

ABARCA (ANTONIO SALVADOR DE)

N. en Sallent. Doctor en Derecho. Deán de la catedral de Jaca.

CODICES

1101

[*Varias obras eruditas, de título y paradero desconocidos*].

ESTUDIOS

1102

LATASSA Y ORTIN, FELIX DE. *Don Antonio Salvador de Abarca.* (En su *Biblioteca nueva de los escritores aragoneses*... Tomo II. 1799. Pág. 82).

1103

MARTON, LEON BENITO. [*Noticia sobre Antonio Salvador de Abarca*]. (En *Sallent, cabeza de el valle de Tena, sus antigüedades, y varones insignes*... Pamplona. 1750. Págs. 188-89).

Se basa en Méndez Silva y declara que nunca llegó a ver sus obras.

Ejemplares:

MADRID. *Nacional.* 2-71.027.

1104

MENDEZ SILVA, RODRIGO. [*Referencia a Antonio Salvador de Abarca*]. (En *Población general de España*... Madrid. 1645. Pág. 143).

Hablando de los hijos ilustres de Sallent, dice: «Aqui nació el doctor don Antonio Salvador de Abarca... cuya pluma y erudición es bien notoria.»

Ejemplares:

MADRID. *Nacional.* 1-31.116.

ABARCA (BARBARA)

EDICIONES

Poesías sueltas

1105

[*REDONDILLAS en alabança del Santo*]. (En Aguilar, Gaspar. *Fiestas que... Valencia ha hecho por la beatificación del Santo Fray Luys Bertrán*... Valencia. 1608. Páginas 320-22).

ABARCA (FR. DIEGO DE)

EDICIONES

Aprobaciones

1106

[*APPROBACION. Córdoba, 20 de noviembre de 1621*]. (En Nava, Fr. Fernando de la. *Tractado primero de la obligación que tienen las Religiosas del Choro de rezar el Officio Divino.* Córdoba. 1621. Preliminares).

Ejemplares:

MADRID. *Nacional.* 7-16.747.

ABARCA (ESPERANZA)

EDICIONES

Poesías sueltas

1107

[*REDONDILLAS*]. (En Aguilar, Gaspar. *Fiestas que... Valencia ha hecho por la beatificación del Santo Fray Luys Bertrán...* Valencia. 1608. Págs. 318-20).

ABARCA (FLORENCIO)

V. *LOPEZ ABARCA (FLORENCIO).*

ABARCA (FRANCISCA)

ESTUDIOS

1108

ANDRES DE UZTARROZ, JUAN FRANCISCO. [*Elogio de Francisca Abarca*]. (En su *Aganipe de los cisnes aragoneses...* Amsterdam. 1781. Págs. 70-71).

ABARCA (FR. JUAN DE)

N. en Toledo. Agustino. Procurador general de su Orden en Filipinas (1639). M. en 1656.

EDICIONES

1109

[*Dos Memoriales al Rey. 1651* (?)]. (En Colín, . *Labor evangélica.* Ed. Pastells. Tomo III. Páginas 701-2 y 706-8).

Cit. por Santiago Vela.

ESTUDIOS

1110

SANTIAGO VELA, GREGORIO DE. *Abarca, Fr. Juan de.* (En su *Ensayo de una Biblioteca... de la Oren de San Agustín.* Tomo I. 1913. Págs. 2-3).

ABARCA (FR. JULIAN)

Trinitario.

EDICIONES

Aprobaciones y censuras

1111

[*CENSURA. Madrid, 4 de junio de 1628*]. (En Pellicer de Salas y Tovar, José. *Lecciones solemnes a las obras de D. Luis de Góngora...* Madrid. 1630. Preliminares).

Ejemplares:

MADRID. *Nacional.* 3-75.927.

1112

[*APROBACION. Madrid (?), 1 de julio de 1630*]. (En Salas Barbadillo, Alonso Jerónimo de. *Coronas del Parnaso...* Madrid. 1635. Preliminares).

Ejemplares:

MADRID. *Nacional.* R-4.621.

ABARCA (LORENZO)

N. de Huesca. Señor de Serué. Alférez.

CODICES

1113

[*Larga carta sobre la derrota sufrida por los franceses luteranos que habían invadido las montañas de Jaca, por el capitán Juan de Monpahon y ——. Biercas, 20 de febrero de 1592*].

«Se conserva en el Archivo de la Ciudad de Huesca.» (Latassa).

ESTUDIOS

1114

LATASSA Y ORTIN, FELIX DE. *Don Lorenzo Abarca.* (En su *Biblioteca nueva de los escritores aragoneses...* Tomo II. 1799. Pág. 80).

ABARCA (P. PEDRO)

N. en Jaca en 1619. Jesuíta. Profesor de Filosofía y Teología en los Colegios de Valladolid y Salamanca. Catedrático de su Universidad y Cronista mayor de Castilla. M. en Salamanca en 1697.

CODICES

1115

«Disputa histórica... sobre la existencia de los pretendidos Reyes de Sobrarbe».

Letra del s. XVII. 195 × 145 mm.
MADRID. *Nacional.* Mss. 1.863 (folios 25*r*-59*v*).

1116

«Disputa histo[rica] de los Reynados de Pamplona en el primer siglo de España restaurada».

Nota marginal: «Del P. M.º Pedro Abarca de la Compañía de Jesús.»
Letra del s. XVII. 195 × 145 mm.
Fols. 13*r*-15*v*: «Digression. A las imaginadas venidas del Emper[ador] Carlos Crasso, y algunas de las fabulas de Bernardo del Carpio.»
MADRID. *Nacional.* Mss. 1.863 (folios 1*r*-23*r*).

1117

[*Delación que hizo de tres sermones predicados por Fr. Jacinto de la Concepción*].

6 hs. 4.º
V. Uriarte-Lecina, *Bibliioteca,* I, página 11, n.º 36.
SALAMANCA. *Universitaria.*

1118

[*Notas al Sermón, predicado en la infra octava de S. Agustín, por Fr. Jacinto de la Concepción en su Colegio de los PP. Recoletos de Salamanca en 3 de Setiembre de 1690*].

10 hs. Fol. Además de éste, que es el original, hay dos copias en la misma Biblioteca.
V. Uriarte-Lecina, I, pág. 11, n.º 39.
SALAMANCA. *Universitaria.*

1119

[*Breve noticia del Bayanismo y Jansenismo*].

8 hs. 4.º
V. Uriarte-Lecina, I, págs. 11. n.º 49.
SALAMANCA. *Universitaria.*

1120

[*Papeles varios sobre Jansenismo y Galicanismo*].

158 hs. 4.º En parte autógrafos.
V. Uriarte-Lecina, I, n.º 50.
SALAMANCA. *Universitaria.*

1121

[*Doctrinas dignas de reparo en el libro del Christiano interior*].

11. hs. 4.º
V. Uriarte-Lecina, I, págs. 11-12, número 52.
SALAMANCA. *Universitaria.*

1122

[*Consulta sobre el Culto de los tres Sanctos Martires de Ledesma...* 1691].

12 hs. 4.º
V. Uriarte-Lecina, I, pág. 12, n.º 53.
SALAMANCA. *Universitaria.*

1123

[*Apuntaciones sobre antigüedades y genealogías*].

En parte autógrafas. 81 hs. 4.º
V. Uriarte-Lecina, I, pág. 12, n.º 56.
SALAMANCA. *Universitaria.*

1124

[*El orden no inverosímil, que para los primeros Reyes de Aragón y Navarra se podría señalar, para no hacer ridículos los intentos que tan temerarios se representan de los Reynados llamados de Sobrarbe*].

Autógrafo. 27 hs. 4.º
V. Uriarte-Lecina, I, pág. 12, n.º 57.
SALAMANCA. *Universitaria.*

1125

[*Reyes de Cordova, segvn las cuentas más exactas*].

Autógrafo. 4 hs. 4.º

V. Uriarte-Lecina, I, pág. 12, n.° 58.
SALAMANCA. *Universitaria.*

1126

[*Otros*].

Uriarte-Lecina mencionan cerca de un centenar, casi todos en latín, conservados en diversas bibliotecas. De los teológicos de Valladolid, hay minuciosa descripción en *Archivo Teológico Granadino,* VII, 1944, págs. 6-12.

EDICIONES

1127

REYES (*Los*) *de Aragón en anales históricos... Primera parte.* Madrid. Imp. Imperial. 1682. 10 hs. + 324 fols. a 2 cols. 20 cm.

—Dedicatoria a Carlos II en su Consejo de Aragón.
—Licencia del Padre Prouincial.
—Resumen de esta Aprobacion.
—Licencia del Ordinario.
—Resumen de esta Aprobacion.
—Privilegio.
—Fee de erratas.
—Tassa.
—Indice de los títulos y capítulos.
Texto.

V. *Catálogo de la biblioteca de Salvá,* II, n.° 2.800.

Ejemplares:

LONDRES. *British Museum.* 179.f.18.—MADRID. *Academia Española.* S.C.=5-A-97. *Academia de la Historia.* 4-1-4-282; etc. *Consejo. Patronato «Menéndez y Pelayo».* 1-875. *Facultad de Filosofía y Letras.* 9 (465,2). *Nacional.* 1-24.163; etc.—NUEVA YORK. *Hispanic Society.*—PARIS. *Nationale.* Ob.30.—ROMA. *Nazionale.* 7.6.L.6.

1128

SEGVNDA parte de los Anales historicos de los Reyes de Aragon. Salamanca. Lucas Perez. 1684. 6 hs. + 418 fols. a 2 cols. + 8 hs. 30 cm.

—Dedicatoria a D.ª Catalina de Aragon Folc de Cardona y Cordova, Duquesa de Segorbe, Lerma y Medinaceli, etc.
—Advertencia.
—Censura de D. Diego de la Cueva y Aldana, Obispo de Valladolid.
—Privilegio.
—Tassa.
Texto.
—Adiciones o explicaciones.
—Indice de ambas partes.
—Fe de erratas.

Ejemplares:

LONDRES. *British Museum.* 179.f.19.—MADRID. *Academia Española.* S.Coms. =5-A-98. *Academia de la Historia.* 4-1-4-283; etc. *Consejo. Patronato «Menéndez y Pelayo».* 1-876. *Facultad de Filosofía y Letras.* 9 (465.2). *Nacional.* 1-24.164; etc.—NUEVA YORK. *Hispanic Society.*—PARIS. *Nationale.* Ob.30.—ROMA. *Nazionale.* 7.6.L.7.

1129

SVMA del Parecer del P. M. —— Cathedratico de Prima en la Vniversidad de Salamanca, en el Claustro de Diputados, sobre la cedula Real de la renunciación de su Cathedra. [s. l. s. i.] [s. a.] 1 h. 4.°

ESTUDIOS

1130

ANTONIO, NICOLAS. *Petrus Abarca.* (En su *Bibliotheca Hispana Nova.* Tomo I. 1788. Pág. 164).

1131

LATASSA Y ORTIN, FELIX DE. *P. jesuita Pedro Abarca.* (En su *Biblioteca de los escritores aragoneses...* Tomo III. 1799. Páginas 575-77).

1132

URIARTE, JOSÉ EUGENIO DE y MARIANO LECINA. *Abarca, Pedro de.* (En *Biblioteca de escritores de la Compañía de Jesús...* Tomo I. 1925. Págs. 6-13).

ABARCA DE BOLEA (ANA FRANCISCA)

Religiosa cisterciense. Abadesa del Real Monasterio de Casbas.

CODICES

1133

[*Vida de San Félix Catalicio*].

Entregó el ms. a los PP. Capuchinos (B. V. de Alhambra, en su Prólogo a la *Vigilia*).

1134

[*Aparecimiento y milagros de una imagen de la Virgen de Gloria*].

Cit. por Alhambra en el mismo lugar.

EDICIONES

1135

CATORZE vidas de Santas de la Orden del Cister. Zaragoza. Herederos de Pedro Lanaja y Lamarca. 1655. 20 hs. + 374 págs. 19 cm.

—Epistola del Dr. Manuel de Salinas y Lizana.
Interesante. Se ocupa de los antepasados, obras y prendas de la autora.
—Carta. Elogio a su obra, por Francisco de la Torre, caballero de Calatrava.
—Censura y aprobacion de Iñigo Royo, abad de San Vitorian.
—Aprobaciones del P. Francisco Salvá y Fr. Juan Ruiz.
—Licencia de la Orden.
—Dedicatoria a Miguel Escartin, monje profeso del R. Monasterio de Ntra. Sra. de Pineda.

V. Jiménez Catalán, *Tipografía zaragozana del s. XVII*, n.° 623.

Ejemplares:

MADRID. *Nacional*. 2-68.699.—ZARAGOZA. *Universitaria*. A-62-283.

1136

VIDA de la Gloriosa Santa Svsana Virgen, y Martir, y Patrona de la Villa de Maella, en el Reyno de Aragon, Lvgar del Marqves de Torres. Escrívela Su Tía Doña ——. Zaragoza. Herederos de Pedro Lanaja y Lamarca. 1671. 10 hs. + 112 págs. 20 cm.

Preliminares, según Jiménez Catalán:
—Aprobación de D. José Corredor.
—Licencia de la Orden.
—Aprobación de Fr. Raimundo Lumbier.
—Licencia del Consejo.
—Aprobación de Bartolomé Pérez de Nueros.
—Dedicatoria a D. Juan de Austria
—Proemio.

V. Jiménez Catalán, *Tipografía zaragozana del s. XVII*, n.° 814.

Ejemplares:

ZARAGOZA. *Universitaria*. A-62-199.

1137

VIGILIA, y octavario de San Ivan Baptista. La escrivio, en su nunca ociosa juventud, ...——... Dalo a la estampa D. Baltasar Vicente de Alhambra. Zaragoza. Pasqual Bueno. 1679. 12 hs.+241 págs. 21 cm.

—Dedicatoria a D. Bernardo Abarca de Bolea, Marques de Torres, por Baltasar Vicente de Alhambra.
—Censuras de Fr. Raymundo Lumbier, carmelita, y Fr. Francisco Sobrecasas, dominico.
—Respuesta de don Thomas Abarca de Vilanova, a la Carta que le escrivió mi Señora Doña Francisca Bernarda de Vilanova, su tia, dandole noticia de que se lograva la impression de este libro. Romance acrostico. [«Agradecido, Señora...»].
—A mi señora Doña Francisca Bernarda Abarca de Vilanova. Por Baltasar Vicente de Alhambra.
—A Doña Ana Abarca de Bolea, Carta de D. Baltasar de Funes y Villapando.
—A los cinco libros qve ha escrito mi señora Doña Ana Abarca. Vexamen de D. Baltasar Vicente de Alhambra. [«A una Dama pretendo...»].
—A mi señora doña Ana Abarca. Da cventa D. Baltasar Sebastian Vicente de Alhambra, de que recibió su Padre el manuscrito, día de Pascua de Resurreccion. Dézimas. [«Este Libro, sepultado...»].
—Prólogo al discreto lector.
—Erratas.

Texto.

V. Jiménez Catalán, *Tipografía zaragozana del s. XVII*, n.° 937; Serrano y Sanz, *Biblioteca de escritoras*, I, n.° 3. (Reproduce tres de las poesías).

Ejemplares:

MADRID. *Nacional*. 3-43.976. — NUEVA YORK. *Hispanic Society*. — ZARAGOZA. *Universitaria*. A-62-263.

Poesías sueltas

1138

[*OCTAVAS*]. (En Amada y Torregrosa, José Félix de. *Palestra numerosa austríaca*... 1650.

1139

SONETO a la Virgen de Gloria, Patrona del monasterio de Casbas. [Edición de M. Serrano y Sanz]. (En *Apuntes*... Tomo I. Pág. 9).

«Si aqui donde la Noble Doña Oria...». Reproducido de un ms. del archivo de dicho monasterio.

1140

[*DOS Sonetos*]. (En *Contienda poetica, que... Zaragoza propuso a los ingenios españoles, en el fallecimiento del Serenissimo Señor Don Balthasar Carlos de Austria*... [s. l. s. a.]. Págs. 53-54).

Ejemplares:

MADRID. *Nacional*. 3-22.502.

1141

[*LIBRO (Al) que escrive Don Francisco de la Torre, intitulado Baraja nueva de versos*]. (En [Torre y Sebil, Francisco de la]. Feniso de la Torre [seud.]. *Entretenimiento de las Musas*... Zaragoza 1654. Preliminares).

Ejemplares:

MADRID. *Nacional*. R-9.408.

Cartas

1142

[*CARTAS a Andrés de Uztarroz. Edición de Manuel Serrano y Sanz*] (En *Apuntes para una Biblioteca de Escritoras Españolas*... Tomo I. 1903. Págs. 3-5).

ESTUDIOS

1143

ALVAR, MANUEL. *Estudios sobre el «Octavario» de D.ª Ana Abarca de Bolea*. [Zaragoza]. Institución Fernando el Católico. [E. Berdejo Casaña]. 1945. 89 págs. + 1 h. 24,5 cm.

Crítica:

a) Díez Mateo, Félix, en *Helmántica*, II, Salamanca, 1951, págs. 366-67.
b) González Echegaray, Carlos, en *Boletín de la Biblioteca de Menéndez Pelayo*, XXII, Santander, 1946, páginas 79-81.

Ejemplares:

MADRID. *Facultad de Filosofía y Letras*. S°30.—*Instituto de Cultura Hispánica*.—*Nacional*. 1-101.939.

1144

ANDRES DE UZTARROZ, JUAN FRANCISCO. [*Elogio de Ana Francisca de Bolea*]. (En su *Aganipe de los cisnes aragoneses*... Amsterdam. 1871. Pág. 57).

1145

CASTRO Y CALVO, JOSE MARIA. *Prosas y versos de D.ª Ana F. Abarca de Bolea*. (En Aragón, XIV, Zaragoza, 1938, págs. 4-6, 38-39, 58-60, 76-78, 99-100, 119-20, 139-40, 158-60, 196).

Tirada aparte: Zaragoza. Berdeño. 1938. 59 págs. 21 cm.

Ejemplares:

MADRID. *Academia de la Historia*. Caja 699, n.° 15.182.

1146

GARCIA CARRAFFA, ALBERTO y ARTURO. *Abarca de Bolea*. (En *Diccionario heráldico y genealógico de apellidos españoles*... Tomo I. Madrid. 1920. Págs. 53-57).

1147

GRACIAN, BALTASAR. [*Elogio de D.ª Ana Abarca de Bolea*]. (En su *Agudeza y Arte de Ingenio*... 2.ª ed. Huesca. 1648. Págs. 220-21).

«...la muy noble, y ilustre Señora, Doña Ana de Bolea..., tía del Marqués de Torres, compitiéndose la Nobleza, la virtud, y su raro Ingenio, heredado del Insigne, y erudito Don Martín de Bolea su Padre; cuyas Poesías han sido siempre aplaudidas, y estimadas. En uno, y no el menos conceptuoso de sus muchos, y elegantes Poemas dixo...»

Ejemplares:

MADRID. *Nacional.* R-15.230.

1148

LATASSA Y ORTIN, FELIX DE. *Doña Ana Francisca Abarca de Bolea.* (En su *Biblioteca nueva de los escritores aragoneses*... Tomo III. 1799. Págs. 412-13).

1149

MUÑIZ, ROBERTO. *Abarca de Bolea Mur y Castro, Doña Ana Francisca.* (En su *Biblioteca Cisterciense Española.* Burgos. 1793. Págs. 1-4).

1150

SERRANO Y SANZ, MANUEL *Abarca de Bolea, D.ª Ana Francisca.* (En sus *Apuntes para una Biblioteca de Escritoras Españolas*... Tomo I. 1903. Págs. 1-9).

ABARCA DE BOLEA (IÑIGO)

N. de Zaragoza.

EDICIONES

1151

TRATADO para disponer a la Oración mental, y otros diferentes sobre este objeto, en prosa. Zaragoza. 1552. 8.º

Lleva unida una *Suma de la Oración Mental.*

Cit. por Latassa.

1152

BACULO de nuestra peregrinación, en que se trata como se ha de unir nuestra voluntad con la Divina. Zaragoza. 1558. 8.º

En verso.

Cit. por Latassa, *Biblioteca*..., I, página 292.

1153

TRATADO de unión del Alma con Dios mediante entendimiento y amor de su perfección... Zaragoza. Pedro Bernuz. 1570. 32 hs. 8.º

Poema en quintillas.

V. *Catálogo de la biblioteca de Salvá,* I, n.º 469; Sánchez *Bibliografía aragonesa del s. XVI,* II, n.º 488.

ESTUDIOS

1154

ANDRES DE UZTARROZ, JUAN FRANCISCO. [*Elogio de Luis de Bolea*]. (En su *Aganipe de los cisnes aragoneses*... Amsterdam. 1781. Pág. 54).

1155

LATASSA Y ORTIN, FELIX DE. *D. Iñigo Abarca de Bolea.* (En su *Biblioteca nueva de los escritores res aragoneses*... Tomo I. 1798. Págs. 292-93).

ABARCA DE BOLEA (IÑIGO)

N. de Zaragoza. Copero mayor de Fernando el Católico y gentilhombre de boca de Carlos V. Participó en la conquista de Granada.

CODICES

1156

[*Memorias y Apuntamientos de Historia*].

Cit. por Latassa.

ESTUDIOS

1157

ANTONIO, NICOLAS. *D. Enecus Abarca de Bolea.* (En su *Bibliotheca Hispana Nova.* 2.ª ed. Tomo I. 1783. Pág. 360).

1158

LATASSA Y ORTIN, FELIX DE. *Don Iñigo Abarca de Bolea.* (En su *Biblioteca nueva de los escrito- aragoneses...* Tomo I. 1798. Páginas 73-74).

ABARCA DE BOLEA (JOSE)

EDICIONES

Poesías sueltas

1159

[*SONETO*]. (En Amada y Torregrosa, José Felix de. *Palestra numerosa austriaca...* 1650. Fol. 21*v*).

En la misma obra hay un epigrama latino suyo.

V. n.º 1.084.

ABARCA DE BOLEA Y CASTRO (LUIS).

Marqués de Torres, Conde de las Almunias, etc. N. en Zaragoza en 1617. Caballero de Santiago (1625). Capitán de corazas en Flandes (1636).

EDICIONES

1160

PALESTRA nvmerosa avstriaca. En la victoriosa civdad de Huesca. Al Augustissimo Consorcio de los los Catholicos Reyes de España, Don Felipe el Grande, y Doña María-Ana la Inclita. Propvesta por ——... (En Amada y Torregrosa, Ioseph Felix de. *Palestra nvmerosa avstriaca...* 1650).

V. n.º 1.084.

1161

CERTAMEN literario al talamo de Philipo Quarto y Mariana de Austria. Huesca. Iuan Francisco de Larumbe. 1649.

V. Alenda, *Relaciones de solemnidades,* n.º 1.100.

Ejemplares:

NUEVA YORK. *Hispanic Society.*

1162

[*DEDICATORIAS a Felipe IV y a D. Luis Méndez de Haro*]. (En Jerónimo de San José, Fr. *Genio de la Historia...* Publícalo el Marqués de Torres. Zaragoza. 1651. Preliminares).

Ejemplares:

MADRID. *Nacional.* 2-12.846.

1163

[*MEMORIAL*]. [s. l. s. i.]. [s. a.]. 5 hs. 16 cm.

Carece de portada. Principia: «Señor. = El Marques de Torres dize, que considerando con la atencion y cuydado que en la Monarquia de V. Magestad se premian los servicios...»

Ejemplares:

MADRID. *Nacional.* R-Varios, 186-20.

Poesías sueltas

1164

[*ALONSO* (*A*) *Perez, Padre del Doctor Iuan Perez de Montalbán. Soneto*]. (En Grande de Tena, Pedro. *Lágrimas panegíricas a la... muerte del... Dr. Iuan Pérez de Montalbán...* Madrid. 1639. Folio 2*r*).

1165

[*SONETO*]. (En Salazar Mardones, Cristóbal de. *Ilustración y defensa de la Fabula de Piramo y Tisbe...* Madrid. 1636. Preliminares).

Ejemplares:

MADRID. *Nacional.* R-14.201.—SANTANDER. *«Menéndez y Pelayo».* R-I-A-32.

1166

[*AUTOR (Al). Soneto*]. (En Moncayo y Gurrea, Juan de. *Rimas*. Zaragoza. 1652. Preliminares).

Ejemplares:

MADRID. *Nacional*. R-2.642.—SANTANDER. *«Menéndez y Pelayo»*. R-I-A-29.

1167

[*AUTOR (Al). Soneto*]. (En Díez y Foncalda, Alberto. *Poesías varias. Primera parte*. Zaragoza. 1653. Preliminares).

Ejemplares:

MADRID. *Nacional*. R-18.212.

ESTUDIOS

1168

ALVAREZ Y BAENA, JOSEPH ANTONIO. *Luis Abarca de Bolea v Castro Fernández de Híjar, D.* (En *Hijos de Madrid*... Tomo III. 1790. Págs. 413-14).

Le creía n. en Madrid, en 1617.

1169

ANDRES DE UZTARROZ, JUAN FRANCISCO. [*Elogio de Iñigo de Bolea, Marqués de Torres*]. (En su *Aganipe de los cisnes aragoneses*... Amsterdam. 1781. Págs. 55-56).

1170

ANTONIO, NICOLAS. *D. Ludovicus Abarca de Bolea*. (En su *Bibliotheca Hispana Nova*. 2.ª ed. Tomo II. Madrid. 1788. Pág. 18).

1171

LATASSA Y ORTIN, FELIX DE. *Don Luis Abarca de Bolea*. (En su *Biblioteca nueva de los escritores aragoneses*... Tomo III. 1799. Páginas 253-55).

ABARCA DE BOLEA Y CASTRO (MARTIN).

Conde de las Almunias, Barón de Torres, etc.

EDICIONES

1172

HISTORIA de las grandezas y cosas marauillosas de las Prouincias Orientales. Sacada de Marco Pavlo Veneto, y traduzida de Latín en Romance, y añadida en muchas partes por Don Martín de Bolea y Castro... Zaragoza. Angelo Tauano. 1601. 8 hs. + 163 fols. + 8 hs. 14,5 cm.

—Aprovación de Fr. Hieronymo de Aldouera y Monsalue.
—Licencia del Ordinario.
—Licencia del Virrey.
—Dedicatoria a D. Beltrán de la Cueva, Duque de Alburquerque, etc. (precedida de su escudo).
—Curioso lector.
—A D. Martín de Bolea..., Alonso de Gurrea y Heril. Soneto. [«Aquella aue que nace quando muere...»].
—De Andrés Rey de Artieda. Soneto. [«Que hermosa naue que vaxel assoma...»].
—Lupercio Leonardo de Argensola. Soneto. [«Qual suele el Sol, restituyendo el día...»].
—Iuan Valero. Soneto. [«Ya la Historia Oriental buela mas alta...»].
Texto.
—Tablas de los capítulos.

V. Gallardo, *Ensayo*, I, n.º 1.422; *Catálogo de la biblioteca de Salvá*, II, n.º 3.278.

Ejemplares:

MADRID. *Nacional*. R-15.020.

1173

LIBRO de Orlando determinado que prosigue la materia de Orlando el Enamorado. Compuesto por Don Martín de Bolea y Castro. Lérida. Miguel Prats. 1578. 8 hs. + 189 fols. 15 cm.

—Aprobacion de Fr. Miguel Saute.
—Aprobacion del Dr. Pere Salas.
—Licencia del Vicario General.
—Dedicatoria al Rey D. Felipe.
—Prologo.
—Estancias de Lupercio Leonardo y Argensola. Al autor. [«Un espiritu nueuo, un nuevo aliento...»].

—De Phelipe Fernaddez (sic) de Heredia. Soneto. [«Para enxalçar el braço tan temido...»].
—De Diego Hurtado de Mendoça. Soneto. [«Si el celebrar de Orlando la Memoria...»].
—Del duque de Medina Celi. Soneto. [«Dichoso Orlando ha sido y bien dichoso...»].
—De Iuan Luys Fernandez de Heredia, Conde de Fuentes. Estancia. [«Con celebrar de Orlando el bellicoso...»].

Fol. 1r: *Canto primero de la segunda parte de Orlando enamorado, llamado Orlando el Determinado.* [«Subjectos varios canto y varia historia...»]. La obra consta de 16 cantos.

V. Gallardo, *Ensayo,* I, n.° 1.421; Jiménez Catalán, *Bibliografía ilerdense,* n.° 43.

Ejemplares:

MADRID. *Nacional.* R-4.285. — NUEVA YORK. *Hispanic. Society.*

1174

——— Zaragoza. Iuan Soler. 1578. [15 de marzo]. 8 hs. + 191 fols. + 1 h. 8.°

Con las mismas poesías en los preliminares.

V. *Catálogo de la biblioteca de Salvá,* III, n.° 1538 (cree que esta ed. es la primera).

Poesías sueltas

1175

[*SONETO*]. (En Costa, Juan. *El ciudadano.* Pamplona. 1575. Preliminares).

Cfr. *Catálogo de la biblioteca de Salvá,* II, n.° 3.877.

1176

[*ALABANÇA (En) de los sagrados Mysterios del Rosario y de su autor. Soneto*]. (En Segura, Francisco de. *Los sagrados mysterios del Rosario...* Zaragoza. 1602. Preliminares).

Ejemplares:

MADRID. *Nacional.* R-13.456.

1177

[*POESIA*]. (En Sierra, Alonso de. *El Solitario poeta.* Zaragoza. 1605. Preliminares).

Cfr. *Catálogo de la Biblioteca de Salvá,* I, n.° 972.

1178

[*POESIAS* . (En Amada y Torregrosa, José Félix de. *Palestra numerosa austriaca...* 1650).

1. *Soneto.* (Fol. 19r).
2. *Canción.* (Fol. 39v).
3. *Liras.* (Fol. 63v).
4. *Octavas.* (Fol. 106v).

V. n.° 1.084.

ESTUDIOS

1179

ANDRES DE UZTARROZ, JUAN FRANCISCO DE. [*Elogio de Martín de Bolea*]. (En su *Aganipe de los cisnes aragoneses...* Amsterdam. 1781. Págs. 54-55).

1180

ANTONIO, NICOLAS. *Martinus Abarca de Bolea et Castro.* (En su *Bibliotheca Hispana Nova.* 2.ª ed. Tomo II. Madrid. 1788. Pág. 89).

1181

LATASSA Y ORTIN, FELIX DE. *Don Martín Abarca de Bolea.* (En su *Biblioteca nueva de los escritores aragoneses...* Tomo II. 1799. Págs. 53-55).

1182

[VEGA CARPIO, LOPE FELIX DE. *Elogio*]. (En su *Laurel de Apolo...* Madrid. 1630. Fol. 23v).

«...Para que el Hebro eternamente vea,
Que ilustremente viue
Don Martín de Bolea,
En la inmortal trompeta de la Fama,
Cuyo sonoro círculo le llama,
Oy en altos Piramides le escriue.
Haziendo a los dorados Capiteles
Trofeos de armas, y armas de Lau-[reles...»

Ejemplares:

MADRID. *Nacional.* R-14.177.

ABARCA DE BOLEA Y PORTUGAL (JERONIMO)

ESTUDIOS

1183

ANTONIO, NICOLAS. *D. Hieronymus Abarca de Bolea et Portugal.* (En su *Bibliotheca Hispana Nova.* 2.ª ed. Tomo I. 1783. Página 566).

1184

LATASSA Y ORTIN, FELIX DE. *Don Geronimo Abarca de Bolea y Portugal.* (En su *Biblioteca nueva de los escritores aragoneses...* Tomo I. 1798. Págs. 118-20).

ABARCA DE HERRERA (SANCHO).

Conde. de la Rosa. N. de Jaca. Señor de las baronías de Garcipollera y Navasa y de varias villas y lugares. Mayordomo de don Juan de Austria. Capitán de las Compañías de guardias de pie y a caballo del Reino de Aragón.

EDICIONES

1185

[*CARTA al Autor*]. (En La Ripa, Domingo. *Defensa histórica, por la antigüedad del Reyno de Sobrarbe.* Zaragoza. 1675. Preliminares).

Ejemplares:

MADRID. *Nacional.* 2-46.464.

1186

[*Dos Memoriales genealógicos de su Casa*].

Cit. por Latassa, que remite a Pellicer.

ESTUDIOS

1187

LATASSA Y ORTIN, FELIX DE. *Don Sancho Abarca de Herrera.* (En su *Biblioteca nueva de los escritores aragoneses...* Tomo III. 1799. Págs. 541-42).

ABAS Y NICOLAU (GABRIEL MANUEL)

N. de Calaceite. Colegial del de San Jerónimo de Zaragoza. Racionero de La Seo.

EDICIONES

1188

NARRACIONES de las fiestas en Zaragoza el Setiembre de M.DC. LIX. a la Canonización de Santo Tomás de Villanueua... Zaragoza. Miguel de Luna. 1660. 6 hs. + 427 págs. + 1 h. 20 cm.

—Aprobación de Fr. Juan Felix Perez de Zaragoza.
—Aprobación de Fr. Alberto Hortigas.
—Epistola Dedicatoria a San Agustín.
—Prólogo.
—Soneto de José Navarro y Bernuz. [«Al gran Pastor del Turia, que en ardores...»].
—Décimas del Licdo. Jerónimo de Gracia. [«Con discursos tan amenos...»].

Texto. Incluye la letra de diversos villancicos que se cantaron al paso de la procesión (págs. 79-94), y las composiciones y sermones siguientes:

1. *Quintillas con titulos de comedias del Licdo. Luis Perez Bracho.* [«Oigan deste nueuo espanto...»]. (Págs. 96-98).
2. *Sermón del Dr. Juan Fuertes y Martes.* (Págs. 99-123).
3. *Quintillas de L. Pérez Bracho.* [«A este Sol esclarecido...»]. (Págs. 125-27).
4. *Sermon de Fr. Juan Arque.* (Páginas 129-54).
5. *Sermon de Fr. Raimundo. Lumbier.* (Págs. 157-200).
6. *Carta de San Ignacio de Loyola a Sto. Tomás de Villanueva.* Roma, 16. de abril de 1553. (Págs. 202-3).
7. *Sermón del P. Iuan Antonio Xarque.* (Págs. 205-68).
8. *Sermón de Fr. Miguel de San Iosef.* (Págs. 270-302).
9. *Letra del Licdo. Geronimo de Gracia.* [«A pesar de mis azares...»]. (Págs. 304-6).

10. *Sermon de Fr. Roque de Santa Monica.* (Págs. 307-52).
11. *Letra en elogio de los Predicadores.* [«Predicadores intento...»]. (Páginas 354-55).
12. *Sermón del Dr. Pedro Gaudioso Hernández de Lara.* (Págs. 356-73).
13. *Letra.* [«Tan afecto a remediar...»]. (Págs. 374-75).
Certamen poetico, y poesías de los Claustros.
14. *Convocatoria.* (Págs. 376-85).
15. *Poesías latinas.* (Págs. 385-95).
16. *Gratulatorios tercetos a la Esclarecida Religión Agustiniana, por su nueuo Santo Canonizado.* [«Por muchos siglos, Religion dichosa...»]. (Páginas 395-97).
17. *A Santo Tomas de Villanueua. Esdrujulos Tercetos.* [«Rompa el silencio tenebroso, tacito...»]. (Páginas 398-99).
18. *Cancion conforme a la de Bartolomé Leonardo, que comiença: «Oy quiere el Cielo, etc.», a la canonizacion de S. Tomás de Villanueua.* [«Oy el Cielo, Tomas de Villanueua...»]. (Páginas 400-401).
19. *Soneto en anagrama a Santo Tomas de Villanueua.* [«Montes eternos llama el sacro Numen...»]. (Pág. 403).
20. *Soneto.* [«Si el dar en Dios se arrima tanto al ser...»]. (Pág. 404).
21. *Soneto.* [«En acentos sonoros su corriente...»]. (Págs. 404-5).
22. *A las fiestas de Çaragoça... Soneto.* [«Salduba Augusta, Española Atenas...»]. (Págs. 405-6).
23. *Soneto acrostico en consonantes forçosos. A la caridad piadosa de Santo Tomas de Villanueua.* [«Triunfante de Tomás, piedad, pregunto...»]. (Página 406).
24. *Glosa.* [«La Iglesia, que errar no puede...»]. (Págs. 407-8).
25. *Copla glosada: «A todos los Santos fue...* [«De esse hermoso pauimento...»]. (Págs. 409-10).
26. *A la misma quartilla otra Glossa.* [«El barbaro Panteon...»]. (Págs. 411-12).
27. *Glossa del Licdo. Geronimo de Gracia. Copla.* [«Es tan generosa para...»]. *Glosa.* [«Tan liberal Castellano...»]. (Págs. 413-14).
28. *Romance del mismo autor a Santo Tomas de Villanueva.* [«Erase un heroico moço...»]. (Págs. 415-16).
29. *Redondilla glossada al glorioso nombre del Santo. Redondilla.* [«De dos nombres considero...»]. *Glosa.* [«Por alguna heroica azaña...»]. (Págs. 417-18).
30. *Quintillas a Santo Tomas de Villanueua, del mismo.* [«Que alabe en quintillas oy...»]. (Págs. 419-20).
31. *Selectos geroglificos.* (Págs. 420-27).
—Tabla de las narraciones y parrafos.
—Erratas.

«El verdadero Autor de esta obra es el Mro. Agustiniano Fr. Josef Enguita» (Latassa). «...Este libro, cuyo autor... parece ser sin la menos disputa Abas Nicolau» (Salvá y Jiménez Catalán).

V. *Catálogo de la biblioteca de Salvá*, I, n.º 151; Jiménez Catalán, *Tipografía zaragozana del s. XVII*, n.º 677.

Ejemplares:

NUEVA YORK. *Hispanic Society.*—ZARAGOZA. *Universitaria.* A-62-320.

ESTUDIOS

1189

LATASSA Y ORTIN, FELIX DE. *D. Gabriel Manuel Abas y Nicolau.* (En su *Biblioteca nueva de los escritores aragoneses...* Tomo III. 1799. Págs. 319-20).

ABBAD

(V. ABAD)

ABBIAS (JOSE)

V. MOYA (ANTONIO DE).

ABDIAS (JOSE)

V. MOYA (ANTONIO DE).

ABELLA (FR. CRISTOBAL)

Agustino.

EDICIONES

1190

[*SERMON segundo en las fiestas de la buena nueva de la Canoni-*

zacion del glorioso Padre, y Pastor santo Tomas de Villanueva... En la octava qve celebró la santa Metropolitana Iglesia de Valencia, en doze de Mayo 1659]. (En Ortí, Marco Antonio. *Solemnidad festiva, con que en... Valencia se celebró la... Canonizacion de... Santo Tomás de Villanueva.* Valencia. 1659. Págs. 22*b*-53*b*).

Ejemplares:

MADRID. *Nacional.* 2-35.873.

ESTUDIOS

1191

SANTIAGO VELA, GREGORIO DE. *Abella, Fr. Cristóbal.* (En su *Ensayo de una Biblioteca... de la Orden de San Agustín.* Tomo I. 1913. Págs. 4).

ABELLA (PEDRO DE)

EDICIONES

1192

ORACION fvnebre en las exequias qve la imperial civdad de Çaragoça hizo a la mverte de sv Principe Don Baltasar Carlos de Avstria, en la Santa Iglesía Metropolitana. Zaragoza. Diego Dormer. 1646. 1 h. + 30 págs. 20,5 cm.

V. Andrés de Uztarroz, Juan Francisco. *Obelisco histórico...*

Ejemplares:

MADRID. *Academia Española.* 39-III-19. *Academia de la Historia.* 5-4-8-1.862.—NUEVA YORK. *Hispanic Society.*—SANTANDER. *«Menéndez y Pelayo».* R-VIII-2-15.—ZARAGOZA. *Universitaria.*

ESTUDIOS

1193

LATASSA Y ORTIN, FELIX DE. *Don Pedro de Abella.* (En su *Biblioteca nueva de los escritores aragoneses...* Tomo III. 1799. Páginas 95-96) .

ABELLANEDA

V. *AVELLANEDA.*

ABENATAR MELO (DAVID)

EDICIONES

1194

PSALMOS (Los CL.) de David: in (sic) *lengua espannola* (sic), *en uarias rimas, conpuestos por* ——, *conforme a la uerdadera Tracduccion ferraresqua: con algunas aleguorias Del Autor.* Franqua Forte. [s. i.]. 5386 [= 1626]. 7 hs. + 268 págs. a 2 cols. 19 cm.

—Del Autor al D. B. [«Rej que a umildes llebantas...»].
—Dedicatoria a la companha de Israel y JeuDad.
—Advertencias al lector.
—Soneto de hun amiguo Ao Autor. (En portugués).
—De outro Amiguo Ao Autor. [«Mucho alienta al cansado su Repozo...»].
—De outro Amiguo Ao Autor. (En portugués).
—Soneto de Iskak De herrera ao Autor. (En portugués).
—De outro amiguo de caza Ao Autor. (En portugués).
Los 150 *Psalmos...*

V. Gallardo, *Ensayo,* I, n.° 3.

Ejemplares:

MADRID. *Nacional.* R-11.434 (ex-libris de Gayangos).

ESTUDIOS

1195

MENENDEZ PELAYO, MARCELINO. *Abenatar Melo, David.* (En su *Biblioteca de Traductores Españoles.* Tomo I. Madrid. 1952. Páginas 9-11).

1196
RIOS, JOSE AMADOR DE LOS. *David Abenatar Melo.* (En sus *Estudios... sobre los judios de España.* Madrid 1848. Págs. 521-32).

1197
RODRIGUEZ DE CASTRO, JOSE. *R. David Abenatar.* (En su *Biblioteca Española.* Tomo I. 1781. Págs. 618-19).

ABENCERRAJE (HISTORIA DEL)

CODICES

1198
«*Hist*[*oria*] *del moro y Naruaez, alcayde de Ronda.*»

Letra del s. XVII. 330 × 220 mm.

MADRID. *Nacional.* Mss. 1.752 (folios 233*r*-234*r*).

EDICIONES

1199
PARTE de la Coronica del inclito infante D. Fernando que ganó a Antequera: en la qual trata como se casaron a hurto el Abenderaxe Abindarraez con la linda Xarifa, hija del Alcayde de Coin, y de la gentileza y liberalidad que con ellos uso el noble cauallero Rodrigo de Narbaez, Alcaide de Antequera y Alora y ellos con él. [s. l. s. i.]. [s. a.]. 8.° gót.

V. Gallardo, *Ensayo,* I, n.° 327.

1200
[*AMORES (Los) de Abindaraez moro, con la linda Xarifa*]. (En Montemayor, Jorge de. *Segunda edición de Los siete libros de Diana*... Valladolid. 1561. Fols. 103*v*-119*v*).

1201
MORO (El) Abindarraez y la bella Xarifa: novela. Toledo. Miguel Ferrer 1562. Sin fol. 14 cm. gót.

V. Gallardo, *Ensayo,* I, n.° 328.

Ejemplares:

MADRID. *Academia de la Historia.* 2-2-2-3-2.ª fila)-642. (Sin la portada).

1202
[*ABENCERRAJE (El)*]. (En Villegas, Antonio de. *Inventario.* Medina del Campo. Francisco del Canto. 1565. Fols. CX*r*-CXXII*v*).

Ejemplares:

MADRID. *Nacional.* R-2.159; R-13.634.

1203
HISTORIA de los amores del valeroso moro Abinde Araez y de la hermosa xarifa... Vueltos en verso, por Francisco Balbi de Correggio. 1593.

V. *BALBI DE CORREGGIO (FRANCISCO).*

1204
ABENCERRAJE (El), por Antonio de Villegas. (En *Tesoro de Novelistas Españoles.* Tomo I. París. Baudry. 1847. Págs. 1-14. Biblioteca de los Mejores Autores Españoles, XXXVI).

Ejemplares:

MADRID. *Nacional.* F-906.

1205
—— *Prólogo de Gil Benumeya.* Madrid. CIAP. [Blass]. [s. a.]. 160 págs. 18 cm. (Bibliotecas Populares Cervantes. Primera serie, XXX).

1206
—— *y Romances fronterizos.* Madrid. Edit. Razón y Fe. Imp. Aldecoa. [s. a.] 140 págs. 18,5 cm. (Biblioteca de Clásicos Amenos, IX).

1207
HISTORIA del Abencerraje y la hermosa Jarifa, por Antonio de Villegas. (En *Novelistas anteriores a Cervantes.* Madrid. Rivadeneyra. 1876. Págs. 507-12. Biblioteca de Autores Españoles, III).

1208
——— (En *Extravagantes. Opúsculos amenos y curiosos de ilustres autores.* Barcelona. Cortezo. 1884. (Págs. 247-72).

Ejemplares:

MADRID. *Nacional.* 1-77.510.

1209
EDITION (Une) mal connue et incomplete de l'Histoire de l'Abencerraje. (En *Bulletin Hispanique,* XXV, Burdeos, 1923, pág. 172-73).

Reproducción fascsímil de la versión contenida en «*Parte de la Coronica...*».

1210
HISTORIA del Abencerraje y la hermosa Jarifa. Prólogo de J. M.ª Millás Vallicrosa. Barcelona. Edit. Atlántida. Castells Bonet. 1941. 92 págs. (Colección Colibrí, II).

Con ilustraciones al boj de A. Gelabert.

Ejemplares:

MADRID. *Nacional.* V-1.344-4.

1211
ABINDARRAEZ y Jarifa. Por [María de la Concepción González Ortiz] Concha de Salamanca. [seud.]. Madrid. Aguilar. [s. a., 1944]. 90 págs. con grabs. 17,5 cm.

Ejemplares:

MADRID. *Nacional.* 4-14.658.

1212
ABENCERRAJE (El), por Antonio de Villegas. [Prólogo de José M.ª Castro y Calvo]. Edición de 200 ejemplares numerados. Barcelona. [Edit. Grafos]. 1946. 3 hs. + 32 páginas + 1 h. + 83 págs. + 1 h. 21 cm.

Con grabados en madera de Teodoro Miciano.

Ejemplares:

MADRID. *Nacional.* 4-29.529.

1213
HISTORIA del Abencerraje y de la hermosa Jarifa. (Versión de Antonio de Villegas). Prólogo, edición y notas del Prof. Rodríguez Salcedo. Edición numerada. [Palencia. Gráfs. Aguado]. 1950. 83 págs. + 9 hs. 16,5 cm.

Ejemplares:

MADRID. *Nacional.* V-2.188-24. [El número 114].

ESTUDIOS

1214
BATAILLON, MARCEL. *Salmacis y Trocho dans «l'Abencérage».* (En *Hommage a E. Martinenche.* Paris. [s. a.]. Págs. 355-63).

1215
CIROT, G. *A propos de la nouvelle de l'Abencerraje.* (En *Bulletin Hispanique,* XXXI, Burdeos, 1929, págs. 131-38).

Sobre el anacronismo del asunto.

1216
CRAWFORD, J. P. W. *Un episodio de «El Abencerraje» y una «novella» de Ser Giovanni.* (En *Revista de Filología Española,* X, Madrid, 1923, págs. 281-87).

1217
——— *«El Abencerraje» and Longfellow's «Galganó», a Parallel.* (En *Hispania,* IX, Stanford, 1926, páginas 165-69).

1218

DALE, G. I. *An Unpublished version of the «Historia de Abindarráez y Jarifa».* (En *Modern Language Notes,* XXXIX, Baltimore, 1924, págs. 31-33).

1219

DEFERRARI, H. A. *Trocho in «El Abencerraje».* (En *Modern Languaje Notes,* XLII, Baltimore, 1927, págs. 529-30).

1220

MATULKA, BARBARA. *On the European Diffusion of the «Last of the Abencerrajes» Story in the Sixteenth Century.* (En *Hispania,* XVI, Stanford, 1933, págs. 369-88).

1221

MERIMEE, HENRI. *El Abencerraje, d'après l'Inventario et la Diana.* (En *Bulletin Hispanique,* XXI, Burdeos, 1919, págs. 143-66).

Compara las versiones aparecidas en dichas obras en 1561 y 1565.

1222

—— *El Abencerraje d'après diverses versions publiées au XVI*e *siècle.* (En *Bulletin Hispanique,* XXX, Burdeos, 1928, págs. 147-81).

Compara el texto de *Parte de la Coronica...,* que transcribe en las págs. 148-60, y cree editado por un aragonés hacia 1550-1560, con los de 1561 y 1565.

Crítica:

a) Aníbal, C. E., en *Hispania,* XI, Stanford, 1928, págs. 365-71.

1223

PRIMICERIO, ELENA. *La Historia del Abencerraje y los romances de Granada...* Nápoles. 1929.

Crítica:

a) R. M., en *Colombo,* IV, Roma, 1929, pág. 521.

ABENDANA (JACOB BEN)

EDICIONES

1224

CUZARY, Libro de grande sciencia y mucha doctrina... Fué compuesto... en la Lengua Arabiga, por... R. Yeuda Levita; y traduzido en la Lengua Santa, por... R. Yeuda Aben Tibon... Y agora nuevamente traduzido del Ebrayco en Español, y comentado por el Hacham —— *con estilo facil y grave.* Amsterdam. [s. i.] 5423 [= 1663]. 4 hs. + 306 págs. 20 cm.

—Dedicatoria a Guilielmo Davidsone, Cavallero Baronet, Gentilhombre Ordinario de la Camara privada de su Magestad Honorable, etc., por Iaacob Abendana.

Texto.

Pág. 306: Erratas.

V. Gallardo, *Ensayo,* I, n.º 4.

Ejemplares:

MADRID. *Nacional.* R-12.610 (ex-libris de Gayangos).

ESTUDIOS

1225

ELBOGEN, I. *Jakob Abendana.* (En la *Encyclopaedia Judaica.* Tomo I. Berlín. s. a. Cols. 222-23).

1226

MENENDEZ PELAYO, MARCELINO. *Abendaña, Jacob.* (En su *Biblioteca de Traductores Españoles.* Tomo I. Madrid. 1952. Páginas 11-13).

1227

RIOS, JOSE AMADOR DE LOS. *Jahacob Abendaña.* (En sus *Estudios... sobre los judíos de España.* Madrid. 1848. Págs. 619-21).

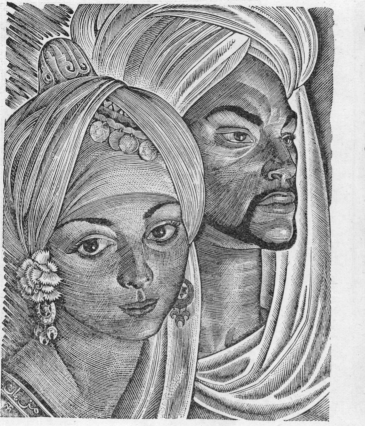

I-II. *Historia del Abencerraje y la hermosa Jarifa.* Dos de los grabados en madera de Teodoro Miciano, que ilustran la ed. de la obra debida a J. M.ª Castro y Calvo (V. n.º 1212)

III. *Historia del Abencerraje*. Otro grabado de Teodoro Miciano, en la ed. citada.

IV. ABOAD DE FONSECA (ISAAC). Retrato.

ABENDAÑO

(V. AVENDAÑO)

ABENSALERO (PASCUAL DE)

N. de Urrea de Jalón. Notario real.

EDICIONES

1228

LIBRO de Almvtaçafes, en el qval se trata de las dificvltades, y aduertencias, tocantes a los pesos y medidas; el precio de los comercios ordinarios: y lo que assi en grueso, como por menudo, se ha de dar de cada vno dellos; para que, ni los que venden engañen, ni los que compran queden defraudados. Zaragoza. Lorenço de Robles. 1609. 4 hs. + 120 fols. 20 cm.

—Censuras por Pedro Geronymo de Aguilar y Ioseph de Sesse.
—Licencia.
—Privilegio.
—En este libro se trata de las cosas siguientes.
—Prologo al Lector.
—Dedicatoria a D. Martin de Alagon, Comendador mayor de Alcañiz, y otros diputados del Reino de Aragón.
Texto.

V. Gallardo, *Ensayo,* I, n.º 5; Jiménez Catalán, *Tipografía zaragozana del s. XVII,* n.º 73.

Ejemplares:

MADRID. *Academia Española.* S.C.=6-A-100; S.C. = 5-A-197. *Nacional.* R-18.964.—PARIS. *Nationale.* *E.393.—ZARAGOZA. *Universitaria.* A-52-80.

ESTUDIOS

1229

ANTONIO, NICOLAS. *Paschalis de Abenzalero.* (En su *Biblioteca Hispana Nova.* 2.ª ed. Tomo II. 1788. Pág. 157).

1230

LATASSA Y ORTIN, FELIX DE. *Pasqual de Abensalero.* (En su *Biblioteca nueva de los escritores aragoneses...* Tomo II. 1799. Pág. 84).

ABERLE (MATIAS)

EDICIONES

Poesías sueltas

1231

[*MILAGRO* (*Al*) *que obró el Padre San Francisco Xauier nauegando, assistiendo a un tiempo en dos baxeles. Octavas*]. (En Monforte y Herrera, Fernando de. *Relación de las fiestas que ha hecho el Colegio Imperial...* Madrid. 1622. Folios 66*r*-67*r*).

Ejemplares:

MADRID. *Nacional.* R-154.

ABIEGO (JAIME DE)

N. de Epila. Secretario del Conde de Aranda.

CODICES

1232

[*Origen y descendencia de la Casa de Urrea*].

Cit. por Latassa, que alude también a una Ilustración a este nobiliario hecha por Martín de Abiego, hijo del autor.

ESTUDIOS

1233

LATASSA Y ORTIN, FELIX DE. *Jayme de Abiego.* (En su *Biblioteca nueva de los escritores aragoneses...* Tomo I. 1798. Págs. 201-2).

ABILA

V. AVILA.

ABLAS, NOMAR DE

V. SALBÁ, RAMÓN DE.

ABOAB (IMANUEL)

EDICIONES

1234

NOMOLOGIA o Discvrsos legales. Compuestos por el virtuoso Haham Rabi —— de buena memoria. [s. l. s. i.]. A costa y despeza de sus herederos. 5389 [= 1629]. 2 hs. + 322 págs. + 4 hs. 19,5 cm.

V. Gallardo, *Ensayo,* I, n.º 8.

Ejemplares:

MADRID. *Academia de la Historia.* 14-6-7 = Fila 1.ª *Nacional.* R-9.102.—NUEVA YORK. *Hispanic Society.*

1235

——— 2.ª ed. corregida y aumentada. Amsterdam. 5487 [= 1727]. 6 hs. + 437 págs. 4.º

V. Gallardo, *Ensayo,* I, n.º 9.

Ejemplares:

MADRID. *Nacional.* R-15.604.

ESTUDIOS

1236

ANTONIO, NICOLAS. *Immanuel Aboad.* (En su *Bibliotheca Hispana Nova.* 2.ª ed. Tomo I. 1783. Página 625).

1237

CASSUTO, U. *Aboad, Immanuel.* (En la *Encyclopaedia Judaica.* Tomo I. Berlín. s. a. Col. 343).

Con bibliografía.

1238

GARCIA PERES, DOMINGO. *Aboad, Manuel.* (En su *Catálogo de los autores portugueses...* 1890. Págs. 3-4).

ABOAD (ISHAC)

EDICIONES

1239

PARAFRASIS comentado sobre el pentateuco... [s. l.] Iaacob de Cordova. 5441 [= 1681]. 3 hs. + 634 págs. a 2 cols. 30 cm.

—Dedicatoria a los Muy magníficos Señores Parnassim y Gabay del KK. de Talmud Torah.
—Prólogo al Lector.
—Privilegio en hebreo y castellano de los Señores Hahamim.
Texto.

V. Gallardo, *Ensayo,* I, n.º 10.

Ejemplares:

MADRID. *Academia de la Historia.* 8(3)-31-2-2.252. *Nacional.* R-13.017; 2-59.329.

Obras hebreas

1240

ALMENARA de la luz... Traducido por... Iahacob Hages... Amsterdam. Iahacob Alvarez Sotto. 5468 [= 1708]. 1656. 150 hs. 4.º

V. Gallardo, *Ensayo,* I, n.º 11.
V. Hages, Jacob.

ESTUDIOS

1241

GARCIA PERES, DOMINGO. *Abohad de Fonseca, Ishac.* (En su *Catálogo de los autores portugueses...* 1890. Pág. 3).

1242

SIMCHONI, J. N. *Aboad, Isaak da Fonseca.* (En la *Encyclopaedia Judaica.* Tomo I. Berlín. s. a. Cols. 347-48).

Con bibliografía y un retrato.

ABOGADER Y MENDOZA (MARIA JACINTA DE)

EDICIONES

Poesías sueltas

1243

[*CORTARSE* (*Al*) *el cabello la*

Madre Juana Inés, siendo de ocho años... Dezima]. (En Juana Inés de la Cruz (Sor). *Fama y Obras posthumas*. Madrid. 1700. Preliminares).

Son cuatro décimas.

Ejemplares:

MADRID. *Nacional*. R-23.486.

ABRAVANEL (JONA)

EDICIONES

1244

PSALTERIO de David: en Hebrayco dicho Thehylim, transladado con toda fidelidad verbo de verbo del Hebrayco: y Repartido como se deue leer, en cada día del mes segvn vso de los Antiguos. Por el Doctor Efraim Bueno y ——. Amsterdam. Jo. Trigg. 5410. [= 1650]. 343 págs. + 7 hs. 11 cm.

Al fín:

—Tabla.

—[*Décimas*]. [«Cantó David sacros himnos...»].

Ejemplares:

MADRID. *Nacional*. R-7.623.

ESTUDIOS

1245

ELBOGEN, I. *Abravanel, Jona*. (En la *Encyclopedia Judaica*. Berlín, s. a. Col. 602).

1246

GARCIA PERES, DOMINGO. *Abarbanel, Jonás*. (En su *Catálogo de los autores portugueses*... 1890. Págs. 1-2).

1247

RIOS, JOSE AMADOR DE LOS. [*La traducción de los Salmos, por Efraim Bueno y Jonas Abarbanel*]. (En sus *Estudios... sobre los judíos de España*. Madrid. 1848. Págs. 550-51).

ABREGO (FR. PEDRO DE)

V. ABREU (FR. PEDRO DE).

ABREU (ALEJO DE)

N. en Alcaçovas (Portugal) en 1578. Médico de Felipe IV.

EDICIONES

1248

TRATADO de las siete enfermedades, De la inflammacion vniuersal del Higado, Zirbo, Pyloron, y Riñones, y de la obstrucion de la Satiriasi, de la Terciana y febre (sic) *maligna, y passion Hipocondriaca. Lleua otros tres Tratados, del mal de Loanda, del Guzano, y de las Fuentes y Sedales*. Lisboa. Pedro Craesbeeck. 1623. 24 hs. + 228 fols. 29 cm.

—Licencias de la Inquisición, el Ordinario y el Rey.

—Erratas.

—Dedicatoria a Fr. Antonio de Soto Mayor, confesor de Felipe IV.

—Discurso de la vida del Autor.

—Discurso en latín.

—Prólogo al lector.

—Al Autor deste Libro, Francisco Rodriguez Lobo, ultimo que hizo en su vida. Soneto. (En portugués).

—Epigrama latino de un jesuita.

—Del mismo Religioso al Autor. Soneto. [«Illustre Capitan, que por la vida...»].

—De Miguel de Vasconcellos de Brito... Soneto. [«Dragon produzen, si en mortal pelea...»].

—De Augustin Manuel de Vasconcellos. [«Mucho deue el ser humano...»].

—De Anna de Sancto Augustinho. (En portugués).

—De un Religioso de Santo Dominico (sic) amigo del Autor. Redondillas. [«Es Abreu la grande sciencia...»].

—Index de los tratados, capitulos y titulos, que se contienen [en] este Libro.
Texto.

V. Gallardo, *Ensayo,* I, n.° 12. («Habla muy chapurrado el autor»).

Ejemplares:

MADRID. *Nacional.* 2-24.708.

ESTUDIOS

1249

GARCIA PERES, DOMINGO. *Abreu, Alejo de.* (En su *Catálogo de los autores portugueses...* 1890. Pág. 4).

ABREU (FR. ANDRES DE)

Franciscano.

CODICES

1250

[*NOVITATES Antiquae*].

Letra del s. XVII. 446 hs. Fol. Carece de portada. Con una dedicatoria a la Reina D.ª Mariana de Neuburg, fechada en el convento de San Francisco de Madrid, a 27 de julio de 1698.

V. Millares Carlo, *Ensayo,* págs. 22-23.
LA LAGUNA. *Provincial.* 83-I-28.

1251

PROPOSICIONES dignas de censura theologica sacadas de la historia de S. Fran[*cisco*] *de Borja escripta por el P. Aluaro Cienfuegos de la Compañia de Jesus de que haze denunciacion en forma a los M. Iltres. Sres. Inq*[*uisidores*] *Ap*[*ostólicos*] *de estas Islas* ——...

Letra del s. XVIII (las últimas líneas y la firma son autógrafas). 22 hs. Fol. Fechado en Oratava, a 10 de agosto de 1712.

V. Millares Carlo, *Ensayo,* pág. 23.
LAS PALMAS. *Archivo Acialcázar.* Legajo Abreu, n.° 1.

1252

STADIUM Solis visibilis Ecclesiae a Summo Caelo egressio eius qui gyrat per meridies contra tenebras Africani Pelagii et flectitur ad Aquilonem vafri Lutheri et versipellis Calvini a quibus panditur omne malum per Orbem vt ipsorum disperdat vapores Giganteos et lustrat vniversa in circuitu vt centum et vnum circulos Serpentini Authoris reflexionum ad illos seductores ab illisque ad ipsum patefaciat et dissipet novis radiis Constitutionis «Vnigenitus» quibus abditae bestiae in cubiculis suis terreantur concutianturque Apostolico fulmine praevijs consultationibus immisso quia «sine consilio nec fulmen, quod valentiora, quae resistunt vehementius dissipat» novos Jansenistas, seu Jansenistas Nouatores contra quos invehitur his calamus fidelis...

Autógrafo, firmado (1717). 190 hs. Fol.
V. Millares Carlo, *Ensayo,* págs. 23-24.
LA LAGUNA. *Provincial.* 83-I-3.

1253

OFFICIUM Sacrum in honorem Sancti Bonaventurae.

Citado por J. de Viera y Clavijo, *Noticias de la Historia General de las Islas de Canaria.* Tomo IV. Madrid. 1783. Pág. 459.

1254

FLORES logicales.

Citado por Viera y Clavijo, ídem.

1255

CRONICA general de la provincia de S. Diego de Canarias.

Empezada.
Citado por Viera y Clavijo, ídem.

EDICIONES

1256

VIDA del Serafin en carne, y vera

efigies de Christo San Francisco de Asis. Madrid. [s. i.]. 1692. 104 hs. 4.°

—Dedicatoria a D. Francisco Bernardo Barona, cavallero de Santiago, Governador y Capitan general de las Islas de Canaria, etc.
—Censura de Fr. Andres Mexia, Fr. Juan de Vides y Fr. Gregorio de San Diego Bencomo.
—Licencia de la Orden.
—Aprobacion de Fr. Andres Garcia.
—Licencia del Ordinario.
—Aprobación de Fr. Luis Ibarra.
—Privilegio.
—Erratas.
—Tasa.
—Prologo.
Texto. [«Peregrina, hermosa Imagen...»].

V. *Catálogo de la biblioteca de Salvá,* I, n.° 411; Gallardo, *Ensayo,* I, n.° 13.

Ejemplares:

NUEVA YORK. *Hispanic Society.*

1257

——— 2.ª impressión. Toledo. Francisco Martín. 1744. 9 hs. + 155 págs. orladas. 20 cm.

—Dedicatoria.
—Aprobación de Fr. José Pérez Vaquerizo.
—Licencia del Ordinario.
—Fe de erratas.
—Lámina con cinco grabados.
Texto.

Ejemplares:

MADRID. *Nacional* 3-36.383.—SANTANDER. «*Menéndez y Pelayo*». R-I-A-75 (sin portada).

1258

VIDA del venerable siervo de Dios Fr. Juan de Jesus, religioso lego de la Orden de N. P. S. Francisco, de la Provincia de San Diego de Canarias. Escrito por... ——, *su Confessor...* Madrid. Antonio Gonçalez de Reyes. 1701. 8 hs. + 396 págs. + 2 hs. 21 cm.

—Dedicatoria al Maestre de Campo D. Estevan de Llarena Calderón y Lugo, Marqués de la Villa de Azia-Alcazar, etc., por Joseph del Villar y Villanueva.
—Licencia de la Orden.
—Aprobación de Fr. Martín Calderón, dominico.
—Licencia del Ordinario.
—Aprobación de Fr. Juan de Argüelles, agustino, Obispo de Panamá.
—Suma del Privilegio.
—Fee de erratas.
—Suma de la tassa.
—Prologo al Lector.
—Protesta del Autor.
Texto.
—Tabla de los capítulos.

Ejemplares:

MADRID. *Academia de la Historia.* 5-4-7-1.695. *Nacional.* 3-6.847.

ESTUDIOS

1259

MILLARES CARLO, AGUSTIN. *Abreu, Andrés de.* (En su *Ensayo de una bio-bibliografía de escritores naturales de las Islas Canarias.* 1932. Págs. 21-24).

ABREU (BARTOLOME DE)

EDICIONES

Poesías sueltas

1260

[*CANCION*]. (En Ibarra, Juan Antonio de. *Encomio de los ingenios sevillanos en la fiesta de los Santos Inacio de Loyola, i Francisco Xavier.* Sevilla. 1623. Fols. 66*r*-67*r*).

ABREU (FR. PEDRO DE)

Franciscano.

EDICIONES

1261

EXPLICACION de el hymno que dixeron los tres mancebos en el horno de Babylonia. Cádiz. Clemente Hidalgo. 1610. 5 hs. + 798 págs. a 2 cols. + 25 hs. 29 cm.

—Summa del previlegio.
—Censura por Fr. Iuan Baptista.
—Tasa.
—Facultad del Comisariado General de la Orden de San Francisco.
—Dedicatoria a Fr. Pedro Gonzalez de Mendoza, arzobispo electo de Granada.
—Erratas.

Ejemplares:

MADRID. *Nacional.* 2-24.812.—PALMA DE MALLORCA. *Pública.*

1262

EXPLICACION del himno Beredicite, por Fr. Pedro de Abrojo. Madrid. 1610. Fol.

Inventario de la biblioteca de Lorenzo Ramírez de Prado, según Pérez Pastor, *Bibliografía madrileña,* II, número 1.079.

1263

SERMON predicado a las obsequias de mi Señora la Duquesa de Medina Celi, Doña Ana de la Cueua, en su Ciudad del gran Puerto de Sancta María. Sevilla. Clemente Hidalgo. 1606. 14 hs. 19 cm.

Ejemplares:

MADRID. *Nacional.* R-20.949.—SANTIAGO DE COMPOSTELA. *Universitaria.*

1264

PALABRAS (En las) de la Virgen Nvestra Señora. Cádiz. Fernando Rey. 1617. 5 hs. + 613 págs. a 2 cols. + 19 hs. 28,5 cm.

—Frontis firmado por Allart van Popma.
—Summa del priuilegio.
—Censura de la Obra.
—Tassa.
—Facultad del Comissario general.
—Dedicatoria a Fr. Antonio de Trejo, Vicario General de la Orden franciscana.

«En esta grande ocupacion [el estudio de las sagradas letras] passé desde la edad de veyte y cinco años, por espacio de veynte y tres continuos leyendo Theologia escholastica en diuersas partes de mi prouincia, en especial en la gran ciudad

de Seuilla, y en la insigne uniuersidad de Osuna. Despues de los quales viendome ya en el postrero tercio de mi edad, porque desta mi ociosa ocupacion quedasse algo escrito para la publica utilidad, acordé sacar a luz los Commentarios en el Cantico de los tres mancebos del horno de Babilonia: y teniendo ya en las manos, en los ultimos dias de mi vida para estampar los que auia trabajado por espacio de nueue años, sobre las palabras que hallamos en el Euangelio, auer hablado la Virgen Señora nuestra: amanecio... aquel desseado dia, en el qual... leuantaron a v. Reuerendissima a tan gran dignidad...»

Con algunas noticias sobre la familia Trejo.

—Al lector.
—Index verborum.
Texto.

—Index locorum Sacrae scripturae, quæ in hoc loco præcipue illustrantur.
—Tabla alfabética de todas las cosas notables.

Ejemplares:

BURGOS. *Pública.* 15-52.—MADRID. *Nacional.* 3-57.400.—ZARAGOZA. *Universitaria.* A-1-19.

1265

HISTORIA del saqueo de Cadiz por los ingleses en 1596... Publícase con otras relaciones contemporáneas y documentos ilustratorios. Cádiz. Revista Médica. 1866. 3 hs. + VI + 65 + 165 páginas + 7 láminas. 23,5 cm.

Págs. I-VI: Prólogo por Adolfo de Castro.

Ejemplares:

MADRID. *Academia de la Historia.* 3-7-4-7.021. *Nacional.* 3-6.147.

ESTUDIOS

1266

ANTONIO, NICOLAS. *F. Petrus de Abreu, alias De Abrego.* (En su *Bibliotheca Hispana Nova.* 2.ª ed. Tomo II. 1788. Pág. 164).

ABREU DE MELLO (LUIS)

EDICIONES

1267

PARTO (El) sacro santo a la Deipara siempre Virgen María. Lisboa. Paulo Craesbeeck. 1642. 8.º

Poema en cuartetas.
Compuso otras varias obras en portugués, de las cuales los *Avisos para Palacio* se tradujeron al castellano en el siglo XVIII.

Ejemplares:

NUEVA YORK. *Hispanic Society.*

ESTUDIOS

1268

ANTONIO, NICOLAS. *Ludovicus Abreu de Mello.* (En su *Bibliotheca Hispana Nova.* 2.ª ed. Tomo II. Madrid. 1788. Pág. 18).

1269

GARCIA PERES, DOMINGO. *Abreu y Melo, Luis.* (En su *Catálogo de los autores portugueses...* 1890. Pág. 5).

ABREU MOUSINHO (MANUEL D')

N. de Evora. Oídor de la Chancillería de Goa.

EDICIONES

1270

BREVE discvrso en qve se cventa la Conquista del Reino de Pegu, en la India de Oriente, hecha por los Portugueses dende el año de mil y seyscientos, hasta el de 603. Siendo Capitan Saluador Ribera de Soza, natural de Guimaraẽs, a quienes los naturales de Pegu eligieron por su Rey. Lisboa. Pedro Craesbeeck. 1617. 4 hs. + 53 fols. + 2 hs. 14 cm.

—Tasa.
—Licencias.
—Dedicatoria al Duque de Lerma.
—Al Lector.
Texto.
—Tabla.

Ejemplares:

LONDRES. *British Museum.* 583.a.40.—MADRID. *Nacional.* R-2.808. — NUEVA YORK. *Hispanic Society.*—PARIS. *Nationale.* Oy.77.

ESTUDIOS

1271

GARCIA PERES, DOMINGO. *Abreu Mousinho, Manuel.* (En su *Catálogo de los autores portugueses...* 1890. Pág. 5).

«*ABRIL...*»

EDICIONES

1272

ABRIL, Mayo, Iunio, Iulio, y Agosto deste año de 1660. [s. l. s. i] [s. a.] 6 hs. a 2 cols. Fol.

V. Alenda, *Relaciones de solemnidades,* n.º 1.211 («Es una crónica bien formada, aunque ligeramente escrita, del viaje de Felipe IV al Pirineo...»).

ABRIL ORDOÑEZ (SEBASTIAN DE)

EDICIONES

Poesías sueltas

1273

[*OCTAVAS*]. (En Porres, Francisco Ignacio de. *Iusta poética*... Alcalá. 1658. Págs. 76-78).

ABRINES (JUAN)

Canónigo. Inquisidor del Reino de Mallorca.

EDICIONES

1274

VIDA, mverte, y milagros de la bendita virgen Sor Catharina Thomasa natural de Mallorca, Monja Canonica reglar de S. Agustin, en el Monasterio de Santa Maria Madalena de la Ciudad de Mallorca. Recopilada de los originales, que... ——... dexó escritos, por Bartholome Valperga. Mallorca. Manuel Rodriguez y Iuan Piza. A costa de mossen Miguel Thomas. 1617. 16 hs. + 144 fols. + 2 hs. 19,5 cm.

—Summa desta historia.
—Licencia del Padre General.
—Censura, por V. Paulo Duran y Antonio Gual.
—Aprobacion del Obispo de Mallorca.
—Licencia.
—Dedicatoria a Fr. Simón Bauça, Obispo de Mallorca.
—A los... Iurados del Reyno de Mallorca.
—Prologo al piadoso lector.
—Erratas.
—Tablas de los Capítulos.
Texto.
En las 2 hs. últimas: «Nova, vertadera, y auctentica relacio de les coses, que son estades descubertes, y vistes en la manifestacio del venerable cos de la serventa del Señor sor Catharina Thomasa; feta en... 16 dies del Mes de Noembre de 1617...»

Ejemplares:

MADRID. *Nacional.* 2-34.599.

«*ACADEMIA...*»

1637

1275

«*ACADEMIA que se celebro en el buen Retiro a la Magestad del Rey D. Phelipe Quarto el Grande N. S. En la Villa de Madrid. Año de 1637*».

Letra del s. XVII. 250 × 180 mm.

V. Gallardo, *Ensayo,* I, n.º 853.

Ejemplares:

MADRID. *Nacional.* Mss. 10.293 (folios 93*r*-118*v*).

1276

ACADÉMIE burlesque célébrée par les poétes de Madrid au Buen Retiro en 1637. (En Morel-Fatio, Alfred. *L'Espagne au XVIe et au XVIIe siècle*... París. 1878. Páginas 603-76).

Edición conforme al ms. de Paris, precedida de un breve estudio. (Págs. 603-10).

1277

ACADEMIA burlesca en Buen Retiro a la Magestad de Philippo IV el Grande. [*Edición de Antonio Pérez Gómez*]. Tirada de 120 ejemplares. [Valencia. «...la fonte que mana y corre...» Tip Moderna]. [1952]. 137 págs. + 2 hs. 26 cm.

1. *Cartel de los asumptos, que se han de escriuir...* (Págs. 7-11).
2. *Leyes de la Academia* (Págs. 11-12).
3. *Los Iuezes seran...* (Págs. 12-13).
4. *Con este Soneto a la Magestad de Philipo Quarto dio prinçipio a la Academia Luis Velez.* [«Aquel que mas alla de hombre bestido...»]. (Pág. 14).
6. *Enigma de el Guarda Infante. Declaración de la Enigma de Diego Couarrubias Leiua.* (Págs. 28-31).
7. *Declaración de el Egnima* (sic) *de Francisco de Aparicio.* (Págs. 32-34).
8. *Glossa de Antonio de Solís.* [«No puedes Francisca en mi...»]. (Páginas 34-35).
9. *Glossa de Juan Nauarro de Espinosa.* [«Francisca el diablo sea sordo...»]. (Págs. 36-37).
10. *Glossa de Alfonso de Batres.* [«Tu cara y talle espantoso...»]. (Páginas 38-39).
11. *Glosa de Melchor de Vera.* [«Quien de tu talle y tu cara...»]. (Páginas 40-41).
12. *Glosa de Antonio de Huerta.* [«Yo que hablo mal por costumbre...»]. (Páginas 42-43).
13. *Glosa de Pedro Mendez de Loyola.* [«Francisca el cielo enmendó...»]. (Págs. 44-45).
14. *Glosa del Dr. Pedro Garçia.* [«En una conbersaçion...»]. (Págs. 46-47).
15. *Glosa de Juan Delgado.* [«Françisca de quien saldria...»]. (Págs. 48-49).
16. *Glosa de Martin de Figue Eredo.* [Françisca en bocas de gente...»]. (Páginas 49-51).
17. *Glosa de Gaspar Dauila.* [«Aun ser Françisca hermosa...»]. (Págs. 51-52).
18. *Glosa del Dr. Manuel Antonio de Vargas.* [«Por tu pie asuegra te vas...»]. (Págs. 53-54).
19. *Romançe de Antonio de Solís.* [«Erase un sabado quando...»]. (Págigina 54-56).
20. *Romançe de Geronimo Cançer.* [«A bautiçarse señoras...»]. (Págs. 57-59).
21. *Romançe de Antonio Coello.* [«Hame mandado el asunto...»]. (Páginas 59-62).
22. *Redondillas de Luis de Venabente.* [«Juan Rana ynsigne Doctor...»]. (Págs. 62-64).
23. *Redondillas de Juan Nauarro de Espinossa.* [«Si e de deçir el porque...»]. (Págs. 64-65).
24. *Quintillas de Juan Mexia.* [«Digasme tu el ermitaño...»]. (Págs 66-68).
25. *Quintillas de Pedro Mendez de Loyola.* [«Inuoco el infausto amante...»]. (Págs. 68-70).
26. *Romançe de Alfonso de Batres.* [«A como ba en no haçer nada...»]. (Págs. 70-72).
27. *Otabas en arte mayor de Luis de Belmonte Bermuda* (sic). [«Narçiso se paga de ver su Hermosura...»]. (Páginas 73-74).
28. *Otabas en arte maior de Pedro Rosete Niño.* [«A vos el garrido, maestro famosso...»]. (Págs. 74-75).
29. *Cançion de Gaspar Dauila.* [«Cobarrubias dichoso...»]. (Págs. 75-77).

—*En el berso que se quisiere se aberigue, en que ocasion pareçe Manuel Gonçalez mas feo: quando aposenta mal: o quando guarda bien.*

30. *Romance, de Antonio Coello.* [«Encarada está mi Musa...»]. (Páginas 77-80).
31. *Estançias de a seis, del Dr. Joan Antonio de la Peña.* [«O tu Manuel famosso...»]. (Págs. 80-81).

—*Un Romançe que declare, qual estomago es mas para ymbidiado, el que digiere grandes pesadumbres; o grandes Çenas.*

32. *Romance, de Francisco de Roxas.* [«Aun que para hablar mejor...»]. (Páginas 81-83).

—*Un soneto con estrambote o sin el, si al que miente siempre le pueden acusar de que a mentido.*

33. *Soneto, del M.º Alonso de Alfaro.* [«Fabio quando el mentir no es açidente...»]. (Págs. 83-84).
34. *Soneto de Geronimo de Esquibel.* [«Mentia siempre Fabio, i no os espante...»]. (Pág. 84).

—*Un Epigrama en dos coplas castellanas, en que se determine qual es mayor neçedad se neçio algunas veçes: o estar siempre muy discreto.*

35. *Epigrama, de Alfonso de Batres.* [«Por dos neçios preguntado...»]. (Página 85).
36. *Epigrama, de Gaspar de Auila.* [«El neçio sin arguir...»].

37. *Epigrama, del mismo.* [«Si al que conoçe que es neçio...»]. (Pág. 86).
38. *Epigrama, de Antonio de Solis.* [«La mayor neçedad siento...»].
—*Un Romance a una fea pidiendole perdon de avella querido.*
39. *Romance, de Geronimo de Cancer.* [«Lisi ya muere mi amor...»]. (Páginas 87-89).
—*Diez y seis redondillas de pie quebrado a una alcagueta que se moria muy consolada...*
40. *Redondillas de Martin de Figueredo.* [«Ya que estoi para dar quenta...»]. (Págs. 90-93).
41. *Seguidillas, de Pedro Mendez de Loyola.* [«Pues qualquier obra se premia...»]. (Págs. 93-98).
—*En ovillejo, que no exçeda de 32 bersos, que, si no se save que Judas fuesse bermejo, ¿en que se fundó el primero que le pintó rubio?*
42. *Obillejos, de Antonio de Guerta.* [«Tuvo razon, buen gusto, buen consejo...»]. (P!gs. 99-100).
—*Un Romance, a que los enfermos, enferman del mal, pero que mueren del Dotor.*
43. *Romance, de Gaspar Dauila.* [«Con liçencia y con perdon...»]. (Páginas 100-2).
44. *Romance, del Dr. Pedro Garçia.* [«Va de verdades un rato...»]. (Páginas 102-4).
45. *Romançe, de Ramon Montero de Espinossa.* [«A musa en tu beslo ay...»]. (Págs. 104-5).
—*En diez Seguidillas que a las que tienen mala cara por que las socorren luego de bien entendidas, sino ay cosa mas neçia que ser fea.*
46. *Seguidillas, de Antonio de Solis.* [«Yo digo que las feas...»]. (Páginas 106-7).
47. *Seguidillas, de Martin de Figueredo.* [«Como tienen las feas...»]. (Páginas 107-8).
—*Un Romance, dando bexamen a los enemigos de la Casa de Austria en la elecion de Rey de Romanos en el Señor Rey de Ungria sin que se nombre a nadie.*
48. *Romance, de Antonio Martinez de Meneses.* [«Calome el conzeto, ponga...»]. (Págs. 109-11).
49. *Bexamen que dio Alfonso de Batres, en buen Retiro.* (Págs. 113-23).
50. *Prosiguió Don Françisco de Roxas [el vejamen].* (Págs. 124-32).
51. *Los papeles contenidos en este quaderno se premiaron en esta forma.* (Págs. 133-37).

Ejemplares:

MADRID. *Academia Española.* 16-II-8.

1652

1278

ACADEMIA qve se celebro en siete de enero, al feliz nacimiento del Serenissimo Principe D. Carlos, N. S. Presidiola en sv casa Don Melchor de Fonseca de Almeida. Fve Secretario Don Lvis Nieto, y Fiscal D. Alonso de Zarate y la Hoz. Madrid. [s. i.]. 1652. 2 hs. + 131 págs. 20 cm.

—Dedicatoria a D. Fernando de Noroña, Conde de Linhares, por Melchor de Fonseca de Almeida.

1. *Letrilla con que la Musica dió principio a la Academia.* [«Al arma contra la embidia...»]. (Pág. 1).
2. *Romance, y cedulillas de Luis Nieto.* [«Nació el Sol de madre hermosa...»]. (Págs. 2-28).
3. *Oracion de Melchor de Fonseca...* [«Dormia yo velando...»]. (Págs. 29-54).
4. *El nacimiento del Principe N. S. assegura a España perpetua serenidad; aviendose retirado a su primera vista las nubes que embaraçavan el Sol, en el dia de su Bautismo. Assumpto de la Academia. De Francisco Pinel y Monroi... Romance.* [«Argos era del Oriente...»]. (Págs. 55-61).
5. *Tiene imperio la Reina nuestra Señora en el tiempo, pues en qualquiera de sus fiestas haze buen día. De Iuan de la Carrera. Soneto.* [«Ni del Invierno los rigores canos...»]. (Pág. 62).
6. *Al Nacimiento del Principe nuestro Señor. De Diego de Sotomayor. Glossa.* [«Quando parece que al Cielo...»]. (Págs. 63-65).
7. *Dase el parabien al Rey nuestro Señor del Nacimiento del Serenissimo Principe Don Carlos. De Bernardo de Monleón y Cortés. Romance.* [«Felipe, Rey de dos Mundos...»]. (Págs. 66-68).

8. *Al nacimiento del Principe Don Carlos... De Iosef Reinalte. Soneto.* [«Cierre las puertas de su templo Iano...»]. (Pág. 69).
9. *Al nacimiento del Príncipe, indulto general para todos los Poetas. Assumpto preciso en versos de pie quebrado. Por Iuan de Montenegro y Neyra.* [«Oy en la fiesta de Carlos...»]. (Págs. 70-73).
10. *Dase el parabien a la Reina... de la felicidad que tuvo en el parto del Príncipe... De Matías Diego de Villanueva. Soneto.* [«Si la Aurora mas bella, si Mariana...»]. (Pág. 74).
11. *Al feliz nacimiento del Príncipe N. S. Don Carlos, en ocasión de aver muerto su Alteza D. Felipe Prospero. De Luis Antonio de Oviedo. Romance.* [«Qué de afectos! que se visten...»]. (Págs. 75-79).
12. *Cuentase el bautismo del Príncipe... a la Reina... De Diego de Enciso y Velasco. Quintillas.* [«Imboco a Talía, en quanto...»]. (Págs. 80-87).
13. *Feliz anuncio al Príncipe N. S. Don Carlos... en ocasion del universal regozijo de su Nacimiento. De Ioseph Porter y Casanate. Octavas.* [«Primorosos buriles, y cinceles...»]. (Páginas 88-90).
14. *Al oroscopo del Príncipe... De Fermín de Sarassa y Arce. Quintillas.* [«A oroscopo se apercibe...»]. (Páginas 91-94).
15. *Encargase a las gracias de Venus la criança del Principe... De Sebastián de Vergara Salcedo.* [«No el nieto ardiente de la elada espuma...»]. (Páginas 95-97).
16. *Quintillas en que se da vexamen a su Alteza el Señor Príncipe Don Carlos. De Pedro de Oviedo.* [«Señor Príncipe, un cruel...»]. (Págs. 98-100).
17. *Exortase a España que llore, significando su gozo en el nacimiento de Carlos Leonardo, como mostró su pesar en la muerte de Felipe Próspero. De Iuan de Heredia. Soneto.* [«Llora España en Felipe el lastimoso...»]. (Página 101).
18. *Si el Principe N. S. tuviera miedo, como los demás niños, qué cosas le podrían servir de coco? De Baltasar Faxardo. Quintillas de pie quebrado.* [«Con este assumpto me veo...»]. (Páginas 102-5).
19. *Pregunta la Academia, que por qué lloró el Príncipe N. S. después de aver nacido? y dase la respuesta. De Vicente Suárez de Eza y Avila. Soneto.* [«Que el Principe nació, ya bien se sA...»]. (Pág. 106).
20. *Vexamen de Alonso de Zarate y la Hoz, Fiscal de la Academia.* (Páginas 107-31).

V. Gallardo, *Ensayo*, I, n.º 856.

Ejemplares:

MADRID. *Nacional.* R-5.193; 5.728.

1661

1279

ACADEMIA, qve se celebro en seis de Enero en casa de Don Melchor de Fonseca de Almeida, siendo Presidente D. Iuan Alfonso Guillen de la Carrera... Secretario Don Fernando de Monleon y Cortes... y Fiscal Don Alonso de Zarate y la Hoz. Madrid. [s. i.]. 1661. 2 hs. + 41 fols. 20 cm.

—Dedicatoria a D. Vicente de Moscoso y Pimentel, por Iuan Alfonso Guillen de la Carrera.

1. *Cedulilla, por Bernardo de Monleón y Cortés.* (Fols. 1*r*-3*r*).
2. *Oración de Iuan Alfonso Guillén de la Carrera.* [«Suspende suaue acento...»]. (Fols. 3*v*-10*v*).
3. *Explicase por qué el suspirar es descanso. De Francisco Pinel. Soneto.* [«Este desordenado mouimiento...»]. (Fol. 11*r*).
4. *Qual es mayor dolor, el que se explica, ó el que se calla? De Geronimo Cuellar. Dezimas.* [«Qual es el mayor dolor...»]. (Fols. 11*v*-12*v*).
5. *Por qué los premios huyen de los que los merecen, y los consigue quien no los merece? Soneto. De Ioseph Reinalte.* [«Camina contra el Sol el pretendiente...»]. (Fol. 12*v*).
6. *Pintura de una fea, pintandola hermosa, y dexandola fea. De Alonso de Zarate y la Hoz.* [«A una fea, que hermosa...»]. (Fols. 13*r*-14*r*).
7. *Disculpase un galan, que por no declararse no conseguía el fauor de su dama. De Melchor de Fonseca de Almeida. Romance.* [«A callar me determino...»]. (Fols. 14*v*-15*v*).
8. *A una dama, que siempre que veía*

á su amante lloraua. De Diego Tinoco y Correa. Soneto. [«Qué lagrimas son estas, que el Aurora...»]. (Fol. 16).
9. *A un galan, que no viendo a su dama la adoraua, y en viendola la aborrecía. De Luis Nieto. Romance.* [«Rara tarea del alma...»]. (Fols. 16*v*-17*v*).
10. *A un galan, que no dando a su dama lo que auía menester, quería ser solo. De Iuan de Zuñiga y Nauarro. Satira.* [«Hablemos Lisardo claro...»]. (Fols. 18*r*-20*r*).
11. *Exclamacion a Marco Antonio en la accion de mostrar al pueblo Romano la Toga de Iulio Cesar, manchada con su sangre en odio de Bruto. De Ioseph de Ledesma. Romance.* [«Que hazes Antonio? no miras...»]. (Fols. 20*v*-21*v*).
12. *A la firmeza de una voluntad. De Iuan Lopez de Morales. Soneto.* [«Haze el tiempo ya tardo, ó ya ligero...»]. (Fol. 22*r*).
13. *A un flematico que comia muy apriessa. De Francisco de Salinas. Romance.* [«Caualleros, ay quien sepa...»]. (Fols. 22*v*-23*v*).
14. *Al sueño. De Lorenço de la Guerra. Soneto.* [«Tirano tu del tiempo, que a la vida...»]. (Fol. 24*r*).
15. *A una dama que auiendo empeçado a fauorecer a un galan, le mandó que no la viesse mas, ni se quexasse. Romance. De Manuel de la Peña.* [«Si he de morir de cobarde...»]. (Folios 23*v*-24*v*).
16. *Consejos que una dama cortesana, que dançaua, daua a otra, valiendose de los mouimientos de dançar. De Soneto.* [«A qué aspiras mortal, quando en la pompa...»]. (Fol. 29*v*).
Antonio de Salazar. Romance. [«Una dama dançarina...»]. (Fol. 25).
17. *A un hombre demasiadamente gordo, casandose con una dama demasiadamente flaca. De Vicente Suarez de Cea y Auila. Romance satírico.* [«Hombre botijon, botija...»]. (Folios 27*r*-28*v*).
18. *De un mendigo, que no ha merecido assumpto, ni nombre de ingenio. Redondilla.* [«El ser de repente obligaga...»]. (Fol. 29*r*).
19. *Soneto.* [«A qué aspiras mortal, quando en la pompa...»]. (Fol. 29).
20. *Porque se dieron las armas de Aquiles a Ulises prudente, y no a Ayaz Thelamon, Capitan Valeroso. Soneto. De Sebastian de Oliuares Vadillo.* [«Las partes todas de un compuesto humano...»]. (Fol. 30*r*).
21. *Examinase la causa por qué la mariposa no renace de la llama en que muere abrasada, como el Phénix. Soneto. De Francisco Pinel.* [«En esteril ceniça se conuierte...»]. (Fol. 30*v*).
22. *Vejamen que dió Don Alonso de Zarate y la Hoz, con que se dio fin a la Academia.* (Fols. 31*r*-41*v*).

Ejemplares:

MADRID. *Nacional.* R-5.728.

1280

ACADEMIA qve se celebró en casa de D. Melchor de Fonseca de Almeida en trece de Febrero, siendo Presidente Don Francisco Pinel y Monroy, Secretario Don Iuan Alfonso Guillen de la Carrera, y Fiscal Don Bernardo de Monleon y Cortes. Año de M.DC.LXI. [s. l. s. i.]. [s. a.]. 42 fols. 20 cm.

1. *Cedulillas de Iuan Alfonso Guillén de la Carrera.* (Fols. 1*r*-3*v*).
2. *Oración que dixo Francisco Pinel y Monroy, Presidente de la Academia.* [«Noble, y docto Concurso, que compone...»]. (Fols. 4*r*-14*v*).
3. *A una Dama, que adorando a un Galan, no le quiso fauorecer, temiendo verse despreciada. De Gerónimo de Cuellar. Soneto.* [«Ama dichoso el que es correspondido...»]. (Fol. 15*r*).
4. *A un clavel que dió una Dama en premio de las finezas de un Galán. De Luis Maza de Lizana. Soneto.* [«Vano clauel, que intentas presumido...»]. (Fol.15*v*).
5. *A un Galan, que no pudiendo socorrer a su Dama, que la cautiuaban los Turcos, la mató, por no verla en otros braços. De Ioseph Reinalte. Romance.* [«Huye, la dixo a su Dama...»]. (Fols. 16*r*-18*r*).
6. *De Melchor de Fonseca de Almeyda. Glossa.* [«Con aparente consuelo...»]. (Fols. 18*v*-19*v*).
7. *Pintura de una dama hermosa. Pintandola fea, y dexandola hermosa. De Alonso de Zarate y la Hoz. Seguidillas.* [«Siendo hermosa Marfisa...»]. (Fols. 20*r*-21*r*).

8. *A una dama, que preguntó a su galán, que hasta donde llegaua su amor. De Diego de Sotomayor. Soneto.* [«Adonde llega mi amorosa llama...»]. (Fol. 21*v*).
9. *Difinese la esperanza buena, y mala. De Luis Nieto. Soneto.* [«Esta suerte aprehensiua, que entretiene...»]. (Folio 22*r*).
10. *Quexase un galan de los rigores de una dama. De Ioseph de Ledesma. Romance.* [«Ya se acabaron Anarda...»]. (Fols. 22*v*-24*r*).
11. *A una dama, que quando lloraua parecía mas hermosa. De Diego Tinoco. Dezimas.* [«Filis, la curiosidad...»]. (Fols. 24*v*-25*r*).
12. *A la baxada de una dama, al Soto del Solitario.* [«Afuera, que sale al campo...»]. (Fols. 25*v*-27*r*).
13. *A un galan que se chamuscó las barbas, quemando unos papeles de su dama. De Alonso del Valle y Cabiedes. Romance.* [«Celio impaciente leía...»]. (Fols. 27*v*-28*v*).
14. *A una dama, que procurando recatar su amor, por el semblante se le conoció su galán. De Sebastián de Gil-uares Vadillo. Soneto.* [«Ay Lisi, quan en vano con prisiones...»]. (Fol. 29*r*).
15. *Deseando pintar fea, a una Dama hermosa, resultan en alabança los oprobios. De Román Montero de Espinosa. Seguidillas.* [«Iuanilla yo te copio...»]. (Fols. 29*v*-30*v*).
16. *A una dama deseosa de embiudar, para ser dueña. De Vicente Suarez. Romance.* [«A una dama desseosa...»]. (Fols. 31*r*-32*v*).
17. *Bexamen con que dió fín a la Academia Bernardo de Monleón y Cortés.* (Fols. 33*r*-42*v*).

Ejemplares:

MADRID. *Nacional.* R-5.728.

1281

ACADEMIA qve se celebro en la civdad de Granada en ocho de diziembre al nacimiento del Principe Don Carlos... Presidente Don Pedro Alfonso de la Cueua Benauides... Secretario Don Nicolas de Cervantes y Ervias Calderon... Celebróse en casa de Don Pedro de Cordoua y Valencia. Granada. Imp. Real, por Francisco Sanchez. 1661. 40 fols. 20 cm.

1. *Dedicatoria a D. Melchor de Cordoua y Zapata, Cauallero de Alcántara, etc., por Manuel de Morales y Noroña.* (Fol. 2*r*).
2. *Oración que dixo Pedro de la Cueua Benavides.* [«Ninfas del Dauro undoso...»]. (Fols. 2*v*-6*v*).
3. *Parabién en 18 endechas burlescas al Príncipe. Por Rodrigo Velázquez de Carvajal.* [«Príncipe dichoso...»]. (Folios 7*r*-8*r*).
4. *Redondillas con que le aplaudió el Secretario.* [«Don Rodrigo, el discurrir...»]. (Fol. 8*v*).
5. *Vexamen que dió Nicolás de Cervantes y Ervías.* (Fols. 8*v*-39*r*). En forma de diálogo, con Iuan de Trillo y Figueroa. Van intercaladas en él las poesías que se citan a continuación:
6. *Soneto, por Francisco Hurtado de Mendoza.* [«No de un Principe el tragico Occidente...»]. (Fol. 10*r*).
7. *Octavas, por Sebastian Antonio de Gadea.* [«Ya el sacro Dauro en su cristal luziente...»]. (Fols. 11*r*-12*r*).
8. *Redondillas, por Pedro de Cordoua y Valencia.* [«De invocaciones me aparto...»]. (Fols. 13*r*-14*v*).
9. *Canciones, por Manuel Zurillo de Peralta.* [«Salve Fenix Sagrado...»]. (Fols. 15*v*-16*v*).
10. *Romance, por Gaspar Afan de Ribera.* [«Nació el Principe de Asturias...»]. (Fols. 17*v*-20*r*).
11. *Romance.* [«Ya de la dichosa España...»]. (Fols. 20*v*-22*r*).
12. *Soneto, por Antonio de Busto y Viedma.* [«De un sol Augusto la violenta muerte...»]. (Fol. 23*r*).
13. *Romance burlesco, por Baltasar de Ribera Ponce de León.* [«Ya tiene Principe España...»]. (Fols. 24*r*-25*r*).
14. *Dezimas, por Pedro Venegas.* [«Del mas hermoso luzero...»]. (Folio 26*r*).
15. *Liras, por Iuan Rubio.* [«O soberana Clio...»]. (Fol. 28).
16. *Romance, por Iuan Antonio de la Vella.* [«Ya que en este floriloquio...»]. (Fols. 29*v*-31*v*).
17. *Glossa, por Ioseph de Coualeda.* [«Oy Principe, pues os pinta...»]. (Folios. 32*v*-33*r*).
18. *Quintillas, por Luys de Aluarado*

y Faxardo. [«Santos mios, pues tenemos...»]. (Fols. 34*r*-35*v*).
19. *Dezimas, por Laurencio Baltasar de Moscoso y Figueroa.* [«Nacio Carlos y a porfia...»]. (Fols. 36*v*-37*v*).
20. *Romance, por Benito Iacinto de Gadea y Castillejo.* [«Ynclitos Filipo el grande...»]. (Fols. 38*r*-39*r*).
21. [*Poesía*]. [«Académicos ilustres...»]. (Fol. 40).

Ejemplares:

MADRID. *Nacional.* R-6.550.

1282

ACADEMIA que se celebró en Madrid en veinte y dos de mayo, siendo presidente Don Matías Diego de Villanueva. [Madrid]. 1661. 43 fols. + 1 h. 4.°

Cit. en *Catálogo de la biblioteca de Salvá,* I, n.° 157.

1662

1283

ACADEMIA qve se celebro en veinte y tres de abril, en casa de Don Melchor de Fonseca de Almeida. Siendo Presidente Don Luis Antonio de Ouiedo y Herrera. Secretario Don Fermin de Sarasa. Y Fiscal Don Luis Nieto. Madrid. [s. i.]. 1662. 53 fols. 20 cm.

1. *Cedulilla primera.* (Fols. 1*r*-4*r*).
2. *Oracion poetica; que dixo Luis Antonio de Oviedo y Herrera...* [«Al termino precisso de el Ocaso...»]. (Folios 4*v*-13*v*).
3. *Desprecia Paris robador de Elena los vaticinios de su muerte, y de la ruina de Troya. De Francisco Pinel y Monroy... Romance.* [«Con mejor dicha que fama...»]. (Fols. 14*r*-17*r*).
4. *Redondilla del Conde de Villamediana. De Diego de Sotomayor... Glossa.* [«Abrasada voluntad...»]. (Folios 17*v*-18*v*).
5. *Preguntase qual es mayor dolor, dissimular amando, ó fingir aborreciendo? De Bernardo de Monleón y Cortés.* [«El dissimular amando...»]. (Fols. 18*v*-19*v*).
6. *Quien enamóra mas, una muger hermosa, que se ve, y no se habla, ó una muger discreta, que se habla, y no se ve? De Matías Diego de Villanueva. Soneto.* [«Quedó a una discreción, Fabio, rendido...»]. (Fol. 20*r*).
7. *Pintura de una Dama. De Alonso de Zarata* (sic) *y la Hoz. Seguidillas.* [«Mas que si de Marfisa...»]. (Folios 20*v*-21*v*).
8. *A una dama, que asseguró a su amante, que auia de ser estrago, muerte, y ruina de los hombres. De Ramón Montero. Dezimas.* [«De una fuente la corriente...»]. (Fol. 22).
9. *A una mariposa en una vela. De Iuan de la Carrera. Romance.* [«Donde, mariposa triste...»]. (Fols. 23*r*-24*v*).
10. *Hazese cargo a una dama, de auer retirado el fauor que auia començado a hazer. De un Auenturero. Soneto.* [«De Amor, de vos de mí puedo quexarme...»]. (Fols. 24*v*-25*r*).
11. *Glossa. De Diego de Enciso y Velasco.* [«Ojos, oy amaneceis...»]. (Folios 25*r*-26*r*).
12. *Entre dos hermosuras se halla un Amante despreciado de la que ama, y fauorecido de la que oluida. De Iuan de Oliuença. Soneto.* [«Yo deseaua amar, pero Amor ciego...»]. (Fol. 26).
13. *A una dama que se enojó imaginando que un amante suyo se atreuía á dezir su amor. Manuel de la Peña. Romance.* [«Triste pensamiento mio...»]. (Fols. 26*v*-28*v*).
14. *A una dama, que mató una mariposa enfadada por que dió en hazer giros a sus ojos, dexando la luz de una vela. De Sebastian Ventura de Vergara Salcedo. Soneto.* [«Al ver la luz la incauta mariposa...»]. (Fol. 29).
15. *Disculpase un galan de no auer retratado a su dama, auiendoselo mandado. De Iuan de Heredia. Romance.* «Del sol, hermosa Clarinda...»[. (Folios 29*v*-30*v*).
16. *A el sitio que puso Anibal sobre Sagunto... De Luis Maça de Liçana. Soneto.* [«De que sirue el valor, de que la espada...»]. (Fol. 31*r*).
17. *Un jouen despues de la Quaresma. Por Rafael Pablo Mesia de Prado. Redondillas.* [«Valgame Dios! no me hallaua...»]. (Fols. 31*v*-32*v*).
18. *A el anhelo de la ambicion en metafora de un arroyuelo. De Iuan Ioseph Porter y Casanate. Soneto.* [«Con

blando ruido, con rumor sonoro...»]. (Fols. 32*v*-33*r*).

19. *A una dama que tenía por vicio rascarse mucho de contino, sin tener sarna; la qual comía mucho, y pedía mas. De Vicente Suarez. Romance.* [«Pues que conmigo te rascas...»]. (Folios 33*r*-34*v*).

20. *Amante de Lesuia fia de su piedad el impossible aliuio de sus ansias. Ioseph de Ledesma. Soneto.* [«Corderos, a paçer con los Leones...»]. (Folio 35).

21. *Vejamen que dan las Carnestolendas á la Quaresma. De Pedro de Ouiedo y Herrera. Romance.* [«Dando estauan boqueadas...»]. (Folios 35*v*-37*r*).

22. *Preguntó una dama a un galan que se auía retirado de verla, si se auía muerto, y él la responde refiriendo las causas de su retiro. De Melchor de Fonseca de Almeida. Romance.* [«Si mostrais de mí retiro...»]. (Fols. 37*r*-40*r*).

23. *Vejamen que dio Don Luis Nieto.* (Fols. 41*v*-53*v*).

Ejemplares:

MADRID. *Nacional.* R-5.193; R-5.728; 2-34.892.

1663

1284

ACADEMIA qve se celebro en siete de Enero, en casa de Don Melchor de Fonseca de Almeyda, siendo Presidente Don Ioseph Porter y Casanate, Secretario D. Luis de Ouiedo y Fiscal D. Iuan de Montenegro y Neyra. Madrid. Francisco Nieto. 1663. 43 fols. 19,5 cm.

1. *Dedicatoria a D. Geronimo de Camargo, del Consejo de S. M. en el Real de Castilla, por Iuan de Montenegro y Neyra.* (Fol. 2).

2. *Cedulillas que dieron principio a la Academia, de Luis de Ouiedo.* (Folios 3*r*-7*v*).

3. *Oración que dixo Ioseph Porter y Casanate.* [«El que se expone brioso...»]. (Fols. 8*r*-13*r*).

4. *Lagrimas de Scipion Africano, en la ruyna de Numancia. De Francisco Pinel. Romance.* [«Aquella Ciudad famosa...»]. (Fols. 13*r*-16*r*).

5. *Al sepulcro del Cardenal Mazarino. De Roman Montero de Espinosa. Soneto.* [«Feliz Custodia, Pira reuerente...»]. (Fol. 16*v*).

6. *De Ioseph Berne y la Fuente.* [«Este fuego que en el pecho...»]. *Glossa.* [«Amor que contrariedad...»]. (Fols. 17*r*-18*r*).

7. *A una dama que se retiraua de los festejos de su galan. De Sebastian Ventura de Vergara Salcedo. Romance.* [«Quando a vuestra luz mi fe...»]. (Fols. 18*r*-19*r*).

8. *Al salir de las estrellas contempla un amante, qual dellas influye en el rigor de una Dama. De Iuan de Oliuença. Soneto.* [«Ya de la lumbre que animaua al día...»]. (Fol. 19*r*).

9. *De Mateo Freyre.* [«Nueuo modo de penar...»]. *Glosa.* [«Tirano sugeto amado...»]. (Fols. 20*r*-21*r*).

10 *Moviendo a los principes a la liberalidad. De Iuan de Enciso. Soneto.* [«Crece á su modo el Rey en su exercicio...»]. (Fol. 21*v*).

11. *A un sastre que se quexaua de verse enamorado de una dueña. De Pedro de Ouiedo y Herrera. Romance.* [«Erase una Dueñecita...»]. (Fols. 22*r*-23*v*).

12. *De Christoval de Torres y Medrano.* [«De Amarilis el donayre...»]. *Glossa.* [«Tanto Amarilis dilata...»]. (Fols. 23*v*-24*v*).

13. *A una dama que tenía un ojo de vidrio, y perdiendosele un día, le hizo pregonar. De Vicente Suares. Soneto.* [«Lucía el ojo que perdiste el día...»]. (Fol. 25*r*).

14. *Disculpase el no seguir el galanteo de una Dama, por reconocer euidente el impossible. De Iuan de Zamora. Soneto.* [«No haze merito el llanto, la fineza...]. (Fol. 25*v*).

15. *Sabiendo una Dama que su Galan se hallaua malo, le mandó la dixera que mal padecía, y él la obedeció en este Romance. De Luis Antonio de Ouiedo y Herrera.* [«Ya que me mandais que os diga...»]. (Fols. 26*r*-27*r*).

16. *Quexase un triste de su memoria, porque le acuerda un bien perdido. De Melchor de Fonseca de Almeyda. Soneto.* [«Y en fin memorias, en mí sufrimiento...»]. (Fol. 28*r*).

17. *Bexamen que dió Iuan de Mon-*

tenegro y Neyra, con que se dió fin a la Academia. (Fols. 28*v*-43*v*).
V. Gallardo, *Ensayo,* I, n.º 858.

Ejemplares:

ZARAGOZA. *Universitaria.* A-44-183.

1667

1285

ACADEMIA qve se celebro en Sevilla iveves diez y siete de febrero de 1667 años, en festejo de las Carnestolendas. Presidiola Don Christoval Bañes de Salcedo. Siendo Secretario Don Fernando de la Torre Farfan. En casa de D. Geronimo de Texada y Aldrete, y de Don Nicolas Riser Barba de la Cveva. Sevilla. Lucas Antonio de Bedmar. [s. a.]. 44 fols. 22 cm.

1. *Oración que dixo Christoual Bañes de Salcedo, Presidente.* [«Texed dulces coros, ó Beticas Nimphas...»]. (Fols. 2*r*-5*v*).

—*Assumpto I. Un Galan que recibiendo una Rosa de mano de una Dama, se hirió la suya en una espina. Soneto.*

2. *De Estevan Felix Dongo y Barnuevo.* [«Si en tu mano una Rosa, el inhumano...»]. (Fol 6*r*).
3. *De Fernando de la Torre Farfan.* [«De esta Flor que te devo, las infidas...»]. (Fol. 6*v*).
4. *De Mateo Gabriel Monte.* [«Sin duda, ó Flor Emperatriz del prado...»].
5. *De Martin Leandro de Costa y Lugo.* [«Sale con tres motivos presurosa...»]. (Fol. 7*r*).
6. *De Manuel Freile de Andrada.* [«Si con tus ojos, Dueño idolatrado...»].
7. *De Carlos de Sorsa.* [«Todo susto el fauor en una Rosa?...»]. (Fol. 7*v*).
8. *De Geronimo de Texada y Aldrete.* [«Armese de rigor en horabuena...»].
9. *De Nicolas Riser Barba de la Cueva.* [«Felize yo, que en esta Flor adquiero...»]. (Fol. 8*r*).
10. *Del Dr. Francisco Barrientos.* [«Tenía Lisi una Rosa prevenida...»].

—*Assumpto II. A un Poeta, que para ir a un combite se hizo echar una ayuda, y despues no halló que comer. Dezimas.*

11. *De Fernando de la Torre Farfan.* [«El cantar la industria cauta...»]. (Folio 8*v*).
12. *De Martín Leandro Costa y Lugo.* [«Combidaron á comer...»]. (Folio 9*r*).
13. *De Manuel Freyle de Andrada.* [«Quisiera, amigo Poeta...»].
14. *De Carlos de Sorsa.* [«Llegaron á combidar...»]. (Fol. 9*v*).
15. *De Geronimo de Texada y Aldrete.* [«Tal prevención, tal cuidado!...»]. (Fol. 10*r*).
16. *De Nicolas Riser Barba de la Cueva.* [«Amigo Fabio, el buscar...»]. (Fol. 10).
17. *De Francisco Barrientos.* [«Combidaron a un poeta...»]. (Fol. 10*v*).

—*Assumpto III. A Cleopatra con los Aspides. Cancion.*

18. *De Christoval Albañes de Salcedo.* [«Tremulo el pie, y el brio, sossegado...». (Fols. 11*r*-12*r*).
19. *De Estevan Felix Dongo y Barnuevo.* [«A tu inclyta sombra restituyo...»]. (Fols. 12*r*-13*r*).
20. *De Martín Leandro Costa y Lugo.* [«De aquellas Pompas vanas el asylo...»]. (Fols. 13*r*-14*r*).
21. *De Nicolas Riser Barba de la Cueva.* [«Será crueldad la que un dolor termina?...»]. (Fols. 14*r*-15*r*).
22. *De Geronimo de Texada y Aldrete.* [«Surcando el ayre las nevadas Aves...»]. (Fols. 15*r*-16*r*).
23. *De Francisco Barrientos.* [«Canto triunfos de amor si admiraciones...»]. (Fols. 16*r*-17*r*).

—*Assumpto IV. A una vieja, que apagandosele la luz, por tomar Agua bendita, mojó los dedos en el azeite del Candil. Romance disparatado.*

24. *De Martín Leandro Costa y Lugo.* [«Erase una vieja, con que...»]. (Fols. 17*v*-18*r*).
25. *De Fernando de la Torre Farfan.* [«Doña Sarra, cierta fembra...»]. (Folio 18).
26. *De Carlos de Sorsa.* [«Vieja, que traes essa luz...»]. (Fols. 18*v*-19*r*).
27. *De Geronimo de Texada y Aldrete.* [«Quísose acostar, y á escuras...»]. (Fol. 19).
28. *De Nicolas Riser Barba de la*

Cueva. [«Una vieja, á quien el diablo...»]. (Fol. 20).
29. *De Francisco Barrientos.* [«La vie-

—*Assumpto V. A las lagrimas de Cesar, viendo la cabeça de Pompeyo. Romance.*

30. *De Carlos de Sorsa.* [«O tu, que el informe vulto...»]. (Fol. 21).
31. *De Fernando de la Torre Farfan.* [«Tu, la parte superior (Cesar)...»]. (Fol. 22).
32. *De Estevan Felix Dongo y Barnuevo.* [«Assi Deidades airadas...»]. (Fols. 22*v*-23*r*).
33. *De Martín Leandro Costa y Lugo.* [«Generosa, como tuya...»]. (Folios 23*v*-24*r*).
34. *De Manuel Freyle de Andrada.* [«Para qué, César Invicto...»]. (Folio 24).
35. *De Christoval Bañes de Salcedo.* [«Apenas llena de Cesar...»]. (Fol. 25).
36. *De Nicolas Riser Barba de la Cueva.* [«En las Egypcias riberas...»]. (Fols. 25*v*-26*r*).
37. *De Francisco Barrientos.* [«Los dos estoques de Marte...»]. (Fols. 26*r*-27*r*).

—*Assumpto VI. A un zapato, que auiendosele quedado a una, entre otras Damas, en un pantano, ninguna dellas le quiso conocer por suyo. Quintillas.*

38. *De Mateo Gabriel Monte.* [«Vaya de zapato un rato...»]. (Fol. 27).
39. *De Estevan Felix Dongo y Barnuevo.* [«Quatro Mengas se han juntado...»]. (Fols. 27*v*-28*r*).
40. *De Fernando de la Torre Farfan.* [«Erase una Dama brava...»]. (Fol. 28).
41. *De Martín Leandro Costa y Lugo.* [«De un zapato viejo trato...»]. (Folios 28*v*-29*r*).
42. *De Christobal Bañes de Salcedo.* [Entre otras, disimulada...»]. (Fol. 29).
43. *De Geronimo de Texada y Aldrete.* [«Si el zapato el dueño ingrato...»]. (Fols. 29*v*-30*r*).
44. *De Nicolas Riser Barba de la Cueva.* [«Mis Reynas, de puro tierno...»]. (Fol. 30).
45. *De Francisco Barrientos.* [«Caistro de Damas bellas...»]. (Fols. 30*v*-31*r*).
46. *Vexamen que dió don Fernando de la Torre Farfan, Secretario. Babador del vexamen.* [«No sé lo que me sucede...»]. (Fol. 31).
47. *Vexamen.* (Fols. 31*v*-44*v*).

V. Gallardo, *Ensayo,* I, n.° 1.174.

Ejemplares:

MADRID. *Nacional.* R-8.112.

1668

1286

ACADEMIA que se celebró a 18 de enero en casa del Señor Don Francisco de Adda, conde de Salas, siendo Presidente Don Diego Fernandez de Carvajal, Secretario Don J. M. A. Maldonado, y Fiscal Don Antonio de Noreña, año 1688. Salamanca. Antonio de Cossío. [s. a.]. 67 págs. 4.°

V. Gallardo, *Ensayo,* I, n.° 1.138.

1672

1287

ACADEMIA qve se celebro en la Vniversidad de Salamanca en tres de Enero de 1672. En casa del Señor Don Lvis de Losada y Riuadeneyra su Rector, y Cauallero del Abito de Santiago. Siendo Presidente Don Gaspar de Medina Ordoñez. Secretario Don Manuel de Sovsa Moreyra. Fiscal Don Antonio de Villafañe. Salamanca. Melchor Esteuez. [s. a.]. 2 hs. + 92 págs. 20,5 cm.

—Licencia del Ordinario.
—Censura de Fr. Bartolomé Anento.

1. *Introduccion academica, con* [*que*] *dio principio a la Academia Manuel de Sousa y Moreyra, secretario.* (Páginas 1-4).
2. *Antonio de Villafañe a Gaspar de Medina su amigo... Madrigal.* [«Diré que creces con ardor profundo...»]. (Pág. 5).
3. *Epigrama latino de Gomez de Rocha y Ulloa a Gaspar Medina.* (Página 6).
4. *Oracion academica, que dixo Gaspar de Medina Ordoñez, presidente.* [«Dulce fatiga embaraçó el sentido...»]. (Págs. 8-19).

5. *Soneto, por Luis de Losada y Ribadeneyra.* [«Quadrada esfera de nocturno día...»]. (Pág. 21).
6. *Redondilla.* [«Oy conoce mi amor, quando...»]. *Glossa.* [«Mas merecimiento alcança...»]. (Pág. 22).
7. *Soneto por Nicolas Muriel de Baldiviesso.* [«Aborto de una nube ardiente rayo...»]. (Pág. 23).
8. *Redondilla.* [«Oy conoce mi amor, quando...»]. *Glossa del mismo.* [«Quando sin el padecer...»]. (Pág. 24).
9. *Dezimas por Miguel Geronimo Rubio de Alaba.* [«Ensayandose al cristal...»]. (Pág. 25).
10. *Al mismo asunto de un aventurero. Dezimas.* [«Luz tanta en tan breue esfera?...»]. (Pág. 26).
11. *Redondilla.* [«Oy conoce mi amor, quando...»]. *Glossa del mismo academico.* [«Sin saber como podria...»]. (Pág. 27).
12. *Romance por Lope de Bustamante y Cuevas.* [«Al impulso de unos zelos...»]. (Págs. 28-29).
13. *Romance por Geronimo Duran de Salcedo.* [«Quando con toda su fuerça...»]. (Págs. 30-32).
14. *Soneto por Geronimo de Vera.* [«En esquadras de tropas militantes...»]. (Pág. 33).
15. *Soneto por Pedro Moraez Pimentel.* [«Salio ayer Celia a dar embidia al prado...»]. (Pág. 34).
16. *Al propio asunto de un auenturero. Soneto.* [«De el bosque Deidad nueua, venerada...»]. (Pág. 35).
17. *Romance por Pedro de Herrera.* [«Una mañana de Abril...»]. (Págs. 36-37).
18. *Octavas por Gomez de la Rocha y Ulloa.* [«O inexpugnables muros, o Pensiles...»]. (Págs. 38-40).
19. *Romance por Gomez de la Rocha.* [«Señores, esta es Elena...»]. (Páginas 41-42).
20. *Texto.* [«Oy conoce mi amor, quando...»]. *Glossa del mismo.* [«Es la esperanza un tormento...»]. (Pág. 43).
21. *Soneto por Christoval de Guzman.* [«Hydropico Escultor, ya copia ufano...»]. (Págs. 44-45).
22. *Al mismo asumpto de un auenturero. Soneto.* [«Respeten, ó Cortés, los elementos...»]. (Pág. 45).
23. *Romance por Garcia de Lossada.* [«Si es fineza, ó cortesia...»]. (Páginas 46-47).
24. *Lyras.* [«Donde olvidadas yazen...»]. (Págs. 48-49).
25. *Al mismo asumpto de un aventurero. Lyras.* [«Agrauios a una Diosa?...»]. (Págs. 49-50).
26. *Endechas por Antonio de Villafañe.* [«Que amaneció! que el Alva...»]. (Págs. 51-53).
27. *Octava por Ioseph de Leiza, y Eraso.* [«De Iupiter al rayo poderoso...»]. (Pág. 54).
28. *Al mismo assumpto de un auenturero.* [«Muerto al despeño, sí; viuo a las glorias...»]. (Pág. 54).
29. *Soneto por Antonio Silveyra.* [«Delen el braço, jouen prodigioso...»]. (Pág. 55).
30. *Romance por Antonio Silveyra.* [«A coger el Sol salió...»]. (Págs. 56-57).
31. *Romance por Iacinto Orturi.* [«Entre uno, y otro suspiro...»]. (Páginas 58-59).
32. *Cancion real por Diego de Anñon y Funes.* [«El ayre fauorable, y remo unidos...»]. (Págs. 59-61).
33. *Vejamen conque dio fin a la Academia Don Antonio de Villafañe, su fiscal.* (Págs. 63-92).

Ejemplares:

MADRID. *Nacional.* 2-33.459.

1673

1288

ACADEMIA con qve el Exmo. Señor Marques de Xamaica celebró los felizes años de su Mag. la Reyna N. Señora D. Maria Ana de Austria, el dia 22 de Diziembre de 1672... [Cadiz. Juan Vejarano]. [1673]. 3 hs. + 80 fols. 21 cm.

—Dedicatoria al Condestable de Castilla, Duque de Frías, por Ioseph de Trejo. (Cádiz, 30 de diciembre de 1672).

—Descripción de el Teatro.

1. *Introducción a la Academia.* (Folios 1*r*-2*v*).
2. *Cédulas.* (Fols. 2*v*-7*r*).
3. *Oración de Diego de Contreras.* [«Rayaua el Sol la espuma, paralelo...»]. (Fols. 7*v*-15*r*).
4. [*Figuras que representan el significado de dos Coplas*]. (Fol. 15*v*).

5. *Musica.* [«Aguila Real coronada...»]. (Fol. 16*r*).
6. [*Poesia*]. [«A la dominante, y suprema señora...»]. (Fols. 16*v*-18*r*).
7. *Musica.* [«Al Natal mas feliz, que dos Orbes...»]. [*Poesia*]. [«Cessar el armonia...»]. (Fol. 18).
8. *Musica.* [«Viuan, repiten las vozes...»]. (Fols. 18*v*-19*r*).

ACADEMIA
CON QVE EL EX.^mo^ SEÑOR
MARQUES DE XAMAICA
Celebró los felizes años de su Mag. la Reyna N. Señora
D. MARIA ANA DE AUSTRIA,
el dia 22. de Diziembre de 1672.
Que presidiò Don Diego de Contreras, Cavallerizo del Excelentissimo señor Duque de Veragua; siendo Fiscal D. Joseph de Montoro; y Secretario D. Joseph de Trejo: Secretario del Excelentissimo señor Marqués de Xamaica.
Que la dedica al Excelentissimo señor Condestable de Castilla, Duque de Frias, Conde de Haro; Marqués de Verlanga; señor de Medina de Pomár, del Consejo de Estado de su Magestad, su Presidente del Real de las Ordenes, y de la Junta del Supremo Govierno, &c.

PASCUAL de GAYANGOS

—*Primer assumpto.*
9. *Romance, por Aluaro Colon de Portugal.* [«Qué ufana está la Rosa...»]. (Fols. 19*v*-20*r*).
—*Assumpto segundo.*
10. *Soneto, por el Duque de Veragua.* [«O tu, que el tutelar nido decides...»]. (Fols. 20*v*-21*r*).
—*Assumpto tercero.*
11. *Romance, por el Marqués de Xamaica.* [«Desde luego voy copiando...»]. (Fols. 21*r*-22*r*).
—*Assumpto quarto.*
12. *Octavas, por Salvador Jacinto de Garay.* [«Nace al govierno Carlos, sin segundo...»]. (Fols. 22*v*-23*v*).
—*Assumpto quinto.*
13. *Romance, por Luis Carrillo de Medina y Guzman.* [«Razonar, Delfico Dios...»]. (Fols. 24*r*-25*v*).
14. *Musica.* [«Milagros se ven el dia...»]. (Fols. 25*v*-26*r*).
—*Assumpto sexto.*
15. *Soneto, por Facundo Andres Cabeça de Baca.* [«Logrando en vos, y en mí iguales contentos...»]. (Fol. 26).
—*Assumpto septimo.*
16. *Dezimas.* [«Muy discreto discurris...»]. (Fols. 26*v*-27*v*).
—*Assumpto octavo.*
17. *Lyras, por Juan Villalon.* [«Plumado monstruo altera...»]. (Fols. 27*v*-29*r*).
—*Assumpto noveno.*
18. *Letra. De Fernando de Toledo.* [«Felices los años cuente...»]. *Dezimas.* [«Viva vuestra Magestad...»]. (Folios 29*r*-30*r*).
—*Assumpto dezimo.*
19. *Hyeroglifico. Cancion* [en donde explica el hyeroglifico]. [«Triunfa deydad, y de brocado obscuro...»]. (Folios 30*r*-31*v*).
—*Assumpto onze.*
20. *Romance en nombre de los que sirven a su Magestad en la Armada Real, por Juan Roco de Castilla.* [«Sacra deydad, cuyas sienes...»]. (Folios 32*r*-33*r*).
—*Assumpto doze.*
21. *Endechas reales, por Juan de Zelaëta.* [«Oy, Maria Ana diuina...»]. (Folios 33*r*-34*r*).
22. *Musica.* [«Real deydad, a cuyas aras...»]. (Fol. 34).
—*Assumpto treze.*
23. *Quintillas, por Juan Amador.* [«En versos vuestra alabanza...»]. (Fols. 34*v*-35*v*).
—*Assumpto catorze.*
24. *Soneto, por Ignacio de Saavedra.* [«No viue el Sol los años en que viue?...»]. (Fols. 35*v*-36*r*).
—*Assumpto quinze.*
25. *Romance, por Luis Nieto de Silva.* [«Pusose el Sol del gran Planeta quarto...»]. (Fols. 36*r*-38*r*).
26. *Carta de Doña Gonçalez Rodriguez de Mondoñedo.* (Fol. 38*r*).
27. *Redondillas de doña Gonçalez.*

[«Señora, en dia que empeña...»]. (Folios 39*v*-40*r*).

—*Assumpto general.*

28. *Musica.* [«Guardense todos, que salen...»]. (Fol. 40).
29. *Romance, por Alvaro Colón de Portugal.* [«Si aun el dar a las deydades...»]. (Fols. 40*r*-42*r*).
30. *Romance, por el Duque de Veragua.* [«Señora, de aqueste dia...»]. (Folios 42*r*-43*r*).
31. *Redondillas, por el Marques de Xamaica.* [«Si por quien no puede errar...»]. (Fols. 43*r*-44*r*).
32. *De Jacinto de Garay.* [«Oy, veneración sagrada...»]. (Fols. 44*r*-45*r*).
33. *Romance, por Luis Carrillo de Medina y Guzman.* [«Puesto que es, bello Amarilis...»]. (Fols. 45*r*-46*r*).
34. *Dezimas, por Facundo Andres Cabeça de Baca.* [«En vuestro nombre, señora...»]. (Fol. 46).
35. *Musica.* [«Al Templo de la deydad...»]. (Fols. 46*v*-47*r*).
36. *Endechas reales, por Joseph de Valmazeda y Zarzosa.* [«Señora, en feliz día...»]. (Fols. 47*r*-48*r*).
37. *Romance, por Juan Villalon.* [«Astro, a quien por bello, el Sol...»]. (Folio 48).
38. *Romance, por Fernando de Toledo.* [«Por mas que muerdo los hierros...»]. (Fol. 49).
39. *Soneto. De Pedro Mendez de Gigunde.* [«Aguila imperial, si el patrio nido...»]. (Fol. 50*r*).
40. *Soneto, por Juan Roco de Castilla.* [«Años que ilustran vuestra edad gloriosa...»]. (Fol. 50*v*).
41. *Soneto, por Juan de Zelaëta.* [«Para formar los siglos, los instantes...»]. (Fols. 50*v*-51*r*).
42. *Romance serio, por Juan Amador.* [«Pidenme con toda instancia...»]. (Folio 51).
43. *Romance, por Ignacio de Saavedra.* [«Pues el catorzeno assumpto...»]. (Fols. 52*r*-53*r*).
44. *Soneto, por Luis Nieto de Silva.* [«Sacra Maria Ana, pues la suerte ordena...»]. (Fol. 53*v*).
45. *Romance. De Joseph de Montoro.* [«Segundo Carlos, por cuya...»]. (Folios 54*r*-55*r*).
46. *Musica.* [«Sagradas Ninfas del Mar...»]. (Fol. 55).
47. *Bexamen. De Joseph de Montoro. Romance.* [«Deydad sacra, en cuyo Templo...»]. [*Poesia*]. [«Brillante esquadron de luzes...»]. *Romance.* [«Sacra Academia, en cuyo...»]. (Fols. 55*v*-78*r*).
48. *Musica.* [«Años, que a eternos aspiran...»]. (Fols. 77*v*-78*r*).
49. [*Cancion*]. [«Nobles competencias...»]. (Fol. 79*v*).
50. *Xacara.* [«No son rayos, no son flechas...»]. (Fol. 80).

V. Gallardo, *Ensayo*, I, n.º 469.

Ejemplares:

MADRID. *Nacional.* R-11.778.

1674

1289

ACADEMIA qve se celebró en día de Pasqva de Reyes, siendo Presidente Don Melchor Fernandez de León. Secretario Don Francisco de Barrio, y Fiscal Don Manvel García de Bustamante. Año M. DC. LXX. IIII. [s. l. s. i.]. [s. a.]. 3 hs. + 58 fols. 20 cm.

—Dedicatoria a D. Pedro Coloma, Cauallero Comendador de Auñón y Berlinches de la Orden de Calatraua, etc., por Francisco de Barrio. (Madrid, 8 de enero de 1674).

—Advertencia académica al Lector.

1. *Cedulillas, que dieron principio a la Academia. De Francisco de Barrio.* [«Atrevase quien sabe...»]. En prosa y verso. (Fols. 1*r*-4*v*).
2. *Oración que dixo Melchor Fernández de León. Presidente de la Academia.* [«Al Sueño, al letargo...»]. (Folios 5*r*-13*v*).
3. *Estando una dueña sangrada, siente que su Galan no se sangrasse. De Francisco de Avellaneda. Romance.* [«El baño a Venus la davan...»]. (Folios 14*r*-15*v*).
4. *A un Amante desengañado, bolviendo los papeles que tenia, de su Dama, atados con una cadena de oro. De Manuel de la Torre. Lyras.* [«Essos, que Amor dictava...»]. (Folios 15*v*-16*r*).
5. *A una álamo excessivamente grande. De Iuan de Matos Fragoso. Soneto.* [«Arbol frondoso, que el Olimpo escalas...»]. (Fol. 16).

6. *Se pregunta, y se decide en seis Dezimas, si un hombre puede amar perfectamente, a un objeto, incapaz de correspondencia; y se intenta probar, que solo puede ser el amor perfecto, amando lo impossible. De Agustin de Salaçar. Dezimas.* [«Puede amar, sin ser amado...»]. (Fols. 16*v*-17*v*).
7. *Culpese a la nimpha Siringa el auerse transformado en caña, pudiendo convertirse en pan. Romance Iocoserio en Esdruxulos. De Fermín de Sarasa y Arçe.* [«Que culpe la conversión...»]. (Fols. 18*r*-20*v*).
8. *Muere Ciceron, porque al ir a matarle, no le dexó hablar la confussion, y el susto. De D. Ioseph de Figueroa y Cordoua. Soneto.* [«Moriste? No, que un invencible aliento...»]. (Fol. 20*v*).
9. *Responden, y defiendense los Muros de Numancia del rigor, y poder de los Romanos, animados de los difuntos alientos de sus Moradores. De Don Alvaro Rodriguez. Romance.* [«A la spugnación violenta...»]. (Folios 21*r*-22*r*).
10. *Consolando la muerte de Pompeio con auer caido Cesar a los pies de su estatua, quando le mataron en el Senado. De Diego de Sotomayor. Soneto.* [«Política crueldad, prospero hado...»]. (Fol. 22*v*).
11. *Pintando en los miedos de una ausencia, el tormento, y batalla de la razon, y el afecto. Lyras.* [«Que copie de una ausencia los temores...»]. (Folio 23).
12. *Celebranse el galanteo, y requiebros de un galan muy bobo, engañado de una dama muy boba. De Manuel de Ochoa. Romance.* [«Alla vá, señores míos...»]. (Fols. 23*r*-24*r*).
13. *Quexase el pastor Fido de la ingratitud de su Zagala, viendo la correspondencia que ay en Flores, Aues, y Fieras. De Iuan Alfonso Guillen de la Carrera. Romance.* [«Floridas selvas de Arcadia...»]. (Fols. 24*v*-27*r*).
14. *De D. Ventura Lorenço Mendez. Glossa.* [«Si la que es fea es dichosa...»]. (Fols. 27*r*-28*r*).
15. *Preguntase a un amante despreciado, en que estacion del tiempo se halla con menos tormento, en el dia, o en la noche. Dezimas.* [«Oy de Filis despreciado...»]. (Fols. 28*r*-30*r*).
16. *A un galan, que mirando en un Espejo a su Dama, se cayó el Espejo. De Manuel Freire de Andrade. Romance endecasilavo.* [«Embelesado en el puro...»]. (Fols. 30*v*-32*v*).
17. *Duda, y resuelve, si un nobio a quien desafian la noche de boda, deue salir, o no. De Francisco de Lezcano. Romance iocoso.* [«Como el casarse, y reñir...»]. (Fols. 32*v*-33*v*).
18. *Preguntase a un galan cazador que se enamoró de una Dama cazadora (que tirando a un Corço, le dió a él) la razon que tuvo para rendirse. De Iuan de Prado. Romance.* [«Fatigando inculta Selva...»]. (Fols. 33*v*-34*v*).
19. *A una dama muy cruel mordida de un Aspid. De Gaspar de Medina. Romance.* [«Herida al mortal veneno...»]. (Fols. 34*v*-35*v*).
20. *Desengaña a una dama gorda, negra y afeitada, de que no ha intentado usar mal de sus fauores en ningun tiempo. De Francisco Victeri. Romance iocoserio.* [«Creo, Nise, que has creído...»]. (Fols. 35*v*-36*v*).
21. *A un dotor, que yendo a curar a una Dama, se enamoro della. De Gaspar Victeri. Romance.* [«Enfermo Clori, porque...»]. (Fols. 36*v*-38*r*).
22. *Un galan enamorado Fin; a que que olvida a su Dama, porque ella se ofende de que la quiere. De Antonio de Heredia Baçan. Romance.* [«O tu, niño Dios! O tu...»]. (Fols. 38*r*-39*r*).
23. *Dezir en lo que consiste ser critica a una Dama. De Iuan Simon Infante. Soneto.* [«Escucharse, y hablar con sonsonete...»]. (Fol. 39).
24. *Vaticinios, y razones que asseguran felicissimo al Rey nuestro Señor, y gloriosa esta Monarquía con el prudente Gobierno de la Reyna nuestra Señora, su madre. De Francisco de la Torre. Madrigales.* [«De felize fortuna los difinios...»]. (Fols. 39*v*-42*r*).
25. *Pide una dama confites, y danla Azar confitado. Romance.* [«Con sus vozes de clavel...»]. (Fols. 42*r*-43*r*).
26. *Celebra la brevedad de la Rosa. De Francisco Pinel y Monrroy. Soneto.* [«Este exemplo feliz de la hermosura...»]. (Fol. 43*v*).
27. *Un aventurero desengañado explica su desengaño a imitación del Poeta del siglo de Oro, Garcilaso de la Vega. Soneto.* [«O Quanta avilantez gasta el vicioso...»]. (Fol. 44*r*).
28. *Porque no parezca demasiada melancolia añade un retrato a una hermo-*

sa en un Romance de dos ecos, para que hasta en los ecos lo parezca. Romance. [«Lisi, á tu copia dispuesto...»]. (Fols. 44*v*-45*r*).

29. *Bejamen, con que dio fin a la Academia Manuel Garcia Bustamante, Fiscal della. Musica.* [«Despirten los sentidos...»]. (Fols. 43*r*-59*v*).

V. Gallardo, *Ensayo*, I, n.° 859.

Ejemplares:

MADRID. *Nacional*. R-141; R-15.565.

1675

1290

ACADEMIA qve se celebró por Carnestolendas, iveves 21 de febrero de este año de 1675 en casa del Licenciado D. Gabriel de Campos, abogado de los Reales Consejos, que fue presidente de ella. Secretario Don Francisco Bueno; y fiscal el Lic. D. Manuel de Flores Velez, Abogado de los Reales Consejos. Madrid .Lucas Antonio de Bedmar. [s. a.]. 2 hs. + 107 págs. 20 cm.

—Dedicatoria a D. Gabriel Bernardo de Quirós, caballero de Santiago, por Iuan Gonçalez de Valdés.

1. *Invocacion jocosa, que se canto dando principio a la Academia.* [«Rompa el templado metal...»]. (Págs. 1-2).

2. *Cedulas de la Academia. Escriviólas Francisco Bueno.* (Págs. 2-12).

3. *Oracion que dio principio a la Academia... Escriviola... Gabriel de Campos...* [«Presidente me ha nombrado...»]. (Págs. 13-37).

4. *Assumpto I. En seis estancias de Canción Real, se decidirá, Porqué, siendo el Amor tan suave, no le apagan los rigores de los Zelos; antes bien se aumenta, quanto ellos son mas poderosos. Escriviolas Tomas de la Torre... Cancion.* [«Sacro Honor de Amphitrite, reverente...»]. (Págs. 38-41).

5. *Assumpto II. Descripción de la navegación de Cortés a las Indias... En catorze Octavaś. Por Iorge de Lara.* [«A los Aires, al Fuego, al Mar undoso...»]. (Págs. 42-47).

6. *Assumpto III. Quiere una Dama matar a un Galán, y él se resiste, hallando poca comodidad en morirse. Por Agustín de Salaçar. Soneto.* [«Tantos rigores, dí, con un Cuïtado...»]. (Págs. 47-48).

7. *Assumpto IV. En ocho Lyras, se quexa un Amante, de que estando su Dama escriviéndole un Papel á la luz de una buxía, en que le favoreceria, el aire mató la luz, impidiéndole el que prosiguiesse; cuyo accidente le mudó la voluntad. Por Lucas de Vilbao.* [«Del Aïre impulso leve...»]. (Páginas 48-50).

8. *Assumpto V. A un Amante, que aviendosele acabado el dinero, le desterraron de el Amor... Glossa en Decimas yocosas. Por Diego de Najera.* [«Cupidillo trompetero...»]. (Págs. 51-53).

9. *Assumpto VI. Dudarase, y decidirase, porqué el Amor, siendo acto perfecto de la Voluntad, le pintan Niño, en quien no se puede dar Voluntad perfecta. Por Manuel de Santa Cruz. Soneto.* [«Si de essa tierna Edad, en la inocencia...»]. (Pág. 54).

10. *Assumpto VII. Hase de ponderar el sentimiento de un Poeta, que aviendo tenido muchas ocasiones de empeñar una Caxa de Tabaco, con Relox enzima, que traía, se la dexó hurtar. En ocho Redondillas dobles de pie quebrado... Por Diego Cabreros.* [«Musa, vengança te pido...»]. (Págs. 55-57).

11. *Assumpto VIII. En doze endechas endechasylabas, se culpará á un Ruiseñor, que canta solo quando una Dama llora... Por Ioseph Pacheco.* [«Breve Nuncio del día...»]. (Páginas 58-60).

12. *Assumpto IX. En quinze quintillas yocosas, se çelebrará la provisión de una Plaça de Dueña en una Negra, en competencia de una Enana, y una Corcobada. Por Gaspar Violato.* [«Pues una Dueña me empeña...»]. (Páginas 61-64).

13 *Assumpto X. En un Romanze de veinte y quatro Coplas, se expressarán los Afectos de un Galan, en cuyos braços se desmayó su Dama... Por Ventura Lorenço Mendez.* [«Tyrano accidente, necio...»]. (Págs. 65-69).

14. *Assumpto XI. En diez y ocho coplas yocosas se imitará el Romanze de Ortensio, que escriuió á la Noche, que empieça: «Ya muere el día aquel*

Monte». *Por Gonçalo Machado.* [«Ya muere el día; aquel Monte...»]. (Páginas 70-73).

15. *Assumpto XII. En doze redondillas, se descriuirá el sentimiento de un Galán, que auiendo dado á su Dama una Rosa, la deshojó. Por Iuan Gonçalez de Valdés.* [«Fili, es lisonja, o rigor...»]. (Págs. 74-76).

16. *Assumpto XIII. En un romanze de pie quebrado, se pintará la Auentura de los Batanes de Don Quixote de la Mancha. Por Francisco Paços.* [«En frente de los Batanes...»]. (Páginas 76-78).

17. *Assumpto XIV. A la primera salida del Rey nuestro señor á su Real Capilla, que fué Día de los Reyes... Por no auer quien le escriuiesse, se puso en su lugar este Soneto, que tenía escrito Francisco Bueno...* [«Salió Carlos al Templo, en que humillado...»]. (Págs. 79-80).

18. *Auiendo nombrado la Academia por Secretario á Francisco Lezcano, y impedidoselo el accidente de la muerte de su Padre, se le suplicó diera el Soneto siguiente, que tenía escrito... Haze donaire del amor de los Casados, en Metafora de la Fabula de Orfeo. Soneto en agudos.* [«Que baxasse al Abysmo; rara accion!...»]. (Págs. 80-81).

19. *A una Dama, que tiró un arcabuzaço á una Estatua de Cupido, le escrivió en Macarronéa un Sacristán de la Academia.* [«Formosissima Iuanilis...»]. (Págs. 82-84).

20. *Bexamen con que dió fin a la Academia su Fiscal, el Licdo. Manuel de Flores Velez.* (Págs. 85-107).

V. Gallardo, *Ensayo*, I, n.º 860.

Ejemplares:

MADRID. *Nacional.* R-4.071; 3-72.176.

1678

1291

ACADEMIA, qve se celebró en la civdad de Civdad-Real; siendo Presidente el Licenciado Don Martín de la Vera Cimbrón. Corregidor de dicha Ciudad, Secretario Don Ivan Manuel Rviz Pardo, Fiscal el Licenciado Don Andrés Romo de Ontova, día primero de Mayo de 1678. [s. l. s. i.]. [s. a.]. 3 hs. + 48 fols. 20 cm.

—Dedicatoria a D. Pedro de la Puente Guevara, Cavallero de Calatrava, etc., por Iuan Manuel Ruiz Pardo. (Ciudad Real, 17 de julio de 1678).

—Prólogo.

1. *Papel de Secretaría, que exerció Iuan Manuel Ruiz Pardo...* [«Cortesanos, oid los primores...»]. (Fol. 1*r*).

2. *Cedulillas.* (Fols. 1*r*-5*r*).

3. *Oración de la Academia. Dixola Martín de la Vera Cimbron.* [«Ha del sacro congresso de las Musas...»]. (Folios 5*v*-11*r*).

4. *En sentimiento que tuvo un Galan, viendo ausentar á su Dama, con precepto de no dezir razon afirmatiua. Del M.º Ioseph Diaz Iurado. Dezimas.* [«Dí? te ausentas, que te muevè?...»]. (Fols. 11*v*-12*r*).

5. *Al mismo assumpto. Del Dr. Antonio del Aguila. Soneto.* [«Que pena! que rigor! que sentimiento!...»]. (Folio 12).

6. *A un Galan, que enamorado de su Dama, viendola en cinta, logró su desengaño, viendo que parió un hijo negro. Del Licdo. Christoval de Alva. Liras.* [«Lisardo, tus finezas...»]. (Folios 12*v*-13*r*).

7. *A una Dama, que a vista de su Galan sopló la lumbre, y alabandola su buen aliento, respiró por otra parte. De Pedro de Torres Granero. Quintillas.* [«Si de tu ayre he de pintar...»]. (Fols. 13*v*-14*r*).

8. *Al mismo assumpto. Un amigo del Secretario. Soneto.* [«Al brasero con Celio Nise estava...»]. (Fol. 14*v*).

9. *En alabanza de Carlos II... De un Cavallero del Abito de Santiago. Endechas endecasylabas.* [«De ti, Excelso Monarca...»]. (Fols. 15*r*-16*r*).

10. *Al mismo assumpto. Del Licdo. Rodrigo de la Vera Cimbron. Soneto.* [«Carlos, reyna en las penas de tus glorias...»]. (Fol. 16*r*).

11. *A un letrado, que siendo su muger muy hermosa, y él muy zeloso, la hallaua menos por cuerpo en su librería, y conociendo, que tenía el alma divertida en otra parte, sin poder tomar satisfacion de otra manera, se lamentaua de su culpa por lo general, por lo uno, y por lo otro. De Miguel de

Ureña y Messía. Romance [«Letrado mío, paciencia...»]. (Fols. 16*v*-18*r*).

12. *Sentimiento que tuvo un Galan, que viniendo á tomar possesion de su amor, halló a su dama que se casaua con otro. De Gaspar Gonçalez de Mendoza. Romance.* [«Como puedo, hermosa Anarda...»]. (Fols. 18*r*-19*r*).

13. *Al mismo assumpto. Liras.* [«Escucha pues no dexas...»]. (Fols. 19*v*-20*v*).

14. *Discurrase, qual fue mas acertado error, auer desterrado Roma los Medicos por tantos años, o auer permitido las mugeres publicas. De Christoual Rodriguez. Romance* [«Paciencia, Moçuelas mías...»]. (Fols. 21*r*-22*r*).

15. *Al mismo assumpto. Romance.* [«En la expulsion de Dotores...»]. (Folios 22*v*-23*v*).

16. *Discurrase qual sea la causa, porque un hombre discreto se dexe lleuar del amor de una Monja. Prueuase, que no falta á la discrecion quien ama a una Monja. Del Dr. Antonio Alvarado. Soneto.* [«Rendirse á corporales perfecciones...»]. (Fol. 24*r*).

17. *Al mismo assumpto. Romance.* [«A las Monjas enredadas...»]. (Folios 24*v*-25*r*).

18. *Discurrase, porqué las Monjas dizen, que su amor es mas perfecto, que el de las demas mugeres. Del M.º Ioseph Díaz. Quintillas.* [«Musa mía, tu favor...»]. (Fols. 25*v*-26*v*).

19. *El séntimiento que hizo Cesar á vista de la cabeça de Pompeyo su enemigo. Del Dr. Antonio del Aguila. Soneto.* [«Llora Cesar, y quando enternecido...»]. (Fols. 26*v*-27*r*).

20. *Al mismo assumpto. Romance.* [«Llora Cesar, porque el llanto...»]. (Fols. 27*r*-28*r*).

21. *Desdenes de una Dama á imitación de la Fabula de Apolo y Daphne. De Manuel Rodríguez Mendez. Liras.* [«Lidoro á Apolinarda...»]. (Fols. 28*v*-29*r*).

22. *A una Dama, que cogiendo una Rosa, se hirió en una espina, y viendo la sangre, quedó desmayada. Soneto.* [«Essa Rosa, que hirió tu mano ayrosa...»]. (Fol. 29*v*).

23. *Al mismo assumpto. De Iuan de Morales y Gibaja. Romance.* [«En estrado de esmeralda...»]. (Folios 30*r*-31*r*).

24. *Al mismo assumpto. Del Dr. Antonio del Aguila. Dezima.* [«Fué a coger la Rosa bella...»]. (Fol. 31*r*).

25. *Al mismo assumpto. De Felipe Muñiz Delgado. Romance de pie quebrado.* [«A dar embidia á las flores...»]. (Fols. 31*v*-32*v*).

26. *Al mismo assumpto. Del mismo.* [«O que infelize ventura...»]. (Folios 32*v*-33*r*).

27. *Glossa de la copla «Qué será Zagala, qué...», por el mismo.* [«Las selvas hazen alarde...»]. (Fols. 33*r*-34*r*).

28. *Al mismo assumpto. Del Dr. Antonio del Aguila.* [«Este ardor, que al verte siento...»]. (Fols. 34*r*-35*r*).

29. *Al almendro, motejandole de desvanecido, porque primero se viste de flores. Del Dr. Antonio del Aguila. Romance endecasilabo.* [«Dichoso, Almendro, pareces...»]. (Fol. 35).

30. *Lamentacion a las ruinas de Ciudad-Real, ocasionada de la expulsion de los Moriscos, y aora por la falta de Garañones. De Decio Donato Ruano. Esdrujulos endecasilabos.* [«Lamentaciones funebres...»]. (Fols. 36*r*-38*r*).

31. *Al mismo assumpto. De Miguel de Salazar. Sylva.* [«Pues que el assumpto á lagrimas me inclina...»]. (Fols. 38*v*-39*v*).

32. *Vexamen que dió el Licdo. Andres Romo de Ontova.* (Fols. 40*r*-48*r*).

Ejemplares:

MADRID. *Nacional.* 2-34.892.

1292

ACADEMIA, qve se celebró en la Real Advana desta Corte. Siendo presidente Don Melchor Fernandez de Leon, Secretario Don Manvel Ochoa, y fiscal Don Antonio Saravia. Año de 1678. Madrid. Imp. del Reyno. [s. a.]. 4 hs. + 95 págs. + 16 hs. 20 cm.

—Dedicatoria a D. Iuan Francisco de la Cerda Aragón Folch de Cardona, Duque de Medinaceli, etc., por Manuel Ochoa.

—Palabras con el Lector, que es, o fuere.

1. *Música.* [«Sagrados Ingenios, cuyo...»]. (Págs. 1-2).

2. *Persignvm cedvlillas. Dixolas Manuel Ochoa...* (Págs. 2-10).

3. *Oración academica que dixo Mel-*

chor Fernandez de Leon, Presidente de la Academia. [«O Tu sagrada inspiracion flamante...»]. (Págs. 11-22).

4. *Aconsejase a una dama facil, que se casó, use de sus antiguas costumbres. De un Ingenio, tan Grande, como Ilustre. Romance.* [«De tu estado la mudança...»]. (Págs. 23-24).

5. *Disculpase un amante de embiar a su dama, el dia en que cumple años, una Rosa, y un Relox, siendo los dos mas propios simbolos de la brevedad de la vida. De Gaspar Rodriguez Carrion... Romance.* [«Ya que el numero en tus años...»]. (Págs. 25-27).

6. *Disculpa al querer. De Iuan Bautista Diamante. Soneto.* [«Sino de aviso, por naturaleza...»]. (Pág. 28).

7. *Ponderase un Amante, posseído de dos tan contrarias passiones, que viendo á su Dama, la aborrecía, y dexando de verla, la amaua. De Luis Nieto. Romance.* [«Rara tarea del alma...»]. (Páginas 29-33).

8. *A un novio que la noche de su boda se leuantó a escuras á beber: y al bolver á la cama con su Nouia, se perdió en el aposento. Dr. Francisco de Auellaneda. Romance.* [«Un Marido muy Rollizo...»]. (Págs. 34-38).

9. *A una mariposa, que se puso en una Flor, que Filida tenía en la Boca. De Francisco de Barrio. Endechas Endecasylabas.* [«Rondadora Avecilla...»]. (Págs. 39-41).

10. *A un galán, que yendo a ver á su Dama, fue á tiempo que á ella se le quemaua la casa... De Francisco de Atayde y Sotomayor. Romance.* [«A tus umbrales, Irene...»]. (Págs. 41-44).

11. *Mandase difinir la Fortuna. De Francisco de Bustos. Soneto.* [«Es la Fortuna un ciego desvarío...»]. (Página 45).

12. *Qué calidades del Sol son las que más necessariamente ha de imitar un Monarcha. De Francisco de la Torre. Endechas endecasylabas.* [«Sol, y Rey son mi Assumpto...»]. (Págs. 46-51).

13. *A una Dama, que estando suspensa, apagó con un suspiro la luz que la alumbraua. De Francisco Bueno. Lyras.* [«Suspensa, Clori hermosa...»]. (Págs. 51-53).

14. *Pintase una tempestad, que impidió a un Amante llegar donde estaua su Dama. De Manuel Freyre de Andrade. Octavas.* [«Surcando golfos, en un buque alado...»]. (Págs. 54-56).

15. *Pondera un Amante, en doze Coplas de Pie Quebrado, su gran desgracia, por viuir enamorado de una Muger Boba y Tuerta. De Fermín de Sarasa y Arze.* [«Un Galan, enamorado...»]. (Págs. 56-58).

16. *A una Dama, que al mismo a quien auía fauorecido ausente, presente despreciaua. De Felipe Sicardo. Soneto.* [«En tu ausencia no ay bien, que afiançado...»]. (Pág. 59).

17. *Al tomar Anibal el veneno... De Antonio de la Cueua. Romance.* [«Quien es aquel Valeroso...»]. (Págs. 60-63).

18. *A un llanto, y risa juntamente. De Gaspar de Lara. Romance.* [«Una boca de dos risas...»]. (Págs. 64-67).

19. *Quexase un Amante de su Dama, dudando la causa de no dexarse ver, sino en días de Eclypse. De Iuan de Vera y Villarroel. Romance echasylavo.* [«Quando los ojos del Orbe...»]. (Páginas 67-70).

20. *Zelosa Anfrisa, rompe con un puñal el retrato de su Amante. De Gaspar de Medina Ordoñez. Romance.* [«Suspende el puñal, Anfrisa...»]. (Páginas 70-72).

21. *Pintase el Invierno. De Francisco de Lazcano. Romance iocoserio.* [«Los árboles se desnudan...»]. (Páginas 73-76).

22. *Persuadese a Anibal dexe las delicias de Capua con el recuerdo de sus hazañas. De Iuan de Salcedo Ponce de León. Romance heroyco.* [«Naciste (ó Anibal) la adusta Playa...»]. (Páginas 76-79).

23. *Pidióse al Presidente de la Academia leyesse este Soneto, en que un Amante explica, y prueba ser su Amor permanente. Soneto.* [«Arde mi amor, bellissima Homicida...»]. (Pág. 79).

24. *Pintase un Galan muy fino enamorado de una Dama muy mudable. De Diego Alfonso de Paredes. Endechas.* [«Mi amante sentimiento...»]. (Págs. 80-82).

25. *A una Dama que fauorecía a un Galan, teniéndole ausente, y en viéndole, se entibiaua. De Manuel de Flores. Soneto.* [«Ausente lloro mi gustosa suerte...»]. (Pág. 83).

26. *Maldize un Amante a una Dama muy Socarrona, de quien se vé despreciado. De Francisco Saenz de Vi-*

teri. Romance. [«Laura, que yo te maldiga...»]. (Págs. 84-85).
27. *Pondera los afectos de un Galan, que soñaua, que su dama se le huía de entre sus braços. De Iorge de Lara. Romance endecasylabo.* [«Engaño fugitiuo, aguarda, espera...»]. (Págs. 86-88).
28. *Píntase la gata de Mari Ramos. De Manuel de San Martín. Redondillas.* [«Mi Pluma bien se dilata...»]. (Págs. 88-91).
29. *Halla Eneas a Dido en los Campos Elisios... De Gómez de la Rocha Ulloa. Canción real.* [«Triste el semblante, pálido, y hermoso...»]. (Páginas 92-94).
30. *Explícase un dolor en quatro Octauas. De Manuel de Auila.* [«Forje lo sentido de harpón tonante...»]. (Páginas 95-96).
31. *Vexamen que dió Antonio Saravia, Fiscal de la Academia.*

Ejemplares:

CORDOBA. *Pública.*—MADRID. *Nacional.* 3-72.371; R-722; R-Varios, 93-9.

1679

1293

ACADEMIA, qve se celebró en esta Corte, en amante ivbilo, y vassalla demonstracion de los desposorios de sus Magestades (que Dios guarde) el Rey nuestro Señor Don Carlos Segundo con la Reyna nuestra Señora Doña María Luisa de Borbón, el mes de Noviembre de mil seiscientos y setenta y nueve. Madrid. Andrés García de la Iglesia. [s. a.]. 34 hs. 20 cm.

—Dedicatoria a D. Francisco Pimentel de Herrera, Conde Duque de Benavente, etc., por Francisco de Castro.
1. *Invocación que se cantó, dando principio a la Real Academia.* [«O tú mental harmonía...»].
2. *Cedulas que escrivió don Astolfo Facundo, Secretario.*
3. *Oracion con que dio principio Don Rosel Radamanto, Presidente.* [«O tu animado fuego, antorcha viua...»].
4. *Soneto.* [«Brillantes Astros, fijos, y no errantes...»].
5. *Assunto I. Un soneto acrostico con el nombre de Don Carlos de Austria, se le dara a su Magestad la enorabuena de su feliz casamiento. Escriuolo D. Finacrio Fontano.* [«Del superior baxel que acosa el viento...»].
6. *Assunto II. Un soneto culto al sol y la Luna. Escriuio Don Florisel Adonis.* [«Corusca harmonico el farol diante...»].
7. *Assunto III. En diez quintillas se pintara un cauallero buscon en la Corte. Escriuolas Don Palmerin de la Rosa.* [«Un mayorazgo raido...»].
8. *Assunto IV. En un soneto acrostico con el nombre de la Reyna nuestra Señora Doña Maria Luisa, se le considerara a su Magestad vestida de Leonado, en alegoria de los afectos de su esposo. Escriuolo Sigismundo de Astrea. Soneto.* [«Del color de leonado, hermosa...»].
9. *Assunto V. Cotorze coplas, todas de apodos a una dueña. Escriuiolas D. Amadis de Athenas.* [«Un Dragon con tocas blancas...»].
10. *Assunto VI. En seis estancias de cancion Real Alegorica, se mostrará la eloquencia, falta de vozes para dar el parabien e la fortuna de este casamiento. Escriuiola Don Filonio Rodano. Cancion.* [«Quando el Clarin sonoro...»].
11. *Assunto VII. Quatro octavas acrosticas que digan al Rey nuestro Señor Don Carlos Segundo al intento. Octavas.* [«Apolo sacro, Carlos glorioso...»].
12. *Assunto VIII. En ocho coplas un bexamen á un Sacristan en macarrone. Escriuiólas Don Fortunato Anibal.* [«Mentecate Sacristane...»].
13. *Assunto IX. Un romance heroyco de diez y seis coplas, celebrando el feliz acierto deste casamiento, y las excelencias que por el se nos comunican en alegorias del Sol. Escriuiolo Don Leonel Pantasio.* [«Rasgue el clarin de la fama...»].
14. *Assunto X. Cinco octavas acrosticas con el nombre de la Reyna Nuestra Señora Doña Maria Luisa de Borbon, en que se expliquen los ardientes deseos de España en su possesion, y amantes ruegos, á que afable reciba tan subditas demonstraciones. Escriuólas Don Espinardo Macrino. Octavas.* [«Aguila bella, Palas generosa...»].

15. *Assunto XI. En nueve lyras se explicara el contento que recibieron los terminos de España al ver a su Reyna, y Señora. Escriuólas Don Leopoldo Senato.* [«Si al ver al Alva hermosa...»].
16. *Assunto XII. En que defiendesse, que no se mueue la voluntad a querer sin los informes de la vista. Dezimas.* [«No puede la voluntad...»].
17. *Assunto XIII. Un soneto dos vezes acrostico, al principio que diga Don Carlos de Austria, y en medio Doña Maria de Borbon, en aclamacion de la feliz union de sus Magestades.* [«Desde el Rin, hasta...»].
18. *Assunto XIV. Probarase en doze endechas endecasilabos, como el primero amor es el mas fino. Escriuolas Don Celestino Farnesio.* [«Es la voluntad libre...»].
19. *Romance de Lisuarte de Ircania.* [«Son las Esferas celestes...»].
20. *Bexamen con que dio fin a la Academia Don Celindante Octavino, su Fiscal.* [*Poesia*]. [«Academicos insignes...»].

V. Gallardo, *Ensayo*, I, n.º 861.

Ejemplares:

MADRID. *Nacional.* 2-34.892.

1681

1294

ACADEMIA qve se celebró en el convento de los Padres Clerigos Reglares, Ministros de los Enfermos, vulgo Agonizantes, en 25 de Mayo, dia primero de la Pascua de Pentecostés, este año de 1681. Siendo Presidente el Padre Geronimo Perez de la Morena, Religioso de dicha Casa. Secretario el Lic. Don Pedro Vexarano Cordero. Fiscal Don Manuel Ordoñez de la Puente. Madrid. Imp. de Atanasio Abad. 1681. 3 hs. + 106 págs. orladas. 20 cm.

—Dedicatoria a D. Antonio Alvarez de Toledo, duque de Huescar, precedida de su escudo.

1. *Invocacion que se canto dando principio a la Academia.* [«A la Noble Corona...»]. (Págs. 1-2).
2. *Cedulillas de la Academia. Escriuiolas... Pedro Vexarano Cordero.* (Páginas 3-10).
3. *Oracion que dio principio a la Academia. Escriviola el P. Geronimo Perez de la Morena.* [«Infame Cetro de la Noche obscura...»]. (Págs. 11-24).
4. *In honorem Academiæ. In Parneseo Crucis Monte conuocatæ. Por Ivan Pedro Boselli. Carmen elegiacum.* (Págs. 25-26).
5. *Resumen del concepto del elegiacon latino. Soneto.* [«Al Monte de la Cruz, mejor Parnaso...»]. (Pág. 27).
6. *Describese el salir, y ponerse el sol, con alusion a Eraclito, y Democrito, en sus estremos de risa, y llanto, en ocho Octavas. Escritas por Gaspar Agustín de Lara.* [«No bien distinto el nacar de su frente...»]. (Págs. 28-30).
7. *Pintase la fiesta del Trapillo. Escrita por Iuan de Vera Villarroel. Silva.* [«Pues me mandas Belisa, que te cuente...»]. (Págs. 31-37).
8. *A un relox de campanilla en forma de Rosa. De Francisco Atayde y Sotomayor. Lyras.* [«Que lenta debil mano...»]. (Págs. 38-39).
9. *A una dama, que ca[illegible]dosele un guante, y alcanzandosel[illegible] un cauallero, tocó con su mano [illegible]a de la Dama, la qual tenia la mano tan en estremo elada, que de improuiso eló á la del Cauallero, como si fuera de nieue. De Francisco Atayde y Sotomayor. Soneto.* [«Oy en tu blanca mano, Lisis bella...»]. (Pág. 40).
10. *A un relox de campanilla en forma de Rosa. De Rodrigo Freyre. Redondillas.* [«Esta presumpcion fingida...»]. (Págs. 41-43).
11. *El capitan Don Antonio Freyre de la Cerda, glossa la redondilla siguiente, quexandose del Amor. Redondilla.* [«Como podré yo de ti...»]. *Dezimas.* [«Tirano ciego Cupido...»]. (Páginas 44-46).
12. *Al assumpto de contarse las torres de la Trinidad, y la de Santa Barbara lo que passa en los tejados de Madrid de Noche. De Ioseph Fernandez de Caldeuilla. Romance.* [«Valgame (para cumplir...»]. (Págs. 47-58).
13. *Al mesmo assumpto. Del Padre Francisco Quadrado. Soneto.* [«Cogollos de Edificios eminentes...»]. (Página 59).

14. *Ponderase el llanto de una dama por auerla diuorciado de su Amante. De Pedro Francisco Lanine Sagredo. Soneto.* [«Esse Raudal de aljofar, que assegura...»]. (Pág. 60).
15. *Al desprecio que haze un galan de su Dama, auiendola dexado por otra de menos años. De Pedro de la Canal Garay. Endechas Endecasilabas.* [«Que yo te amasse Anfrisa...»]. (Páginas 61-63).
16. *A una dama roma, que auiendose desmayado de ver un Raton, su Amante la tiró de las narizes, y cobró el sentido con esta diligencia. Por Bernabe de Mare. Romance.* [«Fabio con Iuana la Roma...»]. (Págs. 64-66).
17. *Al ahogarse una mariposa en la fuente donde se labaua Filida sus manos. De Ioseph de Suelues. Redondillas.* [«Agua en que su mano hermosa...»]. (Págs. 67-69).
18. *A un gilguero que solo cantaua al ponerse el sol. De Agustín de Velasco. Dezimas.* [«Dulce agradable Gilguero...»]. (Págs. 70-72).
19. *Pondera un Amante que aunque se vea fauorecer, ha de viuir temeroso de ser olvidado, teniendo por menor inconueniente ser aborrecido. De Pedro de Morales y Aualos. Texto.* [«Es cobardia el temer...»]. *Glossa.* [«Fiero Amor, Niño Gigante...»]. (Págs. 73-75).
20. *A una dama, que aviendo perdido un Gato que estimaua mucho, le mandó pregonar, y dió en hallazgo un Perro. De Iuan de Barona y Sarabia.* [«En el eminente cerro...»]. (Págs. 76-78).
21. *Bexamen con que dio fin a la Academia su Fiscal Don Manuel Ordoñez de la Puente.* (Págs. 79-106).
22. *A un medico ignorante y avariento, que visitando a cierta Dama cortesana, de enferma, ella tuvo modo de pescarle el Idolo de la hucha. Romance de Melchor Zapata.* [«Cierto Assesino al rebés...»]. (Págs. 108-110).

V. Gallardo, *Ensayo*, I, n.° 863.

Ejemplares:

MADRID. *Nacional.* 3-72.200.

1295

ACADEMIA que se celebró a los años de la Reina madre nuestra señora el día 22 de Diciembre de 1681 en casa de Don Agustín de Campo, Sumiller de S. M. por sus criados. [s. l. s. i] 1681. 15 + 32 + 7 hs. 4.°

V. Gallardo, *Ensayo*, I, n.° 864. Según él, contiene poesías de los autores siguientes:
—Pedro Alfonso Enríquez.
—Francisco Hernani.
—Fernando Nuñez de Castro.
—Bernardo de Robles.
—Francisco Antonio Cedillo.
—Francisco de Valencia.
—Luis de Sesé.
—Francisco Rioja.
—Andrés de Montoya.
—Antonio Almendariz.
—Francisco del Campo.
—José de Lezama.
—Lorenzo Manrique.
—Francisco Antonio de Castillo y Toledo.
—Juan Luis de Oviedo.
—Francisco Vello.
—Juan Feliz Manzano.
—Manuel de Soba.
—Antonio de Valdecabro.
—Pedro Pablo Villet.
—Antonio de Pastrana y Zubieta.
—Manuel de las Cuevas.
—Manuel Dávila.

1682

1296

ACADEMIA, qve celebraron los Ingenios de Madrid el dia 11 de Enero de 1682 en la Casa Professa de los Padres Clerigos Reglares, Miniistros de los Enfermos Agonizantes. En obseqvio de la sagrada Purpura del Eminentissimo, y Reuerendissimo Señor Don Savo Melini, Cardenal de la Santa Iglesia, Arçobispo de Cesarea, Nuncio Apostolico, y Colector General, Con potestad de Legado a Latere, en estos Reynos de España. Aviendo sido presidente en ella el Muy R. Padre Geronimo Perez de la Morena... Secretario Don Marcos de Guzman... Y Fiscal El Licen-

ciado Don Ioseph Baptista de Suelves... [s. l. s. i.]. [s. a.]. 3 hs. + 151 págs. 20 cm.

—Dedicatoria al Cardenal Melini, precedida por su escudo, por Gerónimo Pérez de la Morena.

1. *Invocación.* [«Al Sol, eleuadas Plumas...»]. (Págs. 1-4).
2. *Introducción con que dió principio a la Academia Marcos de Guzmán*... (Págs. 5-10).
3. *Cedulillas.* (Págs. 11-22).
4. *Oración que dixo el P. Geronimo Perez.* [«Buelue Genial mancebo...»]. (Págs. 23-36).
5. *Assumpto primero. Del P. Iuan Pedro Roselli. In purpurae honorem Eminentissim ac Reurendissim D. D. Savi Millini. Sanctae Romanae Ecclesiae Cardinalis, in Hispaniarum Regnis Nuncij Apostolici. Ode Inuocantur Musa ad celebrandas eius, ac Proauorum Famili virtutes.* [«Descende Coelo coetus Apollinis...»]. (Págs. 37-40).
6. *Assumpto segundo. De Don Gaspar Sanz y Celma. Epigrama.* [«Dignior hic Savus Mellini semper agendo...»]. (Págs. 42).
7. *Assumpto tercero.* (Pág. 43).
8. *Assumpto primero de los Versos castellanos. Romance. De Francisco Atayde.* [«Salve Excelsa Florentina...»]. (Págs. 44-48).
9. *Assumpto segundo. Soneto de Luis de Nieto Silva.* [«Para que a España mas glorioso assista...»]. (Págs. 49-50).
10. *Assumpto tercero. Soneto de Antonio Freyre de la Cerda.* [«Ilustre honor del timbre de Melino...»]. (Página 52).
11. *Assumpto quarto. Soneto de Iuan de Matos Fragoso.* [«Desta purpura, imagen de la Aurora...»]. (Págs. 53-54).
12. *Assumpto quinto. Soneto de Lucio de Espinosa.* [«No tiene mas que ser el Sol luciente...»]. (Págs. 55-56).
13. *Assumpto sexto. Romance endecasilabo de Gaspar Agustin de Lara.* [«El soberano Apolo (ó gran Melino)...»]. (Págs. 57-60).
14. *Assumpto septimo. Soneto de Diego de Naxera.* [«Aunque en un Eclesiastico es notado...»]. (Págs 61-62).
15. *Assumpto octavo. Endechas endecasilabas por Iuan de Orcasitas y Avellaneda.* [«Oy España pretende...»]. (Págs. 63-66).
16. *Assumpto nono. Romance de Ioseph de Mulsa.* [«Embidia, pues no te has muerto...»]. (Págs. 67-71).
17. *Assumpto dezimo. Romance de Pedro Bexarano Cordero.* [«Noble Escudo, si por timbre...»]. (Págs. 72-74).
18. *Assumpto onze. Soneto de Iuan Bautista Diamante.* [«Quanto fue grato el memorable dia...»]. (Pág. 76).
19. *Assumpto doze. Quintillas de Fermin de Sarasa y Arce.* [«De mis quintillas la prosa...»]. (Págs. 77-80).
20. *Assumpto treze. Soneto de Don Lope de Bustamante Cuevas y Zuñiga.* [«Dulce canto tribute con agrado...»]. (Págs. 81-82).
21. *Assumpto catorze. Romance de Rodrigo Freire de la Cerda.* [«A un sabio, que en dar á todos...»]. (Páginas 83-88).
22. *Assumpto quinze. Octavas de Don Iuan de Vera Tasis.* [«Quando nace a morir la eterna llama...»]. (Págs. 89-94).
23. *Assumpto diez y seis. Romance de Matias Fontes.* [«El Sacristan de San Pedro...»]. (Págs. 95-99).
24. *Soneto.* [«Qui sacra tangimus onera portantes...»]. (Pág. 100).
25. *Assumpto diez y siete. Soneto de Melchor Fernandez de Leon.* [«Del cielo de la Iglesia astro flamante...»]. (Págs. 101-2).
26. *Assumpto diez y ocho. Quintillas de Ioseph Fernandez de Caldeuillas.* [«Un Protopobre, Señor...»]. (Páginas 103-7).
27. *Assumpto diez y nueve. Redondilla.* [«En essa Purpura leo...»]. *Glossa.* [«El Rosicler a que asciende...»]. (Págs. 108-10).
28. *Assumpto veinte. Romance de Manuel Maldonado.* [«Dos Toribios, gran Señor...»]. (Págs. 111-15).
29. *Assumpto veinte y uno. Oda de Bartolome Odoardo Pigheti de Bergamo.* [«Euterpe, al campo; Aurora luminosa...»]. (Págs. 116-22).
30. *Bexamen con que dio fin a la Academia su Fiscal Ioseph Baptista de Suelves.* (Págs. 123-47).
31. *Definicion de la Academia y porque debe celebrarse en Convento de Padres Agonizantes, del Lic. D. Gaspar Sanz. Distichon latino. Traduccion.*

[«Es la Academia agonia...»]. (Página 148).
32. *Musarum Academia est magnum poetarum agon; atque adeó in Agonothetarum Coenobio convocata illustratur. Ode.* [«Fama, qua viuit modulus Poeta...»]. (Págs. 149-51).

Ejemplares:

MADRID. *Nacional.* 3-3.088.—ZARAGOZA. *Universitaria.* A-132-146.

1684

1297

ACADEMIA qve se celebró en Badajoz, en casa de Don Manuel de Meneses y Moscoso, Cauallero de la Orden de Calatraua, siendo Presidente D. Gomez de la Rocha y Figueroa,... Secretario D. Manuel Zavala... Fiscal... Francisco de Vega y Cruzat... Madrid. Iulian de Paredes. 1684. 54 hs. 20 cm.

—Dedicatoria a D. Nuño Antonio de Chaves y Figueroa, General de la Artillería del Reyno de Toledo, por Francisco Felix de Vega y Cruzat.
—Aprobación del P. Alonso Mexía de Carvajal.
—Licencia del Ordinario.
—Aprobación de Pedro de Arce.
—Licencia del Consejo.
—Fee del Corrector.
—Suma de la Tassa.

1. *Introduccion con que dio principio a la Academia su Secretario Manuel Zauala.* (Fols. 1*r*-3*v*).
2. *Oración de Gomez de la Rocha Figueroa.* [Ea Ingenios soberanos...»]. (Fols. 3*v*-9*r*).
3. *A un Galan, que no dando nada, sino es palabras cultas, pretendía ser el fauorecido unicamente de una Dama afable á muchos, é interessada con todos. De Francisco de Chaves Sotomayor. Romance en esdrujulos.* [«Que intentas, pobre Filosofo...»]. (Fol. 9).
4. *A una Dama, que le tocó en suerte Día de Año Nueuo. De Ioseph de la Vera Monroy. Romance.* [«Clori, supongo que ya...»]. (Fols. 10*r*-11*r*).
5. *A Lisi cogiendo flores, una abeja le picó la mano. Del mismo. Soneto.* [«Corren inquietamente aduladores...»]. (Fol. 11).
6. *Hallandose rico un Galan, se despide de su Dama sin moralidades. De Manuel de Meneses Moscoso. Romance.* [«Phylis, ayer que fuy pobre...»]. (Fols. 11*v*-12*v*).
7. *Fabio ausente habla con su retrato, embiandosele á Lisi. De Alonso de Morales y Guzman. Soneto.* [«Vana sombra, negada á aquel contento...»]. (Fols. 12*v*-13*r*).
8. *Un Galan á una Dama, que le tocó dos vezes en suerte el día primero de Año. De Iuan de Alvarado Tobar. Quintillas.* [«Leonor, conmigo caíste...»]. (Fols. 13*r*-14*r*).
9. *A un Galan, que huyendo en camisa de otro, que pensó ser el marido de su Dama, al salir por la puerta encontró con el marido verdadero. De Alonso Graxera Corchuelo. Redondillas de pie quebrado.* [«Ven esta vez cauallera...»]. (Fols. 14*r*-15*r*).
10. *Quexosa Lisi de Fabio, la dixo, que quisiera no ser racional, para que faltandole el conocimiento de su delito, le pudiera sentir menos, y le fuera mas facil perdonarle. De Francisco de Mendoza Chaues. Cancion real.* [«Una vez, que templando á suauidades...»]. (Fols. 15*r*-16*r*).
11. *A Clori enseñando a hablar un papagayo. De Christoual Suarez Viuas. Sylva.* [«Clori, si en tu deidad es prouidencia...»]. (Fols. 16*r*-17*r*).
12. *Al mismo assumpto. De un Aventurero en estilo jocoserio. Sylva.* [«Verde Aguila del Mayo...»]. (Fols. 17*v*-19*r*).
13. *Al mismo assumpto. De un Aventurero. Sylva.* [«Feliz viuo tesoro...»]. (Fol. 19).
14. *Amante despechado de poder convencer las ingratitudes de su Dama, resuelve no escriuirla mas. De Alexandro de Silva Barreto. Lyras.* [«Ya, pluma enamorada...»]. (Fol. 20).
15. *Satisface un Galan a una Dama quexosa de que estando á su vista se auía dexado dormir. De Iuan de Fuentes Vizcarreto. Dezimas.* [«A la vista de mi bien...»]. (Fols. 20*v*-21*v*).
16. *A la enfermedad que ocasionó a Doris una sangría de preuencion. De Francisco Carlos de Olias Tenorio. Redondillas.* [«A los males preuenida...»]. (Fols. 21*v*-22*v*).
17. *Fabula de Iupiter y Semele, jocoseria. De Iuan de Salcedo Ponce de*

Leon. Endechas endecasylabas. [«Jupiter de mis ojos...»]. Fols. 22*v*-24*r*).

18. *Pesame a una viuda. De un Aventurero. Octavas jocosas.* [«Tras, tras. Quien es? Si es. Abre la puerta...»]. (Fols. 24*v*-25*r*).

19. *A una Dama muy melindrosa, que correspondía a un Galan, que le olía mal la boca. De un Aventurero. Soneto.* [«Es Chasco, Doris? Dimelo, ó qué cosa?...»]. (Fol. 25*v*).

20. *En este Romance Acróstico de un Aventurero se ponderan las perfecciones de una Dama, habladas en las letras de su nombre...* [«Brillas, quando en bellos rayos...»]. (Fol. 26*r*).

21. *Celebra un amante la tranquilidad de su correspondido amor. De un Aventurero. Soneto.* [«Gozese ya en feliz alegre estado...»]. (Fol. 26*v*).

22. *Fabio a un jazmín que le dio Phylis. De un Aventurero. Romance.* [«Preciosa fragante perla...»]. (Folios 26*v*-27*v*).

23. *Celebra un amante el día en que descubrió el amor que se auía forçado a dissimular. De un Aventurero. Soneto.* [«Blanca piedra numere, Clori, el día...»]. (Fol. 28*r*).

24. *Un amante aborrecido halla razon para que no deba quexarse, sino solicitar mas desdenes. De un Aventurero. Endechas endecasylabas.* [«Escucha, Celia ingrata...»]. (Fols. 28*r*-29*r*).

25. *Vexamen, con que dio fin a la Academia Francis co Felix de Vega y Cruzat.* (Fols. 29*r*-46*v*).

V. Gallardo, *Ensayo,* I, n.° 433.

Ejemplares:

MADRID. *Nacional.* R-4.080; V-1.045, n.° 23 y 24.—NUEVA YORK. *Hispanic Society.*

1685

1298

ACADEMIA qve se celebró en la civdad de Valencia. En la Alcaydia del Real Palacio, casa de don Lvys Ivan de Torres, y Centellas, Conde de Peñalva... Siendo Secretario don Francisco Figverola. Fiscal don Iosef Orti. En 5 de Febrero 1685. Valencia. Vicente Cabrera. 1685. 75 páginas. 19 cm.

Pág. 3: Dedicatoria a D.ª Ioana Manuela Mingot y Rocafull, Condesa de Peñalva, Por Francisco Figuerola.

Pág. 5: Letor.

1. *Introduccion.* [«Si á la margen del Turia...»]. (Págs. 7-16).

2. *Encargase, que como Alcayde de los Reyes, ofrezca á sus Magestades, las obras de los Ingenios que tiene dentro su Alcaydia. De Luis Iuan de Torres y Centellas. Romance.* [«Si oy de Apolo inspiraciones...»]. (Pág. 17).

3. *Encontrando el Rey N. S. un Teniente de Cura, con el Viatico, baxó de la Carroza, y subió en ella el Teniente, y su Magestad le acompañó siguiendole a la rueda... Por Marco Antonio Orti. Romance.* [«Si al soberano ser (ó Invicto Carlos)...»]. (Páginas 18-19).

4. *De un galan a una dama, en ocasión de haverle imbiado, en lugar de un Retrato suyo, que le pidió por favor, una Sota de Bastos. De Fr. Iosef Carbo. Redondillas.* [«Si presumes, que pesar...»]. (Págs. 19-20).

5. *A la casa del Conde de Peñalva, y su Noble concurso, en metafora de Cielo. Del mismo autor. Dezimas.* [«Gran gloria en su casa encierra...»]. (Págs. 20-21).

6. *Que veneración merece mas, la que se continúa á vista del desprecio, ó la que sin poder declararse sigue un impossible? Del M.° Manuel Vidal y Salvador. Romance endecasílabo.* [«La flamante Deidad laurel felize...»]. (Páginas 21-24).

7. *Aludiendo a la comedia de Siquis y Cupido, que han de representar algunos que dispusieron la Academia. Del mismo autor. Redondilla.* [«Quien del Amor, y su ardor...»]. *Glosa.* [«Amor es actividad...»]. (Págs. 24-25).

8. *Romance en valenciano por Thomas Rios.* (Págs. 25-26).

9. *A un galan que buscando su dama iva tan de prisa que pasandole cerca no la vió. De Antonio Azor. Romance.* [«De Fili los ojos bellos...»]. (Págs. 26-27).

10. *A una Dama que haziendo un favor á su Galan por darle un pedaço de Barro le dió un pedaço de Carbon. De Fr. Geronimo Giberto. Redondillas en estilo serio y jocoso.* [«Señora,

qualquier que fueres...»]. (Págs. 27-28).

11. *Explica un galan a su dama a quien ama en secreto, lo mucho que siente no poder declararse en publico, y pide un favor, en premio de lo que padece. Del Conde del Casal. Romance.* [«Raro genero de amor...»]. (Páginas 28-29).

12. *A una dama, que siendo perfetamente hermosa, se hazia menos venerada, por ser afectadamente discreta. De Luys Escriva. Romance.* [«Salí al campo esta mañana...»]. (Págs. 29-30).

13. *Aspirando un Galan a merecer el agrado de su Dama, se le ofreçe, como viva ausente de su visita: Preguntase que deve elegir este Galan: Vivir á vista de su Dama aborrecido, ó favorecido en su ausencia? De Vicente Falcon de Belaochaga. Romance.* [«Convencida al ruego Clori...»]. (Págs. 30-31).

14. *A una dama que en la pendencia de latigaços que tuvieron dos Cocheros, difinió no quedar duelo á los dueños de los Coches. Del Dr. Paulino San Iuan. Romance serio y jocoso.* [«Amor para motejar...»]. (Págs. 31-32).

15. *Escrive un Galan a una Dama de quien se halla aborrecido, en ocasión de haverla sangrado de la mano. De Iacinto Ioseph Forner. Dezimas.* [«Por saber que estais sangrada...»]. (Página 32).

16. *A una Dama que siendo muy hermosa dio en no querer parecerlo. De Andrés Monserrat Crespi de Valdaura. Dezimas.* [«Este enigma, que procura...»]. (Pág. 33).

17. *Al rigor de una dama que haviendola escrito muchos papeles, á ninguno ha respondido. Del mismo autor. Soneto.* [«Vives, ó no, que la razon no acierta...»]. (Pág. 34).

18. *Fabula de Hippomenes y Atalanta. De Vicente Carros.* [«Cuentan que huvo una Princesa...»]. Pág(s. 34-35).

19. *Qual es mayor indicio de afecto en un Galan, al ver su Dama, colorearse, ó quedarse palido. De Bartholomé García. Romance.* [«Amor, de cuyos arpones...»]. (Págs. 35-36).

20. *A un Galan que estando su dama Iulia avanicandose por Caniculares, llegando á hablarla se arromadizó del ayre del Avanico. De Pedro Fernando de Valda. Romance.* [«Estava en el Sacro Olimpo...»]. (Págs. 36-38).

21. *Persuadese al Amor, que deponiendo las vulgares insignias, se vista de los traxes, que mantiene la variedad de los Estados. De Ioseph Sales y Never. Romance endecasilabo.* [«De los traxes de Amor el mas luzido...»]. (Páginas 38-40).

22. *Qual de las deidades que celebró la Antiguedad, será mas propia para Auxiliar de las Carnestolendas. De Vicente del Olmo Generoso. Romance endecasilabo.* [«El numero mentido de Deidades...»]. (Págs. 40-41).

23. *A la fabula de Endimion y la Luna. De Gaspar Mercader y Cervellon. Soneto.* [«Baxa el nocturno dia el desseado...»]. (Pág. 42).

24. *Defiendese que no ay peor fiesta que una A[ca]demia. De Pedro Pardo de la Casta. Romance.* [«Mandanme escriva un Romance...»]. (Págs. 42-43).

25. *Qual genio parece mas prompto á amar, el del Valiente, ó el del Discreto. Del Conde de la Alcudia. Octavas.* [«Amor; de quien las almas son trofeos...»]. (Págs. 43-44).

26. *Vexamen de Iosef Orti.* (Págs. 45-68). En prosa y verso.

27. *Disculpase el Fiscal de haver dado Vexamen á un Assumpto tan á dos luzes sagrado, como lo fue la acción de su Magestad. Soneto.* [«Turba ingeniosa de Poetas rara...»]. (Pág. 69).

28. *Quintilla.* [«La accion Religiosa, de...»]. *Glosa del mismo Fiscal.* [«De, y que de esta aclamación...»]. (Página 70).

29. *Refiere el haver acompañado la Magestad de Carlos II a la Divina Magestad... en un Romance Endecasilabo. Por Manuel Vidal y Salvador.* [«Sabia Deidad, que en el Parnaso, y Delphos...»]. (Págs. 71-75).

Ejemplares:

ZARAGOZA. *Universitaria.* A-51-6.°

1299

ACADEMIA, a qve dio assvmpto la religiosa, y catholica Acccion, que el Rey nuestro Señor (Dios le guarde) executó el día 20 de Henero de este año de 1685. Celebròse el día 3 de Febrero en casa de Don Pedro de Arce... Sacala a luz

Sebastian de Armendariz... [s. l. s. i.]. [s. a.]. 48 fols. orlados. 20 cm.

Esta primera edición lleva al final, en una hoja plegable, un Soneto acróstico, de un Aventurero, impreso en forma circular.

Ejemplares:

MADRID. *Nacional.* R-Varios, 93-9.

1300

ACADEMIA, a qve dio assvmpto la Religiosa, y Catolica accion, que el Rey nuestro Señor (Dios le guarde) executó el día 20 de Enero deste año de 1685, encontrando vn Sacerdote en el campo, que llevava el Viatico a vn enfermo à quien acompañó à pie, haziendole entrar en su coche hasta la Iglesia de San Marcos. Celebróse el día 3 de Febrero en casa de Don Pedro de Arce... Fve Presidente D. Andrés Sanchez de Villamayor... Secretario D. Manuel de Ochoa. Fiscal D. Marcos de Lanuça Mendoza y Arellano... Segunda impression, añadida y enmendada por sus Aùtores de los yerros de la primera. [s. l. s. i.]. [s. a.]. 28 fols. 19,5 cm.

Fols. 1*v*-2*v*: Aprobación del Dr. Ioan Mateo Lozano.
Fol. 3*r*-4*v*: Cedulillas, por Manuel Ochoa.

1. *Oración, con que dió principio a la Academia Andrés Sanchez de Villamayor.* [«Vagaban en los ocios de Morfeo...»]. (Fols. 5*r*-7*v*).
2. *Ponderese que como por la idolatria, y variedad de Dioses, se arruinó el Imperio de los Romanos, assi por la Religión, y ardiente zelo se ensalçó en la Augustissima Casa de Austria el Cesareo, y Catolico. De Francisco Candamo. Romance.* [«Aquel arrogante Imperio...»]. (Fols. 7*v*-8*v*).
3. *Noticia que da la Fama al Señor Emperador de este sucesso. De Francisco de Barrio. Romance endecasilavo.* [«Conceptuosa la Fama...»]. (Fols. 8*v*-9*r*).
4. *Pruebese ser mayor blason del Rey nuestro Señor... succeder á Rodulpho de Auspurg, en el zelo Catolico, que en la Corona Real. De Pedro de Castro Zorrilla. Endechas Endecasilavas.* [«O Acaso Mysterio...»] (Fols.9*v*-10*r*).
5. *Explique el tierno afecto con que los que lograron ver a su Majestad, celebrarón en sus coraçones tan heroyca accion. Lyra. De Antonio Freyre de la Zerda.* [«A Vuestra Magestad consagro ardiente...»]. (Fol. 10).
6. *Bexamen que dan las mulas del coche de su Magestad a la Mula del Dotor, que estava á la puerta del Enfermo. De Francisco de Bustos. Romance.* [«Carlos (nuestro Rey) del Pardo...»]. (Fols. 10*v*-11*v*).
7. *Pronostico que anuncia las felicidades que han de suceder á esta Monarquía, en premio de tan Catholica accion. Romance de Arte mayor. De Antonio de Zamora.* [«O accidente feliz! Unica suerte...»]. (Fols. 11*v*-13*r*).
8. *El catolico afecto assegura a la Reyna Madre nuestra Señora grandes vitorias del Rey nuestro Señor, y dilatada sucession, por el merecimiento desta Catolica acción. De Agustin de Campo. Soneto.* [«No dude tu atencion (ó Gran Mariana...»]. (Fol. 13*r*).
9. *Manzanares pretende la corona de todos los Ríos del Orbe, por auer sido su Ribera teatro de tan heroyca accion. De Manuel de Contreras. Romance jocoserio.* [«Mançanares el Enano...»]. (Fols. 13*v*-14*r*).
10. *Cuentase en estilo asturiano la Real piadosa, y generosa accion de nuestro Catolico Monarca. De Manuel Ordoñez de la Puente. Romance.* [«En tanto que el docto Circo...»]. (Folios 14*r*-15*r*).
11. *En la accion religiosa, que el Rey... executó el día 20 de Enero, se ha de probar, qual de las Virtudes (suponiendo las tres Teologales en su Magestad) sobresalio mas, la de la Fé, ó la de la Caridad? De Ioseph de Arroyo. Dezimas.* [«Ofrecer al Sacramento...]. (Fol. 16*v*).
12. *A la turbacion que causó al Sacristan, y la vanidad que tuvo de verse en el coche del Rey, en Seguidillas de Estrambote. De Fabian Ramirez. Seguidillas.* [«De un Sacristan turbado...»]. (Fol. 17*r*).
13. *Varios discursos, que haze el coche en que iba su Magestad, quando*

encontró al Sacerdote... De Diego de Naxera. Romance. [«Cierto, que ay coches dichosos...»]. (Fols. 17*v*-18*r*).

14. *Vaticinan las fuentes mas celebres del Orbe en la enorabuena que dan á la Fuente de quatro caños, que está en el Prado Nuevo (donde se apeó del Coche su Magestad, sirviendo a la Divina) la felicidad de su Corona. Por Ioseph Baptista de Suelues. Endechas endecasilavas.* [«O! Ruyseñor undoso...»]. (Fol. 18).

15. *A las bendiciones que echaron las Labanderas á su Magestad, y fiesta que hizieron. De Fernando de la Peña. Quintillas.* [«A la inquieta aclamacion...»]. (Fol. 19).

16. *Comparese la gloria accidental que tuvo el Rey... en los aplausos con que recibieron a su Magestad la Reyna... y sus Damas... con la que le espera en el Cielo en premio della. De Diego de Paredes y Morales. Octavas.* [«De dos glorias, Sagrado Paralelo...»]. (Folios 19*v*-20*v*).

17. *Assunto de la Academia. Glosa.* [«El Sol de Eucaristia es Paz...»]. (Folio 20*v*).

18. *Procurase fundar, que la religiosa accion del Rey... no debe admirarse como estraña, sino venerarse como natural, y propia de su santo zelo. De Pedro Ignacio de Arce. Soneto.* [«El Catholico Triumpho esclarecido...»] (Folio 21*r*).

19. *Bexamen que dió a los ingenios de la Academia su Fiscal Marcos de la Nuza Mendoza y Arellano.* (Folios 21*v*-26*v*).

20. *Romance.* [«Salve, Generoso Rey...»]. (Fols. 27*r*-28*r*).

21. *Estando imprimiendose la Academia llegó a su noticia el Soneto que se sigue, cuyos Catholicamente Christianos, profundamente eleuados, y dulcemente amables conceptos, publican á vozes ser de Don Antonio de Solis...* [«No ay acasos en Dios, su Omnipotencia...»]. (Fol. 28*v*).

Ejemplares:

MADRID. *Nacional.* R-Varios, 125-5.

[Sin año]

1301

«Academia jocossa con que se celebraron el nacimiento del exmo. Sr. Conde de Aliaga, y los años de la exma. S.ª Duquessa de Monteleón».

Letra del s. XVII. 210 × 150 mm.

1. *Soneto Acrostico, de Francisco Bueno.* [«Diego, que naze flor te deue Aurora...»] (Fol. 1*r*).

2. *Romance con que dio principio a las çedulillas de la Academia, Diego de Aguera su Secretario.* [«Que sin reparo embarque...»]. (Fol. 3).

3. *Carta de Apolo para el Secretario de la Academia.* (Fol. 4).

4. *Cedulillas.* (Fols. 4*v*-8*v*).

5. *Oraçion jocossa, que dixo un enano.* [«De un Pigmeo al certamen...»]. (Fols. 9*r*-10*r*).

6. *A un Sacristan corcobado que galanteaba una Dueña vizca. De Juan de Bobadilla. Romanze.* [«A una Dueña que era vizca...»]. (Fols. 10*r*-11*r*).

7. *A un Galan, que pidiendo un fauor a una Dama le dio una pulga, que quitó a un Perro. De Juan Monforte. Quintillas.* [«Pues de tantos metros juntos...»]. (Fols. 11*r*-12*v*).

8. *A una Dama Roma, que hauiendose desmayado de veer un Raton, su Galan la tiraba de las narizes para que bolbiesse del desmayo... De Manuel Otaño.* [«Fauio con Juana la Roma...»]. (Fols. 12*v*-14*r*).

9. *A dos Enanos, que galanteando a una que vende cañamones, celosso el uno del otro, se desafiaron eligiendo por espadas dos monda dientes. De Cristobal de Mauleon.* [«Apolo pues un Rey ussa...»]. (Fols. 14*r*-15*r*).

10. *A un Galan, que hauiendosse sangrado Clori la embio de sangría unas bigoteras. De Pedro Touilla.* [«Sangrada Clori, hay esquiuo...»]. (Folios 15*v*-17*r*).

11. *A un Biejo enamoradizo, que viendo a vna Dama que quería mucho sacarse una muela, el por fineza se cortó un callo. De Juan de Nogueral. Romanze.* [«Cupido, que algunas vezes...»].(Fols. 17*r*-18*v*).

12. *A un nobio... De Agustín Caro. Redondillas.* [«Conçertó la boda un frayle...»]. (Fols. 18*v*-20*v*).

13. *A un Galan... De Francisco de Riuera. Dezimas.* [«Un galan, que sus pasiones...»]. (Fols. 20*v*-21*v*).

14. *Vexamen que dio Francisco Bue-*

no, fiscal de la Academia. (Fols. 22*r*-33*v*).
15. *Coplas.* [«A los floridos años...»]. (Fol. 34).
MADRID. *Nacional.* Mss. 3.887 (folios 1*r*-34*v*).

* * *

V. además: «*Jardín de Apolo*...», «*Plausible Academia*...», «*Real Academia*...», «*Repetida carrera del Sol de Academias*...», «*Sol de Academias*...».

ACADEMIA DE HUESCA

CODICES

1302

[*Poesías y papeles de la Academia de Huesca. 1610*].

Colección de papeles sueltos y desordenados, entre los que hay muchas poesías, firmadas en su mayor parte con seudónimos: *El Humilde, El Religioso, El Disuadido, El Alegre, El Desdichado, El Ausente, El Imaginativo, El Solitario, El Tardío,* etc.
Entre las firmadas, las hay de Martín de Burgenda, Esteban López de Silves, Justo de Torres, Vicencio Ram, Sebastián de Canales, Mosén Gironza, Jorge de Salinas, Jerónimo de Heredia, Lorenzo Ximénez, Mosén Sada, Lupercio Torralba y Juan Miguel de Luna.
MADRID. *Nacional.* Mss. 3.672.

ACADEMIA DE LOS HUMILDES DE VILLAMANTA

CODICES

1303

[*Papeles de la Academia de los Humildes*].

Letra de fines del s. XVI. 12 hs. 305 × 215 mm.
Trabajos en prosa y verso y papeles varios.
MADRID. *Nacional.* Mss. 18.724 (n.º 35 bis).

ESTUDIOS

1304

TORRE, LUCAS DE. *De la Academia de los Humildes de Villamanta.* 1915.

V. n.º 478.

ACADEMIA DE LOS NOCTURNOS, DE VALENCIA

V. los núms. 35, 66-67 y 470.

ACADEMIA DE LOS OCIOSOS, DE NAPOLES

V. los núms. 471 y 473.

ACADEMIA «LA PEREGRINA»

V. n.º 477.

ACADEMIA DE LA PITIMA, DE ZARAGOZA

CODICES

1305

[*Papeles de la Academia de la Pitima*].

Letra de principios del s. XVII. 248 fols. 310 × 220 mm.
Contiene el Reglamento de la Academia, varias cartas firmadas con seudónimo, papeles varios, un dibujo y sólo dos o tres poesías.
MADRID. *Nacional.* Mss. 9.396.

«*ACADEMICA resolución*»

EDICIONES

1306

ACADEMICA resolución de qva-

tro ingeniosos rayos palatinos. [s. l. s. i.] [s. a.] 16 págs. 4.

Composición poética inspirada en la muerte de la reina María Luisa de Borbón. (*Catálogo de la biblioteca de Salvá,* I, n.º 9).

«*ACADEMICO* obsequio...»

EDICIONES

1307

ACADEMICO obseqvio, celebrado en casas del señor D. Alonso Verdugo de Albornoz, Cavallero del Orden de Alcantara,... Corregidor desta Ciudad de Granada... el día 18 de Enero de 1685 a las felizissimas bodas del señor D. Pedro Verdugo de Albornoz y Vrsua, su hijo... con la Señora D. Ysabel María de Castilla Lasso de Castilla... siendo Presidente D. Francisco Felix de Olea y Piña y Secretario D. Francisco Antonio de Viedma Narvaez y Arostegui. [s. l. s. i.]. [s. a.]. 6 hs. + 78 fols. 20 cm.

—Dedicatoria a D. Miguel de Ursua y Arizmendi, Conde de Gerena, etc., por Francisco Felix de Olea y Piña.
—Aprovación de Fr. Sebastian de Morales, agustino.
—Licencia del Señor Iuez (9 de marzo de 1685).

1. *Oración con que dió principio a la Academia Francisco Feliz de Olea y Piña.* [«A la Flora de prados mejores...»]. (Fols. 1*r*-7*v*).
2. *Introduccion que hizo a los Assumptos de la Academia Francisco Antonio de Viedma Narvaez y Arostiguy, Secretario.* (Fols. 8*r*-74*r*). En ella se intercalan las poesías presentadas y los correspondientes vejamenes. Las composiciones son las siguientes:
3. Pedro Francisco de Soria y Sarabia. *Canción real.* [«Salve ilustre Fileno, a quien venera...»]. (Fols. 12*v*-14*r*).
4. Sebastian Antonio de Gadea y Castillejo. *Romance lírico.* [«Verdes elevados montes...»]. (Fols. 15*v*-18*r*).
5. Martín de Carvajal y Pacheco. *Romance.* [«Sublime thalamo encubra...»]. (Fols. 19*r*-21*r*).
6. *Sextillas.* [«Oy la señora Academia...»]. (Fols. 22*v*-24*v*).
7. Antonio Ximenez de Bonilla. *Soneto.* [«Mira Narciso el agua transparente...»]. (Fol. 26*r*).
8. Lucas de la Peña Saavedra. *Romance heroyco en defensa del rey Don Pedro.* [«Inspirame Thersicore divina...»]. (Fols. 27*v*-30*r*).
9. Iuan Vazques de Villareal. *Decimas.* [«Pastores, quien a el Amor...»]. (Fols. 32*r*-33*r*).
10. Iorge de Avellan. *Paranomasias dobles.* [«De una Cozinera el hurto...»]. (Fols. 35*r*-36*v*).
11. *Cancion.* [«No es sino Estrella...»]. (Fols. 37*r*-38*r*).
12. Gaspar Carlos de Estremera y Arjona. *Romance.* [«De la razon de Fíleno...»]. (Fols. 39*r*-41*v*).
13. Diego Felipe de Aguilar. *Vexamen en quintillas.* [«Dueñas, y Lacayos, oy...»]. (Fols. 43*r*-44*v*).
14. Iacinto de Fuentes y Padilla. *Soneto.* [«Logró al vencer Leandro valeroso...»]. (Fol. 46*r*).
15. Marcelo Antonio de Ayala y Guzman. *Canción.* [«Doraua el Sol la casa del Tridente...»]. (Fols. 48*v*-51*v*).
16. Ioseph Pablo Fernandez. *Seguidillas.* [«El amor de un Enano...»]. (Folios 52*v*-54*v*).
17. *Cancion.* [«Que si linda es la Pastora...»]. (Fols. 55*r*-56*r*).
18. Antonio del Castillo. *Octavas.* [«Al dulce canto de sus Cisnes mira...»]. (Fols. 57*v*-58*v*).
19. Manuel de Vergara y Guzman. *Lyras.* [«Depuesto ya su rustico instrumento...»]. (Fols. 60*v*-62*r*).
20. Pedro de Olea y Piña. *Xacara.* [«El vigote uñas arriba...»]. (Fols. 63*v*-65*v*).
21. Antonio Lopez de Mendoza. *Egloga pastoril.* [«Del celebre Erimanto...»]. (Fols. 68*r*-71*v*).
22. *Cancion suya.* [«Y assi del torpe labio...»]. (Fols. 72*v*-74*r*).
23. *Cancion.* [«Primeros Rayos de la luz mas alta...»]. (Fol. 74).

V. Gallardo, *Ensayo,* I, n.º 772.

Ejemplares:

MADRID. *Nacional.* 3-32.970.

«*ACADEMICO pensil...*»

EDICIONES

1308

ACADEMICO pensil de las musas... Valencia. 1669.

Cit. por Fuster.

ACEDO DE LA BERRUEZA Y PORRAS (GABRIEL)

N. de Jarandilla.

EDICIONES

1309

AMENIDADES, florestas y recreos de la provincia de la Vera Alta y Baja, en la Extremadura. Con un tratado de la retirada que muchos Santos Pontífices y otros Prelados y Santos Diaconos del Andalucia y de otras partes hicieron a las sierras de la Vera, huyendo de la persecucion de los Moros; y otro tratado de como los Griegos entraron en España; y de muchos hechos heroicos y de valor que algunos hijos desta Provincia han obrado en servicio de sus Reyes; y de otros Varones ilustres, así en armas como en letras, que ha procreado y salen cada día desta dilatada Provincia de la Extremadura. Madrid. Andrés García de la Iglesia. A costa de Juan Martín Merinero. 1667. 16 hs. + 144 págs. 8.°

—Dedicatoria a D. Diego de Azedo y Albizú, Señor del Palacio y Torre de Azedo en Navarra. (Con datos genealógicos).
—Censura del Dr. Juan de Zaragoza.
—Licencia del Ordinario.
—Aprobación de Francisco de Abellaneda.
—Privilegio.
—Tasa.
—Al lector.
—Del Licdo. Dionisio de Fuensalida y Vivar. [«Gabriel, si bien lo advertís...»].
—De Alonso de Soto. [«Quien sabe tan bien pintar...»].
—Del mismo. [«Quien alaba una maquina tan grave...»].
—Del mismo. *Soneto.* [«Gabriel, si la hermosura de la Vera...»].
—De otro autor. [«Gabriel si tus *Amenidades y Recreos*...»].
—De Pedro Castelví. *Al autor.* [«Quisiera, pluma mía...»].
—*Soneto.* [«Engalana, matiza, alumbra y dora...»].
—Escudo.
Texto.

V. Gallardo, *Ensayo*, I, n.° 321; Barrantes, *Catálogo de los libros que tratan de Extemadura*, págs. 224-28. (Inserta varios fragmentos).

Ejemplares:

SANTANDER. «*Menéndez y Pelayo*». R-VI-4-10 .

1310

——— *Publícala nuevamente Juan Pérez de Guzmán y Boza.* Tirada de cien ejemplares. Sevilla. Imp. de E. Rasco. 1891. 2 hs. + 137 páginas + 1 h. 23 cm.

Ejemplares:

MADRID. *Nacional.* V-1.155-10 (el número 36).

1311

AMENIDADES, Florestas y Recreos de la Provincia de la Vera Alta y Baja, en la Extremadura. madura. [Cáceres]. Departamento Provincial de Seminarios de F. E. T. y de las J. O. N. S. [s. i.]. [1951]. 94 págs. + 1 h. 21 cm. (Biblioteca Extremeña).

Con un prólogo de Domingo Sánchez Loro.

Ejemplares:

MADRID. *Instituto de Cultura Hispánica.—Nacional.* V-2.227-8.

ESTUDIOS

1312

ANTONIO, NICOLAS. *D. Gabriel Azedo.* (En su *Bibliotheca*

Hispana Nova. 2.ª ed. Tomo I. 1783. Pág. 504).

ACEITUNO (FR. LUIS)

EDICIONES

Poesías sueltas

1313

[*ROMANCE*]. (En Manuel, Diego. *Ivsta poética qve hizo al Santissimo Sacramento en la villa de Cifuentes, el Dotor Ivan Gvtierrez.* Madrid. 1621).

Cfr. *Catálogo de la biblioteca de Salvá,* I, n.º 282; Pérez Pastor, *Bibliografía madrileña,* III, n.º 1.752.

ACEVEDO (ALONSO DE)

Canónigo de Plasencia.

EDICIONES

1314

CREACION del Mundo. Roma. Ioannem Paulum Profilium. 1615. 271 págs. 8.º

Ejemplares:

LONDRES. *British. Museum.* 1072.d.14.—SANTIAGO DE COMPOSTELA. *Universitaria.*

1315

[*CREACION del Mundo*]. (En *Poemas épicos. Colección... por Cayetano Rosell.* Tomo II. Madrid. 1864. Págs. 245-87. Biblioteca de Autores Españoles, XXIX).

Poesías sueltas

1316

[*SONETOS*]. (En Jauregui, Juan de. *Aminta de Torcuato Tasso. Traduzido... por* ——. Roma. 1607. Preliminares).

Son dos: uno a su nombre y otro como anónimo.

Ejemplares:

MADRID. *Nacional.* R-5.449.

1317

[*SONETO*]. (En Jauregui, Juan de. *Rimas.* Sevilla. 1618. Preliminares).

Aparece aquí bajo su nombre el reseñado como anónimo en la fecha anterior.

Ejemplares:

MADRID. *Nacional.* R-2.643.

1318

SONETOS inéditos... [*Edición de Daniel Berjano Escobar*]. (En *Poetas placentinos...* 1901. Págs. 64-66).

V. n.º 499.

ESTUDIOS

1319

ANTONIO, NICOLAS. *Alphonsus de Azevedo.* (En su *Bibliotheca Hispana Nova.* 2.ª ed. Tomo I. 1783. Pág. 12).

1320

BERJANO ESCOBAR, DANIEL. [*Alonso de Acevedo*]. (En *Poetas placentinos...* 1901. Págs. 22-47).

V. n.º 499.

1321

[ROSELL, CAYETANO. *«Creación del Mundo», por A. de Acevedo*]. (En *Poemas épicos...* Tomo II. 1864. Págs. XII-XV).

ACEVEDO (ANGELA DE)

N. de Lisboa. Residió en Madrid y fué dama de la reina D.ª Isabel de Borbón.

EDICIONES

1322

COMEDIA famosa, El Mverto dissimvlado. [s. l. s. i.] [s. a.]. 56 páginas a 2 cols. 20,5 cm.

Ejemplares:

LONDRES. *British Museum.* 11728.a.28.—MADRID. *Nacional.* T-19.049.

1323
COMEDIA famosa, Dicha y desdicha del Jvego, y devocion de la Virgen. [s. l. s. i.]. [s. a.]. 56 págs. a 2 cols. 21 cm.

Ejemplares:

LONDRES. *British Museum.* 11728.a.28.—MADRID. *Nacional.* T-21.435.

ESTUDIOS

1324
BARRERA, CAYETANO ALBERTO DE LA. *Acevedo, Doña Angela de.* (En su *Catálogo... del Teatro antiguo español.* 1860. Pág. 4).
GARCIA PERES, DOMINGO. *Acevedo, Doña Angela de...* (En *Catálogo... de los autores portugueses que escribieron en castellano.* 1890. Pág. 7).

1325
SERRANO Y SANZ, MANUEL. *Acevedo, Angela de.* (En sus *Apuntes para una Biblioteca de Escritoras españolas...* Tomo I. 1903. Página 10).

ACEVEDO (ANTONIO DE)

EDICIONES

1326
[*VANDOS (Los) de Luca y Pisa*]. (En *Parte qvarenta de Comedias nvevas...* Madrid. 1675. Fols. 183*r*-200*r*).

V. n.° 240.

ACEVEDO (FR. ANTONIO DE)

N. en Orense. Agustino desde 1554. M. en Perpiñán en 1590.

EDICIONES

1327
CATECISMO de los misterios de la Fe, con la Esposición del Símbolo de los Santos Apóstoles. Barcelona. Jaime Cendrad. 1589. 4.°

Ejemplares:

MADRID. *Palacio.* III-689.

1328
——— Perpiñan. Sansón Arbús. 1590. 840 págs. 4.°

1329
——— Zaragoza. 1592. 4.°

Cit. en el *Catálogo* de la biblioteca de Gabriel Sora, fol. 103*v*.

1330
CATECISMO de los misterios de la Fe con la esposición del símbolo de los Sanctos Apostoles. A do se enseña, todo lo que vn fiel Christiano está obligado a creer, y vn Cura de almas a saber, para enseñar a sus ouejas. Barcelona. Iayme Cendrad. A costa de Ioan de Bonilla. 1597. 8 hs. + 281 fols. + 3 hs. 21 cm.

—Licencia de la Orden.
—Aprobación de Fr. Pedro Malón.
—Aprobación del P. Batista Alberto.
—Licencia del Obispo de Barcelona.
—El Símbolo de los Santos y Sagrados Apóstoles.
—Dedicatoria a D. Andrés Capilla, Obispo de Urgel, cuyo escudo figura en la portada.
—Prólogo al cristiano lector.
Texto.
—Tabla.

Ejemplares:

LONDRES. *British Museum.* 692.d.23.—MADRID. *Nacional.* R-25.769.

Obras latinas

1331
ELENCHVS commentarii in Pentatevchvm Hieronymi ab Oleastro... Barcelona. Iacobi Cendrat. 1588. Sin fol. 15 cm.

Ejemplares:

MADRID. *Nacional.* R-25.900.

ESTUDIOS

1332

ANTONIO, NICOLAS. *F. Antonius de Azevedo.* (En su *Bibliotheca Hispana Nova.* 2.ª ed. Tomo I. 1783. Pág. 103).

1333

HERRERA, TOMAS DE. [*Fr. Antonio de Azeuedo*]. (En su *Historia del convento de S. Agustín de Salamanca.* Madrid. 1652. Pág. 302).

Ejemplares:

MADRID. *Nacional.* 3-15.104.

1334

SANTIAGO VELA, GREGORIO DE. *Acevedo, Fr. Antonio de.* (En *Ensayo de una Biblioteca... de la Orden de San Agustín.* Tomo I. 1913. Págs. 13-14).

ACEVEDO (FRANCISCO DE)

Licenciado. Abogado de la Real Audiencia de Lima.

EDICIONES

1335

TEMPRANA (A la) muerte de nuestro Príncipe y Señor. Soneto. (En Alvarez de Faria, Pedro. *Relación de las funerales exequias que hizo el santo, y apostolico Tribunal de la Inquisicion de los Reyes del Peru, al... Príncipe... Don Baltasar Carlos de Austria...* Lima. 1648. Fols. 15 *v*-16*r*).

Ejemplares:

MADRID. *Nacional.* 2-49.972.

ACEVEDO (FR. LUIS DE)

N. en Medina del Campo. Agustino. M. hacia 1600.

CODICES

1336

[*Vida del Santo Fr. Tomás de Villanueva*].

Autógrafo. Lo poseyó el arzobispo de Santiago, Fr. Agustín Antolínez, según Herrera.

1337

[*Vida del Ven. P. Fr. Luis de Montoya*].

Autógrafo. Lo poseyó Herrera.

EDICIONES

1338

MARIAL. Discvrsos morales en las fiestas de la Reina del Cielo Nvestra Señora. Valladolid. Francisco Fernández de Cordoua. 1600. 8 hs. + 992 págs. a 2 cols. con grabs. + 67 hs. 28 cm.

—Suma del privilegio.
—Erratas.
—Aprobación de Fr. Juan García.
—Licencia de la Orden.
—Aprobación de Fr. Francisco Rodríguez.
—Tabla de las fiestas de la Virgen.
—Dedicatoria a D. Diego Sarmiento de Acuña, cauallero de Calatrava, Señor de las Villas y Casa de Gondomar, etc., cuyo escudo figura en la portada. (Con datos genealógicos).
—Prólogo al lector.
—Grabado de Nuestra S. de Populo de Roma.
Texto.
—Las Fiestas de la Virgen que contiene este Libro son las siguientes.
—Tabla de algunas authoridades y passos de la sagrada Escriptura, que se declaran, o maralizan (*sic*) en toda la obra.
—Tabla de los lugares communes, y cosas notables.
—Tabulla Sermonum...

V. Santiago Vela, *Ensayo de una Biblioteca... de la Orden de San Agustín*, I, págs. 19-20.

Ejemplares:

MADRID. *Nacional.* R - 25.850. — SALAMANCA. *Universitaria.* 44.346.

1339

——— Lisboa. Pedro Crasbeeck. 1602. 4 hs. + 608 págs. + 40 hs.

—Censura del P. Luis de los Angeles.
—Licencia de la Inquisición.
—Prólogo. (En él anuncia la próxima salida de otros Discursos de todas las Dominicas del año).

V. Santiago Vela, pág. 20.

Ejemplares:

SANTIAGO DE COMPOSTELA. *Universitaria.*—ZARAGOZA. *Universitaria.* A-122-50.

1340

——— Lérida. Imp. Mariana. 1911. 5 vols. 20,5 cm.

Reproduce la ed. de Valladolid, 1600.

Ejemplares:

MADRID. *Nacional.* 1-71.364.

1341

[*VIDA del Venerable Padre Fray Francisco de Villafranca, Vicario General, y Reformador de la Prouincia de Portugal*]. (En Herrera, Tomás de. *Historia del convento de S. Agustín de Salamanca.* Madrid. 1652. Págs. 316-18).

ESTUDIOS

1342

ANTONIO, NICOLAS. *F. Ludovicus de Acevedo.* (En su *Bibliotheca Hispana Nova.* 2.ª ed. Tomo II. Madrid. 1788. Pág. 21).

1343

HERRERA, TOMÁS DE. *Fr. Luis de Azeuedo.* (En su *Historia del convento de S. Agustín de Salamanca.* 1652. Pág. 351).

1344

SANTIAGO VELA, GREGORIO DE. *Acevedo, Fr. Luis de.* (En *Ensayo de una Biblioteca... de la Orden de San Agustín.* Tomo I. 1913. Págs. 19-20).

ACEVEDO (LUISA DE)

N. en Paredes (Portugal) y m. en 1699, a los 24 años de edad.

EDICIONES

1345

ROMANCE español, que consta de 150 coplas, al aparecimiento de Nuestra Señora de la Lapa, imagen milagrosa que se venera en la provincia de Beira.

Cit. por Serrano y Sanz, que remite a Silva, *Diccionario bibliographico portuguez.*

ESTUDIOS

1346

GARCIA PERES, DOMINGO. *Acevedo, Luisa de.* (En *Catálogo... de los autores portugueses que escribieron en castellano.* 1890. Página 8).

1347

SERRANO Y SANZ, MANUEL. *Acevedo, Luisa de.* (En sus *Apuntes para una Biblioteca de Escritoras españolas...* Tomo I. 1903. Página 10).

ACEVEDO (MANUEL DE)

EDICIONES

1348

APLAVSO gratvlatorio de la insigne escvela de Salamanca, al Illustrissimo Señor Don Francisco de Borja y Aragón... Recogido por ——.

V. *Aplauso gratulatorio...*

1349

APLAVSO gratvlatorio de la insigne escvela de Salamanca, al Excelentíssimo Señor Don Gaspar de Guzmán... Recogido por ——.

V. *Aplauso gratulatorio...*

1350

[*PROSOPEYA del Tormes*]. (En *Aplauso gratulatorio de la insigne escvela de Salamanca*... [s. a.]. Páginas 15-22).

Ejemplares:

MADRID. *Nacional.* R-3.705.

1351

[*POESIAS latinas*]. (En ídem, páginas 121 y 129).

1352

[*POESIA latina*]. (En *Aplauso gratulatorio... al Sr. D. Francisco de Borja y Aragón*... [s. a.]. Págs. 85-89).

ESTUDIOS

1353

ANTONIO, NICOLAS, *D. Emmanuel de Azevedo.* (En su *Bibliotheca Hispana Nova.* 2.ª ed. Tomo I. 1783. Pág. 342).

«...familiaris mihi in Salmantino gymnasio...»

1354

GARCIA PERES, DOMINGO. *Acevedo, Manuel de.* (En *Catálogo... de los autores portugueses que escribieron en castellano.* 1890. Págs. 8-9).

ACEVEDO (N. DE)

Religiosa del convento de Santa Cruz, de Ciudad Rodrigo.

EDICIONES

Poesías sueltas

1355

[*SONETO*]. (En Dávila, Tomás. *Epinicio sagrado*... Salamanca. 1687. Pág. 388).

ACEVEDO (PEDRO DE)

EDICIONES

1356

ALIVIO de Pestilencia, e otros males y reprehension de Astrologia Judiciaria... En que se persuade que la pestilencia y otros infortunios... vienen de la mano de Dios, y no de la malicia de las estrellas, como afirman los astrólogos. Sevilla. Alonso Escriuano. 1570. 8.°

Ejemplares:

MADRID. *Palacio.* III-1.879.

1357

RECREACION del Alma y defensa del Evangelio contra la superstición Astrologica. Sevilla. Antonio Escribano. 1570. 8.°

Cit. por Nicolás Antonio. ¿Será la anterior?

1358

REMEDIOS contra Pestilencia. Zaragoza. Pedro Puig. 1589. 8.°

Cit. por Nicolás Antonio.

ESTUDIOS

1359

ANTONIO, NICOLAS. *Petrus de Azevedo.* (En su *Bibliotheca Hispana Nova.* 2.ª ed. Tomo II. 1788. Pág. 173).

ACEVEDO (P. PEDRO PABLO DE)

N. en Toledo (1522). Jesuíta desde 1554, enseñó Humanidades y Retórica en los Colegios de Sevilla, Córdoba y Madrid, donde m. en 1573.

CODICES

1360

«*Comœdiæ dialogi & orationes q. P. Açevedus Soci. Iesu componebat*».

Letra del s. XVI. 358 hs. 4.° Perteneció al Colegio de San Hermenegildo, de la Compañía de Jesús, de Sevilla. Comprende 25 obras dramáticas, en latín y en castellano, fechadas todas menos dos. Las castellanas son las siguientes:

1. *Comedia Metanea* (Córdoba, 1556). En latín y castellano. (Fols. 200-11).
2. [*Cœna Regis Euangelii*]. (Sevilla, 1562). En latín y castellano. (Folios 152-68).
3. *Actio ferüs solem*[*nibus*] *Corporis Christi*. (Sevilla, 1564). En latín y castellano. (Fols. 133-40).
4. *Comedia Occassio*. (Sevilla, 1564). En latín y castellano. (Fols. 229-46).
5. *Comedia Caropus*. (Sevilla, 1565). En latín; argumentos y coros en castellano. (Fols. 169-91).
6. [*Diálogo del Nacimiento*]. (Sevilla, 1567). En latín y castellano. (Folios 213-27).
7. [*Dialogus*] *in adventu Regis*. (Sevilla, 1570). En latín y castellano. (Folios 41-58).

V. García Soriano, *El teatro...*, páginas 58-83.

MADRID. *Academia de la Historia*, 12-12-6, n.° 383.

1361

«Liber qui inscribitur Silva diversorum. Hispali. M. D. LXXIII».

664 hs. 4.° En el Archivo de la Provincia de Toledo de la Compañía de Jesus. (Uriarte-Lecina).

EDICIONES

1362

[*CARTAS a San Ignacio de Loyola*]. (En *Litterae Quadrimestres*. Tomos III-IV. Madrid. 1896-97).

Tomo III:

1. Traducción latina de una carta del P. Alfonso de Zárate a San Ignacio. (Págs. 280-82).
2. Córdoba, 17 de junio de 1555. (Páginas 519-22). Traducción latina. (Páginas 522-25).
3. Córdoba, 3 de septiembre de 1555. (Págs. 625-28). Traducción latina. (Páginas 628-31).
4. En latín. Córdoba, 27 de diciembre de 1555. (Págs. 715-17).

Tomo IV:

5. Córdoba, 1 de enero de 1556. (Páginas 10-12).
6. Córdoba, 30 de abril de 1556. (Páginas 231-34). Traducción latina. (Páginas 234-36).
7. Córdoba, 30 de junio de 1556. (Páginas 388-91).
8. Córdoba, 31 de agosto de 1556. (Págs. 440-43). Traducción latina. (Páginas 443-46).

1363

[*CARTAS al P. Diego Láinez*]. (En *Litterae Quadrimestres*... Tomos IV-V).

Tomo IV:

1. Córdoba, 31 de diciembre de 1556. (Págs. 626-28). Traducción latina. (Páginas 628-29).

Tomo V:

2. En latín. Córdoba, 31 de diciembre de 1557. (Págs. 468-71).

ESTUDIOS

1364

GARCIA SORIANO, JUSTO. [*Pedro Pablo Acevedo*]. (En *El teatro universitario*... 1945. Páginas 47-83).

1365

URIARTE, JOSE EUGENIO DE y MARIANO LECINA. *Acevedo, Pedro Pablo de*. (En su *Biblioteca de escritores de la Compañía de Jesús*. Tomo I. 1925. Págs. 20-21).

ACEVEDO MAIA (NICOLAS)

N. en Lisboa en 1591.

EDICIONES

1366

ALABANZAS y atributos en honra y gloria del Santisimo Sacramento. Lisboa. 1645. 4 hs.

Cit. por García Peres.

1367

OFICIO de la Purísima Concepcion. Lisboa. 1652. 44 hs.

Cit. por García Peres.

ESTUDIOS

1368

GARCIA PERES, DOMINGO. *Acevedo Maia, Nicolás.* (En *Catálogo... de los autores portugueses que escribieron en castellano...* 1890. Págs. 9-10).

ACEVEDO SAA (ANTONIO DE)

Portugués.

EDICIONES

1369

SERMONES de las festividades de los Santos. Del Dr. Francisco Fernandez Galvan... Divididos en dos partes. La primera comiença desde el Miercoles de Ceniza, hasta el Miercoles despues de la quarta Dominica de Quaresma. Y la segunda prosigue hasta la primera octaua de Pascua. Tradvzidos... por ——. Madrid. Luis Sanchez. 1615. 30 hs. + 151 + 131 fols. + 1 h. 4.º

V. Pérez Pastor, *Bibliografía madrileña,* II, n.º 1.328.

Ejemplares:

MADRID. *Nacional.* 3-24.128.

1370

SERMONES del D. Francisco Fernandez Galvan... Divididos en dos partes. La primera comiença desde el Miercoles de Ceniza, hasta el Miercoles despues de la quarta Dominica de Quaresma. Y la segunda prosigue hasta la primera octaua de Pascua. Tradvzidos... por ——. Madrid. Luis Sanchez. 1615. 30 hs. + 151 + 131 fols. + 1 h. 4.º

—Tasa.
—Suma del privilegio.
—Erratas.
—Aprobacion de Fr. Manuel Angles.
—Aprobacion del Dr. Luzero.
—Tabla de los Sermones.
—Indices en latín.
Texto.
—Colofón.
—Texto de la parte segunda.
—Colofón.

V. Pérez Pastor, *Bibliografía madrileña,* II, n.º 1.329. (Extracta la escritura de venta de los privilegios hecha por el traductor).

ESTUDIOS

1371

ANTONIO, NICOLAS. *Antonius de Azevedo Saa.* (En su *Bibliotheca Hispana Nova.* 2.ª ed. Tomo I. 1783. Pág. 103).

1372

GARCIA PERES, DOMINGO. *Acevedo y Sá, Antonio.* (En *Catálogo... de los autores portugueses que escribieron en castellano.* 1890. Pág. 9).

ACEVEDO Y SALAMANCA (JUAN BERNARDO DE)

Alcalde mayor perpetuo de sacas de cosas vedadas del Reino de Granada y sus puertos de mar.

CODICES

1373

«*Thesoro de Regidores, Donde sumariamente se trata de la autoridad calidades y obligaciones del ofiçio de Regidor destos Reynos de la Corona de Castilla...*».

Letra del s. XVII. 176 fols. 225 × 165 milímetros.

MADRID. *Nacional.* Mss. 269.

ACEVEDO Y VASCONCELLOS (LORENZO)

N. de Mesao-frío (Portugal). Mozo fidalgo de la Real Casa de Juan IV desde 1642.

EDICIONES

Comedias

1374

HACER (El) bien nunca se pierde.

1375

[*MUCHO alcanza quien porfía*].

1376

[*MAYORAZGO (El) de la Providencia San Cayetano*].

1377

INDUSTRIA (La) y la Confusion.
NO hay fuerza contra la Dicha.
MAS (La) dichosa Embajada.

1378

APRECIO del natural, y la traición castigada.

Citadas por García Peres, que remite a Barbosa.

ESTUDIOS

1379

BARRERA, CAYETANO ALBERTO DE LA. *Acevedo de Vasconcelos, Lorenzo de.* (En su *Catálogo... del Teatro antiguo español.* 1860. Págs. 4-5).

1380

GARCIA PERES, DOMINGO. *Acevedo y Vasconcellos, Lorenzo.* (En *Catálogo... de los autores portugueses que escribieron en castellano.* 1890. Pág. 9).

«*ACLAMACION...*»

EDICIONES

1381

ACLAMACION y pendones qve levanto la mvy noble y coronada civdad de Los Reyes, por el catolico y avgvstissimo rey D. Carlos II deste nombre N. S. con festiva solemnidad el dia 17 de octvbre, ano (sic) *de 1666.* Lima. Imp. de Juan de Quevedo y Zarate. [s. a.]. 6 hs. + 43 fols. 23,5 cm.

—Solicitud de licencia.
—Aprobacion del Lic. D. Diego Christoval Messia, Oidor de la R. Audiencia de Lima.
—Licencia del Real Acverdo de Gouierno.
—Dedicatoria a la reina D.ª Mariana de Austria.

Ejemplares:

MADRID. *Nacional.* R-4.849.

1382

[*ACLAMACION real, y pvblica, de la Coronada Villa, y Corte de Madrid; en cuyo nombre leuantó el Pendon de Castilla el Excelentissimo señor Duque de San Lucar, y de Medina de las Torres... por su Augusto, y Catolico Rey Carlos II*]. [Madrid. Francisco Nieto]. [1665]. 2 hs. 29 cm.

Carece de portada.

V. Gallardo, *Ensayo,* I, n.º 498.

Ejemplares:

MADRID. *Nacional.* R-Varios, 200-110.

1383

ACLAMACION del Rey nuestro Señor Don Phelipe Quinto (que Dios guarde) executado (sic) *en la muy Noble, y muy Leal Villa de Valencia, en el Orden, y Cavalleria de Alcántara, el dia 12 de Diziembre de 1700.* [s. l. s. i.]. [s. a.]. 4 hs. 4.º

V. Alenda, *Relaciones de solemnidades,* n.º 1.546. («Solo he visto un ejemplar en la biblioteca del Conde de Ezpeleta»).

1384

ACLAMACION del Rey nuestro Señor D. Felipe V (que Dios guarde) en la... civdad de Cadiz, domingo diez y nueve de Diziembre de mil y setecientos.

Manuscrito:

2 hs. 4.º Existía en la Biblioteca de Osuna.

1385

——— Cádiz. Cristóbal de Requena. [s. a.]. 2 hs.

1386

ACLAMACION y levantamiento de pendon real por el Rey nro. Señor D. Phelipe 5.º

Manuscrito:

SIMANCAS. *Archivo.* Guerra, leg. 248, suplemento.

1387

——— [*Ed. de J. Alenda*]. (En *Relaciones de solemnidades...* Madrid. 1903. Págs. 455-57).

1388

ACLAMACION del Rey nuestro Señor, Felipe V (que Dios guarde) en la Imperial, y Coronada Villa de Madrid, á 24 de Noviembre de 1700. [Madrid. Antonio Bizarron]. [s. a.]. 2 hs. 4.º

V. Alenda, *Relaciones de solemnidades,* n.º 1.536.

Ejemplares:

MADRID. *Academia de la Historia.* 1-6-6 (2.ª fila)-3.250.

1389

ACLAMACION lavdatoria en dezimas, glosando el romance «Genil galan de los rios»... Y descripcion de las grandes fiestas, que por la misma Villa [de Motril] celebró al Santissimo Sacramento, en su dia y octaua, Año de 1654. Granada. Baltasar de Bolibar. [s. a.]. 61 fols. orlados. 4.º

«A el son de amante instrumento...»

V. Alenda, *Relaciones de solemnidades,* n.º 1.134.

Ejemplares:

NUEVA YORK. *Hispanic Society.*

«*ACLARACION...*»

EDICIONES

1390

ACLARACION al bando de expulsion de los moriscos. Sevilla. Alonso Rodríguez Gamarra. 1610. 2 hs. Fol.

V. Escudero, *Tipografía hispalense,* n.º 952.

ACORIS (JERONIMO DE)

EDICIONES

Poesías sueltas

1391

[*SONETO. A S. María Madalena*]. (En *Excellentias de Santa María Madalena...* Roma. 1591. Pág. 40).

Ejemplares:

MADRID. *Nacional.* R-25.044.

ACORRA (FR. PEDRO ANDRES DE)

N. de Caller. Mercedario. Enseñó Teología en los conventos de Barcelona, Gerona y Roma. Vuelto a Cerdeña en 1685 desempeñó allí diversos cargos. M. por 1698.

CODICES

1392

[*Sobre la Concepción de la Virgen María*].

Citado por el autor. Debió desaparecer del convento de Buenaire (Càller), al suprimirse las Ordenes religiosas de Cerdeña en 1855 (Toda, *Bibliografía de Cerdeña,* n.º 769).

EDICIONES

1393

ORACION Evangelica de la Purissima Concepcion de Maria San-

tissima Señora nuestra... Caller. Imp. de Hylario Galçerin, por Nicolas Pisá. 1673. 18 págs. 8.°

V. Toda, *Bibliografía española de Cerdeña*, n.° 3.

1394

——— Caller. Imp. de Santo Domingo. 1686.

Cit. por Toda.

1395

FENIX (El) de Sardeña renace de svs cenizas. Oraciones postumas, que dixo el mvy R. P. M. Fr. ——. *Tomo I. Sacalo a luz... Fr. Matheo Contini*... Call. Onofrio Martini. 1702. 24 hs. + 288 págs. a 2 cols. + 11 hs. de tablas. 19,5 cm.

—Dedicatoria a D. Salvador Zatrilla Vico Dedoni y Manca, firmada por Contini. (Con datos de la familia Zatrilla).
—Aprobacion de Fr. Ioseph de Garate, mercedario.
—Licencia de la Orden.
—Aprobacion de Fr. Alberto Contini, dominico.
—Licencia del Arzobispo de Caller.
—Aprobacion de Lorenzo Claveria y Sessé.
—Aprobacion de Fr. Simón Angel Bergiu.
—Sentir y aprobación del P. Onofre de San Luis, escolapio.
—Fee de erratas.
—Al lector.
Texto.
—Indice de los lugares de la Sagrada Escriptura.
—Tabla de las cosas más notables.

Ejemplares:

MADRID. *Nacional*. 2-68.017.

1396

PANEGIRICO de los santos Justo y Pastor, predicado en Barcelona. Barcelona. Figueró. 1674.

Cit. por Garí.

ESTUDIOS

1397

GARI Y SIUMELL, JOSE ANTONIO. *Fr. Pedro Andrés de Acorra*. (En su *Biblioteca Mercedaria*. 1875. Págs. 3-4).

1398

TODA Y GÜELL, EDUARDO. *Acorrá, Pedro Andrés de*. (En su *Bibliografía española de Cerdeña*. 1890. Págs. 67-68).

ACOSTA (FR. BLAS DE)

Dominico. Fué prior de varios conventos en el Perú. M. por 1664.

EDICIONES

1399

SERMON a las exeqvias del ilvstrissimo señor Don Fr. Gabriel de Zatate (sic) *de la Orden de Predicadores, Obispo electo de Guamanga. Celebrolas el insigne Conuento de nuestra Señora del Rosario de Lima... Predicole* —— *a 27 de Otubre año de 1637*. Lima. Geronymo de Contreras. 1637. 2 hs. + 12 fols. + 1 h. 4.°

—Aprobación del P. Francisco de Contreras.
—Aprobación del Dr. Francisco de Avila.
—Dedicatoria a la ciudad de los Reyes.
Texto.

V. Medina, *La Imprenta en Lima*, I, 1904, n.° 182.

Ejemplares:

NUEVA YORK. *Hispanic Society*.

1400

SERMON a la Festividad del Santissimo Sacramento del Altar, qve por Cedula de su Magestad celebra todos los años este Reyno, en reconocimiento de auer librado Dios su

Real Tesoro, y demas particulares, con aquella neblina, que tuuo la gruesa Armada del enemigo en el Cabo de san Vicente, tal que pudieron passar por vn lado nuestros Galeones sin ser vistos del que los estaua esperando. Predicole... en la Catedral de Lima a 29 de Nouiembre... Lima. Geronymo de Contreras. 1637. 3 hs. + 11 fols. 4.°

—Aprobacion del P. Nicolas Durán Mastrilo.
—Aprobación del Dr. Fernando de Avendaño.
—Dedicatoria al Conde de Chinchőn.
Texto.

V. Medina, *La Imprenta en Lima,* I, 1904, n.° 183.

1401

SERMON a la Solemnidad del Capitvlo provincial, qve la Provincia de san Iuan Bautista del Pirú de la orden de Predicadores, celebro en la ciudad del Cuzco... Predicole... en la Iglesia Catedral, dia del glorioso Apostol Santiago, patron de aquella ciudad, año de 1637. Lima. Geronymo de Contreras. 1637. 3 hs. + 12 fols. 4.°

—Aprobación de Fr. Miguel de Ribera.
—Dedicatoria a Fr. Fernando de Vera, Arçobispo Obispo del Cuzco.
Texto.

V. Medina, *La Imprenta en Lima,* I, 1904, n.° 184.

Ejemplares:

CORDOBA. *Pública.* 4.°-138.

1402

ORACION panegyrica a las Honras del Capitan Martin de Eraso, Secretario de su Excelencia. Dixola... Fr. Blas Dacosta... en el Conuento insigne de N. P. S. Francisco de Lima. Lima. Iorge Lopez de Herrera. 1642. 4 hs. + 12 fols. 4.°

—Dedicatoria a D. Pedro de Toledo y Leyua, Marques de Mancera, etc.
—Aprobación de Fr. Juan de Ribera.
—Aprobación del P. Nicolás Mastrillo Durán.
Texto.

V. Medina, *La Imprenta en Lima,* I, 1904, n.° 227.

1403

RELACION de la gran solemnidad, qve institvyo en el insigne Conuento de Nuestra Señora del Rosario de Lima, del Orden de Predicadores, el Ex. Sr. D. Pedro de Toledo y Leyba, Marques de Mancera,... Virrey, Lugar Teniente, Gouernador y Capitan General en los Reynos y Prouincias del Perú, al dvlcissimo nombre de Maria, a cvya proteccion consagró las armas deste Reyno, y juró su Fiesta, Domingo 18 de Otvbre deste Año de 1643. Dispvsola, y predico el sermon... Fr. Blas Dacosta, de la mesma Orden. Lima. Luis de Lyra. 1643. 17 hs. 4.°

V. Medina, *La Imprenta en Lima,* I, 1904, n.° 237.

Ejemplares:

NUEVA YORK. *Hispanic Society.*

1404

SERMON en la gran solemnidad, qve institvyo en el insigne Conuento de Nuestra Señora del Rosario de Lima, del Orden de Predicadores, el Ex. S. D. Pedro de Toledo y Leyba... al dvlcissimo nombre de Maria... [s. l. s. i.]. [s. a.]. 4 hs. + 16 fols. 4.°

—Escudo del Virrey.
—Aprobación de Fr. Luis de Aparicio.
—Aprobación y licencia de Martín de Velasco y Molina.
Texto.

V. Medina, *La Imprenta en Lima,* I, n.° 238. («Las signaturas de esta pieza y de la precedente son diversas.»)

1405

SERMON, que en la solemnissima colocacion de la Sagrada Reliqvia del Santo Lignum Crucis, que la Santidad de Vrbano VIII... embio a la Santa Iglesia de Lima por mano del Rmo. P. Fr. Buenauentura de Salinas y Cordoua... Lima. Luis de Lyra. 1649. 4 hs. + 8 fols. 27,5 centímetros.

—Aprobación de Fr. Luis Cortés.
—Aprobación y licencia del Dr. Martín de Velasco y Molina.
—Carta del autor al Arzobispo.
Texto.

V. Medina, *La Imprenta en Lima,* I, n.º 300.

Ejemplares:

CORDOBA. *Pública.*—MADRID. *Nacional.* 2-27.868.

1406

——— ... Lima. Luis de Lyra. 1649. 6 hs. + 15 fols. 4.º

Los mismos preliminares que la anterior.

V. Medina, ídem., n.º 301.

1407

SERMON en la solemnidad de nvestro Gloriosissimo Patriarcha San Francisco, celebrada en su insigne, y Religioso Conuento, por los hijos de Domingo, Miercoles quatro de Otubre. Lima. Luis de Lyra. 1651. 4 hs. + 18 fols. 4.º

—Aprobación de Fr. Francisco de Herrera.
—Aprobación de Francisco de Godoy.
—Dedicatoria a D.ª Antonia de Acuña y Guzman, Condesa de Saluatierra, etc.
Texto.

V. Medina, *La Imprenta en Lima,* II, 1904, n.º 334.

Aprobaciones

1408

[*APROBACION. 2 de diciembre de 1632*]. (En Vadillo, Fr. Bartolomé. *Sermón predicado dia de la Exaltación de la Cruz...* Lima 1632. Preliminares).

1409

[*APROBACION. 6 de julio de 1645*]. (En Sotomayor... *mas lamentable fin que lloraran los siglos...* Lima. 1645. Preliminares).

V. Medina, *La Imprenta en Lima,* I, 1904, n.º 261.

1410

[*APROBACION. Lima, 24 de enero de 1651*]. (En Bustamante, Fr. Baltasar de. *Sermón que predico ad fratres en el Capitulo Provincial, que celebro esta Prouincia de los doze Apostoles del Perú...* Lima. 1651. Preliminares).

1411

[*APROBACION. 2 de noviembre de 1651*]. (En Isturizaga, Fr. Juan de. *Relación de la real y sumptuosa pompa, con que el... Presidente desta Real Audiencia de Quito... y... su espossa... festejaron al... Patriarca San Ioseph...* Lima. 1652. Preliminares).

1412

[*APROBACION. 4 de enero de 1658*]. (En Maldonado, Fulgencio. *Sermon del Gran Precursor San Ioan Baptista...* Lima. 1658. Preliminares).

1413

[*APROBACION. 14 de junio de 1660*]. (En Bravo de Lagunas, Fr. Fernando. *Oracion funebre panegyrica en las honras que hizo el Convento Grande de S. Francisco de Iesus de Lima, a la Excma. Sra. D. Hypolita de Cordova y Cardona...* Lima. 1660. Preliminares).

ACOSTA (CRISTOBAL)

EDICIONES

1414

TRACTADO de las Drogas, y medicinas de las Indias Orientales, con sus Plantas debuxadas al biuo por ——... que las vio ocularmente. En el qual se verifica mucho de lo que escriuio el Doctor García de Orta. Burgos. Martín de Vitoria. 1578. 12 hs. + 448 págs. con grabados + 38 págs. + 1 h. 19 cm.

—Fe de la licencia.
—Privilegio.
—Dedicatoria a la ciudad de Burgos.
—Al lector.
—El Licdo. Iuan Costa, al curioso Lector.
—Retrato de Acosta.
—Epigrama latino de Claudio Libessardi.
—Dístico latino del mismo.
—De Pedro Manrique. Soneto. [«La escura confusion, que fue de gente...»].
—Dialogo entre Fortuna y Fama. Soneto del Br. Alonso Gonçalez de la Torre. [«Quien es aquel que tanto ha procurado...»].
—Tabla de los capítulos.
—Los auctores de que en este libro se haze mencion.

Libro que trata de las Drogas medicinales, y de sus prouechos (448 fols.).
Tabla universal de todas las cosas que en esta obra se contienen. (Págs. 1-36).
Tabla de los árboles, plantas, y yeruas, que estan debuxadas en este libro. (Páginas 37-38).
—Colofón.

V. *Catálogo de la biblioteca de Salvá,* II, n.º 2.679; Gallardo, *Ensayo,* I, n.º 24.

Ejemplares:

CORDOBA. *Pública.* 5-41.—LONDRES. *British Museum.* 546.g.8; 987.d.20.—MADRID. *Academia Española.* S.C.=5-B-119. *Academia de la Historia.* 3-8-3-8.562. *Nacional.* R-8.167 (con ex-libris de Fernando José de Velasco); R-12.339 (incompleto); etc. *Palacio.* X-457.—MILAN. *Ambrosiana.* S.N.V.IV.24; S.C.M.I.45. — NUEVA YORK. *Hisypanic Society.*—PARIS. *Nationale.* Te (143). 23. bis.—ROMA. *Nazionale.* 13.20.F.35.—

1415

TRATADO en loor de las mvgeres, y de la Castidad, Onestidad, Constancia, Silencio, y Iusticia: Con otras muchas particularidades, y varias Historia... Venecia, Giacomo Cornetti. 1592. 1 h. + 133 fols. + 15 hs. 20 cm.

—Frontis (con la misma orla del del *Tratado de la vida solitaria,* que reproducimos).
Fols. 1*r*-3*r*: Dedicatoria a la infanta D.ª Catalina de Austria.
Fols. 3*v*-4*v*: Al lector.
Fols. 5*r*-7*v*: De un amigo del autor. Al lector.
Fols. 8*r*-12*r*: De una dama en nombre de todas las mugeres. Al Autor.
Fols. 12*r*-13*v*: El Autor a las mugeres.
Texto.
—Autores que se algan (*sic*) en esta Apologia.
—Tabla de las cosas particulares.
—Mugeres Sabias, Prudentes, Prophetissas, Eloquentes, Secretas, Constantes... de que en este Libro se haze memoria.
—Mugeres imprudentes y crueles, de que el Enemigo dellas, y competidor mío, haze memoria.
—De los Hombres Perjuros, Ingratos, Crueles, Homicidas, Traydores, y Peruerssos, de que se haze memoria.
—Erratas.

V. Gallardo, *Ensayo,* I, n.º 25; Toda, *Bibliografia d'Italia,* I, n.º 17.

Ejemplares:

LONDRES. *British Museum.* 721.f.16.—MADRID. *Academia Española.* S.C.=27-A-87. *Academia de la Historia.* 2-4-6-2.140. *Nacional.* U-6.997.—NUEVA YORK. *Hispanic Society.*—OVIEDO. *Universitaria.* A-265.—PARIS. *Nationale.* R-6.243.—SAN LORENZO DEL ESCORIAL. *Monasterio.* 53-II-26 (int.) n. 2.—SANTANDER. *«Menéndez y Pelayo».* R-VI-7-9.

1416

TRATADO en contra, y pro de la vida solitaria. Con otros dos tratados, vno de la Religion, y Religioso. Otro contra los hombres que mal viuen. Llenos de mucha Doctrina, y exemplo. Venecia. Giacomo Cornetti. 1592. 1 h. + 230 fols. + 18 hs. 19 cm.

—Frontis, firmado por Franco.
Fols. 1*r*-3*r*: Dedicatoria al Rey D. Phelippe.
Fols. 3*r*-5*v*: *Al* lector.
«Como estaua tan ageno de mi proposito el consentir estas tractados se imprimiessen, quando los compusse, ayuntelos todos en un cuerpo con los otros que tratan, del loor de las mugeres, y Castidad, &c. Y los del Amor diuino, y del natural, y humano, mas por ciertos respectos que me obligan, no puedo al hazer que consentir salgan estos mis hijuelos... a la contenciosa , y peligrossa plaza...»

1. *De la vida solitaria.* (Fols. 6*r*-146*r*).
2. *Tratado de la Religion y religioso.* (Fols. 147*r*-211*v*).
3. *Collacion a los mohatreros, usureros, aparceros, tratantes, y seducadores.* (Fols. 212*r*-230*r*).

TRATADO
EN CONTRA, Y PRO
DELA VIDA SOLITARIA.
CON OTROS DOS TRATADOS.
Dirigidos al REY DON PHELIPPE
NVESTRO SEÑOR.
POR CHRISTOVAL
ACOSTA AFFRICANO.
IN VENETIA. M D XCII.

—Autores que se alegan en este Tratado de la vida solitaria.
—Varones preclarissimos que amaron la vida solitaria, de que en este libro se haze memoria.
—Tabla de las cosas particulares.
—Erratas.
—Autores que se alegan en este Tratado de la Religion, y Religioso.
—Tabla deste Tractado de la Religion y Religioso.
—Erratas del mismo.
—Autores que se alegan en este tercero tractado.
—Tabla desta Colacion.
—Erratas desta Colacion.

V. Gallardo, *Ensayo*, I, n.° 26; Toda; *Bibliografia d'Italia*, I, n.° 18.

Ejemplares:

BARCELONA. *Universitaria.* 387-4-25.—CORDOBA. *Pública.* 13-128. — MADRID. *Academia Española.* S.C.=6-B-36. *Nacional.* R-9.116.—PARIS. *Nationale.* R-6.246.—SAN LORENZO DEL ESCORIAL. *Monasterio.* 53-II-26, n. 1.

TRADUCCIONES

Francesas

1417

TRAITÉ des drogues... (En Orta, García de. *Histoire des drogves*... Lyon. 1602).

Ejemplares:

PARIS. *Nationale.* Te.(143).26.

1418

———... (En ídem. Trad. por Antoine Colin. Tomo II. Lyon. Iean Pillehotte. 1619).

La traducción de Acosta ocupa la tercera parte de las cuatro en que se divide la obra.

Ejemplares:

LONDRES. *British Museum.* 957.m.25.—PARIS. *Nationale.* Te.(143).27.

Italianas

1419

TRATTATO della historia, natura, et virtù delle Droghe medicinali, & altri semplici rarissimi, che vengono portati dalle Indie Orientale in Europa... Nuovamente recato dalla

Spagnuola nella nostra Lingua. Venecia. Francesco Ziletti. 1585. 46 hs. + 342 págs. 23 cm.

V. Toda, *Bibliografia espanyola d'Italia,* I, n.º 16.

Ejemplares:

FLORENCIA. *Marucelliana.* 6-F-III-19; 6-B-III-71.—LONDRES. *British Museum.* 441.f.7.—ROMA. *Nazionale.* 69.9.D.3.—MILAN. *Ambrosiana,* S.C.Q.IX.32.—PARIS. *Nationale.* Te 143.23. ter.

Latinas

1420

AROMATUM et medicamentorum in Orientali India nascentium liber... Caroli Clusii,... opera ex hispanico sermone latinus factus, in epitomem contractus et quibusdam notis illustratus. Antverpiae. Ex officina C. Plantini. 1582. 8.º

Ejemplares:

LONDRES. *Bristish Museum.* 988.f.2. (3).—NUEVA YORK. *Hispanic Society.*—PARIS. *Nationale.* Te 143.23.

1421

AROMATUM et medicamentorum in Orientali India nascentium Liber... Antuerpiae. Offic. Plantiniana. 1593. (En Orta, García de. *Aromatvm...* 4.ª edición. Antuerpiae. 1593. Págs. 225-312, con grabados).

Ejemplares:

MADRID. *Nacional.* R-18.224. — PARIS. *Nationale.* Te.(143)25.

1422

AROMATVM liber. (En [L'Écluse, Charles de]. Clusii, Caroli. *Exoticorum libri decem...* [Leyden]. Ex Offic. Plantiniana Raphelengii, 1605. Págs. 253-94).

Ejemplares:

LONDRES. *British Museum.* 449.k.6.—MADRID. *Nacional.* R-414.

ESTUDIOS

1423

GARCIA PERES, DOMINGO. *Acosta, Cristoval d'.* (En *Catálogo... de los autores portugueses que escribieron en castellano.* 1890. Págs. 10-13).

1424

KAHN, FRITZ. *Acosta, Christobal.* (En la *Encyclopaedia Judaica.* Tomo I Berlín. s. a. Cols. 748-49).

1425

MERCK, AGUSTIN MARIA. *El tratamiento empleado por el médico titular de Burgos, Cristóbal de Acosta, contra los efectos perjudiciales del abuso del opio en el año 1578.* (En *El Monitor de la Farmacia y de la Terapéutica,* 1951, n.º 1.514, págs. 274-75).

1426

OLMEDILLA Y PUIG, JOAQUIN. *Estudio histórico de la vida y escritos del sabio médico y escritor del siglo XVI Cristóbal Acosta.* Madrid. Imp. de los Hijos de M. G. Hernández. 1899. 92 págs. + 2 hs. 23 cm.

Ejemplares:

LONDRES. *British Museum.* 10600.g.11 (8).—MADRID. *Nacional.* V-228-24.

ACOSTA (P. ESTANISLAO DE)

N. en Sevilla (1618). Jesuíta desde 1633. M. en 1692.

EDICIONES

1427

[*ORACION evangélica que dixo... en el día 27 de octubre de 1660 en la Octaua que celebró la Santa Iglesia de...* [*Jaén*] *a la solemne Dedicación, y renovación de su insigne Templo*]. (En Núñez Sotomayor,

Juan. *Descripción panegyrica, de las insignes fiestas que la S. Iglesia Catedral de Iaén celebró en la translación del SS. Sacramento a su nuevo y sumptuoso Templo*... Málaga. 1661. Págs. 721-48).

Ejemplares:

MADRID. *Nacional*. 3-23.440.

ACOSTA (FR. FELIPE DE)

CODICES

1428

[*Tratado de los Primeros Legisladores.—Tratado de la Invencion de las Monjas.—Tratado de las Armas y Blasones y su invención*].

Formaban parte de un tomo misceláneo de la biblioteca del Conde de Villaumbrosa (N. Antonio).

ESTUDIOS

1429

ANTONIO, NICOLAS. *F. Philippus de Acosta*. (En su *Bibliotheca Hispana Nova*. 2.ª ed. Tomo II. 1788. Pág. 250).

ACOSTA (FRANCISCO DE)

EDICIONES

Poesías sueltas

1430

[*DECIMAS*]. (En Luna y Mendoza, Juan. *Tratado en que se cifra el modo de bever el vino*... Córdoba. 1629. Preliminares).

Cfr. Valdenebro, *La Imprenta en Córdoba*, n.º 139.

ACOSTA (FR. FRANCISCO DE)

EDICIONES

1431

VIDA prodigiosa, y heroicas virtudes de la venerable Madre María de Iesus, Religiosa Carmelita Descalça del Conuento de san Ioseph, y santa Teresa de la imperial ciudad de Toledo. Madrid. Domingo García y Morrás. 1648. 12 hs. con una lám. + 470 págs. + 26 hs. 19,5 cm.

—Retrato de la Madre María de Jesús, por Pedro de Villafranca.
—Tabla de los capítulos.
—Dedicatoria a las Madres Priora y religiosas del convento de las Descalzas Carmelitas de Toledo.
—Aprouacion de Fr. Bartolomé López de Leguizamo.
—Licencia de la Orden.
—Aprouacion de Fr. Francisco de Valdes.
—Licencia del Ordinario.
—Censura de Fr. Diego Fortuna.
—Suma de la Tassa.
—Fe de Erratas.
—Suma del Priuilegio.
—Protestación del autor.
Texto.
—Index locorum Sacræ Scripturæ.
—Indice de las cosas notables.

Ejemplares:

BURGOS. *Pública*. 78-142 (sin portada).—MADRID. *Nacional*. 2-7.145.—NUEVA YORK. *Hispanic Society*.—PARIS. *Nationale*. H.4213.—SANTIAGO DE COMPOSTELA. *Particular de los PP. Franciscanos*.

ESTUDIOS

1432

ANTONIO, NICOLAS. *F. Franciscus de Acosta*. (En su *Bibliotheca Hispana Nova*. 2.ª ed. Tomo I. 1783. Pág. 396).

1433

SANTIAGO VERA, FR. GREGORIO DE. *Acosta, Fr. Francisco de*.

(En *Ensayo de una Biblioteca... de la Orden de San Agustín.* Tomo I. 1913. Págs. 22-24).

ACOSTA (P. JERONIMO DE)

N. en Medina del Campo en 1532 y fué hermano del P. José de Acosta. Jesuíta. M. en Madrid en 1606.

[*CODICES*]

1434

Carta de edificacion en la muerte del H. Alvaro de Aragon escrita por el ———, Rector del Colegio de Segovia.

Un pliego, en folio. (Uriarte-Lecina, pág. 24).

1435

[*Otras cartas y documentos*].

V. Uriarte-Lecina, *Biblioteca,* I, página 24.

EDICIONES

1436

[*APROBACION. Valladolid, s. f.*]. (En Villava, Juan Francisco de. *Empresas espirituales y morales.* Baeza. 1613. Preliminares).

Ejemplares:

MADRID. *Nacional.* 3-54.520.

1437

[*CARTA que embió... al P. Fernando de Espinosa... sobre preguntarle le dixesse en particular, y por escrito, lo que le parecia deste libro*]. (En ídem).

ACOSTA (P. JOSE DE)

CODICES

1438

[*Diario*].

13 hs. 4.° Comprende del 2 al 22 de diciembre de 1592, tiempo que pasó en Roma. En el Archivo de la Provincia de Toledo de la Compañía de Jesús, según Uriarte Lecina.

1439

[*La Ciropedia, ó de la Crianza de Ciro, Rey de los Persas. Dedicado a Felipe III, siendo Principe, en 1.° de Marzo de 1592. Sacado del Libro de Xenofonte*].

«Existía en la Biblioteca Nacional, de donde ha desaparecido; hay copia en la Biblioteca Nacional de Lima». (Uriarte-Lecina).

1440

[*Elogios de los Varones ilustres de la Compañía de Jesus de la Provincia del Perú*].

Fol. (Uriarte-Lecina).

1441

[*De la Justicia conmutativa y distributiva: Reglas de buen gobierno dirigidas al Virrey Don Francisco de Toledo*].

En la Biblioteca Nacional de Lima. (Uriarte-Lecina).

1442

[*Sermones de la Caridad y Limosna, en lengua quichua y española. Lima, 1585*].

199 págs. con correcciones autógrafas. 4.°
Anunciado en el Catálogo de Quaritch de julio de 1885, n.° 30.209.

1443

Oracion Funebre que dixo ——, Rector del Colegio de Salamanca, en las solemnes Honras que se hicieron en su Colegio á la Santa memoria de Doña Magdalena de Ulloa].

19 hs. 4.° «Quedó en el Colegio de San Ignacio, de Valladolid, al partir para el destierro los Jesutis el año 1767.» (Uriarte Lecina).

1444

[*Colección de Sermones, predicados en varias ocasiones*].

8 vols. 4.º Quedaron en Salamanca en 1767. (Uriarte-Lecina).

1445

[*Memorial de piadosas consideraciones y prácticas de devoción*].

8.º (Uriarte-Lecina).

1446

[*Carta al P. General, dándole cuenta de sus obras impresas y por imprimir que tenía preparadas o estaba arreglando para que se imprimiesen. Salamanca, 12 de mayo de 1599*].

4 hs. Fol. En el Archivo General de la Compañía, según Uriarte-Lecina.

1447

[*Colección de poesías varias latinas y castellanas*].

2 vols. 4.º (Uriarte-Lecina).

1448

[*Dictamen dado para el examen del que se dio acerca del proceder del Rey de España y de sus ministros en los conclaves*].

Cit. por Uriarte-Lecina.

1449

[*Otros*].

V. Uriarte-Lecina, I, págs. 30-33.

EDICIONES

Obras

1450

OBRAS. Estudio preliminar y edición del P. Francisco Mateos. Madrid. Edics. Atlas. [Estades]. 1954. XLIX + 633 págs. 20 cm. (Biblioteca de Autores Españoles, LXXIII).

—Introducción.
—*Historia natural y moral de las Indias.*
—*De procuranda indorum salute o predicación del Evangelio en las Indias.*
—Glosario de voces indigenas.
—Indice de personas, lugares y cosas notables.
—Corrigenda.
—Indice general.

Crítica:

a) Montero Padilla, José, en *Revista de Literatura,* V, Madrid, 1954, páginas 403-4.

Doctrina cristiana

1451

DOCTRINA christiana y catecismo para instrvcción de los Indios y de las demas personas, que han de ser enseñadas en nuestra santa Fe. Con vn confessionario, y otras cosas necessarias para los que doctrinan, que se contienen en la pagina siguiente. Compvesto por avctoridad del Concilio Provincial, que se celebró en la Ciudad de los Reyes, el año de 1583. Y por la misma traduzido en las dos lenguas generales de este Reyno, Quichua, y Amara. Los Reyes [= Lima]. Antonio Ricardo. 1583. 32 págs. 4.º

—Tabla.
—Provisión real, y disposiciones del Concilio Provincial de Lima acerca la impresión.
—El santo sino de provincial a todos los fieles de esta su provincia.
—Decreto del santo concilio provincial de Lima, sobre el Catecismo.
—Decreto sobre la traducción.

V. Backer, *Bibliothèque de la Compagnie de Jésus,* ed. Sommervogel, I, 1890, cols. 31-32.

1452

DOCTRINA Christiana, y Catecismo para instrvccion de los Indios, y de las demas personas, que han de ser enseñadas en nuestra sancta Fé... Traduzido en las dos lenguas generales de este Reyno, Quichua y Aymara. Los Reyes. Antonio Ricardo. 1584. 84 hs. + 8 págs. 4.°

El texto castellano se atribuye al P. Acosta y las traducciones a los PP. Barzana, Santiago y Valera.

V. Uriarte, *Catálogo de anónimos,* I, n.° 729.

1453

DOCTRINA christiana, cathecismo breve y cathecismo mayor, Anotaciones o escolios sobre la traducción de las lenguas quecchua y aymará. Exposición de la doctrina christiana. Los Reyes. Antonio Ricardo. 1585. 84 págs. 4.°

El original castellano se atribuye al P. Acosta y las traducciones a los PP. Barzana, Santiago y Valera.

V. Uriarte, *Catálogo de anónimos,* I, n.° 727.

1454

TERCERO Catecismo. Exposición de la doctrina christiana, por sermones. Para que los curas y otros ministros prediquen y enseñen a los Yndios y las demas personas... Los Reyes. Antonio Ricardo. 1585. 8 hs. + 215 fols. 4.°

En castellano, quichua y aymara. Texto castellano del P. Acosta y traducción de los PP. Barzana, Santiago y Valera.

V. Uriarte, *Catálogo de anónimos,* II, n.° 2.146.

1455

CATECISMO en la Lengua Española. Y Quichva del Pirv... Roma. Luis Zannetti. 1603. 126 págs. + 2 hs. 8.°

Traducción de la *Doctrina Christiana,* por los PP. Barzana, Santiago y Valera.

V. Uriarte, *Catálogo de anónimos,* I, n.° 348.

1456

CATECISMO y Doctrina Christiana Quechua y Español... Cuzco. Gallegos. 1828. 34 págs + 2 hs. 8.°

1457

DOCTRINA Christiana, y Cathecismo... (En Valdivia, Luis de. *Arte y Gramatica general de la Lengua que corre en todo el Reyno de Chile...* Lima. Francisco del Canto. 1606. 16 fols.).

Con dos traducciones hechas por el P. Valdivia.

V. Uriarte, *Catálogo de anónimos,* I, n.° 730.

Ejemplares:

MADRID. *Nacional.* R-8.826.

1458

CATECISMO en la Lengua Española y Aymara del Pirv... Sevilla. [¿Clemente Hidalgo?]. [¿1619?]. 49 hs. 8.°

La parte española es reproducción parcial de la *Doctrina Christiana...* La traducción se debe a los PP. Alonso de Barzana, Bartolomé de Santiago y Blas Valera.

V. Uriarte, *Catálogo de anónimos,* I, n.° 347.

1459

TERCERO Catecismo y exposición de la Doctrina christiana, por sermones... [Lima]. Oficina de la calle de San-Jacinto. [s. a., pero tras 1773]. 12 hs.+515 págs., con errores en la num. 4.°

En castellano y quichua.

1460

DOCTRINA y Oraciones cristianas en lengua mosetana traducidas en español... palabra por palabra, por Fr. Andrés Herrero... Roma. Imp. de Propaganda Fide. 1834. 20 páginas. 8.°

V. Uriarte, *Catálogo de anónimos,* I, n.° 736.

1461

——— Paris. [Poissy. Imp. Bouret]. 1866. XV + 409 págs. 8.°

Sólo en quichua y castellano.

Confessionario (?)

1462

CONFESSIONARIO para los Cvras de Indios. Con la Instrvccion contra svs Ritos: y Exhortacion para ayvdar a bien morir: y summa de sus Priuilegios: y forma de Impedimentos del Matrimonio. Compvesto y tradvcido en las Lenguas Quichua, y Aymara... Los Reyes. Antonio Ricardo. 1585. 27 + 16 + 24 hs. + 5 págs. 4.°

El texto castellano se atribuye al P. Acosta y las traducciones a los PP. Alonso de Barzana, Bartolomé de Santiago y Blas Valera.

V. Uriarte, *Catálogo de anónimos*, I, n.° 448.

Arte y Vocabulario (?)

1463

ARTE, y Vocabvlario en la Lengva general del Perv llamada Quichua, y en la Lengua Española... Los Reyes. Antonio Ricardo. 1586. 40 hs. + 184 págs. 8.°

Se la atribuye Rodríguez Carracido. Uriarte, en su *Catálogo de anónimos*, I, n.° 144, expone importantes argumentos en contra.

Historia natural

1464

HISTORIA natvral y moral de las Indias, en qve se tratan las cosas notables del cielo, y elementos, metales, plantas, y animales dellas: y los ritos, y ceremonias, leyes, y gouierno, y guerras de los Indios. Sevilla. Iuan de Leon. 1590. 535 páginas + 18 hs. 20 cm.

Pág. 3: Privilegio.
Pág. 5: Licencia de la Orden.
Pág. 6: Aprobación de Fr. Luis de Leon. (En S. Phelippe de Madrid, a 4 de mayo de 1589).
Pág. 7: Dedicatoria a la Infanta D.ª Isabel Clara Eugenia de Austria.
Pág. 9: Proemio al Lector.
Texto.
(Págs. 13-535).
Texto. (Págs. 13-535).
Pág. 535: Protesta.
—Colofón.
—Tabla de las cosas mas principales.
—Tabla de algunos lugares de la sagrada escriptura, cuya declaracion se toca de passo en el discurso desta Historia.

V. Gallardo, *Ensayo*, I, n.° 29; Medina, *Bibliografía hispano-americana*, I, n.° 324; Escudero, *Tipografía hispalense*, n.° 772.

Ejemplares:

LONDRES. *British Museum.* 1061.c.15.—LOGROÑO. *Pública.* 5.326.—MADRID. *Academia de la Historia.* 8(2)-16-4-2.827. *Nacional.* U-3.283. *Palacio.* VI-3.405.—PARIS. *Nationale.* P. 337.—ROMA. *Nazionale.* 69.3.B.35.—SAN LORENZO DEL ESCORIAL. *Monasterio.* 53-II-9.—SANTIAGO DE CHILE. *Nacional.* Sala Medina (476).

1465

——— Barcelona. Imp. de Jayme Cendrat. 1591. 345 págs. + 28 hs. 15 cm.

—Aprobación de Fr. Luis de León.
—Aprobación del P. Pedro Gil, jesuíta.
—Aprobación de Fr. Salvador Pons.
—Licencia del Obispo de Barcelona.
—Dedicatoria a D. Henrique de Cardona, Gouernador del Principado de Cathaluña, firmado por Lelio Marini, veneciano. (Barcelona, 20 de marzo de 1591).
—Proemio al Lector.
Texto.
—Protesta.
—Tabla de las cosas mas principales.
—Tabla de algunos lugares de la sagrada escriptura, cuya declaracion se toca de passo en el discurso desta Historia.

V. Gallardo, *Ensayo*, I, n.° 29 bis;

Medina, *Bibliografía hispano-americana,* I, n.º 330.

Ejemplares:

FLORENCIA. *Marucelliana.* 8-A-X-38.—LONDRES. *British Museum.* 978.a.13 (deteriorado). — MADRID. *Nacional.* R-6.976.—SANTIAGO DE CHILE. *Nacional.* Sala Medina (477).—VALENCIA. *Universitaria.* V-1.746.

1466

——— Sevilla. [s. i.]. 1591. 8.º

«Dudamos mucho que exista». (Uriarte-Lecina).

1467

——— Gerona. A. Garrich. 1591.

Ejemplares:

PARIS. *Nationale.* P. 337A.

1468

——— Madrid. Alonso Martín. 1608. 4.º

Ejemplares:

LONDRES. *British Museum.* 973.k.6.—NUEVA YORK. *Hispanic Society.*—SALAMANCA. *Universitaria.* 36.682.—SANTIAGO DE COMPOSTELA. *Universitaria.*—SANTIAGO DE CHILE. *Nacional.* Sala Medina (478).

1469

——— Madrid. [s. i.]. 1610. 4.º

«¿Existe?» (Uriarte-Lecina).

1470

BERDADERA Historia Natural... Granada. [s. i.]. 1681.

Ejemplares:

VALENCIA. *Universitaria.* V-1.712.

1471

HISTORIA natural y moral de las Indias... 6.ª edición. Madrid. P. Aznar. 1792. 2 vols.

Ejemplares:

LONDRES. *British Museum.* 9551.f.3.—MADRID. *Ateneo.* F-7.766/67. *Nacional.* 2-52.505/6.—PARIS. *Nationale.* P. Angrand 30-202. — SANTIAGO DE CHILE. *Nacional.* Sala Medina (479).

1472

——— Madrid. Anglés. 1894. 2 vols. 8.º

Ejemplares:

MADRID. *Academia Española.* S.C.=5-A-140/41. *Academia de la Historia.* 14-6-8-Fila 1.ª 1.587/58. *Municipal.* B-8.236/37; B-10.375-76. *Nacional.* 2-37.029/30.—SANTIAGO DE CHILE. *Nacional.* Sala Medina (1258).

1473

——— *Estudio preliminar y edición preparada por Edmundo O'Gorman.* Méjico. Fondo de Cultura Económica. 1940. LXXXV + 638 páginas.

Reproduce la de Sevilla, 1590.

Sumario del Concilio

1474

SUMARIO del Concilio provincial que se celebró en la ciudad de los Reyes el año 1567. Madrid. 1591. 4.º

Edición dudosa.

1475

——— Sevilla. Matias Clavijo. 1614. 231 págs. + 3 hs. 4.º

Es dudoso que su verdadero autor sea el P. Acosta. (Uriarte, *Catálogo de anónimos,* II, n.º 2.120).

Instrucción

1476

[*INSTRUCCION para los que se embarcan y vienen a Indias*]. (En Colin, Francisco. *Labor evangelica... Parte primera.* Madrid 1663. Pág. 262).

Ejemplares:

MADRID. *Nacional.* R-16.111.

Epistolario

1477

[*CARTAS a San Ignacio de Loyola*]. (En *Litterae Quadrimestres.* Tomo III. Madrid. 1896. Monumenta Historica Societatis Jesu, VIII).

1. En latín. Medina del Campo, 31 de mayo de 1554. (Págs. 5-8).
2. En latín. Medina, 30 de septiembre de 1554. (Págs. 158-60).
3. En latín. Medina, 28 de abril de 1555. (Págs. 392-93).
4. En latín. Medina, 29 de diciembre de 1555. (Págs. 718-20).

1478

[*CARTAS a diferentes personas. Edición de Fr. M. de la Pinta Llorente*]. (En Pinta Llorente, Miguel de la. *Actividades diplomáticas*... 1952. Págs. 153-246).

Son 31 en total, reproducidas de los originales autógrafos.
V.

Dictamen...

1479

[*DICTAMEN dado para el examen del que se dió acerca del proceder del Rey de España y de sus ministros en los conclaves. Edición parcial por R. de Hinojosa*]. (En Hinojosa, Ricardo de. *Los despachos de la diplomacia pontificia en España*. Tomo I. Madrid. 1896. Págs. 415-18).

Ejemplares:

MADRID. *Nacional*. 1-40.942.

OBRAS LATINAS

De natura novi orbis

1480

NATVRA (De) novi orbis libri dvo, et de promvlgatione evangelii, apvd barbaros, sive de procvranda indorvm salvte libri sex. Salamanca. Guillelmum Foquel. 1589. [Colofón: 1588]. 10 hs. + 640 págs. 16 cm.

V. Gallardo, *Ensayo*, I, n.º 28; Medina, *Biblioteca hispano-americana*, I, n.º 319.

Ejemplares:

LONDRES. *British Museum*. 1197.b.15.—MADRID. *Academia de la Historia*. 3-2-6-1.722. *Nacional*. R-18.848; R-14.284 (falto de las cuatro primeras hojas); R-9.740.—NUEVA YORK. *Hispanic Society*.—PARIS. *Nationale*. D.21.685.—ROMA. *Nazionale*. 31.9.C.17; 69.6.D.6.—SALAMANCA. *Universitaria*. 23.652.—SEVILLA. *Universitaria*.—SAN LORENZO DEL ESCORIAL. *Monasterio* 15. — VALENCIA. *Universitaria*. 5-1.716.—ZARAGOZA. *Universitaria*. A-33.199.

1481

——— Coloniae Agrippinæ. In Officina Birckmannica, sumptibus Arnoldi Mylii. 1596. 16 + 581 páginas. 8.º

Ejemplares:

LONDRES. *British Museum*. C.83.a.2.—MADRID. *Nacional*. H.A.-20.921.—NAPOLES. *Nazionale*. 79-8-43.—NUEVA YORK. *Hispanic Society*. — PARIS. *Nationale*. D.21686; D.22.820. — VALENCIA. *Universitaria*. V-1.742.

Concilium Limense

1482

CONCILIVM Limense. Celebratum anno 1583 sub Gregorio XIII. Sum. Pont. autoritate Sixti Quinti Pont. Max. approbatum... Madrid. Pedro Madrigal. 1591. [Colofón: 1590]. 88 hs. + 15 págs. 4.º

1483

——— Madrid. Juan Sanchez. 1614. 92 hs. + 10 págs. 4.º

V. Uriarte, *Catálogo de anónimos*, I, n.º 421.

1484

CONCILIVM Provinciale Limense, Celebratum in ciuitate Regum, Anno M. D. LXXXIII... Madrid. Pedro Madrigal. 1590. 88 hs. + 13 págs. 4.º

V. Uriarte, *Catálogo de anónimos*, I, n.º 422.

Conciones

1485

CONCIONES in Quadragesimam. Quarum in singulas Ferias numerum & locum Index initium præfixus ostendit: Res verò, & insigniores Scripturæ locos tractatus duo alii Indices continent. Salamanca. Ioannem et Andream Renaut. 1596. 6 hs. + 688 págs. + 27 hs. 21 cm.

V. Medina, *Biblioteca hispano-americana,* I, n.° 367.

Ejemplares:

BURGOS. *Pública.* 100-11; 2-11.—CORDOBA. *Pública.* 22-84.—MADRID. *Nacional.* R-25.777; R-25.793 y 94.—ROMA. *Nazionale.* 8.26.K.27. — SAN LORENZO DEL ESCORIAL. *Monasterio.* 50-V-52.—SORIA. *Pública.* 35-5-14. — ZARAGOZA. *Universitaria.* A-37-45.

1486

——— Venecia Io. Bapt. Ciottum. 1599. 702 págs. 8.°

V. Medina, *Biblioteca hispano-americana.* I. n.° 390; Toda, *Bibliografía,* I, n.° 22.

Ejemplares:

FLORENCIA. *Marucelliana.* 6-Gc-X-49.—ROMA. *Nazionale.* 8.23.H.9.

1487

——— Coloniae Agrippinae. Antonium Hierat. 1601. 823 págs. 8.°

Ejemplares:

PARIS. *Nationale.* D-22818.

Conciones (tomo II)

1488

CONCIONES de Adventu, Id est de omnibus Dominicis & Festis diebus à Dominica vigesimaquarta post Pentecosten vsque ad Quadragesimam... Salamanca. Ioannem et Andream Renaut fratres. 1597. 8 hs. + 585 págs. + 23 hs. 20 cm.

Ejemplares:

MADRID. *Nacional.* R-25.886; R-27.899; R-25.792. *Palacio.* IX-467.—SALAMANCA. *Universitaria.* 4.165; 24.718.—ZARAGOZA. *Universitaria.* A-39-30.

1489

———... Coloniae Agrippinae. Antonium Hierat. 1601. 705 págs. 8.°

Ejemplares:

FLORENCIA. *Marucelliana.* 6-A-XVII-30.—PARIS. *Nationale.* D.22817.—ROMA. *Nazionale.* 8.31.G.11.

Conciones (tomo III)

1490

TOMVS Tertivs Concionvm... Quo continentur omnes Dominici & festi dies mobiles ab octaua Paschae vsque ad Aduentum... Salamanca. Andreas Renaut. 1599. 44 + 699 págs. 4.°

Ejemplares:

SAN MILLAN DE LA COGULLA *Monasterio.* 183-6.

De promulgando Evangelio

1491

PROMVLGANDO (De) Evangelio apvd barbaros: sive de procvranda Indorum salute, Libri sex. Editio novissima Lugduni. Laurentii Anisson. 1670. 12 hs. + 501 págs. + 13 hs. 18 cm.

Ejemplares:

LONDRES. *British Museum.* 1197.d.34.—MADRID. *Nacional.* R-14.268; 3-64.754.—PARIS. *Nationale.* D.21687.—ROMA. *Nazionale.* 8.21.E.30.—SANTIAGO DE COMPOSTELA. *Catedral.*

De Christo revelato

1492

CHRISTO (De) revelato libri novem. Roma. Iacobum Tornerium. 1590. 290 págs. 4.°

V. Medina, *Biblioteca hispano-americana,* I, n.° 325; Toda, *Bibliografía,* I, n.° 20.

Ejemplares:

FLORENCIA. *Marucelliana.* 6-A-IV-26.—NAPOLES. *Nazionale.* XXV-2-61(1).—PARIS. *Nationale.* D.3651(1). — ROMA. *Nazionale.* 8.4.I.28.—SAN LORENZO DEL ESCORIAL. *Monasterio.* 48-V-31, n.° 1.

1493

——— *Simulque de Temporibus novissimis Libri quatuor.* Lugduni. Joannem Baptistam Buysson. 1592. 645 págs. 8.°

V. Medina, *Biblioteca hispano-americana,* I, n.° 341.

Ejemplares:

LONDRES. *British Museum.* 847.g.11.—MADRID. *Academia de la Historia.* 8(2)-17-6-3.056. *Nacional.* R-9.574.—PARIS. *Nationale.* D.22819.—SALAMANCA. *Universitaria.* 22.319.—SAN LORENZO DEL ESCORIAL. *Monasterio.* 105-VI-17.—TARRAGONA. *Pública.* IX-278.

1494

——— Lugduni. 1595.

Reimpresión a plana y renglón de la ed. de 1592.

V. Medina, *Biblioteca,* I, n.° 359.

Ejemplares:

BURGOS. *Pública.* 72-5.

1495

VERA (De) Scripturas interpretandi ratione, ac de Christo in Scripturis revelato libri tres. (En Menochü, Joannis Stephani. *-Commentarii totius Sacrae Scripturae...* Tomo II. 1719. Segunda parte. Págs. 95-117).

Ejemplares:

LONDRES. *British Museum.* 4.e.1.—MADRID. *Nacional.* 3-18.730.

1496

——— (En ídem. Tomo III. 1758. Págs. 90-117).

Ejemplares:

LONDRES. *British Museum.* 3105.g.12.—MADRID. *Nacional.* 2-50.767.

1497

TEMPORIBUS (De) novissimis. Libri qvatvor. Roma. Iacobi Tornerii. 1590. 164 págs. 4.°

V. Medina, *Biblioteca,* I, n.° 326; Toda, *Bibliografía espanyola d'Italia,* I, n.° 19.

Ejemplares:

CORDOBA. *Pública.* 9-98. — FLORENCIA. *Marucelliana.* 1-BB-V - 32. — NAPOLES. *Nazionale.* XXV-2-612.— PARIS. *Nationale..* D.3651(2). — ROMA. *Nazionale.* 8.4.I.10. — SALAMANCA. *Universitaria.* 26.696. — SAN LORENZO DEL ESCORIAL. *Monasterio.* 48-V-31 (int.). n.° 2.

TRADUCCIONES

Aimarás

V. los núms. 1451-54, 1457-58 y 1462.

Alemanas

1498

GEOGRAPHISCHE und Historische Beschreibung der... Landschaft America... Cölln. J. Christoffel. 1598. Fol.

Traducción de la *Historia Natural.*

1499

NEW Welt, Dast ist Wolkommen Beschreibung von Natur, Art und gelegenheit der Newer Welt, die man sonst America oder West-Indien nennet, in zwey Theil abgetheilt... Cölln. Johan Christoffel. 1600. 51 págs. 8.°

Traducción del *De natura Novi Orbis.*

1500

AMERICA oder wie mans zu Teutsch nennet, die neuwe Welt oder Welt oder West-India in Brücker, theils in Lateinische, theils in Hispanische Sprach beschrieben. Ursel. (Sutorius). 1605. Fol.

«¿Será la traducción de Juan Humber?» (Uriarte-Lecina).

Castellanas

1501

PROCURANDA (De) Indorum salute (Predicación del Evangelio en las Indias)... Introducción, traducción y notas por Francisco Mateos... Madrid. España Misionera. [G. Magerit]. 1952. 621 páginas. 26 cm.

Francesas

1502

HISTOIRE naturelle et moralle des Indes, tant Orientalles qu'Occidentalles. Oú il est traicté des choses remarquables du Ciel, des Elemens, Metaux, Plantes et Animaux qui sont propres de ces païs... Traduite... par Robert Regnault. Paris. Marc Orry. 1598. 7 hs. + 375 fols. + 34 hs. 8.°

Ejemplares:

LONDRES. *British Museum.* 972.a.2 (deteriorado).—NUEVA YORK. *Hispanic Society.* — PARIS. *Nationale.* G.18168.—SANTIAGO DE CHILE. *Nacional.* Sala Medina. 1255.

1503

——— Derniere edition reueuë et corrigée de nouueau. Paris. Marc Orry. 1600. 7 hs. + 375 fols. + 34 hs. 8.°

Ejemplares:

LONDRES. *British Museum.* 978.f.8.—PARIS. *Nationale.* G.18169.—SANTIAGO DE CHILE. *Nacional.* Sala Medina. 1256.

1504

——— París. Marc. Orry. 1606. 6 hs. + 352 fols. + 37 hs.

Ejemplares:

LONDRES. *British Museum.* 1434.b.11.—MILAN. *Nazionale Braidense.* 4-1-C-10.—NUEVA YORK. *Hispanic Society.*—PARIS. *Nationale.* G.18170.

1505

——— Paris. Adrien Tiffaine, 1616. 375 fols. 8.°

Ejemplares:

LONDRES. *British Museum.* 978.a.14.—PARIS. *Nationale.* G.18171.—SANTIAGO DE CHILE. *Nacional.* Sala Medina. 482.

Holandesas

1506

HISTORIE Naturael ende Morael van de Westersche Indien... Ende nu eerstmael uyt den Spaenschen in onser Nederduytsche tale overgheset: door Ian Huyghen van Linschoten. Enckuysen. Iacob Lemaertsz. [Al fin: Haerlem. Gillis Rooman]. 1598. 15 + 389 hs. 8.°

Ejemplares:

LONDRES. *British Museum.* 1431.b.9.—NUEVA YORK. *Hispanic Society.*

1507

——— Amsterdam. Broer Iansz. 1642. 8 + 177 hs. 4.°

Hay ejemplares con variantes en el pie de imprenta.

Ejemplares:

LONDRES. *British Museum.* 981.c.14.

1508

ONTDEKKING van West-Indien... (En *Aanmerkens-waardige Voyagien door Francoisen, Italiaanen, Deenen, Hog duytsen en andere Vremde Volkeren gedaan na Oost-en West-Indien...* Tomo II. Leiden. Pieter Van der. Aa. [1727?] 2 hs. + 106 cols.).

Ejemplares:

LONDRES. *British Museum.* 566.b.8.

Inglesas

1509

NATURAL (The) and moral History of the East and West-Indies, intreating the remarkable Things of Heaven, of the Elements, Metals, Plants ad Beasts, which are proper to that country, together with the ceremonies, lawe, gover-

nements, and wars. Translated from the Spanish by E[dward] G[rimstone]. Londres. E. Blount and W. Aspley. 1604. 12 hs. + 590 páginas. 4.°

Ejemplares:

LONDRES. *British Museum.* 978.f.9.—NUEVA YORK. *Hispanic Society.*

1510

——— Londres. 1684.

1511

NATURAL (The) and moral History of the Indies... Edited with notes and an introduction by Clements R. Markham... Londres. The Hakluyt Society. 1880. 2 vols. con un mapa. 4.° (The Karkluyt Society, LX-LXI).

Reproduce la traducción de Grimstone, según la ed. de 1604.

Ejemplares:

LONDRES. *British Museum.* R.Ac. 6172/54.—MADRID. *Particular del Duque de Alba.* 1.167/68.—PARIS. *Nationale.* Rés. G.2735.A(4-6).—ROMA. *Nazionale.* Coll. Ingl.30.60.

Italianas

1512

HISTORIA Natvrale, e morale delle Indie... Nella quale si trattano le cose notabili del Cielo, et de gli Elementi, Metalli, Piante, et Animali di quelle: i suoi riti, et ceremonie: Leggi, et gouerni, et guerre de glo Indiani. Nouamente tradotta della lingua Spagnuola nella Italiana da Gio. Paolo Galvcci... Venecia. Bernardo Basa. 1596. 23 hs. + 173 fols. 4.°

V. Toda, *Bibliografía*, I, n.° 21.

Ejemplares:

FLORENCIA. *Marucelliana.* 1 - M - XII-10.—LONDRES. *British Museum.* 10408. d.2.—NUEVA YORK. *Hispanic Society.*—ROMA. *Nazionale.* 69.1.B.20.

1513

STORIA Naturale e Morale dell' Indie... Tradotta... da... Giuseppantonio Lotti... 1780.

Manuscrito:

Letra del s. XVIII. 223 hs. Fol. Quedó inédito por muerte del traductor (1787).

Latinas

1514

HISTORIA Naturalis et Moralis... (En *Americae Nova & postrema Pars...* Francfort. M. Beckerum. 1602. Págs. 1-362).

«¿Será diversa de la traducción latina que dicen haber hecho del holandés de Linshoten, Godardo Artus?» (Uriarte-Lecina).

Quichuas

V. los números 1451-57, 1459 y 1462-63.

ESTUDIOS

1515

ALVAREZ LOPEZ, ENRIQUE. *La filosofía natural en el Padre José de Acosta.* (En *Revista de Indias*, IV, Madrid, 1943, págs. 305-22).

1516

ANTONIO, NICOLAS. *Iosephus de Acosta.* (En su *Bibliotheca Hispana Nova.* 2.ª ed. Tomo I. 1783. P6gs. 800-1).

1517

BEAUVOIS, E. *L'Histoire de l'ancien Mexique: les antiquités mexicaines du P. D. Duran comparées aux abrégés des PP. J. Tobar y J. d'Acosta.* (En *Revue des Questions historiques*, XXXVIII, París, 1885, págs. 109-65).

1518

CERECEDA, F., *El P. José de Acosta y el origen de las encomien-*

das americanas. (En *Razón y Fe,* CXXIV, Madrid, 1941, págs. 240-50).

1519

CHAVERO, ALFREDO. *Tovar.* (En *Anales del Museo Nacional de México,* 2.ª época, I, Méjico, 1903, págs., 242-46).

Sobre si Acosta plagió o no al P. Juan de Tovar. Inserta una carta del Padre Aquiles Gerste relativa al asunto.

1520

—— *Cronistas Tenochcas.—Acosta.* (En sus *Apuntes viejos de bibliografía mexicana.* Méjico. Guerrero. 1903. Págs. 28-30).

Ejemplares:

MADRID. *Nacional.* V-1.186, n.º 16.

1521

GERSTE, A[QUILES]. *Premiers travaux sur l'histoire et les antiquités mexicaines. Codex Ramirez. Tovar. Acosta.* (En *Revue des Questions Scientifiques,* XXI, Bruselas, 1887, págs. 629-33).

1522

GOMEZ ROBLEDO, ANTONIO. *Las ideas jurídicas del P. José de Acosta.* (En *Revista de la Escuela Nacional de Jurisprudencia,* II, Méjico, 1940, págs. 297-313).

1523

KILGER, LAURENZ. *Die Peru-Relation des José de Acosta 1576 und seine Missionstheorie.* (En *Neue Zeitschr. f. Missions-wissenschaft,* I, Schönek, 1945, págs. 24-38).

1524

LOPETEGUI, LEON. *Vocación de Indias del P. José de Acosta, S. J.* (En *Revista de Indias,* I, Madrid, 1940, págs. 83-102).

1525

—— *Padre José de Acosta (1540-1600. Datos cronológicos.* (En *Archivum Historicum Societatis Iesu,* IX, Roma, 1940, págs. 121-31).

1526

—— *Notas sobre la actividad teológica del P. José de Acosta S. I.* (En *Gregorianum,* XXI, Roma, 1940, págs. 527-63).

1527

—— *Notas sobre la edición del tercer concilio provincial limense.* (En *Gregorianum,* XXII, Roma, 1941, págs. 252-72).

1528

—— *El P. José de Acosta, S. J., y las Misiones.* Madrid. Consejo Superior de Investigaciones Científicas. Imp. Aguirre. 1942. XLVII + 624 págs. 25 cm.

Crítica:

a) J. F. S., en *Revista Hispánica Moderna,* XI, Nueva York, 1945, página 277.

b) Sáenz de Santa María, C., en *Handbook of Latin American Studies: 1942,* Cambridge, 1943, n. 2.909.

Ejemplares:

MADRID. *Nacional.* 1-96.613.

1529

—— *Labor del P. José de Acosta, S. J., en el Concilio III de Lima, 1582-1583.* (En *Revista de Indias,* III, Madrid, 1942, págs. 63-84).

1530

—— *Cómo debe entenderse la labor misional del P. José de Acosta, S. I.* (En *Studia Missionalia.* Tomo I. Roma. Pontificia Universidad Gregoriana. 1943. Págs. 115-36).

Págs. 130-36: Bibliografía misional del P. Acosta.

1531
—— *Tres memoriales inéditos presentados al Papa Clemente VIII por el P. José de Acosta, sobre temas americanos.* (En *Studia Missionalia,* V, Roma, 1949, págs. 73-91).

1532
MOREYRA Y PAZ SOLDAN, MANUEL. *El Padre José de Acosta y su labor intelectual.* (En *Mercurio Peruano,* XXII, Lima, 1940, n.° 163, págs. 546-53).

1533
PINTA LLORENTE, MIGUEL DE LA. *El Padre José de Acosta, agente de Felipe II en la Corte Romana. Un capítulo de la historia de la Compañía.* (En *Escorial,* XVI, Madrid, 1944, págs. 327-49).

1534
—— *Actividades diplomáticas del P. José de Acosta. En torno a una política, y a un sentimiento religioso.* Madrid. Consejo Superior de Investigaciones Científicas. 1952. 246 págs. + 4 hs. 20 cm.

Ejemplares:

MADRID. *Nacional.* V-2.293-30.

1535
RODRIGUEZ CARRACIDO, JOSE. *El P. José de Acosta y su importancia en la literatura científica española.* Madrid. 1899. 163 páginas + 2 hs. 27,5 cm.

Ejemplares:

MADRID. *Facultad de Filosofía y Letras.* 92 Ac7j-c. *Nacional.* 2-53.991.—OVIEDO. *Universitaria.* XIII-152.

1536
[RUIZ DEL] PORTILLO, JERONIMO. [*Carta a San Ignacio de Loyola. Medina del Campo 4 de mayo de 1553*]. (En *Litterae Quadrimestres.* Tomo II. Madrid. 1895. Págs. 267-71. Monumenta Historica Societatis Jesu, VI).

Contiene la siguiente alusión al Padre Acosta, que precisa la fecha de su ingreso en la Compañía de Jesús: «El hermano que se recibió, es hijo de Antonio de Acosta, el que tenía tres hijos acá y aora tiene quatro ia en la Compañía recevidos y hijos propios de un padre y madre, los quales aprovechan en las virtudes y principalmente en la abnegacion y mortificacion y por extremo en la obediencia.» (Pág. 269). También se le menciona en las dos cartas latinas del P. Jacobo Durán a San Ignacio publicadas en el mismo volumen, págs. 565-70.

1537
URIARTE, JOSE EUGENIO DE y MARIANO LECINA. *Acosta, José de.* (En su *Biblioteca de escritores de la Compañía de Jesús.* Tomo I. 1925. Págs. 24-33).

ACOSTA (JUAN DE)

N. de Andújar.

CODICES

1538
DECLARACION o Relación de la India, y de sus Reynos y Señoríos, quales son Moros, y quales Gentiles, y de sus costumbres, y otras cosas.

Traducción de una obra portuguesa, hecha en 1524 para D. Luis Pacheco. Poseía este ms. D. Fernando Colón (N. Antonio.

ESTUDIOS

1539
ANTONIO, NICOLAS. *Ioannes de Acosta.* (En su *Bibliotheca Hispana Nova.* 2.ª ed. Tomo I. 1783. Pág. 627).

ACOSTA (P. JUAN DE)

Jesuíta.

EDICIONES

1540

VIDA (*La*) *del Beato Lvys Gonzaga de la Compañia de Iesvs... Escrita en Italiano, por el Padre Virgilio Cepari de la misma Compañía... Agora añadida de nueuo por el mismo autor, y traduzida... por el P.* ——. Pamplona. Carlos de Labayen. 1623. 10 hs. + 120 folios. 20 cm.

—Licencia del Prouincial.
—Tassa.
—Aprobaciones del Licdo. Miguel de Areyzabal y Antillon.
—Dedicatoria al Papa Paulo V, por Francisco Gonzaga.
—Prologo del Autor al piadoso Letor.
—Testimonios calificados, que dieron de la persona del B. Luis, y de la verdad desta historia en la ciudad de Brexia quatro padres Religiosos muy graues los quales vieron, y cotejaron los processos con esta vida.
—Licencia del P. General de la Compañía.
—A los Hermanos Estudiantes de la Compañía de Iesus de la Prouincia de Castilla.
—Indice de los capítulos.
Texto.

* * *

El P. Uriarte sostiene, con documentadas razones, que Juan de Acosta no es en este caso sino un seudónimo del P. Juan de Lugo, verdadero traductor de la obra. (*Catálogo de anónimos*, III, n.º 4.163).

Existen numerosas reimpresiones de este libro.

Ejemplares:

MADRID. *Nacional*. 3-58.524.

ESTUDIOS

1541

ANTONIO, NICOLAS. *Ioannes de Acosta*. (En su *Bibliotheca Hispana Nova*. 2.ª ed. Tomo I. 1783. Pág. 627).

ACOSTA (MANUEL DE)

EDICIONES

Poesías sueltas

1542

[*TEMPRANA* (*A la*) *quanto sentida muerte... de... Doña María Luisa de Borbón...*]. (En *Cantos funebres de los cisnes de Manzanares, a la temprana muerte de... Doña María Luisa de Borbón...* [s. l. s. a.]. Fols. 49*r*-50*v*).

Ejemplares:

MADRID. *Nacional*. R-2.634.

ACOSTA (P. NICOLAS)

Jesuíta portugués.

EDICIONES

1543

BREVE relación del martirio del Padre Francisco Marcelo Mastrillo de la Compañia de Iesus, martirizado en Nangasaqui, Ciudad del Xapon en 17 de Octubre de 1637, embiada por ——, *Procurador del Xapon, al Padre Francisco Manso...* [s. l., s. i.] [s. a.]. 8 hs. 4.º

Impresa en Madrid, 1639 (?).

Aunque se cita frecuentemente como original, parece que es mera traducción de un texto portugués, hecha posiblemente por el mismo P. Francisco Manso, según Uriarte. (*Catálogo de obras anónimas*, I, n.º 242).

(V. Backer, *Bibliothèque de la Compagnie de Jésus*, ed. *Sommervogel*, II, cols. 1507-8).

1544

RELACION breve del Martirio del Padre Francisco Marcelo Mastrillo, de la Compañia de Iesvs, martirizado en Nangasaqui, ciudad del Xapon, en 17 de Octubre de

1637, embiada por ——, Procurador del Xapon, al Padre Francisco Manso, Procurador General de las Provincias de Portugal de la dicha Compañia de Iesvs. Va al principio añadido el insigne Milagro que hizo el Apostol de las Indias San Francisco Xauier en Napoles a 3 de Enero de 1634 dando salud al mismo Venerable Padre Mastrillo. Lima. Pedro de Cabrera. 1640. 11 págs. + 2 hs. 4.°

V. Medina, *La Imprenta en Lima,* I, 1904, n.° 198.

ESTUDIOS

1545

GARCIA PERES, DOMINGO. *Acosta, P. Nicolás.* (En *Catálogo... de los autores portugueses que escribieron en castellano.* 1890. Página 10).

ACOSTA Y AMEZQUITA (FERNANDO DE)

EDICIONES

Pcesías sueltas

1546

[*ROMANCES*]. (En *Iusta poetica, lid de ingenios...* Granada. 1674. Fols. 9*v*-10*r*).

Ejemplares:

MADRID. *Nacional.* 3-32.970.

ACOSTA Y AMEZQUITA (LUIS DE)

EDICIONES

1547

[*ORACION con que dio principio a la Academia ——, Presidente en la que se celebro en diez y seys de Agosto de 1674*]. (En *Iusta poetica, lid de ingenios...* Granada. 1674. Fols. 3*r*-4*r*).

ACOSTA PEREYRA (SEBASTIAN DE)

EDICIONES

1548

EPITHALAMIO en las bodas de don Luis de Aragón y Moncada y doña María Enriquez de Ribera. Nápoles. L. Scoriggio. 1630. 15 páginas 4.°

Ejemplares:

NAPOLES. *Nazionale.* 74.C.5.

Poesías sueltas

1549

[*SONETO*]. (En Céspedes, Baltasar de. *Relación de las honras que hizo la Uniuersidad de Salamanca a... la Reyna doña Margarita de Austria...* Salamanca. 1611. Folio 45*v*).

Obtuvo el primer premio y por ello no se dió el segundo que merecía a una canción portuguesa suya, que no se reproduce (pág. 51).

Ejemplares:

MADRID. *Nacional.* R-4.101.

1550

[*MARQUES* (*Al Excmo. Sr.*) *de Tarifa. Soneto*]. (En Afán de Ribera Enríquez, Fernando. *Fábula de Mirra.* Nápoles. 1631. Preliminares).

1551

[*SONETO*]. (En Iudice Fiesco, Juan Bautista. *Epítome de la... vida de Don Fernando Afán de Ribera...* Palermo. 1633. Pág. 87).

Ejemplares:

MADRID. *Nacional.* R-6.572.

«*ACTOS DE LA Batalla...*»

EDICIONES

1552

ACTOS de la batalla y trance entre los magnificos caualleros Juan Cerdan descatron requeridor: y Juan Roger dansa requerido: passados en la villa de Pau: ante la presencia del muy serenissimo el Rey don Juan delabrit. [s. l. s. i.]. [s. a.]. 8 hs. 8.°

V. *Catálogo de la biblioteca de Salvá,* II, n.° 1.503 (con importante nota); Sánchez, *Bibliografía aragonesa del siglo XVI,* I, n.° 60. («La analogía de los caracteres tipográficos de esta obrita con los empleados en las impresiones zaragozanas por los años de 1514 y siguientes, y la circunstancia de ser aragoneses los actores del desafío y los notarios que testificaron el acto, nos induce a creer que se publicaron en Zaragoza... en la segunda mitad próximamente del año 1514...»)

ACUÑA (ANTONIO DE)

EDICIONES

1553

Exposición de las setenta semanas del cap. 9 de Daniel. Ruan. Lorenzo Maurry. 1656.

Ejemplares:

NUEVA YORK. *Hispanic Society.* (Procede de la biblioteca de Cánovas).

ACUÑA (P. CRISTOBAL DE)

N. en Burgos por 1597. Jesuíta desde 1612. Fué misionero en Chile y en 1634 fundador y primer Rector del Colegio de la Compañía en Cuenca (Ecuador). Participó en el descubrimiento del río de las Amazonas (1639), volvió a España como Procurador de su Provincia y regresó a América en 1644, muriendo en Lima el año 1670.

EDICIONES

1554

NVEVO descvbrimiento del gran rio de las Amazonas... al qval fve, y se hizo por orden de su Magestad, el año de 1639, por la provincia de Qvito en los Reynos del Perú. Madrid. Imp. del Reyno. 1641. 6 hs. + 46 fols. 21 cm.

—Dedicatoria al Conde-Duque de Olivares.
—Al lector.
—Certificación del Capitan Mayor deste descubrimiento Pedro Texeyra.
—Certificacion del Reuerendo Padre Comissario de las Mercedes.
—Clausula de la Provision Real que dio la Audiencia de Quito en nombre de su Magestad, para este descubrimiento.

V. Gallardo, *Ensayo,* I, n.° 32.

Ejemplares:

LONDRES. *British Museum.* 10480.b.(1).—MADRID. *Nacional.* R-2.615 (con ex-libris de la Biblioteca de los Caros (Valencia) y del Marqués de Courtanvaux); Ms. 2.370, fol. 188 bis (falto de la portada y de los preliminares).—NUEVA YORK. *Hispanic Society.*—ROMA. *Vaticana.* R.G.-Misc.-IV-112-int.7.—SAN LORENZO DEL ESCORIAL. *Monasterio.* 43-V-22, n.° 1.

1555

——— Madrid. 1659.

Cit. por Wat. Dudosa.

1556

NUEVO descubrimiento del Gran Río de los Amazonas. Reimpreso según la primera edición do (sic) *1641.* Tirada de 500 ejemplares. Madrid. [s. i]. 1891. XXXI + 235 págs. 16 cm. (Colección de libros que tratan de América raros o curiosos, II).

Contiene además el *Memorial presentado en el Real Consejo de las Indias, sobre el dicho descubrimiento despues del reuelion de Portugal.* (Págs. 205-18).

Ejemplares:

LONDRES. *British Museum.* 9551.bbb. 18.—MADRID. *Academia Española.* 20-VII-16. *Nacional.* 2-53.960 (con ex-libris de Francisco Pi y Margall).

1557

NUEVO descubrimiento del gran río de las Amazonas. Barcelona. Edit. F. T. D. 1925. XI + 131 páginas con grabs. + 1 mapa. 4.°

1558

DESCUBRIMIENTO del Amazonas. Buenos Aires. Emecé, ed. [Imp. Patagonia]. [1942]. 124 págs. + 1 lám. + 2 mapas pleg. 18 cm. (Colección Buen Aire).

Ejemplares:

MADRID. *Consejo. General.* — *Nacional.* H.A.-7.027.

Memorial

1559

[*MEMORIAL*]. [s. l. s. i.]. [s. a.]. 2 hs. Fol.

Pr.: «Señor. Ch. de Acuña, religioso de la Compañía de Jesus, que vino por orden de V. Magestad al descubrimiento del gran Río de las Amazonas...» Fechado en Madrid, a 20 de marzo de 1641.
Se reprodujo en las dos ediciones del *Nuevo descubrimiento* y en otras varias obras.

Parciales

1560

[*DESCUBRIMIENTO del Amazonas. Extracto*] (En Rodríguez, Manuel. *El Marañón y Amazonas...* Madrid, 1684. Págs. 101-41).

Ejemplares:

MADRID. *Nacional.* R-3.899.

TRADUCCIONES

Alemanas

1561

ERBAULICHE und angenehme Geschichte deren Chiqvitos, und anderer von denen Patribus der Gesellschafft Jesu in Paraquaria neubekehrten Völcker samt einem ausführlichen Bericht von dem Amazonem-Strom, wie auch einigen Nachrichten von der Landschaft Guiana, in der neuen Welt... Viena. Paul Straub. 1729. 744 páginas + 14 hs. 8.°

La segunda parte es traducción de la obra del P. Acuña. (Uriarte, *Catálogo de Obras anónimas,* I, n.° 834).

Ejemplares:

LONDRES. *British Museum.* 10408.b.27.

1562

BERICHT von dem Strom derer Amazonen... (En Schwabe, J. J. *Allgemeine Historie der Reisen.* Tomo XVI. 1758).

Ejemplares:

LONDRES. *British Museum.* 10025.dd.

Francesas

1563

RELATION Historiqve et Geographiqve de la grande Riviere des Amazones dans l'Ameriqve. Extraicte de diuers Autheurs... par... Blaise François de Pagan. París. Cardin Bessongne. 1655. 5 hs. + 190 págs. 8.°

Según Fernández de Navarrete, Leclerc, Uriarte y otros, no es sino un extracto de la obra del P. Acuña.

1564

RELATION de la riviere des Amazones tradvite par... Mr. de Gomberville... Sur l'Original Espagnol du P. Christophle d'Acuña... Avec une Dissertation sur la Riviere des Amazones pour servir de Preface. Paris. Chez la Veuve Loüis Billaine. 1682. 4 vols. 14 cm.

Ejemplares:

LONDRES. *British Museum.* 978.a.25-28. — MADRID. *Nacional.* R-7.882/83.

(Los 4 tomos en 2 vols).—NUEVA YORK. *Hispanic Society*.

1565

——— París. Chez la Veuve Loüis Billaine. 1684. 4 vols. 14 cm.

Sólo se diferencia de la anterior en las portadas.

1566

RELATION de la Riviere des Amazones, traduite par Gomberville... sur la copie imprimée à Paris en 1682. (En Rogers, Woodes. *Voyages autour du monde... Traduit de l'anglois...* Amsterdam. 1716. Tomo II. Suplemento. 24 + 255 págs.).

Inglesas

1567

VOYAGES and Discoveries in South America, The first up the River of Amazons, to Quito, in Peru, and back again to Brazil, performed at the command of the King of Spain, by Christopher d'Acugna... Londres. S. Buckley. 1698.

La *Relación* de Acuña ocupa las 190 págs. de la primera parte de la obra.

Ejemplares:

LONDRES. *Brisih Museum*. 981.a.27.

1568

NEW(A) Discovery of the Great River... [Trad. by C. R. Markham]. (En Markham, Clement R. *Expeditions into the Valley of the Amazons...* Londres. 1859).

Ejemplares:

LONDRES. *British Museum*. R.Ac.6172/22.

Portuguesas

1569

NOVO Descobrimento... Río. 1865.

1570

DESCOBRIMENTO do Rio das Amazonas. [Traducción y notas de C. de Mello-Leitão]. São Paulo. Cía. ed. nacional. 1942. (Bibl. Ped. Bras., Serie V, Brasiliana, vol. 203).

En el mismo volumen se incluyen las relaciones de Gaspar de Carvajal y Alonso de Rojas sobre el mismo asunto.

ESTUDIOS

1571

ANTONIO, NICOLAS. *Christophorus de Acuña*. (En su *Bibliotheca Hispana Nova*. 2.ª ed. Tomo I. 1783. Págs. 236).

1572

GARCIA PAREDES, DOMINGO. *Acuña, P. Cristoval d'*. (En *Catálogo... de los autores portugueses que escribieron en castellano*. 1890. Páginas 14-15).

1573

MARTINEZ AÑIBARRO Y RIVES, MANUEL. *Acuña, Cristóbal de*. (En su *Intento de un Diccionario... de autores de... Burgos*. 1889. Págs. 7-9).

1574

URIARTE, JOSE EUGENIO DE y MARIANO LECINA. *Acuña, Cristóbal de*. (En su *Biblioteca de escritores de la Compañía de Jesús*. Tomo I. 1925. Págs. 33-35).

ACUÑA (HERNANDO DE)

N. en Valladolid por 1520. Soldado en la guerra del Piamonte, cae prisionero de los franceses. Gobernador de Querasco (1544-46). M. en Granada en 1580.

CODICES

1575

«El cauallero determinado traduzido de lengua françesa en castellana por Don ——...».

Letra del s. XVI. 127 fols. con varios dibujos. 185 × 130 mm.

«En la postrera sazon...»

MADRID. *Nacional.* Mss. 1.475.

EDICIONES

El Caballero determinado

1576

CAVALLERO (El) determinado tradvzido de lengua Francesa en Castellana por ——. Amberes. Iuan Steelsio. [Colofón: En casa de Iuan Lacio]. 1553. 117 fols. con láms. 23 cm.

1*v:* Privilegio a favor de Juan Cristóbal Calvete de Estrella.
2*v:* Poesía latina de Juan Cristóbal Calvete de Estrella.
3*r:* Dedicatoria a Carlos V, por Hernando de Acuña.
4*v:* Argumento d'esta Obra.
Texto. [«En la postrera sazon...»]. (Folios 11*r*-114*v*).
115*v:* Luis de Çuñiga a Hernando de Acuña. [«Hazer de Estraña una tal obra nuestra...»].
116*r:* Ad Ferdinandvm Acuniam Garcilassi Epigramma.
116*v:* A D. Ferdinandvm Acuniam Gulielmi Malinæi Epigramma...
117*r:* Erratas-Colofón.

Ejemplares:

MADRID. *Nacional* R-10.359. — PARIS. *Nationale.* Rés. Yg.35.

1577

—— Amberes. Iuan Steelsio. 1555. 116 fols. con láms. 16 cm.

Ejemplares:

LONDRES. *British Museum.* C.38.b.19.— MADRID. *Nacional.* R-8.701. — PARIS. *Nationale.* Rés. Yg.293.

1578

—— Salamanca. Juan Batista. 1560. 116 fols. y láms. 8.°

1579

—— Barcelona. Claudio Bornat. 1565. 118 fols. 17 cm.

En los preliminares inserta un privilegio de Aragón por el que se prorroga durante 16 años el concedido anteriormente a Calvete de Estrella.

V. *Catálogo de la biblioteca de Salvá,* II, n.° 1.628; Gallardo, *Ensayo,* I, n.° 33.

Ejemplares:

LONDRES. *British Museum.* 1072.e.21.— *Nacional.* R-2.783.—PARIS. *Nationale.* Rés. Yg.36.

1580

—— Salamanca. Pedro Laso. 1573. 118 fols. con láms. + 1 h. 19 cm.

V. Gallardo, *Ensayo,* I, n.° 34.

Ejemplares:

MADRID. *Nacional.* R-6.868. — MILAN. *Ambrosiana.* S.N.V.V.18.

1581

—— Madrid. Pedro Madrigal. 1590. 8 hs. + 112 + 28 fols. + 2 hs. 20,5 cm.

Con la *Adición* (V. n.° 1583).

V. *Catálogo de la biblioteca de Salvá,* I, n.° 1.629; Gallardo, *Ensayo,* I, n.° 35; Pérez Pastor, *Bibliografía madrileña,* I, n.° 331.

Ejemplares:

LONDRES. *British Museum.* 839.h.28.— OVIEDO. *Universitaria.* A-83.

1582

—— Amberes. Oficina Plantiniana, cerca la biuda, y Iuan Moreto. 1591. 16 hs. + 208 págs. con láms. + 3 hs. 19 cm.

Con una dedicatoria al Coronel Christoval de Mondragon, por Iuan Moreto.

V. Gallardo, *Ensayo.* I, n.° 36.

Ejemplares:

LONDRES. *British Museum.* C.47.f.48 (con notas ms.).—MADRID. *Nacional.* R-11.878 (ex-libris de Gayangos).—PARIS. *Nationale.* Yg.2513; etc.—SANTANDER. «*Menéndez y Pelayo*». R-V-7-31.

Adición al Caballero determinado

1583

ADICION al Cavallero determinado. Compvesta por el mismo Autor. Madrid. Pedro Madrigal. 1590. 2 hs. + 27 fols. + 1 h. 18,5 cm.

—Dedicatoria a Felipe II.
Texto. [«Pues el curso de mis años...»].
Erratas.

Ejemplares:

MADRID. *Nacional.* R-1.380.

Varias poesías

1584

VARIAS Poesías, compvestas por don ——. Madrid. P. Madrigal. 1591. 8 hs. + 204 fols. 19,5 cm.

—Tassa.
—Erratas.
—Privilegios a favor de D.ª Iuana de Çuñiga, viuda del autor (4 de octubre de 1589 y 8 de febrero de 1590).
—Privilegio de Aragón.
—Privilegio de Portugal.
—Carta dedicatoria al príncipe Don Felipe N. S., por D.ª Iuana de Çuñiga.
—Soneto. [«Huir procuro el encarecimiento...»].
—A su Magestad. [«Inuictissimo Cesar cuyo nombre...»].

Texto:

1. *La Fabula de Narcisso.* [«Si un baxo estilo y torpe entendimiento...»]. (Fols. 1r-16r).
2. *Egloga.* [«Con nueuo resplandor Febo salía...»]. (Fols. 17r-29v).
3. *Egloga y contienda entre dos pastores enamorados, sobre qual dellos padece mas pena: Siluano, que auiendo dicho la suya es mal tratado, ó Damon, que no la osa dezir.* [«Huid mis ouejuelas deste pasto...»]. (Fols. 30r-36r).
4. *La contienda de Ayax Zelamonio, y de Ulisses, sobre las armas de Achiles.* [«Despues que el fuerte, y animoso Achiles...»]. (Fols. 36v-54v).
5. *Elegia. A una partida.* [«Si el dolor de la muerte es tan crecido...»]. (Fols. 55r-56v).
6. *A una dama doliente de humor melancolico, que pidio a don Hernando escritos suyos, y se enojo porque no se los daua.* [«De diuersas ocasiones...»]. (Fols. 56v-59v).
7. *Otras.* [«Nadie de su libertad...»]. (Fols. 59v-61v).
8. *Glossa deste verso: «Quiero lo que no ha de ser».* [«Si medir yo mi desseo...»]. (Fols. 62r-63r).
9. *Otras.* [«Si al sospechoso acrecientan...»]. *Glossa.* [«Es cosa en amor muy hecha...»]. (Fols. 63r-64r).
10. *Otras.* [«Pues que no se ha de hazer...»]. *Glossa.* [«Pues por derecho camino...»]. (Fols. 64r-66r).
11. *Otras.* [«Zagala di que haras...»]. *Glossa.* [«Dime pues fortuna ordena...»]. (Fols. 66v-67v).
12. *Respuesta.* [«Si confessar yo quererte...»]. (Fols. 67v-68r).
13. *A un cavallero que yendo de Flandes a Portugal por Embaxador, lleuaua de camino un sayo de chamelote verde, aforrado en conejos de Inglaterra: hizo la Corte estas coplas. Un Cauallero.* [«Si se nos passa sin mote...»]. (Fol. 68v).
14. *Otro Cauallero.* [«Assi a moços, como viejos...»]. (Fols. 68v-69r).
15. *Otro.* [«No se yo mayor señal...»]. (Fol. 69r).
16. *Otro.* [«Aquellas calças que fueron...»]. (Fol. 69r).
17. *Otro.* [«Mucho se le deue al sayo...»]. (Fol. 69v).
18. *Otro.* [«Si por Africa a Cipion...»]. (Fol. 69v).
19. *Otro.* [«Quién dize que no conuino...»]. (Fol. 70r).
20. *Otro.* [«Si es esperança lo verde...»]. (Fol. 70r).
21. *Otro.* [«Como si fuesse sayal...»]. (Fol. 70v).
22. *Otro.* [«Con sayo de chamelote...»]. (Fol. 70v).
23. *Otro.* [«Dizen que escriue Galeno...»]. (Fol. 71r).
24. *Otro.* [«Si el peligro fuera en mar...»]. (Fol. 71r).
25. *Al mesmo Cauallero hizo tambien la Corte las que se siguen; porque auiendo venido de Alemania a visitar a la Reyna de Bohemia, cantó una noche en el terrero, viniendo con un señor en un coche. Don Pedro de Toledo.* [«Descubierta es la celada...»]. (Fol. 71v).
26. *El Duque de Alua.* [«La nueua nos es llegada...»]. (Fol. 71v).

27. *El Comendador mayor de Alcantara.* [«La cancion que fue cantada...»]. (Fol. 72*r*).
28. *Don Hernando de Toledo.* [«Cancion, que siendo cantada...»]. (Folio 72*r*).
29. *Don Juan Pimentel.* [«La cancion no pudo ser...»]. (Fol. 72).
30. *Don Hernando de la Cerda.* [«Digasme tu el mensajero...»]. (Fol. 72*v*).
31. *Don Juan de Figueroa.* [«Ya que os aueys arriscado...»]. (Fol. 72*v*).
32. *Hernando de Vega.* [«Pues en un coche fue oydo...»]. (Fol. 73*r*).
33. *Don Alonso de Aragon.* [«Toda la Corte se espanta...»]. (Fol. 73*r*).
34. *Don Hernando de Acuña.* [«Si os preguntan como os fue...»]. (Fol. 73*v*).
35. *Otro Cauallero.* [«La Corte busca ocasion...»]. (Fol. 73*v*).
36. *Quexas de ausencia embiadas a su muger.* [«No se porque culpa, o yerro...»]. (Fols. 74*r*-79*r*).
37. *Carta de Dido a Eneas.* [«Qual suele de Meandro en la ribera...»]. (Fols. 79*v*-85*r*).
38. *Soneto.* [«Amor, y un gran desden, que le guerrea...»]. (Fol. 85*v*).
39. *Estancias.* [«Por sossegado mar, con manso viento...»]. (Fols. 86-94*r*).
40. *Soneto.* [«En estrema passion biuía contento...»]. (Fol. 94*v*).
41. *Sonetos en la muerte del Marques del Vasto, y este primero habla con la Marquesa.* [«Alta señora, que en la edad presente...»]. (Fol. 95*r*).
42. *Al Marques de Pescara.* [«Señor en quien nos biue y ha quedado...»]. (Fol. 95*v*).
43. *Epitafio para la camara donde murio el dicho Marques.* [«Solo aqui se mostró quanto podia...»]. (Fol. 96*r*).
44. *Epitafio para la sepultura del mesmo.* [«Aquella luz que a Italia esclarecia...»]. (Fol. 96*v*).
45. *Sonetos, sobre la red de amor.* [«Digame quien lo sabe como es hecha...»]. (Fol. 97*r*).
46. *Respuesta.* [«De amor se haze, y por el mesmo es hecha...»]. (Fol. 97*v*).
47. *Otra respuesta.* [«La red de amor, pues por amor es hecha...»]. (Folio 98*r*).
48. *Otra respuesta.* [«La red de amores es inuisible, y hecha...»]. (Fol. 98*v*).
49. *Soneto.* [«Quando era nueuo el mundo y produzia...»]. (Fol. 99*r*).
50. *Soneto.* [«De oliua, y verde yedra coronado...»]. (Fol. 99*r*).
51. *Soneto.* [«Como vemos, que un rio, mansamente...»]. (Fol. 100*r*).
52. *Soneto.* [«Pastor en quien mostrar quiso natura...»]. (Fol. 100*v*).
53. *Soneto.* [«Mientras amor con deleitoso engaño...»]. (Fol. 101*r*).
54. *Soneto.* [«Nunca me vi tan solo ni apartado...»]. (Fol. 101*v*).
55. *Soneto en ausencia.* [«Biuir señora (quien os vio) sin veros...»]. (Folio 102*r*).
56. *Soneto.* [«Como aquel que a la muerte esta presente...»]. (Fol. 102*v*).
57. *Soneto.* [«Como al tiempo al llouer aparejado...»]. (Fol. 103*r*).
58. *Soneto.* [«Si como de mi mal he mejorado...»]. (Fol. 103*v*).
59. *Soneto.* [«Tan hijos naturales de fortuna...»]. (Fol. 104*r*).
60. *Soneto.* [«Qual doloroso estilo bastaría...»]. (Fol. 104*v*).
61. *Soneto.* [«En quanto la materia es mas subida...»]. (Fol. 105*r*).
62. *Soneto.* [«Contra la ciega, y general dolencia...»]. (Fol. 105*v*).
63. *Soneto.* [«Cierto no puede ser sino buen hora...»]. (Fol. 106*r*).
64. *Soneto.* [«Atenta al gran rumor la Musa mia...»]. (Fol. 106*v*).
65. *Soneto.* [«Si los sospiros, que he esparcido al viento...»]. (Fol. 107*r*).
66. *Soneto. Democrito y Heraclito.* [«—De tu tristeza Eraclito me espanto...»]. (Fol. 107*v*).
67. *Soneto.* [«Siendo por Alexandro, ya ordenado...»]. (Fol. 108*r*).
68. *Soneto.* [«En muy suaue, aunque en muy gran tormento...»]. (Fol. 108*v*).
69. *Canciones.* [«El tiempo huye y buela...»]. (Fols. 109*r*-110*v*).
70. *Cancion.* [«Sin temor de venir en lo que estoy...»]. (Fols. 110*v*-112*v*).
71. *Soneto.* [«Mientras de parte en parte se abrasaua...»]. (Fol. 112*v*).
72. *Soneto.* [«Con la razon en su verdad embuelta...»]. (Fol. 113*r*).
73. *Soneto.* [«Amor me dixo en la mi edad primera...»]. (Fol. 113*v*).
74. *Soneto.* [«Despues que a Cesar, el traydor de Egipto...»]. (Fol. 114*r*).
75. *Soneto a una dama.* [«Obrando claramente la natura...»]. (Fol. 114*v*).
76. *Sonetos.* [«Si amor assi como estremó mi pena...»]. (Fol. 115*r*).
77. *Cartas en tercia rima.* [«Pues no

ha querido la ventura mia...»]. (Folios 115*v*-117*r*).

78. *Soneto.* [«Pude partirme, con pensar que fuera...»]. (Fol. 117*v*).

79. *Soneto de Endimion.* [«En una selua al parecer del dia...»]. (Folio 118*r*).

80. *Sonetos en prision de Franceses.* [«Como el poderos ver señora mia...»]. (Fol. 118*v*).

81. *Otro.* [«Lo que es mortal padece esta prision...»]. (Fol. 119*r*).

82. *Otro.* [«Quando contemplo el triste estado mio...»]. (Fol. 119*v*).

83. *Silvano a su pastora Siluia. Soneto.* [«Quando la alegre y dulce Primauera...»]. (Fol. 120*r*).

84. *Canto de Siluano.* [«A la sazon que se nos muestra llena...»]. (Folios 120*v*-125*r*).

85. *Soneto.* [«De oliua, y verde yedra coronado...»]. (Fol. 125*v*).

86. *Soneto.* [«La graue enfermedad que en Siluia via...»]. (Fol. 126*r*).

87. *Silvano á Siluia.* [«A Siluia la cruel salud embia...»]. (Fols. 126*v*-139*r*).

88. *Soneto.* [«Estas palabras de su Siluia cruda...»]. (Fol. 129*r*).

89. *Soneto respondiendo a otro.* [«En leyendo señor vuestro soneto...»]. (Folio 129*v*).

90. *Soneto.* [«Cierto escogi bien peligrosa via...»]. (Fol. 130*r*).

91. *Soneto.* [«Por apartarme un tiempo de passiones...»]. (Fol. 130*v*).

92. *Soneto a la soledad.* [«Pues se conforma nuestra compañia...»]. (Folio 131*r*).

93. *Soneto.* [«Cantad pastores este alegre dia...»]. (Fol. 131*v*).

94. *Soneto.* [«Viendo Tirsi, á Damon por Galatea...»]. (Fol. 132*r*).

95. *Soneto en coloquio, entre Fileno, y Tirsi, pastores.* [«—Pastor, es cierto que por Galatea...»]. (Fol. 132*v*).

96. *Soneto al Marqués del Basto.* [«Señor, bien muestra, no tener fortuna...»]. (Fol. 133*r*).

97. *Soneto.* [«Un nouillo feroz, y un fuerte toro...»]. (Fol. 133*v*).

98. *Soneto.* [«Del bien del pensamiento, se sustenta...»]. (Fol. 134*r*).

99. *Soneto.* [«Un tiempo me sostuuo la esperança...»]. (Fol. 134*v*).

100. *Sonetos.* [«Sin temer el camino voy contando...»]. (Fol. 135*r*).

101. *Soneto.* [«Viendo su bien tan lexos mi desseo...»]. (Fol. 135*v*).

102. *Soneto.* [«En medio del plazer, que el pensamiento...»]. (Fol. 136*r*).

103. *Soneto.* [«Tiempo fue ya, que amor no me trataua...»]. (Fol. 136*v*).

104. *Soneto.* [«Ageno fue, pues fue solo un momento...»]. (Fol. 137*r*).

105. *Soneto.* [«Tal nouedad me causa, auer prouado...»]. (Fol. 137*v*).

106. *Soneto.* [«O celos, mal de cien mil males lleno...»]. (Fol. 138*r*).

107. *Soneto.* [«Despues amor que me priuó tu mano...»]. (Fol. 138*v*).

108. *Soneto.* [«Mientras amor con deleytoso engaño...»]. (Fol. 139*r*).

109. *Madrigal.* [«En el tiempo señora que encubria...»]. (Fol. 139*v*).

110. *Epitafio puesto en un retrato de una señora.* [«El que ensalçar procura su sentido...»]. (Fols. 139*v*-140*r*).

111. *Soneto de don Alonso de Acuña.* [«De mi agora huyendo, voy buscando...»]. (Fol. 140*v*).

112. *Soneto en respuesta del passado.* [«Bien os puedo dezir (considerando...»]. (Fol. 141*r*).

113. *A un buen cavallero, y mal Poeta, la lira de Garcilaso contrahecha.* [«De vuestra torpe lira...»]. (Folios 141*v*-143*v*).

114. *Soneto.* [«De la alta torre al mar Ero miraua...»]. (Fol. 144).

115. *El Viernes Santo al Alma. Soneto.* [«Alma, pues oy el que formó la Vida...»]. (Fol. 144*v*).

116. *Al Rey nuestro señor. Soneto.* [«Ya se acerca señor, o es ya llegada...»]. (Fol. 145*r*).

117. *Soneto.* [«Si ha dezirte verdad soy obligado...»]. (Fol. 145*v*).

118. *Soneto de Don Martin Cortes.* [«De mil cosas cansado abro los ojos...»]. (Fol. 146*r*).

119. *Respuesta.* [«Pareciendome flores los abrojos...»]. (Fol. 146*v*).

120. *Soneto.* [«En que puedo esperar contentamiento...»]. (Fol. 147*r*).

121. *Madrigal a una señora.* [«En un continuo llanto...»]. (Fol 147*v*).

122. *Damon.* [«Labinio al començar de mi cuydado...»]. (Fol. 148*r*).

123. *Soneto.* [«Puede en amor la discrecion obrarse...»]. (Fol. 148*v*).

124. *Soneto.* [«Dixo el docto Petrarca sabiamente...»]. (Fol. 149*r*).

125. *Damon ausente de Galatea.* [«Si

Apolo tanta gracia...»]. (Fols. 149*v*-152*r*).
126. *Estancias.* [«Tan alto es el fauor, y el bien que siento...»]. (Fols. 152*r*-153*r*).
127. *Soneto.* [«Como vemos que un rio mansamente...»]. (Fol. 153).
128. *Otro.* [«Iamas pudo quitarme el fiero Marte...»]. (Fol. 153*v*).
129. *Icaro.* [«Con Icaro de Creta se escapaua...»]. (Fol. 154*r*).
130. *Feton.* [«Con tal instancia siempre demandaua...»]. (Fol. 154*v*).
131. *Soneto.* [«En su fiera grandeza confiando...»]. (Fol. 155*r*).
132. *Soneto.* [«Amor pues me guiaste a vela y remo...»]. (Fol. 155*v*).
133. *Venus quœrens Filium.* [«No ponga a los mortales mi venida...»]. (Fols. 156*r*-158*r*).
134. *Soneto.* [«Mil vezes de tu mano me he escapado...»]. (Fols. 158*v*).
135.*Epigrama a la muerte del Emperador Carlos Quinto.* [«—Yo que soy la que leuanto...»]. (Fols. 158*v*-160*v*).
—Algunos cantos, que començó a traduzir el Autor, de la obra del Boyardo. De Orlando enamorado.
136. *Canto primero.* [«No los atreuimientos leuantados...»]. (Fols. 161*r*-176*v*).
137. *Canto segundo.* [«Que fuerça tenga la amorosa pena...»]. (Fols. 177*r*-188).
138. *Canto tercero.* [«De innumerables cosas en que erramos...»]. (Folios 188*v*-203*v*).
139. *Canto quarto.* [«Por mostrar la simpleza, y los errores...»]. (Fols. 203*v*-205*v*).

V. *Catálogo de la biblioteca de Salvá,* I, n.º 412; Pérez Pastor, *Bibliografía madrileña,* I, n.º 349.

Ejemplares:

LONDRES. *British Museum.* 1072.g.4.—MADRID. *Nacional.* R-26.154 (fué el usado por el corrector oficial Juan Vázquez; carece de preliminares); R-2.738.—NUEVA YORK. *Hispanic Society.*—PARIS. Rés. p.Yg.18.—SANTANDER. *«Menéndez y Pelayo».* R-V-9-10.

1585

VARIAS poesías. 2.ª ed. Madrid. Imp. de Sancha. 1804. XIII + 311 págs. 17,5 cm.

Pág. III: Advertencia del editor.
Pág. V: Carta dedicatoria al Principe Don Felipe, por D.ª Juana de Zuñiga.
Pág. VII: Soneto.
Pág. VIII: A Su Magestad.
Pág. IX: Indice.

V. *Catálogo de la biblioteca de Salvá,* I, n.º 413.

Ejemplares:

LONDRES. *British Museum.* 11451.b.—MADRID. *Consejo. General.* — *Consejo. Patronato «Menéndez y Pelayo».* 5-271. *Nacional.* 1-42.528.

1586

VARIAS poesías. Edición de Elena Catena de Vindel. Madrid. Consejo Superior de Investigaciones Científicas. [Imp. C. Bermejo]. 1954. XIII + 498 págs. 18 cm. (Biblioteca de Antiguos Libros Hispánicos. Serie A, XXIV).

Ejemplares:

MADRID. *Consejo. General.*

Poesías sueltas

1587

[*POESIAS*]. (En *Cancionero General... ordenado por Hernando del Castillo...* 1511).

V. *B. L. H.,* III, n.º 2.253.

1588

[*POESIA*]. (En Mármol Carvajal, Luis del. *Primera parte de la descripcion general de Affrica...* Granada. 1573. Preliminares).

Ejemplares:

MADRID. *Nacional.* R-2.993.

1589

[———]. (En *Poetas líricos de los siglos XVI y XVII...* Tomo II. 1857. Págs. 505-6).

1. *La lira de Garcilaso contrahecha.*
2. *Canción.* [«Cuando era nuevo el mundo y producía...»].
V. n.º 47.

1590

[———]. (En *Cancionero de Juan Fernández de Costantina*... 1914).

V. *B. L. H.*, III, n.º 2.248.

1591

[———]. (En *Parnaso Español*... Tomo II. 1770. Págs. 21-66).

1. *La Contienda de Ayax Telamonio y de Ulises.*
2. *La lira de Garcilaso contrahecha.*
3. *Soneto.* [«Quando era nuevo el mundo y producia...»].
4. *Carta de Dido a Eneas, traducida de Ovidio.*

Notas sobre estas poesias. (Págs. 356-59).

1592

[———]. (En ídem. Tomo VII. 1782. Págs. 76-88).

1. *Canción.* [«Si Apolo tanta gracia...»].
2. *Elegía.* [«A la sazon que se nos muestra llena...»].

TRADUCCIONES

Italianas

1593

[*POESIE. Tradotte in verso toscano... da Giovambatista Conti*]. (En la *Colección de poesías castellanas traducidas... por J. B. Conti.* Tomo III. Madrid. 1783. Páginas 154-89).

Son los tres Sonetos que comienzan: «Pastor, es cierto que por Galatea...», «De oliva y verde yedra coronado...» y «Quando la alegre y dulce primavera...» y la Egloga «A la sazón que se nos muestra llena...»

ESTUDIOS

1594

ALONSO CORTES, NARCISO. *Don Hernando de Acuña. Noticias biográficas.* Valladolid. [Tip. V.ª Moreno]. [1913]. 154 págs. 17,5 centímetros.

Págs. 109-54: Documentos.

Crítica:

a) Mérimée, E., en *Bulletin Hispanique*, XVII, Burdeos, 1915, pág. 295.

Ejemplares:

LONDRES. *British Museum.* 10632.df. 45.—MADRID. *Consejo. General.* R.M. *Facultad de Filosofía y Letras.* 92. Ac. 94-a. *Nacional.* 1-67.142.—SANTANDER. *«Menéndez y Pelayo».* 6.110.

1595

—— *De Don Hernando de Acuña.* (En *Boletín de la Academia de Bellas Artes de Valladolid*, IV, Valladolid, 1934, págs. 94-97).

1596

—— *Algunos datos sobre Hernando de Acuña y Francisco de la Torre.* (En *Hispanic Review*, IX, Filadelfia, 1941, págs. 41-47).

1597

ALVAREZ Y BAENA, JOSEPH ANTONIO. *Hernando de Acuña, D.* (En *Hijos de Madrid*... Tomo II. 1790. Págs. 387-88; tomo IV. Pág. 403).

Alvarez y Baena supone medrileño a D. Hernando, como anteriormente lo hicieron Nicolás Antonio y López de Sedano.

1598

ANTONIO, NICOLAS. *D. Ferdinandus de Acuña.* (En su *Bibliotheca Hispana Nova.* 2.ª ed. Tomo I. 1783. Pág. 366).

1599

ARMAS Y CARDENAS, JOSE DE. *Don Hernando de Acuña.* (En *Historia y Literatura.* Habana. 1915. Págs. 49-56).

Ejemplares:

MADRID. *Nacional.* H.A.i.-603 (vol. II)

1600

BUCHANAN, M. A. *Hernando de Acuña's Sonnet Addressed to Char-*

les V. (En *Hispanic Review,* XV, Filadelfia, 1947, págs. 466-67).

1601

CLAVERIA, CARLOS. *Le Chevalier délibéré de Olivier de la Marche y sus versiones españolas del siglo XVI.* 1950.

Cap. VI: La traducción de Hernando de Acuña y la literatura española del siglo XVI. (Pág. 73).
Cap. VII: La «adición» de Acuña. (Pág. 137).
V. n.º 1034.

1602

CRAWFORD, J. P. W. *Notes on the Poetry of Hernando de Acuña.* (En *The Romanic Review,* Nueva York, 1916, págs. 314-27).

1603

—— *A note on Hernando de Acuña's Sonnet on Endymion.* (En *Modern Language Notes.* XLIV, Baltimore, 1929, págs. 464-65).

1604

LOMAS CANTORAL, JERONIMO DE. [*Elogio*]. (En *Las Obras.* Madrid. 1578. Fol. 184*r*).

«Cante Acuña de tí, el diuino Apolo
Apolo, sacro Acuña de tí cante,
que tu nombre y valor al Orbe solo
a todo humano ingenio va adelante:
Y suene desde el uno al otro Polo
de illustre Capitan de firme amante
del estilo mejor que al mundo sea
qual bien sabe Damon tu Galathea.
Si a la famosa Tumba del Greciano
junto Alexandro se hallo embidioso
no de las obras de su heroyca mano
sino de verle hecho tan famoso,
Quanto mas embidiara el soberano,
valor tuyo, que en guerras y en reposo
has hecho mas que Achiles brauo y [fiero,
y escripto muy mas alto que el Ho- [mero.»

1605

MENENDEZ PELAYO, MARCELINO. *Acuña, Hernando de.* (En su *Biblioteca de Traductores Españoles.* Tomo I. Madrid. 1952. Páginas 28-32).

1606

SIMON DIAZ, JOSE. *Una petición de D. Hernando de Acuña.* (En *Aportación documental para la erudición española. Primera serie.* Madrid, 1947, págs. 8-9).

Extracto de un memorial suyo (1571?) y resolución de Felipe II.

1607

[*TESTAMENTO de D.ª Juana de Zúñiga, viuda de Hernando de Acuña. Extracto*]. (En Pérez Pastor, *Bibliografía madrileña,* III, 1907, pág. 321).

1608

[VEGA CARPIO, LOPE FELIX DE. *Elogio*]. (En su *Laurel de Apolo...* Madrid. 1630. Fol. 37*r*).

«...Don Fernando de Acuña ilustre- [mente
Beuió en la margen de la sacra fuente,
Quando escriuió para mayor trofeo
De la dificultad de su deseo,
Que el mas seguro golpe de acertarse
Por darse con mas fuerça suele errar- [se...»

1609

ZAPATA, LUIS. [*Elogio de don Fernando de Acuña*] (En *Carlo famoso.* Valencia. 1566. Canto XXXVIII. Fol. 204*r*).

Ejemplares:

MADRID. *Nacional.* R-17.542.

ACUÑA (JUAN DE)

EDICIONES

1610

[*CARTA a D. Antonio de Navarra, caballero del Orden de San Juan, residente en la Villa de Colmenar, sobre la entrada en Madrid de Fray*

Bernardo de Puerto Mauricio, General de la Orden de Capuchinos]. [s. l. s. i.]. [s. a.]. 2 hs. 31 cm.

Carece de portada. Fechada en Madrid, a 31 de agosto de 1681.

Ejemplares:

MADRID. *Nacional*. R-Varios, 207-88.

ACUÑA (PEDRO DE)

EDICIONES

Poesías sueltas

1611

[*COPLAS*]. (En *Aquí comiençan muchas maneras de coplas y villancicos*... s. a.).

«Si quando triste os miré...».

Ejemplares:

MADRID. *Nacional*. R-3.662.

ACUÑA (PEDRO DE)

CODICES

1612

Relación del alzamiento que los Chinos Sangleies hizieron en la ciudad de Manila el año de MDCIII.

1613

Relacion por mayor de la perdida que se hizo el año de MDCII de la nao S. Margarita en la isla Carpana una de las de los Ladrones, y del estado en que se halló su gobierno de Filipinas en su llegada a Manila en el dicho año de MDCII.

ESTUDIOS

1614

ANTONIO, NICOLAS. *D. Petrus de Acuña.* (En su *Bibliotheca Hispana Nova.* Tomo II. 1788. Página 164).

ACUÑA DEL ADARVE (JUAN DE)

Prior de la parroquial de Villanueva de Andújar.

EDICIONES

1615

DISCVRSOS de las effigies, y verdaderos retratos non manvfactos, del santo rostro, y cverpo de Christo nvestro señor, desde el principio del mvndo. Y qve la Santa Veronica, qve se gvarda en la Santa Iglesia de Iaen, es vna del duplicado, ó triplicado, que Christo Nuestro Señor dió a la Bienauenturada muger Veronica. Villanueva de Andujar. En las casas del Autor, por Iuan Fargolla de la Cuesta. 1637. 8 hs. + 286 fols. a 2 cols. + 8 hs. 29 cm.

—Privilegio.
—Aprobacion de Fr. Lucas de Montoya.
—Tassa.
—Fee de erratas del corrector general.
—Orden del Gouernador de la Diocesis para que sea revisado.
—Aprobacion del Dr. D. Pedro de Losada y Quiroga.
—Aprobacion del Dr. D. Matheo de Ribas Olalla.
—Instancia que hizo el m.º D. Francisco del Villar... al Dr. D. Iuan de Acuña, solicitando que apresurara la estampa deste libro.
—De D. Manuel de Salzedo y Villar a el Autor. [«Linze atento al mas cifrado...»].
—El Dr. Iuan Sanchez Ramirez, medico de la villa de Arjona, al Autor. [«Sola, tanta pluma pudo...»].
—Christoval Perez Palomino, escrivano publico de la ciudad de Andujar, al Autor. [«Acuse Alexandro á Apeles...»].
—De D.ª Maria de Rada, vecina de la ciudad de Andujar, muger de esclarecido ingenio, y gran virtud, al autor. Decimas. [«En este lienço, lector...»].
—Dedicatoria al cardenal D. Balthasar

de Moscoso y Sandoval, Obispo de Jaén.
—Al lector.
Texto.
—Indice de los discursos y parrafos.
—Indice de las cosas mas notables.

Ejemplares:

MADRID. *Academia de la Historia.* 5-3-5-839. *Municipal.* R-114. *Nacional.* R-4.340.—PARIS. *Nationale.* O1. 268.—SANTIAGO DE COMPOSTELA. *Universitaria.*

ESTUDIOS

1616

ANTONIO, NICOLAS. *D. Ioannes de Acuña del Adarve.* (En su *Bibliotheca Hispana Nova.* 2.ª ed. Tomo I. 1783. Pág. 627).

ACUÑA OLIVERA (BARTOLOME)

EDICIONES

Poesías sueltas

1617

[*SONETO*]. (En Avalos y Figueroa, Diego de. *Defensa de Damas.* Lima. Antonio Ricardo. 1603. Preliminares).

Ejemplares:

MADRID. *Nacional.* R-14.856.

ACUÑA SOTOMAYOR (FRANCISCO DIEGO DE)

EDICIONES

Poesías sueltas

1618

[*GLOSA a un Soneto*]. (En *Versos por occasion de nacer un hijo a D. Juan V, Rey de Portugal,* s. l. ¿Lisboa? s. a).

ESTUDIOS

1619

GARCIA PERES, DOMINGO. *Acuña Sotomayor, D. Francisco Diego d'.* (En *Catálogo... de los autores portugueses que escribieron en castellano.* 1890. Pág. 15).

ACUÑA VELA (BRIANDA DE)

Hija de los Condes de Castrillo. N. en Valverde (Logroño) en 1576. Carmelita descalza desde 1602, con el nombre de Sor Teresa de Jesús. M. en 1630.

EDICIONES

1620

[*AUTOBIOGRAFIA. Fragmentos*]. (En Batista de Lanuza, M. *Virtutudes de la V. M. Teresa de Iesús...* 1657).

ESTUDIOS

1621

BATISTA DE LANUZA, MIGUEL. *Virtudes de la V. M. Teresa de Iesus, carmelita descalza del Conuento de Valladolid, en el siglo Doña Brianda de Acuña. Vela.* [Zaragoza. Iusepe Lanaja y Lamarca]. [1617]. 9 hs. + 270 págs. + 39 hs. 22 cm.

Ejemplares:

MADRID. *Nacional.* 3-37.097.

1622

SERRANO Y SANZ, MANUEL. *Acuña Vela, Doña Brianda de (en el claustro, Sor Teresa de Jesús).* (En sus *Apuntes para una Biblioteca de Escritoras españolas...* Tomo I. 1903. Pág. 11).

ACUÑA Y ZUÑIGA (DIEGO DE)

N. de Valladolid. Hermano de Hernando de Acuña. Caballero de Calatrava. 1543.

CODICES

1623

«La satira del Provincial cuio primer autor diçen ser don M... de Acuña en el tiempo del Rey don Enrrique el quarto y despues proseguida en tiempo del Emperador Carlos Quinto.»

Son las llamadas *Coplas del Provincial segundo.*

PARIS. *Nationale.* Mss. esp. 354.

EDICIONES

1624

[*SATIRA* (*La*) *del Provinçial. Edición de R. Foulché-Delbosc*]. (En *Revue Hispanique,* VI, Paris, 1899, págs. 428-446).

ESTUDIOS

1625

PAPEL llamado «el Provincial», hecho en tiempo de el Rey don Eurrique 4.° de Castilla. Edición de R. Foulché-Delbosc]. (En ídem, páginas 417-

Comentario reproducido del ms. de la Biblioteca Nacional de Madrid. «...Prosiguiola despues en el reinado de el emperador Carlos 5 con el nombre de Provincial 2.°, D. Diego de Acuña, covallero mozo y vano, pero hablando con tanta desmesura y licencia de las mujeres nobles de aquella ciudad, que hizo mas injuria a las costumbres que el primero a la sangre y a todo...» (Pág. 418).

«*ACUSACION pública...*»

1626

«Acusacion pública contra las Doctrinas del Elucidario...»

V. ESPINO (JUAN DEL).

ACHERRETA OSORIO (JUAN DE)

N. de Villamartín. Graduado por Salamanca en Cánones y Leyes.

EDICIONES

1627

EPITOME de la ostentosa y sin segvnda fiesta, qve el insigne y real convento de San Francisco de Seuilla, hizo por ocho días, començando desde veynte y vno de Mayo; a honra de los gloriosos 23 protomartires del Iapon, hijos de la primera y tercera Regla del Serafin de la Iglesia. Sevilla. Pedro Gomez de Pastrana. 1628. 16 hs. 18,5 cm.

—Dedicatoria a Fr. Pedro de Piña y Mendoça, Guardián del convento de San Francisco de Sevilla. (Al final, figura el apellido del autor en la forma «Acherrete»).

Ejemplares:

MADRID. *Nacional.* R-Varios, 164-15 y 35-111.

ACHERRETE

V. ACHERRETA.

ADAL DE MOSQUERA (ANTONIO)

EDICIONES

Poesías sueltas

1628

[*AUTOR* (*Al*)]. (En Manso de Contreras, Cristóbal. *Relación cierta, y verdadera de lo que sucedió, y a sucedido en esta villa de Guadalcaçar provincia de Tehuantepeque...* Méjico. 1661. Preliminares).

Ejemplares:

MADRID. *Nacional.* R-4.002

ADAM DE LA PARRA (JUAN)

N. en Soto de Cameros (Logroño) por 1596. Inquisidor. M. en Logroño en 1644.

CODICES

1629

«Sátira porque llevaron preso a León a Ádan de la Parra].

Letra de mitad del XVII.

Es una décima contra Manuel Cortizos de Villasante, que comienza: «Por la monja el desafío...» Ha sido publicada por Fernández-Guerra y por Entrambasaguas, *Varios datos...*, pág. 36. MADRID. *Nacional.* Mss. 4.143 (folio 100).

EDICIONES

1630

APOLOGETICO contra el tirano y rebelde Verganza, y conivrados, arzobispo de Lisboa, y svs parciales, en respvesta a los doze fvndamentos del Padre Mascareñas. Zaragoza. Diego Dormer. 1642. 6 hs. + 98 fols. 20 cm.

—Indice de lo que contiene este Apologetico.

1r-7v: Dedicatoria a D. Gaspar Felipez de Guzman, Conde de Olivares, Duque de San Lucar la Mayor, etc.

V. Gallardo, *Ensayo,* I, n.º 38.

Ejemplares:

MADRID. *Nacional.* 3-40.998.—SALAMANCA. *Universitaria.* 25.534.—ZARAGOZA. *Universitaria.* A-60-36.

Cartas

1631

[*CARTAS al Consejo de la Inquisición. 1623-1643. Edición de J. de Entrambasaguas*] (En Entrambasaguas, Joaquín de. *Varios datos...*, págs. 58-81).

Son 22 y están reproducidas de los originales que se conservan en el Archivo Histórico Nacional.

Sobre las dudas...

1632

[*SOBRE las dudas de procedencias en concurso de tribunales y obispos*]. Edición de 50 ejemplares.

«En realidad un libelo contra fray Antonio Trejo, obispo de Cartagena [Murcia, ¿1634?]... Debió de ser destruido por el Santo Oficio.» (Entrambasaguas, *Varios datos...*, pág. 54).

Genealogía

1633

[*GENEALOGIA del Licenciado ——. Edición de J. de Entrambasaguas*]. (En Entrambasaguas, Joaquín de. *Varios datos...* 1930. Páginas 59-60).

1634

[*CUEVA (La) de Meliso*].

Atribuída a Adam de la Parra por Entrambasaguas, *Varios datos...*, páginas 56-57. Hay ed. moderna de esta poesía en el artículo de Juliá. (V. número 1648).

OBRAS LATINAS

1635

CONSPIRATIO Hæretico-Christianissima in religionem imperivm, hispanvm Austriacos, & fiduciales eorum Iure sacro, Oeconomico Politico Canonico Ciuili, & á temporum euentibus damnata, arma avstriaca germano-hispanica Pro Religione & Imperio Hispano Austriacis, & eorum fiducialibus. Iure sacro, Oeconomico Politico Canonico Ciuili, & à temporum euentibus defensa. Murcia. Ludovicum Berossium. 1634. 4 hs. + 247 págs. 20 cm.

Ejemplares:

MADRID. *Nacional.* R-10.943; 2-26.925.

1636

PRO cautione christiana in supremis Senatibus sanctae Inquisitionis,

& Ordinum Ecclesia Toletana, & coetibus scholarium observata, adversus christianorum proselytos, & sabbatizantes nomine, & specie christianorum. [s. l., s. i.]. [s. a.]. 49 fols. 29 cm.

Texto, fechado en Madrid a 3 de febrero de 1630. Nicolás Antonio supone se imprimió en 1633.

V. Domínguez Ortiz, *Una obra desconocida...*

Ejemplares:

GRANADA. *Universitaria.* A-31-123-1.

1637

PRO pace sancienda.

Cit. por Nicolás Antonio.

OBRAS APÓCRIFAS

1638

[*ACADEMIA de los necios*].

Se la atribuye Valladares. (V. Entrambasaguas, *Varios datos...*, págs. 48-49).

1639

[*ESPAÑA difunta y remedio para que resucite. Poema Heroyco*].

Se la atribuye Valladares.

1640

[*DIALOGO crítico entre Theófilo y Aurelio, sobre la veneración con que se debe asistir en los templos, y otras cosas*].

Se la atribuye Valladares.

1641

[*HECHOS (Los) del Conde Blas y la Condesa Tamira*].

Se la atribuye Valladares.

1642

CARTA moral é instructiva, que á Don Francisco de Quevedo y Villegas, dirigió —— su grande amigo, en respuesta de las dos antecedentes. [*Edición de A. Valladares de Sotomayor*]. (En *Semanario Erudito*, I, Madrid 1787, págs. 91-110).

Las dos supuestas cartas de Quevedo a Adam están en las págs. 46-90.

1643

[*CINCO cartas a Quevedo. 1629-42*]. (En Quevedo y Villegas, Francisco de .*Obras. Ed. de A. Fernández - Guerra.* Tomo II. Madrid. 1859. Páginas 545, 566, 570-71 y 595-602. Biblioteca de Autores Españoles, XLVIII).

TRADUCCIONES

1644

CONSPIRACION herético-cristianísima. Traducción de Angeles Roda Aguirre. Prólogo de Joaquín de Entrambasaguas. Madrid. Consejo Superior de Investigaciones Científicas. [Suc. S. Ocaña]. 1943. LII + 248 págs. 25 cm. (Revista de Bibliografía Nacional. Anejo I).

Crítica:

a) S. G. L., en *Mediterráneo,* Valencia, 1944, págs. 54-55.

Ejemplares:

MADRID. *Consejo. General.* — *Consejo. Patronato «Menéndez y Pelayo».* E-1.151. *Nacional.* 1-97.405.

ESTUDIOS

1645

ANTONIO, NICOLAS. *D. Ioannes Adamus de la Parra.* (En su *Bibliotheca Hispana Nova.* 2.ª ed. Tomo I. 1783. Pág. 627).

1646

DOMINGUEZ ORTIZ, A. *Una obra desconocido de Adam de la Parra.* (En *Revista Bibliográfica y Documental,* V, Madrid, 1951, páginas 97-115).

Se refiere al tratado *Pro cautione christiana...*

Pág. 155: Facsímil de la portada.

1647

ENTRAMBASAGUAS, JOAQUIN DE. *Varios datos referentes al Inquisidor Juan Adam de la Parra.* (En *Boletín de la Real Academia Española,* XVII, Madrid, 1930, páginas 113-31, 211-26, 539-70 y 705-20).

Tirada aparte: Madrid. Tip. Archivos. 1930. 86 págs. + 1 h. 4.º

Ejemplares:

MADRID. *Nacional.* V-1.865-10.

1648

JULIÁ MARTINEZ, EDUARDO. *La amistad entre Quevedo y Adam de la Parra.* (En *Anales de la Universidad de Madrid,* I, Madrid, 1932, págs. 270-304).

Documentos inéditos del Archivo catedralicio de Toledo (págs. 278-82); *La Cueva de Meliso* (págs. 282-304). Tirada aparte: Madrid. [s. i.]. 1932. 35 págs. 8.º

1649

VALLADARES DE SOTOMAYOR, ANTONIO. *Noticia de quien fué Adan de la Parra.* (En *Semanario Erudito,* I, Madrid, 1787, págs. 111-12).

ADAME (P. JOSE MARIA)

N. en Calatagirona (Sicilia) el año 1624. Jesuíta desde 1639. Procurador General de Chile. M. en Porto Pello (Brasil) en 1685.

CODICES

1650

[*Cartas y Memoriales*].

V. Uriarte-Lecina, *Biblioteca,* I, página 35.

EDICIONES

1651

[*DEDICATORIA a D. Diego de Lara Escobar*]. (En Valdivia, Luis de. *Arte, y Gramatica general de la lengua que corre en todo el Reyno de Chile*... 2.ª edición. Sevilla. 1684. Preliminares).

El P. Adame fué, además, el editor de esta reimpresión.

Cfr. Medina, *Biblioteca hispano-chilena,* I, n.º 174.

ESTUDIOS

1652

URIARTE, JOSE EUGENIO DE y MARIANO LECINA. *Adame, José María.* (En su *Biblioteca de escritores de la Compañia de Jesús.* Tomo I. 1925. Pág. 35).

ADAME DE MONTEMAYOR (FRANCISCO)

N. de Villanueva de la Serena. Clérigo.

EDICIONES

1653

NACIMIENTO, vida y mverte del apostol S. Pedro, Principe de la Yglesia. Toledo. Pedro Rodriguez. 1598. 4 hs. + 298 fols. 19,5 cm.

—Sumario del priuilegio.
—Dedicatoria a D. Garcia de Loaysa Giron, Arçobispo de Toledo.
—Prologo.
—Soneto de un amigo. [«Ardiendo en ira y celos, de agrauiado...»].
—Al Licdo. Francisco Adame, quando quiso cantar Missa, Luys Carrillo de Ouando. Soneto. [«No al flaco pecador es conueniente...»].
—Del Licdo. Aluaro Gonçalez Cano de Mendoça... Soneto. [«Principe de la Yglesia, Papa, y Cura...»].
Texto: «Al valeroso Apostol, soberano...».

V. *Catálogo de la biblioteca de Salvá,* I, n.º 414; Gallardo, *Ensayo,* I, n.º 37.

Ejemplares:

MADRID. *Nacional.* R-156.—NUEVA YORK. *Hispanic Society.*

ESTUDIOS

1654

ANTONIO, NICOLAS. *Franciscus Adame de Montemayor.* (En su *Bibliotheca Hispana Nova.* 2. ed. Tomo I. 1783. Pág. 396).

ADAN (JUAN)

EDICIONES

Poesías sueltas

1655

[*SONETO a la obra, y al Autor*]. (En Burgos, Alonso de. *Methodo curativo, y uso de la nieve...* Córdoba. 1640. Preliminares).

Ejemplares:

MADRID. *Nacional.* R-4.442.

ADAN DE YARZA Y LARREATEGUI (ANTONIO)

Señor de los solares de Zubieta y Yarza. Preboste mayor de Lequeitio, Alcaide, Alcalde mayor y Alférez mayor perpetuo de la villa de los Arcos. Secretario del Príncipe Filiberto de Saboya.

1656

EPITOME de los Señores de Vizcaya, por Antonio Navarro de Larreategui. Turín. Emprenta de Tarin. 1620. 6 hs. + 164 págs. + 1 h. 22 cm.

—Imprimatur.
—Dedicatoria a Felipe III.
—Al lector.
—Los auctores que sigo en esta Epitome.
Texto.
—Privilegio del Duque de Saboya, a favor de Antonio Adam de Yarza y Larreategui, alias Antonio Nauarro de Larreategui.
—Indices de los capítulos.

Ejemplares:

BILBAO. *Diputación.* V-1-4-98. — FLORENCIA. *Marucelliana.* 1-KK-X-27.— MADRID. *Academia de la Historia.* 5-2-6=464; 3-7-4=6.977. *Nacional.* R-2.605.

1657

——— Madrid. Imp. Real. 1702. 7 hs. + 77 págs. + 1 h. 22,5 cm.

Ejemplares:

BILBAO. *Diputación Provincial.* V-1-4-97.—MADRID. *Academia de la Historia.* 14-8-5=2.638.

ADARZO DE SANTANDER (FR. GABRIEL)

N. en Madrid (1596). Mercedario. Predicador de Felipe IV. Obispo de Vigevano (1654) y arzobispo de Otranto (1661).

CODICES

1658

[*Tratado de la Concepción*].

Se guarda en el Archivo de la Cámara Apostólica. (Garí).

1659

[*Vida del V. P. Fr. Juan Bautista de la Peña*].

Cit. por Garí.

EDICIONES

1660

SERMON en las honras del Principe de España D. Baltasar Carlos de Austria. Madrid. 1646. 4.°

Cit. por Garí.

Aprobaciones

1661

[*APROBACION. Madrid, 6 de noviembre de 1642*]. (En González de Varela, José. *Pyra religiosa...* Madrid. 1642. Preliminares).

Ejemplares:
MADRID. *Nacional.* 2-8.674.

1662
[*CENSURA. Madrid, 22 de diciembre de 1642*] (En Nieremberg, Juan Eusebio. *Firmamento religioso de luzidos astros*... Madrid. 1644. Preliminares).
Ejemplares:
MADRID. *Nacional.* U-4.499.

1663
[*CENSURA. Madrid, 16 de octubre de 1644*]. (En Nieremberg, Juan Eusebio. *Honor del gran patriarca San Ignacio de Loyola*... Madrid. 1645. Preliminares).
Ejemplares:
MADRID. *Nacional.* U-4.498.

1664
[*CENSURA. Madrid, 18 de mayo de 1653*]. (En Calascibetta, Manuel. *Vida del glorioso... San Cayetano Tiene*... Madrid. 1653. Preliminares).

Reproducida en el *Epítome* de la misma obra, publicado en Méjico el año 1691.
Ejemplares:
MADRID. *Nacional.* 3-40.792.

OBRAS LATINAS

V. la relación de las publicadas e inéditas que facilita Garí, pág. 5.

ESTUDIOS

1665
ALVAREZ Y BAENA, JOSEPH ANTONIO. *Gabriel Adarzo y Santander ,D. Fr.* (En *Hijos de Madrid*... Tomo II. 1790. Págs. 272-74).

1666
GARI Y SIUMELL, JOSE ANTONIO. *Ilmo D. Fr. Gabriel de Adarzo y Santander.* (En su *Biblioteca Mercedaria.* 1875. Págs. 4-5).

«ADDICION...»

V. ADICION.

«ADICION a los festejos...»

EDICIONES

1667
ADDICION á los festexos, que en la Ciudad de Mexico, se hizieron al Marques mi señor, con el particular que le dedicó el Collegio de la Compañía de Iesvs. [Méjico. Bernardo Calderón]. [1640]. 4 hs. 4.°

V. Andrade, *Ensayo bibliográfico mexicano del s. XVII,* n.° 237.
Ejemplares:
NUEVA YORK. *Hispanic Society.*

«ADMIRABLE suceso...»

EDICIONES

1668
ADMIRABLE suceso, el qual trata como en la villa de Ervena, un rico hombre de mala vida tenia en su casa y heredades, grandes y feroces mastines, con intencion que no se atreviese á llegar ningun pobre a su puerta: y se alababa, que aquellos le ahorraban cada un año cuarenta fanegas de trigo. Dase quenta de muchos malos pensamientos que este mal hombre tenia para con Dios y su próximo. Asi mismo un milagro del Santísimo Sacramento, y de como, por no pretender enmienda, le castigó la justicia divina, y los propios perros le despedaza-

ron. [Sevilla. Juan Gomez de Blas]. 1638. 2 hs. 4.°.

«Virgen, con vuestra favor...»
V. Gallardo, *Ensayo,* I, n.° 614.

«*ADMIRABLES efectos...*»

EDICIONES

1669

ADMIRABLES efectos de la Providencia svcedidos en la Vida, e Imperio de Leopoldo Primero invictissimo Emperador de Romanos. Reduzelos a Anales Historicos la verdad. Milán. En la Emprenta Real, por Marcos Antonio Pandulfo Malatesta. 1696. 3 vols. con láminas. Fol.

V. Toda, *Bibliografía espanyola d'Italia,* I, n.° 26.
El original italiano se debe al P. Constantí Roncaglia y esta traducción anónima se ha atribuído al jesuíta P. Alvaro de Cienfuegos y al franciscano Fr. Juan de Santa María.

1670

——— Nueva impression, corregida y augmentada asta la muerte del Emperador arrivada en el año de 1705. Milán. En la Emprenta Real, por Marcos Miguel Bousquet y Comp. [el III por E. A. Gone]. 1734-40. 3 vols. con láms. Fol.

V. Toda, *Bibliografía,* I, n.° 27.

ADORNO (AGUSTIN)

EDICIONES

Poesías sueltas

1671

[*ALABANÇA (En) del Autor. Soneto*]. (En Becerra, Hernando. *Tratado de la qualidad manifiesta y virtud del Azogue...* Méjico. 1649. Preliminares).

Ejemplares:

MADRID. *Nacional.* 3-29.542.

ADRIAN (FELICIANO)

EDICIONES

Poesías sueltas

1672

[*OCTAVAS*]. (En *Ivstas poeticas hechas a devocion de Don Bernardo Catalan de Valeriola.* Valencia. 1602. Págs. 15-17).

Ejemplares:

MADRID. *Nacional.* R-8.779.

ADRIAN (VICENTE)

EDICIONES

1673

TRATADO segundo de las mercedes y favores que hace la Magestad de Dios nuestro Señor, a los devotos de las benditas almas del Purgatorio. Valencia. Pedro Patricio Mey. 1610. 8.°

La Licencia del Ordinario alude a otras seis obras suyas, entre las que figuran dos autos sacramentales, de las que no se tienen otras noticias.

ESTUDIOS

1674

BARRERA, CAYETANO ALBERTO DE LA. *Adrián, Vicente.* (En su *Catálogo... del Teatro antiguo español.* 1860. Pág. 6).

ADRIAN DE AYNSA (ANTONIO)

EDICIONES

1675

CLARO y luzido Espejo de Almutaçafes, o fieles. En el qual se contienen muchas diferencias de precios: muy por menudo. Y muchos auisos y cosas sutiles: ansi para los Almutaçafes, como para los que compran y venden. Zaragoza. Miguel de Guessa. 1577. 81 fols. + 1 h. 20 cm. gót.

V. Sánchez, *Bibliografía aragonesa del s. XVI,* II, n.º 534.

Ejemplares:

MADRID. *Nacional.* R-6.123.

Dudosa

1676

CLARO y luzido espejo... Zaragoza. 1578.

Cit. por Nicolás Antonio. Sánchez cree que se trata de un error.

ESTUDIOS

1677

ANTONIO, NICOLAS. *Antonius Adrianus, alias Adrianus de Ainza.* (En su *Bibliotheca Hispana Nova.* 2.ª ed. Tomo I. 1783. Pág. 94).

ADUARTE (FR. DIEGO)

N. en Zaragoza en 1569. Dominico. Marchó a Filipinas en 1594. Obispo de Nueva Segovia.

CODICES

1678

[*Memorial de cosas pertenecientes á Isla Hermosa. Que cosas en particular se necesitan al presente y para en adelante en los presidios de dicha Isla para poder sostenerse en ella los españoles*].

Letra del s. XVII. 8 págs. Fol. Fechado en 24 de noviembre de 1632.

V. Retana, *La Imprenta en Filipinas,* n.º 34.

EDICIONES

«Historia...»

1679

HISTORIA de la provincia del Sancto Rosario de la Orden de Predicadores en Philippinas, Iapon, y China... Añadida por... fray Domingo Gonçalez. Manila. Colegio de Sancto Thomás, por Luis Beltrán. 1640. 3 hs. + 427 págs. a 2 cols. + 15 hs. 28,5 cm.

—Licencia de D. Sebastian Hurtado de Corcuera, Gobernador y Capitan general de las Islas Filipinas (Manila, 21 de marzo de 1639).
—Aprobacion de Fr. Theophilo Mascaros.
—Licencia del arzobispo Fr. Hernando Guerrero.
—Aprobacion de Fr. Iuan Piña de San Antonio.
—Aprobacion de Pedro de Monrroy.
Texto.
—Tabla.

V. Medina, *La Imprenta en Manila,* n.º 57 (da facsímil de la portada).

Ejemplares:

CORDOBA. *Pública.* 8-309. — LONDRES. *British Museum.* 493.i.8.—MADRID. *Nacional.* R-2.470.—PARIS. *Nationale.* H. 1707.

1680

TOMO primero de la Historia de la provincia del Santísimo Rosario de Filipinas, Iapon, y China, de la Sagrada Orden de Predicadores... Añadida por Fr. Domingo González... Y saca a luz... Fr. Pedro Martyr de Buenacasa. Zaragoza. Domingo Gascón. 1693. 4 hs. + 767 págs. + 25 hs. 28 cm.

—Dedicatoria a D.ª Maria Henriquez de Guzman. Duquesa de Villahermosa.
—Aprobación de Fr. Francisco de Paula.
—Licencia del Ordinario.
—Aprobación de Fr. Prudencio Ruiz.
—Licencia del Reino de Aragón.
—Aprobación de Fr. Iuan Francisco de Hurtado y Fr. Iuan de Maya.
—Licencia de la Orden.
—Prólogo al lector.
—Protestación del autor.
Texto.
—Indices de todo lo contenido en los dos libros de esta Historia. Prólogo.

—Indice de los capítulos.
—Indice segundo de los españoles.
—Indice de los nombres, titulos, dignidades y conventos de todos los Religiosos mencionados.
—Indice quarto de todas las cosas muy notables.

V. Jiménez Catalán, *Tipografía zaragozana del s. XVII*, n.º 1.175.

Ejemplares:

CORDOBA. *Pública*. 13-318.—LONDRES. *Brisih Museum* 493.i.17.—MADRID. *Academia de la Historia*. 5-3-5-828. *Nacional*. 3-28.329.—PARIS. *Nationale*. H. 1708. — SAN LORENZO DEL ESCORIAL. *Monasterio*. 90-VI-1.—ZARAGOZA. *Universitaria*. A-59-238.

«Relaciones»

1681

RELACION de los Martires que ha hauido en Iapon desde el año de 1626 hasta el de 28 en particular de seys de ellos de la religion de Sancto Domingo, dos Sacerdotes Españoles, y quatro legos Iaponeses, collegida de algunas que han enuiado de alla a estas Islas Philippinas algunos religiosos de differentes ordines... Manila. Emprenta del Collegio de Sancto Thomas de Aquino, por Iacinto Maguralau. 1629. 12 hs. (?). 4.º

V. Medina, *La Imprenta en Manila*, n.º 39.

1682

RELACION de lo que han padecido los cristianos del Japón desde 1628 á 1630, acompañada de la vida del religioso fray Mateo Cobisa, dominico, que murió en Isla Hermosa. Manila. Imp. del Colegio de Santo Tomás, por Jacinto Magurulau. 1631. 48 págs. 4.º

V. Retana, *La Imprenta en Filipinas*, n.º 27.

1683

RELACION de mvchos que han padecido con titulo de Christianos en el Iapon, desde el año 1626 hasta el de 1628 y en particular de seys Religiosos de la Orden de N. P. S. Domingo es a saber; dos Sacerdotes Españoles, y quatro legos Iaponeses... Roma. Estevan Paulini. 1632. 28 hs. + 3 págs. 12.º

—Licencia de la Orden.
Texto.
—Tabla.

V. Toda, *Bibliografía espanyola d'Italia*, I, n.º 35.

1684

RELACION de los martyres que ha avido en Japon, desde el año de mil seiscientos y veinte y seis, hasta el año de veinte y ocho, en particular de seis dellos de la religion de S. Domingo... [Sevilla] [1632]. Fol.

Ejemplares:

LONDRES. *British Museum*. 593.h.17 (107).

1685

SEGUNDA relacion de los mil ciento y treinta y seis martyres que ha avido en Japon, desde el año de mil seiscientos y veinte y seis, hasta el año de veinte y ocho... [Sevilla] [1632]. Fol.

Ejemplares:

LONDRES. *British Museum*. 593.h.17 (114).

1686

RELACION de algunas entradas que han hecho los religiosos de la orden de nuestro Padre S. Domingo de la provincia del S. Rosario en las Islas Filippinas en tierras de infieles de las mismas Islas y otras vecinas a ellas de pocos años a esta parte, y de los successos de ellas, y de algunos santos varones ya difuntos de la misma provincia. Manila. En el Colegio de S. Thomas, por Iacinto Magurulau. 1633. 94 págs. 4.°

Sin nombre de autor.

V. Medina, *La Imprenta en Manila,* n.° 44.

1687

RELACION de los gloriosos martirios de seis religiosos de S. Domingo desta Provincia del santo Rosario de las Filipinas; que han padecido este año, y el passado de 33 los quatro en Iapon, con otros muchos de otras Ordenes, y muchas mas de los naturales del mismo Reino... Contiene mas algunas entradas que han hecho Religiosos de la misma Prouincia, por tierras nueuas de infieles; y el fruto que dellas se ha seguido. Manila. En el Colegio de S. Tomas, por Raymundo Magisa y Iacinto Magarulao. 1634. 4.°

V. Medina, *La Imprenta en Manila,* n.° 45.

1688

RELACION de los gloriossos martirios de seis religiosos de S. Domingo de la Prouincia del Santo Rosario de las Filipinas, que han padecido este año, y el passado de 33, los quatro en Iapón, con otros muchos de otras órdenes, y muchas mas de los naturales del mismo Reino... Valladolid. Iuan Gonçalez Mogrouejo. 1637. 36 hs. 4.°.

V. Gallardo, *Ensayo,* I, n.° 39.

TRADUCCIONES

Castellanas

1689

RELACION de la persecvcion qve tvbo la Iglesia en el Japon en dos años, es a saber, desde el 1626 hasta el 1628... Traduzida de Italiano en Castellano por... Fr. Luys Juste... Barcelona. Francisco Cormellas. 1669. 28 fols. + 2 hs. 12.°

Italianas

1690

RELATIONE de molti che hanno patito con titolo di Christiani nel Giapone dall' anno 1626 sino à quello de 1628... Roma. S. Paolini. 1632. 8.°

Ejemplares:

LONDRES. *British Museum.* G.5484(5).

ESTUDIOS

1691

ANTONIO, NICOLAS. *F. Didacus Aduarte.* (En su *Bibliotheca Hispana Nova.* 2.ª ed. Tomo I. 1783. Págs. 264).

1692

LATASSA Y ORTIN, FELIX DE. *Don Fr. Diego Francisco Aduarte.* (En su *Biblioteca nueva de los escritores aragoneses...* Tomo II. 1799. Págs. 521-23).

«*ADVERTENCIA...*»

EDICIONES

1693

ADVERTENCIA de las Ceremonias que han de observar los Religiosos, quando los Serenissimos Señores Principes estaran en el Convento de S. Pedro Alcantara de la Ambrosiana. Florencia. Antonio Nanesi. 1688. 2 hs. + 29 págs. 4.°

—Licencia de la Orden (Madrid, 31 de octubre de 1688).

—Aprobación del arzobispo de Florencia.

Texto.

V. Toda, *Bibliografía espanyola d'Italia,* I, n.° 36.

«*ADVERTENCIAS...*»

CODICES

1694

«Adbertencias sobre el rremedio que se podría poner para que los maestro descuela saquen con brebedad los muchachos que andan en ellas buenos letores y scriuanos y contadores.»

Letra del s. XVI. 318 × 220 mm. Fechado en Madrid, julio de 1588.

ESCORIAL. *Monasterio.* L.I.13 (folios 262*r*-266*r*).

EDICIONES

1695

[*Advertencias sobre el remedio que se podría poner para que los Maestros de escuela saquen con brevedad los muchachos que andan en ella buenos lectores y escrivanos. Edición de C. Muñoz y Manzano*]. (En [Muñoz y Manzano, Cipriano]. Conde de la Viñaza. *Biblioteca histórica de la Filología castellana.* 1893. Cols. 1167-78).

Reproduce una copia de 1792, propiedad de la Academia Española, del ms. escurialense.

1696

[*ADBERTENCIAS sobre el rremedio que se podría poner para que los maestros descuela saquen con brebedad los muchachos en ellas buenos letores y escrivanos y qontadores. Edición del P. Zarco*]. (En *Relaciones de pueblos del Obispado de Cuenca hechas por orden de Felipe II*... Tomo I. Cuenca. 1927. Págs. CXI-CXVI).

Ejemplares:

MADRID. *Nacional.* 5-14.014 (vol. 1).

1697

ADUERTENCIAS para mayor noticia de la gramatica, y reducir al vso, y exercicio los preceptos della. Méjico. Ioan Ruiz. 1615. 73 fols. 8.°

V. Andrade, *Ensayo bibliográfico mexicano del s. XVII,* n.° 61.

1698

——— Méjico. Viuda de Bernardo Calderón. 1645. 1 h. + 73 fols. 8.°

V. ídem, n.° 295.

1699

ADVERTENCIAS, y avisos políticos, para todo género de gentes, y estados, en que se advierte al curioso letor lo que debe observar, y de los daños que deve guardarse con el embozo del gracejo, verdades desnudas para reformar nuestras costumbres. Compuestos por el desengaño aunque no aprobados de poco caso, porque siempre siguen lo peor los que lo tienen atención, y ojo. [s. l. s. i.]. [s. a.]. 2 hs. 4.°

«Los bienes desta fortuna...»

V. Gallardo, *Ensayo,* I, n.° 329.

1700

[*ADVERTENCIAS para los edificios y fabricas de los Tenplos: y para diuersas cosas de las que en ellos siruen al culto diuino y a otros misterios*]. [s. l. s. i.]. [s. a.]. 233 págs. + 3 hs. 15 cm.

Ejemplares:

MADRID. *Nacional.* 2-28.315 (sin portada).

1701

ADVERTENCIAS del estado en qve estan el Patrimonio Real, y el Reyno, y de los medios por donde se podria tratar de su reparo. [s. l. s. i.]. [s. a.]. 132 fols. 29 cm.

Ejemplares:

MADRID. *Nacional.* 3-48.965.

1702

ADVERTENCIAS que los Cato-

licos de Inglaterra escriuieron a los Catolicos de Francia...

V. *GUZMAN (FELIX DE)* y *HERRERA (ANTONIO DE)*.

1703

[*ADUERTENCIAS a la Historia del Padre Iuan de Mariana*]. [s. l. s. i.]. [s. a.]. 25 fols. 20 cm.

Ejemplares:

MADRID. *Nacional*. U-10.370.

1704

[*ADVERTENCIAS para la prohibicion de las mercaderias estrangeras. Dando las causas por que no se deuen prohibir generalmente, y los daños que causará la absoluta prohibicion de entrada de mercaderías*]. [s. l. s. i.]. [s. a.]. 16 fols. 19,5 cm.

Ejemplares:

MADRID. *Nacional*. R-Varios, 12-8 (la última página está ms.).

«*ADVERTIMIENTO...*»

EDICIONES

1705

ADVERTIMIENTO de la intención y jvstas cavsas, con que la Magestad del Rey Catholico se mueve á tomar possesion de los Reynos de Portugal, por su propria auctoridad, sin aguardar mas tiempo. [s. l. s. i]. [s. a.]. 2 hs. Fol.

En Madrid, 1580. «Este papel se repartió entre los Portugueses con objeto de apaciguarlos y de justificar la entrada del ejército que mandaba el Duque de Alba.» (Pérez Pastor, *Bibliografía madrileña*, I, n.º 150).

AEDO Y GALLART (DIEGO DE)

Consejero de S. M. y su Secretario; de la Cámara del Cardenal Infante; Recibidor general de Brabante en el partido de Amberes.

EDICIONES

1706

VIAJE del Infante Cardenal Don Fernando de Avstria, desde 12 de Abril 1632 que salió de Madrid con su Magestad D. Felipe IV su hermano para la çiudad de Barçelona, hasta 4 de Noviembre de 1634 que entró en la de Bruselas. Amberes. Iuan Cnobbart. 1635. 4 hs. + 200 págs. + 1 lám. pleg. 20 cm.

—Frontis firmado por P. P. Rubens

en que figura el siguiente titulo: «El memorable y glorioso viaje del Infante Cardenal D. Fernando de Avstria».

—Dedicatoria al Conde Duque de San Lucar de Alphichin.

—Aprobación de G. Extricx.

—Suma del privilegio.

Texto.

—Erratas.

Ejemplares:

LONDRES. *British Museum*. 1200.c.18 (1).—MADRID. *Academia de la Histo-*

ria. 2-1-5-254. *Nacional.* 2-66.784 (ex-libris de Gayangos).—NUEVA YORK. *Hispanic Society.*—PARIS. *Nationale.* Rés. Oi.44 bis.

1707

SVCESSOS y gverras del Infante Cardenal Don Fernando de Avstria, Desde doze de Abril de mil seiscientos y treinta y dos, que salió de Madrid, con su Magestad Don Felipe Quarto su hermano, para la ciudad de Barcelona, hasta veinte y vno de Setiembre de mil y seiscientos y treinta y seis. [Barcelona. Sebastian y Iayme de Matevad]. [1637]. 358 págs. 14,5 cm.

—Aprobacion de Fray Antonio Solanes.
—Licencia del Vicario General.
—Aprobación de Tomás Tamayo de Vargas. (Madrid, 10 de noviembre de 1636).
—Dedicatoria a D. Henrico Raymundo Folch de Cardona y Aragon, Duque de Cardona y Segorbe.
Texto.
—Colofón.

Ejemplares:

LONDRES. *British Museum.* 4863.aaa.—MADRID. *Academia de la Historia.* 2-1-8-462. *Nacional.* 2-16.217.

1708

VIAGE, svcessos, y gverras del Infante Cardenal, Don Fernando de Avstria, desde doze de Abril de mil y seiscientos y treinta y dos, que salio de Madrid, con su Magestad Don Felipe Qvarto su hermano, para la ciudad de Barcelona, hasta veinte y vno de Setiembre de mil y seiscientos y treinta y seis. Madrid. Imp. del Reyno. A costa de Lorenço Sanchez. 1637. 4 hs. + 210 páginas + 1 h. 20,5 cm.

—Suma del Priuilegio.
—Fee de erratas.
—Tassa.
—Aprobación de Tomas Tamaio de Vargis (Madrid, 10 de noviembre de 1636).
—Dedicatoria a D. Pedro Messía de Tobar y Paz, Caballero de Alcántara, etc.
Texto.
—Colofón.

V. *Catálogo de la biblioteca de Salvá,* II, n.º 2.806; Gallardo, *Ensayo,* I, n.º 40.

Ejemplares:

MADRID. *Academia de la Historia.* 3-3-4-2.440. *Nacional.* 2-64.194. — NUEVA YORK. *Hispanic Society.*—PARIS. *Nationale.* Oi.44; Rés.Oi.44. — SALAMANCA. *Universitaria.* 49.610.—ZARAGOZA. *Universitaria.*

TRADUCCIONES

Francesa

1709

VOYAGE (Le) dv prince Don Fernande infant d'Espagne, cardinal, Depuis le douziéme d'Auril de l'an 1632 qu'il partit de Madrit pour Barçelone avec le Roy Philippe IV son frere, jusques au jour de son entrée en la ville de Bruxelles le quatriéme du mois de Novembre de l'an 1634. Tradvict de l'espagnol... par Ivle Chifflet... Amberes. Iean Cnobbaert. 1635. 9 hs. + 204 págs. 20 cm.

Ejemplares:

LONDRES. *British Museum.* 1200.c.18 (2). — MADRID. *Nacional.* 2-27.003.—NUEVA YORK. *Hispanic Society.*—PARIS. *Nationale.* Rés.Oi.45.

Alemana (Fragmentaria)

1710

DES Don —— schilderung der Schlacht von Nördlingen (i. J. 1634), aus dessen «Viaje del infante cardenal Don Fernando de Austria». Übersetzt und mit Anmerkungen versehen von Franz Weinitz. Mit einem Anhang und einer Karte. Estraburgo. K. J. Trubner. 1884. 8.º

Ejemplares:

LONDRES. *British Museum* 9073.f.7(3).—PARIS. *Nationale.* 8ºM.4202.

AEFFERDEN (FRANCISCO DE)

Doctor en ambos Derechos; Preposito y Primera Dignidad del Obispado de Brujas; Protonotario y Juez apostólico de la Nunciatura de España; Capellán de honor de S. M.

EDICIONES

1711

VIDA de el Serenissimo Principe Elector D. Phelipe Gvillelmo, Conde Palatino del Rhin, Architesorero de el Imperio Romano, Duque de Baviera... Padre de la Reyna regnante N. S. Doña María-Ana de Neobvrgo, A cuya magestad la consagra... su traductor ——... Madrid. Imp. de Bernardo de Villa-Diego. 1692. 6 hs. + 1 lám. + 248 págs. 19 cm.

—Dedicatoria a la Reina.
—Al lector.
«Este breue Compendio de la admirable vida de el Serenissimo Señor Elector Palatino, compuesto antes en Idioma Alemán por su Confessor el Reverendissimo Padre Iuan Bodlér, de la Compañía de Jesus, se traduxo despues en el Latino, aumentado con las noticias, que subministró quien las podia dar, para que se pusiesse también en lenguaje Portugués, como se hizo, y se haze aora, siguiendo la narración original, que juntamente es Historia, y Elogio...»
—Censura del P. Ioseph Lopez de Echaburu y Alcaraz, jesuíta.
—Licencia del Ordinario.
—Suma de la licencia.
—Fee de erratas.
—Summa de la tassa.
—Aprobación del P. Iuan de Palazol, jesuíta.
—Introducción de esta Obra, segun la idea que nos dió de ella el R. P. Juan Bodler.
—Lámina con retrato del Príncipe.
Texto.

Ejemplares:

MADRID. *Nacional.* 2-12.696.

1712

ATLAS (El) abreviado, o compendiosa Geografía del mundo antiguo, y nuevo. Amberes. Juan Duren. 1696. 4 hs. + 128 + CXXII págs. + 42 mapas en colores 15 cm.

Dedicado a Carlos II.

Ejemplares:

MADRID. *Academia Española.* 14-X-62.—NUEVA YORK. *Hispanic Society.*

1713

——— Amberes. Juan Duren. 1697.

Ejemplares:

NUEVA YORK. *Hispanic Society.*—SALAMANCA. *Universitaria.* 10.981.

1714

——— Colonia. 1708.

Ejemplares:

TARRAGONA. *Pública.*

1715

——— Amberes. 1709.

1716

——— Amberes. Viuda de H. Verdussen. 1725. 3 hs. + 230 págs. + 42 láms. + 1 h. 8.º

Ejemplares:

MADRID. *Municipal.* R-541.

1717

——— Amberes. 1775.

1718

——— León de Francia. 1739.

AFAN DE RIBERA (GASPAR)

Caballero de Santiago.

EDICIONES

Poesías sueltas

1719

[*PORQUÉ Granada, mas que otra*

ciudad, tiene obligación de hazer demonstraciones de alegría por el nacimiento del nueuo Príncipe. Romance]. (En *Academia que se celebró en la ciudad de Granada*... Granada. 1661. Fols. 17*v*-20*r*).

V. n.º 1.281.

1720

[*ORACION con que dió fin a la Academia*...]. (En *Espejo poetico en que se miran las heroycas hazañas*... Granada. 1662. Folios 57*r*-60*r*).

Ejemplares:

MADRID. *Nacional*. R-6.550.

1721

[*CELEBRA a Granada, haziendo relación de las demostraciones con que en varios tiempos ha manifestado su deuoción en este Misterio. Romance*]. (En *Descripción de las fiestas que al primero y puríssimo instante de la Concepción de Nuestra Señora consagró el R. Convento de San Francisco de Granada*... Granada. 1662. Págs. 43-49).

Ejemplares:

MADRID. *Nacional*. R-6.550.

ESTUDIOS

1722

[CERVANTES Y ERVIAS, NICOLAS DE. *Vexamen*]. (En *Academia que se celebró en la ciudad de Granada*... 1601. Fol. 17).

«...Vímos en el bosque del Alhambra al señor D. Gaspar Afan de Ribera, que andaua caçando jabalíes... Es un Caullero tan amigo de mugeres feyssimas, que yo asseguro que porque ha oydo dezir que ay fieras en el bosque viene a emplear en él su inclinación...»

AFAN DE RIBERA (PAYO)

V. RIBERA (PAYO DE).

AFAN DE RIBERA ENRIQUEZ (FERNANDO)

Marqués de Tarifa. N. en Sevilla por 1564 y fué discípulo de Francisco de Medina.

EDICIONES

Poesías sueltas

1723

[*SONETO*]. (En *Primera parte de las Flores de poetas ilustres de España*... *Ordenada por Pedro Espinosa*. Valladolid. 1605. Fol. 112*v*).

V. n.º 51 (137).

ESTUDIOS

1724

VEGA, LOPE DE. [*Elogio*]. 1630.

V. n.º 1.734.

AFAN DE RIBERA ENRIQUEZ (FERNANDO)

Duque de Alcalá, Marqués de Tarifa, Conde de los Molares, etc. Hijo del anterior. N. en Sevilla por 1584 y fué Virrey de Cataluña, Nápoles y Sicilia, Gobernador del Milanesado, Adelantado mayor de Sevilla y su tierra, etc. M. en Vilak (Alemania) el año 1637.

CODICES

1725

[*Libro sobre la Pasión de Cristo*]. Cit. por N. Antonio.

EDICIONES

1726

TITVLO (*Del*) *de la Crvz de Christo Señor nuestro*. 2.ª ed. [s. l. s. i.]. [s. a.]. 3 hs. + 1 blanca + 40 fols. 23 cm.

—Al lector. Antonio de Laredo Salazar, Secretario de D. Fernando Afan de Ribera y Enriquez, Duque de Alcalá, Marqués de Tarifa, etc.

«Escribio el Duque mi Señor en Sevilla este papel sobre el titulo de la Cruz de Christo, que (como en él dize) vio en casa de Francisco Pacheco, estudioso Pintor de aquella Ciudad, poco antes que saliesse Su Excelencia della, para venir al govierno deste Principado de Cataluña...»

1. Carta de ? (Fol. 1).
2. Papel del Duque. (Fols. 2*r*-6*r*).
3. Carta de Francisco de Rioja, a Francisco Pacheco. (Fols. 7*r*-13*r*).
4. Advertencia a la carta de Francisco de Rioja. (Fols. 14*r*-40*r*).

Ejemplares:

MADRID. *Nacional.* 2-35.639. — PARIS. *Nationale.* D.5546.

1727

[*PAPEL qve el Dvque de Alcalá, siendo Virrey de Cataluña, escribio a un ministro de aquel Consejo, sobre admitir los nuevos privilegios del Rey nuestro señor Philippe IIII quando murió el Rey nuestro señor su padre: resistiendolo el Principado a titulo de la observancia de una constitucion del señor Rey don Iaime el segundo*]. [s. l. s. i.]. [s. a.]. 4 hs. 28,5 cm.

Carece de portada.

Ejemplares:

MADRID. *Nacional.* R-Varios, 59-62.

Obras latinas

1728

ORATIO ad Vrbanvm VIII Pont. Max. cvm Philippi IV Catholici Regis Nomine Illustriss. & Excellentiss. Princeps D. ——... Eidem Summo Pontifici Obedientiam præstaret. Habita in Aula Regum Vaticana Die 29 Iulii, Anni 1625. Roma. Iacobi Mascardi. 1625. 15 págs. 19,5 cm.

Ejemplares:

MADRID. *Nacional.* R-Varios, 22-21.

ESTUDIOS

1729

AGGIONTA alli Diurnali di Scipione Guerra. Governo di Don Fernando Afan de Rivera Enriquez duca d'Alcala (*1629*). (En *Archivio Storico per le Province Napoletane,* XXXVI, Nápoles, 1911, págs. 124-205, 329-82, 507-80, 751-98).

1730

ANTONIO, NICOLAS. *D. Ferdinandus Afan de Ribera Henriquez.* (En su *Bibliotheca Hispana Nova.* 2.ª ed. Tomo I. 1783. Pág. 366).

1731

CRAWFORD, J. P. WICKERSHAM. [*El Duque de Alcalá, protector de Suárez de Figueroa*]. (En su *Vida y obras de Cristóbal Suárez de Figuera. Trad. de N. Alonso Cortés.* Valladolid. 1911. Págs. 88-94).

Ejemplares:

MADRID. *Nacional.* 1-64.632.

1732

[JAUREGUI, JUAN DE. *A Don Fernando Enriquez de Ribera, Duque de Alcalá, &c... dedicandole su Aminta*]. (En sus *Rimas.* Sevilla. 1618. Preliminares).

Fechada en Roma, 15 de julio de 1607.

1733

SUAREZ DE FIGUEROA, CRISTOBAL. [*Dedicatoria a D. Fernando Afan de Ribera y Enríquez, Duque de Alcalá, etc.*]. (En su obra *Pusilipo.* Napoles. 1629. Preliminares).

En la portada de este libro va grabado el escudo del Duque y en los preliminares se incluye un soneto titulado: *La Nacion Española, a la felicissima venida del Excelentissimo Señor Duque de Alcalá, Virrey deste Reyno de Napoles.*

Ejemplares:

MADRID. *Nacional.* R-9.093.

1734

[VEGA CARPIO, LOPE FELIX

DE. *Elogio*]. (En su *Laurel de Apolo.* Madrid. 1630. Fols. 16*v*-17*r*).

«...Despertó los ingenios de Seuilla,
Y en su triunfo, en su honor, corona [y gloria
Del Marques de Tarifa la memoria,
Porque con ella honrado
Tuuiesse tal opuesto el Principado;
A cuya frente fuera
Breue, aunque digna, esfera,
Todo el Laurel, mas ya por hojas be- [llas,
A donde nace el Sol siruen Estrellas.
Que como mas triunfantes,
Trocó las esmeraldas en diamantes,
Dexandonos la copia
De su Genio ilustrissimo, tan propia,
Que en la efigie con alma resplandece
Del Duque de Alcalá, donde parece
Que trasladó el ingenio con la vida.
Principe, cuya Fama esclarecida
Por virtudes, y letras será eterna,
En quanto el Sol su Ecliptica gouierna
Pues aduirtiendo a tantas facultades
Se ven en une edad tantas edades...»

V. n.° 1.182.

Lope le dedicó, además, su comedia *Lo cierto por lo dudoso.*

AFAN DE RIBERA ENRIQUEZ (FERNANDO)

Hijo del Duque de Alcalá. Sexto Marqués de Tarifa. N. en Sevilla en 1614 y m. en Palermo en 1633.

EDICIONES

1735

FABULA de Mirra... Hecha dar a la estampa por García de Salcedo Coronel... Nápoles. Lázaro Scorigio. 1631. 39 hs. 4.°

—Dedicatoria a D. Luis de Aragón y Moncada, Príncipe de Paterno y Duque de Montalto.
—García de Salcedo Coronel, al lector.
—Del mismo García Coronel al Marqués de Tarifa, estando en su retiro de Caserta, cuando escribía esta *Fábula de Mirra.* Epístola. [«Agora que, entre el ocio, más atento...»].
—Del mismo, al Marqués de Tarifa... [«De suerte, señor, cantaís...»].
—De Fernando Palomares, al Autor. [«Joven dichoso que, con años tiernos...»].
—De Sebastián de Acosta y Pereira. Soneto. [«Héroe justo, hija torpe enamorada...»].
—De Mateo de Andrade, al Autor. [«En la Mirra que cantáis...»].
—Poesía italiana de Vincenzo Zito.
—Soneto italiano de Lorenzo Stellato.
—Soneto francés del mismo.
—Hexasticon latino del mismo.
—Soneto del mismo. [«Hermoso un cisne veo por aire a vuelo...»].
—Soneto italiano del Doglioso.
Texto.
—Licencia del Vicario general.

V. Gallardo, *Ensayo,* I, n.° 41; Toda, *Bibliografia espanyola d'Italia,* I, n.° 37.

Ejemplares:

NUEVA YORK. *Hispanic Society.*

1736

FÁBULA de Mirra... Sácala de nuevo á luz... Manuel Pérez de Guzmán y Boza, Marqués de Jérez de los Caballeros. Tirada de 50 ejemplares. Sevilla. Imp. de E. Rasco. 1903. XXX págs. + 1 h. blanca + 75 págs. + 2 hs. 17 cm.

Págs. V-XXX: Noticia biográfica del sexto Marqués de Tarifa, por Francisco Rodríguez Marín.

Ejemplares:

MADRID. *Academia Española.* 17-IX-19. *Academia de la Historia.* 8(2)-8-5-1.523. *Consejo. General.* R.M.-4.254.—SANTANDER. *«Menéndez y Pelayo».* R-X-6-18.

ESTUDIOS

1737

ANTONIO, NICOLAS. *D. Ferdinandus Afan de Ribera Henriquez.* (En su *Bibliotheca Hispana Nova.* 2.ª ed. Tomo I. 1783. Págs. 366-67).

1738

IUDICE FIESCO, IUAN BAUTISTA. *Epítome de la virtvosa, i exemplaz vida de Don Fernando Afán de Ribera i Henríqvez, Sexto Marqués de Tarifa...* Palermo. Decio Cirillo. 1633. 4 hs. + 104 páginas. 21 cm.

Pág. 39: Varias composiciones poéticas que en diuersas lenguas se hizieron en las exequias del diffunto Marqués de Tarifa. (Las castellanas se citarán al tratar de los autores correspondientes).

Ejemplares:

MADRID. *Nacional.* R-6.572.

1739

LASSO DE LA VEGA, ANGEL. *Afan de Rivera, Fernando.* (En su *Historia y juicio crítico*... 1871. Páginas 175-76).

V. n.º 533.

AFAN DE RIBERA Y GADEA (BALTASAR)

EDICIONES

Poesías sueltas

1740

[*DA gracias a una tormenta, por auer acercado a un galan al puerto, en que le aguardaua su dama, en diez y seys coplas*]. (En *Festiva Academia*... Granada. 1664. Folios 16*r*-17*v*).

Ejemplares:

MADRID. *Nacional.* U-3.145.

«*AFECTUOSA preparación...*»

EDICIONES

1741

AFECTVOSA preparacion para los Sacramentos de la Penitencia, y Evcaristia. Con loores de Maria Nuestra Señora. Compvesto por vn minimo Siervo de la Emperatriz del Cielo. Zaragoza. Herederos de Diego Dormer. 1682. 30 páginas. 15 cm.

Págs. 3-4: Censura de Fr. Francisco Sobrecasas.

Texto. [«Soberano Señor Sacramentado...»]. (Págs. 5-30).

Ejemplares:

MADRID. *Nacional.* R-11.154.

AFECTUOSO (EL)

EDICIONES

Poesías sueltas

1742

[*ROMANCE jocoserio*]. (En Amada y Torregrosa, Ioseph Felix de. *Palestra numerosa autriaca*... 1650).

V. n.º 1.084.

AGANDURU MORIZ (FR. RODRIGO DE)

N. de Orio. Agustino.

EDICIONES

1743

HISTORIA general de las Islas Occidentales á la Asia adyacentes, llamadas Philipinas. (En *Colección de documentos inéditos para la Historia de España*... Tomo LXXVIII. Madrid. Imp. de M. Ginesta. 1882. Págs. 1-546; Tomo LXXIX. 1882. Págs. 1-229).

Ejemplares:

LONDRES. *British Museum.* 9195.dd.—MADRID. *Nacional* 1-15.384/85.

ESTUDIOS

1744

SANTIAGO VELA, GREGORIO DE. *Aganduru Móriz, Fr. Rodrigo.* (En *Ensayo de una Biblioteca de la Orden... de San Agustín.* Tomo I. 1913. Págs. 26-33).

«*AGASAJO y festejo...*»

EDICIONES

1745

[*AGASAJO, y festejo, que el Señor Embaxador de España á echo a los Señores Nepotes de la Santidad de Clemente Nono*]. [s. l. s. i] [s. a.] 2 hs. 27,5 cm.

Carece de portada.

V. Toda, *Bibliografía espanyola d'Italia*, I, n.º 38.

Ejemplares:

MADRID. *Nacional*. V-250-127 (ex-libris de Gayangos).

AGIA (FR. MIGUEL DE)

Franciscano.

EDICIONES

1746

TRATADO qve contiene tres pareceres graves en Derecho... sobre la verdadera inteligencia, declaración, y justificacion de vna Cedula Real de su Magestad... que trata del seruicio Personal, y repartimientos de Indios, que se vsan dar en los Reynos del Piru, Nueua España, Tierra Firme, y otras Prouincias de las Indias, para el seruicio de la Republica, y assientos de Minas, de Oro, Plata, y Azogue. Lima. Antonio Ricardo, natural de Turín. 1604. 9 hs. + 84 páginas. 28,5 cm.

—Licencia del Virrey. (Incluye informes del Licdo. Iuan Ximénez de Montaluo, Dr. Arias de Ugarte y Fr. Benito de Guertas).
—Licencia de la Orden.
—Approvación del Colegio Real de S. Phelipe y S. Marcos desta Ciudad de los Reyes.
—Approvación del Dr. Muñiz.
—Approvación de Fr. Ioan de Montemayor.
—Approvación del Dr. Iuan Velazquez.
—Approvación de Fr. Diego de Pineda.
—Approvación del Dr. Matheo Gonzalez de Paz.
—Approvación del Dr. Miguel de Salinas.
—Approvación del Dr. Carlos Marcelo.
—Approvación del Dr. Francisco de Sossa.
—Approvación del Dr. Feliciano de Vega.
—Approvación del Dr. Cipriano de Medina.
—Approvación del Licdo. Delgado.
—Approvación del Licdo. Pardo del Castillo.
—Dedicatoria al Rey D. Phelippe, y en su nombre a D. Luys de Velasco, Virrey destos Reynos del Pirú.
—Prólogo.
—Cathalogo de los autores christianos y gentiles, de cuya doctrina se ha aprovechado el Autor en la composición destos Pareceres.
—Tabla alphabetica de las cosas mas notables.
Texto.

V. Medina, *La Imprenta en Lima*, I, n.º 29. (Noticias sobre el autor y facsímil de la portada).

Ejemplares:

LONDRES. *British Museum*. 5385.dd.1.—MADRID. *Nacional*, R - 5.246. — PARIS. *Nationale*. Ol.772.

1747

SERVIDUMBRES personales de Indios. Edición y estudio preliminar de F. Javier de Ayala. Sevilla. [Escuela de Estudios Hispano-Americanos. Imp. I. G. A. S. A.]. 1946. LII + 141 págs. + 1 h. 24 cm. (Publicaciones de la Escuela de Estudios Hispano-Americanos de Sevilla, XXV).

Estudio preliminar (págs. IX-XXVII); Real Cédula de 24 de noviembre de 1601 (págs. XXIX-LII); «Tratado que contiene tres pareceres graves...» (páginas 1-129); Indices (págs. 131-41).

Ejemplares:

MADRID. *Nacional*. 1-102.712.

OBRAS LATINAS

1748

EXHIBENDIS (De) avxiliis, siue de inuocatione vtriusq; brachii, Tractatvs. Madrid. Luis Sánchez. 1600. 8 hs. + 174 págs. + 16 hs. 20,5 cm.

—Tassa.
—Errata.
—Licencia de la Orden.
—Aprovación del Licdo. Alonso de Arevalo Sedeño.

—Privilegio.
—Dedicatoria en latín a D. Pablo de Laguna.
—Ad lectorem.
—Dícticos latinos del impresor Luis Sánchez.
—Epigrama latino del Dr. Vicente Menor.
Texto.
—Indices.

Ejemplares:

BURGOS. *Pública.* 77-20.—MADRID. *Nacional.* R - 26.135. — PARIS. *Nationale.* E.-1949. — SALAMANCA. *Universitaria.* 14.402. — SANTIAGO DE COMPOSTELA. *Universitaria.*

ESTUDIOS

1749

ANTONIO, NICOLAS. *Michael de Agia.* (En su *Bibliotheca Hispana Nova.* Tomo II. 1788. Pág. 129).

1750

[AYALA, F. JAVIER DE. *Fray Miguel de Agia y su obra científica*]. (En su ed. de *Servidumbres personales de Indios*... 1946. Págs. IX-XXVII).

V. n.° 1.747.

AGRAMONT Y ARCE (FRANCISCO DE)

Abogado.

EDICIONES

Poesías sueltas

1751

[*OCTAVAS*]. (En *Ivsta poetica zelebrada por la Vniversidad de Alcalá*... Alcalá. 1658. Págs. 163-64).

Ejemplares:

MADRID. *Nacional.* R-3.964.

AGRAMONTE (FR. ANDRES)

Dominico.

EDICIONES

1752

SERMON en la fiesta del Doctor Angelico Santo Thomas de Aqvino... Valladolid. Imp. de San Pablo. 1643. 3 hs. + 20 fols. 20 cm.

—Aprobación de Francisco de Arsúa.
—Licencia.
—Censura del Dr. Fernández.
—?
Texto.

V. Alcocer, *Catálogo... de obras impresas en Valladolid,* n.° 819.

1753

SERMON que ofrece a la devocion que tiene el Illustrissimo y Reverendissimo Señor Don Bernardo Cauallero de Paredes, Obispo de... Oviedo... A la Camara Santa de reliquias inumerables que se hallan en ella. Valladolid. [s. i.]. 1661. 8 hs. + 22 págs. 19 cm.

—Dedicatoria.
—Aprobación de Fr. Pedro de los Ríos Terán.
—Aprobación de Fr. Domingo de Alvendea.
—Licencia.
—Salutación angélica.
Texto.

V. Alcocer, *Catálogo... de obras impresas en Valladolid,* n.° 2.032.

Ejemplares:

SANTIAGO DE COMPOSTELA. *Universitaria.*

AGRAMUNT (FR. JOSE)

Domínico. N. en Valencia (1657). Catedrático de su Universidad y de la de Mallorca. Predicador de Felipe V. M. en 1732.

CODICES

1754

«El Palacio Real de la Sabiduría. Idea del Convento de Predicadores de Valencia...».

Letra del s. XVIII. 3 vols. 300 × 210 milímetros.

Parece perdido el tomo I. El II está dedicado casi íntegramente a la biografía de Fr. Juan Tomás de Rocaberti.
V. Gutiérrez del Caño, *Catálogo*, número 22.
VALENCIA. *Universitaria*. Mss. 148/49.

1755

[*Carta a las RR. Madres del Convento de Corpus Christi de Carcagente, dedicándolas una obra acerca del mismo. 14 setiembre 1711*].

Autógrafa. 2 hs. 307 × 198 mm.
V. Gutiérrez del Caño, *Catálogo*, número 19.
VALENCIA. *Universitaria*.

1756

«*Nuevos frutos del Rosario. Parte segunda...*»

Letra del s. XVIII. 60 hs. 300 × 200 milímetros.
V. Gutiérrez del Caño, *Catálogo*, número 20.
VALENCIA *Universitaria*.

1757

«*Gasto de la Enfermería de Predicadores de Valencia...*»

L. del s. XVIII. 11 hs. 308 × 207 mm.
V. Gutiérrez del Caño, *Catálogo*, número 21.
VALENCIA. *Universitaria*.

1758

«*Compendio de la Vida y Virtudes del V. Padre M. F. Ioseph Bono...*»

L. del s. XVIII. 78 hs. Fol.
V. Gutiérrez del Caño, *Catálogo*, número 23.
VALENCIA. *Universitaria*.

1759

«*Elogia varia Divi Thomæ Aquin. collecta a* ——».

Letra del s. XVII. 5 hs. 209 × 155 milímetros.
V. Gutiérrez del Caño, *Catálogo*, número 24.
VALENCIA. *Universitaria*.

EDICIONES

1760

FLOR, y frvto del mas sagrado Rosal... Mallorca. Miguel Capó. 1693. 11 hs. + 298 págs. + 14 hs. 15 cm.

Sobre el Rosario.
—Nota sobre indulgencias.
—Dedicatoria a D Iuan de Castelví, primogenito del Marques de Villatorcas, etc.
—Censura de Fr. Antonio Pons.
—Censura de Fr. Ioseph Artigues.
—Licencia de la Religion.
—Censura de Miguel de Serralta.
—Licencia del Obispo.
—Aprobación de Diego Geronimo Costa.
—Privilegio.
—Parecer de Fr. Antonio Barceló.
Texto.
—Indice de las cosas mas notables.

Ejemplares:

MADRID. *Nacional*. 3-72.019.

1761

NUEVOS frutos del Rosario. Indulgencias, y otras gracias concedidas por... Benedicto XIII... Addicion con notas, y reflexiones al Libro intitulado: «Flor y fruto...» Valencia. Antonio Balle. [s. a.]. 4 hs. + 218 págs. + 4 hs. 14 cm.

Preliminares fechados en 1727.

Ejemplares:

MADRID. *Nacional* 2-33.850.

1762

[*TRES (Los) estados de el Sol. Discvrso panegirico que... predicó el dia 26 de Iulio, año 1697*]. (En *Sermones que se predicaron... en las solemnes fiestas que celebró Alcudia en la Traslacion de su Prodigiosa Imagen del Santo Chisto á la... Capilla Nueva*. Mallorca. 1697. Págs. 45-83).

Ejemplares:

MADRID. *Nacional*. 3-72.201.

ESTUDIOS

1763

GARGANTA, JOSE M. DE. *Una biografía inédita de D. Fray Juan Tomás de Rocaberti, arzobispo y virrey de Valencia.* (En *Anales del Centro de Cultura Valenciana,* 2.ª época, XIII, Valencia, 1952, páginas 322-42).

AGRATI Y ALBA (ALONSO ANTONIO)

EDICIONES

1764

MOTIVOS qve obligan a la veneracion explicita, nvevamente dada a las imagenes de la Divinissima Persona del Padre Eterno: Primera en orden de la Trinidad Santissima... [s. l. s. i.]. [s. a.]. 6 hs. + 16 págs. orladas. 21 cm.

—Dedicatorio a D.ª Isabel Ponze de Leon, Duquesa de Alva, etc.
—Romance de Iuan del Castillo. [«O Tú, Cisne Mantuano...»].
—Dezimas de Diego de Castro y Pinto. [«El Poema que escriviste...»].
—Dezimas de Manuel Sanchez de Lazaro. [«Si en los dos Mutuo se hallara...»].
—Dezimas iocoserias de Diego Felipe Gomez de Angulo. [«Assientan todos por baza...»].
—Dezimas acrosticas de Matheo Veidacar y Morillo. [«De saludable a la A...»].
—Soneto de Andres Iordan. [«Glorioso Numen, que en tu gran Poema...»].
—Soneto de Ioseph Francisco de Aguirre. [«Con singular (Agrati) disciplina...»].
—Soneto del P. Antonio Ioseph de Zamora. [«Si timbres feuda heroyco un Pensamiento...»].
—Soneto del Marques de Salmerón y San Felizes. [«Joben Heroyco, Orfeo Peregrino...»].
Poema heroyco. [«Catholico Confiesso, quanto escrivo...»].

Ejemplares:

MADRID. *Nacional.* R-Varios, 135-2.

«AGRAVIOS...»

EDICIONES

1765

[*AGRAVIOS (Los) satisfechos del Desengaño, y la Mverte. Coloqvio moral en la ocasion de la canonizazion de San Francisco de Borja*]. [s. l. s. i.]. [s. a.]. 20 hs. a 2 cols. 20 cm.

—Introduccion y Loa.
Texto. [«Cantad, que ya a vuestras vozes...»].

Ejemplares:

MADRID. *Nacional.* T-15.037 (17).

1766

——— Sevilla. 1671. 4.°

Con loa y con el entremés: *Hablar bien, que nos escuchan.* «Publicó esta función dramática don Luis de Fuenmayor, á quien equivocadamente ha sido atribuída su composición...» (La Barrera, *Catálogo,* pág. 524).

AGREDA (Licdo.)

ESTUDIOS

1767

[NAVARRO, JOSE. *Otro Vexamen: referencia al Licdo. Agreda*]. (En sus *Poesías varias.* Zaragoza. 1654. Pág. 154).

«Aquel Estudiante, que está copiando de su letra los versos que ha de llevar a la Academia, es el *Licenciado Agreda;* que como es hijo de familias, porque no le hallen divertido en hazer coplitas, las escrive a hurto. Es tan desconfiado en el conocimiento de sus versos, que no los mira como cosas propias.

Pudierale aconsejar,
Aunque de enojarle huyo,
Pues leyes quiso estudiar,
Que en siendo Iuez sepa dar
A cada uno lo que es suyo.»

Ejemplares:

MADRID. *Nacional.* R-9.510.

AGREDA (JUAN FRANCISCO DE)

EDICIONES

Poesías sueltas

1768

[*ILUSTRISSIMO* (*Al*) *Señor Marques de San Felices. Soneto*]. (En Moncayo y Gurrea, Juan de. *Rimas*. Zaragoza. 1652. Preliminares).

AGREDA (SOR MARIA DE JESUS DE)

V. MARIA DE JESUS DE AGREDA (SOR).

AGREDA (VALERIO FORTUNIO DE)

EDICIONES

Poesías sueltas

1769

[*POESIAS*]. (En Martínez, Juan. *Relación de las exequias que... Çaragoça á celebrado por el Rey Don Philipe...* Zaragoza. 1599).

1. Soneto. (Págs. 129-30).
2. Canción. (Págs. 217-20).

Ejemplares:

MADRID. *Nacional*. R-4.520.

ESTUDIOS

1770

ANDRES DE USTARROZ, JUAN FRANCISCO. [*Elogio de Fortunio de Agreda Valerio*]. (En su *Aganipe de los cisnes aragoneses*. Amsterdam. 1783. Págs. 50-51).

1771

LATASSA Y ORTIN, FELIX DE. *Valerio Fortunio de Agreda*. (En su *Biblioteca nueva de los escritores aragoneses...* Tomo II. 1799. Págs. 103-5).

AGREDA Y VARGAS (DIEGO)

N. y residió en Madrid.

EDICIONES

1772

LVGARES comvnes de letras humanas, contiene las Historias, Fabulas, Prouincias, Ciudades, Montes, Rios mas famosos, y conocidos del mundo. Traduzido de Toscano en Castellano, por ——. Madrid. Viuda de Alonso Martín. 1616. 4 hs. + 283 págs. 15 cm.

—Tassa.
—Fe de las Erratas.
—Suma del privilegio.
—Aprobación del Dr. Gutierre de Cetina.
—Aprobación sin firma.
—Dedicatoria a D. Francisco de Eraso, caballero de Santiago, etc., cuyo escudo va en la portada.
Texto.

V. Gallardo, *Ensayo*, I, n.º 42; Pérez Pastor, *Bibliografía madrileña*, II, número 1.383.

Ejemplares:

MADRID. *Academia Española*. 10-X-46. *Nacional*. 3-22.139.—NUEVA YORK. *Hispanic Society*.

1773

FIELES (Los más) amantes, Levcipe y Clitofonte, Historia Griega por Aquiles Tacio Alexandrino, traduzida, censurada y parte compuesta por ——. Madrid. Iuan de la Cuesta. A costa de Antonio Garcia. 1617. 14 hs. + 146 fols. 14 cm.

—Emblema. (Dibujo que representa dos manos enlazadas de las que brota una llama, ceñidas por una corona, y versos explicativos).
—Tassa.
—Suma del priuilegio.
—Erratas.
—Aprouacion del Ordinario.
—Aprouacion de Pedro de Valencia.
—Dedicatoria a D. Iuan de Luna y Mendoça, Marques de Montesclaros.
—Del Licdo. D. Francisco de Barreda,

al Marques protector. [«Ambicion de aquel tronco un tiempo esquiuo...»].
—Clara de Bouadilla y Alarcon al Marques protector. [«O Tu, que con luzes vivas...»].
—Beatriz de Zuñiga y Alarcón, a D. Diego Agreda y Vargas. [«Libre del fiero hermano de Androgeo...»].
—Al Lector.
—Gonçalo de Cespedes y Meneses, a Diego Agreda y Vargas, su mayor amigo. [«Sin el diuino ser, sin el aliento...»].
—Gonçalo de Ayala, a D. Diego Agreda y Vargas. [«Animada pintura del valiente...»].
—Pedro de Naruaez, al Autor. [«El estupendo caso, el mas luzido...»].
—El Licdo. D. Iuan Ruyz de Alarcon y Mendoça, a don Diego Agreda y Vargas. [«Traduzido, y tradutor...»].
—Fernando de Ludeña, al Autor. [«Leucipe mal entendida...»].
—Gonçalo Chacon de Naruaez, Cauallero de Antequera, a D. Diego Agreda y Vargas. [«Days en Leucipe a las damas...»].
—Agustin de Casanate, al Autor. [«La linea tan celebrada.. »].
—Iuan de Valdiuia, a D. Diego Agreda y Vargas. [«Tan perdida la memoria...»].
—De Francisco Ruyz de Solares, Montero de Camara de S. M., al Autor. [«Leucipe, dezir podria...»].
—Del Licdo. Francisco de la Barreda, a D. Diego Agreda y Vargas. [«Inmortal lyra, plectro sonoroso...»].
Texto.

V. Pérez Pastor, *Bibliografía madrileña,* II, n.º 1.444.

Ejemplares:

MADRID. *Nacional.* R-13.991; R-7.872; etc.—NUEVA YORK. *Hispanic Society.*

1774

[*NOVELAS morales utiles por sus documentos*]. [Madrid. Tomás Iunti]. [1620]. 8 (?) hs. + 686 págs. 14 cm.

—Tassa.
—Erratas.
—Aprouación del Ordinario.
—Aprouación de Iuan de Zaldierna y Nauarrete.
—Suma del Priuilegio.
—Al Letor.
—Dedicatoria a D. Bartolomé de Añaya y Villanueua, caballero de Santiago. (Con datos biográficos).
—Las Novelas que contiene este Libro, son las siguientes.

1. *Aurelio, y Alexandra.* (Págs. 1-50).
2. *El premio de la virtud, y castigo del vicio.* (Págs. 51-101).
3. *El hermano indiscreto.* (Págs. 102-66).
4. *Eduardo Rey de Inglaterra.* (Páginas 167-228).
5. *El daño de los zelos.* (Págs. 229-85).
6. *La ocasión desdichada.* (Págs. 226-361).
7. *La resistencia premiada.* (Páginas 362-418).
8. *El premio de la traycion.* (Páginas 419-73).
9. *La correspondencia honrosa.* (Páginas 474-525).
10. *Federico y Ardenia.* (Págs. 526-77).
11. *Carlos y Laura.* (Págs. 578-618).
12. *El viejo enamorado.* (Págs. 619-86).

—Colofón.

V. Pérez Pastor, *Bibliografía madrileña,* II, n.º 1.642.

Ejemplares:

LONDRES. *British Museum.* G.10166.—MADRID. *Nacional.* R-12.930 (sin portada y con ex-libris y una nota autógrafa de Gayangos en las guardas).—NUEVA YORK. *Hispanic Society.*

1775

NOVELAS morales, vtiles por svs Documentos. Barcelona. Sebastian de Cormellas. 1620. 8 hs. + 576 págs. 15,5 cm.

—Tassa.
—Aprobación del Ordinario.
—Aprobación de Iuan de Zaldierna y Nauarrete.
—Aprobación de Fr. Thomas Roca. («Las Novelas Morales... que ya han sido impressas, y publicadas en Madrid...»).
—Licencia del Ordinario.
—Comissión de su Excelencia (aprobación de Fr. Agustín Ossorio).
—Licencia del Duque de Alcalá.
—Al Letor.

—Dedicatoria a Bartolomé de Añaya y Villanueua.
—Las Novelas que contiene este Libro, son las siguientes.
Texto.

V. *Catálogo de la Biblioteca de Salvá*, II, n.º 1.691.

Ejemplares:

LONDRES. *British Museum*. 1074.d.19.—MADRID. *Nacional*. R-4.691 (ex-libris de Salvá).

1776

——— Valencia. J. Crisóstomo Garriz. 1620. 4 hs. + 600 págs. 8.º

Ejemplares:

PARIS. *Nationale*. Y² 11.086.

1777

—— Barcelona. S. de Cormellas. 1621. 8.º

Ejemplares:

LONDRES. *British Museum*. G.17425.—PARIS. *Nationale* Y².13104.

1778

NOVELAS morales y exemplares. Madrid. Herederos de Antonio González de Reyes. 1724. 868 páginas. 8.º

Ejemplares:

LONDRES. *British Museum*. 12490.b.—MADRID. *Nacional*. 2-617; 3-24.006.—SANTANDER. «*Menéndez y Pelayo*». R-IV-4-9; R-III-1-19.

1779

[*DAÑO (El) de los zelos.—La ocasión desdichada. — La resistencia premiada.—El premio de la traición*]. (En *Colección de novelas escogidas*... Tomo VI. Madrid. 1785. Págs. 3-70, 71-150, 151-220 y 221-84, respectivamente).

Ejemplares:

MADRID. *Nacional*. 3-52.434.

1780

AURELIO y Alexandra.—El premio de la virtud y castigo del vicio.—El hermano indiscreto.—Eduardo, rey de Inglaterra. (En *Colección de novelas escogidas compuestas por los mejores ingenios españoles*. Tomo V. Madrid. Imp. de González, 1788. Págins 3-68, 69-132, 133-215 y 217-94, respectivamente).

Ejemplares:

MADRID. *Nacional*. 3-52.433.

1781

[*DOS Novelas*]. (En *Tesoro de novelistas españoles*... por *Eugenio de Ochoa*. Tomo III. París. Baudry. [Imp. de Fain y Thunot]. 1847. 2.ª parte. Págs. 29-74. Colección de los mejores autores españoles, XXXVIII).

1. El hermano indiscreto; 2. Eduardo, rey de Inglaterra.

Ejemplares:

LONDRES. *British Museum*. 12230.h.—MADRID. *Academia Española*. 33-X-26. *Nacional*. F-908.

1782

[*DOS novelas*]. (En *Novelistas posteriores a Cervantes*. Tomo II. Madrid. Rivadeneyra. 1854. Págs. 477-502. Biblioteca de Autores Españoles, XXXIII).

1. El hermano indiscreto; 2. Eduardo, rey de Inglaterra.

1783

HERMANO (El) indiscreto. [Madrid. Diana]. [s. a.]. 14 págs. a 3 cols. 31 cm. (Novelas y Cuentos).

Ejemplares:

MADRID. *Nacional*. V-1.593-9 y 10.

Poesías sueltas

1784

[*LOPE (A) de Vega. Soneto*]. (En Vega, Lope de. *La hermosura de Angélica*. Madrid. 1602. Fol. 332).

Ejemplares:

MADRID. *Nacional*. R-5.135.

1785
[*DECIMAS*]. (En Pérez de Herrera, Cristóbal. *Proverbios morales...* Madrid. 1618. Fols. 164*v*-165*r*).

Ejemplares:

MADRID. *Nacional.* R-1.727.

1786
[*DECIMAS*]. (En Céspedes y Meneses, Gonzalo de. *Poema trágico del español Gerardo...* 2.ª ed. Madrid. 1621. Fol 154*r*).

Ejemplares:

MADRID. *Nacional.* R-6.802.

Aprobaciones

1787
[*APROVACION. Madrid, 9 de agosto de 1621*]. (En Salas Barbadillo, Alonso Jerónimo de. *El Cortesano descortés.* Madrid. 1621. Preliminares).

Ejemplares:

MADRID. *Nacional.* R-8.389.

1788
[*APROBACION. Madrid, 9 de agosto de 1621*]. (En Salas Barbadillo, Alonso Jerónimo de. *Don Diego de Noche.* Madrid. 1623. Preliminares).

Ejemplares:

MADRID. *Nacional.* R-23.543.

TRADUCCIONES

1789
NOUVELLES morales, en suite de celles de Cervantès... Tirées de l'espagnol... et mises en notre langue par J. Baudoin. París. T. Dubray. 1621. 8.°

Ejemplares:

PARIS. *Nationale* Y².13105.

ESTUDIOS

1790
ALVAREZ Y BAENA, JOSEPH ANTONIO. *Diego de Agreda y Vargas, D.* (En *Hijos de Madrid...* Tomo I. 1789. Págs. 331-32).

1791
ANTONIO, NICOLAS. *D. Didacus de Agreda et Vargas.* (En su *Bibliotheca Hispana Nova.* 2.ª ed. Tomo I. 1783. Pág. 264).

1792
[*DOCUMENTOS sobre Diego de Agreda y Vargas. Edición de Cristóbal Peres Pastor*]. (En su *Bibliografía madrileña.* Tomo III. 1907. Págs. 321-23).

1793
[VAL, JOAQUIN DEL. *Agreda y Vargas*]. (En *Historia general de las Literaturas Hispánicas.* Tomo III. 1953. Págs. LVII-LVIII).

AGRIERA (JUAN DE)

EDICIONES

Poesías sueltas

1794
[*SONETO que un corazón compasivo escribe dando el pésame a los Señores Doctores del Claustro Sevillano por la bien merecida muerte de las qualidades, que llaman ocultas, executada por Don Miguel Melero Ximenez...*]. (En Melero Ximénez, Miguel. *Examen pacífico de la alegación apologética... que publicó... el Dr. Christoval Ruíz de Pedrosa... Segunda parte.* Córdoba. [s. a.: ¿1700?]. Preliminares).

Ejemplares:

MADRID. *Nacional.* 3-2.397.

AGRISOLIO (FR. FRANCISCO MARIA DE)

EDICIONES

Aprobaciones

1795

[*APROBACION. Roma, 2 de julio de 1643*]. (En Torreño, Pablo. *Sermón predicado en el Conuento de la Santissima Trinidad del Monte Pincio de Roma...* Napoles. 1643. Preliminares).

Ejemplares:

MADRID. *Nacional.* 2-54.749.

AGROPOLI (MARQUES DE)

V. IBAÑEZ DE SEGOVIA, GASPAR.

AGUADO (FR. ANDRES)

Agustino.

EDICIONES

Aprobaciones

1796

[*APROBACION. Madrid, 24 de junio de 1629*]. (En Camargo, Fr. Hernando de. *Completas de las vida de Christo... Compuestas por Fr. Gregorio Bautista, traduzidas por* ——. Madrid. 1630. Preliminares).

Ejemplares:

MADRID. *Nacional.* 3-72.168.

AGUADO (FRANCISCO)

EDICIONES

Poesías sueltas

1797

[*SONETO*]. (En *Fiestas minervales, y aclamación perpetua de las Musas, á la inmortal memoria de... D. Alonso de Fonseca el Grande...* Santiago. 1697. Pág. 80).

Ejemplares:

MADRID. *Nacional.* 3-55.216.

AGUADO (P. FRANCISCO)

N. de Madrid. Jesuíta.

CODICES

1798

«*TRASLADO de una carta... al P. Pedro de Ribadeneyra...*». Huete, 16 de octubre de 1605.

Letra del s. XVII. 320 × 210 mm.

MADRID. *Nacional.* Mss. 6.149 (fol. 295).

1799

[*Memoriales y cartas*].

V. Uriarte-Lecina, *Biblioteca*, I, páginas 40-42. Mencionan 28.

EDICIONES

1800

TOMO primero del Perfeto religioso... Madrid. Viuda de Alonso Martín. 1629. 8 hs. + 356 págs. + 26 hs. + 200 págs. + 14 hs. + 237 páginas + 17 hs., todo a 2 cols. 30 cm.

—Erratas.
—Privilegio.
—Licencia de la Orden.
—Aprouacion del Dr. Perales.
—Licencia del Ordinario.
—Aprovacion de Fr. Baltasar de los Santos.
—Suma de la Tassa.
—Dedicatoria a D. Agustín Espinola, Cardenal y Arçobispo de Granada.
—Prologo.
—Tabla de los títulos y capítulos de la primera parte.

Texto. (*Parte primera...*).

—Indice de los lugares de la Sagrada Escritura que en esta primera parte se explican.
—Indice de las cosas desta primera parte.

Texto. (*Segunda parte...*).

—Indice de los lugares de la Sagrada Escritura, que en esta segunda parte se explican.
—Indice de las cosas desta segunda parte.
—Tabla de los títulos y capítulos desta tercera parte.

Texto. (*Tercera parte...*).
—Colofón.
—Indice de los lugares de la Sagrada Escritura, que en esta tercera parte se explican.
—Indice de las cosas desta tercera parte.

Ejemplares:

LONDRES. *British Museum.* 1227.d.4.—MADRID. *Nacional.* 3-52.730. — ROMA. *Nazionale.* 8.1.D.12.—SALAMANCA. *Universitaria.* 26.244.—SAN LORENZO DEL ESCORIAL. *Monasterio.* 91-VI-24.—SANTIAGO DE COMPOSTELA. *Particular de los PP. Franciscanos.*

1801

CRISTIANO (El) Sabio. Madrid. Viuda de Alonso Martín. 1635. 12 hs. + 427 fols. a 2 cols. + 45 hs. a 2 cols. 29 cm.

—Frontis.
—Declaración breve de la pintura del folio antecedente, y un indice breue de todo lo que se trata en este tomo.
—Erratas.
—Suma del Privilegio.
—Tassa.
—Censura de Fr. Gaspar de Villarroel, agustino.
—Licencia de la Religión.
—Aprovacion de Fr. Iuan Bravo de Lagunas.
—Dedicatoria a D. Gaspar de Guzman, Conde de Oliuares, Duque de San Lucar, etc.
—Prologo al cristiano lector.
Texto.
—Indice de las cosas.
—Indice de los lugares de la Sagrada Escritura, que se explican en este tomo.

Uriarte indica que, al parecer, hay ediciones de Madrid, 1633, 1638 y 1653.

Ejemplares:

BURGOS. *Pública.* 14-79/80. — MADRID. *Academia Española.* 5-III-27. *Nacional.* 3-71.715. — SALAMANCA. *Universitaria.* 27.170.—SAN LORENZO DEL ESCORIAL. *Monasterio.* 89-IX-13.

1802

SVMO Sacramento de la Fe Tesoro del nombre christiano. Madrid. Francisco Martinez. 1640. 15 hs. + 479 págs. a 2 cols. + 24 hs. 29,5 cm.

Frontis firmado por M.ª Eug.ª de Beer.
—Licencia del P. Fernando de Valdes, Prouincial de la Compañia de Iesus.
—Censura del Fr. Ioseph del Monte.
—Licencia del Ordinario.
—Censura de Fr. Francisco de Soria.
—Privilegio.
—Erratas.
—Tassa.

SVMO
SACRAMENTO
DE LA FE
Tesoro del nombre
christiano
A la S.C.R. Mag.d
del Rey N.S.D. Philipe
IIII el Grande
Por el P. Francisco Aguado
de la Comp.a de Iesus,
Predicador de su Mag.d
Natural de M.d
Con privilegio.
En Madrid por Fran.co Martinez Año
1640.

—Dedicatoria a Felipe IV.
—Prologo.
—Tabla de los titulos y capitulos.
Texto.
—Tabla de los lugares de la Sagrada Escritura.
—Indice de las cosas deste libro.

Ejemplares:

BURGOS. *Pública.* 15-47 (sin portada).—MADRID. *Nacional.* 3-71.506.—SALAMANCA. *Universitaria.* 27.168. — SAN LORENZO DEL ESCORIAL. *Monasterio.* 89-IX-14. — SANTIAGO DE COMPOSTELA. *Particular de los PP. Franciscanos* y *Universitaria.*

1803

EXHORTACIONES varias, dotrinales. Madrid. Imp. de Francisco Martinez. 1641. 14 hs. + 618 págs. a 2 cols. + 35 hs. 30,5 cm.

—Licencia del P. Fernando de Valdes, Prouincial de la Compañia de Iesus.
—Aprobacion de Fr. Alonso de Herrera, mínimo.
—Licencia del Ordinario.
—Aprobacion de Fr. Francisco Suarez, agustino.
—Privilegio.
—Erratas.
—Tassa.
—Dedicatoria a D.ª Ines de Zuñiga, Condesa de Olivares, y Duquesa de San-Lucar la Mayor, etc.
—Prologo.
—Tabla de las exhortaciones, que en este Libro se contienen.
Texto.
—Indice de los lugares de la Sagrada Escritura.
—Indice de las cosas.
—Colofón.

Ejemplares:

BURGOS. *Pública*. 16-161; etc.—CORDOBA. *Pública*. 1-104.—MADRID. *Nacional*. 3-52.559.—PARIS. *Nationale*. D.1011.—SALAMANCA. *Universitaria*. 27.169.—ZARAGOZA. *Universitaria*. A-7-27.

1804

MISTERIOS de la Fe. Madrid. Francisco García de Arroyo. 1646. 16 hs. + 579 págs. a 2 cols. + 34 hs. 30,5 cm.

—Tabla de los misterios que contiene este libro.
—Tassa.
—Erratas.
—Privilegio.
—Aprobacion de Fr. Gabriel Adarço de Santander, mercedario.
—Licencia del Ordinario.
—Aprovación de Fr. Michael Auellan.
—Prologo al christiano lector.
—Dedicatoria a D. Henrique Pimentel, Obispo de Cuenca, etc.
Texto.
—Indice de los lugares de la Sagrada Escritura.
—Indice de cosas.
—Colofón.

Ejemplares:

BURGOS. *Pública*. 15-55.—MADRID. *Nacional*. 3-71.130.—SALAMANCA. *Universitaria*. 27.171.—SANTIAGO DE COMPOSTELA. *Universitaria*.

1805

ADVIENTO y Quaresma. Madrid. Dominic. García. 1643. Fol.

Dudosa.

1806

ADVIENTO y Quaresma. Madrid. Domingo García y Morrás. 1653. 18 hs. + 500 hs. a 2 cols. + 11 hs. 31 cm.

—Licencia del P. Alonso Yañez, Propincial de la Compañia de Iesus.
—Aprovacion del P. Agustin de Castro, jesuita.
—Licencia del Ordinario.
—Parecer de Fr. Miguel de Cardenas.
—Priuilegio.
—Tassa.
—Erratas.
—Dedicatoria a D. Ioseph Gonzalez de Uzqueta, cavallero de Santiago, Presidente del Real de Hazienda, etc.
—Prologo a los Padres Predicadores.
Texto.
—Index locorum Sacrae Scripturæ.
—Indice de las cosas mas dotrinales deste tomo.

Ejemplares:

BURGOS. *Pública*. 7-39.—MADRID. *Nacional*. 3-49.274.—SANTIAGO DE COMPOSTELA. *Universitaria*.

1807

[*CARTA qve escrivio el Reverendo Padre —— Prouincial de la Compañia de Iesus, en la Prouincia de Toledo a los Colegios de dicha Prouincia, dando cuenta de la muerte del Padre Luis de la Palma de la misma Compañia*]. [s. l. s. i.] [s. a.]. 2 hs. 28,5 cm.

Fechada en Madrid, a 21 de abril de 1641.

Ejemplares:

MADRID. *Nacional*. V-248-31 (con exlibris de Gayangos).

1808

APOLOGOS morales de San Cyrilo, tradvzidos de Latin en Castellano por el Padre ——... Madrid. Francisco Martinez. 1643. 16 hs. + 148 fols. + 3 hs. 13,5 cm.

—Licencia del P. Pedro Gonçalez de Mendoça, Prouincial de la Compañia de Iesus.
—Aprobacion del P. Geronimo de Gueuara, jesuíta.
—Licencia del Ordinario.
—Aprobación del P. Iuan Eusebio Nieremberg. (Colegio Imperial de Madrid, 20 de mayo de 1643).
—Suma del Privilegio.
—Erratas.
—Suma de la tassa.
—Dedicatoria a D. Pedro Lopez de Ayala, Conde de Fuensalida, etc.
—Prologo al Letor.
—Tabla de los Capitulos.
Texto.
—Indice de las cosas.

Ejemplares:

MADRID. *Academia Española.* S.C.=7-A-243. *Nacional.* 2-26.833.

1809

—— 2.ª ed. Valencia. 1793. 8.º

Ejemplares:

LONDRES. *British Museum.* 3670.aa.16.—PARIS. *Nationale* C.3925.

1810

SERMON predicado en las Honras Funebres de la Excma. Señora Doña Ana Felix de Guzman, Marquesa de Camarasa. Madrid. 1613. 4.º

Cit. por Uriarte-Lecina.

1911

CARTA edificante en la muerte del P. Juan Suárez S. J.—Alcalá, 17 de diciembre de 1625. 3 hs. Fol.

Cit. por Uriarte-Lecina.

1812

CARTA del P. —— Prouincial de la Compañia de Iesvs desta Prouincia de Toledo, para los Padres superiores de las casas y Colegios della, sobre la vida, y muerte del padre Iuan Gondino de la misma Compañia. Toledo, 3 de julio de 1629. Toledo. [s. i.]. 4 hs. Fol.

V. Rivera Manescau, S. *Universidad de Valladolid. Fiesta del Libro. Exposición...* 1950. Pág. 102.

Ejemplares:

VALLADOLID. *Universitaria.*

1813

SERMON predicado en la Vniversidad de Alcala en las Honras del Padre Gaspar Sanchez de la Compañia de Iesvs. Madrid. Viuda de Alonso Martín. 1629. 4 + 28 hs. 4.º

Cit. por Uriarte-Lecina.

1814

CARTA qve escribio el P. ——, Preposito de la Casa Professa de la Compañia de Iesvs, a los Padres Superiores de las Casas y Colegios desta Prouincia de Toledo en la muerte del P. Leon Ximenez de la misma Compañia. Madrid 6 de Octubre de 1633. 2 hs. Fol.

Cit. por Uriarte-Lecina.

1815

ORACION en la Profesion de la Illma. Sra. N. del Santis. Sacramento. Madrid. Imp. Real. 1635.

Cit. por Uriarte-Lecina.

1816

CARTA que escrivio el P. ——, Preposito de la Casa Professa de la Compañia de Iesus de Madrid, a los Superiores desta Prouincia, en la muerte del Padre Alonso de Antequera. Madrid, 4 de julio de 1635. 2 hs. Fol.

Cit. por Uriarte-Lecina.

1817

CARTA que el P. —— Rector del Colegio de la Compañia de Iesus de Alcalá escrivió á las Casas y Colegios de la Prouincia en la muerte del Padre Francisco Alonso. Alcalá, 21 de septiembre de 1649.

Cit. por Uriarte-Lecina.

1818

[*CENSURA. Madrid, 18 de diciembre de 1635*]. (En Villarroel, Gaspar de. *Ivdices, comentariis literalib. cum moralib. Aphorismis illustrati.* Madrid. Petrum Taço. 1636. Preliminares).

Cit. en Medina, *Biblioteca hispanochilena,* I, n.º 93.

OBRAS LATINAS

1819

[*TESTIMONIVM. Madrid, 3 de marzo de 1641*]. (En Rho, Ioannis. *Ad Io. Bapt. Castaldvm, Interrogationes apologeticæ...* Lugduni. Prost. 1641. Págs. 173-74).

Ejemplares:

MADRID. *Nacional.* 2-70.970.

ESTUDIOS

1820

ALVAREZ Y BAENA, JOSEPH ANTONIO. *Francisco Aguado, P.* (En *Hijos de Madrid...* Tomo II. 1790. Págs. 159-60).

1821

ANDRADE, ALONSO DE. *Vida del Venerable Padre Francisco Agvado, Provincial de la Compañía de Iesvs en la Provincia de Toledo...* Madrid. Ioseph Fernandez de Buendía. 1658. 573 págs. + 3 hs.

Ejemplares:

LONDRES. *British Museum.* 4864.aaa. 32.—MADRID. *Nacional.* 3-25.516.—SALAMANCA. *Universitaria.* 27.997.

1822

ANTONIO, NICOLAS. *Franciscus de Aguado.* (En su *Bibliotheca Hispana Nova.* 2.ª ed. Tomo I. 1783. Pág. 396).

1823

[BIVERO, PEDRO DE. *Copia de carta, que el P.* ——, *Rector del Colegio Imperial de Madrid...*, *escriuió a los Colegios, en muerte del P. Francisco Aguado*]. [s. l. s. i.]. [s. a.]. 2 hs. 32 cm.

Carece de portada. Fechada en Madrid, a 20 de enero de 1654.

Ejemplares:

MADRID. *Nacional.* R-Varios, 189-47.

AGUADO (FRANCISCO)

Canónigo Magistral de la Catedral de Valladolid.

EDICIONES

Aprobaciones

1824

[*APROBACION. Valladolid, 30 de julio de 1662*]. (En Avendaño Eztenaga, Miguel de. *Perfección del Estado religioso. Tomo primero...* Valladolid. 1674. Preliminares).

Ejemplares:

MADRID. *Nacional.* 5-5.447.

AGUADO (FR. JUAN BAUTISTA)

Trinitario.

EDICIONES

1825

DEVOCIONARIO de Nuestra Señora del Ave María o Letanías de Nuestra Señora. Madrid. Alonso Martín. 16...

Cit. por N. Antonio y Fr. Antonino de la Asunción.

ESTUDIOS

1826
ANTONINO DE LA ASUNCION. *Aguado, Fr. Juan Bautista.* (En su *Diccionario de escritores trinitarios*... Tomo I. 1898. Página 4).

1827
ANTONIO, NICOLAS. *F. Ioannes Baptista Aguado.* (En su *Bibliotheca Hispana Nova.* 2.ª ed. Tomo I. 1783. Págs. 645).

AGUADO (FR. PEDRO DE)

Franciscano.

EDICIONES

1828
RECOPILACION historial. Escrita en el siglo XVI... y publicada ahora por primera vez. Bogotá. Imp. Nacional. 1906. XII + 480 págs. 25,5 cm. (Biblioteca de Historia Nacional, V).

Ejemplares:

LONDRES. *British Museum.* 9773.i.—MADRID. *Academia de la Historia.* 8(1)-22-3-5.

1829
HISTORIA de Venezuela, escrita en 1581 por ——... Copiada del manuscrito original... por Rafael Andrés y Alonso. Caracas. Academia Nacional de la Historia. 1913-15. 2 vols. 8.º

Ejemplares:

LONDRES. *British Museum.* Ac.8590/3.

1830
HISTORIA de Santa Marta y Nuevo Reino de Granada. Con prólogo, notas y comentarios por Jerónimo Bécker. Madrid. Real Academia de la Historia. Tip. de J. Ratés. 1916-17. 2 vols. 23 cm.

Ejemplares:

LONDRES. *British Museum.* Ac.6629/4.—MADRID. *Academia Española.* 41-II-29/30. *Academia de la Historia.* 8(3)-21-4-327/28. *Facultad de Filosofía y Letras.* — *Municipal.* A-5.440/41. *Nacional.* 1-73.670/71. — SAN LORENZO DEL ESCORIAL. *Monasterio.* 124-III-21/22.

1831
HISTORIA de Venezuela. Con prólogo, notas y apéndices por Jerónimo Bécker. Madrid. Real Academia de la Historia. Ratés. 1918-19. 2 vols. 24 cm.

Ejemplares:

LONDRES. *British Museum.* Ac.6629/5.—MADRID. *Academia Española.* S.C.=5-A-191/92. *Academia de la Historia.* 8(3)-3-5-539/40. *Facultad de Filosofía y Letras.* 9(87).—*Consejo. Instituto «Fernández de Oviedo».* — *Municipal.* B-7.106/7.

1832
——— Madrid. Real Academia de la Historia. Imp. Maestre. 1950. 2 vols. 22,5 cm.

Ejemplares:

MADRID. *Academia de la Historia.* 8(4)-16-2-2.338/39.

1833
PRIMERA parte de la recopilación historial de Sancta Marta y Nuevo Reino de Granada, de las Indias del mar Océano. Madrid. Espasa-Calpe. 1930-31. 3 vols. 19 cm.

Ejemplares:

MADRID. *Facultad de Filosofía y Letras.* 9(861) «15».—*Consejo. Instituto «Fernández de Oviedo».*—SAN LORENZO DEL ESCORIAL. *Monasterio.* 124-V-16/18.

ESTUDIOS

1834
ANTONIO, NICOLAS. *F. Petrus de Aguado.* (En su *Bibliotheca His-*

pana Nova. Tomo II. 1788. Página 165).

1835

LOPEZ, ATANASIO. *Fray Pedro Aguado, historiador de Venezuela y Colombia.* (En *Archivo Ibero-Americano,* XVI, Madrid, 1921, páginas 24-53).

1836

OTERO D'COSTA, E. *La «Historia de Venezuela y Nuevo Reino de Granada» escrita por fray Pedro de Aguado.* (En *Boletín de Historia y Antigüedades,* XXI, Bogotá, 1934, págs. 457-79).

AGUADO (SIMON)

CODICES

1837

[*Los Negros*].

Autógrafo, firmado y fechado en Granada a 10 de agosto de 1602. 7 hs. 4.º
V. Paz, *Catálogo de las piezas de Teatro,* I, n.º 2.520.
MADRID. *Nacional.* Mss. 17.434.

1838

[*Los niños de la Rollona y lo que pasa en las calles. Mojiganga*].

Letra del s. XVII: autógrafa? 6 hs. 4.º
«—Caminito del Corpus, quien te tuviera...».
V. Paz, *Catálogo de las piezas de Teatro,* I, n.º 2.538.
MADRID. *Nacional.* Mss. 14.782.

1839

[*El Platillo. Entremés*].

Autógrafo, firmado y fechado en Granada a 16 de julio de 1602. 9 hs. 4.º
«—Ay, recoja la ropa...».
V. Paz, *Catálogo de las piezas de Teatro,* I, n.º 2.874.
MADRID. *Nacional.* Mss. 17.438.

1840

[*La Plaza del Retiro. Entremés*].

Autógrafo. 4 hs. 4.º
«—Amigo, es tanta la bulla...».
V. Paz, *Catálogo de las piezas de Teatro,* I, n.º 2.877.
MADRID. *Nacional.* Mss. Res.136.

EDICIONES

1841

[*MOGIGANGA de los niños de la Rollona y lo que pasa en las calles. El Platillo. Los Negros. Edición de E. Cotarelo y Mori*]. (En *Colección de Entremeses, Loas, Bailes...* Tomo I. Madrid. 1911. Págs. 222-35).

V. n.º 269 (58-60).

1842

ENTREMES de los negros. Año 1602. Edición de A. P[*az*] *y M*[*elia*]. (En *Revista de Archivos, Bibliotecas y Museos,* V, Madrid, 1901, págs. 912-19).

ESTUDIOS

1843

BARRERA, CAYETANO ALBERTO DE LA. *Aguado, Simón.* (En *Catálogo... del Teatro antiguo español.* 1860. Pág. 6).

AGUAS (JUAN DE)

EDICIONES

1844

ORIGEN (*Por el*) *y svcesos de los templos sedes-catedrales...* Zaragoza. Diego Dormer. 1666. 69 págs. Fol.

Cit. por Latassa.

1845

APENDICE a la alegación histórica por el origen y sucesos de los templos sedes catedrales. Zaragoza. Diego Dormer. 1666. 31 páginas. 4.º

Cit. por Latassa.

1846

ORIGEN (Por el) y svcesos de los templos sedes-catedrales, alegacion historica. Apendice, con notas y aplicaciones por la catedralidad privativa del templo maximo metropolitano de Zaragoça. Zaragoza. Diego Dormer. 1668. 6 hs. + 384 págs. 20,5 cm.

—A D. Iuan de Austria, lugarteniente y Capitan general del Reyno de Aragon.
—Erratas enmendadas.
Texto.

V. Jiménez Catalán, *Tipografía zarazona del s .XVII,* n.º 770.

Ejemplares:

MADRID. *Academia de la Historia.* 5-1-6-174. *Municipal.* A-2.393. *Nacional.* 3-26.865.—NUEVA YORK. *Hispanic Society.* — PARIS. *Nationale.* Ol.140.—SALAMANCA. *Universitaria.* 28.653.—ZARAGOZA. *Universitaria.* A-62-191.

1847

ALEGACION historica, en defensa de la escrita por el origen, y svcessos de los templos-sedes-catedrales; y contra-respvesta a vn papel anonimo, con Titulo: Respuesta, y Satisfacion a los Lectores, por las Advertencias de el Doctor Ivan de Aguas, y Castigaciones Hechas a las Notas de Auberto, en su Primera, y Segunda Parte. Zaragoza. Diego Dormer. 1669. 4 hs. + 175 págs. 20 cm.

—Al que leyere.
—Indice de los Autores que se citan en la Alegacion Historica... y en esta Contra-Respuesta.
Texto.

V. Jiménez Catalán, *Tipografía zaragozana del s. XVII,* n.º 778.

Ejemplares:

MADRID. *Nacional.* 7-16.297; 3-26.865.—SALAMANCA. *Universitaria.* 28.653.—ZARAGOZA. *Universitaria.* A-60-52.

1848

DISCVRSO historico - eclesiastico en defensa de la tradicion legitima, Con que la Santa Iglesia Catedral de Hvesca... Privativamente Venera, y Celebra Por Santo Natural Hijo Suyo, al Glorioso Archilevita Martir Romano San Lorenzo. Con impression, y notas a la obra posthvma que escrivió el Doctor Ivan Bautista Ballester... Zaragoza. Herederos de Iuan de Ybar. 1676. 6 hs. + 235 págs. 20,5 cm.

—Dedicatoria a D. Ramón de Azlor, electo Obispo de Huesca, y D. Bernardo Matheo Sanchez del Castellar, electo Obispo de Iaca.
Texto.

V. Jiménez Catalán, *Tipografía zaragozana del s. XVII,* n.º 883.

Ejemplares:

MADRID. *Academia de la Historia.* 8(2)-9-5-1.739. *Nacional.* 3-71.790.—NUEVA YORK. *Hispanic Society.* — ZARAGOZA. *Universitaria.* A-60-307.

1849

DISCVRSO historico - eclesiastico en defensa de la tradicion, con qve las Santas Iglesias de los Reynos de España Celebran y Veneran sus Santos proprios; Exemplificada con la Legitima Eclesiastica Tradicion, con que la Santa Iglesia de la Ciudad de Huesca... Privativamente Celebra, y Venera, por Natural Hijo suyo, al Glorioso Archilevita Martir Romano San Lavrencio, y otros con Autoridad Apostolica. Con Impression y Notas a la Obra Posthuma que Escrivio El Doctor Ivan Bavtista Ballester... y Adicion, Respuesta, y Notas a lo que Escrive a favor de la Ciudad de Cordova, D. Francisco Carrillo de Cordova, en Impresso Año 1676. 2.ª impresion Zaragoza. Herederos de Iuan de Ybar. 1677. 6 hs. + 259 págs. 20,5 cm.

—Cita de S. Ambrosio.
—Dedicatoria a D. Ramón de Azlor, Dean de la Santa Metropolitana Iglesia de Zaragoça, electo Obispo de Huesca, y D. Bernardo Matheo Sanchez del Castellar, Canonigo de la misma Santa Iglesia, electo Obispo de Iaca.
Texto.
Pág. 259: Erratas.

Ejemplares:

MADRID. *Nacional.* 2-8.941.—SALAMANCA. *Universitaria.* 27.847. — ZARAGOZA. *Universitaria.* A-60-68.

1850

[*AUTOR (Al) de esta Obra. Sobre la inteligencia de una Medalla que se batió en Roma el Año MCCCC con la Efigie de San Laurencio, expressando el verdadero Lugar donde aconteció su Nacimiento Glorioso Zaragoza, 29 de enero de 1673*]. (En Dormer, Diego José. *San Laurencio defendido...* Zaragoza. 1673. Preliminares).

Ejemplares:

MADRID. *Nacional.* 3-39.850.

Aprobaciones

1851

[*APROBACION. Zaragoza, 16 de mayo de 1680*]. (En Blancas, Jerónimo de. *Inscripciones latinas...* Zaragoza. 1680. Preliminares).

Ejemplares:

MADRID. *Nacional.* 2-65.401.

ESTUDIOS

1852

ANTONIO, NICOLAS. *D. Ioannes de Aguas.* (En su *Bibliotheca Hispana Nova.* 2.ª ed. Tomo I. 1783. Págs. 628).

1853

LATASSA Y ORTIN, FELIX DE. *Don Juan de Aguas.* (En su *Biblioteca de escritores aragoneses...* Tomo III. 1799. Págs. 620-22).

AGUAYO (FR. ALBERTO)

N. en Córdoba (1469). Dominico. Prior de los conventos de Córdoba, Granada y Sevilla.

EDICIONES

1854

LIBRO de boecio seuerino intitulado de la consolacion de la philosophia: agora nueuamente traduzido de latin en castellano por estilo nunca ante visto en españa. va el metro en coplas y la prosa por medida. [Sevilla. Jacobo Cromberger]. [1518, junio]. 68 fols. con un grab. 21 cm. gót.

V. *Catálogo de la biblioteca de Salvá,* I, n.° 467 (da facsímil de la portada); Gallardo, *Ensayo,* I, n.° 43; Escudero, *Tipografía hispalense,* n.° 197.

Ejemplares:

LONDRES. *British Museum* C.56.d.4.—MADRID. *Nacional.* R-118.

1855

——— [Sevilla. Jacobo Cromberger]. [1521, agosto]. 68 fols. 19 cm. gót.

Ejemplares:

MADRID. *Nacional.* R-5.359.

1856

——— Sevilla. Juan Varela. 1530. 4.° gót.

Cit. por N. Antonio.

1857

——— [Medina del Campo. Pedro de Castro. A costa de Juan de Espinosa]. 1542 [12 de diciembre]. 58 fols. 19,5 cm. gót.

Ejemplares:

LONDRES. *British Museum.* C.63.g.33.—MADRID. *Nacional.* R - 8.638. — NUEVA YORK. *Hispanic Society.*

1858

CONSOLACION (*La*) *de la Filosofía... traducida por* —— *(1516). Edición e introducción del P. Luis G. A.-Getino. Madrid* [Tip. de la «Rev. de Archivos»]. 1921. 296 págs. + 2 hs. 18 cm. (Biblioteca Clásica Dominica, IV).

Ejemplares:

LONDRES. *British Museum.* 8461.fff. 26.—MADRID. *Nacional.* 5-12.670 (vol. IV).

1859

—— *Traducción de* ——. *Edición e introducción del P. Luis Alonso Getino.* [Buenos Aires] Espasa Calpe. [Cía. Gral. Fabril Financiera]. [1943]. 183 págs. + 3 hs. 18 cm. (Colección Austral, 394).

Ejemplares:

MADRID. *Nacional.* 4-14.600.

ESTUDIOS

1860

ANTONIO, NICOLAS. *F. Albertus de Aguaio.* (En su *Bibliotheca Hispana Nova.* 2.ª ed. Tomo. I. Madrid. 1783. Pág. 7).

1861

MENENDEZ PELAYO, MARCELINO. *Aguayo, Fr. Alberto.* (En su *Biblioteca de Traductores Españoles.* Tomo I. Madrid. 1952. Páginas 35-38).

1862

MORALES, AMBROSIO DE. [*Elogio de la traducción de Aguayo*]. (En Pérez de Oliva, Fernán. *Obras.* Córdoba. 1585. Fol. 11*r*).

«...En un tan buen estilo, que qualquiera que tuuiere buen voto, juzgará, como está mejor en nuestra lengua que en la Latina...»

Ejemplares:

MADRID. *Nacional.* R-19.666.

1863

VALDES, JUAN DE. [*Elogio de la traducción de Boecio*]. (En su *Diálogo de la lengua.* Ed. de J. F. Montesinos. Madrid. 1928. Página 164).

«VALDÉS.— ...Me parece aver visto dos librillos que me contentan, assi en el estilo, el qual tengo por puro castellano, como en el esprimir muy gentilmente y por muy propios vocablos castellanos lo que hallavan escrito en latín. El uno destos es *Boecio de consolación,* y porque ay dos traducciones, parad mientes que lo que yo os alabo es una que tiene el metro en metro, y la prosa en prosa, y stá dirigida al conde de Ureña.

MARCIO.—¿Cómo se llama el autor?

VALDÉS.—No me acuerdo, por mi fe, pero séos dezir que a mi ver era hombre de bivo ingenio y claro juizio.»

AGUAYO (P. CIPRIANO DE)

N. en Sevilla por 1570. Jesuíta desde 1586. M. en Toledo (1620).

EDICIONES

1864

[*SERMON... que predicó... en el Conuento de las Carmelitas descalças de la ciudad de Toledo*]. (En *Sermones predicados en la Beatificacion de la B. M. Teresa de Iesus... Colegidos por orden del P. Fray Ioseph de Iesus María...* Madrid. 1615. Fols. 98-120).

ESTUDIOS

1865

URIARTE, JOSE EUGENIO DE y MARIANO LECINA. *Aguayo, Cipriano de.* (En su *Biblioteca de escritores de la Compañía de Jesús.* Tomo I. 1925. Pág. 42).

AGUAYO (DIEGO DE)

Autor del siglo XVI.

CODICES

1866

[*Veinte diálogos*].

Letra de mitad del s. XVI. Sin fol. 4.º Es el original.

V. Gallardo, *Ensayo,* I, n.º 44.

AGUAYO (DIEGO DE)

Autor del siglo XVII.

CODICES

1867

[*Querer sabiendo querer*].

Letra del s. XVIII. 56 hs. 4.º

«—¡Favor, cielos! —¡Favor, tierra!...».

V. Paz, *Catálogo de las pieza de Teatro,* I, n.º 3.048.

MADRID. *Nacional.* Mss. 16.395.

1868

[———].

Letra del s. XVIII. 22 hs. 4.º Sólo la primera jornada.

V. Paz, ídem.

MADRID. *Nacional.* Mss. 16.344.

1869

[*El gran capitan*].

«—Puesto que a su fortuna se atreviese...».

V. Paz, *Catálogo de las piezas de Teatro,* I, n.º 1.552.

Ejemplares:

MADRID. *Nacional.* Mss. 16.980.

EDICIONES

1870

[*QUERER sabiendo querer, y gran Reyna de Trinacria. De un Ingenio*]. [Valencia. Imp. de la Viuda de Joseph de Orga]. [1764]. 32 páginas a 2 cols. 22,5 cm.

—«Favor, Cielos! —Favor, tierra!...»

Ejemplares:

LONDRES. *British Museum.* 11728.i.22 (i). (con notas ms. de G. R. Chorley); 1342.e.4(36). — MADRID. *Nacional.* T-15020[21] (ex-libris de Gayangos).

Poesías sueltas

1871

[*SONETO*]. (En Vargas Valenzuela, Nicolás de. *Tragico sucesso, mortífero estrago, que la iusticia Diuina obró en la ciudad de Cordoua...* Cordoba. 1651. Preliminares).

Ejemplares:

MADRID. *Nacional.* 2-62.350.

1872

[*DECIMAS*]. (En Mesía de la Cerda, Pedro. *Relación de las fiestas que... Cordova ha hecho a... S. Rafael.* Cordoba. 1653. Fol. 62*v*).

Ejemplares:

MADRID. *Nacional.* R-4.036.

1873

[*AUCTOR* (*A el*) *de este Libro. Soneto*]. (En Mercado y Solís, Luis de. *Tratado apologetico de la vida y virtudes de el... P. Cosme Muñoz...* Cordoba. 1654. Preliminares).

Figura también en la 2.ª edición. Córdoba. 1719.

Ejemplares:

MADRID. *Nacional.* 3-9.913.

AGUAYO (FRANCISCO)

EDICIONES

Poesías sueltas

1874

[*CANCIONES a diversos propósitos como al Autor se le offrecían*]. [s. l. s. i.]. [s. a.: ¿1570?]. 4.º gót.

Ejemplares:

LONDRES. *British Museum.* 11451.bbb.4 (falto de portada).

AGUAYO (P. FRANCISCO DE)

N. en Baeza (1591). Jesuíta desde 1605. Residió en Lima y m. en 1659.

CODICES

1875
[*Consulta y dictamen. 1629*].
V. Uriarte-Lecina, pág. 43.

1876
[*Obras latinas*].
V. Uriarte-Lecina, pág. 43.

EDICIONES

Aprobaciones

1877
[*APROBACION*]. (En Navarro, Juan Jerónimo. *Sangrar, y purgar en dias de conjuncion*... Lima. 1645. Preliminares).
Cfr. Medina, *La Imprenta en Lima*, I, n.º 258.

1878
[*APROBACION. Lima, 15 de octubre de 1649*]. (En Solís, Fr. Antonio de. *Tesoro de la Iglesia Católica*. Lima. 1650. Preliminares).
Ejemplares:
MADRID. *Nacional*. 3-67.358.

1879
[*APROBACION. Lima, 26 de febrero de 1652*]. (En Alloza, Juan de. *Cielo estrellado*... Lima. s. a. Preliminares).
Ejemplares:
MADRID. *Nacional*. 2-36.450.

1880
[*APROBACION. Lima, 2 de abril de 1650*]. (En Avendaño, Diego de. *Amphiteatrum misericordiæ*. Lugduni. 1666. Preliminares).
Ejemplares:
MADRID. *Nacional*. 3-24.296.

Poesías latinas

1881
[*POESIAS latinas*].
V. Uriarte-Lecina, pág. 42.

ESTUDIOS

1882
URIARTE, JOSE EUGENIO DE y MARIANO LECINA. *Aguayo, Francisco*. (En su *Biblioteca de escritores de la Compañía de Jesús*. Tomo I. 1925. Págs. 42-43).

AGUAYO (FR. GREGORIO DE)

Prior del convento de Santo Domingo de Murcia.

EDICIONES

Sermones

1883
[*SERMON... en las honras del Rey Don Phelippe II... en onze de Nouiembre de 1598* . (En Almela, Juan Alonso de. *Las reales exequias*... Valencia. 1600. Págs. 64-115).

Aprobaciones

1884
[*APROBACION. Barcelona, 8 de octubre de 1601* . (En Rebullosa, Jaime. *Relación de las grandes fiestas*... Barcelona. 1601. Preliminares).
Ejemplares:
MADRID. *Nacional*. 2-7.573.

AGUAYO (JUAN)

(V. *CASTILLA Y AGUAYO, JUAN DE*).

AGUAYO GIRON (CRISTOBAL DE)

EDICIONES

Poesías sueltas

1885

[*SONETO*]. (En *Aplauso gratulatorio... al Sr. D. Gaspar de Guzmán...* [s. a.]. Pág. 31).

1886

[*DECIMA*]. (En *Aplauso gratulatorio... al Sr. D. Francisco de Borja y Aragón...* [s. a.]. Pág. 67).

AGUAYO VALDES (LUIS JOSE DE)

EDICIONES

Poesías sueltas

1887

[*GLOSA*]. (En *Certamen poético que celebró la Hermandad de los Escrivanos Reales de... Granada a la Puríssima Concepción de N. Señora...* Granada. 1663. Fols. 52*r*-53*r*).

Ejemplares:

MADRID. *Nacional.* 3-41.930.

AGUDO Y VALENZUELA (JUAN)

EDICIONES

1888

EPITOME de la vida del real profeta David. Granada. Imp. Real, por Francisco Sánchez. 1656. 4 hs. + 44 fols. 19 cm .

—Al que leyere.
—Censura del Dr. Lorenço Vander Hamen y Leon.
—Licencia.
—Dedicatoria a D. Ioseph de Argaez, Arçobispo de Granada.
—Soneto de Francisco Moreno de Arroyo. [«Tu nombre (ó culto Agudo!) en tanto sea...»].
Texto.

Ejemplares:

MADRID. *Nacional.* R-Varios, 56-84.

ESTUDIOS

1889

ANTONIO, NICOLAS. *Ioannes Agudo et Valenzuela.* (En su *Bibliotheca Hispana Nova.* 2.ª ed. Tomo I. 1783. Pág. 628).

AGUDO Y VALLEJO (ANA)

EDICIONES

Poesías sueltas

1890

[*DECIMA*]. (En Liñan y Verdugo, Antonio. *Guía y Avisos de forasteros...* Madrid. 1620. Preliminares).

Ejemplares:

MADRID. *Nacional.* R-4.549.

1891

[*AUTOR (Al) su tío. Soneto*]. (En Velázquez, Baltasar Mateo. *El Filosofo del Aldea...* Pamplona. 1626. Preliminares).

Ejemplares:

MADRID. *Nacional.* R-13.316.

AGUDO VALLEJO (ANDRES)

EDICIONES

Poesías sueltas

1892

[*SONETO*]. (En Liñan y Verdugo, Antonio. *Guía y Avisos de forasteros...* Madrid. 1620. Preliminares).

V. n.º 1890.

AGUDO VALLEJO (JUAN)

EDICIONES

Poesías sueltas

1893
[*GLOSA*]. (En Paracuellos Cabeza de Vaca, Luis de. *Elogios a María Santíssima*... Granada 1651. Folios 261*r*-262*r*).

Ejemplares:
MADRID. *Nacional*. 3-27.884.

1894
[*OTAVAS*]. (En ídem, fols. 299*r*-293*r*).

AGUERA (DIEGO DE)

Secretario del Duque de Hijar.

EDICIONES

Poesías sueltas

1895
[*ROMANCE*]. (En *Academia jocossa*... Fol. 3).
V. n.° 1301.

ESTUDIOS

1896
[BUENO, FRANCISCO. *Vejamen*]. (En *Academia jocossa*... Fols. 23*r*-25*r*).

«Ya me mira Don Diego de Aguera temiendo ser el segundo en el Vexamen, y yo le temo tambien porque los cargados de espaldas siempre son guapos...»
«El otro día estaba jugando a las quinolas con los Pajes, y... le dije: es posible, que un Secretario de un Duque de Yjar por cuio exerçicio le tienen todos por hombre de buena nota, la dé tan mala con su exemplo que se ponga a jugar con los Pajes a los naypes? sonriose respondiendome... que no puede ser buen Secretario el que no es inclinado a las Cartas...»

AGUERA (MIGUEL DE)

EDICIONES

Poesías sueltas

1897
[*DOCTOR* (*Al*) *Frey Lope Felix de Vega Carpio. Epitaphio*]. (En Pérez de Montalban, Juan. *Fama posthuma a la vida y muerte del doctor frey Lope Felix de Vega Carpio*... Madrid. 1636. Fol. 137*r*).

Ejemplares:
MADRID. *Nacional*. 3-53.447.

1898
[*MUERTE* (*A la*) *del Dr. Montalbán. El Licenciado* ——, *su muy amigo, y aficionado. Soneto*]. (En Grande de Tena, Pedro. *Lágrimas panegíricas a la... muerte del... Dr. Iuan Pérez de Montalbán*... Madrid. 1639. Fol. 39*r*).

ESTUDIOS

1899
BARRERA, CAYETANO ALBERTO DE LA. *Aguera, Licenciado Miguel de*. (En su *Catálogo... del Teatro antiguo español*. 1860. Página 6).

AGUERO (CRISTOBAL DE)

EDICIONES

Poesías sueltas

1900
[*REDONDILLAS*]. (En Martínez de Grimaldo, José. *Fundación, y fiestas de la Congregación de los indignos esclavos del SS. Sacramento, que está en el convento de Santa María Magdalena... de esta Corte*... Madrid. 1657. Fol. 186*v*).

Ejemplares:
MADRID. *Nacional*. 3-62.584.

AGUERO (FR. CRISTOBAL)

N. por 1600 en San Luis de la Paz, Obispado de Michoacán. Dominico desde 1618. Catedrático y predicador general del idioma zapoteco en el convento de Oaxaca. Vicario de Theozapotlan.

EDICIONES

1901

MISCELANEO espiritual, en el idioma Zapoteco... Méjico. Viuda de Bernardo Calderón. 1666. 15 hs. + 72 fols. + 232 + 128 págs. 4.°

V. Medina, *La Imprenta en México,* II, n.° 945.

Ejemplares:

LONDRES. *British Museum.* 3506.aaa.(1).

1902

SERMON de Cvlpis, predicado... en la celebracion del Capitulo Provincial, que celebró su prouincia este año de 66. [s. l., pero Méjico]. Francisco Rodriguez Lupercio. [s. a.]. 7 + 9 hs. 4.°

Preliminares, según Andrade:
—Dedicatoria a los PP. Electores del Capítulo.
—Aprobación de Fr. Nicolás Cabrera.
—Aprobación de Fr. Pedro del Castillo.
—Licencia del Provincial.
—Censura del Dr. Siles.
—Licencia del Ordinario.
—Licencia del Virrey.
Texto.

V. Andrade, *Ensayo bibliográfico mexicano del s. XVII,* n.° 533; Medina, *La Imprenta en México,* II, n.° 944.

1903

SERMON en la Dominica qvarta despves de las octavas de la Resurreccion. En la celebracion del Capitulo Provincial, qve esta muy Religiosa y observante Provincia de Oaxac (sic) *hizo, y celebró en ella*... Méjico. Francisco Rodriguez Lupercio. 1668. 9 hs. + 9 fols. a 2 cols. 4.°

—Aprobación de Fr. Juan de Cabrera.
—Aprobación de Fr. Nicolás de Cabrera.
—Aprobación de Fr. José del Aguila.
—Licencia del Prelado.
—Aprobación de Fr. Jacinto de Guevara.
—Sentir del Dr. Francisco de Siles.
—Dedicatoria a Fr. Manuel Bayz, Provincial de la Orden.
Texto.

V. Medina, *La Imprenta en México,* II, n.° 987.

Aprobaciones

1904

[*APROBACION. Guaxaca, 7 de junio de 1671*]. (En Burgos, Francisco de. *Geografica descripcion de la parte Septentrional del Polo Artico de la America*... Méjico. 1674. Preliminares).

Cfr. Medina, *La Imprenta en México,* II, n.° 1.104.

AGUERO (JUAN)

EDICIONES

1905

PROBADAS flores Romanas de famosos ⁊ doctos varones compuestas para salud ⁊ reparo de los cuerpos ⁊ gentilezas de hombres de palacio ⁊ de criança trasladadas de lengua ytaliana en nuestra española. Nueuamente impressas corregidas: y emendadas. [s. l. s. i.]. [s. a.]. 10 hs. 19 cm. gót.

Fol. 1*v:* «Aquesta es vna obrezilla apazible ⁊ de plazer... trasladada... por el bachiller Juan aguero de trāsmiera.»

Ejemplares:

MADRID. *Nacional.* R-1.122.

1906

FLORES Romanas... compuestas para salud ⁊ reparo de los cuerpos humanos... trasladadas de lengua Italiana en nra. Española. [s. l., s. i.]. 1545. 8 hs. 8.°

V. Gallardo, *Ensayo,* IV, n.° 4.378.

LONDRES. *British Museum.* C.40.e.40.

1907

ESTE es el pleyto de los judios con el perro de Alua: y de la burla que les hizo. Nueuamente trobado por el bachiller Juan de Trasmiera residente en Salamanca: que hizo a ruego y pedimento de vn señor E. vn romance de Juan del Enzina. [s. l. s. i.] [s. a.] 4 hs. a 2 cols. Con un grab. gót.

1. *Querella de los judios.* [«En alua estando el alcalde...»].

Ejemplares:

MADRID. *Nacional.* R-9.429.

ESTUDIOS

1908

[COSSIO, JOSE MARIA DE. *Juan Agüero*]. (En *Boletín de la Biblioteca Menéndez Pelayo,* XV, Santander, 1933, págs. 297-302).

AGUESCA (JERONIMO DE)

EDICIONES

Poesías sueltas

1909

[*ROMANCE*]. (En Amada y Torregrosa, Ioseph Felix de. *Palestra numerosa austriaca...* 1650, fol. 79*r*).

ESTUDIOS

1910

ANDRES DE UZTARROZ, JUAN FRANCISCO DE. [*Elogio de Gerónimo de Aguesca*]. (En su *Aganipe de los cisnes aragoneses...* Amsterdam. 1781. Págs. 63-64).

AGUIAR (P. ANTONIO DE)

N. en Madrid (1620). Jesuíta desde 1638. M. en 1695.

CODICES

1911

[*Tratados teológicos*].

V. Uriarte-Lecina, *Biblioteca,* I, página 43.

1912

[*Cartas de edificación*].

V. ídem, págs. 43-44.

EDICIONES

Aprobaciones

1913

[*APROBACION. Madrid, 16 de agosto de 1688*]. (En Seijas y Lovera, Francisco de. *Theatro naval hydrographico...* Madrid. 1688. Preliminares).

Ejemplares:

MADRID. *Nacional.* R-2.671.

ESTUDIOS

1914

URIARTE, JOSE EUGENIO DE y MARIANO LECINA. *Aguiar, Antonio de.* (En su *Biblioteca de escritores de la Compañía de Jesús.* Tomo I. 1925. Págs. 43-44).

AGUIAR (DIEGO DE)

CODICES

1915

«HISTORIA de la Unión del Reino De Portugal A la Corona de Castilla. Compuesta por... ——. 1587».

Letra del s. XVI. Port. en colores + 356 fols. 225 × 175 mm.

Fol. 1*r:* Soneto. [«Aunque el rigor del inclemente Marte...»].

Fol. 1*r:* Poesía latina.

Fol. 1*v:* «El Liçendo. diego de aguiar tradujo este libro de lengua toscana en que le escriuio geronimo constagio Genoues... entiendo que pidio lizenzia para imprimirle y que no se la quisieron dar quizá por algunas cossas que refiere que por entonces no quisieron andubiesen en publico sin las quales algunos años despues se ymprimió un libro del mismo argumento por Antonio de Herrera pero dizen deue rreconozer a este.»

Ejemplares:

MADRID. *Nacional.* Mss. 6.538.

1916

«Tercetos en latin congruo y puro castellano.»

Letra de fines del s. XVI o primeros años del XVII (entre 1595 y 1616). V. n.º 70 (16).

EDICIONES

1917

TERCETOS en latin congrvo y puro castellano. Madrid. Bernardino de Guzmán. 1621. 15 hs. sin fol. 14 cm.

—Al Licdo. Diego de Aguiar, Manuel de Aguiar Enriquez su hijo. [«Da claros excelentes su fama, Triunfos...»].
—Dedicatoria a Felipe III.
—Epigrama latino de Baltasar Gutierrez de la Peña.
Tercetos. [«De generosa stirpe excelsa Planta...»].
—Sebastian Francisco de Medrano. Al Autor. [«Para que pueda admirar...»].
—Carta que se pone la escusa de auer impresso cosa tan pequeña. Y en que se muestra quienes fueron los primeros inuentores desta composicione en España. Y lo que se ha en estos versos inuentado de nuevo.

V. Gallardo, *Ensayo,* I, n.º 46; Pérez Pastor, *Bibliografía madrileña,* III, número 1.708.

Ejemplares:

MADRID. *Nacional.* R-11.221.—SAN LORENZO DEL ESCORIAL. *Monasterio.* 24-VI-3 (int.) n.º 4.

1918

RELACIONES vniversales del mundo de Iuan Botero Benes, Primera, y Segunda Parte, Traduzidas... por ——... Valladolid. Herederos de Diego Fernandez de Cordoua. 1603. 1 h. + 110 + 24 fols a 2 cols. + 1 h. 29 cm.

Ejemplares:

MADRID. *Academia Española.* 19-II-15. *Nacional.* R-19.188.

Poesías sueltas

1919

[*LOOR* (*En*) *del Autor. Soneto*]. En López Maldonado. *Cancionero.* Madrid. 1586. Preliminares).

Ejemplares:

MADRID. *Nacional.* R-2.327.

1920

[*SONETO al Autor*]. (En [Gómez] de Huerta, Jerónimo. *Florando de Castilla...* Alcalá. 1588. Preliminares).

Ejemplares:

MADRID. *Nacional.* R-144.

ESTUDIOS

1921

ANTONIO, NICOLAS. *Didacus de Aguiar.* (En su *Bibliotheca Hispana Nova.* 2.ª ed. Tomo I. 1783. Págs. 264).

1922

GARCIA PERES, DOMINGO. *Aguiar, Diego de.* (En *Catálogo... de los autores portugueses que escribieron en castellano.* 1890. Página 15).

1923

LOPEZ ESTRADA, FRANCISCO. *Las Islas Canarias en las «Relaciones universales», de Botero Benes.* (En *Revista de Historia,* XIV, La Laguna, 1948, págs. 54-56).

Reproduce las págs. 177*v*-178*v* de la traducción de Aguiar y señala varios italianismos de la misma. Sigue un *Comentario histórico* (págs. 56-60), por B. Bonnet, sobre dicho fragmento y sus fuentes.

AGUIAR (FR. DIEGO DE)

N. de Puebla de los Angeles. Agustino.

CODICES

1924

[*Segunda parte de la Historia de la Provincia del Santísimo Nombre de Jesús de Religiosos Agustinos de Méjico*].

Según Beristain (I, pág. 17) se conservaba manuscrita en el archivo del convento de agustinos de Méjico.
V. Santiago Vela, *Ensayo*, I, páginas 37-38.

1925

[*Relación sobre el convento de Chalma.—Diario* (*1693-97*). 4.°

Desaparecido. Parece que con ambos títulos se designa una misma obra.
V. Asencio, José, *Cronistas*..., en *Estudios Históricos*, Guadalajara, Méjico, 1944, págs. 37-38.

EDICIONES

Aprobaciones

1926

[*SENTIR. Méjico, 3 de junio de 1700*]. (En Pedro de la Concepción (Fr.). *Funeral panegyrico de la exemplar vida*... *de Fr. Melchor López de Iesus*. Méjico. 1700. Preliminares).

Cfr. Medina, *La Imprenta en México*, III, n.° 1.761.

1927

[*APROBACION. Méjico, 12 de de mayo de 1712*]. (En Pérez, Manuel. *Farol Indiano*... Méjico. 1713. Preliminares).

Ejemplares:

MADRID. *Nacional*. R-14.895.

ESTUDIOS

1928

SANTIAGO VELA, GREGORIO DE. *Aguiar, Fr. Diego de*. (En *Ensayo de una Biblioteca*... *de la Orden de San Agustín*. Tomo I. 1913. Págs. 37-38).

AGUIAR (FERNANDO DE)

Licenciado. Colegial en el Real de Alcalá.

EDICIONES

Poesías sueltas

1929

[*GLOSA*]. (En *Ivsta poetica zelebrada por la Vniversidad de Alcalá*... Alcalá. 1658. Pág. 209).

V. n.° 1751.

AGUIAR (TOMAS DE)

EDICIONES

Poesías sueltas

1930

[*ROMANCE*]. (En Bocángel Unzueta, Gabriel. *Relación panegyrica del novenario célebre*... Madrid. 1653. Fols. 82*r*-83*r*).

Ejemplares:

MADRID. *Nacional*. 3-66.214.

OBRAS LATINAS

1931

APOLOGIA pro consilio medicinalis in diminvta visione, ab eo præscripto & denuó confirmato. Adversvs dvas epistolas... *Illephonsi Nuñez Llerensis*... *tum Censuris easdem & in librum de fauscium vlceribus anginosis (vulgo Garroti-*

llo) ab eodem Autore Nuñez editum. Marcenæ. Gabrielem Ramos Vejarano. 1621. 6 hs. + 144 fols. + 28 hs. 18,5 cm.

Ejemplares:

MADRID. *Nacional.* R-7.741.

AGUIAR Y ACUÑA (ANTONIO DE)

CODICES

1932

«Rosselauro y francelissa. Historia A modo de fabula. Escrita Por D. A. D. A. Y. A. C. D. L. O. D. S. I. D. G. C. D. L. I. En Madrid a 1 de Jullio de 1630 años».

Letra del s. XVII. 2 hs. + 133 fols. a 2 cols. 305 × 220 mm.

Según una nota de las guardas las iniciales significan: «Don Antonio de Aguiar y Acuña, Cavallero de la Orden de San Iuan de Gerusalen, Consejero de las Indias.»

V. Gallardo, *Ensayo,* I, n.º 45.

MADRID. *Nacional.* Mss. 9.389.

ESTUDIOS

1933

ANTONIO, NICOLAS. *D. Antonius de Aguiar et Acuña.* (En su *Bibliotheca Hispana Nova.* 2.ª ed. Tomo I. Madrid. 1783. Pág. 94).

AGUIAR Y ACUÑA (MANUEL DE)

N. de Madrid. Caballero de Santiago. M. en Nápoles en 1656.

CODICES

1934

COMENTARIOS de la guerra de Cataluña.

Cit. por N. Antonio.

EDICIONES

Poesías sueltas

1935

[SONETO]. En *Justa poetica, y alabanzas justas que hizo... Madrid al bienaventurado San Isidro en las Fiestas de su Beatificacion, recopiladas por Lope de Vega Carpio.* Madrid. 1620. Fol. 50).

Ejemplares:

MADRID. *Nacional.* R-4.901.

ESTUDIOS

1936

ALVAREZ Y BAENA, JOSEPH ANTONIO. *Manuel de Aguiar y Acuña.* (En *Hijos de Madrid...* Tomo IV. 1791. Págs. 5-6).

1937

ANTONIO, NICOLAS. *D. Emmanuel de Aguiar et Acuña.* (En su *Bibliotheca Hispana Nova.* 2.ª ed. Tomo I. 1783. Pág. 340).

1938

VEGA, LOPE DE. [*Elogio*]. (*En Justa poética...* 1620. Fol. 128*r*).

«...Don Manuel de Aguiar y Acuña, por Marte de Apolo queda.»

V. n.º 1935.

AGUIAR Y ACUÑA (RODRIGO DE)

EDICIONES

1939

SVMARIOS de la Recopilacion General de las Leyes, Ordenanças, Provisiones, Cedvlas, Instrvcciones, y Cartas Acordadas, q' por los Reyes Catolicos de Castilla se han promulgado, expedido, y despachado, para las Indias Occidentales, Islas, y Tierra-Firme del mar Occeano: desde el año de mil y quatrocientos y noventa y dos, que se descubrieron, hasta el presente, de mil y seiscientos y veinte y ocho. Mejico. Francisco Rodriguez Lupercio. 1677. 8 hs. + 385 fols. a 2 cols.

—Dedicatoria a Felipe IV.
—Tabla de los titulos.
—Solicitud de Juan Francisco Montemayor de Cuenca al Virrey para que se le diese licencia para reimprimir este libro.
Texto.
V. Medina, *La Imprenta en México,* II, n.º 1.151.

Ejemplares:

LONDRES. *British Museum.* 501.g.10.

Aprobaciones

1940

[*FEE de aprouacion, que dió en 6 de mayo de 1620. Madrid, 22 de diciembre de 1621*]. (En García de Nodal, Bartolomé y Gonzalo de Nodal. *Relación del viaje que por orden de sv Magestad... hizieron... al descubrimiento del Estrecho nuebo de S. Vicente...* Madrid. 1621. Preliminares).

Ejemplares:

MADRID. *Nacional.* R-4.071.

ESTUDIOS

1941

ALVAREZ Y BAENA, JOSEPH ANTONIO. *Rodrigo de Aguiar y Acuña (Lic. D).* (En *Hijos de Madrid...* Tomo IV. 1791. Pág. 289).

1942

ANTONIO, NICOLAS. *D. Rodericus de Aguiar et Acuña.* (En su *Bibliotheca Hispana Nova.* 2.ª ed. Tomo II. 1788. Pág. 260).

1943

MANZANO, JUAN. *Los trabajos recopiladores de Diego de Zorrilla y Rodrigo de Aguiar.* (En *Colección de estudios... Monografías... ofrecidas a D. Rafael Altamira.* Madrid. 1936. Págs. 386-403).

Págs. 392-403: *Labor de Rodrigo de Aguiar: los Sumarios.*

Ejemplares:

MADRID. *Nacional.* 2-30.441.

AGUIAR ENRIQUEZ (MANUEL DE)

EDICIONES

1944

[*RESPVESTA al papel de los señores Sacerdotes de la Congregacion de esclauos del Santissimo Sacramento, sita en el Conuento de Santa Maria Madalena desta Villa, sobre sus nuevas pretensiones*] [s. l. s. i.] [s. a.]. 16 fols. 30 cm.

Carece de portada.

Ejemplares:

MADRID. *Nacional.* R-Varios, 60-32.

AGUIAR Y SAAVEDRA (ISABEL DE)

Monja en Guadalajara.

CODICES

1945

[*Poesias*].

Letra del s. XVII.

1. *Romance del beso las manos de vm. en que se queja le an dejado por el besso la mano.* [«Pesame (la cortesía)...»]. (Fols. 109*v*-111*r*).
2. *Soneto... Diciendole al Marques de Montesclaros que hera muy entendida Doña Ysabel de Aguiar pregunto si era muger que diria una de las desnudeces del paraiso y ella hizo de repente este soneto.* [«Si el uso metaforico no fuera...»]. (Fol. 140).

V. n.º 143.

MADRID. *Nacional.* Mss. 3.773 (con exlibris de Salvá y Heredia).

EDICIONES

Poesías sueltas

1946

[*DECIMA*]. (En Enriquez de Zuñiga, Juan. *Amor con vista*... Madrid. 1625. Preliminares).

Ejemplares:

MADRID. *Nacional*. R-12.725.

ESTUDIOS

1947

SERRANO Y SANZ, MANUEL. *Aguiar y Saavedra, D.ª Isabel de*. (En sus *Apuntes para una Biblioteca de Escritoras españolas*... Tomo I. 1903. Pág. 12).

AGUIAR Y SEIJAS (FRANCISCO DE)

Arzobispo de Méjico.

EDICIONES

1948

[*PASTORAL sobre la Congregación de San Felipe Neri. Méjico, 8 de abril de 1683*]. [s. l. s. i.] [s. a.]. 3 hs. 32 cm.

Carece de portada.

Ejemplares:

MADRID. *Nacional*. R-Varios, 209-120 (con la firma autografa del Arzobispo al fín).

ESTUDIOS

1949

LEZAMIS, IOSEPH. *Breve relacion de la Vida y muerte del Illmo. y Rmo. Señor Doctor D. Francisco de Aguiar, y Seyxas, que está en la vida del Apostol Santiago el Mayor*. Méjico. María de Benavides. 1699. 62 hs. 20 cm.

Ejemplares:

MADRID. *Nacional*. 3-64.544.

AGUILA (ANDRES JACINTO DEL)

EDICIONES

1950

[*DEDICATORIA a D. Pedro de Cardenas y Angulo*]. (En Paredes, Antonio de. *Rimas*. Córdoba. 1622. Fol. 1).

Ejemplares:

MADRID. *Nacional*. R-15.326.

Poesías sueltas

1951

[*SONETO*]. (En Vargas Valenzuela Nicolás de. *Trágico sucesso, mortífero estrago*... Córdoba. 1657. Preliminares).

1952

[*POESIAS*] (En Vaca de Alfaro, Enrique, *Lyra de Melpomene*... Córdoba. 1656. Preliminares).

a) Soneto.
b) Romance paranomastico.

Ejemplares:

MADRID. *Nacional*. R-12.845.

Poesías latinas

1953

[*EPIGRAMA latino*]. (En Paez de Valenzuela, Juan. *Relacion brebe de las fiestas, que en la ciudad de Cordoua se celebraron a la Beatificacion de... santa Theresa de Iesus*... Cordoba. 1615. Fol. 4*v*).

Ejemplares:

MADRID. *Nacional*. 3-39.118.

1954

[*POESIA latina*]. (En Pedrique del Monte, Fernando. *La Montaña de los Angeles*... Córdoba. 1674. Preliminares).

Cfr. Valdenebro, *La Imprenta en Córdoba*, n.º 236.

AGUILA (FR. ANGEL DEL)

EDICIONES

Sermones

1955
DISCURSO fúnebre del P. M. F. Martín Gutierrez. Madrid. Diego Díaz de la Carrera. 1644.
Ejemplares:
NUEVA YORK. *Hispanic Society.*

Poesías sueltas

1956
[*GLOSA*]. (En Manrique, Fr. Angel. *Exequias, tumulo y pompa funeral que la Universidad de Salamanca hizo en las honras del Rey... don Felipe III...* Salamanca. 1621. Págs. 165-66).
Ejemplares:
MADRID. *Nacional.* 2-67.733.

AGUILA (ANTONIO DEL)

Médico de Ciudad Real.

EDICIONES

Poesías sueltas

1957
[*SENTIMIENTO (El) que tuvo un Galan, viendo ausentar á su Dama, con precepto de no dezir razón afirmatiua. Soneto*]. (En *Academia que se celebró en... Ciudad-Real...* [s. a.] Fol. 12).
V. n.º 1291.

1958
[*SENTIMIENTO (El) que hizo Cesar á vista de la cabeça de Pompeyo su enemigo. Soneto*]. (En ídem, fols. 26*v*-27*r*).

1959
[*DAMA (A una), que cogiendo una Rosa, se hirió en una espina, y viendo la sangre, quedó desmayada. Dezima*]. (En ídem, fol. 31*r*).

1960
[*GLOSA*]. (En ídem, fols. 34*r*-35*r*).

1961
ALMENDRO (Al), motejándole de desvanecido, porque primero se viste de flores. Romance endecasílabo. (En ídem, fol. 35).

AGUILA (DOMICIANO DEL)

Licenciado. Del hábito de San Juan. Prior de Villafranca.

EDICIONES

Poesías sueltas

1962
[*DECIMA*].(En Nieva Calvo, Sebastián de. *La mejor muger, madre y virgen...* Madrid. 1625. Preliminares).
Ejemplares:
MADRID. *Nacional.* R-11.892.

AGUILA (FR. JOSE DEL)

Dominico.

EDICIONES

Aprobaciones

1963
[*APROBACION. Zimatlán, 8 de julio de 1667*]. (En Agüero, Cristóbal de. *Sermón en la Dominica quarta despues de las octavas de la Resurrección.* Méjico, 1668. Preliminares).
V. n.º 1903.

AGUILA (JUAN DEL)

N. en Pamplona. Doctor. Es seudónimo.

(*V. MOYA, P. MATEO DE*).

AGUILA (JUAN DEL)

Doctor. Canónigo en la Catedral de Cuenca. Consultor y calificador de la Inquisición.

Aprobaciones

1964

[*APROVACION y Censura. Cuenca, 22 de mayo 1620*]. (En Bustamante, Juan de. *Tratado de las ceremonias de la Misa...* Cuenca. 1622. Preliminares).

Ejemplares:

MADRID. *Nacional.* 2-41.405.

ESTUDIOS

1965

ANTONIO, NICOLAS. *D. Ioannes del Aguila.* (En su *Bibliotheca Hispana Nova.* 2.ª ed. Tomo I. 1783. Pág. 628).

AGUILA (FR. JUAN DEL)

EDICIONES

Poesías sueltas

1966

[*POESIAS*]. (En Luis de Santa María (Fr.). *Octava sagradamente culta, celebrada... en la Octava maravilla... San Lorenzo el Real del Escvrial...* Madrid. 1664).

1. Soneto. (Pág. 59).
2. Soneto. (Pág. 60).
3. Soneto. (Pág. 60).
4. Octavas. (Págs. 80-81).
5. Glosa. (Pág. 99).
6. Décimas. (Págs. 116).

Ejemplares:

MADRID. *Nacional.* 3-14.535.

1967

[*EPIGRAMAS latinos*]. (En ídem, pág. 67).

Son tres diferentes.

AGUILA (MIGUEL DEL)

EDICIONES

Aprobaciones

1968

[*APROBACION. Córdoba, 13 de septiembre de 1635*]. (En Pérez de Veas, Bartolomé. *Sermón en alabanza del Eminentissimo Cardenal... San Ramon Nonacido...* Córdoba. 1635. Preliminares).

Cfr. Valdenebro, *La Imprenta en Córdoba,* n.º 159.

1969

[*APROBACION. Córdoba, 3 de septiembre de 1636*]. (En Pérez de Veas, Bartolomé. *Espirituales fiestas, que la... ciudad de Cordova hizo en desagravios de la Suprema Magestad Sacramentada.* Córdoba. 1636. Preliminares).

Cfr. Valdenebro, *La Imprenta en Córdoba,* n.º 162.

AGUILA (SUERO DEL)

EDICIONES

1970

[*EPITAFIO en verso del Tostado*]. (En Ruiz de Vergara, Francisco. *Historia del Colegio Viejo de S. Bartholomé, Mayor de la célebre Universidad de Salamanca...* Primera parte. 2.ª ed. Madrid. Andrés Ortega. 1766. Pág. 116).

Ejemplares:

MADRID. *Nacional.* 1-16.209.

AGUILA Y CANALES (MARIA DEL)

N. en Toledo (1596). Beata de la Orden del Carmen. M. en 1631.

EDICIONES

1971

[*ESCRITOS*]. (En López Terán, Francisco. *Sermón*... 1634).

V. n.º 1972.

ESTUDIOS

1972

LOPEZ TERAN, FRANCISCO. *Sermon en qve se contiene la vida de doña María del Aguila y Canales, Beata de nuestra Señora del Carmen, natural de la ciudad de Toledo*. Madrid. Viuda de Iuan Gonçalez. 1634. 16 hs. + 116 fols. 19,5 cm.

Ejemplares:

MADRID. *Nacional*. 3-66.413.

1973

SERRANO Y SANZ, MANUEL. *Aguila y Canales, D.ª María del*. (En sus *Apuntes para una Biblioteca de Escritoras españolas*... Tomo I. 1903. Págs. 12-13).

AGUILAR (Licenciado)

EDICIONES

1974

[*LOOR (En) del Autor. Soneto*]. (En Pérez, Ignacio. *Arte de escrevir*... Madrid. 1599. Fol. 4*v*).

Ejemplares:

MADRID. *Nacional*. R-1.114.

1975

[*SONETO*]. (En Pérez, Ignacio. *El nuevo Arte de contar*... Madrid. 1599. Preliminares).

Cfr. Pérez Pastor, *Bibliografía madrileña*, I, n.º 643.

AGUILAR (P. AGUSTIN DE)

N. en Ecija por 1582. Jesuíta desde 1597. Residió en el Perú.

EDICIONES

Aprobaciones

1976

[*APROBACION. Lima, 5 de marzo de 1640*]. (En Prado, Pablo de. *Directorio espiritual*... Lima. 1641. Preliminares).

Cfr. Medina, *La Imprenta en Lima*, I, n.º 219.

ESTUDIOS

1977

URIARTE, JOSE EUGENIO DE y MARIANO LECINA. *Aguilar, Agustín*. (En su *Biblioteca de escritores de la Compañía de Jesús*. Tomo I. 1925. Pág. 44).

AGUILAR (ANDRES DE)

EDICIONES

Poesías sueltas

1978

[*LOPE (A) de Vega Carpio. Soneto*]. (En Pérez de Montalban, Juan. *Fama posthuma*... Madrid. 1636. Fol. 144*r*).

AGUILAR (FR. ANTONIO DE)

EDICIONES

Aprobaciones

1979

[*APROBACION. Madrid, 16 de diciembre de 1592*]. (En Rodríguez,

Manuel. *Obras Morales en Romance*. Madrid. 1602. Preliminares).

Cfr. Pérez Pastor, *Bibliografía madrileña,* II, n.° 822.

AGUILAR (ANTONIO DE)

N. en Valladolid. Escribano de la Casa Real de la Moneda, de Madrid.

EDICIONES

1980

[*MEMORIAL al Rey, sobre el valor de la moneda*]. [¿1652?]. Fol.

Comienza: «Señor. Antonio de Aguilar, natural de la ciudad de Valladolid...».

Ejemplares:

LONDRES. *British Museum.* 1322.l.12 (27). [Con notas mss.].

1981

[*MEMORIAL*]. [s. l., s. i.]. [s. a.]. 9 fols. 30 cm.

Comienza: «Señor. = Antonio de Aguilar, que sirue la escriuania mayor de la casa Real de moneda, de la Corte, y villa de Madrid, Sobre tantos arbitrios que se han dado...»

Ejemplares:

MADRID. *Nacional.* R-Varios, 23-6 (al fín va fechado, —en Madrid a 16 de noviembre del 76 (?)—, y firmado por el autor).

AGUILAR (BEATRIZ DE)

EDICIONES

1982

ROMANCES compuestos por la Madre ——, en agradecimiento de algunas mercedes señaladas, que Dios la hizo. Córdoba. Francisco de Cea. 1610. 6 hs. 4.°

AGUILAR (DIEGO FELIPE DE)

EDICIONES

Poesías sueltas

1983

[*VEXAMEN que se dan Dueñas y Lacayos del señor Conde de Torre Palma. Quintillas*]. (En *Academico obsequio...* [s. a.]. Fols. 43*r*-44*v*).

V. n.° 1.307.

AGUILAR (P. ESTEBAN DE)

N. en Puebla de los Angeles o Guadalajara (Méjico) por 1606. Jesuíta. M. en Méjico en 1668.

CODICES

1984

[*Varias poesías castellanas*].

Se conservaba en la Biblioteca de la Universidad de Méjico. (Beristain, *Biblioteca,* I, pág. 19).

EDICIONES

1985

SERMON qve predicó... en la fiesta de la esclarecida Virgen, y Martir Santa Catalina, en su Iglesia Parroquial, Año de 1648. Méjico. Hipolito de Ribera. 1648. 3 hs. + 12 fols. 4.°

—Aprobación del P. Matías Bocanegra.
—Dedicatoria a D. Iuan de Poblete, Chantre de la Iglesia Cathedral de Mexico.
Texto.

V. Andrade, *Ensayo bibliográfico mexicana del s. XVII,* n.° 330; Medina, *La Imprenta en México,* II, n.° 664.

1986

SERMON qve predicó... en la solemnidad del glorioso Patriarca San Juan de Dios. Méjico. Biuda de Bernardo Calderón. 1650. 3 hs. + 22 fols. 4.°

—Censura y aprobación.
—Licencias.
—Dedicatoria a Fr. Francisco de Mendoza.

Texto.
—Colofón.

V. Andrade, *Ensayo bibliográfico mexicana del s. XVII*, n.º 351; Medina, *La Imprenta en México*, II, n.º 694.

1987

NAVTICA Sacra y viaje prodigioso. Predicóle... en la fiesta que haze su Magestad (que Dios guarde) al Santissimo Sacramento, en accion de gracias, por aver librado milagrosamente la armada de la plata. Méjico. Imp. de Hipólito de Ribera. 1653. 26 fols. 4.º

Con una Relación del suceso.

V. Andrade, *Ensayo bibliográfico mexicano del s. VII*, n.º 418; Medina, *La Imprenta en México*, II, n.º 772.

Ejemplares:

NUEVA YORK. *Hispanic Society.*

1988

SERMON del Serafico Padre San Francisco en la fiesta qve le celebra su ilustre, y devota Cofradia, fundada en el Religioso Convento de Religiosas de Regina Coeli. Méjico. Viuda de Bernardo Calderón. 1668. 4 hs. + 24 fols. 4.º

—Dedicatoria a Fr. Francisco Pareja, Provincial de la Merced.
—Aprobación del P. Antonio Nuñez.
—Aprobación del P. Lorenzo de Alvarado.
—Licencia del Ordinario.
—Soneto en memoria del orador, que murió antes de esta publicación.
Texto.

V. Andrade, *Ensayo bibliográfico mexicano del s. XVII*, n.º 559; Medina, *La Imprenta en México*, II, n.º 988.

Aprobaciones y censuras

1989

[*CENSURA, s. l. y s. a.*]. (En González, Tomás. *De Arte Rhetorica libri tres.* Méjico. 1646. Preliminares).

Cfr. Medina, *La Imprenta en México*, II, n.º 627.

1990

[*CENSURA. Méjico, 7 de diciembre de 1647*]. (En Salmerón, Pedro. *Ceremonial de las ceremonias del santo sacrificio de la Missa.* Méjico. 1647. Preliminares).

Cfr. Medina, *La Imprenta en México*, II, n.º 659.

1991

[*APROBACION. Méjico, 9 de octubre de 1658*]. (En Cifuentes, Luis de. *Elogio sacro, y sermon panegyrico en la Solemnidad del Patriarcha Seraphin N. P. San Francisco.* Méjico. 1658. Preliminares).

Cfr. Medina, *La Imprenta en México*, II, n.º 849.

OBRAS LATINAS

1992

PANEGIRICO del marqués de Villena, virey de la Nueva España en versos exámetros latinos. Méjico. 1640. 4.º

Cfr. Beristain, *Biblioteca...*, tomo I, 1816, pág. 19.

ESTUDIOS

1993

ANTONIO, NICOLAS. *Stephanus de Aguilar.* (En su *Bibliotheca Hispana Nova.* 2.ª ed. Tomo II. 1788. Págs. 289-90).

1994

URIARTE, JOSE EUGENIO DE y MARIANO LECINA. *Aguilar, Esteban.* (En su *Biblioteca de escritores de la Compañía de Jesús.* Tomo I. 1925. Págs. 44-45).

AGUILAR (FERNANDO DE)

EDICIONES

Poesías sueltas

1995

[*EXTASI* (*Del*) *de San Ignacio. Canción real*]. (En Monforte y Herrera, Fernando de. *Relación de las fiestas que ha hecho el Colegio Imperial*... Madrid. 1622. Fols. 25*r*-26*r*).

V. n.º 1.231.

1996

[*OCTAVAS*]. (En ídem, fols. 68*r*-69*v*).

AGUILAR (FRANCISCO DE)

ESTUDIOS

1997

[VEGA CARPIO, LOPE FELIX DE. *Elogio*]. (En su *Laurel de Apolo*... Madrid. 1630. Fol. 65*v*).

«...Y si tienes deseo
De ver un grande y virtuoso empleo,
Que puede enriquezerte,
En don Francisco de Aguilar aduierte
Tan varia erudicion, tan graue estudio,
Porque dando libelo de repudio
A quantas ocasiones
Diuierten a los ínclitos varones,
En su rico Museo
Hermoso Laberinto del deseo,
Sobre los libros yaze
Desde que el Fenix Sol muriendo naze,
Pintando con solicito cuydado
La Historia del Piramide sagrado...»

V. n.º 1182.

AGUILAR (FRANCISCO DE)

Licenciado.

EDICIONES

Poesías sueltas

1998

[*DECIMAS al propósito de una alma que se reduxo por la oracion de la Santa*...]. (En Diego de San José. *Compendio de las solenes fiestas que en toda España se hicieron en la Beatificación de N. B. M. Teresa de Iesus*... Madrid. 1615. Segunda parte. Fol. 210).

Se incluye al tratar de las fiestas celebradas en Caravaca.

Ejemplares:

MADRID. *Nacional*. R-461.

AGUILAR (FRANCISCO DE)

Doctor en ambos Derechos. Abogado de la Real Audiencia de Méjico y Catedrático de su Univesidad.

EDICIONES

Aprobaciones

1999

[*APROBACION. Méjico, 12 de febrero de 1688*]. (En Velasco, Alonso Alberto de. *Renovación por si misma de la soberana imagen de Christo... que llaman de Ytzimiquilpan*... Méjico. 1688. Preliminares).

Ejemplares:

MADRID. *Nacional*. 3-13:914.

AGUILAR (FR. FRANCISCO DE)

Agustino. Catedrático de Sagrada Escritura en la Universidad de Lérida. M. allí en 1613.

EDICIONES

2000

LIBRO de indvlgencias y gracias concedidas por nvestro mvy Sancto Padre Gregorio XIII y por otros muchos Summos Pontifices, a los coffadres (sic) *de la Correa, del glorioso Padre y bienaventurado Doctor de la Iglesia Sanct Augustin. Con vn tractado en que se summa a la materia de Indulgencias.* Barcelona. Hubert Gotart. 1584. 12 hs. + 148 fols. + 4 hs. 15 cm.

—Grabado que representa a San Agustín.
—Licencia de la Orden.
—Aprobación de Pedro Benito Sancta María.
—Aprobación de Fr. Gaspar de Saona.
—Aprobación de Fr. Hieronimo de Saona.
—Licencia del Obispo de Barcelona.
—Epistola a D.ª Esperança de Urries, Señora de los lugares de Alfagarim y Nuez.
—Prólogo y argumento, al christiano lector.
Texto.
—Tabla.

Ejemplares:

MADRID. *Nacional.* R-25.953.

2001

TRACTADO qvarto el qval contiene vn breve svmmario y epilogo en que se declara que cosa sea Indulgencia y el modo de ganarla perfectamente. Barcelona. Hubert Gotart. 1584. 12 hs. + 66 fols. + 2 hs. 15 cm.

Los mismos preliminares que el *Libro de Indulgencias.*

Ejemplares:

MADRID. *Nacional.* R-25.953.

ESTUDIOS

2002

HERRERA, TOMAS DE. [*Fr. Francisco de Aguilar*]. (En su *Historia del convento de S. Augustín de Salamanca.* Madrid. 1652. Págs. 180-81, 348 y 363).

V. n.º 1.333.

2003

SANTIAGO VELA, GREGORIO DE. *Aguilar, Fr. Francisco de.* (En *Ensayo de una Biblioteca... de la Orden de San Agustín.* Tomo I. 1913. Págs. 46-48).

2004

TORRES AMAT, FELIX. *Aguilar, Fr. Francisco.* (En sus *Memorias para... un Diccionario... de los escritores catalanes.* 1836. Páginas 6-7).

AGUILAR (FR. FRANCISCO DE)

Dominico.

CODICES

2005

[*Relación breve de lo acaecido en la conquista de Nueva España*].

Letra del s. XVI. 318 × 220 mm.
V. Zarco, *Catálogo,* II, págs. 217-18 (indica errores y omisiones de la ed. de 1903).

ESCORIAL. *Monasterio.* L.I.5 (fols. 275*r*-289*v*).

EDICIONES

2006

HISTORIA de la Nueua España. (En *Anales del Museo Nacional de México,* VII, Méjico, 1903, páginas 3-25).

Según copia del ms. escurialense hecha por Francisco del Paso y Troncoso en 1892.

2007

HISTORIA de la Nueva España. Edición de Alfonso Teja Zabre. Méjico. Edit. Botas. 104 págs.

ESTUDIOS

2008

GOMEZ DE OROZCO, FEDERICO. *Fray Francisco de Aguilar y su historia de la conquista de México.* (En *Abside,* II, Méjico, 1938, n.º 2, págs. 37-41 y n.º 5, págs. 48-53).

AGUILAR (FR. FRANCISCO)

Franciscano.

CODICES

2009

«Libro intitulado, la Esposa de Christo instruyda en que se trata la vida de santa Lutgarda... sacado de diversos Autores, y en particular del padre Bernardino de Villegas... del libro que escriuio de Santa Lutgarda.»

Letra del s. XVII. 48 hs. 212 × 153 mm. Según una nota final, lo compuso en mayo de 1635.

V. Gutiérrez del Caño, *Catálogo*, número 25.

VALENCIA. *Universitaria.*

AGUILAR (P. FRANCISCO DE)

N. en Portillo o en Valladolid el año de 1588. Jesuíta desde 1603. Rector de los Colegios de Bilbao, Oviedo, Burgos y Valladolid y Provincial de Castilla. M. en Valladolid (1670).

CODICES

2010

[*Cartas*].

V. Uriarte-Lecina, págs. 46-47.

EDICIONES

Poesías sueltas

2011

[*DEZIMA*]. (En Escobar y Mendoza, Antonio de. *San Ignacio. Poema heroico.* Valladolid. 1613. Preliminares).

Ejemplares:

MADRID. *Nacional.* R-5.900.

ESTUDIOS

2012

URIARTE, JOSE EUGENIO DE y MARIANO LECINA. *Aguilar, Francisco de.* (En su *Biblioteca de escritores de la Compañía de Jesús.* Tomo I. 1925. Págs. 46-47).

AGUILAR (GASPAR DE)

CODICES

2013

[*Arte de principio de canto llano en español, nuevamente enmendado y corregido por ——, con otras muchas reglas necesarias para perfectamente cantar*].

16 hs. gót. 8.° En la Biblioteca Colombina.

V. Gallardo, *Ensayo*, I, n.° 48.

AGUILAR (GASPAR DE)

N. en Valencia (1561). Fué secretario del Conde de Sinarcas. M. en 1623.

CODICES

TEATRO

2014

«Los Amantes de Cartago».

Letra del s. XIX. 24 hs. 4.°

«—Haz luego lo que te digo...»

MADRID. *Nacional.* Mss. 16.018.

2015

[*El Mercader amante*].

Letra de principios del s. XVII (¿autógrafa?). 22 hs. 4.°

«—Muerde esa lengua traidora...»

V. Paz, *Catálogo de las piezas de Teatro*, I, n.° 2.364.

MADRID. *Nacional.* Mss. 17.334.

2016

[*La Nuera humilde*].

Letra de principios del s. XIX. 25 hs. 4.°

—«¿Voló mucho? —Voló tanto...»

Precedida de una Loa y seguida de dos composiciones en décimas del mismo autor.

V. Paz, *Catálogo de las piezas de Teatro* I, n.º 2.625.
MADRID. *Nacional* Mss. 18.073.

2017

[*La Venganza honrosa*].

Letra del s. XVII. 34 hs. 4.º
«—Dejame morir. —Señor...»
V. Paz, *Catálogo de las piezas del Teatro,* I, n.º 3.736.
MADRID. *Nacional.* Mss. 18.354 (Perteneció al Marqués de Pianessa).

2018

[*El crisol de la verdad.—Las amenidades del soñar.—No son los recelos*, *celos.—El cavallero del Sacramento*].

Cfr. Martí Grajales, *Diccionario,* página 24.

POESÍA

2019

«*Algunas obras de* ——, *Humanas y Diuinas.*»

Letra del s. XVII. 75 hs. 210 × 150 mm. ¿Autógrafo? Llamado de la Condesa de Concentaina.
V. Carreres de Calatayud, Prólogo a su ed. de las *Rimas,* págs. 10-18.

2020

«*Octauas...*»

Letra del s. XVII. 210 × 145 mm.
[«Caduco tiempo, que la culpa tienes...»].
MADRID. *Nacional.* Mss. 3.920 (fol. 90).

2021

[*Poesías*]. (En el *Cancionero de Duque de Estrada*).

V. n.º 88 (3, 13, 31, 35, 57, 76).

2022

[*Poesías*]. (En *Cancionero recogido de varios poetas...*).

V. n.º 142.

EDICIONES

2023

Fiestas nupciales

FIESTAS nvpciales qve la Civdad y Reyno de Valencia han hecho en el felicissimo casamiento del Rey don Phelipe nuestro señor III deste nombre, con doña Margarita de Austria Reyna y señora nuestra. Valencia. Pedro Patricio Mey. 1599. 8 hs. + 135 págs. 8.º

—Licencia.
—Aprobación del Dr. Pedro Juan Assensio.
—Dedicatoria a D. Iayme Zeferino Ladron de Pallas, Vizconde de Chelua.
—Soneto de Guillén de Castro. [«Como en el cielo impireo se tratasse...»].
—Soneto de Maximiliano Cerdán. [«Tus hechos grandes, tu valor y nombre...»].
Texto. *Canto primero.* [No porque Alcides valeroso y santo...»].
Pág. 136: Soneto de Francisco Juan Pintor. [«Qual sol resplandeciente puro, y claro...»].
Pág. 137: Soneto de Carlos Boil «[Valencia en el felice casamiento...»].
Pág. 138: *A la entrada del Rey nuestro señor, el Dr. Virues. Soneto.* [«Leuanta o Turia tu serena frente...»].
Pág. 139: *Del mismo, a la Infanta de España.* [«La clara estrella cuya luz diuina...»].
V. *Catálogo de la biblioteca de Salvá,* I, n.º 416; Martí Grajales, *Diccionario de poetas de Valencia,* págs. 20-21.

Ejemplares:

NUEVA YORK. *Hispanic Society.*

2024

FIESTAS nupciales que la ciudad de Valencia hizo al casamiento de Felipe III... Publícalas nuevamente Francisco Carreres Vallo, precedido de un estudio biográfico y bibliográfico por Francisco Martí Grajales. Tirada de 51 ejemplares. Valencia. [M. Pau]. 1910. LIX + 141 págs. + 2 láms. 18 cm.

Edición a plana y renglón, conservando incluso las abreviaturas y las erratas.

Ejemplares:

LONDRES. *British Museum.* 011451.g. 56.—MADRID. *Nacional.* 1-57.221.

Fiestas por la beatificación de Fr. Luis Bertrán

2025

FIESTAS qve la insigne civdad de Valencia ha hecho por la beatificación del Santo Fray Luys Bertran. Iunto con la Comedia que se representó de su vida y muerte, y el Certamen Poetico que se tuuo en el Conuento de Predicadores, con las obras de los Poetas, y Sentencia. Valencia. Pedro Patricio Mey. 1608. 8 hs. + 391 págs. 15 cm.

—Aprobación del Dr. Francisco Lopez de Mendoça.
—Grabado con retrato del B.º Fr. Luis Bertran.
—Dedicatoria a los Jurados de la ciudad de Valencia.
—Del Conde de Buñol a la Ciudad de Valencia. Soneto. [«Ya que el orgullo y las soberuia humillas...»].
—De Luys Ferrer de Cardona al santo Fray Luys Bertran. Soneto. [«En sus sabrosos extasis al cielo...»].
—De Diego Vique a Gaspar Aguilar. [«De vuestros merecimientos...»].
—De Luys Caualler, a Gaspar Aguilar. [«Es tan diuino tu buelo...»].
—De Miguel Ribellas de Vilanoua. [«La illustre Reyna en cuyas anchas salas...»].
—Soneto en alabança de Gaspar Aguilar, por mossen Lorenço Assoris. [«De Alexandros y Cesares escriua...»].
—De Pedro Luys Cortes al Libro. Soneto. [«Pues en felice signo afortunado...»].
—De mossen Iusepe Rostojo al autor. Soneto. [«Las sumptuosas fiestas que declaran...»].
—De Pedro Iuan Rejaule. Elogio. [«Al hijo soberano del Tonante...»].
Texto:
Pág. 1: *Canto primero. De la procession, y luminarias.* [«Pues canto el generoso pensamiento...»].
Pág. 25: *Canto segundo. De la Comedia.* [«Llega el segundo día, en que la frente...»].
Pág. 31: *Comedia de la vida y muerte del Santo Fray Luys Bertran.*
a) *Loa.* [«—Sola con tantos amigos...»].
b) *Comedia.* [«—Salga gente de la guarda...»]. (Pág. 36).
Pág. 163: *Canto tercero. De los Toros, y Cañas, y Fuegos artificiales.* [«Fué el fín de la Comedia milagroso...»].
Pág. 189: *Canto quarto. Del Certamen poético.* [«En el mismo Domingo, y en el templo...»].
Pág. 193: [Poesías presentadas al Certamen. Son las siguientes:]

1. Poesías latinas de Fr. Gabriel de Capella, Vicente Mariner, Miguel Antolín, Felipe Coruín, Juan Francisco Soler, Francisco Valles, Gaspar Gil Polo, Felipe Jacobo Martínez, Felipe Mey, Pedro Gregorio Font, Alfonso Ximeno, Pedro Sans, Vicente Menor, Sebastián Martinez, Juan Dorda, Adrián Abella y Juan de Mayorga. (Págs. 193-223).
—Obras de deuoción, en Romance.
2. *De una Dama devota. Soneto.* [«No tuuo el suelo Santo de tal zelo...»]. (Pág. 225).
3. *Canción, celebrando la grande fe que el santo Fray Luys Bertran tuuo quando beuió el vaso del veneno. De Blas Soria.* [«Confiado en el sí más verdadero...»]. (Págs. 226-28).
4. *Al grande zelo con que el santo Fray Luys Bertran acudió, assí al seruicio de Dios, como a las cosas de su Religión. Redondillas de a diez, por el mismo.* [«Si el zelar dize firmeza...»]. (Págs. 228-30).
5. *A la grande nobleza y magnanimidad con que Valencia ha celebrado las fiestas del santo fray Luys Bertran. Estanças de Blas Soria.* [«Querida patria con razon gozosa...»]. (Págs. 231-32).
6. *A la fe con que beuió San Luys Bertran el vaso de veneno. Cancion por mossen Lorenço Assoris.* [«Soberano Bertran en quien el cielo...»]. (Páginas 233-35).
7. *Estanças al zelo con que Valencia haze las fiestas de la Beatificacion del santo fray Luys Bertran. Por el mismo.* [«Salga de madre la querida madre...»]. (Págs. 235-37).
8. *Redondillas, siguiendo la metafora del juego del gilindron entre Dios y San Luys Bertran. Por Hieronimo de*

Leon. [«A iugar está dispuesto...»]. (Págs. 237-44).
9. *A las lagrimas de San Luys Bertran. Por Luys Caualler.* [«Cessen los ojos de llorar cansados...»]. (Págs. 245-47).
10. *Al grande zelo con el padre San Luys Bertran acudio, assi al seruicio de Dios, como a las cosas de su Religión. Redondillas. Por mossen Lorenço de Valençuela.* [«En la catreda de prima...»]. (Págs. 247-49).
11. *Al milagro que hizo el Santo, apagando el fuego en Albayda. Romance de Pedro Luys Cortes.* [«En un alto monte hermoso...»]. (Págs. 249-54).
12. *A la amistad del Santo y de Fray Nicolas Factor. Redondillas del mismo.* [«El resplandor sin segundo...»]. (Págs. 254-56).
13. *Vexamen a San Luys Bertran, por mossen Iusepe Rostojo.* [«Bertran ya que os llego a ver...»]. (Págs. 256-63).
14. *Romance del mismo a dicho santo.* [«Lo que va de nuestro fuego...»]. (Págs. 263-68).
15. *Al transito del santo. Cancion del Dr. Pedro Iuan Rejaule.* [«Espiritus celestes que bolando...»]. (Págs. 268-73).
16. *De Luys Ferrer de Cardona. Octavas.* [«Del Iacob luchador Domingo fuerte...»]. (Págs. 237-75).
—Obras al premio.
17. *Cancion. Por Pedro Iuan de Ochoa.* [«Con quatro Santos a jugar se puso...»]. (Págs. 277-79).
18. *De Felipe Mey. Cancion.* [«Santo Bertran, la caridad notable...»]. (Páginas 279-82).
19. *Por Domingo Salzedo de Loaysa. Cancion.* [«Si en el balcon por donde rompe el alua...»]. (Págs. 282-84).
20. *Cancion de Geronymo Martinez de la Vega.* [«Quando la fuerça de la fe constante...»]. (Págs. 284-87).
21. *A la fe que tuuo el Santo. Cancion de Hieronimo de Leon.* [«Empieça Christo con amor diuino...»]. (Págs. 287-89).
22. *Cancion. Por Carlos Boyl.* [«Si con los ojos de la fe diuina...»]. (Páginas 289-92).
23. *De Iuan Nuñez. Cancion.* [«La quinta essencia de la fe sagrada...»]. (Págs. 292-94).
24. *Por Maximiliano Cerdan. Cancion.* [«Secretos grandes de la fe predicas...»]. (Págs. 294-97).
25. *Cancion. Por Pedro Luys Cortes.* [«La sacra Virgen, cuyo limpio azero...»]. (Págs. 297-99).
26. *Cancion de Miguel Tomas.* [«Del gran mar de la fe de nuestra Espapa...»]. (Págs. 299-302).
27. *De Iusepe Rostojo. Cancion.* [«Por curar un enfermo atossigado...»]. (Páginas 302-4).
28. *Del Dr. Rejande, al segundo sujeto del Certamen.* [«Rompa el silencio con que opresso estaua...»]. (Páginas 304-7).
29. *Del Dr. Iuan Francisco Soler. Cancion.* [«Si con hazerme yo dos mil pedaços...»]. (Págs. 307-9).
30. *De Miguel Ribellas de Vilanova. Cancion.* [«Relox celeste que en el rapto buelo...»]. (Págs. 309-12).
31. *De Sor Romera.* [«Teneys una fe tan biua...»]. (Págs. 313-16).
32. *Por Lorenço de Valençuela. Redondillas.* [«El gran fucar celestial...»]. (Págs. 316-18).
33. *De Esperanza Abarca. Redondillas.* [«Por el encumbrado buelo...»]. (Págs. 318-20).
34. *Redondillas de Barbara Abarca.* [«Del heroyco Valenciano...»]. (Páginas 320-22).
35. *De Miguel Iuan Salazar. Redondillas.* [«Pues te abunda el alto cielo...»]. (Págs. 322-24).
36. *De Gaspar Escriua de Romani.* [«De vos diuino Bertran...»]. (Páginas 324-26).
37. *De micer Nuñez. Redondillas.* [«Bertran mercader benigno...»]. (Páginas 327-29).
38. *Del Dr. Rejaule.* [«Ya que dos zelos diuinos...»]. (Págs. 329-31).
39. *Redondillas, por Vicente Tristan.* [«Zela Bertran vigilante...»]. (Páginas 331-33).
40. *De Pedro Luys Cortes. Redondillas.* [«En la naue fabricada...»]. (Páginas 333-35).
41. *De Iusepe Rostrojo. Redondillas.* [«El que amante quiere ser...»]. (Páginas 335-37).
42. *A la nobleza con que la Ciudad de Valencia celebra las fiestas de San Luys Bertran. Por Vicente Tristan. Estanças.* [«Es Valencia tan noble en sus costumbres...»]. (Págs. 338-39).

43. *Estanças del Dr. Iuan Sala.* [«Callen los obeliscos y colosos...»]. (Páginas 340-41).
44. *Estanças de Iusepe Rostojo.* [«De una noble matrona, bella, amable...»]. (Págs. 342-43).
45. *Estanças de Vicente Mariner.* [«Ciudad illustre, que tu claro nombre...»]. (Págs. 344-45).
46. *Estanças de Arcis Frexa.* [«Desdel ruuio Aleman al Indio adusto...»]. (Págs. 346-47).
47. *Estanças de Loçano.* [«Nunca de los Romanos la grandeza...»]. (Páginas 348-49).
48. *Octauas por Fr. Iacinto de Castro.* [«Regozijada estás, alegre, y rica...»]. (Págs. 314-15).
49. *Estanças de Iayme Orts.* [«Las caudalosas y diuinas fuentes...»]. (Páginas 352-53).
50. *Del Dr. Rejaule.* [«Despues que con afecto sin segundo...»]. (Páginas 354-55).
51. *Introduccion de la sentencia.* [«Si a las soberuias plantas vitoriosas...»]. (Págs. 356-65).
52. *Vexamen.* [«Viendo que el cartel publican...»]. (Págs. 366-87).
53. *Sentencia.* [«Abrense en esto las puertas...»]. (Págs. 388-91).
Pág. 392: Epigrama latino.

V. Gallardo, *Ensayo,* I, n.º 49.

Ejemplares:

MADRID. *Nacional.* R-8.218.

2026

FIESTAS que la Ciudad de Valencia hizo con motivo de la Beatificación del Santo Fr. Luis Bertrán. Publícalas nuevamente Francisco Carreres y Vallo. Tirada de 51 ejemplares. Valencia. [Antonio López y Cía]. 1914. 12 hs. + 391 págs. + 2 hs. 8.º

Se reproduce la anterior a plana y renglón.

Ejemplares:

LONDRES. *British Museum.* 011451.eee. 34.—MADRID. *Academia de la Historia.* 8(4)-13-2-1.993.

Expulsión de los moros

2027

EXPVLSION de los moros de España por la S. C. R. Magestad del Rey Don Phelipe Tercero nuestro Señor. Valencia. Pedro Patricio Mey. 1610. 12 hs. + 231 fols. 14,2 cm.

—Aprobación de Ioan Pasqual.
—Dedicatoria a D. Francisco Gómez de Sandoval y Rojas, Duque de Lerma.
—De Gaspar Mercader, Conde de Buñol, al Rey nuestro Señor. Soneto. [«Vence Apolo al Fiton, Dauid destruye...»].
—De Alvaro Vique. Soneto. [«El triumfante laurel, la verde oliua...»].
—De Christoual Sans de la Losa. Soneto. [«Cubierto de mil nubes todo el Cielo...»].
—De Luys Iuan Fababuix menor. Soneto. [«Al animo mayor, mayor braueza...»].
—Carlos Boil, al Rey nuestro señor. Soneto. [«Ya vio la Esfera del dorado Apolo...].
—A Gaspar Aguilar por Hieronymo de Leon. Soneto. [«Predica Iuan lo que le manda Christo...»].
—De Mossen Lorenço Assoris al rey nuestro Señor. Soneto. [«Celebre por el mundo toda España...»].
—De Ioseph Calatayu y Rosa. Soneto. [«Los Astrologos siempre deseauan...»].
—De Luys Cavaller. [«Bien es Aguila que al cielo...»].
—Al Rey Nuestro Señor Vincente Pablo Tristan. [«Del tronco fertil de la antigua España...»].
—Al Rey Nuestro Señor por la expulsion de los moros. Por mossen Hieronymo Martinez de la Vega. Soneto. [«Abierto el ancho pecho generoso...»].
—De Diego Vique. [«Tu nombre excelso generosa España...»].

Texto. *Canto primero.* [«Canto la eterna memorable hazaña...»].

Págs. 209 y sigs.: Epigrama latino a Felipe III, de Antonio Coloma; varias composiciones griegas y latinas de Vicente Mariner; etc.

V. *Catálogo de la biblioteca de Salvá,* I, n.° 415 («Libro muy raro»); Gallardo, *Ensayo,* I, n.° 50.

Ejemplares:

LONDRES. *British Museum.* 1064.b.10 (1). — MADRID. *Nacional.* R-12.484.— NUEVA YORK. *Hispanic Society.*—SANTANDER. «*Menéndez y Pelayo*». R-IV-1-37.

TEATRO

Los amantes de Cartago

2028

AMANTES (Los) de Cartago [s. l. s. i.] [s. a.]. 25 hs. 19,5 cm.

Ejemplares:

MADRID. *Nacional.* R-18.082.

2029

—— (En *Doze Comedias famosas, de quatro poetas naturales de...* Valencia. Barcelona. 1609. N.° 9).

V. n.° 280(9).

2030

—— (En *Poetas dramáticos valencianos...* Tomo II. 1929. Páginas 82-121).

V. n.° 318(19).

La fuerza del interés

2031

FVERZA (La) del interes. [s. l. s. i.] [s. a.]. 23 hs. 19,5 cm.

Ejemplares:

MADRID. *Nacional.* R-18.082.

2032

—— (En *Doze Comedias famosas, de quatro poetas naturales de... Valencia.* Barcelona. 1609. N.° 7).

V. n.° 280(7).

2033

—— (En *Norte de la Poesía Española...* Valencia. 1616).

V. n.° 311(5) y 312.

2034

—— (En *Poetas dramáticos valencianos...* Tomo II. 1929. Páginas 162-203).

V. n.° 318(21).

La gitana melancólica

2035

GITANA (La) melancólica. (En *Doze comedias famosas, de quatro poetas naturales de... Valencia.* Barcelona. 1609. N.° 7).

V. n.° 280(7).

2036

—— (En *Dramáticos contemporáneos a Lope de Vega. Ed. de R. de Mesonero Romanos.* Tomo I. Madrid. 1857. Págs. 143-62).

V. n.° 287.

2037

—— (En *Poetas dramáticos valencianos...* Tomo II. 1929. Páginas 1-40).

V. n.° 318(17).

El Gran Patriarca D. Juan de Ribera

2038

[*GRAN (El) Patriarcha D. Ivan de Ribera, Arçobispo de Valencia*]. [s. l. s. i.] [s. a.]. 19 hs. a 2 cols. 19,5 cm.

Ejemplares:

MADRID. *Nacional.* R-18.082.

2039

—— (En *Norte de la Poesía Española...* Valencia. 1616).

V. n.° 311(10) y 312.

2040

—— (En *Poetas dramáticos valencianos...* Tomo II. 1929. Páginas 245-87).

V. n.° 318(23).

El mercader amante

2041
[*MERCADER* (*El*) *amante*]. [s. l. s. i.] [s. a.]. 22 hs. con tres figuras en la primera, y a 2 cols. 19,5 cm.

Carece de portada.
1. *Prólogo o Loa.* [«Matilde Condesa hermosa...»].
2. *Comedia.* [«—Muerde esa lengua traydora...»].
3. *Coplas para cantar.* [«Que su oficio ha Iuan dexado?...»].

Ejemplares:
MADRID. *Nacional.* R-18.082 (ex-libris de C. A. de la Barrera).

2042
—— (En *Norte de la Poesía española*... Valencia. 1616).

V. n.º 311(3) y 312.

2043
—— [*Edición de Eugenio de Ochoa*]. (En *Tesoro del Teatro Español*... Tomo I. París. 1838. Págs. 389-420. Colección de los mejores autores españoles, X).

Ejemplares:
MADRID. *Nacional.* F-880.

2044
—— (En *Dramáticos contemporáneos a Lope de Vega. Ed. de R. de Mesonero Romanos.* Tomo I. Madrid. 1857. Págs. 123-42).

V. n.º 287.

2045
—— (En *Poetas dramáticos valencianos*... Tomo II. 1929. Páginas 122-61).

V. n.º 318(20).

La nuera humilde

2046
NVERA (*La*) *hvmilde.* [s. l. s. i.] [s. a.]. 26 hs. 19,5 cm.

Ejemplares:
MADRID. *Nacional.* R-18.082.

2047
—— (En *Doze Comedias famosas, de quatro poetas naturales de... Valencia.* Valencia. 1609. N.º 8).

V. n.º 280(8).

2048
—— (En *Poetas dramáticos valencianos*... Tomo II. 1929. Páginas 41-81).

V. n.º 318(18).

La suerte sin esperanza

2049
SUERTE (*La*) *sin esperança.* (En *Norte de la Poesía Española*... Valencia. 1616).

V. n.º 311(8) y 312.

2050
—— (En *Poetas dramáticos valencianos*... Tomo II. 1929. Páginas 204-44).

V. n.º 318(22).

La venganza honrosa

2051
VENGANZA (*La*) *honrosa.* (En *Flor de las Comedias de España... Recopiladas por Francisco de Avila.* Barcelona. Cormellas. 1616. Fols. 109*r*-132*v*).

Ejemplares:
MADRID. *Nacional.* R-14.098.

2052
—— (En *Dramáticos contemporáneos a Lope de Vega. Ed. de R. de Mesonero Romanos.* Tomo I. Madrid. 1857. Págs. 163-85).

2053
—— (En *Poetas dramáticos valencianos*... Tomo II. 1929. Páginas 331-74).

V. n.º 318(25).

Vida y muerte de San Luis Bertrán

2054

[*COMEDIA de la vida y muerte del Santo Fray Luys Bertran*]. (En *Fiestas que... Valencia ha hecho...* 1608. Pág. 31).

V. n.º 2025.

2055

COMEDIA de la Vida y Mverte del Santo Fray Lvis Bertrán. Tirada de 7 ejemplares. Valencia. Imp. de Antonio López y Cía. 1914. 137 págs. + 4 hs. 8.º

2056

—— (En *Poetas dramáticos valencianos...* Tomo II. 1929. Páginas 288-330).

V. n.º 318(24).

Poesías

2057

POESIAS. Selección y prólogo de Juan Lacomba. Valencia. Tip. Moderna. 1941. 62 págs. 12 cm. (Colección Flor y Gozo, XII).

Ejemplares:

MADRID. *Nacional.* V-1.333-32.

2058

RIMAS humanas y divinas. Edición y prólogo de Francisco de A. Carreres de Calatayud. Valencia. Institución Alfonso el Magnánimo. [Imp. Provincial]. 1951. 235 págs. 17,5 cm. (Biblioteca de Filología, II).

—Prólogo. (Págs. 7-63).

1. *Dedicatoria a la Condesa de Cocentayna.* (Págs. 67-68). Se reproduce en facsímil en la pág. 69.

2. *Parabien a la ciudad de Valencia de la merced que S. M. le haze en dalle por Virrey... al...Duque de Feria.* [«Las madexas de luz, las trenças de oro...»]. (Págs. 68-96).

3. *Satyra contra la mentira.* [«Inclinense a tu nombre o gran Ribeiro...»]. (Págs. 96-106).

4. *Soneto.* [«Hurta a Abril, la mano artificiosa...»]. (Págs. 106-7).

5. *Soneto.* [«Pues anocheze el venturoso día...»]. (Pág. 107).

6. *La Fabula de Endimion y la Luna.* [«Del amor loco atreuido...»]. (Páginas 108-34).

7. *Un galan puso en la cubierta del espejo de su dama este soneto.* [«En este cristal puro y transparente...»]. (Págs. 134-35).

8. *Canción.* [«Ligero pensamiento...»]. (Págs. 135-36).

9. *Prouando que para los sucessos de amor importa mas la ventura que el animo.* [«Ya que el amor es terneza...»]. (Págs. 137-39).

10. *Octauas al tiempo.* [«Caduco tiempo, que la culpa tienes...»]. (Páginas 139-43).

11. *Soneto.* [«Por mas que en la amorosa competencia...»]. (Pág. 143).

12. *Al casamiento de doña Catalina Cabanillas, condesa de Alaquas, Soneto.* [«Bella pianta gientil ne le cuí fronde...»]. En italiano, valenciano, latín y castellano. (Págs. 144-45).

13. *Soneto.* [«Tieneme el agua de los ojos ciego...»]. (Pág. 145).

—*Diuinas.*

14. *A Sta. María Madalena. Octavas.* [«Postrado en tierra el edificio hermoso...»]. (Págs. 146-48).

15. *A San Pedro Martyr.* [«Metió un valiente soldado...»]. (Págs. 148-51).

16. *Al Santissimo Sacramento, siguiendo la metaphora de un incendio.* [«En la gran Hierusalem...»]. (Páginas 151-55).

17. *Al Santissimo Sacramento siguiendo la metaphora de la fabula de Dafne y Apolo.* [«El ruuio Apolo, que a dar...»]. (Págs. 155-61).

18. *Al Santissimo Sacramento siguiendo la metaphora de un refinador de azucar.* [«Dios, que nuestro llanto enfrena...»]. (Págs. 161-66).

19. *Al Santissimo Sacramento siguiendo la metaphora de la conjuncion maxima de Saturno y Iupiter.* [«Por quan estraño camino...»]. (Págs. 166-70).

20. *Al saluado que se saca del pan sacramental.* [«Nacieron juntos un día...»]. (Págs. 171-75).

21. *Al Santissimo Sacramento, siguiendo la metaphora de un bandolero.* [«Como el flamigero rayo...»]. (Págs. 175-80).

22. *Al Santissimo Sacramento siguiendo la metaphora de un poeta.* [«Basta señor que escondeys...»]. (Págs. 180-84).
23. *Al Santissimo Sacramento, Octauas.* [«Dentro en el pecho franco y generoso...»]. (Págs. 184-86).
24. *Al Santissimo Sacramento, Octauas.* [«Desamparen su aluergue los mortales...»]. (Págs. 186-88).
25. *Sentencia en un certamen poetico que se tuuo en Gandía delante los Señores Duques. Año 1602.* [«En el Regaço de la cruz bendita...»]. (Páginas 189-222).

—Indice alfabético de primeros versos.
—Indice general.

Crítica:

a) Fucilla, Joseph G., en *Hispanic Review,* XXII, Filadelfia, 1954, págs. 78-79.

Ejemplares:

MADRID. *Nacional.* 4-38.664.

Poesías sueltas

2059

[*GASPAR* (*A don*] *Mercader. Soneto*]. (En Mercader, Gaspar. *El Prado de Valencia.* Valencia. 1600. Preliminares).

Ejemplares:

MADRID. *Nacional.* R-1.182.

2060

[*FABULA* (*La*) *de Iupiter y Europa*]. (En ídem, págs. 147-61).

«El soberano Iupiter tonante...»

2061

[*POESIAS*]. (En Tárrega, Francisco. *Relación de las fiestas que el Arçobispo y Cabildo de Valencia hizieron en la translacion de la Reliquia del glorioso S. Vincente Ferrer...* Valencia. 1600).

1. *Al letrero de sant Vincente.* (Páginas 53-58).
2. *Romance.* (Págs. 112-17).
3. *Soneto.* (Pág. 260).

Ejemplares:

MADRID. *Nacional.* R-12.414.

2062

[*POESIAS*]. (En *Ivstas poeticas hechas a devocion de Don Bernardo Catalán de Valeriola.* Valencia. 1602).

1. *A la fe de nuestra Señora. Soneto.* (Págs. 94-95).
2. *A San Gregorio Magno. Redondillas.* (Págs. 121-24).

Ejemplares:

MADRID. *Nacional.* R-8.779.

2063

[*AUTOR* (*Al*). *Soneto*]. (En Ginart, Nofre Berthomeu. *Reportori general, y brev svmari... de totes les materies dels Furs de Valencia...* Valencia. 1608. Preliminares).

En valenciano.

Ejemplares:

MADRID. *Nacional.* R-17.558.

2064

[*LIBRO* (*Al*). *Décimas*]. (En Gómez, Fr. Vicente. *Los sermones y fiestas que... Valencia hizo por la Beatificación del... P. San Luys Bertrán.* Valencia 1609. Preliminares).

Ejemplares:

MADRID. *Nacional.* R-14.652.

2065

VENERABLE (*Al*) *y Reverendo Presbítero Mossen Francisco Hieronymo Simón, unas Carnestollendas que le haze —— por su deuoción* (En Salcedo de Loayza, Domingo. *Breve, y sumaria relación de la vida, muerte, y milagros del Ven... Fr. Hier. Simón...* Segorbe. 1614. Págs. 531-38).

Ejemplares:

MADRID. *Nacional.* 3-24.515.

2066

[*OCTAVAS*]. (En Díez de Aux, Luis. *Compendio de las fiestas que ha celebrado Çaragoça por auer promouido... Filipo Tercero... a Fray Luys Aliaga... En el cargo... de Inquisidor General de España...* Zaragoza. 1619. Págs. 72-74).

Obtuvieron el primer premio en el Certamen.

Ejemplares:

MADRID. *Nacional.* R-4.908.

2067

[*POESIAS*]. (En Martínez de la Vega, Jerónimo. *Solenes, i grandiosas Fiestas que... Valencia a echo por la Beatificación de... D. Tomás de Villanueva...* Valencia. 1620).

En su calidad de Secretario del Certamen, compuso y leyó las siguientes:

1. *Introducción.* (Págs. 533-40).
2. *Vexamen* (Págs. 540-53).
3. *Sentencia.* (Págs. 554-56).

Ejemplares:

MADRID. *Nacional.* R-10.717

2068

[*POESIAS*]. (En Mendoza, Manuel. *Fiestas que el convento... del Carmen de Valencia hizo a Santa... Teresa de Iesus.* 1622. Págs. 44-47 y 189-96).

Ejemplares:

MADRID. *Nacional.* R-12.949.

2069

[*VIGUELA a la Concepcion de la Virgen*]. (En Crehuades, Juan Nicolas. *Solenes y grandiosas fiestas que... Valencia ha hecho por... la Inmaculada Concepcion...* Valencia. 1623. Pág. 174).

Cfr. Martí Grajales, *Diccionario,* página 23.

2070

[*FABULA de Endimión y la Luna. Edición de B. J. Gallardo*]. (En el *Ensayo de una biblioteca española de libros raros y curiosos.* Tomo I. 1863. Cols. 41-48).

2071

[*POESIAS*]. (En *Cancionero de la Academia de los Nocturnos...* Valencia. 1905-12).

V. n.º 67 (15-21, 107-17, 165, 179-80, 261-65).

2072

FABULA de Endimión y la Luna. Edición de 500 ejemplares numerados. Madrid. 1935. 43 páginas + 2 hs. 4.º

2073

[*REI (Al) don Fernando*]. (En *Cancionera de 1628...* Madrid. 1945. Págs. 404-6).

V. n.º 64(110).

ESTUDIOS

2074

ANTONIO, NICOLAS. *Gaspar de Aguilar.* (En su *Bibliotheca Hispana Nova.* 2.ª ed. Tomo I. 1783. Página 517).

2075

BARRERA, CAYETANO ALBERTO DE LA. *Aguilar, Gaspar de.* (En su *Catálogo... del teatro español.* 1860. Págs. 7-10).

2076

BRUERTON, COURTNEY. *Is Aguilar the author of 'Los amigos enojados'?* (En *Hispanic Review,* XII, Filadelfia, 1944, págs. 223-34).

2077

CARRERES DE CALATAYUD, FRANCISCO DE A. *Las fiestas valencianas y su expresión poética.* 1949.

V. n.º 504.

2078

—— *La poesía de Gaspar Agui-*

lar. Discurso... Valencia. Centro de Cultura Valenciana. 1951. 45 páginas. 4.º

2079

—— *El color en la poesía de Gaspar Aguilar.* (En *Estudios dedicados a Menéndez Pidal.* Tomo III. 1952. Págs. 229-36).

2080

MARTI GRAJALES, FRANCISCO. *Gaspar Aguilar, poeta dramático del siglo XVII. Estudio biográfico y bibliográfico.* Valencia. [M. Pau]. 1910. 69 págs. 18 cm.

Tirada aparte del trabajo citado al n.º 2024.

Ejemplares:

SANTANDER. «*Menéndez y Pelayo*». 4.532. (Dedicado).

2081

—— *Gaspar Aguilar.* (En su *Ensayo de un diccionario... de los poetas que florecieron en el Reino de Valencia*... 1927. Págs. 13-28).

2082

MESONERO ROMANOS, RAMON DE. *Gaspar de Aguilar.* (En *Dramáticos contemporáneos a Lope de Vega*... 1857. Páginas XXII-XXIIII).

V. n.º 287.

2083

MORON, F. G. DE. *Examen crítico del teatro antiguo. Aguilar y Lope de Vega.* (En *El Iris,* II, Madrid, 1841, págs. 309-15, 341-54).

Elogios

2084

[CERVANTES SAAVEDRA, MIGUEL DE. *Referencia a Aguilar*]. (En el *Prólogo* a sus *Ocho Comedias y ocho Entremeses*... Madrid. 1615).

Hablando de los mejores seguidores de Lope de Vega y de sus características, pondera «la agudeza de Aguilar».

Ejemplares:

MADRID. *Nacional.* R-10.692.

2085

[MARTINEZ DE LA VEGA, JERONIMO. *Elogio*]. (En *Solenes, i grandiosas Fiestas*... 1620. Página 532).

«...Gaspar Aguilar, poeta Valenciano, onra sin duda de la poesía española, pues entre los de esta edad mereció por sus gallardos versos renombre de divino...»

2086

REY DE ARTIEDA, ANDRES. *Carta al... Marques de Cuellar, sobre la Comedia.* (En *Discursos, epistolas y epigramas de Artemidoro.* Zaragoza. 1605. Fols. 87*r*-91*v*).

«...Puedes oyr Comedias a mi cargo
y mas si una passion al alma llega,
y el dia sobra, o te parece largo,
Que Tarrega, Aguilar, Lope de Vega,
aligerar con sus escritos pueden
la ansia y passion que te desassossie-
[ga...» (Fol. 91*r*).

Ejemplares:

MADRID. *Nacional.* R-2.285.

2087

VEGA, LOPE DE [*Elogio*]. (En *La Filomena*... Madrid. 1621. Fol. 155*r*).

El jardín de Lope:

«...Retrata un blanco marmol de Li-
[guria
A Gaspar Aguilar, a quien ha hecho
Auaro el siglo en no premiarlo inju-
[ria...»

Ejemplares:

MADRID. *Nacional.* R-1.773.

2088

——. —— (En su *Laurel de Apolo*... Madrid. 1630. Fol. 21*v*).

«...Sino ciñera de oro justamente,
Del Canonigo Tarraga la frente,

Que ya con su memoria alarga el paso
Para subir al palio, y al Parnaso
Con Gaspar Aguilar, que competía
Con él en la Dragmatica Poesía...»

V. n.º 1182.

AGUILAR (HERNANDO DE)

CODICES

2089

[*Carta a Ambrosio de Morales*...]. Letra del s. XVII.

V. Zarco, *Catálogo*, I, pág. 254.

SAN LORENZO DEL ESCORIAL. *Monasterio*. &.II.7 (fols. 129*r*-130*r*).

EDICIONES

2090

CARTA a Ambrosio de Morales en que le remite copiadas las inscripciones de varias lápidas de Santiago de Guadalaxara. (En Morales, Ambrosio de. *Opúsculos castellanos*. Tomo II. Madrid. 1793. Páginas 43-47).

Edición del ms. anteriormente citado.

Ejemplares:

MADRID. *Nacional*. U-6.240.

AGUILAR (JAIME DE)

EDICIONES

Poesías sueltas

2091

[*CUARTETOS de un galán ausente*]. (En *Cancionero de la Academia de los Nocturnos*... Tomo I. Valencia. 1905. Págs. 139-40).

V. n.º 67(75).

AGUILAR (P. JOSE DE)

N. en Lima (1652). Jesuíta desde 1666. M. en Panamá (1708).

EDICIONES

2092

SERMONES varios, predicados en la civdad de Lima, corte de los reynos del Peru... los quatro primeros años de su Predicación. Sacalo a luz, Don Matheo Ibañez de Segovia y Peralta... discipulo del Auctor. Bruselas. Francisco Tserstevens. 1684. 6 hs. + 398 hs. a 2 cols. + 31 hs. 20 cm.

—Dedicatoria a D. Baltasar de la Cueva Enriquez, Conde de Castellar, Virrey del Perú, etc., por Ibañez de Segovia.
—Censura de Fr. Juan Francisco de Pedraxas, franciscano.
—Licencia del Ordinario.
—Prologo al lector.
—Tabla de los Sermones.
Texto.
—Indice de los lugares de la Sagraaa Escritura que se tocan en estos Sermones.
—Questiones morales, y politicas, que se deciden en estos Sermones.
—Indice de las cosas mas notables.

V. Medina, *Biblioteca hispanoamericana*, III, n.º 1.760.

Ejemplares:

BURGOS. *Pública*. 9-8.—MADRID. *Nacional*. 2-34.032.

2093

——— Sevilla. Juan Francisco de Blas. 1701. 4.º

2094

——— Bruselas. 1704. 6 + 398 + 31 hs.

Para otras reimpresiones del s. XVIII véase Uriarte-Lecina.

OBRAS LATINAS

2095

CVRSVS Philosophicvs dictatvs Limæ a ——... Sevilla. Juan Francisco de Blas. 1701. 3 vols. 4.º

ESTUDIOS

2096

ANTONIO, NICOLAS. *Iosêphus de Aguilar*. (En su *Bibliotheca Hispana Nova*. 2.ª ed. Tomo I. 1783. Pág. 801).

2097

URIARTE, JOSE EUGENIO DE y MARIANO LECINA. *Aguilar, José de.* (En *Biblioteca de escritores de la Compañía de Jesús.* Tomo I. 1925. Págs. 49-53).

AGUILAR (FR. JUAN DE)

Agustino. Predicador mayor del convento de la Esperanza de Nápoles

EDICIONES

2098

ORACION Evangelica que dixo... a la fiesta que hizo a su gloriosa Patrona, y Fundadora Sancta Theresa de Jesus el Convento de Nuestra Señora del Buen Sucesso, Sagrada Religion de Carmelitas Calzados de la Nacion Española de Napoles. Napoles. 1645. 3 hs. + 24 págs.

V. Santiago Vela, I, pág. 50; Toda, *Bibliografía,* I, n.° 44.

Ejemplares:

ROMA. *Angélica.*

2099

SERMON que predicó en el Religiosissimo Convento de la Esperança de Napoles, el P. ——, Predicador Mayor del Orden de S. Agustín, en la fiesta que hizo este gran Doctor la... Señora D.ª Luisa de Sandoval y Rojas, Duquesa de Medina de Rioseco, y Virreyna del Reyno de Napoles. Napoles. 1645. 4 hs. + 30 págs. 4.°

V. Santiago Vela, I, pág. 50; Toda, *Bibliografía,* I, n.° 43.

Ejemplares:

ROMA. *Angélica.*

ESTUDIOS

2100

SANTIAGO VELA, GREGORIO DE. *Aguilar. Fr. Juan de.* (En *Ensayo de una Biblioteca... de la Orden de San Agustín.* Tomo I. 1913. Págs. 49-50).

AGUILAR (FR. JUAN DE)

N. de Madrid. Agustino.

EDICIONES

2101

PANEGYRICO en los oficios fvnerales qve el Colegio Mayor de San Ildefonso, y Vniuersidad de Alcalá consagró a las memorias gloriosas de su Fundador vnico, el Eminentissimo Señor Don Fr. Francisco Ximenez de Cisneros, Cardenal, y Gobernador de España, & Predicole el Padre Maestro ——... Alcalá. Antonio Duplastre. 1634. 4 hs. + 22 págs. 19 cm.

—Dedicatoria al Colegio Mayor de S. Ilefonso.
—Censura del P. Iuan Antonio Usón.
—Licencia del Vicario General.
Texto.

Ejemplares:

MADRID. *Academia de la Historia.* 14-9-2=1.ª-3.066.

Aprobaciones y censuras

2102

[*APROBACION. Salamanca, 1 de mayo de 1644*]. (En Brito, Francisco de. *Sermón de las excelencias, grandezas, privilegioso y prerrogativas de S. Ioan Baptista...* Salamanca. 1644. Preliminares).

Ejemplares:

MADRID. *Nacional.* 2-42.065.

2103

[*CENSURA. Salamanca, sin fecha*]. (En Arando y Mazuelo, Francisco de. *Sermón en la festividad de la translación del gloriosissimo*

Apostol... Santiago... [s. l.]. [s. a. ¿1648?]. Preliminares).

Ejemplares:

MADRID. *Academia de la Historia.* 14-9-2=1.ª-3.066.

ESTUDIOS

2104

SANTIAGO VELA, GREGORIO DE. *Aguilar, Fr. Juan de.* (En *Ensayo de una Biblioteca... de la Orden de San Agustín.* Tomo I. 1913. Págs. 48-49).

AGUILAR (FR. JUAN DE)

N. de Ecija. Agustino.

CODICES

2105

[*Narración de todo lo sucedido en la Iglesia de San Agustin N. P. de Tondo, cuando el violento despojo y visita ejecutada por ella por Su Señoría Ilma. el Sr. Arzobispo de Manila*].

14 págs. Fol. Firmado en diciembre de 1697.

2106

[*Resolución que dió en obedimiento al Decreto y Mandato de su Señoría Ilma. el Sr. D. Diego Camacho y Avila, Arzobispo de Manila..., sobre si podía levantar las censuras á un religioso expulso de la Orden de Santo Domingo*].

15 págs. Fol. Fechado en Manila, diciembre de 1699.

2107

[*Declaración del modo, sentido y formalidad en que las sagradas Religiones de estas Islas hicieron renuncia de sus Ministerios ante el Vice-Patrono*].

21 p6gs. Fol. Firmado en Manila, a 3 de julio de 1700.

2108

[*Resolución del caso de sí, faltando Provincial Absoluto para integrarse el número de los nueve Padres del Definitorio en la Congregación Intermedia, se haya de suplir con Adito*].

42 págs. Fol. En Manila, 1700.

2109

[*Expulsión de incorregibles*].

Fechado en Guadalupe, a 23 de septiembre de 1709.

2110

[*Resolución canónica. Utrum sea licito á los Prelados inferiores, y á los Súbditos obrar en algunos casos praeter ó contra alguna ley?*].

21 págs. Fol. De 1709.

2111

[*Cartas*].

Sobre las misiones de China. 36 págs. Fol.

ESTUDIOS

2112

SANTIAGO VELA, GREGORIO DE. *Aguilar, Fr. Juan de.* (En *Ensayo de una Biblioteca... de la Orden de San Agustin.* Tomo I. 1913. Págs. 50-51).

AGUILAR (JUAN DE)

N. en Rute, pero vivió desde niño en Antequera, donde enseñó Gramática y Retórica. Carecía de manos. M. en Antequera en 1634.

EDICIONES

2113

[*DOCTOR* (*Al*) *don Alonso de Chincoya y Cardenas, Canonigo de la santa Iglesia de Antequera*]. [s. l. s. i.]. [s. a.]. 2 hs. 29,5 cm.

Carece de portada. Comprende:

—Carta al Dr. Chincoya, que principia: «El parabién que yo diera a la nobilissima Ciudad de Andujar, si mi pequeñez pudiera aspirar a tanta grandeza, doy a v. m. como a tan principal hijo suyo, de la nueua gloria que esta dichosa Ciudad, patria de v. m. ha grangeado, hallando estos días dos tan grandes Patronos en dos hijos suyos, Bonoso, y Maximiano, Martires ilustrissimo (*sic*) de la primitiua Iglesia, que consta auer sido naturales de Andujar, por sus actas, que deuemos a la diligencia del Padre Fray Francisco de Viuar..., doctissimo comentador de Flauio Dextro...»

—Poesía latina.

—Acta martyrii sanctorum Bonosi, et Maximiani.

—Actas del martyrio de los Santos Bonoso, y Maximiano.

Ejemplares:

MADRID. *Nacional.* R-Varios, 210-119.

Poesías sueltas

2114

[*SONETO*]. (En Hernandez Blasco, Francisco. *Universal Redempcion*... Toledo. 1589. Preliminares).

En esta ed. se le llama Licdo. Juan de Aguilera, pero en las de Toledo, 1598 y Madrid, 1602 y 1609, consta Juan de Aguilar.

Ejemplares:

MADRID. *Nacional.* R-17.824.

2115

[*SONETO*]. (En *Excellentias de Santa María Madalena*... Roma. 1591. Pág. 45).

V. n.º 1391.

2116

[*ODA segunda de Horacio*]. (En *Primera parte de las Flores de poetas ilustres de España*... Valladolid. 1605. Fols. 22*v*-24*v*).

V. n.º 51(30).

2117

[*SONETO*]. (En *Segunda parte de las Flores de poetas ilustres de España*... Sevilla. 1896. Pág. 213).

V. n.º 57(143).

2118

[*MUERTE* (*A la*) *del Conde de Ampurias*]. (En *Cancionero Antequerano*... Madrid. 1950. Página 106).

V. n.º 69(138).

OBRAS LATINAS

2119

SACROSANCTÆ (*De*) *Virginis Montisacuti translatione et miraculis Panegyrim.* Málaga. J. René. 1619. 4.º

Cit. por N. Antonio.

2120

[*EPISTOLAS latinas*].

Cit. por N. Antonio.

2121

[*EPISTOLA latina al Duque de Alcalá. Antequera, 11 de diciembre de 1628*]. [s. l., s. i.] [s. a.] 2 hs. 31 cm.

Carece de portada. Comienza: «Vero Musarum Herculi, incomparabili heroi D. Fernando Afanio de Ribera excellentissimo Duci de Alcala, &c. = Mœcenati, ac Domino meo amplissimo perpetuam felicitatem voveo...»

Ejemplares:

MADRID. *Nacional.* V-224-122 (ex-libris de Gayangos).

2122

[*POESIA latina*]. (En *Primera parte de las Flores de poetas ilustres de España*... Valladolid. 1605. Preliminares).

V. n.º 51.

2123

[*M. IOANNES Aqvilarivs... in autoris laudem ad Polyhymniam*]. [En Castro, Francisco de. *De Arte Rethorica.* Córdoba. Francisco de Cea. 1611. Preliminares).

Ejemplares:

MADRID. *Nacional.* 2-55.498.

2124
[*BEATAM* (*Ad*) *Virginem Theresiam... Epigramma*]. (En Paez de Valenzuela, Juan. *Relación brebe de las fiestas...* Córdoba. 1615. Fol. 39*r*).

V. n.º 1953.

2125
[*MAGISTRI Ioannis Aqvilarij Iudicium*]. (En Columbario, Iulio [seud.]. *Expostulatio spongiæ a Petro Turriano Ramile nuper e vulgatæ. Pro Lupo a Vega Carpio, pœtarum Hispaniæ principe.* Tricassibus. 1618. Preliminares).

Ejemplares:

MADRID. *Nacional.* 2-15.734.

2126
[*MICHAELEM* (*Ad D.*) *Colodrvm de Villalobos Poetam opt. max. de libro suo*]. (En Colodrero de Villalobos, Miguel. *Varias rimas.* Córdoba. 1629. Preliminares).

Ejemplares:

MADRID. *Nacional.* R-13.730.

ESTUDIOS

2127
ANTONIO, NICOLAS. *Ioannes de Aguilar.* (En su *Bibliotheca Hispana Nova.* 2.ª ed. Tomo I. 1783. Págs. 628-29).

2128
ENTRAMBASAGUAS, JOAQUIN DE. *Aclaración a un pasaje de Vicente Espinel.* (En *Miscelanea erudita.* Primera serie. Madrid. 1949. Págs. 20-25).

El maestro Juan Cansino, citado en la *Vida del escudero Marcos de Obregón*, es Juan de Aguilar.

2129
LICENCIADO (*Al*) *Juan de Aguilar, en su panegírico de Nuestra Señora de Monteagudo.* (En *Cancionero Antequerano...* Madrid. 1950. Pág. 19).

Poesía anónima, probablemente de Luis Martín de la Plaza.
V. n.º 69(19).

2130
MENENDEZ PELAYO, MARCELINO. *Aguilar, Juan de.* (En su *Biblioteca de Traductores Españoles.* Tomo I. Madrid. 1952. Páginas 38-41).

2131
RODRIGUEZ MARIN, FRANCISCO. *Juan de Aguilar.* (En *Nuevos datos...* 1923. Págs. 445-57).

V. n.º 1.060.

2132
[VEGA CARPIO, LOPE FELIX DE. *Elogio*]. (En su *Laurel de Apolo...* Madrid. 1630. Fol. 19*v*).

«...Y en la misma ciudad Aguilar sea
Su fama, y su esperança,
Y sin auerlo visto nadie crea,
Que sin manos escriue,
Escriue ingenio, y viue,
Estoruos fueran vanos
Pues el ingenio te siruió de manos...»

V. n.º 1182.

AGUILAR (JUAN DE)

Licenciado. Vicecura de la Catedral de Lima.

CODICES

2133
«Arte de la lengua quichua general de Indios del Perú... Año de 1690».

Letra de fines del s. XVII. 3 hs + 49 fols. 233 × 155 mm.

FUENOS AIRES. *Particular del Dr. José Luis Molinari* (en 1939).

EDICIONES

2134
ARTE de la lengua quichua gene-

ral de indios del Perú. 1690. Edicion facsimilar de Radames A. Altieri. Tucumán. Instituto de Antropología. [Buenos Aires. Imp. Coni]. 1939. IX + 99 págs. 28 cm.

Ejemplares:

MADRID. *Consejo. Instituto «Fernández de Oviedo».* P-III-4.201. *Nacional.* V-1.024-38.

AGUILAR (FR. JUAN BAUTISTA)

N. en Valencia. Trinitario calzado. M. por 1714.

CODICES

2135

[*Militares Retoricas Oraciones de varios Autores Latinos, traducidas en Castellano, con Addiciones a los mismos assuntos*].

2136

[*Perfecto Político Retrato, por los assuntos de sus Instrucciones, de un Príncipe perfecto, con empressas de Laminas finas*].

2137

[*La Vida de Caton Uticense*].

«Estas tres últimas obras quedaron dispuestas para imprimirse; pero no sé que se hayan publicado.» (Ximeno, *Escritores del reyno de Valencia,* II, págs. 169-70).

EDICIONES

2138

VARIAS, hermosas flores, del Parnaso. Qve en qvatro floridos, vistosos qvadros, plantaron ivnto a su cristalina fuente... Valencia. 1680.

V. n°. 62.

2139

TERCERA parte del teatro de los dioses de la gentilidad... Valencia. Lorenço Mesnier. 1688. 12 hs. + 516 págs. + 20 hs. 21 cm.

—Dedicatoria a la ciudad de Valencia.
—Aprobación de Fr. Ioseph Rodriguez.
—Licencia de la Orden.
—Aprobación de Fr. Ioseph Martí.
—Soneto de Onofre Vicente de Yxar. [«Aguila, que altanera, del sol beves...»].
—Soneto del autor. [«En vasos del aplauso, elogios beves...»].
—Romance endecasilabo de Isidro Costa y Segura. [«Docto Aguilar, que en elevados buelos...»].
—Escrive el autor, a quien lee.
—Breve introdución, a esta nueva, tercera parte.
Texto.
—Indice de todos los capitulos, de las tres partes.
—Indice de las cosas mas notables de las tres partes.

Ejemplares:

MADRID. *Academia Española.* 15-IX-19. *Nacional.* 6.i.-6.357.

2140

——— Barcelona. En la Imp. de Iuan Pablo Martí, por Francisco Barnola. 1702. 8 hs. + 356 páginas + 18 hs.

Ejemplares:

MADRID. *Nacional.* 3-77.050.

2141

SERMONES de... Fr. Martín Ivañez de Villanueva... [*Edición y prólogo de* ——]. Valencia. Imp. del Convento del Remedio. 1697. 4.°

Cfr. Ximeno, *Escritores,* II, pág. 169.

2142

FABIO instruído de Lelio a Lauro. Valencia. Imp. del Convento del Remedio. 1700. 4.°

Cfr. Ximeno, *Escritores del reyno de Valencia,* II, pág. 169.
Incluído posteriormente en *Varios eloquentes libros recogidos en uno* (V. n.° 364).

2143

EPITOME del Reyno de Italia, baxo el yugo de los bárbaros. Escriviόle en lengua toscana el

Conde Emanvel Thesavro... Tradvcele... añadiendo varias observaciones ——*... Parte primera.* [s. l. s. a.]. [s. a.]. 38 págs. + 1 h. + 350 págs. + 32 hs. con ilustr. 19 cm.

Pág. 1: Dedicatoria a D. Ramón Rabaza de Perelló Gran Maestre de la... Religión de San Juan de Jerusalén, etc., por Fr. J. B. Aguilar.
Pág. 12: Aprobación de Fr. Vicente Bellmont.
Pág. 22: Aprobación de Fr. Ioseph Rodríguez. (4 de abril de 1707).
Pág. 25: Licencia de la Religión.
Pág. 26: Romance heroico de Isidro Costa de Alon y Segura. [«Aguila en el ingenio, y en el nombre...»].
Pág. 29: Escrive el traductor a quien lee.
Pág. 32: Yerros de la impresión.
Págs. 33-34: Indice de los Reyes de quienes se escrive en esta primera parte.
Págs. 35-38: Indice de las observaciones añadidas del traductor.
Texto.
—Indice de las cosas más notables.

Ejemplares:

MADRID. *Nacional.* 5-4.845 (con ex-libris de la Condesa del Campo de Alange).

2144

SILENCIO (*El*) *misteriosamente hablador, o las elegantes vozes de vna muda eloquencia, aplaudidas, en la vida de San Brvno... Por el P. Buenaventura Tondi... Tradvcelas de lengua toscana en española lengua* ——... Valencia. Juan Martí. 1702. 15 hs. + 130 páginas + 7 hs. 20,5 cm.

Ejemplares:

MADRID. *Nacional.* 3-24.629 (ex- libris de Gayangos).

2145

VARIOS eloquentes libros recogidos en uno... [Por ——]. Valencia. 1711.

V. n.º 364.

Poesías sueltas

2146

[*POESIAS*]. (En Velasco, Lázaro de. *Funesto geroglifico.* Valencia. 1666).

1. *A las muchas luzes, que se vieron en el tumulo, dolor y sentimiento de la Leal Valencia por la muerte de su Rey Felipe Quarto el Grande. Dezima.* (Pág. 139).
2. *Considerando a Felipe Quarto el Grande, Sol eclipsado en el túmulo. Soneto.* (Pág. 140).

Cfr. Martí Grajales, *Diccionario,* página 30.

2147

[*ROMANCE*]. (En González, Francisco Ramón. *Sacro Monte Parnaso... En elogio de... S. Francisco Xavier...* Valencia. 1687. Páginas 150-52).

Ejemplares:

MADRID. *Nacional.* R-22.520.

2148

[*DEVIDO elogio a Thomás López de los Ríos, ingenioso Autor deste libro. Responde a un amigo, el R. P.* ——]. (En López de los Ríos, Tomás. *Auto glorioso, festejo. sagrado con que el insigne Colegio de la... Notaría, celebró la Canonización del Señor San Luis Bertrán...* Valencia. 1674. Preliminares).

Ejemplares:

MADRID. *Nacional.* 2-71.303.

ESTUDIOS

2149

ANTONINO DE LA ASUNCION. *Aguilar, Fr. Juan Bautista.* (En su *Diccionario de escritores trinitarios...* Tomo I. 1898. Páginas 4-6).

2150

MARTI GRAJALES, FRANCIS-

CO. *Fray Juan B. de Aguilar.* (En *Ensayo de un diccionario... de los poetas que florecieron en el Reino de Valencia...* 1927. Págs. 28-31).

Inserta un documento relativo a la publicación de la *Tercera parte del teatro de los dioses.*

AGUILAR (JUSEPE DE)

EDICIONES

Poesías sueltas

2151

[*POESIAS*]. (En Ruiz, Francisco. *Relación de las fiestas que hizo el Colegio de la Conpañia de Iesus de Girona, en la canonizacion de... San Ignacio, i... San Francisco Xavier...* Barcelona. 1623).

1. Canción. (Fols. 94*r*-96*v*).
2. Sestina. (Fols. 129*r*-130*r*).

Ejemplares:

MADRID. *Nacional.* 2-64.205.

AGUILAR (P. LORENZO)

N. en Montilla (1621). Jesuíta desde 1636. M. en Antequera en 1679.

EDICIONES

Sermones

2152

[*SERMON que el septimo dia de esta solemne Octava predico* ——...]. (En Francisco de la Presentación (Fr.). *Sermones solemnes... a la Beatificacion de... San Ivan de la Cruz...* Tomo I. Alcalá. 1680. Págs. 460-79).

ESTUDIOS

2153

URIARTE, JOSE EUGENIO DE y MARIANO LECINA. *Agullar, Lorenzo.* (En su *Biblioteca de escritores de la Compañía de Jesús.* Tomo I. 1925. Págs. 53-54).

AGUILAR (FR. LUIS DE)

Agustino.

EDICIONES

2154

PRIVILEGIO de exempciones, franquezas, y libertades, dado por las Católicas Magestades á todos los Conuentos de la Orden del glorioso Padre San Agustín... en todos estos Reynos de España. Y Confirmaciones hasta el Catolico Rey Don Felipe Quarto deste nombre... Madrid. 1622. 16 hs. Fol.

V. Santiago Vela, I, págs. 51-52 y 307. Reeditado en Madrid, 1705, por Fr. José de Badarán.

ESTUDIOS

2155

SANTIAGO VELA, GREGORIO DE. *Aguilar, Fr. Luis de.* (En *Ensayo de una Biblioteca... de la Orden de San Agustin.* Tomo I. 1913. Págs. 51-52).

AGUILAR (MATIAS DE)

EDICIONES

2156

[*PRUDENTE* (*Al*) *Lector*]. (En Carranza, Jerónimo de. *Libro... que trata de la Philosophía de las Armas...* Sanlucar de Barrameda. 1582. Preliminares).

Ejemplares:

MADRID. *Nacional.* R-909.

AGUILAR (PEDRO DE)

CODICES

2157

[*Memorias*].

Letra de hacia 1575, autógrafa. 200 hs. aproximadamente. 4.º menor. Por 1875 era propiedad de A. Tysen Amhurst, de Didlington Park, en el condado de Norfolk, el cual se lo facilitó a Gayangos.

EDICIONES

2158

MEMORIAS del Cautivo en la Goleta de Tunez (El alferez ——). Del original en poder de Tyssen Amhurst, esqre., de Didlington Hall, Norfolk. [Edición y prólogo de Pascual de Gayangos]. Madrid. [Imp. de Aribau y Cia.]. 1875. XX + 311 págs. 22 cm. (Sociedad de Bibliófilos Españoles, XIII).

—[Prólogo].

«...Aunque el cautivo, autor de estas *Memorias*, no nos declara su patria y nombre, hay motivos para sospechar era andaluz, y se llamó Aguilar. Que hizo romances, y también sonetos, á la perdida de la Goleta, del fuerte y de la isla del Estado, es asimismo un hecho cierto... En la enumeración de los capitanes, tenientes y alféreces que se perdieron en el fuerte de Túnez (pág. 92), aparece un Aguilar, teniente de la compañía de Lope Hurtado. Sabido es, además, que Cervantes estuvo en Túnez, con el tercio de Figueroa, poco antes de marchar con la armada á Lepanto; aún cuando esto no fuera un hecho conocidamente cierto, la individualidad y exactitud con que describe sucesos que nuestros historiadores más minuciosos pasan en silencio, bastará para persuadirnoslo. Pudo muy bien Pedro de Aguilar, á la vuelta de su cautiverio, ver á Cervantes y referirle á boca la lamentable catástrofe en que se halló. Nada hay de inverosímil en esto, y mientras no se hallen pruebas en contrario, me inclino a creer que el autor de estas *Memorias* no es otro que el alférez Pedro de Aguilar, amigo de Cervantes, y de quien tan grande elogio hace en su *Novela del Cutivo*». (Págs. XIX-XX).

1. *Relación de la perdida de La Goleta i Tunez el año de 1574.* (Páginas 1-96).
2. *Romance de la pérdida de La Goleta.* [«El bravo sultan Selim...»]. (Páginas 97-105).
3. *Romance de la pérdida del fuerte de Túnez.* [«Despues de mucho contraste...»]. (Págs. 105-9).
4. *Romance de la pérdida de la isla del Estaño.* [«La Goleta y fuerte presos...»]. (Págs. 109-13).
5. *Soneto.* [«La vida de mi vida está penando...»]. (Pág. 113).
6. *Soneto.* [«Mi alma de trabajos ansí llena...»]. (Págs. 113-14).
7. *Soneto.* [«Habiendo en cuarto lustro un mes pasado...»]. (Pág. 114).
8. *Soneto.* [«Sean suspiros fuertes mi alegría...»].
9. *Soneto.* [«Si me ha quitado inexorable muerte...»]. (Pág 115).
10. *Soneto.* [«Vida y contento mio que en el suelo...»].
11. *Soneto.* [«Cuando del alma triste el dolor grave...»]. (Págs. 115-16).
12. *Soneto.* [«Aquel cabello ondoso que cubría...»]. (Pág. 116).
13. *Soneto.* [«Por más que con su ardor Febo destruya...»]. (Págs. 116-17).
14. *Soneto.* [«¡Oh gozo singular! ¡oh sueño amigo!...»]. (Pág. 117).
15. *Soneto.* [«Excelso monte do el romano estrago...»].
16. *Redondillas.* [«En el corazón metida...»]. (Pág. 118).
17. *Cuartetos.* [«Carillo, ya no hay contento...»]. (Pág. 119).
18. *Tercetos.* [«En medio del invierno está templada...»]. (Págs. 119-20).
19. *Tercetos.* [«El dulce murmurar deste ruido...»]. (Pág. 120).
20. *A la partida de una dama. Soneto.* [«Lo que padece el cuerpo, cuando el alma...»]. (Pág. 121).
21. *Soneto.* [«Si el blanco cisne con el dulce encanto...»].
22. *Glosa.* [«¡Oh contento! ¿Donde estás?...»]. (Págs. 122-23).
23. *Relacion muy verdadera del felice suceso de la armada de la Santa Liga.* (Págs. 125-32).
24. *Soneto a María.* [«Estoy á os servir tan obligado...»]. (Pág. 133).

25. *Redondillas.* [«Recibid con alegría...»].
26. *Soneto del autor a los lectores.* [«Impresas guerras canto y mal de amores...»]. (Pág. 134).
27. [*Poema en octavas*]. [«Despaña el rey católico Fernando...»]. (Págs. 134-40).
28. *Prosigue en tercetos.* [«Con orgullo y crueza comenzaron...»]. (Páginas 140-41).
29. *Soneto.* [«Pues la prolija guerra ya acabada...»]. (Págs. 141-42).
—*Canto segundo, en el cual cuenta el autor desde el día que partió de su tierra para Italia, con lo que pasó el año de 1572 en el armada de su Alteza hasta volver a Nápoles.*
30. *Soneto.* [«Pasada ya la guerra de Granada...»]. (Pág. 143).
31. *Octavas.* [«El mes era de Mayo conocido...»]. (Págs. 143-65).
—*Canto tercero. Del año 1573, y cuenta el de 74, y la toma de Túnez por el Señor don Juan de Austria, y la pérdida de La Goleta y del fuerte.*
32. *Soneto.* [«Del año de setenta y tres cantemos...»]. (Pág. 166).
33. *Octavas.* [«¡Oh suelo sin ventura de Cartago!...»]. (Págs. 166-68).
34. *Prosigue en tercetos.* [«Allí fué sepoltura de romanos...»]. (Págs. 168-73).
35. *Soneto.* [«Su Alteza, sin poder ir adelante...»]. (Págs. 173-74).
—*El año 1575. Canto cuarto. A la variedad del tiempo y brevedad de las cosas del mundo, y cómo el tiempo todo lo consume y la muerte viene muy aína.*
26. *Soneto.* [«Pues hay en este año vacaciones...»]. (Pág. 175).
37. [*Octavas*]. [«Al vario tiempo quiero nuestro amigo...»]. (Págs. 175-79).
—*Canto quinto En el cual acaba lo prometido...*
38. [«La hambre del dinero y la cudicia...»]. (Págs. 180-81).
39. *Prosigue en tercetos.* [«De su casa y morada y su gobierno...»]. (Páginas 181-85).
40. *Soneto. Al casamiento de los contenidos en este canto: contrahecho.* [«Casado á la miseria Antón deseo...»]. (Pág. 185-86).
41. *Otro.* [«Bailaron en la boda el mesmo día...»]. (Pág. 186).
—*Canto sexto, en el cual canta de cosas de amores por variar de lectura...*
42. *Despedida del autor á sí mismo.* [«Habiendo de partirse...»]. (Páginas 187-90).
43. *Soneto.* [«Si en canciones, octavas y sonetos...»]. (Pág. 191).
44. [*Octavas*]. [«Convídame el dolor que sea el sentido...»]. (Págs. 191-92).
45. *Prosigue en terceto.* [«Yo, cuerpo sin ventura, hago el canto...»]. (Páginas 193-96).
46. *Soneto. Epitafio.* [«Aqui yace este cuerpo ya difunto...»]. (Pág. 196).
—*Canto séptimo.*
47. *Octavas.* [«Al tiempo que el dios Marte belicoso...»]. (Págs. 197-200).
48. *Soneto.* [«Aquí quiero acabar con el soneto...»]. (Pág. 200).
49. *Los amadores, viendo las burlas del amor, claman y piden justicia.* [«Y viendo tanto mal como ha causado...»]. (Págs. 200-208).
50. *Canto a la obra contra el Amor.* [«Ya el Arco del Amor se lo han quitado...»]. (Págs. 208-10).
51. *Soneto.* [«Asi estais bueno agora, rapacillo...»]. (Pág. 210).
—*Canto octavo...*
52. *Soneto.* [«En tanto que se ofrecen nuevas cosas...»]. (Pág. 211).
53. *Glosa sobre una octava ajena.* [«Como si los pincharan con abrojos...»]. (Págs. 211-12).
54. *Otra glosa sobre letra ajena hasta las seis primeras.* [«Tanto ha sido mi amor que desvarío...»]. (Págs. 213-14).
55. *Otra glosa sobre una octava ajena.* [«Los valles y los montes se estremecen...»]. (Págs. 214-15).
56. *Lamento de un pastor, en octava...* [«Su albedrio y sin razon alguna...»]. (Págs. 215-16).
57. *Prosigue con la glosa de su albedrío, mudando el sentido de pesar en contento con los nuevos amores del pastor.* [«Aqueste es el pastor que fué llagado...»]. (Págs. 218-20).
58. *Relacion de don Joan Zanoguera hecha á el Señor don Joan del suceso de la Goleta y fuerte de Túnez y isla del Estaño.* (Págs. 221-52).
—Apéndice. (Págs. 253-74).
—Adiciones y correcciones. (Págs. 275-88).
—Indice. (Págs. 289-99).

Ejemplares:

LONDRES. *British Museum.* Ac.8886 (4).—MADRID. *Academia Española.* 27-VI-16. *Academia de la Historia.* 2-3-4-1.210. *Consejo. Patronato «Menéndez y Pelayo».* 4-713. *Nacional.* R-13.797 (el n.º 170).—PARIS. *Nationale.* Res.8.º Z.6.

Poesías sueltas

2159

[*SONETOS*]. (En Cervantes Saavedra, Miguel de. *El ingenioso hidalgo don Quixote de la Mancha.* Madrid. 1605. Fol. 235).

1. [«Almas dichosas, que del mortal velo...»].
2. [«De entre esta tierra esteril, derribada...»].

De los anotadores de Cervantes, algunos como Clemencín le creen autor de estos sonetos, en tanto que Rodríguez Marín admite la paternidad de Aguilar.

Ejemplares:

MADRID. *Nacional.* R-23.767.

ESTUDIOS

2160

CERVANTES SAAVEDRA, MIGUEL DE. [*Elogio*]. (En *El ingenioso hidalgo don Quixote de la Mancha.* Madrid. 1605. Fols. 234*v*).

«...Entre los Christianos que en el fuerte se perdieron, fue uno llamado don Pedro de Aguilar, natural no se de que lugar del Andaluzia, el qual auia sido Alferez en el fuerte, soldado de mucha cuenta, y de raro entendimiento: especialmente tenia particular gracia en lo que llaman Poesia...»

2161

SERRANO Y SANZ, MANUEL. *Literatos españoles cautivos.* (En *Revista de Archivos, Bibliotecas y Museos,* 3.ª época, I, Madrid, 1897).

Págs. 505-6: Cautiverio de Pedro de Aguilar.

AGUILAR (PEDRO)

Vecino de Málaga.

EDICIONES

2162

TRACTADO de la cavalleria de la gineta... Sevilla. Hernando Díaz. 1572. 4 hs. + 84 fols. + 4 hs. 20 cm.

—Escudo.
—Privilegio.
—Declaracion del parescer que dio Diego de Cordoua.
—Dedicatoria al Rey.
—Prólogo.
—Lámina.
Texto.
Fols. 66*v*-84*r:* Láminas.
—Soneto de Gonçalo de Molina. [«El uso que se oluida indignamente...»].
—Tabla de los capítulos.
—Lámina.
—Colofón.

V. Gallardo, *Ensayo,* I, n.º 55.

Ejemplares:

MADRID. *Academia de la Historia.* 2-3-7-1.407. *Nacional.* R-13.756 (con notas manuscritas y ex-libris de William H. Prescott. Perteneció también a Gayangos).

2163

TRATADO de la cavallería de la gineta... Añadido en esta impression muchas adiciones del mesmo Auctor. Málaga. Juan René. A costa de los herederos del Autor. 1600. 12 hs. + 96 fols. con 36 grabs. 17,5 cm.

En los preliminares, lleva un privilegio a favor de Eluira de Godoy, hija del autor, ya difunto.

V. Gallardo, *Ensayo,* I, n.º 56.

Ejemplares:

LONDRES. *British Museum.* 556.d.21.—MADRID. *Academia de la Historia.* 2-1-6-299. *Nacional.* R-11.055 (ex-libris de Gayangos). — NUEVA YORK. *Hispanic Society.*

ESTUDIOS

2164

ANTONIO, NICOLAS. *Petrus de Aguilar*. (En su *Bibliotheca Hispana Nova*. Tomo II. 1788. Pág. 165).

AGUILAR (FR. PLACIDO DE)

N. en Madrid. Hacia 1610, ingresó en la Orden de la Merced, donde desempeñó importantes cargos. Predicador de S. M. desde 1662. M. en Madrid en 1670.

EDICIONES

2165

SERMON a la Annunciacion... Barcelona. Lorenço Deu. 1628.

Cfr. Palau, *Manual del librero*, 2.ª ed., I, n.º 3.629.

2166

SERMON de San Jorge Patrón de Cataluña... Barcelona. Gabriel Nogués. 1635. 4 hs. + 24 págs. 4.º

Cfr. Palau, ídem, n.º 3.628.

2167

[*FABULA de Siringa y Pan*]. (En [Téllez, Fr. Gabriel] Tirso de Molina. *Cigarrales de Toledo*. Madrid. 1624. Págs. 213-24).

«De aquellas que tu ingenio siembra flores...»

Ejemplares:

MADRID. *Nacional*. R-1.313.

2168

[*AUTOR* (*Al*)]. (En *Primavera y flor de romances*... Madrid. 1622. Preliminares).

V. n.º 172.

Aprobaciones

2169

[*APROBACION. Madrid, 21 de octubre de 1662*]. (En *Parte diez y nueve de Comedias nuevas*... Madrid. 1663. Preliminares).

V. n.º 219.

2170

[*APROUACION. Madrid, 28 de mayo de 1656*]. (En García, Marcos. *La flema de Pedro Hernandez*. Madrid. 1656. Preliminares).

Ejemplares:

MADRID. *Nacional*. R-7.798

2171

[*APROBACION. Madrid, 20 de mayo de 1657*]. (En Napolitano, Aquiles. *Año Santo*... Madrid 1658. Preliminares).

Ejemplares:

MADRID. *Nacional*. 3-68.609.

ESTUDIOS

2172

ALVAREZ Y BAENA, JOSEPH ANTONIO. *Plácido de Aguilar* (*P. M. Fr.*). (En *Hijos de Madrid*... Tomo IV. 1791. Págs. 272-74).

2173

PLACER, GUMERSINDO. *Un íntimo amigo de Tirso de Molina. Fray Plácido de Aguilar*. (En *Estudios*, VI, Madrid, 1950, páginas 339-48).

2174

[TELLEZ, FR. GABRIEL]. TIRSO DE MOLINA [seud.]. [*Elogio*]. (En sus *Cigarrales de Toledo*. Madrid. 1624. Págs. 211-12).

«...me ha parecido... recrearos con una fabula que me embió ayer un ingenio de Madrid, tan fauorecido de tal madre, como ella ufana con tal hijo, que aunque debaxo de nombre incognito me conjuró os la comunicasse, por no defraudarle la alabança, que tan de derecho se le deue, ni a vosotros su verdadero apellido, digo, que el que gozó en el siglo fue don Placido de Aguilar, gentilhombre del excelentissimo Almirante de Castilla, y agora acrecentado en todo: religioso obseruante, que trocando la Catedra del

Museo por el Pulpito, aprouecha en estê lo que deleytó en la otra...»
V. n.º 2167.

AGUILAR (RODRIGO DE)

N. en Ecija.

EDICIONES

2175

[NVEVA, y verdadera relacion, de vn lastimoso caso, que sucedio a ocho dias deste presente mes de Noviembre y año de mil y seiscientos y diez y seis, en la ciudad de Ecija, donde se declara el grande estrago y muertes que hizo en casa del Doctor Bermudo, Medico, vn esclauo suyo, Martes al amanecer, y la justicia que del se hizo...]. [Cordoba. Manuel de Cea Tessa]. [1616]. 2 hs. con un grab. 29,5 cm.

V. Gallardo, *Ensayo,* I, n.º 58; Valdenebro, *La Imprenta en Córdoba,* n.º 93.

Ejemplares:

MADRID. *Nacional.* R-Varios, 27-23.

AGUILAR (FR. TOMAS DE)

Dominico. Catedrático de Letras humanas en el Colegio de Santo Tomás, de Sevilla.

EDICIONES

2176

COMPENDIO de los preceptos de la Rethorica. Sevilla. 1669. 14 hs. + 55 fols. + 5 hs. 8.º

V. Escudero, *Tipografía hispalense,* número 1.725.

2177

DESENGAÑO a la ivventvd sevillana, en orden al qvadernillo de nombres y verbos, que vulgarmente llaman del Licenciado Diego López. Prvevase que el desterrarle de las Ilustrissimas Academias desta Ciudad es el unico remedio para aprovechar en el estudio de la Gramatica. [s. l. s. i.]. [s. a.] 1 h. + 31 fols. 14 cm.

De 1669, según Fr. José Muña.

Ejemplares:

MADRID. *Nacional.* R-16.748.

2178

EXPLICACION del libro IV... 2.ª ed. Sevilla. 1671.

Cit. por Fr. José Muña, en su *Libro ms. de varias noticias.* 1817. (Gallardo, *Ensayo,* I, cols. 54-55).

2179

EXPLICACION de las reglas de géneros... Sevilla. 1677.

Cit. en ídem.

OBRAS LATINAS

2180

PROPRIA, et figvrata Syntaxis. Iuxta textum Antonii Nebrissensis. Cum additionibus... Sevilla. Ioannem Gomez á Blas. 1664. 5 hs. + 59 fols. 14 cm.

—Licencia de la Orden.
—Aprobación de Fr. Francisco Ramirez.
—Licencia del Ordinario.
—Dedicatoria (en latín).
—Prólogo.
Texto (en castellano).

Ejemplares:

MADRID. *Nacional.* R-16.748.

2181

BREVE Rhetoricæ... Sevilla 1669.

Cit. por Muña. (V. n.º 2178).

2182

NOMINUM (De)... 2.ª ed. Sevilla. 1676.

Cit. en ídem.

2183

EXPLICATIO brevis... Sevilla. 1677.

Cfr. Muña, loc. cit.

AGUILAR Y ARAGON (CARLOS JOSE)

EDICIONES

2184

AVIENDO venido a Sevilla la noticia de la salvd del Rey nvestro Señor, escrivió este romance ——... [s. l. s. i.]. [s. a.]. 4 hs. orladas. 20 cm.

«Fiel Corazon, que al amago...».

Ejemplares:

MADRID. *Nacional.* R-Varios, 119-34.

AGUILAR Y ARAGON (FERNANDO PABLO)

EDICIONES

2185

ORACION fúnebre en las reales honras que celebró la ciudad y gran puerto de Santa María, a Doña María-Ana de Austria. Cadiz. 1696. 38 págs. 4.°

Cfr. Palau, *Manual del Librero,* 2.ª ed., I, n.° 3659.

2186

ORACION panegyrica y alegórica en la fiesta de la Real Epiphania, que celebró el... Convento de... San Juan de Dios. En la venida a España de Felipe V. Valencia. Vicente Cabrera. 1803. 4.°

¿Será 1703?

Cfr. Palau, *Manual del Librero,* 2.ª ed., I, n.° 3660.

AGUILAR CAMACHO (FR. JUAN DE)

EDICIONES

2187

CATHECISMO predicable de pláticas sobre la doctrina Christiana. Sevilla. Juan Francisco de Blas. 1675. 11 hs. + 268 fols. + 20 hs. 4.°

V. Escudero, *Tipografía hispalense,* número 1.768.

2188

CATHECISMO predicable de platicas sobre la doctrina christiana, confirmadas con exemplos, para las noches de disciplina, en tiempo de Qvaresma. Y platicas para la Via Sacra, y estación de las crvces, sobre diferentes assvmptos. Confirmadas tambien con Exemplos. 2.ª impressión. Sevilla. Lucas Martin de Hermosilla. 1700. 2 vols. 20 cm.

Tomo I (8 hs. + 268 fols. + 20 hs.).

—Dedicatoria a San Francisco de Paula.
—Censura y aprobación de Fr. Juan Ortiz.
—Censura y aprobación de Fr. Pedro Humanes Padilla.
—Censura y aprobación de Fr. Juan de Castro.
—Licencia del Ordinario.
—Licencia del Real Consejo.
—Erratas.
—Tassa.
—Prólogo al lector.
—Protestación del autor.
Texto.
—Tabla de los lugares de la Sagrada Escritura, que se contienen en esta primera parte.
—Tabla de las cosas notables.

V. Escudero, *Tipografía hispalense,* número 1.938.

Ejemplares:

MADRID. *Nacional.* 2-10.960/61.

AGUILAR Y CORDOBA (DIEGO DE)

N. en Córdoba a mitad del s. XVI. Participó en la toma del Peñón de Vélez de la Gomera (1564). En 1571 residía ya en el Perú, donde desempeñó diversos cargos. Vivía aún en 1613.

CODICES

2189

«El Marañón».

Autógrafo, 18 hs. + 317 fols. 4.º
Contenido, según Lohmann Villena:
—Soneto en francés de Carlos de Maluenda.
—Dedicatoria a D. Andrés Fernández de Córdoba.
—Soneto en italiano de Maluenda.
—Advertencia del autor.
—Al lector.
—Soneto de Miguel Cabello Balboa. [«La casta aueja en la florida vega...»].
—Soneto de Gonzalo Fernández de Sotomayor. [«En vuestro gran caudal diuino Diego...»].
—Argumento del Libro Primero.
Texto. Intercalado en él van las poesías siguientes:
Fol. 124*v: Soneto de Sancho de Marañón.* [«Sagrado ingenio cuya llama siente...»].
Fol. 125*v: Soneto de Pedro Paniagua de Loaysa.* [«Celebre el mundo, o Marañon famoso...»].
Fol. 126*r: Soneto de Alonso Picado.* [«Celebren Grecia y Roma eternamente...»].
Fol. 241*r: Soneto de Diego Vaca de la Vega.* [«Si el lauro se le deue justamente...»].
Fol. 241*v: Soneto de un religioso.* [«Prodigamente el Marañon ofresce...»].
Fol. 242*r: Soneto de Gregorio de Herrera Villasante.* [«Si fama, gloria y honrra an alcançado...»].
Fol. 317*v: Soneto de Maluenda.* [«Pudo Homero de Achiles dar Historia...»].

Este códice perteneció a Zarco del Valle y a Pidal. (V. Lohmann Villena, *El «Marañón»...*, pág. 273).

OVIEDO. *Universitaria.*

2190

«El Marañón».

Copia procedente de la colección Bauzá. V. Gayangos, *Catalogue*, II, pág. 525; Vargas Ugarte, *Manuscritos peruanos en las bibliotecas del extranjero*, I, págs. 4-8.

LONDRES. *British Museum.* Add. 17616.

2191

[*La Soledad entretenida*].

Citado por Calancha, que reproduce un párrafo en su *Coronica moralizada*, Barcelona, 1639, fols. 892-93.

EDICIONES

Fragmentarias

2192

[*MARAÑON (El). Libro I: caps. V, VI (parte) y VIII (parte)*]. (En *Relaciones Geográficas de Indias.* Tomo IV. Madrid. 1897. Páginas CXXIII-CXXIV y XXV).

2193

[*MARAÑON (El). Preliminares*]. (En Lohmann Villena, G. *El «Marañón...»*).

V. n.º 2198.

2194

[*MARAÑON (El). Libro I: caps. I-III,, VII y X; libro II: cap. XXV y libro III: caps. I, II, XIV, XV y XVI*]. (En *Biblioteca de Cultura Peruana.* Tomo V. Paris. 1938. Páginas 321-43).

Poesías sueltas

2195

[*SONETO*]. (En Garcés, Enrique. *Las Lusiadas, de Luys de Camoes, traduzidos... por* ——. Madrid. 1591. Preliminares).

Seguido de otro de Garcés, en «Respuesta».

Ejemplares:

MADRID. *Nacional.* R-3.111.

ESTUDIOS

2196

CERVANTES SAAVEDRA, MIGUEL DE. [*Elogio de Diego de Aguilar*]. (En *Primera parte de la Galatea...* Alcalá. 1585. Canto de Caliope. Fol. 332*v*).

«...En todo quanto pedira el desseo
un Diego illustre de Aguilar admira,

un aguila real que en buelo veo
alçarse, a do llegar ninguno aspira.
Su pluma entre cien mil gana tropheos
que ante ella la mas alta se retira
su estilo, y su valor tan celebrado
Guanuco lo dira, pues lo ha gozado...»

2197

FUENTE BENAVIDES, RAFAEL DE LA. *Autores del primer siglo de la literatura peruana.* (En *Boletín bibliográfico de la Biblioteca de la Universidad de San Marcos,* XII, Lima, 1940, páginas 287-95).

2198

LOHMANN VILLENA, GUILLERMO. *«El Marañón» de Diego de Aguilar y Córdoba.* (En *Revista de Indias,* VII, Madrid, 1946, págs. 271-302).

2199

MEDINA, JOSE TORIBIO. [*Don Diego de Aguilar y Córdoba*]. (En *Escritores americanos celebrados por Cervantes en el Canto de Calíope.* Santiago de Chile. Edit. Nascimento. 1926. Págs. 21-26).

Ejemplares:

MADRID. *Consejo. General.*

2200

MENENDEZ PELAYO, MARCELINO. [*Diego de Aguilar y Córdoba*]. (En su *Historia de la poesía hispanoamericana.* Tomo II. Madrid. 1948. Págs. 69-70).

AGUILAR GORDILLO (PEDRO DE)

Mercader. Vecino de Méjico.

EDICIONES

2201

ALIVIO de Mercaderes; y todo genero de gente, para facilidad de las quentas que se an de hazer de las Platas que al presente corren en esta Nueva España. Con las reduciones de Plata à reales, conforme a la ley del genero que se reduxere, desde media onça hasta dos mil marcos. Con la Tabla de pesos de minas, reduzidos a pesos de ocho reales, desde vn peso hasta diez mil. Con el orden de hazer la quenta de la plata que tiene oro. Méjico. Geronymo Balli. 1610. 4 hs. + 60 fols. 19 cm.

—Erratas.
—Aprobación de Francisco de Leos.
—Privilegio del Virrey.
—Dedicatoria al Dr. Antonio de Morga, del Consejo de su Magestad, Alcalde de Corte de la Real Audiencia de la Nueva España, por Geronymo Balli.
—Tabla del valor de la plata ensayada del diezmo...
Texto.

Ejemplares:

MADRID. *Nacional.* R-4.950.

AGUILAR GOTOR Y ZUÑIGA

V. AGUILAR Y ZUÑIGA.

AGUILAR Y LEYVA (FRANCISCO DE)

Médico

EDICIONES

2202

DECISSION de la dvda, en que se pregunta, si puede por la vrina ser conocida en las mugeres la preñez. Por el Doctor Francisco de Leyba y Aguilar... Cordoba. Saluador de Cea Tesa. 1633. 29 hs. 4.°

—Aprobación del P. Rodrigo de Figueroa.
—Licencia del Provisor.
—Dedicatoria a D. Rodrigo Ponze de Leon, Duque de Arcos, etc., precedida de su escudo.
Texto.

V. Valdenebro, *La Imprenta en Córdoba,* n.° 151.

2203

DESENGAÑO contra el mal vso del tabaco. Tocanse varias lecciones, y tratanse al intento, muchas dudas: con resolucion las nuevas, con novedad las antiguas. Por el Doctor Francisco de Leiva y Aguilar... Córdoba. Salvador de Cea Tesa. 1634. 8 hs. + 278 fols. + 18 hs. 19,5 cm.

—Dedicatoria a D. Rodrigo Ponze de Leon, Duque de Arcos, etc. (Con datos genealógicos).
—Suma del previlegio.
—Suma de la tassa.
—Suma de la Licencia del Ordinario.
—Aprobación del P. Rodrigo de Figueroa.
—Aprobación del Dr. Diego Yañez Fajardo.
—Erratas.
—Auctoris ad librum. Epigramma.
—Al que lee.
—Modo de leer este libro.
Texto.
—Indice de lo mas notable que ai en este libro.

V. Valdenebro, *La Imprenta en Córdoba,* n.° 155.

Ejemplares:

MADRID. *Nacional.* R-2.188.

Poesías sueltas

2204

[*POESIAS*]. (En Paez de Valenzuela, Juan. *Relación brebe de las fiestas...* Córdoba. 1615).

1. *Canción.* (Fols. 13*r*-14*r*).
2. *Glossa.* (Fols. 20*v*-21*r*).
3. *Decimas.* (Fols. 27*v*-27 bis *v*).
4. *Quintillas.* (Fol. 30).

V. n.° 1953.

2205

[*DECIMA*]. (En Paez de Valenzuela y Castillejo, Juan. *Nuevo estilo, y formulario de escrivir cartas misivas...* Córdoba. 1630. Preliminares).

Ejemplares:

MADRID. *Nacional.* R-4.151.

OBRAS LATINAS

2206

ANTIPARADOXA negans, unqua corpore Phisico non viventi, duplicem motum localem contrarium ab interno principio activo naturaliter convenire. Contra singularem, et parodixicam opinionem que afirmat posse... Authore Francisco de Leiva et Aguilar... Córdoba. Salvador de Cea Tesa. 1634.

Cfr. Valdenebro, *La Imprenta en Córdoba,* n.° 156.

AGUILAR Y LOSADA (LUIS JOSE)

EDICIONES

2207

[*CENSURA a las distinciones entre Marco, y Maximo; el Beroso de Caldea, y Viterbo: y á la Población y lengua primitiva de España, que ha publicado Don Ieseph* (sic) *Pellizer de Touar y Osau*]. [Toledo. s. i.]. [1674]. 2 hs. + 12 + 86 fols. 27,5 cm.

Carece de portada.
—Aprobación de Fr. Francisco de Ontiueros.
—Licencia del Ordinario.
—Censura de Fr. Pedro de Espinosa y Fr. Bernardo Cano.
—Sentir de Fr. Pedro de Orzoco.
—Sentir de los PP. de S. Agustín el Real de Toledo.

1. *Respuesta a una carta, en que al Autor se le pedia dixesse, que sentia de un Apendice al Aparato de la Monarquia antigua de las Españas, que estas días ha salido á luz, con nombre de Don Ioseph Pellizer...* (Fols. 1-12).
2. *Carta, en que se pide censura á la distincion entre el Beroso de Babilonia, y Viterbo...,* *por C. D.* (Fol. 1*r*). *Respuesta.* (Fols. 1-86).

Ejemplares:

LONDRES. *British Museum.* 1322.k.11.—MADRID. *Academia de la Historia.* 12-4-2 = H-36. *Nacional.* R-19.190; R-

18.443 (incompleto: sólo tiene los 86 últimos folios. Con ex-libris de Fernando José de Velasco).

AGUILAR MONROY (IGNACIO)

N. en Querétaro. Presbítero.

EDICIONES

2208

PANEGIRICO de la Inmaculada Concepcion de Maria Santissima, predicado en el convento de S. Antonio de Querétaro. Méjico. Calderón. 1653. 4.º

Cfr. Beristain, *Biblioteca,* I, pág. 21.

AGUILAR PONCE DE LEON (LUIS DE)

EDICIONES

2209

Memorial de los Señores de la Casa de Aguilar.

Cit. por N. Antonio, que remite a la *Bibliotheca* de Pellicer, fol. 157.

ESTUDIOS

2210

ANTONIO, NICOLAS. *Ludovicus de Aguilar Ponce de León.* (En su *Bibliotheca Hispana Nova.* 2.ª ed. Tomo II. Madrid. 1788. Pág. 18).

AGUILAR Y PRADO (JACINTO DE)

N. en Granada.

CODICES

2211

[*Fragmentos historicos sobre la guerra de Napoles*].

Letra del s. XVII. 268 fols. 320 × 215 milímetros.

Son capítulos de una obra titulada *Fragmentos Histhoricos, Inspiraciones de la historiographa Musa Clío, qve escrivía el Capitán Don —— por los años 1647, 48 y 49, 50 y 51 Asistiendo al seruicio de su Magd. en su Armada Real del Mar Occeano, y en la sangrienta guerra de Napoles hasta su rara, y casi no imaginada Restauracion que fue en 6 de Abril de 1648.* Van intercalados numerosos documentos manuscritos e impresos sobre el tema y varios memoriales del autor en que se relatan sus servicios y méritos.

Al fol. 267 hay una carta del mismo a su amigo Francisco de Olibares (Napoles, 5 de septiembre de 1653), que acompañaba a este original y en que le preguntaba si le estimaba digno de publicarse.

MADRID. *Nacional* Mss. 2.437.

2212

[*Letra*].

Autógrafa, firmado con el seudónimo de «El Andaluz Pradelio» y fechada en Nápoles, a 10 de agosto de 1653. Comienza: «Dios a Clori dió a Pradelio...».

V. n.º 2211.

MADRID. *Nacional.* Mss. 2.437 (folio 268*r*).

2213

[*Epigramma*].

Autógrafo. Comienza: «Marte, y Minerua (rara cosa, estraña...» Se advierte que está impreso en la ed. de sus obras hecha en Trani

V. n.º 2211.

MADRID. *Nacional.* Mss. 2437 (folio 166*r*).

2214

[*Soneto a don Nicolas de Prada, en un escrito que haçia del viaje de la Reyna de Ungría*].

En el *Cancionero de la Brancacciana,* fol. 285*v*.

V. n.º 72(201).

EDICIONES

2215

CERTISSIMA relación de la entrada qve hizo Sv Magestad y sus Altezas en Lisboa, y de la Iornada que hizieron las galeras de España, y de Portugal, desde el Puerto de Santa Maria hasta la famosa ciudad de Lisboa. Donde se refiere las prevenciones, fiestas y grandezas que se hizieron en ella, y otras muchas cosas notables sucedidas en esta facion. Lisboa. Pedro Craesbeeck. 1619. 3 hs. + 20 fols. 18,5 cm.

—Licenças.
—De Antonio de Payva, en loor del autor. Soneto. (En latín).
—De Antonio Quadrado de la Cueva, Soneto. [«A Cesar imitays Iacinto honroso...»].
—Dedicatoria al Conde de Saldaña.
Texto.

V. Gallardo, *Ensayo,* I, n.° 51.

Ejemplares:

MADRID. *Nacional.* R-12.791 (ex-libris de Gayangos).

2216

ESCRITO historico de la armada qve salio del pverto del Pasage para los Estados de Flandes, por mandato de su Magestad, a Orden de don Alonso de Ydiaquez del Abito de Santiago año de 1626. [s. l. s. i.] [s. a.] Fols. 24-44. 19 cm.

Fol. 25: Dedicatoria a D. Fernando de Guzman, del abito de Alcantara, etc.

Ejemplares:

MADRID. *Nacional.* R - Varios, 80-22 y 61-52.

2217

ESCRITO primero de la entrada que hizo S. M... en Lisboa. Lisboa, 1619.

Ejemplares:

NUEVA YORK. *Hispanic Society.*

2218

COMPENDIO historico de diversos escritos en diferentes asvmptos. Pamplona. Carlos de Labayen. A costa de su Autor. 1629. 12 hs. + 124 fols. 19 cm.

—Aprovacion de Sebastian de Matienço.
—Licencia del Consejo de Navarra.
—Erratas.
—Dedicatoria al Duque de Medina de las Torres.
—Prologo.
—De Alonso de Bonilla. Dezimas. [«Iacinto bien as mostrado...»].
—Del Licdo Gregorio de Bonilla. Dezima. [«La Granada que no en bano...»].
—De Lope de Liaño y Leyva. Dezima. [«Sois Aguilar Español...»].
—De Ioseph Pardo de la Casta. Soneto. [«Flor soys, (Iacinto Illustre), que oy el Prado...»].
—Antonio de Luna y Lobera. Decimas. [«Iacinto con tal primor...»].
—Panegírico latino por Fr. Juan María, agustino.
—Epigrama y disticos latinos del mismo.
—*Escrito primero de la entrada qve hizo sv Magestad, y svs Altezas en Lisboa...*
Lisboa. Pedro Craesbeek. 1619. (Folios 1*r*-23*v*).
—*Escrito historico de la Armada que salio del Pverto del Pasage para los Estados de Flandes, por mandado de su Magestad, a Orden de don Alonso de Ydiaquez... año de 1626.* (Folios 24*r*-44*v*).
—*Epitome de algvnos papeles escritos en diferentes asvmtos en la illustre Academia de Madrid.* (Folios 45*r*-62*r*).
A Martín de Urnieta (46*r*-47*r*); Dedicatoria a Filipo IV (48*r*-49*r*); Al Marqves de Alcañizas, presidiendo la Illustre Academia de Madrid. Panegyrico. 49*v*-51*v*); Diose por asumto en la Academia alabar este verso: «O dulce Mors, si onestis vocata venis.» Escriuí lo siguiente (52*r*-53*v*); Al Duque de Lerma, dedicandole una Fabula que se compuso entre los insignes ingenios, que se agregan y juntan en la Illustre Academia de Madrid (54*r*-55*v*); A los Exmos. Sres. Duque de Medina Celi, Duque de Lerma, Duque de Yxar, etc. Elogio (56*r*-60*r*); Epistola embiando unos papeles en verso y prosa, a don Francisco de Azebedo y Bracamonte (61*r*-62*r*).
—*Escrito historico de la insigne y ba-*

liente jornada del Brasil, que se hizo en España el año de 1625. (Folios 63*r*-81*v*).

Dedicatoria al Capitan Martín de Ivstiz (64).

Soneto de Iuan Perez de Otaegui. [«De Iulio Cesar el estilo raro...»]. (65*r*).

Dezima del mismo [«De barias flores un Prado...»].

Soneto de Iacinto de Aguilar y Prado a Iuan Perez de Otaegui. [«Otaegui. insigne, en superior Esphera...»]. (66*r*).

De don Iacinto, en el mismo proposito, dezima. [«Crió el cielo en las montañas...»]. (66*v*).

Texto.

—*Escrito historico de la Armada que salió del pverto de la Coruña para la Iornada de Francia... Año de 1627.* (Fols. 82*r*-114*v*).

Dedicatoria a D. Fadrique de Toledo y Osorio, Marques de Villanueua de Baldueza (83*r*-84*r*).

Soneto de Francisco de Avendaño. [«Suene (Iacinto) tu sonora Lyra...»]. (84*v*).

Soneto del autor a Francisco de Avendaño. [««La Lyra de Anphion, si es dulce canto...»]. (85*r*).

De Simon de Iuara. Soneto. [«No la aficion de Amigo, y Camarada...»]. (85*v*).

Soneto de Aguilar y Prado a Simón de Iuara en las mismas consonantes. [«Si tener tal amigo, y camarada...»]. (Fol. 86*r*).

Soneto de Yñigo de Avendaño, en consonantes forçosas. [«Todas las vozes del Castalio Chorro...»]. (86*v*).

Soneto del autor a Yñigo de Avendaño, en las mismas consonantes.]«Denme las nueue del Castalio Choro...»[(87*r*).

De Martín de Chabarría y Zarate. Soneto. [«Suenen las Armas su Maborcio estruendo...»]. (87*r*).

Soneto de Aguilar y Prado, a Chabarría en las mismas consonantes. [«No solas Armas, no Marcial estruendo...»] (88*r*).

—*Escrito historico de las solemnes fiestas que la... Ciudad de Pamplona... a hecho en honra y conmemoracion este año de 1628.* Pamplona. Carlos *del gloriossimo S. Fermín su Patron*, De Labayen. (Fols. 115*r*-124*r*).

V. Gallardo, *Ensayo,* I, n.º 52.

Ejemplares:

LONDRES. *British Museum.* 9180.c.— MADRID. *Nacional.* R - 6.561. — NUEVA YORK. *Hispanic Society.*—PARIS. *Nationale.* Oc. 204(9).

2219

[*ANOTACION histórica contra el boraz tiempo... Epigramma, o Soneto*]. Trani, Lorenzo Valerii, 1650. 1 hoja. 405 × 275 mm.

«Del Austria vino a España un gran consuelo...»

Ejemplares:

MADRID. *Nacional.* Mss. 2.437 (folio 259*r*).

2220

[*EPIGRAMA, o Soneto*]. Trani. Lorenzo Valerii. 1650. 1 hoja. 405 × 265 mm.

«Yllustre Duque de Andría, a quien el Cielo...»

Ejemplares:

MADRID. *Nacional.* Mss. 2.437 (folio 258*r*).

ESTUDIOS

2221

ANTONIO, NICOLAS. *D. Hyacinthus de Aguilar et Prado.* (En su *Bibliotheca Hispana Nova.* 2.ª ed. Tomo I. 1783. Págs. 612-13).

AGUILAR DEL RIO (JUAN)

Arcediano y Procurador general de la catedral de Arequipa.

EDICIONES

2222

MEMORIAL... en razón de la restauración y reparo... de los Indios naturales del Perú. [s. l., s. i.]. 1615. 20 fols. Fol.

Ejemplares:

NUEVA YORK. *Hispanic Society.*

2223

SERMON que predicó... en el Monesterio de Monjas de la Concepcion de la Ciudad de los Reyes, el Iueves Santo del año de 1623, a que se halló toda la Audiencia Real que reside en ella. Madrid. Viuda de Alonso Martín. 1624. 2 hs. + 12 fols. 4.°

—Aprobación del Dr. Martín de Jauregui.
—Licencia del Ordinario
—Al Lector.
Texto.

V. Medina, *Biblioteca hispano-americana,* II, n.° 758.

ESTUDIOS

2224

ANTONIO, NICOLAS. *D. Ioannes Aguilar del Rio.* (En su *Bibliotheca Hispana Nova.* 2.ª ed. Tomo I. 1783. Pág. 629).

AGUILAR TERRONES DEL CAÑO (FRANCISCO DE)

N. en Andújar en 1551. Obispo de Tuy. Predicador de S. M.

EDICIONES

2225

[*SERMON qve predico a la Magestad del Rey, D. Felipe nuestro señor en su Capilla Real el Doctor ——, su predicador, en las honras que se hizieron por la Serenissima Infanta Doña Catalina Duquesa de Saboya: Sabado veynte de Diziembre de 1597 años. El qual hizo imprimir don Francisco de Garnica*]. [s. l. s. i.]. [s. a.]. 20 fols. 20 cm.

Carece de portada.

V. Pérez Pastor, *Bibliografía madrileña,* I, n.° 527.

Ejemplares:

MADRID. *Nacional.* R-20.494; R-Varios, 51-82.

2226

[*SERMON que predico... en las honras que se hizieron por la serenissima Infanta doña Catalina, Duquesa de Saboya, Sabado veynte de Diziembre, de 1597 años*]. (En *Sermones funerales en las honras del Rey... Don Felipe II... Recogidos por Iuan Iñiguez de Lequerica.* Madrid. 1596. 2.ª parte, 20 fols.).

Ejemplares:

MADRID. *Nacional.* R-29.663.

2227

[*SERMON qve predico a la Magestad del Rey Don Felipe Tercero... en las honras que su Magestad hizo al Católico Rey D. Felipe Segundo su padre, que sea en gloria, en san Geronymo de Madrid, a 19 del mes de Octubre, de 1598 años. Hizole imprimir Barrionueuo de Peralta su amigo, por la copia que del dio Lupercio Leonardo de Argensola, secretario de la Emperatriz nuestra señora para que todos gozen de tanta doctrina*]. [s. l. s. i.]. [s. a.]. 27 fols. 19 cm.

Fol. 1: Lupercio Leonardo de Argensola, Secretario de su Magestad, al Lector.
Texto.

V. Pérez Pastor, *Bibliografía madrileña,* I, n.° 555.

Ejemplares:

LONDRES. *British Museum.* 4423.g.1 (2).—MADRID. *Academia Española.* 9-VII-40. *Nacional.* R-30.881.

2228

[*SERMON que predicó a la magestad del Rey don Felipe Tercero... —— su predicador, en las honras que su Magestad hizo al Catolico*

Rey D. Felipe Segundo su padre... en san Geronymo de Madrid a 19 del mes de Octubre, de 1598 años]. (En *Sermones funerales en las honras del Rey... Don Felipe II... Recogidos por Iuan Iñiguez de Lequerica.* Madrid. 1596. Fols. 15*r*-24*v*).

V. n.º 2226.

2229

ARTE o instrvccion, y breve tratado, qve dize las partes que á de tener el predicador Euangelico: como á de componer el sermon: que cosas á de tratar en el, y en que manera las á de dezir... Van al fin... seys sermones en que se an procurado guardar muchos de los documentos della... Granada. Bartolomé de Lorençana. 1617.

2230

INSTRUCCION de Predicadores. Prólogo y notas del P. Félix G. Olmedo. Madrid. Espasa - Calpe. [1946]. CLVI + 166 págs. 18 cm. (Clásicos Castellanos, CXXVI).

Ejemplares:

MADRID. *Nacional.* 1-102.563.

ESTUDIOS

2231

ANTONIO, NICOLAS, *D. Franciscus de Aguilar Terrones del Caño.* (En su *Bibliotheca Hispana Nova.* 2.ª ed. Tomo I. 1783. Página 397).

2232

G[ONZALEZ] OLMEDO, F[ELIX]. *Predicadores célebres: Don Francisco Terrones del Caño.* (En *Razón y Fe,* LVII, Madrid, 1920, págs. 76-87).

AGUILAR Y ZUÑIGA (ESTEBAN)

EDICIONES

2233

CORONA de predicadores, o predicacion de San Estevan. Dividida en tres partes... Escribiola S. Lucas en los Capitulos 6, 7, 8, de los Actos. Explicala ——. Madrid. María de Quiñones. A costa de Pedro Coello. 1636. 4 hs. + 328 fols. a 2 cols. 20,5 cm.

—Censura de Fr. Ignacio Gaona.
—Licencia del Ordinario.
—Aprobación de Fr. Gonçalo Pacheco.
—Dedicatoria a D. Iuan Francisco Pacheco, cavallero de la Orden de S. Iuan, etc.
—Suma del Privilegio.
—Tassa.
—Fe de erratas.
Texto.
Fols. 305*r*-310*r*: Manuductio in authoritates Sacræ Scripturæ...
Fols. 311*r*-328*r*: Indice alfabetico. De las cosas memorables, que contiene el discurso deste Libro.

Ejemplares:

BURGOS. *Pública.* 9-9.—MADRID. *Academia Española.* S. C.=31-A-28.—PARIS. *Nationale.* D. 6098 bis.—SANTIAGO DE COMPOSTELA. *Particular de los PP. Franciscanos.*

2234

COMBATES de Iob con el Demonio. Escritos con plvma canonica en los tres primeros capitvlos de sv historia. Y ponderados con la de ——... Madrid. Carlos Sanchez. 1642. 4 hs. + 249 fols. a 2 cols. + 31 hs. 21 cm.

—Fee de erratas.
—Suma de la tassa.
—Suma del privilegio.
—Censura de Fr. Francisco de Viezma.
—Dedicatoria al Patriarca Job.
—Prólogo.
Texto.
—Sumario de los capítulos de este libro.

—Index locorum Scripturæ Sacræ, qui hic exponuntur.
—Alphabeto de cosas memorables.
—Aplicación de las materias, que se contienen en el discurso de este libro, á los Sermones de los Domingos, Miercoles y Viernes de la Quaresma.

Ejemplares:

LONDRES. *British Museum.* 3155.dd.9.—MADRID. *Nacional.* 3-6.433. — SANTIAGO DE COMPOSTELA. *Particular de los PP. Franciscanos.*

2235

QVARESMA o Sermones para ella. Madrid. Iulian de Paredes. 1657. 6 hs. + 315 fols. + 19 hs. 19,5 cm.

—Censura del P. Ioseph Espuches.
—Licencia del Ordinario.
—Aprobación del P. Alonso Muñoz de Otalora.
—Suma del priuilegio.
—Tassa.
—Erratas.
—A Dios unico Señor. [Dedicatoria].
—Lector. [Prólogo].
Texto.
—Sagrada Escritura que se explica en esta obra.
—Repertorio doctrinal, que cita solamente lo que se prueua.

Ejemplares:

BURGOS. *Pública.* 85-86.—MADRID. *Nacional.* R-16.544; 3-54.122.—PALMA DE MALLORCA. *Pública.*—PARIS. *Nationale.* D. 6098 ter.—SANTIAGO DE COMPOSTELA. *Particular de los PP. Franciscanos.*

2236

ESTATVA, y arbol con voz, Politica, Canonica, y Soñada. En que veló, y se desveló Nabuchodonosor, y reueló Daniel. En Quatro Capitulos, Ataugiada de Diuina y Humana Erudicion, con la pluma de El Dr. D. ——. Madrid. Iulian de Paredes. 1661. 6 hs. + 270 fols. a 2 cols. 18 hs. 31 cm.

—Censura del P. Ioseph Espuche.
—Licencia del Ordinario.
—Censura de Fr. Antonio de Ribera.
—Summa del Priuilegio.
—Fee de Erratas.
—Summa de la Tassa.
—Dedicatoria al Rey de los Siglos, en manos de la muerte, Ministro mayor de su despacho Vniuersal.
—Prólogo.
—Indice prodromo.
Texto.
—Indice de los Indices.
—Repertorio primero de Doctrinas.
—Indice segundo. De los lugares de la Sagrada Scriptura.
—Indice tercero. Gnomon evangelico para las horas: ó llaue Maestra para las doctrinas Euangelicas de todo el Año.

Ejemplares:

LONDRES. *British Museum.* 3165.f.1.—MADRID. *Nacional.* 2 - 34.765. — PARIS. *Nationale.* A.1124. — ROMA. *Nazionale.* 14.22.Q.23.—SANTIAGO DE COMPOSTELA. *Particular de los PP. Franciscanos.*

2237

CORTE divina, o Palacio celestial. Primero, y segundo tomo, qve son diez, y onze de la Corte santa. Escriviola en lengua latina... Nicolas Causino... y en la Española, ——. Madrid. Ioseph Fernandez de Buendía. A costa de Lorenço de Ibarra. 1675. 2 vols. 20,5 cm.

Tomo I:

—Lámina.
—Dedicatoria a D. Iuan Manuel Fernandez Pacheco, Marqués de Villena, etc., cuyo escudo va en las portadas de los dos tomos, por Aguilar y Zuñiga.
—Aprobación del P. Iuan Cortés Ossorio.
—Privilegio.
—Cession de los privilegios.
—Ocasion, y designios desta obra.
—El Interprete Latino, al que leyere en Español.
—Orden, y distribución de los libros y capitulos.
Texto.

Tomo II:

—Priuilegio.
—Cession de los Priuilegios.

—Fee de erratas.
—Tassa.
Texto.
—Indice.

Ejemplares:

LONDRES. *British Museum.* 1395.h.54.—MADRID. *Nacional.* 5-5.010.

2238

TARTAROS en China, Historia que escrivio en latín el R. P. Matin Martinio... y en español... ——. Madrid. Ioseph Fernandez de Buendía. A costa de Lorenço de Ibarra. 1665. 20 hs. + 188 págs. 14,5 cm.

—Dedicatoria a D. Guillen de Moncada Aragon, Principe de Paterno, etc., por Lorenço de Ibarra.
—Aprobación del P. Luis Pimentel.
—Licencia del Ordinario.
—Aprobación de Fr. Christoual de Chaves.
—Licencia.
—Tassa.
—Erratas.
—Indice de lo mas notable desta Historia.
—El Autor de la Historia al Lector.
—El Interprete al Lector.
Texto.

Ejemplares:

LONDRES. *British Museum.* 583.a.18.—MADRID. *Nacional.* U-3.859.

Poesías

2239

[*POESIAS*]. (En Miranda y la Cotera, José de. *Certamen angelico en la grande celebridad de la dedicación del... templo que... la... Orden de Predicadores consagró a Santo Tomás de Aquino...* Madrid. 1657).

1. *Dezimas.* (Fols. 32*r*-33*v*).
2. *Soneto.* (Fols. 44*v*-45*r*).
3. *Lyras.* (Fols. 77*r*-78*r*).
4. *Glossa.* (Fol. 102).
5. *Vexamen en quintillas.* (Fols. 164*v*-166*r*).

Ejemplares:

MADRID. *Nacional.* R-16.925.

Aprobaciones

2240

[*APROBACION. Madrid, 12 de diciembre de 1662*]. (En *Parte veinte de Comedias varias...* Madrid. 1663. Preliminares).

V. n.º 220.

2241

[*CENSURA. Madrid, 9 de marzo de 1663*]. (En *Tardes apacibles de gustoso entretenimiento...* Madrid. 1663. Preliminares).

V. n.º 328.

2242

[*CENSURA. Madrid, 15 de junio de 1665*]. (En *Parte veinte y dos de Comedias...* Madrid. 1665. Preliminares).

V. n.º 222.

2243

[*CENSURA. Madrid, 6 de marzo de 1666*]. (En *Parte veinte y seis de Comedias nuevas...* Madrid. 1666. Preliminares).

V. n.º 226.

2244

[*APROBACION. Madrid, 12 de septiembre de 1666*]. (En *Parte veinte y siete de Comedias varias...* Madrid. 1667. Preliminares).

V. n.º 227.

2245

[*APROBACION. Madrid, 14 de febrero de 1667*]. (En *Ociosidad entretenida...* Madrid. 1668. Preliminares).

V. n.º 314.

2246

[*APROBACION. Madrid, 29 de noviembre de 1668*]. (En *Parte treinta y dos de Comedias nuevas...* Madrid. 1669. Preliminares).

V. n.º 232.

2247

[*APROBACION. Madrid, 6 de marzo de 1669*]. (En *Parte treinta y tres de Comedias nuevas*... Madrid. 1670. Preliminares).

V. n.º 233.

2248

[*CENSURA. Madrid, 1 de noviembre de 1671*]. (En Mercado, Pedro. *El cristiano virtuoso*. Madrid. 1672. Preliminares).

Ejemplares:

MADRID. *Nacional*. 3-60.281.

2249

[*CENSURA. Madrid, 8 de mayo de 1672*]. (En Baños de Velasco y Acevedo, Juan. *El hijo de David*... Madrid. 1672. Preliminares).

Ejemplares:

MADRID. *Nacional*. 3-7.940.

2250

[*APROBACION. Madrid, 24 de marzo de 1676*]. (En Caro del Arco y Loaisa, Juan. *Historia del sagrado Monte de la Oliva*... Alcalá. 1676. Preliminares).

En la firma dice: «Estevan de Aguilar Gotor y Zuñiga».

Ejemplares:

MADRID. *Nacional*. 2-59.415.

2251

[*APROBACION. Madrid, 25 de enero de 1677*]. (En Céspedes, Antonio de. *Sermones varios*... Madrid. 1677. Preliminares).

Ejemplares:

MADRID. *Nacional*. 3-66.846.

ESTUDIOS

2252

ANTONIO, NICOLAS. *D. Stephanus de Aguilar et Zuñiga*. (En su *Bibliotheca Hispana Nova*. 2.ª ed. Tomo II. 1788. Pág. 290).

AGUILERA (ANTONIO DE)

N .en Yunquera. Médico.

2253

EXPOSICION sobre las preparaciones de Mesue, agora nueuamente compuesta. Alcalá. Iuan de Villanueua. 1569. 4 hs. + 239 fols. 13,5 cm.

—Aprobación del Dr. Iuan Gutierrez de Santander.
—Tassa.
—Privilegio.
—El autor.
Fols. 1*r*-6*v*: Dedicatoria a D. Fernando de Silva, Conde de Cifuentes y Alferez mayor de Castilla, cuyo escudo va en la portada.
Fols. 7*r*-12*v*: Prefation.
Texto. (Fols. 13*r*-239*r*).

V. Gallardo, *Ensayo*, I, n.º 59; J. Catalina García, *Tipografía complutense*, n.º 432.

Ejemplares:

MADRID. *Academia Española*. 3-IX-92. *Nacional*. R-1.479.

OBRAS LATINAS

2254

PRÆCLARÆ rvdimentorvm Madicinae libri octo... Alcalá. Juan de Villanova. [1571]. 164 fols. a 2 cols. Fol.

V. J. Catalina García, *Tipografía complutense*, n.º 465.

Ejemplares:

LONDRES. *British Museum*. 544.h.14.—MADRID. *Nacional*. R-20.186.

2255

VARIA (De) curandi ratione.

«Fundándose Manget, Torres Amat, Morejón y otros en lo que dice Nicolás Antonio, atribuyen una obra de este título al doctor yunquerano, y aun alguno de ellos supone que se conserva manuscrita en la biblioteca del Escorial. La he buscado con interés, pero sin fortuna, en dicha biblioteca.» (J. Catalina García, *Biblioteca de es-*

critores de la provincia de Guadalajara, pág. 8, n.º 15).

ESTUDIOS

2256

ANTONIO, NICOLAS. *Antonius de Aguilera.* (En su *Bibliotheca Hispana Nova.* 2.ª ed. Tomo I. Madrid. 1783. Págs. 94-95).

2257

GARCIA, JUAN CATALINA. *Antonio de Aguilera.* (En su *Biblioteca de escritores de la provincia de Guauadalajara*... 1899. Págs. 6-8).

«Por no haber sabido exactamente Nicolás Antonio á qué diócesis pertenecía Yunquera, villa muy próxima a Guadalajara, cayeron algunos en el error de suponerle natural de la Junquera, en la frontera de Francia, por la parte de Cataluña. El Sr. Torres Amat consignó el error en su *Diccionario de escritores catalanes*, y además atribuyó a Aguilera, por no sé qué causa, la *Apología por el hábito de Santo Domingo*, Alcalá, 1572, confundiéndole con otro escritor de la provincia mucho más moderno, el Sr. López Agurleta, quien imprimió una obra con aquel titulo en Alcalá, en 1725...»

2258

TORRES AMAT, FELIX. *Aguilera, Antonio.* (En sus *Memorias para... un Diccionario... de los escritores catalanes.* 1836. Pág. 7).

AGUILERA (BERNARDINO DE)

N. de Méjico. Doctor en Leyes y Abogado de la Real Audiencia de dicha ciudad.

EDICIONES

2259

INFORME qve el Illvstrissimo y Reverendissimo Señor Doctor Don Matheo Sagade Bvgveiro, Arçobispo de Mexico... embió al Señor Inquisidor Visitador, Doctor D. Pedro de Medina Rico. En respvesta del que se dió a su Illustrissima. [s. l., s. i.]. [s. a.]. 6 hs. Fol.

V. Medina, *La Imprenta en México*, III, n.º 1.790.

Ejemplares:

LONDRES. *British Museum.* 4625.g.1.30.

2260

DEFENSA juridica de los derechos del caballero D. Esteban de Molina y Mosqueira. Méjico. [s. i.]. [s. a.]. Fol.

V. Medina, *La Imprenta en México*, III, n.º 1.791 («más o menos, de 166...»).

AGUILERA (FRANCISCO)

EDICIONES

2261

RELAÇION donde se declara la gran tempestad y Diluvio de graniço, piedra, agua, y Rayos que vino sobre la Ciudad de Sevilla. Barcelona. Ioan Amello. 1608. 2 hs. 4.º

Cfr. Palau, *Manual del Librero*, 2.ª ed., I, n.º 3750.

AGUILERA (P. FRANCISCO)

N. en Méjico por 1655. Jesuíta desde 1670. M. en Querétaro (1704).

EDICIONES

2262

SERMON en qve se da noticia de la vida admirable, Virtudes heroicas, y preciossa muerte de la Venerable Señora Catharina de San Ioan, que floreció en perfeccion de Vida, y murió con acclamacion de Santidad en la Ciudad de la Puebla de los Angeles a cinco de Ene-

ro de este año de 1688. Y en svs fvnerales Exequias que se celebraron con Solemne pompa a 14 de el mesmo mes, y año en el Collegio del Espiritu Santo de la Compañia de Iesus, donde descansa... La Puebla. Imp. Nueva de Diego Fernandez de Leon. 1688. 8 hs. + 22 fols. 4.º

—Dedicatoria al Cabildo Eclesiástico de Puebla, por el Br. Nicolás Alvarez.
—Aprobación del Dr. José de Francia Vaca.
—Aprobación de Fr. Diego de Gorospe Irala.
—Aprobación de Fr. Nicolás de Consuegra.
—Licencia de la Orden.
—Protesta del autor.
Texto.

V. Medina, *La Imprenta en Puebla de los Angeles,* n.º 107.

2263

SERMON, qve predico... en la solemne fiesta a la Colocasion de vn nuevo Sumptuoso Retablo, que dedicó al Gloriosso Apostol de las Indias S. Francisco Xavier, el Colegio del Espiritv Sancto en su Iglesia... La Puebla. Diego Fernandez de Leon. 1689. 5 hs. + 13 fols. 4.º

—Dedicatoria al Capitan Francisco Xavier de Vasconcelos, con su escudo.
—Aprobacion de Fr. Juan de Gorospe.
—Licencia del Ordinario y de la Orden.
Texto.

V. Medina, *La Imprenta en Puebla de los Angeles,* n.º 112.

Aprobaciones

2264

[*PARECER. 25 de enero de 1695*]. (En Delgado y Buenrostro, Antonio. *Oracion evangelica del milagroso indice de la Providencia... San Cayetano...* La Puebla. 1695. Preliminares).

V. Medina, *La Imprenta en Puebla de los Angeles,* n.º 170.

2265

[*APROBACION. Méjico, 25 de julio de 1701*]. (En Mora, Agustín de. *El sol eclipsado...* Méjico. 1701. Preliminares).

Ejemplares:

MADRID. *Nacional.* 2-65.991.

2266

[*SENTIR. Méjico, 25 de enero de 1702*]. (En Arguello, Manuel de. *Sermón de el Claustro, que en el Convento de N. P. S. Francisco de... Mexico, hizo... Fr. Luis Morote...* Méjico. 1702. Preliminares).

Cfr. Medina, *La Imprenta en México,* III, n.º 2.066.

2267

[*PARECER. 14 de febrero de 1703*]. (En Navarro, Francisco. *Voces del cielo repetidas en la tierra...* Méjico. 1703. Preliminares).

Cfr. Medina, *La Imprenta en México,* III, n.º 2.106.

ESTUDIOS

2268

URIARTE, JOSE EUGENIO DE y MARIANO LECINA. *Aguilera, Francisco.* (En *Biblioteca de escritores de la Compañía de Jesús.* Tomo I, 1925. Págs. 54-55).

AGUILERA (P. HERNANDO DE)

EDICIONES

Aprobaciones

2269

[*APROBACION. Lima, 28 de agosto de 1606*]. (En Valdivia, Luis de. *Arte y Gramatica general de la lengua que corre en todo el Reyno de Chile...* Lima. 1606. Fol. 3*r*).

Ejemplares:

MADRID. *Nacional.* R-8.826.

AGUILERA (JOSE DE)

EDICIONES

Poesías sueltas

2270

[*POESIAS*]. (En Riquelme de Montalvo, Rodrigo. *Las Reales exequias, que... Murcia... celebró... a la muerte de... Doña Margarita de Austria...* Orihuela. 1612).

1. *A Don Rodrigo Riquelme de Montaluo. Soneto.* (Preliminares).
2. *Soneto* (Fol. 181*r*).

Ejemplares:

MADRID. *Nacional* R-8.933.

Jeroglíficos

2271

[*GEROGLIFICA*]. (En ídem, fol. 181*v*).

Enigmas

2272

[*ENIGMA*]. (En ídem, fols. 181*v*-182*r*).

AGUILERA (LUISA DE)

EDICIONES

Poesías sueltas

2273

[*SONETO*]. (En Díez de Aux, Luis. *Compendio de las fiestas que ha celebrado... Çaragoça...* Zaragoza. 1619. Pág. 180).

Empresas

2274

[*EMPRESA*]. (En ídem, págs. 218-19 y 239-40).

AGUILERA (MARIA DE)

EDICIONES

Poesías sueltas

2275

[*MUERTE (A la) del Dr. Iuan Pérez de Montalbán. Décimas*]. (En Grande de Tena, Pedro. *Lágrimas panegíricas a la... muerte del... Dr. Iuan Pérez de Montalbán...* Madrid. 1639. Fol. 157*r*).

AGUILERA (FR. MIGUEL DE)

EDICIONES

Aprobaciones

2276

[*APROBACION. Tlatilolco, 7 de junio de 1669*]. (En Burgoa, Francisco de. *Palestra historial de virtudes...* Méjico. 1670. Preliminares).

Cfr. Medina, *La Imprenta en México,* II, n.º 1019.

2277

[*APPROBATIONES. Méjico, 8 de enero de 1674. Por P. Ioannes de Leon et* ——]. (En Pedro Crisólogo (San). *Sermones aurei...*, ed. *Fr. Martini del Castillo.* Lugduni. 1676. Preliminares).

Ejemplares:

MADRID. *Nacional.* 7-14246.

AGUILERA (FR. PEDRO DE)

Dominico.

EDICIONES

2278

SERMON predicado en la fiesta de la Encarnacion de nuestra Señora; Sabado segundo de Quaresma, Año de 1628... en el Real Convento de S. Pablo de Sevilla. Sevilla. Francisco de Lyra. 1629. 1 h. + 8 fols. 20 cm.

Ejemplares:

MADRID. *Nacional.* R-14.209.

AGUILERA (FR. RODRIGO DE)

De la Orden de San Juan de Dios. Asistente de la Congregación del Cristo de la Salud.

EDICIONES

2279

FORMA del ivramento, y voto, qve por el misterio de la Immaculada Concepción de la Puríssima Virgen nuestra Señora, hizo la Piadosa Congregación del S. Christo de la Salvd, sita en el Conuento, y Hospital del Venerable Padre Antón Martín... Domingo 9 de Febrero de 1653... [s. l. s. i.]. [s. a.]. 2 hs. 29,5 cm.

Ejemplares:

MADRID. *Nacional.* V-250-29 (ex-libris de Gayangos).

AGUILERA LUJAN Y CHAVES (TOMAS DE)

EDICIONES

Poesías sueltas

2280

[*SONETO al Autor*]. (En Alvarez de Ribera, José Antonio. *Expresión panegírica diaria...* Salamanca. [s. a.]. Preliminares).

Ejemplares:

MADRID. *Nacional.* 3-25.667.

AGUILO (FRANCISCO)

EDICIONES

2281

MEMORIAL en el cual se justifica la queja que dan a S. M. los diputados del general de Cataluña, por el perjuicio grande que resulta a las Constituciones y otras leyes de dicho Principado. [Barcelona]. [1611]. 60 págs. Fol.

Cfr. Torres Amat, *Diccionario,* pág. 7; Palau, *Manual del Librero,* 2.ª ed., I, n.º 3806.

AGUILON (FRANCISCO)

EDICIONES

Poesías sueltas

2282

[*SONETO*]. (En *Ivsta poetica por la Virgen... del Pilar...* Zaragoza. 1629. Págs. 80-81).

Ejemplares:

MADRID. *Nacional.* 3-70.301.

Jeroglíficos

2283

[*JEROGLIFICO*]. (En ídem, pág. 125).

AGUILON (JOSE)

N. en Fuenfría. Cartujo en la de Aula Dei de Zaragoza, donde m. en 1669.

CODICES

2284

[*Tratado del Amor de Dios y otros tratados espirituales*].

Se conservaba en la Cartuja de Aula Dei, según Latassa, que los elogia.

ESTUDIOS

2285

LATASA Y ORTIN, FELIX DE. *P. Don Josef Aguilón*. (En su *Biblioteca nueva de los escritores aragoneses*... Tomo III. 1799. Página 395).

AGUILON (PEDRO)

Secretario de embajada en Francia por Felipe II.

EDICIONES

2286

HISTORIA del Dvque Carlos de Borgoña, bisaguelo del Emperador Carlos Quinto. Pamplona. Thomas Porralis. 1586 [Colofón: 1587, fin de abril] 4 hs. + 205 fols. + 1 lám. 20 cm.

—Dedicatoria a Felipe II.
—Compendio de lo mas svbstancial de las memorias de Phelipe de Comines, escritas en Frances, que tratan de la vida, y hechos de Luys de Valoes, onzeno, y Carlos octauo, su hijo, Reyes de Francia...
Texto.
Pág. 205: Los nombres estrangeros escritos en este compendio como suenan en Romance. Y en su propria lengua se escriuen de la manera siguiente.
—Erratas.
—El bravo duque Carlos de Borgoña (lámina).

V. Gallardo, *Ensayo*, I, n.º 60.

Ejemplares:

LONDRES. *British Museum*. 10659.c.—MADRID. *Academia de la Historia*. 5-5-7-2.447. *Municipal*. R-420. *Nacional*. R-6.612.—PARIS. *Nationale*. Lk.[2] 374; Rés.Lk[2]. 374.—SAN LORENZO DEL ESCORIAL. *Monasterio*. 32-V-2, n. 1.

ESTUDIOS

2287

ANTONIO, NICOLAS. *Petrus de Aguilón*. (En su *Bibliotheca Hispana Nova*. Tomo II. 1788. Página 165).

2288

LATASSA Y ORTIN, FELIX DE. *Pedro Aguilón*. (En su *Biblioteca nueva de los escritores aragoneses*... Tomo I. 1798. Páginas 364-65).

AGUILON (PEDRO DE)

N. de Villar de los Navarros. Canónigo del Pilar y Rector de la Universidad de Zaragoza. M. en 1643.

ESTUDIOS

2289

PROFECIA de Daniel de los quatro animales, desde el Capitulo 7, hasta el 12, aplicado á las Naciones barbaras de Alanos, Vvandalos, Suevos y Godos, que pretendieron devastar á España, unida á la fundacion milagrosa de la Capilla Angelica, y Apostolica de nuestra Señora del Pilar de Zaragoza, y al Evangelio de la Dedicacion. Zaragoza. Hospital General. 1636. 4.º

Cit. por Latassa.

Aprobaciones y censuras

2290

[*APROVACION. Zaragoza, 22 de julio de 1635*]. (En Castillo Solorzano, Alonso de. *Aventuras del Bachiller Trapaza*... Zaragoza. 1637. Preliminares).

Ejemplares:

MADRID. *Nacional*. R-4.652.

2291
[*CENSURA. Zaragoza, 3 de enero de 1637*]. En Dicastillo, Miguel de. *Aula de Dios*... Zaragoza. 1637. Preliminares).

Ejemplares:
MADRID. *Nacional.* 3-70.301.

Poesías

2292
[*SONETO*]. (En ídem).

OBRAS LATINAS

2293
[*POEMA latino*]. (En ídem).

ESTUDIOS

2294
LATASSA Y ORTIN, FELIX DE. *Don Pedro Aguilón.* (En su *Biblioteca nueva de los escritores aragoneses*... Tomo III. 1799. Página 30).

AGUINAGA (P. IGNACIO DE)

Jesuíta.

EDICIONES

2295
SERMON en las exequias qve el religiossimo Monasterio de Santa Catalina de Sena celebró en la ciudad de Los Reyes a la memoria de la venerable, y esclarecida señora soror Clara de la Ascension, sv fvndadora, y abadesa perpetua. Lima. [s. i.]. 1761. 21 hs. 19,5 cm.

—Censura de Fr. Augustin Carrillo de Ojeda.
—Licencia del Govierno.
—Aprobacion del Dr. Iuan Ximenez de Montaluo.
—Licencia del Ordinario.
—Dedicatoria a Soror Maria del Salvador, abadesa de dicho monasterio.
Texto.

Ejemplares:
MADRID. *Nacional.* R-14.209.

AGUIRRE (FR. ANDRES DE)

Agustino.

CODICES

2296
[*Defensa de los derechos y privilegios de los Religiosos Misioneros de Filipinas, inquietados por el nuevo Obispo de ellas*].

Fechada en Madrid el 1583.
V. Santiago Vela, I, pág. 57.

2297
[*Dos cartas a Fr. Domingo de Salazar. Méjico, 12 y 27 de febrero de 1583*].

V. Santiago Vela, I, pág. 57. (Indica sus ediciones).

2298
[*Carta al Arzobispo de Méjico, dándole noticias del descubrimiento de las islas de Armenio en las costas del Sur. 1583*].

SEVILLA. *Archivo de Indias.* Papeles de la Secretaría de Nueva España, leg. 3.

2299
[*CARTA al Arzobispo de Méjico*...]. (En *Colección de documentos inéditos del Archivo de Indias.* Tomo XIII. Págs. 545-49).

2300
[*Otros escritos*].

V. Santiago Vela, I, págs. 57-58.

ESTUDIOS

2301
SANTIAGO VELA, GREGORIO DE. *Aguirre, Fr. Andrés de.* (En *Ensayo de una Biblioteca... de la Orden de San Agustín.* Tomo I. 1913. Págs. 55-58).

AGUIRRE (CRISTOBAL DE)

Canónigo de la Catedral de Santiago.

EDICIONES

2302

DIFFINICIONES Morales mvy vtiles y prouechosas para Curas, Confessores, y Penitentes. Recopilado de las obras del Sr. Dr. D. ——... por... Domingo Manero... Santiago. Juan Bapt. Gonçalez de S. Clemente. 1665. 6 hs. + 403 págs. + 2 hs. 8.°

—Dedicatoria al Apóstol Santiago, por el impresor.
—Aprobación del P. Francisco de Otero.
—Licencia del Ordinario.
—Aprobación de Fr. Tomás de Castejón.
—Suma del Privilegio.
—Tassa.

V. López, *La Imprenta en Galicia*, número 62.

Ejemplares:

SANTIAGO DE COMPOSTELA. *Universitaria.*

2303

DIFINICIONES Morales mvy vtiles, y provechosas para Curas, confessores, y Penitentes... Recopilado de las obras del Sr. D. ——... por... Domingo Manero... 3.ª ed. Santiago. Iuan Bapt. Gonçalez de S. Clem. 1674. 7 hs. + 400 páginas + 4 hs.

V. López, *La Imprenta en Galicia*, número 74.

2304

DIFINICIONES Morales mvy vtiles, y provechosas para Curas, Confessores, y Penitentes. Recopilado de las obras de... ——... por el Licenciado Domingo Manero... Corregido, y añadido en esta sexta impression las Proposiciones Condenadas por... Inocencio XI y Alejandro VII. Y el Decreto de la Santa Inquisicion. Pamplona. Iuan Micon. 1690. 4 hs. + 447 páginas. 15,5 cm.

—Censura del P. Francisco de Otero, de los Clérigos Menores.
—Licencia del Ordinario.
—Tabla.
Texto.

Ejemplares:

MADRID. *Nacional.* 2-25.228.

2305

——— Sevilla. Francisco Garay. 1700. 4 hs. + 430 págs. + 4 hs. + 11 págs. 4.°

V. Escudero, *Tipografía hispalense*, número 1.939.

ESTUDIOS

2306

ANTONIO, NICOLAS. *Christophorus de Aguirre.* (En su *Bibliotheca Hispana Nova.* 2.ª ed. Tomo I. 1783. Pág. 236).

AGUIRRE (DOMINGO)

EDICIONES

Poesías sueltas

2307

[*GLOSA*]. (En Gonzalez, Francisco Ramón. *Sacro Monte Parnaso...* Valencia. 1687. Pág. 9).

2308

[*OCTAVAS*]. (En Boneta, José. *Vida exemplar del V. P. M. Fr. Raymundo Lumbier...* Zaragoza. 1687. Tercera parte. Págs. 282-83).

Ejemplares:

MADRID. *Nacional.* 2-70.040.

ESTUDIOS

2309

TORRES AMAT, FELIX. *Agui-*

rre, *D. Domingo.* (En sus *Memorias para... un Diccionario... de los escritores catalanes.* 1836. Páginas 7-8).

AGUIRRE (FRANCISCO)

Canónigo de la Catedral de Astorga y Capellán de la Emperatriz.

EDICIONES

Aprobaciones

2310

[*APROBACION. Madrid, 24 de abril de 1628*]. (En Avellán, Fr. Micael. *Oración funebre... a las exequias de D. Bernardo de Benauides y Sandoual...* Madrid. 1628. Preliminares).

Ejemplares:

MADRID. *Nacional.* R-24.245.

AGUIRRE (FRANCISCO)

EDICIONES

2311

GRACIOSO cuento, y ardid, que tuvo una mujer para engañar a tres demonios, por librar a su marido de cierta promesa que les avia hecho. [Sevilla. Juan Cabeças]. [Hacia 1680]. 4.°

Cfr. Palau, *Manual del librero,* 2.ª ed., I, n.° 3912.

AGUIRRE (IÑIGO DE)

EDICIONES

Poesías sueltas

2312

[*LECTOR* (*Al*). *Soneto*]. (En Pérez de Herrera, Cristóbal. *Proverbios morales...* Madrid. 1618. Fol. 163*v*).

V. n.° 1785.

AGUIRRE (JOSE FRANCISCO DE)

Opositor a las cátedras de Cánones de la Universidad de Valladolid.

EDICIONES

Poesías sueltas

2313

[*SONETO*]. (En Agrati y Alva, Alonso Antonio. *Motivos que obligan a la veneración... del Padre Eterno* s. a. Preliminares.

V. n.° 1764.

AGUIRRE (JUAN DE)

CODICES

2314

[*Libro de Escudos de Armas*].

Lo poesía Gonzalo Argote de Molina, según N. Antonio.

ESTUDIOS

2315

ANTONIO, NICOLAS. *Ioannes de Aguirre.* (En su *Bibliotheca Hispana Nova.* 2.ª ed. Tomo I. 1783. Págs. 629).

AGUIRRE (P. JUAN DE)

De los Clérigos menores. Predicador de S. M.

EDICIONES

Aprobaciones y censuras

2316

[*CENSURA. Madrid, 15 de julio de 1671*]. (En Veita Linage, José de. *Norte de la contratación de las Indias Occidentales.* Sevilla. 1672. Preliminares).

Ejemplares:

MADRID. *Nacional.* V-54-22 (sólo hay 6 hs. de los preliminares.

2317

[*PARECER*]. (En Parra, Jacinto de. *La Bienaventurada Rosa Peruana de S. María*... Madrid. 1688. Preliminares).

Cfr. Medina, *Biblioteca hispano-americana*, III, n.º 1452.

AGUIRRE (MICAELA DE)

EDICIONES

2318

[*FRAGMENTOS de sus escritos espirituales*]. (En Pozo, Fr. Alonso del. *Vida*... 1718).

V. n.º 2319.

ESTUDIOS

2319

POZO, FR. ALONSO DEL. *Vida de la Venerable Madre Doña Michaela de Aguirre, religiosa del Orden de Santo Domingo, en el Convento de la Madre de Dios de la Ciudad de Valladolid, natural de la Ciudad de Victoria.* Madrid. Lucas Antonio de Bedmar. 1718. 16 hs. + 580 págs. + 6 hs. 19 cm.

Ejemplares:

MADRID. *Nacional* 2-68.942.

2320

SERRANO Y SANZ, MANUEL. *Aguirre, D.ª Micaela de.* (En sus *Apuntes para una Biblioteca de Escritoras Españolas*... Tomo I. 1903. Págs. 14-15).

AGUIRRE (FR. MIGUEL DE)

Agustino.

EDICIONES

2321

POBLACION de Baldivia, motivos, y medios para aqvella fvndacion. Defensas del Reyno del Perv, para resistir las inuasiones enemigas en mar, y tierra. Pazes pedidas por los indios rebeldes de Chile, acetadas, y capitvladas por el Gouernador: y estado que tienen hasta nueue de Abril del año de 1647. Lima. En casa de Iulian Santos de Saldaña, por Iorge Lopez de Herrera. 1647. 2 hs. + 57 fols. + 1 h. en blanco + 4 hs. 29 cm.

—Dedicatoria a Felipe IV.
Texto.
—Nuevo Aviso, qve sobrevino de Chile despues de escrita esta Relacion, del castigo, que se a ydo continuando en los rebeldes; y otros sucessos desde 9 de Abril hasta 11 de Mayo de 47.

Ejemplares:

MADRID. *Nacional.* R-8.053.

ESTUDIOS

2322

ANTONIO, NICOLAS. *F. Michael de Aguirre.* (En su *Bibliotheca* Hispana Nova. Tomo II. 1788. Pág. 129).

2323

SANTIAGO VELA, GREGORIO DE. *Aguirre, Fr. Miguel de.* (En *Ensayo de una Biblioteca*... *de la Orden de San Agustín.* Tomo I. 1913. Págs. 60-63).

AGUIRRE (FR. MIGUEL)

Dominico.

EDICIONES

Aprobaciones

2324

[*PARECER. Méjico, 28 de mayo de 1699*]. (En Armentia, Fr. José de. *Mystico verano*... Méjico. 1699. Preliminares).

Ejemplares:

MADRID. *Nacional.* R-Varios, 70-18.

AGUIRRE (FR. PEDRO ANTONIO DE)

Mejicano. Definidor, cronista y provincial de los franciscanos descalzos de la provincia de San Diego de Méjico. Calificador del Santo Oficio.

EDICIONES

2325

TRANSITO gloriosissimo de N. Sra. la Santissima Virgen María. Dixolo el R. P. ——... Méjico. Imp. de Juan Joseph Guillena Carrascoso. [s. a.]. 10 hs. + 18 fols. 4.°

—Dedicatoria a la Cofradía del Gloriosisimo Tránsito de Nuestra Señora de los Desamparados, con un grabado.
—Sentir del P. Juan Martínez de la Parra.
—Parecer de Fr. Jerónimo de Colina.
—Licencias.
—Aprobación de Fr. José de los Hoyos.
—Licencia de la Orden.
Texto.

V. Andrade, *Ensayo bibliográfico mexicano del s. XVII,* 2.ª ed., n.° 1.044; Medina, *La Imprenta en México,* III, n.° 1.556.

Ejemplares:

LONDRES. *British Museum.* 851.k.18(10).

2326

IMMORTAL aplavso del Triumpho original de la Immacvlada Concepcion de Nuestra Señora la Sacratissima Virgen Maria declamado por la misma Muerte, y la Culpa, en el observantissimo convento de San Felipe de Jesvs de Señoras Capuchinas de la Imperial ciudad de Mexico, en 8 de Diziembre de 1696. En ocassion de auer muerto, casi a vn mismo tiempo, los Sugetos, a quienes tenía encomendado el Altar, y Pulpito dicho día. Meditabalo ——... Méjico. Imp. Juan Joseph Guillena Carrascoso. 1697. 11 hs. + 10 fols. 4.°

—Dedicatoria a las Capuchinas, por Diego de Saldivar.
—Sentir del Dr. Francisco Romero Quevedo.
—Parecer de Fr. Manuel Argüello.
—Licencias del Virrey y del Ordinario.
—Aprobación de Fr. Juan Huerta.
—Licencia de la Orden.
Texto.

V. Andrade, *Ensayo bibliográfico mexicano del s. XVII,* 2.ª ed., n.° 1.059; Medina, *La Imprenta en México,* III, n.° 1.660.

2327

SAN Pedro de Alcantara celebrado Iman de la Seraphica Descalcez, y mas estrecha Observancia de los Religiosos Menores de N. P. S. Francisco, en su Convento de San Diego de Mexico en 19 de Octubre de 1696... Discvrrialo ——... Méjico. Imp. de Juan Joseph Guillena Carrascoso. 1697. 15 hs. + 31 fols. 4.°

—Dedicatoria al Dr. Francisco de Deza y Ulloa.
—Parecer de Fr. Domingo de Sousa.
—Licencia del Virrey.
—Aprobación del Dr. Juan de Narvaez.
—Licencia del Ordinario.
—Parecer de Fr. Felipe de Colina.
—Licencia de la Orden.
Texto.

V. Andrade, *Ensayo bibliográfico mexicano del s. XVII,* 2.ª ed., n.° 1.064; Medina, *La Imprenta en México,* III, n.° 1.659.

2328

PRECEDENCIA Seraphica de la Franciscana Familia, y mas estrecha Observancia Regular: Y su Identidad de Instituto en la Religion de los Menores de Nuestro Seraphico Padre San Francisco, preferidos a la Chervbica Familia, y Sacratissimo Orden de los RR. PP. Hermitaños de Nuestro P. San Avgustin, y todas las demas Religiones Sagradas sus inferiores... Méjico. Herederos de la Viuda de Francisco Rodríguez Lupercio. 1698. 2 + 79 (?) hs.

—Licencia del Virrey y del Ordinario.
Texto.

Cfr. Medina, *La Imprenta en México*, III, n.º 1.687.

2329

SENTENCIA apostolica definitiva de la Precedencia en todos Actos Publicos, y Privados, de la Seraphica Descalcez y mas estrecha Observancia Regular de N. S. P. S. Francisco, en la Provincia de San Diego de Mexico: Respecto de la Sacratissima Religion de N. P. S. Augustin, y sus Immediatas... La Puebla. Sebastian de Guevara y Rios. 1701. 7 hs. + 82 págs. 4.º

—Parecer del Dr. Carlos Bermúdez de Castro.
—Licencia del Virrey.
—Aprobación del Dr. Carlos Lopez Torrija.
—Licencia del Ordinario.
—Dos epígrafes de S. Agustín.
Texto.

V. Medina, *La Imprenta en Puebla de los Angeles*, n.º 228.

Ejemplares:

LONDRES. *British Museum.* 4071.c.7 (deteriorado).

2330

SAN Pedro de Alcantara hijo verdadero, y antonomastico padre de la Seraphica Descalcez hija de su unico Seraphico Padre S. Francisco. Predicabalo en San Diego de Mexico... el dia 19 de Octubre de 1701. Méjico. Herederos de la Viuda de Francisco Rodríguez Lupercio. 1702. 11 hs. + 10 fols. 4.º

—Dedicatoria a San Francisco.
—Sentir de Fr. Manuel de Monzabal.
—Licencia del Virrey.
—Parecer del P. José de Porras.
—Licencia del Ordinario.
Texto.

Cfr. Medina, *La Imprenta en México*, III, n.º 2.091.

2331

ESTIMULO de amor divino. Exercicios de virtvd, y Tratado de oracion... Mejico. Herederos de Juan Joseph Guilleua Carrascoso. 1714. 8 hs. + 62 págs. 4.º

—Dedicatoria a D. Iuan Antonio de Clavería Villas Reales, Thesorero, Juez, Official Real de la Real Hazienda y Caxa de esta Nueva-España.
—Sentir del P. Juan Antonio de Mora.
—Sentir del Dr. Miguel de Zetina.
—Licencia del Virrey.
—Parecer de Fr. Julián Pérez.
Texto.

Cfr. Medina, *La Imprenta en México*, III, n.º 2.383.

2332

——— 2.ª ed. Madrid. 1721. 64 páginas.

Ejemplares:

LONDRES. *British Museum.* 1224.d.14.

Poesías

2333

[*VERSOS latinos y castellanos*]. (En Medina, Baltasar de. *Chronica de la Santa Provincia de San Diego de Mexico, de Religiosos Descalços de N. S. P. S. Francisco...* Méjico. 1682. Preliminares).

Cfr. Medina, *La Imprenta en México*, II, n.º 1252.

Aprobaciones

2334

[*PARECER. Méjico, 25 de agosto de 1685*]. (En Montoro, José. *Sermón que en la dedicacion de la Capilla de la Venerable e Ilustre Tercera Orden sita en el Convento de N. P. S. Francisco de Oaxaca predicó* ——... Méjico. 1685. Preliminares).

Cfr. Medina, *La Imprenta en México,* III, n.º 1.343.

2335

[*PARECER. Méjico, 21 de octubre de 1688*]. (En Borda, Andrés de. *Estampa serafica de Iesu Christo llagado*... Méjico. 1688. Preliminares).

Cfr. Medina, *La Imprenta en México,* III, n.º 1.409.

2336

[*PARECER. 4 de octubre de 1694*]. (En Narvaez, Juan de. *Sermón que en la Celebridad de la Translacion del Cuerpo del glorioso Apostol de la India S. Francisco Xavier... predicó* ——... Méjico. 1694. Preliminares).

Cfr. Medina, *La Imprenta en México,* III, n.º 1.576.

2337

[*APROBACION. Méjico, 18 de julio de 1695*]. (En Avendaño Suarez de Sousa, Pedro. *Sermón de... Santa Barbara*... Méjico. 1695. Preliminares).

Cfr. Medina, *La Imprenta en México,* III, n.º 1.582.

2338

[*PARECER. Méjico, 4 de marzo de 1695*]. (En Carrillo, José. *Sermon panegyrico en la solemnidad principal, que celebra la illustre Archicofradia de la Cinta a Maria Santissima*... Méjico. 1695. Preliminares).

Cfr. Medina, *La Imprenta en México,* III, n.º 1.587.

2339

[*SENTIR. Méjico, 26 de noviembre de 1696*]. (En Martínez de la Parra, Juan. *Oracion funebre en las annuales honras, que por mandato, y reales expensas de... Carlos II se celebraron en la Casa Professa de la Compañia de Jesus de Mexico, por los Soldados que han muerto en defensa de las Catholicas armas de España.* Méjico. 1696. Preliminares).

Cfr. Medina, *La Imprenta en México,* III, n.º 1.641.

2340

[*APROBACION. Méjico, 8 de abril de 1696*]. (En Muñoz de Castro, Pedro. *Sermón del Glorioso Patriarcha San Joseph*... Méjico. 1696. Preliminares).

Cfr. Medina, *La Imprenta en México,* III, n.º 1.644.

2341

[*APROBACION. Méjico, 25 de mayo de 1697*]. (En Bonilla Godínez, Juan de. *Arco triunfal, disceno politico*... La Puebla. 1697. Preliminares).

Cfr. Medina, *La Imprenta en Puebla de los Angeles,* n.º 188.

2342

[*SENTIR. 2 de julio de 1699*]. (En Sousa, Domingo de. *Sermon en el Auto publico de Feé, que el Tribunal de el Santo officio de Nueva-España, celebró el dia catorze de Junio de 1699*... Méjico. 1699. Preliminares).

Cfr. Medina, *La Imprenta en México,* III, n.º 1.753.

2343

[*PARECER. Méjico, 31 de marzo de 1702*]. (En Alcocer y Sariñana, Baltasar de. *Exequias a la translacion de los huessos de los... Obispos de la Santa Yglesia de Oaxaca*... Méjico. 1702. Preliminares).

Cfr. Medina, *La Imprenta en México*, III, n.° 2.064.

2344

[*APROBACION. Méjico, 7 de julio de 1702*]. (En Guevara, Juan de. *Panegyrico gratulatorio. Sermon que en accion de gracias por la Celebracion de el Capitulo de la Religion Observante... dixo* ——... Méjico. 1702. Preliminares).

Cfr. Medina, *La Imprenta en México*, III, n.° 2.073.

2345

[*CENSURA. Méjico 30 de noviembre de 1706* (sic)]. (En Oviedo, Juan de. *Oracion funebre, y panegyrica... en las solemnes honras... al... doctor D. Alonso de Zevallos...* La Puebla. 1704. Preliminares).

V. Medina, *La Imprenta en Puebla de los Angeles*, n.° 241.

2346

[*PARECER. Méjico, 30 de septiembre de 1706*]. (En Navarro de San Antonio, Bartolomé. *Este papel, de cuyo contenido la noticia, aun entre Nosotros, como es, no persevera...* Méjico. 1706. Preliminares).

Cfr. Medina, *La Imprenta en México*, III, n.° 2.131.

2347

[*PARECER. 3 de agosto de 1706*]. (En Aguilar, Luis Antonio de. *Alegoricos panegiricos discursos a los nunca vastantemente aplaudidos Sacratissimos Mysterios de la Santissima Trinidad...* Méjico. 1707. Preliminares).

Cfr. Medina, *La Imprenta en México*, III, n.° 2.134.

2348

[*PARECER. Méjico, 14 de junio de 1707*]. (En Maldonado, Angel. *Oracion evangelica, predicada en el Santuario de N. Señora de la Soledad de Antequera...* Méjico. 1707. Preliminares).

Cfr. Medina, *La Imprenta en México*, III, n.° 2.146.

2349

[*SENTIR. Méjico, 25 de septiembre de 1707*]. (En Heras y Alcocer, José de las. *Sermon, que en el solemne Novenario, que hizo el Convento Grande de Mexico de el Real Orden de Nuestra Señora de la Merced... en accion de gracias por la felice noticia de estar en cinta... Doña Maria Luyza... de Saboya, Reyna de España, predicó* ——... Méjico. 1707. Preliminares).

Cfr. Medina, *La Imprenta en México*, III, n.° 2.144.

2350

[*PARECER. Méjico, 20 de octubre de 1707*]. (En Castilla, Miguel de. *Sermon panegyrico en la annual festividad que consagra á la Dedicacion del Santo Templo Metropolitano de Mexico, la... Archicofradia del Santissimo...* Méjico. 1707. Preliminares).

Cfr. Medina, *La Imprenta en México*, III, n.° 2.137.

2351

[*PARECER. Méjico, 9 de noviembre de 1707*]. (En San Miguel, Juan de. *Sermon, que (en la ultima missa de el Novenario que hizo la Santa Iglesia Cathedral de Durango... en accion de gracias por estar en cinta N. Señora, y Reyna Doña Maria Luysa...*). Méjico. Iuan Ioseph Guillena Carrascoso. 1707. Preliminares).

Cfr. Medina, *La Imprenta en México*, III, n.° 2.156.

2352

[*PARECER. Méjico, 18 de noviembre de 1707*]. (En Goycoechea, Juan de. *Philippo Quinto David Segundo, en la Piedad Primero Rey de las Españas*... Méjico. 1707. Preliminares).

Cfr. Medina, *La Imprenta en México*, III, n.° 2.142.

2353

[*APROBACION. Méjico, 16 de abril de 1708*]. (En Levanto, Dionisio. *Pesso de Cruz*... Méjico. 1708. Preliminares).

Cfr. Medina, *La Imprenta en México*, III, n.° 2.175.

2354

[*APROBACION. Méjico, 11 de junio de 1708*]. (En Abarsuza, José de. *Optimo maximo fructo de la oracion*... La Puebla. 1708. Preliminares).

Cfr. Medina, *La Imprenta en Puebla de los Angeles*, n.° 249.

2355

[*APROBACION. Méjico, 8 de julio de 1708*]. (En Maldonado, Angel. *Oracion panegyrica, predicada en la S. Iglesia Cathedral de la Ciudad de Antequera Valle de Oaxaca*... La Puebla. 1708. Preliminares).

V. Medina, *La Imprenta en Puebla de los Angeles*, n.° 253.

2356

[*PARECER. Méjico, 5 de septiembre de 1708*]. (En Levanto, Dionisio. *Oracion panegirica en accion de gracias... por el feliz nacimiento del Serenissimo Señor D. Luiz I Principe de las Asturias*... Méjico. 1708. Preliminares).

Cfr. Medina, *La Imprenta en México*, III, n.° 2.176.

2357

[*SENTIR. Méjico, 6 de septiembre de 1708*]. (En Dañon, Pedro. *Sermon de la Visitacion de Maria Santissima*... Mejico. 1708. Preliminares).

Cfr. Medina, *La Imprenta en México*, III, n.° 2.168.

2358

[*SENTIR. Méjico, 21 de agosto de 1708*]. (En Mancilla, Antonio. *Piedras tituladas que dexó en España su Patron, el Gloriosissimo Apostol Santiago*... Méjico. 1708. Preliminares).

Cfr. Medina, *La Imprenta en México*, III, n.° 2.180.

2359

[*APROBACION. Méjico, 7 de marzo de 1709*]. (En Escoto, Antonio de. *Sermon de hazimiento de gracias, que á el feliz nacimiento de Nuestro Principe Luis Philippo... predicó* ——... Méjico. 1709. Preliminares).

Cfr. Medina, *La Imprenta en México*, III, n.° 2.207.

2360

[*PARECER. Méjico, 8 de junio de 1709*]. (En Manzilla, Antonio. *Sermon panegyrico, que en la solemne publicacion del Breve de Indulgencias... predicó*... ——... Méjico. 1709. Preliminares).

Cfr. Medina, *La Imprenta en México*, III, n.° 2.219.

2361

[*PARECER. Méjico, 24 de abril de 1709*]. (En Torres, Miguel de. *Desmedidos excesos de el mas fino amor*... Méjico. 1709. Preliminares).

Cfr. Medina, *La Imprenta en México*, III, n.° 2.229.

2362

[*APROBACION. Méjico, 12 de junio de 1709*]. (En Ordoñez, Ignacio de. *Arte de enrriquezer. Sermon funeral*... Méjico. 1709. Preliminares).

Cfr. Medina, *La Imprenta en México*, III, n.° 2.223.

2363

[*PARECER. Méjico, 16 de julio de 1702*]. (En Arguello, Manuel de. *Sermón de N. P. S. Pedro Apostol*... Méjico. 1702. Preliminares).

Cfr. Medina, *La Imprenta en México*, III, n.° 2.265.

AGUIRRE (SEBASTIAN DE)

Agente de los negocios del Duque de Osuna.

EDICIONES

2364

RELACION de la batalla que tuuieron en 14, 15 y 16 de Iulio deste año de 1616 por tres dias continuos cinco Galeones y un Petache del Ilustrissimo y Excelentissimo señor don Pedro Giron, Duque de Osuna, Virrey Lugarteniente y Capitan General del Reino de Napoles por su Magestad, sobre el Cabo de Celidonia en Leuante, en la costa de Caramania, con 54 galeras y la Real del Turco. Madrid. Luis Sanchez. 1616. 7 hs. 4.°

Portada, sin nombre de autor.
Texto.
—Licencia a favor de Sebastian de Aguirre.

V. Pérez Pastor, *Bibliografía madrileña*, II, n.° 1384. («Suponemos que el autor... fué el mismo Sebastián de Aguirre, y que la utilizaría como buena prueba en la defensa de los negocios del Duque de Osuna»).

AGUIRRE Y ALAVA (JOAQUIN DE)

EDICIONES

2365

HONORES fvnebres qve hizo el Real Consejo de Navarra a la piadosa memoria del Rey N. S. Philippo IV. Por ——. Pamplona. Gaspar Martinez. 1666. 4 hs. + 62 págs. 4.°

«El volumen se compone en casi su totalidad de poesías castellanas, latinas, italianas, francesas, vascuences y portuguesas escritas por diferentes autores» (Salvá).

V. *Catálogo de la biblioteca de Salvá*, I, n.° 158.

Ejemplares:

NUEVA YORK. *Hispanic Society*.

AGUIRRE CABEZA DE VACA (FR. FELIX DE)

N. en Epila (1650). Mercedario. M. en Tarazona (1696).

EDICIONES

2366

ORACION funebre en las exequias que la gravisima Provincia de Aragón del Real Orden de Nuestra Señora de la Merced dedicó a sus Difuntos... Madrid. 1683.

Cit. por Latassa.

2367

ORACION sagrada que dijo en la Real fiesta de Santiago de la Congregacion de su advocacion de Caballeros de Calatayud. Zaragoza. Gaspar Tomás Martinez. 1689. 4.°

Cit. por Latassa.

2368

SERMON en la festividad de S. Juan Bautista, que dijo en la ciu-

dad de Calatayud. Zaragoza. Gaspar Tomás Martinez. 1689. 4.°

Cit. por Latassa.

2369

MESA soberana del Sol, y de las aves. Trípode firme, y constante de la Verdad, Oracvlo de la Enseñança Evangelica. Combite Sagrado, qve en la Mesa del Sacramento en Letras, y enigmas, descifrados ofrece a los sabios: la primera, firme, y universal doctrina del Maestro de las Esqvelas, el Angel Doctor Santo Tomas de Aqvino. Oracion Evangelica y panegirica en la Solemne, y festiua aclamacion, que celebro a su Maestro la facvltad Thomistica de la Insigne Universidad de Zaragoza. Zaragoza. Manuel Roman. 1690. 4 hs. + 28 págs. 19 cm.

—Dedicatoria a Santo Tomás, por el Convento de Predicadores de Zaragoza.
—Aprobación de Fr. Antonio Iribarren.
—Grabado de Santo Tomás.
Texto.

V. Jiménez Catalán, *Tipografía zaragozana del s. XVII,* n.° 1.125.

ESTUDIOS

2370

GARI Y SIUMELL, JOSE ANTONIO. *Fr. Félix de Aguirre y Baca.* (En su *Biblioteca Mercedaria.* 1875. Págs. 5-6).

2371

LATASSA Y ORTIN, FELIX DE. *Fr. Felix de Aguirre Cabeza de Baca.* (En su *Biblioteca de los escritores aragoneses...* Tomo IV. 1800. Págs. 73-74).

AGUIRRE Y PACHECO (LORENZA DE)

EDICIONES

Poesías sueltas

2372

[*MUERTE (A la) del Dr. Iuan Pérez de Montalbán, Gran lustre de las Musas Mantuanas. Madrigal*]. (En Grande de Tena, Pedro. *Lágrimas panegíricas a la... muerte del... Dr. Iuan Pérez de Montalbán...* Madrid. 1639. Fol. 112*v*).

AGUIRRE Y PACHECO (MARIA DE)

EDICIONES

Poesías sueltas

2373

[*MUERTE (A la) del Dr. Montalbán, feliz Ingenio de Europa. Madrigal*]. (En Grande de Tena, Pedro. *Lágrimas panegíricas a la... muerte del... Dr. Iuan Pérez de Montalbán...* Madrid. 1639. Fol. 52*v*).

AGUIRRE DEL POZO Y FELICES (MATIAS DE)

Hijo de Matías Aguirre del Pozo y Sebastián, n. en Calatayud. Eclesiástico desde 1660, fué Arcediano en la catedral de Huesca y Rector de su Universidad. M. en Pamplona en 1670.

EDICIONES

2374

CONSVELO de pobres, y remedio de ricos. Dividido en tres partes, en que se prueba la excelencia de la limosna. Huesca. Iuan Francisco de Larumbe. 1664. 8 hs. + 512 páginas a 2 cols. + 12 hs. 20 cm.

—Protestacion del Autor.
—Censura de Fr. Ioseph Abad.
—Imprimatur.
—Aprobación del P. Martín Alfonso.
—Imprimatur.
—Erratas.

—Al lector.
—Dedicatoria a D. Guillen de Moncada, Marques de Aytona, etc.
—Indice de los Capítulos.
Texto.
—Tabla de las cosas particulares de este libro.

Ejemplares:

MADRID. *Nacional.* 2-34.322.—PALMA DE MALLORCA. *Pública.*—SANTIAGO DE COMPOSTELA. *Particular de los PP. Franciscanos* y *Universitaria.*

2375

CONSVELO de pobres, y remedio de ricos. Dividido en tres partes, en que se prueba la Excelencia de la Limosna. Madrid. Antonio Gonçales de Reyes. A costa de Gabriel de León. 1677. 7 hs. + 512 págs. a 2 cols. + 12 hs. de tablas. 20,5 cm.

Con las mismas aprobaciones.

V. Gallardo, *Ensayo,* I, n.º 63.

Ejemplares:

MADRID. *Nacional.* 3 - 3.355. — NUEVA YORK. *Hispanic Society.*

2376

——— Huesca. Antonio de Lafuente. 1695. 4 hs. + 512 págs. + 12 hs. 4.º

2377

——— Barcelona. J. Suriá. 1704. 8 hs. + 472 págs.

2378

——— Barcelona. J. Suriá. 1704. 8 hs. + 444 págs. + 14 hs. 4.º

ESTUDIOS

2379

ANDRES DE UZTARROZ, JUAN FRANCISCO. [*Elogio de Matías de Aguirre*]. (En su *Aganipe de los cisnes aragoneses...* Amsterdam. 1781. Pág. 89).

«*Don Matías de Aguirre* en años breves
de las prendas no leves
señas ofrece, y su dichosa estrella,
que ha nacido con ella
muestra en comico asunto,
y en el lírico dulce contrapunto.»

2380

ANTONIO, NICOLAS. *D. Mathias de Aguirre.* (En su *Bibliotheca Hispana Nova.* Tomo II. 1788. Pág. 113).

2381

LATASSA Y ORTIN, FELIX DE. *Don Matías II de Aguirre del Pozo y Felices.* (En su *Biblioteca nueva de los escritores aragoneses...* Tomo III. 1799. Págs. 410-11).

AGUIRRE DEL POZO Y SEBASTIAN (MATIAS)

N. en Calatayud a fines del s. XVI.

EDICIONES

2382

NAVIDADES de Zaragoza repartidas en quatro Noches. Zaragoza. Juan de Ibar. 1634. 398 págs. 4.º

Cit. por N. Antonio.

2383

NAVIDAD de Zaragoza. Repartida en qvatro noches. Zaragoza. Iuan de Ybar. 1654. 6 hs. + 390 páginas. 19 cm.

—Aprobacion del Dr. Vicente Antonio Ybañez de Aoyz.
—Aprobación de Iuan Lorenzo Ybañez de Ooyz.
—Dedicatoria de la Noche 1.ª a D. Iayme Iuan Viota y Suelves.
—Prologo.
—Erratas.

NOCHE PRIMERA.

1. *Poesía.* [«En empeño tan gallardo...»]. (Pág. 8).
2. *A una dama que se quexava á un arroyo de su ausente amante. Romance.* [«A la margen de un arroyo...»]. (Pág. 13).

3. *Enigma.* [«Vizarro espiritu soi...»]. (Pág. 14).
4. *Respuesta.* [«Discurriendo con temor...»].
5. *Romance al amparo que halló un Cavallero derrotado de la tormenta del mar en el favor de una Dama.* [«Porque del tiempo, señora...»]. (Págs. 15-18).
6. *Otra respuesta al enigma.* [«Para conseguir la palma...»]. (Págs. 18-9).
7. *A un mercader miserable, que siempre iba mal vestido.* [«De un misero contaré...»]. (Págs. 19-20).
8. *Otra respuesta al enigma.* [«Cosa de tal movimiento...»]. (Pág. 20).
9. *Enigma.* [«Soi de sombras Rei cautivo...»]. (Pág. 28).
10. *Respuesta.* [«Cosa de tanto pesar...»]. (Pág. 29).
11. *Soneto a un clavel deshojado.* [«Corto plazo te dió, beldad perdida...»]. (Pág. 29).
12. *Otra respuesta al enigma.* [«Aunque al peligro me entrego...»]. (Página 30).
13. *A una embozada que se salió a bañar a Ebro.* [«Salió Lisbella una tarde...»]. (Págs. 30-31).
14. *Otra respuesta.* [«Sí, para adquirir la suerte...»]. (Págs. 31).
15. *A un cavallero que tenía ama* (sic) *de reciente Christiano, y de zeloso sufrido, y salió a passearse en un cavallo tuerto, día de toros por el corro, con muchos criados con libreas de Turcos y Moros.* [«En un rozin entre abierto...»]. (Pág. 32).
16. *Otra respuesta al enigma.* [«Rezelando el desempeño...»]. (Pág. 33).
17. *Enigma acróstico.* [«Rijo a los hombres velando...»]. (Pág. 40).
18. *Respuesta.* [«Si miro con atención...»]. (Pág. 41).
19. *A un amante que estava al lado de su Dama con el devido recato. Soneto.* [«Mirando estoi el fuego que mas quiero...»].
20. *Respuesta al enigma.* [«Si el enigma considero...»]. (Pág. 42).
21. *A una dama amada de muchos, que murio desangrada en la cama, por orden de su marido.* [«En un lecho de jazmín...»]. (Págs. 42-43).
22. *Otra respuesta al enigma.* [«El que rige, y siempre da...»]. (Pág. 43).
23. *Enigma acróstico.* [«Del mundo me hize señor...»]. (Pág. 50).
24. *Respuesta.* [«La Cruz al lado mirada...»].
25. *A un amante, que estando en el mayor empleo de su voluntad, le vino nueva de una desdicha. Soneto.* [«La desdicha siguió siempre a la suerte...»]. (Págs. 50-51).
26. *Respuesta al enigma.* [«Aunque el equivoco ignoro...»]. (Pág. 51).
27. *A un galan que enamorava a una vieja de noche.* [«Fabio que sales de noche...»]. (Pág. 52).
28. *Respuesta al enigma.* [«Yo de mi discurso infiero...»].
29. *De un amante que escrivia a su dama, que se avia ausentado a otro Reino.* [«De mis desdichas Anarda...»]. (Pág. 60).
30. *Comedia nueva. El engaño en el vestido.* [«—Montes altivos, que de nieve elada...»]. (Pág. 61-114).

NOCHE SEGUNDA.

31. Dedicatoria a D. Antonio de Urries, Señor de Nisano. (Págs. 117-18).
32. *Cantar.* [«Clara fuentecilla...»]. (Pág. 111).
33. Fábula mitológica, en prosa y verso. (Págs. 122-150).
34. *Cantar.* [«Belisa a la selva...»]. (Pág. 151).
35. *Comedia nueva. La industria contra el peligro.* [«—No me sigas Don Fernando...»]. (Págs. 152-99).
36. *Cantar.* [«Ya mas feliz vive Apolo...»]. (Pág. 200).
37. *Canción de Apolo.* [«Bellas Deidades del Ibero hermoso...»]. (Páginas 200-4).
38. *Copla.* [«Hablando estás por la mano...»].

NOCHE TERCERA.

39. Dedicatoria a don Fernando Antonio de Sayas Pedroso y Zapata, cavallerizo de su Magesta y Comissario General en el Reino de Aragon. (Páginas 207-8).
40. *Redondilla.* [«Pues de tu altivez presumo...»]. (Pág. 210).
41. *Otra.* [«Ni de Bulcano las fraguas...»].
42. *Mote.* [«La Sobervia en mi verás...»]. (Pág. 212).
43. *Otro.* [«Yo la Humildad, sin arder...»].
44. *Diálogo entre la Humildad y la Soberbia.* [«—Venid, venid, que os ofrezco...»]. (Págs. 212-13).

45. *En defensa de que no puede un Cavallero amar, que no aya visto á su Dama, y como no es un retrato suyo bastante causa para amar con firmeza.* [«Aunque el constante amor nace del alma...»]. (Págs. 213-15).
46. *Quintilla.* [«Deidad del Ibero hermosa...»]. (Pág 215).
47. *A la quema de los olivos de la Ciudad de Zaragoça. Soneto.* [«Al rigido furor del tiempo fuerte...»]. (Página 219).
48. *Redondilla.* [«Ya que se vé coronada...»]. (Pág. 220).
49. *Satira. A una dama que le pidia dineros a su galan, hablandole por la mano, y el era Poeta, y ella hermosa; y poco entendida, y larga de uñas.* [«Hablando estás por la mano...»]. *Glosa.* [«Tanto Tirse en tí ha crecido...»]. (Págs. 221-22).
50. *Redondilla.* [«Desde mi azul arrebol...»]. (Pág. 222).
51. *Relación de una Dama que llegó, quexosa de un Cavallero, a los pies de su Magestad.* [«Gran Monarca de Castilla...»]. (Pág. 223-25).
52. *Redondilla.* [«Arda amor en la gallarda...»]. (Pág. 226).
53. *Pruebase como el olvido del amor no consiste en la memoria. Octavas.* [«Quien al amor estuvo ya vendido...»]. (Págs. 227-28).
54. *Relacion de un Cavallero que saliendo a cazar encontró con una Dama, y se disculpa con el padre de otra con quien se queria casar.* [«Salí, señor, una tarde...»]. (Págs. 228-30).
55. *A una dama tuerta, que se preciava de hermosa, y amada de muchos; mas nunca llevava el manto al ogete. Romance.* [«Cloris, para que presumes...»]. (Pág. 231).
56. *Respuesta a una Dama, que avia embiado a su galan un ramo verde, atado con un lazo negro.* [«Amante, y agradezido...»]. (Pág. 232).
57. *A un ciego rico, y miserable.* [«De un ciego el humor diré...»]. (Páginas 233-34).
58. *Reprehension a un Amante que se iba a embarcar con su Dama. Soneto.* [«De los rayos de amor estás ya ciego...»]. (Págs. 234-35).
59. *A un hombre aviendo sido rico se quexava de su miserable fortuna. Soneto.* [«La riqueza gozé sobervio, y loco...»]. (Pág. 235).
60. *A un Galan que tenia su Dama echizera. Seguidillas.* [«En siguidillas, Fabio...»]. (Pág. 236).
61. *A los sucessos que me passaron quando sali de Zaragoça a ocasion del contagio. Silva.* [«Quando el dia a la noche aventajava...»]. (Págs. 237-62).
62. *Comedia nueva. Como se engaña el Demonio.* [«—Dexame dezir, señor...»]. (Págs. 263-303).
63. *Romance.* [«Basten los desdenes Gila...»]. (Pág. 303).
NOCHE QUARTA.
64. Dedicatoria a D. Antonio Pérez de Pomar, Varon de Sigues, etc. (Páginas 305-6).
65. *Romance.* [«Basta, no mates mirando...»]. (Pág. 308).
66. *Redondilla.* [«No temais mi natural...»]. (Pág. 309).
67. *Otra.* [«Si el amor es cruel ardor...»].
68. *Otra.* [«No admireis mi lluvia, os ruego...»]. (Pág. 310).
69. *Otra.* [«Venus del agua nací...»].
70. *Otra.* [«De vuestro favor ageno...»].
71. *Otra.* [«Tengo respeto, y temor...»].
72. *Romance.* [«Desdichas, que me quereis!...»]. (Págs. 311-14).
73. *Riesgo del Mar, y de Amar. Novela.* (Págs. 314-48).
74. *Romance.* [«Muerte me dán los enojos...»]. (Págs. 325-26).
75. *Romance.* [«Porque escuches, Alexandro...»]. (Págs. 333-38).
76. *Romance.* [«Cupido arrojó una flecha...»].
77. *Romance.* [«El amor, niño atrevido...»]. (Pág. 345).
78. *Comedia nueva. El Principe de su Estrella.* [«—Altivo, eminente sitio...»]. (Págs. 349-64).
79. *Romance.* [«Turbias las aguas del Ebro...»].
—Indice de las cosas mas notables de este libro.

V. Gallardo, *Ensayo,* I, n.º 62; Jiménez Catalán, *Tipografía zaragozana del s. XVII,* n.º 611.

Ejemplares:

MADRID. *Nacional.* R-4.528. — SANTANDER. *«Menéndez y Pelayo».* R-V-9-15

ESTUDIOS

2384

ANTONIO, NICOLAS. *D. Mathias de Aguirre del Pozo & Felizes.* (En su *Bibliotheca Hispana Nova.* Tomo II. 1788. Pág. 113).

2385

BARRERA, CAYETANO ALBERTO DE LA. *Aguirre y Sebastián Don Matías de.* (En su *Catálogo... del Teatro antiguo español.* 1860. Pág. 10).

2386

HANSEN, H. *Matías de Aguirre und seine «Navidad de Zaragoza». Ein Beitrag zur Unterhaltungs-literatur Spaniens im 17. Jahrhundert.* (En *Zeitschrift für romanische Philologie,* XLIX, 1929, págs. 50-70).

2387

LATASSA Y ORTIN, FELIX DE. *D. Matías I. de Aguirre y Sebastián.* (En su *Biblioteca nueva de los escritores aragoneses...* Tomo III. 1799. Págs. 71-72).

2388

NAVARRO, JOSE. *Vexamen que dió en la Academia del... Conde de Lemos: Referencia a Matías Aguirre*]. (En sus *Poesías varias.* Zaragoza. 1654. Pág. 63).

«Aquel muchacho, que como si le tocaran alguna vihuela va dançando, es *Don Matías Aguirre,* gran Comico, y parece Poeta de alquiler, porque haze una jornada cada día. Saca agora a la verguença una Comedia; y es tan desgraciado, que quando todos se rien de Beçon, Beçon se reía del, y no quería estudialle el papel del Gracioso: delante de mi le pidieron ducientos reales para clavos a las tramoyas, y el pobrecito no conoció la desverguença con que se la clavavan. Lleguéme a él compadecido, y dixele:

Si en una Comedia apoyas
Tu credito sin razón,
Rodarás con tu opinión,
Pues la pones en tramoyas.»

V. n.º 1767.

2389

[VAL, JOAQUIN DEL. *Matías de Aguirre*]. (En *Historia general de las Literaturas Hispánicas.* Tomo III. 1953. Pág. LXX).

AGUIRRE Y SANTA CRUZ (IÑIGO DE)

Caballero de Santiago. Del Consejo de S. M. y su Secretario por el Reino de Sicilia.

EDICIONES

2390

HEROE (El) sacro español Santo Domingo de Gvzman. Elogios a sv vida, y prodigios cifrados á Numeros de Metro Castellano. Afectos no emprendidos del Genio, sino inuentados del Amor. Clausulas si no atentas á las urbanidades poeticas, Felices en el sagrado riesgo del Assumpto. Madrid. Diego Diaz de la Carrera. 1641. 7 hs. + 34 fols. 19 cm.

—Dedicatoria a D. Ramiro Phelipez de Guzmán, Duque de Medina de las Torres, etc.

—Aprobación de Fr. Ignacio de Vitoria.

—Aprobación de Fr. Diego Niseno.

Texto. *Estación primera.* «Tímida pluma dedico».

V. *Catálogo de la biblioteca de Salvá,* I, n.º 417; Gallardo, *Ensayo,* I, n.º 61.

Ejemplares:

MADRID. *Academia de la Historia,* 2-5-7-2.667. *Nacional.* 4-20.004; R-Varios, 155-9.

ESTUDIOS

2391

ANTONIO, NICOLAS. *D. Enecus de Aguirre.* (En su *Bibliotheca Hispana Nova.* 2.ª ed. Tomo I. 1783. Pág. 360).

2392

«Relación de las conclusiones que tubo el señor Don Iñigo de Aguirre en la compañía de IHS en Madrid a 3 de Março de 1612».

Letra del s. XVII. 305 × 220 mm.
Fol. 196*r:* Dedicatoria a D.ª Ana de Sancta Cruz. (Madrid, 28 de Março de 1612). Firmada por Arana.
Fol. 196*v:* «Pues a tanto os atreueis...»
MADRID. *Nacional.* Mss. 2.058 (folios 196*r*-201*v*).

2393

SIMON DIAZ, JOSE. *«Relación de las conclusiones que tuvo don Iñigo de Aguirre en 1612», poema desconocido.* (En *Revista de Literatura,* IV, Madrid, 1953, páginas 161-78).

Tirada aparte: Ed. de 25 ejemplares numerados. Madrid. Consejo Superior de Investigaciones Científicas. [Imp. Uguina]. 1953. 17 págs. 25 cm.

AGUIRRE VACA (FR. FELIX DE)

V. AGUIRRE CABEZA DE VACA (FR. FELIX DE).

AGUIRRE Y VACA (FRANCISCO DE)

EDICIONES

Poesías sueltas

2394

[*DECIMA*]. (En Castillo Solórzano, Alonso de. *Fiestas del iardín...* Valencia. 1634. Preliminares).

Ejemplares:

MADRID. *Nacional.* R-7.001.

AGULLANA (FRANCISCA DE)

EDICIONES

Poesías sueltas

2395

[*GLOSA*]. (En Ruiz, Francisco. *Relación de las fiestas...* Barcelona. 1623. Fols 113*r*-114*r*).

V. n.º 2151.

AGULLANA (MAGDALENA DE)

EDICIONES

Poesías sueltas

2396

[*LIRAS*]. (En Ruiz, Francisco. *Relación de las fiestas...* Barcelona. 1623. Fols. 116*v*-117*v*).

V. n.º 2151.

AGULLANA (OROSIA DE)

EDICIONES

Poesías sueltas

2397

[*SESTINA. Castellana, i Catalana juntamente*]. (En Ruiz, Francisco. *Relación de las fiestas...* Barcelona. 1623. Fol. 135).

V. n.º 2151.

AGULLÓ (SOR MARGARITA)

N. en Játiva (1536). Terciaria franciscana. M. en Valencia (1600).

EDICIONES

2398

[*OPUSCULOS espirituales*]. (En Sanchiz, Fr. Jaime. *Relación...* 1607).

V. n.º 2399.

ESTUDIOS

2399

SANCHIZ, JAIME. *Relación breve de la vida, virtudes y milagros de la humilde sierva del Señor y Virgen Sor Margarita Agulló...* Valencia. Crisóstomo Gadriz. 1607. 4.°

Cfr. Serrano y Sanz.

ESTUDIOS

2400

SERRANO Y SANZ, MANUEL. *Agulló, Sor Margarita.* (En sus *Apuntes para una Biblioteca de Escritoras españolas...* Tomo I. 1903. Págs. 16-17).

AGURTO (FRANCISCO ANTONIO DE)

Marqués de Gastañaga. Gobernador y Capitán General de Flandes. Caballero de Alcántara.

EDICIONES

2401

TRATADO y Reglas Militares. Madrid. Mateo de Llanos. 1689. 1 h. + 78 fols. 15 cm.

V. Gallardo, *Ensayo,* I, n.° 64.

Ejemplares:

MADRID. *Nacional.* R-9.773.

2402

——— Barcelona. Joseph Llopis. 1695. 3 hs. + 72 págs. 14 cm.

Ejemplares:

MADRID. *Academia de la Historia.* 4-1-9-1.459.

ESTUDIOS

2403

FERNANDEZ DE MEDRANO, SEBASTIAN. [*Dedicatoria a D. Francisco Antonio de Agurto, Marques de Gastañaga,* etc.]. (En *Breve descripción del mundo...* Bruselas. 1686. Preliminares).

Ejemplares:

MADRID. *Nacional.* 2-45.608.

AGURTO (FR. PEDRO DE)

N. de Méjico. Agustino. Obispo de Zebú, donde m. en 1608.

EDICIONES

2404

TRACTADO de qve se deven administrar los Sacramentos de la Sancta Eucharistia y Extremavnction: a los indios de esta nueva España. Méjico. Antonio de Spinosa. 1573. 91 hs. 8.°

—Licencia del Virrey.
—Licencia del Provincial.
—Licencia del Deán y Cabildo.
—Aprobación del P. Melchor de los Reyes.
—Aprobación del Dr. Barbosa.
Texto.
—Colofón.

V. Medina, *La Imprenta en México,* I, n.° 66; Santiago Vela, I, págs. 65-66.

2405

[*Otros escritos*].

V. Santiago Vela, I, págs. 65-68.

OBRAS LATINAS

2406

CONSTITVTIONES Ordinis Fratrvm Eremitarvm Sancti Avgvstini... Méjico. Petrus Ocharte. 1587. 8 hs. + 225 fols. + 42 hs. 8.°

V. Medina, *La Imprenta en México,* n.° 105.

ESTUDIOS

2407

ANTONIO, NICOLAS. *F. Petrus de Agurto.* (En su *Bibliotheca Hispana Nova.* Tomo II. 1788. Página 165).

2408

SANTIAGO VELA, GREGORIO DE. *Agurto, Ilmo. Sr. D. Fr. Pedro de.* (En *Ensayo de una Biblioteca... de la Orden de San Agustín.* Tomo I. 1913. Págs. 63-68).

AGURTO Y LOAISA (JOSE DE)

Maestro Compositor de la Catedral de Méjico.

EDICIONES

2409

VILLANCICOS qve se cantaron en la Santa Iglesia Metropolitana de Mexico. En honor de Maria Santissima Madre de Dios en su assumpcion triumphante. Año de 1677... Compuestos en Metro musico por ——... Méjico. Viuda de Bernardo Calderón [s. a.]. 4 fols. 4.°

V. Medina, *La Imprenta en México,* II, n.° 1.152.

2410

VILLANCICOS, qve se cantaron en la Santa Iglesia Cathedral de Mexico: En los Maytines del Gloriosissimo Principe de la Iglesia, el Señor San Pedro... Méjico. Viuda de Bernardo Calderón. 1683. 4 hs. a 2 cols. 4.°

V. Medina, *La Imprenta en México,* II, n.° 1.269.

AGUSTI (FR. MIGUEL)

ESTUDIOS

V. AGUSTIN (FR. MIGUEL).

AGUSTIN (ANTONIO)

N. en Zaragoza (1517). Auditor de la Rota Romana (1544), Nuncio Apostólico en Inglaterra (1555-56), Obispo de Alife (1557) y de Lérida (1561), Arzobispo de Tarragona (1576), donde m. en 1586.

CODICES

2411

[*Lista de algunas monedas romanas*].

Letra del s. XVI (el fol. 90 autógrafo). 315 × 215 mm.

V. Zarco, *Catálogo,* II, pág. 235.

SAN LORENZO DEL ESCORIAL. *Monasterio.* L.I.15 (fols. 90*r*-92*v*).

2412

[*Apunte, proponiendo el orden de los capitulos de un libro que trate del Romano Pontifice*].

Quirógrafo. 315 × 215 mm.

SAN LORENZO DEL ESCORIAL. *Monasterio.* L.I.15 (fol. 131*v*).

2413

«*Suma del jubileo uniuersal que nuestro muy santo Padre Pio V concedio a 6 de abril del presente año M.D.LXX, a todos los fieles christianos para que pidan socorro y fauor a Dios nuestro señor contra los infieles de nuestra fe catolica.*»

Letra del s. XVI. 315 × 215 mm.

«Son las letras de ——, dadas a sus fieles en 5 de junio de 1570» (Zarco).

SAN LORENZO DEL ESCORIAL. *Monasterio.* L.I.15 (fols. 125*r*-153*r*).

2414

[*Parecer sobre la lectura y copia de los libros que hay en San Lorenzo*].

Letra del s. XVI. 318 × 122 mm.

V. Zarco, *Catálogo,* I, pág. 273.

SAN LORENZO DEL ESCORIAL. *Monasterio.* &.II.15 (fols. 275*r*-276*r*).

2415

[*Epistole*].

Letra del s. XVI. 50 hs. Fol.

Contiene 106 epístolas latinas: 68 de —— a varios eruditos de su tiempo, y las demás de éstos a él.

V. Gallardo, *Ensayo,* I, n.° 65.

2416

«*Censura sobre la dotrina de las calidades de los obispos y perlados.*»

Quirógrafo. 343 × 120 mm.
V. Zarco, *Catálogo,* II, pág. 159.
SAN LORENZO DEL ESCORIAL. *Monasterio.* K. I. 22 (fols. 68*r*-77*v*).

2417

[*Carta al Cardenal Sirleti. Tarragona, 6 de enero de 1581*].

Letra del s. XVIII. 270 × 195 mm.
V. Zarco, *Catálogo,* II, pág. 108, n. 1.
SAN LORENZO DEL ESCORIAL. *Monasterio.* J. II. 22 (fol. 156).

2418

[*Capítulos de cartas de ——... para el Secretario Gerónimo Zurita...*].

Copia del siglo XVIII.
MADRID. *Nacional.* Mss. 5.732 (folios 44*r*-45*v*).

2419

[*Diálogos de las armas y linages de España*].

Letra de fines del s. XVII. Copia incompleta de la que poseía Galcerán Albanell, que se conservaba en la biblioteca del convento de carmelitas descalzos de Barcelona. (V. Villanueva, *Viaje literario,* XVIII, pág. 259).

2420

Tratado de armas y linages de muchas familias, y nobleza de España.

Letra del s. XVIII. 56 fols. 295 × 200 mm. Copia hecha en Barcelona el año 1702 de la que Esteban de Corbera sacó en 1619 de los cartapacios que poseía D. Galcerán de Albanell.
MADRID. *Nacional.* Mss. 3.337.

2421

[*Tratado de armas y linajes de España*].

Letra de principio del s. XIX. 84 folios. 8.°
BARCELONA. *Central.* Ms. 31.

2422

[*Emendationum et opinionum lib. IV y otros tratados latinos*].

Letra del s. XVII. Fols. 145-340. 295 × 200 mm.
MADRID. *Nacional.* Mss. 5.754.

2423

[*Miscelaneas filológicas*].

Letra del s. XVI, en parte autógrafa. 2 vols.
Colección de fragmentos de diversos clásicos latinos, con anotaciones. (V. Menéndez y Pelayo, *Bibliografía hispano-latina clásica*).
MADRID. *Nacional.* Mss. 7.901/2.

2424

[*Colección de inscripciones de varios pueblos de Cataluña*].

MADRID. *Nacional.* Mss. 5.781 (página 92).

2425

[*Diálogos de medallas*].

Letra del s. XVII. 310 × 200 mm.
MADRID. *Nacional.* 12.167 (fols. 1-175).

2426

«*Ivris pontificii institvtionvm*».

Letra del s. XVII. 25 fols. 350 × 220 mm. Son fragmentos.
MADRID. *Nacional.* Mss. 6.142.

2427

[*Inscripciones de la ciudad de Alifa o Alisa, y de otras de Italia*].

MADRID. *Nacional.* Mss. 5.781 (página 58).

2428

[*Representación al Papa contra el Abad de Alcolea*].

MADRID. *Nacional.* Mss. 4.026.

2429

[*Traducción en verso latino del epitafio griego de una muger, hallado en Palermo*].

MADRID. *Nacional.* Mss. 5.784.

2430

[*Varias apuntaciones sobre antigüedades*].

Letras de diferentes manos y épocas. 246 fols.

MADRID. *Nacional*. Mss. 12.639.

2431

[*Testamento, 3 de noviembre de 1580*].

MADRID. *Nacional*. Mss. 5.785 (página 120).

2432

[*Obras inéditas*].

Una relación de las mismas, conservada en el ms. Vat. lat. 65548 del Vaticano, ha sido reproducida en el estudio de Miquel Rosell, pág. 117, nota 5.

EDICIONES

Diálogos de medallas

2433

DIALOGOS de medallas, inscriciones y otras antiguedades... Tarragona. Felipe Mey. 1587. 2 hs. + 469 fols. + 27 lams. 4.°

V. *Catálogo de la biblioteca de Salvá*, II, n.° 3.535.

Ejemplares:

LONDRES. *British Museum*. 602.d.1 (con índices y notas ms.); 812.d.22.—MADRID. *Nacional*. R-7.708 y R-26.112.—NUEVA YORK. *Hispanic Society*.—PARIS. *Nationale*. J.5688.—SAN LORENZO DEL ESCORIAL. *Monasterio*. 32-V-5.

2434

——— [*Ed. de Andrés González de Barcia*]. Madrid. Joseph Francisco Martinez Abad. 1744. 6 hs. + 470 págs. 20 cm.

V. *Catálogo de la biblioteca de Salvá*, n.° 3.536.

Ejemplares:

LONDRES. *British Museum*. 278.g.27; etc.—MADRID. *Academia Española*. S. C.=5-B-11. *Academia de la Historia*. 8(3)-22-5-650. *Nacional*. 2 - 26.663.—PARIS. *Nationale*. J.4716.

Diálogos de las armas

2435

DIALOGOS de las armas, i linages de la nobleza de España. Los escrivía D. ——...; cuya obra posthuma ha cotejado con varios Libros, assi manuscritos, como impressos pertenecientes a los mismos assuntos, i con diligencia ha procurado enmendarla Gregorio Mayáns i Siscár... autor de la vida adjunta de Don Antonio Agustín. Madrid. Juan de Zuñiga. 1734. Port. + 1 lám. + XLII págs. + 2 hs. con grabs. + 93 págs. + 30 hs. + 183 págs. + 9 hs. 30,5 cm.

—Retrato de A. Agustín, grabado por Palomino.
—Dedicatoria a Felipe V, por Mayans.
—A D. Josef Rodrigo i Villalpando, Marqués de la Compuesta, etc., por Mayans.
—Epístola latina al mismo, del mismo.
—Respuesta del Marqués, en latín.
—Censura de Blas Antonio Nassarre.
—Licencia del Ordinario.
—Censura de Manuel Francisco Rodríguez de Castro.
—Privilegio.
—Fe de erratas.
—Suma de la tassa.
—Poesía latina en elogio de Antonio Agustín, por Juan de Iriarte.
—Al lector.
Diálogo de las armas.
—Indice.

Portada: *Vida de D. Antonio Agustín, arzobispo de Tarragona. Lo escrivía Gregorio Mayáns i Siscár*. Madrid. Juan de Zúñiga. 1734.
Vida...
—Indice.

Ejemplares:

LONDRES. *British Museum*. 9904.cc.3.—MADRID. *Academia Española*. S.C.=13-E-7. *Academia de la Historia*. 8(2)-9-4-1.724. *Consejo. Patronato «Menéndez y Pelayo»*. 9-899. *Nacional*. 2-8.478.—SAN LORENZO DEL ESCORIAL. *Monasterio*. 42-VI-1.

Cartas

2436

[*CARTAS de —— y de Gerónimo Zurita. Edición y notas de Die-*

go José Dormer]. (En Dormer, Diego José. *Progressos de la Historia en el Reyno de Aragón*... Zaragoza. 1680. Págs. 379-431).

Son 38 en total.

Ejemplares:

MADRID. *Nacional.* 2-17.645.

2437

[*CARTAS al M.º Juan Bautista Pérez, Canónigo de la Santa Iglesia de Toledo y después Obispo de Segorbe. Edición de Gregorio Mayans y Siscar*]. (En Antonio, Nicolás. *Censura de historias fabulosas*... Valencia. 1742. Págs. 683-85).

Las dos están fechadas en Lérida; una el 13 de julio y otra el 30 de agosto de 1576.

2438

[*CARTA a Gerónimo Zurita (?), sin fecha. Edición de Emile Gigas*]. (En *Revue Hispanique*, XX, Nueva-York-París, 1909, págs. 456-58).

Comienza: «Illᵉ Señor.=Mucha merced he recebido con las listas de los libros de Venecia y Flandes...»

2439

[*CARTA a Gerónimo de Zurita. Lérida, 26 de noviembre de 1575. Edición de Pedro Sáinz de Baranda*]. (En *España Sagrada*... Tomo XLVII. Madrid. 1850. Páginas 320-21).

De un ms. de la Academia de la Historia.

OBRAS LATINAS

2440

OPERA Omnia... Lucæ. Josephi Rochii. 1765-74. 8 vols. 37 cm.

V. Toda, *Bibliografía espanyola d'Italia*, I, n.º 75.

Ejemplares:

LONDRES. *British Museum.* 5061.f.1.—MADRID. *Nacional.* U-1.806/13.—PALMA DE MALLORCA. *Pública.*—PARIS. *Nationale.* Fol. Z. 264.

2441

EMENDATIONVM et opinionvm libri qvattvor. Venecia. Apud Ivntas. 1543. 340 págs.+23 hs. 20 cm.

Examen crítico del texto de las Pandectas, según el ms. de Florencia.

V. Toda, *Bibliografía*, I, n.º 60.

Ejemplares:

MADRID. *Academia de la Historia.* 14-14-3-5.024. *Nacional.* 3-36.102.

2442

Otras ediciones:

—Lugduni. Seb. Gryphium. 1544. 372 págs. + 22 hs. 17 cm.
—Basilea. Jacobus Taurellus. 1544. 6 hs. + 265 págs. 28 cm.
—Lugduni. Ioannem Frellonium. 1560. 358 págs. + 22 hs. 17 cm.
—Lugduni. Antonium de Harsy. 1574. 358 págs. + 21 hs. 17 cm.
—Lugduni. Antonium de Harsy. 1591. 358 págs. + 21 hs. 17 cm.
—En Otto, Everurdus. *Thesaurus Juris Romani.* Tomo IV. 1729.
—En ídem. Tomo IV. 1733.
—En ídem. Tomo IV. 1744.

2443

M. TERENTII Varronis pars librorum quattvor et viginti de lingva latina. Ex Bibliotheca Antonii Augustini. Roma. Vincentium Luchinum. [Colofón: Antonium Bladum]. 1557. 12 hs. + 210 págs. + 71 hs. 8.º

V. Toda, *Bibliografía*, I, n.º 61.

Ejemplares:

MADRID. *Nacional.* 3-40.638. — PARIS. *Nationale.* Rés. X. 1755.

2444

Otras ediciones:

—Lugduni. Apud haeredes Seb. Gryphii, 1563. 330 págs. + 47 hs. 8.º
—[s. l., pero Paris]. Henricus Stephanus. 1573. 176 págs. + 3 hs.
—[Paris]. Henricus Stephanus. 1581.
—[s. l.-s. i.] 1581. 143 + 255 págs. + 38 hs., etc. (Es la misma anterior).

—Paris. J. Gueffier (o C. Baaleu). 1585.
—Dordrechti. Berewout. 1619. 8.°
—Amstelodami. 1623.

2445

M. VERRII Flacci quæ extant, et Sexti Pompei Festi de Verborum significatione libri XX... Ex Bibliotheca Antonii Augustini (cum notis ejusdem). Venecia. Ioannem Mariam Bonellum. 1559.

Ejemplares:

PARIS. *Nationale.* X.7461.

2446

Otras ediciones:

—Venecia. Ziletti. 1560.
—Roma. 1560.
—[s. l.] Petrum Santandreanum. 1575. 12 hs. + 305 págs. + 13 hs. 17 cm.
—Paris. M. Potissorium. 1576. 2 vols. 8.°
—Paris. Hieronymum de Marnet et Viduam Gulielmi Cauellat. 1584. 14 hojas + 33 págs. 8.°
—[s. l.] 1593.
—*...Accedunt... notae integræ J. Scaligeri, F. Ursini et A. Augustini...* Amstelodami. 1699. 2 vols. 4.°
—Amstelodami. Sumptibus Huguetanorum. 1700. 16 hs. + 596 págs. Fol.

2447

CONSILIIS (Ex). Mvltorvm Codicis interpretatio. Ex bibliotheca Ant. Augustini... [Lerida. Petrus Roburius]. [1566]. 79 fols. 15,5 cm.

V. Jiménez Catalán, *Bibliografía ilerdense,* n.° 24.

Ejemplares:

PARIS. *Nationale.* F. 24139.

2448

IVLIANI Antecessoris constantinopolitani novellarvm Ivstiniani imp. epitome. Additis Latinis quibusdam Nouellis Constitutionibus eiusdem Imp. Cum par titlis, Siue Scholüs. [Lérida. Petrus Ruburius]. [1567]. 6 hs. + 486 págs. + 103 sin núm. 16 cm.

V. Jiménez Catalán, *Bibliografía ilerdense,* n.° 26.

2449

CONSTITVTIONVM Graecarum Codicis Justiniani Imp. Collectio, et interpretatio. Ivliani, antecessoris. Constantinopolitani Nouellarum eiusd. Imp. epitome additis Latinis quibusdam Nouellis Constitutionibus eiusdem. Cum Paratitlis Siue Scholüs. Lérida. Petrus Roburius. 1567. 12 hs. + 175 + 192 págs. + 27 hs. 15 cm.

V. Jiménez Catalán, *Bibliografía ilerdense,* n.° 25.

Ejemplares:

MADRID. *Nacional.* R-25.805. — PARIS. *Nationale.* F. 24112.

2450

RITUAL Ilerdense. [Lérida. Petrus Roburius] [1567]. 211 fols. + 2 hs. 4.°

2451

BREVIARIUM Ilerdensis. Lérida. Petrus Roburius. 1571. 8.°

2452

ANTIQVÆ Collectiones decretalium cvm Antonii Augustini... notis. [Lérida. Petrum Rob. & Ioanem á Villanoua]. [1576]. 19 hs. + 229 fols. + 240 hs. 32 cm.

V. Jiménez Catalán, *Tipografía ilerdense,* n.° 39.

Ejemplares:

MADRID. *Nacional.* R-26.345 (ex-libris de Fernando José de Velasco).—PARIS. *Nationale.* E. 24.

2453

Otras ediciones:

—Roma. 1583.
—Barcelona. 1592.
—Paris. Cramoisy. 1609. 16 hs. + 846 páginas. Fol.
—Paris. Sebastianum Cramoisy. 1621. 16 hs. + 846 págs. 35 cm.

2454

[*LIBRO (Ex) de familiis Romanorvm*]. (En Ursino, Fulvio. *Familiæ Romanæ qvæ reperivntur in antiqvis nvmismatibvs...* Roma. [Iosephum de Angelis]. 1577. Págs. 294-403).

V. Toda, *Bibliografía*, I, n.º 63.

Ejemplares:

PARIS. *Nationale*. J. 1464.

2455

Otras ediciones:

—Lugduni. 1592.
—En Ursino, loc. cit., Paris. Bray. 1663. Págs. 313-24.
—En Graevius, J. G. *Thesaurus Antiquitatum Romanarum*. Tomo VII. 1698.

2456

NOMINIBVS (De) propriis tou Pandekton florentini. Cvm Antonii Avgvstini... notis. [Tarragona. Philippi Mey]. [1579]. 4 hs. + 566 + 74 cols. + 30 hs. Fol.

Ejemplares:

LONDRES. *British Museum*. 16.b.2.—MADRID. *Nacional*. R-9.262.—PARIS. *Nationale*. F. 1575.

2457

Otras ediciones:

—En Otto, Everardus. *Thesaurus Juris Romani*. Tomo I. 1725.
—En ídem. 1733.
—En ídem. 1741.

2458

CONSTITVTIONVM Provincialivm Tarraconensivm libri qvinqve. Tarragona. Philippum Mey. 1580. 28 hs.+411 págs.+24 hs. 21 cm.

Ejemplares:

MADRID. *Nacional*. R-26.III (ex-libris de Fernando José de Velasco).—PARIS. *Nationale*. B. 2338.

2459

Otras ediciones:

—Tarragona. Felipe Roberto. 1593. 4.º

2460

CONSTITUTIONUM Synodalium Tarraconensium. Partes quinque. Tarragona. Felipe Mey. 1581. 8 hs. + 222 págs. 8.º

2461

CANONES paenitentiales cvm qvibvsdam notis Antonii Avgvstini... Tarragona. Felipe Mey. 1582. 8 hs. + 153 págs. 21 cm.

Ejemplares:

LONDRES. *British Museum*. 496.b.17.—MADRID. *Nacional*. R-26.263. — PARIS. *Nationale*. E.1766.

2462

Otras ediciones:

—Venecia. Felicem Valgrisium. 1584. 8 hs. + 230 págs. 4.º
—Paris. 1641. 4.º (Según Latassa).

2463

LEGIBVS (De) et senatvs consvltis liber. Adiunctis Legum antiquarum & Senatus consultorum fragmenta, cum notis Fvvlvi Vrsini. Roma. Typ. Dominici Basæ. 1583. 8 hs. + 339 págs. 19 cm.

V. Toda, *Bibliografía*, I, n.º 64.

Ejemplares:

LONDRES. *British Museum*. 1128.g.3.—MADRID. *Nacional*. 3-67.889.—PALMA DE MALLORCA. *Pública*.—PARIS. *Nationale*. F. 5118.

2464

Otras ediciones:

—Paris. Ioannem Richerium. 1584. 8 hs. + 231 + 46 págs. + 22 hs. 8.º
—En Graevius, J. G. *Thesaurus Antiquitatum Romanarum*. Tomo II. 1694.
—Roma. Basae. 1584.
—Lugduni. Franciscum Fabrum. 1592. 4 hs. + 272 págs. + 4 hs. 23,5 cm.
—Colonia. 1692.

2465

CONSTITUTIONES Concilii Provincialis Tarraconensis... Tarragona. Mey. 1585. 2 hs. + 28 págs. 8.º

2466

EMENDATIONES (De) Gratiani dialogorvm libri dvo. Tarragona. Philippum Mey. 1587. 4 hs. + 356 páginas + 4 hs. 20 cm.

Ejemplares:

LONDRES. *British Museum.* 3670.b.4.—MADRID. *Nacional.* R-25.772 (ex- libris de Fernando José de Velasco).—PARIS. *Nationale.* E. 1731.

2467

Otras ediciones:

—(Con la Oración fúnebre de A. Schotti). Paris. P. Chevalier. 1607. 2 partes. 4.°
—París. F. Mugnetus. 1672. 660 páginas. 8.°
—Duisburgi ad Rhenum. J. F. Hagen. 1677. 2 vols. 8.°
—Venecia. 1686.
—Paris. 1760. 2 vols.
—Viena. P. Krauss. 1764. 2 vols. 8.°
—Venecia. Heredis Nicolai Pezzana. 1777. 2 vols. 4.°
—En Gallandius, A. *De vetustis Canonum collectionibus dissertationum sylloge*... 1778.

2468

JURIS Pontificii Veteris Epitome. Pars prima. Tarragona. Felipe Mey. 1587. 11 hs. + 748 págs. 4.°

Ejemplares:

MADRID. *Nacional.* R-25.848. — PALMA DE MALLORCA. *Pública.*—PARIS. *Nationale.* E.6(1).

2469

Otras ediciones:

—Roma. Ægidii Spadae. 1611. 9 hs. + 784 págs. 32 cm.
—Roma. Ciaconi. 1611-13. 3 partes en un vol.
—Roma. Stephanum Paulinum. [Alfonsi Ciacconi]. 1614. [1613]. 6 hs. + 560 págs. a 2 cols. 32,5 cm.
—Roma. Andream Phæum. 1617. 5 hs. + 560 págs. 32 cm.
—Roma. 1634.
—Paris. Sumptibus M. Soly, M. Guillemot et G. Alliot. 1641. 4 vols. 36 cm.
—En Rocaberti, J. T. de. *Bibliotheca Maxima Pontificia.* Tomo IV. Roma. 1697. Págs. 161-227.

2470

FRAGMENTA historicorvm collecta ab Antonio Avgvstino, emendata à Fuluio Vrsino... Antuerpiæ. Ex Officina Plantiniana, apud Viduam & Ioannem Moretum. 1595. 518 págs. + 1 h. 18 cm.

Ejemplares:

LONDRES. *British Museum.* C.76.a.1.—MADRID. *Nacional.* 2-40.501. — PARIS. *Nationale* J. 14483.

2471

EPISTOLÆ latinæ et italicæ nunc primum editæ a Joanne Andresio. Parma. Aloysii Mussi. 1804. 84 hs. + 416 págs. 8.°

V. Toda, *Bibliografía,* I, n.° 78.

Ejemplares:

LONDRES. *British Museum.* 1454.c.4.—PARIS. *Nationale.* Z 14154.

TRADUCCIONES

Catalanas

2472

DIÀLECHS. Ara per primera volta traduits al catalá... per J. Pin y Soler. Barcelona. Llibr. de S. Babra. [Henrich y Co.]. 1917. CXII + 135 págs. + 2 láms. 22 cm.

Ejemplares:

LONDRES. *British Museum.* 9907.de.6.—MADRID. *Nacional.* 4-4.725.

Italianas

2473

DISCORSI (I)... sopra le medaglie et altre anticaglie. Divisi in XI dialoghi. Tradotti dalla lingva spagnvola nell italiana... [s. l., s. i.] [s. a.]. 239 págs. + 72 láms. grabadas en cobre + 16 págs. 4.°

V. Toda, *Bibliografía,* I, n.° 66. (La cree de Roma, 1592, y reproduce la portada y el retrato del autor).

2474

——— Roma. Ascanio et Girolamo Donangeli. 1592. 2 hs. + 239 págs. + 72 láms. + 16 hs. 4.°

V. Toda, *Bibliografía,* I, n.° 67.

2475

DIALOGHI... in torno alle Medaglie, Inscrittioni, & altre Antichità. Tradotti... da Dionigi Ottaviano Sada... Roma. Andrea Fei. 1625. 4 hs. + 300 págs. + 16 hs. 4.°

V. Toda, *Bibliografía,* I, n.° 68.

Ejemplares:

LONDRES. *British Museum.* 602.k.2.

2476

DIALOGHI... intorno alle medaglie, inscrittioni et altre antichitta. Tradotti... da Dionigi Ottaviani Sada e dal medesimo accresciuti... Roma. [Filippo de' Rossi]. [1650]. 10 hs. + 318 págs. con grabs. + 19 hs. 32 cm.

V. Toda, *Bibliografía,* I, n.° 69.

Ejemplares:

MADRID. *Academia de la Historia.* 8 (3)-20-1-13. *Nacional.* 2-14.595.—NAPOLES. *Nazionale.* II-7-18.

2477

DIALOGHI... sopra le Medaglie, Iscrizioni, e altre Antichita; tradotti da... Dionigi Ottaviano Sada... Roma. Michel' Angelo e Pier Vincenzo Rossi. 1698. 10 hs. + 318 págs. + 18 hs. Fol.

V. Toda, *Bibliografía,* I, n.° 70.

Ejemplares:

LONDRES. *British Museum.* 141.f.13.—MADRID. *Nacional.* 1-30.847.—NAPOLES. *Nazionale.* Racc. Villarosa. C.15.

2478

DIALOGHI... sopra le medaglie, inscrizzioni, ed altre antichita. Tradotti... da Dionigi Ottaviano Sada, e dal medesino accresciuti... Roma. Girolamo Mainardi. 1736. 12 hs. + 318 págs. con grabs. + 3 hs. + XXX págs. 32 cm.

V. Toda, *Bibliografía,* I, n.° 71.

Ejemplares:

LONDRES. *British Museum.* 7556.g.4.—MADRID. *Academia de la Historia.* 8 (3)-20-1-22. *Nacional.* 2-20.975.—NAPOLES. *Nazionale.* XLVI.8.14.—ROMA. *Nazionale.* 71.6.E.14.1.

2479

DIALOGHI... intorno alle medaglie inscrittioni et altre antichita. Tradotti... da Dionigi Ottaviano Sada & dal medesimo accresciuti con diuerse annotationi & illustrati con disegni di molte Medaglie. Roma. [Stampatori Camerali]. [s. a.]. 6 hs. + 300 págs. con grabs. 32 cm.

Ejemplares.

MADRID. *Nacional.* R-14.013; 2-14.598.

Latinas

2480

ANTIQVITATVM romanarvm hispaniarvmqve in nvmmis veterym dialogi XI. Latinè redditi ab Andrea Schotto..., Cuius accessit Duodecimus, De prisca Religione, Diisque Gentium... Antuerpiae. Henricum Aertssium. 1617. 8 hs. + 181 págs. + 13 hs. + 68 láms. 37 cm.

En los preliminares: *Vita Antonii Augustini... Ex Oratione Funebri And. Schotti.*

Ejemplares:

LONDRES. *British Museum.* C. 45.h.12 (2).—MADRID. *Academia de la Historia.* 8(2)-7-1-1.194; 8(2)-18-1-3.091. *Fundación Lázaro Galdiano.*—*Nacional.* 2-36.859; 3-35.520.—PARIS. *Nationale.* J. 1470.—SANTIAGO DE COMPOSTELA. *Universitaria.*

2481

——— Antuerpiæ. Henricum Aertssens. 1653. 8 hs. + 202 págs. + 10 hs. 37 cm.

Ejemplares:

MADRID. *Nacional.* U-133.

2482

——— Lucae. Josephi Rocchii. 1774. 258 págs. con 60 grabs. Fol.

V. Toda, *Bibliografía,* I, n.º 76.

ESTUDIOS

2483

ALBERT, I. *Una edición de los Diálogos sobre medallas y antigüedades de D. Antonio Agustín.* (En *Archivo Español de Arqueología,* XIX, Madrid, 1946, pág.164).

Describe la latina de Amberes, 1617.

2484

ANDRES DE UZTARROZ, JUAN FRANCISCO. [*Elogio de Antonio Agustín*]. (En su *Aganipe de los cisnes aragoneses...* Amsterdam. 1781. Págs. 25-26).

«*Don Antonio Agustín* con dulce lira
del sacro Tibre la corriente admira
en sus metros Latinos,
conceptos describiendo peregrinos;
y á quien honró el Romano
Senado por su insigne ciudadano
por las ilustraciones, y antiguallas,
que publicó en familias, y en medallas,
sin otras eruditas
antiguedades suyas exquisitas...»

2485

ANTONIO, NICOLAS. *Antonius Augustinus.* (En su *Bibliotheca Hispana Nova.* 2.ª ed. Tomo I. 1783. Págs. 97-102).

2486

ARCO, RICARDO DEL. *El arzobispo D. Antonio Agustín. Nuevos datos para su biografía.* Tarragona. 1910. 116 págs. 8.º

Ejemplares:

LONDRES. *British Museum.* 4865.a.4.

2487

——. *Escritos inéditos del célebre Antonio Agustín: correcciones a los comentarios del cronista Blancas, y apuntes heráldicos.* (En *Estudios eruditos in memoriam de A. Bonilla y San Martín.* Tomo I. Madrid. 1927. Págs. 545-81).

2488

——. *Don Antonio Agustín, historiador.* (En *Hispania,* XII, Madrid, 1952, págs. 525-67.)

2489

[BAILLUS, MARTINUS]. *Aeternæ memoriæ viri ——... Bibliotheca M. S. Græcæ, Latinæ, etc.* Tarragona. Felipe Mey. [1587].

Es el catálogo de su biblioteca.

Ejemplares:

LONDRES. *British Museum.* 620.e.24 (1).—MADRID. *Nacional.* R-26.116.

2490

[*CARTA de Francisco Albornoz a Antonio Agustín. Barcelona, setiembre de 1557. Edición de Emile Gigas*]. En *Revue Hispanique,* XX, Nueva York-París, 1909, páginas. 455-56).

2491

[*CARTAS a* ——],

Manuscrito. Letra del s. XVI. 151 fols. 320 × 220 mm.

Sesenta y ocho cartas autógrafas en castellano, latín, griego e italiano, dadas a conocer por Azagra y Miquel. Pertenecieron a Jerónimo Basora y al convento de carmelitas descalzos de Barcelona.
V. Villanueva, *Viaje literario,* XVIII, pág. 259; Miquel, *Epistolario Antonio Agustín,* págs. 6-7.

BARCELONA. *Universitaria.* Ms. 53.

2492

[——]

Letra del s. XVIII. Copia de la colección anterior.

BARCELONA. *Universitaria.* 14-2-1.

2493

CARTAS eruditas de algunos literatos españoles [a ——]... 1785.

V. n.º 344.

2494

[*CARTAS a Antonio Agustín. Edición de Jaime Villanueva*]. (En su *Viage literario a las iglesias de España.* Tomo XVIII. Madrid. 1851. Págs. 326-34).

Son dos de Jerónimo Zurita, una de Rodrigo Zapata, una de Martín Vaylo y una de J. Marsá, que copió de la colección conservada en la biblioteca de los carmelitas descalzos de Barcelona.

2495

[*CHRONOLOGIA de Vita et Scriptis D.* ——].

Letra del siglo XVIII.

MADRID. *Nacional.* Mss. 5.732 (folios 40*r*-43*r*).

2496

GARCES, ANTONIO. *Origen i descendencia de los Agustines de Fraga.*

Manuscrito del s. XVII. Sin fol. 310 × 215 mm.
Comienza con una biografía de Antonio Agustín.

MADRID. *Nacional.* Mss. 8.369.

2497

GOMEZ PIÑAN, TOMAS. *Antonio Agustín (1517-1586). Su significación en la ciencia canónica.* (En *Anuario de Historia del Derecho Español,* V, Madrid, 1928, páginas 346-88).

2498

HOSLINGER, ROBERTO. *El historiador del Derecho, Antonio Agustín, Nuncio del Papa en Viena (año 1558).* (En *Boletín Arqueológico,* año LI, Tarragona, 1951, n.º 34, págs. 97-103).

2499

—— *El informe de Antonio Agustín sobre la elección del emperador Fernando I (a. 1558).* (En *Boletín Arqueológico,* Tarragona, 1953-54, núms. 41-48, págs. 41-47).

Traducción de un artículo publicado en alemán en 1951, incluyendo el texto latino del informe.

2500

LATASSA Y ORTIN, FELIX DE. *Don Antonio Agustín.* (En su *Biblioteca nueva de los escritores aragoneses...* Tomo I. 1798. Páginas 415-55).

2501

——. *Elenco de algunas obras ni impresas ni editas de que se tenga noticia, manuscritas por el Ilmo. Señor Don Antonio Agustín.* (En sus *Memorias literarias de Aragón.* Tomo II, pág. 115).

Manuscrito. Con extractos. (V. Arco y Garay, R. del. *Don Antonio Agustín, historiador,* pág. 532).

HUESCA. *Pública.*

2502

LOPEZ SERRANO, MATILDE. *Iconografía de Antonio Agustín.* (En *Numario Hispánico,* I, Madrid, 1952, págs. 11-32).

2503

MAYANS Y SISCAR, GREGORIO. *Vida de D. Antonio Agustín, arzobispo de Tarragona.* Madrid. Juan de Zúñiga. 1734. 184 páginas + 9 hs. 30,5 cm.

V. n.º 2435.

Ejemplares:

MADRID. *Nacional.* 3-24.349.—SANTANDER. *«Menéndez y Pelayo».* 4.715.

2504

MENENDEZ Y PELAYO, MARCELINO. [*Referencias a los trabajos humanísticos de Antonio Agustín*]. (En su *Biblioteca hispano-latina clásica.* Tomos I-X. Madrid. 1950-53).

Son muy numerosas, según puede apreciarse en el Indice (tomo X, pág. 267).

2505

——. [*Antonio Agustín, primero que escribió versos sáficos en castellano*]. (En su *Biblioteca de traductores españoles.* Tomo IV. 1953. Pág. 364).

2506

MIQUEL ROSELL, FRANCISCO. *Epistolario Antonio Agustín, Ms. 53 de la Biblioteca Universitaria de Barcelona.* (En *Analecta Sacra Tarraconensia,* XIII, Barcelona, 1937-1940, págs. 113-202.)

2507

NEUBER, CHRIST. LUDWIG. *Anton Augustin und sein civilistischer Nachlass*... Berlín. 1832. 8.°

Ejemplares:

LONDRES. *British Museum.* 5206.c.

2508

OLARRA, JOSE. *La disputada biblioteca de Don Antonio Agustín.* (En *Boletín Arqueológico,* XLVII, Tarragona, 1947, págs. 36-39).

Fué incorporada a la Vaticana en 1587.

2509

RIVERO, CASTO M. DEL. *Don Antonio Agustín, príncipe de los numismáticos españoles.* (En *Archivo Español de Arqueología,* XVIII, Madrid, 1945, págs. 97-123).

2510

SAINZ DE BARANDA, PEDRO. *Elogio histórico de D. Antonio Agustín, arzobispo de Tarragona, leído en la Real Academia de la Historia el día 3 de diciembre de 1830.* (En *Boletín de la R. Academia de la Historia,* LXXV, Madrid, 1919, págs. 77-89).

2511

——. *Antonio Agustín.* (En *España Sagrada*... Tomo XLVII. Madrid. 1850. Págs. 93-103).

V. además otras referencias en las páginas 242 y 253.

Ejemplares:

MADRID. *Nacional.* 2-53.312.

2512

SAINZ Y RODRIGUEZ, PEDRO. *Antonio Agustín y sus obras inéditas.* (En *Filosofía y Letras,* I, Madrid, 1915, n.° 1, págs. 11-13; n.° 2, págs. 4-5; n.° 3, págs. 13-15; 1916, n.° 4, págs. 5-6; n.° 12, páginas 6-9).

2513

SCHOTTUS, ANDREAS. *Laudatio funebre*... *Antonii Agustini*... Tarragona. 1586.

Se reprodujo en la mayoría de las ediciones de la obra *De emendatione Grationi.*

2514

TOLDRA RODON, JAIME. *El gran renacentista español D. Antonio Agustín Albanell, uno de los principales filólogos del siglo XVI.* (En *Boletín Arqueológico,* XLV, Tarragona, 1945, págs. 3-50).

Tirada aparte: Tarragona. 1945. 50 págs.

Crítica:

a) Simón Díaz, J., en *Razón y Fe*, CXXXV, Madrid, 1947, pág. 83.

2515

WAGENSEIL. [*Biografía de Antonio Agustín*]. Gotha. 1779.

Cit. por Gómez Piñán.

2516

YELA, JUAN FRANCISCO. *Los Dii Maiores de la Cultura española. Antonio Agustín de Albanell.* (En *Anales de la Universidad de Oviedo. 1940,* IX, Oviedo, 1942, pág. 103).

2517

ZULUETA, FRANCISCO DE. *Don Antonio Agustín.* Glasgow. Jackson, Son and Co. [R. Macleohose and Co.]. 1939. 48 págs. 21,5 cm.

Ejemplares:

MADRID. *Consejo. General.*

2518

——. ——— (En *Boletín Arqueológico,* XLVI. Tarragona, 1946. Páginas 47-80 y 3 láms.).

Traducción española de la conferencia citada en el número anterior.

AGUSTIN (P. ANTONIO)

N. en Zaragoza (1562) y era sobrino del arzobispo del mismo nombre. Jesuíta desde 1579. Residió en Roma y Santa Fe de Bogotá. M. en Cartagena de Indias (1637).

CODICES

2519

[*Suma Chronologica de las acciones del Arzobispo Antonio Agustín*].

Cit. por Ustarroz.

— — —

V. Uriarte-Lecina, *Biblioteca,* pág. 62.

EDICIONES

2520

[*APROBACION. Cartagena de Indias, 1 de octubre de 1623*]. (En Sandoval, Alonso de. *Naturaleza... de todos Etiopes.* Sevilla. 1627).

ESTUDIOS

2521

LATASSA Y ORTIN, FELIX DE. *P. Antonio Agustín.* (En su *Biblioteca nueva de los escritores aragoneses...* Tomo II. 1799. Página 362).

2522

URIARTE, JOSE EUGENIO DE Y MARIANO LECINA. *Agustín, Antonio.* (En *Biblioteca de escritores de la Compañía de Jesús.* Tomo I. 1925. Pág. 62).

AGUSTIN (FR. ANTONIO)

N. en Zaragoza en 1610. Militar y luego jerónimo. Prior del monasterio de Santa Engracia, de Zaragoza. Predicador de S. M. y Obispo de Albarracín (1665). M. en 1670.

EDICIONES

2523

SERMON de San Iorge Patron general de la Corona de Aragon. En la fiesta qve como a especial Patron y Abogado suyo, le celebra todos los años en la Sala de la Diputacion el estrenno Braço Militar del Reyno de Valencia. Predicolo el año de mil seiscientos y cincuenta y vno, la Dominica segunda después de la Pascua de la Resurreccion, el P. ——... Valencia. En casa de los Herederos de Chrisostomo Garriz, por Bernardo Nogués. 1651. 3 hs. + 34 págs. 19 cm.

—Dedicatoria a Fr. Francisco Gavaldan, General de la Orden de San Geronimo.

Texto.

Ejemplares:

MADRID. *Nacional.* R-Varios, 3-4.

2524

SERMON de la gloriosa virgen, y martir Santa Engracia. En sv fiesta transferida, Lunes despues de la Dominica in Albis. Año 1653. Predicolo en la civdad de Zaragoça... ——. Zaragoza. Iuan de Ybar. 1653. 3 hs. + 28 págs. 19 cm.

—Dedicatoria a D. Iuan de Palafox y Mendoça, Obispo de la Puebla de los Angeles, etc.

—Licencia de la Orden.

Texto

2525

V. Jiménez, Catalán, *Tipografía zaragozana del s. XVII,* n.º 596.

Ejemplares:

MADRID. *Nacional.* 2-33.730; R-Varios, 3-14.

2526

PRACTICA y Exercicio espiritual de una Sierva de Dios. Zaragoza. Juan de Ibar. 1654. 8.º

Cit. por Latassa.

2527

EXCELENCIAS del Santíssimo Nombre de María. Deducidas del Euangelio de su Fiesta. Predicadas en la Santa Iglesia de Toledo, Primada de las Españas, a 17 de Setiembre (día en que la celebra) del año de 1658. Madrid. Andres García de la Iglesia. 1658. 2 hs. + 11 fols. 20 cm.

—Dedicatoria a D. Baltasar de Moscoso y Sandoual, Cardenal, Arçobispo Primado de las Españas, etc.

—Censura del P. Vicente Lanfranqui

—Licencia del Ordinario.

—Licencia de la Orden.

Texto.

Ejemplares:

MADRID. *Nacional.* R-Varios, 6-12.

2528

IDEA de la constancia y perfección cristiana dibujada en la vida del glorioso Martir San Eustaquio, escrita en italiano por Juan Bautista Mazini, traducido por ——... Zaragoza. Juan de Ybar. 1662. 8.º

Se reimprimió en Valencia, en 1662 y 1696, y en Madrid en 1662.

Cit. por Latassa.

2529

CARTA Pastoral, o Sumario de la Vida de... Juan Bautista Beltran, Valenciano, Cura de Alcira. Gerona. 1665. 4.º

Cit. por N. Antonio.

2530

EPITOME de la vida, virtvdes, trabajos, prodigios, ecstasis (sic), *y revelaciones del Venerable Padre Fr. Domingo de Jesvs María, (en el siglo Rvzola) General de la Sagrada Orden de los Padres Carmelitas Descalzos, Sacado, por la mayor parte, del Libro Latino de esta Historia: que escrivió... Jvan Caramvel. Con varios Prólogos, Cartas, y Appendices de noticias, que conducen al mismo assumpto.* Zaragoza. Iuan de Ibar. 1669. 42 hs. + 312 págs. (?). 21 cm.

Preliminares, según Jiménez Catalán:

—Protestación del autor.

—Dedicatoria a Carlos II.

—Aprobación de Fr. Jerónimo Escuela.

—Imprimatur.

—Aprobación de Fr. Alberto Sos.

—Imprimatur.

—Prólogo del autor.

—Carta de Fr. Matías de los Reyes a Fr. Antonio Agustín.

—Otro Prólogo del autor Al lector curioso.

—Copia de una carta que el General de la Orden de los Descalzos de Ntra. Sra. del Carmen tiene original en su poder de D.ª Ana de Mendoza y de la Vega, duquesa del Infantado.

—Carta del autor a Monseñor Caramuel.
—Respuesta de Caramuel.
—Carta segunda del mismo.
—Madrigal italiano del emperador Fernando III.
—Epigramma de Fr. Eugenio de José.
—Elogium Sepulchrale
—Lámina.

V. Jiménez Catalán, *Tipografía zaragozana del s. XVII*, n.º 782.

Ejemplares:

PARIS. *Nationale*. H. 4185.—SAN LORENZO DEL ESCORIAL. *Monasterio*. 15-II-23.

2531

ESTIMULO de compuncion y soliloquios compuestos de sentencias y palabras de la Sagrada Escritura, encadenados entre sí por Fr. Juan de Jesús María... Traducido por ———. Zaragoza. Juan de Ybar. 1669. 8.º

Cit. por Latassa.

2532

VIDA de... Fr. Domingo de Jesús María. Madrid. 1879.

Extracto de la ed. de 1669.

Ejemplares:

MADRID. *Academia de la Historia*. Caja 458, n.º 9.804.

Poesías sueltas

2533

[*ROMANCE*]. (En Luis de Santa María (Fr.). *Octava sagradamente culta*... Madrid. 1664. Págs. 135-36).

V. n.º 1966.

2534

[*POESIAS*]. (En *Contienda poética*... [s. l., s. a.]).

1. Glossa. (Pág. 41).
2. Tercetos. (Págs. 82-84).

ESTUDIOS

2535

ANDRES DE UZTARROZ, JUAN FRANCISCO. [*Elogio a Fr. Antonio Agustín*]. (En su *Aganipe de los cisnes aragoneses*. Amsterdam. 1781. Págs. 16-17).

2536

ANTONIO, NICOLAS. *Antonius Augustinus*. (En su *Bibliotheca Hispana Nova*. 2.ª ed. Tomo I. 1783. Pág. 102).

2537

LATASSA Y ORTIN, FELIX DE. *Don Fr. Antonio Agustín*. (En su *Biblioteca nueva de los escritores aragoneses*... Tomo III. 1799. Págs. 400-3).

AGUSTIN (GASPAR)

ESTUDIOS

2538

[NAVARRO, JOSE. *Otro Vexamen: referencia a Gaspar Agustín*]. (En sus *Poesías varias*. Zaragoza. 1654. Págs. 153-54).

«Esse que ves... riñendo con aquel zapatero, porque le han hecho baxos los ponlevies, es *Don Gaspar Agustín;* dizele, que ha de zurralle la vadana, si haziendo sus zapatos se descuida otra vez en este punto: Pero él que tiene poco correa le responde,

Aunque aquesse desacato
Con tanto paciencia llevo,
Quando me enoje, me atrevo
A ponerlo en un zapato.»

V. n.º 1767.

AGUSTIN (MARTIN)

Zaragozano y sobrino del arzobispo D. Antonio Agustín. Canónigo.

CODICES

2539

[*Historia del Sr. D. Antonio Agustín*].

Cit. por Latassa, que remite a Blanco de Lanuza.

2540

[*Notas a los «Diálogos de Medallas», de Antonio Agustín*].

Cit. por Latassa.

ESTUDIOS

2541

LATASSA Y ORTIN, FELIX DE. *Don Martín Agustín*. (En su *Biblioteca nueva de los escritores aragoneses...* Tomo II. 1799. Página 305).

AGUSTIN (FR. MIGUEL)

De la Orden de San Juan de Jerusalén. Prior del Temple de la villa de Perpiñán.

EDICIONES

2542

LIBRO de los secretos de Agricultura... Traducido por ——... Zaragoza. Pascual Bueno. 1625.

2543

———. Zaragoza. 1626. 4 hs. + 512 págs. 4.°

2544

LIBRO de los secretos de Agricultura, Casa de Campo y Pastoril. Traduzido de lengua Catalana en Castellana por ——... Con adición del Quinto libro y otras curiosidades... Perpiñán. Luys Roure. 1626. 8 hs. + 654 págs. + 16 hs. 4.°

V. Aguiló y Fuster, *Catálogo de obras en lengua catalana,* n.° 1.908.

Ejemplares:

PARIS. *Nationale.* S. 6699.

2545

———. Zaragoza. 1636. 4.°

2546

LIBRO de los secretos de Agricultura Casa de Campo, y Pastoril. Tradvcido de lengua catalana en castellano por ——..., del Libro que el mesmo autor sacó a luz el año 1617, y agora con adicion del Quinto Libro y otras curiosidades; y vn Vocabulario de seys Lenguas, por declaracion de los vocablos de dicho Libro... Zaragoza. Viuda de Pedro Verges. 1646. 8 hs. + 592 páginas + 1 h. pleg. + 14 + 9 hs. 21 cm.

—Recopilacion de las materias contenidas en los cinco libros.
—Censura de Fr. Reginaldo Poe.
—Licencia del Ordinario.
—Décimas, al autor.
—Otra, de Rodrigo Nuñez de Saldaña.
—Dedicatoria a Fr. Honofre del Hospital.
—Prólogo.
Texto.
—Rueda perpetua para saber los años fértiles y estériles.
—Tabla.
—Vocabulario.

El original catalán, titulado *Llibre dels secrets de Agricultura...* se publicó en Barcelona, por E. Liberós, en 1617.

V. Jiménez Catalán, *Tipografía zaragozana del s. XVII,* n.° 488.

Ejemplares:

MADRID. *Nacional.* 2-42.336. — PARIS. *Nationale.* S.4685.

2547

———. Barcelona. 1649. 4.°

2548

———. Zaragoza. 1695. 4.°

2549

———. Madrid. 1695. 8 hs. + 592 págs. + 23 hs. 4.°

2550

———. Zaragoza. 1702. 4.°

2551

———. Zaragoza. Pasqual Bueno. 1703. 8 hs. + 511 págs. 20 cm.

Ejemplares:

MADRID. *Nacional.* 2-33.689.

2552

———. Barcelona. 1717. 4.°

2553

———. Barcelona. Juan Piferrer. 1722. 6 hs. + 508 págs. con grabs.

Ejemplares:

MADRID. *Academia Española.* S.C.=12-E-29.—PARIS. *Nationale.* S. 4686.

2554

———. Barcelona. Herederos de Juan Jolis. 1722. 6 hs. + 508 páginas con grabs. 20 cm.

Ejemplares:

MADRID. *Nacional.* 3-5.700.

2555

———. Madrid. 1722.

2556

———. Madrid. 1731. 4.°

2557

———. Barcelona. 1744. 4.°

2558

———. Barcelona. Escuder. 1749. 4.°

2559

———. Madrid. Joachin Ibarra. 1762. 8 hs. + 555 págs. 20 cm.

Ejemplares:

MADRID. *Nacional.* 3-44.848.

2560

———. Barcelona. María Angela Martí. 1762. 7 hs. + 484 págs. 4.°

2561

———. Barcelona. Francisco Oliver. 1770. 6 hs. + 508 págs. 4.°

2562

———. Madrid. Joachim Ibarra. 1781. 4.°

Ejemplares:

LONDRES. *British Museum.* 7073.aaa.

2563

———. [s. l.] Juan Piferrer. [s. a.]. 6 hs. + 508 págs. 21 cm.

En el título se dice que la primera edición catalana salió en 1717. Impresa en Barcelona, por 1785.

Ejemplares:

MADRID. *Nacional.* U-546.

ESTUDIOS

2564

ANTONIO, NICOLAS. *Michael Augustinus.* (En su *Bibliotheca Hispana Nova.* Tomo II. 1788. Página 131).

2565

TORRES AMAT, FELIX. *Agustí, Fr. Miguel.* (En sus *Memorias para... un Diccionario... de los escritores catalanes.* 1836. Pág. 8).

AGUSTIN DE LA CONCEPCION (FR.)

Franciscano descalzo.

EDICIONES

2566

CEREMONIAL de las Misas. Trata de las rvbricas y ceremonias pertenecientes al Sacrosanto Sacrificio de la Misa, y Ritos de la semana Santa, conforme al Misal Romano de Pio V reformado por Clemente VIII y recognito por Vrbano VIII. Al vso solamente de la Santa Provincia de S. Ioseph de los Descalzos de N. P. S. Francisco, con el Manual de la misma Provincia. Cuenca. Salvador de Viader. 1647. 12 hs. + 86 fols. + 2 hs. 19,5 cm.

—Licencia de la Orden.
—Fe de las Erratas.
—Censura de Fr. Iuan García.
—Licencia del Ordinario.
—Aprobación de Fr. Pedro de Corbera, Fr. Alonso de Salvatierra y Fr. Pedro de Illescas.
—Censura de Fr. Iuan Ponce de León.
—Suma del Privilegio.
—Decreto del Difinitorio capitular, celebrado en S. Luis de Paracuellos a 27 de Iulio de 1647.
—Advertencias y prologo al lector.

—Tabla alfabetica de lo particular destos tratados.
Texto.
—Tabla de los tratados y capítulos.

Ejemplares:

MADRID. *Nacional* 3-25.611.

ESTUDIOS

2567

ALVAREZ Y BAENA, JOSEPH ANTONIO. *Agustín de la Concepción o Madrid (Fray)*. (En *Hijos de Madrid*... Tomo I. 1789. Página 11).

AGUSTIN DE JESUS MARIA (FR.)

Carmelita descalzo. Prior del convento de Toledo. Provincial y Definidor general de su Orden.

EDICIONES

2568

ARTE de orar evangelicamente. Cuenca. Imp. de Salvador de Viader. 1648. 8 hs. + 90 fols. + 2 hs. 21 cm.

—Licencia de la Orden.
—Suma del Priuilegio.
—Tassa.
—Fe de erratas.
—Aprovación de Fr. Lorenço Diaz de Encinas.
—Licencia del Ordinario.
—Aprovacion de Fr. Antonio de Castro.
—Aprovacion de Fr. Francisco de Lizana Arnedo.
—Prólogo al lector.
—Dedicatoria a D. Enrique Pimentel, Obispo de Cuenca, etc.
Texto.
—Tabla.

Ejemplares:

MADRID. *Academia Española.* S.C.=31-A-54. *Academia de la Historia.* 2-4-5-2.062. *Nacional.* 3 - 55.029. — NUEVA YORK. *Hispanic Society.*

2569

SERMON predicado en la traslacion del Santissimo Sacramento, del Cuerpo de la Iglesia á la Capilla mayor, dedicada á la Venida del Espiritu Santo. En el convento de los Carmelitas Descalços de la Ciudad de Toledo. Alcalá. Francisco García Fernandez. 1672. 5 hs. + 28 págs. 19,5 cm.

—Dedicatoria a Fr. Diego de S. Ioseph, Difinidor General de los Carmelitas Descalços.
—Dictamen del Dr. Francisco de Arando y Maçuelo.
—Aprobación de Fr. Pedro de Espinosa.
—Licencia del Ordinario.
—Licencia de la Orden
Texto.

Ejemplares:

MADRID. *Nacional.* 2-33.730; R-Varios, 123-8 y 81-9.

2570

VIDA, y mverte de la Venerable Madre Luisa Magdalena de Jesus, religiosa carmelita descalza, en el convento de San Joseph de Malagón, y en el siglo, Doña Lvisa Manriqve de Lara, excelentissima Condesa de Paredes, Aya de la... Reyna de Francia, Doña María Theresa de Austria y Borbón. Obra posthuma... La da a luz Pedro Vidal de Flores y Sabedra... Madrid. Antonio de Reyes. 1705. 14 hs. + 256 páginas. 20,5 cm.

—Dedicatoria a la Condesa de Paredes y a la Marquesa de Malpica, nietas de la Madre Luisa, por P. V. de Flores.
—Aprobacion del P. Ioseph Manrique.
—Aprobación del P. Antonio Escarate y Ledesma.
—Licencia del Ordinario.
—Suma del Privilegio.
—Fe de erratas.
—Suma de la tassa.
—Protestacion.
—Prologo.
—Carta, y aprobación de Fr. Manuel de San Geronimo, carmelita descalzo.
Texto (págs. 1-220).
Págs. 221-23: Tabla de los Capítulos.

Págs. 225-56: Poesías varias de la V. M. Luisa Magdalena de Jesús.

Ejemplares:

MADRID. *Academia de la Historia.* 5-4-8-1.805. *Nacional.* 3-33.680.

AGUSTIN Y REUS (GASPAR)

EDICIONES

Poesías sueltas

2571

[*SONETO*]. (En Moncayo y Gurrea, Juan de. *Rimas.* Zaragoza. 1652. Preliminares).

V. n.° 1166.

2572

[*AUTOR (Al). Soneto*]. (En Díez y Foncalda, Alberto. *Poesías varias.* Zaragoza. 1653. Preliminares).

V. n.° 1167.

AGUSTIN DE SAN ANDRES (FR.)

Mercedario descalzo. Cronista general de la Orden en 1665.

CODICES

2573

[*Vida de Fr. Antonio de San Pedro*].

Cit. por Garí.

EDICIONES

2574

VIDA de la venerable e insigne escritora Sor María de la Antigua... Madrid. 1677.

Cit. por Garí.

ESTUDIOS

2575

GARI Y SIUMELL, JOSE ANTONIO. *Fr. Agustín de San Andrés.* (En su *Biblioteca mercedaria.* 1875. Pág. 15).

AGUSTIN DE SAN ILDEFONSO (FRAY)

N. en El Toboso. Agustino descalzo desde 1610. Definidor de la provincia de Castilla. M. en su pueblo natal en 1662.

EDICIONES

2576

THEOLOGIA mytica, sciencia y sabidvria de Dios mysteriosa, oscura, y leuantada para muchos. Alcalá. María Fernandez. 1644. 8 hs. + 744 páginas a 2 cols. + 15 hs. 20 cm.

—Suma del Priuilegio.
—Suma de la Tassa.
—Erratas.
—Aprovación del P. Iuan Eusebio Nieremberg (Colegio Imperial de Madrid, a 28 de enero de 1644).
—Aprobación de Fr. Thomas de Herrera.
—Licencia del Ordinario.
—Licencia de la Orden.
—Dedicatoria al cardenal Ioan Bautista Palota.
—Prologo al Lector.
Texto.
—Tabla de los libros, tratados y capítulos.
—Tabla de las cosas más notables.
—Litaniæ Beatæ Mariæ Virginis.
—Colofón.

Ejemplares:

MADRID. *Nacional.* 2-66.794. — PALMA DE MALLORCA. *Pública.*

2577

——— [s. l. s. i.]. [s. a.]. 9 hs. + 526 págs. 28,5 cm.

Preliminares fechados en 1683.

Ejemplares:

BURGOS. *Pública.*—MADRID. *Fundación Lázaro Galdiano.*—*Nacional.* 3-76.057; 3-9.292; etc.

ESTUDIOS

2578

ANTONIO, NICOLAS. *F. Augustinus de S. Ildephonso.* (En su *Bi-*

bliotheca Hispana Nova. 2.ª ed. Tomo I. 1783. Pág. 176).

2579

SANTIAGO VELA, GREGORIO DE. *San Ildefonso, Fr. Agustín de.* (En su *Ensayo de una Biblioteca... de la Orden de San Agustín.* Tomo VII. 1925. Págs. 167-68).

AGUSTIN DE SAN MARCO (FR.)

Agustino descalzo.

EDICIONES

2580

[*SERMON que predicó en las fiestas del padre S. Luys Bertran*]. (En Gómez, Fr. Vicente. *Los sermones, y fiestas...* Valencia. 1609. Páginas 174-224).

V. n.º 2064.

AGUSTIN DE SAN PASCUAL (FR.)

N. en Marbella por 1637. Franciscano desde 1656. Misionero en Filipinas. M. en 1697.

CODICES

2581

«Dificultad para administrar los santos Sacramentos en China, con sus resoluciones».

21 fols. 280 × 170 mm.

V. Pérez, págs. 282-83.

PASTRANA. *Archivo de loc PP. Franciscanos.* 11-1, n.º 6.

2582

«Supuesta la intimacion del Decreto de la Sagrada Congregacion de Propaganda, se dificulta si los religiosos venidos por Manila a esta Mission de China pueden administrar».

Autógrafo. 12 fols., pero incompleto. 310 × 210 mm.

PASTRANA. *Archivo de los PP. Franciscanos.* 10-1.

2583

Relación de los progresos de su misión desde 1672 a 1677.

Cit. por Huerta, *Estado geográfico... de la Provincia de San Gregorio,* página 520.

2584

[*Obras latinas inéditas*].

V. Pérez, pág. 281.

EDICIONES

2585

CAMINO de la Bienaventuranza. Cantón. 1681.

En idioma y caracteres chinos. (Huerta, loc. cit.).

2586

[*SUPUESTA la intimación... Fragmento. Edición de Fr. Lorenzo Pérez*]. (En *Archivo Ibero-Americano,* VII, Madrid, 1917, págs. 354-58).

ESTUDIOS

2587

MERCADO DE LAS LLAGAS, Fr. BERNARDINO. [*Sonetos a la muerte de Fr. Agustín de San Pasqual. Edición de Lorenzo Pérez*]. (En *Archivo Ibero-Americano* X, Madrid, 1918, págs. 280-81).

2588

PEREZ, LORENZO. *Cartas y Relaciones del P. Agustín de San Pascual, misionero de China.* (En *Archivo Ibero-Americano,* X, Madrid, 1918, páginas 257-311, 344-403; XIX, 1919, págs. 44-71; XII, páginas 87-281).

Págs. 283-286: Léxico de palabras sínicas empleadas por el P. —— en sus Cartas y Relaciones.

Págs. 287 y sigs.: «Cartas y relaciones».

AGUSTIN DE SANTO TOMAS (FR.)

Mercedario descalzo.

EDICIONES

2589

RESOLVCION ivridica, por parte de los regvlares, y con singvlaridad, en favor de la Religion de Mercenarios Descalços, para fvndar el derecho qve tienen de poder salir á los Atrios, ó Porticos de sus Iglesias con las Processiones Conventuales, sin assistencia, ni consentimiento del Parroco, ó Ordinario. [s. l., s. i.] [s. a.] 40 págs. 20 cm.

Texto.

Ejemplares:

MADRID. *Nacional.* R-Varios, 18-6.

AGUSTIN DE ZAMORA (FR.)

Capuchino. Lector de Teología, Definidor y Guardián varias veces en la Provincia de la Encarnación de las dos Castillas de su Orden.

EDICIONES

2590

MARGARITA (La) preciosa del corazón hvmano. Svs excelencias, y las finezas de Dios nvestro Señor, para con el. Madrid. Francisco Sanz. 1678. 35 hs. + 506 págs. + 11 hs.

—Tabla.
—Dedicatoria al Espíritu Santo y a la Virgen María.
—Censura y aprobación de Fr. Basilio de Zamora y Fr. Miguel de Maxadahonda.
—Censura y aprobación de Fr. Luis de Torre.
—Licencia de la Orden.
—Aprobación de Fr. Francisco Teleña.
—Licencia del Ordinario.
—Aprobación de Fr. Diego de Salazar y Cadena.
—Suma del privilegio.
—Suma de la tassa.
—Protesta del autor.
—Prólogo al lector.
Texto.
—Indice de las cosas notables.

Ejemplares:

MADRID. *Nacional.* 2-68.680.—PALMA DE MALLORCA. *Pública.*

AHUMADA (BEATRIZ DE)

V. *BEATRIZ DE JESUS.*

AHUMADA (BERNARDINO DE)

Caballero de Santiago.

EDICIONES

Poesías sueltas

2591

[*SONETO*]. (En Salazar Mardones, Cristóbal de. *Ilustración y defensa de la Fabula de Píramo y Tisbe...* Madrid. 1636. Preliminares).

V. n.º 1165.

2592

[*SONETO*]. (En Grande de Tena, Pedro. *Lágrimas panegíricas a la... muerte del... Dr. Iuan Pérez de Montalbán...* Madrid. 1639. Fol. 10*r*).

AHUMADA (FERNANDO DE)

EDICIONES

2593

LIBRO de la vida de la Venerable Madre Soror Leonor de Ahvmada, religiosa del convento de Nvestra Señora de las Nieves de la civdad de Cordova. Sevilla. Iuan de Ossuna. 1674. 10 hs. + 123 fols. 20,5 cm.

—Retrato de Sor Leonor, por I. Felipe.
—Aprobación del P. Iuan de Cardenas.
—Aprobacion de Fr. Pedro de Leon.
—Aprobacion de Fr. Iuan de San Agustín.
—Licencia.
—Dedicatoria a D. Iuan Bernardino de Ahumada, Cauallero de Santiago y Vizconde de Luson.
—Al letor.
—Protesta del Autor.

V. Escudero, *Tipografía hispalense*, número 1.759.

Ejemplares:

MADRID. *Nacional*. 2-35.884.

AHUMADA (PEDRO DE)

EDICIONES

2594

QUESTION en la qual se intenta aueriguar como... se deba sangrar en las enfermedades que curamos... Sevilla. I. Gomez de Blas. 1653. 15 fols. 4.°

V. Escudero, *Tipografía hispalense*, n.° 1.656.

Ejemplares:

LONDRES. *British Museum*. 783.g.21(6).

AHUMADA (TERESA DE)

EDICIONES

Poesías sueltas

2595

[*GLOSA*]. (En Miranda y la Cotera, José de. *Certamen angelico...* Madrid. 1657. Fol. 98).

AHUMADA MENDOZA (FR. JUAN DE)

Carmelita descalzo. Pariente de Santa Teresa. Enseñó en el convento de Alcalá, y residía en Nápoles en 1643.

EDICIONES

2596

SERMONES para los domingos y ferias principales de la Qvaresma. Tomo I. Napoles. Camilo Cavallo. 1641. 14 hs. + 552 págs. 4.°

Dedicatoria (hay hasta tres diferentes, lo que motiva los correspondientes cambios en las portadas: una a D. Ramiro Phelipez y Guzman, Duque de Medina de las Torres, Virrey de Napoles; otra a D. Juan Alfonso Enríquez de Cabrera, Virrey de Sicilia, y otra a D. Francisco de Melo, Virrey de Sicilia).
—Aprobación de Fr. Juan Formoso.
—Licencia de la Orden.
—Al Lector.
Texto.

V. Toda, *Bibliografía espanyola d'Italia*, I, n.ºs 81-83.

2597

SERMON que predicó —— en su convento el dia ultimo de la octava que hiço a Santa Theresa de Jesus. [Napoles]. [1642]. 4 hs. + 52 págs. 4.°

Ejemplares:

NAPOLES. *Nazionale*. T4.B.20[1].

2598

SERMON de S. Francisco Xavier. Napoles. E. Longo. 1644 20 + 78 págs. 4.°

Ejemplares:

NAPOLES. *Nazionale*. 74.B.20[9].

ESTUDIOS

2599

ANTONIO, NICOLAS. *F. Ioannes de Ahumada Mendoza.* (En su *Bibliotheca Hispana Nova*. 2.ª ed. Tomo I. 1783. Pág. 629).

AHUMADA Y TAPIA (SANCHO DE)

EDICIONES

2600

CARTA apologetica, en la qval se descvbre, argvye y refvta gran nvmero de falsedades, indignamente svpvestas a los Padres Carmelitas Descalzos, y a vn memorial, qve por orden de sv Magestad saco a lvz el R. P. F. Pedro de la Madre de Dios, difinidor general del dicho Orden, por el Patronato de la gloriosa Virgen, y Patriarca Santa Teresa. Zaragoza. Antonio Torcido. 1629. 4 hs. + 28 fols. 21 cm.

—Soneto al Apostol Santiago. [«Pues tan afecto al Patrocinio tomas...»].
—A mi letor.
Texto.
Protesta.

Ejemplares:

LONDRES. *British Museum.* 487.i.39. (5).—MADRID. *Nacional.* R-Varios, 58-59 y 16-17.

ESTUDIOS

2601

ANTONIO, NICOLAS. *D. Sancius de Ahumada et Tapia.* (En su *Bibliotheca Hispana Nova.* 2.ª ed. Tomo II. 1788. Pág. 275).

AIBAR (PEDRO TOMAS)

N. de Granada. Licenciado.

EDICIONES

Poesías sueltas

2602

[*OCTAUAS*]. (En Herrera, Pedro de. *Descripción de la Capilla de N.ª S.ª del Sagrario, que erigió en la Sta. Iglesia de Toledo el... Cardenal D. Bernardo de Sandoval y Rojas...* Madrid. 1617. 4.ª parte. Fols. 54*r*-55*r*).

Ejemplares:

MADRID. *Nacional.* 2-42.682; 3-59.097.

AIBAR Y ESLAVA (IGNACIO DE)

EDICIONES

2603

[*PAPEL que escrivio al autor. Madrid, 3 de diciembre de 1683*]. (En Rodríguez, Manuel. *El Marañón y Amazonas...* Madrid. 1684. Preliminares).

V. n.º 1560.

AINCILE (PEDRO DE)

EDICIONES

Poesías sueltas

2604

[*ROMANCE*]. (En Diez de Aux, Luis. *Retrato de las fiestas que a la beatificacion de la bienaventurada Virgen y Madre Santa Teresa de Iesus... hizo... la Imperial Ciudad de Zaragoça...* Zaragoza. 1614. Página 74).

Ejemplares:

MADRID. *Nacional.* R-457.

AINGO DE EZPELETA (PEDRO)

Canónigo de la catedral de Astorga. Juez, Examinador sinodal y Visitador general del Obispado.

EDICIONES

2605

FVNDACION de la Santa, y Cathedral Iglesia de la Civdad de Astorga. Vida, predicacion, y marty-

rio de su primer Obispo S. Ephren, discipulo del Apostol Santiago el Zebedeo. Noticia de los mvchos y grandes Santos desta Apostolica Iglesia, y nobilissima Ciudad, y de algunos Santos de otras Cathedrales, y Ciudades de España. Madrid. Andres de Parra. 1634. 6 hs. + 48 fols. 20 cm.

—Suma del priuilegio.
—Envío al censor.
—Aprovacion de Manuel Sarmiento de Mendoça.
—Licencia del Vicario.
—Dedicatoria al Dean y Cabildo de la Catedral de Astorga.
—Introducion.
Texto.
Fol. 48*r:* Indice de lo que se contiene en este discurso.
Fol. 48*v:* Los santos propios de la Cathedral, y Ciudad de Astorga, de que se da noticia.

Ejemplares:

MADRID. *Academia de la Historia.* 5-5-8-2.513. *Nacional.* 3-13.922.

2606

RESOLVCIONES morales, y doctrinales, de las principales dvdas ocasionadas de la baxa de la moneda de vellon en los Reynos de Castilla, y Leon, antes y despues de la ley, y Prematica della, publicada en 15 de Setiembre Año de 1642. Córdoba. Salvador de Cea. 1643. 245 + 17 págs. 20,5 cm.

V. Valdenebro, *La Imprenta en Córdoba,* n.° 175.

Ejemplares:

MADRID. *Academia Española.* S.C.=13-E-59. *Nacional.* 3-53.633.

2607

———. 2.ª impresión, con adiciones. Madrid. María de Quiñones. A costa de Iuan de Valdés. 1654. 12 hs.+314 págs.+13 hs. 20 cm.

Ejemplares:

LONDRES. *British Museum.* 1139.l.1.—MADRID. *Nacional.* 2-59.956.—SANTIAGO DE COMPOSTELA. *Universitaria.*

2608

SELECTÆ, et praticæ resolvtiones, de casibvs tempore mortis occvrrentibvs, tam in administratione, & receptione Sacramentorum, quam in cæteris ad eum conflictum omnium maximum spectantibus... Madrid. Melchor Sanchez. 1660. 6 hs. + 487 págs. a 2 cols. + 26 hs. 30 cm.

Ejemplares:

MADRID. *Nacional.* 3-42.970.—SANTIAGO DE COMPOSTELA. *Universitaria.*

2609

[*PARECER. Astorga, 2 de mayo de 1658*]. (En Alvarez de la Barriada, Tomás. *Discursos eclesiásticos, y morales.* Madrid. 1658. Preliminares).

ESTUDIOS

2610

ANTONIO, NICOLAS. *D. Petrus Aingo de Espeleta.* (En su *Bibliotheca Hispana Nova.* Tomo II. 1788. Pág. 165).

AINSA (FRANCISCO DIEGO DE)

V. AYNSA Y DE IRIARTE (FRANCISCO DIEGO DE).

AINSA (FR. JUAN DE)

Franciscano, del convento de Valencia.

CODICES

2611

[*De la vida del Santo Fr. Domingo Guallart*].

Cit. por Nicolás Antonio, que remite al cap. XXVIII de la *Quarta parte de la Chronica General de ... San Francisco,* de Fr. Antonio Daza (Valladolid, 1611), el cual, en dicho capítulo (págs. 134-39 de la segunda numeración), no menciona para nada esta obra.

ESTUDIOS

2612

ANTONIO, NICOLAS. *F. Ioannes de Ainsa.* (En su *Bibliotheca Hispana Nova.* 2.ª ed. Tomo I. 1783. Pág. 629).

AISA (FR. JUAN DE)

Mercedario. Mestro en Teología de la provincia de Andalucía.

EDICIONES

2613

SERMON de honras en las exequias del Ilustrísimo y Rmo. D. Fr. Diego Serrano, obispo de Guadix, general que fué de la Merced. Granada. 1653.

Cit. por Garí.

ESTUDIOS

2614

GARI Y SIUMELL, JOSE ANTONIO. *Fr. Juan de Aisa.* (En su *Biblioteca Mercedaria.* 1875. Página 6).

AJOFRIN (FR. ALFONSO DE)

CODICES

2615

[*Comentarios*].

Letra del s. XVII. 206 fols. 145 × 105 milímetros.

Nota preliminar: «D. B. fontani in Porphiris isagogem et Aristotelis logicam et metaph. fr. franco. de orellana comparabat, posterus mortem fr. Alfonso de Ajofrín bibliothecarius communi biblioth. dicamdum curabat anno 1644.»

MADRID. *Nacional.* Mss. 1.139.

2616

[*Miscelanea Histori Politica & c.*ª].

Letra del s. XVII. 305 × 210 mm.

MADRID. *Nacional.* Mss. 11.205 (folios 118*r*-358*v*).

2617

[*Miscelanea historia politica. Segundo tomo*].

Letra del s. XVII. 333 fols. 305 × 210 milímetros.

Fol. 333: «Tabla de los tratados que en este libro se contienen.»

MADRID. *Nacional.* Mss. 11.206.

2618

[*Historia de Talavera... Escriuiola en borrador el Licenciado Cosme Gomez de Texada de los Reyes. Sacola en limpio Fr. Alonso de Ajofrín, Monje professo en el Conuento de Santa Cathalina, horden de San Geronimo de la villa de Talavera*].

Letras del s. XVIII. (Nota final: «Se acabo de copiar día de sant° de 1722 a las 10 de la noche»). 312 fols. 310 × 210 mm.

MADRID. *Nacional.* Mss. 2.039.

ESTUDIOS

2619

SANTOS, FRANCISCO DE LOS. [*Fr. Alonso de Ajofrín*]. (En *Quarta parte de la Historia de la Orden de San Geronimo.* Madrid. 1680. Pág. 433).

Ejemplares:

MADRID. *Nacional.* R-19.

ADICIONES

FUENTES GENERALES

COLECCIONES DE TEXTOS Y ANTOLOGIAS

2620

COLECCION de poesías castellanas extrahídas de los mas celebres escritores españoles y particularmente de Garcilaso de la Vega, con el resumen de su vida... Por Gaetano Ravizzatti... 2.ª ed. Romsey. J. S. Hollis. 1800. VI + 306 págs. 21 cm.

Contiene poesías de Garcilaso, Francisco de Figueroa, Francisco de Borja (Príncipe de Esquilache) y Quevedo.

Ejemplares:

MADRID. *Nacional* 1-17.172 (ex-libris de Gayangos).—WASHINGTON. *Congreso.* 18-33318.

2621

ROMANZI Picareschi. Traduzione, introduzione e note a cura di Fernando Capecchi. Florencia. Sansoni. 1953. XXVIII + 660 págs. 8.º (I Grandi Classici Stranieri).

Crítica:

a) Raimondi, Piero, en *Convivium,* I, Turín, 1954, págs. 114-15.

b) Rossi, G. C., en *Nuova Antología,* LXXXIX, Roma, págs. 282-83.

MONOGRAFIAS

b) *Aspectos parciales*

2622

CAYUELA, ARTURO MARIA. *La Asunción en nuestro barroco literario.* (En *Humanidades,* III, Comillas, 1951, págs. 6-20).

2623

GLASER, EDWARD. *Referencias antisemitas en la literatura peninsular de la edad de oro.* (En *Nueva Revista de Filología Hispánica,* VIII, Méjico, 1954, págs. 39-62).

2624

PORQUERAS MAYO, A. *El lector español en el Siglo de Oro.* (En *Revista de Literatura,* V, Madrid, 1954, págs. 187-215).

Sobre los prólogos.

e) *Barroco*

2625

BAJARLIA, JUAN JACOBO. *Gongorismo y surrealismo comc problemas del barroco.* (En *La*

Nueva Democracia, XXXIV, Nueva York, 1954, n.º 4, págs. 20-23).

2626
SALVA MIQUEL, FRANCISCO. *Meditaciones en torno al barroco.* (En *Cristiandad,* XI, Barcelona, 1954, núms. 249 y 250).

POESIA

2627
MESA, CARLOS E. *Festejos y romances del siglo XVII en loor de la Inmaculada.* (En *Virtud y Letras,* XIII, Zipaquirá, 1954, págs. 169-84).

2628
PAPELL, ANTONIO. *La poesía épica culta de los siglos XVI y XVII.* (En *Historia general de las Literaturas Hispánicas.* Tomo II. 1951. Págs. 755-83.

TEATRO

2629
ARJONA, J. H. *The Use of Autorhymes in the XVIIth Century «Comedia».* (En *Hispanic Review,* XXI, Filadelfia, 1953, págs. 273-301).

2630
REYES, ALFONSO. *Los autos sacramentales en España y América.* (En *Boletín de la Academia Argentina de Letras,* V, Buenos Aires, 1937, págs. 349-60).

2631
SERRANO PONCELA, S. *Amor y apetito en el teatro clásico español.* (En *Asomante,* San Juan de Puerto Rico, 1953, págs. 46-62).

2632
SHERGOLD, N. D. *Nuevos documentos sobre los corrales de comedias de Madrid en el siglo XVII.* (En *Revista de la Biblioteca, Archivo y Museo,* XX, Madrid, 1951, págs. 391-445...).

2633
VAREY, J. E. y N. D. SHERGOLD. *Tres dibujos inéditos de los antiguos corrales de comedias de Madrid.* (En *Revista de la Biblioteca, Archivo y Museo,* XX, Madrid, 1951, págs. 319-20, más 3 láms.).

Actores

2634
FALCONIERI, JOHN V. *Más noticias biográficas de Alberto Ganassa.* (En *Revista de Archivos, Bibliotecas y Museos,* LX, Madrid, 1954, págs. 219-22).

NOVELA

b) *Pastoril*

2635
CABAÑAS, PABLO. *La mitología latina en la novela pastoril. Icaro o el atrevimiento.* (En *Revista de Literatura,* I, Madrid, 1952, páginas 453-60).

2636
FERRERES, RAFAEL. *La novela pastoril y morisca.* (En *Historia general de las Literaturas Hispánicas.* Tomo II. 1951. Págs. 787-99).

c) *Picaresca*

2637
BEBERFALL, LESTER. *The 'Pícaro' in context.* (En *Hispania,* XXXVII, Wáshington, 1954, págs. 288-92).

2638
CANEVA, RAFAEL. *Picaresca: anticaballería y realismo.* (En *Universidad de Antioquia,* XXVII, Medellín (Colombia), 1952, págs. 67-87; XXVIII, 1953, págs. 373-89).

2639
MULERTT, WERNER. *Frankospanische Kulturberührungen.* (En *Volkstum und Kultur der Romanen,* III, Hamburgo, 1930, págs. 129-48).

2640
PEÑUELAS, MARCELINO C. *Algo más sobre la picaresca. Lázaro y Jack Wilton.* (En *Hispania,* XXXVII, Wáshington, 1954, págs. 443-45).

BIO-BIBLIOGRAFIA

2641
ESCALANTE, HILDAMAR. *Juan Pablos, primer impresor de América.* (En *Revista Nacional de Cultura,* año VII, Caracas, 1943, n.° 37, págs. 76-84).

2642
MILLARES CARLO, AGUSTIN. *Algunos documentos sobre tipógrafos mexicanos del siglo XVI.* (En *Filosofía y Letras,* V, México, 1943, n.° 12, págs. 303-24).

2643
TORRE REVELLO, JOSE. *La primera imprenta americana establecida en México.* (En *Cervantes,* XIV, Habana, 1939, págs. 18-20).

AUTORES

ABARCA (P. PEDRO)

ESTUDIOS

2644
AGUSTIN DE BARCELONA (FR.). *Oración fvnebre, en las honras, qve la... Vniversidad de Salamanca celebró... al RR. P. M. Pedro Abarca...* Salamanca. María Estevez. 1698. 2 hs. + 20 págs. 19 centímetros.

V. n.º 2662.

ABARCA DE BOLEA Y CASTRO (MARTIN)

EDICIONES

Poesías sueltas

2645
[*SONETO de don Martín de Castro y de Bolea, al Autor*]. (En Rey de Artieda, Andrés. *Discursos, epístolas y epigramas de Artemidoro.* Zaragoza, 1605, Preliminares).

ESTUDIOS

2646
REY DE ARTIEDA, ANDRES. [*Dedicatoria a D. Martín Abarca Castro y Bolea, Barón de Clamosa,* etc.]. (En ídem).

ABENCERRAJE (HISTORIA DEL)

ESTUDIOS

2647
BATAILLON, MARCEL. *¿Melancolía renacentista o melancolía judía?* (En *Estudios hispánicos. Homenaje a Archer M. Huntington.* Wellesley. 1952. Págs. 39-50).

2648
LOPEZ ESTRADA, FRANCISCO. *Estudio y texto de la narración pastoril «Ausencia y soledad de amor», del «Inventario» de Villegas.* (En *Boletín de la Real Academia Española,* XXIX, Madrid, 1949, págs. 99-133).

Págs. 112-21: «La obra pastoril del "Inventario" y el "Abencerraje" pueden pertenecer a un mismo autor; concordancias de ambas.»

2649
MORENO BAEZ, ENRIQUE. *El tema del Abencerraje en la literatura española.* (En *Archivum,* IV, Oviedo, 1954, págs. 310-29).

«*Academia política...*»

EDICIONES

2650

[*ACADEMIA política del año de 1679 sobre el gobierno del Señor D. Juan de Austria. Edición de Antonio Valladares de Sotomayor*]. (En *Semanario Erudito,* XI, Madrid, 1788, págs. 3-35).

ACEVEDO (P. FRANCISCO DE)

Jesuíta. Rector del Colegio de Granada y del Noviciado de Sevilla.

EDICIONES

2651

[*CENSURA. Sevilla, 14 de junio de 1697*]. (En Castilla, Juan de. *Discursos predicables sobre la salutación angélica...* Sevilla. 1698. Preliminares).

Ejemplares:

MADRID. *Nacional.* 3-17.130.

ACUÑA (HERNANDO DE)

EDICIONES

2652

VARIAS poesías. Edición y notas por Antonio Vilanova. Barcelona. Gráfs. Martell. 1954. 286 páginas + 5 hs. 19,5 cm.

Ejemplares:

SALAMANCA. *Universitaria.* Letras.

ADAQUAZ (CONDE DE)

V. PARDO DE LA CASTA Y AGUILAR (LUIS).

ADRADA (MARQUES DE LA)

V. LA LAMA Y DE LA CERDA (GONZALO DE).

AGRAMUNT DE SISTERNES (AGUSTIN)

EDICIONES

Poesías sueltas

2653

[*POESIAS*]. (En Mendoza, Manuel. *Fiestas que el Convento de nuestra Señora del Carmen de Valencia hizo a nuestra Santa Madre Teresa de Iesus...* Valencia. 1622).

1. *A la herida que causó el Serafín en el pecho de la Santa Madre Teresa de Iesus, con el dardo de oro.* (Páginas 55-57).
2. *Decimas.* (Págs. 84-86).

Ejemplares:

MADRID. *Nacional.* R-12.949.

ESTUDIOS

2654

[*VEXAMEN*]. (En Mendoza, Manuel. *Fiestas...* Págs. 183-84).

«Agramunt Sisternes es
buen galan, y mal Poeta,
de las Mussas por cortes
le vienen en la estafeta
nueue cartas cada mes.
Con esto desuanecido
tan mal a Teresa alaba,
que de su esposo querido
dixo que el clauo le graua,
desacierto conocido.
Pero no me admiro yo,
antes le tengo manzilla,
por ver que siempre escriuio
con lenguaje de Castilla
conceptos de Castello.
Siendo en Leyes graduado
el azero le a ceñido,
y a poetizar se a dado;
y assi a de quedar corrido
ni Poeta, ni Letrado.»

V. n.º 2648.

AGUILA (JOSE ENRIQUE DEL)

Hijo de D. Juan del Aguila Rosales. Capitán.

EDICIONES

Poesías sueltas

2655

[*INSTABLE (A el) lucimiento de la breve vida de la señora D.ª Augustina Rizo muger que fue de su primo D. Iuan de Ovando Santaren. Soneto*]. (En Ovando, Rodrigo de. *Memoria funebre, y exequias del Parnaso*... Málaga. 1665. Fol. 60*v*).

Ejemplares:

MADRID. *Nacional.* 2-15.508.

AGUILA (JUAN DEL)

Canónigo en la catedral de Cuenca.

EDICIONES

2656

SERMON que predico en la fiesta de la canonizacion del glorioso Padre S. Pedro Nolasco... Cuenca. Iulian de la Iglesia. 1629. 2 hs. + 12 fols. 19 cm.

—Aprobación de Fr. Christoual Moreno.
—Licencia.
—Dedicatoria a D. Enrique Pimentel, Obispo de Cuenca.
Texto.

Ejemplares:

SALAMANCA. *Universitaria.* 57.377.

AGUILA Y ROJAS (FERNANDO ALFONSO DEL)

EDICIONES

2657

[*AUTOR (Al) su tío. Soneto*]. (En Ovando Santarén, Juan de la Victoria. *Orfeo militar*... Málaga. 1688. Preliminares).

Ejemplares:

MADRID. *Nacional.* R-15.211.

AGUILAR (FRANCISCO)

EDICIONES

2658

[*OCTAVAS*]. (En Mendoza, Manuel. *Fiestas que el Convento... del Carmen de Valencia hizo ... a Santa Teresa de Iesus.* Valencia, 1622. Págs. 59-60).

V. n.º 2647.

AGUILAR Y LOSADA (LUIS JOSE)

ESTUDIOS

2659

PELLICER DE OSSAU Y TOVAR, JOSE. *El syncello de la iglesia patriarcal de Constantinopla desagraviado: el sacro texto del Genesis, en el capitulo nono, defendido: Apologia por San Geronimo, San Epiphanio, los Setenta interpretes, i otros Padres, i Escritores Antiguos, i Modernos calvmniados, i ofendidos por Don Luis Ioseph de Aguilar i Losada, defendiendo las psevdo chronicas qve ha comprobado ser Falsissimas, en svs qvatro vltimas obras,* ——... Valencia. Benito Macé. 1675. 36 hs. + 284 págs. 18 cm.

Ejemplares:

SALAMANCA. *Universitaria.* 1-20.720.

AGUILAR MARIMON (GASPAR DE)

Hijo del caballero de Santiago D. Miguel de Aguilar Campo y Castrejón.

EDICIONES

Poesías sueltas

2660

[*INSCRIPCION a el tumulo de la señora D.ª Augustina Rizo muger que fué de su tío D. Iuan Ovando Santaren. Soneto*]. (En Ovando, Rodrigo de. *Memoria funebre, y exequias del Parnaso*... Málaga. 1665. Fol. 59*r*).

V. n.º 2649.

AGUILAR Y ZUÑIGA (ESTEBAN DE)

EDICIONES

2661

[*APROBACION. Madrid, 2 de diciembre de 1674*]. (En Núñez de la Peña, Juan. *Conquista y antigüedades de las islas de la Gran Canaria*... Madrid, 1676. Preliminares).

Ejemplares:

MADRID. *Nacional.* R-5.278.

AGUSTIN DE BARCELONA (FR.)

Trinitario. Catedrático de Filosofía en la Universidad de Salamanca.

EDICIONES

2662

ORACION fvnebre, en las honras, qve la mvy insigne Vniversidad de Salamanca celebró con su acostumbrada pompa, al RR. P. M. Pedro Abarca de la Compañía de Iesvs, del Gremio de la Vniversidad, y su Cathedratico de Prima Iubilado... Sacala a luz... Iuan Hernández Ximeno. Salamanca. María Estevez. 1698. 2 hs. + 20 págs. 19 cm.

—Dictamen de Fr. Manuel Duque y Fr. Gerónimo de Matanía.
—Licencia.
Texto.

Ejemplares:

SALAMANCA *Universitaria.* 56.090.

INDICES

ONOMASTICO

A

A. A. de M. 429.
A. B. 761.
A. G. P. 381.
A. I. 6.
A. O. 1016.
A. R. 837.
A. R. M. 1025.
Abad, Fr. Antonio. 1072-79
Abad Fr. Bautista. 1080-81.
Abad, Camilo María. 852-53.
Abad, Fr. Hernando 1082.
Abad, Fr José. 1083-92, 2374.
Abad, Juan 1093-94.
Abad (Fr. Juan Bautista) (*V. Abad, Fr. Bautista*).
Abad de Ayala, Jacinto. 1095-98.
Abad de Contreras, Alonso. 1099.
Abad y Huerta, Domingo. 311, 1100.
Abarbanel (*V. Abravanel*).
Abarca, Antonio Salvador de. 1101-4.
Abarca, Bárbara. 1105, 2025 (34).
Abarca, Fr. Diego de. 1106.
Abarca, Esperanza. 1107, 2025 (33).
Abarca, Francisca. 1108.
Abarca, Fr. Juan de. 1109-10.
Abarca, Fr. Julián. 1111-12.
Abarca, Lorenzo. 1113-14.
Abarca, P. Pedro. 1115-32, 2644, 2662.
Abarca de Bolea, Ana Francisca, 1133-50.
Abarca de Bolea, Iñigo. 1151-55.
Abarca de Bolea, Iñigo. 1156-58.
Abarca de Bolea, José. 1159.
Abarca de Bolea y Castro, Luis. 1147, 1160-71.
Abarca de Bolea y Castro, Martín. 1147, 1172-82, 2645-46.
Abarca de Bolea y Portugal, Jerónimo 1183-84.
Abarca de Herrera, Sancho. 1185-87
Abarca de Vilanova, Tomás. 1137.
Abarsuza, José de. 2354.
Abas y Nicolau, Gabriel Manuel. 1188-89.
Abbad (*V. Abad*).
Abella, Adrián. 2025 (1).
Abella, Fr. Cristóbal. 1190-91.
Abella, Pedro de. 1192-93.
Abellaneda (*V. Avellaneda*).
Abenatar Melo, David. 1194-97.
Abencerraje (Historia del). 357 (10), 1198-1223, 2647-49.
Abendaña, Jacob ben. 1224-27.
Abendaño (*V. Avendaño*).
Abensalero, Pascual de. 1228-30.
Aberle, Matías. 1231.
Abiego, Jaime de. 1232-33.
Abiego, Martín de. 1232.
Abila (*V. Avila*).
Aboad, Imanuel. 1234-38.
Aboad, Ishac. 1239-42
Abogader y Mendoza, María Jacinta de. 1243.
Abravanel, Jona. 1244-47.
Abrego, Fr. Pedro de (*V. Abreu, Fr. Pedro de*).
Abreu, Alejo de. 1248-49.
Abreu, Fr. Andrés de. 1250-59.
Abreu, Bartolomé de. 1260.
Abreu Fr. Pedro de. 1261-66.
Abreu de Mello, Luis 1267-69.
Abreu Mousinho, Manuel d'. 1270-71.
«Abril, Mayo, Junio...» 1272.
Abril Ordoñez, Sebastián de. 1273.
Abrines, Juan. 1274.

Abrojo, Fr. Pedro de (*V. Abreu, Fr. Pedro de*).
«Academia, a que dió assumpto la religiosa y catholica accion, que el Rey... executó...». (1685). 1299-1300.
«Academia con que el Exmo. Señor Marqués de Xamaica celebró los felizes años de... la Reyna...». (1673) 1288.
Academia de Huesca. 1302.
Academia de la Pítima, de Zaragoza. 1305.
Academia de los Humildes de Villamanta. 478, 1303-4.
Academia de los Nocturnos. 35, 65-67.
Academia de los Ociosos, de Nápoles. 471, 473.
«Academia jocossa con que se celebraron el nacimiento del... Conde de Aliaga y los años de la... Duquesa de Monteleón». 1301.
Academia «La Peregrina». 477.
«Academia política del año de 1679...». 2650.
«Academia que celebraron los Ingenios de Madrid el día 11 de Enero de 1682...» 1296.
«Academia que se celebró a diez y ocho de enero...». (1668). 1286.
«Academia que se celebró a los años de la Reina madre...». (1681) 1295.
«Academia que se celebró en Badajoz...». (1684). 1297.
«Academia que se celebró en casa de don Melchor de Fonseca...». (1661). 1280.
«Academia que se celebró en día de Pasqua de Reyes...». (1674). 1289.
«Academia que se celebró en el Buen Retiro...». (1637). 1275-77.
«Academia que se celebró en el convento de los Padres Clérigos Reglares...». (1681). 1294.
«Academia que se celebró en esta Corte, en amante júbilo...». (1679). 1293.
«Academia que se celebró en la ciudad de Ciudad-Real...». (1678). 1291.
«Academia que se celebró en la ciudad de Granada...». (1661). 1281.
«Academia que se celebró en la ciudad de Valencia...». (1685). 1298.
«Academia que se celebró en la Real Aduana desta Corte...». (1678). 1292.
«Academia que se celebró en la Universidad de Salamanca...». (1672). 1287.
«Academia que se celebró en Madrid...». (1661). 1282.
«Academia que se celebró en seis de enero...». (1661). 1279.
«Academia que se celebró en Sevilla...». 1285.
«Academia que se celebró en siete de enero...». (1652). 1278.
«Academia que se celebró en siete de enero...». (1663). 1284.
«Academia que se celebró en veinte y tres de abril...». (1662). 1283.
«Academia que se celebró por Carnestolendas...». (1675). 1290.
«Académica resolución...». 1306.
«Académico obsequio...». 1307.
«Académico pensil...». 1308.
Acedo de la Berrueza y Porras, Gabriel. 1309-12.
Aceituno, Fr. Luis. 1313.
Acevedo (Maestro). 107 (120-24).
Acevedo, Alonso de. 499. 1314-21.
Acevedo, Angela de. 1322-25.
Acevedo, Antonio de. 240 (10), 1326
Acevedo, Fr. Antonio de. 1327-34.
Acevedo, Francisco de. 1335.
Acevedo, P. Francisco de. 2651.
Acevedo, Fr. Luis de. 1336-44.
Acevedo, Luisa de. 1345-47.
Acevedo, Manuel de. 1348-54.
Acevedo, N. de. 1355.
Acevedo, Pedro de. 1356-59.
Acevedo, P. Pedro Pablo de. 1360-65.
Acevedo Maia, Nicolás. 1366-68.
Acevedo Saa, Antonio de. 1369-72.
Acevedo y Salamanca, Juan Bernardo de. 1373.
Acevedo y Vasconcellos, Lorenzo. 1374-80.
«Aclamación...». 1381-89.
«Aclaración al bando...». 1390.
Acoris, Jerónimo de. 1391.
Acorra, Fr. Pedro Andrés de. 1392-98.
Acosta, Fr. Blas. 1399-1413.
Acosta, Cristóbal. 1414-26.
Acosta, P. Estanislao. 1427.
Acosta, Fr. Felipe de. 1428-29.
Acosta, Francisco de. 1430.
Acosta, Fr. Francisco de. 1431-33.
Acosta, P. Jerónimo de. 1434-37.
Acosta, P. José de. 1438-1537.
Acosta, Juan de. 1538-39.
Acosta, P. Juan de. 1540-41.
Acosta, Manuel de. 1542.
Acosta, P. Nicolás. 1543-45.
Acosta y Amezquita, Fernando de. 1546.
Acosta y Amezquita, Luis de. 1547.

Aguesca, Jerónimo de. 1909-10.
Aguiar, P. Antonio de. 1911-14.
Aguiar, Diego de. 70 (16), 1915-23.
Aguiar, Fr. Diego de. 1924-28.
Aguiar, Fernando de. 1929.
Aguiar, Tomás de. 1930-31.
Aguiar y Acuña, Antonio de. 1932.
Aguiar y Acuña, Manuel de. 1934-38.
Aguiar y Acuña, Rodrigo de. 1939-43.
Aguiar Enríquez, Manuel de. 1917, 1944.
Aguiar y Saavedra, Isabel de. 143, 1945-47.
Aguiar y Seijas, Francisco de. 1948-49.
Aguila, Andrés Jacinto del. 1950-54.
Aguila, Fr. Angel del. 1955-56.
Aguila, Antonio del. 1291 (5, 19, 24, 28-29), 1957-61.
Aguila, Domiciano del. 1962.
Aguila, Fr. José del. 1903,1963.
Aguila, José Enrique del. 2655.
Aguila, Juan del. 1964-65, 2656.
Aguila, Fr. Juan del. 1966-67.
Aguila, Miguel del. 1968-69.
Aguila, Suero del. 1970.
Aguila y Canales, María del. 1971-73.
Aguila y Rojas, Fernando Alfonso del. 2657.
Aguilar (Licenciado). 1974-75
Aguilar, P. Agustín de. 1976-77.
Aguilar, Andrés de. 1978.
Aguilar, Antonio de. 1980-81.
Aguilar, Fr Antonio de. 1979.
Aguilar, Beatriz de. 1982.
Aguilar, Diego Felipe de. 1307 (13), 1983.
Aguilar, P. Esteban de. 1984-94.
Aguilar, Fernando de. 1995-96.
Aguilar, Francisco de. 1997, 2658.
Aguilar, Francisco de (Licenciado). 1998.
Aguilar, Francisco de (Abogado de Méjico). 1999.
Aguilar, Fr Francisco de (agustino). 2000-2004.
Aguilar, Fr. Francisco de (dominico). 2005-8.
Aguilar, Fr. Francisco (franciscano). 2009.
Aguilar, P. Francisco de (jesuíta). 2010-12.
Aguilar, Gaspar de. 64 (110), 67 (15-21, 107-17, 165, 179-80, 261-65), 88 (3, 13, 31, 35, 57, 76), 142, 280 (7-9), 287 (6-8), 311 (3, 5, 8, 10), 312, 318 (17-25), 1105, 1107, 2014-88.
Aguilar, Gaspar de (músico). 2013.
Aguilar, Hernando de. 2089-90.
Aguilar, Jaime de. 67 (75), 2091.
Aguilar, P. José de. 2092-97.
Aguilar, Fr. Juan de (agustino, de Nápoles). 2098-2100.
Aguilar, Fr. Juan de (agustino, de Madrid). 2101-4.
Aguilar Fr. Juan de (agustino, de Ecija). 2105-12.
Aguilar, Juan de (de Rute). 51 (prels., 30), 57 (143), 69 (19, 138), 2113-32.
Aguilar, Juan de (residente en Lima). 2133-34.
Aguilar, Fr Juan Bautista. 62 (prels., 2-4, 7-8, 10, 11, 14-15, 17-19, 21-22, 24-25, 28, 30-31, 34-35, 37-38, 40, 44, 46-47, 50-51, 55, 62, 64, 67-68, 70, 73, 75-76, 79-80, 82-83, 87, 91, 94-95, 98, 102-3, 105, 108-9, 115), 364, 2135-50.
Aguilar, Jusepe de. 2151.
Aguilar, P. Lorenzo. 2152-53.
Aguilar, Fr Luis de. 2154-55.
Aguilar, Luis Antonio de. 2347.
Aguilar, Matías de. 2156.
Aguilar, Pedro de. 2157-61.
Aguilar, Pedro (vecino de Málaga). 2162-64.
Aguilar, Pedro Jerónimo de. 1228.
Aguilar, Fr. Plácido de. 172, 219, 2165-74.
Aguilar, Rodrigo de. 2175.
Aguilar, Fr. Tomás de. 2176-83.
Aguilar y Aragón, Carlos José. 2184.
Aguilar y Aragón, Fernando Pablo. 2185-86.
Aguilar Camacho, Fr. Juan de. 2187-88.
Aguilar y Córdoba, Diego de. 2189-2200.
Aguilar Gordillo, Pedro de. 2201.
Aguilar Gotor y Zúñiga. (*V. Aguilar y Zúñiga*).
Aguilar y Leyva, Francisco de. 2202-6.
Aguilar y Losada, Luis José. 2207, 2659.
Aguilar Marimón, Gaspar. 2660.
Aguilar Monroy, Ignacio. 2208.
Aguilar Ponce de León, Luis de. 2209-10.
Aguilar y Prado, Jacinto de. 72 (201), 2211-21.
Aguilar del Río, Juan. 2222-24.
Aguilar Terrones del Caño, Francisco de. 2225-32.

Aguilar y Zúñiga, Esteban de. 220, 222, 226-27, 232-33, 314, 328, 2233-52, 2661.
Aguilera, Antonio de. 2253-58.
Aguilera, Bernardino de. 2259-60.
Aguilera, Francisco. 2261.
Aguilera, P. Francisco. 2262-68.
Aguilera, P. Hernando de. 2269.
Aguilera, José de. 2270-72.
Aguilera, Luisa de. 2273-74.
Aguilera, María de. 2275.
Aguilera, Fr. Miguel de. 2276-77.
Aguilera, Fr. Pedro de. 2278.
Aguilera, Fr. Rodrigo de. 2279.
Aguilera Luján y Chaves, Tomás de. 2280.
Aguiló, Francisco. 2281.
Aguilón, Francisco. 2282-83.
Aguiló y Fuster, M. 2544.
Agulló, Francisco Antonio de. 2401-3.
Aguilón, José. 2284-85.
Aguilón, Pedro (siglo XVI). 2286-88.
Aguilón, Pedro (siglo XVII) 2289-94.
Aguinaga, P. Ignacio de. 2295.
Aguirre, Fr. Andrés de. 2296-2301.
Aguirre, Cristóbal de. 2302-6.
Aguirre, Domingo. 2307-9.
Aguirre, Francisco. 2311.
Aguirre, Francisco (Canónigo). 2310.
Aguirre, Iñigo de. 2312.
Aguirre, José Francisco de. 1764, 2313.
Aguirre, Juan de. 2314-15.
Aguirre, P. Juan de. 2316-17.
Aguirre, Micaela de. 2318-20.
Aguirre, Fr. Miguel de (agustino). 2321-23.
Aguirre, Fr. Miguel. 2324.
Aguirre, Fr. Pedro Antonio de. 2325-63.
Aguirre, Sebastián de. 2364.
Aguirre y Alava, Joaquín de. 2365.
Aguirre Cabeza de Vaca, Fr. Félix de. 2366-71.
Aguirre y Pacheco, Lorenza de. 2372.
Aguirre y Pacheco, María de. 2373.
Aguirre del Pozo y Felices, Matías de. 1087, 2374-81.
Aguirre del Pozo y Sebastián, Matías. 2382-88.
Aguirre y Santa Cruz, Iñigo de. 2390-93.
Aguirre Vaca, Fr. Félix de. (*V. Aguirre Cabeza de Vaca*).
Aguirre y Vaca, Francisco de. 23.
Agullana, Francisca de. 2395.
Agullana, Magdalena de. 2396.
Agullana, Orosia de. 2397.
Agulló, Sor Margarita. 2398-2400.
Agurto, Francisco Antonio de. 2401-3.
Agurto, Fr. Pedro de. 2404-8.
Agurto y Loaísa, José de. 2409-10.
Agustí, Fr. Miguel (V. Agustín, Fr. Miguel).
Agustín (San). 1188, 2000, 2329.
Agustín, Antonio (arzobispo). 344, 2411-2519, 2540.
Agustín, Antonio. 2519, 2540.
Agustín, P. Antonio. 2519-22.
Agustín, Fr. Antonio. 2523-37.
Agustín, Gaspar. 2538.
Agustín, Martín. 2539-41.
Agustín, Fr. Miguel. 2542-65.
Agustín de Barcelona (Fr.). 2662.
Agustín de la Concepción (Fr.). 2566-67.
Agustín de Jesús María (Fr.). 2568-70.
Agustín de Madrid. (*V. Agustín de la Concepción*).
Agustín y Reus, Gaspar. 2571-72.
Agustín de San Andrés (Fr.). 2573-75.
Agustín de San Ildefonso (Fr.). 2576-79.
Agustín de San Marco (Fr.). 2580.
Agustín de San Pascual (Fr.). 2581-88.
Agustín de Santo Tomás (Fr.). 2589.
Agustín de Zamora (Fr.). 2590.
Ahumada, Bernardino de. 2591-92.
Ahumada, Fernando de. 2593.
Ahumada, Pedro de. 2594.
Ahumada, Teresa de. 2595.
Ahumada Mendoza, Fr. Juan de. 2596-99.
Ahumada y Tapia, Sancho de. 2600-1.
Aibar, Pedro Tomás. 2602.
Aibar y Eslava, Ignacio de. 2603.
Aincile, Pedro de. 2604.
Aingo de Ezpeleta, Pedro. 2605-10.
Ainsa, Fr. Juan de. 2611-12.
Aisa, Fr. Juan de. 2613-14.
Ajofrín, Fr. Alfonso de 2615-19.
Alabart y Sans, Gumersindo. 854.
Alaejos, Abilís. 492.
Alarcón, A. 762.
Alarcón, Alvaro de. 69 (71-73, 112-14, 118-29, 189).
Alarcón, Juan de. 119 (7), 269 (62).
Alatorre, Antonio. 861.
Alava, José María. 332 (III).
Alba (Duque de). 1584 (26).
Alba, Cristóbal del. 1291 (6).
Albanell, Galcerán. 2419-20.
Albañes de Salcedo, Cristóbal. 1285 (18).

Albert, I. 2483.
Alberto, P. Batista. 1330.
Albolafio. 322 (6).
Albornoz, Francisco. 2490.
Alcalá, Duque de. (*V. Afán de Ribera Enríquez, Fernando*).
Alcalá Yáñez y Ribera, Jerónimo de. 358 (6), 801.
Alcañizas, Marqués de. 143, 2218.
Alcázar, Baltasar del. 37, 42, 43 (93), 46, 51 (12, 18, 60, 67, 166, 182), 107 (119).
Alcocer y Martínez, Mariano. 1752-53.
Alcocer y Sariñana, Baltasar de. 2343.
Alcudia, Conde de la. (*V. Ixar Portugal, Onofre Vicente de*).
Alda Tesán, J. M. 44, 493.
Aldana, Francisco de. 64 (72), 492.
Aldouera. (*V. Aldovera*).
Aldovera y Monsalve, Fr. Jerónimo de. 1172.
Alemán, Mateo. 357 (6), 768, 774, 791, 801, 823.
Alenda y Mira, Jenaro. 567, 1051, 1161, 1272, 1383, 1387-89.
Alfaro, Maestro. (*V. Alfaro, Alonso de*).
Alfaro, Alonso de. 8 (10), 143, 216 (9), 220 (10), 1277 (33).
Alfaro, Francisco. 321 (11).
Alfay, José. 28, 43-44, 145.
Alfay, Tomás. 306.
Alfonso, P. Martín. 2374.
Alfonso de San José. 855.
Alhambra, Baltasar Sebastián Vicente de. 1137.
Alhambra, Baltasar Vicente de. 1133-34, 1137.
Aliaga, Fr. Luis de. 2066.
Almela, Juan Alonso de. 1883.
Almendaríz, Antonio. 1295.
Almirante de Castilla. 128 (17, 26-31, 45-46, 48).
Almonacid, José. 246.
Almunias, Conde de las. (*V. Abarca de Bolea y Castro, Martín de*).
Alonso, A. 763.
Alonso, Dámaso. 68-69, 361, 494-95, 1033.
Alonso, María Rosa. 543.
Alonso Antona, Joaquín M. 856.
Alonso Cortés, Narciso. 496-97, 1594-96, 1731.
Alonso Getino, Luis G. 1858-59.
Alonso de Madrid (Fr.). 352.
Alpern, Hymen. 568.
Altamira, Rafael. 569.
Altieri, Radames A. 2134.
Aluarado. (*V. Alvarado*).
Alua. (*V. Alba*).
Alva. (*V. Alba*).
Alvar, Manuel. 1143.
Alvarado, Antonio. 1291 (16).
Alvarado, P. Lorenzo de. 1988.
Alvarado, Pedro de. 371 (2).
Alvarado y Faxardo, Luis de. 1281 (18).
Alvarado Tovar, Juan de. 1297 (8).
Alvarez, Alonso. 69 (177).
Alvarez, Guzmán. 366.
Alvarez, Jacinto. 28.
Alvarez, Nicolás. 2262.
Alvarez y Baena, José Antonio. 1168, 1597, 1665, 1790, 1820, 1936, 1941, 2172, 2567.
Alvarez de la Barriada, Tomás. 2609.
Alvarez de Faria, Pedro. 1335.
Alvarez López, Enrique. 1515.
Alvarez de Ribera, José Antonio. 2280.
Alvarez de Soria, Alonso. 57 (39).
Alvendea, Fr. Domingo de. 1753.
Alloza, Juan de. 1879.
Amada y Torregrosa, José Félix. 1084, 1086, 1138, 1159-60, 1178, 1742, 1909.
Amador, Juan. 1288 (23, 42).
«Amantes sin fortuna (Los)» 365 (7).
Ambrosio, San. 1849.
Ambruzzi, L. 2.
Amigo, Diego. 256.
Anarda. 1095.
Anciso (*V. Enciso*).
Andaluz Pradelio, El. (*V. Aguilar y Prado, Jacinto de*).
Andoeni, Juan. 62 (59).
Andosilla, Juan de. 143.
Andrade P. Alonso de. 1821.
Andrade, Mateo de. 1735.
Andrade, Vicente de Paúl. 1667, 1697-98, 1902, 1985-88, 2325-27.
Andrés, Juan. 2471.
Andrés y Alonso, Rafael 1829.
Andrés Ortega, A. 857.
Andrés de Uztarroz, Juan Francisco. 845, 1090, 1108, 1142, 11144, 1154, 1169, 1179, 1192, 1770, 1910, 2379, 2484, 2535.
Anento, Fr Bartolomé. 1287.
Anglés, Fr. Manuel. 1370.
Aníbal, C. E. 1222.
Aníbal, Fortunato. 1293 (12).
Aniñon y Funes, Diego de 1287 (32).
Anna de Sancto Augustinho. 1248.
Antolín, Miguel. 2025.
Antolínez, Fr. Agustín. 1336.

Antonio de la Asunción (Fr.). 1825-26, 2149.
Antonio, Francisco. 1095.
Antonio, Nicolás. 1130, 1157, 1170, 1180, 1183, 1229, 1236, 1266, 1268, 1312, 1319, 1332, 1342, 1353, 1358-59, 1371, 1428-29, 1432, 1516, 1538-39, 1541, 1571,1597-98, 1614, 1616, 1636-37, 1645, 1654, 1676-77, 1691, 1725, 1730, 1737, 1749, 1791, 1822, 1825, 1827, 1834, 1852, 1856, 1860, 1889, 1921, 1933-34, 1937, 1942, 1965, 1993, 2074, 2096, 2119-20, 2127, 2164, 2209-10, 2221, 2224. 2231, 2252, 2255-57, 2287, 2306, 2314-15, 2322, 2380, 2382, 2384, 2391, 2407, 2437, 2485, 2536, 2564, 2578, 2599, 2601, 2610-12.
Añibarro, P. 894.
Aparicio, Francisco de. 1277 (7).
Aparicio, Fr. Luis de. 1404.
Aperribay, B. 858.
«Aplauso gratulatorio...». 1885-86.
Aquiles Tacio Alexandrino. 1773.
Aragón, Alonso de. 1584 (33).
Aragonés, Juan. 357 (4).
Aramburu, Juan de. 48.
Arana. 2392.
Arando y Mazuelo, Francisco de. 2103, 2569.
Aranies. (*V. Arañes*).
Arañes, Juan. 77 (7, 10-12, 15).
«Arcadia de Entremeses...». 188-90.
Arce, Juan de. 344.
Arce, Pedro de. 1297, 1299-1300.
Arce, Pedro Ignacio de. 1300 (18).
Arce de Quirós. 559.
Arce de los Reyes, Ambrosio de. 212 (9), 213 (11), 214 (12), 238 (9-10).
Arcila y Çuñiga. (*V. Ercilla y Zuñiga*).
Arco, Angel del. 1052.
Arco y Garay, Ricardo del. 64, 460, 845, 2486-88, 2501.
Ardoino, Antonio (Marqués de Lorito). 371 (4).
Arellano, Carlos de. 231 (11).
Arellano, Luis de. (*V. Remírez de Arellano, Luis*).
Arévalo Sedeño, Alonso de. 1748.
Areyzabal y Antillón, Miguel de. 1540.
Argote de Molina, Gonzalo. 2314.
Argüelles, Fr. Juan de. 1258.
Argüello, Fr. Manuel. 2266, 2326, 2363.
Arguijo, Juan de. 37, 51 (1, 17, 61, 90, 150, 168), 57 (1-25), 368.
Arias, Simón. 67 (87, 163-64, 235).
Arias Pérez, Pedro. 172.
Arias de Ugarte. 1746
Ariosto. 1173.
Arizo, Miguel de. 136 (33, 53).
Arjona, J. H. 2629.
Arjona, Doris King. 374.
Arjona, Juan de. 29 (2).
Armas y Cárdenas, José de. 1599.
Armendariz, Sebastián de. 1299-1300.
Armentia, Fr. José de. 2324.
Armesto y Castro, Gil de. 340.
Arnaldo. 110.
Aroca, Jesús. 136-37.
Arque, Fr. Juan. 1188 (4).
Arredondo, Manuel María de. 859.
Arrom, Juan José. 479.
Arroyo, José de. 1300 (11).
Arsúa, Francisco de. 1752.
Arteaga, Joaquín de. 570.
Artés y Muñoz, Rodrigo. 62 (6, 13, 26, 32).
Artieda. 135 (121).
Artieda (Miçer). 51 (48), 88 (51).
Artigas, Miguel. 435.
Artigues, Fr. José. 1760.
Artus, Godardo. 1514.
Asencio, José. 1925.
Asensio, Eugenio. 1046.
Asensio, Pedro Juan. 2023.
Asensio y Toledo, José María. 332, 390.
Asso. 2491.
Assoris, Lorenzo. 2025 (prels., 6-7), 2027.
Astrea, Segismundo de. 1293 (8).
Atayde y Sotomayor, Francisco de. 1292 (10), 1294 (8-9), 1296 (8).
Atenas, Amadís de. 1293.
Atilano de San José (Fr.). 294.
Atkinson, W. C. 554, 571, 758, 764.
Auberto. 1847.
Aubrun, Ch. V. 76-77, 123-26, 846, 1034.
«Aucto...». (*V. Auto*).
Auellán (*V. Avellán*).
Auellaneda. (*V. Avellaneda*).
Aula (Marqués del). 51 (prels., 77, 117, 147).
«Auto de la paciencia de Job». 194 (8).
«Auto de las donas...». 194 (6).
«Auto de los desposorios de Josef». 194 (13).
«Auto del Emperador Iuueniano». 194 (7).
«Auto del magna». 194 (3).
«Auto del sacrificio de Abraham». 194 (5).
«Auto sacramental, del Galán discreto y valiente». 192 (1).

«Autos sacramentales, con quatro Comedias nuevas...». 191.
«Autos sacramentales, y al nacimiento de Christo...». 192.
Avalos y Figueroa, Diego de. 1617.
Avellán, Jorge de. 1307.
Avellán. Fr. Michael. 1804, 2310.
Avellaneda, Francisco de. 222 (7), 224 (11), 225 (4), 231, 238 (9), 242, 244, 288 (24), 291 (12), 299 (9, 13, 17), 304 (11, 15), 314 (4-5, 7, 17), 319 (14), 323 (10, 13 15, 23), 324 (3, 5, 12-13, 20), 328 (5, 18), 339 (4-5, 7), 1289 (3), 1292 (8), 1309.
Avellaneda, Fr. Tomás de. 222, 365.
Avendaño, Diego de. 1880.
Avendaño, Fernando de. 1400.
Avendaño, Francisco de. 313 (1), 2218.
Avendaño, Iñigo de. 2218.
Avendaño Eztenaga, Miguel de. 1824.
Avendaño Suárez de Sousa, Pedro. 2337.
Avila, Fernando de. 226 (12).
Avila, Francisco de. 269 (52-53), 2051.
Avila, Dr. Francisco de. 1399.
Avila, Gaspar de. 143, 198 (5), 199 (10), 200 (7), 216 (7), 221 (4), 229 (1), 230 (9), 251 (8), 285, 287 (24-25), 1277 (17, 29, 36-37,43).
Avila, Manuel de. 1292 (30).
Avila y Zúñiga, Luis de. 350 (5).
Avrett, Robert. 2620.
Ayala, F. Javier de. 1747, 1750.
Ayala, Gonzalo de. 1773.
Ayala, Juan de. 233 (9), 244 (4).
Ayala y Guzmán, Marcelo Antonio de. 1307 (15).
Azagra, Melchor de [seud.]. (*V. Azara, Juan Nicolás de*).
Azara, Juan Nicolás de. 344.
Azebedo (*V. Acevedo*).
Aznar Bélez S., García. 248 (2, 4, 8), 273 (6).
Azor, Antonio. 1298 (9).

B

Backer, Agustín. 1451, 1543.
Backer, Aloys de. 1451, 1543.
Badarán, Fr. José de. 2154.
Baeza, Andrés de. 208 (prels., 2, 10), 210, 212 (11).
Baig Baños, A. 957.
«Baile de Lanturulu». 188 (17).
«Baile de la Universidad de Amor». 188 (8).
«Baile de las Pintas». 188 (13).
«Baile de lo que puede la intercesión». 188 (15).
«Baile de los toros». 192 (29).
«Baile del arrufayfa». 188 (6).
«Baile del zahorí». 188 (2).
Baillus, Martinus. 2489.
Bajarlia, Juan Jacobo. 2625.
Bal, Jesús. 162.
Balbi de Correggio, Francisco. 1203.
Balbuena, Bernardo de. 32, 46.
Balda, Hernando de. 67 (83, 160, 233, 334).
Baltasar de los Santos (Fr.). 1800.
Baltierra, Bernabé de. 88 (33, 61).
Ballecas. (*V. Vallecas*).
Ballester, Juan Bautista. 1848-49.
Ballesteros Gaibrois, Manuel. 370, 480.
Bances Candamo, Francisco. 194 (51), 248 (1, 3, 6-7), 270, 271 (10), 288 50-53), 317 (37), 572.
Bañes de Salcedo, Cristóbal. 1285.
Baños de Velasco, Juan. 246, 2249.
Baquero Almansa, A. 391.
Baquero Goyanes, Mariano. 521, 536.
Barahona de Soto, Luis. 51 (101, 128), 57 (26-35).
Barbero, Edmundo. 573.
Barbosa. 1378.
Barbosa (Dr.). 2404.
Barceló, Fr. Antonio. 1760.
Barceló, Martín Juan. 62 (45, 54, 69).
Barco Centenera, Martín del. 371 (12).
Baroja, Pío. 797.
Barona y Sarabia, Juan de. 1294 (20).
Barrantes, Vicente. 1309.
Barreda, Francisco de. 1773.
Barreda, Juan de la. 143.
Barrera, Cayetano Alberto de la. 251-52, 255-59, 262-64, 267, 278, 290, 322, 334, 341, 574, 1324, 1674, 1766, 1843, 1899, 2075, 2385.
Barrera, Isaac J. 376.
Barrett, L. L. 575.
Barrientos, Antonio. 324 (2).
Barrientos, Francisco. 1285 (10, 17, 23, 37, 45).
Barrio, Francisco de. 1289, 1292 (9), 1300 (3).
Barriobero y Herrán, E. 368.
Barrionuevo. 269 (54).
Barrionuevo de Peralta. 2227.
Bartolomé Joan Leonardo. (*V. Leonardo de Argensola, Bartolomé*).
Bartolomé Leonardo. (*V. Leonardo de Argensola, Bartolomé*).
Barzana, P. Alonso de. 1452-55, 1458, 1462.

Bonnet, B. 1923.
Borda, Andrés de. 2335.
Borges, J. L. 436-37.
Borja, Francisco de. (Príncipe de Esquilache). 46, 2620.
Boscán, Juan. 46, 128 (24-28, 50), 131 (78), 132, 492.
Boselli, Juan Pedro. 1294 (4), 1296 (5).
Bosque, Jerónimo. 321 (27).
Botero Benes, Juan. 1918, 1923.
Bouadilla. (*V. Bovadilla*).
Bourland, C. B. 747.
Bourne, John A. 748, 767.
Bovadilla y Alarcón. Clara de. 1773.
Boyardo. 1584 (136-39)
Boyl. (*V. Boil*).
Braña, María. 337.
Bravo Ugarte, José. 482.
Bravo de Lagunas, Fr. Fernando. 1413.
Bravo de Lagunas, Fr. Juan. 1801.
Bravo-Villasante, Carmen. 581.
Brito, Francisco de. 2102.
Brouwer, J. 865.
Brower, Johan. 866.
Bruerton, Courtney. 2076.
Bruno, Jesús María de. 867.
Buceta, Erasmo. 438, 500.
Buck, G. 786.
Buck, Vera Helen. 300.
Buchanan, Milton A. 582, 1600.
Buenacasa, Fr. Pedro Mártir de. 1680.
Buenaventura (San). 8.
Bueno, Efraim. 1244.
Bueno, Francisco. 1289 (15), 1290, 1292 (13), 1301 (1, 14), 1896.
Buitrago y Zayas, Manuel de. 28 (13).
Bullinger, Rex Edward. 731.
Buñol, Conde de. 2025.
Burchardt, Ursula. 501.
Burgenda, Martín de. 1202.
Burgoa, Francisco de. 2276.
Burgos, Alonso de. 1655.
Burgos, Francisco de. 1904.
Burguillos. 135 (II, 17).
Bustamante, Fr. Baltasar de. 1410.
Bustamante, Jorge de. 516.
Bustamante, Juan de. 1954.
Bustamante y Cuevas, Lope de. 1287 (12), 1296 (20).
Busto y Viedma, Antonio de. 1281 (12).
Bustos, Francisco de. 1292 (11), 1300 (6).
Bux (Doctor). 67 (90).
Buytrago (*V. Buitrago*).

C

C. M. S. 1022.
«Caballero invisible (El)». 358 (16).
Cabañas, Pablo. 759, 2635.
Cabello, Alonso (el de Antequera). 57 (151-65).
Cabello Balboa, Miguel. 2189.
Cabeza de Vaca, Facundo Andrés. 1288 (15, 34).
Cabrera. 70 (113).
Cabrera, Cristóbal. 48.
Cabrera, Fr. Juan de. 1903.
Cabrera, Fr. Nicolás. 1902-3.
Cabreros, Diego. 1290 (10).
Cáceres, Felices de. 64 (155, 196).
Caillet-Bois, J. 732-33.
Cairasco de Figueroa, Bartolomé. 1082.
Calabritto, Giovanni. 768.
Calancha, 2191.
Calascibetta, Manuel. 1664.
Calatayu y Rosa, José. 2027.
Calatayud, Francisco. 57 (137).
Calderón, Agustín. 57 (40-56, 193-202), 69 (275).
Calderón, Juan Antonio. 57.
Calderón, Fr. Martín. 1258.
Calderón de la Barca, Pedro. 8 (14), 28 (17, 42), 43 (77), 64 (228), 143-44, 158 (5), 188 (1), 190 (1), 191 (6, 16, 30, 40), 193, 194 (37-49), 196 (prels., 2, 4, 6 10, 12), 198 (1), 200 (1, 5), 201 (10) 202 (2, 12), 203 (9, 12), 204 (1), 205 (1-4, 6-8, 11), 206 1-2, 5), 208 (7, 9), 212 (5, 8, 10), 213 (7, 9-10), 214 (8), 215 (1, 3. 6, 9, 11), 217 (1, 4, 11-12), 218 (1, 3, 10), 219 (12), 220 (1, 3, 6, 9), 221 (1, 2, 11), 223 (prels.), 224 (prels.), 228 (3), 241 (13), 246 (5, 7), 254 (10), 256 (3, 8, 12), 257 (2, 9, 12), 258 (3-4, 9), 265 (1-3, 6), 266 (4), 270, 272 (1, 10), 273 (5, 9), 275 (4). 276 (4, 12), 277 (2, 8-10), 291 (1, 5, 8), 296 (1, 4, 16), 310 (3, 33), 314 (35-36), 317 (18-32, 40-43), 319 (11, 28), 322 (12), 323 (11, 18), 327, 328 (2, 8, 17, 25, 37, 39), 329, 336 (13, 15-16, 18-19, 21-22, 24-29, 31, 35), 492, 582, 613, 661, 687, 691, 694.
Calvete de Estrella, Juan Cristóbal. 1576, 1579.
Calvo y Monreal, José. 28.
Calle, Francisco de la. 314 (20), 322 (7), 341 (18).
Calle, Juan de la. 237 (8).

CH

Chaves Sotomayor, Francisco de. 1297 (3).
Chaytor, H. J. 286.
Chédid, N. de. 991.
Chen, Juan de. 115-16.
Chica, Diego de la. 51 (42).
Chifflet, Iule. 1709.
Chorley, G. R. 1870.
Christovalina, Doña. (*V. Fernández de Alarcón, Cristobalina*).

D

Dale, George I. 600-601, 1218.
Dalmada, Juan de. 135 (175).
Damacio. (*V. Frías, Damasio*).
Damián, Cosme. 336.
Dañón, Pedro. 2357.
Dauila, Gaspar. (*V. Avila, Gaspar de*).
David. 64 (1-25), 1194, 1244, 1888.
Davies, R. Trevor. 377-78.
Dávila, Manuel. 1295.
Dávila, Tomás. 1355.
Daza, Fr. Antonio. 2611.
Debongnie, P. 918.
Deferrari, H. A. 1219.
Delano, Lucile K. 518-19, 602-3.
Delcourt, Marie. 860.
Deleito y Piñuela, José. 399, 773.
Delgado (Licenciado). 1746.
Delgado, Juan. 143, 236 (5), 1277 (15).
Delgado y Buenrostro, Antonio. 2264.
Delicado, Francisco. 801.
Della Torre, Susana. 386.
«Desdicha en la constancia (La)». 365 (9).
Desplúgues, Francisco. 67 (10, 101, 172, 284-50).
«Desposorio espiritual entre el pastor Pedro y la Iglesia Mexicana». 735
Destenoz y Lodosa, Pedro. 224 (8).
Diamante, Juan Bautista. 205 (5), 208 (1), 212 (6), 223 (1), 226 (1, 4), 227 (5, 10, 12), 236 (3, 8), 238 (9), 239 (6), 248 (10), 273 (1), 288 (34-37), 295 (13, 18), 301 (1), 323 (9, 24), 339 (2, 8, 24), 1292 (6), 1296 (18).
Díaz, Fernando. 333 (5).
Díaz, Gabriel. 136 (19, 25, 27, 35, 46, 51, 56, 63).
Díaz, José. 1291 (18).
Díaz, Manuel. 322 (13).
Díaz de Encinas, Fr. Lorenzo. 2568.
Díaz de Escobar, Narciso. 604-8, 713-22.
Díaz de la Fuente, Juan. 328 (1)
Díaz Jurado, José. 1291 (4).
Díaz y Pérez, Nicolás. 609.
Díaz-Plaja, Guillermo. 425 bis, 520.
Dicastillo, Miguel de. 2291-93.
Diego, Gerardo. 443.
Diego de Estella (Fr.). 352.
Diego de San José (Fr.) .1998.
Díez, Alberto. 43 (126).
Díez, Antonio. 313 (3).
Díez de Aux, Luis. 2066, 2273-74, 2604.
Díez Echarri, Emiliano. 521.
Díez y Foncalda, Alberto. 1167, 2572.
Díez Mateo, Félix. 1143.
Doglioso. 1735.
Domingo de Santa Teresa (Fr.). 880.
Domínguez Berrueta, Juan. 881-82.
Domínguez Ortiz, A. 1636, 1646.
Dongo y Barnuevo, Esteban Félix. 1285 (2, 19, 32, 39).
Dorda, Juan. 2025.
Dormer, Diego José. 1850, 2436.
«Dos soles de Toledo (Los)». 365 (1).
Dueñas (Licenciado). 107 (252-67).
Dunn, Peter N. 750.
Duque, Fr. Manuel. 2662.
Duque de Estrada, Matías. 88-95.
Duran, Agustín. 251, 270, 272, 365, 610-11.
Durán, P. D. 1517.
Durán, Fr. Diego. 835.
Durán, P. Jacobo. 1536.
Durán, V. Paulo. 1274.
Durán Mastrillo, P. Nicolás. 1400, 1402.
Durán de Salcedo, Jerónimo. 1287 (13).
Duval, A. 883.

E

E. M. 665.
E. S. 399.
E. V. 381.
Eduardo. 67 (93, 239).
Eguía, P. Constancio. 5, 399, 612, 884.
Elbogen, I. 1225, 1245.
Emeterio de J. María (Fr.). 317.
Encina, Juan de la. 58, 331 (1-6), 1907.
Enciso, Bartolomé de. 233 (8).
Enciso, Diego de. 283 (6).
Enciso, Juan. 72 (205-6), 1284 (10).
Enciso y Velasco, Diego de. 1278 (12), 1283 (11).
Enguita, Fr. José. 1188.
Enríquez, Diego. 207 (3).
Enríquez, Pedro Alfonso. 1295.
Enríquez, Rodrigo. 207 (11).

F

288 (54), 336 (9), 1289, 1292, 1296 (25).
Fernández Madrigal, Gaspar. 69 (257, 259-60).
Fernández de Medrano, Sebastián. 2403.
Fernández Montesinos, José. 330 (4-8), 523, 775.
Fernández de Moratín, Leandro. 322.
Fernández Murga, Félix. 471.
Fernández de Navarrete, Eustaquio. 358.
Fernández de Navarrete, Martín. 1563.
Fernández de Navarrete, Pedro. 364 (2).
Fernández de Oviedo, Gonzalo. 371 (3).
Fernández Ruiz, D. 902.
Fernández de Sotomayor, Gonzalo. 2189.
Fernández de Vargas, Francisco. 306.
Fernando III. 2530.
Fernando de la Encarnación (Fr.). 232.
Ferrer, Gregorio. 67 (50, 134, 200-4).
Ferrer de Cardona, Luis. 67 (80-81, 157-58, 229-30, 331), 2025 (prels., 16).
Ferreras, Juan de. 248.
Ferreres, Rafael. 68-69, 2636.
«Festiva Academia...». 1740.
Festus, Sextus Pompeius. 2445-46.
Fichter, W. L. 381.
«Fiestas minervales...». 1797.
Figue Eredo. (*V. Figueredo*).
Figuera, Gaspar de la. 43 (138).
Figueredo, Martín de. 1277 (16, 40, 47).
Figueroa. 135 (24-25, 43-46; II, 6).
Figueroa, Francisco de. 46, 51 (154), 107 (269-73), 132, 2620.
Figueroa, José de. 222 (11), 291 (11), 299 (8, 11, 15), 304 (7, 9, 13).
Figueroa, Juan de. 1584 (31).
Figueroa, Luis Manuel de. 51 (132).
Figueroa, P. Rodrigo de. 2202-3.
Figueroa y Córdoba, Diego de. 213 (1), 214 (2, 4, 9), 219 (9), 224 (4), 233 (12), 234 (2), 237 (7), 244 (10), 288 (22-23), 323 (26).
Figueroa y Córdoba, José de. 213 (1), 214 (2, 4), 224 (4), 233 (12), 234 (2), 288 (22-23), 1289 (8).
Figueroa Sarmiento, Martín de. 8 (24).
Figuerola, Francisco. 1298.
Filopono, P. Honorio. 371 (4).
Fitz-Gerald, Th. A. 1035.
Flores, Cristóbal. 69 (176).
Flores, Manuel de. 1292 (25).
Flores García, Francisco. 615.
«Flores romanas...». 1905-6.
Flores Vélez, Manuel de. 1290.
Flórez, L. 1036.
Fonck, A. 887.
Fonseca, Alonso de. 135 (II, 5).
Fonseca, Melchor de. 144.
Fonseca de Almeida, Melchor de. 1278-80, 1283-84.
Font, Pedro Gregorio. 2025.
Fontano, Finacrio. 1293 (5).
Fontes, Matías. 1296 (23).
Formoso, Fr. Juan. 2596.
Forner, Jacinto José. 1298 (15).
Fortuna, Fr. Diego. 191-92, 200, 1431
Fortunato de Jesús Sacramentado (Fr.). 352.
Foulché - Delbosc, R. 79, 174, 776, 1624-25.
Foyas, Bartolomé. 203.
Fradejas Lebrero, José. 616.
Fraile benito (El). 109 (10), 110 (2).
Francavilla, Duque de. 135 (168).
Francia Vaca, José de. 2262.
Francisco de Asís (San). 1256-57, 1988, 1991, 2330.
Francisco Javier (San). 57 (180), 69 (271, 273), 1231, 2147, 2151, 2263, 2336, 2598.
Francisco de Osuna (Fr.). 352.
Francisco de Paula (Fr.). 1680.
Francisco de la Presentación (Fr.). 2152.
Francisco de Sales (San). 991.
Frattoni, O. 551.
Freire de la Cerda, Rodrigo. 1296 (21).
Frenk, Margarita. 523.
Freire de Andrade, Manuel. 234 (5), 1285 (6, 13, 34), 1289 (16), 1292 (14).
Frexa, Arcis. 2025 (46).
Freyle de Andrade (*V. Freire de Andrade*).
Freyre, Manuel. 322 (18).
Freyre, Mateo. 1284 (9).
Freyre, Rodrigo. 1294 (10).
Freyre de Andrade (*V. Freire de Andrade*).
Freyre de la Cerda, Antonio. 1294 (11), 1296 (10), 1300 (5).
Frías, Damasio. 46, 78 (180), 107 (250-51).
Frías, Diego de. 28 (14), 43 (71).
Frías, Duque de. 368.
Frígola, Pedro. 67 (85).
Fucilla, Joseph G. 61, 64, 524-27, 2058.
Fuenmayor, Luis de. 1766.
Fuensalida y Vivar, Dionisio de. 1309.
Fuente, Antonio de la. 235.
Fuente, Jerónimo de la. 199 (3).

Gil, P. Pedro. 1465.
Gil Enríquez, Andrés. 234 (1), 239 (6), 314 (28), 322 (15-16).
Gil Polo, Gaspar. 2025.
Gil de Zárate, Antonio. 287.
Giles y Rubio, José. 779.
Gili Gaya, Samuel. 31, 349, 780-81.
Gilman, Stephen. 426.
Gillet, J. E. 300, 326, 335, 337-38, 624, 744.
Ginart, Nofre Berthomeu. 2063.
Giner, Pedro Vicente. 67 (76, 224, 327).
Ginovés, Matías. 64 (27-28, 59, 75).
Ginobes de Cascarosa, Juan Francisco. 43, 254.
Giovanni, Ser. 1216.
Gironella, Estacio. 67 (79, 156, 227-28, 330).
Gironza (Mosén). 1302.
Giulian, A. A. 1035.
Glaser, Edward. 2623.
Godínez, Felipe. 8 (6), 191 (4, 20-21), 192 (6-7, 10), 201 (2), 203 (8), 218 (4), 228 (10), 235 (7), 262 (12), 287 (37), 310 (15).
Godoy, Diego de. 371 (2).
Godoy, Francisco de. 1407.
Godoy, Matías. 322 (8).
Godoy Alcántara, José. 825.
Godoy Vallejo, Pedro de. 69 (231-32, 247-48, 253-55, 279).
Goicoechea, Juan de. 2352.
Gomberville. 1564-66.
Gómez, Alvar. 53 (5).
Gómez, Diego. 136 (43).
Gómez, Gabriel. 230.
Gómez, Fr. Vicente. 2064, 2580.
Gómez de Angulo, Diego Felipe. 1764.
Gómez de las Cortinas, J. F. 782.
Gómez de Huerta, Jerónimo. 1920.
Gómez de Losada, Gabriel. 219, 237, 239, 339.
Gómez Ocerín, J. 330 (3), 726.
Gómez de Orozco, Federico. 2008.
Gómez Piñán, Tomás. 2497, 2515.
Gómez de Quevedo y Villegas, Francisco. (*V. Quevedo y Villegas, Francisco de*).
Gómez Robledo, Antonio. 1522.
Gómez de Texada, Cosme. 2618.
Gomis, Juan Bautista. 352.
Gonçales. (*V. González*).
Góngora, Luis de. 28 (20, 47, 55), 42, 43 (6, 10, 14, 19, 25, 33, 44, 47, 49, 51-52, 69, 79, 86, 88-89, 94, 96, 99), 46, 51 (2, 14, 21, 32, 37-39, 46, 53, 57-58, 64, 71, 89, 104, 109, 114, 129, 159, 161-62, 167, 174-76, 188, 193, 200, 203, 206, 209, 216-17, 220, 232, 234, 243), 56, 62 (86), 64 (50, 77, 97, 172), 69 (13, 116, 132, 158, 191, 213, 216, 228-29), 70 (18, 73, 79-81), 72 (60-198), 88 (9, 17, 50, 91, 95), 90, 109 (1-6), 119 (2, 6, 17), 135 (167, 169), 142-44, 274 (1), 392, 435-59, 491-92, 500.
Gonzaga, Francisco. 1540.
González, Fr. Domingo. 1679-80.
González, Francisco Ramón. 2147, 2307.
González, Hernán. 107 (275-77).
González, Ignacio. 214, 217.
González, José. 143.
González, Manuel. 200 (10).
González, Tomás. 1989.
González de Amezúa, Agustín. 625, 756-57, 1053-54.
González Arintero, Juan. 904-9.
González Barcia, Andrés. 371, 2434.
González de Bustos, Francisco. 222 (1, 9), 236 (2), 238 (1), 240 (3).
González Cano de Mendoza, Alvaro. 1653.
González Cobo, Antonio. 529.
González de Cunedo, Miguel. 199 (5).
González-Echegaray, Carlos. 1143.
González-Haba, María Josefa. 910-12.
González de Mendoza, Gaspar. 1291 (12).
González Menéndez Reigada, Fr. Albino. 913-14.
González Muela, J. 31.
González Olmedo, P. Félix. 843, 2230, 2232.
González Ortiz, María de la Concepción. 1211.
González Palencia, Angel. 379-80, 1006.
González de Paz, Mateo. 1746.
González Ruiz, Nicolás. 317.
González de la Torre, Alonso. 1414.
González de Valdés, Juan. 1290 (prels., 15).
González de Varela, José. 1661.
González-Vicén, Felipe. 388.
Gorospe, Fr. Juan de. 2263.
Gorospe Irala, Fr. Diego de. 2262.
Gorostiza, Eduardo de. 270.
Gourmont, Rémy de. 447.
Govantes, Diego de. 301 (11, 14-15).
Goyanes, J. 915.
Goycoechea. (*V. Goicoechea*).
Goyri, María. 330 (1).
Grabmann, M. 916.

H

Herrero-García, Miguel. 347-48, 361, 397-402, 532, 630-31, 787-89, 844, 847, 975.
Herrick, Marvin T. 632.
Hesse, Everett W. 61.
Hidalgo, Dionisio. 270.
Hidalgo, Juan. 176-81, 238 (4).
Hill, John M. 39, 41, 275.
Hinojosa, Ricardo de. 1479.
Hinojosa y Carvajal, Fr. Alonso de. 499.
Hipólita (Doña). (*V. Narváez, Hipólita de*).
Hoeck, Fr. Van. 865.
Hojeda, Diego de. 32.
Hoppe, Harry R. 724.
Horacio. 51 (27, 30, 43, 56, 65, 85, 100, 105, 113, 189, 194, 196-98, 222), 57 (55, 67, 75), 69 (266), 109 (2), 135 (172-75, 178-83; II, 18), 2116.
Hore, María Gertrudis. 42.
Horne, J. Van. 32.
Horozco, Juan de. 143, 265 (4), 273 (3).
Horozco, Sebastián de. 332 (1).
Hortensio, Fray. (*V. Paravicino, Hortensio Félix*).
Hortigas, Fr. Alberto. 1188.
Hoslinger, Roberto, 2498-99.
Hospital, Fr. Onofre del. 2546.
House, R. E. 333.
Hoyos, A. de. 790.
Hoyos, Fr. José de los. 2325.
Hoyos Sancho, Nieves de. 543.
Hoz y Mota, Juan de la. 288 (45-46), 336 (1).
Huerta. 2583, 2585.
Huerta, Antonio de. 8 (17), 196 (5), 225 (8), 232 (5), 251 (7), 276 (11), 1277 (12, 42).
Huerta, Fr. Juan. 2326.
Huertas, Fr. Benito de. 1746.
Huete, Jaime de. 333 (2-3).
Humanes Padilla, Fr. Pedro. 2188.
Humber, Juan. 1500.
Huntington, Archer M. 82, 157.
Hurtado, Fr Juan Francisco de. 1680.
Hurtado y Cisneros, Juan. 220 (2).
Hurtado de Mendoza. (*V. Mendoza*).
Hurtado de Mendoza, Antonio. 62 (41, 49, 61, 63, 65, 74, 84, 92, 101), 269 (82-84) 287 (49-51).
Hurtado de Mendoza, Diego. 46, 64 (126), 132, 363, 1173.
Hurtado de Mendoza, Francisco. 1281 (6).
Hurtado de Mendoza, Jacinto. 226 (11).
Hussein. 109.
Huyghen van Linschoten, Ian. 1506-7, 1514.

I

I. I. M. 874.
Iauregui (*V. Jauregui*).
Ibáñez de Aoyz, Juan Lorenzo. 28 (57), 2383.
Ibáñez de Aoyz, Vicente Antonio. 2383.
Ibáñez de Segovia y Peralta, Mateo. 2092.
Ibáñez de Villanueva, Fr. Martín. 2141.
Ibarra, Juan Antonio de. 1260.
Ibarra, Lorenzo de. 2238.
Ibarra, Fr. Luis. 1256.
Ibeas, B. 930.
Icaza, Francisco A. 735.
Iglesia, Ramón. 835, 837.
Ignacio de Loyola (San). 57 (168, 187, 192), 69 (83, 91, 186, 270-71, 273), 1188 (6), 1362, 1477, 1536, 1995, 2151.
Illescas, Gonzalo de. 350 (6).
Illescas, Fr. Pedro de. 2566.
Ingenio de esta Corte (Un). 345 (14, 47-50), 358 (25).
Iñíguez de Lequerica, Juan. 2226, 2228.
Iranço. (*V. Iranzo*).
Iranzo, Juan. 107 (293-94).
Ircania, Lisuarte de. 1293 (19).
Iriarte, Juan de. 2435.
Iribarren, Fr. Antonio. 2369.
Isla, P. José Francisco de. 842.
Isturizaga, Fr. Juan de. 1411.
Iuara, Simón de. 2218.
Iudice Fiesco, Juan Bautista. 1551, 1738.
Iváñez (*V. Ibáñez*).
Ixar Portugal, Onofre Vicente de (Conde de la Alcudia). 62 (72), 1298 (25).
Izquierdo y Martínez, José María. 634.

J

J. F. S. 1528.
J. P. 829.
J. P. W. C. 335.
Jacinto (P). 1006.
Jacinto de la Concepción (Fr.). 1117-18.
Jack, William Shaffer. 635.

K

L

2288-89, 2294, 2366-68, 2371, 2381, 2387, 2462, 2500-1, 2521, 2526, 2528, 2531, 2537, 2539-41.
Latorre y Badillo, Manuel. 643.
«Lazarillo de Tormes». 354, 357 (2), 801, 823.
Lazcano, Francisco de. 1292 (21).
Leavitt, Sturgis E. 644-46.
Lebrija, Alonso de. 372 (7).
Lebrija Cano, Juan de. 499.
Lebrixa (*V. Lebrija*).
Leclerc. 1563.
L'Écluse, Charles de. 1420, 1422.
Ledesma, Alonso de. 58, 141.
Ledesma, José de. 1279 (11), 1280 (10), 1283 (20).
Ledesma, Manuel. 67 (48, 132, 195-96, 296-98).
Legarda (Marqués de). 28.
Legendre, M. 943.
Le Gentil, G. 1, 387, 918.
Leguía, Jorge Guillermo. 560.
Leite Pereira, Juan. 277.
Leiva Ramírez de Arellano, Francisco de. 240 (4-6). 243 (1, 3, 9), 288 (19-21).
Leiza y Eraso, José de. 1287 (27).
Lenz, A. 1.
León, Antonio de. 8 (12).
León, Baltasar de. 107 (297).
León, Gabriel de. 220, 226, 328.
León, Jerónimo de. 2025 (8, 21), 2027.
León, P. Juan de. 2277.
León, Fr. Luis de. 40, 46, 51 (228, 245), 64 (89), 109 (8), 110 (3), 135 (86, 174, 177-81, 183; II, 8, 21), 348, 492, 1004, 1464-65.
León, Manuel de. (*V. León Marchante*).
León Marchante, Manuel de. 217 (5), 224 (2), 235 (3), 291 (10), 299 (7), 304 (6), 314 (3), 319 (3), 324 (6-8, 23), 341 (25).
León, Melchor de. 246 (11).
León, Fr. Pedro de. 2593.
Leonard, Irving A. 738, 1064-65.
Leonardo, Diego. 69 (256).
Leonardo de Argensola, Bartolomé. 46, 57 (93-102), 64 (111, 140, 176-77, 219), 88 (85-86, 94), 90, 410, 1188 (18).
Leonardo de Argensola, Lupercio. 42, 43 (24), 46, 51 (3, 20, 22-23, 40, 55, 62, 73, 102, 141, 165, 170, 172, 186, 199, 202, 205, 218, 222), 57 (135), 64 (32, 125, 157), 69 (114), 70 (5, 84, 98), 88 (38, 52, 93) 90, 410, 1172-73, 2227.
Lerch. 381.
Lesaca, José de. 88 (22, 25, 28, 74).
Leturia, Pedro de. 944.
Leuba, James-H. 945.
Levanto, Dionisio. 2353, 2356.
Levasti, Arrigo. 946.
Leyva, Francisco de. 270.
Leyva y Aguilar. (*V. Aguilar y Leyva*).
Lezama, José de. 1295.
Lezamis, José. 1949.
Lezcano, Francisco de. 1289 (17), 1290 (18).
Lezcano, Miguel de. 321 (5).
Lhermite, Jean. 947.
Liaño y Leyva, Lope de. 2218.
Libessardi, Claudio. 1414.
Lida, María Rosa. 534 bis.
Liendo. 559.
Lillo Rodelgo, José. 791.
Linares, Juan de. 98-105.
Liñan. 88 (15), 135 (122, 186-88), 175 (348-49).
Liñán, Pedro de. 51 (110, 124).
Liñán de Riaza, Pedro. 70 (10, 64-65, 67, 75, 84, 90, 112).
Liñán y Verdugo, Antonio. 1890, 1892.
Lizana Arnedo, Fr. Francisco de. 2568.
Lobo, Gutierre. 29 (1).
Loçano (*V. Lozano*).
Logroño, Diego de. 200.
Lohmann Villena, Guillermo. 483-84, 561, 647-48, 739, 2189, 2193, 2198.
Lomas Cantoral, Jerónimo de. 46, 1604.
Longfellow. 1217.
Lope Toledo, José María. 535.
Lopetegui, P. León. 1524-31.
López, A. 1071.
López, Fr. Atanasio. 1835, 2302-3.
López, Diego. 2177.
López, Juan Luis. 364.
López Agurleta. 2257.
López Barrera, Joaquín. 1037.
López de Echaburu y Alcaraz, P. José. 1711.
López Estrada, Francisco. 1057, 1923, 2648.
López de Gómara, Francisco. 371 (7-8).
López de Haro, Diego (Marqués del Carpio). 57 (118).
López de Leguizamo, Fr. Bartolomé. 1431.
López Maldonado. 67 (65, 143, 216, 317), 1919.

LL

M

Manzano, Juan. 1943.
Manzilla. (*V. Mancilla*).
Mar, Juan del. 33.
Marañón, Gregorio. 848.
Marañón, Sancho de. 2189.
Marasso, Arturo. 449.
Marcelo, Carlos. 1746.
Marcial. 62 (99), 135 (184), 1035.
March, Ausias. 492.
Marche, Olivier de la. 1034, 1575-83, 1601.
Marchinae, Marthae. 62 (prels., 27)
Mare, Bernabé de. 1294 (16).
Maréchal, Joseph. 949-50.
Marenduzzo, E. 471.
María de la Antigua (Sor). 2574.
Mariana, P. Juan de. 1703.
Marie, A. 951.
Mariner, Vicente. 2024 (1, 45), 2027.
Marini, Lelio. 1465.
Mariscal de Alcalá (El). 51 (212).
Markham, Clement R. 1511, 1568.
Mármol Carvajal, Luis de. 350, 1588.
Marsá, J. 2494.
Martí, Fr. José. 2139.
Martí, Juan. 357 (7).
Martí, Juan José. 67 (84, 161, 234).
Martí Grajales, Francisco. 67, 2018, 2023-24, 2080-81, 2146, 2150.
Martín, Luis. 46.
Martín Carmona, Andrés. 283 (8).
Martín Merinero, Juan. 222, 226, 233, 236, 242, 244, 314.
Martín de la Plaza, Luis. 51 (4, 25, 28, 31, 33, 49, 52, 98, 106, 118, 138, 149, 152, 156, 177, 181, 191-92, 195, 197-98, 201, 204, 207, 210, 213-14), 57 (57-92, 203-10), 69 (18-33, 74-101, 221-24, 264-73), 2129.
Martín Redondo, Santiago. 23.
Martín Robles. P. A. 772.
Martinenche, E. 810.
Martínez. 51 (85, 179).
Martínez, Antonio. (V. *Martínez de Meneses*).
Martínez, Bartolomé. 51 (27, 56, 65, 105, 113).
Martínez, Felipe Jacobo. 2025.
Martínez, José. 324 (11).
Martínez, P. José. 310, 365.
Martínez, Juan. 143, 1769.
Martínez, Sebastián. 2025.
Martínez Añibarro y Rives, Manuel. 1573.
Martínez de Grimaldo, José. 1900.
Martínez de Jaén. 88 (20).
Martínez de Meneses, Antonio. 143, 196 (8), 201 (1), 204 (2), 206 (12), 208 (11), 215 (7, 12), 216 (1), 217 (7-8), 219 (10), 220 (8), 221, (6, 9-10), 222 (3), 229 (6), 241 (11), 243 (12), 288 (25), 1277 (48).
Martínez Mínguez, Bernardino. 651.
Martínez de la Parra, P. Juan 2325, 2339.
Martínez de la Ribera, I. 322.
Martínez Val, José María. 826.
Martínez de la Vega, Jerónimo. 2025 (20), 2027, 2067, 2085.
Martinio, P. Martín. 2238.
Marton, León Benito. 1103.
Mascareñas, P. 1630.
Mascaros, Fr. Teófilo. 1679.
Masdeu, Gianfrancesco. 46.
Mastrillo Durán, P. Nicolás. (*V. Durán Mastrillo*).
Matanía, Fr. Jerónimo de. 2662.
Mateo, San. 62 (36), 1073.
Mateos, P. Francisco. 1450, 1501.
Mateu y Llopis, Felipe. 827.
Matienço (*V. Matienzo*).
Matienzo, Sebastián de. 2218.
Matos Fragoso, Juan de. 28 (25, 63, 68), 42, 201 (1, 3, 8), 204 (2, 4), 205 (5), 206 (7-8), 214 (prels., 3, 5, 11), 217 (6, 9), 219 (3), 222 (7), 223 (2-3, 9), 224 (11), 225 (1, 12), 226 (2), 227 (2, 6), 229 (2), 230 (1, 11), 233 (1, 11-12), 234 (4, 7), 237 (4, 11), 238 (9), 239 (prels., 1, 4, 6-7), 270, 271 (2, 9), 273 (8), 276 (3), 288 (12-18), 291 (9), 299 (6), 303 (1), 304 (5), 314 (38), 322 (3, 17), 323 (7, 8, 21, 28), 324 (prels., 15), 328 (26, 33), 339 (14, 23, 26), 364 (3), 629, 1289 (5), 1296 (11).
Matulka, Bárbara. 652, 1220.
Mauleón, Cristóbal de. 1301 (9).
May, T. E. 792.
Maya, Fr. Juan de. 1680.
Mayans y Siscar, Gregorio, 2435, 2437, 2503.
Mayorga, Juan de. 2025 (1).
Maza de Lizana, Luis. 1280 (4), 1283 (16).
Maza y Prada, Alonso de la. 207.
Mazini, Juan Bautista. 2528.
Means, Philip Ainsworth. 832.
Medina, Baltasar de. 2333.
Medina, Cipriano de. 1746.
Medina, Gaspar de. 1289 (19).
Medina, José Toribio. 285, 653, 1080, 1399-1407, 1409, 1464-65, 1480, 1485-86, 1492-94, 1497, 1544, 1651, 1679, 1681, 1686-87, 1746, 1818, 1901-4, 1926, 1939, 1976, 1985-91,

2092, 2199, 2223, 2259-60, 2262-64, 2266-67, 2276, 2317, 2325-31, 2333-63, 2404, 2406, 2409-10.
Medina, Fr. Miguel de. 352.
Medina y Fonseca, Antonio de. 8 (19).
Medina Ordóñez, Gaspar de. 1287, 1292 (20).
Medinaceli, Duque de. 1173.
Medrano, Francisco. 57 (140).
Medrano, Sebastián Francisco de. 1917.
Meier, Harri. 1, 654.
Mejía, Alonso. 1095.
Mejía, Fr. Andrés. 1256.
Mejía, Diego Cristóbal. 1381.
Mejía, Juan. 1277 (24).
Mejía, Pero. 350 (4).
Mejía de Carvajal, P. Alonso 1297.
Mejía de la Cerda. 284 (12), 287 (17).
Mejía de la Cerda, Pedro. 1872.
Mejía de Prado, Rafael Pablo. 1283 (17).
Mele, Eugenio. 72, 74, 88-92, 135.
Meléndez, Concha. 952.
Meléndez, Manuel. 223, 229, 234, 238, 243.
Molero, Andrés. 64 (114).
Molero Jiménez, Miguel. 1794.
Melo, Francisco Manuel de. 350 (7), 363.
Mello-Leitão, C. de. 1570.
«Memoria de las cosas que ha hecho García de Lerma (1573)». 372 (6).
Mena, Juan de. 73 (78).
Méndez, Ventura Lorenzo. 1289 (14), 1290 (13).
Méndez de Gigunde, Pedro. 1288 (39).
Méndez de Loyola, Pedro. 143, 1277 (13, 25, 41).
Méndez Silva, Rodrigo. 1103-4.
Mendo, Andrés. 228.
Mendoça. (*V. Mendoza*).
Mendoza. 64 (48).
Mendoza, Andrés de. 119 (13-14).
Mendoza, Antonio de. 28 (1-2, 16, 18, 44-46), 43 (1, 15, 31, 55, 67, 73, 81-82, 85, 90-92, 97), 119 (16), 143, 196 (11), 200 (6), 231 (1), 246 (10), 251 (2, 3, 10).
Mendoza, Bernardino de. 350 (10).
Mendoza, Diego de. 51 (86, 100), 64 (69-71, 173), 70 (41), 107 (304-26), 109 (6), 110 (1), 128 (119-27), 135 (prels., 172-73, 185; II, 23), 350 (2).
Mendoza, Francisco de. 143.
Mendoza, Juan de. 128 (16-18, 86-87), 135 (117).
Mendoza, Manuel. 2068, 2647, 2653, 2658.
Mendoza, Pedro de. 143.
Mendoza Chaves, Francisco de. 1297 (10).
Menéndez y Pelayo, Marcelino. 294, 450-51, 463-64, 953, 1038, 1195, 1226, 1605, 1861, 2130, 2200, 2432, 2504-5.
Menéndez Pidal, Ramón. 330 (1), 421, 452-53, 465, 538, 655-56.
Meneses y Moscoso, Manuel de. 1297.
Menochii Joannis Stephani. 1495-96.
Menor, Vicente 1748, 2025.
Meozzi, Antero. 1039-40.
Mercader, Gaspar. 67 (51-52, 135-36, 306-8), 88 (71, 92), 2027, 2059-60.
Mercader y Cervellón, Gaspar. 364 (1), 1298 (23).
Mercado, Pedro. 2248.
Mercado de las Llagas, Fr. Bernardino. 2587.
Mercado y Solís, Luis de. 1873.
Merck, Agustín María. 1425.
Meredith, Joseph A. 657.
Meregalli, Franco. 404.
Mérimée, E. 87, 771, 1594.
Mérimée, Henri. 658, 1221-22.
Mesa, Blas de. 216 (2), 324 (9).
Mesa, Carlos E. 954, 2627.
Mesa, Juan Bautista de. 51 (prels., 44, 45, 208), 57 (119-23, 218).
Mescue (Dr.). 51 (107).
Meseguer, P. Pedro. 1023.
Mesonero Romanos, Ramón de. 287-88, 659, 2082.
Mesía. (*V. Mejía*).
Messía (*V. Mejía*).
Mexía. (*V. Mejía*).
Mey, Aurelio. 280, 311.
Mey, Felipe. 2025 (1, 18).
Micón, Pedro Juan. 53.
Michels, Ralph J. 379.
Miguel de Maxadahonda (Fr.). 2590.
Miguel de San José, Fray. 1188 (8).
Milán y Aragón, Felipe. 231 (3).
Milego, Julio. 660.
Millares Carlo, Agustín. 1067, 1250-52, 1259, 2642.
Millás Vallicrosa, José María. 1210.
Millé y Giménez, Juan. 454-55, 539, 794.
Millet, Fr. Vicente. 1073.
Minieri Riccio, C. 473.
Miola, Alfonso. 73, 75.
Miquel Rosell, Francisco. 2432, 2491, 2506.
Mira de Mescua, Antonio. 8 (3), 43

(58), 191 (26, 28, 32-36), 192 (3, 8-9, 16, 26), 196 (3), 199 (8), 200 (11-12), 201 (4, 11), 203 (6), 205 (12), 206 (4), 213 (14), 228 (6), 233 (5), 234 (9-10), 235 (8), 237 (5), 239 (2, 9), 244 (11), 251 (6), 257 (3), 262 (7, 9, 11) 270, 278 (10), 284 (8), 287 (26-30), 310 (6, 24), 317 (33,39).
Miralles de Imperial y Gómez, Claudio 486, 1068.
Miranda, Leonor de. 661.
Miranda, Luis de. 332 (III).
Miranda, Rodrigo de. 51.
Miranda y la Cotera, José de. 294, 2239, 2595.
Mitjana, R. 136-37.
Mogica, Juan Antonio de. 217 (10).
Moglia, Raúl. 740.
Mohedano, Antonio. 51 (82, 120).
Mojica, Juan de. 266 (2-3).
Mola y Córdoba, José de. 301 (9).
Moldenhauer, Gerhard. 795.
Molina, Gonzalo de. 2162.
Monasterio, Ignacio. 955-57.
Moncada, Francisco de. 350 (1), 363.
Moncada, Gabriel de. 119 (19)
Moncayo y Gurrea, Juan de. 1166, 1768, 2571.
Monforte, Juan. 1301 (7).
Monforte y Herrera, Fernando de. 1231, 1995-96.
Monguió, Luis. 427-28.
Monleón y Cortés, Bernardo de. 1278 (7), 1279-80, 1283 (5).
Monreal, Julio. 697.
Monroy, Antonio de. 499.
Monroy, Pedro de. 1679.
Monroy y Silva, Cristóbal de. 202 (5), 245 (2), 265 (10), 272 (11), 278 (3), 288 (38-40).
Mont, Evaristo. 67 (49, 133, 197-99, 299-305).
Montagna, G. 701.
Montalván (*V. Pérez de Montalbán, Juan*).
Montaner. 282, 301, 321, 324, 339.
Monte, Fr. José del. 1802.
Monte, Mateo Gabriel. 1285 (4, 38).
Montemayor. 135 (II, 11, 13), 156 (12).
Montemayor, Jorge de. 132, 1200, 1221.
Montemayor, Fr. Juan de. 1746.
Montemayor y Neyra, Juan de. 1278 (9), 1284.
Monterde, Francisco. 487.
Montero, Juan. 29 (4).
Montero, Ramón. 1283 (8).
Montero, Román. 28 (41), 143, 324 (4).
Montero Díaz, Santiago. 828.
Montero de Espinosa, Román. 198 (6), 222 (5), 226 (3), 239 (10), 244 (8), 1277 (45), 1280 (15), 1284 (5).
Montero Padilla, José. 1450.
Monteser, Francisco de. 288 (43), 291 (7, 15), 295 (18, 24), 299 (4), 308 (5), 314 (9, 16, 18, 21, 23, 25, 29, 31), 319 (2, 10 ,13, 16, 24), 324 (10).
Monteser, Juan de. 339 (1, 9-11, 19, 21).
Monteseri. 304 (3).
Montidea, Baptista. (*V. Timoneda, Juan de*).
Montoliu, Manuel de. 405, 796, 958.
Montoro, José. 2334.
Montoro, José de. 1288 (45, 47).
Montoya, Andrés de. 1295.
Montoya, Fr. Lucas de. 1615.
Montoya, Fr. Luis de. 1337.
Monzabal, Fr. Manuel de. 2330.
Mora, Agustín de. 2265.
Mora, Jerónimo de. 67 (78, 155, 226, 329).
Mora, P. Juan Antonio de. 2331.
Mora, N. de. 51 (155).
Moraez Pimentel, Pedro 1287 (15).
Morales, Ambrosio de. 1862, 2089-90.
Morales, Cristóbal de. 212 (2), 232 (11), 266 (10).
Morales, Juan de. 51 (70, 121, 196, 211), 57 (215).
Morales, Fr. Sebastián de. 1307.
Morales y Avalos, Pedro de. 1294 (19).
Morales y Gibaja, Juan de. 1291 (23).
Morales y Guzmán, Alonso de. 1297 (7).
Morales y Noroña, Manuel de. 1281 (1).
Morales de la Torre, Raimundo. 488.
Morchón, Manuel. 206 (6, 10).
Moredith, J. A. 662.
Morel-Fatio, Alfred. 128, 663-64, 725, 771, 829, 849, 1276.
Moreno, Fr. Cristóbal. 2656.
Moreno, Miguel. 119 (20).
Moreno de Arroyo, Francisco. 1888.
Moreno Báez, Enrique. 429, 2649.
Moreto, Agustín. 28 (39, 66), 191 (14), 192 (2, 17, 25, 28, 30), 194 (50), 196 (7), 201 (1, 7-8), 204 (6, 10, 12), 206 (7, 9, 12), 207 (1), 208 (3, 8), 212 (3), 214 (1), 215 (2, 5, 8), 217 (2, 6), 218 (6), 219 (2, 4, 7), 223 (4), 224 (3), 225 (3, 5, 7), 226 (9), 229 (12), 230 (3, 10), 234 (3, 8, 12),

N

Núñez de Saldaña, Rodrigo. 2546.
Núñez Sotomayor, Juan. 1427.
Nykl, A. R. 798.

O

O. G. H. 31, 845.
Octavino, Celidante. 1293 (20).
O'Gorman, Edmundo. 1473.
Ochoa, Eugenio de. 363, 1781.
Ochoa, Manuel de. 1289 (12), 1292, 1300.
Ochoa, Pedro Juan de. 2025 (17).
Olarra, José, 2508.
Olazaran, Jesús. 967.
Olea y Piña, Francisco Félix de. 1307.
Olea y Piña, Pedro de. 1307 (20).
Olías Tenorio, Francisco Carlos de. 1297 (16).
Oliuares. (*V. Olivares*).
Oliuença, Juan de. 1283 (12), 1284 (8).
Olivares, Sebastián de. 220 (4), 232 (4).
Olivares y Figueroa, Francisco de. 8 (27).
Olivares Vadillo, Sebastián de. 1279 (20), 1280 (14).
Olivera, Otto. 489.
Olmedilla y Puig, Joaquín. 1426.
Olmedo. 341 (16).
Olmedo, Alonso de. 291 (13), 296 (9-10), 299 (10), 324 (19).
Olmo Generoso, Vicente del. 1298 (22).
Olphe-Galliard, M. 944.
Ontiveros, Fr. Francisco de. 2207.
Oña, Pedro de. 32.
Oppenheimer Jr., Max. 255.
Oppenheimer, R. A. 330 (9).
Orcasitas y Avellaneda, Juan de. 1296 (15).
Ordóñez, Ignacio de. 2362.
Ordóñez de la Puente, Manuel. 1294, 1300 (10).
Orozco. 43 (32).
Orozco Díaz, Emilio. 429-30, 540-41.
Orta, García de. 1414, 1417-18, 1421.
Orta, Melchor. 67 (89, 165, 237, 335).
Ortí, José. 1298.
Ortí, Marco Antonio. 1190, 1298 (3).
Ortiz, Antonio. 57 (139).
Ortiz, Fr. Juan. 2188.
Ortiz, Marco Antonio. 232 (6).
Orts, Jaime. 67 (41-47, 191-94, 281-95), 2025 (49).
Orturi, Jacinto. 1287 (31).
Ortúzar, M. 1006.
Orzoco, Fr. Pedro de. 2207.
Osorio, D. D. 135 (34, 49).
Ossorio, Fr. Agustín. 1775.
Ossorio, Tomás. 200 (9), 243 (7).
Osuna, Rafael. 498.
Osuna, Duque de. 88 (87).
Osuna, Alonso de. 231 (6).
Osuna, Rafael. 498.
Otaño, Manuel. 1301 (8).
Otero, P. Francisco de. 2302, 2304.
Otero d'Costa, E. 1836.
Otto, Everardus. 2442, 2456.
Ovando, Rodrigo de. 2655, 2660.
Ovando Santarén, Juan de la Victoria. 2657.
Ovejero, Eduardo. 951.
Ovidio. 70 (89), 107 (81), 109 (14), 135 (II, 23), 1591.
Oviedo, Juan de. 2345.
Oviedo, Juan Luis de. 1295.
Oviedo, Luis de. 226 (5), 1284.
Oviedo y Herrera, Luis Antonio de. 1278 (11), 1283, 1284 (15).
Oviedo y Herrera, Pedro de. 1278 (16), 1283 (21), 1284 (11).
Owen, Juan. 62 (108).

P

Pablo Romero, Juan José de. 968.
Pacheco. 135 (4).
Pacheco, Francisco. 51 (99, 221), 1726.
Pacheco, Fr. Gonzalo. 2233.
Pacheco, José. 1290 (11).
Padilla. 70 (84-85), 135 (23,32, 37, 148), 140.
Padilla, Pedro de. 40.
Paez de Valenzuela, Juan. 1953, 2124, 2204-5.
Pagan, Blaise François de. 1563.
Palacio, Fr. Juan Bautista. 264.
Palacio Lizaranzu, Mariano. 969.
Palacio y Villegas, Domingo de. 204, 219, 225, 230, 323-24, 339.
Palacios Rubios, Juan de. 499.
Palau, Francisco. 261.
Palau y Dulcet, Antonio. 325, 2165-66, 2185-86, 2261, 2281, 2311.
Palauesino. (*V. Paravicino*).
Palazol, P. Juan de. 1711.
Palcos, A. 970.
Palma, Clemente. 562.
Palma, P. Luis de la. 1807.
Palomares. 136 (42).
Palomares, Fernando. 1735.
Paniagua de Loaysa, Pedro. 2189.
Pantaleón, Antonio. (*V. Ribera, Anastasio Pantaleón de*).
Pantasio, Leonel 1293 (13).

Pérez Pastor, Cristóbal. 281, 725-26, 1262, 1313, 1369-70, 1581, 1584, 1705, 1772-74, 1792, 1917, 1979, 2225, 2227, 2364.
Pérez de Torres, Simón. 371 (13).
Pérez Vaquerizo, Fr. José. 1257.
Pérez de Veas, Bartolomé. 1968-69.
Pérez Vidal, José. 543.
Pérez de Zaragoza, Fr. Juan Félix. 1188.
«Perico y Marica», 144-45.
«Perla de Portugal (La)». 365 (3).
Persio Bertiso, Félix. 289 (1).
Peseux-Richard, H. 804.
Pesquera. 70 (38).
Petrarca. 107 (74), 701, 1033, 1045.
Petriconi, H. 1, 805.
Peyron y Queralt, Martín. 262 (2), 268 (6).
Pfandl, Ludwig. 1-3, 136-38, 333, 381-82, 431, 456, 466, 979-80.
Picado, Alonso. 2189.
«Pícaro amante y escarmiento de mujeres (El)». 365 (8).
Pidal. 2189.
Pidal, Pedro José. 676.
Pierce, Frank. 32, 544-46.
Pierres, Guillén. 245 (12).
Pigheti de Bergamo, Bartolomé Odoardo. 1296 (29).
Pimentel, Juan. 1584 (29).
Pimentel, P. Luis. 2238.
Pin y Soler, J. 2472.
Píndaro. 64 (177).
Pineda. 43 (6-7).
Pineda, Fr. Diego de. 1746.
Pineda, Fr. Juan de. 352.
Pinedo. 368.
Pinel, Francisco. (*V. Pinel y Monroy, Francisco*).
Pinel y Monroy, Francisco. 28 (61), 1278 (4), 1279 (3, 21), 1280, 1283, 1284 (4), 1289 (26).
Pinta y Llorente, Fr. Miguel de la. 1050, 1478, 1533-34.
Pinto de Morales, Jorge. 183-86.
Pintor, Francisco Juan. 2023.
Piña de San Antonio, Fr Juan. 1679.
Pío V. 2566.
Place, Edwin B. 753.
Placer, Fr. Gumersindo. 2173.
Platzeck, Erardo W. 981.
Plauto. 1036.
Plevich, Mary. 7.
Poe, Fr. Reginaldo. 2546.
Polanco Romero, José. 360.
Polo, Francisco. 223 (10).
Polo, Marco. 1172.
Polo de Medina, Jacinto. 364 (4-5).
Ponce de León, Diego. 51 (43, 189).
Ponce de León, Fr. Juan. 2566.
Pons, Fr. Antonio. 1760.
Pons, Fr. Salvador. 1465.
Pontes, María de Lourdes. 924.
Porebowicz. 98.
Porqueras Mayo, A. 2624.
Porras, García de. 43 (21, 37, 42, 87), 64 (148-51, 160-70).
Porras, P. José de. 2330.
Porras Barrenechea, Raúl. 563, 839-40.
Porras Troncoso, G. 415.
Porres, Francisco Ignacio de. 1273.
Porter y Casanate, José. 1278 (13), 1284.
Porter y Casanate, Juan José. 1283 (18).
Posada, Germán. 490.
Posadowsky (Conde de). 1041.
Potau de Zarreal, Pedro Dimas. 1073.
Pourrat, P. 982-83.
Pozo, Fr. Alonso del. 2318-19.
Praag, J. A. Van. 393, 677, 747, 806, 866.
Prado. 341 (5-7).
Prado, Andrés de. 345 (19-24), 358 19-20).
Prado, Juan de. 1289 (18).
Prado, Pablo de. 1976.
Prescott, William H. 2162.
Pretel, Hernando. 67 (22-23, 118-19, 181, 266-68).
Primicerio, Elena. 1223.
«Probadas flores romanas...». 1905-6.
Puente, P. Luis de la. 853.
Puerto Carero. 128 (49).
Puig, Juan. 185.
Pujol. 136 (23, 40, 49, 52, 55, 62, 66).
Pujol, Juan. 77 (1-6).
Puz Marín, Alonso. 119 (12).

Q

Quadrado, P. Francisco. 1294 (13).
Quadrado de la Cueva, Antonio. 2215.
Qualia, Ch. B. 1044.
Quebedo. (*V. Quevedo*).
Quelle, O. 381.
Querol Gavaldá, Miguel. 120-21.
Quevedo y Villegas, Francisco de. 28 (34), 42, 43 (3, 10, 12, 22-23, 34, 38 54, 104), 46, 51 (6, 8, 24, 50, 66, 75, 91, 119, 122, 126-27, 130, 139-40, 148, 190, 246), 57 (144-50), 64 (1-25, 105, 120), 69 (46-48, 131, 208, 250), 142-44, 181, 290 (21-22), 294 (19), 492, 801, 1642-43, 1648, 2620.

Robles, Isidro de. 310, 345 (1-4, 13), 365.
Robles Carvajal, Rodrigo de. 57 (103-11, 211), 69 (51-61, 66-70, 283-84).
Roca, Cristóbal de. 69 (226-27, 280).
Roca, Fr. Tomás. 1775.
Rocaberti, J. T. de. 2469.
Roco de Castilla, Juan. 1288 (20,40).
Rocha y Figueroa, Gómez de la. 1297.
Rocha y Ulloa, Gómez de. 1287 (3, 18-20), 1292 (29).
Roda Aguirre, Angeles. 1644.
Rodano, Filonio. 1293 (10).
Rodrigo y Villalpando, José. 2435.
Rodríguez, Alvaro. 1289 (9).
Rodriguez, Bernardino. 284 (6).
Rodríguez, Cristóbal. 1291 (14).
Rodríguez, Fr. Francisco. 1338.
Rodríguez, Gonzalo. 88 (47).
Rodríguez, Fr. José. 62, 364, 2139, 2143.
Rodríguez, Lucas. 171.
Rodríguez, Manuel. 1560, 1979, 2603.
Rodríguez, Pedro. 51 (235).
Rodríguez Carracido, José. 1463, 1535.
Rodríguez Carrión, Gaspar. 1292 (5).
Rodríguez de Castro, José. 1197.
Rodríguez de Castro, Manuel Francisco. 2435.
Rodríguez Demorizi, E. 373.
Rodríguez Haydée, Elsa. 564.
Rodríguez Lobo, Francisco. 1248.
Rodríguez Marín, Francisco. 52, 57, 729, 1059-60, 1736, 2131, 2159.
Rodríguez Méndez, Manuel. 1291 (21).
Rodríguez de Mondoñedo, González. 1288 (26-27).
Rodríguez Moñino, Antonio. 29, 118-19, 149, 151, 153, 155, 169, 562.
Rodríguez y Rodríguez, A. 992.
Rodríguez Salcedo. 1213.
Rogers, Woodes. 1566.
Rojas, Agustín de. 269 (85-118).
Rojas, Alonso de. 1570.
Rojas, Diego de. 262 (4).
Rojas, Francisco de. 357 (1), 1277 (32, 50).
Rojas Carrasco, Guillermo. 811.
Rojas Garcidueñas, José. 342, 744.
Rojas Zorrilla, Francisco. 8 (16), 191 (8, 13, 24), 192 (4, 39), 196 (1), 201 (5), 202 (9), 203 (1, 4-5), 204 (7), 206 (2), 216 (3), 220 (5, 7), 232 (2-3, 8), 235 (4-5), 242 (1), 244 (9), 245 (1), 251 (6), 257 (11), 258 (8, 10, 12), 262 (1), 264 (1-3), 265 (5, 11), 268 (4), 270, 271 (8, 12), 276 (1), 310 (18), 317 (35), 329, 330 (2), 336 (2, 12), 587, 687.
Rojo Jusepe o José. 225 (11), 233 (4), 295 (9).
Román, Antonio. 322 (5).
Romera, Sor. 2025 (31).
Romera-Navarro, Miguel. 422, 475, 685.
Romero Quevedo, Francisco. 2326.
Romo de Ontova, Andrés. 1291.
Roque de Santa Mónica (Fr.). 1188 (10).
Romero, Mateo. 77 (13, 16, 19).
Roncaglia, P. Constantí. 1669.
Rosa, Conde de la. (*V. Abarca de Herrera, Sancho*).
Rosa, Palmerín de la. 1293 (7).
Rosa-Nieves, Cesáreo. 745.
Rosaldo, Renato. 107-8.
Rosales, Luis. 36.
Rosell, Cayetano. 350, 358, 1315, 1321.
Rosenbach, A. S. W. 746.
Rosete, Pedro. 196 (5), 206 (12), 213 (8, 12), 221 (7), 222 (3), 224 (12), 229 (4, 6), 232 (2, 10), 264 (4, 6).
Rosete Niño, Pedro. 8 (23), 272 (8), 278 (6), 1277 (28).
Rosselló, Jerónimo. 45.
Rossi, G. C. 536, 2621.
Rostojo, Jusepe. 2025 (prels., 13-14, 27, 41, 44).
Rousselot, Paúl. 993-94.
Roxas, Francisco de. (*V. Rojas Zorrilla, Francisco de*).
Royo, Iñigo. 1135.
Royo Marín, A. 871, 995-97.
Rozas, Cristóbal de. 224 (7).
Ruano, Decio Donato. 1291 (30).
Rubio, David. 998-99.
Rubio, Juan. 1281 (15).
Rubio de Alava, Miguel Jerónimo. 1287 (9).
Rubio Balaguer, Jorge. 2-3.
Rubio y Bazán, José Prudencio. 364 (5).
Rubio Cercas, Manuel. 1000.
Rueda, Lope de. 331 (19-24), 335, 690.
Rufo. 70 (82).
Ruiz, Francisco. 2151, 2395-97.
Ruiz, José. 226 (11).
Ruiz, Fr. Juan. 1135.
Ruiz, Fr. Prudencio. 1680.
Ruiz de Alarcón, Juan. 200 (4), 202 (11), 228 (4), 245 (10-11), 270, 275, 317 (45), 322 (1), 327, 665, 694, 1773.
Ruiz Morcuende, Federico. 353.

S

Sánchez de Lázaro, Manuel. 1764.
Sánchez Loro, Domingo. 1311.
Sánchez de Muniaín, José María. 1005.
Sánchez Portero, Juan. 372 (4).
Sánchez Ramírez, Juan. 1615.
Sánchez Rojas, José. 461.
Sánchez de Villamayor, Andrés. 1300.
Sánchez de Villanueva, Francisco. 281.
Sanchiz, Fr. Jaime. 2398-99.
Sanchiz Alventosa, Joaquín. 1006.
Sandoval, Alonso de. 2520.
Sannazaro. 1043.
Sans, Pedro 2025.
Sans de la Losa, Cristóbal. 2027.
Santa Cruz, Manuel de . 1290 (9).
Santa María, Pedro Benito. 2000.
Santa María, Luys. 366-67.
Santestevan, Francisco de. 128 (14-15).
Santiago, P. Bartolomé de. 1452-55, 1458, 1462.
Santiago Vela, Fr. Gregorio de. 1081, 1110, 1191, 1334, 1338-39, 1344, 1433, 1744, 1924, 1928, 2003, 2098-2100, 2104, 2112, 2154-55, 2296-97, 2300-1, 2323, 2404-5, 2408, 2579.
Santos, Francisco. 358 (17).
Santos, Francisco de los. 2619.
Santullano, Luis. 351.
Sanvisenti, B. 815-16.
Sanz, Francisco. 246.
Sanz, Gaspar. 1296 (31).
Sanz, Miguel Jerónimo. 8 (11).
Sanz y Celma, Gaspar. 1296 (6).
Saona, Fr. Gaspar de. 2000.
Saona, Fr. Jerónimo de. 2000.
Sarasa y Arce, Fermín de. 1278 (14), 1283, 1289 (7), 1292 (15), 1296 (19).
Saravia, Antonio. 1292.
Sarmiento, E. 977.
Sarmiento de Mendoza, Manuel. 2605.
Saudreau, Auguste. 1007-14.
Saute, Fr. Miguel. 1173.
Sayago, Pedro de. 48.
Sayas, Francisco de. 43 (28, 41).
Scalígero, J. 2446.
Scaramelli (P.). 948.
Scarpa, Roque Esteban. 6.
Schack, Adolph von. 327.
Schaffer, Adolf. 315, 691.
Scheuer, P. 1015.
Schevill, R. 1, 381.
Schlegel, H. 692.
Schmidel, Hulderico. 371 (11).
Schmidt, Expeditus. 693.
Schmidt, Leopold. 694.
Schons, Doroty. 491.
Schottus, Andreas. 2467, 2480, 2513.
Schultheis, A. 817.
Schwabe, J. J. 1562.
Segura, Francisco de. 1176.
Segura Covarsi, Enrique. 385, 551.
Seifert, E. 381.
Seijas y Lovera, Francisco de. 1913.
Seisdedos Sanz, Jerónimo. 1010, 1016.
Selig, Karl Ludwig. 393.
Senato, Leopoldo. 1293 (15).
Séneca. 910.
Sepúlveda, Ricardo. 697.
Serís, Homero. 39.
Serna. 57 (138).
Serralta, Miguel de. 1760.
«Serrana de Cintia (La)». 365 (5).
Serrano, Francisco. 341 (19).
Serrano, José Enrique. 476.
Serrano, L. 1017.
Serrano de Figueroa, Francisco, 213, 220, 227, 232.
Serrano Jover, Alfredo. 818.
Serrano Plaja, Arturo. 343, 384, 1018.
Serrano Poncela, S. 2631.
Serrano y Sanz, Manuel. 70-71, 372, 679, 1137, 1139, 1142, 1150, 1325, 1345, 1347, 1622, 1947, 1973, 2161, 2320, 2400.
Sesa, Duque de. 135 (50).
Sesé, Luis de. 1295.
Sesma, P. Leandro de. 901.
Sessé, José de. 1228.
Shergold, N. D. 2632-33.
Shoemaker, W. H. 695-96.
Sicardo, Felipe. 244 (2), 1292 (16).
Sierra, Alonso de. 1177.
Sierra, Bernardo. 231.
Sierra, Miguel de la. 303.
Sigler de Huerta, Antonio. 251 (5).
Siles, Francisco de. 1902-3.
Silva, 1345.
Silva, Antonio de. 43 (140), 143.
Silva, Diego de. 143.
Silva Barreto, Alejandro de. 1297 (14).
Silva Correa, Juan de. 283 (5).
Silvela, Francisco. 433.
Silvestre. 135 (42, 57, 79-81), 140.
Silvestre, Gregorio. 107 (331-36).
Silveyra, Antonio. 1287 (29-30).
Simchoni, J. N. 1242.
Simón Díaz, José. 552, 698, 754, 1061, 1606, 2393, 2514.
Simón Infante, Juan. 1289 (23).
Sloman, A. E. 699.
Smith, Carleton S. 139.
Soba, Manuel de. 1295.
Sobejano, G. 654.
Sobrecasas, Fr. Francisco. 1137, 1741.

T

Texera Tartaz, Manuel. 271.
Texeyra, Pedro. 1554.
Teza, E. 94-95.
Thesauro, Emanuel. 2143.
Thomas, Henry. 417.
Thomas, Lucien-Paul. 444, 458, 664.
Thompson, Somerville. 820.
Thulié, H. 951.
Thurston, Herbert. 1022-23.
Ticknor. 10, 18.
Tieck, L. 765.
Tierno Galván, Enrique. 1042.
Timoneda, Juan de. 148-57, 170, 193, 194 (17-21), 317 (5-7), 357 (3, 5).
Tinoco y Correa, Diego. 1279 (8), 1280 (11).
Tobar. (*V. Tovar*).
Tobar, Jorge de. 72 (40).
Toda y Güell, Eduardo. 46, 1393-94, 1398, 1415-16, 1419, 1486, 1492, 1497, 1512, 1669-70, 1683, 1693, 1735, 1745, 2440-41, 2443, 2454, 2463, 2471, 2473-78, 2482, 2596.
Tofiño, Cosme Damián. 67 (92, 238, 336).
Toldrá Rodón, Jaime. 2514.
Toledo, Fernando de. 1288 (18, 38).
Toledo, Hernando de. 1584 (28).
Toledo, Pedro de. 1584 (25).
Toledo y Godoy, Ignacio de. 68-69.
Tomás, Miguel. 2025 (26).
Tomás, Pedro. 846.
Tomás de Aquino, Santo. 1759, 2239, 2369.
Tomás de Villanueva, Santo. 1188, 1190, 1336.
Tondi, P. Buenaventura. 2144.
Toro, Fr. Tomás de. 372 (5).
Torralba, Lupercio. 1302.
Torre, Francisco de la. 43 (prels., 8, 46, 76, 98, 129, 131, 136), 244 (6), 1135, 1289 (24), 1292 (12) 1596.
Torre, Julio de la. 269 (56).
Torre, Lucas de. 478.
Torre, Fr. Luis de. 2590.
Torre, Manuel de la. 1289 (4).
Torre, Tomás de la. 1290 (4).
Torre Farfán, Fernando de la. 1285.
Torre Revello, J. 1069-70, 2643.
Torre y Sebil, Francisco de la. 62 (5, 9, 12, 16, 20, 23, 29, 33, 36, 39, 42, 48, 56, 58, 71, 78, 81, 85, 88, 90, 93, 97, 99-100, 106, 110, 112), 1141.
Torreño, Pablo. 1795.
Torres, Marqués de. (*V. Abarca de Bolea y Castro, Luis*).
Torres, Cristóbal de. 295, 322, 341.
Torres, Juan de. 57 (132), 136 (10).
Torres, Justo de. 1302.
Torres, Miguel de. 2361.
Torres Amat, Félix. 1072, 1077-79, 2004, 2255, 2257-58, 2281, 2309, 2565.
Torres y Centellas, Luis Juan de. 1298.
Torres y Galeote, Francisco. 1024.
Torres Granero, Pedro de. 1291 (7).
Torres y Medrano, Cristóbal de. 1284 (12).
Torres Naharro, Bartolomé. 331 (15-18).
Torres Rámila, Pedro. 2125.
Torres-Rioseco, A. 342.
Touilla, Pedro. 1301 (10).
Tovar, P. Juan de. 1517, 1519, 1521.
Trasmiera, Juan de. (*V. Agüero, Juan*).
Trejo, José. 341 (3).
Trejo, José de. 1288 (prels.).
Trend, J. B. 704.
«Tres maridos burlados (Los)». 365 (11).
Trillo y Figueroa, Juan de. 1281 (5, 11).
Tristán, Vicente Pablo. 2025 (39, 42), 2027.
«Triunfo de los Santos». 732.
Tronsarelli, Octavio. 62 (3, 10, 37, 50, 67, 94).
Truhlar, Karel. 1025-26.
Tuñón de Lara, Rafael. 1062.
Turia, Ricardo de. 285, 287 (10), 311 (prels., 4, 5 *cd.*, 6, 9, 12), 312, 318 (16, 28-31).
Turriano Ramile. (*V. Torres Rámila*).
Tyre, Carl Allen. 326.

U

Uberte, Zamudio de. 64 (103).
Ugarte, E. 824.
Uhagón, Francisco R. de. 359.
Ulot, Jerónimo. 296.
Ulloa, Alfonso de. 371 (1).
Ulloa, Luis de. 243 (2).
Ulloa y Sandoval, Gonzalo de. 213 (13).
Umbert, Pedro. 994.
Urbano VIII. 62 (34, 46), 2566.
Ureña y Messía, Miguel de. 1291 (11).
Ureña y Samaniego (Marqués de). 42.
Uriarte, José Eugenio de. 1452-55, 1457-58, 1460, 1462-63, 1475, 1483-84, 1540, 1543, 1561, 1563.
Uriarte, José Eugenio de y M. Lecina. 1117-26, 1132, 1361, 1365, 1434-35, 1438-41, 1443-49, 1466, 1469,

V

Villar (Padre). 64 (33-34, 38, 98, 122, 174-75).
Villar, Francisco del. 1615.
Villarroel, Cristóbal de. 51 (225, 241).
Villarroel, Fr. Gaspar de. 1801, 1818.
Villasante, L. 352.
Villava, Juan Francisco de. 1436-37.
Villaviciosa. 205 (5), 206 (12), 223 (3, 9); 224 (11), 238 (9), 294 (6), 319 (9, 21), 322 (2, 10, 14, 20), 328 (10-11, 14, 38), 341 (10).
Villaviciosa Sebastián de. 201 (8), 212 (1), 217 (3, 9), 222 (7), 225 (1, 4), 226 (8), 244 (3), 288 (24), 303 (1), 323 (12, 14, 22, 25), 324 (22), 328 (3, 6, 36).
Villayzán. 43 (75).
Villegas, Antonio de. 1202, 1204, 1207, 1212-13, 1221.
Villegas, P. Bernardino de. 2009.
Villegas, Francisco de. 219 (5), 225 (10-11), 230 (4), 232 (1, 9), 233 (4), 239 (10), 242 (3, 10, 12).
Villegas, Juan de. 201 (6), 207 (9), 254 (1, 12), 258 (6), 266 (11), 283 (12).
Villegas, Juan Bautista de. 204 (3, 5, 8, 256 (1).
Villet, Pedro Pablo. 1295.
Vindel, Francisco. 419.
Violato, Gaspar. 1290 (12).
Vique, Alvaro. 2027.
Vique, Diego. 2025, 2027.
Virgilio. 131 (155), 135 (86), 534 bis.
Virués (Doctor). 2023.
Virués, Cristóbal de. 318 (2-6), 492.
Virués Jerónimo. 67 (33-39, 126-27, 188-89, 277-78).
Viterbo. 2207.
Vitoria, Francisco de. 200 (2).
Vitoria, Fr. Ignacio de. 2390.
Vitoria, José de. 225.
Vivanco, Luis Felipe. 36.
Vles, Joseph. 821
Voltaire. 432.
Vollmöller, K. 116, 131-32.
Vossler, Karl. 387-88, 554-56.

W

Wade, G. E. 645.
Wagenseil. 2515.
Wagner, H. R. 837.
Wardropper, Bruce W. 393, 705.
Wat. 1555.
Watkin, Edward Ingram. 1032.
Webber, Edwin J. 706.
Weinitz, Franz. 1710.
Wellington, Marie Z. 1043.
Whitehouse, Víctor. 707.
Wilgus, A. Curtis. 841.
Wilson, W. E. 822.
Williams, Robert H. 1044.
Williams, Ronald B. 708.
Woodbridge, Hensley C. 977.
Wurzbach, W. 1.

X

X. 860.
Xamaica, Marqués de. 1288.
Xarque, P. Juan Antonio. 1188 (7).
Xenofonte .(*V. Jenofonte*).
Xérez. (*V. Jérez*).
Ximénez. (*V. Jiménez*).
Ximeno. (*V. Jimeno*).
Ximeno, Vicente. 2137, 2141-42.
Xinobés. (*V. Ginovés, Matías*).

Y

Yáñez, Agustín. 369.
Yáñez Fajardo, Diego. 2203.
Yáñez Fajardo y Monroy, Juan Isidro. 709.
Ybáñez. (*V. Ibáñez*).
Yela, Juan Francisco. 2516.
Yndurain, Francisco. 845.
Yxar, Onofre Vicente de. 2139.

Z

Zabala, Arturo. 35.
Zabaleta, Juan de. 28 (37), 204 (2), 206 (12), 207 (2, 4, 6), 212 (1), 217 (9), 221 (9, 11), 223 (6, 9, 11), 225 (8), 229 (prels.), 231 (9), 233 (prels., 2), 234 (prels., 6), 243 (12), 308 (6), 314 (prels., 19).
Zaida. 42.
Zaldierna y Navarrete, Juan de. 1774-75.
Zamora, Antonio de. 270, 288 (55-58), 296 (2-3), 336 (3), 1300 (7).
Zamora, P. Antonio José de. 1764.
Zamora, Juan de. 1284 (14).
Zamora Vicente, Alonso. 557, 1045.
Zamudio, Catalina. 174 (39).
Zanoguera, Juan. 2158 (58).
Zapata, Luis. 1609.
Zapata, Melchor, 294 (12), 339 (12), 341 (26), 1294 (22).

PRIMEROS VERSOS

A) DE POESIAS

A

«A la hermosisima Cinthia...» 115 (3).
«A la hija mayor del gran Francisco...» 69 (110).
«A la inquieta aclamación...» 1300 (15).
«A la ley de amor perfecto...» 81 (32).
«A la Magestad de un monte...» 172 (28).
«¡A la Mamora, militares Cruces...» 72 (75).
«A la margen de un arroyo...» 2383 (2).
«A la margen del río que corono...» 64 (115).
«A la niña bonita...» 126 (23).
«A la Noble Corona...» 1294 (1).
«A la odorífera sombra...» 67 (161).
«A la orilla de un brasero...» 185 (25).
«A la orilla del agua estando un día...» 78 (166).
«A la puerta llaman...» 165 (56).
«A la salud de las Marcas...» 187 (9).
«A la salud deseada...» 175 (13).
«A la sazón que se nos muestra llena...» 1584 (84), 1592 (2), 1593.
«A la soberbia amenaza...» 88 (55).
«A la sombra de mis cabellos...» 172 (58).
«A la sombra de un alisso...» 73 (54), 174 (49).
«A la sombra de un ciprés...» 158 (60).
«A la sombra de un risco...» 185 (7).
«A la spugnación violenta...» 1289 (9).
«A la villa pastor...» 126 (60).
«A la villa voy...» 88 (68).
«A la virgen que es parida...» 130 (27).
«A la vista de mi bien...» 1297 (15).
«A la vista de Tarifa...» 73 (69), 174 (61).
«A la zambaranbe curucucuruña mulu berna uala...» 126 (54).
«A las bodas venturosas...» 175 (129).
«A las Monjas enredadas...» 1291 (17).
«A las mozas hermosas gustosas...» 78 (201).
«A las once me mandó...» 172 (45).
«A las riberas de Turia...» 67 (332).
«A las selvas, y a los prados...» 172 (11).
«A las templadas riberas...» 67 (72).
«A lo que Celio preguntas...» 175 (173).
«A lo que saben Celia los panales...» 107 (252).
«A los Aires, al Fuego, al Mar undoso...» 1290 (5).
«A los campos de Lepe, a las arenas...» 72 (193).
«A los espantosos truenos...» 175 (71).
«A los floridos años...» 1301 (15).
«A los males prevenida...» 1297 (16).
«A los pies arrodillado...» 175 (124).
«A los que os tiene espantados...» 64 (37).
«A los veinte y dos de Iunio...» 175 (169).
«A los veinte y dos de Julio...» 70 (2).
«A los vuestros dexays tan espantados...» 165 (110).
«A Marfira Damon salud enbia...» 131 (5).
«A mi gusto me acomodo...» 126 (19).
«A musa en tu beslo ay...» 1277 (45).
«A pagar por mi obligastes...» 8 (8).
«A pesar de mis azares...» 1188 (9).
«A pesar del Prado sale...» 43 (119).
«A pie esta el fuerte Don Diego...» 171 (19).
«A qué aspiras mortal, quando en la pompa...» 1279 (19).
«A que no esta sugeto al ser humano...» 107 (1).
«A qué puedo atribuir...» 67 (153).
«¿A quién cantaré mis quejas...» 136 (69).
«A quien contaré mis quejas...» 88 (73).
«A quien encomiendan sin tener sentido...» 155 (110).
«A quien hace el Amor tantas mercedes...» 64 (105).
«A quién me quejaré del cruel engaño...» 51 (90), 57 (15).
«A quien mientras tuvo vida...» 165 (406).
«A quien no matará...» 120 (11).
«A quien ventura falta...» 172 (64).
«A Señora doña Aldonça...» 187 (49).
«A Silvia la cruel salud envía...» 1584 (87).
«A Siralvo el cortes, que en esta tierra...» 135 (I, 2).
«A su albedrío y sin...» 120 (9).
«A su aluedrío y sin orden alguna...» 97 (21).
«A su alegre colmenar...» 64 (224).
«A tal gusto me provoca...» 67 (61).
«A tanto disimular...» 131 (21).
«A ti belicoso Marte...» 178 (6).

«¿Adónde, temerario pensamiento...» 69 (78).
«Adonde vais Marías a los huertos...» 165 (177).
«Adonde vais pensamiento...» 185 (43).
«Adoro y beso al cochillo...» 97 (49).
«Afirmaisme por la vuestra...» 175 (16).
«Afuera, afuera, ymposibles...» 158 (103).
«Afuera Amor, que me quitais el sueño...» 135 (I, 120).
«Afuera concejos (*sic*) vanos...» 150 (11).
«Afuera consejos uanos...» 78 (40).
«Afuera, que sale al campo...» 1280 (12).
«Afuera sentidos vanos...» 165 (242).
«Aglauros infelize...» 158 (69).
«Agora en la despedida...» 131 (1).
«Agora estarás contenta...» 115 (34).
«Agora que amanece claro el día...» 69 (59).
«Agora que corresponde...» 67 (73).
«Agora que el corazon...» 8 (16).
«Agora que en tu rostro el suyo atento...» 51 (77).
«Agora que, entre el ocio, más atento...» 1735.
«Agora que la guitarra...» 172 (61).
«Agora que mi muerte...» 77 (1).
«Agora, Señor, agora...» 8 (10, 14, 26).
«Agora, Tirsi, quel tiempo...» 73 (36), 174 (32).
«Agradecido pastor...» 115 (7).
«Agradecido, Señora...» 1137.
«Agravios a una Diosa?...» 1287 (25).
«Agricola cruel fiero tyranno...» 165 (478).
«Agua en que su mano hermosa...» 1294 (17).
«Agua es mi tema, Señores...» 158 (20).
«Aguarda, espera, l o c o pensamiento...» 51 (120).
«Aguardando mejor tiempo...» 175 (265).
«Aguila bella, Palas generosa...» 1293 (14).
«Aguila en el ingenio, y en el nombre...» 2143.
«Aguila imperial, si el patrio nido...» 1288 ((39).
«Aguila, que altanera, del sol beves...» 2139.
«Aguila, que de híto al sol mirasste...» 165 (362).
«Aguila que vas bolando...» 155 (23).
«Aguila Real coronada...» 1288 (5).
«¡Ah, Filipo, Filipo! —¿Quién me llama...» 69 (10).
«Ah las señoras hermosas...» 113 (20).
«Ahí como las esperanzas...» 126 (15).
«Ahi mi tiempo mal logrado...» 126 (40).
«Ahora en la dulce ciencia embebecido...» 107 (307), 131 (16).
«Ahora que de amor la injusta llama...» 64 (123).
«Ahora que estoi de espacio...» 72 (169).
«Ahora, Virgen pura, que la llama...» 57 (211).
«Ahora vuelvo a templaros...» 73 (1), 174 (1).
«Aique si, aique no, todo soi enigma de amores...» 158 (57).
«A i r a d a responde a Fabio...» 69 (195).
«Ajeno de mal ajeno...» 128 (8).
«Ajeno fué, pues fué solo un momento...» 1584 (104).
«Al agua el remo, el viento velas dando...» 165 (460).
«Al alma solo, que lo siente, toca...» 72 (7).
«Al animo mayor, mayor braveza...» 2027.
«Al arbol de vitoria está fixada...» 51 (225).
«Al arma al arma al arma...» 126 (29).
«Al arma contra la envidia...» 1278 (1).
«Al arma tocan, ya tocan al arma...» 165 (577).
«Al baile del aldeguela...» 158 (89).
«Al bien de mi vida...» 126 (14).
«Al bien que aguardo canto en mi cadena...» 57 (155).
«Al brasero con Celio Nise estaba...» 1291 (8).
«Al cabo de años mil...» 175 (38).
«Al cabo de los años mil...» 88 (62).
«Al camino de Toledo...» 73 (35), 174 (31).
«Al campo salió el estio...» 72 (131).
«Al campo va mi amor, y va al aldea...» 135 (II, 21).
«Al casamiento divino...» 175 (264).
«Al Cielo, Valencia exclama...» 62 (51).
«Al Cleonéo Leon...» 28 (51).

«Alcé los ojos de llorar cansados...» 131 (2).
«Alcé los ojos por veros...» 131 (3).
«Alcıone con pensamiento... 155 (133).
«Alegrate, Isabel...» 120 (12).
«Alegrate Isabel, que razón tienes...» 165 (319).
«Alegrate, noche obscura...» 115 (58).
«¿Alégrate, Señor, el ruido ronco...» 64 (22).
«Alegre porque moría...» 73 (21), 78 (215), 174 (20).
«Alegre vuelvo a gozarte...» 175 (53).
«Alegre y dulce canto...» 165 (26).
«Alegrias que ha baxado...» 165 (275).
«Alguaciles, y alfileres...» 187 (56).
«Alivia sus fatigas...» 57 (98).
«Alma cruel de angelica figura...» 128 (128).
«Alma del alma mia, ardor mas vivo...» 107 (126).
«Alma del alma mía, ya es llegada...» 107 (127).
«Alma divina y bella...» 64 (73).
«Alma en todo real, a quien la muerte...» 64 (142).
«Alma llegad al combite...» 165 (264).
«Alma, pues hoy el que formó la Vida...» 1584 (115).
«Alma que a mi vivir sola da vida...» 107 (128).
«Alma que de tus daños estás cierta...» 165 (198).
«—Alma, ¿qué quieres de mí?...» 64 (42).
«Alma que, suelta de tu frágil manto...» 69 (17).
«Alma real, milagro de natura...» 107 (269), 171 (107).
«Alma rebelde y dura...» 107 (3).
«Alma sal oy de sentido...» 165 (197).
«Alma Venus dulce diosa...» 78 (182).
«Almas bellas mas que estrellas...» 165 (441).
«Almas dichosas, que del mortal velo...» 2159.
«Almas tiernas y devotas...» 165 (76).
«Alta humanidad, estrecha vida canto...» 53 (1).
«Alta reina coronada...» 130 (42).
«Alta señora, que en la edad presente...» 1584 (41).
«Alta, suprema, y sacra prouidencia...» 165 (2).
«Altivo, un risco eminente...» 158 (117).
«Alzando las piernas arriba...» 78 (51).
«Alzó el ayre las faldas de mi vida...» 78 (146).
«Alzó los ojos de llorar cansados...» 107 (304).
«Allá en el Cielo se vido...» 165 (54).
«Allá en el hondo centro de la tierra...» 165 (158).
«Allá en la gran Babilonia...» 165 (606).
«Allá quedais, serrana...» 158 (77).
«Allá vá, señores míos...» 1289 (12).
«Alleluya que es nascido...» 130 (4).
«Allí fué sepoltura de romanos...» 2158 (34).
«Allí, negra región de la venganza...» 57 (184).
«Ama dichoso el que es correspondido...» 1280 (3).
«Amada ausente mía...» 69 (245).
«Amada pastora mía...» 78 (43).
«Amadas luces puras...» 64 (76).
«Amado engaño de la fantazia...» 135 (I, 168).
«Amanece y Apolo sale luego...» 70 (99).
«Amante tortolilla...» 158 (114).
«Amante, y agradezido...» 2383 (56).
«Amar me tiene puesto en tal estado...» 131 (6).
«Amargas horas de los dulces días...» 107 (4), 120 (1), 135 (I, 126), 165 (574).
«Amaría navegando...» 155 (142).
«Amarilis, Amarilis...» 158 (88).
«Amarilis la de el Soto...» 185 (42).
«Amarrado a un duro banco...» 78 (219).
«Amarrado al duro banco...» 72 (153).
«Amarrado en un aspera columna...» 165 (119).
«Amator sum infelix omicida...» 155 (154).
«Ambición de aquel tronco un tiempo esquivo...» 1773.
«Ambrosio, entre los sanctos escogido...» 165 (463).
«Amé y aborrecí...» 131 (8).
«Amiga noche que al silencio santo...» 69 (72).
«Amigo Fabio, el buscar...» 1285 (16).
«Amigos de Novedades...» 187 (43).
«Amigos Guarda Damas...» 43 (127).
«Amigos sólo del oro...» 64 (59).
«Amo a la noche y aborrezco el día... 69 (65).

«Angel custodio sagrado...» 165 (565).
«Angel hermoso que por guarda mia...» 165 (564).
«Angel malo, so cosino...» 67 (291).
«Angel, Propheta, martyr, virgen santo...» 165 (373).
«Angeles si vays al mundo...» 165 (283).
«Angelicas esquadras que en las salas...» 51 (227).
«Angelico sujeto que bajaste...» 135 (I, 39).
«Animada pintura del valiente...» 1773.
«Animado de tu vista...» 172 (103).
«Ansares y Menga...» 136 (26).
«Ansi Dios os aconsuele...» 128 (7).
«Ante que alguna caxa luterana...» 72 (77).
«Ante secula criada...» 130 (44).
«Ante todo lo criado...» 165 (294).
«Antes que borre el tiempo mal criado...» 51 (69).
«Antes que Ceres conmutase el fruto...» 57 (135).
«Antes que el sol divino apareciese»... 107 (299).
«Antes Redentor divino...» 8 (27).
«Antes saldrá el Apolo de ocidente...» 128 (110).
«Antes Señor, que la lengua...» 8 (5).
«Antes, Señor, que la muerte...» 8 (30).
«Añasco el de Talavera...» 187 (60).
«Año de mil y quinientos...» 187 (67).
«Años hace, Rey Alfonso...» 175 (136).
«Años, que a eternos aspiran...» 1288 (48).
«Años que ilustran vuestra edad gloriosa...» 1288 (40).
«Apartado del camino...» 171 (42).
«Apartarme de tes (*sic*) ojos...» 175 (145).
«Aparte, la mi señora...» 69 (222).
«Apeles el famoso, a quien se puede...» 67 (330).
«Apenas de la humilde gruta el heno...» 64 (36).
«Apenas el Sol hermoso...» 175 (259).
«Apenas la diuisa de Taumante...» 64 (174).
«Apenas llega la luciente aurora...» 88 (5).
«Apenas llena de Cesar...» 1285 (35).
«Aplacadas las furias de Oceano...» 69 (38).
«Apolo pues un Rey ussa...» 1301 (9).
«Apolo sacro, Carlos glorioso...» 1293 (11).
«Apolo, tu que a las nueve...» 62 (104).
«Apresurado el aliento...» 8 (7).
«Aprisa lleva el ganado...» 172 (82).
«Aprovechese de olvido...» 78 (99).
«Aquel alto Emperador...» 171 (83).
«Aquel arrogante Imperio...» 1300 (2).
«Aquel cabello ondoso que cubría...» 2158 (12).
«Aquel cogerla a escuras a la dama...» 78 (149).
«Aquel Dios ciego, y malsin...» 28 (40), 43 (65).
«Aquel Dios de vengança, y leon brauo...» 165 (139).
«Aquel Divino Pintor...» 28 (3).
«Aquel divino rostro, que solia...» 128 (147).
«Aquel divino rostro tan hermoso...» 128 (106).
«Aquel heroico Romano...» 175 (35).
«Aquel limpio vellón de fina lana...» 69 (2).
«Aquel llegar de presto y abrazalla...» 78 (158).
«Aquel magnanimo Phebo...» 171 (82).
«Aquel monstruo de poder...» 119 (12).
«Aquel narziso de plumas...» 158 (116).
«Aquel pastorcico...» 155 (41).
«Aquel paxarillo...» 73 (68), 174 (60).
«Aquel puerto de la nieve...» 78 (189).
«Aquel que del Cephiso fue engendrado...» 107 (270).
«Aquel que la grandeza de su escudo...» 69 (79).
«Aquel que mas allá de hombre vestido...» 1277 (4).
«Aquel que trujo Cristo fuego ardiente...» 57 (180).
«Aquel racional mosquito...» 43 (106).
«Aquel rayo de la guerra...» 73 (16), 174 (15).
«Aquel rayo de Marte acelerado...» 175 (320).
«Aquel rey de los Romanos...» 168 (39).
«Aquel salir como sale...» 165 (57).
«Aquel si viene o no viene...» 148 (12).
«Aquel traidor afamado...» 171 (9).
«Aquel vellón que nunca se mojaba...» 165 (290).

«Asado habías de estar, poeta crudo...» 70 (117).
«Asegurándome estoy...» 67 (57).
«Asegurandome voy...» 88 (32).
«Asentado esta Gayferos...» 168 (10).
«Asi a mozos, como viejos...» 1584 (14).
«Asi cantaba en dulce son Herrera...» 51 (19).
«Asi consolaba a solas...» 185 (18).
«Asi Deidades airadas...» 1285 (32).
«Asi estais bueno agora, rapacillo...» 2158 (51).
«Asi Fabio cantaba...» 185 (17).
«Así la presta y voladora fama...» 69 (122).
«Así llegues á mis días...» 67 (247).
«Asi moriré hasta que los rigores...» 158 (82).
«Asi se quexaba Dido...» 62 (106).
«Asida está del estribo...» 70 (61).
«Asientan todos por baza...» 1764.
«Asno me llamas, sospecho...» 64 (204).
«Asomóse la niña...» 115 (30).
«Atajese esta questión...» 128 (74).
«Astro, a quien por bello, el Sol...» 1288 (37).
«Atambores y trompas belicosas...» 175 (290).
«Atención al retrato de Filis...» 158 (121).
«Atención por vida mía...» 43 (88).
«Atención que de Joseph...» 158 (21).
«Atención señores mios...» 187 (38).
«Atended que amenguades las espadas...» 51 (80).
«Atenta al gran rumor la Musa mía...» 1584 (64).
«Atiende a Benito Gila...» 158 (92).
«Atlante de los mundos de Filipo...» 175 (329).
«Atlante de los muros de Philippe...» 135 (I, 190).
«Atrevase quien sabe...» 1289 (1).
«Atreviose amor a Dios...» 165 (209 *bis*).
«Atrevido pensamiento...» 64 (68).
«Atrevidos pensamientos...» 43 (75).
«Aun no es bien amanecido...» 171 (14).
«Aun ser Francisca hermosa...» 1277 (17).
«Aunque al peligro me entrego...» 2383 (12).
«Aunque al templo os ofrezcays...» 165 (327).
«Aunque con algún trabajo...» 67 (220).
«Aunque con graves penas y tormento...» 165 (114).
«Aunque de Scithia fueras...» 135 (I, 179).
«Aunque el constante amor nace del alma...» 2383 (45).
«Aunque el equivoco ignoro...» 2383 (26).
«Aunque el habito pedia...» 175 (276).
«Aunque el Leon se reboce...» 165 (245).
«Aunque el rigor del inclemente Marte...» 1915.
«Aunque en un Eclesiastico es notado...» 1296 (14).
«Aunque entiendo poco griego...» 72 (164).
«Aunque es mi dicha tan poca...» 67 (283).
«Aunque ese llorar os quadre...» 165 (45).
«Aunque está en blanco el papel...» 67 (53).
«Aunque ha sido el conocerte...» 67 (296).
«Aunque infinitas lenguas yo tuviese...» 165 (223).
«Aunque la tiranía alas te preste...» 158 (66).
«Aunque mas la culpa os culpa...» 165 (534).
«Aunque me parto, no parto...» 155 (72).
«Aunque me pinteys ingrata...» 155 (36).
«Aunque no bebí el christal...» 64 (97).
«Aunque nuevas de pesar...» 128 (77).
«Aunque os llaman el menor...» 165 (390).
«Aunque os subis gouierno nuestro y llaue...» 165 (184).
«Aunque para hablar mejor» 1277 (32).
«Aunque ya mas no se cuente...» 131 (24).
«Aunque ya para morir...» 72 (35).
«Aura gentil que de rubí las puertas...» 69 (132).
«Aura, que destos mirtos y laureles...» 57 (57).
«Aura templada y fresca de occidente...» 107 (280).
«Ausencia es para pocos, por razón...» 128 (143).

B

«Balad ovejuelas mías...» 175 (72).
«Baña llorando el ofendido lecho...» 57 (5).
«Barbaros moradores de Aonia...» 158 (125).
«Barquilla pobre de remos...» 136 (19).
«Basta, no mates mirando...» 2383 (65).
«Basta señor que escondeys...» 2058 (22).
«Basten los desdenes Gila...» 2383 (63).
«Batalla mi corazón...» 128 (57).
«Beatriz...» 120 (16).
«Belerma entre sus manos delicadas...» 135 (I, 40).
«Belilla la de la Corte...» 172 (75).
«Belisa a la selva...» 2383 (34).
«Belisa a su Menandro por quien viene...» 107 (11), 135 (II, 22).
«Belisa, la que en el Betis...» 64 (199).
«Belisa, mira por tí...» 97 (46).
«Bella Leonor por cuyos bellos ojos...» 69 (168).
«Bella pastorcica...» 73 (34), 160 (12, 48), 174 (30).
«Bella pianta gentil ne le cui fronde...» 67 (111), 88 (35), 2058 (12).
«Bella y discreta Luzinda...» 175 (258).
«Bella y gallarda Belisa...» 67 (187).
«Bellas Deidades del Ibero hermoso...» 2383 (37).
«Bellisima doña Anna a cuyo puerto...» 171 (101).
«Bellisimos ojos negros...» 175 (164).
«Bello rostro vestido de crueza...» 107 (288).
«Ben mi uedrai ben mio misero amante...» 113 (13).
«Bendita sea la ora y el momento...» 135 (I, 82).
«Bendito sea el dia, el mes, el año...» 107 (300).
«Bendito, y bendita la candida aurora...» 158 (11).
«Benigno el cielo a la nación Hispaña...» 135 (I, 74).
«Bernabé Apostol, que imitaste en vida...» 165 (404).
«Bertran mercader benigno...» 2025 (37).
«Bertran ya que os llego a ver...» 2025 (13).
«Bethis que al sacro occeano estendido...» 107 (289).
«Bien caro me cuesta, Clori...» 175 (118).
«Bien claro nos señaló...» 67 (139).
«Bien conozco, aunque estoy ciego...» 67 (286).
«Bien corregido estáis, traslado fiero...» 57 (162).
«Bien desnudo, y bien vestido...» 62 (20).
«Bien dispuesta madera en nueua traça...» 72 (90).
«Bien el coraçon señora...» 28 (29).
«Bien es Aguila que al cielo...» 2027.
«Bien es, ó Fabio, te acuerde...» 62 (103).
«Bien hace, y sabel amor...» 155 (137).
«Bien haya aquel que no cura...» 73 (26), 174 (25).
«Bien haya quien a vos parió...» 130 (13).
«Bien haya quien hizo...» 130 (15).
«Bien mereces Señora...» 126 (50).
«Bien os mostró su amor Dios...» 165 (393).
«Bien os puedo dezir (considerando...» 1584 (112).
«Bien parecereis de la altura...» 165 (254).
«Bien pensará quien me oyere...» 70 (98), 73 (37), 88 (52), 115 (43), 174 (33).
«Blanca p i e d r a numere, Clori, el día...» 1297 (23).
«Bien poco espacio arriba de aquel monte...» 57 (32).
«Bien podeis abrir que viene...» 165 (161).
«Bien podeis memorias mias...» 175 (77).
«Bien podeis ojos buscar...» 172 (101).
«Bien podéis, ojos, llorar...» 70 (68), 175 (81).
«Bien puede amor hazer lo que quiziere...» 131 (33).
«Bien puede revolver seguro el cielo...» 131 (33), 135 (25).
«Bien pueden vuestros cabellos...» 78 (104).
«Bien puedes oy, tosca musa...» 64 (87).
«Bien que eres, Fabio, sabrás...» 62 (115).
«Bien sé, enemiga, que del fuego mío...» 57 (111).
«Bien sé Pastor que quereys...» 165 (435).

«Bien sé que no me quereys...» 155 (70).
«Bien sé que tengo opinion...» 175 (275).
«Bien vengais Anfrisa hermosa...» 185 (37).
«Bien veo que señaláis...» 67 (58), 88 (54).
«Bien vuestros hechos son eternizados...» 165 (548).
«Bien y mal obró ventura...» 131 (35).
«Bizarro espiritu soi...» 2383 (3).
«Blanca hermosa tortolilla...» 77 (10).
«Blanca por ser tan blanca no os deis pena...» 107 (12).
«Blanda la mano...» 160 (46).
«Blasonando está el Francés...» 175 (58).
«Bondad immensa y summo amor rompieron...» 165 (240).
«Borde Tormes de perlas sus orillas...» 175 (309).
«Boscan tarde llegamos; ai posada?...» 43 (30).
«Brama difunta la imperial leona...» 64 (98).
«Bras porque quieres a Olalla...» 150 (2).
«Bravo furibundo y fuerte...» 165 (348).
«Breve Nuncio del día...» 1290 (11).
«Breves pasos que al pie flaco y cançado...» 131 (36).
«Brillante esquadron de luzes...» 1288 (47).
«Brillantes Astros, fijos, y no errantes...» 1293 (4).
«Brillas, quando en bellos rayos...» 1297 (20).
«Brinco de cristal dorado...» 185 (56).
«Brotando llamas de oro estos blandones...» 57 (189).
«Buen Iesus, Manso Cordero...» 8 (6).
«Buen Iesus por quien sospiro...» 165 (42).
«Buenas nuevas pecadores...» 130 (6).
«Bullicioso era el arroyuelo...» 175 (197).
«Bullicioso ventezillo...» 172 (88).
«Bullicioso y claro arroyuelo...» 136 (67).
«Burla burlando...» 155 (64).
«Burléme, yo la confiesso...» 64 (140).
«Burlóse la niña...» 136 (25).
«Busca a su hijo Venus fatigada...» 131 (37).
«Buscaba entre las ondas su reposo...» 69 (267).
«Buscaba la bendita Magdalena...» 165 (179).
«Buscando siempre lo que nunca hallo...» 72 (13).
«Busco paz y mantengo eterna guerra...» 67 (136).
«Buscóme la muerte en vos...» 97 (43).

C

«Caballero no andeis...» 81 (40).
«Caballero si a Francia ides...» 120 (24).
«Caballeros, hay quien sepa...» 1279 (13).
«Cabe en razon que por quel mundo entienda...» 131 (38).
«Cabe una fuente clara, limpia y fría...» 67 (151).
«Cabello q'en color venceis al oro...» 135 (I, 149).
«Cabellos de oro, que en diuina altura...» 107 (15).
«Cabellos que en color venceis al oro...» 88 (11).
«Cabellos que en la concha os engendrasteis...» 64 (81).
«Cabellos rubios, puros lazos bellos...» 107 (357).
«Cabrera y los demás que meten danza...» 70 (109).
«Cada dia de Menguilla la mala...» 158 (49).
«Cada instante a su Menguilla...» 158 (101).
«Caduco bien o sueño pressuroso...» 128 (115).
«Caduco tiempo que la culpa tienes...» 67 (117), 88 (13), 2020, 2058 (10).
«Cae la hermosa nieve de la altura...» 62 (56).
«Caíase de un espino...» 136 (9).
«Caída ya naturaleza humana...» 165 (5).
«Caistro de Damas bellas...» 1285 (45).
«Calcado de la Chançayna...» 178 (8).
«Caldera adobar...» 126 (7).
«Calome el conzeto, ponga...» 1277 (48).
«Calosse su capotillo...» 77 (3).
«Calla y no cantes, suspende la voz...» 158 (58).

«Callen los obeliscos y colosos...» 2025 (43).
«Cambia, loco pintor, el pensamiento...» 175 (323).
«Camina contra el Sol el pretendiente...» 1279 (5).
«Camina en tu breve esfera...» 28 (33), 43 (122).
«Camina Justo tras Pastor su hermano...» 165 (428).
«Caminad esposa...» 130 (28).
«Caminante, aguarda, espera...» 43 (48).
«Caminando en la espesura...» 128 (53).
«Camino de ser Angel no hallado...» 165 (502).
«Campo inutil de pizarras...» 115 (18).
«Canción, que siendo cantada...» 1584 (28).
«Cándida flor en el jardín de España...» 69 (233).
«Candida flor, que al abrir...» 62 (57).
«Canónigo frigador...» 70 (62).
«Cansado está ya la Luna...» 64 (185).
«Cansado iba el buen Iesus...» 165 (132).
«Cansado de sufrir mi sufrimiento...» 51 (208).
«Cansado de vivir sin alegría...» 78 (37).
«Cansados ojos míos...» 51 (178).
«Cansose ñarro el de Andujar...» 187 (15).
«Canto Cristoual y pasea Contreras...» 70 (100).
«Canta en la jaula el pajarillo preso...» 69 (8).
«Canta lengua el mysterio consagrado...» 165 (193).
«Canta, lengua crístiana...» 67 (126).
«Cantad pastores este alegre dia...» 1584 (93).
«Cantando decía...» 67 (146).
«Cantando Orpheo con dorada lira...» 107 (214).
«Cantar que nacen perlas y granates...» 51 (111).
«Cantar quiero a mis vecinas...» 64 (187).
«Cantar quisiera en sonoroso canto...» 165 (192).
«Cantaréis, pajarillo nuevo...» 136 (76).
«Cantas himnos á Dios, no cantas quejas...» 57 (179).
«Cante, Granada famosa...» 175 (93).
«Cante la fama mi nombre...» 187 (1).
«Cante mi Germana Lyra...» 178 (10).
«Cante tu fortaleza...» 119 (20).
«Cantemos a la gineta...» 72 (96).
«Cantemos civilidades...» 172 (17).
«Canten al paso que llora...» 187 (20).
«Cantó David sacros himnos...» 1244.
«Canto de amor los horrores...» 28 (12), 43 (120).
«Cantó de plano el Mulato...» 187 (5).
«Canto la eterna memorable hazaña...» 2027.
«Canto triunfos de amor si admiraciones...» 1285 (23).
«Capitán fuerte, y adalid famoso...» 165 (450).
«Capitán rico de la pobre gente...» 165 (487).
«Caracol caracol caracol...» 126 (37).
«Caracoles me pide la niña...» 136 (58).
«Caribde airada y desdeñosa Scyla...» 135 (I, 101).
«Carillo a risa provoca...» 73 (19), 174 (18).
«Carillo duerme buen sueño...» 155 (26).
«Carillo pues que te vas...» 148 (1).
«Carillo quieres me bien...» 155 (94).
«Carillo si tu quisieres...» 120 (19).
«Carillo temo de ser...» 155 (96).
«Carillo, ya no hay contento...» 2158 (17).
«Carlos (nuestro Rey) del Pardo...» 1300 (6).
«Carlos, reina en las penas de tus glorias...» 1291 (10).
«Caro Constancio, a cuya sacra frente...» 51 (83).
«Carretero me h i z o amor...» 158 (107).
«Carta para Anton Sanz de Canaleja...» 171 (123).
«Carta para Pascuala de Alcolea...» 171 (122).
«Carta triste marmera...» 131 (41).
«Casa del Sol, la Ropa congeturo...» 62 (36).
«Casa lóbrega, triste y despoblada...» 67 (142).
«Casa una dama con un licenciado...» 78 (172).

«Clarísima lumbrera...» 64 (80).
«Clarissima señora que la vida...» 53 (prels.)
«Claro mecenas, aplacad el llanto...» 69 (36).
«Claros y frescos rios...» 120 (18), 131 (44).
«Claros zagales que mirais apenas...» 69 (62).
«Clavel dividido en dos...» 43 (27).
«Clemente juraba a Tal...» 120 (20).
«Clerigo que un tiempo fuí...» 43 (140).
«Clori, si en tu deidad es providencia...» 1297 (11).
«Clori, supongo que ya...» 1297 (4).
«Cloris, el mas vello grano...» 72 (128).
«Cloris, para que presumes... 2383 (55).
«Cobarrubias dichoso...» 1277 (29).
«Cogiendo unos panales el Cupido...» 107 (19).
«Cogollos de Edificios eminentes...» 1294 (13).
«Colgada el alma de tus cabellos bellos...» 69 (12).
«Coluna de cristal, dorado techo...» 107 (276).
«Come a Dios con discreción...» 165 (258).
«Comendador cortesano...» 165 (358).
«Comer salchichas y hallar sin gota...» 135 (I, 117).
«Comiendo Adam del arbol limitado...» 165 (202).
«Comiendo sea a bien cumplido...» 128 (46).
«Como Abeja artificiosa...» 172 (prels.).
«Como abrazais el desierto...» 165 (457).
«Como al pastor en la ardiente hora estiua...» 107 (133).
«Como al que grave mal tiene doliente...» 107 (132).
«Como al tiempo al llover aparejado...» 1584 (57).
«Como amor es union alimentada...» 70 (15).
«Como aquel que á muerte es condenado...» 128 (171).
«Como aquel que a la muerte está presente...» 1584 (56).
«Como breve Chalupa apresurada...» 62 (81).
«Como cantaré en tierra extraña...» 128 (121).
«Como cantaré yo en tierra estraña...» 131 (45).
«Como cuando, del viento y mar hinchado...» 57 (61).
«Como de duro entalle una figura...» 70 (45).
«¡Cómo de entre mis manos te resualas!...» 64 (18).
«Como después del dia sosegado...» 107 (20).
«Como diré mis enojos...» 88 (81).
«Como dormirán mis ojos...» 172 (95).
«Como el casarse, y reñir...» 1289 (17).
«Como el celeste sol su rayo estiende...» 135 (I, 102).
«Como el escollo al ímpetu terrible...» 57 (71).
«Como el flamigero rayo...» 2058 (21).
«Como el hombre que huelga de soñar...» 107 (309).
«Como el poderos ver señora mia...» 1584 (80).
«Como el que de las estrellas...» 51 (42).
«Como el que está a la muerte sentenciado...» 107 (21).
«Como el questá á muerte sentenciado...» 128 (113).
«Como el triste piloto que por el mar incierto...» 57 (170).
«Como el triste que a muerte es condenado...» 107 (310), 128 (124).
«Como en el cielo impireo se tratase...» 2023.
«Como en la vida de amor...» 175 (54).
«Como en veros me perdi...» 128 (56).
«Como en vos, Reyna insigne, se encadena...» 62 (12).
«Como entre verde juncia...» 51 (212).
«Como es niño el amor, como es locura...» 69 (11).
«Como estabades sola...» 130 (19).
«Como guardais al Capitán Soldados... 165 (173).
«Como la cierva busca congoxosa...» 165 (589).
«Como llaman al Infante...» 165 (10).
«Como me dexais, señora...» 73 (56).
«Como nada el cisne, madre...» 126 (4).
«Como no me deis celos...» 172 (78).
«Como os va Iuan del Portillo...» 187 (50).

«Con justa causa y titulo os conuino...» 165 (507).
«Con la casta virtud vide abraçado...» 107 (25).
«Con la dichosa nueva...» 185 (51).
«Con la espina de una rosa...» 158 (106).
«Con la estafeta pasada...» 72 (112).
«Con la luz de mi deseo...» 67 (125).
«Con la luz del alba hermosa...» 115 (28).
«Con la razón en su verdad embuelta...» 1584 (72).
«Con lazos de dulçura el pie trauieso...» 51 (prels.).
«Con licencia y con perdón...» 1277 (43).
«Con líquido y risueño movimiento...» 57 (87).
«Con los Arcos de dos cejas...» 62 (80).
«Con los dineros de Zea...» 43 (64).
«Con los francos Vencerrajes...» 171 (57).
«Con los ojos de Gileta...» 43 (114).
«Con los remates del maior tridente...» 64 (33).
«Con mejor dicha que fama...» 1283 (3).
«Con mucha llaneza trata...» 72 (116).
«Con necia confiança...» 64 (75).
«Con nuevo resplandor Febo salía...» 1584 (2).
«Con orgullo y crueza comenzaron...» 2158 (28).
«Con pecho varonil determinastes...» 165 (532).
«Con pesadumbre rabiosa...» 171 (79).
«Con planta incierta y passo peregrino...» 51 (116).
«Con poca luz y menos disciplina...» 72 (65).
«Con polvos Lisis se pinta...» 43 (136).
«¿Con qué culpa tan grave...» 57 (148).
«Con razón Alonso os dan...» 165 (470).
«Con razón justa llaman los Filosofos...» 175 (296).
«Con razón te conjetura...» 62 (95).
«Con razón Ursula os dan...» 165 (550).
«Con recia confiança...» 43 (125).
«Con saber que a Pero Anton...» 126 (34).
«Con sayo de chamelote...» 1584 (22).
«Con ser los dos naturales...» 175 (280).
«Con ser tan bello tu rostro...» 172 (90).
«Con singular (Agrati) disciplina...» 1764.
«Con soberbia muy crecida...» 171 (48).
«Con solo el tiempo pierden su braveza...» 97 (44).
«Con son dingile dingilin dayna...» 113 (15).
«Con su cabello dorado...» 165 (55).
«Con sus trapos Inesilla...» 187 (22).
«Con sus voces de clavel...» 1289 (25).
«Con tal capitan Virgen y tal guia...» 165 (549).
«Con tal fuerça en mi daño concertados...» 72 (11).
«Con tal instancia siempre demandaba...» 1584 (130).
«Con tal nobleza Don Tomás regía...» 67 (219).
«Con tan heroica voz tu canto ordenas...» 69 (19).
«Con tan nuevo mal me tienta...» 128 (43).
«Con tan sigura extrañeza...» 67 (228).
«Con tanta crueldad tanta hermosura...» 135 (I, 47).
«Con tantas veras me entrego...» 67 (74).
«Con tiempo pasa el año, mes y hora...» 107 (327), 165 (569).
«Con tu carta satírica, Belardo...» 70 (10), 135 (I, 187), 175 (349).
«Con tus donaires divulgas...» 67 (191).
«Con un inmenso furor...» 78 (20).
«Con un tizón que del amor divino...» 67 (95).
«Con una aguda hacha derrocaua...» 107 (26).
«Con vana confiança hauia fundado...» 155 (169).
«Con velas de casto velo...» 69 (187).
«Con ver mudança, mi Dios...» 28 (6).
«Con verdad dirán de vos...» 165 (484).
«Con voz triste y congoxosa...» 171 (88).
«Concede al Sacerdote el Rey del cielo...» 165 (597).
«Concedese al amador...» 78 (33).
«Conceptuosa la Fama...» 1300 (3).

«Cresca con el licor del llanto mío...» 107 (27), 131 (49).
«Crezca y aumente el tiempo cada dia...» 67 (88).
«Criabase el albanes...» 72 (152).
«Crió el cielo en las montañas...» 2218.
«Crióse el Abindarraez...» 171 (58).
«Cristiano si a Dios comieres...» 165 (251).
«Cristo Jesus, escudo a nuestra muerte...» 165 (221).
«Cristo que desde el cielo mi pecado...» 107 (29).
«Cristo, que todo el mundo...» 67 (50).
«Cristóbal juzga al Niño por tan grande...» 67 (189).
«Cruel deseo enemigo...» 175 (43).
«Cruel e inexorable muerte, tente...» 69 (3).
«Cruel, ingrata, dura y desdeñosa...» 69 (109).
«Cruel Medusa yo sé bien a cuantos...» 131 (50).
«Cruel y venturosa geluzia...» 107 (139).
«Cruz pide y niega infiel...» 72 (41).
«Cruz santa, ¿qué no podréis...» 64 (54).
«Cuadrada esfera de nocturno día...» 1287 (5).
«Cual Aguila caudal que al Sol mirando...» 175 (317).
«Cual bate el viento en medio el golfo airado...» 51 (63).
«Cual del Gange marfil, o cual de Paro...» 51 (162).
«Cual doloroso estilo bastaría...» 1584 (60).
«Cual en Alpina cumbre hermosa planta...» 107 (355).
«Cual es el mayor dolor...» 1279 (4).
«Cual fiera tempestad, cual accidente...» 107 (179).
«Cual la doncella hermosa y delicada...» 107 (180).
«Cual la leona suele congoxosa...» 165 (559).
«Cual las corrientes varias divididas...» 67 (204).
«Cual lleva de rocio...» 51 (123).
«Cual mariposa voy siguiendo el uso...» 67 (199).
«Cual música en la oreja suena al hombre...» 165 (81).
«Cual parece al romper de la mañana...» 51 (39).
«Cual otro Isac, camino de la muerte...» 67 (124).
«Cual sale por Abril la blanca aurora...» 107 (356).
«Cual sol resplandeciente puro, y claro...» 2023.
«Cual suele de Mandro á la ribera...» 70 (89).
«Cual suele de Meandro en la ribera...» 107 (81), 131 (160), 135 (II, 23), 1584 (37).
«Cual suele el capitán, que victorioso...» 165 (409).
«Cual suele el mercador de largo trato...» 67 (304).
«Cual suele el Sol, restituyendo el día...» 1172.
«Cual suele la paloma simple y pura...» 69 (76).
«Cual suele parecer tras gran nublado...» 70 (48).
«Cual temer suele el que llevar intenta...» 165 (190).
«Cual tierna cervatilla que buscando...» 135 (I, 182).
«Cual toro a sacrificio dedicado...» 72 (199).
«Cual venir suele el gato hambriento al mis...» 69 (108).
«¿Cuáles aras pondré, cuál templo dino...» 57 (141).
«Cualquiera que amor siguiere...» 131 (159).
«Cuan bienaventurado...» 165 (376, 501).
«¡Cuan fuera voy, Señor, de tu rebaño...» 64 (2).
«Cuan hermosa eres Pascuala...» 156 (6).
«Cuan manifiesta y clara es la locura...» 131 (167).
«Cuan venerables que son...» 72 (108).
«Cuando a escribir de vos el alma mia...» 107 (181).
«Cuando a la dulce fructa le han comido...» 165 (424).
«Cuando a la dulce guerra de Cupido...» 51 (142).
«Cuando a su dulce olvido me convida...» 51 (4).
«Cuando a vuestra luz mi fe...» 1284 (7).
«Cuando aplaca de Aquiles inhumano...» 57 (69).
«Cuando al hombre sin abrigo...» 131 (161).
«Cuando aquel claro lucero...» 168 (20).

«Cuando las perlas netas que en el coro...» 69 (67).
«Cuando las pintadas aves...» 70 (66).
«Cuando las veloces yeguas...» 73 (66), 174 (58).
«Cuándo les nacerá á mis ojos día...» 57 (29).
«Cuando los aires, Pármeno, divides...» 57 (96).
«Cuando los ojos del Orbe...» 1292 (19).
«Cuando llegare a gozarte...» 175 (18).
«Cuando llevaste al Templo...» 58.
«Cuando mas apresurado...» 175 (44).
«Cuando mas desnudos son de verdura...» 97 (9).
«Cuando me acuerdo de ti...» 88 (43).
«Cuando me aprieta el tormento...» 131 (166).
«Cuando me jura Constanza...» 57 (50).
«Cuando me llevare Dios...» 175 (115).
«Cuando me paro a contemplar lo andado...» 135 (I, 50).
«Cuando me paro á contemplar mi estado...» 57 (99).
«Cuando me suele venir...» 175 (282).
«Cuando me vuelvo atrás a ver los años...» 64 (9).
«Cuando Menga quiere a Bras...» 72 (21), 150 (3).
«Cuándo mereceré, si la porfía...» 57 (118).
«Cuando mi alma me saca de sentido...» 128 (137).
«Cuando nace a morir la eterna llama...» 1296 (22).
«Cuando naciere el sol en el poniente...» 107 (261).
«Cuando para partir se remueve...» 128 (167).
«Cuando para volver a eternas palmas...» 69 (273).
«Cuando parece que al Cielo...» 1278 (6).
«Cuando podré besar la seca arena...» 51 (186), 175 (326).
«¿Cuándo podréis gozar, mis ojos tristes...» 57 (36).
«Cuando por ciegos pasos ha llegado...» 72 (55).
«Cuando quiero ver tus ojos...» 172 (96).
«Cuando remedio sespera...» 128 (2).
«Cuando sale el alba...» 136 (62).
«Cuando sale el Alba hermosa...» 28 (52).
«Cuando salen de l'alba...» 113 (10).
«Cuando se descalabra tu corriente...» 69 (70).
«Cuando se muestra el cielo mas nublado...» 175 (353).
«¡Cuándo señor, vuestra famosa espada...» 57 (39).
«¿Cuando será aquel día venturoso...» 128 (144).
«Cuando siente la falta del sentido...» 165 (588).
«Cuando sin el padecer...» 1287 (8).
«Cuando sin flechas y sin red naciera...» 67 (159).
«Cuando turbado el mundo se estremece...» 57 (138).
«Cuando un alma está metida...» 171 (99)
«Cuando un monte gime, o brama...» 62 (63).
«Cuando veo los lazos de oro sueltos...» 107 (237).
«¿Cuándo verán mis ojos...» 69 (243).
«Cuando volví de las Indias...» 43 (25).
«Cuando ya de la gran Ceres...» 67 (93).
«Cuando yo era más muchacho...» 69 (191).
«Cuando yo me enamore...» 126 (24).
«Cuantas de mi temor amargas penas...» 57 (108).
«Cuanto a cosa mortal darse podia...» 107 (262).
«Cuanto el acero fatal...» 119 (17).
«Cuanto fué grato el memorable dia...» 1296 (18).
«Cuanto mas en tu pecho está escondido...» 107 (83).
«Cuanto más voy inquiriendo...» 67 (168).
«Cuánto venturoso fuí...» 69 (201).
«Cuantos en este teatro...» 187 (52).
«Cuantos fueron, serán y son agora...» 69 (160).
«Cuantos hay, Don Luis, que sobre nada...» 131 (168).
«Cuantos silbos, cuantas voces...» 72 (132).
«Cuantos triunfos adornaron...» 128 (1).
«Cuatro Mengas se han juntado...» 1285 (39).
«Cuatro o seis desnudos hombros...» 72 (129).

D

«De Amor, de vos de mí puedo quexarme...» 1283 (10).
«De amor en Dios abrasada...» 165 (545).
«De amor nascido fuy, en amor criado...» 70 (103).
«De amor se hace, y por el mesmo es hecha...» 1584 (46).
«De amor y de fortuna despreciado...» 107 (210).
«De amores está Fileno...» 131 (57), 171 (93).
«De amores estaba Christo...» 165 (147).
«De amores herida y presa...» 165 (540).
«De aquel en aquel passea...» 155 (141).
«De aquel trono imperial del padre eterno...» 165 (63).
«De aquella montaña al Zeño...» 72 (204).
«De aquella pura ymagen prometida...» 72 (36).
«De aquellas Pompas vanas el asilo...» 1285 (20).
«De Austria nació el Sol de un claro Oriente...» 175 (287).
«De aquellas que tu ingenio siembra flores...» 2167.
«De azucenas, violas, lirio, acanto...» 69 (40).
«De Cielos, y Elementos ordenado...» 28 (4).
«De Cordoba se salía...» 187 (18).
«¿De cuando acá, señor Diego de Vera...» 70 (111).
«De cuantos animales hay y habido...» 67 (295).
«De Dios temiendo el juycio soberano...» 70 (56).
«De diversas ocasiones...» 1584 (6).
«De do venis, Cupido, solloçando?...» 107 (30).
«De do vienes Sathanas?...» 130 (23).
«De dónde, sagrados brazos...» 57 (200).
«De donde venis alto? De la altura...» 165 (308).
«De donde venis Alto? del altura...» 107 (331).
«De donde vienes Antón...» 155 (97).
«De dos glorias, Sagrado Paralelo...» 1300 (16).
«De dos nombres considero...» 1188 (29).
«De Egipto venís, gitano...» 57 (171).
«De el alto y dulce seno...» 165 (28).
«De el bosque Deidad nueva, venerada...» 1287 (16).
«De engañosas chimeras alimento...» 72 (49).
«De entre esta tierra esteril, derribada...» 2159.
«De Erostrato la maldad...» 62 (42).
«De error en error, de daño en daño...» 107 (142).
«De ese hermoso pavimento...» 1188 (25).
«De España el rey católico Fernando...» 2158 (27).
«De esta Flor que te debo, las infidas...» 1285 (3).
«De esta reliquia tan bella...» 165 (247).
«De este Libro, en que ya juntos...» 62 (prels.).
«De felize fortuna los disinios...» 1289 (24).
«De Fili los ojos bellos...» 1298 (9).
«De flechas coronado el troglodita...» 69 (133).
«De fragil tronco, y de una aguda espina...» 165 (581).
«De frío estays temblando en pobre cama...» 165 (22).
«De generosa stirpe excelsa planta...» 70 (16), 1917.
«De haberos bien alabado...» 67 (237).
«De hoy más las crespas sienes de olorosa...» 70 (86).
«De hoy más quiero vestir un triste luto...» 87 (16).
«De humana gloria el macedón sediento...» 69 (91).
«De humildes padres hija, en pobres paños...» 72 (81).
«De Ibero sagrado...» 175 (161).
«De innumerables cosas en que erramos...» 1584 (138).
«De invocaciones me aparto...» 1281 (8).
«De Julio Cesar el estilo raro...» 2218.
«De Jupiter al rayo poderoso...» 1287 (27).
«De la alta torre al mar Ero miraua...» 1584 (114).
«De la armada de su rey...» 73 (60), 174 (54).
«De la arrugada corteça...» 73 (7, 62), 174 (7).
«De la boca de amariles...» 159 (93).
«De la carcel del amor...» 172 (39).
«De la copla que me toca...» 128 (18).

«De pura honestidad templo sagrado...» 51 (129).
«De puro amor abrasado...» 171 (52).
«De qué gran capitán es esta faz...» 70 (19).
«De que me sirve mostrar...» 78 (103).
«¿De que pesado sueño e despertado...» 70 (72).
«De que sirve, capon enamorado...» 135 (I, 78).
«¿De qué sirve el jabelgue y el barniz...» 69 (146).
«De que sirve el valor, de que la espada...» 1283 (16).
«De qué sirve la locura...» 67 (6).
«¿De que te afliges Nimpha? de que muerto...» 107 (31).
«De relucientes armas la hermosa...» 107 (332).
«De retamas, coscoja y de helecho...» 57 (153).
«De sacro pan y celestial comida...» 165 (204).
«De saludable a la A...» 1764.
«De sangres, y Penitentes...» 62 (96).
«De sola religion vana movido...» 107 (144).
«De su carne y sangre pura...» 165 (270).
«De su casa y morada y su gobierno...» 2158 (39).
«De su dulce acogida...» 51 (85).
«De su fuego inmortal dicen que es hecha...» 67 (171).
«De su lecho cristalino...» 69 (184).
«De su mismo amor herido...» 165 (93).
«De su querido Vireno...» 175 (162).
«De suerte, señor, cantaís...» 1735.
«De sus dioses blasfemando...» 171 (49).
«De sus entrañas arrancó el sangriento...» 69 (86).
«De tal beldad, Sylvera, sois dotada...» 135 (I, 77).
«De tal manera estoy que me conviene...» 128 (151).
«De tal manera se aumenta...» 64 (156).
«De tan injusta culpa es justa pena...» 51 (88).
«De tanta nieve viviente...» 43 (123).
«De ti, Excelso Monarca...» 1291 (9).
«De ti se espera soberana estrella...» 165 (291).
«De tierna edad os fuystes al desierto...» 165 (377).
«De tierra soy, y en tierra me resuelvo...» 97 (31).
«De todos los estados el estado...» 69 (14).
«De Toledo sale el Iaque...» 178 (4).
«De tu divina hermosura...» 88 (83).
«De tu estado la mudança...» 1292 (4).
«De tu ganado y choça descuydado...» 155 (164).
«—De tu tristeza Eraclito me espanto...» 1584 (66).
«De tu vista celoso...» 136 (8).
«De tus cabellos de oro qual luzero...» 135 (I, 59).
«De tus desueños, Gayferos...» 64 (129).
«De un alta sierra la empinada cumbre...» 57 (213).
«De un ciego el humor diré...» 2383 (57).
«De un daño no merecido...» 72 (33).
«De un evano sutil dos vellas piernas...» 135 (I, 148).
«De un golpe dió el amor diez mil heridas...» 51 (241).
«De un misero contaré...» 2383 (7).
«De un monte en los senos, donde...» 72 (185).
«¿De un paje te dejaste dar de palos...» 69 (177).
«De un Pigmeo al certamen...» 1301 (5).
«De un profundo letargo...» 158 (127).
«De un Sacristan turbado...» 1300 (12).
«De un sol Augusto la violenta muerte...» 1281 (12).
«De un toro mal ofendido...» 72 (200).
«De un zapato viejo trato...» 1285 (41).
«De una altísima peña está pendiendo...» 171 (106).
«De una Cocinera el hurto...» 1307 (10).
«De una fuente la corriente...» 1283 (8).
«De una niña quiero hablar...» 158 (134).
«De una noble matrona, bella, amable...» 2025 (44).
«De unas enigmas que traygo...» 115 (72)
«De Valladolid la rica...» 175 (212).
«De valle en valle y de pena en peña...» 64 (69).

«Del cargo que se le haze...» 165 (230).
«Del cierzo alborotó la fuerza fiera...» 57 (49).
«Del color de leonado, hermosa...» 1293 (8).
«Del choro de las doncellas...» 135 (I, 14).
«Del dicho de la gente temerosa...» 78 (170).
«Del dolor que me buscado...» 128 (45).
«Del dorado Tajo ausente...» 175 (75).
«Del duro pedernal quien ha sacado...» 165 (536).
«Del gran mar de la fe de nuestra España...» 2025 (26).
«Del Heroe mas soberano...» 28 (59).
«Del heroico Valenciano...» 2025 (34).
«Del humor de la tierra vaporosa...» 67 (238).
«Del Iacob luchador Domingo fuerte...» 2025 (16).
«Del león, que en la silva apenas caue...» 72 (191).
«Del libro de tus Auroras...» 62 (62).
«Del mas hermoso luzero...» 1281 (14).
«Del mundo me hize señor...» 2383 (23).
«Del pecho afligido...» 67 (201).
«Del polvo de la tierra...» 175 (15).
«Del principio elemental...» 67 (306).
«Del real de Mançanares...» 115 (41).
«Del satánico yugo el peso horrendo...» 67 (234).
«Del Sol ardiente, y de la nieve fría...» 51 (228).
«Del sol, hermosa Clarinda...» 1283 (15).
«Del sol que en el espejo reberbera...» 97 (27).
«Del sol que en vuestros ojos resplandece...» 67 (108).
«Del sueño en las profundas fantasías...» 51 (74).
«Del superior baxel que acosa el viento...» 1293 (5).
«Del Tajo a la ribera...» 69 (246).
«Del tronco fertil de la antigua España...» 2027.
«Delante del Sol venía...» 51 (9).
«Dele, dele, que no le duele...» 158 (91).
«Deleites que pasados dais tormento...» 165 (572).
«Delia, tu gran hermosura...» 67 (143).
«Deme el discreto razón...» 43 (98).
«Denme las nueve del Castalio Choro...» 2218.
«Denos razon el hombre mas prudente...» 107 (34).
«Dentro de Constantinopla...» 168 (57).
«Dentro de la empaliçada...» 78 (44).
«Dentro de un santo templo un hombre honrado...» 78 (161).
«Dentro de una capilla un hombre honrado...» 135 (I, 119).
«Dentro en el pecho franco y generoso...» 2058 (23).
«Dentro quiero vivir de mi fortuna...» 51 (62).
«Depuesta por su provecho...» 69 (229).
«Depuesto ya su rustico instrumento...» 1307 (19).
«Desafióme un caballero...» 64 (210).
«Desamparen su aluergue los mortales...» 2058 (24).
«Desata el pardo otubre...» 136 (20).
«Descaminado, enfermo y peregrino...» 51 (109).
«Descansad, sospechas mias...» 88 (42).
«Descended Rey de gloria soberano...» 165 (166).
«Desciende del Parnaso musa y canta...» 165 (510).
«Desciende ya del cielo...» 135 (I, 174).
«Desconoció su paç el mar de España...» 64 (19).
«Descubierta es la celada...» 1584 (25).
«Descubren con motivos diferentes...» 135 (I, 9).
«Descuidado del cuidado...» 120 (27).
«Desde aora me despido...» 70 (40).
«Desde el corazón al alma...» 148 (7).
«Desde el Rin, hasta...» 1293 (17).
«Desde el rubio Alemán al Indio adusto...» 2025 (46).
«Desde la torre de Sixto...» 171 (62).
«Desde las aguas del Tajo...» 67 (173).
«Desde las torres del alma...» 136 (31-32).
«Desde luego voy copiando...» 1288 (11).
«Desde mi azul arrebol...» 2383 (50).
«Desde que sale Cinthia blanca y fria...» 107 (290).

«Despues quel rey don Rodrigo...» 168 (29).
«Despues, señora, que el pinzel famoso...» 135 (I, 99).
«Después un poco de un hora...» 171 (18).
«Despuntado he mil agujas...» 72 (167), 175 (78).
«Desque os miré y me vistes...» 150 (9).
«Desque veros merecí...» 97 (38).
«Desque veros merescí...» 150 (9).
«Desta purpura, imagen de la Aurora...» 1296 (11).
«Destas doradas hebras fué texida...» 107 (281).
«Deste celestial bocado...» 165 (273).
«Deste (mas que la nieue) blanco toro...» 51 (64).
«Deste profundo secreto...» 165 (3).
«Desvelada anda la niña...» 136 (70).
«Detén el braço, jouen prodigioso...» 1287 (29).
«Detén el golpe del cuchillo, muerte...» 67 (298).
«Detén el paso, admira, ¡oh caminante!...» 69 (45).
«Detén el paso huésped peregrino...» 69 (20).
«Detén el paso y vista, mas no el llanto...» 69 (250).
«Detén tu curso fortuna...» 175 (56, 187).
«Determino de salir...» 171 (16).
«Dezi quien combida, doquier questuviere...» 155 (117).
«Dí, Ana, ¿eres Diana?, no es posible...» 70 (82).
«Di, Carrillo, que se a hecho...» 131 (68).
«Di galan a donde tienes...» 81 (15).
«Di, Gil, ¿que siente Juana...» 120 (28).
«Di, Gil, que siente Juana que anda triste...» 131 (70).
«Dí hija porque te matas...» 78 (50).
«Di, pastor, de que as recelo...» 131 (71).
«¿Di, pastor, quieresme bien?...» 131 (72).
«Di, perra mora...» 120 (25).
«Dí? te ausentas, que te mueve?...» 1291 (4).
«Dia triste y perezoso...» 172 (72).
«Diana bella, rica de despojos...» 69 (171).
«Dias cansados, duras horas tristes...» 107 (311), 128 (125).
«Dice el papa yo soi solo uno...» 78 (137).
«Dice mi madre...» 78 (1).
«Dicen que escribe Galeno...» 1584 (23).
«Dicen que tiene Juanilla...» 43 (108).
«Dícenme que por estilo...» 67 (290).
«Dícesme, Nuño, que á la corte quieres...» 57 (93).
«Diciendo está el amigo al dulce amado...» 165 (123).
«Dichosa y venturosa...» 165 (592).
«Dichosas coplas que vays...» 128 (61).
«Dichoso, Almendro, pareces...» 1291 (29).
«Dichoso aquel Piloto que, llevado...» 57 (201).
«Dichoso aquel que nunca desatina...» 165 (459).
«Dichoso desear, dichosa pena...» 107 (145).
«Dichoso el que a do el bien reposa posa...» 70 (11).
«Dichoso el que apartado...» 51 (222).
«Dichoso el siervo, y bienaventurado...» 165 (498).
«Dichoso infante, que en haber nacido...» 69 (170).
«Dichoso mal es aquel...» 81 (29).
«Dichoso Orlando ha sido y bien dichoso...» 1173.
«Dichoso premio merece...» 67 (255), 88 (84).
«Dichoso yo que la ví...» 64 (30).
«Dichosos ojos que al semblante enxuto...» 165 (542).
«Dido, muger de Sicheo...» 131 (69).
«Diego, que naze flor te deue Aurora...» 130 (1).
«Dieronme ayer la minuta...» 175 (262).
«Diez años vivió Belerma...» 72 (172).
«Difunta al gusto, viua ya á la pena...» 43 (46).
«Diga señora guapa donde camina?...» 158 (42).
«Digame aunque esta coleada...» 78 (114).
«Digame por mi fee, señor alaino...» 135 (I, 161).
«Dígame por mi fe, señor Alcino...» 70 (73).
«Digame quien lo sabe como es hecha...» 1584 (45).
«Dígame un requiebro...» 70 (75).
«Digamos un poco bien...» 136 (5).
«Digas pastorico...» 130 (30).

«Donde estás, mi libertad...» 131 (73).
«Donde estás señora mía...» 160 (17).
«Donde, Fugitiva hermosa...» 58.
«Donde hay poco merecer...» 126 (10).
«Donde huyes cruel, ay que huyendo...» 135 (I, 100).
«Donde irá tu servidor...» 131 (74).
«Donde jamás el sol sus rayos tira...» 57 (143).
«Donde las aguas del famoso Turia...» 67 (14).
«Donde los ríos en cristal encierra...» 57 (175).
«Donde llama fogosa y nieve ingrata...» 69 (148).
«Donde, mariposa triste...» 1283 (9).
«Donde olvidadas yazen...» 1287 (24).
«¿Dónde pondré, Señor, mis tristes ojos...» 64 (7).
«Donde por estas montañas...» 165 (320).
«Donde se podrá hallar muger que sea...» 165 (538).
«Donde se van los ojos que traian...» 107 (278), 128 (168).
«Donde tantos an cantado...» 64 (86).
«Donde vais con tal socorro...» 165 (88).
«Donde vais mi pensamiento...» 115 (13).
«Donde vais Pablo? A destruir furioso...» 165 (345).
«Donde vais Pablo furioso...» 165 (347).
«Dónde vas, ignorante navecilla...» 57 (145).
«Doña Blanca está en Sidonia...» 73 (18), 174 (17).
«Doña Guiomar Enriquez sea loada...» 107 (312), 131 (75).
«Doña Iuana de Bolanes...» 43 (80).
«Doña Sarra, cierta fembra...» 1285 (25).
«Doraba el Sol la casa del Tridente...» 1307 (15).
«Dorida hermosísima pastora...» 70 (42).
«Dormia en un prado mi pastora hermosa...» 51 (45).
«Dormia yo velando...» 1278 (3).
«Dormid gallarda Belisa...» 185 (27).
«Dos aficiones unidas...» 67 (54).
«Dos conexos, prima mia...» 72 (122).
«Dos crueles animales...» 78 (8).
«Dos damas hermosas bellas...» 126 (45).
«Dos dias ha que te quiero...» 158 (74).
«Dos estrellas le siguen...» 136 (7).
«Dos fuegos hoy a porfia...» 165 (421).
«Dos mártires divinos representan...» 165 (449).
«Dos paraninfos en iguales buelos...» 64 (26).
«Dos Toribios, gran Señor...» 1296 (28).
«Doy al diablo...» 152 (5), 156 (14).
«Doy muestras de plazer quando mas peno...» 107 (218).
«Dragon produzen, si en mortal pelea...» 1248.
«Dudando no estés...» 165 (437).
«Dueleme el tiempo pasado...» 128 (24).
«Duelete de essa puente, Mançanares...» 72 (87).
«Dueñas, vengado estais a costa nuestra...» 135 (I, 5).
«Dueñas, y Lacayos, hoy...» 1307 (13).
«Dulce agradable Gilguero...» 1294 (18).
«Dulce Amarilis mía...» 172 (86).
«Dulce atrevido pensamiento loco..» 88 (99).
«Dulce Bernardo, tierno y amoroso...» 165 (483).
«Dulce bien, y tesoro...» 115 (60).
«Dulce canto tribute con agrado...» 1296 (20).
«Dulce contemplación del pensamiento...» 70 (31).
«Dulce fatiga embaraçó el sentido...» 1287 (4).
«Dulce Filis, si me esperas...» 73 (42), 174 (38).
«Dulce Jesus donde vais...» 165 (259).
«Dulce Iesus, pues el alma...» 8 (12).
«Dulce mirar, a ninguno...» 136 (56).
«Dulce paxarillo...» 185 (38).
«Dulce, puro, inmortal, alto y hermoso...» 165 (587).
«Dulce Redentor mio, que mi muerte...» 165 (162).
«Dulce ruiseñor, suspende...» 158 (36).
«Dulce, sabrosa, cristalina fuente...» 107 (147).
«Dulce, sabrosa y cristalina fuente...» 70 (33).
«Dulce y fuerte prisión de mi alegria...» 131 (76).

E

«El dulce murmurar deste ruido...» 2158 (19).
«El encogido ynvierno i congelado...» 135 (I, 55).
«El espacioso dia...» 107 (221).
«El estupendo caso, el mas luzido...» 1773.
«El fiero Dios de Amor maldito sea...» 107 (222).
«El fiero Lucifer embrauecido...» 165 (239).
«El firme Amante de Anfrisa...» 185 (50).
«El fuego que me consume...» 115 (42).
«El fugitivo Troiano...» 28 (38), 43 (84).
«El galán olvidado y ofendido...» 67 (59), 88 (40).
«El galán que me quisiere...» 43 (32).
«El gallardo animal que en hermosura...» 67 (120).
«El gallardo Auindaraez...» 78 (47).
«El gatto d'Anton Pintado...» 113 (14).
«El gran fucar celestial...» 2025 (32).
«El gran hijo de Trebacio...» 171 (72).
«El gran Sophy el gran Can...» 168 (17).
«El grave mal que padezco...» 120 (30).
«El habito perverso de ofenderte...» 135 (I, 75).
«El hijo de Dios eterno...» 165 (77, 151).
«El hijo de Dios Padre poderoso...» 107 (54).
«El hombre justo y bueno...» 135 (I, 181).
«El hombre que doliente está de muerte...» 107 (316).
«El hoy me mata y en el mañana spero...» 135 (I, 88).
«El itacense rey que tantos años...» 57 (14).
«El jabalí de Arcadia, el león nemeo...» 57 (9).
«El labrador, que en el invierno elado...» 175 (362).
«El largo curso que descubre y passa...» 171 (116).
«El libre corazón precio no tiene...» 78 (98).
«El lienço que me aueis dado...» 72 (119).
«El llanto que de amor enterneçida...» 135 (II, 19).
«El mal de veros partir...» 128 (10).
«El mal que con furia viene...» 131 (77)
«El mando del muy inclito Perseo...» 67 (165).
«El mar bermejo cuya gran corriente...» 67 (110).
«El mas pecador hombre que ha nacido...» 165 (578).
«El mas siguro puerto...» 67 (35).
«El mas subido contento...» 165 (60).
«El mes era de Mayo conocido...» 2158 (31).
«El mi corazón humilde...» 155 (120).
«El moro Alcayde de Ronda...» 171 (35).
«El mundo es un teatro verdadero...» 175 (286).
«El mundo está en el punto mas subido...» 135 (I, 28).
«El mundo, Lucifer, la carne osada...» 67 (100).
«El mundo triste en este santo dia...» 165 (174).
«El necio sin arguir...» 1277 (36).
«El niño soberano concebido...» 165 (318).
«El no maravillarse hombre de nada...» 131 (78).
«El no, no. El si por si...» 128 (59).
«El nombre de la ingrata por quien peno...» 57 (157).
«El nombre solo bastara...» 165 (555).
«El numero mentido de Deidades...» 1298 (22).
«El oro crespo al aura desparzido...» 107 (284).
«El pastor fementido...» 51 (65).
«El pastor más humilde de la tierra...» 135 (I, 1).
«El pastor más humilde deste valle...» 70 (71).
«El pastor que de Pisuerga...» 175 (142).
«El peor que en Burgos fué...» 69 (212).
«El pesar que te atormenta...» 67 (266).
«El Phenix aue sola en el oriente...» 107 (260).
«El Pintor de cuchilladas...» 43 (100).
«El pobre pelegrino quando viene...» 131 (79).
«El poema, que a Alarcón...» 43 (62).
«El Poema que escriviste...» 1764.
«El premio que amor ganó...» 67 (263).

«El triste Obato, de la ingrata Dórida...» 57 (28).
«El triunfante laurel, la verde oliva...» 2027.
«El triunfo es éste y estos los cantares...» 57 (167).
«El uso que se olvida indignamente...» 2162.
«El valiente don Manuel...» 171 (33).
«El vecino, al ser rumor...» 62 (109).
«El vencedor de la guerra...» 165 (208-10).
«El venir Dios como viene...» 165 (50).
«El viejo Adan auiendose dolido...» 107 (113).
«El vuelo de mis deseos...» 172 (27).
«El vulgo comunmente se aficiona 78 (141).
«El yerro tengo por cierto...» 43 (81).
«El Zurdillo de la costa...» 187 (8).
«Elisa dichosa...» 175 (31).
«Elisa los vestidos revolvía...» 57 (82).
«Embelesada el alma en la memoria...» 67 (148).
«Embelesado en el puro...» 1289 (16).
«Emilia dueña Romana...» 155 (124).
«Empieza Christo con amor divino...» 2025 (21).
«Empieza musa mia, No sé donde...» 165 (300).
«Empreñose Ginebra la mañana...» 78 (179).
«Empujar quiero mi voz...» 43 (23).
«En acentos sonoros su corriente...» 1188 (21).
«En Alba estando el alcalde...» 1907.
«En aquel desnudo tronco...» 158 ((61).
«En aquel punto que os vi...» 128 (11).
«En aquel tiempo en que yo pensé allar...» 97 (8).
«En aquel tiempo que a Roma...» 165 (448).
«En aquestas paredes derribadas...» 175 (301).
«En aqueste destierro...» 69 (249).
«En aqueste enterramiento...» 51 (122).
«En Babilonia junto a las corrientes...» 165 (605).
«En Belén esta el infante...» 130 (25).
«En brazos de una doncella...» 165 (51).
«En breve espacio la soberuia yaçe...» 119 (8).
«En buena flor habéis dado...» 67 (287).
«En campaña madre...» 175 (183).
«En campos de oro fino...» 64 (117).
«En cas de un Phariseo esta manando...» 165 (528).
«En casa de las Sardinas...» 187 (37).
«En competencia del dia...» 175 (74).
«En cual región, en cual parte del suelo...» 107 (148).
«En cuanto la materia es mas subida...» 1584 (61).
«En Dios su amor Bernardo transformado...» 165 (482).
«En dos lucientes estrellas...» 72 (151), 172 (48).
«En duda de mi estado lloro y canto...» 128 (148).
«En el acto funesto y lastimoso...» 69 (178).
«En el ardiente carro, cuyas ruedas...» 64 (125).
«En el abismo profundo...» 165 (387).
«En el Argel insufrible...» 175 (175).
«En el Arpa, en los dedos, ó en el viento...» 43 (134).
«En el baile del egido...» 136 (43).
«En el baile del exido...» 72 (135).
«En el campo en las espinas...» 67 (338).
«En el campo florido...» 115 (17), 160 (26).
«En el campo me metí...» 97 (52), 120 (31).
«En el cascarón metido...» 43 (61).
«En el Cerralle está el Turco...» 168 (54).
«En el claro cristal que agora tienes...» 51 (202).
«En el consistorio eterno...» 165 (67).
«En el corazón metida...» 2158 (16).
«En el Corral de los Olmos...» 178 (7).
«En el eminente cerro...» 1294 (20).
«En el estrado de damas...» 175 (76).
«En el golfo de Madrid...» 28 (50).
«En el gran Ierusalem...» 165 (281).
«En el instante mismo que nacemos...» 67 (322).
«En el jardin de las damas...» 187 (28).
«En el mas soberbio monte...» 73 (51), 160 (49), 174 (46).
«En el medio de la noche...» 165 (68).
«En el mismo Domingo, y en el templo...» 2025 (prels.).
«En el naufragio de mayor tormenta...» 69 (31).

«En la justa muy justa la sentencia...» 43 (7).
«En la fuente mas clara y apartada...» 107 (313).
«En la lumbre y la nave de tu vela...» 69 (54).
«En la machina del mundo...» 165 (79).
«En la manchada holanda del tributo...» 57 (102).
«En la margen divina...» 172 (34).
«En la mas noble region...» 43 (110).
«En la mas terrible acción...» 8 (29).
«En la Mirra que cantáis...» 1735.
«En la mudanza de Gila...» 28 (19), 43 (73).
«En la nave fabricada...» 2025 (40).
«En la pedregosa orilla...» 72 (175).
«En la pena gozáis, Laurencio, gloria...» 69 (156).
«En la peña, sobre la peña...» 131 83).
«En la postrera sazón...» 1575-76.
«En la ribera de este claro río...» 69 (24).
«En la ribera del dorado Tajo...» 131 (84).
«En la ribera del Tajo...» 128 (123).
«En la rica y fértil tierra...» 67 (320).
«En la ruda politica vuestra...» 158 (46).
«En la tierra se da al hombre...» 62 (3).
«En la Trapería...» 43 (109).
«En la villa de Antequera...» 187 (72).
«En las bodas de Cornelio...» 64 (182).
«En las Egypcias riberas...» 1285 (36).
«En las fiestas que en Utrera...» 69 (225).
«En las malezas de un monte...» 175 (135).
«En las margenes floridas...» 175 (263).
«En las mas altas confines...» 58.
«En las obsequias de Hector...» 168 (36).
«En las orillas del mar...» 88 (92).
«En las orillas del Tajo...» 28 (47), 43 (19).
«En las prisiones de amor...» 175 (98).
«En las salas de Paris...» 168 (11).
«En las secretas ondas de Neptuno...» 78 (127).
«En lenguas baxa de fuego...» 165 (189).
«En leyendo señor vuestro soneto...» 1584 (89).
«En lo azul de tus ojuelos...» 77 (9).
«En lo bajo de unas peñas...» 175 (49).
«En los brazos de la noche...» 64 (181).
«En los brazos del alba...» 69 (241), 172 (84).
«En los labios de mi ingrata...» 62 (86).
«En los mas tristes solares...» 115 (70).
«En los montes de Tesalia...» 158 (68).
«En los pinares de Xucar...» 72 (134).
«En llamas de amor deshecho...» 171 (24).
«En mar del mundo, Nave es sumergida...» 62 (18).
«En medio del invierno está templada...» 2158 (18).
«En medio del invierno riguroso...» 128 (109).
«En medio del placer, que el pensamiento...» 1584 (102).
«En medio del *Silencio Temeroso*...» 67 (4).
«En medio del silencio, y sombra escura...» 51 (221).
«En medio del jardin del mundo...» 187 (19).
«En medio estaba al estrellado cielo...» 171 (102).
«En medios tan peligrosos...» 72 (29).
«En muy suave, aunque en muy gran tormento...» 1584 (68).
«En noche fría destemplada...» 165 (41).
«En ora buena os vea yo...» 78 (52).
«En otro tiempo, Lesbia, tu dezias...» 51 (73).
«En poca edad, mucha gloria...» 62 (40).
«En polvo leve este sepulchro ostenta...» 119 (10).
«En cuanto el mustio invierno...» 51 (183).
«En que fragua de amor fueron forjadas...» 107 (37).
«En que puedo esperar contentamiento...» 131 (85), 1584 (120).
«En que tiempo y ora, o punto o momento...» 155 (114).
«En queria, id sabeis...» 135 (I, 22).
«En quien podré esperar contentamiento...» 107 (38).

«En una selva al parecer del dia...» 1584 (79).
«En una tablilla tiene...» 64 (141).
«En vano es resistir al mal que siento...» 51 (82).
«En vano se me ofrecen las montañas...» 175 (319).
«En vasos del aplauso, elogios breves...» 2139.
«En versos vuestra alabanza...» 1288 (23).
«En vez de acero bruñido...» 72 (111).
«En vez de las Heliades, ahora...» 72 (188).
«En vivas llamas deshechos...» 64 (46).
«En vuestra ropa encarnada...» 67 (98).
«En vuestro gran caudal divino Diego...» 2189.
«En vuestro nombre, señora...» 1288 (34).
«Enamorado y celoso...» 175 (182).
«Encarada está mi Musa...» 1277 (30).
«Encierra o claro sol de hermosura...» 155 (151).
«Encontrandose dos arroyuelos...» 172 (50).
«Encontrome el error a caso un dia...» 165 (235).
«Enemiga de mis glorias...» 175 (24).
«Enemigo del agua Fray Esteban...» 175 (318).
«Enfadome de ver ya los estados...» 156 (11).
«Enfermo Clori, porque...» 1289 (21).
«Enfermo del mal de ausencia...» 88 (10).
«Enfermo está el rey del cielo...» 165 (149).
«Engalana, matiza, alumbra y dora...» 1309.
«Engañados son los lobos...» 155 (8).
«Engañastesme señora...» 155 (7).
«Engañó el navegante a la Sirena...» 51 (133).
«Engaño fugitiuo, aguarda, espera...» 1292 (27).
«Enigma sin duda eres...» 62 (60).
«Enjaulado está en Sevilla...» 187 (75).
«Enjuga los bellos ojos...» 136 (74).
«Enojado está el cruel...» 165 (432).
«Enojado está el gran Turco...» 168 (53).
«Enojado está Luzbel...» 165 (34).
«Ensayandose al cristal...» 1287 (9).
«Enseñando está a hablar...» 78 (121).
«Ensillenme el asno rucio...» 72 (174).
«Enternecido el sepulcro...» 43 (99).
«Entoldese mi Musa...» 51 (108).
«Entra en casa Gil Garcia...» 152 (8).
«Entrada a fuerça de armas Cartagena...» 51 (169).
«Entraron en una suerte...» 165 (427).
«Entrase el mar por un arroyo breue...» 72 (126).
«Entre aquestas columnas derribadas...» 70 (87).
«Entre armas, guerras, fuego, ira y furores...» 107 (149).
«Entre celajes crespos...» 64 (118).
«Entre cien mil que en Francia tiene acaso...» 67 (150).
«Entre dos álamos verdes...» 136 (16).
«Entre dos mansos arroyos...» 136 (4).
«Entre estas soledades...» 69 (242).
«Entre estos turbios ríos...» 64 (183).
«Entre fragosas breñas emboscado...» 165 (454).
«Entre la bárbara furia...» 67 (319).
«Entre las armas del Conde...» 97 (41).
«Entre las cosas criadas...» 67 (68).
«Entre las greçias y turcas...» 78 (120).
«Entre las sueltas escarchas...» 28 (5).
«Entre los moros guerreros...» 171 (71).
«Entre los sueltos caballos...» 187 (24).
«Entre manjares ver un hombre hambriento...» 67 (39).
«Entre moradas violetas...» 64 (56).
«Entre muchos reyes sabios...» 155 (143).
«Entre muy frescas y olorosas flores...» 135 (I, 153).
«Entre olas de congoja e navegando...» 70 (57).
«Entre otras, disimulada...» 1285 (42).
«Entre pajas se enciende la divina...» 62 (9).
«Entre soledad y ausencia...» 175 (251).
«Entre sus pensamientos recogida...» 67 (167).
«Entre tus aguas, regalado Turia...» 67 (13).
«Entre uno, y otro suspiro...» 1287 (31).
«Entre unos çentelales yo vi un dia...» 78 (171).

«Escuchadme Ninfas bellas...» 175 (233).
«Escuchadme Poeta de rapiña...» 175 (306).
«Escucharse, y hablar con sonsonete...» 1289 (23).
«Escucheme Reina mia...» 175 (168).
«Escucheme un rato atento...» 172 (47).
«Escuchenme las gallinas...» 187 (14).
«Escuchó el Rey don Alfonso...» 175 (139).
«Ese alto monte, o Sol! ya en el Ocaso...» 62 (11).
«Ese buen Cid campeador...» 67 (8).
«Ese buen Pedro Laynez...» 70 (97).
«Ese conde Cabreruelo...» 70 (67).
«Ese marmol que respira...» 28 (63).
«Ese Nerón cruel tirano...» 165 (349).
«Ese pardillo jayan...» 187 (12).
«Ese Raudal de aljofar, que asegura...» 1294 (14).
«Ese rostro moreno más gracioso...» 67 (301).
«Ese sacerdote grande...» 165 (280).
«Esforzad vuestro rigor...» 57 (220).
«Esfuerza el capitán en la batalla...» 67 (194).
«Esos, que Amor dictaba...» 1289 (4).
«Esos rubios cabellos donde veo...» 135 (I, 71).
«Esos tus claros ojos, Jeromilla...» 120 (32).
«Espada Virgen, virgines conceptos...» 135 (I, 135).
«Espantado, enmudescido...» 128 (49).
«España, que en el tiempo de Rodrigo...» 51 (107).
«Espejo claro, limpio, hermoso, y puro...» 165 (374).
«Espejo y lumbre de la Yglesia sancta...» 165 (464).
«Espejo y luz de España, patrón sancto...» 165 (356).
«Esperanzas de Cardeña...» 115 (8).
«Esparce confusión, dilata errores...» 69 (25).
«Esparcido el cabello de oro al viento...» 57 (120).
«Esperando están la rosa...» 72 (143).
«Esperanza desabrida...» 51 (7).
«Esperanza, que procuras...» 72 (27).
«Esperanza tardia...» 70 (38).
«Espiritu del cielo...» 107 (275).
«Espiritu divino que enriqueces...» 165 (191).
«Espíritu gentil que el alto cielo...» 69 (74).
«Espiritus celestes que volando...» 2025 (15).
«Espiritus divinos...» 165 (292).
«Esposo y redemptor del alma mia...» 165 (586).
«Espumoso Cavallo, en quien procura...» 62 (48).
«Esquiva Atalanta siempre...» 28 (39), 43 (29).
«Está de cherubines coronado...» 97 (32).
«Está de suerte cansado...» 97 (13).
«Está de verdes pinos coronado...» 97 (24).
«Esta el peso de estrellas tachonado...» 175 (357).
«Esta es, quadre, o no quadre...» 62 (113).
«Esta fábula o conseja...» 64 (101).
«Esta flecha de Amor, con que atrauiesa...» 72 (48).
«Esta gloriosa y vencedora planta...» 69 (126).
«Esta imaginación que, presumida...» 72 (50).
«Esta imitacion de Marte...» 28 (62).
«Esta luz, que con los rayos...» 8 (13).
«Esta noche soñó un sueño...» 81 (12).
«Esta piedra gentil que adoro y amo...» 70 (30).
«Esta presunción fingida...» 1294 (10).
«Esta que tiene de diamante el pecho...» 51 (152).
«Esta suerte aprehensiua, que entretiene...» 1280 (9).
«Esta tierra, Señor, que humilde piso...» 57 (222).
«Esta vende de continuo...» 64 (206).
«Estaba Amarilis...» 175 (134), 185 (23).
«Estaba de mi edad en el florido...» 175 (339).
«Estaba en el Sacro Olimpo...» 1298 (20).
«Estaba en los desiertos de Iudea...» 165 (504).
«Estaba la noche...» 115 (24).
«Estaba un mayordomo enamorado...» 78 (143).
«Estaba Anaxarte mirando...» 128 (102).
«Estabase don Reinaldos...» 168 (12).
«Estábase el aldeana...» 136 (11).
«Estabase el conde Dirlos...» 168 (6).

«Estoy contino en lagrimas bañado...» 131 (93).
«Estoy pensando y no sé...» 128 (13).
«Estrella de la mar, flor sin espina...» 165 (303).
«Eterna pira no mortal olvido...» 119 (7).
«Eterno Rey, señor sin semejante...» 165 (601).
«Euterpe, al campo; Aurora luminosa...» 1296 (29).
«Excelsas torres y famosos muros...» 70 (106).
«Excelso Monte del Romano estrago...» 175 (324).
«Excelso monte do el romano estrago...» 70 (55), 2158 (15).
«Excelso monte que con fuego y hielo...» 135 (I, 106).
«Extrangero mayoral...» 67 (94), 88 (58).
«Extraña prueba de amor...» 175 (112).
«Extremo de pint... emplea...» 107 (48).
«Extremos hase grandes de alegria...» 70 (35).

F

«Fabio con Juana la Roma...» 1294 (16), 1301 (8).
«Fabio cuando el mentir no es açidente...» 1277 (33).
«Fabio que sales de noche...» 2383 (27).
«Fablando estaua en celado...» 175 (57).
«Fabrique un templo de inmortal memoria...» 67 (164).
«Fabio, la burla presente...» 62 (98).
«Falto de raçón andáis...» 64 (133).
«Famoso capitán, que has defendido...» 165 (496).
«Famoso Guadalquivi (*sic*)...» 28 (36), 43 (116).
«Famoso monte, en cuyo basto seno...» 51 (174).
«Famoso Monteagudo, cuya espalda...» 69 (27).
«Farol de esta comarca...» 57 (182).
«Fatigada navecilla...» 136 (34), 185 (31).
«Fatigando inculta Selva...» 1289 (18).
«Favor dulcisimo dueño...» 8 (2).
«Feas señoras a quien...» 78 (198).
«Felice alma, que tan dulcemente...» 128 (149).
«Fatigando inculta Selva...» 1289 (18).
«Felipe, Rey de dos Mundos...» 1278 (7).
«Felize yo, que en esta Flor adquiero...» 1285 (9).
«Feliz Custodia, Pira reverente...» 1284 (5).
«Feliz vivo tesoro...» 1297 (13).
«Fenescan ya mis años malgastados...» 107 (49).
«Fernando, a quien en amar...» 158 (124).
«Feroz sin consuelo y sañuda dama...» 155 (136).
«Fertil ribera de Tormes...» 175 (202).
«Festejen suelo y cielo...» 107 (256).
«Fiado en lóbregas sombras...» 67 (71).
«Fiel Corazón, que al amago...» 2184.
«Fiero Amor, Niño Gigante...» 1294 (19).
«Fili, es lisonja, o rigor...» 1290 (15).
«Filipe augústo, suspended el llanto...» 57 (91).
«Filis, ayer que fuí pobre...» 1297 (6).
«Filis de mi vida...» 64 (163).
«Filis del alma mía...» 136 (33).
«Filis, en ese Bronce, que advertido...» 62 (88).
«Filis, la curiosidad...» 1280 (11).
«Filis, las desdichas mias...» 88 (67).
«Fin al cielo, tierra, y mar...» 165 (426).
«Fin de todo bien qu'espero...» 135 (I, 3).
«Fincad ende mas sessudo...» 175 (171).
«Fino alabastro, en jaspe sustentado...» 165 (118).
«Flechando ví con rigor...» 64 (222), 72 (181).
«Flor con alma la mas fiel...» 43 (74).
«Flor con voz, volante flor...» 43 (12).
«Flor divina milagrosa...» 165 (309).
«Flor, que flor de damas escogida...» 135 (I, 60).
«Flor sois, (Iacinto Illustre), que hoy el Prado...» 2218.
«Flora, al ver el Dios de amores...» 62 (76).
«Flores que, en el rigor del frío invierno...» 69 (100).

G

«Gastaba Flora, derramando olores...» 57 (62).
«Gasto en males la vida y amor crece...» 107 (314).
«Gasto la uida seruiendo...» 113 (7).
«Gavilan que andais de noche...» 160 (22).
«Gemidos tristes, pena temerosa...» 69 (173).
«Generosa, como tuya...» 1285 (33).
«Generoso Don Antonio...» 28 (58).
«Genil, que ves la sombra en tu corriente...» 51 (101).
«Gesto que sancto Anton vido en el hiermo...» 135 (I, 121).
«Gigante cristalino...» 185 (44).
«Gil no seas enamorado...» 155 (84).
«Gil no te fies de pastora...» 78 (73).
«Gila sin duda me das...» 78 (185).
«Gileta, si al monte fueres...» 131 (95).
«Gileta sin duda alguna...» 78 (10).
«Girguerillo mío...» 73 (61), 174 (55).
«Gloria en los cielos á Dios...» 67 (262).
«Gloriosa y benditisima Maria...» 165 (301).
«Glorioso doctor Ambrosio, sancto...» 165 (462).
«Glorioso Simón, vivo dechado...» 165 (402).
«Glorioso varón, rico thesoro...» 165 (410).
«Glorioso Numen, que en tu gran Poema...» 1764.
«Gorda, flaca, cornuda y enceuada...» 107 (268).
«Gocen las nueve que el Parnaso habitan...» 69 (152).
«Goza de tu hermosura...» 156 (15).
«Goza tu primavera, Lesbia mía...» 57 (66).
«Gozase el alma mia...» 165 (306).
«Gozese ya en feliz alegre estado...» 1297 (21).
«Gracia particular que el alto cielo...» 64 (72).
«Gracia que á pocos el cielo encamina...» 128 (155).
«Gracia que el cielo a pocos encamina...» 107 (52).
«Gracia te pido, amor; no la merece...» 131 (96).
«Graciosa Virgen santa...» 67 (36).
«—Gran diablo, so cosino...» 67 (131).
«Gran Dios con tres personas y una esencia...» 67 (313).
«Gran gloria en su casa encierra...» 1298 (5).
«Gran Heroe, Duque de Sessa...» 28 (23), 43 (13).
«Gran Iulio Cesar, mil glorias...» 62 (47).
«Gran lindeza puso Dios...» 165 (491).
«Gran Monarca de Castilla...» 2383 (51).
«Gran parte de prudencia es acordarse...» 155 (168).
«Gran sabor es el que os dí...» 165 (32).
«Gran trueco hizo el pecado...» 165 (53).
«Granate puesto de oro en fino engaste...» 165 (453).
«Grandes, mas que elefantes y que abadas...» 72 (83), 88 (50), 135 (I, 160).
«Grave mal en mí sencierra...» 81 (42).
«Grave monarca ya de reinos ciento...» 69 (97).
«Grave señora mia...» 51 (135).
«Gritos se dan en Tarpeya...» 165 (546).
«Guadalquivir, yo soy el Asistente...» 69 (175).
«Guarda corderos, zagala...» 77 (17).
«Guardaba una pastora congoxosa...» 107 (348).
«Guardainfante era y ya estoy...» 187 (48).
«Guardan á un Señor preso con precetos...» 57 (186).
«Guardando su ganado...» 107 (150).
«Guardense todos, que salen...» 1288 (28).

H

«Ha del sacro congreso de las Musas...» 1291 (3).
«Ha llegado a mi noticia...» 175 (257).
«Ha un buhonero empleado...» 115 (61).
«Habiendo aquel viejo Adam...» 165 (78).
«Habiendo de partirse...» 2158 (42).
«Habiendo Dios formado...» 67 (297).
«Habiendo en cuarto lustro un mes pasado...» 2158 (7).
«Habiendo Pedro jurado...» 53 (4).
«Habitan en población...» 155 (108).

«Hermosisima Safira...» 185 (24).
«Hermosisima Valencia...» 62 (65).
«Hermosísimas çagalas...» 64 (108).
«Hermoso Dueño, mi Amor...» 62 (79).
«Hermoso un cisne veo por aire a vuelo...» 1735.
«Hermosos ojos cuia luz tan clara...» 107 (350).
«Hermosos ojos donde amor se añida...» 131 (98).
«Hermosos ojos dormidos...» 185 (6).
«Hermosos ojos serenos...» 158 (131).
«Hermosura no la hé...» 155 (40).
«Hero a quien mil cuidados combatían...» 155 (149).
«Héroe justo, hija torpe enamorada...» 1735.
«Hidropico Escultor, ya copia ufano...» 1287 (21).
«Hiere el puerco montés, cerdoso y fiero...» 107 (151).
«Hija esse alguazil...» 175 (155).
«Hijo del rayo y del tronido fuerte...» 51 (235).
«Hijo mio muy amado...» 131 (99).
«Hijo mío, no te engañe...» 43 (49).
«Hijo soy de una selva que florido...» 119 (5).
«Hijos del sacro dios, del dios de Delo...» 69 (64).
«Hincado está de rodillas...» 78 (22).
«Hizoos de tan alto ser...» 128 (3).
«Holgandose con Iarifa...» 78 (49).
«Hombre botijón, botija...» 1279 (17).
«Hombre cuando a Dios dexastes...» 165 (213).
«Hombre decid si ofendistes...» 165 (214).
«Hombre es Dios tan liberal...» 165 (219).
«Hombre mortal si fuesses combidado...» 107 (55).
«Hombre porque saneys vos...» 165 (219).
«Hombre que quieres de mí?...» 165 (594).
«Hombre si os destruyó Adam...» 165 (228-29).
«Hombres Cornelios Tácitos prudentes...» 69 (149).
«Honra del mar de España, ilustre rio...» 51 (5).
«Honrad el puerto de Tunez...» 187 (69).
«Honremos pues tan alto sacramento...» 165 (199).
«Honró las verdes selvas de honor santo...» 51 (prels.).
«Horas breves de meu contentamento...» 135 (I, 21).
«Horas breves, de mi contentamiento...» 51 (158).
«Horas en llorar gastadas...» 72 (24).
«Horas tristes y amargas...» 160 (35).
«Horoscopo se apercibe...» 1278 (14).
«Hortelano era Belardo...» 78 (196).
«Hoy al instante Baptista...» 158 (23).
«Hoy al pecador llamais...» 165 (58).
«Hoy baxa Dios hasta el infierno obscuro...» 165 (157).
«Hoy conoce mi amor, cuando...» 1287 (6, 8, 11, 20).
«Hoy de Filis despreciado...» 1289 (15).
«Hoy de gloria es coronado...» 165 (516).
«Hoy deja todo el bien un desdichado...» 131 (133).
«Hoy del mar de mis cuidados...» 64 (162).
«Hoy el Cielo, Tomas de Villanueva...» 1188 (18).
«Hoy el esclarecido sol de Oriente...» 165 (171).
«Hoy el mundo es rescatado...» 165 (144).
«Hoy el Spiritu Sancto...» 165 (188).
«Hoy el verbo consagrado...» 165 (6).
«Hoy en la fiesta de Carlos...» 1278 (9).
«Hoy en tu blanca mano, Lisis bella...» 1294 (9).
«Hoy es el sacro venturoso dia...» 51 (243).
«Hoy es el sacro y venturoso dia...» 67 (162).
«Hoy es el triste día y lagrimoso...» 57 (204).
«Hoy España pretende...» 1296 (15).
«Hoy ha tres meses, o años...» 172 (13).
«Hoy hace justos seis meses...» 175 (108).
«Hoy la devota competencia ofrece...» 69 (270).
«Hoy la señora Academia...» 1307 (6).
«Hoy la tierra nos ha dado...» 165 (297).
«Hoy la tierra ya cansada...» 165 (383).
«Hoy, Maria Ana divina...» 1288 (21).
«Hoy nasce Dios, porque la gente muerta...» 165 (8).

I

«Ingrato moro que tan mal merece...» 70 (22).
«Ingrato sol que grave y enojoso...» 131 (101).
«Inhumano Rey Alfonso...» 175 (95).
«Injustisimo Amor, bien te bastaba...» 107 (56), 128 (164).
«Inmenso Padre eternal...» 165 (609).
«Inmensos lustros, para lustre de ellos...» 69 (123).
«Inmortal lira, plectro sonoroso...» 1773.
«Innumerables estrellas...» 64 (121).
«Inocente Cordero...» 51 (231), 70 (93).
«Inquieto mi vida paso...» 62 (54).
«Insignísimos amigos...» 43 (124).
«Inspirame Thersicore divina...» 1307 (8).
«Invictisimo Cesar cuyo nombre...» 1584 (prels.).
«Invicto Cesar, Hercules famoso...» 135 (I, 189).
«Invidia dize el Pindaro famoso...» 128 (173).
«Invoco a Talía, en cuanto...» 1278 (12).
«Invoco el infausto amante...» 1277 (25).
«Ioancho y Ioan Gaycoa...» 165 (40).
«Ira tengo de mi porque a despecho...» 107 (224).
«Irme quiero madre...» 113 (2), 126 (33).

J

«Jacinta, de los cielos...» 136 (38).
«Jacinto bien as mostrado...» 2218.
«Jacinto con tal primor...» 2218.
«Jacobo, aunque menor, grande soldado...» 165 (389).
«Jamás cosa de mi parte...» 97 (58).
«Jamas el cielo vio llegar Piloto...» 51 (211).
«Jamas mi corazon fue temeroso...» 107 (329).
«Jamás pudo quitarme el fiero Marte...» 1584 (128).
«Jardin hermoso, albergue de la muerte...» 165 (580).
«Jeringueme el potro susio...» 78 (200).
«Jesu Christo nasció ya...» 130 (26).
«Jesús, bendigo yo tu sancto nombre...» 107 (57), 165 (92).
«Jesús, mi amor, que en una nube de oro...» 57 (172).
«Jesus mi redemptor, y mi alegria...» 165 (83).
«Jesus, nombre que al muerto le da vida...» 165 (82).
«Jesus que es la verdad, camino y vida...» 165 (182).
«¡Jesús, qué tarde despierto!...» 69 (218).
«Joan el discipulo amado...» 165 (364).
«Joan en un pesebre estrecho...» 165 (366).
«Jorge: pues que presso estais...» 72 (42).
«Joven dichoso que, con años tiernos...» 1735.
«Joven heroico, ilustre...» 62 (44).
«Joven Heroico, Orfeo Peregrino...» 1764.
«Juan, aunque soys tan querido...» 51 (238).
«Juan en naciendo vos nació el consuelo...» 107 (258).
«Juan Rana ynsigne Doctor...» 1277 (22).
«Juanica, la mi Juanica...» 28 (15), 43 (137).
«Juanilla yo te copio...» 1280 (15).
«Judas ladron, que os provoca...» 51 (138).
«Judas para ser colgado...» 158 (24).
«Jueves era Jueves...» 43 (69).
«Julia, si de la Parca el furor ciego...» 57 (11).
«Julio, despues de sucessos...» 62 (46).
«Juntaron su ganado en la ribera...» 57 (26).
«Junto a esta laguna...» 73 (44), 174 (40).
«Junto a la cruz de do el Señor pendia...» 165 (163).
«Junto a una fuente clara...» 28 (55), 43 (86).
«Juntó el cielo marauillas...» 64 (215).
«Juntó un concilio Cupido...» 78 (181).
«Jupiter de mis ojos...» 1297 (17).
«Jupiter soy, que dejando la esfera...» 158 (47).
«Jura Pisuerga, a fe de cauallero...» 72 (89).
«Jurado tiene Teresa...» 175 (228).
«Jurarálo yo Fortuna...» 28 (22), 43 (132).
«Juro a sant botin sagrado...» 130 (32).

L

«La Granada que no en vano...» 2218.
«La grave enfermedad que en Silvia via...» 1584 (86).
«La hambre del dinero y la cudicia...» 2158 (38).
«La hermosa Bradamante...» 171 (61).
«La hermosura de Iacinta...» 185 (49).
«La hermosura, que el bravo acidente...» 128 (136).
«La hermosura y discrecion...» 78 (38).
«La horrible Sima con espanto mira...» 51 (168).
«La humana naturaleza...» 67 (26).
«La humanidad de Dios, triste, affligida...» 165 (113).
«La Iglesia, que errar no puede...» 1188 (24).
«La ilustre Reina en cuyas anchas salas...» 2025 (prels.).
«La indignación de Dios, airado tanto...» 64 (13).
«La ingratitud en muger...» 1095.
«La lealtad debe ser...» 67 (128).
«La libertad de mis años...» 64 (40).
«La linea tan celebrada...» 1773.
«La Lira de Anphion, si es dulce canto...» 2218.
«La luz mirando, y con la luz mas ciego...» 51 (26, 160).
«La madre cruel ufana...» 51 (179).
«La madre lleva al niño recostado...» 165 (102).
«La mano en el instrumento...» 43 (68), 64 (152).
«La mañana de sant Iuan...» 168 (5).
«La más bella niña...» 73 (23), 174 (22).
«La mas hermosa sois Virgen...» 165 (315).
«La mas linda niña...» 126 (42).
«La mayor necedad siento...» 1277 (38).
«La mexor muger muger...» 78 (119).
«La morena graciosa...» 160 (25), 175 (105).
«La morena que yo adoro...» 136 (35).
«La mucha tristeza mia...» 131 (106).
«La muerte dura que en su edad mas tierna...» 135 (I, 185).
«La mujer que a dos quiere bien...» 78 (14).
«La nave sube al cielo, el Noto brama...» 57 (206).
«La negra noche con mojadas plumas...» 51 (236).
«La niña que allá en la fuente...» 78 (223).
«La noche de Navidad...» 165 (71).
«La noche oscura, tenebrosa y fría...» 69 (165).
«La noche que siguio aquel caso orrible...» 128 (169).
«La noche tenebrosa...» 158 (41).
«La nube cuyo armiño tapa...» 57 (199).
«La nueva nos es llegada...» 1584 (26).
«La ocasión del mal...» 160 (23).
«La ocasión hace al ladrón...» 175 (244).
«La niña de los donayres...» 185 (55).
«La omnipotencia, y valor...» 187 (53).
«La persona ques llagada...» 128 (48).
«La planta, el animal, el pez, el ave...» 69 (162).
«La pluma con que escrevistes...» 165 (369).
«La pompa, el fausto, el grande y alto estado...» 165 (446).
«La preñadilla de Anton...» 43 (17).
«La Princesa a quien la tierra...» 58
«La Princesa de los cielos...» 187 (33).
«La pulga, cuyo renombre...» 67 (7).
«La que mas que á tu provecho...» 67 (40).
«La que nació de la marina espuma...» 51 (94).
«La que pretende dinero...» 78 (87).
«La que ya fue de las aues...» 72 (184).
«La quinta esencia de la fe sagrada...» 2025 (23).
«La red de amor, pues por amor es hecha...» 1584 (47).
«La red de amores es invisible, y hecha...» 1584 (48).
«La Reina celestial...» 165 (339).
«La Reina doña Isabel...» 175 (1).
«La relación he leído...» 43 (56).
«La riqueza gozé sobervio, y loco...» 2383 (59).
«La rubia crencha del copete de oro...» 175 (289).
«La rubia pastorcica de ojos bellos...» 120 (43).
«La sacra deidad immensa...» 165 (217).
«La sacra Virgen, cuyo limpio azero...» 2025 (25).
«La sacra voz y el cisneo canto, canto...» 165 (236).

«Las ramas de esta laurel...» 158 (12).
«Las sangrientas espinas que humedecen...» 67 (202).
«Las selvas hacen alarde...» 1291 (27).
«Las sierras de Segura...» 64 (198).
«Las suntuosas fiestas que declaran...» 2025 (prels.)
«Las tardes casi todas acaesce...» 107 (105).
«Las tristes lagrimas mias...» 131 (109).
«Las velas españolas, que una a una...» 69 (34).
«Las voces de un pregonero...» 119 (19).
«Lastima es de ver a Bras...» 156 (2).
«Lastima es del amador...» 81 (34).
«Laura, Laurel; no defensa...» 62 (87).
«Laura, mi amor y mi suerte...» 67 (160).
«Laura, que yo te maldiga...» 1292 (26).
«Laurencio, de Christo hecho...» 62 (27).
«Lays que ya fuiste hermosa...» 131 (110).
«Lazos subtiles lazos exparcidos...» 107 (282).
«Leandro que de amor en fuego ardia...» 107 (153).
«Leandro qu'ero hermosa adama...» 135 (I, 61).
«Leandro rompe (con gallardo intento)...» 51 (180).
«Leña frágil al mar cerúleo y cano...» 69 (84).
«Leandro, conmigo caíste...» 1297 (8).
«Letrado mío, paciencia...» 1291 (11).
«Leucipe, decir podría...» 1773.
«Leucipe mal entendida...» 1773.
«Levanta entre gemidos, alma mía...» 57 (166).
«Levanta España tu famosa diestra...» 51 (14).
«Levanta hombre mortal esta despierto...» 107 (59).
«Levanta musa el flaco entendimiento...» 128 (94).
«Levanta o musa el soñoliento estilo...» 107 (154).
«Levanta, o sacro Ibero soberano...» 64 (110).
«Levanta o Turia tu serena frente...» 2023.
«Levantaba (gigante en pensamiento)...» 51 (81).
«Levantando blanca espuma...» 72 (149).
«Levantate y despierta hombre abatido...» 107 (60).
«Libre de las saetas rigurosas...» 70 (59).
«Libre de mi cuidado...» 107 (226).
«Libre del fiero hermano de Androgeo...» 1773.
«Libre del mar en la desierta arena...» 70 (32).
«Libre, y burlado de amor...» 187 (30).
«Libres andáis y al fin no sabéis cómo...» 67 (325).
«Lidia, de tu avarienta hermosura...» 51 (214).
«Lidoro á Apolinarda...» 1291 (21).
«Ligero pensamiento...» 2058 (8).
«Lince atento al mas cifrado...» 1615.
«Lisardo, tus finezas...» 1291 (6).
«Lisençia imbio a pedirte...» 88 (41).
«Lisi, á tu copia dispuesto...» 1289 (28).
«Lisi ya muere mi amor...» 1277 (39).
«Lisis, pastora de Ardila...» 64 (154).
«Lisonjero pajarillo...» 158 (85).
«Lo mejor de mi vida...» 69 (278).
«Lo que causa aire o nieve al que es viático...» 67 (335).
«Lo que es mortal padece esta prisión...» 1584 (81).
«Lo que (guardando el decoro...» 57 (45).
«Lo que me pide te ruego...» 62 (99).
«Lo que me quise me quise me tengo...» 113 (6).
«Lo que padece el cuerpo, cuando el alma...» 135 (I, 53), 2158 (20).
«Lo que quise quiero y tengo...» 131 (111).
«Lo que va de nuestro fuego...» 2025 (14).
«Locos años mios...» 175 (113).
«Los amores constantes...» 135 (II, 17).
«Los Astrologos siempre deseaban...» 2027.
«Los bienes desta fortuna...» 1699.
«Los cabellos, que por ellos...» 64 (44).
«Los campos de Mançanares...» 64 (179).
«Los claros ojos abre y puerta al cielo...» 51 (187).
«Los diamantes de la noche...» 172 (97).

LL

«Llegó a los pies de Cristo Madalena...» 51 (246).
«Llegó Diziembre sobre el cierço elado...» 51 (112).
«Llegue a este monte fuerte, coronado...» 72 (192).
«Llegue a Valladolid, registre luego...» 72 (84).
«Llena de tanta hermosura...» 67 (318).
«Llena de desconsuelo y amargura...» 165 (571).
«Llena la edad de sí toda quexarse...» 64 (24).
«Llenas de gozo, y llenas de alegria...» 165 (178).
«Lleva de gente en gente amor mi canto...» 107 (227).
«Lleva noble pensamiento...» 175 (92).
«Lleva tras si los pampanos Octubre...» 51 (3), 88 (85).
«Llevaban su ganado repastando...» 171 (117).
«Llevame mi deseo a aquella parte...» 107 (228).
«Llevó tras sí los pámpanos Octubre...» 67 (9).
«Llora Cesar, porque el llanto...» 1291 (20).
«Llora Cesar, y quando enternecido...» 1291 (19).
«Llora España en Felipe el lastimoso...» 1278 (17).
«Llora la viuda tortola en su nido...» 51 (13).
«Lloraba Pedro al Redemptor con pena...» 165 (342).
«Llorad conmigo, pastores...» 120 (42).
«Llorad mis tristes ojos vuestro daño...» 78 (30).
«Llorad, ojos ausentes, llorad tanto...» 107 (351).
«Llorad, ojos tristes...» 64 (62).
«Llorando atiende Gonzalo...» 175 (83).
«Llorando está el gran maestre...» 168 (2).
«Llorando está una pastora...» 171 (95).
«Llorando lágrimas vivas...» 136 (27).
«Llorando mira Rodrigo...» 185 (66).
«Llorando muy agramente...» 165 (531).
«Llorando sobre unas piedras...» 175 (86).
«Llorando vivo, y si en el fiero pecho...» 107 (156).
«Llore con llanto amargo en noche escura...» 131 (112).
«Lloren las desdichas mias...» 88 (30).
«Lloverá, si Dios quisiere...» 64 (106).

M

«Madalena, como vos...» 62 (19).
«Madalena me picó...» 51 (67).
«Madalena, peregrino...» 62 (24).
«Madeixa de oro fino marañada...» 107 (335).
«Madre de héroes ínclitos, Lucena...» 69 (138).
«Madre de los valientes de la guerra...» 70 (8).
«Madre gloriosa y pura...» 165 (293).
«Madre la mi madre...» 73 (67, 74), 115 (45), 160 (24), 174 (59).
«Madre mia aquel paxarillo...» 172 (10).
«Madre mía, un zagalillo...» 126 (11).
«Madre que me muero...» 78 (115).
«Madre, un alguazil...» 175 (154).
«Madre una serrana...» 73 (3), 174 (3).
«Madrid y Valladolid...» 175 (51).
«Madruga y sale del balcón de oriente...» 57 (58).
«Madrugue quien algo duda...» 69 (185).
«Magdalena vos y Dios...» 165 (533).
«Magestad soberana, en quien el cielo...» 175 (310).
«Mal con Laura, acciones mides...» 62 (105).
«Mal consejo me parece...» 81 (28).
«Mal ferido sale Adam...» 165 (65).
«Malhaya el hombre mil veces...» 175 (32).
«Mal haya quien senamora...» 160 (29).
«Mal hayan mis ojos...» 73 (47), 174 (42).
«Mal herido Iesu Christo...» 165 (148).
«Mal lograda fuentezilla...» 185 (62).
«Mal pueden desenlazarse...» 97 (40).
«Mal segura çagaleja...» 172 (18).
«Mala la hubistes Franceses...» 187 (61).
«Málaga está muy estrecha...» 128 (174).

«Mi bien, como podrá ser...» 51 (78).
«Mi corazón es el blanco...» 185 (46).
«Mi limpia voluntad he ofrecido...» 107 (274).
«Mi madre tuve entre asperas montañas...» 51 (139).
«Mi niña blanca y colorada...» 78 (133).
«Mi ofensa es grande, sealo el tormento...» 107 (61).
«Mi pesar ya no es pesar...» 128 (72).
«Mi Pluma bien se dilata...» 1292 (28).
«Mi querido es ydo al monte...» 160 (42).
«Mi señora, assi yo viva...» 51 (92).
«Mi trabajo es sin contar...» 175 (272).
«Mi zagala sus paños...» 115 (69).
«Mia fe Gil ya de tu medio...» 155 (88).
«Mientras amor con deleitoso engaño...» 1584 (53).
«Mientras amor con deleitoso engaño...» 1584 (108).
«Mientras con gran terror por cada parte...» 107 (157).
«Mientras Corinto, en lagrimas deshecho...» 72 (74).
«Mientras de Christo en seno, por cansado...» 62 (37).
«Mientras de parte en parte se abrasaba...» 1584 (71).
«Mientras del sacro Apolo el presto carro...» 69 (283).
«Mientras duerme mi niña...» 115 (53).
«Mientras duermen los sentidos...» 78 (186).
«Mientras el fiero león, fogoso, ardiente...» 107 (158).
«Mientras en mi la esperança florecia...» 107 (159).
«Mientras España ¡oh mar! de ti confía...» 69 (44).
«Mientras está en las aguas dulcemente...» 57 (43).
«Mientras Flegonte celoso...» 64 (175).
«Mientras la fuerça de mi desventura...» 70 (36), 107 (352).
«Mientras la grave púrpura no viene...» 69 (113).
«Mientras las duras peñas...» 51 (147).
«Mientras las tiernas alas pequeñuelo...» 107 (162).
«Mientras, o buen Iesus! Dueño clemente...» 62 (34).
«Mientras peno ausente...» 175 (119).
«Mientras por alegrarme el sol mostraba...» 107 (160).
«Mientras, por competir con tu cabello...» 51 (159).
«Mientras que brama el mar y gime el viento...» 57 (126).
«Mientras que de Cartago las banderas...» 57 (4).
«Mientras que de sus canes rodeado...» 107 (161).
«Mientras que los peñascos de su asiento...» 69 (89).
«Mientras que te agradaba...» 135 (I, 178).
«Mientras te miro, ó Rey! y te computo...» 62 (10).
«Mil días a que querría...» 64 (53).
«Mil veces afrentado en la vida...» 72 (3).
«Mil veces de tu mano me he escapado...» 1584 (134).
«Mil veces entre sueños tu figura...» 97 (2).
«Mil veces estoy memorias...» 172 (66).
«Mil veces he tratado de hallaros...» 107 (353).
«Mil veces iba yo á buscar aquella...» 128 (152).
«Mil veces, Nise, mil veces...» 69 (219).
«Mil veces os e ofrecido...» 131 (114).
«Mil venturas le prometo...» 67 (213).
«Milagros en quien solo estan de asiento...» 72 (20).
«Milagros se ven el dia...» 1288 (14).
«Militantes de Cupido...» 175 (201).
«Minguilla la siempre bella...» 172 (112).
«Mira desde una laja de la roca...» 57 (177).
«Mira el limbo, Lucifer...» 165 (64).
«Mira esas luzes pensamiento, con mas atenzion...» 158 (9).
«Mira Narciso el agua transparente...» 1307 (7).
«Mira Nero de Tarpeya...» 168 (52).
«Miraba a Iesus su madre...» 165 (43).
«Miraba Celio una yedra...» 175 (268).
«Miraba con grande amor...» 165 (354).
«Miraba de Campo viejo...» 168 (15).
«Miraba desde la cruz...» 165 (152).
«Miraba el niño Dios recien nacido...» 165 (23).

«Muriendo la misma vida...» 165 (226).
«Murmuraban los rocines...» 88 (78), 175 (110).
«Muros, ya muros no, sino trasunto...» 175 (325).
«Musa mía, tu favor...» 1291 (18).
«Musa que sopla i no inspira...» 72 (93).
«Musa, venganza te pido...» 1290 (10).
«Musas, si la pluma mia...» 72 (106).
«Muy acertado gobierno...» 67 (284).
«Muy bien ido seáis, señor...» 70 (92).
«Muy claros y hermosos...» 165 (591).
«Muy discreto discurris...» 1288 (16).
«Muy magnifico señor...» 128 (81).
«Muy poca basca os han dado...» 67 (265).
«Muy satisfecho de veras...» 128 (38).

N

«Nace al gobierno Carlos, sin segundo...» 1288 (12).
«Nace ya, nace o Sol resplandeciente...» 107 (259).
«Nací desnudo, y solos mis dos ojos...» 64 (11).
«Nací tamborilero...» 64 (191).
«Nacieron juntos un dia...» 2058 (20).
«Nació Carlos y a porfia...» 1281 (19).
«Nació el Principe de Asturias...» 1281 (10).
«Nació el Sol de madre hermosa...» 1278 (2).
«Nació Europa, Ninfa bella...» 28 (48).
«Naciste en grande vajeça...» 64 (134).
«Naciste (ó Anibal) la adusta Playa...» 1292 (22).
«Nadie de su libertad...» 1584 (7).
«Nadie debe confiar...» 78 (60), 131 (116).
«Nadie fie en alegría...» 78 (68).
«Nadie haya que se asombre...» 165 (29).
«Naranjitas tira la niña...» 126 (55).
«Narciso se paga de ver su Hermosura...» 1277 (27).
«Nasci de abuelo y padre sin segundo...» 78 (180).
«Naturales y estrangeros...» 187 (63).
«Naturaleza esmerar...» 97 (53).
«Naturaleza estaua deseosa...» 107 (296).
«Nave que á salvamento surges rica...» 57 (214).
«Nave que encrespas con herrada proa...» 69 (281).
«Navego en hondo mar embravecido...» 120 (48).
«Nereydas (que con manos de esmeraldas...» 51 (181).
«Ni de Bulcano las fraguas...» 2383 (41).
«Ni del Invierno los rigores canos...» 1278 (5).
«Ni el aire, ni el frescor de la montaña...» 97 (29).
«Ni este monte, este ayre, ni este río...» 51 (203).
«Ni la alta pira que de César cierra...» 70 (54).
«Ni por el cielo ir hermosa estrella...» 107 (65).
«Ni por mostrarse blanda ni piadosa...» 107 (163).
«Ninfa gentil que enmedio la espesura...» 120 (49).
«Ninfa mas alva que la leucotea...» 135 (I, 165).
«Ninfas del Dauro undoso...» 1281 (2).
«Ninfos, y Ninfas del estrecho Esgueva...» 175 (305).
«Ningun dolor se yguala al acordarse...» 155 (155).
«Ningun remedio ay tam bueno...» 73 (8), 174 (8).
«Ninguna muger ay que yo no quiera...» 78 (138).
«Ninguno en mayor alteza...» 165 (368).
«Ninguno subió tanto ni ha podido...» 165 (331).
«Niña, acuérdate de mí...» 73 (38), 174 (34).
«Niña de mi alma...» 67 (69).
«Niña de mis ojos...» 175 (222).
«Niña del copete rubio...» 67 (2).
«Niña, pues en papo chico...» 72 (46).
«Niña, si a la huerta vas...» 175 (237).
«Niñas las que piden...» 67 (23).
«Niño Dios quien os da guerra...» 165 (19).
«Niño que en tan tierna edad...» 165 (89).
«Niño que es dios y en naciendo...» 165 (97).

«No huyas, espera, espera...» 175 (88).
«No huyas morena...» 126 (49).
«No inuoco musas ajenas...» 64 (196).
«No la aficion de Amigo, y Camarada...» 2218.
«No la pomposa cumbre ni la alteza...» 67 (257).
«No las pulidas trenzas del cabello...» 69 (61).
«No las temo madre...» 115 (22).
«No le den tormento a la niña...» 172 (116).
«No limiteis los servicios...» 155 (22).
«No limites los seruicios...» 81 (4).
«No los atrevimientos levantados...» 1584 (136).
«No luches fiero tyrano...» 165 (439).
«No lloreis casada...» 160 (47).
«No más laços de amor, arco y cadena...» 70 (27).
«No mas, no mas al agua...» 135 (I, 175).
«No me admira Anna de vos...» 165 (525).
«No me aprovecharon...» 73 (50, 63), 174 (45).
«No me bastaba el peligro...» 72 (147).
«No me conoceis Serranos?...» 28 (17), 43 (42).
«No me da el suelo pastura...» 148 (2).
«No me dexes en manos del cuidado...» 88 (100).
«No me dirás, Amor, que badulaque...» 69 (136).
«No me duelo de mi porque mi duelo...» 69 (68).
«No me echeys el cauallero...» 155 (78).
«No me espanto, señora, que el ausencia...» 69 (102).
«No me lo pregunte madre...» 160 (30).
«No me parió mi madre celinpuj...» 69 (137).
«No me pidáis mas, hermanas...» 72 (123).
«No me punas, señor, de que en la tierra...» 128 (130).
«—No me sigas Don Fernando...» 2383 (35).
«No me tardé yo tanto en conosceros...» 128 (170).
«No me tires flechas, rapaz Cupido...» 136 (75).
«No mereze, Zayda amiga...» 70 (119).
«No mireis mi perdimiento...» 131 (123).
«No miro vez la helada y blanca nieve...» 57 (76).
«No muestra más ejércitos de estrellas...» 69 (82).
«No os diremos, como al Cid...» 72 (183).
«No os espanteis señora Notomía...» 51 (76).
«—No os quexais caballero...» 78 (117).
«No os vuelva á hallar, palomos gimidores...» 57 (116).
«No paseis el cavallero...» 160 (31).
«No pene tu gallardo pensamiento...» 51 (200).
«No pensé tanto quereros...» 148 (4).
«No penseis lo que no pienso...» 155 (47).
«No pica tanto a Monjas el pimiento...» 51 (145).
«No pienses, bella Lisarda...» 62 (77).
«No pierdas tal ocasión...» 165 (363).
«No ponga a los mortales mi venida...» 1584 (133).
«No por la falta que hazeys...» 175 (260).
«No porque Alcides valeroso y santo...» 2023.
«No puede la voluntad...» 1293 (16).
«No puede ya el sentimiento...» 175 (218).
«No puedes Francisca en mi...» 1277 (8).
«No puedo con tus ojos...» 160 (32).
«No queda ya cruel señora mia...» 51 (184).
«No querais a quien no quiere...» 155 (42).
«No quiebres niña el espejo...» 175 (238).
«No quiera Dios que te mire...» 175 (23).
«No quiere amor la gente vana y hueca...» 67 (223).
«No quiero contar mi pena...» 160 (33).
«No quiero contar vitorias...» 187 (54).
«No quiero habitar mas aqueste bosque...» 107 (231).
«No quiero mas amor vano...» 73 (9), 174 (9).
«No quiero que nadie sienta...» 155 (63).

«Nueva locura de amor...» 185 (40).
«Nuevo modo de penar...» 1284 (9).
«Nuevos efectos de mylagro estraño...» 78 (27).
«Nunca, Cloris, e podido...» 64 (31).
«Nunca de los romanos la grandeza...» 2025 (47).
«Nunca el premio de gozarte...» 67 (83).
«Nunca, Julio, dura carga...» 64 (132).
«Nunca los dioses tanta...» 69 (259).
«Nunca me vi tan solo ni apartado...» 1584 (54).
«Nunca podistes Cupido...» 150 (7).
«Nunca Venus se vio ni Proserpina...» 128 (159).
«Nunca ví muerto de amores...» 155 (34).

O

«O Acaso Mysterio...» 1300 (4).
«O accidente feliz! Unica suerte...» 1300 (7).
«O alma mia llora...» 165 (576).
«¡O alma que en mi alma puedes tanto!...» 107 (279), 128 (166).
«O barco ya cansado...» 135 (I, 176).
«O bellos ojuelos míos...» 78 (3).
«¡O bien auenturança desseada!...» 135 (I, 34).
«O buen ladrón, valiente, y animoso...» 165 (154).
«O celos, mal de cien mil males lleno...» 1584 (106).
«O Cielos! como el Cielo...» 62 (29).
«O claro honor del liquido elemento...» 51 (37).
«O Clio, Musa mia...» 51 (56).
«¡O como e estado desapercibido...» 128 (134).
«O como nunca amor cura la herida...» 171 (114 bis).
«O convite de alta suerte...» 165 (266).
«O cristalina mano delicada...» 135 (I, 70).
«O Crucifixo mio, que es aquesto?...» 107 (123), 165 (137).
«O cuán bien que acusa Alcino...» 72 (137).
«¡O cuán soberbio estás, tú, pensamiento...» 128 (157).
«O cuanta avilantez gasta el vicioso...» 1289 (27).
«O de alto valor, de virtud rara...» 72 (189).
«O de rara virtud y beldad rara...» 107 (354).
«O desengaño venturoso y santo...» 175 (297).
«O Dios y quien pudiese tanto amarte...» 165 (593).
«O dulce honor de mi pluma...» 28 (14), 43 (71).
«O dulce Jesu christo, alma mia...» 135 (I, 49).
«O dulce noche o cama venturosa...» 78 (165).
«O dulce pan do esta Dios encerrado...» 107 (69).
«O dulce sueño, mas que yo esperaua...» 107 (70).
«O dulces prendas cuando Dio queria...» 131 (126).
«O dulces prendas por mexor perdidas...» 88 (86).
«O duro carecer del bien perdido...» 128 (114).
«O esperança mia y mi consuelo...» 78 (7).
«O gloria escurecida...» 165 (164).
«O gran ducha de Florenzia...» 78 (217).
«O inexpugnables muros, o Pensiles...» 1287 (18).
«O, larga esperança vana...» 97 (42).
«O Lice, aunque bebieras...» 51 (197).
«O malicia del mundo, o triste suerte...» 165 (172).
«O mas de mi que el Zefiro estimado...» 51 (149).
«O memoria de mi vida...» 128 (79).
«O mi Dios, o mi bien, y mi alegria...» 165 (24).
«O mil vezes feliz! pues que dichosa...» 62 (22).
«O misterio glorioso...» 165 (250).
«O montañas de Galicia...» 72 (105).
«O niebla del estado mas sereno...» 51 (193).
«O noble suspensión de mi tormento...» 51 (49).
«O nuevo ardid! ó misteriosa maña...» 62 (5).
«O nunca plubiera el cielo...» 158 (70).
«O pasos tan sin frutos derramados...» 107 (167).
«O pensamiento, con que ligereza...» 135 (I, 133).
«O piadosa pared, merecedora...» 51 (71).
«O pura honestidad, pura belleza...» 107 (358), 171 (111).

«Oh, suave sospiro que saliste...» 97 (26).
«¡Oh suelo sin ventura de Cartago!...» 2158 (33).
«¡Oh variable diosa, tú, Fortuna!...» 69 (266).
«Oh vos, que ciegos de su error y engaños...» 69 (18).
«Ohí ganchos de la hampa...» 187 (4).
«Oid del amante mas fino la noble pasión...» 158 (54).
«Oid nimphas y pastores...» 171 (85).
«Oid, oid, oid, oid atentos...» 70 (44).
«Oid valerosos xaques...» 187 (3).
«Oidme atentos agora...» 67 (309).
«Oidme señoras...» 152 (4), 156 (13).
«Oiga vuestra señoria...» 64 (74).
«Oigan del sol catolicos...» 158 (15).
«Oigan deste nuevo espanto...» 1188 (1).
«Oigan señores galanes...» 43 (107).
«Oiste ¡oh padre Betis! la voz rara...» 69 (39).
«Ojalá, gallardo Ardenio...» 64 (161).
«Ojos bellos, no os fieis...» 175 (5).
«Ojos cejas y cabellos...» 165 (333).
«Ojos claros, serenos...» 107 (168), 120 (50).
«Ojos, cuyas luzes bellas...» 115 (4).
«Ojos cuyas niñas bellas...» 172 (3), 175 (133).
«Ojos, de cuyo esplendor...» 28 (43), 43 (78).
«Ojos de llorar cansados...» 70 (122).
«Ojos hermosos amorosillos...» 120 (54).
«Ojos, hoy amaneceis...» 1283 (11).
«Ojos mios, que siempre desmandados...» 107 (73).
«Ojos negros de mis ojos...» 172 (55).
«Ojos negros que os miráis...» 136 (61).
«Ojos no lloreis...» 160 (34).
«Ojos, no sois vos otros que fuistes...» 131 (127).
«Ojos, ojos, sois vos? no sois vos ojos...» 107 (169).
«Ojos, pues llorando estáis...» 67 (210).
«Ojos, pues teneis licencia...» 115 (2).
«Ojos que por estrellas sois tenidos...» 67 (217).
«Ojos que sois del fuego mio instrumento...» 107 (232).
«Ojos que ya no veis quien os miraba...» 120 (51), 131 (128).
«Ojos, rayos del sol, luces del cielo...» 107 (170).
«Ojos verdes (ved que error)...» 172 (25).
«—Ola Ioan —Que quereys Dios?...» 165 (385).
«Ola mozo malo...» 155 (121).
«Olmo fuí ayer, ó hiperbole florido...» 43 (85).
«Olvida Blaz, a Costança...» 131 (129).
«Olvidé, y aborrescí...» 150 (12).
«Olvideme de mi si te olvidare...» 72 (28).
«Opone Clori Gentil...» 62 (85).
«Oprime el Etna ardiente á los osados...» 57 (17).
«Ondas, que caminando...» 128 (93).
«Ora amor, ora no mas...» 130 (3).
«Ora en fiel cosecha, Lisis grata...» 57 (130).
«Ora en la dulce ciencia embebecido...» 107 (317).
«Ora veamos si harán mis brazos...» 57 (27).
«Orilla del sacro Henares...» 171 (87).
«Orillas de un claro rio...» 175 (7).
«Oro de Tiber, vierte en vez de arena...» 69 (28).
«Ostentando gala y brío...» 64 (39).
«Otaegui, insigne, en superior Esphera...» 2218.
«Otras veces me haveis visto...» 160 (41).
«Otro mundo es el que ando...» 128 (27).
«Oyan los que oyr quisieren...» 70 (120).
«Oye, Amarilis discreta...» 43 (111).
«Oye amigo, oye Cochero...» 43 (126).
«Oye de un hijo tuyo, que en la espalda...» 69 (66).
«Oye, fiera crüel, de mi tormento...» 57 (109).
«Oye la voz de un hombre que te canta...» 51 (75).
«Oye Marica que vengo...» 43 (4).
«Oye tirana Brigida...» 158 (30).
«Oyeme, Antón, y sabrás...» 69 (227).
«Oyeme riguroso...» 64 (77).
«Oyeme, señora...» 175 (103).
«Oyes, Menga, de mi amor...» 158 (99).
«Oyes Menga, que quieres Bras...» 158 (98).

P

«Paso en fiero dolor llorando el dia...» 171 (108 bis).
«Pasos de un Peregrino son errante...» 72 (125).
«Pastor á cuya gloria me levanto...» 57 (173).
«Pastor en quien mostrar quiso natura...» 1584 (52).
«—Pastor, es cierto que por Galatea...» 1584 (95), 1593.
«Pastor mal afortunado...» 28 (26).
«Pastor que en la bega llana...» 72 (118).
«Pastor sagrado cuya docta frente...» 69 (21).
«Pastora que en el cayado...» 97 (33), 148 (13).
«Pastora, si mal me quieres...» 131 (140).
«Pastorcico enamorado...» 155 (90), 165 (35).
«Pastores de Mançanares...» 28 (53).
«Pastores doy os por nueva...» 165 (46).
«Pastores, herido vengo...» 97 (51).
«Pastores, que me abraso...» 28 (18), 43 (67).
«Pastores, quien a el Amor...» 1307 (9).
«Patrón divino, capitán famoso...» 165 (355).
«Paxe, es mui digno de ultraje...» 64 (207).
«Paz, no mas paz, pues guerra es tu contento...» 135 (I, 93).
«Peces, fieras, aves, sentid mis males...» 158 (40).
«Pedir quiero licencia...» 69 (254).
«Pedirme en tal relación...» 43 (53).
«Pedis, reina, un soneto, ya lo hago...» 135 (I, 112).
«Pedis, Reyna, un soneto, yo le hago...» 51 (86), 88 (87).
«Pedisme consejo en caso...» 28 (24).
«Pedro bien conosció Dios...» 165 (343).
«Pedro, el héroe a quien Juno y Euristeo...» 69 (23).
«Pedro glorioso, martyr soberano...» 165 (451).
«Peinando la Diana sus cabellos...» 155 (145).
«Peligroso atrevido pensamiento...» 131 (141).
«Penas sufre, quien padece...» 67 (208).
«Pender de un leño, traspasado el pecho...» 51 (234).
«Pendiente dexa la lira...» 175 (60).
«Penelope con Ulixes...» 155 (129).
«Pensamiento, ¿a dó vais?...» 97 (14).
«Pensamiento, no voleis...» 88 (77).
«Pensamiento pues dizen que igualas...» 160 (44).
«Pensamientos porfiados...» 185 (52).
«Pensé, señor, que un rexon...» 72 (110).
«Pequé, Señor; mas no porque he pecado...» 57 (221).
«Perder por vos la vida mi señora...» 126 (41).
«Perderse por mas ganar...» 67 (249).
«Perdida esposa mia...» 158 (5).
«Perdido ando, señora, entre la gente...» 135 (I, 57).
«Perdióle a la raçón el apetito...» 64 (14).
«Perdona, bella ofendida...» 88 (39).
«Perdoneme por su vida...» 175 (41).
«Perdoneme tu hermosura...» 175 (190).
«Peregrina, hermosa Imagen...» 1256.
«Peregrinas asperezas...» 172 (2).
«Peregrino a quien nombre...» 69 (258).
«Peregrino, que, en medio della, á tiento...» 57 (78).
«Perfecto Libro, que a la Estampa ha dado...» 62 (14).
«Periquito y su vezina...» 126 (1).
«Perla graciosa...» 155 (43).
«Perlas llorava la Niña...» 28 (30).
«Perlas me pide Lisarda...» 77 (15).
«Pero Gil amaba a Menga...» 172 (46).
«Pesame (la cortesía)...» 1945 (1).
«Pesares, gran prisa os dais...» 131 (142).
«Pesares, no me apreteis...» 131 (144).
«Pesares, si me acabais...» 131 (143).
«Pese a tus alas amor...» 175 (34).
«Philippe Dios eterno ha leuantado...» 165 (392).
«Pidenme con toda instancia...» 1288 (42).
«Pidesme consejo, en casos...» 62 (49).
«Pidiendo entrais señora Olalla...» 78 (15).
«Pidos por merced, Boscan...» 128 (26).
«Piedad y llanto baña...» 69 (264).
«Piedad con mil quilates mas preciosa...» 135 (I, 163).
«Piedad preciosa, rica y esmaltada...» 165 (558).

«Por el encumbrado vuelo...» 2025 (33).
«Por el monteçico sola...» 73 (45).
«Por el muro de Zamora...» 171 (20 bis).
«Por el rastro de la sangre...» 58, 165 (69, 150, 547).
«Por el requesto de un muy verde otero...» 135 (II, 2).
«Por engañosos passos ma traydo...» 128 (108).
«Por entre casos injustos...» 131 (146).
«Por esas puertas Romanas...» 171 (65).
«Por ese mar de Helesponto...» 120 (63).
«Por esta cruz, por esta bella mano...» 107 (175).
«Por estar, Señora, enfermo...» 175 (256).
«Por estas cosas siguientes...» 168 (41).
«Por hacer, amor, tus hechos...» 131 (147).
«Por la ausencia de su Andronio...» 172 (38).
«Por la Boca, y por los Ojos...» 62 (90).
«Por la estafeta he sauido...» 72 (94).
«Por la mano prende el Cid...» 175 (47).
«Por la monja el desafío...» 1629.
«Por la ofensa cometida...» 165 (229).
«Por la parte donde vido...» 171 (43).
«Por la parte que a Segovia...» 175 (157).
«Por la puente Juana...» 115 (9), 160 (1).
«Por la ribera amena...» 69 (247).
«Por la ribera de Júcar...» 97 (36), 171 (90).
«Por la tarde sale Ynes...» 172 (32).
«Por las montañas de Ronda...» 70 (25).
«Por las montañas de Xaca...» 73 (53), 174 (48).
«Por las puertas del estío...» 172 (68).
«Por las riberas de Xucar...» 131 (148).
«Por las rosadas puertas del Oriente...» 51 (229).
«Por los arjines del agua...» 78 (62).
«Por los dioses te ruego...» 51 (113).
«Por los humedos ojos derramando...» 131 (149).
«Por los muros de Tarifa...» 171 (64).
«Por los ultimos pasos de la vida...» 119 (18).
«Por llegar a tu torre...» 115 (6).
«Por margenes de esmeralda...» 28 (54).
«Por más que con su ardor Febo destruya...» 2158 (13).
«Por mas que en la amorosa competencia...» 2058 (11).
«Por mas que muerdo los hierros...» 1288 (38).
«Por mis penas vi...» 155 (38).
«Por montes canos con el yerto invierno...» 51 (132).
«Por mostrar la simpleza, y los errores...» 1584 (139).
«Por muchos siglos, Religion dichosa...» 1188 (16).
«Por muerte de su esperanza...» 67 (154).
«Por muerto te tuve Juan...» 155 (92).
«Por niñear un picarillo tierno...» 70 (83), 135 (I, 167).
«Por no sentir el grave mal que siento...» 155 (147).
«Por que alegre venga el sol...» 136 (57).
«Por que no pasas, tiempo, que tan suelto...» 88 (98).
«¿Por que te das tormento...» 135 (I, 180).
«Por quereros me aboresco...» 131 (150).
«Por saber que estas sangrada...» 1298 (15).
«Por ser cosa tan probada...» 67 (137), 88 (27).
«Por ser Jesus se ha arriscado...» 165 (91).
«Por ser tal vuestra cayda...» 165 (220).
«Por ser tan fea, a ser discreta vino...» 43 (138).
«Por ser todo fuego Amor...» 62 (68).
«Por solamente saber...» 67 (21).
«Por sosegado mar, con manso viento...» 1584 (39).
«Por su virtud y limpieza...» 165 (485).
«Por ti, mi Alcida, dexo en el acena...» 135 (II, 7).
«Por todas partes herido...» 78 (66).
«Por traer diferente la natura...» 78 (124).
«Por tu pie asuegra te vas...» 1277 (18).

«Pude partirme, con pensar que fuera...» 1584 (78).
«Pudiese yo vengança auer de aquella...» 107 (80).
«Pudo Homero de Achiles dar Historia...» 2189.
«Pudo quitarte el nuevo atrevimiento...» 57 (20).
«Puede amar, sin ser amado...» 1289 (6).
«Puede en amor la discreción obrarse...» 1584 (123).
«¿Puede ser mayor engaño...» 128 (86).
«Puede tanto un pensamiento...» 78 (34).
«Pues a tanto os atreveis...» 2392.
«Pues a un papel que llegó...» 67 (56).
«Pues acabaste mi gloria...» 131 (153).
«Pues anochece el venturoso día...» 2058 (5).
«Pues canto el generoso pensamiento...» 2025 (prels.).
«Pues conocéis, Señor, á mi enemigo...» 57 (218).
«Pues cualquier obra se premia...» 1277 (41).
«Pues de tantos metros juntos...» 1301 (7).
«Pues de tu altivez presumo...» 2383 (40).
«Pues del Ocidental Reyno apartado...» 51 (68).
«Pues Dido ya mortal y congoxosa...» 131 (155).
«Pues el alma has llevado...» 57 (37).
«Pues el bien comunicado...» 64 (180), 69 (208).
«Pues el catorzeno assumpto...» 1288 (43).
«Pues el curso de mis años...» 1583.
«Pues el grave dolor del mal presente...» 131 (156).
«Pues el tiempo se me passa...» 155 (71).
«Pues en el tormento que amor me causó...» 158 (72).
«Pues en felice signo afortunado...» 2025 (prels.).
«Pues en un coche fue oydo...» 1584 (32).
«Pues envidian mis dichas...» 126 (6).
«Pues eres tan venturoso...» 67 (331).
«Pues es cierta la nobleza...» 67 (67).
«Pues es la vida breve, el morir cierto...» 165 (566).
«Pues es lunes con que empieça...» 72 (98).
«Pues fué corta ventura...» 67 (224).
«Pues ha llegado ya mi desventura...» 131 (154).
«Pues han cantado los gallos...» 172 (74).
«Pues hay en este año vacaciones...» 2158 (36).
«Pues la gloria de mi pena...» 128 (63).
«Pues la prolija guerra ya acabada...» 2158 (29).
«Pues le quieres hacer el monumento...» 64 (21).
«Pues matais cuando mirais...» 126 (63).
«Pues me dió del amor la escasa mano...» 67 (28).
«Pues me mandas Belisa, que te cuente...» 1294 (7).
«Pues me quedas por último consuelo...» 57 (165).
«Pues no ha querido la ventura mia...» 1584 (77).
«Pues no osais aventuraros...» 128 (42).
«Pues no puedo descansar...» 78 (57).
«Pues os mandan que escribais...» 175 (92 bis).
«Pues para tu mal te prueba...» 120 (58).
«Pues pasó con decrépitos temblores...» 57 (73).
«Pues por derecho camino...» 1584 (10).
«Pues por tales asperezas...» 172 (52).
«Pues por vos crece mi pena...» 78 (128, 135).
«Pues publicays caualleros...» 81 (38).
«Pues que conmigo te rascas...» 1283 (19).
«Pues que el assunto á lagrimas me inclina...» 1291 (31).
«Pues que jamás olvidaros...» 155 (68).
«Pues que me niegan la tristeza y llanto...» 175 (284).
«Pues que me parto sin veros...» 128 (75).
«Pues que muestras, sin afán...» 67 (129).
«Pues que no me sabeis dar...» 78 (221).
«Pues que no puedo olvidarte...» 120 (57).
«Pues que no se ha de hacer...» 131 (157), 1584 (10).

Q

«Que de envidiosos montes levantados...» 51 (58).
«¡Qué de robos han visto del invierno...» 57 (144).
«Que de una bella casada...» 175 (46).
«Que decis buen caballero...» 81 (13).
«Que del mundo la máquina se rompa...» 57 (216), 135 (I, 146).
«Que demonio me atormenta...» 88 (47).
«Que descansada vida...» 135 (II, 8).
«Que desvelados aciertos...» 62 (38).
«Que doler puede ser igual al mio...» 107 (85).
«Que dolor puede ser igual del mio...» 128 (161).
«Que dulcemente interrumpe...» 158 (25).
«Que dulcemente suena...» 158 (59).
«Que el Padre eterno al Verbo sacrosanto...» 165 (278, 598).
«Que el Principe nació, ya bien se sA...» 1278 (19).
«Que el viejo que con destreza...» 51 (8).
«Que en la guerra de amor un alma quede...» 69 172).
«Que es cosa y cosa y cosa...» 69 (216).
«Que es cosi cosa Pascual...» 165 (49).
«Que es del aire sosegado...» 165 (535).
«Que es esto, dime Juan? Mi fe de muerte...» 107 (88).
«Que es esto, eterno Dios, as olvidado...» 107 (87).
«Que es esto gran señor, que os ha movido...» 165 (133).
«Que es esto pensamiento...» 160 (4, 28).
«Que es esto que se siente y se padece...» 135 (I, 68).
«¿Qué es esto, vanos pensamientos mios...» 70 (37).
«¿Que es, hombre o mujer, lo que an colgado?...» 72 (73).
«Que es la cosa que en tenella...» 155 (109).
«Que es vuestro intento señor...» 165 (255).
«Que fiera Aleto de cruel veneno...» 51 (192).
«¿Que fin tan imposible es el que sigo...» 72 (16).
«Que fuerza tenga la amorosa pena...» 1584 (137).
«Que gloria puede esperar...» 131 (169).
«Que gloria siente y bienauenturança...» 88 (51).
«Qué gloria tiene y bienaventuranza...» 67 (326).
«Qué habrá en el mundo que iguale...» 67 (190).
«Que hace el gran señor de los Romanos...» 131 (170).
«Que haceis hermosa? Mirome a este espejo...» 78 (140).
«¿Que haceis hombre? Estoime calentando...» 135 (I, 83).
«¿Que haceis, Señora? Mirome al espejo...» 135 (I, 38).
«Que haceis vos Dios mío...» 130 (40).
«Que haceis zapatero mochoso?...» 78 (184).
«Que haces Antonio? no miras...» 1279 (11).
«Que haces hombre? Estoime calentando...» 135 (I, 141).
«Que hará lo ques cubierto...» 155 (49).
«Que harán dos que amor halla...» 78 (79).
«Que haseys boticaria mía?...» 78 (111).
«¡Qué hermosa fueras, Belilla...» 136 (29).
«Que hermosa nave que vaxel assoma...» 1172.
«¿Qué importa que mis suspiros...» 64 (50).
«¿Qué innacesibles llamas de vengança...» 64 (34).
«Que intentas, pobre Filosofo...» 1297 (3).
«¡Que la doncella se os ría...» 69 (194).
«Qué lagrimas son estas, que el Aurora...» 1279 (8).
«Que lasciuo moçuelo...» 51 (105).
«Que lastima traygo Juan...» 131 (171).
«Que le llevas di polido...» 130 (38).
«Que lengua habrá que os alabe...» 165 (380).
«Que lenta debil mano...» 1294 (8).
«Que Lupercio, Liñan, o que Padilla...» 70 (84).
«¡Que llegue a tanto ya la maldad mía...» 64 (6).
«Qué mágica á tu voz venal se iguala...» 57 (101).
«Que mal esparzes, ó flor!...» 62 (58).

«Quien a tu valor se iguale...» 126 (47).
«Quien al amor estuvo ya vendido...» 2383 (53).
«Quien alaba una maquina tan grave...» 1309.
«Quien ama con afición...» 78 (88).
«Quien ama correspondido...» 185 (61).
«Quien artificio y voz precia y estima...» 67 (152).
«¿Quién cargada de fruto, por otubre...» 69 (174).
«Quien casamiento ha visto sin engaños?...» 51 (199).
«Quien come suplicaciones...» 130 (46).
«Quien con los ojos humanos...» 67 (269).
«Quien de amor quiere vitoria...» 64 (94).
«Quien de aquel monte la mas alta punta...» 107 (342).
«Quien de gozar un bien tiene esperanza...» 67 (106), 88 (21).
«Quien de enbras se sabe aprovechar...» 78 (95).
«Quien de manjar tan suave...» 165 (241).
«Quien de tal Virgen fue escogido esposo...» 165 (505).
«Quien de tu talle y tu cara...» 1277 (11).
«¿Quién de tus claros soles que el sentido...» 69 (57).
«Quien de vuestra humildad canta...» 165 (353).
«Quien deja los sus amores...» 155 (80).
«Quien del Amor, y su ardor...» 1298 (7).
«Quien dice que el ausencia causa olvido...» 97 (45).
«Quien dice que las mujeres...» 70 (6).
«Quien dice que no convino...» 1584 (19).
«Quien dice que pobreza no es vileza...» 135 (I, 62).
«¿Quien dijera a Cartago...» 64 (12).
«Quien dijere que los celos...» 69 (235).
«Quien dirá la enfermedad...» 81 (37).
«Quien dirá por menudo tu excelencia...» 67 (166).
«Quien el linaje antiguo y descendencia...» 70 (24).
«Quien encendió la llama en la pelea...» 135 (II, 12).
«Quien entendiera que un pastor de caça...» 70 (114).
«Quien eres por ventura...» 135 (I, 177).
«¿Quien eres que asi espantas solo en verte...» 135 (I, 85, 143).
«Quien es aquel caballero?...» 72 (159).
«Quien es aquel que tanto ha procurado...» 1414.
«Quien es aquel Valeroso...» 1292 (17).
«Quien es aquella afeytada...» 155 (106).
«Quien es aquella guinea...» 155 (105).
«Quien es aqui un espina o espinazo...» 175 (345).
«Quien es la estrecha criada...» 155 (104).
«Quien es, pues sois avisado...» 155 (100).
«Quien fuera cielo, Ninfa, mas que el clara...» 51 (128).
«Quien fuere firme en amar...» 64 (70).
«Quien gusta este pan sin gana...» 165 (267).
«Quien ha visto de Filis...» 158 (84).
«¿Quien hay que no haya visto en el estio...» 135 (I, 89).
«Quien hubiere menester...» 185 (3).
«Quien le quita a esta vela que de lumbre...» 107 (89).
«Quien litiga con razón...» 67 (293).
«Quien llama los hombres, con dulce querella...» 155 (115).
«Quien mal te quiziere...» 131 (173).
«¿Quién me aconsejó, cuitado...» 97 (51).
«¿Quién me dará con que enriquezca el viento...» 57 (56).
«Quién me dará la voz y el intrumento...» 57 (215).
«Quien me dará ser Phenix en la uida...» 107 (301).
«Quien me dijera Elisa...» 120 (62).
«¿Quien me podrá baler en tanto aprieto?...» 72 (37).
«Quien mira la hermosura del presente...» 67 (273).
«Quien ni lo uno ni lo otro pierde...» 78 (93).
«Quien no estuviere en presencia...» 97 (50), 131 (174).
«Quien no save de amor y sus efectos...» 78 (134).

R

«Recibí vuestro billete...» 175 (99).
«Recibid ambas a dos...» 72 (121).
«Recibid blandamente, o luz de España...» 51 (prels.).
«Recibid con alegría...» 2158 (25).
«Recibo gloria en miraros...» 175 (247).
«Recojome comigo a ver si puedo...» 107 (238).
«Recuerda, o pecador, si estas durmiendo...» 165 (140).
«Recuerdente mis suspiros...» 175 (194).
«Recuerde el almá dormida...» 165 (52).
«Redonda soy como bola...» 155 (103).
«Refieren muy resolutos...» 43 (8).
«Refrescar el poder del africano...» 135 (I, 66).
«Regalando el tierno bello...» 73 (39), 174 (35).
«Regla de amor y dotrina...» 81 (26).
«Regocijada estás, alegre, y rica...» 2025 (48).
«Regocijo hay en el suelo...» 165 (72).
«—Reina de españa? —Quien me llama? —Alerta...» 135 (I, 118).
«Reina del Cielo, que con bellas plantas...» 51 (242).
«Reina dessotras flores, fresca rosa...» 51 (207).
«Reino de Aragón famoso...» 187 (83).
«Reliquias de la gloria que, aun perdida...» 57 (121).
«Relox celeste que en el rapto buelo...» 2025 (30).
«Relox, en mis desventuras...» 62 (61).
«Relox, que culto arrebol...» 62 (16).
«Remedio incierto que en el alma cria...» 70 (34).
«Rendida al crudo fuego...» 107 (90).
«Rendido a su ventura...» 107 (91).
«Rendirse á corporales perfecciones...» 1291 (16).
«Reñian dos casados cierto día...» 78 (152).
«Respeten, ó Cortés, los elementos...» 1287 (22).
«Responded, Niña, un renglon...» 62 (107).
«Retraida esta la infanta...» 168 (14).
«Retrato, lienzo, vida, gloria, gusto...» 69 (164).
«Retumben ecos de sonoros dáctilos...» 67 (84).
«Revelome ayer Luisa...» 51 (18).
«Reverendo honrado frayre...» 128 (29).
«Reviente el mismo demonio...» 187 (84).
«Revuelta en perlas y oro, la alta frente...» 69 (41).
«Revuelta en sudor y llanto...» 175 (146, 198).
«Revuelto sobre la sangre...» 78 (21).
«Revueltos están los Birlos...» 178 (11).
«Revuelve al brazo la sutil melena...» 69 (135).
«Rey alto a quien adoramos...» 69 (217.)
«Rey de esotros metales, oro puro...» 57 (77).
«Rey de los otros rios caudalosos...» 51 (188).
«Rey del Cielo soy yo, mas que corona...» 62 (7).
«Rey que a umildes llebantas...» 1194.
«Rey soberano de la eterna gloria...» 165 (124).
«Ribera el sacro Darro...» 120 (66).
«Ribera en cuya esmeralda...» 185 (1).
«Riberas de Aguadanto...» 78 (31).
«Riberas de Pisuerga apacentaua...» 107 (250).
«Riberas del Danubio al medio día...» 155 (166).
«Riberícas del rio...» 175 (61).
«Ricas bodas Macenisa...» 155 (125).
«Ricos de galas y flores...» 136 (17).
«Ricos orientes descubre...» 64 (143).
«Riendose va un arroyo...» 172 (51).
«Riguroso y triste punto...» 175 (205).
«Rijo a los hombres velando...» 2383 (17).
«Rindase el entendimiento...» 165 (256).
«Rinde la tierra el ordinario fruto...» 67 (3).
«Riñó con Juanilla...» 73 (14), 78 (227), 174 (14).
«Rio de Sevilla...» 126 (25), 160 (27).
«Rio Manzanares...» 175 (195).
«Riselo, vive Dios que estoy mohino...» 135 (I, 186), 175 (348).
«Risueño va un arroyuelo...» 64 (213).
«Robays Ana mis despojos...» 78 (41).
«Robó mi alma un coraçon altivo...» 107 (239).
«Rogando está Cleopatra...» 155 (132).
«Rogar os quiero señores...» 78 (53).
«Rogaselo madre...» 73 (70), 174 (62).

S

«Sale Scebola de Roma...» 171 (66).
«Salen mis suspiros...» 175 (102).
«Salga con la doliente anima fuera...» 131 (180).
«Salga de madre la querida madre...» 2025 (7).
«Salga fuera de mi el alma doliente...» 107 (93).
«Salga salga de la dança...» 155 (35).
«Salgan ya de mis ojos las corrientes...» 165 (142).
«Salí al campo esta mañana...» 1298 (12).
«Salí, señor, una tarde...» 2383 (54).
«Salid, ardientes suspiros...» 88 (44).
«Salid, cansadas lágrimas, huyendo...» 57 (107).
«Salid con alma enferma y dolorosa...» 171 (114).
«Salid, lágrimas, del alma...» 88 (61).
«Salid, o Clori divina...» 28 (42), 43 (37).
«Salid, suspiros mios...» 135 (II, 16).
«Salid, tristes alaridos...» 131 (181).
«Salid vascosidades de mi pecho...» 107 (94).
«Saliendo a pasear...» 68 (209).
«Saliendo de Canicosa...» 168 (4).
«Saliendo un Lunes de Misa...» 175 (226, 234).
«Saliendome essotro dia...» 172 (93).
«Saliendome estotro dia...» 72 (160).
«Salió al prado de su aldea...» 136 (12).
«Salió ayer Celia a dar embidia al prado...» 1287 (15).
«Salió Carlos al Templo, en que humillado...» 1290 (17).
«Salió de Cristo aquella voz en grito...» 67 (305).
«Salió del mar terrible desta vida...» 165 (541).
«Salió en los brazos del Alba...» 64 (216), 172 (29).
«Salió Floris una tarde...» 28 (49).
«Salió Lisbella una tarde...» 2383 (13).
«Salió trocada en nubes...» 64 (192).
«Salió una estrella clara y refulgente...» 165 (94).
«Saltan risueñas las aguas...» 77 (6).
«Salte y bayle y bayle por dinero...» 160 (36).
«Salud Libea a ti Meliso enbia...» 131 (182).
«Salve Excelsa Florentina...» 1296 (8).
«Salve Feniz Sagrado...» 1281 (9).
«Salve, Generoso Rey...» 1300 (20).
«Salve ilustre Fileno, a quien venera...» 1307 (3).
«Salve, o tú, mil veces salve...» 64 (167).
«Salve, oh hija de Marte respetada...» 69 (265).
«Salve, penates de mi pobre casa...» 69 (127).
«Salve, reina del mundo, salve España...» 69 (268).
«Salveos Dios, fruta temprana...» 64 (43).
«San Blas nació en Sebaste, y florescia...» 165 (477).
«San Diego si me remedia...» 158 (22).
«San Francisco de amor sancto abrasado...» 165 (492).
«San Joan para hablar de vos...» 165 (365).
«Sangrada Clori, hay esquivo...» 1301 (10).
«Sangrese de las benas de Cupido...» 135 (I, 154).
«Santa Fe, quan bien pareces...» 187 (36).
«Santa María...» 130 (7).
«Santo Bertran, la caridad notable...» 2025 (18).
«Santo, entre santos digno de memoria...» 165 (497).
«Santo glorioso, cuya vida santa...» 53 (prels.).
«Santo Spiritu, vida de mi vida...» 107 (302).
«Santos mios, pues tenemos...» 1281 (18).
«Saqué de un querer fingido...» 67 (11).
«Satisfecho de mi mal...» 67 (99).
«Saturno alado, ruido...» 43 (3).
«Se con tanto oluido...» 113 (8).
«Sea el Rey quien lo es ó quien lo sea...» 70 (81).
«Sean suspiros fuertes mi alegría...» 2158 (8).
«Seca mi verde esperança...» 172 (40).
«Secaronme los pesares...» 131 (183).
«Secretos grandes de la fe predicas...» 2025 (24).
«Sed tiene el alma mia...» 107 (95).
«Seguir quiero mis amores...» 155 (44).
«Segun que voy viendo...» 155 (75).
«Segun vuelan por el agua...» 72 (130).
«Segunda vez desterrado...» 115 (35).

«Ser vuestras llagas perfectas...» 165 (447).
«Será crueldad la que un dolor termina?...» 1285 (21).
«Serenisima señora...» 175 (229).
«Sermón de ivierno en medio del estío...» 69 (111).
«Serpiente undosa el Ebro, sus corrientes...» 69 (271).
«Serranas de Mançanares...» 115 (64).
«Serrana, si vuestros ojos...» 175 (208).
«Serranos de nuestros montes...» 64 (66).
«Servía en Orán al rey...» 73 (5), 174 (5).
«Severamente al pensamiento pido...» 175 (328).
«Si a do quieren Reyes...» 172 (44).
«Si a gastar y pretender...» 69 (213).
«Si a la fiesta de San Juan...» 136 (15).
«Si á la margen del Turia...» 1298 (1).
«Si a las soberuias plantas vitoriosas...» 2025 (51).
«Si a los dos un mal nos toca...» 67 (214).
«Si á Páris puso en tan grave estrecho...» 67 (337).
«Si acaso de la frente Galatea...» 51 (102).
«Si acaso vas a pasearte...» 78 (136).
«Si Acteon porque a Diana vido...» 107 (99).
«Si admitís la voluntad...» 175 (215).
«Si al que conoce que es necio...» 1277 (37).
«Si al que pretende gloria conocida...» 67 (114), 88 (57).
«Si al soberano ser (ó Invicto Carlos)...» 1298 (3).
«Si al sospechoso acreçientan...» 131 (185), 1584 (9).
«Si al ver al Alba hermosa...» 1293 (15).
«Si al viento esparces quejas en tu canto...» 57 (119).
«Si alegra el rostro de la primavera...» 107 (264).
«Si algun burlon, si algun guarlante heratico...» 135 (I, 123).
«Si alguna vana gloria...» 128 (119), 131 (184).
«Si alguno por passatiempo...» 81 (36).
«Si alguno de herida muerto a sido...» 107 (294).
«Si allá en sus grutas de cristal luciente...» 57 (159).
«Si amor asi como estremó mi pena...» 1584 (76).
«Si amor es puro amor, ¿porque me ofende?...» 97 (4).
«Si amor no es ¿que mal es el que siento...» 128 (153).
«Si amor se cura llorando...» 175 (20).
«Si Apolo tanta gracia...» 107 (118), 131 (186), 1584 (125), 1592 (1).
«Si aquel de la venda...» 126 (27).
«Si aquel dolor que da a sentir la muerte...» 107 (184).
«Si aquel enmudecer en tu presencia...» 128 (104).
«Si aquella paz, Sagunto, no la hicieras...» 67 (133).
«Si aquesos ojos me dan...» 69 (236).
«Si aquesta vida amigo es como un prado...» 165 (582).
«Si aqui da consuelo...» 165 (329).
«Si aqui donde la Noble Doña Oria...» 1139.
«Si arrebatado merecí algun dia...» 72 (60).
«Si así durase el sol sereno quanto...» 107 (185).
«Si atendeis que de los braços...» 175 (137).
«Si aun el dar a las deydades...» 1288 (29).
«Si bastasen las lagrimas y el llanto...» 107 (186).
«Si como de mi mal he mejorado...» 1584 (58).
«Si como el sol en el mar...» 64 (109).
«Si con cient ojos como el pastor Argo...» 107 (187).
«Si con hacerme yo dos mil pedazos...» 2025 (29).
«Si con los mismos ojos que leyeres...» 51 (66).
«Si con los ojos de la fe divina...» 2025 (22).
«Si con soberbia la muger primera...» 165 (302).
«Si con tanto olvido...» 126 (62).
«Si con tus ojos, Dueño idolatrado...» 1285 (6).
«Si confesar yo quererte...» 1584 (12).
«Si contra mí, señora, os conjurasteis...» 57 (86).
«Si crian las montañas mas fragosas...» 165 (403).
«Si cuando el campo azul del cielo gira...» 69 (94).

«Si en canciones, octavas y sonetos...» 2158 (43).
«Si en el balcón por donde rompe el alba...» 2025 (19).
«Si en los dos Mutuo se hallara...» 1764.
«Si en octauas assi alabas...» 64 (128).
«Si en paz la paz de la que es Paz no gozo...» 69 (141).
«Si en tu mano una Rosa, el inhumano...» 1285 (2).
«Si entre Aragón y Castilla...» 187 (35).
«Si entre la arena, Dauro, con que dora...» 57 (53).
«Si entre las luzes del primer agrado...» 28 (65).
«Si es esperanza lo verde...» 1584 (20).
«Si es fineza, ó cortesia...» 1287 (23).
«Si es verdad como esta determinado...» 107 (191).
«Si eso teneis por victoria...» 165 (111).
«Si estaba ya rendido y sujetado...» 78 (26).
«Si estando en esta vida transitoria...» 165 (109).
«Si estoy en tu presencia...» 69 (224).
«¿Si estoy sin coraçon, como estoy bivo?...» 135 (I, 110).
«Si estoy tanta agua derramando amando...» 135 (I, 87).
«Si fama, gloria y honrra an alcançado...» 2189.
«Si Flori sale al campo, todo es flores...» 57 (133).
«Si fortuna ordena...» 67 (121).
«Si fuese muerto ya mi pensamiento...» 107 (321), 131 (190).
«Si gustais que me consuma...» 67 (47).
«Si ha decirte verdad soy obligado...» 1584 (117).
«Si habeis de matarme...» 115 (54).
«Si he de deçir el porque...» 1277 (23).
«Si he de morir de cobarde...» 1279 (15).
«Si he de volver a llorar...» 175 (63).
«Si hoy de Apolo inspiraciones...» 1298 (2).
«Si jamas el morir se prouo en uida...» 107 (192).
«Si la antigua esperanza de mi gloria...» 67 (17).
«Si la Aurora mas bella, si Mariana...» 1278 (10).
«Si la fe con que te adoro...» 67 (135).
«Si la guarda no se duerme...» 155 (2).
«Si la ingrata señora que te ofende...» 67 (307).
«Si la misma eloquencia se perdiera...» 1095.
«Si la necesidad en que me he visto...» 69 (159).
«Si la que es fea es dichosa...» 1289 (14).
«Si Laban a Iacob no le da a Lia...» 311 (5 d).
«Si las apeldó Marica...» 187 (46).
«Si las damas de la Corte...» 73 (33), 174 (29).
«Si las lagrimas que viertes...» 175 (240).
«Si limitara mi vista...» 81 (3), 155 (21).
«Si lo que tienes desdeñas...» 67 (149).
«Si los hombres mas despiertos...» 165 (583).
«Si los sospiros, que he esparcido al viento...» 1584 (65).
«Si me dais atenta fe...» 69 (214).
«Si me das de tus cabellos...» 175 (117).
«Si me distes por favor...» 69 (202).
«Si me falta al ualor de mereceros...» 107 (193).
«Si me ha quitado inexorable muerte...» 2158 (9).
«Si me picas picarte...» 126 (39).
«Si medir yo mi deseo...» 1584 (8).
«Si mereciere a tu mano...» 97 (55).
«Si mi afición te da gusto...» 67 (22).
«Si mi padre no me casa...» 152 (7).
«Si mi voz por ventura hiere el cielo...» 175 (300).
«Si mil almas tuviera con que amaros...» 175 (330).
«Si miras la amenidad...» 43 (87).
«Si miro con atención...» 2383 (18).
«Si mostrais de mí retiro...» 1283 (22).
«Si mostrandose Roma agradecida...» 51 (prels.).
«Si no puede razón ó entendimiento...» 107 (322).
«Si no pueden razon o entendimiento...» 131 (191).
«Si no sabeis, señora de Zetina...» 43 (22).
«Si os he ofendido yo, Señora mia...» 131 (192).

«Siempre el recato se tuvo...» 67 (27).
«Siempre las causas mayores...» 67 (80).
«Siempre lo tuviste Ignacio...» 165 (520).
«Siempre me fué y será contraria aquélla...» 57 (68).
«Siempre me pides, y soy...» 62 (100).
«Siendo de amor Susana requerida...» 120 (71).
«Siendo de vuestro bien, ojos ausentes...» 107 (194).
«Siendo falto mi temor...» 128 (73).
«Siendo hermosa Marfisa...» 1280 (7).
«Siendo idólatra de vos...» 64 (194).
«Siendo libre, niña...» 73 (49), 174 (44).
«Siendo llegada el aurora...» 171 (40).
«Siendo mio os di, pastora...» 120 (69).
«Siendo novicio algun día...» 150 (12).
«Siendo por Alexandro ya ordenado...» 1584 (67).
«Siendo Señor la misma eterna sciencia...» 165 (104).
«Siendo vos justo, yo el reo...» 165 (120).
«Siendo ya el tiempo llegado...» 53 (3).
«Sientome a las riberas destos rios...» 165 (143).
«Sigue a la obscura noche el claro dia...» 107 (195).
«Sigue continuo su primer costumbre...» 67 (321).
«Siguiendo voy mi gobierno...» 172 (105).
«Silba la caña en la limosa orilla...» 69 (112).
«Sileno del Amor se esta quexando...» 107 (240).
«Silvano, y Nemoroso apassionados...» 155 (153).
«Silvia por ti moriré...» 150 (1).
«Silvia pues de mí triunfais...» 78 (61).
«Silvia, que con igual suerte...» 67 (157).
«Sin color anda la niña...» 136 (44-45), 172 (22).
«Sin cuidado y deseo querer y gozar...» 175 (220).
«Sin dar castigo al malo y premio al bueno...» 135 (I, 10).
«Sin dinero y sin brío...» 140.
«Sin duda estuve ayer muy melencolico...» 175 (295).
«Sin duda, falsa criada...» 67 (281).
«Sin duda, ó Flor Emperatriz del prado...» 1285 (4).
«Sin el divino ser, sin el aliento...» 1773.
«Sin esperar la lucha picaril...» 43 (11).
«Sin Esposo, porque estaua...» 58.
«Sin Leda, sin esperança...» 72 (150).
«Sin que contraste la umildad profunda...» 88 (38).
«Sin razón os enojáis...» 67 (85).
«Sin saber como podria...» 1287 (11).
«Sin temer el camino voy contando...» 1584 (100).
«Sin temor de venir en lo que estoy...» 1584 (70).
«Sin tener en la mano el hierro fiero...» 69 (42).
«Sino de aviso, por naturaleza...» 1292 (6).
«Sino socorre amor la fragil naue...» 107 (196).
«Sirvio esta mañana el alua...» 77 (12).
«Situada (*sic*) tenía Roma...» 155 (127).
«Soberano Bertran en quien el cielo...» 2025 (6).
«Soberano Dios inmenso...» 62 (35).
«Soberano Señor, cuyo semblante...» 175 (311).
«Soberano Señor Sacramentado...» 1741.
«Soberbios edificios de la gloria...» 135 (I, 43, 139).
«Soberbísima pompa, que eternizas...» 57 (38).
«Sobraba Cristo asentarnos...» 165 (243).
«Sobre cual mas me ofenda...» 107 (343).
«Sobre dos Urnas de cristal labradas...» 51 (89).
«Sobre el cayado inclinada...» 97 (33).
«Sobre el cerro de electro reluciente...» 57 (217).
«Sobre el corazón difunto...» 171 (46).
«Sobre el cuerpo de Rodrigo...» 171 (22).
«Sobre el cuerpo desangrado...» 175 (125).
«Sobre el verde amaranto y espadaña...» 51 (106).
«Sobre la blanca frente...» 88 (60).
«Sobre la desierta arena...» 171 (60).
«Sobre la flaca mano...» 107 (251).

«Su remedio en el ausencia...» 73 (48), 174 (43).
«Suave canta cuando triste espira...» 70 (17).
«Suavissimo pan que desde el cielo...» 107 (303).
«Suba a lo mas alto cielo la voz mía...» 97 (11).
«Suba el ingenio veloz...» 28 (11).
«Sube gimiendo con igual fatiga...» 57 (22).
«Subid, Virgen, subid, mas pura y bella...» 57 (208).
«Subido en la mitad del cielo ardía...» 57 (70).
«Subiendoos vos al cielo, o summa Alteza...» 165 (183).
«Subiros el Señor a tanta alteza...» 165 (506).
«Subjeto a Simeon sancto glorioso...» 165 (325).
«Subjectos varios canto y varia historia...» 1173.
«Sublime thalamo encubra...» 1307 (5).
«Sucediome aquesta Pasqua...» 175 (269).
«Suele un refrán decir muy verdadero...» 69 (150).
«Suelen mis ojos hechos agua y fuego...» 171 (113).
«Suelta la carta y brujula el piloto...» 175 (333).
«Suelten corridas velozes...» 187 (66).
«Suena con vuestro valor...» 165 (481).
«Suene (Iacinto) tu sonora Lyra...» 2218.
«Suene la fama su trompa...» 187 (42).
«Suene mi funesta música...» 158 (55).
«Suenen las Armas su Maborcio estruendo...» 2218.
«Sueño, domador fuerte del cuidado...» 69 (43).
«Sueño, no canoro, al fin...» 64 (82).
«Suero soy el escudero...» 185 (20).
«Sufriendo el corazón pasar podría...» 107 (104), 128 (158).
«Sugeto de la gracia milagrosa...» 51 (171).
«Sulcando el salado campo...» 175 (73).
«Supuesto que huvistes vos...» 135 (I, 13).
«Surca nautico viandante...» 1095.
«Surcando el aire las nevadas Aves...» 1285 (22).
«Surcando el salado charco...» 197 (70).
«Surcando golfos, en un buque alado...» 1292 (14).
«Surque el peregrino mares...» 1095.
«Sus zagales al aldea...» 130 (20).
«Suspende el puñal, Anfrisa...» 1292 (20).
«Suspende suave acento...» 1279 (2).
«Suspensa, Clori hermosa...» 1292 (13).
«Suspenso y embeuecido...» 171 (29).
«Suspiro y lloro, y esparciendo el fuego...» 67 (242).
«Suspiros, ayes, gemidos...» 67 (225).
«Suspiros mios tristes y cansados...» 107 (291).
«Suspiros quel ayre enciende...» 175 (242).
«Suspiros tristes, lagrimas cansadas...» 51 (175).
«Suspiros tristes, que del pecho mío...» 69 (56).
«Sustentar pudo Atlante con firmeza...» 175 (307).

T

«Tabla en el mar y en el peligro mano...» 69 (120).
«Tal alta magestad, tanta grandeza...» 107 (285).
«Tal edad ay del tiempo endurecida...» 107 (323), 131 (199).
«Tal manera...» 128 (22).
«Tal me veo y en tal fatiga...» 78 (11).
«Tal novedad me causa haber provado...» 1584 (105).
«Tal prevención, tal cuidado...» 1285 (15).
«También entre las ondas fuego enciendes...» 51 (136).
«Tan afecto a remediar...» 1188 (13).
«Tan alta al dessear hallo la uia...» 107 (199).
«Tan alta puso amor mi fantasia...» 78 (105).
«Tan alto es el favor y bien que siento...» 97 (15), 131 (200), 135 (II, 1).
«Tan alto es el favor, y el bien que siento...» 1584 (126).
«Tan alto ha puesto amor mi pensamiento...» 135 (I, 48).
«Tan bien de amor descriuis...» 1095.
«Tan claro desengaño me haueys dado...» 155 (158).

«Tiempo bueno, tiempo bueno...» 131 (203).
«Tiempo fué ya, que amor no me trataba...» 1584 (103).
«Tiempo vi yo que...» 131 (204).
«Tiempo vi yo que amor puso un deseo...» 107 (324).
«Tiene cuernos, y es de ley...» 155 (102).
«Tiene Inés por su apetito...» 51 (166).
«Tiene la siniestra mano...» 62 (50).
«Tieneme el agua de los ojos ciego...» 107 (247), 2058 (13).
«Tieneme en duda Amor (por mas tormento)...» 107 (203).
«Tieneme ya el dolor tan lastimado...» 107 (203).
«Tieneme ya el temor en tal estrecho...» 128 (111).
«Tienen los Garamantes una fuente...» 51 (137).
«Tienenme los travaios tan cansado...» 135 (I, 136).
«Tienenme tan lastimado...» 131 (205).
«Tienes amo Pedro? —No...» 78 (216).
«Tienes dama en perficción...» 156 (5).
«Tienes, niña, en tus ojos...» 136 (28).
«Tienese por certidumbre...» 128 (25).
«Tierna vid enlazada...» 67 (96).
«Timbria, gloria y honor desta ribera...» 107 (106).
«Timbría muger Romana...» 155 (123).
«Tímida pluma dedico...» 2390.
«Tiñe tus aguas (en señal de luto...» 51 (177).
«Tiraban al más certero...» 152 (9).
«Tiran yeguas de nieue...» 51 (240).
«Tirana deidad del Betis...» 185 (32).
«Tirano accidente, necio...» 1290 (13).
«Tirano ciego Cupido...» 1294 (11).
«Tirano sugeto amado...» 1284 (9).
«Tirano tu del tiempo, que a la vida...» 1279 (14).
«Tiros suenan y no es salva...» 126 (5).
«Tirse, si los garillos de oro...» 67 (254).
«Tirsis amaua (sin temer mudança.. » 51 (70).
«Toda la Corte se espanta...» 1584 (33).
«Todas las voces del Castalio Chorro...» 2218.
«Todo cuanto e podido m'es forçado...» 131 (207).
«Todo cuanto mal me han hecho...» 67 (236).
«Todo el día lloro, y la noche, quando...» 128 (133).
«Todo el mundo irá al reués...» 64 (159).
«Todo este mundo es prisión...» 187 (65).
«Todo lo rinde el amor...» 175 (85).
«Todo me cansa y da pena...» 131 (206).
«Todo se acaba y todo a de acabarse...» 107 (107).
«Todo susto el favor en una Rosa?...» 1285 (7).
«Todos los males de amor...» 81 (6), 155 (28).
«Todos los que de amor an hablado...» 128 (105).
«Todos pretenden los fines...» 175 (193).
«Tomaban las mujeres el acero...» 69 (51).
«Tomad exemplo casadas...» 187 (76).
«Tomame en esta tierra una dolençia...» 131 (208).
«Tomás glorioso, cuya mano y pluma...» 165 (465).
«Tomó forma de gallo cierto día...» 67 (181).
«Toquen y tannen estas campanas...» 126 (35).
«Tormento alegre, gloriosa pena...» 107 (108).
«Torre de bronce, cuya estrecha y dura...» 69 (87).
«Trabajo a nascido en veros...» 155 (138).
«Trabajos dulces, dulçes penas mías...» 64 (10).
«Traduzido, y tradutor...» 1773.
«Traeme amor de pensamientos uanos...» 107 (325).
«Traidome ha el amor á do no hallo...» 128 (100).
«Tras importunas lluvias amanece...» 51 (22).
«Tras infinitos dolores...» 150 (13).
«Tras la bermeja aurora el Sol dorado...» 51 (167).
«Tras sus ovejas, ya que el sol tendía...» 97 (25).
«Tras, tras. Quien es? Si es. Abre la puerta...» 1297 (18).
«Tremolando sus banderas...» 187 (26).

«Tu vista digo cierto que es locura...» 78 (29).
«Tundidor que estás tundiendo...» 67 (289).
«Turba ingeniosa de Poetas rara...» 1298 (27).
«Turbias aguas del Tíber, que habéis sido...» 57 (134).
«Turbias las aguas del Ebro...» 2383 (79).
«Tus amigos, Artemio, me han contado...» 67 (78).
«Tus armas, valeroso vizcaíno...» 69 (93).
«Tus hechos grandes, tu valor y nombre...» 2023.
«Tus imbidias me hablan...» 136 (18).
«Tus maravillosos hechos...» 67 (288).
«Tus niñas Marica...» 187 (31).
«Tuvistes para offenderme...» 128 (50).
«Tuvo Dios una torre fabricada...» 67 (256).
«Tuvo razón, buen gusto, buen consejo...» 1277 (42).
«Tuvo una vez el Dios Vulcano celos...» 135 (I, 166).
«Tysbe y Pryamo (*sic*) que fueron...» 168 (42).

U

«Ufano, alegre, altiuo, enamorado...» 43 (36).
«Ulixes engañoso...» 64 (190).
«Un ángel, por soberbio, que padece...» 69 (60).
«Un arzobispo santo hubo en Florencia...» 165 (473).
«Un atrevido temor...» 172 (54).
«Un blanco pequeñuelo y vel cordero...» 70 (46).
«Un bocado mal comido...» 130 (48).
«Un caso quiero contar...» 178 (5).
«Un clavel de Lucinda enamorado...» 43 (72).
«Un consuelo me quedó...» 81 (25).
«Un cordero ay en Bethlem...» 130 (18).
«Un discurso campanil...» 43 (118).
«Un Dragón con tocas blancas...» 1293 (9).
«Un encendido amor de un amor puro...» 107 (220).
«Un espiritu nuevo, un nuevo aliento...» 1173.
«Un fuego elado, un ardiente hielo...» 97 (5), 107 (51).
«Un galan andaba enamorado...» 135 (I, 155).
«Un Galan, enamorado...» 1292 (15).
«Un galan, que sus pasiones...» 1301 (13).
«Un hidalgo de una aldea...» 185 (21).
«Un libre arroyuelo...» 172 (26).
«Un mal ventecillo...» 78 (108).
«Un Marido muy Rollizo...» 1292 (8).
«Un mayorazgo raido...» 1293 (7).
«Un Miercoles de mañana...» 168 (49).
«Un moro gallardo sale...» 67 (82).
«Un noble aragonés, cuyos aceros...» 67 (244).
«Un novillo feroz, y un fuerte toro...» 1584 (97).
«Un nuevo corazón, un hombre nuevo...» 64 (1).
«Un nuevo sol ví yo en humano gesto...» 107 (166).
«Un otro segundo Páris...» 67 (70).
«Un pastorcillo solo está penado...» 78 (13).
«Un pescadorcillo pobre...» 172 (37).
«Un Protopobre, Señor...» 1296 (26).
«Un real entre tres amigos...» 175 (152).
«Un sol nascido en este mundo...» 165 (379).
«Un tiempo de una Circe fuí cautivo...» 67 (206).
«Un tiempo fué que yo dezir podia...» 155 (160).
«Un tiempo me sostuvo la esperanza...» 1584 (99).
«Un tirano bravo y fuerte...» 165 (433).
«Un tronco viejo ha llevado...» 165 (298).
«Un tuerto en su mujer no halló el despojo...» 78 (157).
«Un Valentón de espatula, y gregesco...» 43 (26).
«Un Verdugo se quexaua...» 43 (43).
«Un vivo César, Hércules famoso...» 140.
«Una abeja hirió en la blanca mano...» 107 (295).
«Una águila grandiosa y muy pintada...» 67 (90).
«Una alta compasión, envuelta en ira...» 57 (1).
«Una bella pastorcilla...» 175 (106).
«Una bella zagaleja...» 172 (23).
«Una boca de dos risas...» 1292 (18).
«Una Cortesana Vieja...» 43 (9), 172 (110).

«Veisme aqui que por quereros...» 165 (44).
«Velador que el castillo velas...» 78 (224).
«Velero bosque, de arboles poblado...» 72 (195).
«Ven esta vez cauallera...» 1297 (9).
«Ven, que ya es hora, ven amiga mía...» 51 (210).
»Ven ya, miedo de fuertes y de sabios...» 64 (16).
«Vence Apolo al Fitón, David destruye...» 2027.
«Vence el leon la muerte...» 165 (261).
«Vencida Clori de la ardiente siesta...» 57 (94).
«Vencidas de los montes Marianos...» 72 (194).
«Vencido del trabajo el pensamiento...» 128 (140).
«Venga el poder de mil emperadores...» 107 (111).
«Vengada la hermosura Filis...» 172 (99).
«Vengado te has amor, pues pretendía...» 67 (197).
«Vengais en hora buena cortesano...» 165 (27).
«Venganza, griegos repite...» 158 (31).
«Venid ¡oh castas vírgenes!...» 57 (203).
«—Venid, venid, que os ofrezco...» 2383 (44).
«Venid vereis al lince, que encerrado...» 165 (375).
«Venida soy Señor considerada...» 107 (119).
«Vente a mi el perro moro...» 171 (63).
«Ventura dame lugar...» 150 (13).
«Venturoso Rey Tarquino...» 175 (26).
«Venturoso ventalle a quien ha dado...» 107 (204).
«Venus al muerto Adonis lamentaba...» 175 (321).
«Venus de mí olvidada...» 67 (33).
«Venus del agua nací...» 2383 (69).
«Venus que a Marte en lalma tiene empreso...» 78 (162).
«Venus se vistió una vez...» 131 (215).
«Veo las ovejas...» 155 (18).
«Veo señora al son de mi instrumento...» 51 (201).
«Verbo del Padre eterno...» 165 (122).
«Verde Aguila del Mayo...» 1297 (12).
«Verde primavera...» 115 (31).
«Verdes elevados montes...» 1307 (4).
«Verdes hermanas del audaz moçuelo...» 51 (206).
«Ves la instabilidad de la fortuna...» 51 (41).
«Vese una ynculta sierra, y escabrosa...» 29 (1).
«Vete conmigo Miguel...» 165 (12).
«Vete más de espacio amor...» 172 (35).
«Vi puestos en un tablado...» 175 (271).
«Vi que en un templo estaua contemplando...» 107 (112).
«Ví una que iba llevando...» 155 (107).
«Viciosa libertad aborrecida...» 67 (209).
«Victorioso laurel, Dafnes esquiva...» 57 (19).
«Vida de mi vida...» 115 (47).
«Vida mía asi gozeís...» 81 (8), 155 (30).
«Vida que has nombre vida y eres muerte...» 67 (200).
«Vida y contento mio que en el suelo...» 2158 (10).
«Vide a Joana estar lavando...» 150 (8).
«Vide el major que ay en el mundo...» 135 (I, 19).
«Videme en una hermosa praderia...» 107 (266).
«Vido a Tirena descubierto el pecho...» 107 (249), 171 (105).
«Vieja, que traes esa luz...» 1285 (26).
«Viendo al hombre en alegre y rico estado...» 165 (205).
«Viendo el amor el golpe hecho en vano...» 128 (92).
«Viendo el fuerte y fiero Hector...» 171 (5).
«Viendo el Monarca del Mundo...» 175 (241).
«Viendo el oro en tus hebras no me admiro...» 69 (128).
«Viendo que el cartel publican...» 2025 (52).
«Viendo su bien tan lexos mi deseo...» 135 (I, 46), 1584 (101).
«Viendo su reino usurpado...» 165 (208-9).
«Viendo Tirsi, á Damón por Galatea...» 1584 (94).
«Viendo una dama que un galan moria...» 78 (175).
«Viendome de vos ausente...» 131 (217).
«Viene con passo ciego...» 51 (215).

«Vuelve el cielo y el tiempo huye y calla...» 107 (308).
«Vuelve, enemiga, la serena frente...» 57 (106).
«Vuelve esos ojos, que en mi daño han sido...» 57 (31).
«Vuelve Genial mancebo...» 1296 (4).
«Vuelve las sacras luces a mi llanto...» 69 (118).
«Vuelve tus claros ojos...» 120 (15).
«Vuelvo de nuevo al llanto...» 51 (33).
«Vuesa magestad me ahorque...» 73 (78).
«Vuestra auçençia y mis enojos...» 78 (4).
«Vuestra carta, Señor, he recibido...» 107 (207).
«Vuestra fiesta se remata...» 67 (97).
«Vuestra patria y vuestra Corte...» 175 (50).
«Vuestra vida Ioan tal era...» 165 (382).
«Vuestra vida, o gran Maria...» 28 (prels.).
«Vuestro dolor desigual... 73 (41), 174 (37).
«Vuestro donayre graçioso...» 78 (2).
«Vuestros ojos dama...» 126 (61).
«Vulgo de mil cabezas...» 57 (188).

Y

«Y aquesto la digo yo...» 175 (232).
«Y asi del torpe labio...» 1307 (22).
«Y desta contienda tal...» 128 (57).
«Y dice a tu pesar el...» 120 (38).
«Y en fin memorias, en mí sufrimiento...» 1284 (16).
«Y pues mudanzas, niña, vien te parezen...» 158 (53).
«Y viendo tanto mal como ha causado...» 2158 (49).
«Ya a las entrañas deste monte cano...» 57 (46).
«Ya, Belisa, llegó el dia...» 64 (96).
«Ya besando unas manos cristalinas...» 51 (161).
«Ya cobra fama a un buen dormir Pedrosa...» 69 (179).
«Ya comienza el Invierno riguroso...» 51 (100).
«Ya comienza el invierno tempestuoso...» 135 (I, 173).
«Ya de corcoua en corneja...» 43 (55).
«Ya de la dichosa España...» 1281 (11).
«Ya de la lumbre que animaba al día...» 1284 (8).
«Ya de la planta de Alcides...» 175 (87).
«Ya de mi dulce instrumento...» 72 (107), 175 (191).
«Ya de Scipion las vanderas...» 175 (186).
«Ya del naufragio en que me ví oprimido...» 67 (186).
«Ya del soberbio Moncayo...» 136 (23).
«Ya desengaño mío...» 158 (128).
«Ya, divino Señor, tenéis delante... 57 (195).
«Ya el Arco del Amor se lo han quitado...» 2158 (50).
«Ya el excesivo rigor...» 175 (151).
«Ya el fuerte joven, que con muestra hermosa...» 51 (17).
«Ya el Padre Omnipotente...» 51 (30).
«Ya el sacro Dauro en su cristal luziente...» 1281 (7).
«Ya el sol rebuelve con dorado freno...» 128 (120), 131 (220).
«Ya en el mar español su hacha ardiente...» 57 (83).
«Ya en la fragosa porfia...» 171 (23).
«Ya es tiempo de recojer...» 64 (52).
«Ya es tiempo que despierte...» 57 (209).
«Ya es tiempo, Valedor mio...» 8 (4).
«Ya espina no soys espina...» 165 (125).
«Ya está a caballo don Diego...» 171 (13).
«Ya está esperando don Diego...» 171 (15).
«Ya estoy cansado de sufrir el peso...» 57 (85).
«Ya estoy enfadadita...» 64 (47).
«Ya la fresca mañana por los prados...» 131 (221).
«Ya la Historia Oriental vuela mas alta...» 1172.
«Ya la hoz coronada...» 57 (137).
«Ya la tierra, y el Aurora...» 172 (108).
«Ya lo sacan del portillo... 168 (47).
«Ya los Boticarios suenan...» 178 (12).
«Ya mas feliz vive Apolo...» 2383 (36).
«Ya me canso Señora de cansarte...» 311 (11 c).
«Ya mi triste corazon...» 78 (199).
«Ya miro, Amor, la lisonjera nave...» 57 (47).
«Ya mis males se van casi acabando...» 107 (208).

«Ya sospira la princesa...» 171 (84).
«Ya tengo de suspiros lleno el viento...» 107 (115), 128 (154).
«Ya tiene Principe España...» 1281 (13).
«Ya trae sobre los golfos del océano...» 64 (35).
«Ya va ençendido en amoroso zelo...» 131 (225).
«Ya vengo con el voto y la cadena...» 175 (316).
«Ya Venus afloxando...» 78 (148).
«Ya Venus se vistió de arnés y malla...» 107 (116).
«Ya vió la Esfera del dorado Apolo...» 2027.
«Ya vuelvo querido Tormes...» 175 (89).
«Ya yo he dado en gentilhombre...» 175 (11).
«Ya yo e pagado tu agrauio...» 88 (12).
«Yace al pie de una alta sierra...» 175 (66).
«Yace aqui la merecida...» 119 (16).
«Yace debaxo desta piedra fria...» 72 (79).
«Yace del alto monte Carpentano...» 165 (423).
«Yace donde el sol se pone...» 88 (75).
«Yace en Asia Menor, región desierta...» 69 (106).
«Yace en esta piedra dura...» 119 (14).
«Yace en esta tierra fria...» 51 (79).
«Yace Filipo, aquel que fue poniendo...» 175 (355).
«Yacen de un ome en esta piedra dura...» 51 (190).
«Yantando con Almançor...» 175 (123).
«Ycaro de bayeta, si de pino...» 72 (69).
«Yendo per via sacra acaso un dia...» 135 (I, 172).
«Ynvidiosso, que tantos...» 72 (207).
«Yo caminando como acostumbrava...» 128 (135).
«Yo conoci madre mia...» 175 (177).
«Yo, cuerpo sin ventura, hago el canto...» 2158 (45).
«Yo de mi discurso infiero...» 2383 (28).
«Yo deseaba amar, pero Amor ciego...» 1283 (12).
«Yo digo que las feas...» 43 (130), 1277 (46).
«Yo dije a mi esperanza: Por la senda...» 57 (35).
«Yo el Iaque mayor, de quantos...» 62 (114).
«Yo el poeta Cabrera, que entre humanos...» 70 (113).
«Yo el primer padre de todos...» 185 (10).
«Yo el que mas miseria paso...» 135 (I, 171).
«Yo en justa injusta expuesto a la sentencia...» 72 (62).
«Yo hallo que lo passado...» 128 (15).
«Yo Juan Baptista de bivar, poeta...» 135 (I, 158).
«Yo la Humildad, sin arder...» 2383 (43).
«Yo la vide andar perdida...» 78 (69).
«Yo me estando alla en el Guana...» 178 (2).
«Yo me estando en Giromeda...» 168 (30).
«Yo me parto de os mirar...» 131 (226).
«Yo me parto y no me aparto...» 128 (83).
«Yo me vi contento...» 131 (227).
«Yo me vi de favor puesto tan alto...» 107 (209).
«Yo mestó maravillando...» 128 (28).
«Yo miré otra donzella...» 81 (22).
«Yo no contrasto á Amor, ni el me combate...» 107 (117).
«Yo no contrasto amor que me combate...» 128 (165).
«Yo no se, mas se que veo...» 81 (23).
«Yo no sé para que escribo...» 175 (3).
«Yo no se porque no vas...» 81 (9).
«Yo parto y muero en partirme...» 128 (122), 131 (228).
«Yo, que alimento de antojos...» 57 (136).
«Yo que hablo mal por costumbre...» 1277 (12).
«—Yo que soy la que levanto...» 1584 (135).
«Yo quiero a Maria Rodriguez...» 158 (32).
«Yo quiero probar mi suerte...» 81 (27).
«Yo se que aunque estas endurescida...» 97 (10).
«Yo, señor, en pecado concebido...» 8 (19).
«Yo solo soy a quien falta uentura...» 113 (1).
«Yo soy aquel que el amor más fácilmente...» 64 (112).

Z

B) DE OBRAS DRAMATICAS

A

«—A buen tiempo hemos llegado...» 239 (12).
«—A Cauallero...» 314 (22).
«—A cazar paxaros salgo...» 308 (21).
«—A de los vagos zafiros...» 241 (1).
«—A decir verdades vengo...» 301 (11), 316 (14).
«—A desnudarme comiença...» 199 (7).
«—A devoción de que Santo...» 233 (8).
«—A Dios, que sale el Aurora...» 244 (9).
«—A Dios señores oficios...» 314 (19).
«—A esta infelize muger...» 215 (12).
«—A estas horas sin dormir?...» 207 (7).
«A gran saya, gran mujer...» 269 (131).
«—A jugar a la pelota...» 308 (22).
«A jugar cañas un lunes...» 269 (203).
«—A la campaña Sirenas...» 314 (5).
«A la fiesta del convite...» 269 (98).
«A la guerra me vó. —Teneos ahijado...» 299 (12), 304 (10), 324 (9).
«—A la margen de un fresco arroyuelo...» 303 (15).
«A la puerta de la Iglesia...» 191 (27).
«—A las bodas de Melo...» 339 (15).
«—A las bodas del Alcalde...» 292 (8), 296 (15).
«A lo que vengo apostar...» 310 (40).
«—A Maitines tocan las campanillas...» 191 (38).
«A mi gran contento no hallo su igual...» 194 (8 b), 195 (96 b).
«—A mí me han hecho Alcalde de Mayrena...» 323 (6).
«—A mi te atreues al timebut gentes...» 314 (24).
«—A Mozo, á Lorencillo, sal afuera...» 188 (5), 190 (3).
«—A Pan celebremos...» 246 (11).
«—A pares andan las bodas...» 196 (11), 287 (49).
«—A puerto del peso posa...» 303 (16).
«—A que á esse varrio de la Costanica...» 192 (25).
«—A reformar animales...» 321 (14).
«—A saber tu Real decreto...» 232 (4).
«—A señora tapada, oiga a quien digo?...» 277 (14), 289 (19).
«—A tí, Padre celestial...» 195 (95).
«—A tomar la residencia...» 308 (17).
«A una fuente de cristal...» 269 (196).
«—A vosotros, los que dais...» 310 (48).
«—Abatid las vanderas...» 224 (1).
«—Abre essa puerta, Gaston...» 202 (4).
«—Abrid Genizaros perros...» 284 (7).
«—Abrid hora, mortales, los sentidos...» 195 (55).
«—Aca Naranjo. —No dexes...» 198 (11).
«—Acaba, ponte al momento...» 225 (10).
«—Acabadme de vestir...» 215 (7), 288 (25).
«—Acometed, que en tropas desiguales...» 236 (4).
«—Adonde está nuestro Autor?...» 339 (3).

«—Adonde has estado Ortuño...» 323 (13).
«—Adonde vais tan de mañana...» 323 (18).
«—Adonde vas, di, Morgon?...» 195 (28 b).
«—Advertid, que soy Noble...» 190 (23).
«—Advertid, que soy un Noble...» 188 (4).
«¡Afuera, afuera, que salen...» 269 (208).
«—Afuera, lugar, afuera...» 310 (25).
«—Afuera, que sale al baile...» 321 (8).
«—Agora que está mi Esposo...» 191 (28), 192 (8).
«—Aguarda Nave enemiga...» 238 (3), 241 (5).
«—Aguardad supremos Dioses...» 213 (6), 247 (4).
«—Aguardando está el pintor...» 287 (57).
«—¡Ah, caballero! —¿Es a mí? —A vos mismo...» 269 (327).
«—¡Ah de la nevada cumbre...» 194 (49).
«—¡Ah del oscuro reino del espanto...» 287 (44).
«—¡Ah, galanes! Obra nueva...» 269 (250).
«—Ah señor Licenciado Calahorra...» 321 (22).
«—¡Ah, señora hermosa!...» 269 (301).
«—¡Ah, señores! el tiempo está borracho...» 269 (298).
«—Ahi vera mi pecho fiel...» 287 (13).
«—Al amor, tiempo, y fortuna...» 336 (18).
«—Al arma, caualleros...» 272 (11).
«—Al cabo de los bailes mil...» 269 (338).
«—Al Cesar le respeta desta suerte?...» 232 (1).
«—Al empleo venturoso...» 328 (13).
«—Al espejo Venus bella...» 242 (6).
«—Al fin que ya tiene zelos...» 207 (8), 254 (12).
«—Al fin Theodosia querida...» 280 (2).
«Al mismo Nerón te igualas...» 205 (12).
«—Al novato, al novato...» 294 (1).
«—Al paso desta desdicha...» 215 (4).
«—¡Al repecho! ¡A la ladera!...» 288 (64).
«—Al rocío de la Aurora...» 246 (2).
«—Al Sol saluda al alua...» 219 (8).
«—Al soplo de los céfiros...» 339 (8).
«—Al valle, antes que al día...» 237 (2).
«—Ala. —Ala...» 328 (26).
«—Alabado sea Dios, Santo, y Bendito...» 299 (17), 304 (15), 324 (16).
«—Alarcón os ha nombrado...» 328 (16).
«—Albar Fañez.—Rey Invicto...» 223 (10).
«—Albricias, albricias...» 295 (9).
«—Albricias prados, albricias...» 191 (24), 192 (1).
«Albricias salgo a pediros...» 310 (4).
«—Alcalde amigo...» 319 (24).
«—Alcalde, a fuer de Dotor...» 324 (5).
«—Alcalde, de que es tanto sentimiento...» 295 (14), 324 (21).
«—Alcalde, de qué estais triste?...» 324 (13).
«—Alcalde mio, en que consiste...» 188 (3).
«—Alcalde, poco a poco; menos brio...» 269 (283), 277 (19), 289 (12).
«—Alcalde ¿que decis? Domingo es muerto...» 269 (285).
«—Alcalde.—Que es lo que ay, dexad estremos...» 328 (19).
«—Alcalde, señor, llegad...» 339 (1).
«—Alcalde, tal disparate...» 339 (4).
«—Alcalde, yo no os entiendo...» 190 (2), 296 (11).
«—Alegre estaís...» 218 (1).
«—¡Alegre noche! —Siempre del Bautista...» 269 (261), 310 (14).
«—Alégrese la tierra, el mar y el cielo...» 342 (2).
«—¡Aleve traición! —La carta...» 288 (37).
«—Almagro, he de quitar la mula al Médico...» 269 (319), 294 (4).
«—Alto escollo eminente...» 238 (11).
«—Alto monte de Arcadia, que eminente...» 336 (35).
«—Alzó el cerco Celin, y Barba-Roja...» 246 (6).
«—Allí está el Conde Ricardo...» 231 (2).
«—Amayna, amayna, amayna...» 227 (5).
«—Amiga doña Aldonza; estoy cansada...» 269 (289).

«—Aspid de plata, una roca...» 200 (5).
«—Ata en essos verdes troncos...» 234 (2).
«—Atajad por esa parte...» 208 (5).
«—Ataste en aquesse prado...» 208 (7).
«—Atención pido a todos...» 188 (17).
«—Atención, porque oy combida...» 328 (24).
«—Atención que a hazer un bayle...» 295 (20).
«—Atención, que al mundo viene...» 269 (339), 319 (8).
«—Atención, que de Ioseph...» 192 (40).
«—Atención que quiere un bayle...» 323 (3).
«—Atencion, señores crudos...» 328 (27).
«—Atención, señores mios...» 295 (24), 328 (9).
«—Atención todo viuiente...» 314 (7).
«—Atiendame todo brabo...» 314 (20).
«—Atiza la lumbre luego...» 191 (20), 192 (6).
«—Atrás al viento dexa...» 217 (10).
«—Atravesá el cercado. —¡Ah caballeros!...» 287 (33).
«Auditorio muy cristiano...» 195 (52 a).
«—Aunque á el tablado ha salido...» 314 (2).
«Aunque el principal intento...» 269 (92).
«—Aunque es hoy el primer día...» 288 (20).
«—Aunque han passado los Reyes...» 308 (7).
«—Aunque no so tolongo ni lletrado...» 269 (13).
«Aunque suele suceder...» 269 (125).
«—Avisaste al Rey, que aquí...» 219 (3).
«—Ay, ay, ay! ¡Esau amigo...» 195 (19 b).
«—Ay cosa ya mas fiera!...» 310 (8).
«—¡Ay de mí! —¡Traición, traición!...» 288 (52).
«—¡Ay, Gutiérrez! que tengo un mal de madre...» 269 (50), 289 (7).
«—Ay mi hermano...» 323 (21).
«—Ay que desdicha!...» 192 (20), 269 (275).
«—¡Ay!, ¡que desdicha, señores!...» 269 (219).
«—Ay que me mata!...» 339 (11).
«—Ay que me mata! —Apartese Gilote...» 340 (13).
«—¡Ay que me mata, mi señor Ramiro!...» 269 (281).
«—¡Ay querido padre mío!...» 315 (6).
«—Ay quién haga caridad...» 332 (2).
«—Ay, recoja la ropa...» 1839.
«—Ay Toribion, Toribion, Toribillo...» 188 (10).
«—¡Ay, Verdad, que en el hablar...» 269 (248), 305 (23).
«—Ayer me fingi doctor...» 269 (344).

B

«—Bacuco de mis ojos, mas mi amigo...» 190 (10).
«—Baja el Conde?—Ya salía...» 227 (1).
«—Baja los ojos al suelo...» 199 (4).
«—Barbaro esquadrón fiero...» 215 (9).
«—Barbulilla...» 296 (8).
«—Basta que en todo procuras...» 311 (9 b).
«—Bello rostro de caçuela...» 245 (12).
«Bendiga Dios el sastre que te hizo...» 289 (5).
«—Benita, no os canseis, no habeis de ir sola...» 339 (7).
«—Benita, no os canseis, que no heis de ir sola...» 188 (18).
«—Bernarda, los tus cabellos...» 298 (1).
«—Besad la tierra contentos...» 230 (7).
«—Beso a su merced la mano...» 191 (11).
«—Beso el ampo, la nieue, aun no tocada...» 269 (236), 305 (16).
«Beso vuessarcé las manos...» 310 (31).
«—Bien claro mostrais Lupercio...» 240 (11).
«—Bien guisada está la noche...» 306 (5).
«—Bien hasta aquí ha sucedido...» 192 (18).
«—Bien merece Clodobeo...» 244 (11).
«—Bien pensarán vuessastedes...» 192 (11).
«—Bien queda su soberuia castigada...» 228 (2).
«—Bien venidas seais aquesta casa...» 314 (14).
«—Bizarro acompañamiento...» 238 (6).

C

«—Claras luzes, rosas bellas...» 204 (1).
«Claro e illustre senado...» 195 (2 a).
«—¡Comadres, comadres!...» 269 (191),
«—Coman los caballos; que hoy...» 283 (11), 287 (22).
«—Como á mi señora, y dueño...» 243 (6).
«—Como atrevido te opones...» 208 (8).
«—Como mi amor se promete...» 235 (2).
«—Como os digo Llorente...» 289 (6).
«—Como son mis letras unas...» 269 (345), 295 (3).
«—Como tan poco gustosa...» 237 (9), 247 (11), 288 (4), 336 (30).
«—Como te digo, Lázaro: ya vengo...» 269 (77).
«—Como tus hechos divinos...» 202 (3), 254 (4), 272 (12).
«—Compadre don Fermin, yo os he llamado...» 188 (7), 336 (41).
«Comparaba un doctor sabio...» 269 (168).
«—Compassión, que me han muerto, Iesu Christo...» 395 (11).
«—Compré de los desengaños...» 194 (35).
«—Con amor, y sin blanca...» 328 (4).
«—Con deseo de saber...» 310 (19).
«—Con el luzero del Alva...» 328 (21).
«—Con estas muestras de amor...» 277 (4).
«—Con mas tristeza, señora...» 242 (3).
«—Con mayor razon me altera...» 254 (11).
«—Con menos prisa, señor...» 216 (10).
«—Con miedo, hermano, he venido...» 207 (10).
«—Con poca razon me altera...» 212 (12).
«—Con que estilo tan galan...» 233 (1), 288 (12).
«—Con qué tomaste el papel?...» 336 (7).
«—Con quién estauas hablando?...» 225 (1).
«Con ser la fabrica Celi...» 269 (145).
«—Con tal hambre y sed me siento...» 300 (2 c).
«—Con tan grande escuridad...» 323 (10).
«—Con un salto, cuando menos...» 239 (4), 288 (18).
«—Conde. —Señor. —Escuchad...» 233 (3).
«Conducido de Luzbel...» 192 (31).
«—Confesión, que me han muerto...» 299 (1).
«—Confesión, que me ha muerto, Jesu Christo...» 340 (20).
«Confusa, y melancolica he salido...» 299 (9), 304 (8).
«Congregación caudalosa...» 195 (4 a).
«Congregación señalada...» 195 (94 a).
«—Conmigo Barberito, y Dotorcito...» 269 (266), 310 (26).
«—Conmigo Dotorcito, y Barberito...» 339 (22).
«—Conmigo no hay ladrón en toda Europa...» 321 (9).
«—Consuelese, vecina, y no se apoque...» 336 (44).
«—Contento en estremo estoy...» 283 (9).
«—¿Contra un noble asi, traidores...» 287 (10 b), 311 (4 b).
«Corred todas al castillo...» 201 (10).
«—Corriendo voy como un gamo...» 244 (12), 288 (54), 336 (9).
«—Corte de la Monarquía...» 238 (7).
«—Cortesanos boquidulces...» 269 (309, 337).
«—Cosa es jamás oída...» 321 (4).
«—Cosa jamás oida...» 269 (305).
«—Creed, que mi voluntad...» 214 (6). 288 (31).
«Cristiana congregacion...» 195 (39 a).
«Cristianisimo colegio...» 194 (19 a).
«—Cual dolor debe escoger...» 224 (3).
«—Cual hombre, que quiso bien...» 244 (7).
«—¿Cuál persona en el mundo habrá pasado...» 269 (272), 295 (6), 340 (3).
«—Cuando alegre viene...» 273 (5).
«Cuando hay segura amistad...» 204 (7).
«Cuando la rreyna Basti...» 195 (16 a).
«—Cuando medrosa la noche...» 234 (11).
«—Cuando parte su señor?...» 206 (1).
«¡Cuánta gloria y alegría...» 194 (9 b).
«Cuanto alcança a ver el dia...» 191 (2).
«—Cuanto gloria y alegria...» 195 (86 b).
«¿Cuánto va, señores míos...» 269 (116).

CH

D

«—Dejadnos solos. —Señor...» 235 (5).
«—Dejadnos solos. —Un mar...» 234 (1).
«—Dejame...» 316 (3).
«—Dejame Carlos...» 308 (12).
«—Dejame ir...» 303 (13).
«—Dejame, Isabel. —Señor...» 233 (12).
«—Dejame, Laura, por Dios...» 196 (5).
«—Dejame, Leonor, llorar...» 198 (5), 230 (9), 287 (25).
«—Dejame llorar...» 226 (1).
«—Déjame morir. —Señor...» 237 (12), 287 (8 c), 2017.
«—Déjame quejar, Marica...» 269 (346).
«Dejame, Silvia, morir...» 203 (10), 278 (2).
«—Déjame, sombra fría...» 194 (50), 310 (27).
«—Dejame tomar aliento...» 205 (5).
«—Dejeme vuessarced seor Palomeque...» 295 (7).
«—Déjeme vuesasted, y no me canse...» 321 (26).
«Del mas generoso Estirpe...» 192 (41).
«—Deme Vuestra Magestad...» 233 (4).
«—Den a este pobre...» 220 (12).
«—Desafiado ha salido...» 319 (4).
«—Desde aquel primer pecado...» 195 (88).
«Desde las más altas cumbres...» 269 (113).
«—Desde Poniente a Levante...» 339 (13).
«—¡Desdichado de mí! Yo soy perdido...» 336 (37).
«—Desenlaça la piguela...» 215 (1).
«—Desesperado estoy, Francisca amiga...» 295 (22).
«—Deshonra buenos, vergante...» 276 (1), 306 (1).
«—Despejad la cuadra todos...» 288 (27).
«—Despertad, los del Retiro...» 269 (251).
«—Despierta, Inuierno, despierta...» 192 (37).
«—Despierta, Roque, despierta...» 269 (226).
«Después de estar vitorioso...» 269 (202).
«Después que de cierta dama...» 269 (138).
«Después que de mis desdichas...» 269 (111).
«Después que el famoso César...» 269 (169).
«Después que el gran artífice del cielo...» 269 (94).
«Después que los castellanos...» 269 (199).
«Después que me libré por mi ventura...» 269 (90).
«—Después que murió tu hermano...» 287 (27).
«Despues que los castellanos...» 287 (26 b).
«Después que quedé cautivo...» 269 (91).
«—Desta suerte un firme amor...» 207 (3).
«—Desterrado el Doctor salga al momento...» 336 (36).
«—Destierra el llanto y gemir...» 326 (2).
«—Desvalido anda el amor...» 316 (6).
«—Desvalido, imaginando...» 310 (6).
«—Desvergonçada...» 314 (3).
«—Desviate. —Luego a mí...» 311 (10 b).
«—Dete Dios, cedula mía...» 224 (5).
«—Detén el paso, mira que me matas...» 269 (269), 310 (35).
«—Detenelde, seguilde...» 232 (8).
«—Detenganlos. —¡Pues va tras de tí ninguno!...» 336 (47).
«—Detenganlos. —Pues ¿va tras tí ninguno?...» 339 (12).
«—Detengase por Dios. —Pierdo el sentido...» 339 (25).
«—Detengase muesamo, que me ha muerto...» 303 (12).
«—Detente bruto alado...» 251 (11).
«—Detente ciervo racional, detente...» 216 (11).
«—Detenganlos, á perros...» 190 (12).
«Devoto pueblo cristiano...» 195 (30 a), 342 (1 a).
«Devoto y noble cristiano...» 195 (5 a).
«—Dezi, los de Filistea...» 195 (13 b).
«—Di al moço que trate Hernando...» 215 (11).
«—Dí David, que novedad...» 238 (2).
«—Di que tiénes, señora?...» 299 (15), 304 (13), 324 (12).
«—Dicipulos muy amados...» 195 (56).
«Dichoso es el que camina...» 299 (5), 304 (4).
«—Dichoso sois, Alcalde...» 324 (20).

E

«—El desconocido engaño...» 195 (76 b).
«—El diablo inventó la guerra...» 236 (2).
«—El Divino Amor...» 195 (80).
«El doloroso cuidado...» 195 (91 b).
«—El es sin duda. —Esta dama...» 235 (11), 247 (9), 288 (3), 336 (10).
«—El gran Nino, Primero...» 228 (12).
«—El gran Principe Alexandro...» 224 (9), 271 (5).
«—El grande Alexandro viva...» 205 (1), 236 (11).
«—El Infante Federico ..» 229 (5).
«—El invicto Carlos Quinto...» 240 (7).
«El león y el gallo tienen...» 269 (162), 311 (10 a).
«—El lugar os suplica que se compre...» 191 (41).
«—El mar se va embraveciendo...» 340 (11).
«—El mayor capitán llegue a mis braços...» 238 (10).
«—El militar alboroto...» 237 (5).
«—¿El molino tan solo, y vos en casa?...» 269 (290).
«—El mundo es casa de locos...» 269 (237).
«—El mundo, los elementos...» 310 (34).
«El pastor hecho cordero...» 195 (7).
«—El primero dia de Mayo...» 269 (197), 287 (1 b).
«—El Principe Viva. —Dale...» 296 (2).
«El que pusiere la mira...» 310 (7).
«—El que quisiere asentar...» 300 (3).
«El retintin de las aves...» 269 (147), 287 (8 a).
«—El Rey lo manda, sujeto...» 315 (4).
«—El Rey supremo benigno...» 194 (14), 195 (68).
«—El tuyo le dí a Isabel...» 278 (4).
«—Embestid, fuertes soldados...» 248 (2), 273 (6).
«—En aquesta calle dicen...» 301 (13).
«—En cuanto ciñe el Orbe...» 236 (5).
«En dos contrapuestos campos...» 269 (165).
«—En efecto, mis señores...» 269 (210), 314 (37).
«—En efecto, Salpullido...» 310 (42).
«—En el cerco de las hembras...» 301 (8), 319 (17).
«En el famoso Escurial...» 269 (139).
«—En esa esquina Ruben...» 192 (7).
«En ese mar de la Corte...» 269 (249).
«—En esta amena, y deleytosa Quinta...» 228 (8).
«—En esta comision, huésped amigo...» 269 (78).
«—En esta esquina Ruben...» 191 (21).
«—En esta galería...» 223 (6).
«—En este jardín que gasta...» 244 (5).
«—En este puesto muchacho...» 303 (17).
«En felicísima hora...» 269 (164), 311 (12 a).
«—En fín, Doña Matea, que eso pasa...» 269 (209).
«—En fin, que este es Madrid?...» 251 (3), 287 (50).
«—En fin ¿qué vos tambien soys convidado...» 336 (40).
«—En fin, señor, que contigo...» 306 (7).
«—En fin, ¿te casas? —¡Qué espero!...» 287 (56).
«—En grande obligación me están vustedes...» 269 (294).
«—En hora dicho llegue...» 336 (32).
«—En hora dichosa llegue...» 271 (10), 288 (50).
«—En hora dichosa vuelva...» 194 (48).
«—En la amena soledad...» 220 (1).
«En la batalla naval...» 269 (137).
«En la cama de los vicios...» 269 (176).
«En la cama del deleyte...» 310 (16).
«En la ciudad mas insigne...» 269 (104).
«—En la falda lisonjera...» 194 (39).
«En la mitad de la Corte...» 269 (205).
«En la plaza de Santa María...» 269 (174).
«En la quietud gustosa...» 212 (11).
«—En la selva se an topado...» 195 (83).
«—En los ojos de Matilde...» 248 (8).
«—¿En mi cruces? ¿Hay tal cosa?...» 269 (148).
«—En muy prolija contienda...» 195 (58).
«—En tan dichoso dia...» 206 (6).
«En tanto que nuestros amos...» 225 (2).
«—En tu mismo adbitrio (*sic*) dexo...» 205 (7).

«—En un pastoral albergue...» 243 (8), 269 (187).
«—En una duda cruel...» 203 (7).
«—En vano querido Arbante...» 311 (11 b).
«—En vano, señor, porfías...» 240 (3).
«En veinte grados del Toro...» 269 (127).
«—Enamorose Cupido...» 192 (29), 269 (278).
«—Enjuga los aljofares...» 319 (27).
«—Entendámonos, señores...» 269 (217), 305 (10).
«—Entendido está el negocio...» 261 (12).
«—Entra y cierra el aposento...» 284 (6).
«—Entre apacibles vergeles...» 269 (190).
«—Entre equiuoca armonía...» 226 (6).
«—Eres loco? —Y tu capón?...» 213 (13).
«Es de tan altos estremos...» 195 (60 a).
«—Es el Madrid bonito lugarejo...» 321 (23).
«—Es este Palacio? —Sí...» 191 (8), 192 (2).
«—Es gran premio a mi lealtad...» 287 (11 a).
«—Es hora de venir, marido, a casa?...» 328 (8).
«—Es mi holgona monarquia...» 269 (64).
«¿Es posible, insigne corte...» 269 (234).
«—Es posible marido...» 289 (4).
«—Esas selvas de cristales...» 229 (3).
«—Escollos, que sois del mar...» 340 (15).
«—Escribano...» 323 (5), 328 (36).
«—Escribid, el mi escribiente...» 269 (216).
«—Escucha, Jacinta hermosa...» 340 (21).
«—Escuchad el pregon de las mesas...» 194 (51).
«—Escucheme, galan, una palabra...» 289 (16).
«—Ese Dios Marte el galan...» 269 (243), 305 (18).
«—Eso, señor, es virtud...» 214 (1), 336 (11).
«—Eso sí, caigan del Cielo...» 246 (1).
«Eso te sucedió, Vallejo, amigo?...» 340 (4).
«—¿Eso tratas, amiga? —El cielo sabe...» 336 (54).
«—Esos cauallos de esse enebro ata...» 215 (6).
«Espantajo de pájaros noveles...» 191 (9), 269 (244, 311), 305 (19).
«—España, hija querida...» 194 (16 b), 195 (92).
«—Español, deten la espada...» 280 (5), 287 (3).
«—Espera...» 310 (33).
«—Espera, Leonor: detente...» 336 (23).
«—Espera. —¿Qué he de esperar?...» 194 (37).
«—Esperad, sed más cortés...» 251 (12), 276 (6).
«—Espérame, vibora...» 269 (53).
«—Esperanças amorosas...» 205 (3).
«—Espérate, Regocijo...» 194 (26).
«—Espero hablar al Príncipe, y espero...» 288 (11).
«—Espíritus del abismo...» 240 (12).
«—Esposo del alma mía...» 194 (28).
«—Esta es la carta. —Gran día...» 232 (10).
«—Esta es la Iglesia mayor...» 191 (15), 192 (15).
«—Esta es la loca mestiza...» 195 (17).
«Esta es la que allá en el cielo...» 195 (61).
«—Esta es mucha liuiandad...» 272 (6).
«—Esta, Farfulla, es la casa...» 314 (12).
«—Esta (hermosa Diana)...» 219 (12), 241 (13).
«—Esta hoja es un diamante...» 287 (58).
«—Esta la casa es, que os tengo dicho...» 323 (14).
«—Esta mañana con Bras...» 269 (340).
«—Está mas que gustoso el Regimiento...» 324 (14).
«—Esta montaña de vidrio...» 202 (5).
«—Esta nobia se lleva la flor...» 192 (36).
«—Esta opinion que a ynventado...» 195 (47 b).
«Esta, si yo no me engaño...» 298 (16).
«—Estando haziendo oracion...» 340 (14).

«—Este es el pan...» 195 (67).
«Este es el Prado, este es el hermoso...» 269 (74).
«—Este es, señor, mi cuidado...» 212 (7), 288 (7).
«—Este es el sitio y la casa...» 310 (36).
«—Este papel de Rodrigo...» 208 (1), 288 (36).
«¿Este papel os dió doña Lucia?...» 269 (336), 316 (9).
«—¿Este, seor huesped, es alojamiento?...» 336 (61).
«—Este, sin duda, es Milán...» 224 (11).
«Estése Venus en Chipre...» 269 (87).
«Estimo a Eurico mi tío...» 218 (9).
«—Esto, Benito, ha de ser...» 243 (7).
«—Esto es lo que conviene, doña Mata...» 269 (293), 319 (11).
«—Esto es razón, esto es justo...» 246 (10).
«—Esto (generosa estirpe...» 230 (11).
«—Esto ha de ser...» 239 (2).
«—Esto ha de ser, mi Doña Dorotea...» 303 (1), 336 (39).
«—Esto ha de ser, vive el cielo...» 287 (51).
«Esto, Manfredo, has de hacer...» 287 (9 b), 311 (2 b).
«—Esto me imbia a saber...» 254 (1).
«—Esto mi hermana responde...» 199 (6).
«—Esto no tiene remedio...» 314 (23).
«—Esto que te digo passa...» 254 (9).
«—Esto queda assí tratado...» 246 (7).
«—Esto, señor, es virtud...» 241 (6).
«Esto, señor, ha pasado...» 206 (10).
«—Estos cuadros, y estas flores...» 236 (8).
«Estos los sauces son, esta la fuente...» 274 (2).
«—Estos son los memoriales...» 240 (5).
«—Estudiar quiero el papel...» 323 (25).
«—Estupenda noche, Diego...» 190 (15).
«—Eva, compañera mia...» 195 (40).
«—Evangelista, y Apostol...» 228 (10).
«—Examinese todo el Orizonte...» 207 (2).
«—Extraña cosa. —Notable...» 280 (11).
«—Extraña melancolía!...» 230 (2).
«—Extraña pasión de amor...» 287 (42).
«—Extraña resolución!...» 246 (12), 277 (12), 287 (43).
«—Extraño desabrimiento!...» 195 (18).

F

«—Fabio, mis penas escucha...» 340 (19).
«Falta de humano consuelo...» 269 (177).
«—Falto de humano consuelo...» 191 (19).
«—Famosa tarde tendrás...» 221 (1), 336 (26).
«—Famoso don Sancho Diaz...» 202 (8).
«—Famoso Portocarrero...» 200 (12).
«—Favor, a la Justicia...» 292 (13), 298 (11), 316 (17).
«—¡Favor, cielos! —¡Favor, tierra!...» 1867, 1870.
«—Favor, socorro, ayuda...» 305 (25), 340 (2).
«—¡Favor, socorro, ayuda! —Esperad, perro...» 269 (255).
«Favor, socorro, y ayuda...» 295 (5).
«—Feliz camina el deseo...» 200 (9), 234 (10), 245 (6).
«—Ferra de gauia, que el viento...» 228 (5).
«—Festivos alegres coros...» 339 (5).
«—Fileno, el llanto prolijo...» 340 (16).
«—Flamenca de Barrabas...» 201 (12), 261 (9).
«—Flora, Aurelia, entrad aquí...» 219 (7).
«—Forzoso es el gemido...» 194 (24 b).
«—Francisca. —Catalina. —¿Oyenos alguien?...» 294 (6).
«¿Fué un paje con el recaudo...» 287 (14).
«—Fuego, fuego. —Donde, donde?...» 274 (4).
«—¡Fuego!, ¡fuego! —¡Jesús!; ¿adonde hay fuego?...» 269 (288).
«Fuente de sabiduría...» 194 (5 a), 195 (1 a), 269 (119).
«—Fuera dixe, plaça, a un lado...» 196 (1).
«—Fueron tantos los remedios...» 269 (256).
«—¿Fuése mi tío? —Señora...» 288 (39).
«—Fugitiva luz, detente...» 288 (42).
«—Fugitivo corzel, sañuda fiera...» 215 (3).

G

H

«—Hermosa compostura...» 191 (40).
«—Hermosa, molletuda Juliana...» 269 (295).
«—Hermosa noche...» 289 (17).
«—Hermosa Octavia, si posible fuera...» 199 (2).
«—Hermoso dia de Mayo. —Linda tarde...» 269 (231), 305 (14).
«—Hermoso dueño mío...» 288 (17).
«—Hermosos prados, que el Tajo...» 314 (32).
«—Herrador soy del amor...» 308 (11).
«—¡Hi de puta, mala cara!...» 269 (182).
«—Hidalgo, pues las señales...» 319 (16).
«—Hija, a este lado os poned...» 192 (17).
«—Hijas Soberbia y Mentira...» 195 (90 b).
«—Hijo Don Gil, quisiera yo casaros...» 323 (22).
«—Hijo, toma tu porcion...» 194 (31).
«—Holgaréme que trates de venganza...» 269 (46), 277 (22), 289 (15).
«—Hombre de los demonios ¿estás loco?...» 269 (260), 310 (11).
«—Hombre, o fantasma, quien eres?...» 218 (2), 247 (5).
«—Hombre, qualquiera que seas...» 242 (11).
«—Hombre, que quieres, que apuras...» 234 (9).
«—Honrad el puerto de Tunez...» 284 (4).
«Honras, cargos, dignidades...» 269 (136), 280 (8 a).
«—Hoy en una Mogiganga...» 188 (12).
«—Hoy es, señor, el venturoso día...» 228 (3).
«—Hoy festejan las iras hermosas...» 223 (7), 241 (7).
«—Hoy has de perder el seso...» 287 (34).
«—Hoy Naturaleza, y Gracia...» 188 (1).
«—Hoy por dar gusto al Senado...» 314 (27).
«—Hoy que de Dios es el dia...» 269 (185), 295 (4), 310 (1), 340 (1).
«—Hoy que del mes de las flores...» 269 (45).
«Hoy, que es día de alegría...» 269 (110).
«—Hoy, que la aldea has dejado...» 288 (5).
«—Hoy que la Corte Romana...» 224 (8).
«—Hoy señores una negra...» 328 (18).
«—Hoy sobrina, Vuestra Alteza...» 238 (8).
«Huid, huid, que un León...» 231 (4).
«—Huid marido, que viene la Justicia...» 296 (4).
«—Huye Gilote.—Huye Bato...» 221 (2).
«—Huye Gilote, huye Bras...» 319 (13).
«—Huye Pedro.—«Donde ha de ir...» 196 (10).
«—Huye, que ya se cumplió...» 220 (8).
«—Huye Tristán por aquí...» 225 (5).

«Ilustre congregación...» 195 (8 a, 11 a, 29 a).
«—Ilustre señora, caudal río sin vados...» 333 (9).
«Ilustrisimo senado...» 195 (70 a), 300 (1 b).
«Ilustrísimo señor...» 194 (17 a), 195 (24, 25 a), 269 (120).
«—Inclinad vuestros oidos...» 195 (30 b), 342 (1 b).
«—Injusto padre mio...» 206 (3), 247 (8).
«—Invencible Adrián, vasa segunda...» 223 (2).
«—Invicto César famoso...» 287 (26 c).
«—Invicto Señor. —Levanta...» 231 (1).

J

«—Jabalí presuroso...» 212 (4).
«—Jamás hubo asombro igual...» 220 (4).
«—Jesucristo nuestro bien...» 195 (46 a).
«—Jesus, Alcalde yo? Yo Alcaldeado?...» 321 (5).
«—¡Jesús! como cuando truena...» 269 (341), 314 (15).
«—Jesus, Jesus!...» 219 (4), 241 (8).
«—¡Jesus mil veces, vuelvo á santiguarme!...» 269 (62).
«Jó mula de Barrabás...» 214 (8).
«—Joachin, y Susana...» 230 (1), 273 (8).

L

LL

«—¿Llega el Jarife? —De una blanca alfana...» 315 (7).
«—Llega, Isabel, esa luz...» 336 (16).
«—Llegar, señor, a Milán...» 239 (3).
«—¡Llegó el coche! Es evidente...» 336 (2).
«Llegó la sobrina en fín?...» 245 (10).
«—Llegue el invicto campo a las gloriosas...» 227 (10).
«—Lleva luego ese recado...» 231 (11), 288 (21).
«—Lleveme á espacio, si llevarme quiere...» 298 (18), 316 (16).
«—Lloras, mi Iulia? —Sí Elena...» 245 (1).

M

«—¡Magdalena! —¡Marido! —No ando bueno...» 269 (303).
«Magnífico y escelente...» 332 (1 a).
«—Mal a Pasqual quiere Gila...» 319 (21).
«—Mal pudiera auer pagado...» 254 (5).
«—Maladros, muy bien venido...» 314 (8).
«—Malaga...» 243 (3).
«—Maldiga el Cielo tu campo...» 264 (1).
«—Manos, y quaxares vendo...» 340 (9).
«—Marche a Malagón la gente...» 283 (2).
«—Marica, Mariguela...» 328 (15).
«—Marido, que es aquesto, vos suspenso...» 303 (11).
«—Mari-Trapo de mis ojos...» 190 (11).
«—Marqués, ya estais enfadoso...» 217 (2).
«—Mas libranos de mal, Amen Iesus...» 289 (10).
«—Mas que Principe vandido...» 240 (10).
«—Más valor tienen el ingenio y maña...» 301 (2).
«—Matadlos. —Mueran...» 242 (5).
«Matilde, condesa hermosa...» 269 (155), 287 (6 a), 311 (3 a), 2041 (1).
«—¿Maza a mi, picarona?...» 294 (14).
«—¿Me vió entrar tu hermano? —No...» 288 (56), 336 (3).
«—Médico de Amor señores...» 314 (4).
«—¡Mentecato, simplote, dromedario...» 269 (306), 323 (16).
«—Mentis, como borracha, y lleváis talle...» 294 (10).
«—Mentis como borracho, y lleváis talle...» 269 (247).
«—Mentis como un borracho, y llevais talle...» 305 (22).
«—Mete esas mulas, Diaguillo...» 328 (25).
«—Mi aluedrío dexo preso...» 223 (4).
«—Mi anima dichosa magnifica...» 195 (62 b).
«—Mi Doctor, la merienda va bolada...» 188 (9).
«—Mi hija Misericordia...» 195 (70 b).
«—Mi infeliz baxel, naufrago, y roto...» 226 (3).
«Mi melena pendare...» 194 (10 a).
«—Mi memoria y voluntad...» 194 (25 b).
«—Mi padre muerto, y lo ignoro...» 228 (11), 264 (4).
«—Mi prolija enfermedad...» 195 (39 b).
«Mi tio el cura me escribió...» 269 (143).
«—Mi triste bolsa ha caido...» 269 (312).
«—¡Mia ha de ser la corona!...» 194 (44).
«—Miente quien no dijere que soy linda...» 269 (280), 277 (17), 289 (20).
«—Mientras se viste una niña...» 269 (233).
«Mil ciudades arruinadas...» 269 (146), 287 (18 a).
«—Mil veces, amigo Carlos...» 243 (4).
«—Mil veces enhorabuena...» 194 (36), 226 (8).
«—Milagro fué no matarme...» 226 (7).
«—Milagro por Dios ha sido...» 223 (8).
«—Milán por mí, señora, te suplica...» 201 (9), 234 (6).
«—Mio es el avantal. —No es sino mío...» 192 (23), 269 (276), 316 (13).
«—Mira Flores, de la sierra...» 328 (39).
«—Mirad, mujer, que sois impertinente...» 294 (17).
«—Mirando enfermo a Juan Rana...» 301 (19).
«—Mire, señor galan, yo bien le quiero...» 289 (18).

N

«—No amar sino a quien os ama...» 219 (10).
«—No asuste aora la Región del viento...» 243 (5).
«—No consuele con porfía...» 212 (9).
«—No desmaye vuestro aliento...» 246 (4).
«No dice mal el refrán...» 269 (117).
«—No divierten los pensiles...» 215 (10).
«No el sitio desta ciudad...» 269 (97), 280 (9 b).
«No en sus alcázares reales...» 269 (109).
«—No es bien que del gozo huyas...» 235 (8).
«¿No es buena la necedad...» 269 (85).
«—No es rigor Laura dexarte...» 238 (9).
«—No estoy en mí de tristeza...» 244 (3).
«—No fué tanto milagro escapar vivo...» 242 (12).
«No goce yo de esos ojos...» 269 (141).
«—No ha de quedar jodio en todo el pueblo...» 321 (11).
«—No ha de ser, no ha de estar mas en mi casa...» 340 (8).
«—No has de passar adelante...» 278 (8).
«—No has de salir viue el Cielo...» 208 (12), 254 (7), 277 (1), 287 (53).
«—No hay consuelo para mi...» 298 (15), 319 (28).
«—No hay contento en esta vida...» 261 (5).
«No hay en la humanidad...» 194 (7), 195 (23).
«—No hay remedio a tanto horror?...» 244 (6).
«—No huyais, que yo solo soy...» 196 (7).
«—No la ofendas, tente...» 243 (10).
«—No le has de ver...» 261 (2).
«No le hasta de ver. —Es en vano...» 196 (12), 336 (22).
«—No le olvidas? —No le olvido...» 311 (5 b).
«—No le tengo de oir, que me porfia...» 328 (35).
«—No llores amiga Iuana...» 319 (2).
«—No me aconsejes, Elvira...» 287 (46).
«—No me detenga nadie, a fuera digo...» 190 (18), 316 (7).
«No me detengais amigas...» 213 (4), 247 (2).
«—No me dirá busted señor Mexía...» 339 (6).
«—No me dirás, Menga hermosa...» 340 (22).
«—¿No me dirás, por tu vida...» 214 (11), 288 (14).
«—No me dirás que intentas? que pretendes?...» 190 (16), 298 (8).
«—No me escuchas...» 206 (9).
«—No me ha quedado rincón...» 192 (19).
«—No me hables de intereses...» 328 (17).
«—No me importunes, Pasquin...» 201 (8).
«—No me mates Pedro, aguarda...» 226 (11).
«—¡No me tenga, Escribano, no me tenga!...» 269 (282), 277 (18), 289 (11), 336 (53).
«—No me tenga, Herrera, no me tenga...» 292 (11).
«—No nos cansemos, que yo...» 298 (7).
«—No os espante, que me admire...» 283 (3).
«—No os teneis que cansar, seo Cariñana...» 336 (43).
«—No paseis mas adelante...» 220 (7).
«—No por mucho madrugar...» 269 (107).
«—No puede amor...» 246 (5).
«—No quede en Segovia vida...» 223 (9).
«—No quiero mas criados pesadillas...» 269 (73).
«—No resongueis, os digo, mas Locia...» 323 (20).
«No salgo á pedir que callen...» 269 (105), 280 (10 a), 287 (12 a).
«—No se ha visto con luzes más hermosas...» 196 (8), 241 (11).
«—No se ha de hacer este baile...» 324 (22).
«—No se habrá visto muger en esta vida...» 296 (7).
«—No sé hermana lo que siento...» 232 (7), 287 (40).
«—No se puede vivir en este mundo...» 269 (43).
«No sé qué triste signo ó qué planeta...» 269 (159), 287 (4 a), 311 (7 a).
«No sé si mi buena suerte...» 269 (103).
«—No se viste?...» 200 (7).
«—No son esos mis cuydados...» 232 (6).

O

«—Oye, escucha. —Que me quieres?...» 239 (7).
«—Oyes, Cozon, bien as vido...» 195 (11 b).

P

«—Pablo, soltad la ropa; deteneos...» 269 (270), 310 (38).
«—Padre soy, hago mi oficio...» 203 (6).
«—Padre y señor que tristeza...» 273 (3).
«—Pague Troya su injusta alevosía...» 232 (9).
«—Pajarillo, que al Alva despiertas...» 340 (10).
«Pan a do mi Dios se espacia...» 195 (75 a).
«—Para ahorcar está el Mellado...» 314 (35).
«—Para, cochero; aquesta es venta...» 269 (314).
«—Para, cochero, para, esta es la venta...» 321 (21).
«—Para Martín...» 226 (4).
«—Para, para. —Aguarda. —Espera...» 230 (6), 288 (32).
«Para Pedro, que aquí la mala noche...» 191 (22), 323 (17).
«—Parasismo del mundo, a cuyo horror...» 191 (16).
«—Pardiobre que la he de echar...» 310 (37).
«—Pardios, yo no entiendo al Cura...» 191 (12).
«—Pardo rizco (*sic*) de Sauzes Coronado...» 271 (8).
«—Pardos riscos, de nubes coronados...» 192 (32).
«—Parece que adivinó...» 264 (2).
«—Parecieron bien las fiestas?...» 280 (6).
«—Paren los coches...» 295 (18).
«Pariendo, juro Pelaya...» 269 (171).
«—Pasaba el gran Carlos Quinto...» 191 (37), 192 (14), 269 (186).
«—Pasced a vuestro solaz...» 194 (17 c).
«Paseábame ayer tarde...» 269 (99).
«—Peces que el golfo habitais...» 296 (3).
«—Pedro, Pedro, ¿donde vas?...» 324 (1).
«—Pensativo anda el Señor...» 195 (54).
«Pensativo está el buen viejo...» 195 (48 a).
«—Peñas que un tiempo fuisteis...» 212 (2).
«—Perdiose en un monte un rey...» 191 (31), 269 (152), 287 (26 a).
«—Perdonad, mas suspendamos...» 191 (35), 192 (16).
«—Perezcan entre estos montes...» 198 (7).
«—Periquillo el de Madrid...» 188 (6).
«—Pernil, mete esos caballos...» 248 (10), 288 (35).
«—Pesame que os resoluais...» 233 (11).
«—Pescadora soy, y aspiro...» 303 (19).
«—¡Picaronas, ladronas, embusteras...» 269 (215), 305 (5).
«—Piedad, cielos, piedad que ya no puedo...» 205 (6).
«—Piedad Iupiter santo. —Que fiera tempestad!...» 243 (12).
«Piedras, bronces, chapiteles...» 269 (102).
«—Pienso que al arma han tocado...» 245 (4), 287 (28).
«—Pinedo, mucho querría...» 333 (2 b).
«—Pisa quedo. —Apenas toco...» 224 (4).
«—Poca noticia nos dan...» 278 (11).
«—Poco á poco se muere mi marido...» 269 (328), 289 (22), 314 (26).
«—Poco en el jardín assisten...» 228 (9).
«—Poco madrugadoras somos, Juana...» 269 (291).
«—Poderosa y noble gente...» 195 (36 b).
«—Poned fuego á las puertas; ¡rompa el fuego...» 288 (8).
«—Ponme el manto Estefanía...» 339 (19).
«—Por aqui va el jauali...» 278 (5).
«—Por dar alivio a los cuidados míos...» 227 (7).
«—Por el reino de Toledo...» 269 (76).
«—Por esta parte parece...» 222 (2), 241 (4), 288 (48).
«—Por gracia del Soberano...» 195 (50 b).
«Por la puerta de la culpa...» 269 (181).
«—Por la puerta del trabajo...» 269 (246), 305 (21).
«—Por la verde maleza...» 192 (34).
«Por largos años, por felizes días...» 283 (10).
«Por las cumbres de los montes...» 269 (134), 280 (4).

Q

«—Que causa os puede obligar...» 235 (12).
«¡Que de innumerables veces...» 269 (141).
«—¡Que descuidado que duermes!...» 269 (218), 305 (11).
«—¿Qué dices de mí fortuna?...» 254 (2), 277 (7), 287 (52).
«—¿Qué dices, Juana? —Que es él...» 288 (62), 336 (8).
«—¿Qué dices, necia? No quede...» 196 (9), 287 (45).
«—¿Qué dices? —No te oso hablar...» 315 (1).
«—Que dichosa hubiera sido...» 201 (4).
«—Que Dios mejora las horas...» 190 (1), 296 (1).
«—Que divertida el papel...» 233 (2).
«—Que embelecos son estos, Tringintan...» 192 (30).
«—Que erraste el primer papel...» 272 (8).
«—Qu'es cosi cosa...» 195 (87 b)
«—Que es esto, Dios? yo habito en dura guerra...» 221 (11)
«—Que es esto, Dioses Diuinos...» 310 (10).
«—Que es esto? —Tu hermana soy...» 229 (1), 287 (24)
«—Que espantosa tormenta...» 212 (12).
«—¡Qué! ¿Está resuelto el Marqués...» 288 (38).
«—Que este vuesamerced, señor Cuidado...» 269 (333), 308 (20).
«—¡Qué fatigas y embelecos...» 269 (25 b).
«—Que habeis hecho, marido...» 298 (5).
«—Que hacen los hombres...» 195 (82).
«Que haces?...» 208 (10).
«—Que haces Carlos?...» 237 (6).
«—Que haremos mientras es hora...» 232 (2).
«—Que hay Catuja?...» 308 (8).
«—Que haya quien corra la posta...» 244 (4).
«—Qué hemos de hacer con estar...» 301 (1).
«¿Que hora es, Ines?...» 310 (20).
«—¿Que hora es, Inés? —Las siete dan agora...» 269 (264).
«—Que hora será...» 303 (8).
«—Que horrorosa tempestad...» 243 (1).
«Que locura, o frenesí...» 280 (8 c).
«—Que locura.—Quien te dize...» 206 (11).
«¿Qué manjar pensais questá...» 300 (2 a).
«—Que maravilla es aquesta...» 195 (69).
«—¿Qué me cuenta vuested, señor Tarjeta?...» 294 (2).
«—Que me haya dado Dios de conocido...» 339 (9).
«—Que me muero señores, que me muero...» 314 (1).
«—¿Qué me quiere este gorrón?...» 269 (22).
«—¡Que me roban, señores, que me roban!...» 269 (308), 319 (20).
«—Que me traygas por ser de amor beleta...» 292 (2), 298 (19).
«—Que no duermen los mis ojos...» 194 (22), 195 (81).
«—Que no estás desengañada?...» 199 (8), 287 (30).
«—¿Que no quieres ver al Duque...» 288 (40).
«—Qué, no sois muerto, Garañón amigo?...» 294 (11)
«—Que nos manda tu merçe...» 195 (37 b).
«—Que nos trae aquí a los dos...» 217 (8).
«—Que notable locura...» 328 (38).
«—¿Qué novedades son estas...» 287 (15).
«—Que os diera tan alta empresa...» 202 (1).
«—Que os parece de la Corte D. Blas?...» 314 (18).
«—¿Qué puede quererme ahora...» 254 (8), 287 (47).
«—¿Qué sabandija se queda...» 269 (245), 305 (20).
«—Que sea un hombre yo tan desdíchado...» 328 (20).
«—Que seguiste la carroça?...» 222 (12), 241 (10).
«¡Que siempre en los grandes dias...» 269 (172).
«—Que sientes Irene mía...» 218 (3).
«—¡Que soy casada!...» 269 (323), 294 (16).
«—¡Que tanta jácara quieres...» 269 (241).
«—Que te dixo aquel ingrato...» 314 (29).
«—Que te ha parecido, Bras...» 310 (28).
«—Que teneis Don Iuan?...» 232 (12).

R

S

«—Sabed, amigo, que os he llamado...» 301 (9).
«—Sabed, amigos, que os he llamado...» 188 (19).
«—Sabes acaso que soy...» 221 (4)
«—Saca esas almohadillas, Beatricilla...» 269 (313).
«—Sacamuelas soy señores...» 328 (3).
«—Sacerdocio sublimado...» 194 (13 a), 195 (20 a).
«—Sacristan de la legua ¿tú me irritas?... 269 (265), 310 (23).
«—Sacristan Estantigua, que me quieres...» 303 (10).
«—Sacro hijo de Cambises...» 236 (10), 273 (7).
«—Sagrado Dios Neptuno...» 277 (2).
«—Sal aqui, doncellita. —Señor, ¿llamas?...» 269 (279).
«—Sal aqui, si eres hombre, gorroncillo...» 269 (318), 294 (5).
«—Sal aqui, viejecillo impertinente...» 294 (7).
«—Sal aqui Viegecillo, ingerto en mona...» 328 (37).
«Sale marchando un escuadron volante...» 269 (86).
«Sale una armada del puerto...» 289 (1 a).
«Sale una famosa armada...» 269 (157), 311 (5 a).
«—Salga gente de la guarda...» 2025.
«—Salga la gente de la guarda...» 226 (9).
«Salid, rotas las prisiones...» 194 (33).
«Salió un ladrón, espía de otros tales...» 300 (2 b).
«—Salir sin mi licencia, aquesso passa?...» 191 (34), 192 (26).
«—Salte, Inés, de aquesta quadra...» 200 (10).
«—Saludad a la Deidad...» 240 (1).
«—Salve Imperial Toledo, a cuya silla...» 284 (3).
«Salvehos Dios, y tan salvados...» 333 (2 a).
«—Salveos Dios aca, garçones...» 333 (6).
«—Santiago, Santiago...» 287 (11 b).
«—Sargento, bien llegado...» 324 (7).
«—Sastre soy por mis pecados...» 303 (prels.).
«Sea bien venida...» 206 (8)
«—Sea el señor Mendoza bien venido...» 321 (7).
«—Sea v. s.ª bien venido, señor don Zurrapo...» 269 (297)
«—Sea Vuestra Magestad muy bien llegado...» 264 (12), 272 (9)
«—Seais bien venido, Señor, a esta aldea...» 198 (4)
«—Seaís, señora, bien venida...» 223 (11).
«—Seas Don Iuan vien venido...» 235 (9).
«—Seas, Juana, á la corte bien venida...» 269 (81), 314 (16).
«—Seas, Motril, bien venido...» 242 (4).
«—Seas muy bien venida doña Clara...» 321 (24).
«—Seas, Nebli, bien venido...» 287 (37).
«—Seas por siempre alabado...» 195 (52 b).
«—Seas, Quiteria, mil veces bien venida...» 269 (61).
«—Seguilde todos, seguilde...» 240 (6).
«Senado ilustre y preclaro...» 195 (41).
«—Senado muy eminente...» 269 (25 a).
«—Señor Diego, yo os suplico...» 288 (57).
«—Señor Don Fausto?...» 299 (14), 304 (12), 319 (7).
«—Señor don Fausto. —Doña Clara hermosa?...» 324 (11)
«—Señor don Iuan de Almendrares...» 237 (4).
«—Señor D. Lope Fajardo...» 230 (10).
«—Señor Don Tello, no puedo...» 271 (11), 276 (9), 306 (6).
«—Señor D. Vicente, aquesta es mi fatiga...» 298 (14).
«—Señor Dotor Carlino...» 324 (19).
«—Señor Francisco Loarte...» 222 (4).
«—Señor Gaiferos, qué es lo que me cuenta?...» 321 (25).
«—Señor Galan embozado...» 192 (35).
«—Señor Liñan ¿está desesperado...» 269 (262), 310 (17).
«—Señor Marban, de que es la melancolia...» 188 (16), 301 (20)
«—Señor muesamo Laban...» 195 (4 b).
«—Señor, pues has despedido...» 204 (2).
«—Señor, que melancolía...» 217 (11)
«—Señor, que tienes? que mal...» 213 (14).
«—Señora Cazoleria...» 269 (224).
«—Señora Mari Calleja...» 191 (23).
«—Señora Mari Dura?...» 192 (24).
«—Señora mosqueteria...» 269 (222).

«—Suelta aleuoso. —Quien eres?...» 311 (6 b).
«—Suelta la capa diablo...» 303 (4).
«Suelta la capa, diablo. —¿Como suelta?...» 269 (335).
«—Suelta la presa, atrevido...» 229 (11).
«—¡Suelta, madre! —¡Ay hijo amado!...» 194 (30)
«—Suelta, marido. —Mira, mujer mía...» 336 (50).
«—Suelta Montigre...» 233 (10).
«—Suelte usted...» 339 (18).
«—Suene el clarin, y corte...» 194 (45).
«—Sueño pesado y fuerte...» 205 (10), 287 (39).
«Suprema Sabiduría...» 194 (16 a).
«Surcando del mar furioso...» 269 (95), 280 (6).
«—Suspende de tus ojos...» 227 (12), 273 (1), 288 (34).
«—Suspende, señora, el llanto...» 240 (4), 288 (19).

T

«—Tal pan, donde Dios se ençierra...» 300 (1 a).
«—Tal pasa en ausencia tuya...» 204 (11).
«—Tan amigo os prevenis...» 200 (2).
«—Tan ligero soy de cholla...» 269 (235), 305 (15).
«—Tan poco firme mi afecto...» 222 (6).
«—Tantas noches, don Esteuan...» 207 (9).
«—Tanto el peso del gouierno...» 229 (7).
«—¿Tanto placer, Placer bello...» 194 (32).
«—Tanto puede la grandeça...» 195 (16 b).
«—Tanto valor acompaña...» 280 (3).
«—Tapate, Ines, que no quiero...» 213 (1), 288 (23).
«—¿Te admiras? —Sí, que siento de que tratas...» 269 (79).
«—Tejase la corona...» 323 (27).
«—Temerario atrevimiento!...» 243 (9).
«—Templad, hermanos, las iras...» 273 (2).
«—Ten de ese estribo, y aguarda...» 234 (4):
«—Ten esse estriuo...» 212 (1)
«—Tendido estaba a la larga...» 328 (33).
«—Tened amigo, que hazeis?...» 192 (12).
«—Tened, despacio, aguardá, aguardá, espera...» 284 (5).
«—Tened, no passeis de aqui...» 205 (4).
«—Tenga en los ojos modestia...» 217 (5).
«—Tengan lástima vustedes...» 269 (232), 305 (13)
«—Tenganla, que está loca...» 191 (17), 296 (6).
«—Tengo de oir a todo majadero...» 269 (66).
«Tengo dichas tantas loas...» 269 (101).
«—Tengome de ahorcar, sin resistencia...» 321 (2).
«—Tengome de embarcar, aunque la saña...» 242 (1).
«—Téngote infinito amor...» 287 (16).
«—Tente hermano Mandricardo...» 284 (8).
«—Teresilla hermana...» 194 (2), 195 (72).
«—Terrible sueño! apenas...» 251 (9).
«—Tiberio ¿qué fiesta es esta...» 300 (1 c).
«—Tierra cercada de abrojos...» 310 (24).
«—Tira más quedo, ganapán tapado...» 294 (19).
«—Toca al arma...» 241 (2).
«Todas las cosas pequeñas...» 269 (123).
«Todos los hombres mortales...» 195 (38 a), 269 (121).
«—Tontonazos, tontones, retontones...» 269 (212), 305 (2).
«—Traición, traición...» 222 (8).
«—¿Trajiste la escala? —Sí...» 248 (3), 288 (51).
«—Trampa con guardainfante...» 269 (329), 314 (30).
«—Tras la Caba enamorado...» 191 (14).
«Trébol, florido Trebol...» 195 (60 b).
«—Tres cosas hay en este Ayuntamiento...» 324 (17).
«—Tres días ha con oy, señora...» 239 (8).
«—Tres hijazas tan grandes, tres. ¡Ah cielos!...» 269 (75).
«—Triste viene el padre Adan...» 195 (44).

U

V

«Veo mis glorias burladas...» 311 (1 b).
«—¡Victor, el pasmo de Europa!...» 288 (55).
«—Victor mil vezes, á todos...» 239 (6).
«—Victor, victor Cupido...» 188 (8), 336 (42).
«—Viendo Dios que el hombre ingrato...» 310 (46).
«Viendo la pura Conciencia...» 195 (9 a).
«—¿Vienen tras nosotras? —Sí...» 336 (24).
«—Vila al dexar la carroça...» 198 (1).
«—Viote mi padre? —No sé...» 277 (5).
«—Vistanse de alegre grana...» 195 (94 b).
«—Viste a Doña Clara bella?...» 247 (6), 288 (1), 336 (17).
«—Viste Aurora?...» 217 (3).
«—Vistele passar, Elvira?...» 223 (3).
«—Vitor el rayo Africano...» 238 (1).
«—Viva Albano. —Viva Irene...» 235 (7).
«—Viva Alfonso...» 240 (2).
«—Viva Creso Rey de Lidia...» 217 (9).
«—Viva el grande Diocleciano...» 222 (9).
«—Viva el Imperio...» 239 (10).
«—Viva el invicto Alejandro...» 288 (15).
«—Viva el Rey Don Pedro...» 246 (8).
«—¡Viva el Rey! —¡La libertad...» 288 (60).
«—Viva España. —Olanda viva...» 233 (7).
«—Viva Eugenio, rey de Grecia...» 201 (1).
«—Viva Fresia, siempre altiva...» 222 (1).
«—Viva Ludouico, viva...» 225 (6).
«—Viva muchos años aqueste Zagal...» 229 (12).
«—Vivan los Medices, vivan...» 278 (6).
«Vivan muchos años los desposados...» 310 (39).
«—Vive Cristo, don Enrique...» 288 (59), 336 (4).
«—Vive Dios, que tienes cosas...» 217 (1), 336 (15).
«—Vive el çielo que te mate...» 200 (6).
«—Vivo no ha de quedar ningun Soldado...» 273 (11).
«—¿Voló mucho? —Voló tanto...» 280 (8 b), 2016.
«—Volved de nuevo a cantar...» 227 (2).
«—Volvedme, Conde, á abrazar...» 287 (23).
«—Volvieron huyendo al fin...» 204 (3).
«—¿Vos conocéis? —Sí conozco...» 269 (316).
«—Vos no aueis aberiguado...» 192 (22).
«—Vos seáis, Sultana hermosa...» 219 (5).
«—Vuelve a mi cuello esos lazos...» 272 (2).
«—Vuelve felismente...» 273 (9).
«—Vuestra alteza, gran señor...» 288 (16).
«Vuestra Alteza mire bien...» 198 (10).
«—Vuestra Alteza puede entrar...» 222 (11).
«—Vuestra embaxada he escuchado...» 264 (11).
«—Vuestros aumentos D. Lope...» 219 (2), 271 (6).

Y

«—Y asi, inuicto Rey Francisco...» 264 (8).
«—Y que passo tan galan...» 254 (10).
«—Ya, Astolfo, y señor, que el cielo...» 246 (3).
«—Ya, claro Ulises, que el cielo...» 245 (3).
«—Ya Conmodo mi hermano...» 207 (4).
«—Ya, don Lope de Estrada, hemos llegado...» 287 (29)
«—Ya en fin auemos llegado...» 212 (6).
«—Ya es tan fuerte mi pesar...» 218 (11).
«Ya está todo aparejado...» 194 (23 b).
«—Ya estamos a la vista de Mecina...» 240 (8).
«—Ya estámos en Zaragoça...» 230 (3), 240 (9).
«—Ya estas en Madrid. —En él...» 278 (7).
«—Ya estás Tonillo en Madrid...» 226 (5).
«—Ya estoy cansado, Marin...» 203 (2), 288 (33).
«—Ya he dicho que me hagais quatro vestidos...» 316 (15).

Z

B I B L I O T E C A S

BARCELONA.

Central. 46, 2421.
Episcopal. 1077-78.
Particular de D. Arturo Sedó. 256, 262, 288, 289, 291, 295-96, 298, 301, 303-4, 306-8, 314, 319-24, 334, 339, 341.
Universitaria. 129, 1416, 2491-92.

BILBAO.

Diputación Provincial. 1657.

BOSTON.

Public Library. 310.

BUENOS AIRES.

Particular del Dr. José Luis Molinari. 2133.

BURGOS.

Pública. 1264, 1431, 1485, 1494, 1748, 1801-4, 1806, 2092, 2233, 2235, 2577.

CORDOBA.

Pública. 1292, 1401, 1405, 1414, 1416, 1485, 1497, 1679-80, 1803.

CRACOVIA.

Universitaria. 98.

FLORENCIA.

Marucelliana. 1419, 1465, 1486, 1489, 1492, 1497, 1512.
Nazionale. 109-10.

GRANADA.

Universitaria. 1636.

HUESCA.

Pública. 2501.

LA LAGUNA.

Provincial. 1250, 1252.

LAS PALMAS.

Archivo Acialcazar. 1251.

LOGROÑO.

Pública. 1464.

LONDRES.

British Museum. 51, 101, 112, 129, 256, 260-61, 265-66, 271, 297, 1080, 1084, 1127-28, 1270, 1314, 1322-23, 1330, 1414-15, 1418-20, 1422, 1426, 1464-65, 1468, 1471, 1480, 1481, 1491, 1493, 1495-96, 1502-9, 1511-12, 1554, 1556, 1561-62, 1564, 1567-68, 1577, 1579, 1581-82, 1584-85, 1594, 1679-80, 1685, 1706-7, 1709-10, 1743, 1746, 1774-75, 1777-78, 1781, 1800, 1821, 1828-31, 1854, 1857-58, 1870, 1874, 1901, 1906, 1939, 1980, 2024, 2026,-27, 2158, 2163, 2190, 2207, 2218, 2227, 2234, 2236-37, 2259, 2286, 2325, 2329, 2332, 2433-35, 2440, 2456, 2461, 2463, 2466, 2470-72, 2475, 2477-78, 2480, 2486, 2489, 2507, 2562, 2594, 2600, 2607.

MADRID.

Academia Española. 178, 180, 192, 195, 298, 376, 627, 629, 779, 861, 1006, 1045, 1084, 1127-28, 1192, 1228, 1277, 1414-16, 1472, 1556, 1736, 1772, 1781, 1801, 1808, 1830-31, 1918, 2139, 2158, 2227, 2233, 2253, 2434-35, 2553, 2568, 2606.

Academia de la Historia. 46, 117, 1127-28, 1145, 1192, 1201, 1234, 1239, 1258, 1360, 1388, 1414-15, 1464, 1472, 1480, 1493, 1615, 1657, 1680, 1706-8, 1736, 1828, 1830-32, 1846, 1848, 2026, 2101, 2103, 2158, 2162-63, 2207, 2286, 2390, 2402, 2434-35, 2439, 2441, 2476, 2478, 2480, 2532, 2568, 2570, 2605.

Ateneo. 31, 355, 386-87, 405, 429, 448, 551, 771, 895, 920, 978, 993, 1003, 1019, 1035, 1471.

Centro de Estudios sobre Lope de Vega. 275, 300, 326, 342, 744.

Consejo General. 2, 5, 27, 31, 35-36, 47, 67, 82, 122, 130, 184, 186, 317, 343, 351, 353, 361-62, 378, 380, 382, 385-86, 388, 397-99, 405, 418, 425 bis, 430, 537, 551, 703, 734, 747, 750, 757, 760, 893, 906, 921, 945, 949-50, 969, 977-78, 985, 998, 1005-6, 1019, 1021, 1032, 1044, 1558, 1585-86, 1594, 1644, 1736, 2199, 2517.

Consejo. Instituto «Francisco Suárez». 913, 983.

Consejo. Instituto «G. Fernández de Oviedo». 1831, 1833, 2134.

Consejo. Patronato «Menéndez y Pelayo». 37, 47, 50, 52, 57, 64, 69, 121, 286, 315, 317, 331, 347, 349, 360, 420, 425 bis, 429, 458, 521, 551, 632, 650, 663, 665, 691, 693, 696, 829, 860, 866, 975, 1001, 1016, 1127-28, 1585, 1644, 2158, 2435.

Particular de D. Joaquín de Entrambasaguas. 163, 169, 389, 991.
Particular de D. Rafael de Balbín Lucas. 543.
Particular del Duque de Alba. 62, 1511.
Particular del Duque de Medinaceli. 120.
Particular de «Razón y Fe». 1007-8.

MALAGA.

Sociedad Económica. 604.

MEJICO.

Nacional. 184.

MILAN.

Ambrosiana. 1414, 1419, 1580.
Nazionale Braidense. 1504.

MODENA.

Estense. 123-25.

NAPOLES.

Brancacciana. 72-73.
Nazionale. 86, 88, 1481, 1492, 1497, 1548, 2476-78, 2597-98.

NUEVA YORK.

Hispanic Society. 81, 102-3, 1127-28, 1137, 1161, 1173, 1188, 1192, 1234, 1256, 1267, 1270, 1297, 1389, 1399, 1403, 1414-15, 1419-20, 1422, 1426, 1468, 1480, 1502, 1506, 1509, 1512, 1553-54, 1564, 1584, 1653, 1667, 1706, 1708-9, 1712-13, 1735, 1772-74, 1846, 1848, 1857, 1955, 1987, 2023, 2027, 2163, 2217-18, 2222, 2365, 2375, 2433, 2568.

OVIEDO.

Universitaria. 13, 24, 51, 101, 181, 296, 322, 1415, 1535, 1581, 2189.

OXFORD.

All Souls College. 131.

PALMA DE MALLORCA.

Pública. 1261, 2235, 2374, 2440, 2463, 2468, 2576, 2590.

PARIS.

Nationale. 1127-28, 1228, 1270, 1414-21, 1431, 1464, 1467, 1471, 1480, 1487, 1489, 1491-93, 1497, 1502-5, 1511, 1576-77, 1579, 1582, 1584, 1615, 1623, 1679-80, 1706, 1708-10, 1726, 1746, 1748, 1776-77, 1789, 1803, 1846, 2158, 2218, 2233, 2235-36, 2286, 2433-34, 2440, 2443, 2445, 2447, 2449, 2452, 2454, 2456, 2458, 2461, 2463, 2466, 2468, 2470-71, 2480, 2530, 2544, 2546, 2553.

PASTRANA.

Archivo de los PP. Franciscanos. 2581-82.

SORIA.

Pública. 1485.

TARRAGONA.

Pública. 1074-76, 1493, 1714.

TOLEDO.

Provincial. 158.

TURIN.

Nazionale. 160.

VALENCIA.

Universitaria. 82, 1470, 1480-81, 1754-59, 2009.

VALLADOLID.

Universitaria. 1812.

VIENA.

Nacional. 148, 150, 152, 154.

WASHINGTON.

Congreso. 4, 27, 30, 49-50, 52, 62, 64, 67, 82, 184, 315, 335, 468, 536, 683, 731, 741, 2620.

WOLFENBUTTEZ.

Ducal. 127.

ZARAGOZA.

Universitaria. 63, 1135-37, 1188, 1192, 1228, 1264, 1284, 1296, 1298, 1339, 1480, 1485, 1488, 1630, 1680, 1708, 1803, 1846-49.

T E M A S*

A

Abadesas, 2295.—*Págs.:* 345.
Abanicos, 322 (13), 1298 (20).
Abantal, 198 (23), 269 (276).
Abarca de Bolea, Bernardo, 1137.
Abejas, 107 (295), 158 (14, 86, 113), 172 (prels.), 1297 (5).
Abel, 165 (599), 195 (41).
Abigail, 195 (50), 273 (10).
Abindarraez, 171 (34, 58-59).
Abismos, 238 (3), 241 (5).
Abogados.—*Págs.:* 398, 457, 490, 528; de los Reales Consejos, 1290.
Aborrecer, 257 (5), 345 (49), 1279 (9), 1283 (5), 1292 (7).
Aborrecidos, 88 (89), 205 (8), 1294 (19), 1298 (13, 15).
Abortos, 67 (168).
Abraham, 194 (5), 195 (1, 3, 22, 25 b).
Abril, 270 (8), 2058 (4).
Absalón, 273 (9), 317 (42).
Acacio, San. 51 (239, 241), 57 (167).
Academia de Madrid, 175 (342), 2218.
Academias, 266 (10), 470-78, 1275-1305, 1767, 2177, 2650.
Aceite, 1285 (24-29).
Aceitunas, 43 (20).
Aceituneros, 269 (309, 337), 290 (12).
Acero (Tomar el), 28 (33), 43 (122).
Acevedo, Diego de, 171 (31).
Aciertos, 222 (11).
Acteón, 107 (99).
Actores, 710-29.
Acuña y Guzmán, Antonia de, 1407.
Adán, 107 (113), 135 (I, 65), 165 (65, 78, 202, 224, 228-30), 191 (13), 194 (6), 195 (40, 42-44, 53, 91).
Adonis, 28 (14), 43 (71), 64 (214), 131 (82), 175 (321).
Adúlteras, 206 (7).
Afeitadas, 1289 (20).
Afeminados, 67 (29).
Afrentas, 215 (7), 288 (25).
Africa, 1584 (18).
Agamenón, 313 (2).
Agar, 195 (2).
Agentes de negocios.—*Págs.:* 542.
Agoreros, 64 (37).
Agradecer, 222 (8).
Agradecidos, 261 (5), 340 (16).
Agramante (Rey), 171 (50).
Agravios, 200 (2), 201 (5), 213 (15), 230 (5), 235 (1), 236 (8), 251 (2), 270 (51, 60), 271 (1), 336 (12), 1765-66.
Agricultura, 2542-63.
Agua, 88 (12), 175 (285, 318), 185 (31), 202 (12), 205 (11), 226 (11), 283 (11), 287 (22); bendita, 1285 (24-29).
Aguadores, 323 (1).
Agüeros, 402.
Aguila, Conde del, 344.
Aguila Rosales, Juan del.—*Págs.:* 582.
Aguilar (Casa de), 2209.

* Los números citados en este índice, como de costumbre, remiten a las fichas correspondientes, salvo los precedidos por la abreviatura *Págs.* que se refieren a los datos biográficos de los Autores mencionados en la página indicada.

Aguilar Campo y Castrejón, Miguel de.—*Págs.:* 583.
Aguilas, 165 (362, 394), 238 (1), 1288 (39), 2139.
Agujeteros, 340 (8).
Agustín, San, 165 (459-61, 559-62), 238 (1), 1118, 1188, 2000, 2099.
Agustinos, 922, 930, 955-57, 1080, 1188 (16), 1274, 1924, 2099, 2154, 2218, 2328-29, 2406.—*Págs.:* 338, 342, 352, 397-98, 455, 464, 481, 490, 504-5, 510, 533, 536, 549, 567-68.
Ahorcados, 269 (262), 310 (17).
Ahorro, 1668.
Ahumada, Juan Bernardino de, 2593.
Ahumada, Sor Leonor de, 2593.
Aire, 172 (60), 175 (91, 242), 219 (12), 241 (13), 265 (6), 1290 (7).
Ajedrez, 128 (38).
Alagón, Martín de, 1228.
Alamos, 43 (112), 115 (59), 136 (6, 16), 1285 (5).
Alaquas, Condes de, 2058 (12).
Alarcos, Conde, 168 (14), 201 (4), 272 (2), 341 (27).
Alarde, 64 (174).
Alba, 69 (241), 172 (84), 175 (120), 2025 (19).
Alba, Duques de, 135 (II, 14), 168 (51), 175 (284), 1705, 1764.
Alba de Tormes, 1907.
Albaida, 2020 (11).
Albanio, 171 (38).
Albarracín.—*Págs.:* 561.
Alburquerque, Duque de, 1172.
Alcahuetes, 67 (118), 1277 (40-41).
Alcaide de Ronda, 171 (33, 35), 1198-1213.
Alcaides, 1298 (2).—*Págs.:* 442.
Alcalá, Duques de, 1775, 2121.—*Págs.:* 452, 454.
Alcalá de Henares, 135 (I, 171), 165 (285, 424), 171 (114), 200 (3), 270 (43), 310 (21), 794, 1811, 1813, 1817, 1929, 2101.—*Págs.:* 481, 570.
Alcaldes, 188 (3), 190 (2, 7), 191 (41), 220 (8), 269 (3, 5-6, 282-87, 339), 277 (18-21), 289 (6, 11-14), 292 (8), 294 (18), 296 (11), 298 (58), 301 (12), 319 (8), 321 (5-6, 11), 323 (6), 1907; de Sacas, 269 (314), 290 (7), 321 (21).—*Págs.:* 402.
Alcántara (Caballeros de), 208, 222, 242, 248, 323-24, 1281 (1), 1307, 1708, 2216.—*Págs.:* 549.
Alcañiz, 1228.
Alcañizas, Marqués de, 2218.
Alcázares, 241 (9), 247 (7), 271 (3), 336 (34).
Alcides, 175 (87), 2023.
Alcira, 2529.
Alcobendas, 72 (104).
Alcoy.—*Págs.:* 338-39.
Alcudia, 1762.
Alda, Doña, 171 (41).
Alegría, 884, 1719.
Alejandria, 198 (8), 224 (12), 310 (15).
Alejandro Magno, 191 (32), 224 (9), 1095, 1604.
Alejo, San 207 (1).
Alemania, 67 (156), 165 (518), 168 (1, 51), 228 (8), 233 (11), 323 (27), 350, (5), 807-8, 1006, 1041, 1584 (25).
Alencastre, Joan Xavier de, 292.
Alfanjes, 190 (16).
Alfaro, Francisco de, 69 (96).
Alfeo, 28 (51).
Alferez, 2158.—*Págs.:* 342; mayor de Castilla, 2253.
Alfileres, 192 (21), 269 (277).
Alfonso VIII, 364 (1).
Alforjas, 269 (295).
Alguaciles, 175 (154-55), 187 (56).
Alhajas, 295 (19).
Aliaga, Conde de, 1301.
Alifa, Alife o Alisa 2427.—*Págs.:* 550.
Alimentos, 269 (31).
Alma, 62 (56), 64 (42), 67 (114), 88 (57), 97 (19-20), 107 (126-28, 134), 128 (128, 137, 166), 136 (31-33), 165 (197-98, 234, 264, 569-71, 576-77, 588-89), 171 (99), 175 (40, 330), 191 (16), 194 (25), 310 (16), 317 (18), 337, 1153, 1291 (11), 1292 (7), 1357, 1584 (115), 1998, 2158 (6, 11, 20), 2159 (1), 2383 (45); del Purgatorio, 1673.
Almanzor, 175 (123).
Almendros, 1291 (29), 1961.
Almirez, 175 (282).
Almorranas, 67 (192).
Almutazafes, 1228, 1675-76.
Alonso, P. Francisco, 1817.
Alonso Moscoso, Juan, 69 (21).
Alquiladores, 322 (22).
Alvarez de Toledo, Antonio, 1294.
Alvarez de Toledo, Fernando, 28.
Allata Lanza Barressi, Isabel, 215.
Amadís, 240 (6).
Aman, 195 (17), 201 (2).
Amantes, 28 (30-31), 43 (123), 62 (69-70, 72-73, 77-78, 81, 83-84, 87, 89-91, 101), 64 (195), 67 (327), 88 (92), 185 (12), 200 (1), 213 (13), 218 (10),

Antonio Ermitaño, San, 165 (503).
Antonio de Padua, San, 268 (5).
Anzuelos, 358 (10).
Añaya y Villanueva, Bartolomé de, 1774-75.
Aojados, 298 (16).
Aparceros, 1416.
Apeles, 67 (330).
Apellidos, 294 (15), 552.
Apetito, 2631.
Apodos, 336 (43), 1293 (9).
Apolo, 28, 43 (65), 51 (9), 107 (118), 128 (110), 131 (186), 171 (27), 175 (291), 214, 269 (67), 1291 (21), 1296 (13), 1298 (2), 1301 (3, 9), 1584 (125), 1604, 1938, 2058 (17), 2383 (36-37).
Apólogos, 1808-9.
Aposentadores.—*Págs.:* 340.
Aprendices, 301 (11).
Aquiles, 57 (74), 168 (35, 37), 1279 (20), 1584 (4), 1604.
Arabia, 371 (14).
Aragón, 28 (70), 168 (15), 187 (35, 83), 214 (2), 271 (11), 288 (58), 511, 522, 827, 845, 1124, 1127-28, 1228, 1584, 1846, 2383 (39), 2436, 2523.—*Págs.:* 351.
Aragón, H. Alvaro de, 1434.
Aragón, María de, 107 (313, 322).
Aranda, Conde de.—*Págs.:* 359.
Aragón Folc de Cardona y Córdoba, Catalina de, 1128.
Aragón y Moncada, Luis de, 1548, 1735.
Aragoneses, 269 (18), 283 (12), 350 (1).
Arambeles, 188 (9).
Aranda, Conde de.—*Págs.:* 359.
Arauco, 285.
Arboles, 192 (39), 295 (18), 1292 (21), 1414, 2236.
Arca de Noé 222 (3).
Arcabuzazos, 1290 (19).
Arcadia, 225 (3).
Arce, Pedro de, 1299-1300.
Arcedianos, 264.—*Págs.:* 522, 543.
Arcos, Duque de, 2202-3.
Ardales, Marques de, 69 (262, 282), 227 (1).
Ardides, 345 (24), 358 (20), 2311.
Arequipa, 69 (284), 737.—*Págs.:* 522.
Aretusa, 28 (51).
Argaez, José de, 1888.
Argel, 175 (175).
Argentina, 371 (12).
Argia, 155 (130).
Argos, 107 (187).
Ariadna, 57 (79).
Aristómenes Mesenio, 220 (10), 261 (7).
Arizcun Pontejos y Sesma, José, 336.
Arjona, 1615.
Armadas, 70 (2, 7-8), 73 (60), 78 (18), 168 (54-58), 171 (4), 174 (54), 1400, 2158 (23, 30-31), 2211, 2216, 2218; de la plata, 1987.
Armas, 246 (5), 1279 (20), 1403, 1428, 1584 (4), 2156, 2419-21, 2435.
Arquitectos, 295 (17).
Arrepentidos, 88 (85), 315 (5), 1076.
Arrepentimiento, 67 (136, 313).
Arroyos, 64 (213), 136 (4, 67), 158 (38), 172 (26, 50-51, 69), 175 (197), 185 (16), 223 (8), 270 (99), 1283 (18), 2383 (2).
Arrufayfa, 188 (6).
Arzobispos, 69 (284), 311 (10), 1296, 1401, 1405, 1630, 1653, 1693, 1763, 1800, 1888, 2038, 2105-6, 2259, 2298-99, 2519, 2527.—*Págs.:* 442, 484, 550.
Asaetados, 324 (15).
Asia, 131 (103), 1743.
Ascensión, 57 (172).
Ascética, 787, 852-1032.
Asistentes, 288 (46).
Asno, 64 (146, 204).
Aspides, 319 (13), 341 (16), 1285 (18-23), 1289 (19).
Astorga, 2605, 2609.—*Págs.:* 535, 571.
Astrología, 28 (3-4), 175 (357), 1284 (8), 1356-57.
Astrólogos, 190 (17), 254 (10), 270 (9), 316 (4), 1356.
Astucias, 345 (24), 358 (20).
Asturianos, 316 (8).
Asturias, 230 (2).
Asuero, 195 (16-17).
Asunción, 733.
Asunción de la Virgen, 51 (226-27), 57 (208), 195 (31-32, 62), 308 (6), 954, 2409, 2622.
Atalanta, 28 (39), 43 (29), 1298 (18).
Atarantados, 294 (7).
Atenas, 171 (30).
Atica, 135 (I, 156).
Atila, 318 (4).
Atlas, 1712-18.
Atrevidos, 345 (18).
Audiencias, 1554, 2201, 2223.—*Págs.:* 398, 490, 528.
Auditores de la Rota.—*Págs.:* 550.
Aurelio, Marco, 207 (4).
Aurora, 51 (29), 64 (35), 67 (62), 135 (II, 6), 136 (1, 3, 62), 165 (287), 172 (108), 227 (9), 754, 1296 (11).

B

Barroco, 425-34, 481, 540-41, 2622, 2625-26.
Bartolomé, San, 165 (394-97).
Basora, Jerónimo, 344, 2491.
Bastardos, 214 (3), 232 (11), 287 (18).
Basto, Marqués del, 1584 (41-44, 96).
Batalla, 171 (40, 55), 215 (4), 272 (4), 314 (5), 1289 (11), 1552, 2364; de Clavijo, 233 (6); de Lepanto, 536; de Pavía, 288 (38).
Batanes, 1290 (16).
Bauça, Fr. Simón, 1274.
Baules, 288 (11).
Baviera, Duque de, 1711.
Bayanismo, 1119.
Baydes, Marques de, 219, 223, 229.
Bayz, Fr. Manuel, 1903.
Bazán y Benavides, Francisco, 175 (289).
Beatas, 43 (138), 175 (276), 292 (7), 303 (13), 324 (2).
Bebidas, 398.
Beer, María Eugenia de, 1802.
Béjar, Duque de, 51, 72 (125).
Belén, 130 (18, 25, 34), 165 (11, 74), 191 (20-21), 192 (6).
Belerma, 135 (I, 40), 171 (46).
Belflor, Condesa de, 225 (5).
Belisario, Capitán, 202 (3), 254 (4).
Belmonte, Barón de, 271, 273.
Belmonte, Manuel de, 271.
Beltrán, Juan Bautista, 2529.
Belleza femenina, 62 (72-73, 75-76, 79-80, 83, 118), 172 (90). (V. *Hermosura*).
Bellígera, 285, 311 (6), 318 (29).
Bellotas, 57 (135).
Benavente, Conde Duque de, 1293.
Benavides y Sandoval, Bernardo de, 2310.
Benedictinos, 1017.
Benedicto XIII, 1761.
Beneficiados, 233.
Bermejo, Mar, 371 (14).
Bermejos, 1277 (42).
Bernabé, San, 165 (404-6).
Bernardo, San, 165 (482-85), 208 (8).
Beso, 1945 (1).
Betulia, 236 (10), 273 (7).
Bezón (actor), 2388.
Biancalana, Bernardino, 200.
Bigoteras, 1301 (10).
Bilbao.—*Págs.:* 492.
Biografías, 1337, 1341, 1431, 1621, 1653, 1659, 1738, 1754, 1758, 1763, 1774, 1812, 1821, 1888, 1949, 1972, 2080, 2137, 2319, 2399, 2435, 2486, 2503, 2515, 2519, 2530, 2532, 2570, 2593, 2605.
Bizarrías, 270 (104).
Bizcos, 1301 (6).
Blancura, 62 (68), 107 (12-13), 135 (I, 26, 72).
Blas, San, 165 (477-78), 308 (13).
Blasones, 287 (31), 1300 (4), 1428.
Bobos, 237 (1), 247 (10), 269 (14), 270 (20, 61, 75, 103), 280 (11), 288 (2, 62), 324 (1), 336 (2, 5, 8), 597, 1289 (12), 1292 (15).
Boca, 43 (27, 72, 131), 175 (335), 1292 (9, 18), 1297 (19).
Bodas, 194 (13, 16, 21), 195 (6, 20, 49, 92), 269 (93), 287 (8b), 292 (8), 299 (16), 303 (20), 304 (14), 324 (3), 339 (15), 1084, 1160-61, 1307, 1548.
Bodegones, 301 (3), 328 (4).
Bogotá, 736.
Bohemia, 1584 (25).
Bolonia, 28 (25).
Bolsas, 358 (10).
Bono, Fr. José, 1758.
Bonoso, 2113.
Borbón, María Luisa de, 248 (11a), 1293, 1306, 1542.
Borgoña, Carlos de, 2286.
Borrachos, 43 (39), 64 (77), 191 (9), 269 (10, 244), 305 (19), 319 (4).
Bosques, 1722.
Bota, 328 (29); de divino, 43 (39).
Boteros, 321 (2).
Boticarios, 178 (12), 269 (316), 339 (11).
Botijeros, 290 (18).
Brabante.—*Págs.:* 449.
Bradamante, 171 (36, 60-61).
Brandimarte, 171 (28).
Braseros, 43 (5), 67 (282), 70 (91), 185 (25).
Brasil, 2218.—*Págs.:* 441.
Breda, 228 (3).
Broqueles, 67 (287).
Brujas, 192 (30).
Brunete, 308 (6).
Bruno, San, 2144.
Bruselas, 724, 1706, 1709.
Bruto, 1279 (11).
Bucar, Rey, 155 (143).
Búcaros, 67 (317).
Buenaventura, San, 1253.
Buenos Aires, 1070.
Buey, 67 (193).
Buhoneros, 115 (61).
Bujías, 1290 (7).
Buñuelos, 67 (285), 188 (5), 190 (3), 296 (17).

C

Canónigos, 70 (62), 231, 344.—*Págs.:* 366, 396, 468, 486, 532, 535, 563, 571, 582.
Cansino, Juan, 2128.
Cantares, 194 (28), 317 (10).
Cántaro, 43 (140), 340 (7).
Cantillana, 216 (4), 287 (35).
Caña, 1289 (7).
Cañas dulces, 67 (283).
Capeadores, 269 (27, 236, 238), 305 (16-17).
Capellanes.—*Págs.:* 535.
Capilla, Andrés, 1330.
Capiscol, 295 (12), 341 (7).
Capitanes, 67 (70), 224 (4), 225, 237 (5), 254 (4), 315 (3), 339 (21), 372 (10), 1270, 1279 (20).—*Págs.:* 348, 351, 582, 1402, 1554, 1604, 2218, 2263.
Capones, 43 (108), 64 (87), 67 (102), 135 (I, 78), 322 (2), 340 (13).
Capua, 1292 (22).
Capuchinos, 64 (208), 236 (9), 1133, 1610, 2326.—*Págs.:* 569.
Caracoles, 136 (58).
Carácter, 400.
Caravaca, 1998.
Carbón, 1298 (10).
Carbonero, Pedro, 330 (7).
Carboneros, 239 (9), 288 (13).
Carcagente, 1755.
Cárcel, 64 (89), 88 (36), 172 (39), 269 (24, 216), 341 (12).
Cardenales, 1296, 1615, 1800, 2527, 2576.
Cárdenas y Angulo, Pedro, 1950.
Cardona.—*Págs.:* 337.
Cardona, Duque de, 1707.
Cardona, Enrique de, 1465.
Carenas.—*Págs.:* 338.
Caribdis, 135 (I, 101).
Caridad, 1188 (23), 1300 (11), 1442.
Carlino, Doctor, 235 (11), 288 (3), 336 (10).
Carlos Craso, 1116.
Carlos I de España y V de Alemania, 8 (31), 69 (133), 72 (205-6), 128 (60), 155 (173), 168 (51), 191 (37), 192 (14), 240 (7), 264 (12), 269 (186), 272 (9), 284 (4), 350 (5-6), 371 (2), 404, 542, 829, 1584 (116, 135), 1600, 1623, 1625, 2286.—*Págs.:* 347.
Carlos II de España, 28 (65, 69), 144, 1127, 1281, 1289 (24), 1290 (17), 1291 (9-10), 1293, 1298 (3, 27-29), 1299-1300, 1381-82, 2530.
Carlos VIII de Francia, 2286.
Carlos I de Inglaterra, 704.
Carloto, Don, 168 (9).
Carmelitas, 874-75, 889; calzados, 2098; descalzos, 57 (213), 1431, 1621, 1864, 2530, 2569-70, 2600.—*Págs.:* 437, 566, 570.
Carnaval, 67 (116).
Carnestolendas, 187 (51), 295 (13), 323 (11), 331 (3), 1283 (21), 1285, 1290, 1298 (22), 2065.
Carpio, Bernardo del, 171 (26, 32), 202 (8), 213 (2), 288 (6), 1116.
Carreteros, 158 (107), 291 (9), 299 (6), 304 (5), 322 (3).
Carrión de los Condes, 651.
Carrizales, 265 (12).
Carros, 269 (291), 334 (9).
Carrozas, 345 (48), 365 (2), 1298 (3).
Cartagena, 1632.
Cartagena de Indias, 372 (1-2, 5).
Cartago, 70 (55), 155 (134), 280 (9), 318 (19), 2014, 2028-30, 2158 (33).
Cartas, 336 (48), 344, 1080, 1113, 1142, 1185, 1188 (6), 1288 (26), 1301 (3), 1362-63, 1435, 1437, 1446, 1477-78, 1584 (77), 1631, 1642-43, 1650, 1755, 1798-99, 1896, 1917, 2010, 2086, 2089-90, 2111, 2205, 2297-99, 2415, 2417-18, 2436-39, 2471, 2490-94, 2506, 2530, 2570, 2588, 2600; de edificación, 1434, 1807, 1811-12, 1814, 1816-17, 1823, 1912; pastorales, 2529.
Cartuja, 64 (201).
Cartujos.—*Págs.:* 531.
Casados, 67 (94, 96), 70 (11), 175 (29, 46), 187 (76), 270 (28), 288 (7), 303 (20), 1290 (18).
Casamenteros, 237 (11), 269 (51, 77), 289 (8).
Casamientos, 67 (40, 155), 88 (35), 120 (4), 135 (I, 93, 124), 152 (7), 158 (45), 201 (11), 233 (8), 269 (240), 298 (18), 345 (39), 1296 (12-13), 1293, 2023-24, 2058 (12), 2158 (40-41), 2383 (54); desiguales, 67 (96), 78 (155), 88 (58), 269 (14), 1279 (17); por fuerza, 190 (13), 323 (22); por interés, 88 (45).
Casandra, 318 (3).
Casas, 67 (142), 235 (4), 257 (12), 269 (188, 341), 270 (14, 46), 288 (49), 290 (4), 314 (15), 322 (22), 329, 336 (20, 24), 1292 (10), 1298 (5), 1668; de placer, 323 (15); de vecindad, 323 (14).
Casbas, Monasterio de, 1139.—*Págs.:* 345.

Clara de la Ascensión (Sor), 2295.
Claros, Conde, 43 (89).
Claveles, 43 (72), 97 (56), 1280 (4), 2383 (11).
Clavería Villas Reales, Juan Antonio de, 2331.
Clavos, 175 (279).
Clemente VIII, 1531, 2566.
Clemente IX, 1745.
Cleopatra, 155 (132), 1285 (18-23).
Clérigos Reglares, 1294, 1296.
Cobisa, Fr. Mateo, 1682.
Cocentaina, Condes de, 2058.
Cocineros, 269 (69), 1307 (10).
Cocheros, 345 (19), 1298 (14).
Coches, 200 (6), 269 (54, 280), 277 (17), 289 (20), 296 (14), 1298 (14), 1300 (6, 12-13), 1584 (25).
Cofrades, 2000.
Cohetes, 67 (105), 88 (90).
Cojos, 321 (5), 322 (18), 358 (8).
Colegiales.—*Págs.:* 351, 481.
Colegios, 308 (3).—*Págs.:* 338.
Colmenar, 1610.
Colmenares, 64 (224).
Colmeneros, 194 (36), 317 (15).
Coloma, Pedro, 1289.
Colombia, 1835.
Colón de Portugal, Pedro Manuel, 62 (prels.).
Colonia, 165 (551).
Coloquios, 195, 342, 1765-66.
Comedia, 70 (128), 72 (205-6), 191, 196-268, 269 (86, 92), 270-85, 287-88, 297, 302, 306-7, 308 (15), 311-13, 315, 317 (38-52), 318, 321 (15), 326, 329-30, 331 (15-22), 332 (II-III), 333 (1-3), 336 (1-35), 571, 575, 589-90, 566-709, 1298 (7), 1322-23, 1326, 1360, 1374-78, 2025, 2086, 2383 (30, 35, 62, 78), 2388.
Comediantes, 64 (149, 156, 165-66, 658, 723).
Comer, 1279 (13), 1283 (19), 1285 (11-17).
Cómicos, 345 (26).
Comidas, 62 (97), 67 (283, 285, 290, 317), 130 (48), 135 (I, 117).
Comilones, 188 (9).
Comisarios, 269 (67, 78).
Compañía de Jesús, 69 (214), 1533, 1536, 1540, 1543-44, 1667, 1807, 1812, 1821, 2262-63, 2392.—*Págs.:* 426, 581. (V. *Jesuitas*).
Competidores, 251 (7), 276 (11).
Compradores, 1675-76.
Compuesta, Marqués de la, 2435.
Comunión, 8, 130 (47).
Conceptismo, 446, 450-51, 452-53, 456, 460-67.
Conciencia, 204 (10), 271 (7).
Concilios provinciales, 1451, 1474-75, 1482-84, 1527, 1529, 2465.
Conclaves, 1448, 1479.
Conclusiones, 64 (105), 336 (57), 2392-93.
Condenados, 317 (38).
Condes, 269 (62, 322), 294 (13), 322 (1), 334 (2), 1641.
Condestables de Castilla, 1288.
Conejos, 1584 (13).
Confesión, 8, 128 (24), 135 (I, 3), 244 (6).
Confesionario, 1451, 1462.
Confesores reales, 1248.
Confites, 1289 (25).
Congregaciones, 1944, 1948, 2279, 2367.
Conquistas, 221 (7), 230 (7), 235 (2), 246 (9), 261 (12), 350 (9), 371 (10, 12), 372 (7), 562-63, 565, 1270, 2005.
Consejeros reales, 1284 (1).—*Págs.:* 449, 547.
Consejo de Aragón, 1127; de Hacienda, 1805-6; de Indias, 1932; de Italia, 230; de Navarra, 2365.
Consejos, 28 (68), 43 (9), 62 (49), 88 (94), 204 2), 1279 (16).
Conspiraciones, 1635, 1644.
Constancia, 365 (9), 1415, 2528.
Constantes, 203 (12), 208 (12), 365 (10).
Constancia, Santa, 67 (257).
Constantes, 254 (7), 268 (3), 270 (58), 272 (1), 277 (1), 280 (10), 287 (4, 12, 53), 311 (7), 318 (14).
Constantino Magno, 214 (12).
Constantinopla, 168 (57), 2659.
Contadores reales, 213.
Contiendas, 1584 (3-4).
Contrarreforma, 592.
Conventos, 322 (21), 595, 1294, 1296, 1399, 1402-4, 1431, 1627, 1693, 1755, 1864, 1924-25, 1988, 2098-99, 2025, 2154, 2186, 2208, 2223, 2278-79, 2295, 2319, 2326-27, 2569-70, 2593, 2618, 2653.—*Págs.:* 405, 472, 475, 478, 504, 566, 570, 572.
Conversiones, 300 (2).
Convidados, 203 (3), 269 (331), 283 (7), 288 (55), 310 (8).
Convites, 1285 (11-17), 2369.
Copero mayor.—*Págs.:* 347.
Copete, 67 (1).
Coplas, 70 (3-4, 40), 72 (22-24, 26, 27, 29-30, 35, 43), 78 (18, 68, 71, 103), 97 (33), 107 (245), 109 (10), 128 (6,

19, 30, 46, 55-56, 58-59, 88-90, 122), 131 (43), 165 (48-49, 100), 561, 563, 565, 1188 (25); para cantar, 311 (1a, 3c).
Corazón, 317 (26), 1794, 2158 (16), 2184, 2590.
Corcobados, 43 (52-63, 83), 1290 (12), 1301 (6).
Corchetes, 175 (273).
Corderos, 165 (252, 277, 279), 340 (17).
Córdoba, 187 (18), 266 (1), 1106, 1125, 1849, 1871-73, 1968-69, 2593.—*Págs.:* 472, 516.
Córdoba, María de, 64 (156), 711, 720.
Córdoba y Aragón, Antonio de 264.
Córdoba y Figueroa, Diego de, 323-24.
Córdoba y Zapata, Melchor de, 1281 (1).
Cordobeses, 330 (7).
Cornudos, 69 (117).
Coronas, 195 (82), 241 (3), 246 (8), 317 (49), 330 (5), 1300 (4, 9, 14), 1773.
Coroneles, 1582.
Corpus Christi, 269 (98), 334 (9), 341 (1), 651, 739, 1838.
Corrales, 319 (8), 573; de comedias, 2632-33.
Correas Ximénez Cisneros y Castro, Isabel, 226, 236.
Corregidores, 69 (96, 269), 212 (1), 269 (29), 1307.
Cortacaras, 319 (1).
Corte, 28 (68), 57 (93), 222 (7), 228 (12), 269 (65, 70, 81, 205), 270 (50), 288 (22), 322 (7), 336 (7, 14), 1293 (7), 2237.
Cortes, 191 (2), 194 (14), 195 (68).
Cortesanas, 67 (98), 135 (I, 22), 155 (118), 172 (110), 174 (46), 175 (172, 206), 227 (3), 311 (6c), 1279 (16), 1294 (22).
Cortesanos, 28 (67), 328 (7), 334 (3).
Cortesía, 339 (19).
Cortizos de Villasante, Manuel, 1629.
Coruña, Conde de la, 342 (4).
Coruñeses, 548.
Corzos, 1289 (18).
Costa Rica, 1020.
Costumbres, 287 (15), 287 (49), 381-83, 1699.
Creer, 270 (37), 288 (16), 345 (43), 358 (23).
Creta, 227 (5), 317 (17), 1584 (129).
Criados, 269 (306), 323 (16), 336 (12), 246 (7), 269 (306), 2383 (15).
Crianza, 225 (10).
Cristal, 67 (123, 137).
Cristianos, 345 (32), 600, 1330, 1681-90, 1801-2; nuevos, 51 (127), 1636, 2383 (15).
Cristina, Santa, 233 (11).
Cristo, Orden de, 232.
Cristóbal, San, 67 (189), 165 (507-9), 195 (27).
Críticas, 1289 (23).
Cronista mayor de Castilla.—*Págs.:* 343.
Crueles, 88 (64, 83), 135 (I, 100), 213 (13), 318 (3), 1289 19).
Cruz, 57 (198, 200, 214), 62 (11), 64 (54), 67 (124), 69 (155), 70 (93), 107 (44), 165 (130-32, 152, 163, 166-68, 226), 195 (33, 93), 196 (4), 256 (12), 317 (40), 1726, 2383 (24); de Caravaca, 227 (10).
Cuajares, 269 (246), 305 (21).
Cualidades ocultas, 1794.
Cuaresma, 1283 (17, 21), 1805-6, 2188, 2235, 2596.
Cuartetos, 67 (6-7, 22, 40-41, 61, 67, 73, 75-76, 81, 94, 98, 101, 125, 135, 143, 157, 212, 269-70, 275, 292, 314, 319).
Cuba, 479, 489, 558.
Cuellos, 88 (48).
Cuenca, 221 (7), 1804, 1964, 2568.—*Págs.:* 486, 582.
Cuenca (Ecuador).—*Págs.:* 426.
Cuentas, 308 (20).
Cuentos, 297, 347, 368, 2311.
Cuerdos, 230 (4), 233 (2), 270 (89), 330 (4).
Cuero, 175 (272), 314 (8), 316 (7).
Cuerpo, 191 (16), 317 (18), 1905-6, 2158 (20).
Cuervos, 67 (294).
Cueva, Ana de la, 1263.
Cueva, Beltrán de la, 1172.
Cueva Enriquez, Baltasar de la, 2092-94.
Cuevas, 88 (75), 243 (1), 269 (7), 1634.
Culpa, 226 (3), 232 (1), 273 (4), 278 (12), 317 (24), 2326.
Culpados, 216 (1).
Culteranismo, 436, 438-42, 446, 450-55.
Culteranos, 43 (30), 1297 (3)
Cultos (V. *Culteranos*).
Cultura, 381-83, 386.
Cumpleaños, 43 (13), 323 (3, 27), 339 (5), 341 (15), 1288, 1295, 1301.
Cuñados, 218 (8).
Cupido, 51 (142), 107 (19, 30), 115 (74), 126 (58), 135 (I, 154), 136 (75), 150 (7), 158 (48), 175 (30, 201), 188 (8), 192 (29), 269 (278), 324 (4),

336 (42), 1290 (8, 19), 1294 (11), 1301 (11), 2383 (78).
Curas, 251 (6), 276 (8), 1454, 1462, 2303-5, 2529.
Curiosos, 358 (7).
Cuzco, 371 (10), 1401.

CH

Chaconas, 165 (61, 91), 269 (207), 311 (9c).
Chalma, 1925.
Chamelote, 1584 (13).
Chancillerías.—*Págs.:* 365.
Chantres, 1985.
Chapines, 67 (12, 61), 88 (17), 185 (2).
Charcas, 69 (284).
Chascos, 336 (48).
Chaves y Figueroa, Nuño Antonio de, 1297.
Chelva, Vizconde de, 2023.
Chile, 222 (1), 2269, 2321.—*Págs.:* 426, 441.
China, 1679-80, 2111, 2238, 2581-82, 2586, 2588.
Chincoya y Cárdenas, Alonso de, 2113.
Chinchón, Conde de, 1400.
Chinelas, 185 (15).
Chinos, 1612.
Chipre, 269 (87).
Chirimías, 292 (13).

D

Dafne, 28 (40), 43 (65), 51 (9), 107 (315), 131 (97), 1291 (21), 2058 (17).
Daganzo, 269 (3).
Damas, 28 (13, 17, 21, 24, 27, 29, 31-33, 37, 41, 53-54), 43 (42, 47, 108, 111, 115, 121-23, 129, 136, 139, 142), 51 (78, 108), 57 (135), 62 (68, 70-71, 74, 77, 84, 87-88, 92, 96, 98, 101, 104, 107, 111, 113), 64 (30, 73, 77, 95, 146, 171, 195, 203-4, 215-16, 218, 220, 224), 67 (2, 10, 13, 18-19, 29, 40, 43, 47, 51-54 56-59, 61, 67, 70, 78, 81, 85, 92, 102, 109, 122, 137, 139, 141-43, 147, 153, 155, 158, 161, 170, 172-73, 177-78, 187, 205-6, 211, 214, 222, 226, 255, 260, 269, 272, 287-88, 290-91, 300, 307, 310, 314, 317, 328, 331, 337), 69 (12, 42, 238), 70 (53, 71, 84), 72 (45-46), 73 (47, 57), 78 (18, 87, 182), 88 (2-5, 17, 19-20, 27, 29, 32-33, 39-41, 43-44, 54, 60-61, 63, 66-67, 69, 72, 79, 83-84, 87, 90, 96), 97 (56), 107 (119, 128, 245, 339), 128 (7, 10, 38, 52, 55, 67, 73, 78), 131 (98), 135 (I, 3, 7, 64, 93, 112; II, 9), 171 (102, 106), 174 (42, 51), 175 (277, 285-86), 185 (2, 31), 212 (1), 217 (4), 248 (3, 7), 257 (2), 258 (3), 269 (36, 154), 270 (2-3, 6, 32, 107), 277 (9), 287 (48), 288 (20, 51, 53), 296 (9), 303 (14, 16), 306 (5), 311 (2a), 323 (28), 336 (13, 16), 345 (48), 365 (2), 1279 (7-10, 15, 17), 1280 (3-5, 7-8, 10-16), 1283 (7-8, 10, 13-15, 19, 22), 1284 (7-8, 13-15), 1285 (2-10, 38-45), 1289 (4, 12, 16, 18-23, 25), 1290 (6-7, 11, 13, 15), 1291 (4-8, 12-13, 21-26), 1292 (4-5, 7, 10, 13-14, 16, 19, 24-27), 1294 (9, 14-16, 20), 1297 (3-4, 6, 8-9, 14-15, 19-20), 1298 (4, 9-17, 19-20), 1301 (7-8, 11), 1584 (6, 75), 1740, 1957, 1959, 2025 (2), 2058 (7), 2064, 2158 (20), 2383 (2, 5, 19, 21, 29, 45, 49, 51, 54-56, 58, 60); cortesanas (V. *Cortesanas*); de la Reina, 1300 (16).—*Págs.:* 369; del vellón, 269 (326), 294 (3).
Danae, 69 (87).
Daniel, 2236, 2289.
Danubio, Río, 155 (166), 171 (65).
Danzar, 67 (97, 157, 177), 88 (96), 1279 (16).
Daños, 345 (34), 1699, 1744 (5).
Darro, Río, 120 (66), 1281 (2).
Davidsone, Guilielmo, 1224.
Deanes.—*Págs.:* 341.
Décimas, 28 (prels., 33, 43-44), 43 (3, 8, 12, 20, 24, 38, 52, 68, 74, 78, 87, 90, 101), 57 (52, 113), 62 (4, 8, 16, 19, 24-25, 31, 33, 38, 40, 42, 47, 51, 54, 57-58, 62-63, 68, 70, 74, 76, 79, 83, 85-86, 93, 95, 98, 103, 105, 107, 110, 112-13, 115), 64 (30-31, 96-97, 106, 147, 152, 193-94), 69 (184, 189, 202, 205-7, 211-12, 215, 220, 229-30, 232, 236), 72 (93-124, 181-85, 200), 88 (6, 43, 52, 66, 73, 81, 89), 115 (43), 136 (69), 172 (13, 52), 175 (55, 109, 141, 179, 221), 185 (65), 321 (19), 514-15, 517, 539, 550, 1095-97, 1137, 1188, 1243-44, 1279 (4), 1281 (14, 19), 1283 (8), 1285 (11-17), 1287 (9-10), 1288 (16, 34), 1289 (6, 15), 1290 (8), 1291 (4, 24), 1293 (16), 1294 (11,18), 1297 (15), 1298 (5, 15-16), 1300 (11), 1301 (13), 1307 (9), 1389, 1430, 1615,

(5), 268 (11), 288 (65), 294 (10), 317 (29), 352, 618, 878, 1153, 1300 (21), 1356, 1668, 1673, 1982, 2025 (4, 8, 10), 2235, 2284, 2576-77, 2590.
Dioses, 1300 (2), 2139-40.
Diplomáticos, 1534.
Dirlos, Conde, 168 (6).
Disciplinante, 62 (96).
Discreción, 28 (44, 67), 43 (90, 138), 1291 (16-17).
Discretos, 191 (24), 192 (1), 199 (4), 207 (8), 237 (6), 239 (11), 254 (12), 257 (3), 270 (39, 103), 287 (27), 1283 (6), 1291 (16-17), 1298 (12, 25).
Disfrazados, 345 (16), 358 (12), 685, 789.
Disparates, 43 (141), 201 (9), 218 (12), 234 (6).
Divorcio, 269 (1).
Doblas, 128 (39).
Doctores, 188 (16), 192 (17, 20), 235 (11), 247 (9), 269 (28, 55, 80, 254, 260, 275, 296, 345), 270 (77), 288 (3), 299 (15), 304 (13), 305 (15, 24), 310 (11), 324 (12), 336 (10, 58), 339 (10), 341 (19, 24), 342 (3), 1277 (43-45), 1289 (21), 1300 (6), 1794.—*Págs.:* 486, 490.
Doctrina cristiana, 1451-54, 1456-59, 2187-88.
Dolor, 208 (3), 1279 (4), 1283 (5), 1292 (30), 2146 (1), 2158 (11, 44).
Dómines, 270 (19), 288 (59), 336 (4).
Domingo, Santo, 165 (494-96).
Domingo de Guzmán, Santo, 2390.
Domingo de Jesús María (Fr.), 2530, 2532.
Dominicanos, 559.
Dominicos, 864, 1299, 1401, 1403-4, 1407, 1679-81, 1683, 1686-88, 1754, 1757, 2106, 2239, 2319, 2369.—*Págs.:* 337, 405, 445, 457, 472, 478, 485, 491, 515, 531, 536.
Donados, 358 (6).
Doncella de labor, 287 (58), 329.
Doncellas, 258 (2).
Doralice, 171 (51).
Dormilones, 323 (21).
Dote, 294 (15).
Dragoncillo, 296 (4).
Drogas, 1414, 1417-19.
Duelos, 232 (7), 270 (3), 287 (40), 288 (51), 336 (16), 613, 1298 (14).
Duendes, 257 (2), 258 (3), 269 (49), 270 (6), 277 (9, 14), 289 (19), 336 (13).
Dueñas, 269 (232, 245), 301 (9), 305 (13, 20), 339 (1), 345 (12), 1280 (16), 1284 (11), 1289 (3), 1290 (12), 1293 (9), 1301 (6), 1307 (13), 1983.
Duques, 287 (4), 311 (7), 318 (14), 345 (44), 2286.
Durandarte, 128 (76-77), 135 (I, 30), 171 (46).
Durmientes, 219 (7).

E

Ebro (Río), 175 (235), 1182, 2383 (13, 37, 46, 79).
Ecija, 2175.—*Págs.:* 487, 505, 515.
Eclipses, 1292 (19).
Eco, 336 (35).
Economistas, 850.
Ecos, 269 (131, 177), 319 (2), 1289 (28).
Edad, 248 (10), 288 (35).
Eduardo (Rey de Inglaterra), 345 (30), 358 (22).
Educación, 846.
Efrén, San, 2605.
Egas Venegas de Córdoba, Guiomar María, 224.
Egipto, 57 (177), 58, 165 (101-2), 1584 (74).
Eglogas, 51 (70), 57 (26-27, 32, 46), 64 (27), 128 (95, 123), 131 (45, 84, 195), 135 (I, 86; II, 3), 171 (117), 333 (6-8), 338, 1307 (21), 1584 (2-3).
El Callao, 746.
Elegías, 57 (30-31, 117,204), 64 (35), 69 (272), 107 (68, 184, 239, 283, 285, 290-91, 293, 322), 109 (14), 128 (121), 135 (II, 21), 165 (577), 171 (118), 175 (303), 1584 (5).
Elegir, 288 (48).
El Escorial, 51 (46), 70 (79, 100), 165 (420, 423), 269 (139).
Elena, 97 (30), 1283 (3), 1287 (19).
Elena, Santa, 195 (33).
Elías, 69 (81).
Elocuencia, 1293 (10), 2144.
Elogios, 1440, 1724, 1734, 1759, 1770, 1862-63, 1910, 1938, 1997, 2025 (prels.), 2085, 2132, 2148, 2160, 2196, 2379, 2390, 2484, 2510, 2513, 2535.
El Pardo, 1300 (6).
El Toboso.—*Págs.:* 567.
Emaus, 165 (181-82).
Embajadores, 1584 (13), 1745.
Embarcación, 64 (161), 69 (44, 281).
Emblemas, 1773.
Embusteros, 190 (17), 201 (9), 319 (7).

Esclavos, 175 (279), 203 (6), 231 (10), 270 (4, 94), 271 (10), 288 (50), 317 (39), 336 (32), 2175.
Escondidos, 336 (27).
Escribanos, 73 (75), 174 (67), 276, 1615, 1887.—*Págs.:* 488.
Escuderos, 185 (20), 269 (334), 308 (18), 331 (4), 358 (4).
Escudos de armas (Reproducciones), 196, 199, 201, 204-6, 210, 213-15, 219-20, 222-25, 227-32, 234-35, 237-39, 242-45, 264, 306, 1172, 1294, 1296, 1309, 1330, 1338, 1404, 1733, 1772, 2202, 2237, 2253, 2263.
Esdrújulos, 314 (25), 339 (24), 341 (18), 1188 (17), 1289 (7), 1291 (30).
Esforcia (V. Sforcia).
Esgrima, 303 (6).
Esgueva (Río), 72 (91), 175 (305).
Espadas, 269 (140), 1301 (9).
España, 69 (268), 78 (207), 145, 194 (16), 195 (92), 243 (4), 254 (6), 270 (21), 288 (60), 332 (II), 405, 636, 1278 (4, 17), 1293 (14-15), 1296 (9, 15), 1309, 1448, 1479, 1639, 1745, 1854-59, 2154, 2158 (27), 2207, 2215, 2218-19, 2289, 2419-21, 2435, 2605. *Págs.:* 426.
Españoles, 200 (10), 212 (5), 222 (1), 230 (9), 248 (9), 287 (25), 318 (29), 345 (53), 358 (2, 11), 1678, 1681, 1683.
Espejos, 67 (19, 260), 88 (31, 69), 165 (374), 175 (238, 274), 190 (12), 284 (11), 334 (15), 336 (47), 339 (12), 352, 1289 (16), 1675-76, 2058 (7).
Esperanza, 57 (45), 62 (52), 67 (106, 154, 198, 230, 241, 326), 70 (34, 38), 88 (21, 33, 51), 107 (159), 126 (15-16), 158 (29), 171 (109), 172 (40), 311 (8), 318 (22), 1280 (9), 1584 (99), 2049-50.
Espinas, 1285 (2-10), 1959.
Espínola, Agustín, 1800.
Espinosa, P. Fernando de, 1437.
Espir de Vilanova y Ferrer, Gregorio, 296.
Esposas, 317 (44), 318 (8).
Estatal, 67 (290).
Estafeta, 324 (7).
Estancias, 53 (2, 4), 67 (25, 48, 51, 78-79, 90, 106, 132-33, 141, 184, 188, 205, 207, 209, 217, 226-27, 232-33, 250, 264, 294-95), 78 (105), 88 (1), 107 (19, 116, 186, 193, 270, 315), 131 (97, 105, 154), 1173, 1277 (31), 1290 (4),1293 (10), 1584 (39, 126), 2025 (5, 7, 42-47, 49).
Estanislao, San, 215 (10).
Estanislao de Kostka, San, 64 (26).
Estaño, Isla del, 2158 (4, 58).
Estatuas, 1289 (10), 1290 (19), 2236.
Esteban, San, 165 (414-16), 2233.
Esteras, 195 (34).
Estética, 630, 661, 1005.
Estilo, 924.
Estío, 29 (2), 57 (137).
Estrellas, 28 (1), 64 (121), 165 (291, 303), 172 (111), 175 (357), 201 (1), 204 (5), 212 (2), 217 (5), 221 (5), 1284 (8), 1356, 1734, 2023, 2383 (78).
Estuches, 322 (11).
Estudiantes, 43 (80), 64 (53, 111), 135 (I, 171), 190 (16, 21), 269 (46), 277 (22), 289 (15), 292 (6), 298 (8), 341 (21), 407, 669, 1767.
Etica, 661.
Etiopía, 228 (10).
Eulalia, Santa, 195 (38), 222 (9).
Euridice, 218 (2), 247 (5), 759.
Europa, 131 (103), 222 (6), 1419.
Europa (ninfa), 28 (48), 43 (101), 67 (107), 2060.
Eustaquio, San, 2528.
Euterpe, 28.
Eva, 195 (40).
Evangelistas, 194 (12), 195 (89), 317 (3).
Evora.—*Págs.:* 365.
Exámenes, 269 (315), 270 (69), 290 (16).
Examinadores, 269 (82).
Exequias, 1074-75, 1192, 1263, 1399, 2262, 2270, 2295, 2366, 2613, 2655.
Extravagantes, 314 (9).
Extremadura, 225, 288 (25), 1309.
Extremaunción, 2404.
Extremeños, 256 (7).

F

Fabián, San, 165 (449).
Fábulas, 297, 1297 (17), 1298 (18, 23), 1584 (1), 1735-36, 1772, 1932, 2058 (6, 17), 2060, 2070, 2072, 2218, 2383 (33).
Faisanes, 165 (249).
Fama, 269 (135, 174), 287 (7a), 1300 (3), 1414.
Fantasmas, 277 (8), 321 (7), 336 (54).
Fariseos, 316 (15), 334 (4).
Farmacia, 617.
Farsas, 195.
Fe, 67 (256), 165 (196-97), 191 (19), 194 (18), 239 (12), 300 (3), 311 (9),

G

Gutiérrez, Fr. Martín, 1955.
Guzmán, Fernando de, 2216.
Guzmán, Gaspar de, 1801.
Guzmán, Juan de (Marqués de Ardales), 69 (262, 282).
Guzmán, Luis de, 228.
Guzmán el Bueno, Alonso de (V. *Pérez de Guzmán el Bueno*).
Guzmanes, 287 (31).

H

Habas, 67 (8).
Habladores, 62 (112), 244 (1), 269 (9, 51, 261, 317), 289 (8), 290 (3), 310 (14), 341 (11), 358 (6).
Hablar, 270 (95, 115), 288 (30), 1766; por la mano, 2389 (49); por señas, 67 (170).
Hacer piernas, 67 (104).
Halcones, 126 (12).
Hagiografías, 206 (4), 207 (1), 208 (8), 215 (10), 219 (3), 220 (11-12), 223 (1), 229 (6), 236 (1), 238 (9), 240 (1), 244 (5), 246 (1), 261 (12), 262 (11), 263 (11), 268 (5), 284 (2, 9), 1133, 1135-36, 1256-57, 1336, 2009.
Hambrientos, 192 (18), 328 (10), 336 (49).
Héctor, 57 (124), 168 (35-36), 171 (5-6).
Hécuba, 168 (38).
Hechiceros, 269 (288), 292 (2), 298 (19), 2383 (60).
Hechizados, 270 (111), 288 (56), 298 (7), 336 (3).
Hechizos, 223 (11), 238 (10), 270 (22), 288 (47), 336 (7).
Hembras. 319 (17).
Henares, 136 (48), 171 (87).
Henríquez. (V. *Enriquez*).
Heraclito, 364 (7), 1294 (6), 1584 (66).
Hércules, 57 (64), 168 (25), 212 (9), 315 (8).
Herederos, 191 (33), 192 (9).
Herejes, 1635, 1644.
Heridas, 69 (42, 186), 70 (53), 77 (13), 107 (294-95), 128 (46), 135 (I, 97), 165 (207), 2653 (1).
Hermandad (Santa), 283 (2).
Hermanos, 240 (8), 246 (8), 345 (10, 29), 358 (15, 21), 1774 (3).
Hermenegildo, San, 51 (243), 67 (162),
Hermosa (Isla), 1678, 1682.
Hermosas, 43 (11), 51 (75), 57 (52), 62 (72-73, 75-76, 79-80, 83, 96, 104), 64 (77), 67 (184, 192, 338), 78 (182), 88 (83), 135 (I, 14), 223 (12), 241 (12), 270 (97), 288 (28), 291 (13), 299 (10), 321 (19), 1279 (6), 1280 (7, 11, 15), 1283 (6, 12), 1289 (28), 1291 (11), 1292 (12, 16), 2383 (49, 55).
Hermosilla y Contreras, Benito de, 220.
Hermosura, 43 (33, 121), 235 (5), 246 (5), 266 (6), 288 (47), 345 (23).
Hero, 135 (I, 61), 155 (149), 171 (62), 1584 (114).
Héroes, 270 (26), 2390.
Herradores, 308 (11).
Herrera Enríquez Niño de Guzmán, Francisco de, 222.
Herreros de viejo, 314 (19).
Hidalgos, 185 (21), 266 (6), 291 (7), 298 (1), 303 (5), 317 (22), 323 (4).
Hidalguía, 299 (4), 304 (3).
Hierbas, 1414.
Hierro, Agustín de, 306.
Hierro, Fr. Juan del, 69 (110, 178).
Híjar, Duques de, 1896, 2218.
Hijo, 207 (4), 214 (9), 223 (10), 224 (11), 242 (10), 265 (6), 269 (11, 75), 270 (23), 280 (12), 283 (4), 287 (33), 288 (64), 304 (13), 318 (26), 324 (12), 345 (25), 1291 (6); de familias, 1767; pródigo, 194 (31), 195 (48), 317 (13); de vecino, 295 (2), 334 (1).
Hilos, 308 (7), 314 (11).
Hippomenes, 1298 (18).
Historia, 824-41.
Historiadores, 349-50, 363, 369-74.
Hoeff Huerta, Francisco Antonio, 221.
Holanda, 821.
Holgones, 324 (18).
Hombre, 194 (48), 195 (9, 50, 57, 90), 216 (9), 248 (2), 269 (304), 273 (4, 6), 289 (3), 295 (20), 310 (41), 328 (24), 1283 (8), 1415-16, 1668, 1905-6, 2383 (59).
Honduras, 372 (9).
Honestidad, 1415.
Honor, 198 (10, 12), 207 (10), 215 (4), 230 (10), 232 (7), 261 (3), 262 (4, 8), 270 (20, 23), 272 (4), 277 (4), 287 (40), 288 (27, 62, 64), 336 (8), 415, 586, 655-56.
Honra, 88 (60), 192 (28), 199 (1), 208 (1), 217 (2), 223 (10), 225 (7), 231 (4), 254 (2), 264 (9), 268 (2), 270 (55), 277 (7), 283 (10), 287 (52), 356 (2), 613, 654.
Honradores, 288 (36).
Honrados, 265 (11), 269 (293), 288 (7).

Honras fúnebres, 69 (178), 1402, 1443, 1810, 1813, 2101, 2185, 2365, 2644, 2662.
Horneras, 69 (338).
Horoscopos, 1278 (14).
Hortelanos, 270 (100).
Hospital, Fr. Onofre del, 2546.
Hospitales, 194 (34), 269 (23), 317 (12).
Huchas, 1294 (22).
Huérfanos, 284 (7).
Huertas, 270 (86).
Huesca, 311 (12) 1083-87, 1113, 1302, 1848-49.—*Págs.:* 338, 543.
Huescar, Duque de, 1294.
Huevos, 269 (39), 277 (27).
Humanidades.—*Págs.:* 400.
Humanistas, 1038.
Humildad, 269 (165), 2384 (43-44).
Humildes, 280 (8), 318 (18), 2016, 2046-48.
Hungría, 72 (201), 212 (9), 229 (5), 235 (8), 2214.
Hurtado, Lope, 2158.
Hurtado de Corcuera, Sebastián, 1679.

I

Icaro, 248 (11), 1584 (129), 2635.
Ideal, 389.
Ideas, 399, 401.
Idiaquez, Alonso de, 2216, 2218.
Idolatría, 1300 (2).
Idolos, 1294 (22).
Iglesia, 158 (8), 165 (350), 202 (5), 238 (1), 269 (350), 314 (34), 342 (2-3), 904-6.
Ignacio de Loyola, San, 64 (223), 69 (83, 91-95, 186, 270-71, 273), 165 (510-20), 1995, 2011.
Ignorancia, 310 (28).
Ignorantes, 1294 (22).
Ildefonso, San, 165 (466-71).
Imágenes, 208 (9), 1764.
Imaginación, 205 (4), 330 (3).
Imprenta, 1057, 1063, 1067, 1071.
Incendio 2058 (16).
Inclinación, 345 (15), 358 (11).
Indeterminación, 67 (187).
India, 158 (8), 1270, 1538.
Indianos, 269 (33), 287 (51), 301 (15), 316 (10).
Indias, 64 (74, 144), 370, 502, 1290 (5), 1450, 1464-73, 1476, 1746, 2316.
Indicios, 288 (37).
Indigenismos, 1450.
Indios, 371 (2), 1450-52, 1454, 1462, 1464, 1480-81, 1491, 1746-47, 2025 (46), 2133-34, 2222, 2321, 2404.
Indiscretos, 345 (29), 358 (21), 1774 (3).
Indulgencias, 1761, 2000-1.
Indultos, 1278 (9).
Inés, Santa, 62 (40), 165 (541-47), 243 (5).
Infantado, Duques del, 2530.
Infantería Española, 225.
Infantes, 289 (1); de Lara, 306 (12).
Infelices, 318 (5), 243 (9).
Infierno, 57 (184), 165 (157-61), 301 (5), 321 (16), 333 (4).
Informes, 336 (37), 2259, 2499.
Inglaterra, 70 (7-8), 78 (18), 270 (16), 345 (30), 358 (22), 786, 838, 1584 (13), 1702, 1774 (4).—*Págs.:* 550.
Ingleses, 345 (53), 1265.
Ingratitud, 67 (3, 172), 1289 (13), 1297 (14).
Injurias, 219 (9).
Inmaculada Concepción, 62 (29), 413, 1073, 1077, 1367, 1392, 1658, 1721, 1887, 2069, 2208, 2279, 2326, 2627.
Inocentes, Santos, 64 (43), 67 (308), 69 (100).
Inquisición, 64 (90), 1063, 1248, 1251, 1631-32, 1636.
Inquisidores, 69 (284), 2259.—*Págs.:* 366, 439.
Inscripciones, 2424, 2427, 2433-34. 318 (21), 2031-34.
Instrumentos, 328 (37).
Interés, 269 (190), 301 (10), 311 (5), 318 (21), 2031-34.
Invierno, 29 (1), 43 (112), 136 (36), 175 (204), 269 (325), 294 (23), 323 (10), 331 (13), 1292 (21).
Invisibles, 288 (11), 358 (16).
Ira, 264 (5).
Iris, 229 (1), 287 (24).
Isaac, 195 (5-6).
Isabel, Santa, 165 (317-21).
Isabel de Portugal, Santa, 261 (10).
Isidro Labrador, San, 228 (2).
Islas, 284 (5).
Israel, 237 (5).
Italia, 57 (1), 78 (28), 799, 1036, 1584 (44), 2143, 2158 (30-31), 2427.
Italianismos, 1923.

J

Jabalíes, 1722.
Jaca, 73 (53), 174 (48), 1113, 1848-49.—*Págs.:* 341, 343, 351.

Justo, San, 165 (424-44), 195 (29), 1396.
Justos, 67 (280).
Juveniano, 194 (7), 195 (23).

L

Labán, 195 (4b), 311 (5d).
Laberintos, 227 (5), 317 (17).
Labradores, 64 (168), 256 (2), 265 (11), 269 (173).
Labrit, Juan de, 1552.
Lacayos, 269 (334), 274 (4), 308 (18), 1307 (13), 1983.
La Coruña, 2218.
Ladrón y Cardona, Blanca, 311.
Ladrón de Pallas, Jaime Ceferino, 311, 2023.
Ladrones, 178 (1), 227 (6), 269 (19-20, 35, 116, 249, 268), 270 (48), 298 (11), 310 (32).
Ladrones (Islas), 1613
La Goleta, 284 (4), 2158.
Lagos, 317 (51).
Lágrimas, 128 (2), 131 (30, 93, 104-5, 109), 136 (27), 175 (240), 364 (7), 1284 (4), 1285 (30-37), 2025 (9).
Laguna, Pablo de, 1748.
Láinez, P. Diego, 1363.
Lamentaciones, 1291 (30).
Lapidarios, 303 (18).
Lápidas, 2090.
Lara, Rodrigo de, 168 (3).
La Rochela, 269 (91).
Larreatigui y Colón, Pedro de 248.
La Sagra, 222 (4).
Laso de Castilla, Diego, 131 (199).
Latín. (V. *Poesías en latín*).
Latín congruo, 1916-17.
Laurencio, San, 62 (28), 64 (176), 1848-50.
Lavanderas, 1300 (15).
Lázaro, San, 194 (6), 195 (53), 206 (4).
Leales, 199 (5), 200 (1), 218 (10), 270 (15), 280 (5), 287 (3), 318 (11).
Lealtad, 67 (128), 198 (4), 202 (7), 219 (9), 234 (4), 240 (5), 248 (6), 254 (3), 268 (11), 415.
Leandro, 135 (I, 61), 168 (45), 1307 (14).
Lectores de Teología.—*Págs.* 337-38.
Lechuguillas, 70 (96).
Legisladores, 1428.
Legos, 200 (3), 1681, 1683.
Lemos, Conde de 57 (95), 390, 394, 410.
Lenguas, 269 (147, 166), 289 (16), 291 (8), 299 (5), 304 (4).
León, 1629, 2606-7.
León, Gabriel de, 245.
León, Pedro de, 299.
Leonardo (Color), 1293 (8).
Leones, 165 (245, 261), 231 (4).
Leopoldo I, 1669-70.
Lepra, 195 (18).
Lequeitio.—*Págs.:* 442.
Lérida, 28 (57), 344, 2439.—*Págs.:* 490, 550.
Lerma, Duques de, 57 (38), 72 (60, 198), 109 (5), 1128, 1270, 2027, 2218.
Lerma, García de, 372 (6).
Lesbia, 1283 (20).
Letrados, 225 (1), 269 (345), 295 (3), 314 (31), 321 (9), 334 (11), 1291 (11).
Letras, 269 (108, 138, 320), 294 (8), 1288 (18), 1297 (20), 2369.
Letrillas, 28 (20, 35), 43 (43, 96, 115), 57 (50), 64 (166), 69 (185), 70 (9), 73 (6, 10-12, 14-16, 22, 27, 33, 38-42, 45, 49-50, 56, 59, 63-65, 70-71, 73, 76), 88 (9, 15, 62, 68, 70, 77, 82, 91), 115, 172 (16, 35-36, 50, 116, 118), 174 (6, 10, 14 bis, 21 29-30, 34-38, 44-45, 57, 62, 65, 68), 175 (170, 181, 191, 195), 185 (28, 38-39), 1278 (1).
Leyes, 216 (6), 1464, 1767, 1939, 2281.—*Págs.:* 438.
Liberalidad, 1284 (10).
Libertad, 67 (35, 209), 131 (73), 217 (8), 1584 (7).
Librería, 1291 (11).
Libreros, 245.
Libros, 69 (22, 74), 192 (24), 483, 486, 1053-54, 1056, 1061-62, 1065-66, 1069-70, 2414, 2438.
Licenciados, 269 (230), 305 (12), 311 (prels.), 321 (12), 322 (10), 334 (21). *Págs.:* 340, 398, 481, 485, 490, 507, 571.
Ligas, 67 (105, 156), 88 (17, 90).
Liguria, 2087.
Lima, 145, 739, 1399-1400, 1402-5, 1407-13, 1451, 1482-84, 1527, 1529, 1877-80, 1976, 2092-94, 2269.—*Págs.:* 398, 426, 475, 503, 507.
Limbo, 165 (64).
Limosna, 310 (15), 1442, 2374-78.
Limpiadientes, 67 (10).
Linajes, 288 (58), 2419-21, 2435.
Linajudos, 190 (10).
Lindos, 218 (6), 270 (41).

Linhares, Conde de, 1278.
Liras, 43 (125), 64 (75, 78, 83, 227), 67 (33, 35-36, 50, 96, 126, 134, 297), 69 (259), 77 (1), 115 (17, 39, 52, 60), 165 (292-93, 306, 319), 175 (302), 1178 (3), 1281 (15), 1287 (24-25), 1288 (17), 1289 (4, 11), 1290 (7), 1291 (6, 13, 21), 1292 (13), 1293 (15), 1294 (8), 1297 (14), 1300 (5), 1307 (19), 1584 (113), 2239 (3), 2396.
Liria, 62 (64).
Lírica, 34, 47.
Lisboa.—*Págs.:* 396, 401.
Lises, 244 (11).
Lisonja, 216 (7).
Lisonjeros, 67 (207), 88 (7).
Loas, 70 (6), 78 (183), 135 (I), 187 (52-54), 188 (1), 190 (1), 191-92, 212 (12), 241 (1), 248 (11 a), 269, 280 (1 a, 4, 6, 7 a, 8 a, 9 b, 10 a, 12 a), 287, 289 (1 a), 291 (1), 295-96, 300 (1 b, 2 b), 301 (1, 4), 305 (11), 308-12, 314, 322 (15-16), 323-25, 328 (39), 339 (3-5, 25), 340 (1), 342 (4 a), 657, 741 1765-66, 2016, 2025.
Loaysa Girón, García de 1653.
Lobas, 64 (178).
Lobos, 317 (9).
Locos, 128 (84), 191 (1, 17), 194 (34), 208 (5), 233 (2), 269 (198, 237), 270 (108), 287 (51), 296 (8), 298 (6), 314 (18, 21), 317 (12), 323 (20), 330 (4), 341 (10).
Locura, 283 (5), 951.
Logroño, 535.—*Págs.:* 439.
López, Francisco, 724.
López de Avalos el Bueno, Buy, 287 (19-20).
López de Ayala, Pedro (Conde de Fuensalida), 1808.
López de la Torre, Miguel, 69 (258).
López de Zúñiga, Francisco, 219, 223, 229, 243.
Lorenzo, San, 69 (156), 165 (417-23), 1085.
Loreyna, Duquesa de, 168 (24).
Losada y Rivadeneyra, Luis de, 1287.
Los Arcos.—*Págs.:* 442.
Los Reyes, 1381, 1399, 1451, 1474-75, 2223, 2295.
Luca, 240 (10), 1326.
Lucanor, Conde, 215 (1).
Lucas, San, 240 (1).
Lucas Evangelista, San, 165 (411-13).
Luceros, 329.
Lucía, Santa, 67 (90).
Lucifer, 165 (64, 239).
Lucrecia, 155 (135), 313 (4).
Lugares comunes, 1772.
Luis I de España, 296 (2).
Luis XI de Francia, 2286.
Luis Bertrán, San, 67 (127), 226 (9), 318 (24), 2025-26, 2054-56, 2148.
Luis Gonzaga, San, 64 (26), 1540.
Luisa Magdalena de Jesús (M.), 2570
Luján y Aragón, Juan de, 201, 205.
Luna, 131 (25), 142, 171 (102), 222 (4), 251 (1), 269 (93), 271 (11), 276 (5), 287 (36), 1293 (6), 1298 (23), 2058 (6), 2070, 2072.
Luna y Mendoza, Juan de, 1773.
Lusón, Vizconde de, 2593.
Luteranos, 168 (51), 1113.
Lutgarda, Santa, 2009.
Luz, 51 (26, 160), 1290 (7), 1292 (13).
Llama, 1279 (21), 1280 (8), 1773.
Llanto, 1292 (18), 1294 (6, 14).
Llarena Calderón y Lugo, Esteban de, 1258.
Llaves, 199 (1).
Llorar, 62 (83), 67 (5), 217 (12), 1278 (17, 19), 1280 (11), 1290 (11), 1291 (19).

M

Macarronea, 1290 (19), 1293 (12).
Madrid, 28 (23, 50, 53-54), 43 (4, 13, 115), 69 (179), 70 (81), 72 (88), 78 (18), 88 (50), 158 (22-23), 172 (17), 175 (51-52), 187 (68, 78), 188 (6), 191 (5, 7, 8, 22), 219 (10), 226 (5, 7), 228 (2), 235 (4), 237 (9), 242 (5), 244 (3), 247 (11), 251 (3), 269 (74, 83, 192-93, 200, 210, 227, 229, 234, 240, 242, 249, 264, 327), 270 (78), 278 (7), 287 (50), 288 (4), 296 (2), 301 (1, 5), 308 (13, 19), 310, 314 (16, 22, 37), 321 (23), 322 (19), 323 (18), 328 (5), 329, 330 (8), 334 (9), 336 (30), 340 (9), 358 (17), 566, 595, 598, 674, 698, 704, 1061, 1111-12, 1250, 1275-77, 1282, 1290 (17), 1291-94, 1296, 1300, 1382, 1388, 1610, 1661-64, 1694, 1706-9, 1787-88, 1796, 1814, 1816, 1818, 1823, 1840, 1900, 1913, 1935, 1944, 1979, 2169-72, 2174, 2225-28, 2239-51, 2279, 2310, 2316, 2603, 2632-33, 2661.—*Págs.:* 396, 400, 442, 460, 464, 479, 482, 488, 504, 514.
Madrigales, 62 (73), 69 (275, 277), 76, 107 (140, 168, 216, 225-26, 349), 1287 (2), 1289 (24), 1584 (109, 121), 2372-73, 2530.

Medina del Campo, 1536.—*Págs.:* 398, 412.
Medina Rico, Pedro de, 2259.
Medina de Rioseco, Duque de, 2099.
Medina Sidonia, Duques de, 70 (82), 128 (58-59).
Medina de las Torres, Duques de, 322 (15-16), 1382, 2218, 2390, 2596.
Medinaceli, Duques de, 1128, 1263, 1292, 2218.
Medoro, 64 (72), 77 (13), 171 (29, 59 bis), 187 (64).
Medrano y Bazán, Francisco de, 216.
Méjico, 69 (284), 230 (7), 342, 350 (9), 369, 371 (2, 8), 372 (10), 481-82, 486-87, 490-91, 636, 731-32, 734-35, 743-44, 835, 837, 1063, 1065, 1067-68, 1071, 1517, 1521, 1664, 1667, 1924, 1926-27, 1948, 1985-91, 1999, 2008, 2259, 2265-66, 2277, 2297-99, 2324-27 2330, 2333-63, 2409-10, 2642-43.—*Págs.:* 484, 488, 490, 528, 549-50.
Melancolía, 67 (185, 201, 238), 88 (100), 135 (I, 150), 1289 (28).
Melancólicos, 280 (7), 287 (7), 318 (17), 1584 (6), 2035-37.
Melindrosas, 67 (223), 269 (329), 270 (107), 291 (16), 314 (30), 1297 (19).
Melini, Savo, 1296.
Melisendra, 269 (25).
Melo, Francisco de, 2596.
Mellado (El), 314 (25), 328 (33).
Memoria, 69 (49), 174 (63), 1284 (16), 2383 (53).
Memoriales, 1109, 1163, 1186, 1445, 1531, 1556, 1559, 1650, 1678, 1799, 1980-81, 2209, 2222, 2281, 2600.
Memorias, 346, 372 (6), 2157-58.
Méndez de Haro, Luis, 1162.
Mendieta, José de, 239.
Mendoza, Bartolomé de, 722.
Mendoza, Bernardino de, 131 (100).
Mendoza, Fr. Francisco de, 1986.
Mendoza y de la Vega, Ana de, 2530.
Mendoza, Nuño de, 57 (93).
Menelao (Rey), 168 (34).
Meneses y Moscoso, Manuel de, 1297.
Meninas, 69 (233).
Mentir, 231 (3), 251 (3), 287 (50), 288 (22, 37), 294 (10), 1277 (33-34).
Mentira, 195 (55), 2058 (3).
Mentirosos, 288 (22).
Mercaderes, 72 (47), 194 (45), 287 (6), 311 (3), 318 (20), 341 (26), 371 (14), 2015, 2041-45, 2201, 2383 (7).
Mercaderías, 1704.
Mercados, 317 (30).
Merced (Orden de la), 311 (11), 318 (15), 1083, 2366, 2613.
Mercedarios, 1988, 2589.—*Págs.:* 338, 404, 442, 514, 542, 567, 569, 573.
Mercurio, 168 (43).
Mesa redonda, 310 (9).
Mesas, 194 (51), 317 (37), 2369.
Meses, 310 (34).
Mesía Carrillo, Gonzalo, 210.
Mesoneros, 214 (9), 239 (2), 269 (205).
Mesones, 308 (4).
Messía de Tobar y Paz, Pedro, 1708.
Metales, 62 (71), 194 (47), 308 (14), 1464.
Miago, Pedro, 220 (7).
Michoacán.—*Págs.:* 478.
Miedo 1278 (18), 1289 (11).
Miércoles de Ceniza, 131 (134).
Miguel, San, 57 (202), 67 (37).
Milagros, 195 (28), 207 (12), 270 (93), 332 (II), 1134, 1231, 1274, 1544, 1668, 1987, 2025 (11), 2399.
Milán, 201 (9), 215 (12), 230, 239 (3).
Milanesado.—*Págs.:* 452.
Militares, 2401-2, 2523, 2657.—*Págs.:* 561.
Minas, 1746.
Minerva, 2213.
Mingot y Rocafull, Juana Manuela, 1298.
Ministros, 1727.
Mirones, 269 (42, 65).
Mirra, 28 (12), 43 (120), 1735-36.
Misa, 196 (3), 223 (5), 315 (6), 317 (31), 2566.
Miserables, 198 (20), 269 (275), 294 (9), 2383 (7, 57, 59).
Miseria, 288 (45), 336 (1), 358 (27).
Misioneros, 2296, 2588.—*Págs.:* 426, 568.
Misiones, 1523, 1528, 1530, 2111, 2582-83, 2586.
Mística, 358 (18), 852-1032, 2576-77.
Místicos, 343, 348, 351-52.
Mitología, 403, 2383 (33).
Mochuelos, 190 (4), 296 (13).
Modorros, 70 (24).
Mohatreros, 1416.
Moisés, 195 (49), 219 (3).
Mojigangas, 269, 291 (2, 10), 292 (3, 7), 296, 298-99, 304, 320, 322 (14), 328 (32), 339 (13), 340-41, 1838, 1841.
Moka, 371 (14).
Molares, Conde de los.—*Págs.:* 452.
Moles, Juan de, 230.
Molina y Mosqueira, Esteban de, 2260.

N

(3), 1285 (1), 1287 (1), 1288 (3), 1289 (2), 1290 (3), 1291 (3), 1292 (3), 1293 (3), 1294 (3), 1296 (4), 1297 (2), 1300 (1), 1307 (1), 1547, 1720.
Orán, 73 (5), 174 (5), 227 (1), 235 (2), 324 (25).
Orange, Príncipe de, 234 (10).
Oratava, 1251.
Oratoria sagrada, 842-44.
Ordenes militares, 317 (25).
Ordoñez, Diego, 171 (11 bis-13, 14 bis-15, 17, 19).
Orenzanos, 549.
Orense.—*Págs.:* 397.
Orfeo, 107 (214), 128 (94), 192 (19), 218 (2), 247 (5), 759, 1290 (18), 2657.
Organos, 269 (272, 279), 295 (6), 324 (17), 340 (3).
Orgaz, Conde de, 284 (3).
Oriente, 317 (43).
Orina, 2202.
Orio.—*Págs.:* 455.
Orlando, 171 (42), 1173, 1584 (136-39).
Oro, 57 (77), 1289 (4), 1746, 2201.
Ortiz de Villazán, Cristóbal, 715.
Osma, 231,
Osos, 190 (9).
Osuna, 1264.
Osuna, Duques de, 288 (40), 2364.—*Págs.:* 542.
Otoño, 29 (4).
Otranto.—*Págs.:* 442.
Ovando Santarén, Juan de, 2655, 2660.
Ovejas, 194 (17), 317 (5).
Oviedo, 1753.—*Págs.:* 492.
Oviedo Prelles, Bernardo de, 8.
Ovillejos, 1277 (42).

P

Pablo, San, 165 (345-50), 165 (499-501), 195 (25, 63, 76), 300 (2).
Pablos, Juan, 2641.
Paciencia, 67 (280), 175 (221), 194 (8), 195 (96), 218 (4).
Pacheco, Antonio, 53.
Pacheco, Juan Francisco, 2233.
Padilla, Rodrigo de, 168 (16).
Padres, 203 (1), 207 (5), 208 (1), 215 (3), 266 (11), 269 (11, 26, 75), 270 (23, 57), 287 (55), 288 (36, 64), 1290 (18), 2383 (54).
Paisaje, 826.
Países Bajos, 350 (8, 10), 677, 918.
Pájaros, 67 (1), 126 (2), 136 (69, 76), 158 (85), 172 (10, 56), 174 (60), 185 (38), 319 (23), 340 (10).
Pajes, 64 (74, 207), 292 (4), 298 (17), 311 (6 c), 336 (45), 1896.
Palacios, 64 (150), 191 (8), 192 (2, 13), 228 (6), 230 (6), 256 (4), 270 (79), 288 (32), 295 (19), 328 (19), 1267, 1754, 1905-6, 2237. (V. *Vida de palacio*).
Palancona (Infanta), 289 (1).
Palemo, 266 (3), 2429.—*Págs.:* 454.
Palma, Condes de, 171 (101).
Palmerín de Oliva, 266 (7).
Palo, 194 (26), 317 (11).
Palota, Juan Bautista, 2576.
Paloteados, 339 (18).
Pamplona, 69 (186), 1116, 2218.—*Págs.:* 486, 543.
Pan, 165 (231, 248, 260, 267, 284), 194 (26), 195 (67, 75), 1289 (7).
Pan (*Mitol.*), 64 (232), 340 (18), 2167.
Panamá.—*Págs.:* 503.
Panegíricos, 1396, 1992, 2101, 2208, 2218.
Pantanos, 1285 (38-45).
Pantoja, 219 (2).
Panza, Sancho, 396.
Papagayos, 67 (295), 292 (11), 1297 (11-13).
Papas, 168 (40).
Papel, 62 (107), 64 (162), 67 (56, 176), 69 (211), 88 (63), 107 (245), 1290 (7), 1298 (17), 2603.
Parabienes, 67 (36), 1278 (7, 10), 1281 (3), 1293 (10), 2058 (2).
Paraguay, 371 (11).
Paraíso, 333 (4).
Paranomasias dobles, 1307 (10).
Pardo de Figueroa, José, 207.
Paredes, Condesa de, 2570.
Pareja, Fr. Francisco, 1988.
Paridas, 269 (268), 310 (32).
Paris (*Mitol.*), 168 (33), 1283 (3).
París, 72 (158), 168 (11), 171 (47).
Parnaso, 194 (41), 334 (7), 339, 2088, 2655.
Parrado, Cosme, 321 (11).
Parras, 107 (318).
Partidas, 43 (79), 128 (36, 67, 71, 73, 75, 83, 122), 131 (1, 98, 228), 1584 (5), 2158 (20).
Partinuples (Conde), 200 (8), 288 (41).
Pasqual, Feliz, 308 (9).
Pastor, San, 165 (424-44), 195 (29), 1396.
Pastores, 28 (36, 53), 67 (94), 77 (17), 78 (13), 88 (23, 58, 97), 97 (23, 25, 33, 51), 107 (133, 150, 187, 348), 115 (7), 120 (23, 43, 69-70), 126 (13, 60), 128 (95), 131 (67, 71, 140), 135

Pintores, 72 (203), 73 (30), 107 (190), 165 (412), 174 (26), 175 (323), 240 (1), 265 (3), 317 (32), 1726.
Pintura, 1801.
Piña y Mendoza, Fr. Pedro de, 1627.
Pío V, 2413, 2566.
Píramo, 43 (44), 135 (II, 20), 168 (42), 229 (4).
Piratas, 33.
Pirro, 168 (37).
Pisa, 240 (10), 1326.
Pisuerga (Río), 72 (89), 107 (250), 172 (7), 175 (28, 142, 267, 342).
Pizarro, Francisco, 647-48.
Placentinos, 499.
Planetas, 62 (71), 64 (174), 67 (297), 269 (243), 305 (18), 341 (25).
Plantas, 191 (6), 1414, 1464.
Plasencia, 194 (33), 317 (14).—*Págs.:* 396.
Plata, 1746, 2201.
Plateros, 64 (102), 221 (6).
Pláticas, 2187-88.
Playas, 136 (64), 240 (11).
Plazos, 270 (112), 288 (55).
Pleitos, 191 (16), 203 (7), 220 (5), 251 (6), 276 (8), 283 (10), 317 (18), 1907.
Plumajes, 215 (6).
Plumas, 67 (47), 88 (65), 135 (I, 116).
Plutón, 67 (45).
Poblete, Juan de, 1985.
Pobres, 215 (3), 270 (101), 287 (41), 323 (8), 339 (15), 365 (10), 1668, 2374-78.
Pobreza, 67 (275-76), 213 (1), 288 (23), 345 (24).
Pocris, 171 (30).
Podridos, 269 (23), 321 (26).
Poesías en francés, 1735, 2189, 2365; en italiano, 78 (208-9, 220), 113 (16-19), 1735, 2189, 2365, 2530; en latín, 51 (prels.), 62 (prels., 3, 7, 10, 21, 27, 30, 34, 37, 46, 50, 59, 67, 82, 94, 102, 108, 135 (I), 1188 (15), 1351-52, 1360, 1414, 1576, 1735, 1748, 1917, 1953-54, 2025 (1), 2113, 2122-24, 2126, 2203, 2218, 2293, 2333, 2365, 2530; en lengua de germanía, 176-81; en portugués, 135 (I, 8, 12, 17, 20), 165 (39, 573), 1194, 1248, 2365; en valenciano, 67 (46), 155 (82); en vasco, 2365; en vizcaíno, 165 (40); en varias lenguas, 67 (38, 111, 277), 70 (16), 88 (35), 155 (154, 173), 2058 (12), 2397.
Poetas, 67 (275), 69 (64), 135 (I, 35), 269 (344), 295 (2), 311 (7c), 319 (3), 336 (40), 341 (10), 1278 (9), 1285 (11-17), 1290 (10), 1584 (113), 2058 (22), 2383 (49).
Policena, 43 (99), 57 (127), 168 (35, 37).
Polifemo, 72 (61), 277 (2), 317 (34).
Política, 364 (1, 3), 1042, 1534, 2650.
Polonia, 236 (5), 364 (2).
Pompeyo, 69 (84), 70 (5), 131 (103), 1285 (30-37), 1289 (10), 1291 (19), 1958.
Ponce, Francisco, 314 (23).
Ponce de León, Isabel, 1764.
Ponce de León, Rodrigo, 2202-3.
Ponte Franca de Llerena, Pedro de, 225.
Ponte Llarena, Cristóbal de, 339.
Pontífices, 1309, 2412, 2428, 2468-69.
Popma, Allart van, 1264.
Porcia, 67 (258), 243 (2).
Porfía, 345 (9).
Porfiados, 339 (9).
Porras (actor), 311 (6 a).
Porteros de Cámara, 301.
Portillo.—*Págs.:* 492.
Portocarrero y Luna, Cristóbal de, 1095.
Portugal, 135 (I, 20), 216 (9), 236 (7), 261 (10), 284 (12), 287 (17), 292, 365 (3), 1341, 1544, 1556, 1584 (prels., 13), 1630, 1705, 1915, 2215.—*Págs.:* 399.
Portugueses, 51 (50), 191 (25), 192 (27), 199 (6), 268 (5), 340 (12), 341 (17), 510, 534, 1267, 1270, 1619, 1705.—*Págs.:* 361, 365, 402, 424.
Póstumo, 62 (103).
Potosí, 740.
Prada, Nicolás de, 72 (201).
Prado, Ana de, 128 (53-54).
Prado, Antonio de, 305 (11).
Prado, Bernardo de, 314 (37).
Prado, Sebastián de, 710.
Preboste mayor.—*Págs.:* 442.
Preceptistas, 851.
Precios, 1675-76.
Predicadores, 69 (178-80, 212), 202 (4), 287 (44), 1188 (11), 1805-6, 2229-30, 2232-33.—*Págs.:* 478, 504; reales.—*Págs.:* 442, 457, 514, 523, 561.
Pregones, 194 (51), 1284 (13).
Pregoneros, 119 (19).
Prelados, 1309, 2416.
Premáticas, 70 (96).

Q

R

S

Sombras, 290 (21).
Sones, 323 (5), 328 (36).
Sonetos, 8 (19), 28 (4, 10), 43 (2, 6, 10, 14, 22, 26, 30, 41, 46, 72, 76, 85, 89, 141), 51 (prels., 86), 53 (prels.), 57 (1-25, 35-36, 39, 41-43, 45, 47-49, 51, 53-54, 57-66, 68-71, 73-74, 76-79, 81-87, 89-92, 94, 96-97, 100-5, 107-12, 114-16, 118-22, 124, 126-35, 138-43, 151-65, 170, 175-76, 178-79, 205, 210, 216, 218, 221-22), 59, 62 (5, 9, 12, 14, 17, 28, 36, 39, 43, 45, 48, 56, 69, 88, 91), 64 (26, 105), 67 (3-5, 9, 15-20, 29, 31, 37-39, 49, 88-89, 91, 95, 100, 108-10, 119-20, 123-24, 127, 136, 138, 142, 145, 147-48, 150-51, 158, 163-65, 167, 171, 181, 183, 185, 189, 194-95, 197-200, 202-4, 206, 215-16, 219, 221-23, 238, 241-45, 256-58, 261, 267, 271, 277, 280, 298, 300-4, 308, 312-13, 321-22, 324-27, 329, 333, 335-37), 70 (11-14, 17-20, 26-37, 42-59, 70, 72-74, 79, 99-111, 113-18), 72 (1-20, 31, 48-59, 62-92, 186-199, 201-3), 78 (98, 124-26, 138-47, 149-58, 160-69, 171-78), 88, (5, 11, 17, 24, 26, 31, 33, 35, 37-38, 49-51 64-65, 71-72, 85-87, 97-100), 97 (1-12, 27-30), 107 (1-2, 4, 6, 8-9, 12-18, 20-28, 30-38, 40-66, 69-80, 82-89, 92-94, 96-97, 99-100, 102, 104-5, 107-9, 111-15, 117, 120-26, 129-39, 141-45, 147-49, 151-53, 155-67, 169-83, 185, 187-92, 194-96, 198-205, 208-9, 211-15, 217-20, 222-24, 227-30, 232, 234-38, 240-44, 246-49, 252, 254-55, 257-64, 266, 268-69, 274, 276-82, 284, 286-89, 294-96, 298-311, 313-14, 316-18, 320-21, 324-29, 331-41, 345-47, 350-59), 109 (7), 128 (97-118, 124-73), 131 (2, 4, 6-7, 12-14, 16, 18, 20, 22, 27, 30-34, 36-38, 42, 47, 49-50, 62, 65-66, 76, 85-86, 90, 92-93, 101, 104, 112-13, 117, 122, 124, 127, 133-34, 138, 141, 145, 163, 167, 172, 180, 189-90, 197, 202, 204, 207, 211-12, 225), 135 (I, 5, 11, 17-19, 21, 23-32, 34-53, 57-63, 65-85, 87-120, 123-40, 143-51, 153-61, 163-70; II, 4), 136 (21-22), 155 (144-73), 165 (1, 4, 7-8, 21, 25, 63, 80-82, 92, 94, 101, 103, 106, 109, 113, 118, 123, 126, 129, 133, 135-41, 146, 154, 157-58, 162, 166, 169, 171-72, 177-79, 181, 183, 186, 192-95, 198, 203-7, 211, 215, 218, 221, 223, 225, 227, 231, 237, 239-40, 278, 284, 286-87, 289-90, 295, 299, 303, 308, 317, 322, 325, 330, 342, 345, 351, 355, 361, 371-72, 377, 388, 391, 394, 398, 401, 403-4, 407, 409, 411, 414, 417, 424, 428, 443, 445, 449-50, 452, 454, 456, 459, 462, 464, 466, 469, 472, 474, 477-79, 482, 486, 488, 492, 494, 496-97, 499, 502-5, 507-8, 510, 514, 519, 521, 527, 532, 536, 538, 541, 548, 552, 556-57, 559, 563, 566-67, 569-70, 572-74, 579-82, 584-88, 593, 595-603, 607-8), 171 (101-15), 175 (285-87, 290, 294, 298-99, 304, 306-7, 309-10, 314-28, 330-41, 343-47, 353-59, 361-62), 311 (prels., 5d, 11c-d), 501, 518-19, 524, 1095 (prels.), 1139-40, 1159, 1164-67, 1172-73, 1175-76, 1178 (1), 1188 (19-23), 1194, 1248, 1277 (33-34), 1278 (5, 8, 10, 17, 19), 1279 (3, 5, 8, 12, 14, 19-21), 1280 (3-4, 8-9, 14), 1281 (6, 12), 1283 (6, 10, 12, 14, 16, 18, 20), 1284 (5, 8, 10, 13-14, 16), 1285 (2-10), 1287 (5, 7, 14-16, 21-22, 29), 1288 (39-41, 44), 1289 (5, 8, 10, 23, 26, 27), 1290 (6, 9, 17-18), 1291 (5, 8, 10, 16, 19, 22), 1292 (6, 11, 16, 23, 25), 1293 (4-6, 8, 17), 1294 (5, 9, 13-14), 1296 (9-12, 14, 18, 20, 24-25), 1297 (5, 7, 19, 21, 23), 1298 (17, 23, 27), 1299, 1300 (8, 18, 21), 1301 (1), 1307 (7, 14), 1309, 1316-18, 1335, 1355, 1391, 1414, 1549-51, 1584 (prels., 38, 40-68, 71-76, 78-83, 85, 86, 88-108, 111-12, 114-20, 123-24, 127-28, 131-32, 134), 1600, 1603, 1617-18, 1653, 1655, 1671, 1723, 1733, 1735, 1764, 1768, 1784, 1794, 1797, 1871, 1873, 1885, 1888, 1891-92, 1898, 1915, 1919-20, 1935, 1945 (2), 1951-52, 1957-58, 1966 (1-3), 1974-75, 1978, 1988, 2023, 2025 (prels., 2), 2027, 2058 (4-5, 11-13), 2059, 2061, 2062 (1), 2063, 2114-15, 2117, 2139, 2146 (2), 2158 (5-15, 20-21, 24, 26, 29-30, 32, 35-36, 40-41, 43, 46, 48, 51), 2159, 2162, 2189, 2195, 2214-15, 2218-20, 2239 (2), 2270, 2273, 2280, 2282, 2292, 2312-13, 2383 (11, 19, 25, 47, 58-59), 2571-72, 2587, 2591-92, 2600, 2645, 2655, 2657, 2660.
Sordos, 190 (11), 191 (22), 244 (12), 270 (88), 288 (54), 319 (9), 322 (9), 336 (9, 60), 341 (23).
Sortijas, 217 (3), 334 (22).

T

U

V

X

Y

Z

GENERAL

AUTORES

Págs.

ADICIONES

FUENTES GENERALES

AUTORES

INDICES

FE DE ERRATAS

Pág.	Col.	Núm.	Línea	DICE	DEBE DECIR
10	1	28 (40)	2	la	lo
10	2	28 (50)	2	Sana	San
13	1	43 (1)	2	disualdele	disuádele
16	1	43 (104)	3	eneguas	enaguas
28	2	57	19	Mestro	Maestro
30	1	57 (198)	2	el el	es el
32	1	62 (13)	1	Ieus	Iesus
39	2	64 (152)	2	mano en	en
50	1	67 (254)	3	garillos	grillos
50	2	67 (271)	1	Sonto	Soneto
57	2	69 (181)	3	Cermelo	Carmelo
59	2	69 (256)	2	cas	ca
59	2	69	8	257	258
61	2	70 (29)	2	dedichados	desdichados
61	2	70 (50)	1	furiosidad	curiosidad
62	1	70 (72)	1	dueño	sueño
62	2	70	33-35		[*Táchense*]
64	1	72 (8)	1	bi	mi
66	1	72 (103)	1	Esse	Essa
67	1	72 (180)	1	Men«guilla	Menguilla
69	1	73 (59)	1	Pososeme	Púsoseme
73	1	78 (169)	1	Raspandoselo	Rapándoselo
81	1	97 (44)	1	tiempoa	tiempo
85	2	106 (193)	2	al	el
96	1	128 (16)	2	alto	alta
96	2	128 (46)	4	sea	se
98	1	128 (107)	1	jmás	jamás
103	1	131 (129)	1	Oulida	Oluida
107	1	135 (I, 61)	1	hermosa	hermosa dama
109	1	135 (I, 148)	1	una	un
112	2		14	36-41	36-42
117	2	155 (107)	1	qua	que
117	2	155 (114)	1	otra	ora
119	1	155 (172)	1	una	un
128	2	165	14-17		[*Táchense*]
128	2	165	18	199	209

Pág.	Col.	Núm.	Línea	DICE	DEBE DECIR
129	2	165 (254)	1	parecereys	pareceys
132	2	165 (386)	2	Palestrina	Palestina
141	2	171 (59)	3	Xarifa	Xarifa. [«Al campo sale Naruaez...»]. (*Fols.* 129*r*-132*r*).
141	2	171	43	61	60
141	2	171	46	60	59 bis
146	1	174	20		[Añádase:] Compárese con el *Cancionero* descrito al n.º 73, pág. 68, que sin duda es la misma obra.
147	1	174	15		[Es la línea 20 y corresponde al n.º 58].
154	2	178 (12)	3	Germanica	Germanía
161	1	191 (8)	3	Palacio?...	Palacio? —Sí...
165	1	194 (35)	2	ganacia	ganancia
165	1	194 (41)	1	41. *El*	41. ——. *El*
165	1	194 (46)	1	vida	viña
175	2	206 (11)	3	ra...	ra.—Quien te dize...
178	2	214 (5)	3	conmigo?...	conmigo? —Soy tu hermano...
182	2	221 (2)	3	te...	te.—Huye Bato...
191	1	235 (11)	2	cla-	da-
192	2	238 (10)	3	Uegue	llegue
210	2	269 (249)	2	azdaron	azotaron
211	2	269 (290)	1	Molinaro	Molinero
239	2	311 (9)	1	Pe-	Pa-
242	1	315 (5)	1	regenado	renegado
242	1	316 (13)	1-2	es abantal...	es el abantal.—No es sino mío...
248	1	323 (15)	1	Casasa	Casas
251	2	330 (1)	1	Quevara	Guevara
262	2	350 (4)	2	Castillo	Castilla
263	1	354	2	Laarillo	Lazarillo
277	2	457	4-8		[Estas líneas han de anteponerse a la ficha 458]
289	1	582	1	WILTON	MILTON
295	1	662			[*Táchese*]
304	1	749	2		[*Táchese*].
315	1	871	7	Rojo	Royo
323	2	975	10	Cirat	Cirot
340	1	1095	32	tocarreo y Luna.	tocarrero y Luna,
342	1	1109	2	Colin,	Colin, Francisco
370	1	1279 (16)	4-5		[*Táchense*]
371	1	1280 (12)	2	Solitario.	Solitario. De Manuel de la Peña.
371	2	1281 (11)	1	Romance	Romance. Por Iuan de Trillo y Figueroa.
375	1	1285 (29)	1	vie-	vieja del candilejo...»]. (Fols. 20*v*-21*r*).
376	2	1287 (29)	2	Delen	Detén
378	1	1288 (33)	3	bello	bella
379	1	1289 (11)	3	Lyras	Lyras. De Pedro de Ariz.
379	1	1289 (15)	4	Dezimas	Dezimas. De Francisco Bueno

Pág.	Col.	Núm.	Línea	DICE	DEBE DECIR
379	2	1289 (24)	7	difinios	disinios
380	1	1289 (29)	3	Despirten	Despierten
396	2	1317	4	fecha	ficha
411	2	1433	1	VERA	VELA
417	1	1478	8	V.	V. n.º 1534.
428	1	1567	11	Brisih	British
428	2	1572	1	PAREDES	PERES
450	1	1708	17	Vargis	Vargas
457	1	1748	5	Dícticos	Disticos
490	1	1997	18	1182.	1182 y LOPEZ DE AGUILAR, FRANCISCO
494	1	2025	19	las	la
501	2	2073	2	Cancionera	Concionero
507	2	2133	6	FUENOS	BUENOS
535	2	2314	2	poesía	poseía

ESTE LIBRO SE ACABO DE IMPRIMIR
EL DIA 21 DE AGOSTO DE 1955, EN
LOS TALLERES GRAFICOS «JURA»,
CALLE DE SAN LORENZO, 11. MADRID